中华人民共和国

现行会计法律法规汇编

2022年版

《中华人民共和国现行会计法律法规汇编》编写组 编

立信会计出版社
LIXIN ACCOUNTING PUBLISHING HOUSE

图书在版编目（CIP）数据

中华人民共和国现行会计法律法规汇编 : 2022 年版 /
《中华人民共和国现行会计法律法规汇编》编写组编 . --
上海 : 立信会计出版社， 2022.3
ISBN 978-7-5429-7064-0

Ⅰ . ①中… Ⅱ . ①中… Ⅲ . ①会计法—汇编—中国
Ⅳ . ① D922.269

中国版本图书馆 CIP 数据核字（2022）第 034175 号

责任编辑 蔡伟莉

中华人民共和国现行会计法律法规汇编（2022 年版）

出版发行 立信会计出版社
地　　址 上海市中山西路 2230 号　　邮政编码 200235
电　　话 （021）64411389　　传　　真 （021）64411325
网　　址 www.lixinaph.com　　电子邮箱 lixinaph2019@126.com
网上书店 http://lixin.jd.com　　http://lxkjcbs.tmall.com
经　　销 各地新华书店

印　　刷 三河市嘉科万达彩色印刷有限公司
开　　本 787 毫米 ×1092 毫米 1/16
印　　张 68
字　　数 1827 千字
版　　次 2022 年 3 月第 1 版
印　　次 2022 年 3 月第 1 次
书　　号 ISBN 978-7-5429-7064-0 /D
定　　价 399.00 元

前　言

各类单位，包括企业和行政事业单位，其财会是整个经济运行过程的反映和控制手段，无论是领导者还是一般员工，无论是财务人员还是非财业务工作者，只有掌握财会相关法规，才能在工作和生活中掌握自己的方向。

在综合性会计法规方面，会计基础工作规范和代理记账管理办法，以及发票管理办法和具体操作规定都随着社会发展实时更新，特别是云技术、电子签名等信息化手段对财务管理工作的影响已经在日常工作中得到体现，相关法规的出台也越来越密集，会计诚信问题也逐步从道德层面向法规层面迈进。

企业会计准则变化不大，最新出台的大多是解决经济管理和改革中需要应对的会计难题方面的法规，如永续债和碳排放交易等会计处理具体问题。管理会计方面的基本指引和应用指引的体系已经基本完备，其中财务管理中预算管理和绩效评价方面的法规与企业和个人利益紧密相关，此次修订还把企业纳税和个人所得税最新规定纳入。资本市场的开放程度越来越高，证券法的修订意味着绝大部分企业需要与资本市场发生关联，本汇编把资本市场以及投资监管方面的财会法规纳入其中。

在行政事业单位会计核算方面，我们有出版独立的法规汇编，因此本汇编有所删减。最新的变化主要表现在：政府会计具体准则的出台，相关解释和指南等补充规定逐步完善；与此相对应，政府部门和综合财务报告编制办法和指南也必须与政府会计改革相适应。政府采购管理一直是行政事业单位财务管理的重点，本汇编也进行了补充和完善。在行政事业单位财务管理法规更新方面，本汇编纳入了预算、经费开支、基本建设、资产管理等法规。

法规的落地实施，需要内外部审计来保障，特别是注册会计师审计发挥着越来越大的作用，本汇编收录了审计准则、新修订的指南以及执业问题解答三个方面的注册会计师法规。此外，国家审计和内部审计相关法规中的重要内容也收录在本法规汇编中。

因篇幅有限，本书编者将部分法律法规制作成了电子文档，读者可扫描书上的二维码下载阅读，带来的不便还请您多多体谅和包涵。

本书由北京国家会计学院会计系主任聂兴凯副教授统筹、定稿，编者具有多年实务经验和理论功底，对所有法规都进行了认真筛查，剔除了失效的法规，仅仅保留重要程度更高的法规，因此收录的法规具有一定的主观性，如果与您的工作匹配程度不够，希望您多提宝贵意见和建议，力争在下一版修订时优化，联系邮箱为 wengao6@126.com。

编　者

2022 年 3 月

目　录

第一编　综合性会计法规

第二编　企业会计相关法规

第三编　行政事业单位法规汇编

第四编 审计相关法规

电子目录

第一编

综合性会计法规

第一章 统驭性会计法规

1. 中华人民共和国会计法（2017 年修正）

（1985 年 1 月 21 日第六届全国人民代表大会常务委员会第九次会议通过 1993 年 12 月 29 日第八届全国人民代表大会常务委员会第五次会议修正 1999 年 10 月 31 日第九届全国人民代表大会常务委员会第十二次会议修订 2017 年 11 月 4 日第十二届全国人民代表大会常务委员会第三十次会议修正 自 2017 年 11 月 5 日起施行。）

第一章 总 则

第一条 为了规范会计行为，保证会计资料真实、完整，加强经济管理和财务管理，提高经济效益，维护社会主义市场经济秩序，制定本法。

第二条 国家机关、社会团体、公司、企业、事业单位和其他组织（以下统称单位）必须依照本法办理会计事务。

第三条 各单位必须依法设置会计账簿，并保证其真实、完整。

第四条 单位负责人对本单位的会计工作和会计资料的真实性、完整性负责。

第五条 会计机构、会计人员依照本法规定进行会计核算，实行会计监督。

任何单位或者个人不得以任何方式授意、指使、强令会计机构、会计人员伪造、变造会计凭证、会计账簿和其他会计资料，提供虚假财务会计报告。

任何单位或者个人不得对依法履行职责、抵制违反本法规定行为的会计人员实行打击报复。

第六条 对认真执行本法，忠于职守，坚持原则，做出显著成绩的会计人员，给予精神的或者物质的奖励。

第七条 国务院财政部门主管全国的会计工作。

县级以上地方各级人民政府财政部门管理本行政区域内的会计工作。

第八条 国家实行统一的会计制度。国家统一的会计制度由国务院财政部门根据本法制定并公布。

国务院有关部门可以依照本法和国家统一的会计制度制定对会计核算和会计监督有特殊要求的行业实施国家统一的会计制度的具体办法或者补充规定，报国务院财政部门审核批准。

中国人民解放军总后勤部可以依照本法和国家统一的会计制度制定军队实施国家统一的会计制度的具体办法，报国务院财政部门备案。

第二章 会计核算

第九条 各单位必须根据实际发生的经济业务事项进行会计核算，填制会计凭证，登记会计账簿，编制财务会计报告。

任何单位不得以虚假的经济业务事项或者资料进行会计核算。

第十条 下列经济业务事项，应当办理会计手续，进行会计核算：

（一）款项和有价证券的收付；

（二）财物的收发、增减和使用；

（三）债权债务的发生和结算；

（四）资本、基金的增减；

（五）收入、支出、费用、成本的计算；

（六）财务成果的计算和处理；

（七）需要办理会计手续、进行会计核算的其他事项。

第十一条 会计年度自公历 1 月 1 日起至 12 月 31 日止。

第十二条 会计核算以人民币为记账本位币。

业务收支以人民币以外的货币为主的单位，可以选定其中一种货币作为记账本位币，但是编报的财务会计报告应当折算为人民币。

第十三条 会计凭证、会计账簿、财务会计报告和其他会计资料，必须符合国家统一的会计制度的规定。

使用电子计算机进行会计核算的，其软件及其生成的会计凭证、会计账簿、财务会计报告和其他会计资料，也必须符合国家统一的会计制度的规定。

任何单位和个人不得伪造、变造会计凭证、会计账簿及其他会计资料，不得提供虚假的财务会计报告。

第十四条 会计凭证包括原始凭证和记账凭证。

办理本法第十条所列的经济业务事项，必须填制或者取得原始凭证并及时送交会计机构。

会计机构、会计人员必须按照国家统一的会计制度的规定对原始凭证进行审核，对不真实、不合法的原始凭证有权不予接受，并向单位负责人报告；对记载不准确、不完整的原始凭证予以退回，并要求按照国家统一的会计制度的规定更正、补充。

原始凭证记载的各项内容均不得涂改；原始凭证有错误的，应当由出具单位重开或者更正，更正处应当加盖出具单位印章。原始凭证金额有错误的，应当由出具单位重开，不得在原始凭证上更正。

记账凭证应当根据经过审核的原始凭证及有关资料编制。

第十五条 会计账簿登记，必须以经过审核的会计凭证为依据，并符合有关法律、行政法规和国家统一的会计制度的规定。会计账簿包括总账、明细账、日记账和其他辅助性账簿。

会计账簿应当按照连续编号的页码顺序登记。会计账簿记录发生错误或者隔页、缺号、跳行的，应当按照国家统一的会计制度规定的方法更正，并由会计人员和会计机构负责人（会计主管人员）在更正处盖章。

使用电子计算机进行会计核算的，其会计账簿的登记、更正，应当符合国家统一的会计制度的规定。

第十六条 各单位发生的各项经济业务事项应当在依法设置的会计账簿上统一登记、核算，不得违反本法和国家统一的会计制度的规定私设会计账簿登记、核算。

第十七条 各单位应当定期将会计账簿记录与实物、款项及有关资料相互核对，保证会计账簿记录与实物及款项的实有数额相符、会计账簿记录与会计凭证的有关内容相符、会计账簿之间相对应的记录相符、会计账簿记录与会计报表的有关内容相符。

第十八条 各单位采用的会计处理方法，前后各期应当一致，不得随意变更；确有必要变更的，应当按照国家统一的会计制度的规定变更，并将变更的原因、情况及影响在财务会计报告中说明。

第十九条 单位提供的担保、未决诉讼等或有事项，应当按照国家统一的会计制度的规定，在财务会计报告中予以说明。

第二十条 财务会计报告应当根据经过审核的会计账簿记录和有关资料编制，并符合本法和国家统一的会计制度关于财务会计报告的编制要求、提供对象和提供期限的规定；其他法律、行政法规另有规定的，从其规定。

财务会计报告由会计报表、会计报表附注和财务情况说明书组成。向不同的会计资料使用者提供的财务会计报告，其编制依据应当一致。有关法律、行政法规规定会计报表、会计报表附注和财务情况说明书须经注册会计师审计的，注册会计师及其所在的会计师事务所出具的审计报告应当随同财务会计报告一并提供。

第二十一条 财务会计报告应当由单位负责人和主管会计工作的负责人、会计机构负责人（会计主管人员）签名并盖章；设置总会计师的单位，还须由总会计师签名并盖章。

单位负责人应当保证财务会计报告真实、完整。

第二十二条 会计记录的文字应当使用中文。在民族自治地方，会计记录可以同时使用当地通用的一种民族文字。在中华人民共和国境内的外商投资企业、外国企业和其他外国组织的会计记录可以同时使用一种外国文字。

第二十三条 各单位对会计凭证、会计账簿、财务会计报告和其他会计资料应当建立档案，妥善保管。会计档案的保管期限和销毁办法，由国务院财政部会同有关部门制定。

第三章 公司、企业会计核算的特别规定

第二十四条 公司、企业进行会计核算，除应当遵守本法第二章的规定外，还应当遵守本章规定。

第二十五条 公司、企业必须根据实际发生的经济业务事项，按照国家统一的会计制度的规定确认、计量和记录资产、负债、所有者权益、收入、费用、成本和利润。

第二十六条 公司、企业进行会计核算不得有下列行为：

（一）随意改变资产、负债、所有者权益的确认标准或者计量方法，虚列、多列、不列或者少列资产、负债、所有者权益；

（二）虚列或者隐瞒收入，推迟或者提前确认收入；

（三）随意改变费用、成本的确认标准或者计量方法，虚列、多列、不列或者少列费用、成本；

（四）随意调整利润的计算、分配方法，编造虚假利润或者隐瞒利润；

（五）违反国家统一的会计制度规定的其他行为。

第四章 会计监督

第二十七条 各单位应当建立、健全本单位内部会计监督制度。单位内部会计监督制度应当符合下列要求：

（一）记账人员与经济业务事项和会计事项的审批人员、经办人员、财物保管人员的职责权限应当明确，并相互分离、相互制约；

（二）重大对外投资、资产处置、资金调度和其他重要经济业务事项的决策和执行的相互监督、相互制约程序应当明确；

（三）财产清查的范围、期限和组织程序应当明确；

（四）对会计资料定期进行内部审计的办法和程序应当明确。

第二十八条 单位负责人应当保证会计机构、会计人员依法履行职责，不得授意、指使、

强令会计机构、会计人员违法办理会计事项。

会计机构、会计人员对违反本法和国家统一的会计制度规定的会计事项，有权拒绝办理或者按照职权予以纠正。

第二十九条 会计机构、会计人员发现会计账簿记录与实物、款项及有关资料不相符的，按照国家统一的会计制度的规定有权自行处理的，应当及时处理；无权处理的，应当立即向单位负责人报告，请求查明原因，作出处理。

第三十条 任何单位和个人对违反本法和国家统一的会计制度规定的行为，有权检举。收到检举的部门有权处理的，应当依法按照职责分工及时处理；无权处理的，应当及时移送有权处理的部门处理。收到检举的部门、负责处理的部门应当为检举人保密，不得将检举人姓名和检举材料转给被检举单位和被检举人个人。

第三十一条 有关法律、行政法规规定，须经注册会计师进行审计的单位，应当向受委托的会计师事务所如实提供会计凭证、会计账簿、财务会计报告和他会计资料以及有关情况。

任何单位或者个人不得以任何方式要求或者示意注册会计师及其所在的会计师事务所出具不实或者不当的审计报告。

财政部门有权对会计师事务所出具审计报告的程序和内容进行监督。

第三十二条 财政部门对各单位的下列情况实施监督：

（一）是否依法设置会计账簿；

（二）会计凭证、会计账簿、财务会计报告和其他会计资料是否真实、完整；

（三）会计核算是否符合本法和国家统一的会计制度的规定；

（四）从事会计工作的人员是否具备专业能力、遵守职业道德。

在对前款第（二）项所列事项实施监督，发现重大违法嫌疑时，国务院财政部门及其派出机构可以向与被监督单位有经济业务往来的单位和被监督单位开立账户的金融机构查询有关情况，有关单位和金融机构应当给予支持。

第三十三条 财政、审计、税务、人民银行、证券监管、保险监管等部门应当依照有关法律、行政法规规定的职责，对有关单位的会计资料实施监督检查。

前款所列监督检查部门对有关单位的会计资料依法实施监督检查后，应当出具检查结论。有关监督检查部门已经作出的检查结论能够满足其他监督检查部门履行本部门职责需要的，其他监督检查部门应当加以利用，避免重复查账。

第三十四条 依法对有关单位的会计资料实施监督检查的部门及其工作人员对在监督检查中知悉的国家秘密和商业秘密负有保密义务。

第三十五条 各单位必须依照有关法律、行政法规的规定，接受有关监督检查部门依法实施的监督检查，如实提供会计凭证、会计账簿、财务会计报告和他会计资料以及有关情况，不得拒绝、隐匿、谎报。

第五章 会计机构和会计人员

第三十六条 各单位应当根据会计业务的需要，设置会计机构，或者在有关机构中设置会计人员并指定会计主管人员；不具备设置条件的，应当委托经批准设立从事会计代理记账业务的中介机构代理记账。

国有的和国有资产占控股地位或者主导地位的大、中型企业必须设置总会计师。总会计师的任职资格、任免程序、职责权限由国务院规定。

第三十七条 会计机构内部应当建立稽核制度。

出纳人员不得兼任稽核、会计档案保管和收入、支出、费用、债权债务账目的登记工作。

第三十八条　会计人员应当具备从事会计工作所需要的专业能力。

担任单位会计机构负责人（会计主管人员）的，应当具备会计师以上专业技术职务资格或者从事会计工作三年以上经历。

本法所称会计人员的范围由国务院财政部门规定。

第三十九条　会计人员应当遵守职业道德，提高业务素质。对会计人员的教育和培训工作应当加强。

第四十条　因有提供虚假财务会计报告，做假账，隐匿或者故意销毁会计凭证、会计账簿、财务会计报告，贪污，挪用公款，职务侵占等与会计职务的有关违法行为被依法追究刑事责任的人员，不得再从事会计工作。

第四十一条　会计人员调动工作或者离职，必须与接管人员办清交接手续。

一般会计人员办理交接手续，由会计机构负责人（会计主管人员）监交；会计机构负责人（会计主管人员）办理交接手续，由单位负责人监交，必要时主管单位可以派人会同监交。

第六章　法律责任

第四十二条　违反本法规定，有下列行为之一的，由县级以上人民政府财政部门责令限期改正，可以对单位并处三千元以上五万元以下的罚款；对其直接负责的主管人员和其他直接责任人员，可以处二千元以上二万元以下的罚款；属于国家工作人员的，还应当由其所在单位或者有关单位依法给予行政处分：

（一）不依法设置会计账簿的；

（二）私设会计账簿的；

（三）未按照规定填制、取得原始凭证或者填制、取得的原始凭证不符合规定的；

（四）以未经审核的会计凭证为依据登记会计账簿或者登记会计账簿不符合规定的；

（五）随意变更会计处理方法的；

（六）向不同的会计资料使用者提供的财务会计报告编制依据不一致的；

（七）未按照规定使用会计记录文字或者记账本位币的；

（八）未按照规定保管会计资料，致使会计资料毁损、灭失的；

（九）未按照规定建立并实施单位内部会计监督制度或者拒绝依法实施的监督或者不如实提供有关会计资料及有关情况的；

（十）任用会计人员不符合本法规定的。

有前款所列行为之一，构成犯罪的，依法追究刑事责任。

会计人员有第一款所列行为之一，情节严重的，五年内不得从事会计工作。

有关法律对第一款所列行为的处罚另有规定的，依照有关法律的规定办理。

第四十三条　伪造、变造会计凭证、会计账簿，编制虚假财务会计报告，构成犯罪的，依法追究刑事责任。

有前款行为，尚不构成犯罪的，由县级以上人民政府财政部门予以通报，可以对单位并处五千元以上十万元以下的罚款；对其直接负责的主管人员和其他直接责任人员，可以处三千元以上五万元以下的罚款；属于国家工作人员的，还应当由其所在单位或者有关单位依法给予撤职直至开除的行政处分；其中的会计人员，五年内不得从事会计工作。

第四十四条　隐匿或者故意销毁依法应当保存的会计凭证、会计账簿、财务会计报告，构成犯罪的，依法追究刑事责任。

有前款行为，尚不构成犯罪的，由县级以上人民政府财政部门予以通报，可以对单位并处五千元以上十万元以下的罚款；对其直接负责的主管人员和其他直接责任人员，可以处三千元以上五万元以下的罚款；属于国家工作人员的，还应当由其所在单位或者有关单位依法给予撤职直至开除的行政处分；其中的会计人员，五年内不得从事会计工作。

第四十五条 授意、指使、强令会计机构、会计人员及其他人员伪造、变造会计凭证、会计账簿，编制虚假财务会计报告或者隐匿、故意销毁依法应当保的会计凭证、会计账簿、财务会计报告，构成犯罪的，依法追究刑事责任；尚不构成犯罪的，可以处五千元以上五万元以下的罚款；属于国家工作人员的，还应当由其所在单位或者有关单位依法给予降级、撤职、开除的行政处分。

第四十六条 单位负责人对依法履行职责、抵制违反本法规定行为的会计人员以降级、撤职、调离工作岗位、解聘或者开除等方式实行打击报复，构成犯罪的，依法追究刑事责任；尚不构成犯罪的，由其所在单位或者有关单位依法给予行政处分。对受打击报复的会计人员，应当恢复其名誉和原有职务、级别。

第四十七条 财政部门及有关行政部门的工作人员在实施监督管理中滥用职权、玩忽职守、徇私舞弊或者泄露国家秘密、商业秘密，构成犯罪的，依法追究刑事责任；尚不构成犯罪的，依法给予行政处分。

第四十八条 违反本法第三十条规定，将检举人姓名和检举材料转给被检举单位和被检举人个人的，由所在单位或者有关单位依法给予行政处分。

第四十九条 违反本法规定，同时违反其他法律规定的，由有关部门在各自职权范围内依法进行处罚。

第七章 附 则

第五十条 本法下列用语的含义：

单位负责人，是指单位法定代表人或者法律、行政法规规定代表单位行使职权的主要负责人。

国家统一的会计制度，是指国务院财政部门根据本法制定的关于会计核算、会计监督、会计机构和会计人员以及会计工作管理的制度。

第五十一条 个体工商户会计管理的具体办法，由国务院财政部门根据本法的原则另行规定。

第五十二条 本法自 2000 年 7 月 1 日起施行。

2. 会计改革与发展“十四五”规划纲要（2021 年颁布）

（财会〔2021〕27 号）

为科学规划、全面指导“十四五”时期的会计改革与发展，根据《中共中央关于制定国民经济和社会发展第十四个五年规划和二〇三五年远景目标的建议》《中华人民共和国国民经济和社会发展第十四个五年规划和 2035 年远景目标纲要》《财政“十四五”规划》（财综〔2021〕38 号）和《国务院办公厅关于进一步规范财务审计秩序促进注册会计师行业健康发展的意见》（国办发〔2021〕30 号）有关精神，我们制定了本规划纲要。

一、面临的形势与挑战

（一）“十三五”时期会计改革与发展回顾。

“十三五”时期是会计改革与发展推陈出新、成果丰硕、具有重要意义的五年，《会计改革与发展“十三五”规划纲要》（财会〔2016〕19号）确定的各项任务基本完成，为会计工作进入新的高质量发展阶段打下坚实基础。

——会计法治建设成效显著。《中华人民共和国会计法》《中华人民共和国注册会计师法》修订取得阶段性进展，《会计档案管理办法》（财政部国家档案局令第79号）、《会计师事务所执业许可和监督管理办法》（财政部令第89号）等4项部门规章修订并有效实施，《财政部关于加强国家统一的会计制度贯彻实施工作的指导意见》（财会〔2019〕17号）等16项规范性文件相继出台，会计人员诚信建设扎实推进，良法促进发展保障善治的会计法治环境正在逐步形成。

——政府会计改革全面推进。从无到有，包括1项基本准则、10项具体准则及2项应用指南、1项统一的政府会计制度和3项解释在内的具有中国特色的政府会计准则制度体系基本建成并稳步实施，为深化权责发生制政府综合财务报告制度改革夯实制度基础，为开展政府信用评级、加强资产负债管理、改进政府绩效监督考核、防范财政风险等提供支撑。

——企业会计标准持续完善。坚持与国际财务报告准则持续趋同的总基调，收入、金融工具等11项具体准则及5项准则解释修订印发并得到有效实施，建立企业会计准则实施机制以积极回应并解决会计准则实施中的技术问题，为助力供给侧结构性改革、服务经济社会和资本市场健康发展提供高质量会计信息支持。

——社会审计标准更加健全。保持与国际审计准则、国际会计师职业道德守则的持续动态趋同，修订33项注册会计师审计准则以及会计师事务所质量管理准则、注册会计师职业道德守则，完成注册会计师审计报告改革，推动会计师事务所建立健全质量管理体系，大力提升注册会计师执业质量和职业道德水平。

——会计职能转型实现突破。着眼于服务各类单位提高内部管理水平和风险防范能力，管理会计指引体系基本建成并得到广泛应用，内部控制建设防风险、防舞弊的作用日益显现，电子会计凭证应用全面推开，统一的会计数据标准更加健全，会计职能实现从传统的算账、记账、核账、报账向价值管理、资本运营、战略决策辅助等职能持续转型升级。

——会计人才素质明显提升。会计人才培养方式持续创新，职称制度改革深入推进，人员队伍结构持续向好，具备初、中、高级资格会计人员分别达到670.20万人、242.02万人和20.57万人，重点人才培养工程陆续推出，高端人才培养力度持续加大，为行业改革与发展提供人才保障。

——会计服务市场更加繁荣。以无纸化、“零跑路”为重点，持续深化会计领域“放管服”改革，积极打造更友好的营商环境。大力倡导质量优先发展，狠抓服务质量整治，会计审计业监管不断加强，会计审计工作质量得到有效改善。注册会计师行业收入年均增长率超过10%，代理记账行业收入年均增长率达到31%，会计服务市场活力得到充分激发。

——对外交流合作不断深化。全面参与会计国际标准的制定和重要会计国际机构治理，不断增强我国在会计国际规则制定的话语权，会计合作写入金砖国家领导人厦门宣言，“一带一路”国家会计准则合作论坛成功举办，双边、多边会计合作进展显著，我国在会计领域的国际影响力得到显著提升。

在肯定会计改革与发展取得成绩的同时，应当正视会计工作中存在的问题和不足，主要表现在会计审计标准体系建设仍需加强、会计服务市场管理仍需创新、会计审计工作质量仍需提升、高端人才供给仍显不足、法治建设仍有差距、数字化转型仍需加快，这些问题需要在“十四五”时期通过制度创新、体制优化、机制变革切实加以解决。

（二）“十四五”时期会计改革与发展面临的形势与挑战。

“十四五”时期是会计工作实现高质量发展的关键时期，会计作为宏观经济管理和市场资源配置的基础性工作，在我国全面深化改革和深度融入经济全球化的进程中，面临难得的发展机遇，同时也面临着诸多挑战。

——从国际看，一方面，世界正经历百年未有之大变局，国际形势的不稳定性不确定性明显增加。新冠肺炎疫情大流行影响广泛深远，经济全球化遭遇逆流，外部环境面临深刻而复杂的变化，将会深刻影响现有国际会计秩序。另一方面，和平与发展仍然是时代主题，人类命运共同体深入人心，多边主义仍是国际关系主流，全球贸往来频繁，跨境资本流动规模增加，跨境会计、审计合作及监管面临新的挑战。

——从国内看，一方面，我国已开启了向第二个百年奋进的新征程，经济增长已由高速增长阶段转向高质量发展阶段，制度优势和治理优势不断凸显，市场配置资源的决定性作用显著增强，公平的营商环境持续优化，宏观经济政策不断完善，宏观治理手段不断丰富。会计信息在经济发展、营商环境优化和宏观经济决策方面发挥着越来越重要的作用。另一方面，随着新一轮科技革命和产业变革深入发展，经济转型升级和创新发展中新的商业模式层出不穷，将深刻影响会计政策的发展与走向，会计工作在职能职责、组织方式、处理流程、工具手段等方面发生着重大而深刻的变化，挑战与机遇并存。

面对这些新情况、新问题、新挑战、新机遇，要求会计法治、会计标准不断健全完善、有效实施，要求会计人员持续提升素质、加速转型，要求会计管理部门继续转变观念、创新管理、改进方法，在认真总结过去五年会计工作成绩经验基础上，准确把握新发展阶段、深入贯彻新发展理念、加快构建新发展格局，助推会计工作运用新技术、融入新时代、实现新突破，扎实推进会计改革与发展各项工作，助力国家治理体系和治理能力现代化。

二、总体要求

（一）指导思想。

“十四五”时期，会计改革与发展的指导思想是：深入学习贯彻习近平新时代中国特色社会主义思想和党的十九大以及十九届二中、三中、四中、五中、六中全会精神，增强“四个意识”、坚定“四个自信”、做到“两个维护”，紧紧围绕服务经济社会发展大局和财政管理工作全局，立足新发展阶段、贯彻新发展理念、构建新发展格局，以推动高质量发展为主题，以深化供给侧结构性改革为主线，以改革创新为根本动力，以维护市场经济秩序和公众利益为根本目的，统筹国内国际两个大局，牢牢把握会计审计标准制定和实施“两个重点”、切实抓好行业和人才队伍“两个管理”、持续强化法治化和数字化“两个支撑”、努力实现会计职能对内对外“两个拓展”，积极推动我国会计事业取得新成绩、实现新跨越，为推进国家治理体系和治理能力现代化，实现社会主义现代化和第二个百年奋斗目标作出新的更大贡献。

（二）基本原则。

——坚持党的领导。坚持党对会计改革与发展的全面领导，完善党领导下会计管理工作的制度机制，提高会计工作贯彻新发展理念、服务构建新发展格局的能力和水平，为实现会计改革与发展目标任务提供根本政治保证。

——坚持依法治理。坚持强化会计法治建设，按照科学立法、民主立法原则，持续推动会计立法、普法、执法工作，建立健全会计法律制度体系，加强会计监督、加大违法惩处力度、加快推进职业道德建设，有效发挥法治固根本、强根基、利长远的保障作用。

——坚持创新变革。贯彻新发展理念，不断推进会计管理制度创新，推动会计管理体制机制变革，破解会计管理工作中的重点难点问题，破除会计改革与发展中的制度性障碍，持续推动会计事业健康有序发展。

——坚持融合发展。坚持将会计工作摆到经济社会发展大局和财政管理工作全局中去布局、去谋划，以数字化技术为支撑，推动会计工作与国家宏观经济管理工作、单位经营管理活动深度融合，充分发挥会计工作基础性服务功能，不断提高会计工作服务经济社会发展的效能。

——坚持开放包容。坚持开放、包容、普惠、平衡、共赢的发展原则，践行习近平总书记“构建人类命运共同体”重要思想，统筹国内国际两个大局，深度参与会计领域国际治理和国际标准制定，持续加强会计领域国际交流与合作，不断提高我国在会计领域的国际话语权和影响力。

（三）总体目标。

“十四五”时期，会计改革与发展的总体目标是：主动适应我国经济社会发展客观需要，会计审计标准体系建设得到持续加强，会计审计业发展取得显著成效，会计人员素质得到全面提升，会计法治化、数字化进程取得实质性成果，会计基础性服务功能得到充分发挥，以实现更高质量、更加公平、更可持续的发展，更好服务我国经济社会发展大局和财政管理工作全局。

——会计审计标准更加科学。会计准则体系、管理会计指引体系、内部控制规范体系、会计信息化标准体系以及注册会计师职业准则体系等各类会计审计标准体系得到进一步完善，对基层会计实务工作的指导更加精准，对标准实施情况的跟踪反应机制更加及时高效，切实推动各类标准体系得到有效实施。

——会计审计业实现高质量发展。会计审计领域“放管服”改革进一步深化，会计审计秩序进一步规范，执业环境得到明显改善，服务能力和水平持续提升，行业信誉度不断增强，跨部门、多维度的行业监管体制机制进一步健全，监管合力进一步增强，国际化发展步伐进一步加快，培育出一批具有国际竞争力的会计服务机构，在持续推进更高水平的对外开放中发挥积极作用。

——人才队伍结构持续优化。以经济发展需求和行业发展趋势为导向，建立健全分层次、分类型的会计人才能力框架体系，持续创新会计人才培养方式方法，持续改进会计人才评价体系和评价手段，持续丰富会计人员继续教育内容，推动会计人员专业技能和职业道德素养全面提升，会计人才结构更加优化、会计人才队伍不断壮大。

——会计法治更具约束刚性。推动加快修订《中华人民共和国会计法》《中华人民共和国注册会计师法》，同步加强相关配套规章制度立法工作，切实提高立法工作质量和水平。贯彻实施国家统一的会计制度的刚性要求和法律约束得到强化，会计监督体系更加健全有效，会计监督执法力量得到充实，会计监督检查方式得到丰富，执法必严、违法必究的法治氛围不断浓厚，为经济平稳运行和市场健康发展提供有效法治保障。

——会计职能实现拓展升级。以数字化技术为支撑，以推动会计审计工作数字化转型为抓手，健全完善各种数据标准和安全使用规范，形成对内提升单位管理水平和风险管控能力、对外服务财政管理和宏观经济治理的会计职能拓展新格局。

三、主要任务

（一）持续推动会计审计标准体系高质量建设与实施。

1. 持续完善企业会计准则体系的建设与实施。

全面梳理并修订我国企业会计准则体系，明晰体系内各层级准则制度的框架和内容。

加强企业会计准则前瞻性研究，主动应对新经济、新业态、新模式的影响，积极谋划会计准则未来发展方向。紧密跟踪国际财务报告准则项目进展和国内实务发展，找准企业会计准则国际趋同和解决我国实际问题之间的平衡点和结合点，更好地促进我国企业创新和经济高质量发展。根据国内实务发展和国际趋同需要，定期更新准则汇编、应用指南汇编，研究制定企业会计准则解释，研究修订会计科目和报表格式。整合社会多方力量参与企业会计准则制定的研究工作，加强企业会计准则与监管、税收等政策的协调，增强企业会计准则制定的针对性和适用性。健全完善适用于中小型企业的会计准则体系。加强会计准则委员会的建设，充分发挥会计准则委员会在企业会计准则制定中的作用。

完善企业会计准则制度执行的运行框架，加强企业会计准则实施前模拟测试，建立适合我国的企业会计准则实施评估机制，确保企业会计准则体系的有效运行。优化企业会计准则实施快速反应机制，及时跟踪企业会计准则实施情况，进一步建立健全企业会计准则实施问题收集渠道，做好上市公司财报分析工作，加强企业会计准则应用案例、实施问答等实务指导，及时回应市场关切。继续发挥由政府监管部门、企业、会计师事务所、理论学者等多方参与的企业会计准则实施机制的作用，探索建立常态化联合解决问题机制，加强信息共享与沟通，提高企业会计准则执行效果。

2. 继续深化政府及非营利组织会计改革。

根据政府会计改革与发展需要，继续健全完善政府会计准则制度体系并推进全面有效实施。全面系统梳理政府会计准则制度体系并确立体系维护机制。加强对自然资源资产、文物文化资产、政府收入等政府会计问题的研究，制定有关政府会计具体准则。研究制定公立医院、高等学校、科学事业单位成本核算具体指引，扎实推进事业单位开展成本核算，研究行政单位成本核算相关问题。按年度制定发布政府会计准则制度解释，进一步明确准则制度中的相关规定。适时出台有关实施通知，进一步加强公共基础设施政府会计核算。加强对政府会计准则制度的宣传和培训，强化政府会计准则制度应用案例、实施问答等实务指导，及时回应和解决政府会计准则制度实施中的问题。健全完善政府会计准则制度建设与实施机制，积极发挥相关机制作用，推进政府会计准则制度全面有效实施。

适应非营利组织改革发展需要，修订完善非营利组织会计制度。修订发布工会会计制度及相关新旧衔接规定。适时修订民间非营利组织会计制度。加强对非营利组织会计制度的宣传和培训，推进相关会计制度全面有效实施。

进一步建立健全基金（资金）类会计标准，更好地满足相关改革发展需要。研究制定机关事业单位职业年金基金相关业务会计处理规定。配合相关基金（资金）管理改革需要，研究修订或制定相关基金（资金）类会计核算办法。加强对基金（资金）会计制度的宣传和培训，推进相关会计制度全面有效实施。

3. 不断完善和有效实施注册会计师职业准则体系。

与时俱进完善注册会计师职业准则体系，充分发挥其对注册会计师专业服务的规范和引领作用。深入研究新技术对注册会计师行业服务手段、服务质量、服务效率和服务风险的影响，制定或修订风险评估、会计估计审计、集团审计、温室气体排放鉴证、特殊目的审计、服务机构鉴证、商定程序等注册会计师执业准则。

紧密跟踪注册会计师职业准则的实施情况，指导会计师事务所建立健全质量管理体系，积极发挥技术咨询作用，及时回应行业关切。做好注册会计师审计实务指南和问题解答工作，提高会计师事务所理解和执行注册会计师职业准则的能力。持续完善注册会计师职业道德守则，加强审计职业道德体系建设，强化注册会计师职业道德准则的贯彻实施，筑牢执业道德底线，稳固诚信执业生命线。

（二）全面推动会计审计业高质量发展。

1. 依法整治行业秩序。

坚持系统思维、点面结合、综合施策，加强会计师事务所审计秩序整顿规范，紧抓质量提升主线，守住诚信操守底线，筑牢法律法规红线。建立健全监管合作机制，实现财会监督与其他监督有机贯通、协同发力。加强对会计师事务所与企业串联违规造假行为的惩戒，对弄虚作假、配合企业蒙骗监管部门和投资者的会计师事务所和注册会计师严惩重罚。严肃查处违法违规行为并曝光典型案例，着力整肃会计师事务所无证经营、网络售卖审计报告、注册会计师挂名执业、注册会计师超出胜任能力执业等行业乱象。按照“双随机、一公开”原则，加强代理记账机构及其从事代理记账业务情况的监督检查，坚决依法惩处代理记账机构违法违规行为。

2. 强化行业日常管理。

全面深化“放管服”改革，推动简政放权纵深发展。贯彻落实行政审批制度改革和简政放权要求，积极推进会计师事务所及其分所和代理记账机构执业许可行政审批制度改革，切实做好自贸区“证照分离”改革试点工作，进一步简化会计师事务所、注册会计师、代理记账机构审批业务流程、便利申请手续。探索建立审计报告数据单一来源制度，推动实现全国范围“一码通”。加强会计师事务所股东（合伙人）新增退出备案管理。调整完善市场禁入措施，积极推动改善执业环境，稳定会计师事务所发展预期。坚持问题导向，规范会计资料、审计底稿出境，保障会计审计数据安全。多措并举，进一步激发现代会计服务业市场主体活力。

充分发挥注册会计师协会、代理记账行业协会等社会组织自我服务、自律管理作用，加强行业协会管理，加强财政部门对行业协会的监督、指导，促进行业协会健康有序发展，做好相关行业的成长发展与监督约束。完善现代会计服务业政府行政管理、行业自律管理相互协调、相互配合、相互支撑的监管格局，加强行政监管队伍建设和能力建设，推动行政管理部门间的跨部门监管信息共享、共用，形成监管合力。

3. 优化行业执业环境。

推动建立质量导向的会计师事务所选聘机制，着力解决注册会计师行业恶性竞争问题。完善会计师事务所风险保障机制，采取建立风险保障基金和注册会计师执业责任保险等方式，督促会计师事务所提升风险防御能力。加强会计师事务所一体化管理，出台一体化管理办法，建立可衡量、可比较的指标体系，引导会计师事务所在人员调配、财务安排、业务承接、技术标准和信息化建设方面实行统一管理。推动注册会计师行业、代理记账行业电子证照的应用推广，实现电子证照跨地区、跨部门共享和全国范围内互信互认。继续推动解决合伙制会计师事务所取消地域名问题，促进会计师事务所跨地域发展。支持中西部经济欠发达地区会计审计业发展。

4. 提升行业服务能力。

结合大、中、小型会计师事务所特点，每年从一体化管理、信息化管理、“专精特”发展等方面树立典型示范，推广先进经验。着力培育一批国内领先、国际上有影响力的会计师事务所，助力更多自主品牌会计师事务所走向世界，积极打造注册会计师行业国际合作交流平台，服务中国经济参与和融入全球经济发展。创新继续教育方式，围绕专业胜任能力、职业技能、职业价值、职业道德等重点，丰富完善教育内容。充分利用信息技术手段，切实提高培训效果，持续保持和强化注册会计师专业胜任能力和职业道德操守，促进审计质量提升。

（三）培养造就高水平会计人才队伍。

1. 健全会计人才评价体系。

探索建立以诚信评价、专业评价、能力评价为维度的会计人才综合评价体系，引导和教育广大会计人员诚信执业、提升能力。完善会计专业技术资格考试评价制度，做好会计专业技术资格考试和评审工作，充分发挥会计人才评价的导向作用。推动会计专业技术资格考试与注册会计师等职业资格考试科目互认、与会计专业学位研究生教育相互衔接，畅通各类会计人员流动、提升的渠道。

2. 提高会计人员继续教育质量。

以经济发展需求和行业发展趋势为导向，以能力框架为指引，制定会计人员继续教育专业科目指南。修订中国注册会计师胜任能力指南。丰富继续教育内容和方式。积极推进继续教育信息化平台建设和应用。

3. 抓好会计人才培养重大工程。

重点做好企业总会计师、行政事业单位财务负责人、会计师事务所合伙人等高端财会人才培训培养工作。继续做好国际化高端会计人才培养工程、会计名家培养工程等长期人才培养项目。组织开展会计人才能力框架研究工作。健全会计人才使用机制，加强会计人才库建设，使高端会计人才更好服务于会计事业改革与经济社会发展。积极支持各地区、各部门因地制宜开展高端会计人才培养使用工作。

4. 推动学科发展和学历教育改革。

构建适应经济发展、产业结构调整、新技术革命和国家治理能力现代化等新形势的会计学科专业体系。配合教育部门深化会计学历教育改革，依托部分高校，聚焦直接影响会计学科专业建设的关键因素，从师资、课程、教材、教学内容与教学方式和实践基地等方面进行教改研究和探索。按照“产、学、研”一体化发展思路，优化会计学历教育人才培养结构，完善会计应用型人才培养机制。积极推进设立会计博士专业学位，完善会计专业学位体系，加强核心课程教材建设和会计专业学位教育质量认证，持续提升会计专业学位研究生培养质量。

5. 加强会计人才培养基地建设。

充分发挥国家会计学院、会计行业组织（团体）在会计人才培养上的重要作用。积极推动国家会计学院“国际一流、中国特色”学院建设，支持国家会计学院开展高端财会人才培养、会计专业研究生教育、新型财经智库建设、财经国际交流合作等。加强国家会计学院建设发展情况的定期评价工作。加强对会计行业组织（团体）的指导和监督，支持其加强会员管理，开展会员培训。鼓励和引导高校、科研院所、企业等参与会计人才培养，共同提高会计人员能力水平。

（四）全面推进会计法治建设。

1. 加快完善会计法治体系。

推动加快修订《中华人民共和国会计法》《中华人民共和国注册会计师法》及其配套规章制度，落实会计审计工作的主体责任，丰富行政监管手段，畅通单位内外部会计监督衔接渠道，加大对违法行为的惩处力度，完善民事责任承担机制，为持续推动会计审计工作法治化、规范化奠定制度基础。引导社会各方面广泛参与会计立法，在立法过程中同步推进释法宣法普法工作。创新运用多种方式开展会计普法教育，加强对新出台法律法规规章的解读，指导督促会计人员掌握法规制度、依法开展会计审计工作。通过立法普法，完善会计法治体系，构建科学立法、严格执法、公正司法、全民守法的会计法治体系。

2. 切实加强会计执法检查。

围绕深化财会监督的要求，依法加大对上市公司、国有企业、金融企业等实体及相关会计师事务所检查力度，加大对违法违规行为的行政处罚力度和公开曝光力度。优化执法检查机制，统一执法标准、统筹执法计划、统合执法力量，提升执法检查的专业性、权威性。

进一步强化部门协作机制，避免重复多头检查，切实做到有法必依执法必严、违法必究。

3. 持续推进会计诚信建设。

深入开展会计诚信教育，将会计职业道德作为会计人才培养、评价、继续教育的重要内容，推动财会类专业教育加强职业道德课程建设，不断提升会计人员诚信素养。加强会计诚信机制建设，依托会计管理信息平台，实现跨层级、跨部门、跨系统数据互联互通。加强会计诚信体系建设，全面建立会计行业信用记录，继续完善守信联合激励和失信联合惩戒机制。根据国家有关规定，加强对于诚实守信、忠于职守、坚持原则、作出显著成绩的会计人员的表彰奖励工作。加大会计诚信宣传力度，加强会计诚信文化建设，把法律规范和道德规范结合起来，以道德滋养法治精神，加强德治与法治的衔接与贯通，营造全行业守法、合规、诚信的向善向上氛围。

（五）切实加快会计审计数字化转型步伐。

1. 积极推动会计工作数字化转型。

做好会计工作数字化转型顶层设计。修订《企业会计信息化工作规范》，将会计信息化工作规范的适用范围从企业扩展至行政事业单位，实现会计信息化对单位会计核算流程和管理的全面覆盖。加强会计数据标准体系建设，研究制定涵盖输入、处理和输出等会计核算和管理全流程、各阶段的统一的企业会计数据标准。进一步健全对企业业务全流程数据的收集、治理、分析和利用机制，推动统一的企业会计数据标准应用。探索建立跨平台、结构化的会计数据共享机制。制定、试点并逐步推广电子凭证会计数据标准，推动电子会计凭证开具、接收、入账和归档全程数字化和无纸化。推动企业将内控制度和流程嵌入信息系统，推动行政事业单位借助信息化手段确保内部控制制度有效实施，推动地方试点乡镇街道等基层行政单位借助信息化手段提升内部控制。研究信息化新技术应用于会计基础工作、管理会计实践、财务会计工作和单位财务会计信息系统建设。

2. 积极推动审计工作数字化转型。

鼓励会计师事务所积极探索注册会计师审计工作数字化转型。大力推进函证数字化工作，加快推进函证集约化、规范化、数字化进程。积极推进函证数字化试点工作，制定、完善函证业务、数据等标准，加快函证电子化平台建设并规范、有序、安全运行，利用信息技术手段解决函证不实等问题，以提升审计效率效果、防范金融风险。研究制定注册会计师审计数字化转型相关指引，鼓励会计师事务所依法依规利用数字化审计技术。

3. 积极推动会计管理工作数字化转型。

优化全国统一会计人员管理服务平台，持续采集更新会计人员信息，完善会计人员信用信息，有效发挥平台社会服务功能，提高会计人员管理效率。完善财政会计行业管理系统，加大会计师事务所信息披露力度，满足企事业单位选聘会计师事务所信息需求。升级全国代理记账机构管理系统，积极探索依托信息化手段，实现对行业发展状况的实时动态跟踪，完善对代理记账机构的信用信息公示，提升事中事后监管效能。稳步推进会计行业管理信息化建设，发挥会计数据标准的作用，打通不同平台之间的数据接口，运用会计管理大数据，为提升国家治理体系和治理能力现代化提供数据支撑。

（六）大力推动会计职能拓展。

1. 推动会计职能对内拓展。

加强对企业管理会计应用的政策指导、经验总结和应用推广，推进管理会计在加速完善中国特色现代企业制度、促进企业有效实施经营战略、提高管理水平和经济效益等方面发挥积极作用。加强管理会计在行政事业单位的政策指导、经验总结和应用推广，为行政事业单位提升内部治理水平作出有益探索。全面修订完善内部控制规范体系，有针对性地加强内部控制规范的政策指导和监督检查，强化上市公司、国有企业、行政事业单位建立并有效实施内部控制的责任，为各类单位加强内部会计监督、有效开展风险防控、确保财务报告真实完整夯实基础。贯彻绿色发展理念，按照国家落实“碳达峰、碳中和”目标的政策方针和决策部署，加强可持续报告准则的研究，适时推动建立我国可持续报告制度。

2. 推动会计职能对外拓展。

服务政府预算管理、资产管理、债务管理、绩效管理等需要，推动有关各方加强对政府会计信息的分析应用，为提升政府部门财务管理水平和财政可持续性提供信息支撑。服务宏观经济管理需要，推动企业财务数据的有效分析运用，为财政部门及相关方面评估国家宏观经济运行和财政税收政策效果、做好相关政策决策等提供信息支撑。服务政府监管需要，探索企业财务报表数据共享试点，以会计数据库为基础，开发分析模型，分阶段形成非现场监管能力，支持会计准则高质量实施、审计质量提升以及其他监管工作，为会计监管数字化提供支撑。服务企业可持续发展需要，探索、总结、推广现代会计服务业在推动社会价值创造中的实践经验，及时总结推广数据增信缓解中小微企业融资难、融资贵等会计改革创新成果，充分发挥会计职能在市场资源配置中的作用，为企业创新发展提供支撑。

（七）全面参与会计国际治理。

1. 深度参与国际会计标准制定。

全面参与企业会计准则国际治理体系建设，实现在企业会计准则国际治理体系各个层级中有中方代表参与、在双边多边会计交流合作国际场合中反映中国声音、在支撑参与国际治理的各项基础能力建设工作中夯实制度基础，建立健全并严格执行准则项目研究报告制度、国际会计人才培养制度和涉外人员管理协同制度，有效提升参与企业会计准则国际治理能力。积极参与国际公共部门会计准则制定。

全面系统梳理会计国际治理层级，科学研究确立各层级参与策略，不断加大参与力度。全面参与国际财务报告准则基金会监督委员会、受托人、国际会计准则理事会、咨询委员会等治理层、核心技术层和战略层的各项事务，及时就会计国际治理体系改革重大问题加强协调沟通。加强国际会计技术前瞻性研究，广泛动员力量，积极发挥会计准则委员会作用，形成“目标统领、工作统筹、力量统合、口径统一”的整体工作格局。通过国际会计准则理事会解释委员会、会计准则咨询论坛、新兴经济体工作组及相关咨询工作组、全球主要会计学术组织等，多层次多渠道深度参与国际财务报告准则制定，密切跟踪国际可持续准则制定相关工作进展，充分发挥中方代表作用，在重大会计技术议题上阐明中方观点，影响国际准则制定。

2. 持续深化多边双边会计交流合作。

积极发展全球会计领域伙伴关系，不断扩大会计国际交流合作范围。持续深化《“一带一路”国家关于加强会计准则合作的倡议》下的会计交流合作，提升“一带一路”国家准则建设和实施能力，定期召开合作论坛会议，相互宣传本国会计准则、法规和监管政策等，共同探索解决会计准则建设实施过程中面临的问题，更好地支持“一带一路”建设，实现互利共赢。充分利用亚洲—大洋洲会计准则制定机构组、世界准则制定机构会议、会计准则制定机构国际论坛、中日韩三国会计准则制定机构、国际会计师联合会、亚太会计师联合会等多边机制，协调立场，发挥参与技术研究、引领议题讨论等作用。继续推进与其他国家或地区会计准则制定机构的多边双边合作交流，争取支持，为我国企业会计准则建设和国际趋同创造有利环境。

3. 稳妥推进会计服务市场双向开放。

秉持平等互利、合作共赢的原则，积极开展会计服务市场开放谈判，全面落实《关于建立更紧密经贸关系的安排》(CEPA)、《海峡两岸经济合作框架协议》(ECFA),积极参与自由贸易区、自由贸易港建设。继续加强与其他国家或地区的会计审计跨境监管合作,在互相尊重主权和法律尊严的前提下,寻求灵活务实的跨境监管合作途径和方式,降低监管成本,提高监管效率。

4. 研究资本市场开放相关会计审计政策。

适应资本市场开放要求,持续研究制定境外机构在华投融资会计审计标准适用政策。巩固与欧盟、英国、俄罗斯、中国香港会计准则等效成果。稳步推进中国—瑞士等会计审计准则等效互认磋商,加快推进中国—俄罗斯和中国—英国等审计准则等效互认磋商。

(八)加强会计理论和实务研究。

1. 组织会计理论攻关。

围绕会计改革与发展重点任务开展前瞻性、战略性研究。围绕会计法规制度建设、会计工作转型发展等主题开展重大项目、重点课题研究,加快推出系列成果,切实促进学术成果转化应用,为有关政策的制定完善和有效实施提供科学论证和决策参考。

2. 完善理论研究机制。

完善学术年会、专题研讨、专门论坛等学术活动机制,创新理论研究成果的转化应用机制,优化期刊选稿用稿、论文评选呈报、人才选拔推荐等学术评价机制,加强对政策导向和实务工作相关问题的研究,建立各级各类会计学会及其所属机构分工合作的学术工作机制,逐步形成以中国会计学会为引领,服务全国、协同高效的会计理论研究体系,结合会计改革发展进程组织开展案例研究,讲好中国故事。

3. 深化国际学术交流。

充分发挥中国会计学会、国家会计学院等在深化会计国际学术交流中的平台作用,有效运用“一带一路”财经发展研究中心等国际合作机制,配合国家对外开放发展战略开展学术交流合作,更好地服务于经贸往来和资本流动。

四、保障措施

(一)加强组织领导。

要结合本规划纲要的内容,重点抓好《会计信息化发展规划(2021—2025年)》《会计行业人才发展规划(2021—2025年)》和《注册会计师行业发展规划(2021—2025年)》三项子规划的编制实施,积极推动重点改革发展任务落地见效。各级财政部门和中央有关主管部门要重视和加强会计管理工作,统筹规划,组织协调,确保规划纲要的有效落实;指导、督促会计管理机构、会计行业组织、会计学会等加强协作、抓好落实,共同推进会计管理工作,促进本地区(部门)会计管理工作水平不断迈上新台阶。各地区(部门)应当积极推动规划纲要中重大的会计改革与发展举措与本地区(部门)的国民经济和社会发展“十四五”规划、财政“十四五”规划的有效衔接,充分发挥会计在推动经济社会发展中的基础性服务功能。有条件的地区(部门),可以结合实际研究制定本地区(部门)会计“十四五”规划或配套政策措施,确保有关重大会计改革任务如期完成、取得实效。

(二)健全会计管理机构。

各级财政部门要高度重视会计管理机构和队伍建设,进一步健全会计管理机构,充实会计管理队伍,落实会计管理经费,为会计改革与发展提供重要的组织、人力资源和资金保障。各级会计管理机构要增强服务意识,用好工作联系点制度,抓好窗口建设,进一步提升会计管理工作效能和服务质量。

(三)积极营造良好社会氛围。

各级财政部门和中央有关部门应当采取多种形式,广泛宣传规划纲要的基本内容,广泛宣传“十四五”时期会计改革与发展的目标任务，争取社会各界对会计改革与发展的理解、重视、支持，为全面深化会计改革与发展营造良好的社会氛围。

（四）建立健全考核检查机制。

各级财政部门和中央有关部门要对规划纲要确定的目标任务进行分解，并督促落实。要定期检查、评估纲要的落实情况，针对存在问题及时采取有效措施，确保规划纲要确定的各项目标任务落到实处、取得实效。

附录

“十四五”时期会计改革与发展指标

指标	2025 年	属性
注册会计师行业规模		
（1）注册会计师行业从业人员数量	40 万人	预期性
（2）有国际竞争力影响力的会计师事务所数量	10 家	预期性
（3）注册会计师行业年收入规模	1 900 亿元	预期性
代理记账行业规模		
（4）代理记账机构执业人数	30 万人	预期性
（5）代理记账机构数量	7.5 万家	预期性
（6）代理记账行业年收入规模	300 亿元	预期性
会计人员队伍规模		
（7）具备初级资格会计人员数量	>900 万人	预期性
（8）具备中级资格会计人员数量	>300 万人	预期性
（9）具备高级资格会计人员数量	>25 万人	预期性
高端人才培养数量		
（10）国际化高端人才数量	150 人	预期性
（11）会计名家数量	15 人	预期性
（12）大中型企业总会计师、行政事业单位财务负责人年均培训人数	3 600 人	预期性
（13）会计师事务所合伙人年培训人数	1 000 人	预期性

第二章　综合性会计基础工作管理法规

1. 人民币银行结算账户管理办法实施细则（2005 年颁布）

（银发〔2005〕16 号）

第一章　总　　则

第一条　为加强人民币银行结算账户（以下简称“银行结算账户”）管理，维护经济金融秩序稳定，根据《人民币银行结算账户管理办法》（以下简称《办法》），制定本实施细则。

第二条　《办法》和本实施细则所称银行，是指在中华人民共和国境内依法经批准设立，可经营人民币支付结算业务的银行业金融机构。

第三条　中国人民银行是银行结算账户的监督管理部门，负责对银行结算账户的开立、使用、变更和撤销进行检查监督。

第四条　中国人民银行通过人民币银行结算账户管理系统（以下简称“账户管理系统”）和其他合法手段，对银行结算账户的开立、使用、变更和撤销实施监控和管理。

第五条　中国人民银行对下列单位银行结算账户实行核准制度：

（一）基本存款账户；

（二）临时存款账户（因注册验资和增资验资开立的除外）；

（三）预算单位专用存款账户；

（四）合格境外机构投资者在境内从事证券投资开立的人民币特殊账户和人民币结算资金账户（以下简称“QFII 专用存款账户”）。

上述银行结算账户统称核准类银行结算账户。

第六条　《办法》中“开户登记证”全部改为开户许可证。开户许可证是中国人民银行依法准予申请人在银行开立核准类银行结算账户的行政许可证件，是核准类银行结算账户合法性的有效证明。

中国人民银行在核准开立基本存款账户、临时存款账户（因注册验资和增资验资开立的除外）、预算单位专用存款账户和 QFII 专用存款账户时分别颁发基本存款账户开户许可证、临时存款账户开户许可证和专用存款账户开户许可证（附式 1）。

第七条　人民银行在颁发开户许可证时，应在开户许可证中载明下列事项：

（一）“开户许可证”字样；

（二）开户许可证编号；

（三）开户核准号；

（四）中国人民银行当地分支行账户管理专用章；

（五）核准日期；

（六）存款人名称；

（七）存款人的法定代表人或单位负责人姓名；

（八）开户银行名称；

（九）账户性质；

（十）账号。

临时存款账户开户许可证除记载上述事项外，还应记载临时存款账户的有效期限。

第八条 《办法》和本实施细则所称“注册地”是指存款人的营业执照等开户证明文件上记载的住所地。

第二章 银行结算账户的开立

第九条 存款人应以实名开立银行结算账户，并对其出具的开户申请资料实质内容的真实性负责、法律、行政法规另有规定的除外。银行应负责对存款人开户申请资料的真实性、完整性和合规性进行审查。中国人民银行应负责对银行报送的核准类银行结算账户的开户资料的合规性以及存款人开立基本存款账户的唯一性进行审核。

第十条 境外（含港澳台地区）机构在境内从事经营活动的，或境内单位在异地从事临时活动的，持政府有关部门批准其从事该项活动的证明文件，经中国人民银行当地分支行核准后可开立临时存款账户。

第十一条 单位存款人因增资验资需要开立银行结算账户的，应持其基本存款账户开户许可证、股东会或董事会决议等证明文件，在银行开立一个临时存款账户。该账户的使用和撤销比照因注册验资开立的临时存款账户管理。

第十二条 存款人为临时机构的，只能在其驻在地开立一个临时存款账户，不得开立其他银行结算账户。

存款人在异地从事临时活动的，只能在其临时活动地开立一个临时存款账户。

建筑施工及安装单位企业在异地同时承建多个项目的，可根据建筑施工及安装合同开立不超过项目合同个数的临时存款账户。

第十三条 《办法》第十七条所称“税务登记证”是指国税登记证或地税登记证。

存款人为从事生产、经营活动的纳税人，根据国家有关规定无法取得税务登记证的，在申请开立基本存款账户时可不出具税务登记证。

第十四条 存款人凭《办法》第十九条规定的同一证明文件，只能开立一个专用存款账户。

合格境外机构投资者申请开立 QFII 专用存款账户应根据《办法》第二十条的规定出具证明文件，无须出具基本存款账户开户许可证。

第十五条 自然人除可凭《办法》第二十二条规定的证明文件申请开立个人银行结算账户外，还可凭下列证明文件申请开立个人银行结算账户：

（一）居住在境内的中国公民，可出具户口簿或护照。

（二）军队（武装警察）离退休干部以及在解放军军事院校学习的现役军人，可出具离休干部荣誉证、军官退休证、文职干部退休证或军事院校学员证。

（三）居住在境内或境外的中国籍的华侨，可出具中国护照。

（四）外国边民在我国边境地区的银行开立个人银行账户，可出具所在国制发的《边民出入境通行证》。

（五）获得在中国永久居留资格的外国人，可出具外国人永久居留证。

第十六条 《办法》第二十三条第（一）项所称出具“未开立基本存款账户的证明”（附式 2）适用以下三种情形：

（一）注册地已运行账户管理系统，但经营地尚未运行账户管理系统的；

（二）经营地已运行账户管理系统，但注册地尚未运行账户管理系统的；

（三）注册地和经营地均未运行账户管理系统的。

第十七条 存款人为单位的，其预留签章为该单位的公章或财务专用章加其法定代表人（单位负责人）或其授权的代理人的签名或者盖章。存款人为个人的，其预留签章为该个人的签名或者盖章。

第十八条 存款人在申请开立单位银行结算账户时，其申请开立的银行结算账户的账户名称、出具的开户证明文件上记载的存款人名称以及预留银行签章中公章或财务专用章的名称应保持一致，但下列情形除外：

（一）因注册验资开立的临时存款账户，其账户名称为工商行政管理部门核发的“企业名称预先核准通知书”或政府有关部门批文中注明的名称，其预留银行签章中公章或财务专用章的名称应是存款人与银行在银行结算账户管理协议中约定的出资人名称；

（二）预留银行签章中公章或财务专用章的名称依法可使用简称的，账户名称应与其保持一致；

（三）没有字号的个体工商户开立的银行结算账户，其预留签章中公章或财务专用章应是个体户字样加营业执照上载明的经营者的签字或盖章。

第十九条 存款人因注册验资或增资验资开立临时存款账户后，需要在临时存款账户有效期届满前退还资金的，应出具工商行政管理部门的证明；无法出具证明的，应于账户有效期届满后办理销户退款手续。

第二十条 《办法》第二十七条所称“填制开户申请书”是指，存款人申请开立单位银行结算账户时，应填写“开立单位银行结算账户申请书”（附式3），并加盖单位公章。存款人有组织机构代码、上级法人或主管单位的，应在“开立单位银行结算账户申请书”上如实填写相关信息。存款人有关联企业的，应填写“关联企业登记表”（附式4）。存款人申请开立个人银行结算账户时，应填写“开立个人银行结算账户申请书”（附式5），并加其个人签章。

第二十一条 中国人民银行当地分支行在核准存款人开立基本存款账户后，应为存款人打印初始密码，由开户银行转交存款人。

存款人可到中国人民银行当地分支行或基本存款账户开户银行，提交基本存款账户开户许可证，使用密码查询其已经开立的所有银行结算账户的相关信息。

第二十二条 开户银行和存款人签订的银行结算账户管理协议的内容可在开户申请书中列明，也可由开户银行与存款人另行约定。

第二十三条 存款人符合《办法》和本实施细则规定的开户条件的，银行应为其开立银行结算账户。

第三章 银行结算账户的使用

第二十四条 《办法》第三十六条所称“临时存款账户展期”的具体办理程序是，存款人在临时存款账户有效期届满前申请办理展期时，应填写“临时存款账户展期申请书”（附式6），并加盖单位公章，连同临时存款账户开户许可证及开立临时存款账户时需要出具的相关证明文件一并通过开户银行报送中国人民银行当地分支行。

符合展期条件的，中国人民银行当地分支行应核准其展期，收回原临时存款账户开户许可证，并颁发新的临时存款账户开户许可证。不符合展期条件的，中国人民银行当地分支行不核准其展期申请，存款人应及时办理该临时存款账户的撤销手续。

第二十五条 《办法》第三十八条所称“正式开立之日”具体是指：对于核准类银行结算账户，“正式开立之日”为中国人民银行当地分支行的核准日期；对于非核准类单位银行结算账户，“正式开立之日”为银行为存款人办理开户手续的日期。

第二十六条 当存款人在同一银行营业机构撤销银行结算账户后重新开立银行结算账户时，重新开立的银行结算账户可自开立之日起办理付款业务。

第二十七条 《办法》第四十一条所称“有下列情形之一的”，是指“有下列情形之一”，且符合“单位从其银行结算账户支付给个人银行结算账户的款项每笔超过5万元”的情形。

第二十八条 《办法》第四十二条所称“银行应按第四十条、第四十一条规定认真审查付款依据或收款依据的原件，并留存复印件”是指：对于《办法》第四十条规定的情形，单位银行结算账户的开户银行应认真审查付款依据的原件，并留存复印件；对于《办法》第四十一条规定的情形，个人银行结算账户的开户银行应认真审查收款依据的原件，并留存复印件。

存款人应对其提供的收款依据或付款依据的真实性、合法性负责，银行应按会计档案管理规定保管收款依据、付款依据的复印件。

第二十九条 个人持出票人（或申请人）为单位且一手或多手背书人为单位的支票、银行汇票或银行本票，向开户银行提示付款并将款项转入其个人银行结算账户的，应按照《办法》第四十一条和本实施细则第二十八条的规定，向开户银行出具最后一手背书人为单位且被背书人为个人的收款依据。

第三十条 《办法》第四十四条所称“规定期限”是指银行与存款人约定的期限。

第四章 银行结算账户的变更与撤销

第三十一条 《办法》第四十六条所称“提出银行结算账户的变更申请”是指，存款人申请办理银行结算账户信息变更时，应填写“变更银行结算账户申请书”（附式7）。属于申请变更单位银行结算账户的，应加盖单位公章；属于申请变更个人银行结算账户的，应加其个人签章。

第三十二条 存款人申请变更核准类银行结算账户的存款人名称、法定代表人或单位负责人的，银行应在接到变更申请后的2个工作日内，将存款人的“变更银行结算账户申请书”、开户许可证以及有关证明文件报送中国人民银行当地分支行。

符合变更条件的，中国人民银行当地分支行核准其变更申请，收回原开户许可证，颁发新的开户许可证。不符合变更条件的，中国人民银行当地分支行不核准其变更申请。

第三十三条 存款人因《办法》第四十九条第（一）（二）项原因撤销银行结算账户的，应先撤销一般存款账户、专用存款账户、临时存款账户，将账户资金转入基本存款账户后，方可办理基本存款账户的撤销。

第三十四条 存款人因《办法》第四十九条第（三）（四）项原因撤销基本存款账户后，需要重新开立基本存款账户的，应在撤销其原基本存款账户后10日内申请重新开立基本存款账户。

存款人在申请重新开立基本存款账户时，除应根据《办法》第十七条的规定出具相关证明文件外，还应出具“已开立银行结算账户清单”（附式8）。

第三十五条 存款人申请撤销银行结算账户时，应填写“撤销银行结算账户申请书”（附式9）。属于申请撤销单位银行结算账户的，应加盖单位公章；属于申请撤销个人银行结算账户的，应加其个人签章。

第三十六条 银行在收到存款人撤销银行结算账户的申请后，对于符合销户条件的，应在2个工作日内办理撤销手续。

第三十七条　《办法》第五十四条所称交回“开户登记证”是指存款人撤销核准类银行结算账户时应交回开户许可证。

第三十八条　存款人申请临时存款账户展期，变更、撤销单位银行结算账户以及补（换）发开户许可证时，可由法定代表人或单位负责人直接办理，也可授权他人办理。

由法定代表人或单位负责人直接办理的，除出具相应的证明文件外，还应出具法定代表人或单位负责人的身份证件；授权他人办理的，除出具相应的证明文件外，还应出具法定代表人或单位负责人的身份证件及其出具的授权书，以及被授权人的身份证件。

第三十九条　对于按照《办法》和本实施细则规定应撤销而未办理销户手续的单位银行结算账户，银行应通知该单位银行结算账户的存款人自发出通知之日起30日内办理销户手续，逾期视同自愿销户，未划转款项列入欠悬未取专户管理。

第五章　银行结算账户的管理

第四十条　中国人民银行当地分支行通过账户管理系统与支付系统、同城票据交换系统等系统的连接，实现相关银行结算账户信息的比对，依法监测和查处未经中国人民银行核准或未向中国人民银行备案的银行结算账户。

第四十一条　账户管理系统中的银行机构代码是按照中国人民银行规定的编码规则为银行编制的，用于识别银行身份的唯一标识，是账户管理系统的基础数据。

中国人民银行负责银行机构代码信息的统一管理和维护。银行应按要求准确、完整、及时地向中国人民银行当地分支行申报银行机构代码信息。

第四十二条　中国人民银行应将开户许可证作为重要空白凭证进行管理，建立健全开户许可证的印制、保管、领用、颁发、收缴和销毁制度。

第四十三条　开户许可证遗失或毁损时，存款人应填写“补（换）发开户许可证申请书”（附式10），并加盖单位公章，比照《办法》和本实施细则有关开立银行结算账户的规定，通过开户银行向中国人民银行当地分支行提出补（换）发开户许可证的申请。申请换发开户许可证的，存款人应缴回原开户许可证。

第四十四条　单位存款人申请更换预留公章或财务专用章，应向开户银行出具书面申请、原预留公章或财务专用章等相关证明材料。

单位存款人申请更换预留公章或财务专用章但无法提供原预留公章或财务专用章的，应向开户银行出具原印鉴卡片、开户许可证、营业执照正本、司法部门的证明等相关证明文件。

单位存款人申请变更预留公章或财务专用章，可由法定代表人或单位负责人直接办理，也可授权他人办理。由法定代表人或单位负责人直接办理的，除出具相应的证明文件外，还应出具法定代表人或单位负责人的身份证件；授权他人办理的，除出具相应的证明文件外，还应出具法定代表人或单位负责人的身份证件及其出具的授权书，以及被授权人的身份证件。

第四十五条　单位存款人申请更换预留个人签章，可由法定代表人或单位负责人直接办理，也可授权他人办理。

由法定代表人或单位负责人直接办理的，应出具加盖该单位公章的书面申请以及法定代表人或单位负责人的身份证件。

授权他人办理的，应出具加盖该单位公章的书面申请、法定代表人或单位负责人的身份证件及其出具的授权书、被授权人的身份证件。无法出具法定代表人或单位负责人的身份证件的，应出具加盖该单位公章的书面申请、该单位出具的授权书以及被授权人的身份证件。

第四十六条 存款人应妥善保管其密码。存款人在收到开户银行转交的初始密码之后，应到中国人民银行当地分支行或基本存款账户开户银行办理密码变更手续。

存款人遗失密码的，应持其开户时需要出具的证明文件和基本存款账户开户许可证到中国人民银行当地分支行申请重置密码。

第六章 附 则

第四十七条 本实施细则所称各类申请书，可由银行参照本实施细则所附申请书式样，结合本行的需要印制，但必须包含本实施细则所附申请书式样中列明的记载事项。

第四十八条 《办法》和本实施细则所称身份证件，是指符合《办法》第二十二条和本实施细则第十五条规定的身份证件。

第四十九条 本实施细则由中国人民银行负责解释、修改。

第五十条 本实施细则自2005年1月31日起施行。

附式1：开户许可证（基本存款账户）（略）
附式1：开户许可证（专用存款账户）（略）
附式1：开户许可证（临时存款账户）（略）
附式2：未开立基本存款账户证明（略）
附式3：开立单位银行结算账户申请书（略）
附式4：关联企业登记表（略）
附式5：开立个人银行结算账户申请书（略）
附式6：临时存款账户展期申请书（略）
附式7：变更银行结算账户申请书（略）
附式8：已开立银行结算账户清单（略）
附式9：撤销银行结算账户申请书（略）
附式10：补（换）发开户许可证申请书（略）

2. 会计档案管理办法（2015年颁布）

（中华人民共和国财政部　国家档案局令第79号）

第一条 为了加强会计档案管理，有效保护和利用会计档案，根据《中华人民共和国会计法》《中华人民共和国档案法》等有关法律和行政法规，制定本办法。

第二条 国家机关、社会团体、企业、事业单位和其他组织（以下统称单位）管理会计档案适用本办法。

第三条 本办法所称会计档案是指单位在进行会计核算等过程中接收或形成的，记录和反映单位经济业务事项的，具有保存价值的文字、图表等各种形式的会计资料，包括通过计算机等电子设备形成、传输和存储的电子会计档案。

第四条 财政部和国家档案局主管全国会计档案工作，共同制定全国统一的会计档案工作制度，对全国会计档案工作实行监督和指导。

县级以上地方人民政府财政部门和档案行政管理部门管理本行政区域内的会计档案工

作，并对本行政区域内会计档案工作实行监督和指导。

第五条 单位应当加强会计档案管理工作，建立和完善会计档案的收集、整理、保管、利用和鉴定销毁等管理制度，采取可靠的安全防护技术和措施，保证会计档案的真实、完整、可用、安全。

单位的档案机构或者档案工作人员所属机构（以下统称单位档案管理机构）负责管理本单位的会计档案。单位也可以委托具备档案管理条件的机构代为管理会计档案。

第六条 下列会计资料应当进行归档：

（一）会计凭证，包括原始凭证、记账凭证；

（二）会计账簿，包括总账、明细账、日记账、固定资产卡片及其他辅助性账簿；

（三）财务会计报告，包括月度、季度、半年度、年度财务会计报告；

（四）其他会计资料，包括银行存款余额调节表、银行对账单、纳税申报表、会计档案移交清册、会计档案保管清册、会计档案销毁清册、会计档案鉴定意见书及其他具有保存价值的会计资料。

第七条 单位可以利用计算机、网络通信等信息技术手段管理会计档案。

第八条 同时满足下列条件的，单位内部形成的属于归档范围的电子会计资料可仅以电子形式保存，形成电子会计档案：

（一）形成的电子会计资料来源真实有效，由计算机等电子设备形成和传输；

（二）使用的会计核算系统能够准确、完整、有效接收和读取电子会计资料，能够输出符合国家标准归档格式的会计凭证、会计账簿、财务会计报表等会计资料，设定了经办、审核、审批等必要的审签程序；

（三）使用的电子档案管理系统能够有效接收、管理、利用电子会计档案，符合电子档案的长期保管要求，并建立了电子会计档案与相关联的其他纸质会计档案的检索关系；

（四）采取有效措施，防止电子会计档案被篡改；

（五）建立电子会计档案备份制度，能够有效防范自然灾害、意外事故和人为破坏的影响；

（六）形成的电子会计资料不属于具有永久保存价值或者其他重要保存价值的会计档案。

第九条 满足本办法第八条规定条件，单位从外部接收的电子会计资料附有符合《中华人民共和国电子签名法》规定的电子签名的，可仅以电子形式归档保存，形成电子会计档案。

第十条 单位的会计机构或会计人员所属机构（以下统称单位会计管理机构）按照归档范围和归档要求，负责定期将应当归档的会计资料整理立卷，编制会计档案保管清册。

第十一条 当年形成的会计档案，在会计年度终了后，可由单位会计管理机构临时保管一年，再移交单位档案管理机构保管。因工作需要确需推迟移交的，应当经单位档案管理机构同意。

单位会计管理机构临时保管会计档案最长不超过三年。临时保管期间，会计档案的保管应当符合国家档案管理的有关规定，且出纳人员不得兼管会计档案。

第十二条 单位会计管理机构在办理会计档案移交时，应当编制会计档案移交清册，并按照国家档案管理的有关规定办理移交手续。

纸质会计档案移交时应当保持原卷的封装。电子会计档案移交时应当将电子会计档案及其元数据一并移交，且文件格式应当符合国家档案管理的有关规定。特殊格式的电子会计档案应当与其读取平台一并移交。

单位档案管理机构接收电子会计档案时，应当对电子会计档案的准确性、完整性、可用性、安全性进行检测，符合要求的才能接收。

第十三条 单位应当严格按照相关制度利用会计档案，在进行会计档案查阅、复制、借出时履行登记手续，严禁篡改和损坏。

单位保存的会计档案一般不得对外借出。确因工作需要且根据国家有关规定必须借出的，应当严格按照规定办理相关手续。

会计档案借用单位应当妥善保管和利用借入的会计档案，确保借入会计档案的安全完整，并在规定时间内归还。

第十四条 会计档案的保管期限分为永久、定期两类。定期保管期限一般分为10年和30年。

会计档案的保管期限，从会计年度终了后的第一天算起。

第十五条 各类会计档案的保管期限原则上应当按照本办法附表执行，本办法规定的会计档案保管期限为最低保管期限。

单位会计档案的具体名称如有同本办法附表所列档案名称不相符的，应当比照类似档案的保管期限办理。

第十六条 单位应当定期对已到保管期限的会计档案进行鉴定，并形成会计档案鉴定意见书。经鉴定，仍需继续保存的会计档案，应当重新划定保管期限；对保管期满，确无保存价值的会计档案，可以销毁。

第十七条 会计档案鉴定工作应当由单位档案管理机构牵头，组织单位会计、审计、纪检监察等机构或人员共同进行。

第十八条 经鉴定可以销毁的会计档案，应当按照以下程序销毁：

（一）单位档案管理机构编制会计档案销毁清册，列明拟销毁会计档案的名称、卷号、册数、起止年度、档案编号、应保管期限、已保管期限和销毁时间等内容。

（二）单位负责人、档案管理机构负责人、会计管理机构负责人、档案管理机构经办人、会计管理机构经办人在会计档案销毁清册上签署意见。

（三）单位档案管理机构负责组织会计档案销毁工作，并与会计管理机构共同派员监销。监销人在会计档案销毁前，应当按照会计档案销毁清册所列内容进行清点核对；在会计档案销毁后，应当在会计档案销毁清册上签名或盖章。

电子会计档案的销毁还应当符合国家有关电子档案的规定，并由单位档案管理机构、会计管理机构和信息系统管理机构共同派员监销。

第十九条 保管期满但未结清的债权债务会计凭证和涉及其他未了事项的会计凭证不得销毁，纸质会计档案应当单独抽出立卷，电子会计档案单独转存，保管到未了事项完结时为止。

单独抽出立卷或转存的会计档案，应当在会计档案鉴定意见书、会计档案销毁清册和会计档案保管清册中列明。

第二十条 单位因撤销、解散、破产或其他原因而终止的，在终止或办理注销登记手续之前形成的会计档案，按照国家档案管理的有关规定处置。

第二十一条 单位分立后原单位存续的，其会计档案应当由分立后的存续方统一保管，其他方可以查阅、复制与其业务相关的会计档案。

单位分立后原单位解散的，其会计档案应当经各方协商后由其中一方代管或按照国家档案管理的有关规定处置，各方可以查阅、复制与其业务相关的会计档案。

单位分立中未结清的会计事项所涉及的会计凭证，应当单独抽出由业务相关方保存，并按照规定办理交接手续。

单位因业务移交其他单位办理所涉及的会计档案，应当由原单位保管，承接业务单位可以查阅、复制与其业务相关的会计档案。对其中未结清的会计事项所涉及的会计凭证，应当单独抽出由承接业务单位保存，并按照规定办理交接手续。

第二十二条　单位合并后原各单位解散或者一方存续其他方解散的，原各单位的会计档案应当由合并后的单位统一保管。单位合并后原各单位仍存续的，其会计档案仍应当由原各单位保管。

第二十三条　建设单位在项目建设期间形成的会计档案，需要移交给建设项目接受单位的，应当在办理竣工财务决算后及时移交，并按照规定办理交接手续。

第二十四条　单位之间交接会计档案时，交接双方应当办理会计档案交接手续。

移交会计档案的单位，应当编制会计档案移交清册，列明应当移交的会计档案名称、卷号、册数、起止年度、档案编号、应保管期限和已保管期限等内容。

交接会计档案时，交接双方应当按照会计档案移交清册所列内容逐项交接，并由交接双方的单位有关负责人负责监督。交接完毕后，交接双方经办人和监督人应当在会计档案移交清册上签名或盖章。

电子会计档案应当与其元数据一并移交，特殊格式的电子会计档案应当与其读取平台一并移交。档案接受单位应当对保存电子会计档案的载体及其技术环境进行检验，确保所接收电子会计档案的准确、完整、可用和安全。

第二十五条　单位的会计档案及其复制件需要携带、寄运或者传输至境外的，应当按照国家有关规定执行。

第二十六条　单位委托中介机构代理记账的，应当在签订的书面委托合同中，明确会计档案的管理要求及相应责任。

第二十七条　违反本办法规定的单位和个人，由县级以上人民政府财政部门、档案行政管理部门依据《中华人民共和国会计法》《中华人民共和国档案法》等法律法规处理处罚。

第二十八条　预算、计划、制度等文件材料，应当执行文书档案管理规定，不适用本办法。

第二十九条　不具备设立档案机构或配备档案工作人员条件的单位和依法建账的个体工商户，其会计档案的收集、整理、保管、利用和鉴定销毁等参照本办法执行。

第三十条　各省、自治区、直辖市、计划单列市人民政府财政部门、档案行政管理部门，新疆生产建设兵团财务局、档案局，国务院各业务主管部门，中国人民解放军总后勤部，可以根据本办法制定具体实施办法。

第三十一条　本办法由财政部、国家档案局负责解释，自2016年1月1日起施行。1998年8月21日财政部、国家档案局发布的《会计档案管理办法》（财会字〔1998〕32号）同时废止。

附表：

1. 企业和其他组织会计档案保管期限表。

2. 财政总预算、行政单位、事业单位和税收会计档案保管期限表。

附表 1

企业和其他组织会计档案保管期限表

序号	档案名称	保管期限	备注
一	会计凭证		
1	原始凭证	30 年	
2	记账凭证	30 年	
二	会计账簿		
3	总账	30 年	
4	明细账	30 年	
5	日记账	30 年	
6	固定资产卡片		固定资产报废清理后保管 5 年
7	其他辅助性账簿	30 年	
三	财务会计报告		
8	月度、季度、半年度财务会计报告	10 年	
9	年度财务会计报告	永久	
四	其他会计资料		
10	银行存款余额调节表	10 年	
11	银行对账单	10 年	
12	纳税申报表	10 年	
13	会计档案移交清册	30 年	
14	会计档案保管清册	永久	
15	会计档案销毁清册	永久	
16	会计档案鉴定意见书	永久	

附表 2

财政总预算、行政单位、事业单位和税收会计档案保管期限表

序号	档案名称	保管期限			备注
		财政总预算	行政单位事业单位	税收会计	
一	会计凭证				
1	国家金库编送的各种报表及缴库退库凭证	10 年		10 年	
2	各收入机关编送的报表	10 年			
3	行政单位和事业单位的各种会计凭证		30 年		包括原始凭证、记账凭证和传票汇总表
4	财政总预算拨款凭证和其他会计凭证	30 年			包括拨款凭证和其他会计凭证
二	会计账簿				
5	日记账		30 年	30 年	
6	总账	30 年	30 年	30 年	
7	税收日记账（总账）			30 年	
8	明细分类、分户账或登记簿	30 年	30 年	30 年	
9	行政单位和事业单位固定资产卡片				固定资产报废清理后保管 5 年
三	财务会计报告				
10	政府综合财务报告	永久			下级财政、本级部门和单位报送的保管 2 年
11	部门财务报告		永久		所属单位报送的保管 2 年
12	财政总决算	永久			下级财政、本级部门和单位报送的保管 2 年
13	部门决算		永久		所属单位报送的保管 2 年
14	税收年报（决算）			永久	
15	国家金库年报（决算）	10 年			
16	基本建设拨、贷款年报（决算）	10 年			
17	行政单位和事业单位会计月、季度报表		10 年		所属单位报送的保管 2 年

（续表）

序号	档案名称	保管期限			备注
		财政总预算	行政单位事业单位	税收会计	
18	税收会计报表			10 年	所属税务机关报送的保管 2 年
四	其他会计资料				
19	银行存款余额调节表	10 年	10 年		
20	银行对账单	10 年	10 年	10 年	
21	会计档案移交清册	30 年	30 年	30 年	
22	会计档案保管清册	永久	永久	永久	
23	会计档案销毁清册	永久	永久	永久	
24	会计档案鉴定意见书	永久	永久	永久	

注：税务机关的税务经费会计档案保管期限，按行政单位会计档案保管期限规定办理。

3. 关于规范电子会计凭证报销入账归档的通知（2020 年颁布）

（财会〔2020〕6 号）

党中央有关部门财务部门、档案部门，各省、自治区、直辖市、计划单列市财政厅（局）、档案局，新疆生产建设兵团财政局、档案局，国务院各部委财务部门、档案部门，财政部各地监管局，有关人民团体财务部门、档案部门，中央企业财务部门、档案部门：

为适应电子商务、电子政务发展，规范各类电子会计凭证的报销入账归档，根据国家有关法律、行政法规，现就有关事项通知如下。

一、本通知所称电子会计凭证，是指单位从外部接收的电子形式的各类会计凭证，包括电子发票、财政电子票据、电子客票、电子行程单、电子海关专用缴款书、银行电子回单等电子会计凭证。

二、来源合法、真实的电子会计凭证与纸质会计凭证具有同等法律效力。

三、除法律和行政法规另有规定外，同时满足下列条件的，单位可以仅使用电子会计凭证进行报销入账归档：

（一）接收的电子会计凭证经查验合法、真实；

（二）电子会计凭证的传输、存储安全、可靠，对电子会计凭证的任何篡改能够及时被发现；

（三）使用的会计核算系统能够准确、完整、有效接收和读取电子会计凭证及其元数据，能够按照国家统一的会计制度完成会计核算业务，能够按照国家档案行政管理部门规定格式输出电子会计凭证及其元数据，设定了经办、审核、审批等必要的审签程序，且能有效防止电子会计凭证重复入账；

（四）电子会计凭证的归档及管理符合《会计档案管理办法》（财政部、国家档案局令第 79 号）等要求。

四、单位以电子会计凭证的纸质打印件作为报销入账归档依据的，必须同时保存打印该纸质件的电子会计凭证。

五、符合档案管理要求的电子会计档案与纸质档案具有同等法律效力。除法律、行政法规另有规定外，电子会计档案可不再另以纸质形式保存。

六、单位和个人在电子会计凭证报销入账归档中存在违反本通知规定行为的，县级以上人民政府财政部门、档案行政管理部门应当依据《中华人民共和国会计法》《中华人民共和国档案法》等有关法律、行政法规处理处罚。

七、本通知由财政部、国家档案局负责解释，并自发布之日起施行。

财政部
国家档案局
2020 年 3 月 23 日

4. 代理记账管理办法（2019 年修订）

（中华人民共和国财政部令第 98 号）

第一条　为了加强代理记账资格管理，规范代理记账活动，促进代理记账行业健康发展，根据《中华人民共和国会计法》等法律、行政法规，制定本办法。

第二条　代理记账资格的申请、取得和管理，以及代理记账机构从事代理记账业务，适用本办法。

本办法所称代理记账机构是指依法取得代理记账资格，从事代理记账业务的机构。

本办法所称代理记账是指代理记账机构接受委托办理会计业务。

第三条　除会计师事务所以外的机构从事代理记账业务，应当经县级以上地方人民政府财政部门（以下简称审批机关）批准，领取由财政部统一规定样式的代理记账许可证书。具体审批机关由省、自治区、直辖市、计划单列市人民政府财政部门确定。

会计师事务所及其分所可以依法从事代理记账业务。

第四条　申请代理记账资格的机构应当同时具备以下条件：

（一）为依法设立的企业；

（二）专职从业人员不少于 3 名；

（三）主管代理记账业务的负责人具有会计师以上专业技术职务资格或者从事会计工作不少于三年，且为专职从业人员；

（四）有健全的代理记账业务内部规范。

代理记账机构从业人员应当具有会计类专业基础知识和业务技能，能够独立处理基本会计业务，并由代理记账机构自主评价认定。

本条第一款所称专职从业人员是指仅在一个代理记账机构从事代理记账业务的人员。

第五条　申请代理记账资格的机构，应当向所在地的审批机关提交申请及下列材料，并对提交材料的真实性负责：

（一）统一社会信用代码；

（二）主管代理记账业务的负责人具备会计师以上专业技术职务资格或者从事会计工作不少于三年的书面承诺；

（三）专职从业人员在本机构专职从业的书面承诺；

（四）代理记账业务内部规范。

第六条 审批机关审批代理记账资格应当按照下列程序办理：

（一）申请人提交的申请材料不齐全或不符合规定形式的，应当在5日内一次告知申请人需要补正的全部内容，逾期不告知的，自收到申请材料之日起即视为受理；申请人提交的申请材料齐全、符合规定形式的，或者申请人按照要求提交全部补正申请材料的，应当受理申请。

（二）受理申请后应当按照规定对申请材料进行审核，并自受理申请之日起10日内作出批准或者不予批准的决定。10日内不能作出决定的，经本审批机关负责人批准可延长10日，并应当将延长期限的理由告知申请人。

（三）作出批准决定的，应当自作出决定之日起10日内向申请人发放代理记账许可证书，并向社会公示。审批机关进行全覆盖例行检查，发现实际情况与承诺内容不符的，依法撤销审批并给予处罚。

（四）作出不予批准决定的，应当自作出决定之日起10日内书面通知申请人。书面通知应当说明不予批准的理由，并告知申请人享有依法申请行政复议或者提起行政诉讼的权利。

第七条 申请人应当自取得代理记账许可证书之日起20日内通过企业信用信息公示系统向社会公示。

第八条 代理记账机构名称、主管代理记账业务的负责人发生变更，设立或撤销分支机构，跨原审批机关管辖地迁移办公地点的，应当自作出变更决定或变更之日起30日内依法向审批机关办理变更登记，并应当自变更登记完成之日起20日内通过企业信用信息公示系统向社会公示。

代理记账机构变更名称的，应当向审批机关领取新的代理记账许可证书，并同时交回原代理记账许可证书。

代理记账机构跨原审批机关管辖地迁移办公地点的，迁出地审批机关应当及时将代理记账机构的相关信息及材料移交迁入地审批机关。

第九条 代理记账机构设立分支机构的，分支机构应当及时向其所在地的审批机关办理备案登记。

分支机构名称、主管代理记账业务的负责人发生变更的，分支机构应当按照要求向其所在地的审批机关办理变更登记。

代理记账机构应当在人事、财务、业务、技术标准、信息管理等方面对其设立的分支机构进行实质性的统一管理，并对分支机构的业务活动、执业质量和债务承担法律责任。

第十条 未设置会计机构或配备会计人员的单位，应当委托代理记账机构办理会计业务。

第十一条 代理记账机构可以接受委托办理下列业务：

（一）根据委托人提供的原始凭证和其他相关资料，按照国家统一的会计制度的规定进行会计核算，包括审核原始凭证、填制记账凭证、登记会计账簿、编制财务会计报告等；

（二）对外提供财务会计报告；

（三）向税务机关提供税务资料；

（四）委托人委托的其他会计业务。

第十二条 委托人委托代理记账机构代理记账，应当在相互协商的基础上，订立书面委托合同。委托合同除应具备法律规定的基本条款外，应当明确下列内容：

（一）双方对会计资料真实性、完整性各自应当承担的责任；

（二）会计资料传递程序和签收手续；

（三）编制和提供财务会计报告的要求；

（四）会计档案的保管要求及相应的责任；

（五）终止委托合同应当办理的会计业务交接事宜。

第十三条 委托人应当履行下列义务：

（一）对本单位发生的经济业务事项，应当填制或者取得符合国家统一的会计制度规定的原始凭证；

（二）应当配备专人负责日常货币收支和保管；

（三）及时向代理记账机构提供真实、完整的原始凭证和其他相关资料；

（四）对于代理记账机构退回的，要求按照国家统一的会计制度的规定进行更正、补充的原始凭证，应当及时予以更正、补充。

第十四条 代理记账机构及其从业人员应当履行下列义务：

（一）遵守有关法律、法规和国家统一的会计制度的规定，按照委托合同办理代理记账业务；

（二）对在执行业务中知悉的商业秘密予以保密；

（三）对委托人要求其作出不当的会计处理，提供不实的会计资料，以及其他不符合法律、法规和国家统一的会计制度行为的，予以拒绝；

（四）对委托人提出的有关会计处理相关问题予以解释。

第十五条 代理记账机构为委托人编制的财务会计报告，经代理记账机构负责人和委托人负责人签名并盖章后，按照有关法律、法规和国家统一的会计制度的规定对外提供。

第十六条 代理记账机构应当于每年 4 月 30 日之前，向审批机关报送下列材料：

（一）代理记账机构基本情况表（附表，略）；

（二）专职从业人员变动情况。

代理记账机构设立分支机构的，分支机构应当于每年 4 月 30 日之前向其所在地的审批机关报送上述材料。

第十七条 县级以上人民政府财政部门对代理记账机构及其从事代理记账业务情况实施监督，随机抽取检查对象、随机选派执法检查人员，并将抽查情况及查处结果依法及时向社会公开。

对委托代理记账的企业因违反财税法律、法规受到处理处罚的，县级以上人民政府财政部门应当将其委托的代理记账机构列入重点检查对象。

对其他部门移交的代理记账违法行为线索，县级以上人民政府财政部门应当及时予以查处。

第十八条 公民、法人或者其他组织发现有违反本办法规定的代理记账行为，可以依法向县级以上人民政府财政部门进行举报，县级以上人民政府财政部门应当依法进行处理。

第十九条 代理记账机构采取欺骗、贿赂等不正当手段取得代理记账资格的，由审批机关撤销其资格，并对代理记账机构及其负责人给予警告，记入会计领域违法失信记录，根据有关规定实施联合惩戒，并向社会公告。

第二十条 代理记账机构在经营期间达不到本办法规定的资格条件的，审批机关发现后，应当责令其在60日内整改；逾期仍达不到规定条件的，由审批机关撤销其代理记账资格。

第二十一条 代理记账机构有下列情形之一的，审批机关应当办理注销手续，收回代理记账许可证书并予以公告：

（一）代理记账机构依法终止的；

（二）代理记账资格被依法撤销或撤回的；

（三）法律、法规规定的应当注销的其他情形。

第二十二条 代理记账机构违反本办法第七条、第八条、第九条、第十四条、第十六条规定，由县级以上人民政府财政部门责令其限期改正，拒不改正的，将代理记账机构及其负责人列入重点关注名单，并向社会公示，提醒其履行有关义务；情节严重的，由县级以上人民政府财政部门按照有关法律、法规给予行政处罚，并向社会公示。

第二十三条 代理记账机构及其负责人、主管代理记账业务负责人及其从业人员违反规定出具虚假申请材料或者备案材料的，由县级以上人民政府财政部门给予警告，记入会计领域违法失信记录，根据有关规定实施联合惩戒，并向社会公告。

第二十四条 代理记账机构从业人员在办理业务中违反会计法律、法规和国家统一的会计制度的规定，造成委托人会计核算混乱、损害国家和委托人利益的，由县级以上人民政府财政部门依据《中华人民共和国会计法》等有关法律、法规的规定处理。

代理记账机构有前款行为的，县级以上人民政府财政部门应当责令其限期改正，并给予警告；有违法所得的，可以处违法所得3倍以下罚款，但最高不得超过3万元；没有违法所得的，可以处1万元以下罚款。

第二十五条 委托人向代理记账机构隐瞒真实情况或者委托人会同代理记账机构共同提供虚假会计资料的，应当承担相应法律责任。

第二十六条 未经批准从事代理记账业务的单位或者个人，由县级以上人民政府财政部门按照《中华人民共和国行政许可法》及有关规定予以查处。

第二十七条 县级以上人民政府财政部门及其工作人员在代理记账资格管理过程中，滥用职权、玩忽职守、徇私舞弊的，依法给予行政处分；涉嫌犯罪的，移送司法机关处理。

第二十八条 代理记账机构依法成立的行业组织，应当维护会员合法权益，建立会员诚信档案，规范会员代理记账行为，推动代理记账信息化建设。

代理记账行业组织应当接受县级以上人民政府财政部门的指导和监督。

第二十九条 本办法规定的“5日”“10日”“20日”“30日”均指工作日。

第三十条 省级人民政府财政部门可以根据本办法制定具体实施办法，报财政部备案。

第三十一条 外商投资企业申请代理记账资格，从事代理记账业务按照本办法和其他有关规定办理。

第三十二条 本办法自2016年5月1日起施行，财政部2005年1月22日发布的《代理记账管理办法》（财政部令第27号）同时废止。

5. 关于开展电子非税收入一般缴款书试点的通知（2021 年颁布）

（财库〔2021〕31 号）

党中央有关部门，国务院各部委、各直属机构，全国人大常委会办公厅，全国政协办公厅，最高人民法院，最高人民检察院，有关人民团体，财政部各地监管局：

为进一步深化非税收入收缴领域“放管服”改革，提高非税收入一般缴款书（以下简称缴款书）监管水平和工作效率，充分利用现代信息化管理手段，推动企业和群众缴纳非税收入“一网、一门、一次”，财政部决定在中央部门和单位开展电子缴款书试点，现将有关事宜通知如下。

一、高度重视试点工作

电子缴款书是指由财政部监管、执收单位依法收缴政府非税收入时，运用计算机和信息网络技术开具、存储、传输和接收的数字电文形式的凭证，是以电子数据形式表现的财政票据，电子缴款书和纸质缴款书具有同等法律效力。

通过非税收入收缴管理系统开具的电子缴款书，以数字信息代替纸质缴款书，以电子签名代替手工签章，实现缴款书电子开票、自动核销、全程跟踪、源头控制，有利于节约社会资源和成本，方便缴款人保存使用，提高财政监管水平和效率，进一步规范单位财务管理。

财政部负责组织实施电子缴款书试点工作，确定电子缴款书试点单位和实施步骤，建立健全相关管理制度。执收单位要提高认识，高度重视，加强组织实施，确保试点工作稳步推进。

二、试点内容

电子缴款书由财政部制定技术规范，依托非税收入收缴管理系统进行管理，基本要素包括：缴款码、执收单位编码、执收单位名称、票据代码、票据号码、校验码、填制日期、付款人（全称、账号、开户银行）、收款人（全称、账号、开户银行）、项目编码、收入项目名称、单位、数量、收缴标准、金额、执收单位签章、财政部门监制签章等。

财政部负责发放电子缴款书；执收单位负责开具电子缴款书并发送至缴款人；缴款人可通过服务平台等查验电子缴款书真伪；执收单位和缴款人可使用真实有效的电子缴款书进行入账处理；电子缴款书可分别由财政部、执收单位和缴款人进行归档保存。基本管理流程如下：

（一）制样。财政部通过非税收入收缴管理系统财政端制作形成电子缴款书票据模板文件，实行全国统一的票据式样（附件 1）、编码规则（附件 2）和数据规范。电子缴款书数据规范包括数据要素、数据结构、数据格式和防伪方法等内容。电子缴款书应当套印全国统一式样的财政票据监制章。

（二）赋码。由财政部向执收单位发放电子缴款书票号，保证票号唯一性。赋码模式原则上为执收单位开票时系统按照财政部设定规则自动分配。对确有需要的执收单位，由执收单位向财政部申请后，财政部向执收单位预发票号，执收单位按顺序使用。

（三）生成。执收单位通过非税收入收缴管理系统开具电子缴款书（仅有缴款通知功能），包含单位电子签名。缴款人持电子缴款书上携带的缴款码，通过代理银行向财政缴纳款项后，财政端验证电子票号唯一性、执收单位签名有效性，追加财政监制电子签名，生成完整的电子缴款书。执收单位具有业务系统的，可与非税收入收缴管理系统对接，通过其业务系统开具电子缴款书。

（四）传输。执收单位可使用非税收入收缴管理系统，通过系统自带的通知方式（电子邮件）发送电子缴款书给缴款人；也可将电子缴款书下载后，通过短信、电子邮件等多种方式发送至缴款人。传输过程中发生的形式变化不得影响电子缴款书内容的真实性和完整性。

（五）查验。缴款人通过服务平台等查验电子缴款书的真伪。

（六）入账。执收单位和缴款人可凭电子缴款书进行入账、报销等财务处理。执收单位、缴款人及有记账需要的其他受票单位不得使用电子缴款书重复记账。

（七）核销。执收单位应按照票据管理规定，定期对已使用电子缴款书开票金额和实际执收金额进行核对，确保一致后申请核销，上传财政端自动审核。

（八）归档。财政部、执收单位、缴款人分别按照《会计档案管理办法》有关规定进行归档，形成符合长期保管要求的电子会计档案。执收单位以电子缴款书的纸质打印件作为报销入账归档依据的，必须同时保存打印该纸质件的电子会计凭证。财政部归档作为备查依据，执收单位归档可作为记账依据，缴款人归档可作为报销凭据。符合档案管理要求的电子会计档案与纸质档案具有同等法律效力。除法律、行政法规另有规定外，电子会计档案可不再另以纸质形式保存。

三、试点步骤

（一）筹备启动（2021 年 8 月）。各试点中央部门和单位积极做好试点筹备工作，结合实际细化任务措施。完成非税收入收缴管理系统相关功能升级优化，满足试点工作需求。

（二）组织实施（2021 年 9 月起）。各试点中央部门和单位正式启用电子缴款书，出现问题应及时向财政部反馈。财政部密切跟踪试点情况，履行电子缴款书的监督管理职责，根据试点工作情况，适时调整工作要求，完善配套措施，全力推进试点顺利开展。

（三）总结提升（2021 年 12 月起）。各试点中央部门和单位总结梳理电子缴款书试点工作情况，包括主要做法和成效、存在的问题和工作建议等，于 2021 年 12 月 15 日前将试点工作总结报送财政部。财政部将全面总结、分析和提炼试点经验，及时调整完善，形成可推广可复制的经验和做法，逐步在中央部门和单位全面推广电子缴款书。

四、其他要求

各试点中央部门和单位（附件 3）要加强系统用户数字证书（UKEY) 的管理，不得转让、出借，业务人员变更后应及时回收并申请注销；要规范开具电子缴款书，确保信息真实、完整、可用和安全，保证开票信息与非税收入收缴信息内容一致。

在全面实施缴款书无纸化前，执收单位应按缴款人需求提供换开纸质缴款书服务，换开的纸质缴款书按照相关办法及规定管理。

各试点中央部门和单位应建立健全内部控制制度，强化电子缴款书使用管理，报销入账归档应严格执行《会计档案管理办法》（财政部 国家档案局令第 79 号）和《财政部 国家档案局关于规范电子会计凭证报销入账归档的通知》（财会〔2020〕6 号）规定。

本通知自印发之日起实施。

附件：1. 电子缴款书式样

2. 电子缴款书编码规则

3. 第一期电子缴款书管理试点单位情况表

财 政 部

2021 年 8 月 16 日

附件 1：

电子缴款书式样

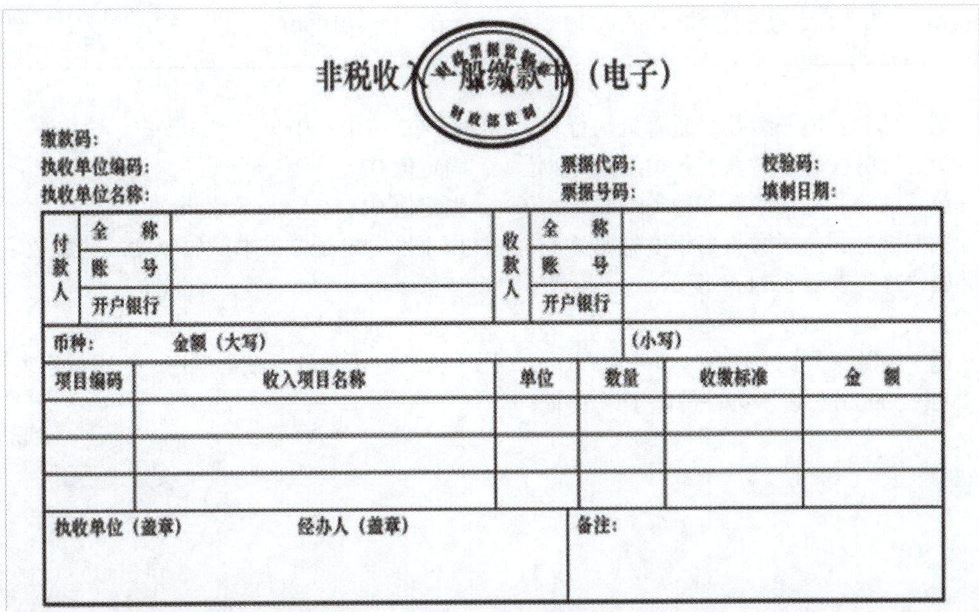

非税收入一般缴款书（电子）

财政部监制

缴款码：

执收单位编码：　　票据代码：　　校验码：

执收单位名称：　　票据号码：　　填制日期：

付款人	全　称		收款人	全　称	
	账　号			账　号	
	开户银行			开户银行	
币种：	金额（大写）			（小写）	

项目编码	收入项目名称	单位	数量	收缴标准	金　额

执收单位（盖章）　经办人（盖章）	备注：

说明

1. 票面要素。票面要素包括：电子《非税收入一般缴款书》名称、电子《非税收入一般缴款书》监制章、缴款码、执收单位编码、执收单位名称、票据代码、票据号码、校验码、填制日期、二维码、付款人信息（全称、账号、开户银行）、收款人信息（全称、账号、开户银行）、币种、金额（大写）/（小写）、项目编码、收入项目名称、单位、数量、收缴标准、金额、执收单位（盖章）、经办人（盖章）、备注等。

2. 字体字号。标题为华文中宋，居中；正文字体为华文中宋。

3. 颜色、套章等要求。文字和表格颜色：棕色；在标题正中位置套财政票据监制章（正红色）。

附件 2：

电子缴款书编码规则

电子缴款书编码由票据代码和票据号码两部分组成，票据代码和票据号码组合，可以在全国范围内唯一识别某份电子缴款书。

（一）电子缴款书代码。

电子缴款书代码设计为8位，由电子缴款书监管机构行政区划编码、电子缴款书分类编码、电子缴款书种类编码、电子缴款书年度编码4部分组成。

<table>
<tr><td>编码序号</td><td>1</td><td>2</td><td>3</td><td>4</td><td>5</td><td>6</td><td>7</td><td>8</td></tr>
<tr><td>说明</td><td colspan="2">电子缴款书监管机构行政区划编码2位</td><td colspan="2">固定03</td><td colspan="2">固定01</td><td colspan="2">电子缴款书年度编码2位</td></tr>
</table>

第一部分：电子缴款书监管机构行政区划编码（2位），中央用“00”。

第二部分：电子缴款书分类编码（2位），固定值03。

第三部分：电子缴款书种类编码（2位），固定值01。

第四部分：电子缴款书年度编码（2位），用于区分电子缴款书赋码年度，使用数字表示。如“21”表示2021年度。

（二）电子缴款书号码。

电子缴款书号码（10位）。采用顺序号，用于反映电子缴款书赋码顺序，使用数字表示。如“0000000001”表示第一份电子缴款书。

附件3：

第一期电子缴款书管理试点单位情况表

序号	中央部门	试点单位
1	人力资源社会保障部	职业技能鉴定中心
2	证监会	证监会本级
3	工业和信息化部	国家无线电监测中心
4	工业和信息化部	清算中心
5	工业和信息化部	北京市通信管理局

第三章　综合性会计电算化管理相关法规

1. 会计信息化发展规划（2021—2025 年）（2021 年颁布）

（财会〔2021〕36 号）

为科学规划“十四五”时期会计信息化工作，指导国家机关、企业、事业单位、社会团体和其他组织（以下统称单位）应用会计数据标准，推进会计数字化转型，支撑会计职能拓展，推动会计信息化工作向更高水平迈进，根据《中华人民共和国国民经济和社会发展第十四个五年规划和 2035 年远景目标纲要》《财政“十四五”规划》和《会计改革与发展“十四五”规划纲要》有关精神，制定本规划。

一、面临的形势与挑战

（一）“十三五”时期会计信息化工作回顾。

——会计信息化建设有序推进，夯实了会计转型升级基础。各单位积极推进会计信息化建设，部分单位实现了会计核算的集中和共享处理，推动会计工作从传统核算型向现代管理型转变。单位内部控制嵌入信息系统的程度不断提升，为实施精准有效的内部会计监督奠定了基础。

——业财融合程度逐步加强，提升了单位经营管理水平。会计信息系统得到普遍推广应用，为单位会计核算工作提供了有力保障。企业资源计划（ERP）逐步普及，促进了会计信息系统与业务信息系统的初步融合，有效提升了单位服务管理效能和经营管理水平。

——新一代信息技术得到初步应用，推动了会计工作创新发展。大数据、人工智能、移动互联、云计算、物联网、区块链等新技术在会计工作中得到初步应用，智能财务、财务共享等理念以及财务机器人等自动化工具逐步推广，优化了会计机构组织形式，拓展了会计人员工作职能，提升了会计数据的获取和处理能力。

——电子会计资料逐步推广，促进了会计信息深度应用。企业会计准则通用分类标准持续修订完善，在国资监管、保险监管等领域有效实施；修订《会计档案管理办法》，出台电子会计凭证报销入账归档相关规定，推动电子会计资料普遍推广，促进了会计信息的深度应用。

在会计信息化工作取得一定成效的同时，还应当正视存在的问题和不足，主要表现在：会计信息化发展水平不均衡，部分单位会计信息系统仅满足传统会计核算需要，未能对业务和管理形成支撑和驱动，业财融合程度有待进一步加强；有些行业和单位仍存在“信息孤岛”现象，会计数据未能有效共享，无法充分发挥会计数据作用；会计数据标准尚未完全统一，制约了会计数字化转型进程，未能对会计、审计工作起到应有的支撑作用；对会计信息安全的实践和理论研究不够，会计信息化工作的创新发展受到制约；社会合力推进会计信息化的氛围不浓，会计信息化对会计职能拓展的支撑不够有力；会计信息化资金投入和人才培养不足。这些问题需要在“十四五”时期切实加以解决。

（二）“十四五”时期会计信息化工作面临的形势与挑战。

——经济社会数字化转型全面开启。随着大数据、人工智能等新技术创新迭代速度加快，经济社会数字化转型全面开启，对会计信息化实务和理论提出了新挑战，也提供了新机遇。运用新技术推动会计工作数字化转型，需要加快解决标准缺失、制度缺位、人才缺乏等问题。

——单位业财融合需求更加迫切。一方面，业务创新发展和新技术创新迭代不断提出新的业财融合需求；另一方面，多数单位业财融合仍处于起步或局部应用阶段，推动业财深度融合的需求较为迫切。

——会计数据要素日益重要。随着数字经济和数字社会发展，数据已经成为五大生产要素之一。会计数据要素是单位经营管理的重要资源。通过将零散的、非结构化的会计数据转变为聚合的、结构化的会计数据要素，发挥其服务单位价值创造功能，是会计工作实现数字化转型的重要途径。进一步提升会计数据要素服务单位价值创造的能力是会计数字化转型面临的主要挑战。

——会计数据安全风险不容忽视。随着基于网络环境的会计信息系统的广泛应用，会计数据在单位内部、各单位之间共享和使用，会计数据传输、存储等环节存在数据泄露、篡改及损毁的风险，会计信息系统和会计数据安全风险不断上升，需要采取有效的防范措施。

二、总体要求

（一）指导思想。

以习近平新时代中国特色社会主义思想为指导，全面贯彻党的十九大和十九届历次全会精神，立足新发展阶段，完整、准确、全面贯彻新发展理念，构建新发展格局，推动高质量发展，紧紧围绕服务经济社会发展大局和财政管理工作全局，积极支持加快数字化发展、建设数字中国，提升会计信息化水平，推动会计数字化转型，构建形成国家会计信息化发展体系，充分发挥会计信息在服务宏观经济管理、政府监管、会计行业管理、单位内部治理中的重要支撑作用。

（二）基本原则。

——立足大局、服务发展。准确把握全球信息化脉搏和趋势，贯彻落实国家有关信息化、数字化、智能化发展战略部署，服务我国经济社会发展、财政管理工作、会计管理工作和单位会计数字化转型。

——问题导向、精准发力。直面“十三五”期间会计信息化发展中的痛点难点问题，充分把握新时代会计数字化转型的新形势、新机遇，集中力量解决会计信息化进程中面临的重点难点问题。

——统筹谋划、分步实施。坚持系统化发展理念，注重统筹谋划、合理布局，坚持重点突破、分步实施，逐步建立会计信息化可持续协调发展的长效机制。

——鼓励创新、包容共享。以技术和管理创新为动力，鼓励社会各方在符合相关法律、法规和制度的前提下，利用新一代信息技术开展各种会计信息化应用探索，促进会计信息化工作创新发展。

——稳妥有序、确保安全。在全国会计信息化水平仍不均衡的条件下，推动各地区、各部门根据不同发展阶段实际需要，有序开展会计信息化建设。加强会计信息安全风险防范，确保我国会计信息系统总体安全。

（三）总体目标。

“十四五”时期，我国会计信息化工作的总体目标是：服务我国经济社会发展大局和财政管理工作全局，以信息化支撑会计职能拓展为主线，以标准化为基础，以数字化为突破口，引导和规范我国会计信息化数据标准、管理制度、信息系统、人才建设等持续健康发展，积极推动会计数字化转型，构建符合新时代要求的国家会计信息化发展体系。

——会计数据标准体系基本建立。结合国内外会计行业发展经验以及我国会计数字化转型需要，会同相关部门逐步建立健全覆盖会计信息系统输入、处理、输出等各环节的会计数据标准，形成较为完整的会计数据标准体系。

——会计信息化制度规范持续完善。落实《中华人民共和国会计法》等国家相关法律法规的新要求，顺应会计工作应用新技术的需要，完善会计信息化工作规范、软件功能规范等配套制度规范，健全会计信息化安全管理制度和安全技术标准。

——会计数字化转型升级加快推进。加快推动单位会计工作、注册会计师审计工作和会计管理工作数字化转型。鼓励各部门、各单位探索会计数字化转型的实现路径，运用社会力量和市场机制，逐步实现全社会会计信息化应用整体水平的提升。

——会计数据价值得到有效发挥。提升会计数据的质量、价值与可用性，探索形成服务价值创造的会计数据要素，有效发挥会计数据在经济资源配置和单位内部管理中的作用，支持会计职能对内对外拓展。

——会计监管信息实现互通共享。通过数据标准、信息共享机制和信息交换平台等方面的基础建设，在安全可控的前提下，初步实现监管部门间会计监管数据的互通和共享，提升监管效率，形成监管合力。

——会计信息化人才队伍不断壮大。完善会计人员信息化方面能力框架，丰富会计人员信息化继续教育内容，创新会计信息化人才培养方式，打造懂会计、懂业务、懂信息技术的复合型会计信息化人才队伍。

三、主要任务

（一）加快建立会计数据标准体系，推动会计数据治理能力建设。

统筹规划、制定和实施覆盖会计信息系统输入、处理和输出等环节的会计数据标准，为会计数字化转型奠定基础。

——在输入环节，加快制定、试点和推广电子凭证会计数据标准，统筹解决电子票据接收、入账和归档全流程的自动化、无纸化问题。到“十四五”时期末，实现电子凭证会计数据标准对主要电子票据类型的有效覆盖。

——在处理环节，探索制定财务会计软件底层会计数据标准，规范会计核算系统的业务规则和技术标准，并在一定范围进行试点，满足各单位对会计信息标准化的需求，提升相关监管部门获取会计数据生产系统底层数据的能力。

——在输出环节，推广实施企业财务报表会计数据标准，推动企业向不同监管部门报送的各种报表中的会计数据口径尽可能实现统一，降低编制及报送成本、提高报表信息质量，增强会计数据共享水平，提升监管效能。

（二）制定会计信息化工作规范和软件功能规范，进一步完善配套制度机制。

推动修订《中华人民共和国会计法》，为单位开展会计信息化建设、推动会计数字化转型提供法制保障。完善会计信息化工作规范和财务软件功能规范，规范信息化环境下的会计工作，提高财务软件质量，为会计数字化转型提供制度支撑。探索建立会计信息化工作分级分类评估制度和财务软件功能第三方认证制度，督促单位提升会计信息化水平，推动会计数据标准全面实施。

（三）深入推动单位业财融合和会计职能拓展，加快推进单位会计工作数字化转型。

通过会计信息的标准化和数字化建设，推动单位深入开展业财融合，充分运用各类信息技术，探索形成可扩展、可聚合、可比对的会计数据要素，提升数据治理水平。夯实单位应用管理会计的数据基础，助推单位开展个性化、有针对性的管理会计活动，加强绩效管理，增强价值创造力。完善内部控制制度的信息化配套建设，推动内部控制制度有效实施。推动乡镇街道等基层单位运用信息化手段，提升内部控制水平。发挥会计信息化在单位可持续报告编报中的作用，加强社会责任管理。

（四）加强函证数字化和注册会计师审计报告防伪等系统建设，积极推进审计工作数字化转型。

围绕注册会计师行业审计数据采集、审计报告电子化、行业管理服务数据、电子签章与证照等领域，构建注册会计师行业数据标准体系。鼓励会计师事务所积极探索全流程的智能审计作业平台及辅助工具，逐步实现远程审计、大数据审计和智能审计。大力推进审计函证数字化工作，制定、完善审计函证业务规范和数据标准，加快函证集中处理系统建设，鼓励函证数字平台发展和规范、有序、安全运行。探索建立审计报告单一来源制度，推动实现全国范围"一码通"，从源头上治理虚假审计报告问题。

（五）优化整合各类会计管理服务平台，切实推动会计管理工作数字化转型。

优化全国统一的会计人员管理服务平台，完善会计人员信用信息，有效发挥平台的监督管理和社会服务作用。构建注册会计师行业统一监管信息平台，加强日常监测，提升监管效率和水平，加大信息披露力度。升级全国代理记账机构管理系统，实现对行业发展状况的实时动态跟踪，完善对代理记账机构的奖惩信息公示，提升事中事后监管效能。系统重塑会计管理服务平台，稳步推进会计行业管理信息化建设，运用会计行业管理大数据，为国家治理体系和治理能力现代化提供数据支撑。

（六）加速会计数据要素流通和利用，有效发挥会计信息在服务资源配置和宏观经济管理中的作用。

以会计数据标准为抓手，支持各类票据电子化改革，推进企业财务报表数字化，推动企业会计信息系统数据架构趋于一致，制定实施小微企业会计数据增信标准，助力缓解融资难、融资贵问题，促进会计数据要素的流通和利用，发挥会计信息在资源配置中的支撑作用。利用大数据等技术手段，加强会计数据与相关数据的整合分析，及时反映宏观经济总体运行状况及发展趋势，为财政政策、产业发展政策以及宏观经济管理决策提供参考，发挥会计信息对宏观经济管理的服务作用。

（七）探索建立共享平台和协同机制，推动会计监管信息的互通共享。

积极推动会计数据标准实施，在安全可控的前提下，探索建立跨部门的会计信息交换机制和共享平台。到"十四五"时期末，初步实现各监管部门在财务报表数据层面和关键数据交换层面上的数据共享和互认，基本实现财务报表数据的标准化、结构化和单一来源，有效降低各监管部门间数据交换和比对核实的成本，提升监管效能。

（八）健全安全管理制度和安全技术标准，加强会计信息安全和跨境会计信息监管。

坚持积极防御、综合防范的方针，在全面提高单位会计信息安全防护能力的同时，重点保障各部门监管系统中会计信息的安全。针对不同类型的单位，建立健全会计信息分级分类安全管理制度、安全技术标准和监控体系，加强对会计信息系统的审计，建立信息安全的有效保障机制和应急处理机制。探索跨境会计信息监管标准、方法和路径，防止境内外有关机构和个人通过违法违规和不当手段获取、传输会计信息，切实保障国家信息安全。

（九）加强会计信息化人才培养，繁荣会计信息化理论研究。

各单位要加强复合型会计信息化人才培养，高等院校要适当增加会计信息化课程内容的比重，加大会计信息化人才培养力度。在会计人员能力框架、会计专业技术资格考试大纲、会计专业高等和职业教育大纲中增加对会计信息化和会计数字化转型的能力要求。推动理论界研究会计数字化转型的理论与实践、机遇与挑战、安全与伦理等基础问题，研究国家会计数据管理体系等重大课题，开展会计信息化应用案例交流，形成一批能引领时代发展的会计信息化研究成果。

四、实施保障

（一）强化组织领导，明确职责分工。

财政部要加强与中央有关主管部门的统筹协调，建立健全运行高效、职能明确、分工清晰的会计信息化工作机制，实现政策制定和政策实施的联动协调，形成推进合力。有条件的地区（部门）可以结合实际，制定本地区（部门）的会计信息化发展规划或实施方案，切实将规划各项任务落到实处。注册会计师协会要以行业信息化战略为引领，指导和推动会计师事务所数字化转型，推进行业高质量发展。充分发挥全国会计信息化标准化技术委员会的作用，加快制定会计信息化国家标准。

（二）精心推动实施，形成工作合力。

单位负责人是本单位会计信息化工作的第一责任人，总会计师（或分管财务会计工作负责人）和财务会计部门要落实分管责任和具体责任。各单位要结合实际需要，制定会计信息化工作方案，加强组织实施和经费保障，切实推动本单位会计信息化工作。代理记账机构要积极探索会计资源共享服务理念，探索打造以会计数据为核心的数据聚合平台，支持中小微企业会计数据价值创造。财务软件和相关咨询行业要切实加强对会计信息化系列软件产品的研发，探索新技术在会计信息化工作中的具体应用，积极助力会计数字化转型。中国会计学会等专业学会协会和理论界要加强会计信息化最新理论研究，为会计数字化转型提供智力支持。

（三）加强监督考核，确保落地见效。

各级财政部门和中央有关主管部门要对规划确定的目标任务进行细化分解，明确进度，落实责任，加强对会计信息化建设的指导、督促与落实。要定期检查、评估规划的落实情况，推广先进经验，针对存在问题及时采取有效措施，确保会计信息化规划确定的各项目标任务落到实处、取得实效。

附录 1

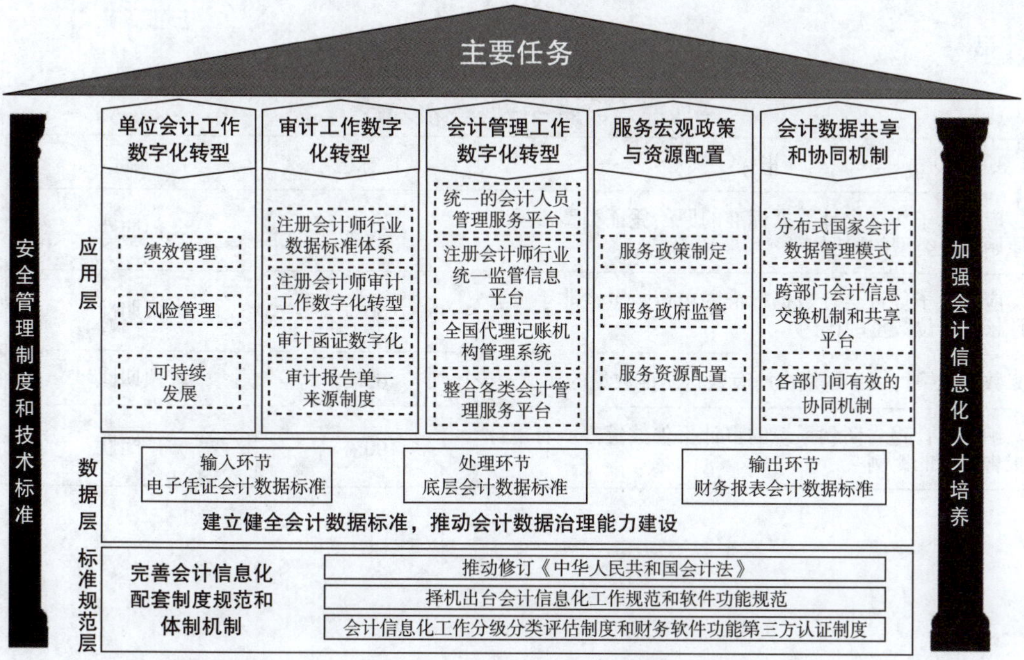

国家会计信息化发展体系图

附录 2

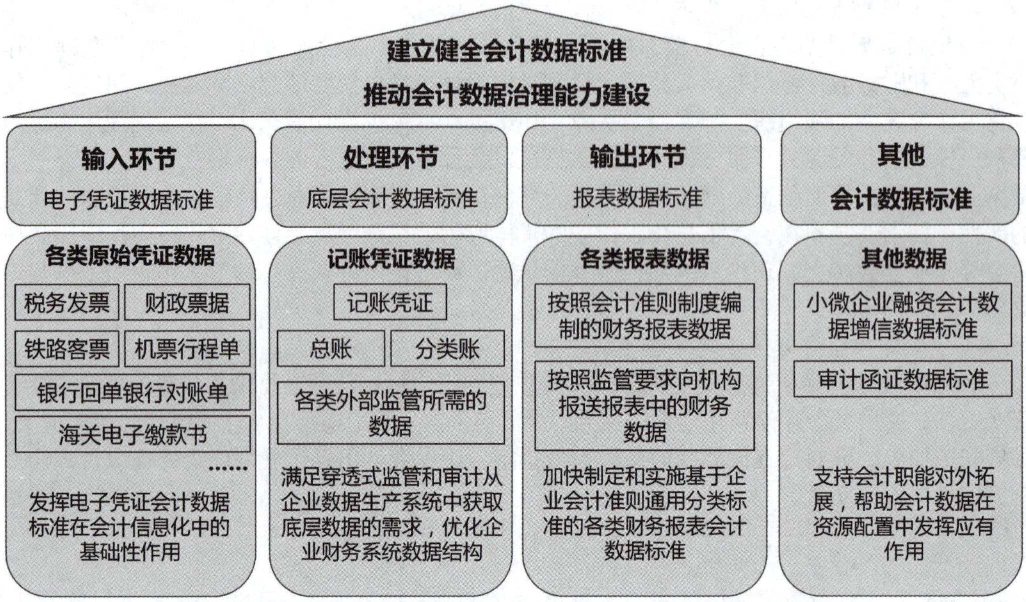

会计数据标准体系图

附录 3

“十四五”时期会计信息化发展指标表

指标	指标值	属性
1. 应用电子凭证会计数据标准的原始凭证类型占所有原始凭证类型的比例	50%	预期性
2. 应用电子凭证会计数据标准的单位数量占非手工会计核算单位数量的比例	50%	预期性
3. 数字化银行函证数量占所有银行函证数量的比例	60%	预期性
4. 纳入审计报告防伪系统的审计报告数量占所有审计报告数量的比例	100%	预期性

2. 中华人民共和国密码法（2019 年颁布）

（主席令 2019 年第 35 号）

第一章 总 则

第一条 为了规范密码应用和管理，促进密码事业发展，保障网络与信息安全，维护国家安全和社会公共利益，保护公民、法人和其他组织的合法权益，制定本法。

第二条 本法所称密码，是指采用特定变换的方法对信息等进行加密保护、安全认证的技术、产品和服务。

第三条 密码工作坚持总体国家安全观，遵循统一领导、分级负责，创新发展、服务大局，依法管理、保障安全的原则。

第四条 坚持中国共产党对密码工作的领导。中央密码工作领导机构对全国密码工作实行统一领导，制定国家密码工作重大方针政策，统筹协调国家密码重大事项和重要工作，推进国家密码法治建设。

第五条 国家密码管理部门负责管理全国的密码工作。县级以上地方各级密码管理部门负责管理本行政区域的密码工作。

国家机关和涉及密码工作的单位在其职责范围内负责本机关、本单位或者本系统的密码工作。

第六条 国家对密码实行分类管理。

密码分为核心密码、普通密码和商用密码。

第七条 核心密码、普通密码用于保护国家秘密信息，核心密码保护信息的最高密级为绝密级，普通密码保护信息的最高密级为机密级。

核心密码、普通密码属于国家秘密。密码管理部门依照本法和有关法律、行政法规、国家有关规定对核心密码、普通密码实行严格统一管理。

第八条 商用密码用于保护不属于国家秘密的信息。

公民、法人和其他组织可以依法使用商用密码保护网络与信息安全。

第九条 国家鼓励和支持密码科学技术研究和应用，依法保护密码领域的知识产权，促进密码科学技术进步和创新。

国家加强密码人才培养和队伍建设，对在密码工作中作出突出贡献的组织和个人，按照国家有关规定给予表彰和奖励。

第十条 国家采取多种形式加强密码安全教育，将密码安全教育纳入国民教育体系和公务员教育培训体系，增强公民、法人和其他组织的密码安全意识。

第十一条 县级以上人民政府应当将密码工作纳入本级国民经济和社会发展规划，所需经费列入本级财政预算。

第十二条 任何组织或者个人不得窃取他人加密保护的信息或者非法侵入他人的密码保障系统。

任何组织或者个人不得利用密码从事危害国家安全、社会公共利益、他人合法权益等违法犯罪活动。

第二章 核心密码、普通密码

第十三条 国家加强核心密码、普通密码的科学规划、管理和使用，加强制度建设，完善管理措施，增强密码安全保障能力。

第十四条 在有线、无线通信中传递的国家秘密信息，以及存储、处理国家秘密信息的信息系统，应当依照法律、行政法规和国家有关规定使用核心密码、普通密码进行加密保护、安全认证。

第十五条 核心密码、普通密码科研、生产、服务、检测、装备、使用和销毁等工作的机构（以下统称密码工作机构）应当按照法律、行政法规、国家有关规定以及核心密码、普通密码标准的要求，建立健全安全管理制度，采取严格的保密措施和保密责任制，确保核心密码、普通密码的安全。

第十六条 密码管理部门依法对密码工作机构的核心密码、普通密码工作进行指导、监督和检查，密码工作机构应当配合。

第十七条 密码管理部门根据工作需要会同有关部门建立核心密码、普通密码的安全监测预警、安全风险评估、信息通报、重大事项会商和应急处置等协作机制，确保核心密码、普通密码安全管理的协同联动和有序高效。

密码工作机构发现核心密码、普通密码泄密或者影响核心密码、普通密码安全的重大问题、风险隐患的，应当立即采取应对措施，并及时向保密行政管理部门、密码管理部门报告，由保密行政管理部门、密码管理部门会同有关部门组织开展调查、处置，并指导有关密码工作机构及时消除安全隐患。

第十八条 国家加强密码工作机构建设，保障其履行工作职责。

国家建立适应核心密码、普通密码工作需要的人员录用、选调、保密、考核、培训、待遇、奖惩、交流、退出等管理制度。

第十九条 密码管理部门因工作需要，按照国家有关规定，可以提请公安、交通运输、海关等部门对核心密码、普通密码有关物品和人员提供免检等便利，有关部门应当予以协助。

第二十条 密码管理部门和密码工作机构应当建立健全严格的监督和安全审查制度，对其工作人员遵守法律和纪律等情况进行监督，并依法采取必要措施，定期或者不定期组织开展安全审查。

第三章 商用密码

第二十一条 国家鼓励商用密码技术的研究开发、学术交流、成果转化和推广应用，健全统一、开放、竞争、有序的商用密码市场体系，鼓励和促进商用密码产业发展。

各级人民政府及其有关部门应当遵循非歧视原则，依法平等对待包括外商投资企业在内的商用密码科研、生产、销售、服务、进出口等单位（以下统称商用密码从业单位）。国家鼓励在外商投资过程中基于自愿原则和商业规则开展商用密码技术合作。行政机关及其工作人员不得利用行政手段强制转让商用密码技术。

商用密码的科研、生产、销售、服务和进出口，不得损害国家安全、社会公共利益或者他人合法权益。

第二十二条 国家建立和完善商用密码标准体系。

国务院标准化行政主管部门和国家密码管理部门依据各自职责，组织制定商用密码国家标准、行业标准。

国家支持社会团体、企业利用自主创新技术制定高于国家标准、行业标准相关技术要求的商用密码团体标准、企业标准。

第二十三条 国家推动参与商用密码国际标准化活动，参与制定商用密码国际标准，推进商用密码中国标准与国外标准之间的转化运用。

国家鼓励企业、社会团体和教育、科研机构等参与商用密码国际标准化活动。

第二十四条 商用密码从业单位开展商用密码活动，应当符合有关法律、行政法规、商用密码强制性国家标准以及该从业单位公开标准的技术要求。

国家鼓励商用密码从业单位采用商用密码推荐性国家标准、行业标准，提升商用密码的防护能力，维护用户的合法权益。

第二十五条 国家推进商用密码检测认证体系建设，制定商用密码检测认证技术规范、规则，鼓励商用密码从业单位自愿接受商用密码检测认证，提升市场竞争力。

商用密码检测、认证机构应当依法取得相关资质，并依照法律、行政法规的规定和商用密码检测认证技术规范、规则开展商用密码检测认证。

商用密码检测、认证机构应当对其在商用密码检测认证中所知悉的国家秘密和商业秘密承担保密义务。

第二十六条 涉及国家安全、国计民生、社会公共利益的商用密码产品，应当依法列入网络关键设备和网络安全专用产品目录，由具备资格的机构检测认证合格后，方可销售或者提供。商用密码产品检测认证适用《中华人民共和国网络安全法》的有关规定，避免重复检测认证。

商用密码服务使用网络关键设备和网络安全专用产品的，应当经商用密码认证机构对该商用密码服务认证合格。

第二十七条 法律、行政法规和国家有关规定要求使用商用密码进行保护的关键信息基础设施，其运营者应当使用商用密码进行保护，自行或者委托商用密码检测机构开展商用密码应用安全性评估。商用密码应用安全性评估应当与关键信息基础设施安全检测评估、网络安全等级测评制度相衔接，避免重复评估、测评。

关键信息基础设施的运营者采购涉及商用密码的网络产品和服务，可能影响国家安全的，应当按照《中华人民共和国网络安全法》的规定，通过国家网信部门会同国家密码管理部门等有关部门组织的国家安全审查。

第二十八条 国务院商务主管部门、国家密码管理部门依法对涉及国家安全、社会公共利益且具有加密保护功能的商用密码实施进口许可，对涉及国家安全、社会公共利益或者中国承担国际义务的商用密码实施出口管制。商用密码进口许可清单和出口管制清单由国务院商务主管部门会同国家密码管理部门和海关总署制定并公布。

大众消费类产品所采用的商用密码不实行进口许可和出口管制制度。

第二十九条 国家密码管理部门对采用商用密码技术从事电子政务电子认证服务的机构进行认定，会同有关部门负责政务活动中使用电子签名、数据电文的管理。

第三十条 商用密码领域的行业协会等组织依照法律、行政法规及其章程的规定，为商用密码从业单位提供信息、技术、培训等服务，引导和督促商用密码从业单位依法开展商用密码活动，加强行业自律，推动行业诚信建设，促进行业健康发展。

第三十一条 密码管理部门和有关部门建立日常监管和随机抽查相结合的商用密码事中事后监管制度，建立统一的商用密码监督管理信息平台，推进事中事后监管与社会信用体系相衔接，强化商用密码从业单位自律和社会监督。

密码管理部门和有关部门及其工作人员不得要求商用密码从业单位和商用密码检测、认证机构向其披露源代码等密码相关专有信息，并对其在履行职责中知悉的商业秘密和个人隐私严格保密，不得泄露或者非法向他人提供。

第四章 法律责任

第三十二条 违反本法第十二条规定，窃取他人加密保护的信息，非法侵入他人的密码保障系统，或者利用密码从事危害国家安全、社会公共利益、他人合法权益等违法活动的，由有关部门依照《中华人民共和国网络安全法》和其他有关法律、行政法规的规定追究法律责任。

第三十三条 违反本法第十四条规定，未按照要求使用核心密码、普通密码的，由密码管理部门责令改正或者停止违法行为，给予警告；情节严重的，由密码管理部门建议有关国家机关、单位对直接负责的主管人员和其他直接责任人员依法给予处分或者处理。

第三十四条 违反本法规定，发生核心密码、普通密码泄密案件的，由保密行政管理部门、密码管理部门建议有关国家机关、单位对直接负责的主管人员和其他直接责任人员依法给予处分或者处理。

违反本法第十七条第二款规定，发现核心密码、普通密码泄密或者影响核心密码、普通密码安全的重大问题、风险隐患，未立即采取应对措施，或者未及时报告的，由保密行政管理部门、密码管理部门建议有关国家机关、单位对直接负责的主管人员和其他直接责任人员依法给予处分或者处理。

第三十五条 商用密码检测、认证机构违反本法第二十五条第二款、第三款规定开展商用密码检测认证的，由市场监督管理部门会同密码管理部门责令改正或者停止违法行为，给予警告，没收违法所得；违法所得三十万元以上的，可以并处违法所得一倍以上三倍以下罚款；没有违法所得或者违法所得不足三十万元的，可以并处十万元以上三十万元以下罚款；情节严重的，依法吊销相关资质。

第三十六条 违反本法第二十六条规定，销售或者提供未经检测认证或者检测认证不合格的商用密码产品，或者提供未经认证或者认证不合格的商用密码服务的，由市场监督管理部门会同密码管理部门责令改正或者停止违法行为，给予警告，没收违法产品和违法所得；违法所得十万元以上的，可以并处违法所得一倍以上三倍以下罚款；没有违法所得或者违法所得不足十万元的，可以并处三万元以上十万元以下罚款。

第三十七条 关键信息基础设施的运营者违反本法第二十七条第一款规定，未按照要求使用商用密码，或者未按照要求开展商用密码应用安全性评估的，由密码管理部门责令改正，给予警告；拒不改正或者导致危害网络安全等后果的，处十万元以上一百万元以下罚款，对直接负责的主管人员处一万元以上十万元以下罚款。

关键信息基础设施的运营者违反本法第二十七条第二款规定，使用未经安全审查或者安全审查未通过的产品或者服务的，由有关主管部门责令停止使用，处采购金额一倍以上十倍以下罚款；对直接负责的主管人员和其他直接责任人员处一万元以上十万元以下罚款。

第三十八条 违反本法第二十八条实施进口许可、出口管制的规定，进出口商用密码的，由国务院商务主管部门或者海关依法予以处罚。

第三十九条 违反本法第二十九条规定，未经认定从事电子政务电子认证服务的，由密码管理部门责令改正或者停止违法行为，给予警告，没收违法产品和违法所得；违法所得三十万元以上的，可以并处违法所得一倍以上三倍以下罚款；没有违法所得或者违法所得不足三十万元的，可以并处十万元以上三十万元以下罚款。

第四十条 密码管理部门和有关部门、单位的工作人员在密码工作中滥用职权、玩忽职守、徇私舞弊，或者泄露、非法向他人提供在履行职责中知悉的商业秘密和个人隐私的，依法给予处分。

第四十一条 违反本法规定，构成犯罪的，依法追究刑事责任；给他人造成损害的，依法承担民事责任。

第五章 附 则

第四十二条 国家密码管理部门依照法律、行政法规的规定，制定密码管理规章。

第四十三条 中国人民解放军和中国人民武装警察部队的密码工作管理办法，由中央军事委员会根据本法制定。

第四十四条　本法自2020年1月1日起施行。

3. 中华人民共和国电子签名法（2019年修正）

（2004年8月28日第十届全国人民代表大会常务委员会第十一次会议通过　根据2015年4月24日第十二届全国人民代表大会常务委员会第十四次会议《关于修改〈中华人民共和国电力法〉等六部法律的决定》第一次修正　根据2019年4月23日第十三届全国人民代表大会常务委员会第十次会议《关于修改〈中华人民共和国建筑法〉等八部法律的决定》第二次修正）

第一章　总　　则

第一条　为了规范电子签名行为，确立电子签名的法律效力，维护有关各方的合法权益，制定本法。

第二条　本法所称电子签名，是指数据电文中以电子形式所含、所附用于识别签名人身份并表明签名人认可其中内容的数据。

本法所称数据电文，是指以电子、光学、磁或者类似手段生成、发送、接收或者储存的信息。

第三条　民事活动中的合同或者其他文件、单证等文书，当事人可以约定使用或者不使用电子签名、数据电文。

当事人约定使用电子签名、数据电文的文书，不得仅因为其采用电子签名、数据电文的形式而否定其法律效力。

前款规定不适用下列文书：

（一）涉及婚姻、收养、继承等人身关系的；

（二）涉及停止供水、供热、供气等公用事业服务的；

（三）法律、行政法规规定的不适用电子文书的其他情形。

第二章　数据电文

第四条　能够有形地表现所载内容，并可以随时调取查用的数据电文，视为符合法律、法规要求的书面形式。

第五条　符合下列条件的数据电文，视为满足法律、法规规定的原件形式要求：

（一）能够有效地表现所载内容并可供随时调取查用；

（二）能够可靠地保证自最终形成时起，内容保持完整、未被更改。但是，在数据电文上增加背书以及数据交换、储存和显示过程中发生的形式变化不影响数据电文的完整性。

第六条　符合下列条件的数据电文，视为满足法律、法规规定的文件保存要求：

（一）能够有效地表现所载内容并可供随时调取查用；

（二）数据电文的格式与其生成、发送或者接收时的格式相同，或者格式不相同但是能够准确表现原来生成、发送或者接收的内容；

（三）能够识别数据电文的发件人、收件人以及发送、接收的时间。

第七条　数据电文不得仅因为其是以电子、光学、磁或者类似手段生成、发送、接收或者储存的而被拒绝作为证据使用。

第八条　审查数据电文作为证据的真实性，应当考虑以下因素：

（一）生成、储存或者传递数据电文方法的可靠性；

（二）保持内容完整性方法的可靠性；

（三）用以鉴别发件人方法的可靠性；

（四）其他相关因素。

第九条 数据电文有下列情形之一的，视为发件人发送：

（一）经发件人授权发送的；

（二）发件人的信息系统自动发送的；

（三）收件人按照发件人认可的方法对数据电文进行验证后结果相符的。

当事人对前款规定的事项另有约定的，从其约定。

第十条 法律、行政法规规定或者当事人约定数据电文需要确认收讫的，应当确认收讫。发件人收到收件人的收讫确认时，数据电文视为已经收到。

第十一条 数据电文进入发件人控制之外的某个信息系统的时间，视为该数据电文的发送时间。

收件人指定特定系统接收数据电文的，数据电文进入该特定系统的时间，视为该数据电文的接收时间；未指定特定系统的，数据电文进入收件人的任何系统的首次时间，视为该数据电文的接收时间。

当事人对数据电文的发送时间、接收时间另有约定的，从其约定。

第十二条 发件人的主营业地为数据电文的发送地点，收件人的主营业地为数据电文的接收地点。没有主营业地的，其经常居住地为发送或者接收地点。

当事人对数据电文的发送地点、接收地点另有约定的，从其约定。

第三章 电子签名与认证

第十三条 电子签名同时符合下列条件的，视为可靠的电子签名：

（一）电子签名制作数据用于电子签名时，属于电子签名人专有；

（二）签署时电子签名制作数据仅由电子签名人控制；

（三）签署后对电子签名的任何改动能够被发现；

（四）签署后对数据电文内容和形式的任何改动能够被发现。

当事人也可以选择使用符合其约定的可靠条件的电子签名。

第十四条 可靠的电子签名与手写签名或者盖章具有同等的法律效力。

第十五条 电子签名人应当妥善保管电子签名制作数据。电子签名人知悉电子签名制作数据已经失密或者可能已经失密时，应当及时告知有关各方，并终止使用该电子签名制作数据。

第十六条 电子签名需要第三方认证的，由依法设立的电子认证服务提供者提供认证服务。

第十七条 提供电子认证服务，应当具备下列条件：

（一）取得企业法人资格；

（二）具有与提供电子认证服务相适应的专业技术人员和管理人员；

（三）具有与提供电子认证服务相适应的资金和经营场所；

（四）具有符合国家安全标准的技术和设备；

（五）具有国家密码管理机构同意使用密码的证明文件；

（六）法律、行政法规规定的其他条件。

第十八条 从事电子认证服务，应当向国务院信息产业主管部门提出申请，并提交符合本法第十七条规定条件的相关材料。国务院信息产业主管部门接到申请后经依法审查，征求国务院商务主管部门等有关部门的意见后，自接到申请之日起四十五日内作出许可或者不予许可的决定。予以许可的，颁发电子认证许可证书；不予许可的，应当书面通知申请人并告知理由。

取得认证资格的电子认证服务提供者，应当按照国务院信息产业主管部门的规定在互联网上公布其名称、许可证号等信息。

第十九条　电子认证服务提供者应当制定、公布符合国家有关规定的电子认证业务规则，并向国务院信息产业主管部门备案。

电子认证业务规则应当包括责任范围、作业操作规范、信息安全保障措施等事项。

第二十条　电子签名人向电子认证服务提供者申请电子签名认证证书，应当提供真实、完整和准确的信息。

电子认证服务提供者收到电子签名认证证书申请后，应当对申请人的身份进行查验，并对有关材料进行审查。

第二十一条　电子认证服务提供者签发的电子签名认证证书应当准确无误，并应当载明下列内容：

（一）电子认证服务提供者名称；

（二）证书持有人名称；

（三）证书序列号；

（四）证书有效期；

（五）证书持有人的电子签名验证数据；

（六）电子认证服务提供者的电子签名；

（七）国务院信息产业主管部门规定的其他内容。

第二十二条　电子认证服务提供者应当保证电子签名认证证书内容在有效期内完整、准确，并保证电子签名依赖方能够证实或者了解电子签名认证证书所载内容及其他有关事项。

第二十三条　电子认证服务提供者拟暂停或者终止电子认证服务的，应当在暂停或者终止服务九十日前，就业务承接及其他有关事项通知有关各方。

电子认证服务提供者拟暂停或者终止电子认证服务的，应当在暂停或者终止服务六十日前向国务院信息产业主管部门报告，并与其他电子认证服务提供者就业务承接进行协商，作出妥善安排。

电子认证服务提供者未能就业务承接事项与其他电子认证服务提供者达成协议的，应当申请国务院信息产业主管部门安排其他电子认证服务提供者承接其业务。

电子认证服务提供者被依法吊销电子认证许可证书的，其业务承接事项的处理按照国务院信息产业主管部门的规定执行。

第二十四条　电子认证服务提供者应当妥善保存与认证相关的信息，信息保存期限至少为电子签名认证证书失效后五年。

第二十五条　国务院信息产业主管部门依照本法制定电子认证服务业的具体管理办法，对电子认证服务提供者依法实施监督管理。

第二十六条　经国务院信息产业主管部门根据有关协议或者对等原则核准后，中华人民共和国境外的电子认证服务提供者在境外签发的电子签名认证证书与依照本法设立的电子认证服务提供者签发的电子签名认证证书具有同等的法律效力。

第四章　法 律 责 任

第二十七条　电子签名人知悉电子签名制作数据已经失密或者可能已经失密未及时告知有关各方、并终止使用电子签名制作数据，未向电子认证服务提供者提供真实、完整和准确的信息，或者有其他过错，给电子签名依赖方、电子认证服务提供者造成损失的，承担赔偿责任。

第二十八条 电子签名人或者电子签名依赖方因依据电子认证服务提供者提供的电子签名认证服务从事民事活动遭受损失，电子认证服务提供者不能证明自己无过错的，承担赔偿责任。

第二十九条 未经许可提供电子认证服务的，由国务院信息产业主管部门责令停止违法行为；有违法所得的，没收违法所得；违法所得三十万元以上的，处违法所得一倍以上三倍以下的罚款；没有违法所得或者违法所得不足三十万元的，处十万元以上三十万元以下的罚款。

第三十条 电子认证服务提供者暂停或者终止电子认证服务，未在暂停或者终止服务六十日前向国务院信息产业主管部门报告的，由国务院信息产业主管部门对其直接负责的主管人员处一万元以上五万元以下的罚款。

第三十一条 电子认证服务提供者不遵守认证业务规则、未妥善保存与认证相关的信息，或者有其他违法行为的，由国务院信息产业主管部门责令限期改正；逾期未改正的，吊销电子认证许可证书，其直接负责的主管人员和其他直接责任人员十年内不得从事电子认证服务。吊销电子认证许可证书的，应当予以公告并通知工商行政管理部门。

第三十二条 伪造、冒用、盗用他人的电子签名，构成犯罪的，依法追究刑事责任；给他人造成损失的，依法承担民事责任。

第三十三条 依照本法负责电子认证服务业监督管理工作的部门的工作人员，不依法履行行政许可、监督管理职责的，依法给予行政处分；构成犯罪的，依法追究刑事责任。

第五章 附 则

第三十四条 本法中下列用语的含义：

（一）电子签名人，是指持有电子签名制作数据并以本人身份或者以其所代表的人的名义实施电子签名的人；

（二）电子签名依赖方，是指基于对电子签名认证证书或者电子签名的信赖从事有关活动的人；

（三）电子签名认证证书，是指可证实电子签名人与电子签名制作数据有联系的数据电文或者其他电子记录；

（四）电子签名制作数据，是指在电子签名过程中使用的，将电子签名与电子签名人可靠地联系起来的字符、编码等数据；

（五）电子签名验证数据，是指用于验证电子签名的数据，包括代码、口令、算法或者公钥等。

第三十五条 国务院或者国务院规定的部门可以依据本法制定政务活动和其他社会活动中使用电子签名、数据电文的具体办法。

第三十六条 本法自 2005 年 4 月 1 日起施行。

4. 云计算服务安全评估办法（2019 年颁布）

（国家互联网信息办公室　国家发展和改革委员会　工业和信息化部　财政部公告 2019 年第 2 号）

第一条 为提高党政机关、关键信息基础设施运营者采购使用云计算服务的安全可控水平，制定本办法。

第二条 云计算服务安全评估坚持事前评估与持续监督相结合，保障安全与促进应用相统一，依据有关法律法规和政策规定，参照国家有关网络安全标准，发挥专业技术机构、专家作用，客观评价、严格监督云计算服务平台（以下简称“云平台”）的安全性、可控性，为党政机关、关键信息基础设施运营者采购云计算服务提供参考。

本办法中的云平台包括云计算服务软硬件设施及其相关管理制度等。

第三条　云计算服务安全评估重点评估以下内容：

（一）云平台管理运营者（以下简称“云服务商”）的征信、经营状况等基本情况；

（二）云服务商人员背景及稳定性，特别是能够访问客户数据、能够收集相关元数据的人员；

（三）云平台技术、产品和服务供应链安全情况；

（四）云服务商安全管理能力及云平台安全防护情况；

（五）客户迁移数据的可行性和便捷性；

（六）云服务商的业务连续性；

（七）其他可能影响云服务安全的因素。

第四条　国家互联网信息办公室会同国家发展和改革委员会、工业和信息化部、财政部建立云计算服务安全评估工作协调机制（以下简称“协调机制”），审议云计算服务安全评估政策文件，批准云计算服务安全评估结果，协调处理云计算服务安全评估有关重要事项。

云计算服务安全评估工作协调机制办公室（以下简称“办公室”）设在国家互联网信息办公室网络安全协调局。

第五条　云服务商可申请对面向党政机关、关键信息基础设施提供云计算服务的云平台进行安全评估。

第六条　申请安全评估的云服务商应向办公室提交以下材料：

（一）申报书；

（二）云计算服务系统安全计划；

（三）业务连续性和供应链安全报告；

（四）客户数据可迁移性分析报告；

（五）安全评估工作需要的其他材料。

第七条　办公室受理云服务商申请后，组织专业技术机构参照国家有关标准对云平台进行安全评价。

第八条　专业技术机构应坚持客观、公正、公平的原则，按照国家有关规定，在办公室指导监督下，参照《云计算服务安全指南》《云计算服务安全能力要求》等国家标准，重点评价本办法第三条所述内容，形成评价报告，并对评价结果负责。

第九条　办公室在专业技术机构安全评价基础上，组织云计算服务安全评估专家组进行综合评价。

第十条　云计算服务安全评估专家组根据云服务商申报材料、评价报告等，综合评价云计算服务的安全性、可控性，提出是否通过安全评估的建议。

第十一条　云计算服务安全评估专家组的建议经协调机制审议通过后，办公室按程序报国家互联网信息办公室核准。

云计算服务安全评估结果由办公室发布。

第十二条　云计算服务安全评估结果有效期3年。有效期届满需要延续保持评估结果的，云服务商应在届满前至少6个月向办公室申请复评。

有效期内，云服务商因股权变更、企业重组等导致实控人或控股权发生变化的，应重新申请安全评估。

第十三条　办公室通过组织抽查、接受举报等形式，对通过评估的云平台开展持续监督，重点监督有关安全控制措施有效性、重大变更、应急响应、风险处置等内容。

通过评估的云平台已不再满足要求的，经协调机制审议、国家互联网信息办公室核准后撤销通过评估的结论。

第十四条 通过评估的云平台停止提供服务时，云服务商应至少提前6个月通知客户和办公室，并配合客户做好迁移工作。

第十五条 云服务商对所提供申报材料的真实性负责。在评估过程中拒绝按要求提供材料或故意提供虚假材料的，按评估不通过处理。

第十六条 未经云服务商同意，参与评估工作的相关机构和人员不得披露云服务商提交的未公开材料以及评估工作中获悉的其他非公开信息，不得将云服务商提供的信息用于评估以外的目的。

第十七条 本办法自2019年9月1日起施行。

第四章 会计人员管理法规

1. 会计人员管理办法（2018年颁布）

（财会〔2018〕33号）

第一条 为加强会计人员管理，规范会计人员行为，根据《中华人民共和国会计法》及相关法律法规的规定，制定本办法。

第二条 会计人员，是指根据《中华人民共和国会计法》的规定，在国家机关、社会团体、企业、事业单位和其他组织（以下统称单位）中从事会计核算、实行会计监督等会计工作的人员。

会计人员包括从事下列具体会计工作的人员：

（一）出纳；

（二）稽核；

（三）资产、负债和所有者权益（净资产）的核算；

（四）收入、费用（支出）的核算；

（五）财务成果（政府预算执行结果）的核算；

（六）财务会计报告（决算报告）编制；

（七）会计监督；

（八）会计机构内会计档案管理；

（九）其他会计工作。

担任单位会计机构负责人（会计主管人员）、总会计师的人员，属于会计人员。

第三条 会计人员从事会计工作，应当符合下列要求：

（一）遵守《中华人民共和国会计法》和国家统一的会计制度等法律法规；

（二）具备良好的职业道德；

（三）按照国家有关规定参加继续教育；

（四）具备从事会计工作所需要的专业能力。

第四条 会计人员具有会计类专业知识，基本掌握会计基础知识和业务技能，能够独立处理基本会计业务，表明具备从事会计工作所需要的专业能力。

单位应当根据国家有关法律法规和本办法有关规定，判断会计人员是否具备从事会计工作所需要的专业能力。

第五条　单位应当根据《中华人民共和国会计法》等法律法规和本办法有关规定，结合会计工作需要，自主任用（聘用）会计人员。

单位任用（聘用）的会计机构负责人（会计主管人员）、总会计师，应当符合《中华人民共和国会计法》《总会计师条例》等法律法规和本办法有关规定。

单位应当对任用（聘用）的会计人员及其从业行为加强监督和管理。

第六条　因发生与会计职务有关的违法行为被依法追究刑事责任的人员，单位不得任用（聘用）其从事会计工作。

因违反《中华人民共和国会计法》有关规定受到行政处罚五年内不得从事会计工作的人员，处罚期届满前，单位不得任用（聘用）其从事会计工作。

本条第一款和第二款规定的违法人员行业禁入期限，自其违法行为被认定之日起计算。

第七条　单位应当根据有关法律法规、内部控制制度要求和会计业务需要设置会计岗位，明确会计人员职责权限。

第八条　县级以上地方人民政府财政部门、新疆生产建设兵团财政局、中央军委后勤保障部、中共中央直属机关事务管理局、国家机关事务管理局应当采用随机抽取检查对象、随机选派执法检查人员的方式，依法对单位任用（聘用）会计人员及其从业情况进行管理和监督检查，并将监督检查情况及结果及时向社会公开。

第九条　依法成立的会计人员自律组织，应当依据有关法律法规和其章程规定，指导督促会员依法从事会计工作，对违反有关法律法规、会计职业道德和其章程的会员进行惩戒。

第十条　各省、自治区、直辖市、计划单列市财政厅（局），新疆生产建设兵团财政局，中央军委后勤保障部、中共中央直属机关事务管理局、国家机关事务管理局可以根据本办法制定具体实施办法，报财政部备案。

第十一条　本办法自2019年1月1日起施行。

2. 会计行业人才发展规划（2021—2025年）（2021年颁布）

（财会〔2021〕34号）

为深入实施新时代人才强国战略，培养造就高素质专业化会计人才队伍，为高质量发展提供人才支撑，根据《中华人民共和国国民经济和社会发展第十四个五年规划和2035年远景目标纲要》《财政“十四五”规划》和《会计改革与发展“十四五”规划纲要》有关精神，结合会计人才工作实际，制定本规划。

一、发展情况和面临形势

（一）会计人才发展情况。

会计人才是我国人才队伍的重要组成部分，是维护市场经济秩序、促进经济社会发展、推动会计改革发展的重要力量。《会计行业中长期人才发展规划（2010—2020年）》实施以来，财政部门会同相关部门加快完善会计人才各项制度，有效实施会计人才培养重大工程，积极营造会计人才发展良好环境，会计人才规模有序增长、人才结构不断优化、人才竞争力明显提升，会计人才在推动各单位提高现代化管理水平、引导社会资源合理配置、保障社会公众利益、维护国家经济安全和市场经济秩序中发挥了重要作用。一是会计人才建设各项制度不断健全。制定出台《会计人员管理办法》《会计专业技术人员继续教育规定》《中国注册会计师继续教育制度》《关于深化会计人员职称制度改革的指导意见》《关于加强会计人员诚信建设的指导意见》等，修订印发《全国会计专业技术资格无纸化考试考务规则》《全国会计专业技术资格考试评卷工作规则》等。二是会计人才队伍规模不断壮大。通过加强会计专业技术资格管理、注册会计师资格管理，有序推进会计人员、注册会计师继续教育和能力评价工作，加强会计学历教育和师资队伍建设，我国会计人才队伍规模稳步增长，整体素质明显提升。截至 2020 年底，我国共有 670.20 万人取得初级会计专业技术资格，242.02 万人取得中级会计专业技术资格，20.57 万人通过高级会计专业技术资格考试；我国注册会计师行业从业人员近 40 万人，会计师事务所合伙人（股东）3.6 万人；在开设本科以上学历教育的高校及科研单位中从事会计教学科研工作的人员超过 1.3 万人。三是会计人才培养重大工程成效显著。实施一系列会计人才培养项目，加强对企业总会计师、行政事业单位财务负责人、会计师事务所合伙人、会计教学科研人才和国际化高端会计人才的培养，发挥高端会计人才的引领辐射作用，带动和推进各级各类会计人才队伍建设。截至 2020 年底，共有 1 802 人入选全国高端会计人才培养工程，毕业 1 071 人；实施大中型企事业单位总会计师素质提升工程，培训 6.7 万人次；实施国际化高端会计人才培养工程，招收 90 名学员；实施会计名家培养工程，70 人入选，39 人获得“会计名家”称号；全国会计硕士专业学位研究生培养单位从最初的 24 家发展到 269 家，已累计招生超过 12 万人，授予学位超过 8 万人。四是会计人才发展环境不断改善。会计职能作用得到有效发挥，国家级会计人才培养基地加快建设，区域重点会计人才支持政策相继推出，增设正高级会计师，会计职业发展空间进一步拓展。

（二）“十四五”时期会计人才发展面临的形势。

“十四五”时期是我国全面建成小康社会、实现第一个百年奋斗目标之后，乘势而上开启全面建设社会主义现代化国家新征程、向第二个百年奋斗目标进军的第一个五年，会计人才工作面临新的机遇和挑战。

从机遇看，一是我国已转入高质量发展阶段，加快构建以国内大循环为主体、国内国际双循环相互促进的新发展格局，推进国家治理体系和治理能力现代化，将促使广大会计人才在挖掘经济增长潜能、优化经济结构，加强财会监督、防范化解重大风险，提升会计服务业发展能级和竞争力，推动经济社会持续健康发展等方面发挥更大作用。二是我国将深入实施新时代人才强国战略，加快建设世界重要人才中心和创新高地，深化人才发展体制机制改革，加快建立以创新价值、能力、贡献为导向的人才评价体系，全方位培养、引进、用好人才，将为我国会计人才干事创业营造更加积极的政策环境。

从挑战看，一是以信息技术、数字技术、人工智能为代表的新一轮技术革命催生了新产业、新业态、新模式，对会计理论、会计职能、会计组织方式、会计工具手段等产生了重大而深远的影响，需要会计理论工作者加强会计基础理论研究，推动我国会计理论创新发展；需要会计实务工作者深入应用新技术，推动会计审计工作数字化转型；需要会计管理工作者加强会计数据相关标准建设，推动会计数据资源开发利用。二是我国会计人才队伍区域发展差异较大，结构性失衡问题仍然存在，中西部地区会计人才队伍整体素质有待提高，基层行政事业单位会计力量亟需增强，高端会计人才仍然缺乏，难以满足高质量发展对创新型、复合型、国际化人才的要求。

二、总体要求

（一）指导思想。

以习近平新时代中国特色社会主义思想为指导，深入贯彻党的十九大和十九届历次全会精神，增强“四个意识”，坚定“四个自信”，做到“两个维护”，全面贯彻习近平总书记关于新时代人才工作新理念新战略新举措，立足新发展阶段，贯彻新发展理念，服务构建新发展格局，推动高质量发展，坚持党管人才，坚持正确政治方向，坚持人才引领发展，加大人才发展投入，构建科学规范、开放包容、运行高效的会计人才培养体系，建立以诚信评价、专业评价、能力评价为维度的会计人才综合评价体系，形成识才爱才敬才用才的良好环境和政策优势，推动我国会计人才战略思维提升、创新能力发展、数字智能转型，提升我国会计人才教育培养综合实力和会计人才资源竞争优势，为全面建设社会主义现代化国家提供有力人才保障。

（二）基本原则。

——坚持党管人才。坚持党对会计人才工作的全面领导，强化党组织领导和把关作用，全方位培养、引进、用好会计人才，突出会计人才政治能力建设，引导广大会计人才矢志爱国奉献、勇于创新创造。

——坚持立德树人。将立德树人作为会计人才教育培养的根本任务，弘扬社会主义核心价值观，加强会计法治教育、诚信自律教育、职业精神培育和专业能力建设，增强责任意识，提高担当本领，打造德才兼备、以德为先的会计人才队伍。

——强化顶层设计。围绕构建新发展格局和推动质量变革、效率变革、动力变革目标，有效整合会计人才政策措施，理顺政府、市场、社会、用人主体关系，明确各自功能定位，构建梯次分明、定位清晰、科学合理的会计人才发展工作体系。

——聚焦高端群体。面向经济主战场、面向国家重大战略需求，培养高层次会计人才，重点加强企业总会计师、行政事业单位财务负责人、会计师事务所合伙人、会计教学科研人才、国际化会计人才的培养，突出点上聚焦、以点带面、高端引领。

——注重整体提升。加大基层会计人才培养力度，重视青年人才培养，加强人才梯队建设，构建包括继续教育和学历教育等在内的终身学习培养体系，形成分层次、分类型、差异化的会计人才培养长效机制。

——加强协同推进。政府部门强化组织领导、政策支持、投入保障，激发高校、科研院所、企事业单位、社会团体和机构等参与会计人才建设工作的积极性和活力，构建政府、社会、市场协同推进的会计人才发展大格局。

（三）发展目标。

“十四五”时期，通过深化改革，会计人才发展体制机制改革取得突破性进展，会计人才培养、评价、使用体系更加健全，会计人才创新活力充分激发，会计职业发展环境更加优化，会计人才对我国经济社会发展的支撑作用明显增强。

——会计人才结构不断优化，人才布局与经济社会发展更加协调。会计人才资源总量稳步增长，会计人才分布、层次和类别等结构更趋合理，中西部地区会计人才素质明显提升，行政事业单位会计人才队伍不断充实，高端会计人才数量比“十三五”期末增长35%，建设一批高水平会计人才高地和高层次会计人才聚集平台，在会计理论前沿领域有一批开拓者，在主要会计国际组织有一批决策参与者和专家团队，在企业、行政事业单位、会计师事务所的关键岗位有一批核心骨干力量。

——会计教育培养体系不断健全，人才培养效能显著提升。以提升职业素养、创新能力为重点，完善会计专业技术资格考试和职称评审、注册会计师考试、继续教育、学历教育等；优化会计人员教育培养布局结构，基本形成各级财政部门、用人单位、高校和科研院所、行业协会等共同参与的开放、协同、联动的会计人员终身学习教育培训体系，不断提高会计人才队伍的能力素质和整体水平，促进各级各类会计人才认真履行岗位职责、规范执行财经法规、有效维护社会主义市场经济秩序。

——会计人才评价体系不断完善，人才评价作用有效发挥。围绕新时代推进高质量发展对会计工作的新要求，完善会计人才评价标准，突出评价职业道德、能力素质和工作业绩，充分发挥会计专业技术资格考试评价在会计人才评价方面的重要作用，促进评价结果与会计人才培养、使用相结合。

——会计人才使用机制不断创新，人才使用效能明显提升。加强与组织部门、人才主管部门、用人单位联动，推动会计人才信息整合、数据共享，积极为会计人才拓展事业和实现价值提供机会、条件和平台，促进会计人才有效流动和优化配置，充分发挥会计人才在经济业务、经营活动、监督管理等业务关口的作用。

三、主要任务

（一）加强会计诚信建设。

诚信是会计职业道德的重要内容，也是对会计行业的最基本要求。要加强会计法治建设，为会计诚信建设提供法律保障。通过修订会计法律制度、制定会计人员职业道德规范，修订完善注册会计师职业道德守则等，强化会计诚信意识，支持会计人员依法履职尽责，保护会计人员合法权益；完善会计法律责任体系，提高会计违法成本。要建立涵盖事前、事中和事后全过程的会计诚信体系，建立会计人员信用信息管理制度，规范信用信息归集、评价、利用，探索诚信积分管理机制，健全会计人员守信联合激励和失信联合惩戒机制，加强与有关部门合作，实现信用信息的互换、互通和共享，将会计人员信用信息作为会计人才选拔、培养、评价、使用的重要依据。支持会计相关行业协会建立健全信用承诺制度，加强行业自律。要加强会计法治教育、会计诚信教育和思政教育，将会计职业道德作为会计人才培养教育的重要内容，推动财会类专业教育加强职业道德和课程思政建设。要加大会计诚信宣传，组织开展先进会计工作者评选表彰，健全评选表彰机制，宣传先进事迹，鼓励会计人才主动担负起时代赋予的使命责任；加强对典型失信案例的警示教育。

（二）构建会计人才能力框架。

会计人才能力框架是从事会计工作或履行会计相关岗位职责应具备的能力和要求的组合，包括知识、技能、价值观等。以经济发展需求和行业发展趋势为导向，遵循人才成长规律，把握会计职业特点，针对不同层次、不同类别的会计人才分别构建能力框架，强化对会计信息化能力的要求，推动各级各类会计人才适应会计工作数字化转型。以能力框架为指引，制定会计人员继续教育科目指南，修订中国注册会计师胜任能力指南，构建高端会计人才培养核心课程体系，积极引导广大会计人员根据职业发展要求，持续加强能力建设，推动会计工作更好地服务高质量发展。

（三）健全会计人才评价体系。

会计人才评价是会计人才发展体制机制的重要部分，是会计人才资源开发管理和使用的前提。探索建立以诚信评价、专业评价、能力评价为维度的会计人才综合评价体系，充分发挥会计人才评价对会计人才教育培养的导向作用，促进广大会计人员提升能力、诚信执业。完善会计专业技术资格考试评价制度，修订会计专业技术资格考试大纲，加强会计专业技术资格考试组织实施管理，探索推进初级会计专业技术资格考试一年多考。加大对高级和正高级会计专业技术资格评审工作的指导力度，向艰苦边远地区适当放宽评审标准。研究会计专业技术资格考试、评审与注册会计师等职业资格考试科目互认、与会计专业学位研究生教育衔接的机制、与高端会计人才培养衔接的机制，减少重复评价，畅通各类会计人才流动、提升的渠道。

（四）完善继续教育管理体制机制。

开展继续教育是建设高素质专业化会计人才队伍的基础性战略性工作。紧密结合经济社会和会计行业发展要求，以能力建设为核心，完善继续教育制度，丰富继续教育内容，创新继续教育方式，突出继续教育的针对性、差异化、实用性和前瞻性，持续提高继续教育质量。充分利用云计算、大数据、虚拟现实、人工智能等新技术，推进继续教育信息化平台建设和应用，提供标准统一、内容规范、质量优秀的会计人员继续教育课程和注册会计师胜任能力全要素模块课程，开展继续教育师资库建设。将继续教育完成情况作为参加会计人才评价、会计人才选拔、先进会计工作者评选的重要依据。加强对继续教育机构的指导和监督，鼓励继续教育机构提供优质继续教育课程资源。各地财政部门应加强对本地区基层会计人员继续教育的管理。各业务主管部门、用人单位应支持和保障会计人员、注册会计师参加继续教育。会计人员、注册会计师应主动适应岗位需要和职业发展要求完成继续教育，不断完善知识结构，增强创新能力，提高专业水平。

（五）加强高端会计人才培训培养。

健全高端会计人才培训培养的有关制度安排，重点对大中型企业总会计师、行政事业单位财务负责人、会计师事务所合伙人等高端财会群体及其后备人员进行培训培养。完善以职业需求为导向、以实践能力为重点的高端会计人才培训培养模式，课上讲授与课下研讨相结合，课堂教学与现场教学相结合，线上培训与线下培训相结合，增强培训的实践性和实用性。财政部重点对中央单位和省级单位开展培训，设置短期培训和长期培训两个类别，短期培训聚焦岗位能力培训，长期培训着重加强中青年人才培养，有关培训资源将适当向艰苦边远地区倾斜。鼓励和支持各地财政部门加强对本地区单位重点群体的培训，并注重加强对本地区中小企业、民营企业、基层行政事业单位财务负责人和财政总预算会计以及代理记账机构负责人的培训。财政部推动全国高端会计人才培养纳入国家高端人才培养体系，各地财政部门应推动本地区高端会计人才培养纳入本级政府高端人才培养体系。各业务主管部门和用人单位应根据行业发展需求，有针对性地培养本行业、本领域、本单位的高端会计人才和涉外会计人才。各用人单位应鼓励和支持会计人员参加培训，并提供必要保障。

（六）推进会计学科专业体系建设。

会计学科专业是会计人才培养的基础和载体。构建适应经济发展、产业结构调整、新技术革命、国家治理体系和治理能力现代化等新形势的会计学科专业体系，积极推进论证会计学一级学科申报和建设。把握数字化、网络化、智能化融合发展的契机，促进会计学科与其他学科的交叉融合。适当增加政府会计、管理会计、会计信息化相关课程内容的比重。财政部门配合教育部门深化会计学历教育改革，依托部分高校，聚焦直接影响会计学科专业体系建设的关键因素，从师资、课程、教材、教学内容、教学方式和实践基地等方面进行以战略思维、业财融合、数字智能为导向的教改研究和探索，推动产学研一体化发展。增强会计职业教育适应性，进一步完善培养机制。加强会计基础理论研究，争做国际学术前沿并行者乃至领跑者，开展战略性、全局性、前瞻性问题研究，创新科研组织模式，建立重点研究基地，打造一批新型高校智库，为重大会计政策制定提供支持。

（七）提升会计专业学位研究生教育质量。

会计专业学位研究生教育主要培养具有较强专业能力、职业素养和创新思维的应用型会计人才。财政部会同国家教育主管部门、人才主管部门，面向会计行业当前及未来人才重大需求，开展会计硕士专业学位核心课程建设、教材建设、教学案例库建设和教育质量认证等工作；积极推进会计硕士专业学位教育与会计专业技术中级资格的衔接；积极推进设立会计博士专业学位，完善会计专业学位体系；优化跨院校的教师、学生之间的交流沟通学习平台，推进培养单位与实务部门在课程建设、实习实践和科学研究方面的合作。各培养单位要加大教学投入，健全教学激励机制，加强国际合作，建立培养方案动态调整机制，着力增强研究生实践能力、创新能力；培养优秀师资，引入和配备具有丰富实务经验、大数据分析等学科背景的会计青年教师；丰富课堂形式，采用案例教学、沙盘模拟、情景模拟、翻转课堂、整合性学习、线上线下混合式教学等教学方法；规范实习实践基地管理，与实践基地深入合作，开展符合实务导向要求的课外综合素质活动。

（八）搭建会计人员管理服务平台。

搭建会计人员管理服务平台是贯彻落实“放管服”改革要求，加强会计人员事中事后管理的重要手段。财政部建设全国统一的会计人员管理服务平台，对会计人员的基础信息、信用信息、继续教育信息等进行采集、管理和维护，建设全国会计人才数据库，动态掌握会计人才发展状况。各省级财政部门建立本地区会计人员管理服务平台，为本地区会计人员提供特色服务。财政部门应充分利用信息化技术，加强会计人员信息的分析、查询、利用，推动会计人员信息互联与共享，为会计考试报名、证书办理、继续教育登记等提供便捷高效政务服务，注重保护会计人员信息安全；建立高端会计人才数据库，搭建高端会计人才交流平台，吸收优秀人才加入会计专业咨询委员会提供决策咨询、担任师资、开展课题研究，发挥会计人才专业力量。逐步建立起行业主管部门、组织部门、人才主管部门、用人单位、会计人才共同参与的会计人才服务体系。

（九）加大会计人才培养基地建设。

会计人才培养基地是对会计人才进行知识更新和能力提升的服务平台。财政部加强国家会计学院建设，推动国家会计学院坚守高端培训办学使命，开展高端会计人才培养、会计专业学位研究生教育，创新培养模式、提高师资水平，打造高端会计人才培养主阵地；坚定特色发展办学方向，在高端会计人才培养、学位教育、智库建设中突出优势领域，形成差异定位协同发展新格局；坚持整合资源办学策略，切实发挥学院董事会、战略咨询委员会的咨询和支持作用，加强高质量在线学习平台建设，共建携手共进合作共赢大平台。鼓励和支持在北京、上海、粤港澳大湾区建设高水平会计人才高地，在高端会计人才集中的中心城市建设吸引和集聚会计人才的平台。鼓励和支持各地区重点针对地区、行业中急需紧缺的会计人才开展培训，为社会各单位和会计人员提供精细化的业务培训、能力提升等服务。鼓励和引导企业、高校、科研院所等参与会计人才联合培养，注重发挥会计行业组织（团体）在会计人才培养方面的作用，支持会计行业组织（团体）搭建会计学术交流、实践交流平台。

四、重大工程

为培养各领域的高端会计人才，财政部实施一系列重大会计人才培养工程，着力培养符合新时代高质量发展要求的大中型企业高端会计人才，符合新时代行政事业单位管理要求的高端会计人才，符合国家建设要求的注册会计师，符合教育改革要求、贴近会计实务的会计教学科研人才和学术带头人，符合会计国际交流合作需要的国际化高端会计人才。

（一）大中型企业总会计师培养工程。

通过实施大中型企业总会计师培养工程，着力培养符合新时代高质量发展要求的大中型企业高端会计人才，即具有良好职业操守、新时代发展理念、管理创新能力、全球战略眼光、社会责任感，能够站在时代前沿和战略全局思考问题，为实现企业战略目标出谋划策；能够形成与企业发展相适应的财务管理模式，有效发挥财务工作对企业发展战略和经营决策的支撑作用，不断提升价值创造能力；能够充分利用国际国内两个市场、两种资源，为企业发展提出全球性解决方案；能够有效识别、研判和应对经营风险，为企业健康持续发展提供支持和保障；能够引领带动企业会计人才队伍发展。具体培养计划为：对中央企业一二三级企业、省级国有企业一二级企业、上市公司和地方重点企业总会计师开展轮训，提升总会计师岗位能力素质，每年培训约 2 900 人，五年共培训约 14 500 人；选拔一批大中型企业优秀中青年会计人才进行重点培养，培养周期三年，每两年选拔 1 次，五年共选拔培养约 240 人。

（二）行政事业单位财务负责人培养工程。

通过实施行政事业单位财务负责人培养工程，着力培养符合新时代行政事业单位管理要求的高端会计人才，即具有较高政治素养、专业水平、管理能力，能够有效实施政府会计准则制度体系，规范行政事业单位会计核算，提高会计信息质量；能够加强部门预算管理、资产负债管理和成本绩效管理，积极推进预算管理一体化，为进一步深化预算管理制度改革提供支持；能够加强单位内控建设、信息化建设和管理会计应用，推动单位会计人才队伍建设，有效提升单位规范化、科学化管理水平，提高公共服务的效率和效果。具体培养计划为：对国家和省级行政事业单位财务负责人开展轮训，提升财务负责人岗位能力素质，每年培训约 720 人，五年共培训约 3 600 人；选拔一批行政事业单位优秀中青年会计人才进行重点培养，培养周期三年，每两年选拔 1 次，五年共选拔培养约 120 人。

（三）会计师事务所合伙人培养工程。

通过实施会计师事务所合伙人培养工程，着力培养符合国家建设要求的注册会计师，即符合“政治型、职业型、专业型、复合型、国际型”要求，能够带头践行“独立、客观、公正”的职业精神，持续提升专业胜任能力，熟悉市场规则，具有国际视野，既“专”又“博”发挥辐射效应，推动价值提升；能够在规范会计服务市场，优化执业环境，提升会计师事务所治理水平、审计质量和服务国家建设能力，增强我国注册会计师行业国际竞争力等方面发挥重要作用。具体培养计划为：对会计师事务所合伙人开展轮训，提升会计师事务所合伙人执业能力和管理能力，每年培训约 1 000 人，五年共培训约 5 000 人；选拔一批会计师事务所优秀中青年人才进行重点培养，培养周期三年，每年选拔 1 次，五年共选拔培养约 180 人。

（四）会计教学科研人才培养工程。

通过实施会计教学科研人才培养工程，着力培养符合教育改革要求、贴近会计实务的会计教学科研人才和学术带头人，会计教学科研人才应当具有良好师德师风、科研成果或教学效果突出，能够在加强会计理论和实践应用研究，推动会计学术创新和理论成果转化，融入国际学术前沿，创新教育教学方法，培养优秀会计人才，优化会计学科体系，提升会计学科地位等方面发挥重要作用；学术带头人应当在会计学术领域造诣深、成就突出、享有较高声誉。具体培养计划为：选拔一批从事会计教学科研工作的优秀中青年人才进行重点培养，培养周期三年，每两年选拔 1 次，五年共选拔培养约 120 人；实施会计名家工程，发现、培养、举荐约 15 名造诣高深、成就突出、影响广泛的杰出会计理论与实务工作者。

（五）国际化高端会计人才培养工程。

通过实施国际化高端会计人才培养工程，着力培养符合会计国际交流合作需要的国际化高端会计人才，即具有开阔的国际视野、丰富的实务经验、突出的专业能力、娴熟的英语技能，能够运用综合战略思维，参与企业会计准则国际治理；能够利用开放的会计国际交流与合作机制，在多双边会计国际场合中踊跃“发声”，积极影响国际会计标准制定；能够凭借过硬的专业能力，深入研究国际财务报告准则项目，为我国会计准则建设贡献智慧和力量。具体培养计划为：选拔培养约 150 名国际化高端会计人才，通过参与国际会计标准制定和国际交流合作、发表会计专业意见、担任财政部企业会计准则咨询委员会委员等方式，为我国参与国际会计标准制定建言献策，提高我国在国际会计领域的话语权和影响力。

五、实施保障

（一）加强组织领导。

财政部负责本规划的统筹协调、宏观指导和组织实施工作，制定重点工程实施办法。各级财政部门和中央有关主管部门要重视会计人才工作，支持开展会计人才培养，加强政策协调，健全工作机制，切实抓好规划的贯彻落实。各地区（部门）可以结合实际，制定本地区（部门）的会计人才发展规划或制定支持本地区（部门）会计人才发展的政策措施。各用人单位要重视会计人才队伍建设，优化本单位会计人才发展环境，为会计人才成长提供必要的平台和经费支持，切实发挥会计人才作用。

（二）加大宣传引导。

各级财政部门和中央有关主管部门要通过各种渠道和形式大力宣传规划的重大意义、

指导思想、基本原则、目标任务、重大工程，积极回应社会关切，及时宣传实施中的典型经验、做法和成效，引导社会各界关注会计人才，支持会计人才工作，营造全社会关心尊重会计人才、重视支持会计人才发展的良好氛围。

（三）强化管理队伍。

财政部加强对会计管理人才、财会监督检查人才的培训培养，通过组织承担重点专项任务、重大课题等，提升各级会计管理人才、财会监督检查人才的专业素质、管理能力和服务水平。各地财政部门和中央有关主管部门要加强本地区（部门）会计管理、财会监督队伍的建设，更好发挥会计管理人才、财会监督检查人才在推动会计法律法规和国家统一的会计制度的贯彻实施、加强财会监督检查、提升会计服务管理水平、营造良好会计环境等方面的作用。

（四）做好跟踪反馈。各省级财政部门和中央有关主管部门要及时跟踪、总结规划实施情况，对于形成的先进经验、创新做法以及取得的成效等形成书面材料报财政部，财政部采取适当方式进行总结推广。各省级财政部门和中央有关主管部门要及时了解规划实施中出现的情况和问题，及时调整完善政策措施，确保各项任务和要求落实到位。

3. 关于深化会计人员职称制度改革的指导意见（2019 年修订）

（人社部发〔2019〕8 号）

各省、自治区、直辖市及新疆生产建设兵团人力资源社会保障厅（局）、财政厅（局），中央和国家机关各部委、各直属机构人事部门，中央军委政治工作部干部局、后勤保障部财务局，各中央企业人事部门：

会计人员是维护社会主义市场经济秩序的重要力量。深化会计人员职称制度改革，完善符合会计工作职业特点的评价机制，对于提高会计人员专业能力，加强会计人员队伍建设，更好地服务经济高质量发展具有重要意义。为贯彻落实中共中央办公厅、国务院办公厅印发的《关于深化职称制度改革的意见》，现就深化会计人员职称制度改革提出如下指导意见。

一、总体要求

（一）指导思想

以习近平新时代中国特色社会主义思想为指导，全面贯彻落实党的十九大和十九届二中、三中全会精神，认真落实党中央、国务院决策部署，围绕人才强国战略和创新驱动发展战略，遵循会计人员成长规律，健全完善符合会计工作职业特点的职称制度，为科学评价会计人员专业能力提供制度保障，为用人单位择优聘任会计人员提供重要依据，为促进经济社会持续健康发展提供会计人才支撑。

（二）基本原则

1. 坚持服务发展。围绕新时代推进高质量发展对会计工作提出的新要求，充分发挥职称评价在会计人员能力评价方面的指挥棒和方向标作用，着力提升会计人员专业能力和职业素养，统筹推进会计人员队伍建设，为经济社会发展提供会计人才支撑。

2. 坚持科学评价。完善会计人员评价标准，科学设置评价标准条件，突出评价会计人员职业道德、能力素质和工作业绩，创新评价机制，丰富评价方式，充分调动会计人员干事创业的积极性、创造性。

3. 坚持以用为本。促进评价结果与会计人员培养、使用相结合，鼓励用人单位将选人用人制度与会计人员职称制度相衔接，引导用人单位根据工作需要择优聘任具有相应职称的会计人员。

二、主要内容

通过健全评价体系、完善评价标准、创新评价机制、促进职称制度与会计人员培养、使用相结合等措施，建立科学化、规范化、社会化的会计人员职称制度。

（一）健全评价体系

1. 完善会计人员职称层级。初级职称只设助理级，高级职称分设副高级和正高级，形成初级、中级、高级层次清晰、相互衔接、体系完整的会计人员职称评价体系。初级、中级、副高级和正高级职称名称依次为助理会计师、会计师、高级会计师和正高级会计师。

2. 会计人员各级别职称分别与事业单位专业技术岗位等级相对应。正高级对应专业技术岗位一至四级，副高级对应专业技术岗位五至七级，中级对应专业技术岗位八至十级，初级对应专业技术岗位十一至十三级。

（二）完善评价标准

1. 突出评价会计人员职业道德。坚持把职业道德放在评价首位，引导会计人员遵纪守法、勤勉尽责、参与管理、强化服务，不断提高专业胜任能力；要求会计人员坚持客观公正、诚实守信、廉洁自律、不做假账，不断提高职业操守。完善守信联合激励和失信联合惩戒机制，违反《中华人民共和国会计法》第四十条有关规定，以及剽窃他人研究成果，存在学术不端行为的，在会计人员职称评价过程中实行“一票否决制”。对通过弄虚作假取得的职称一律撤销。

2. 充分体现会计工作职业特点。注重对会计人员能力素质和实际贡献的评价，引导会计人员全面掌握经济与管理理论、财务会计理论，熟练运用会计业务技能，不断提高专业判断和分析能力，有效参与经营管理和决策。切实改变唯学历、唯资历、唯论文、唯奖项倾向。论文不作为会计人员职称评审的限制性条件。外语和计算机应用能力不作统一要求，由用人单位或评审机构根据需要自主确定。

3. 实行国家标准、地区标准和单位标准相结合。人力资源社会保障部、财政部负责制定《会计人员职称评价基本标准条件》（附后）。各地区人力资源社会保障部门、财政部门可根据本地区经济社会发展情况，制定地区标准。具有自主评审权的用人单位可结合本单位实际，制定单位标准。地区标准、单位标准不得低于国家标准。

4. 向优秀会计人员和艰苦边远地区会计人员倾斜。对在经济社会各项事业发展中作出重大贡献的优秀会计人员，可适当放宽学历、资历、年限等条件限制，建立职称评审绿色通道。对长期在艰苦边远地区工作的会计人员，重点考察其实际工作业绩，适当放宽学历和科研能力要求，引导会计人员扎根基层。

（三）创新评价机制

1. 丰富评价方式。综合采用考试、评审、考评结合等多种评价方式，建立适应不同层级会计工作职业特点的评价机制。助理会计师、会计师实行全国统一的会计专业技术资格考试，不断提高考试的科学性、安全性、公平性和规范性。助理会计师的考试日期、考试频次等管理权限，根据报考人数增长趋势等因素逐步下放，探索实行常态化考试、一年多考。高级会计师采取考试与评审相结合方式，正高级会计师一般采取评审方式。

2. 建立同行专家评审制度。完善评审专家遴选机制，加强评审委员会建设，积极吸纳高等院校、科研机构、大中型企事业单位的高水平会计人员担任评审专家。建立评审专家责任制，实行动态管理。各省（自治区、直辖市）、国务院有关部门、中央企业可按规定成立高级职称评审委员会。国务院有关部门和中央企业成立的高级职称评审委员会报人力资源社会保障部核准备案，其他高级职称评审委员会报省级人力资源社会保障部门核准备案。健全评审委员会工作程序和评审规则，明确界定参加评审的人员范围，加强对评审委员会的组织管理。建立评审公开制度，实行政策公开、标准公开、程序公开、结果公开，确保会计人员职称评审客观公正。

3. 下放评审权限。科学界定、合理下放职称评审权限，逐步将副高级职称评审权限下放至符合条件的企事业单位、社会组织或市地。自主评审单位组建的高级职称评审委员会应当按照管理权限报送省级以上人力资源社会保障部门核准备案。对于自主评审的单位，评审结果应当报送人力资源社会保障部门和财政部门备案。加强对自主评审工作的监管，对于不能正确行使评审权、不能确保评审质量的，将暂停自主评审工作直至收回评审权。

（四）促进职称制度与会计人员培养、使用相结合

1. 促进职称制度与会计人员培养相结合。充分发挥职称制度对会计人员培养质量的导向作用，推动会计人员职称制度与高端会计人才培养、会计专业学位研究生教育等有机衔接。探索建立注册会计师、资产评估师等职业资格与会计专业技术资格考试相同或相近科目互认互免等衔接措施，减少重复评价，减轻会计人员负担，探索建立会计与审计、经济等属性相近职称系列（专业）的衔接措施。

2. 促进职称制度与会计人员使用相结合。用人单位应当结合用人需求，根据职称评价结果合理使用会计人员，实现职称评价结果与会计人员聘用、考核、晋升等用人制度相衔接。全面实行岗位管理的事业单位，一般应在岗位结构比例内，组织或推荐符合条件的会计人员参加职称评审，聘用具有相应职称的会计人员到相应会计岗位。不实行事业单位岗位管理的用人单位，可根据内部管理和会计工作需要，择优聘任具有相应职称的会计人员从事相关岗位会计工作。

3. 加强会计人员继续教育。继续教育是实现会计人员知识更新、能力提升的重要制度，用人单位应当保障本单位会计人员参加继续教育的权利。要按照《会计专业技术人员继续教育规定》（财会〔2018〕10 号）有关要求，创新和丰富会计人员继续教育内容和手段，促进会计人员更新知识、拓展技能。

三、组织实施

会计人员职称制度改革政策性强，涉及面广，改革工作比较复杂，社会高度关注，必须按照国家统一部署要求开展工作，确保各项改革任务顺利实施。

（一）加强组织领导，抓好贯彻落实。要充分认识会计人员职称制度改革的重要意义，坚持党管人才原则，切实加强党委和政府对会计人员职称制度改革工作的统一领导。各级人力资源社会保障部门、财政部门具体负责会计人员职称制度改革的政策制定、组织实施和监督检查工作。各地、各有关部门和单位应当根据本指导意见要求，抓紧制定具体实施方案和配套办法。在推进改革过程中，要深入开展调查研究，细化工作措施，完善工作预案，确保改革顺利进行。

（二）加强政策衔接，稳妥有序推进。要抓紧清理与会计人员职称制度有关的政策文件，保证会计人员职称制度的协调统一。要妥善做好新老人员过渡和新旧政策衔接工作，确保改革顺利有序推进。国家增设正高级会计师之前，各地自行试点评审的会计系列正高级职称，要按照有关规定通过一定程序进行确认。在会计人员职称评审工作中，不得随意降低评价标准，不得擅自扩大评审范围。

（三）加强宣传引导，推动社会参与。各级人力资源社会保障部门、财政部门要加强宣传，搞好政策解读，引导会计人员积极参与会计人员职称制度改革，引导社会各有关方面支持会计人员职称制度改革，营造有利于推进改革的良好氛围。

本指导意见适用于国家机关、社会团体、公司、企业、事业单位和其他组织的会计人

员。公务员符合条件的可以参加会计专业技术资格考试，但不得参加会计人员职称评审。

军队可结合自身实际制定会计人员职称评价的具体办法。

附件：会计人员职称评价基本标准条件

人力资源社会保障部 财政部

2019 年 1 月 11 日

附件：

会计人员职称评价基本标准条件

一、遵守《中华人民共和国会计法》和国家统一的会计制度等法律法规。

二、具备良好的职业道德，无严重违反财经纪律的行为。

三、热爱会计工作，具备相应的会计专业知识和业务技能。

四、按照要求参加继续教育。

五、会计人员参加各层级会计人员职称评价，除必须达到上述标准条件外，还应分别具备以下标准条件：

（一）助理会计师

1. 基本掌握会计基础知识和业务技能。

2. 能正确理解并执行财经政策、会计法律法规和规章制度。

3. 能独立处理一个方面或某个重要岗位的会计工作。

4. 具备国家教育部门认可的高中毕业（含高中、中专、职高、技校）以上学历。

（二）会计师

1. 系统掌握会计基础知识和业务技能。

2. 掌握并能正确执行财经政策、会计法律法规和规章制度。

3. 具有扎实的专业判断和分析能力，能独立负责某领域会计工作。

4. 具备博士学位；或具备硕士学位，从事会计工作满 1 年；或具备第二学士学位或研究生班毕业，从事会计工作满 2 年；或具备大学本科学历或学士学位，从事会计工作满 4 年；或具备大学专科学历，从事会计工作满 5 年。

（三）高级会计师

1. 系统掌握和应用经济与管理理论、财务会计理论与实务。

2. 具有较高的政策水平和丰富的会计工作经验，能独立负责某领域或一个单位的财务会计管理工作。

3. 工作业绩较为突出，有效提高了会计管理水平或经济效益。

4. 有较强的科研能力，取得一定的会计相关理论研究成果，或主持完成会计相关研究课题、调研报告、管理方法或制度创新等。

5. 具备博士学位，取得会计师职称后，从事与会计师职责相关工作满 2 年；或具备硕士学位，或第二学士学位或研究生班毕业，或大学本科学历或学士学位，取得会计师职称后，从事与会计师职责相关工作满 5 年；或具备大学专科学历，取得会计师职称后，从事与会计师职责相关工作满 10 年。

（四）正高级会计师

1. 系统掌握和应用经济与管理理论、财务会计理论与实务，把握工作规律。

2. 政策水平高，工作经验丰富，能积极参与一个单位的生产经营决策。

3. 工作业绩突出，主持完成会计相关领域重大项目，解决重大会计相关疑难问题或关键性业务问题，提高单位管理效率或经济效益。

4. 科研能力强，取得重大会计相关理论研究成果，或其他创造性会计相关研究成果，推动会计行业发展。

5. 一般应具有大学本科及以上学历或学士以上学位，取得高级会计师职称后，从事与高级会计师职责相关工作满 5 年。

省级高端会计人才培养工程毕业学员，视同具备前述第 1 至第 4 项标准条件，满足第 5 项条件，即可申报评审正高级会计师职称。全国高端会计人才培养工程毕业学员，按程序由正高级职称评审委员会认定取得正高级会计师职称。

4. 会计专业技术人员继续教育规定（2018 年颁布）

（财会〔2018〕10 号）

第一章 总 则

第一条 为了规范会计专业技术人员继续教育，保障会计专业技术人员合法权益，不断提高会计专业技术人员素质，根据《中华人民共和国会计法》和《专业技术人员继续教育规定》（人力资源社会保障部令第 25 号），制定本规定。

第二条 国家机关、企业、事业单位以及社会团体等组织（以下称单位）具有会计专业技术资格的人员，或不具有会计专业技术资格但从事会计工作的人员（以下简称会计专业技术人员）继续教育，适用本规定。

第三条 会计专业技术人员继续教育应当紧密结合经济社会和会计行业发展要求，以能力建设为核心，突出针对性、实用性，兼顾系统性、前瞻性，为经济社会和会计行业发展提供人才保证和智力支持。

第四条 会计专业技术人员继续教育工作应当遵循下列基本原则：

（一）以人为本，按需施教。会计专业技术人员继续教育面向会计专业技术人员，引导会计专业技术人员更新知识、拓展技能，完善知识结构、全面提高素质。

（二）突出重点，提高能力。把握会计行业发展趋势和会计专业技术人员从业基本要求，引导会计专业技术人员树立诚信理念、提高职业道德和业务素质，全面提升专业胜任能力。

（三）加强指导，创新机制。统筹教育资源，引导社会力量参与继续教育，不断丰富继续教育内容，创新继续教育方式，提高继续教育质量，形成政府部门规划指导、社会力量积极参与、用人单位支持配合的会计专业技术人员继续教育新格局。

第五条 用人单位应当保障本单位会计专业技术人员参加继续教育的权利。

会计专业技术人员享有参加继续教育的权利和接受继续教育的义务。

第六条 具有会计专业技术资格的人员应当自取得会计专业技术资格的次年开始参加继续教育，并在规定时间内取得规定学分。

不具有会计专业技术资格但从事会计工作的人员应当自从事会计工作的次年开始参加继续教育，并在规定时间内取得规定学分。

第二章 管理体制

第七条 财政部负责制定全国会计专业技术人员继续教育政策，会同人力资源社会保障部监督指导全国会计专业技术人员继续教育工作的组织实施，人力资源社会保障部负责对全国会计专业技术人员继续教育工作进行综合管理和统筹协调。

除本规定另有规定外，县级以上地方人民政府财政部门、人力资源社会保障部门共同负责本地区会计专业技术人员继续教育工作。

第八条　新疆生产建设兵团按照财政部、人力资源社会保障部有关规定，负责所属单位的会计专业技术人员继续教育工作。中共中央直属机关事务管理局、国家机关事务管理局（以下统称中央主管单位）按照财政部、人力资源社会保障部有关规定，分别负责中央在京单位的会计专业技术人员继续教育工作。

第三章　内容与形式

第九条　会计专业技术人员继续教育内容包括公需科目和专业科目。

公需科目包括专业技术人员应当普遍掌握的法律法规、政策理论、职业道德、技术信息等基本知识，专业科目包括会计专业技术人员从事会计工作应当掌握的财务会计、管理会计、财务管理、内部控制与风险管理、会计信息化、会计职业道德、财税金融、会计法律法规等相关专业知识。

财政部会同人力资源社会保障部根据会计专业技术人员能力框架，定期发布继续教育公需科目指南、专业科目指南，对会计专业技术人员继续教育内容进行指导。

第十条　会计专业技术人员可以自愿选择参加继续教育的形式。会计专业技术人员继续教育的形式有：

（一）参加县级以上地方人民政府财政部门、人力资源社会保障部门，新疆生产建设兵团财政局、人力资源社会保障局，中共中央直属机关事务管理局，国家机关事务管理局（以下统称继续教育管理部门）组织的会计专业技术人员继续教育培训、高端会计人才培训、全国会计专业技术资格考试等会计相关考试、会计类专业会议等；

（二）参加会计继续教育机构或用人单位组织的会计专业技术人员继续教育培训；

（三）参加国家教育行政主管部门承认的中专以上（含中专，下同）会计类专业学历（学位）教育；承担继续教育管理部门或行业组织（团体）的会计类研究课题，或在有国内统一刊号（CN）的经济、管理类报刊上发表会计类论文；公开出版会计类书籍；参加注册会计师、资产评估师、税务师等继续教育培训；

（四）继续教育管理部门认可的其他形式。

第十一条　会计专业技术人员继续教育采用的课程、教学方法，应当适应会计工作要求和特点。同时，积极推广网络教育等方式，提高继续教育教学和管理的信息化水平。

第四章　学分管理

第十二条　会计专业技术人员参加继续教育实行学分制管理，每年参加继续教育取得的学分不少于90学分。其中，专业科目一般不少于总学分的三分之二。

会计专业技术人员参加继续教育取得的学分，在全国范围内当年度有效，不得结转以后年度。

第十三条　参加本规定第十条规定形式的继续教育，其学分计量标准如下：

（一）参加全国会计专业技术资格考试等会计相关考试，每通过一科考试或被录取的，折算为90学分；

（二）参加会计类专业会议，每天折算为10学分；

（三）参加国家教育行政主管部门承认的中专以上会计类专业学历（学位）教育，通过当年度一门学习课程考试或考核的，折算为90学分；

（四）独立承担继续教育管理部门或行业组织（团体）的会计类研究课题，课题结项的，每项研究课题折算为 90 学分；与他人合作完成的，每项研究课题的课题主持人折算为 90 学分，其他参与人每人折算为 60 学分；

（五）独立在有国内统一刊号（CN）的经济、管理类报刊上发表会计类论文的，每篇论文折算为 30 学分；与他人合作发表的，每篇论文的第一作者折算为 30 学分，其他作者每人折算为 10 学分；

（六）独立公开出版会计类书籍的，每本会计类书籍折算为 90 学分；与他人合作出版的，每本会计类书籍的第一作者折算为 90 学分，其他作者每人折算为 60 学分；

（七）参加其他形式的继续教育，学分计量标准由各省、自治区、直辖市、计划单列市财政厅（局）（以下称省级财政部门）、新疆生产建设兵团财政局会同本地区人力资源社会保障部门、中央主管单位制定。

第十四条 对会计专业技术人员参加继续教育情况实行登记管理。

用人单位应当对会计专业技术人员参加继续教育的种类、内容、时间和考试考核结果等情况进行记录，并在培训结束后及时按照要求将有关情况报送所在地县级以上地方人民政府财政部门、新疆生产建设兵团财政局或中央主管单位。

省级财政部门、新疆生产建设兵团财政局、中央主管单位应当建立会计专业技术人员继续教育信息管理系统，对会计专业技术人员参加继续教育取得的学分进行登记，如实记载会计专业技术人员接受继续教育情况。

继续教育登记可以采用以下方式：

（一）会计专业技术人员参加继续教育管理部门组织的继续教育和会计相关考试，县级以上地方人民政府财政部门、新疆生产建设兵团财政局或中央主管单位应当直接为会计专业技术人员办理继续教育事项登记；

（二）会计专业技术人员参加会计继续教育机构或用人单位组织的继续教育，县级以上地方人民政府财政部门、新疆生产建设兵团财政局或中央主管单位应当根据会计继续教育机构或用人单位报送的会计专业技术人员继续教育信息，为会计专业技术人员办理继续教育事项登记；

（三）会计专业技术人员参加继续教育采取上述（一）（二）以外其他形式的，应当在年度内登陆所属县级以上地方人民政府财政部门、新疆生产建设兵团财政局或中央主管单位指定网站，按要求上传相关证明材料，申请办理继续教育事项登记；也可持相关证明材料向所属继续教育管理部门申请办理继续教育事项登记。

第五章 会计继续教育机构管理

第十五条 会计继续教育机构必须同时符合下列条件：

（一）具备承担继续教育相适应的教学设施，面授教育机构还应有相应的教学场所；

（二）拥有与承担继续教育相适应的师资队伍和管理力量；

（三）制定完善的教学计划、管理制度和其他相关制度；

（四）能够完成所承担的继续教育任务，保证教学质量；

（五）符合有关法律法规的规定。

应当充分发挥国家会计学院、会计行业组织（团体）、各类继续教育培训基地（中心）等在开展会计专业技术人员继续教育方面的主渠道作用，鼓励、引导高等院校、科研院所等单位参与会计专业技术人员继续教育工作。

第十六条 会计继续教育机构应当认真实施继续教育教学计划，向社会公开继续教育的范围、内容、收费项目及标准等情况。

第十七条 会计继续教育机构应当按照专兼职结合的原则，聘请具有丰富实践经验、较高理论水平的业务骨干和专家学者，建立继续教育师资库。

第十八条　会计继续教育机构应当建立健全继续教育培训档案，根据考试或考核结果如实出具会计专业技术人员参加继续教育的证明，并在培训结束后及时按照要求将有关情况报送所在地县级以上地方人民政府财政部门、新疆生产建设兵团财政局或中央主管单位。

第十九条　会计继续教育机构不得有下列行为：

（一）采取虚假、欺诈等不正当手段招揽生源；

（二）以会计专业技术人员继续教育名义组织旅游或者进行其他高消费活动；

（三）以会计专业技术人员继续教育名义乱收费或者只收费不培训。

第六章　考核与评价

第二十条　用人单位应当建立本单位会计专业技术人员继续教育与使用、晋升相衔接的激励机制，将参加继续教育情况作为会计专业技术人员考核评价、岗位聘用的重要依据。

会计专业技术人员参加继续教育情况，应当作为聘任会计专业技术职务或者申报评定上一级资格的重要条件。

第二十一条　继续教育管理部门应当加强对会计专业技术人员参加继续教育情况的考核与评价，并将考核、评价结果作为参加会计专业技术资格考试或评审、先进会计工作者评选、高端会计人才选拔等的依据之一，并纳入其信用信息档案。

对未按规定参加继续教育或者参加继续教育未取得规定学分的会计专业技术人员，继续教育管理部门应当责令其限期改正。

第二十二条　继续教育管理部门应当依法对会计继续教育机构、用人单位执行本规定的情况进行监督。

第二十三条　继续教育管理部门应当定期组织或者委托第三方评估机构对所在地会计继续教育机构进行教学质量评估，评估结果作为承担下年度继续教育任务的重要参考。

第二十四条　会计继续教育机构发生本规定第十九条行为，继续教育管理部门应当责令其限期改正，并依法依规进行处理。

第七章　附　　则

第二十五条　中央军委后勤保障部会计专业技术人员继续教育工作，参照本规定执行。

第二十六条　省级财政部门、新疆生产建设兵团财政局可会同本地区人力资源社会保障部门根据本规定制定具体实施办法，报财政部、人力资源社会保障部备案。

中央主管单位可根据本规定制定具体实施办法，报财政部、人力资源社会保障部备案。

第二十七条　本规定自 2018 年 7 月 1 日起施行。财政部 2013 年 8 月 27 日印发的《会计人员继续教育规定》（财会〔2013〕18 号）同时废止。

5. 财政部专家工作室管理办法（试行）（2021 年颁布）

（财人〔2021〕47 号）

第一章　总　　则

第一条　为全面贯彻中央人才工作有关精神，落实新时代党的组织路线，规范财政部专家工作室管理，根据《财政部关于加强财政系统人才队伍建设的意见》等有关规定，结合工作实际，制定本办法。

第二条　财政部专家工作室（以下简称专家工作室）是经财政部党组批准组建，聚焦中央重大决策部署和财政中心工作，整合财政系统人才和系统外专家资源，承担财政全局性战略性前瞻性问题研究、培养财政系统优秀干部人才、服务党和国家事业发展、助力构建新发展格局的工作平台。

第三条 基本原则：

（一）坚持党的领导，把握正确方向。以习近平新时代中国特色社会主义思想为指导，强化部党组的领导和把关作用，始终坚持以人民为中心的发展思想，从国家整体利益和长远利益出发，积极为党和国家事业发展建言献策。

（二）坚持事业为上，服务中心大局。从战略和全局的高度把握新时代新形势新任务新要求，紧紧围绕中央重大决策部署和财政改革发展重大课题研究攻坚，鼓励探索创新，注重研究实效，全面提升服务党和国家事业发展的能力。

（三）坚持人才为本，强化人才培养。遵循人才成长规律，结合财政系统人才特点和需求，让政治过硬、本领高强、潜力较大的干部人才在攻坚克难中增长才干，源源不断为党和国家事业发展培养储备优秀干部和财经专业人才。

第四条 专家工作室的统一命名方式为“财政部 + 相关领域 + 专家工作室”。

第五条 专家工作室由财政部党组批准设立、调整或撤销。

第二章 专家工作室职责

第六条 专家工作室职责主要包括：

（一）研究攻坚。聚焦中央重大决策部署和财政中心工作，承担跨区域、跨领域、跨部门、跨司局财政重大改革发展问题和实践中迫切需要解决的前沿政策问题研究。

（二）人才培养。加强系统内外干部人才实践锻炼，及时发现人才，合理使用人才，培养储备优秀干部和财经专业人才。

第七条 专家工作室工作任务主要包括：

（一）研究确定并及时完成总体目标、阶段性目标和年度目标。

（二）组织专家工作室成员集中办公，深度嵌入财政业务工作，带领财政系统年轻干部跟班学习。

（三）每年提供不少于 5 篇与研究方向、工作目标等相关的研究报告或调研报告。

（四）每年举办不少于 4 次与研究方向、工作目标等相关的座谈会。

（五）每年举办不少于 1 次相关研讨会，鼓励不同领域专家工作室之间交流研讨。

（六）每年在适当范围内举办不少于 2 次的讲座讲课，专家牵头人、执行牵头人应优先参加。

（七）撰写与研究方向、工作目标等相关的论文、教材、专著等。

（八）参与与研究方向、工作目标等相关的改革、政策制定与解读等。

第三章 专家工作室组建程序

第八条 专家工作室挂靠牵头司局，实行双牵头人负责制。部内牵头人由牵头司局的主要负责同志担任，专家牵头人由专家担任。

第九条 专家工作室组建程序如下：

（一）提出初步建议研究方向。牵头司局研究提出专家工作室初步建议研究方向和子课题，工作层面商人事教育司后，报分管部领导同意。

（二）组织专家论证。牵头司局会同人事教育司组织召开论证会，请权威专家和相关司局负责同志对初步建议研究方向和子课题进行论证，并推荐专家牵头人。

（三）确定建议研究方向。牵头司局根据论证情况进一步修改完善并报分管部领导同意后，确定专家工作室建议研究方向。

（四）部党组会议审定。人事教育司按程序提请部党组会议审定专家工作室研究方向和双牵头人。

第十条 专家牵头人应当具备以下基本条件：

（一）政治立场坚定，具有爱国奉献精神。

（二）具有正高级职称，一般具有博士学位。

（三）长期从事财经相关领域研究工作，取得国内外同行公认的成就。

（四）具有较强的领导协调和创新研究能力，能够较好地组织研究团队开展跨单位、跨部门、跨学科研究活动。

第四章 专家工作室运行管理

第十一条 根据部党组审定的研究方向，专家工作室双牵头人会同参与司局研究提出工作方案，明确工作目标、任务分工、成员构成、工作形式等，报分管部领导审定。

第十二条 工作目标包括总体目标、阶段性目标以及年度目标。

第十三条 专家工作室任务分工主要包括：

（一）牵头人。专家工作室双牵头人负责把控方向、加强督导。部内牵头人负责协调部内有关单位和地方财政部门支持专家工作室深度嵌入业务工作；专家牵头人负责统筹提出年度研究选题建议，安排所在工作室专家参与研究工作、协调工作室以外的专家提供智力支持等。

（二）牵头司局。牵头司局负责组织协调，与人事教育司、参与司局、专家做好沟通联系，及时汇总报送和传达情况。牵头司局和参与司局负责具体协调部内有关单位和地方财政部门支持专家工作室全程参与研究方向相关重要会议和改革、政策制定，提供研究所需资料、配合开展调研等。

（三）参与司局。参与司局负责承担或配合牵头司局，支持专家工作室全程参与研究方向相关重要会议和改革、政策制定，提供研究所需资料、配合开展调研等。

（四）人事教育司。人事教育司负责专家工作室的统筹协调、管理制度体系建设、服务保障、信息交流和年度考核，指导省级财政部门专家工作室管理工作。

第十四条 专家工作室成员主要包括固定成员和培养锻炼人员。每个专家工作室成员人数上限为 40 人，其中培养锻炼人员人数上限为 10 人。

（一）固定成员。主要通过组织推荐、专家推荐、本人自荐等方式选派，由部内有关单位干部、地方财政部门业务骨干、系统外专家各占一定比例组成，并根据工作目标完成情况动态调整。

（二）培养锻炼人员。主要由牵头司局、参与司局和人事教育司从有关领域人才库中选调优秀干部进入专家工作室跟班学习。培养锻炼人员不占用相关司局借调人员名额。

每个专家工作室，人事教育司选派 1–2 名干部参与。

第十五条 专家工作室建立统分结合、线上与线下相结合等研究机制，在课题研究期间主要采取集中办公形式开展工作。财政系统固定成员和培养锻炼人员原则上集中办公，系统外专家定期参与集中办公。

第十六条 专家工作室激励机制主要包括：

（一）每年按规定安排一定规模的专项经费支持。

（二）积极推荐专家工作室专家参与国家重大项目和重点工程，以及国家高层次人才评选。

（三）对表现优秀的专家工作室专家，及时向所在单位或其主管部门通报研究成果及运用情况，必要时给予适当表彰，优先在其所在单位挂牌设立财政部有关研究基地。

（四）对参加专家工作室的财政部干部，有关经历记入个人档案，表现特别优秀、取得突出成绩的在年度考核、职级晋升等方面予以优先考虑；对参加专家工作室的地方财政干部，表现特别优秀、取得突出成绩的，及时向所在单位通报表彰。

（五）根据专家工作室年度考核结果，按照相关规定对相关成员给予适当奖励。

（六）对支持专家工作室工作的地方，在相关研究成果转化时，优先在当地开展政策试点。

第五章 监督管理

第十七条 专家工作室要严格有关保密要求，加强涉密设备和资料管理。

第十八条 专家工作室工作经费在“财政系统人才工作专项经费”中列支。

牵头司局会同参与司局按照过紧日子的要求，合理确定经费需求，编制年度经费预算，按有关规定安排使用经费，商人事教育司后报办公厅审批。

第十九条 专家工作室经费支出范围主要包括委托业务费、劳务费、培训费、会议费、差旅费、印刷费和其他费用支出。

第六章 考核评价与结果应用

第二十条 专家工作室实行年度考核评价制度，考核评价工作在财政部党组领导下组织实施。

第二十一条 牵头司局负责会同参与司局制定本领域专家工作室考核评价办法，每年对专家工作室全体成员开展考核评价，于2月底前将上年度考核评价结果反馈人事教育司。

第二十二条 人事教育司负责每年根据相关司局考核评价结果，组织对财政部各专家工作室开展年度考核。

第二十三条 年度考核坚持问题导向、目标导向、结果导向和正向激励，主要内容包括任务完成、成果产出、质量效果等指标。

牵头司局会同参与司局及时汇总任务完成、成果产出、质量效果等情况，按季度形成台账，报送人事教育司。

第二十四条 年度考核实行评分制，考核结果分为优秀、合格、不合格三个等次。得分90分以上（含）为优秀；得分60分以上（含）、90分以下为合格；得分60分以下为不合格。

第二十五条 根据专家工作室年度考核结果，每年评选优秀专家工作室、突出贡献专家和优秀干部：

（一）对于年度考核结果为优秀、评分排名为前2名的专家工作室，评为年度优秀专家工作室。

（二）从年度优秀专家工作室中各评选2名年度突出贡献专家。

（三）给予年度优秀专家工作室相关司局各1名干部年度考核优秀等次名额（不占所在司局优秀等次数量）。

第二十六条 评选优秀专家工作室、突出贡献专家和优秀干部的程序为：

（一）由人事教育司根据上述规定酝酿提名年度优秀专家工作室。

（二）年度优秀专家工作室相关司局提名年度突出贡献专家、年度考核优秀等次干部名单，征求人事教育司意见。

（三）人事教育司综合分析研判，报请部党组审定。

（四）人事教育司以适当方式通报表扬。

第二十七条 对于年度考核结果为不合格的，请相关司局加强督促指导并组织整改；连续两年考核结果为不合格的，予以摘牌撤销。

第七章 附 则

第二十八条 各省级财政部门应当结合实际，参照本办法制定本省（区、市）财政专家工作室制度规定。

第二十九条 本办法自印发之日起施行，由财政部人事教育司负责解释。

第二编

企业会计相关法规

第五章　企业会计准则

1. 企业会计准则——基本准则（2014 年修订）

（2006 年 2 月 15 日财政部令第 33 号公布　2014 年 7 月 23 日根据《财政部关于修改〈企业会计准则——基本准则〉的决定》修改）

第一章　总　　则

第一条　为了规范企业会计确认、计量和报告行为，保证会计信息质量，根据《中华人民共和国会计法》和其他有关法律、行政法规，制定本准则。

第二条　本准则适用于在中华人民共和国境内设立的企业（包括公司，下同）。

第三条　企业会计准则包括基本准则和具体准则，具体准则的制定应当遵循本准则。

第四条　企业应当编制财务会计报告（又称财务报告，下同）。财务会计报告的目标是向财务会计报告使用者提供与企业财务状况、经营成果和现金流量等有关的会计信息，反映企业管理层受托责任履行情况，有助于财务会计报告使用者作出经济决策。

财务会计报告使用者包括投资者、债权人、政府及其有关部门和社会公众等。

第五条　企业应当对其本身发生的交易或者事项进行会计确认、计量和报告。

第六条　企业会计确认、计量和报告应当以持续经营为前提。

第七条　企业应当划分会计期间，分期结算账目和编制财务会计报告。

会计期间分为年度和中期。中期是指短于一个完整的会计年度的报告期间。

第八条　企业会计应当以货币计量。

第九条　企业应当以权责发生制为基础进行会计确认、计量和报告。

第十条　企业应当按照交易或者事项的经济特征确定会计要素。会计要素包括资产、负债、所有者权益、收入、费用和利润。

第十一条　企业应当采用借贷记账法记账。

第二章　会计信息质量要求

第十二条　企业应当以实际发生的交易或者事项为依据进行会计确认、计量和报告，如实反映符合确认和计量要求的各项会计要素及其他相关信息，保证会计信息真实可靠、内容完整。

第十三条　企业提供的会计信息应当与财务会计报告使用者的经济决策需要相关，有助于财务会计报告使用者对企业过去、现在或者未来的情况作出评价或者预测。

第十四条　企业提供的会计信息应当清晰明了，便于财务会计报告使用者理解和使用。

第十五条　企业提供的会计信息应当具有可比性。

同一企业不同时期发生的相同或者相似的交易或者事项，应当采用一致的会计政策，不得随意变更。确需变更的，应当在附注中说明。

不同企业发生的相同或者相似的交易或者事项，应当采用规定的会计政策，确保会计信息口径一致、相互可比。

第十六条　企业应当按照交易或者事项的经济实质进行会计确认、计量和报告，不应仅以交易或者事项的法律形式为依据。

第十七条 企业提供的会计信息应当反映与企业财务状况、经营成果和现金流量等有关的所有重要交易或者事项。

第十八条 企业对交易或者事项进行会计确认、计量和报告应当保持应有的谨慎，不应高估资产或者收益、低估负债或者费用。

第十九条 企业对于已经发生的交易或者事项，应当及时进行会计确认、计量和报告，不得提前或者延后。

第三章 资　　产

第二十条 资产是指企业过去的交易或者事项形成的、由企业拥有或者控制的、预期会给企业带来经济利益的资源。

前款所指的企业过去的交易或者事项包括购买、生产、建造行为或其他交易或者事项。预期在未来发生的交易或者事项不形成资产。

由企业拥有或者控制，是指企业享有某项资源的所有权，或者虽然不享有某项资源的所有权，但该资源能被企业所控制。

预期会给企业带来经济利益，是指直接或者间接导致现金和现金等价物流入企业的潜力。

第二十一条 符合本准则第二十条规定的资产定义的资源，在同时满足以下条件时，确认为资产：

（一）与该资源有关的经济利益很可能流入企业；

（二）该资源的成本或者价值能够可靠地计量。

第二十二条 符合资产定义和资产确认条件的项目，应当列入资产负债表；符合资产定义、但不符合资产确认条件的项目，不应当列入资产负债表。

第四章 负　　债

第二十三条 负债是指企业过去的交易或者事项形成的、预期会导致经济利益流出企业的现时义务。

现时义务是指企业在现行条件下已承担的义务。未来发生的交易或者事项形成的义务，不属于现时义务，不应当确认为负债。

第二十四条 符合本准则第二十三条规定的负债定义的义务，在同时满足以下条件时，确认为负债：

（一）与该义务有关的经济利益很可能流出企业；

（二）未来流出的经济利益的金额能够可靠地计量。

第二十五条 符合负债定义和负债确认条件的项目，应当列入资产负债表；符合负债定义、但不符合负债确认条件的项目，不应当列入资产负债表。

第五章 所有者权益

第二十六条 所有者权益是指企业资产扣除负债后由所有者享有的剩余权益。

公司的所有者权益又称为股东权益。

第二十七条 所有者权益的来源包括所有者投入的资本、直接计入所有者权益的利得和损失、留存收益等。

直接计入所有者权益的利得和损失，是指不应计入当期损益、会导致所有者权益发生增减变动的、与所有者投入资本或者向所有者分配利润无关的利得或者损失。

利得是指由企业非日常活动所形成的、会导致所有者权益增加的、与所有者投入资本无关的经济利益的流入。

损失是指由企业非日常活动所发生的、会导致所有者权益减少的、与向所有者分配利润无关的经济利益的流出。

第二十八条 所有者权益金额取决于资产和负债的计量。

第二十九条 所有者权益项目应当列入资产负债表。

第六章 收　　入

第三十条 收入是指企业在日常活动中形成的、会导致所有者权益增加的、与所有者投入资本无关的经济利益的总流入。

第三十一条 收入只有在经济利益很可能流入从而导致企业资产增加或者负债减少、且经济利益的流入额能够可靠计量时才能予以确认。

第三十二条 符合收入定义和收入确认条件的项目，应当列入利润表。

第七章 费　　用

第三十三条 费用是指企业在日常活动中发生的、会导致所有者权益减少的、与向所有者分配利润无关的经济利益的总流出。

第三十四条 费用只有在经济利益很可能流出从而导致企业资产减少或者负债增加、且经济利益的流出额能够可靠计量时才能予以确认。

第三十五条 企业为生产产品、提供劳务等发生的可归属于产品成本、劳务成本等的费用，应当在确认产品销售收入、劳务收入等时，将已销售产品、已提供劳务的成本等计入当期损益。

企业发生的支出不产生经济利益的，或者即使能够产生经济利益但不符合或者不再符合资产确认条件的，应当在发生时确认为费用，计入当期损益。

企业发生的交易或者事项导致其承担了一项负债而又不确认为一项资产的，应当在发生时确认为费用，计入当期损益。

第三十六条 符合费用定义和费用确认条件的项目，应当列入利润表。

第八章 利　　润

第三十七条 利润是指企业在一定会计期间的经营成果。利润包括收入减去费用后的净额、直接计入当期利润的利得和损失等。

第三十八条 直接计入当期利润的利得和损失，是指应当计入当期损益、会导致所有者权益发生增减变动的、与所有者投入资本或者向所有者分配利润无关的利得或者损失。

第三十九条 利润金额取决于收入和费用、直接计入当期利润的利得和损失金额的计量。

第四十条 利润项目应当列入利润表。

第九章 会计计量

第四十一条 企业在将符合确认条件的会计要素登记入账并列报于会计报表及其附注（又称财务报表，下同）时，应当按照规定的会计计量属性进行计量，确定其金额。

第四十二条 会计计量属性主要包括：

（一）历史成本。在历史成本计量下，资产按照购置时支付的现金或者现金等价物的金额，或者按照购置资产时所付出的对价的公允价值计量。负债按照因承担现时义务而实际收到的款项或者资产的金额，或者承担现时义务的合同金额，或者按照日常活动中为偿还负债预期需要支付的现金或者现金等价物的金额计量。

（二）重置成本。在重置成本计量下，资产按照现在购买相同或者相似资产所需支付的现金或者现金等价物的金额计量。负债按照现在偿付该项债务所需支付的现金或者现金等价物的金额计量。

（三）可变现净值。在可变现净值计量下，资产按照其正常对外销售所能收到现金或者现金等价物的金额扣减该资产至完工时估计将要发生的成本、估计的销售费用以及相关税费后的金额计量。

（四）现值。在现值计量下，资产按照预计从其持续使用和最终处置中所产生的未来净现金流入量的折现金额计量。负债按照预计期限内需要偿还的未来净现金流出量的折现金额计量。

（五）公允价值。在公允价值计量下，资产和负债按照市场参与者在计量日发生的有序交易中，出售资产所能收到或者转移负债所需支付的价格计量。

第四十三条 企业在对会计要素进行计量时，一般应当采用历史成本，采用重置成本、可变现净值、现值、公允价值计量的，应当保证所确定的会计要素金额能够取得并可靠计量。

第十章 财务会计报告

第四十四条 财务会计报告是指企业对外提供的反映企业某一特定日期的财务状况和某一会计期间的经营成果、现金流量等会计信息的文件。

财务会计报告包括会计报表及其附注和其他应当在财务会计报告中披露的相关信息和资料。会计报表至少应当包括资产负债表、利润表、现金流量表等报表。

小企业编制的会计报表可以不包括现金流量表。

第四十五条 资产负债表是指反映企业在某一特定日期的财务状况的会计报表。

第四十六条 利润表是指反映企业在一定会计期间的经营成果的会计报表。

第四十七条 现金流量表是指反映企业在一定会计期间的现金和现金等价物流入和流出的会计报表。

第四十八条 附注是指对在会计报表中列示项目所作的进一步说明，以及对未能在这些报表中列示项目的说明等。

第十一章 附 则

第四十九条 本准则由财政部负责解释。

第五十条 本准则自 2007 年 1 月 1 日起施行。

2. 企业会计准则第 1 号——存货（2006 年颁布）

（财会〔2006〕3 号）

第一章 总 则

第一条 为了规范存货的确认、计量和相关信息的披露，根据《企业会计准则——基本准则》，制定本准则。

第二条 下列各项适用其他相关会计准则：

（一）消耗性生物资产，适用《企业会计准则第 5 号——生物资产》。

（二）通过建造合同归集的存货成本，适用《企业会计准则第 15 号——建造合同》。

第二章 确 认

第三条 存货，是指企业在日常活动中持有以备出售的产成品或商品、处在生产过程中的在产品、在生产过程或提供劳务过程中耗用的材料和物料等。

第四条 存货同时满足下列条件的，才能予以确认：

（一）与该存货有关的经济利益很可能流入企业；

（二）该存货的成本能够可靠地计量。

第三章　计　　量

第五条　存货应当按照成本进行初始计量。存货成本包括采购成本、加工成本和其他成本。

第六条　存货的采购成本，包括购买价款、相关税费、运输费、装卸费、保险费以及其他可归属于存货采购成本的费用。

第七条　存货的加工成本，包括直接人工以及按照一定方法分配的制造费用。

制造费用，是指企业为生产产品和提供劳务而发生的各项间接费用。企业应当根据制造费用的性质，合理地选择制造费用分配方法。

在同一生产过程中，同时生产两种或两种以上的产品，并且每种产品的加工成本不能直接区分的，其加工成本应当按照合理的方法在各种产品之间进行分配。

第八条　存货的其他成本，是指除采购成本、加工成本以外的，使存货达到目前场所和状态所发生的其他支出。

第九条　下列费用应当在发生时确认为当期损益，不计入存货成本：

（一）非正常消耗的直接材料、直接人工和制造费用。

（二）仓储费用（不包括在生产过程中为达到下一个生产阶段所必需的费用）。

（三）不能归属于使存货达到目前场所和状态的其他支出。

第十条　应计入存货成本的借款费用，按照《企业会计准则第 17 号——借款费用》处理。

第十一条　投资者投入存货的成本，应当按照投资合同或协议约定的价值确定，但合同或协议约定价值不公允的除外。

第十二条　收获时农产品的成本、非货币性资产交换、债务重组和企业合并取得的存货的成本，应当分别按照《企业会计准则第 5 号——生物资产》《企业会计准则第 7 号——非货币性资产交换》《企业会计准则第 12 号——债务重组》和《企业会计准则第 20 号——企业合并》确定。

第十三条　企业提供劳务的，所发生的从事劳务提供人员的直接人工和其他直接费用以及可归属的间接费用，计入存货成本。

第十四条　企业应当采用先进先出法、加权平均法或者个别计价法确定发出存货的实际成本。

对于性质和用途相似的存货，应当采用相同的成本计算方法确定发出存货的成本。

对于不能替代使用的存货、为特定项目专门购入或制造的存货以及提供劳务的成本，通常采用个别计价法确定发出存货的成本。

对于已售存货，应当将其成本结转为当期损益，相应的存货跌价准备也应当予以结转。

第十五条　资产负债表日，存货应当按照成本与可变现净值孰低计量。

存货成本高于其可变现净值的，应当计提存货跌价准备，计入当期损益。

可变现净值，是指在日常活动中，存货的估计售价减去至完工时估计将要发生的成本、估计的销售费用以及相关税费后的金额。

第十六条　企业确定存货的可变现净值，应当以取得的确凿证据为基础，并且考虑持有存货的目的、资产负债表日后事项的影响等因素。

为生产而持有的材料等，用其生产的产成品的可变现净值高于成本的，该材料仍然应当按照成本计量；材料价格的下降表明产成品的可变现净值低于成本的，该材料应当按照可变现净值计量。

第十七条　为执行销售合同或者劳务合同而持有的存货，其可变现净值应当以合同价格为基础计算。

企业持有存货的数量多于销售合同订购数量的，超出部分的存货的可变现净值应当以一般销售价格为基础计算。

第十八条 企业通常应当按照单个存货项目计提存货跌价准备。

对于数量繁多、单价较低的存货，可以按照存货类别计提存货跌价准备。

与在同一地区生产和销售的产品系列相关、具有相同或类似最终用途或目的，且难以与其他项目分开计量的存货，可以合并计提存货跌价准备。

第十九条 资产负债表日，企业应当确定存货的可变现净值。以前减记存货价值的影响因素已经消失的，减记的金额应当予以恢复，并在原已计提的存货跌价准备金额内转回，转回的金额计入当期损益。

第二十条 企业应当采用一次转销法或者五五摊销法对低值易耗品和包装物进行摊销，计入相关资产的成本或者当期损益。

第二十一条 企业发生的存货毁损，应当将处置收入扣除账面价值和相关税费后的金额计入当期损益。存货的账面价值是存货成本扣减累计跌价准备后的金额。

存货盘亏造成的损失，应当计入当期损益。

第四章 披 露

第二十二条 企业应当在附注中披露与存货有关的下列信息：

（一）各类存货的期初和期末账面价值。

（二）确定发出存货成本所采用的方法。

（三）存货可变现净值的确定依据，存货跌价准备的计提方法，当期计提的存货跌价准备的金额，当期转回的存货跌价准备的金额，以及计提和转回的有关情况。

（四）用于担保的存货账面价值。

3. 企业会计准则第 2 号——长期股权投资（2014 年修订）

（财会〔2014〕14 号）

第一章 总 则

第一条 为了规范长期股权投资的确认、计量，根据《企业会计准则——基本准则》，制定本准则。

第二条 本准则所称长期股权投资，是指投资方对被投资单位实施控制、重大影响的权益性投资，以及对其合营企业的权益性投资。

在确定能否对被投资单位实施控制时，投资方应当按照《企业会计准则第 33 号——合并财务报表》的有关规定进行判断。投资方能够对被投资单位实施控制的，被投资单位为其子公司。投资方属于《企业会计准则第 33 号——合并财务报表》规定的投资性主体且子公司不纳入合并财务报表的情况除外。

重大影响，是指投资方对被投资单位的财务和经营政策有参与决策的权力，但并不能够控制或者与其他方一起共同控制这些政策的制定。在确定能否对被投资单位施加重大影响时，应当考虑投资方和其他方持有的被投资单位当期可转换公司债券、当期可执行认股权证等潜在表决权因素。投资方能够对被投资单位施加重大影响的，被投资单位为其联营企业。

在确定被投资单位是否为合营企业时，应当按照《企业会计准则第 40 号——合营安排》的有关规定进行判断。

第三条 下列各项适用其他相关会计准则：

（一）外币长期股权投资的折算，适用《企业会计准则第 19 号——外币折算》。

（二）风险投资机构、共同基金以及类似主体持有的、在初始确认时按照《企业会计准则第 22 号——金融工具确认和计量》的规定以公允价值计量且其变动计入当期损益的金融资产，投资性主体对不纳入合并财务报表的子公司的权益性投资，以及本准则未予规范的其他权益性投资，适用《企业会计准则第 22 号——金融工具确认和计量》。

第四条 长期股权投资的披露，适用《企业会计准则第 41 号——在其他主体中权益的披露》。

第二章 初始计量

第五条 企业合并形成的长期股权投资，应当按照下列规定确定其初始投资成本：

（一）同一控制下的企业合并，合并方以支付现金、转让非现金资产或承担债务方式作为合并对价的，应当在合并日按照被合并方所有者权益在最终控制方合并财务报表中的账面价值的份额作为长期股权投资的初始投资成本。长期股权投资初始投资成本与支付的现金、转让的非现金资产以及所承担债务账面价值之间的差额，应当调整资本公积；资本公积不足冲减的，调整留存收益。

合并方以发行权益性证券作为合并对价的，应当在合并日按照被合并方所有者权益在最终控制方合并财务报表中的账面价值的份额作为长期股权投资的初始投资成本。按照发行股份的面值总额作为股本，长期股权投资初始投资成本与所发行股份面值总额之间的差额，应当调整资本公积；资本公积不足冲减的，调整留存收益。

（二）非同一控制下的企业合并，购买方在购买日应当按照《企业会计准则第 20 号——企业合并》的有关规定确定的合并成本作为长期股权投资的初始投资成本。

合并方或购买方为企业合并发生的审计、法律服务、评估咨询等中介费用以及其他相关管理费用，应当于发生时计入当期损益。

第六条 除企业合并形成的长期股权投资以外，其他方式取得的长期股权投资，应当按照下列规定确定其初始投资成本：

（一）以支付现金取得的长期股权投资，应当按照实际支付的购买价款作为初始投资成本。初始投资成本包括与取得长期股权投资直接相关的费用、税金及其他必要支出。

（二）以发行权益性证券取得的长期股权投资，应当按照发行权益性证券的公允价值作为初始投资成本。与发行权益行证券直接相关的费用，应当按照《企业会计准则第 37 号——金融工具列报》的有关规定确定。

（三）通过非货币性资产交换取得的长期股权投资，其初始投资成本应当按照《企业会计准则第 7 号——非货币性资产交换》的有关规定确定。

（四）通过债务重组取得的长期股权投资，其初始投资成本应当按照《企业会计准则第 12 号——债务重组》的有关规定确定。

第三章 后续计量

第七条 投资方能够对被投资单位实施控制的长期股权投资应当采用成本法核算。

第八条 采用成本法核算的长期股权投资应当按照初始投资成本计价。追加或收回投资应当调整长期股权投资的成本。被投资单位宣告分派的现金股利或利润，应当确认为当期投资收益。

第九条 投资方对联营企业和合营企业的长期股权投资，应当按照本准则第十条至第十三条规定，采用权益法核算。

投资方对联营企业的权益性投资，其中一部分通过风险投资机构、共同基金、信托公司或包括投连险基金在内的类似主体间接持有的，无论以上主体是否对这部分投资具有重大影响，投资方都可以按照《企业会计准则第 22 号——金融工具确认和计量》的有关规定，对间接持有的该部分投资选择以公允价值计量且其变动计入损益，并对其余部分采用权益法核算。

第十条 长期股权投资的初始投资成本大于投资时应享有被投资单位可辨认净资产公允价值份额的，不调整长期股权投资的初始投资成本；长期股权投资的初始投资成本小于投资时应享有被投资单位可辨认净资产公允价值份额的，其差额应当计入当期损益，同时调整长期股权投资的成本。

被投资单位可辨认净资产的公允价值，应当比照《企业会计准则第 20 号——企业合并》的有关规定确定。

第十一条 投资方取得长期股权投资后，应当按照应享有或应分担的被投资单位实现的净损益和其他综合收益的份额，分别确认投资收益和其他综合收益，同时调整长期股权投资的账面价值；投资方按照被投资单位宣告分派的利润或现金股利计算应享有的部分，相应减少长期股权投资的账面价值；投资方对于被投资单位除净损益、其他综合收益和利润分配以外所有者权益的其他变动，应当调整长期股权投资的账面价值并计入所有者权益。

投资方在确认应享有被投资单位净损益的份额时，应当以取得投资时被投资单位可辨认净资产的公允价值为基础，对被投资单位的净利润进行调整后确认。

被投资单位采用的会计政策及会计期间与投资方不一致的，应当按照投资方的会计政策及会计期间对被投资单位的财务报表进行调整，并据以确认投资收益和其他综合收益等。

第十二条 投资方确认被投资单位发生的净亏损，应当以长期股权投资的账面价值以及其他实质上构成对被投资单位净投资的长期权益减记至零为限，投资方负有承担额外损失义务的除外。

被投资单位以后实现净利润的，投资方在其收益分享额弥补未确认的亏损分担额后，恢复确认收益分享额。

第十三条 投资方计算确认应享有或应分担被投资单位的净损益时，与联营企业、合营企业之间发生的未实现内部交易损益按照应享有的比例计算归属于投资方的部分，应当予以抵销，在此基础上确认投资收益。

投资方与被投资单位发生的未实现内部交易损失，按照《企业会计准则第 8 号——资产减值》等的有关规定属于资产减值损失的，应当全额确认。

第十四条 投资方因追加投资等原因能够对被投资单位施加重大影响或实施共同控制但不构成控制的，应当按照《企业会计准则第 22 号——金融工具确认和计量》确定的原持有的股权投资的公允价值加上新增投资成本之和，作为改按权益法核算的初始投资成本。原持有的股权投资分类为可供出售金融资产的，其公允价值与账面价值之间的差额，以及原计入其他综合收益的累计公允价值变动应当转入改按权益法核算的当期损益。

投资方因追加投资等原因能够对非同一控制下的被投资单位实施控制的，在编制个别财务报表时，应当按照原持有的股权投资账面价值加上新增投资成本之和，作为改按成本法核算的初始投资成本。购买日之前持有的股权投资因采用权益法核算而确认的其他综合收益，应当在处置该项投资时采用与被投资单位直接处置相关资产或负债相同的基础进行会计处理。购买日之前持有的股权投资按照《企业会计准则第 22 号——金融工具确认和计量》的有关规定进行会计处理的，原计入其他综合收益的累计公允价值变动应当在改按成本法核算时转入当期损益。在编制合并财务报表时，应当按照《企业会计准则第 33 号——合并财务报表》的有关规定进行会计处理。

第十五条 投资方因处置部分股权投资等原因丧失了对被投资单位的共同控制或重大影响的，处置后的剩余股权应当改按《企业会计准则第 22 号——金融工具确认和计量》核算，其在丧失共同控制或重大影响之日的公允价值与账面价值之间的差额计入当期损益。原股权投资因采用权益法核算而确认的其他综合收益，应当在终止采用权益法核算时采用与被投资单位直接处置相关资产或负债相同的基础进行会计处理。

投资方因处置部分权益性投资等原因丧失了对被投资单位的控制的，在编制个别财务报表时，处置后的剩余股权能够对被投资单位实施共同控制或施加重大影响的，应当改按权益法核算，并对该剩余股权视同自取得时即采用权益法核算进行调整；处置后的剩余股权不能对被投资单位实施共同控制或施加重大影响的，应当改按《企业会计准则第 22 号——金融工具确认和计量》的有关规定进行会计处理，其在丧失控制之日的公允价值与账面价值间的差额计入当期损益。在编制合并财务报表时，应当按照《企业会计准则第 33 号——合并财务报表》的有关规定进行会计处理。

第十六条 对联营企业或合营企业的权益性投资全部或部分分类为持有待售资产的，投资方应当按照《企业会计准则第 4 号——固定资产》的有关规定处理，对于未划分为持有待售资产的剩余权益性投资，应当采用权益法进行会计处理。

已划分为持有待售的对联营企业或合营企业的权益性投资，不再符合持有待售资产分类条件的，应当从被分类为持有待售资产之日起采用权益法进行追溯调整。分类为持有待售期间的财务报表应当作相应调整。

第十七条 处置长期股权投资，其账面价值与实际取得价款之间的差额，应当计入当期损益。采用权益法核算的长期股权投资，在处置该项投资时，采用与被投资单位直接处置相关资产或负债相同的基础，按相应比例对原计入其他综合收益的部分进行会计处理。

第十八条 投资方应当关注长期股权投资的账面价值是否大于享有被投资单位所有者权益账面价值的份额等类似情况。出现类似情况时，投资方应当按照《企业会计准则第 8 号——资产减值》对长期股权投资进行减值测试，可收回金额低于长期股权投资账面价值的，应当计提减值准备。

第四章 衔接规定

第十九条 在本准则施行日之前已经执行企业会计准则的企业，应当按照本准则进行追溯调整，追溯调整不切实可行的除外。

第五章 附 则

第二十条 本准则自 2014 年 7 月 1 日起施行。

4. 企业会计准则第 3 号——投资性房地产（2006 年颁布）

（财会〔2006〕3 号）

第一章 总 则

第一条 为了规范投资性房地产的确认、计量和相关信息的披露，根据《企业会计准则——基本准则》，制定本准则。

第二条 投资性房地产，是指为赚取租金或资本增值，或两者兼有而持有的房地产。

投资性房地产应当能够单独计量和出售。

第三条 本准则规范下列投资性房地产：

（一）已出租的土地使用权。

（二）持有并准备增值后转让的土地使用权。

（三）已出租的建筑物。

第四条 下列各项不属于投资性房地产：

（一）自用房地产，即为生产商品、提供劳务或者经营管理而持有的房地产。

（二）作为存货的房地产。

第五条 下列各项适用其他相关会计准则：

（一）企业代建的房地产，适用《企业会计准则第 15 号——建造合同》。

（二）投资性房地产的租金收入和售后租回，适用《企业会计准则第 21 号——租赁》。

第二章 确认和初始计量

第六条 投资性房地产同时满足下列条件的，才能予以确认：

（一）与该投资性房地产有关的经济利益很可能流入企业；

（二）该投资性房地产的成本能够可靠地计量。

第七条 投资性房地产应当按照成本进行初始计量。

（一）外购投资性房地产的成本，包括购买价款、相关税费和可直接归属于该资产的其他支出。

（二）自行建造投资性房地产的成本，由建造该项资产达到预定可使用状态前所发生的必要支出构成。

（三）以其他方式取得的投资性房地产的成本，按照相关会计准则的规定确定。

第八条 与投资性房地产有关的后续支出，满足本准则第六条规定的确认条件的，应当计入投资性房地产成本；不满足本准则第六条规定的确认条件的，应当在发生时计入当期损益。

第三章 后续计量

第九条 企业应当在资产负债表日采用成本模式对投资性房地产进行后续计量，但本准则第十条规定的除外。

采用成本模式计量的建筑物的后续计量，适用《企业会计准则第 4 号——固定资产》。

采用成本模式计量的土地使用权的后续计量，适用《企业会计准则第 6 号——无形资产》。

第十条 有确凿证据表明投资性房地产的公允价值能够持续可靠取得的，可以对投资性房地产采用公允价值模式进行后续计量。采用公允价值模式计量的，应当同时满足下列条件：

（一）投资性房地产所在地有活跃的房地产交易市场；

（二）企业能够从房地产交易市场上取得同类或类似房地产的市场价格及其他相关信息，从而对投资性房地产的公允价值作出合理的估计。

第十一条 采用公允价值模式计量的，不对投资性房地产计提折旧或进行摊销，应当以资产负债表日投资性房地产的公允价值为基础调整其账面价值，公允价值与原账面价值之间的差额计入当期损益。

第十二条 企业对投资性房地产的计量模式一经确定，不得随意变更。成本模式转为公允价值模式的，应当作为会计政策变更，按照《企业会计准则第 28 号——会计政策、会计估计变更和差错更正》处理。

已采用公允价值模式计量的投资性房地产，不得从公允价值模式转为成本模式。

第四章 转 换

第十三条 企业有确凿证据表明房地产用途发生改变，满足下列条件之一的，应当将投资性房地产转换为其他资产或者将其他资产转换为投资性房地产：

（一）投资性房地产开始自用。

（二）作为存货的房地产，改为出租。

（三）自用土地使用权停止自用，用于赚取租金或资本增值。

（四）自用建筑物停止自用，改为出租。

第十四条 在成本模式下，应当将房地产转换前的账面价值作为转换后的入账价值。

第十五条 采用公允价值模式计量的投资性房地产转换为自用房地产时，应当以其转换当日的公允价值作为自用房地产的账面价值，公允价值与原账面价值的差额计入当期损益。

第十六条　自用房地产或存货转换为采用公允价值模式计量的投资性房地产时，投资性房地产按照转换当日的公允价值计价，转换当日的公允价值小于原账面价值的，其差额计入当期损益；转换当日的公允价值大于原账面价值的，其差额计入所有者权益。

第五章　处　　置

第十七条　当投资性房地产被处置，或者永久退出使用且预计不能从其处置中取得经济利益时，应当终止确认该项投资性房地产。

第十八条　企业出售、转让、报废投资性房地产或者发生投资性房地产毁损，应当将处置收入扣除其账面价值和相关税费后的金额计入当期损益。

第六章　披　　露

第十九条　企业应当在附注中披露与投资性房地产有关的下列信息：

（一）投资性房地产的种类、金额和计量模式。

（二）采用成本模式的，投资性房地产的折旧或摊销，以及减值准备的计提情况。

（三）采用公允价值模式的，公允价值的确定依据和方法，以及公允价值变动对损益的影响。

（四）房地产转换情况、理由，以及对损益或所有者权益的影响。

（五）当期处置的投资性房地产及其对损益的影响。

5. 企业会计准则第 4 号——固定资产（2006 年颁布）

（财会〔2006〕3 号）

第一章　总　　则

第一条　为了规范固定资产的确认、计量和相关信息的披露，根据《企业会计准则——基本准则》，制定本准则。

第二条　下列各项适用其他相关会计准则：

（一）作为投资性房地产的建筑物，适用《企业会计准则第 3 号——投资性房地产》。

（二）生产性生物资产，适用《企业会计准则第 5 号——生物资产》。

第二章　确　　认

第三条　固定资产，是指同时具有下列特征的有形资产：

（一）为生产商品、提供劳务、出租或经营管理而持有的；

（二）使用寿命超过一个会计年度。

使用寿命，是指企业使用固定资产的预计期间，或者该固定资产所能生产产品或提供劳务的数量。

第四条　固定资产同时满足下列条件的，才能予以确认：

（一）与该固定资产有关的经济利益很可能流入企业；

（二）该固定资产的成本能够可靠地计量。

第五条　固定资产的各组成部分具有不同使用寿命或者以不同方式为企业提供经济利益，适用不同折旧率或折旧方法的，应当分别将各组成部分确认为单项固定资产。

第六条　与固定资产有关的后续支出，符合本准则第四条规定的确认条件的，应当计入固定资产成本；不符合本准则第四条规定的确认条件的，应当在发生时计入当期损益。

第三章 初始计量

第七条 固定资产应当按照成本进行初始计量。

第八条 外购固定资产的成本，包括购买价款、相关税费、使固定资产达到预定可使用状态前所发生的可归属于该项资产的运输费、装卸费、安装费和专业人员服务费等。

以一笔款项购入多项没有单独标价的固定资产，应当按照各项固定资产公允价值比例对总成本进行分配，分别确定各项固定资产的成本。

购买固定资产的价款超过正常信用条件延期支付，实质上具有融资性质的，固定资产的成本以购买价款的现值为基础确定。实际支付的价款与购买价款的现值之间的差额，除按照《企业会计准则第 17 号——借款费用》应予资本化的以外，应当在信用期间内计入当期损益。

第九条 自行建造固定资产的成本，由建造该项资产达到预定可使用状态前所发生的必要支出构成。

第十条 应计入固定资产成本的借款费用，按照《企业会计准则第 17 号——借款费用》处理。

第十一条 投资者投入固定资产的成本，应当按照投资合同或协议约定的价值确定，但合同或协议约定价值不公允的除外。

第十二条 非货币性资产交换、债务重组、企业合并和融资租赁取得的固定资产的成本，应当分别按照《企业会计准则第 7 号——非货币性资产交换》《企业会计准则第 12 号——债务重组》《企业会计准则第 20 号——企业合并》和《企业会计准则第 21 号——租赁》确定。

第十三条 确定固定资产成本时，应当考虑预计弃置费用因素。

第四章 后续计量

第十四条 企业应当对所有固定资产计提折旧。但是，已提足折旧仍继续使用的固定资产和单独计价入账的土地除外。

折旧，是指在固定资产使用寿命内，按照确定的方法对应计折旧额进行系统分摊。

应计折旧额，是指应当计提折旧的固定资产的原价扣除其预计净残值后的金额。已计提减值准备的固定资产，还应当扣除已计提的固定资产减值准备累计金额。

预计净残值，是指假定固定资产预计使用寿命已满并处于使用寿命终了时的预期状态，企业目前从该项资产处置中获得的扣除预计处置费用后的金额。

第十五条 企业应当根据固定资产的性质和使用情况，合理确定固定资产的使用寿命和预计净残值。

固定资产的使用寿命、预计净残值一经确定，不得随意变更。但是，符合本准则第十九条规定的除外。

第十六条 企业确定固定资产使用寿命，应当考虑下列因素：

（一）预计生产能力或实物产量；

（二）预计有形损耗和无形损耗；

（三）法律或者类似规定对资产使用的限制。

第十七条 企业应当根据与固定资产有关的经济利益的预期实现方式，合理选择固定资产折旧方法。

可选用的折旧方法包括年限平均法、工作量法、双倍余额递减法和年数总和法等。

固定资产的折旧方法一经确定，不得随意变更。但是，符合本准则第十九条规定的除外。

第十八条 固定资产应当按月计提折旧，并根据用途计入相关资产的成本或者当期损益。

第十九条 企业至少应当于每年年度终了，对固定资产的使用寿命、预计净残值和折旧方法进行复核。

使用寿命预计数与原先估计数有差异的，应当调整固定资产使用寿命。

预计净残值预计数与原先估计数有差异的，应当调整预计净残值。

与固定资产有关的经济利益预期实现方式有重大改变的，应当改变固定资产折旧方法。

固定资产使用寿命、预计净残值和折旧方法的改变应当作为会计估计变更。

第二十条 固定资产的减值，应当按照《企业会计准则第 8 号——资产减值》处理。

第五章 处　　置

第二十一条 固定资产满足下列条件之一的，应当予以终止确认：

（一）该固定资产处于处置状态。

（二）该固定资产预期通过使用或处置不能产生经济利益。

第二十二条 企业持有待售的固定资产，应当对其预计净残值进行调整。

第二十三条 企业出售、转让、报废固定资产或发生固定资产毁损，应当将处置收入扣除账面价值和相关税费后的金额计入当期损益。固定资产的账面价值是固定资产成本扣减累计折旧和累计减值准备后的金额。

固定资产盘亏造成的损失，应当计入当期损益。

第二十四条 企业根据本准则第六条的规定，将发生的固定资产后续支出计入固定资产成本的，应当终止确认被替换部分的账面价值。

第六章 披　　露

第二十五条 企业应当在附注中披露与固定资产有关的下列信息：

（一）固定资产的确认条件、分类、计量基础和折旧方法。

（二）各类固定资产的使用寿命、预计净残值和折旧率。

（三）各类固定资产的期初和期末原价、累计折旧额及固定资产减值准备累计金额。

（四）当期确认的折旧费用。

（五）对固定资产所有权的限制及其金额和用于担保的固定资产账面价值。

（六）准备处置的固定资产名称、账面价值、公允价值、预计处置费用和预计处置时间等。

6. 企业会计准则第 5 号——生物资产（2006 年颁布）

（财会〔2006〕3 号）

第一章 总　　则

第一条 为了规范与农业生产相关的生物资产的确认、计量和相关信息的披露，根据《企业会计准则——基本准则》，制定本准则。

第二条 生物资产，是指有生命的动物和植物。

第三条 生物资产分为消耗性生物资产、生产性生物资产和公益性生物资产。

消耗性生物资产，是指为出售而持有的、或在将来收获为农产品的生物资产，包括生长中的大田作物、蔬菜、用材林以及存栏待售的牲畜等。

生产性生物资产，是指为产出农产品、提供劳务或出租等目的而持有的生物资产，包括经济林、薪炭林、产畜和役畜等。

公益性生物资产，是指以防护、环境保护为主要目的的生物资产，包括防风固沙林、水土保持林和水源涵养林等。

第四条 下列各项适用其他相关会计准则：

（一）收获后的农产品，适用《企业会计准则第 1 号——存货》。

（二）与生物资产相关的政府补助，适用《企业会计准则第 16 号——政府补助》。

第二章 确认和初始计量

第五条 生物资产同时满足下列条件的，才能予以确认：

（一）企业因过去的交易或者事项而拥有或者控制该生物资产；

（二）与该生物资产有关的经济利益或服务潜能很可能流入企业；

（三）该生物资产的成本能够可靠地计量。

第六条 生物资产应当按照成本进行初始计量。

第七条 外购生物资产的成本，包括购买价款、相关税费、运输费、保险费以及可直接归属于购买该资产的其他支出。

第八条 自行栽培、营造、繁殖或养殖的消耗性生物资产的成本，应当按照下列规定确定：

（一）自行栽培的大田作物和蔬菜的成本，包括在收获前耗用的种子、肥料、农药等材料费、人工费和应分摊的间接费用等必要支出。

（二）自行营造的林木类消耗性生物资产的成本，包括郁闭前发生的造林费、抚育费、营林设施费、良种试验费、调查设计费和应分摊的间接费用等必要支出。

（三）自行繁殖的育肥畜的成本，包括出售前发生的饲料费、人工费和应分摊的间接费用等必要支出。

（四）水产养殖的动物和植物的成本，包括在出售或入库前耗用的苗种、饲料、肥料等材料费、人工费和应分摊的间接费用等必要支出。

第九条 自行营造或繁殖的生产性生物资产的成本，应当按照下列规定确定：

（一）自行营造的林木类生产性生物资产的成本，包括达到预定生产经营目的前发生的造林费、抚育费、营林设施费、良种试验费、调查设计费和应分摊的间接费用等必要支出。

（二）自行繁殖的产畜和役畜的成本，包括达到预定生产经营目的（成龄）前发生的饲料费、人工费和应分摊的间接费用等必要支出。达到预定生产经营目的，是指生产性生物资产进入正常生产期，可以多年连续稳定产出农产品、提供劳务或出租。

第十条 自行营造的公益性生物资产的成本，应当按照郁闭前发生的造林费、抚育费、森林保护费、营林设施费、良种试验费、调查设计费和应分摊的间接费用等必要支出确定。

第十一条 应计入生物资产成本的借款费用，按照《企业会计准则第 17 号——借款费用》处理。消耗性林木类生物资产发生的借款费用，应当在郁闭时停止资本化。

第十二条 投资者投入生物资产的成本，应当按照投资合同或协议约定的价值确定，但合同或协议约定价值不公允的除外。

第十三条 天然起源的生物资产的成本，应当按照名义金额确定。

第十四条 非货币性资产交换、债务重组和企业合并取得的生物资产的成本，应当分别按照《企业会计准则第 7 号——非货币性资产交换》《企业会计准则第 12 号——债务重组》和《企业会计准则第 20 号——企业合并》确定。

第十五条 因择伐、间伐或抚育更新性质采伐而补植林木类生物资产发生的后续支出，应当计入林木类生物资产的成本。

生物资产在郁闭或达到预定生产经营目的后发生的管护、饲养费用等后续支出，应当计入当期损益。

第三章 后续计量

第十六条 企业应当按照本准则第十七条至第二十一条的规定对生物资产进行后续计

量，但本准则第二十二条规定的除外。

第十七条 企业对达到预定生产经营目的的生产性生物资产，应当按期计提折旧，并根据用途分别计入相关资产的成本或当期损益。

第十八条 企业应当根据生产性生物资产的性质、使用情况和有关经济利益的预期实现方式，合理确定其使用寿命、预计净残值和折旧方法。可选用的折旧方法包括年限平均法、工作量法、产量法等。生产性生物资产的使用寿命、预计净残值和折旧方法一经确定，不得随意变更。但是，符合本准则第二十条规定的除外。

第十九条 企业确定生产性生物资产的使用寿命，应当考虑下列因素：

（一）该资产的预计产出能力或实物产量；

（二）该资产的预计有形损耗，如产畜和役畜衰老、经济林老化等；

（三）该资产的预计无形损耗，如因新品种的出现而使现有的生产性生物资产的产出能力和产出农产品的质量等方面相对下降、市场需求的变化使生产性生物资产产出的农产品相对过时等。

第二十条 企业至少应当于每年年度终了对生产性生物资产的使用寿命、预计净残值和折旧方法进行复核。使用寿命或预计净残值的预期数与原先估计数有差异的，或者有关经济利益预期实现方式有重大改变的，应当作为会计估计变更，按照《企业会计准则第28号——会计政策、会计估计变更和差错更正》处理，调整生产性生物资产的使用寿命或预计净残值或者改变折旧方法。

第二十一条 企业至少应当于每年年度终了对消耗性生物资产和生产性生物资产进行检查，有确凿证据表明由于遭受自然灾害、病虫害、动物疫病侵袭或市场需求变化等原因，使消耗性生物资产的可变现净值或生产性生物资产的可收回金额低于其账面价值的，应当按照可变现净值或可收回金额低于账面价值的差额，计提生物资产跌价准备或减值准备，并计入当期损益。上述可变现净值和可收回金额，应当分别按照《企业会计准则第1号——存货》和《企业会计准则第8号——资产减值》确定。

消耗性生物资产减值的影响因素已经消失的，减记金额应当予以恢复，并在原已计提的跌价准备金额内转回，转回的金额计入当期损益。

生产性生物资产减值准备一经计提，不得转回。

公益性生物资产不计提减值准备。

第二十二条 有确凿证据表明生物资产的公允价值能够持续可靠取得的，应当对生物资产采用公允价值计量。采用公允价值计量的，应当同时满足下列条件：

（一）生物资产有活跃的交易市场；

（二）能够从交易市场上取得同类或类似生物资产的市场价格及其他相关信息，从而对生物资产的公允价值作出合理估计。

第四章 收获与处置

第二十三条 对于消耗性生物资产，应当在收获或出售时，按照其账面价值结转成本。结转成本的方法包括加权平均法、个别计价法、蓄积量比例法、轮伐期年限法等。

第二十四条 生产性生物资产收获的农产品成本，按照产出或采收过程中发生的材料费、人工费和应分摊的间接费用等必要支出计算确定，并采用加权平均法、个别计价法、蓄积量比例法、轮伐期年限法等方法，将其账面价值结转为农产品成本。收获之后的农产品，应当按照《企业会计准则第1号——存货》处理。

第二十五条 生物资产改变用途后的成本，应当按照改变用途时的账面价值确定。

第二十六条 生物资产出售、盘亏或死亡、毁损时，应当将处置收入扣除其账面价值和相关税费后的余额计入当期损益。

第五章 披 露

第二十七条 企业应当在附注中披露与生物资产有关的下列信息：

（一）生物资产的类别以及各类生物资产的实物数量和账面价值。

（二）各类消耗性生物资产的跌价准备累计金额，以及各类生产性生物资产的使用寿命、预计净残值、折旧方法、累计折旧和减值准备累计金额。

（三）天然起源生物资产的类别、取得方式和实物数量。

（四）用于担保的生物资产的账面价值。

（五）与生物资产相关的风险情况与管理措施。

第二十八条 企业应当在附注中披露与生物资产增减变动有关的下列信息：

（一）因购买而增加的生物资产；

（二）因自行培育而增加的生物资产；

（三）因出售而减少的生物资产；

（四）因盘亏或死亡、毁损而减少的生物资产；

（五）计提的折旧及计提的跌价准备或减值准备；

（六）其他变动。

7. 企业会计准则第 6 号——无形资产（2006 年颁布）

（财会〔2006〕3 号）

第一章 总 则

第一条 为了规范无形资产的确认、计量和相关信息的披露，根据《企业会计准则——基本准则》，制定本准则。

第二条 下列各项适用其他相关会计准则：

（一）作为投资性房地产的土地使用权，适用《企业会计准则第 3 号——投资性房地产》。

（二）企业合并中形成的商誉，适用《企业会计准则第 8 号——资产减值》和《企业会计准则第 20 号——企业合并》。

（三）石油天然气矿区权益，适用《企业会计准则第 27 号——石油天然气开采》。

第二章 确 认

第三条 无形资产，是指企业拥有或者控制的没有实物形态的可辨认非货币性资产。

资产满足下列条件之一的，符合无形资产定义中的可辨认性标准：

（一）能够从企业中分离或者划分出来，并能单独或者与相关合同、资产或负债一起，用于出售、转移、授予许可、租赁或者交换。

（二）源自合同性权利或其他法定权利，无论这些权利是否可以从企业或其他权利和义务中转移或者分离。

第四条 无形资产同时满足下列条件的，才能予以确认：

（一）与该无形资产有关的经济利益很可能流入企业；

（二）该无形资产的成本能够可靠地计量。

第五条 企业在判断无形资产产生的经济利益是否很可能流入时，应当对无形资产在预计使用寿命内可能存在的各种经济因素作出合理估计，并且应当有明确证据支持。

第六条 企业无形项目的支出，除下列情形外，均应于发生时计入当期损益：

（一）符合本准则规定的确认条件、构成无形资产成本的部分；

（二）非同一控制下企业合并中取得的、不能单独确认为无形资产、构成购买日确认的商誉的部分。

第七条　企业内部研究开发项目的支出，应当区分研究阶段支出与开发阶段支出。

研究是指为获取并理解新的科学或技术知识而进行的独创性的有计划调查。

开发是指在进行商业性生产或使用前，将研究成果或其他知识应用于某项计划或设计，以生产出新的或具有实质性改进的材料、装置、产品等。

第八条　企业内部研究开发项目研究阶段的支出，应当于发生时计入当期损益。

第九条　企业内部研究开发项目开发阶段的支出，同时满足下列条件的，才能确认为无形资产：

（一）完成该无形资产以使其能够使用或出售在技术上具有可行性；

（二）具有完成该无形资产并使用或出售的意图；

（三）无形资产产生经济利益的方式，包括能够证明运用该无形资产生产的产品存在市场或无形资产自身存在市场，无形资产将在内部使用的，应当证明其有用性；

（四）有足够的技术、财务资源和其他资源支持，以完成该无形资产的开发，并有能力使用或出售该无形资产；

（五）归属于该无形资产开发阶段的支出能够可靠地计量。

第十条　企业取得的已作为无形资产确认的正在进行中的研究开发项目，在取得后发生的支出应当按照本准则第七条至第九条的规定处理。

第十一条　企业自创商誉以及内部产生的品牌、报刊名等，不应确认为无形资产。

第三章　初始计量

第十二条　无形资产应当按照成本进行初始计量。外购无形资产的成本，包括购买价款、相关税费以及直接归属于使该项资产达到预定用途所发生的其他支出。

购买无形资产的价款超过正常信用条件延期支付，实质上具有融资性质的，无形资产的成本以购买价款的现值为基础确定。实际支付的价款与购买价款的现值之间的差额，除按照《企业会计准则第 17 号——借款费用》应予资本化的以外，应当在信用期间内计入当期损益。

第十三条　自行开发的无形资产，其成本包括自满足本准则第四条和第九条规定后至达到预定用途前所发生的支出总额，但是对于以前期间已经费用化的支出不再调整。

第十四条　投资者投入无形资产的成本，应当按照投资合同或协议约定的价值确定，但合同或协议约定价值不公允的除外。

第十五条　非货币性资产交换、债务重组、政府补助和企业合并取得的无形资产的成本，应当分别按照《企业会计准则第 7 号——非货币性资产交换》《企业会计准则第 12 号——债务重组》《企业会计准则第 16 号——政府补助》和《企业会计准则第 20 号——企业合并》确定。

第四章　后续计量

第十六条　企业应当于取得无形资产时分析判断其使用寿命。

无形资产的使用寿命为有限的，应当估计该使用寿命的年限或者构成使用寿命的产量等类似计量单位数量；无法预见无形资产为企业带来经济利益期限的，应当视为使用寿命不确定的无形资产。

第十七条　使用寿命有限的无形资产，其应摊销金额应当在使用寿命内系统合理摊销。

企业摊销无形资产，应当自无形资产可供使用时起，至不再作为无形资产确认时止。

企业选择的无形资产摊销方法，应当反映与该项无形资产有关的经济利益的预期实现方式。无法可靠确定预期实现方式的，应当采用直线法摊销。

无形资产的摊销金额一般应当计入当期损益，其他会计准则另有规定的除外。

第十八条 无形资产的应摊销金额为其成本扣除预计残值后的金额。已计提减值准备的无形资产，还应扣除已计提的无形资产减值准备累计金额。使用寿命有限的无形资产，其残值应当视为零，但下列情况除外：

（一）有第三方承诺在无形资产使用寿命结束时购买该无形资产。

（二）可以根据活跃市场得到预计残值信息，并且该市场在无形资产使用寿命结束时很可能存在。

第十九条 使用寿命不确定的无形资产不应摊销。

第二十条 无形资产的减值，应当按照《企业会计准则第 8 号——资产减值》处理。

第二十一条 企业至少应当于每年年度终了，对使用寿命有限的无形资产的使用寿命及摊销方法进行复核。无形资产的使用寿命及摊销方法与以前估计不同的，应当改变摊销期限和摊销方法。

企业应当在每个会计期间对使用寿命不确定的无形资产的使用寿命进行复核。如果有证据表明无形资产的使用寿命是有限的，应当估计其使用寿命，并按本准则规定处理。

第五章 处置和报废

第二十二条 企业出售无形资产，应当将取得的价款与该无形资产账面价值的差额计入当期损益。

第二十三条 无形资产预期不能为企业带来经济利益的，应当将该无形资产的账面价值予以转销。

第六章 披 露

第二十四条 企业应当按照无形资产的类别在附注中披露与无形资产有关的下列信息：

（一）无形资产的期初和期末账面余额、累计摊销额及减值准备累计金额。

（二）使用寿命有限的无形资产，其使用寿命的估计情况；使用寿命不确定的无形资产，其使用寿命不确定的判断依据。

（三）无形资产的摊销方法。

（四）用于担保的无形资产账面价值、当期摊销额等情况。

（五）计入当期损益和确认为无形资产的研究开发支出金额。

8. 企业会计准则第 7 号——非货币性资产交换（2019 年修订）

（财会〔2019〕8 号）

第一章 总 则

第一条 为了规范非货币性资产交换的确认、计量和相关信息的披露，根据《企业会计准则——基本准则》，制定本准则。

第二条 非货币性资产交换，是指企业主要以固定资产、无形资产、投资性房地产和长期股权投资等非货币性资产进行的交换。该交换不涉及或只涉及少量的货币性资产（即补价）。

货币性资产，是指企业持有的货币资金和收取固定或可确定金额的货币资金的权利。

非货币性资产，是指货币性资产以外的资产。

第三条 本准则适用于所有非货币性资产交换，但下列各项适用其他相关会计准则：

（一）企业以存货换取客户的非货币性资产的，适用《企业会计准则第 14 号——收入》。

（二）非货币性资产交换中涉及企业合并的，适用《企业会计准则第 20 号——企业合并》《企业会计准则第 2 号——长期股权投资》和《企业会计准则第 33 号——合并财务报表》。

（三）非货币性资产交换中涉及由《企业会计准则第 22 号——金融工具确认和计量》规范的金融资产的，金融资产的确认、终止确认和计量适用《企业会计准则第 22 号——金融工具确认和计量》和《企业会计准则第23 号——金融资产转移》。

（四）非货币性资产交换中涉及由《企业会计准则第 21 号——租赁》规范的使用权资产或应收融资租赁款等的，相关资产的确认、终止确认和计量适用《企业会计准则第 21 号——租赁》。

（五）非货币性资产交换的一方直接或间接对另一方持股且以股东身份进行交易的，或者非货币性资产交换的双方均受同一方或相同的多方最终控制，且该非货币性资产交换的交易实质是交换的一方向另一方进行了权益性分配或交换的一方接受了另一方权益性投入的，适用权益性交易的有关会计处理规定。

第二章 确 认

第四条 企业应当分别按照下列原则对非货币性资产交换中的换入资产进行确认，对换出资产终止确认：

（一）对于换入资产，企业应当在换入资产符合资产定义并满足资产确认条件时予以确认；

（二）对于换出资产，企业应当在换出资产满足资产终止确认条件时终止确认。

第五条 换入资产的确认时点与换出资产的终止确认时点存在不一致的，企业在资产负债表日应当按照下列原则进行处理：

（一）换入资产满足资产确认条件，换出资产尚未满足终止确认条件的，在确认换入资产的同时将交付换出资产的义务确认为一项负债。

（二）换入资产尚未满足资产确认条件，换出资产满足终止确认条件的，在终止确认换出资产的同时将取得换入资产的权利确认为一项资产。

第三章 以公允价值为基础计量

第六条 非货币性资产交换同时满足下列条件的，应当以公允价值为基础计量：

（一）该项交换具有商业实质；

（二）换入资产或换出资产的公允价值能够可靠地计量。换入资产和换出资产的公允价值均能够可靠计量的，应当以换出资产的公允价值为基础计量，但有确凿证据表明换入资产的公允价值更加可靠的除外。

第七条 满足下列条件之一的非货币性资产交换具有商业实质：

（一）换入资产的未来现金流量在风险、时间分布或金额方面与换出资产显著不同。

（二）使用换入资产所产生的预计未来现金流量现值与继续使用换出资产不同，且其差额与换入资产和换出资产的公允价值相比是重大的。

第八条 以公允价值为基础计量的非货币性资产交换，对于换入资产，应当以换出资产的公允价值和应支付的相关税费作为换入资产的成本进行初始计量；对于换出资产，应当在终止确认时，将换出资产的公允价值与其账面价值之间的差额计入当期损益。

有确凿证据表明换入资产的公允价值更加可靠的，对于换入资产，应当以换入资产的公允价值和应支付的相关税费作为换入资产的初始计量金额；对于换出资产，应当在终止确认时，将换入资产的公允价值与换出资产账面价值之间的差额计入当期损益。

第九条 以公允价值为基础计量的非货币性资产交换，涉及补价的，应当按照下列规定进行处理：

（一）支付补价的，以换出资产的公允价值，加上支付补价的公允价值和应支付的相关税费，作为换入资产的成本，换出资产的公允价值与其账面价值之间的差额计入当期损益。

有确凿证据表明换入资产的公允价值更加可靠的，以换入资产的公允价值和应支付的相关税费作为换入资产的初始计量金额，换入资产的公允价值减去支付补价的公允价值，与换出资产账面价值之间的差额计入当期损益。

（二）收到补价的，以换出资产的公允价值，减去收到补价的公允价值，加上应支付的相关税费，作为换入资产的成本，换出资产的公允价值与其账面价值之间的差额计入当期损益。

有确凿证据表明换入资产的公允价值更加可靠的，以换入资产的公允价值和应支付的相关税费作为换入资产的初始计量金额，换入资产的公允价值加上收到补价的公允价值，与换出资产账面价值之间的差额计入当期损益。

第十条 以公允价值为基础计量的非货币性资产交换，同时换入或换出多项资产的，应当按照下列规定进行处理：

（一）对于同时换入的多项资产，按照换入的金融资产以外的各项换入资产公允价值相对比例，将换出资产公允价值总额（涉及补价的，加上支付补价的公允价值或减去收到补价的公允价值）扣除换入金融资产公允价值后的净额进行分摊，以分摊至各项换入资产的金额，加上应支付的相关税费，作为各项换入资产的成本进行初始计量。

有确凿证据表明换入资产的公允价值更加可靠的，以各项换入资产的公允价值和应支付的相关税费作为各项换入资产的初始计量金额。

（二）对于同时换出的多项资产，将各项换出资产的公允价值与其账面价值之间的差额，在各项换出资产终止确认时计入当期损益。

有确凿证据表明换入资产的公允价值更加可靠的，按照各项换出资产的公允价值的相对比例，将换入资产的公允价值总额（涉及补价的，减去支付补价的公允价值或加上收到补价的公允价值）分摊至各项换出资产，分摊至各项换出资产的金额与各项换出资产账面价值之间的差额，在各项换出资产终止确认时计入当期损益。

第四章 以账面价值为基础计量

第十一条 不满足本准则第六条规定条件的非货币性资产交换，应当以账面价值为基础计量。对于换入资产，企业应当以换出资产的账面价值和应支付的相关税费作为换入资产的初始计量金额；对于换出资产，终止确认时不确认损益。

第十二条 以账面价值为基础计量的非货币性资产交换，涉及补价的，应当按照下列规定进行处理：

（一）支付补价的，以换出资产的账面价值，加上支付补价的账面价值和应支付的相关税费，作为换入资产的初始计量金额，不确认损益。

（二）收到补价的，以换出资产的账面价值，减去收到补价的公允价值，加上应支付的相关税费，作为换入资产的初始计量金额，不确认损益。

第十三条 以账面价值为基础计量的非货币性资产交换，同时换入或换出多项资产的，应当按照下列规定进行处理：

（一）对于同时换入的多项资产，按照各项换入资产的公允价值的相对比例，将换出资产的账面价值总额（涉及补价的，加上支付补价的账面价值或减去收到补价的公允价值）分摊至各项换入资产，加上应支付的相关税费，作为各项换入资产的初始计量金额。换入资产的公允价值不能够可靠计量的，可以按照各项换入资产的原账面价值的相对比例或其他合理的比例对换出资产的账面价值进行分摊。

（二）对于同时换出的多项资产，各项换出资产终止确认时均不确认损益。

第五章 披 露

第十四条 企业应当在附注中披露与非货币性资产交换有关的下列信息：

（一）非货币性资产交换是否具有商业实质及其原因。

（二）换入资产、换出资产的类别。

（三）换入资产初始计量金额的确定方式。

（四）换入资产、换出资产的公允价值以及换出资产的账面价值。

（五）非货币性资产交换确认的损益。

第六章 衔接规定

第十五条 企业对 2019 年 1 月 1 日至本准则施行日之间发生的非货币性资产交换，应根据本准则进行调整。企业对 2019 年 1 月 1 日之前发生的非货币性资产交换，不需要按照本准则的规定进行追溯调整。

第七章 附 则

第十六条 本准则自 2019 年 6 月 10 日起施行。

第十七条 2006 年 2 月 15 日财政部印发的《财政部关于印发〈企业会计准则第 1 号——存货〉等 38 项具体准则的通知》（财会〔2006〕3 号）中的《企业会计准则第 7 号——非货币性资产交换》同时废止。

财政部此前发布的有关非货币性资产交换会计处理规定与本准则不一致的，以本准则为准。

9. 企业会计准则第 8 号——资产减值（2006 年颁布）

（财会〔2006〕3 号）

第一章 总 则

第一条 为了规范资产减值的确认、计量和相关信息的披露，根据《企业会计准则——基本准则》，制定本准则。

第二条 资产减值，是指资产的可收回金额低于其账面价值。

本准则中的资产，除了特别规定外，包括单项资产和资产组。

资产组，是指企业可以认定的最小资产组合，其产生的现金流入应当基本上独立于其他资产或者资产组产生的现金流入。

第三条 下列各项适用其他相关会计准则：

（一）存货的减值，适用《企业会计准则第 1 号——存货》。

（二）采用公允价值模式计量的投资性房地产的减值，适用《企业会计准则第 3 号——投资性房地产》。

（三）消耗性生物资产的减值，适用《企业会计准则第 5 号——生物资产》。

（四）建造合同形成的资产的减值，适用《企业会计准则第 15 号——建造合同》。

（五）递延所得税资产的减值，适用《企业会计准则第 18 号——所得税》。

（六）融资租赁中出租人未担保余值的减值，适用《企业会计准则第 21 号——租赁》。

（七）《企业会计准则第 22 号——金融工具确认和计量》规范的金融资产的减值，适用《企业会计准则第 22 号——金融工具确认和计量》。

（八）未探明石油天然气矿区权益的减值，适用《企业会计准则第 27 号——石油天然气开采》。

第二章 可能发生减值资产的认定

第四条 企业应当在资产负债表日判断资产是否存在可能发生减值的迹象。

因企业合并所形成的商誉和使用寿命不确定的无形资产，无论是否存在减值迹象，每年都应当进行减值测试。

第五条 存在下列迹象的，表明资产可能发生了减值：

（一）资产的市价当期大幅度下跌，其跌幅明显高于因时间的推移或者正常使用而预计的下跌。

（二）企业经营所处的经济、技术或者法律等环境以及资产所处的市场在当期或者将在近期发生重大变化，从而对企业产生不利影响。

（三）市场利率或者其他市场投资报酬率在当期已经提高，从而影响企业计算资产预计未来现金流量现值的折现率，导致资产可收回金额大幅度降低。

（四）有证据表明资产已经陈旧过时或者其实体已经损坏。

（五）资产已经或者将被闲置、终止使用或者计划提前处置。

（六）企业内部报告的证据表明资产的经济绩效已经低于或者将低于预期，如资产所创造的净现金流量或者实现的营业利润（或者亏损）远远低于（或者高于）预计金额等。

（七）其他表明资产可能已经发生减值的迹象。

第三章 资产可收回金额的计量

第六条 资产存在减值迹象的，应当估计其可收回金额。

可收回金额应当根据资产的公允价值减去处置费用后的净额与资产预计未来现金流量的现值两者之间较高者确定。

处置费用包括与资产处置有关的法律费用、相关税费、搬运费以及为使资产达到可销售状态所发生的直接费用等。

第七条 资产的公允价值减去处置费用后的净额与资产预计未来现金流量的现值，只要有一项超过了资产的账面价值，就表明资产没有发生减值，不需再估计另一项金额。

第八条 资产的公允价值减去处置费用后的净额，应当根据公平交易中销售协议价格减去可直接归属于该资产处置费用的金额确定。

不存在销售协议但存在资产活跃市场的，应当按照该资产的市场价格减去处置费用后的金额确定。资产的市场价格通常应当根据资产的买方出价确定。

在不存在销售协议和资产活跃市场的情况下，应当以可获取的最佳信息为基础，估计资产的公允价值减去处置费用后的净额，该净额可以参考同行业类似资产的最近交易价格或者结果进行估计。

企业按照上述规定仍然无法可靠估计资产的公允价值减去处置费用后的净额的，应当以该资产预计未来现金流量的现值作为其可收回金额。

第九条 资产预计未来现金流量的现值，应当按照资产在持续使用过程中和最终处置时所产生的预计未来现金流量，选择恰当的折现率对其进行折现后的金额加以确定。

预计资产未来现金流量的现值，应当综合考虑资产的预计未来现金流量、使用寿命和折现率等因素。

第十条 预计的资产未来现金流量应当包括下列各项：

（一）资产持续使用过程中预计产生的现金流入。

（二）为实现资产持续使用过程中产生的现金流入所必需的预计现金流出（包括为使资产达到预定可使用状态所发生的现金流出）。

该现金流出应当是可直接归属于或者可通过合理和一致的基础分配到资产中的现金流出。

（三）资产使用寿命结束时，处置资产所收到或者支付的净现金流量。该现金流量应当是在公平交易中，熟悉情况的交易双方自愿进行交易时，企业预期可从资产的处置中获取或者支付的、减去预计处置费用后的金额。

第十一条 预计资产未来现金流量时，企业管理层应当在合理和有依据的基础上对资产剩余使用寿命内整个经济状况进行最佳估计。

预计资产的未来现金流量，应当以经企业管理层批准的最近财务预算或者预测数据，以及该预算或者预测期之后年份稳定的或者递减的增长率为基础。企业管理层如能证明递增的增长率是合理的，可以以递增的增长率为基础。

建立在预算或者预测基础上的预计现金流量最多涵盖 5 年，企业管理层如能证明更长的期间是合理的，可以涵盖更长的期间。

在对预算或者预测期之后年份的现金流量进行预计时，所使用的增长率除了企业能够证明更高的增长率是合理的之外，不应当超过企业经营的产品、市场、所处的行业或者所在国家或者地区的长期平均增长率，或者该资产所处市场的长期平均增长率。

第十二条 预计资产的未来现金流量，应当以资产的当前状况为基础，不应当包括与将来可能会发生的、尚未作出承诺的重组事项或者与资产改良有关的预计未来现金流量。

预计资产的未来现金流量也不应当包括筹资活动产生的现金流入或者流出以及与所得税收付有关的现金流量。

企业已经承诺重组的，在确定资产的未来现金流量的现值时，预计的未来现金流入和流出数，应当反映重组所能节约的费用和由重组所带来的其他利益，以及因重组所导致的估计未来现金流出数。其中重组所能节约的费用和由重组所带来的其他利益，通常应当根据企业管理层批准的最近财务预算或者预测数据进行估计；因重组所导致的估计未来现金流出数应当根据《企业会计准则第 13 号——或有事项》所确认的因重组所发生的预计负债金额进行估计。

第十三条 折现率是反映当前市场货币时间价值和资产特定风险的税前利率。该折现率是企业在购置或者投资资产时所要求的必要报酬率。

在预计资产的未来现金流量时已经对资产特定风险的影响作了调整的，估计折现率不需要考虑这些特定风险。如果用于估计折现率的基础是税后的，应当将其调整为税前的折现率。

第十四条 预计资产的未来现金流量涉及外币的，应当以该资产所产生的未来现金流量的结算货币为基础，按照该货币适用的折现率计算资产的现值；然后将该外币现值按照计算资产未来现金流量现值当日的即期汇率进行折算。

第四章 资产减值损失的确定

第十五条 可收回金额的计量结果表明，资产的可收回金额低于其账面价值的，应当将资产的账面价值减记至可收回金额，减记的金额确认为资产减值损失，计入当期损益，同时计提相应的资产减值准备。

第十六条 资产减值损失确认后，减值资产的折旧或者摊销费用应当在未来期间作相应调整，以使该资产在剩余使用寿命内，系统地分摊调整后的资产账面价值（扣除预计净残值）。

第十七条 资产减值损失一经确认，在以后会计期间不得转回。

第五章 资产组的认定及减值处理

第十八条 有迹象表明一项资产可能发生减值的，企业应当以单项资产为基础估计其可收回金额。企业难以对单项资产的可收回金额进行估计的，应当以该资产所属的资产组为基础确定资产组的可收回金额。

资产组的认定，应当以资产组产生的主要现金流入是否独立于其他资产或者资产组的现金流入为依据。同时，在认定资产组时，应当考虑企业管理层管理生产经营活动的方式（如是按照生产线、业务种类还是按照地区或者区域等）和对资产的持续使用或者处置的决策方式等。

几项资产的组合生产的产品（或者其他产出）存在活跃市场的，即使部分或者所有这些产品（或者其他产出）均供内部使用，也应当在符合前款规定的情况下，将这几项资产的组合认定为一个资产组。

如果该资产组的现金流入受内部转移价格的影响，应当按照企业管理层在公平交易中对未来价格的最佳估计数来确定资产组的未来现金流量。

资产组一经确定，各个会计期间应当保持一致，不得随意变更。

如需变更，企业管理层应当证明该变更是合理的，并根据本准则第二十七条的规定在附注中作相应说明。

第十九条 资产组账面价值的确定基础应当与其可收回金额的确定方式相一致。

资产组的账面价值包括可直接归属于资产组与可以合理和一致地分摊至资产组的资产账面价值，通常不应当包括已确认负债的账面价值，但如不考虑该负债金额就无法确定资产组可收回金额的除外。

资产组的可收回金额应当按照该资产组的公允价值减去处置费用后的净额与其预计未来现金流量的现值两者之间较高者确定。

资产组在处置时如要求购买者承担一项负债（如环境恢复负债等）、该负债金额已经确认并计入相关资产账面价值，而且企业只能取得包括上述资产和负债在内的单一公允价值减去处置费用后的净额的，为了比较资产组的账面价值和可收回金额，在确定资产组的账面价值及其预计未来现金流量的现值时，应当将已确认的负债金额从中扣除。

第二十条 企业总部资产包括企业集团或其事业部的办公楼、电子数据处理设备等资产。总部资产的显著特征是难以脱离其他资产或者资产组产生独立的现金流入，而且其账面价值难以完全归属于某一资产组。

有迹象表明某项总部资产可能发生减值的，企业应当计算确定该总部资产所归属的资产组或者资产组组合的可收回金额，然后将其与相应的账面价值相比较，据以判断是否需要确认减值损失。

资产组组合，是指由若干个资产组组成的最小资产组组合，包括资产组或者资产组组合，以及按合理方法分摊的总部资产部分。

第二十一条 企业对某一资产组进行减值测试，应当先认定所有与该资产组相关的总部资产，再根据相关总部资产能否按照合理和一致的基础分摊至该资产组分别下列情况处理。

（一）对于相关总部资产能够按照合理和一致的基础分摊至该资产组的部分，应当将该部分总部资产的账面价值分摊至该资产组，再据以比较该资产组的账面价值（包括已分摊的总部资产的账面价值部分）和可收回金额，并按照本准则第二十二条的规定处理。

（二）对于相关总部资产中有部分资产难以按照合理和一致的基础分摊至该资产组的，应当按照下列步骤处理：

首先，在不考虑相关总部资产的情况下，估计和比较资产组的账面价值和可收回金额，并按照本准则第二十二条的规定处理。

其次，认定由若干个资产组组成的最小的资产组组合，该资产组组合应当包括所测试的资产组与可以按照合理和一致的基础将该部分总部资产的账面价值分摊其上的部分。

最后，比较所认定的资产组组合的账面价值（包括已分摊的总部资产的账面价值部分）和可收回金额，并按照本准则第二十二条的规定处理。

第二十二条　资产组或者资产组组合的可收回金额低于其账面价值的（总部资产和商誉分摊至某资产组或者资产组组合的，该资产组或者资产组组合的账面价值应当包括相关总部资产和商誉的分摊额），应当确认相应的减值损失。减值损失金额应当先抵减分摊至资产组或者资产组组合中商誉的账面价值，再根据资产组或者资产组组合中除商誉之外的其他各项资产的账面价值所占比重，按比例抵减其他各项资产的账面价值。

以上资产账面价值的抵减，应当作为各单项资产（包括商誉）的减值损失处理，计入当期损益。抵减后的各资产的账面价值不得低于以下三者之中最高者：该资产的公允价值减去处置费用后的净额（如可确定的）、该资产预计未来现金流量的现值（如可确定的）和零。

因此而导致的未能分摊的减值损失金额，应当按照相关资产组或者资产组组合中其他各项资产的账面价值所占比重进行分摊。

第六章　商誉减值的处理

第二十三条　企业合并所形成的商誉，至少应当在每年年度终了进行减值测试。商誉应当结合与其相关的资产组或者资产组组合进行减值测试。

相关的资产组或者资产组组合应当是能够从企业合并的协同效应中受益的资产组或者资产组组合，不应当大于按照《企业会计准则第35号——分部报告》所确定的报告分部。

第二十四条　企业进行资产减值测试，对于因企业合并形成的商誉的账面价值，应当自购买日起按照合理的方法分摊至相关的资产组；难以分摊至相关的资产组的，应当将其分摊至相关的资产组组合。

在将商誉的账面价值分摊至相关的资产组或者资产组组合时，应当按照各资产组或者资产组组合的公允价值占相关资产组或者资产组组合公允价值总额的比例进行分摊。公允价值难以可靠计量的，按照各资产组或者资产组组合的账面价值占相关资产组或者资产组组合账面价值总额的比例进行分摊。

企业因重组等原因改变了其报告结构，从而影响到已分摊商誉的一个或者若干个资产组或者资产组组合构成的，应当按照与本条前款规定相似的分摊方法，将商誉重新分摊至受影响的资产组或者资产组组合。

第二十五条　在对包含商誉的相关资产组或者资产组组合进行减值测试时，如与商誉相关的资产组或者资产组组合存在减值迹象的，应当先对不包含商誉的资产组或者资产组组合进行减值测试，计算可收回金额，并与相关账面价值相比较，确认相应的减值损失。再对包含商誉的资产组或者资产组组合进行减值测试，比较这些相关资产组或者资产组组合的账面价值（包括所分摊的商誉的账面价值部分）与其可收回金额，如相关资产组或者资产组组合的可收回金额低于其账面价值的，应当确认商誉的减值损失，按照本准则第二十二条的规定处理。

第七章　披　露

第二十六条　企业应当在附注中披露与资产减值有关的下列信息：

（一）当期确认的各项资产减值损失金额。

（二）计提的各项资产减值准备累计金额。

（三）提供分部报告信息的，应当披露每个报告分部当期确认的减值损失金额。

第二十七条 发生重大资产减值损失的，应当在附注中披露导致每项重大资产减值损失的原因和当期确认的重大资产减值损失的金额。

（一）发生重大减值损失的资产是单项资产的，应当披露该单项资产的性质。提供分部报告信息的，还应披露该项资产所属的主要报告分部。

（二）发生重大减值损失的资产是资产组（或者资产组组合，下同）的，应当披露：

1. 资产组的基本情况。

2. 资产组中所包括的各项资产于当期确认的减值损失金额。

3. 资产组的组成与前期相比发生变化的，应当披露变化的原因以及前期和当期资产组组成情况。

第二十八条 对于重大资产减值，应当在附注中披露资产（或者资产组，下同）可收回金额的确定方法。

（一）可收回金额按资产的公允价值减去处置费用后的净额确定的，还应当披露公允价值减去处置费用后的净额的估计基础。

（二）可收回金额按资产预计未来现金流量的现值确定的，还应当披露估计其现值时所采用的折现率，以及该资产前期可收回金额也按照其预计未来现金流量的现值确定的情况下，前期所采用的折现率。

第二十九条 第二十六条（一）（二）和第二十七条（二）第2项信息应当按照资产类别予以披露。资产类别应当以资产在企业生产经营活动中的性质或者功能是否相同或者相似为基础确定。

第三十条 分摊到某资产组的商誉（或者使用寿命不确定的无形资产，下同）的账面价值占商誉账面价值总额的比例重大的，应当在附注中披露下列信息：

（一）分摊到该资产组的商誉的账面价值。

（二）该资产组可收回金额的确定方法。

1. 可收回金额按照资产组公允价值减去处置费用后的净额确定的，还应当披露确定公允价值减去处置费用后的净额的方法。资产组的公允价值减去处置费用后的净额不是按照市场价格确定的，应当披露：

（1）企业管理层在确定公允价值减去处置费用后的净额时所采用的各关键假设及其依据。

（2）企业管理层在确定各关键假设相关的价值时，是否与企业历史经验或者外部信息来源相一致；如不一致，应当说明理由。

2. 可收回金额按照资产组预计未来现金流量的现值确定的，应当披露：

（1）企业管理层预计未来现金流量的各关键假设及其依据。

（2）企业管理层在确定各关键假设相关的价值时，是否与企业历史经验或者外部信息来源相一致；如不一致，应当说明理由。

（3）估计现值时所采用的折现率。

第三十一条 商誉的全部或者部分账面价值分摊到多个资产组、且分摊到每个资产组的商誉的账面价值占商誉账面价值总额的比例不重大的，企业应当在附注中说明这一情况以及分摊到上述资产组的商誉合计金额。

商誉账面价值按照相同的关键假设分摊到上述多个资产组、且分摊的商誉合计金额占商誉账面价值总额的比例重大的，企业应当在附注中说明这一情况，并披露下列信息：

（一）分摊到上述资产组的商誉的账面价值合计。

（二）采用的关键假设及其依据。

（三）企业管理层在确定各关键假设相关的价值时，是否与企业历史经验或者外部信息来源相一致；如不一致，应当说明理由。

10. 企业会计准则第 9 号——职工薪酬（2014 年修订）

（财会〔2014〕8 号）

第一章　总　　则

第一条　为了规范职工薪酬的确认、计量和相关信息的披露，根据《企业会计准则——基本准则》，制定本准则。

第二条　职工薪酬，是指企业为获得职工提供的服务或解除劳动关系而给予的各种形式的报酬或补偿。职工薪酬包括短期薪酬、离职后福利、辞退福利和其他长期职工福利。企业提供给职工配偶、子女、受赡养人、已故员工遗属及其他受益人等的福利，也属于职工薪酬。

短期薪酬，是指企业在职工提供相关服务的年度报告期间结束后十二个月内需要全部予以支付的职工薪酬，因解除与职工的劳动关系给予的补偿除外。短期薪酬具体包括：职工工资、奖金、津贴和补贴，职工福利费，医疗保险费、工伤保险费和生育保险费等社会保险费，住房公积金，工会经费和职工教育经费，短期带薪缺勤，短期利润分享计划，非货币性福利以及其他短期薪酬。

带薪缺勤，是指企业支付工资或提供补偿的职工缺勤，包括年休假、病假、短期伤残、婚假、产假、丧假、探亲假等。利润分享计划，是指因职工提供服务而与职工达成的基于利润或其他经营成果提供薪酬的协议。离职后福利，是指企业为获得职工提供的服务而在职工退休或与企业解除劳动关系后，提供的各种形式的报酬和福利，短期薪酬和辞退福利除外。

辞退福利，是指企业在职工劳动合同到期之前解除与职工的劳动关系，或者为鼓励职工自愿接受裁减而给予职工的补偿。

其他长期职工福利，是指除短期薪酬、离职后福利、辞退福利之外所有的职工薪酬，包括长期带薪缺勤、长期残疾福利、长期利润分享计划等。

第三条　本准则所称职工，是指与企业订立劳动合同的所有人员，含全职、兼职和临时职工，也包括虽未与企业订立劳动合同但由企业正式任命的人员。

未与企业订立劳动合同或未由其正式任命，但向企业所提供服务与职工所提供服务类似的人员，也属于职工的范畴，包括通过企业与劳务中介公司签订用工合同而向企业提供服务的人员。

第四条　下列各项适用其他相关会计准则：

（一）企业年金基金，适用《企业会计准则第 10 号——企业年金基金》。

（二）以股份为基础的薪酬，适用《企业会计准则第 11 号——股份支付》。

第二章　短期薪酬

第五条　企业应当在职工为其提供服务的会计期间，将实际发生的短期薪酬确认为负债，并计入当期损益，其他会计准则要求或允许计入资产成本的除外。

第六条　企业发生的职工福利费，应当在实际发生时根据实际发生额计入当期损益或相关资产成本。职工福利费为非货币性福利的，应当按照公允价值计量。

第七条　企业为职工缴纳的医疗保险费、工伤保险费、生育保险费等社会保险费和住房公积金，以及按规定提取的工会经费和职工教育经费，应当在职工为其提供服务的会计期间，根据规定的计提基础和计提比例计算确定相应的职工薪酬金额，并确认相应负债，计入当期损益或相关资产成本。

第八条　带薪缺勤分为累积带薪缺勤和非累积带薪缺勤。企业应当在职工提供服务从而增加了其未来享有的带薪缺勤权利时，确认与累积带薪缺勤相关的职工薪酬，并以累积未行使权利而增加的预期支付金额计量。企业应当在职工实际发生缺勤的会计期间确认与非累积带薪缺勤相关的职工薪酬。

累积带薪缺勤，是指带薪缺勤权利可以结转下期的带薪缺勤，本期尚未用完的带薪缺勤权利可以在未来期间使用。

非累积带薪缺勤，是指带薪缺勤权利不能结转下期的带薪缺勤，本期尚未用完的带薪缺勤权利将予以取消，并且职工离开企业时也无权获得现金支付。

第九条 利润分享计划同时满足下列条件的，企业应当确认相关的应付职工薪酬：

（一）企业因过去事项导致现在具有支付职工薪酬的法定义务或推定义务；

（二）因利润分享计划所产生的应付职工薪酬义务金额能够可靠估计。属于下列三种情形之一的，视为义务金额能够可靠估计：

1. 在财务报告批准报出之前企业已确定应支付的薪酬金额。

2. 该短期利润分享计划的正式条款中包括确定薪酬金额的方式。

3. 过去的惯例为企业确定推定义务金额提供了明显证据。

第十条 职工只有在企业工作一段特定期间才能分享利润的，企业在计量利润分享计划产生的应付职工薪酬时，应当反映职工因离职而无法享受利润分享计划福利的可能性。

如果企业在职工为其提供相关服务的年度报告期间结束后十二个月内，不需要全部支付利润分享计划产生的应付职工薪酬，该利润分享计划应当适用本准则其他长期职工福利的有关规定。

第三章 离职后福利

第十一条 企业应当将离职后福利计划分类为设定提存计划和设定受益计划。

离职后福利计划，是指企业与职工就离职后福利达成的协议，或者企业为向职工提供离职后福利制定的规章或办法等。其中，设定提存计划，是指向独立的基金缴存固定费用后，企业不再承担进一步支付义务的离职后福利计划；设定受益计划，是指除设定提存计划以外的离职后福利计划。

第十二条 企业应当在职工为其提供服务的会计期间，将根据设定提存计划计算的应缴存金额确认为负债，并计入当期损益或相关资产成本。

根据设定提存计划，预期不会在职工提供相关服务的年度报告期结束后十二个月内支付全部应缴存金额的，企业应当参照本准则第十五条规定的折现率，将全部应缴存金额以折现后的金额计量应付职工薪酬。

第十三条 企业对设定受益计划的会计处理通常包括下列四个步骤：

（一）根据预期累计福利单位法，采用无偏且相互一致的精算假设对有关人口统计变量和财务变量等做出估计，计量设定受益计划所产生的义务，并确定相关义务的归属期间。企业应当按照本准则第十五条规定的折现率将设定受益计划所产生的义务予以折现，以确定设定受益计划义务的现值和当期服务成本。

（二）设定受益计划存在资产的，企业应当将设定受益计划义务现值减去设定受益计划资产公允价值所形成的赤字或盈余确认为一项设定受益计划净负债或净资产。

设定受益计划存在盈余的，企业应当以设定受益计划的盈余和资产上限两项的孰低者计量设定受益计划净资产。其中，资产上限，是指企业可从设定受益计划退款或减少未来对设定受益计划缴存资金而获得的经济利益的现值。

（三）根据本准则第十六条的有关规定，确定应当计入当期损益的金额。

（四）根据本准则第十六条和第十七条的有关规定，确定应当计入其他综合收益的金额。

在预期累计福利单位法下，每一服务期间会增加一个单位的福利权利，并且需对每一个单位单独计量，以形成最终义务。企业应当将福利归属于提供设定受益计划的义务发生的期间。这一期间是指从职工提供服务以获取企业在未来报告期间预计支付的设定受益计划福利开始，至职工的继续服务不会导致这一福利金额显著增加之日为止。

第十四条 企业应当根据预期累计福利单位法确定的公式将设定受益计划产生的福利义务归属于职工提供服务的期间，并计入当期损益或相关资产成本。

当职工后续年度的服务将导致其享有的设定受益计划福利水平显著高于以前年度时，企业应当按照直线法将累计设定受益计划义务分摊确认于职工提供服务而导致企业第一次产生设定受益计划福利义务至职工提供服务不再导致该福利义务显著增加的期间。在确定该归属期间时，不应考虑仅因未来工资水平提高而导致设定受益计划义务显著增加的情况。

第十五条 企业应当对所有设定受益计划义务予以折现，包括预期在职工提供服务的年度报告期间结束后的十二个月内支付的义务。折现时所采用的折现率应当根据资产负债表日与设定受益计划义务期限和币种相匹配的国债或活跃市场上的高质量公司债券的市场收益率确定。

第十六条 报告期末，企业应当将设定受益计划产生的职工薪酬成本确认为下列组成部分：

（一）服务成本，包括当期服务成本、过去服务成本和结算利得或损失。其中，当期服务成本，是指职工当期提供服务所导致的设定受益计划义务现值的增加额；过去服务成本，是指设定受益计划修改所导致的与以前期间职工服务相关的设定受益计划义务现值的增加或减少。

（二）设定受益计划净负债或净资产的利息净额，包括计划资产的利息收益、设定受益计划义务的利息费用以及资产上限影响的利息。

（三）重新计量设定受益计划净负债或净资产所产生的变动。

除非其他会计准则要求或允许职工福利成本计入资产成本，上述第（一）项和第（二）项应计入当期损益；第（三）项应计入其他综合收益，并且在后续会计期间不允许转回至损益，但企业可以在权益范围内转移这些在其他综合收益中确认的金额。

第十七条 重新计量设定受益计划净负债或净资产所产生的变动包括下列部分：

（一）精算利得或损失，即由于精算假设和经验调整导致之前所计量的设定受益计划义务现值的增加或减少。

（二）计划资产回报，扣除包括在设定受益计划净负债或净资产的利息净额中的金额。

（三）资产上限影响的变动，扣除包括在设定受益计划净负债或净资产的利息净额中的金额。

第十八条 在设定受益计划下，企业应当在下列日期孰早日将过去服务成本确认为当期费用：

（一）修改设定受益计划时。

（二）企业确认相关重组费用或辞退福利时。

第十九条 企业应当在设定受益计划结算时，确认一项结算利得或损失。

设定受益计划结算，是指企业为了消除设定受益计划所产生的部分或所有未来义务进行的交易，而不是根据计划条款和所包含的精算假设向职工支付福利。设定受益计划结算利得或损失是下列两项的差额：

（一）在结算日确定的设定受益计划义务现值。

（二）结算价格，包括转移的计划资产的公允价值和企业直接发生的与结算相关的支付。

第四章 辞退福利

第二十条 企业向职工提供辞退福利的，应当在下列两者孰早日确认辞退福利产生的职工薪酬负债，并计入当期损益：

（一）企业不能单方面撤回因解除劳动关系计划或裁减建议所提供的辞退福利时。

（二）企业确认与涉及支付辞退福利的重组相关的成本或费用时。

第二十一条 企业应当按照辞退计划条款的规定，合理预计并确认辞退福利产生的应付职工薪酬。辞退福利预期在其确认的年度报告期结束后十二个月内完全支付的，应当适用短期薪酬的相关规定；辞退福利预期在年度报告期结束后十二个月内不能完全支付的，应当适用本准则关于其他长期职工福利的有关规定。

第五章 其他长期职工福利

第二十二条 企业向职工提供的其他长期职工福利，符合设定提存计划条件的，应当适用本准则第十二条关于设定提存计划的有关规定进行处理。

第二十三条 除上述第二十二条规定的情形外，企业应当适用本准则关于设定受益计划的有关规定，确认和计量其他长期职工福利净负债或净资产。在报告期末，企业应当将其他长期职工福利产生的职工薪酬成本确认为下列组成部分：

（一）服务成本。

（二）其他长期职工福利净负债或净资产的利息净额。

（三）重新计量其他长期职工福利净负债或净资产所产生的变动。

为简化相关会计处理，上述项目的总净额应计入当期损益或相关资产成本。

第二十四条 长期残疾福利水平取决于职工提供服务期间长短的，企业应当在职工提供服务的期间确认应付长期残疾福利义务，计量时应当考虑长期残疾福利支付的可能性和预期支付的期限；长期残疾福利与职工提供服务期间长短无关的，企业应当在导致职工长期残疾的事件发生的当期确认应付长期残疾福利义务。

第六章 披　　露

第二十五条 企业应当在附注中披露与短期职工薪酬有关的下列信息：

（一）应当支付给职工的工资、奖金、津贴和补贴及其期末应付未付金额。

（二）应当为职工缴纳的医疗保险费、工伤保险费和生育保险费等社会保险费及其期末应付未付金额。

（三）应当为职工缴存的住房公积金及其期末应付未付金额。

（四）为职工提供的非货币性福利及其计算依据。

（五）依据短期利润分享计划提供的职工薪酬金额及其计算依据。

（六）其他短期薪酬。

第二十六条 企业应当披露所设立或参与的设定提存计划的性质、计算缴费金额的公式或依据，当期缴费金额以及期末应付未付金额。

第二十七条 企业应当披露与设定受益计划有关的下列信息：

（一）设定受益计划的特征及与之相关的风险。

（二）设定受益计划在财务报表中确认的金额及其变动。

（三）设定受益计划对企业未来现金流量金额、时间和不确定性的影响。

（四）设定受益计划义务现值所依赖的重大精算假设及有关敏感性分析的结果。

第二十八条 企业应当披露支付的因解除劳动关系所提供辞退福利及其期末应付未付金额。

第二十九条 企业应当披露提供的其他长期职工福利的性质、金额及其计算依据。

第七章 衔接规定

第三十条 对于本准则施行日存在的离职后福利计划、辞退福利、其他长期职工福利，除本准则三十一条规定外，应当按照《企业会计准则第 28 号——会计政策、会计估计变更和差错更正》的规定采用追溯调整法处理。

第三十一条　企业比较财务报表中披露的本准则施行之前的信息与本准则要求不一致的，不需要按照本准则的规定进行调整。

第八章　附　　则

第三十二条　本准则自 2014 年 7 月 1 日起施行。

11. 企业会计准则第 10 号——企业年金基金（2006 年颁布）

（财会〔2006〕3 号）

第一章　总　　则

第一条　为了规范企业年金基金的确认、计量和财务报表列报，根据《企业会计准则——基本准则》，制定本准则。

第二条　企业年金基金，是指根据依法制定的企业年金计划筹集的资金及其投资运营收益形成的企业补充养老保险基金。

第三条　企业年金基金应当作为独立的会计主体进行确认、计量和列报。

委托人、受托人、托管人、账户管理人、投资管理人和其他为企业年金基金管理提供服务的主体，应当将企业年金基金与其固有资产和其他资产严格区分，确保企业年金基金的安全。

第二章　确 认 和 计 量

第四条　企业年金基金应当分别资产、负债、收入、费用和净资产进行确认和计量。

第五条　企业年金基金缴费及其运营形成的各项资产包括：货币资金、应收证券清算款、应收利息、买入返售证券、其他应收款、债券投资、基金投资、股票投资、其他投资等。

第六条　企业年金基金在运营中根据国家规定的投资范围取得的国债、信用等级在投资级以上的金融债和企业债、可转换债、投资性保险产品、证券投资基金、股票等具有良好流动性的金融产品，其初始取得和后续估值应当以公允价值计量：

（一）初始取得投资时，应当以交易日支付的成交价款作为其公允价值。发生的交易费用直接计入当期损益。

（二）估值日对投资进行估值时，应当以其公允价值调整原账面价值，公允价值与原账面价值的差额计入当期损益。

投资公允价值的确定，适用《企业会计准则第 22 号——金融工具确认和计量》。

第七条　企业年金基金运营形成的各项负债包括：应付证券清算款、应付受益人待遇、应付受托人管理费、应付托管人管理费、应付投资管理人管理费、应交税金、卖出回购证券款、应付利息、应付佣金和其他应付款等。

第八条　企业年金基金运营形成的各项收入包括：存款利息收入、买入返售证券收入、公允价值变动收益、投资处置收益和其他收入。

第九条　收入应当按照下列规定确认和计量：

（一）存款利息收入，按照本金和适用的利率确定。

（二）买入返售证券收入，在融券期限内按照买入返售证券价款和协议约定的利率确定。

（三）公允价值变动收益，在估值日按照当日投资公允价值与原账面价值（即上一估值日投资公允价值）的差额确定。

（四）投资处置收益，在交易日按照卖出投资所取得的价款与其账面价值的差额确定。

（五）风险准备金补亏等其他收入，按照实际发生的金额确定。

第十条 企业年金基金运营发生的各项费用包括：交易费用、受托人管理费、托管人管理费、投资管理人管理费、卖出回购证券支出和其他费用。

第十一条 费用应当按照下列规定确认和计量：

（一）交易费用，包括支付给代理机构、咨询机构、券商的手续费和佣金及其他必要支出，按照实际发生的金额确定。

（二）受托人管理费、托管人管理费和投资管理人管理费，根据相关规定按实际计提的金额确定。

（三）卖出回购证券支出，在融资期限内按照卖出回购证券价款和协议约定的利率确定。

（四）其他费用，按照实际发生的金额确定。

第十二条 企业年金基金的净资产，是指企业年金基金的资产减去负债后的余额。资产负债表日，应当将当期各项收入和费用结转至净资产。

净资产应当分别企业和职工个人设置账户，根据企业年金计划按期将运营收益分配计入各账户。

第十三条 净资产应当按照下列规定确认和计量：

（一）向企业和职工个人收取的缴费，按照收到的金额增加净资产。

（二）向受益人支付的待遇，按照应付的金额减少净资产。

（三）因职工调入企业而发生的个人账户转入金额，增加净资产。

（四）因职工调离企业而发生的个人账户转出金额，减少净资产。

第三章 列 报

第十四条 企业年金基金的财务报表包括资产负债表、净资产变动表和附注。

第十五条 资产负债表反映企业年金基金在某一特定日期的财务状况，应当按照资产、负债和净资产分类列示。

第十六条 资产类项目至少应当列示下列信息：

（一）货币资金；

（二）应收证券清算款；

（三）应收利息；

（四）买入返售证券；

（五）其他应收款；

（六）债券投资；

（七）基金投资；

（八）股票投资；

（九）其他投资；

（十）其他资产。

第十七条 负债类项目至少应当列示下列信息：

（一）应付证券清算款；

（二）应付受益人待遇；

（三）应付受托人管理费；

（四）应付托管人管理费；

（五）应付投资管理人管理费；

（六）应交税金；

（七）卖出回购证券款；

（八）应付利息；
（九）应付佣金；
（十）其他应付款。

第十八条 净资产类项目列示企业年金基金净值。

第十九条 净资产变动表反映企业年金基金在一定会计期间的净资产增减变动情况，应当列示下列信息：

（一）期初净资产。
（二）本期净资产增加数，包括本期收入、收取企业缴费、收取职工个人缴费、个人账户转入。
（三）本期净资产减少数，包括本期费用、支付受益人待遇、个人账户转出。
（四）期末净资产。

第二十条 附注应当披露下列信息：

（一）企业年金计划的主要内容及重大变化。
（二）投资种类、金额及公允价值的确定方法。
（三）各类投资占投资总额的比例。
（四）可能使投资价值受到重大影响的其他事项。

12. 企业会计准则第 11 号——股份支付（2006 年颁布）

（财会〔2006〕3 号）

第一章 总 则

第一条 为了规范股份支付的确认、计量和相关信息的披露，根据《企业会计准则——基本准则》，制定本准则。

第二条 股份支付，是指企业为获取职工和其他方提供服务而授予权益工具或者承担以权益工具为基础确定的负债的交易。

股份支付分为以权益结算的股份支付和以现金结算的股份支付。

以权益结算的股份支付，是指企业为获取服务以股份或其他权益工具作为对价进行结算的交易。

以现金结算的股份支付，是指企业为获取服务承担以股份或其他权益工具为基础计算确定的交付现金或其他资产义务的交易。

本准则所指的权益工具是企业自身权益工具。

第三条 下列各项适用其他相关会计准则：

（一）企业合并中发行权益工具取得其他企业净资产的交易，适用《企业会计准则第 20 号——企业合并》。

（二）以权益工具作为对价取得其他金融工具等交易，适用《企业会计准则第 22 号——金融工具确认和计量》。

第二章 以权益结算的股份支付

第四条 以权益结算的股份支付换取职工提供服务的，应当以授予职工权益工具的公允价值计量。

权益工具的公允价值，应当按照《企业会计准则第 22 号——金融工具确认和计量》确定。

第五条 授予后立即可行权的换取职工服务的以权益结算的股份支付，应当在授予日按照权益工具的公允价值计入相关成本或费用，相应增加资本公积。

授予日，是指股份支付协议获得批准的日期。

第六条 完成等待期内的服务或达到规定业绩条件才可行权的换取职工服务的以权益结算的股份支付，在等待期内的每个资产负债表日，应当以对可行权权益工具数量的最佳估计为基础，按照权益工具授予日的公允价值，将当期取得的服务计入相关成本或费用和资本公积。

在资产负债表日，后续信息表明可行权权益工具的数量与以前估计不同的，应当进行调整，并在可行权日调整至实际可行权的权益工具数量。

等待期，是指可行权条件得到满足的期间。

对于可行权条件为规定服务期间的股份支付，等待期为授予日至可行权日的期间；对于可行权条件为规定业绩的股份支付，应当在授予日根据最可能的业绩结果预计等待期的长度。

可行权日，是指可行权条件得到满足、职工和其他方具有从企业取得权益工具或现金的权利的日期。

第七条 企业在可行权日之后不再对已确认的相关成本或费用和所有者权益总额进行调整。

第八条 以权益结算的股份支付换取其他方服务的，应当分别下列情况处理：

（一）其他方服务的公允价值能够可靠计量的，应当按照其他方服务在取得日的公允价值，计入相关成本或费用，相应增加所有者权益。

（二）其他方服务的公允价值不能可靠计量但权益工具公允价值能够可靠计量的，应当按照权益工具在服务取得日的公允价值，计入相关成本或费用，相应增加所有者权益。

第九条 在行权日，企业根据实际行权的权益工具数量，计算确定应转入实收资本或股本的金额，将其转入实收资本或股本。

行权日，是指职工和其他方行使权利、获取现金或权益工具的日期。

第三章 以现金结算的股份支付

第十条 以现金结算的股份支付，应当按照企业承担的以股份或其他权益工具为基础计算确定的负债的公允价值计量。

第十一条 授予后立即可行权的以现金结算的股份支付，应当在授予日以企业承担负债的公允价值计入相关成本或费用，相应增加负债。

第十二条 完成等待期内的服务或达到规定业绩条件以后才可行权的以现金结算的股份支付，在等待期内的每个资产负债表日，应当以对可行权情况的最佳估计为基础，按照企业承担负债的公允价值金额，将当期取得的服务计入成本或费用和相应的负债。

在资产负债表日，后续信息表明企业当期承担债务的公允价值与以前估计不同的，应当进行调整，并在可行权日调整至实际可行权水平。

第十三条 企业应当在相关负债结算前的每个资产负债表日以及结算日，对负债的公允价值重新计量，其变动计入当期损益。

第四章 披　　露

第十四条 企业应当在附注中披露与股份支付有关的下列信息：

（一）当期授予、行权和失效的各项权益工具总额。

（二）期末发行在外的股份期权或其他权益工具行权价格的范围和合同剩余期限。

（三）当期行权的股份期权或其他权益工具以其行权日价格计算的加权平均价格。

（四）权益工具公允价值的确定方法。

企业对性质相似的股份支付信息可以合并披露。

第十五条　企业应当在附注中披露股份支付交易对当期财务状况和经营成果的影响，至少包括下列信息：

（一）当期因以权益结算的股份支付而确认的费用总额。

（二）当期因以现金结算的股份支付而确认的费用总额。

（三）当期以股份支付换取的职工服务总额及其他方服务总额。

13. 企业会计准则第 12 号——债务重组（2019 年修订）

（财会〔2019〕9 号）

第一章　总　　则

第一条　为了规范债务重组的确认、计量和相关信息的披露，根据《企业会计准则——基本准则》，制定本准则。

第二条　债务重组，是指在不改变交易对手方的情况下，经债权人和债务人协定或法院裁定，就清偿债务的时间、金额或方式等重新达成协议的交易。

本准则中的债务重组涉及的债权和债务是指《企业会计准则第 22 号——金融工具确认和计量》规范的金融工具。

第三条　债务重组一般包括下列方式，或下列一种以上方式的组合：

（一）债务人以资产清偿债务；

（二）债务人将债务转为权益工具；

（三）除本条第一项和第二项以外，采用调整债务本金、改变债务利息、变更还款期限等方式修改债权和债务的其他条款，形成重组债权和重组债务。

第四条　本准则适用于所有债务重组，但下列各项适用其他相关会计准则：

（一）债务重组中涉及的债权、重组债权、债务、重组债务和其他金融工具的确认、计量和列报，分别适用《企业会计准则第 22 号——金融工具确认和计量》和《企业会计准则第 37 号——金融工具列报》。

（二）通过债务重组形成企业合并的，适用《企业会计准则第 20 号——企业合并》。

（三）债权人或债务人中的一方直接或间接对另一方持股且以股东身份进行债务重组的，或者债权人与债务人在债务重组前后均受同一方或相同的多方最终控制，且该债务重组的交易实质是债权人或债务人进行了权益性分配或接受了权益性投入的，适用权益性交易的有关会计处理规定。

第二章　债权人的会计处理

第五条　以资产清偿债务或者将债务转为权益工具方式进行债务重组的，债权人应当在相关资产符合其定义和确认条件时予以确认。

第六条　以资产清偿债务方式进行债务重组的，债权人初始确认受让的金融资产以外的资产时，应当按照下列原则以成本计量：

存货的成本，包括放弃债权的公允价值和使该资产达到当前位置和状态所发生的可直接归属于该资产的税金、运输费、装卸费、保险费等其他成本。

对联营企业或合营企业投资的成本，包括放弃债权的公允价值和可直接归属于该资产的税金等其他成本。

投资性房地产的成本，包括放弃债权的公允价值和可直接归属于该资产的税金等其他成本。

固定资产的成本，包括放弃债权的公允价值和使该资产达到预定可使用状态前所发生的可直接归属于该资产的税金、运输费、装卸费、安装费、专业人员服务费等其他成本。

生物资产的成本，包括放弃债权的公允价值和可直接归属于该资产的税金、运输费、保险费等其他成本。

无形资产的成本，包括放弃债权的公允价值和可直接归属于使该资产达到预定用途所发生的税金等其他成本。

放弃债权的公允价值与账面价值之间的差额，应当计入当期损益。

第七条 将债务转为权益工具方式进行债务重组导致债权人将债权转为对联营企业或合营企业的权益性投资的，债权人应当按照本准则第六条的规定计量其初始投资成本。放弃债权的公允价值与账面价值之间的差额，应当计入当期损益。

第八条 采用修改其他条款方式进行债务重组的，债权人应当按照《企业会计准则第22号——金融工具确认和计量》的规定，确认和计量重组债权。

第九条 以多项资产清偿债务或者组合方式进行债务重组的，债权人应当首先按照《企业会计准则第22号——金融工具确认和计量》的规定确认和计量受让的金融资产和重组债权，然后按照受让的金融资产以外的各项资产的公允价值比例，对放弃债权的公允价值扣除受让金融资产和重组债权确认金额后的净额进行分配，并以此为基础按照本准则第六条的规定分别确定各项资产的成本。放弃债权的公允价值与账面价值之间的差额，应当计入当期损益。

第三章 债务人的会计处理

第十条 以资产清偿债务方式进行债务重组的，债务人应当在相关资产和所清偿债务符合终止确认条件时予以终止确认，所清偿债务账面价值与转让资产账面价值之间的差额计入当期损益。

第十一条 将债务转为权益工具方式进行债务重组的，债务人应当在所清偿债务符合终止确认条件时予以终止确认。债务人初始确认权益工具时应当按照权益工具的公允价值计量，权益工具的公允价值不能可靠计量的，应当按照所清偿债务的公允价值计量。所清偿债务账面价值与权益工具确认金额之间的差额，应当计入当期损益。

第十二条 采用修改其他条款方式进行债务重组的，债务人应当按照《企业会计准则第22号——金融工具确认和计量》和《企业会计准则第37号——金融工具列报》的规定，确认和计量重组债务。

第十三条 以多项资产清偿债务或者组合方式进行债务重组的，债务人应当按照本准则第十一条和第十二条的规定确认和计量权益工具和重组债务，所清偿债务的账面价值与转让资产的账面价值以及权益工具和重组债务的确认金额之和的差额，应当计入当期损益。

第四章 披 露

第十四条 债权人应当在附注中披露与债务重组有关的下列信息：

（一）根据债务重组方式，分组披露债权账面价值和债务重组相关损益。

（二）债务重组导致的对联营企业或合营企业的权益性投资增加额，以及该投资占联营企业或合营企业股份总额的比例。

第十五条 债务人应当在附注中披露与债务重组有关的下列信息：

（一）根据债务重组方式，分组披露债务账面价值和债务重组相关损益。

（二）债务重组导致的股本等所有者权益的增加额。

第五章 衔接规定

第十六条 企业对 2019 年 1 月 1 日至本准则施行日之间发生的债务重组，应根据本准则进行调整。企业对 2019 年 1 月 1 日之前发生的债务重组，不需要按照本准则的规定进行追溯调整。

第六章 附 则

第十七条 本准则自 2019 年 6 月 17 日起施行。

第十八条 2006 年 2 月 15 日财政部印发的《财政部关于印发〈企业会计准则第 1 号——存货〉等 38 项具体准则的通知》（财会〔2006〕3 号）中的《企业会计准则第 12 号——债务重组》同时废止。

财政部此前发布的有关债务重组会计处理规定与本准则不一致的，以本准则为准。

14. 企业会计准则第 13 号——或有事项（2006 年颁布）

（财会〔2006〕3 号）

第一章 总 则

第一条 为了规范或有事项的确认、计量和相关信息的披露，根据《企业会计准则——基本准则》，制定本准则。

第二条 或有事项，是指过去的交易或者事项形成的，其结果须由某些未来事项的发生或不发生才能决定的不确定事项。

第三条 职工薪酬、建造合同、所得税、企业合并、租赁、原保险合同和再保险合同等形成的或有事项，适用其他相关会计准则。

第二章 确认和计量

第四条 与或有事项相关的义务同时满足下列条件的，应当确认为预计负债：

（一）该义务是企业承担的现时义务；

（二）履行该义务很可能导致经济利益流出企业；

（三）该义务的金额能够可靠地计量。

第五条 预计负债应当按照履行相关现时义务所需支出的最佳估计数进行初始计量。

所需支出存在一个连续范围，且该范围内各种结果发生的可能性相同的，最佳估计数应当按照该范围内的中间值确定。

在其他情况下，最佳估计数应当分别下列情况处理：

（一）或有事项涉及单个项目的，按照最可能发生金额确定。

（二）或有事项涉及多个项目的，按照各种可能结果及相关概率计算确定。

第六条 企业在确定最佳估计数时，应当综合考虑与或有事项有关的风险、不确定性和货币时间价值等因素。

货币时间价值影响重大的，应当通过对相关未来现金流出进行折现后确定最佳估计数。

第七条 企业清偿预计负债所需支出全部或部分预期由第三方补偿的，补偿金额只有在基本确定能够收到时才能作为资产单独确认。确认的补偿金额不应当超过预计负债的账面价值。

第八条 待执行合同变成亏损合同的，该亏损合同产生的义务满足本准则第四条规定的，应当确认为预计负债。

待执行合同，是指合同各方尚未履行任何合同义务，或部分地履行了同等义务的合同。

亏损合同，是指履行合同义务不可避免会发生的成本超过预期经济利益的合同。

第九条 企业不应当就未来经营亏损确认预计负债。

第十条 企业承担的重组义务满足本准则第四条规定的，应当确认预计负债。同时存在下列情况时，表明企业承担了重组义务：

（一）有详细、正式的重组计划，包括重组涉及的业务、主要地点、需要补偿的职工人数及其岗位性质、预计重组支出、计划实施时间等；

（二）该重组计划已对外公告。

重组，是指企业制定和控制的，将显著改变企业组织形式、经营范围或经营方式的计划实施行为。

第十一条 企业应当按照与重组有关的直接支出确定预计负债金额。

直接支出不包括留用职工岗前培训、市场推广、新系统和营销网络投入等支出。

第十二条 企业应当在资产负债表日对预计负债的账面价值进行复核。有确凿证据表明该账面价值不能真实反映当前最佳估计数的，应当按照当前最佳估计数对该账面价值进行调整。

第十三条 企业不应当确认或有负债和或有资产。

或有负债，是指过去的交易或者事项形成的潜在义务，其存在须通过未来不确定事项的发生或不发生予以证实；或过去的交易或者事项形成的现时义务，履行该义务不是很可能导致经济利益流出企业或该义务的金额不能可靠计量。

或有资产，是指过去的交易或者事项形成的潜在资产，其存在须通过未来不确定事项的发生或不发生予以证实。

第三章 披 露

第十四条 企业应当在附注中披露与或有事项有关的下列信息：

（一）预计负债。

1. 预计负债的种类、形成原因以及经济利益流出不确定性的说明。

2. 各类预计负债的期初、期末余额和本期变动情况。

3. 与预计负债有关的预期补偿金额和本期已确认的预期补偿金额。

（二）或有负债（不包括极小可能导致经济利益流出企业的或有负债）。

1. 或有负债的种类及其形成原因，包括已贴现商业承兑汇票、未决诉讼、未决仲裁、对外提供担保等形成的或有负债。

2. 经济利益流出不确定性的说明。

3. 或有负债预计产生的财务影响，以及获得补偿的可能性；无法预计的，应当说明原因。

（三）企业通常不应当披露或有资产。但或有资产很可能会给企业带来经济利益的，应当披露其形成的原因、预计产生的财务影响等。

第十五条 在涉及未决诉讼、未决仲裁的情况下，按照本准则第十四条披露全部或部分信息预期对企业造成重大不利影响的，企业无须披露这些信息，但应当披露该未决诉讼、未决仲裁的性质，以及没有披露这些信息的事实和原因。

15. 企业会计准则第 14 号——收入（2017 年修订）

（财会〔2017〕22 号）

第一章　总　　则

第一条　为了规范收入的确认、计量和相关信息的披露，根据《企业会计准则——基本准则》，制定本准则。

第二条　收入，是指企业在日常活动中形成的、会导致所有者权益增加的、与所有者投入资本无关的经济利益的总流入。

第三条　本准则适用于所有与客户之间的合同，但下列各项除外：

（一）由《企业会计准则第 2 号——长期股权投资》《企业会计准则第 22 号——金融工具确认和计量》《企业会计准则第 23 号——金融资产转移》《企业会计准则第 24 号——套期会计》《企业会计准则第 33 号——合并财务报表》以及《企业会计准则第 40 号——合营安排》规范的金融工具及其他合同权利和义务，分别适用《企业会计准则第 2 号——长期股权投资》《企业会计准则第 22 号——金融工具确认和计量》《企业会计准则第 23 号——金融资产转移》《企业会计准则第 24 号——套期会计》《企业会计准则第 33 号——合并财务报表》以及《企业会计准则第 40 号——合营安排》。

（二）由《企业会计准则第 21 号——租赁》规范的租赁合同，适用《企业会计准则第 21 号——租赁》。

（三）由保险合同相关会计准则规范的保险合同，适用保险合同相关会计准则。

本准则所称客户，是指与企业订立合同以向该企业购买其日常活动产出的商品或服务（以下简称"商品"）并支付对价的一方。

本准则所称合同，是指双方或多方之间订立有法律约束力的权利义务的协议。合同有书面形式、口头形式以及其他形式。

第二章　确　　认

第四条　企业应当在履行了合同中的履约义务，即在客户取得相关商品控制权时确认收入。

取得相关商品控制权，是指能够主导该商品的使用并从中获得几乎全部的经济利益。

第五条　当企业与客户之间的合同同时满足下列条件时，企业应当在客户取得相关商品控制权时确认收入：

（一）合同各方已批准该合同并承诺将履行各自义务；

（二）该合同明确了合同各方与所转让商品或提供劳务（以下简称"转让商品"）相关的权利和义务；

（三）该合同有明确的与所转让商品相关的支付条款；

（四）该合同具有商业实质，即履行该合同将改变企业未来现金流量的风险、时间分布或金额；

（五）企业因向客户转让商品而有权取得的对价很可能收回。

在合同开始日即满足前款条件的合同，企业在后续期间无需对其进行重新评估，除非有迹象表明相关事实和情况发生重大变化。合同开始日通常是指合同生效日。

第六条　在合同开始日不符合本准则第五条规定的合同，企业应当对其进行持续评估，并在其满足本准则第五条规定时按照该条的规定进行会计处理。

对于不符合本准则第五条规定的合同，企业只有在不再负有向客户转让商品的剩余义务，且已向客户收取的对价无需退回时，才能将已收取的对价确认为收入；否则，应当将已收取的对价作为负债进行会计处理。没有商业实质的非货币性资产交换，不确认收入。

第七条 企业与同一客户（或该客户的关联方）同时订立或在相近时间内先后订立的两份或多份合同，在满足下列条件之一时，应当合并为一份合同进行会计处理：

（一）该两份或多份合同基于同一商业目的而订立并构成一揽子交易。

（二）该两份或多份合同中的一份合同的对价金额取决于其他合同的定价或履行情况。

（三）该两份或多份合同中所承诺的商品（或每份合同中所承诺的部分商品）构成本准则第九条规定的单项履约义务。

第八条 企业应当区分下列三种情形对合同变更分别进行会计处理：

（一）合同变更增加了可明确区分的商品及合同价款，且新增合同价款反映了新增商品单独售价的，应当将该合同变更部分作为一份单独的合同进行会计处理。

（二）合同变更不属于本条（一）规定的情形，且在合同变更日已转让的商品或已提供的服务（以下简称“已转让的商品”）与未转让的商品或未提供的服务（以下简称“未转让的商品”）之间可明确区分的，应当视为原合同终止，同时，将原合同未履约部分与合同变更部分合并为新合同进行会计处理。

（三）合同变更不属于本条（一）规定的情形，且在合同变更日已转让的商品与未转让的商品之间不可明确区分的，应当将该合同变更部分作为原合同的组成部分进行会计处理，由此产生的对已确认收入的影响，应当在合同变更日调整当期收入。

本准则所称合同变更，是指经合同各方批准对原合同范围或价格作出的变更。

第九条 合同开始日，企业应当对合同进行评估，识别该合同所包含的各单项履约义务，并确定各单项履约义务是在某一时段内履行，还是在某一时点履行，然后，在履行了各单项履约义务时分别确认收入。

履约义务，是指合同中企业向客户转让可明确区分商品的承诺。履约义务既包括合同中明确的承诺，也包括由于企业已公开宣布的政策、特定声明或以往的习惯做法等导致合同订立时客户合理预期企业将履行的承诺。企业为履行合同而应开展的初始活动，通常不构成履约义务，除非该活动向客户转让了承诺的商品。

企业向客户转让一系列实质相同且转让模式相同的、可明确区分商品的承诺，也应当作为单项履约义务。

转让模式相同，是指每一项可明确区分商品均满足本准则第十一条规定的、在某一时段内履行履约义务的条件，且采用相同方法确定其履约进度。

第十条 企业向客户承诺的商品同时满足下列条件的，应当作为可明确区分商品：

（一）客户能够从该商品本身或从该商品与其他易于获得资源一起使用中受益；

（二）企业向客户转让该商品的承诺与合同中其他承诺可单独区分。

下列情形通常表明企业向客户转让该商品的承诺与合同中其他承诺不可单独区分：

1. 企业需提供重大的服务以将该商品与合同中承诺的其他商品整合成合同约定的组合产出转让给客户。

2. 该商品将对合同中承诺的其他商品予以重大修改或定制。

3. 该商品与合同中承诺的其他商品具有高度关联性。

第十一条 满足下列条件之一的，属于在某一时段内履行履约义务；否则，属于在某一时点履行履约义务：

（一）客户在企业履约的同时即取得并消耗企业履约所带来的经济利益。

（二）客户能够控制企业履约过程中在建的商品。

（三）企业履约过程中所产出的商品具有不可替代用途，且该企业在整个合同期间内有权就累计至今已完成的履约部分收取款项。

具有不可替代用途，是指因合同限制或实际可行性限制，企业不能轻易地将商品用于其他用途。

有权就累计至今已完成的履约部分收取款项，是指在由于客户或其他方原因终止合同的情况下，企业有权就累计至今已完成的履约部分收取能够补偿其已发生成本和合理利润的款项，并且该权利具有法律约束力。

第十二条 对于在某一时段内履行的履约义务，企业应当在该段时间内按照履约进度确认收入，但是，履约进度不能合理确定的除外。企业应当考虑商品的性质，采用产出法或投入法确定恰当的履约进度。其中，产出法是根据已转移给客户的商品对于客户的价值确定履约进度；投入法是根据企业为履行履约义务的投入确定履约进度。对于类似情况下的类似履约义务，企业应当采用相同的方法确定履约进度。

当履约进度不能合理确定时，企业已经发生的成本预计能够得到补偿的，应当按照已经发生的成本金额确认收入，直到履约进度能够合理确定为止。

第十三条 对于在某一时点履行的履约义务，企业应当在客户取得相关商品控制权时点确认收入。在判断客户是否已取得商品控制权时，企业应当考虑下列迹象：

（一）企业就该商品享有现时收款权利，即客户就该商品负有现时付款义务。

（二）企业已将该商品的法定所有权转移给客户，即客户已拥有该商品的法定所有权。

（三）企业已将该商品实物转移给客户，即客户已实物占有该商品。

（四）企业已将该商品所有权上的主要风险和报酬转移给客户，即客户已取得该商品所有权上的主要风险和报酬。

（五）客户已接受该商品。

（六）其他表明客户已取得商品控制权的迹象。

第三章 计 量

第十四条 企业应当按照分摊至各单项履约义务的交易价格计量收入。

交易价格，是指企业因向客户转让商品而预期有权收取的对价金额。企业代第三方收取的款项以及企业预期将退还给客户的款项，应当作为负债进行会计处理，不计入交易价格。

第十五条 企业应当根据合同条款，并结合其以往的习惯做法确定交易价格。在确定交易价格时，企业应当考虑可变对价、合同中存在的重大融资成分、非现金对价、应付客户对价等因素的影响。

第十六条 合同中存在可变对价的，企业应当按照期望值或最可能发生金额确定可变对价的最佳估计数，但包含可变对价的交易价格，应当不超过在相关不确定性消除时累计已确认收入极可能不会发生重大转回的金额。企业在评估累计已确认收入是否极可能不会发生重大转回时，应当同时考虑收入转回的可能性及其比重。

每一资产负债表日，企业应当重新估计应计入交易价格的可变对价金额。可变对价金额发生变动的，按照本准则第二十四条和第二十五条规定进行会计处理。

第十七条 合同中存在重大融资成分的，企业应当按照假定客户在取得商品控制权时即以现金支付的应付金额确定交易价格。该交易价格与合同对价之间的差额，应当在合同期间内采用实际利率法摊销。

合同开始日，企业预计客户取得商品控制权与客户支付价款间隔不超过一年的，可以不考虑合同中存在的重大融资成分。

第十八条 客户支付非现金对价的，企业应当按照非现金对价的公允价值确定交易价格。非现金对价的公允价值不能合理估计的，企业应当参照其承诺向客户转让商品的单独售价间接确定交易价格。非现金对价的公允价值因对价形式以外的原因而发生变动的，应当作为可变对价，按照本准则第十六条规定进行会计处理。

单独售价，是指企业向客户单独销售商品的价格。

第十九条 企业应付客户（或向客户购买本企业商品的第三方，本条下同）对价的，应当将该应付对价冲减交易价格，并在确认相关收入与支付（或承诺支付）客户对价二者孰晚的时点冲减当期收入，但应付客户对价是为了向客户取得其他可明确区分商品的除外。

企业应付客户对价是为了向客户取得其他可明确区分商品的，应当采用与本企业其他采购相一致的方式确认所购买的商品。企业应付客户对价超过向客户取得可明确区分商品公允价值的，超过金额应当冲减交易价格。向客户取得的可明确区分商品公允价值不能合理估计的，企业应当将应付客户对价全额冲减交易价格。

第二十条 合同中包含两项或多项履约义务的，企业应当在合同开始日，按照各单项履约义务所承诺商品的单独售价的相对比例，将交易价格分摊至各单项履约义务。企业不得因合同开始日之后单独售价的变动而重新分摊交易价格。

第二十一条 企业在类似环境下向类似客户单独销售商品的价格，应作为确定该商品单独售价的最佳证据。单独售价无法直接观察的，企业应当综合考虑其能够合理取得的全部相关信息，采用市场调整法、成本加成法、余值法等方法合理估计单独售价。在估计单独售价时，企业应当最大限度地采用可观察的输入值，并对类似的情况采用一致的估计方法。

市场调整法，是指企业根据某商品或类似商品的市场售价考虑本企业的成本和毛利等进行适当调整后，确定其单独售价的方法。

成本加成法，是指企业根据某商品的预计成本加上其合理毛利后的价格，确定其单独售价的方法。

余值法，是指企业根据合同交易价格减去合同中其他商品可观察的单独售价后的余值，确定某商品单独售价的方法。

第二十二条 企业在商品近期售价波动幅度巨大，或者因未定价且未曾单独销售而使售价无法可靠确定时，可采用余值法估计其单独售价。

第二十三条 对于合同折扣，企业应当在各单项履约义务之间按比例分摊。

有确凿证据表明合同折扣仅与合同中一项或多项（而非全部）履约义务相关的，企业应当将该合同折扣分摊至相关一项或多项履约义务。

合同折扣仅与合同中一项或多项（而非全部）履约义务相关，且企业采用余值法估计单独售价的，应当首先按照前款规定在该一项或多项（而非全部）履约义务之间分摊合同折扣，然后采用余值法估计单独售价。

合同折扣，是指合同中各单项履约义务所承诺商品的单独售价之和高于合同交易价格的金额。

第二十四条 对于可变对价及可变对价的后续变动额，企业应当按照本准则第二十条至第二十三条规定，将其分摊至与之相关的一项或多项履约义务，或者分摊至构成单项履约义务的一系列可明确区分商品中的一项或多项商品。

对于已履行的履约义务，其分摊的可变对价后续变动额应当调整变动当期的收入。

第二十五条 合同变更之后发生可变对价后续变动的，企业应当区分下列三种情形分别进行会计处理：

（一）合同变更属于本准则第八条（一）规定情形的，企业应当判断可变对价后续变动与哪一项合同相关，并按照本准则第二十四条规定进行会计处理。

（二）合同变更属于本准则第八条（二）规定情形，且可变对价后续变动与合同变更前已承诺可变对价相关的，企业应当首先将该可变对价后续变动额以原合同开始日确定的基础进行分摊，然后再将分摊至合同变更日尚未履行履约义务的该可变对价后续变动额以新合同开始日确定的基础进行二次分摊。

（三）合同变更之后发生除本条（一）、（二）规定情形以外的可变对价后续变动的，企业应当将该可变对价后续变动额分摊至合同变更日尚未履行的履约义务。

第四章 合同成本

第二十六条 企业为履行合同发生的成本，不属于其他企业会计准则规范范围且同时满足下列条件的，应当作为合同履约成本确认为一项资产：

（一）该成本与一份当前或预期取得的合同直接相关，包括直接人工、直接材料、制造费用（或类似费用）、明确由客户承担的成本以及仅因该合同而发生的其他成本；

（二）该成本增加了企业未来用于履行履约义务的资源；

（三）该成本预期能够收回。

第二十七条 企业应当在下列支出发生时，将其计入当期损益：

（一）管理费用。

（二）非正常消耗的直接材料、直接人工和制造费用（或类似费用），这些支出为履行合同发生，但未反映在合同价格中。

（三）与履约义务中已履行部分相关的支出。

（四）无法在尚未履行的与已履行的履约义务之间区分的相关支出。

第二十八条 企业为取得合同发生的增量成本预期能够收回的，应当作为合同取得成本确认为一项资产；但是，该资产摊销期限不超过一年的，可以在发生时计入当期损益。

增量成本，是指企业不取得合同就不会发生的成本（如销售佣金等）。

企业为取得合同发生的、除预期能够收回的增量成本之外的其他支出（如无论是否取得合同均会发生的差旅费等），应当在发生时计入当期损益，但是，明确由客户承担的除外。

第二十九条 按照本准则第二十六条和第二十八条规定确认的资产（以下简称“与合同成本有关的资产”），应当采用与该资产相关的商品收入确认相同的基础进行摊销，计入当期损益。

第三十条 与合同成本有关的资产，其账面价值高于下列两项的差额的，超出部分应当计提减值准备，并确认为资产减值损失：

（一）企业因转让与该资产相关的商品预期能够取得的剩余对价；

（二）为转让该相关商品估计将要发生的成本。

以前期间减值的因素之后发生变化，使得前款（一）减（二）的差额高于该资产账面价值的，应当转回原已计提的资产减值准备，并计入当期损益，但转回后的资产账面价值不应超过假定不计提减值准备情况下该资产在转回日的账面价值。

第三十一条 在确定与合同成本有关的资产的减值损失时，企业应当首先对按照其他相关企业会计准则确认的、与合同有关的其他资产确定减值损失；然后，按照本准则第三十条规定确定与合同成本有关的资产的减值损失。

企业按照《企业会计准则第 8 号——资产减值》测试相关资产组的减值情况时，应当将按照前款规定确定与合同成本有关的资产减值后的新账面价值计入相关资产组的账面价值。

第五章 特定交易的会计处理

第三十二条 对于附有销售退回条款的销售，企业应当在客户取得相关商品控制权时，按照因向客户转让商品而预期有权收取的对价金额（即，不包含预期因销售退回将退还的金额）确认收入，按照预期因销售退回将退还的金额确认负债；同时，按照预期将退回商品转让时的账面价值，扣除收回该商品预计发生的成本（包括退回商品的价值减损）后的余额，确认为一项资产，按照所转让商品转让时的账面价值，扣除上述资产成本的净额结转成本。

每一资产负债表日，企业应当重新估计未来销售退回情况，如有变化，应当作为会计估计变更进行会计处理。

第三十三条 对于附有质量保证条款的销售，企业应当评估该质量保证是否在向客户保证所销售商品符合既定标准之外提供了一项单独的服务。企业提供额外服务的，应当作为单项履约义务，按照本准则规定进行会计处理；否则，质量保证责任应当按照《企业会计准则第13号——或有事项》规定进行会计处理。在评估质量保证是否在向客户保证所销售商品符合既定标准之外提供了一项单独的服务时，企业应当考虑该质量保证是否为法定要求、质量保证期限以及企业承诺履行任务的性质等因素。客户能够选择单独购买质量保证的，该质量保证构成单项履约义务。

第三十四条 企业应当根据其在向客户转让商品前是否拥有对该商品的控制权，来判断其从事交易时的身份是主要责任人还是代理人。企业在向客户转让商品前能够控制该商品的，该企业为主要责任人，应当按照已收或应收对价总额确认收入；否则，该企业为代理人，应当按照预期有权收取的佣金或手续费的金额确认收入，该金额应当按照已收或应收对价总额扣除应支付给其他相关方的价款后的净额，或者按照既定的佣金金额或比例等确定。

企业向客户转让商品前能够控制该商品的情形包括：

（一）企业自第三方取得商品或其他资产控制权后，再转让给客户。

（二）企业能够主导第三方代表本企业向客户提供服务。

（三）企业自第三方取得商品控制权后，通过提供重大的服务将该商品与其他商品整合成某组合产出转让给客户。

在具体判断向客户转让商品前是否拥有对该商品的控制权时，企业不应仅局限于合同的法律形式，而应当综合考虑所有相关事实和情况，这些事实和情况包括：

（一）企业承担向客户转让商品的主要责任。

（二）企业在转让商品之前或之后承担了该商品的存货风险。

（三）企业有权自主决定所交易商品的价格。

（四）其他相关事实和情况。

第三十五条 对于附有客户额外购买选择权的销售，企业应当评估该选择权是否向客户提供了一项重大权利。企业提供重大权利的，应当作为单项履约义务，按照本准则第二十条至第二十四条规定将交易价格分摊至该履约义务，在客户未来行使购买选择权取得相关商品控制权时，或者该选择权失效时，确认相应的收入。客户额外购买选择权的单独售价无法直接观察的，企业应当综合考虑客户行使和不行使该选择权所能获得的折扣的差异、客户行使该选择权的可能性等全部相关信息后，予以合理估计。

客户虽然有额外购买商品选择权，但客户行使该选择权购买商品时的价格反映了这些商品单独售价的，不应被视为企业向该客户提供了一项重大权利。

第三十六条 企业向客户授予知识产权许可的，应当按照本准则第九条和第十条规定评估该知识产权许可是否构成单项履约义务，构成单项履约义务的，应当进一步确定其是在某一时段内履行还是在某一时点履行。

企业向客户授予知识产权许可，同时满足下列条件时，应当作为在某一时段内履行的履约义务确认相关收入；否则，应当作为在某一时点履行的履约义务确认相关收入：

（一）合同要求或客户能够合理预期企业将从事对该项知识产权有重大影响的活动；

（二）该活动对客户将产生有利或不利影响；

（三）该活动不会导致向客户转让某项商品。

第三十七条 企业向客户授予知识产权许可，并约定按客户实际销售或使用情况收取特许权使用费的，应当在下列两项孰晚的时点确认收入：

（一）客户后续销售或使用行为实际发生；

（二）企业履行相关履约义务。

第三十八条 对于售后回购交易，企业应当区分下列两种情形分别进行会计处理：

（一）企业因存在与客户的远期安排而负有回购义务或企业享有回购权利的，表明客户在销售时点并未取得相关商品控制权，企业应当作为租赁交易或融资交易进行相应的会计处理。其中，回购价格低于原售价的，应当视为租赁交易，按照《企业会计准则第21号——租赁》的相关规定进行会计处理；回购价格不低于原售价的，应当视为融资交易，在收到客户款项时确认金融负债，并将该款项和回购价格的差额在回购期间内确认为利息费用等。企业到期未行使回购权利的，应当在该回购权利到期时终止确认金融负债，同时确认收入。

（二）企业负有应客户要求回购商品义务的，应当在合同开始日评估客户是否具有行使该要求权的重大经济动因。客户具有行使该要求权重大经济动因的，企业应当将售后回购作为租赁交易或融资交易，按照本条（一）规定进行会计处理；否则，企业应当将其作为附有销售退回条款的销售交易，按照本准则第三十二条规定进行会计处理。

售后回购，是指企业销售商品的同时承诺或有权选择日后再将该商品（包括相同或几乎相同的商品，或以该商品作为组成部分的商品）购回的销售方式。

第三十九条 企业向客户预收销售商品款项的，应当首先将该款项确认为负债，待履行了相关履约义务时再转为收入。当企业预收款项无需退回，且客户可能会放弃其全部或部分合同权利时，企业预期将有权获得与客户所放弃的合同权利相关的金额的，应当按照客户行使合同权利的模式按比例将上述金额确认为收入；否则，企业只有在客户要求其履行剩余履约义务的可能性极低时，才能将上述负债的相关余额转为收入。

第四十条 企业在合同开始（或接近合同开始）日向客户收取的无需退回的初始费（如俱乐部的入会费等）应当计入交易价格。企业应当评估该初始费是否与向客户转让已承诺的商品相关。该初始费与向客户转让已承诺的商品相关，并且该商品构成单项履约义务的，企业应当在转让该商品时，按照分摊至该商品的交易价格确认收入；该初始费与向客户转让已承诺的商品相关，但该商品不构成单项履约义务的，企业应当在包含该商品的单项履约义务履行时，按照分摊至该单项履约义务的交易价格确认收入；该初始费与向客户转让已承诺的商品不相关的，该初始费应当作为未来将转让商品的预收款，在未来转让该商品时确认为收入。

企业收取了无需退回的初始费且为履行合同应开展初始活动，但这些活动本身并没有向客户转让已承诺的商品的，该初始费与未来将转让的已承诺商品相关，应当在未来转让该商品时确认为收入，企业在确定履约进度时不应考虑这些初始活动；企业为该初始活动发生的支出应当按照本准则第二十六条和第二十七条规定确认为一项资产或计入当期损益。

第六章 列 报

第四十一条 企业应当根据本企业履行履约义务与客户付款之间的关系在资产负债表中列示合同资产或合同负债。企业拥有的、无条件（即，仅取决于时间流逝）向客户收取对价的权利应当作为应收款项单独列示。

合同资产，是指企业已向客户转让商品而有权收取对价的权利，且该权利取决于时间流逝之外的其他因素。如企业向客户销售两项可明确区分的商品，企业因已交付其中一项商品而有权收取款项，但收取该款项还取决于企业交付另一项商品的，企业应当将该收款权利作为合同资产。

合同负债，是指企业已收或应收客户对价而应向客户转让商品的义务。如企业在转让承诺的商品之前已收取的款项。

按照本准则确认的合同资产的减值的计量和列报应当按照《企业会计准则第22号——金融工具确认和计量》和《企业会计准则第37号——金融工具列报》的规定进行会计处理。

第四十二条 企业应当在附注中披露与收入有关的下列信息：

（一）收入确认和计量所采用的会计政策、对于确定收入确认的时点和金额具有重大影响的判断以及这些判断的变更，包括确定履约进度的方法及采用该方法的原因、评估客户取得所转让商品控制权时点的相关判断，在确定交易价格、估计计入交易价格的可变对价、分摊交易价格以及计量预期将退还给客户的款项等类似义务时所采用的方法、输入值和假设等。

（二）与合同相关的下列信息：

1. 与本期确认收入相关的信息，包括与客户之间的合同产生的收入、该收入按主要类别（如商品类型、经营地区、市场或客户类型、合同类型、商品转让的时间、合同期限、销售渠道等）分解的信息以及该分解信息与每一报告分部的收入之间的关系等。

2. 与应收款项、合同资产和合同负债的账面价值相关的信息，包括与客户之间的合同产生的应收款项、合同资产和合同负债的期初和期末账面价值、对上述应收款项和合同资产确认的减值损失、在本期确认的包括在合同负债期初账面价值中的收入、前期已经履行（或部分履行）的履约义务在本期调整的收入、履行履约义务的时间与通常的付款时间之间的关系以及此类因素对合同资产和合同负债账面价值的影响的定量或定性信息、合同资产和合同负债的账面价值在本期内发生的重大变动情况等。

3. 与履约义务相关的信息，包括履约义务通常的履行时间、重要的支付条款、企业承诺转让的商品的性质（包括说明企业是否作为代理人）、企业承担的预期将退还给客户的款项等类似义务、质量保证的类型及相关义务等。

4. 与分摊至剩余履约义务的交易价格相关的信息，包括分摊至本期末尚未履行（或部分未履行）履约义务的交易价格总额、上述金额确认为收入的预计时间的定量或定性信息、未包括在交易价格的对价金额（如可变对价）等。

（三）与合同成本有关的资产相关的信息，包括确定该资产金额所做的判断、该资产的摊销方法、按该资产主要类别（如为取得合同发生的成本、为履行合同开展的初始活动发生的成本等）披露的期末账面价值以及本期确认的摊销及减值损失金额等。

（四）企业根据本准则第十七条规定因预计客户取得商品控制权与客户支付价款间隔未超过一年而未考虑合同中存在的重大融资成分，或者根据本准则第二十八条规定因合同取得成本的摊销期限未超过一年而将其在发生时计入当期损益的，应当披露该事实。

第七章 衔接规定

第四十三条 首次执行本准则的企业，应当根据首次执行本准则的累积影响数，调整首次执行本准则当年年初留存收益及财务报表其他相关项目金额，对可比期间信息不予调整。企业可以仅对在首次执行日尚未完成的合同的累积影响数进行调整。同时，企业应当在附注中披露，与收入相关会计准则制度的原规定相比，执行本准则对当期财务报表相关项目的影响金额，如有重大影响的，还需披露其原因。

已完成的合同，是指企业按照与收入相关会计准则制度的原规定已完成合同中全部商品的转让的合同。尚未完成的合同，是指除已完成的合同之外的其他合同。

第四十四条 对于最早可比期间期初之前或首次执行本准则当年年初之前发生的合同变更，企业可予以简化处理，即无需按照本准则第八条规定进行追溯调整，而是根据合同变更的最终安排，识别已履行的和尚未履行的履约义务、确定交易价格以及在已履行的和尚未履行的履约义务之间分摊交易价格。

企业采用该简化处理方法的，应当对所有合同一致采用，并且在附注中披露该事实以及在合理范围内对采用该简化处理方法的影响所作的定性分析。

第八章 附　则

第四十五条 本准则自 2018 年 1 月 1 日起施行。

16. 企业会计准则第 15 号——建造合同（2006 年颁布）

（财会〔2006〕3 号）

第一章 总 则

第一条 为了规范企业（建造承包商，下同）建造合同的确认、计量和相关信息的披露，根据《企业会计准则——基本准则》，制定本准则。

第二条 建造合同，是指为建造一项或数项在设计、技术、功能、最终用途等方面密切相关的资产而订立的合同

第三条 建造合同分为固定造价合同和成本加成合同。

固定造价合同，是指按照固定的合同价或固定单价确定工程价款的建造合同。

成本加成合同，是指以合同约定或其他方式议定的成本为基础，加上该成本的一定比例或定额费用确定工程价款的建造合同。

第二章 合同的分立与合并

第四条 企业通常应当按照单项建造合同进行会计处理。但是，在某些情况下，为了反映一项或一组合同的实质，需要将单项合同进行分立或将数项合同进行合并。

第五条 一项包括建造数项资产的建造合同，同时满足下列条件的，每项资产应当分立为单项合同：

（一）每项资产均有独立的建造计划；

（二）与客户就每项资产单独进行谈判，双方能够接受或拒绝与每项资产有关的合同条款；

（三）每项资产的收入和成本可以单独辨认。

第六条 追加资产的建造，满足下列条件之一的，应当作为单项合同：

（一）该追加资产在设计、技术或功能上与原合同包括的一项或数项资产存在重大差异。

（二）议定该追加资产的造价时，不需要考虑原合同价款。

第七条 一组合同无论对应单个客户还是多个客户，同时满足下列条件的，应当合并为单项合同：

（一）该组合同按一揽子交易签订；

（二）该组合同密切相关，每项合同实际上已构成一项综合利润率工程的组成部分；

（三）该组合同同时或依次履行。

第三章 合 同 收 入

第八条 合同收入应当包括下列内容：

（一）合同规定的初始收入；

（二）因合同变更、索赔、奖励等形成的收入。

第九条 合同变更，是指客户为改变合同规定的作业内容而提出的调整。合同变更款同时满足下列条件的，才能构成合同收入：

（一）客户能够认可因变更而增加的收入；

（二）该收入能够可靠地计量。

第十条 索赔款，是指因客户或第三方的原因造成的、向客户或第三方收取的、用以补偿不包括在合同造价中成本的款项。索赔款同时满足下列条件的，才能构成合同收入：

（一）根据谈判情况，预计对方能够同意该项索赔；

（二）对方同意接受的金额能够可靠地计量。

第十一条 奖励款，是指工程达到或超过规定的标准，客户同意支付的额外款项。奖励款同时满足下列条件的，才能构成合同收入：

（一）根据合同目前完成情况，足以判断工程进度和工程质量能够达到或超过规定的标准；

（二）奖励金额能够可靠地计量。

第四章 合同成本

第十二条 合同成本应当包括从合同签订开始至合同完成止所发生的、与执行合同有关的直接费用和间接费用。

第十三条 合同的直接费用应当包括下列内容：

（一）耗用的材料费用；

（二）耗用的人工费用；

（三）耗用的机械使用费；

（四）其他直接费用，指其他可以直接计入合同成本的费用。

第十四条 间接费用是企业下属的施工单位或生产单位为组织和管理施工生产活动所发生的费用。

第十五条 直接费用在发生时直接计入合同成本，间接费用在资产负债表日按照系统、合理的方法分摊计入合同成本。

第十六条 合同完成后处置残余物资取得的收益等与合同有关的零星收益，应当冲减合同成本。

第十七条 合同成本不包括应当计入当期损益的管理费用、销售费用和财务费用。

因订立合同而发生的有关费用，应当直接计入当期损益。

第五章 合同收入与合同费用的确认

第十八条 在资产负债表日，建造合同的结果能够可靠估计的，应当根据完工百分比法确认合同收入和合同费用。

完工百分比法，是指根据合同完工进度确认收入与费用的方法。

第十九条 固定造价合同的结果能够可靠估计，是指同时满足下列条件：

（一）合同总收入能够可靠地计量；

（二）与合同相关的经济利益很可能流入企业；

（三）实际发生的合同成本能够清楚地区分和可靠地计量；

（四）合同完工进度和为完成合同尚需发生的成本能够可靠地确定。

第二十条 成本加成合同的结果能够可靠估计，是指同时满足下列条件：

（一）与合同相关的经济利益很可能流入企业；

（二）实际发生的合同成本能够清楚地区分和可靠地计量。

第二十一条 企业确定合同完工进度可以选用下列方法：

（一）累计实际发生的合同成本占合同预计总成本的比例。

（二）已经完成的合同工作量占合同预计总工作量的比例。

（三）实际测定的完工进度。

第二十二条 采用累计实际发生的合同成本占合同预计总成本的比例确定合同完工进度的，累计实际发生的合同成本不包括下列内容：

（一）施工中尚未安装或使用的材料成本等与合同未来活动相关的合同成本。

（二）在分包工程的工作量完成之前预付给分包单位的款项。

第二十三条 在资产负债表日，应当按照合同总收入乘以完工进度扣除以前会计期间累计已确认收入后的金额，确认为当期合同收入；同时，按照合同预计总成本乘以完工进度扣除以前会计期间累计已确认费用后的金额，确认为当期合同费用。

第二十四条 当期完成的建造合同，应当按照实际合同总收入扣除以前会计期间累计已确认收入后的金额，确认为当期合同收入；同时，按照累计实际发生的合同成本扣除以前会计期间累计已确认费用后的金额，确认为当期合同费用。

第二十五条 建造合同的结果不能可靠估计的，应当分别下列情况处理：

（一）合同成本能够收回的，合同收入根据能够收回的实际合同成本予以确认，合同成本在其发生的当期确认为合同费用。

（二）合同成本不可能收回的，在发生时立即确认为合同费用，不确认合同收入。

第二十六条 使建造合同的结果不能可靠估计的不确定因素不复存在的，应当按照本准则第十八条的规定确认与建造合同有关的收入和费用。

第二十七条 合同预计总成本超过合同总收入的，应当将预计损失确认为当期费用。

第六章 披 露

第二十八条 企业应当在附注中披露与建造合同有关的下列信息：

（一）各项合同总金额，以及确定合同完工进度的方法。

（二）各项合同累计已发生成本、累计已确认毛利（或亏损）。

（三）各项合同已办理结算的价款金额。

（四）当期预计损失的原因和金额。

17. 企业会计准则第 16 号——政府补助（2017 年修订）

（财会〔2017〕15 号）

第一章 总 则

第一条 为了规范政府补助的确认、计量和列报，根据《企业会计准则——基本准则》，制定本准则。

第二条 本准则中的政府补助，是指企业从政府无偿取得货币性资产或非货币性资产。

第三条 政府补助具有下列特征：

（一）来源于政府的经济资源。对于企业收到的来源于其他方的补助，有确凿证据表明政府是补助的实际拨付者，其他方只起到代收代付作用的，该项补助也属于来源于政府的经济资源。

（二）无偿性。即企业取得来源于政府的经济资源，不需要向政府交付商品或服务等对价。

第四条 政府补助分为与资产相关的政府补助和与收益相关的政府补助。

与资产相关的政府补助，是指企业取得的、用于购建或以其他方式形成长期资产的政府补助。

与收益相关的政府补助，是指除与资产相关的政府补助之外的政府补助。

第五条 下列各项适用其他相关会计准则：

（一）企业从政府取得的经济资源，如果与企业销售商品或提供服务等活动密切相关，且是企业商品或服务的对价或者是对价的组成部分，适用《企业会计准则第 14 号——收入》等相关会计准则。

（二）所得税减免，适用《企业会计准则第 18 号——所得税》。

政府以投资者身份向企业投入资本，享有相应的所有者权益，不适用本准则。

第二章 确认和计量

第六条 政府补助同时满足下列条件的，才能予以确认：

（一）企业能够满足政府补助所附条件；

（二）企业能够收到政府补助。

第七条 政府补助为货币性资产的，应当按照收到或应收的金额计量。

政府补助为非货币性资产的，应当按照公允价值计量；公允价值不能可靠取得的，按照名义金额计量。

第八条 与资产相关的政府补助，应当冲减相关资产的账面价值或确认为递延收益。与资产相关的政府补助确认为递延收益的，应当在相关资产使用寿命内按照合理、系统的方法分期计入损益。按照名义金额计量的政府补助，直接计入当期损益。

相关资产在使用寿命结束前被出售、转让、报废或发生毁损的，应当将尚未分配的相关递延收益余额转入资产处置当期的损益。

第九条 与收益相关的政府补助，应当分情况按照以下规定进行会计处理：

（一）用于补偿企业以后期间的相关成本费用或损失的，确认为递延收益，并在确认相关成本费用或损失的期间，计入当期损益或冲减相关成本；

（二）用于补偿企业已发生的相关成本费用或损失的，直接计入当期损益或冲减相关成本。

第十条 对于同时包含与资产相关部分和与收益相关部分的政府补助，应当区分不同部分分别进行会计处理；难以区分的，应当整体归类为与收益相关的政府补助。

第十一条 与企业日常活动相关的政府补助，应当按照经济业务实质，计入其他收益或冲减相关成本费用。与企业日常活动无关的政府补助，应当计入营业外收支。

第十二条 企业取得政策性优惠贷款贴息的，应当区分财政将贴息资金拨付给贷款银行和财政将贴息资金直接拨付给企业两种情况，分别按照本准则第十三条和第十四条进行会计处理。

第十三条 财政将贴息资金拨付给贷款银行，由贷款银行以政策性优惠利率向企业提供贷款的，企业可以选择下列方法之一进行会计处理：

（一）以实际收到的借款金额作为借款的入账价值，按照借款本金和该政策性优惠利率计算相关借款费用。

（二）以借款的公允价值作为借款的入账价值并按照实际利率法计算借款费用，实际收到的金额与借款公允价值之间的差额确认为递延收益。递延收益在借款存续期内采用实际利率法摊销，冲减相关借款费用。

企业选择了上述两种方法之一后，应当一致地运用，不得随意变更。

第十四条 财政将贴息资金直接拨付给企业，企业应当将对应的贴息冲减相关借款费用。

第十五条 已确认的政府补助需要退回的，应当在需要退回的当期分情况按照以下规定进行会计处理：

（一）初始确认时冲减相关资产账面价值的，调整资产账面价值；

（二）存在相关递延收益的，冲减相关递延收益账面余额，超出部分计入当期损益；

（三）属于其他情况的，直接计入当期损益。

第三章 列 报

第十六条 企业应当在利润表中的“营业利润”项目之上单独列报“其他收益”项目，计入其他收益的政府补助在该项目中反映。

第十七条 企业应当在附注中单独披露与政府补助有关的下列信息：

（一）政府补助的种类、金额和列报项目；
（二）计入当期损益的政府补助金额；
（三）本期退回的政府补助金额及原因。

第四章 衔接规定

第十八条 企业对 2017 年 1 月 1 日存在的政府补助采用未来适用法处理，对 2017 年 1 月 1 日至本准则施行日之间新增的政府补助根据本准则进行调整。

第五章 附 则

第十九条 本准则自 2017 年 6 月 12 日起施行。

第二十条 2006 年 2 月 15 日财政部印发的《财政部关于印发〈企业会计准则第 1 号——存货〉等 38 项具体准则的通知》（财会〔2006〕3 号）中的《企业会计准则第 16 号——政府补助》同时废止。

财政部此前发布的有关政府补助会计处理规定与本准则不一致的，以本准则为准。

18. 企业会计准则第 17 号——借款费用（2006 年颁布）

（财会〔2006〕3 号）

第一章 总 则

第一条 为了规范借款费用的确认、计量和相关信息的披露，根据《企业会计准则——基本准则》，制定本准则。

第二条 借款费用，是指企业因借款而发生的利息及其他相关成本。

借款费用包括借款利息、折价或者溢价的摊销、辅助费用以及因外币借款而发生的汇兑差额等。

第三条 与融资租赁有关的融资费用，适用《企业会计准则第 21 号——租赁》。

第二章 确认和计量

第四条 企业发生的借款费用，可直接归属于符合资本化条件的资产的购建或者生产的，应当予以资本化，计入相关资产成本；其他借款费用，应当在发生时根据其发生额确认为费用，计入当期损益。

符合资本化条件的资产，是指需要经过相当长时间的购建或者生产活动才能达到预定可使用或者可销售状态的固定资产、投资性房地产和存货等资产。

第五条 借款费用同时满足下列条件的，才能开始资本化：

（一）资产支出已经发生，资产支出包括为购建或者生产符合资本化条件的资产而以支付现金、转移非现金资产或者承担带息债务形式发生的支出；

（二）借款费用已经发生；

（三）为使资产达到预定可使用或者可销售状态所必要的购建或者生产活动已经开始。

第六条 在资本化期间内，每一会计期间的利息（包括折价或溢价的摊销）资本化金额，应当按照下列规定确定：

（一）为购建或者生产符合资本化条件的资产而借入专门借款的，应当以专门借款当期实际发生的利息费用，减去将尚未动用的借款资金存入银行取得的利息收入或进行暂时性投资取得的投资收益后的金额确定。

专门借款，是指为购建或者生产符合资本化条件的资产而专门借入的款项。

（二）为购建或者生产符合资本化条件的资产而占用了一般借款的，企业应当根据累计资产支出超过专门借款部分的资产支出加权平均数乘以所占用一般借款的资本化率，计算确定一般借款应予资本化的利息金额。资本化率应当根据一般借款加权平均利率计算确定。

资本化期间，是指从借款费用开始资本化时点到停止资本化时点的期间，借款费用暂停资本化的期间不包括在内。

第七条 借款存在折价或者溢价的，应当按照实际利率法确定每一会计期间应摊销的折价或者溢价金额，调整每期利息金额。

第八条 在资本化期间内，每一会计期间的利息资本化金额，不应当超过当期相关借款实际发生的利息金额。

第九条 在资本化期间内，外币专门借款本金及利息的汇兑差额，应当予以资本化，计入符合资本化条件的资产的成本。

第十条 专门借款发生的辅助费用，在所购建或者生产的符合资本化条件的资产达到预定可使用或者可销售状态之前发生的，应当在发生时根据其发生额予以资本化，计入符合资本化条件的资产的成本；在所购建或者生产的符合资本化条件的资产达到预定可使用或者可销售状态之后发生的，应当在发生时根据其发生额确认为费用，计入当期损益。

一般借款发生的辅助费用，应当在发生时根据其发生额确认为费用，计入当期损益。

第十一条 符合资本化条件的资产在购建或者生产过程中发生非正常中断且中断时间连续超过 3 个月的，应当暂停借款费用的资本化。在中断期间发生的借款费用应当确认为费用，计入当期损益，直至资产的购建或者生产活动重新开始。如果中断是所购建或者生产的符合资本化条件的资产达到预定可使用或者可销售状态必要的程序，借款费用的资本化应当继续进行。

第十二条 购建或者生产符合资本化条件的资产达到预定可使用或者可销售状态时，借款费用应当停止资本化。在符合资本化条件的资产达到预定可使用或者可销售状态之后所发生的借款费用，应当在发生时根据其发生额确认为费用，计入当期损益。

第十三条 购建或者生产符合资本化条件的资产达到预定可使用或者可销售状态，可从下列几个方面进行判断：

（一）符合资本化条件的资产的实体建造（包括安装）或者生产工作已经全部完成或者实质上已经完成。

（二）所购建或者生产的符合资本化条件的资产与设计要求、合同规定或者生产要求相符或者基本相符，即使有极个别与设计、合同或者生产要求不相符的地方，也不影响其正常使用或者销售。

（三）继续发生在所购建或生产的符合资本化条件的资产上的支出金额很少或者几乎不再发生。

购建或者生产符合资本化条件的资产需要试生产或者试运行的，在试生产结果表明资产能够正常生产出合格产品或者试运行结果表明资产能够正常运转或者营业时，应当认为该资产已经达到预定可使用或者可销售状态。

第十四条 购建或者生产的符合资本化条件的资产的各部分分别完工，且每部分在其他部分继续建造过程中可供使用或者可对外销售，且为使该部分资产达到预定可使用或可销售状态所必要的购建或者生产活动实质上已经完成的，应当停止与该部分资产相关的借款费用的资本化。

购建或者生产的资产的各部分分别完工，但必须等到整体完工后才可使用或者可对外销售的，应当在该资产整体完工时停止借款费用的资本化。

第三章 披　　露

第十五条 企业应当在附注中披露与借款费用有关的下列信息：
（一）当期资本化的借款费用金额。
（二）当期用于计算确定借款费用资本化金额的资本化率。

19. 企业会计准则第 18 号——所得税（2006 年颁布）

（财会〔2006〕3 号）

第一章 总　　则

第一条 为了规范企业所得税的确认、计量和相关信息的列报，根据《企业会计准则——基本准则》，制定本准则。

第二条 本准则所称所得税包括企业以应纳税所得额为基础的各种境内和境外税额。

第三条 本准则不涉及政府补助的确认和计量，但因政府补助产生暂时性差异的所得税影响，应当按照本准则进行确认和计量。

第二章 计税基础

第四条 企业在取得资产、负债时，应当确定其计税基础。资产、负债的账面价值与其计税基础存在差异的，应当按照本准则规定确认所产生的递延所得税资产或递延所得税负债。

第五条 资产的计税基础，是指企业收回资产账面价值过程中，计算应纳税所得额时按照税法规定可以自应税经济利益中抵扣的金额。

第六条 负债的计税基础，是指负债的账面价值减去未来期间计算应纳税所得额时按照税法规定可予抵扣的金额。

第三章 暂时性差异

第七条 暂时性差异，是指资产或负债的账面价值与其计税基础之间的差额；未作为资产和负债确认的项目，按照税法规定可以确定其计税基础的，该计税基础与其账面价值之间的差额也属于暂时性差异。

按照暂时性差异对未来期间应税金额的影响，分为应纳税暂时性差异和可抵扣暂时性差异。

第八条 应纳税暂时性差异，是指在确定未来收回资产或清偿负债期间的应纳税所得额时，将导致产生应税金额的暂时性差异。

第九条 可抵扣暂时性差异，是指在确定未来收回资产或清偿负债期间的应纳税所得额时，将导致产生可抵扣金额的暂时性差异。

第四章 确　　认

第十条 企业应当将当期和以前期间应交未交的所得税确认为负债，将已支付的所得税超过应支付的部分确认为资产。

存在应纳税暂时性差异或可抵扣暂时性差异的，应当按照本准则规定确认递延所得税负债或递延所得税资产。

第十一条 除下列交易中产生的递延所得税负债以外，企业应当确认所有应纳税暂时性差异产生的递延所得税负债：

（一）商誉的初始确认。

（二）同时具有下列特征的交易中产生的资产或负债的初始确认：

1. 该项交易不是企业合并；

2. 交易发生时既不影响会计利润也不影响应纳税所得额（或可抵扣亏损）。

与子公司、联营企业及合营企业的投资相关的应纳税暂时性差异产生的递延所得税负债，应当按照本准则第十二条的规定确认。

第十二条 企业对与子公司、联营企业及合营企业投资相关的应纳税暂时性差异，应当确认相应的递延所得税负债。但是，同时满足下列条件的除外：

（一）投资企业能够控制暂时性差异转回的时间；

（二）该暂时性差异在可预见的未来很可能不会转回。

第十三条 企业应当以很可能取得用来抵扣可抵扣暂时性差异的应纳税所得额为限，确认由可抵扣暂时性差异产生的递延所得税资产。但是，同时具有下列特征的交易中因资产或负债的初始确认所产生的递延所得税资产不予确认：

（一）该项交易不是企业合并；

（二）交易发生时既不影响会计利润也不影响应纳税所得额（或可抵扣亏损）。

资产负债表日，有确凿证据表明未来期间很可能获得足够的应纳税所得额用来抵扣可抵扣暂时性差异的，应当确认以前期间未确认的递延所得税资产。

第十四条 企业对与子公司、联营企业及合营企业投资相关的可抵扣暂时性差异，同时满足下列条件的，应当确认相应的递延所得税资产：

（一）暂时性差异在可预见的未来很可能转回；

（二）未来很可能获得用来抵扣可抵扣暂时性差异的应纳税所得额。

第十五条 企业对于能够结转以后年度的可抵扣亏损和税款抵减，应当以很可能获得用来抵扣可抵扣亏损和税款抵减的未来应纳税所得额为限，确认相应的递延所得税资产。

第五章 计 量

第十六条 资产负债表日，对于当期和以前期间形成的当期所得税负债（或资产），应当按照税法规定计算的预期应交纳（或返还）的所得税金额计量。

第十七条 资产负债表日，对于递延所得税资产和递延所得税负债，应当根据税法规定，按照预期收回该资产或清偿该负债期间的适用税率计量。

适用税率发生变化的，应对已确认的递延所得税资产和递延所得税负债进行重新计量，除直接在所有者权益中确认的交易或者事项产生的递延所得税资产和递延所得税负债以外，应当将其影响数计入变化当期的所得税费用。

第十八条 递延所得税资产和递延所得税负债的计量，应当反映资产负债表日企业预期收回资产或清偿负债方式的所得税影响，即在计量递延所得税资产和递延所得税负债时，应当采用与收回资产或清偿债务的预期方式相一致的税率和计税基础。

第十九条 企业不应当对递延所得税资产和递延所得税负债进行折现。

第二十条 资产负债表日，企业应当对递延所得税资产的账面价值进行复核。如果未来期间很可能无法获得足够的应纳税所得额用以抵扣递延所得税资产的利益，应当减计递延所得税资产的账面价值。

在很可能获得足够的应纳税所得额时，减记的金额应当转回。

第二十一条 企业当期所得税和递延所得税应当作为所得税费用或收益计入当期损益，但不包括下列情况产生的所得税：

（一）企业合并。

（二）直接在所有者权益中确认的交易或者事项。

第二十二条 与直接计入所有者权益的交易或者事项相关的当期所得税和递延所得税，应当计入所有者权益。

第六章 列 报

第二十三条 递延所得税资产和递延所得税负债应当分别作为非流动资产和非流动负债在资产负债表中列示。

第二十四条 所得税费用应当在利润表中单独列示。

第二十五条 企业应当在附注中披露与所得税有关的下列信息：

（一）所得税费用（收益）的主要组成部分。

（二）所得税费用（收益）与会计利润关系的说明。

（三）未确认递延所得税资产的可抵扣暂时性差异、可抵扣亏损的金额（如果存在到期日，还应披露到期日）。

（四）对每一类暂时性差异和可抵扣亏损，在列报期间确认的递延所得税资产或递延所得税负债的金额，确认递延所得税资产的依据。

（五）未确认递延所得税负债的，与对子公司、联营企业及合营企业投资相关的暂时性差异金额。

20. 企业会计准则第 19 号——外币折算（2006 年颁布）

（财会〔2006〕3 号）

第一章 总 则

第一条 为了规范外币交易的会计处理、外币财务报表的折算和相关信息的披露，根据《企业会计准则——基本准则》，制定本准则。

第二条 外币交易，是指以外币计价或者结算的交易。外币是企业记账本位币以外的货币。外币交易包括：

（一）买入或者卖出以外币计价的商品或者劳务；

（二）借入或者借出外币资金；

（三）其他以外币计价或者结算的交易。

第三条 下列各项适用其他相关会计准则：

（一）与购建或生产符合资本化条件的资产相关的外币借款产生的汇兑差额，适用《企业会计准则第 17 号——借款费用》。

（二）外币项目的套期，适用《企业会计准则第 24 号——套期保值》。

（三）现金流量表中的外币折算，适用《企业会计准则第 31 号——现金流量表》。

第二章 记账本位币的确定

第四条 记账本位币，是指企业经营所处的主要经济环境中的货币。

企业通常应选择人民币作为记账本位币。业务收支以人民币以外的货币为主的企业，可以按照本准则第五条规定选定其中一种货币作为记账本位币。但是，编报的财务报表应当折算为人民币。

第五条 企业选定记账本位币，应当考虑下列因素：

（一）该货币主要影响商品和劳务的销售价格，通常以该货币进行商品和劳务的计价和结算；

（二）该货币主要影响商品和劳务所需人工、材料和其他费用，通常以该货币进行上述费用的计价和结算；

（三）融资活动获得的货币以及保存从经营活动中收取款项所使用的货币。

第六条 企业选定境外经营的记账本位币，还应当考虑下列因素：

（一）境外经营对其所从事的活动是否拥有很强的自主性；

（二）境外经营活动中与企业的交易是否在境外经营活动中占有较大比重；

（三）境外经营活动产生的现金流量是否直接影响企业的现金流量、是否可以随时汇回；

（四）境外经营活动产生的现金流量是否足以偿还其现有债务和可预期的债务。

第七条 境外经营，是指企业在境外的子公司、合营企业、联营企业、分支机构。

在境内的子公司、合营企业、联营企业、分支机构，采用不同于企业记账本位币的，也视同境外经营。

第八条 企业记账本位币一经确定，不得随意变更，除非企业经营所处的主要经济环境发生重大变化。

企业因经营所处的主要经济环境发生重大变化，确需变更记账本位币的，应当采用变更当日的即期汇率将所有项目折算为变更后的记账本位币。

第三章 外币交易的会计处理

第九条 企业对于发生的外币交易，应当将外币金额折算为记账本位币金额。

第十条 外币交易应当在初始确认时，采用交易发生日的即期汇率将外币金额折算为记账本位币金额；也可以采用按照系统合理的方法确定的、与交易发生日即期汇率近似的汇率折算。

第十一条 企业在资产负债表日，应当按照下列规定对外币货币性项目和外币非货币性项目进行处理：

（一）外币货币性项目，采用资产负债表日即期汇率折算。因资产负债表日即期汇率与初始确认时或者前一资产负债表日即期汇率不同而产生的汇兑差额，计入当期损益。

（二）以历史成本计量的外币非货币性项目，仍采用交易发生日的即期汇率折算，不改变其记账本位币金额。

货币性项目，是指企业持有的货币资金和将以固定或可确定的金额收取的资产或者偿付的负债。

非货币性项目，是指货币性项目以外的项目。

第四章 外币财务报表的折算

第十二条 企业对境外经营的财务报表进行折算时，应当遵循下列规定：

（一）资产负债表中的资产和负债项目，采用资产负债表日的即期汇率折算，所有者权益项目除“未分配利润”项目外，其他项目采用发生时的即期汇率折算。

（二）利润表中的收入和费用项目，采用交易发生日的即期汇率折算；也可以采用按照系统合理的方法确定的、与交易发生日即期汇率近似的汇率折算。

按照上述（一）（二）折算产生的外币财务报表折算差额，在资产负债表中所有者权益项目下单独列示。

比较财务报表的折算比照上述规定处理。

第十三条 企业对处于恶性通货膨胀经济中的境外经营的财务报表，应当按照下列规定进行折算：

对资产负债表项目运用一般物价指数予以重述，对利润表项目运用一般物价指数变动予以重述，再按照最近资产负债表日的即期汇率进行折算。

在境外经营不再处于恶性通货膨胀经济中时，应当停止重述，按照停止之日的价格水平重述的财务报表进行折算。

第十四条 企业在处置境外经营时，应当将资产负债表中所有者权益项目下列示的、与该境外经营相关的外币财务报表折算差额，自所有者权益项目转入处置当期损益；部分处置境外经营的，应当按处置的比例计算处置部分的外币财务报表折算差额，转入处置当期损益。

第十五条 企业选定的记账本位币不是人民币的，应当按照本准则第十二条规定将其财务报表折算为人民币财务报表。

第五章 披 露

第十六条 企业应当在附注中披露与外币折算有关的下列信息：

（一）企业及其境外经营选定的记账本位币及选定的原因，记账本位币发生变更的，说明变更理由。

（二）采用近似汇率的，近似汇率的确定方法。

（三）计入当期损益的汇兑差额。

（四）处置境外经营对外币财务报表折算差额的影响。

21. 企业会计准则第 20 号——企业合并（2006 年颁布）

（财会〔2006〕3 号）

第一章 总 则

第一条 为了规范企业合并的确认、计量和相关信息的披露，根据《企业会计准则——基本准则》，制定本准则。

第二条 企业合并，是指将两个或者两个以上单独的企业合并形成一个报告主体的交易或事项。

企业合并分为同一控制下的企业合并和非同一控制下的企业合并。

第三条 涉及业务的合并比照本准则规定处理。

第四条 本准则不涉及下列企业合并：

（一）两方或者两方以上形成合营企业的企业合并。

（二）仅通过合同而不是所有权份额将两个或者两个以上单独的企业合并形成一个报告主体的企业合并。

第二章 同一控制下的企业合并

第五条 参与合并的企业在合并前后均受同一方或相同的多方最终控制且该控制并非暂时性的，为同一控制下的企业合并。

同一控制下的企业合并，在合并日取得对其他参与合并企业控制权的一方为合并方，参与合并的其他企业为被合并方。

合并日，是指合并方实际取得对被合并方控制权的日期。

第六条 合并方在企业合并中取得的资产和负债，应当按照合并日在被合并方的账面价值计量。合并方取得的净资产账面价值与支付的合并对价账面价值（或发行股份面值总额）的差额，应当调整资本公积；资本公积不足冲减的，调整留存收益。

第七条 同一控制下的企业合并中，被合并方采用的会计政策与合并方不一致的，合并方在合并日应当按照本企业会计政策对被合并方的财务报表相关项目进行调整，在此基础上按照本准则规定确认。

第八条 合并方为进行企业合并发生的各项直接相关费用，包括为进行企业合并而支付的审计费用、评估费用、法律服务费用等，应当于发生时计入当期损益。

为企业合并发行的债券或承担其他债务支付的手续费、佣金等，应当计入所发行债券及其他债务的初始计量金额。企业合并中发行权益性证券发生的手续费、佣金等费用，应当抵减权益性证券溢价收入，溢价收入不足冲减的，冲减留存收益。

第九条 企业合并形成母子公司关系的，母公司应当编制合并日的合并资产负债表、合并利润表和合并现金流量表。

合并资产负债表中被合并方的各项资产、负债，应当按其账面价值计量。因被合并方采用的会计政策与合并方不一致，按照本准则规定进行调整的，应当以调整后的账面价值计量。

合并利润表应当包括参与合并各方自合并当期期初至合并日所发生的收入、费用和利润。被合并方在合并前实现的净利润，应当在合并利润表中单列项目反映。

合并现金流量表应当包括参与合并各方自合并当期期初至合并日的现金流量。

编制合并财务报表时，参与合并各方的内部交易等，应当按照《企业会计准则第33号——合并财务报表》处理。

第三章 非同一控制下的企业合并

第十条 参与合并的各方在合并前后不受同一方或相同的多方最终控制的，为非同一控制下的企业合并。

非同一控制下的企业合并，在购买日取得对其他参与合并企业控制权的一方为购买方，参与合并的其他企业为被购买方。

购买日，是指购买方实际取得对被购买方控制权的日期。

第十一条 购买方应当区别下列情况确定合并成本：

（一）一次交换交易实现的企业合并，合并成本为购买方在购买日为取得对被购买方的控制权而付出的资产、发生或承担的负债以及发行的权益性证券的公允价值。

（二）通过多次交换交易分步实现的企业合并，合并成本为每一单项交易成本之和。

（三）购买方为进行企业合并发生的各项直接相关费用也应当计入企业合并成本。

（四）在合并合同或协议中对可能影响合并成本的未来事项作出约定的，购买日如果估计未来事项很可能发生并且对合并成本的影响金额能够可靠计量的，购买方应当将其计入合并成本。

第十二条 购买方在购买日对作为企业合并对价付出的资产、发生或承担的负债应当按照公允价值计量，公允价值与其账面价值的差额，计入当期损益。

第十三条 购买方在购买日应当对合并成本进行分配，按照本准则第十四条的规定确认所取得的被购买方各项可辨认资产、负债及或有负债。

（一）购买方对合并成本大于合并中取得的被购买方可辨认净资产公允价值份额的差额，应当确认为商誉。

初始确认后的商誉，应当以其成本扣除累计减值准备后的金额计量。商誉的减值应当按照《企业会计准则第8号——资产减值》处理。

（二）购买方对合并成本小于合并中取得的被购买方可辨认净资产公允价值份额的差额，应当按照下列规定处理：

1. 对取得的被购买方各项可辨认资产、负债及或有负债的公允价值以及合并成本的计量进行复核；

2. 经复核后合并成本仍小于合并中取得的被购买方可辨认净资产公允价值份额的，其差额应当计入当期损益。

第十四条 被购买方可辨认净资产公允价值，是指合并中取得的被购买方可辨认资产的公允价值减去负债及或有负债公允价值后的余额。被购买方各项可辨认资产、负债及或有负债，符合下列条件的，应当单独予以确认：

（一）合并中取得的被购买方除无形资产以外的其他各项资产（不仅限于被购买方原已确认的资产），其所带来的经济利益很可能流入企业且公允价值能够可靠地计量的，应当单独予以确认并按照公允价值计量。

合并中取得的无形资产，其公允价值能够可靠地计量的，应当单独确认为无形资产并按照公允价值计量。

（二）合并中取得的被购买方除或有负债以外的其他各项负债，履行有关的义务很可能导致经济利益流出企业且公允价值能够可靠地计量的，应当单独予以确认并按照公允价值计量。

（三）合并中取得的被购买方或有负债，其公允价值能够可靠地计量的，应当单独确认为负债并按照公允价值计量。或有负债在初始确认后，应当按照下列两者孰高进行后续计量：

1. 按照《企业会计准则第 13 号——或有事项》应予确认的金额；

2. 初始确认金额减去按照《企业会计准则第 14 号——收入》的原则确认的累计摊销额后的余额。

第十五条 企业合并形成母子公司关系的，母公司应当设置备查簿，记录企业合并中取得的子公司各项可辨认资产、负债及或有负债等在购买日的公允价值。编制合并财务报表时，应当以购买日确定的各项可辨认资产、负债及或有负债的公允价值为基础对子公司的财务报表进行调整。

第十六条 企业合并发生当期的期末，因合并中取得的各项可辨认资产、负债及或有负债的公允价值或企业合并成本只能暂时确定的，购买方应当以所确定的暂时价值为基础对企业合并进行确认和计量。

购买日后 12 个月内对确认的暂时价值进行调整的，视为在购买日确认和计量。

第十七条 企业合并形成母子公司关系的，母公司应当编制购买日的合并资产负债表，因企业合并取得的被购买方各项可辨认资产、负债及或有负债应当以公允价值列示。母公司的合并成本与取得的子公司可辨认净资产公允价值份额的差额，以按照本准则规定处理的结果列示。

第四章 披　露

第十八条 企业合并发生当期的期末，合并方应当在附注中披露与同一控制下企业合并有关的下列信息：

（一）参与合并企业的基本情况。

（二）属于同一控制下企业合并的判断依据。

（三）合并日的确定依据。

（四）以支付现金、转让非现金资产以及承担债务作为合并对价的，所支付对价在合并日的账面价值；以发行权益性证券作为合并对价的，合并中发行权益性证券的数量及定价原则，以及参与合并各方交换有表决权股份的比例。

（五）被合并方的资产、负债在上一会计期间资产负债表日及合并日的账面价值；被合并方自合并当期期初至合并日的收入、净利润、现金流量等情况。

（六）合并合同或协议约定将承担被合并方或有负债的情况。

（七）被合并方采用的会计政策与合并方不一致所作调整情况的说明。

（八）合并后已处置或准备处置被合并方资产、负债的账面价值、处置价格等。

第十九条 企业合并发生当期的期末，购买方应当在附注中披露与非同一控制下企业合并有关的下列信息：

（一）参与合并企业的基本情况。

（二）购买日的确定依据。

（三）合并成本的构成及其账面价值、公允价值及公允价值的确定方法。

（四）被购买方各项可辨认资产、负债在上一会计期间资产负债表日及购买日的账面价值和公允价值。

（五）合并合同或协议约定将承担被购买方或有负债的情况。

（六）被购买方自购买日起至报告期期末的收入、净利润和现金流量等情况。

（七）商誉的金额及其确定方法。

（八）因合并成本小于合并中取得的被购买方可辨认净资产公允价值的份额计入当期损益的金额。

（九）合并后已处置或准备处置被购买方资产、负债的账面价值、处置价格等。

22. 企业会计准则第 21 号——租赁（2018 年修订）

（财会〔2018〕35 号）

第一章 总 则

第一条 为了规范租赁的确认、计量和相关信息的列报，根据《企业会计准则——基本准则》，制定本准则。

第二条 租赁，是指在一定期间内，出租人将资产的使用权让与承租人以获取对价的合同。

第三条 本准则适用于所有租赁，但下列各项除外：

（一）承租人通过许可使用协议取得的电影、录像、剧本、文稿等版权、专利等项目的权利，以出让、划拨或转让方式取得的土地使用权，适用《企业会计准则第 6 号——无形资产》。

（二）出租人授予的知识产权许可，适用《企业会计准则第 14 号——收入》。

勘探或使用矿产、石油、天然气及类似不可再生资源的租赁，承租人承租生物资产，采用建设经营移交等方式参与公共基础设施建设、运营的特许经营权合同，不适用本准则。

第二章 租赁的识别、分拆和合并

第一节 租赁的识别

第四条 在合同开始日，企业应当评估合同是否为租赁或者包含租赁。如果合同中一方让渡了在一定期间内控制一项或多项已识别资产使用的权利以换取对价，则该合同为租赁或者包含租赁。

除非合同条款和条件发生变化，企业无需重新评估合同是否为租赁或者包含租赁。

第五条 为确定合同是否让渡了在一定期间内控制已识别资产使用的权利，企业应当评估合同中的客户是否有权获得在使用期间内因使用已识别资产所产生的几乎全部经济利益，并有权在该使用期间主导已识别资产的使用。

第六条 已识别资产通常由合同明确指定，也可以在资产可供客户使用时隐性指定。但是，即使合同已对资产进行指定，如果资产的供应方在整个使用期间拥有对该资产的实质性替换权，则该资产不属于已识别资产。

同时符合下列条件时，表明供应方拥有资产的实质性替换权：

（一）资产供应方拥有在整个使用期间替换资产的实际能力；

（二）资产供应方通过行使替换资产的权利将获得经济利益。

企业难以确定供应方是否拥有对该资产的实质性替换权的，应当视为供应方没有对该资产的实质性替换权。

如果资产的某部分产能或其他部分在物理上不可区分，则该部分不属于已识别资产，除非其实质上代表该资产的全部产能，从而使客户获得因使用该资产所产生的几乎全部经济利益。

第七条 在评估是否有权获得因使用已识别资产所产生的几乎全部经济利益时，企业应当在约定的客户可使用资产的权利范围内考虑其所产生的经济利益。

第八条 存在下列情况之一的，可视为客户有权主导对已识别资产在整个使用期间内的使用：

（一）客户有权在整个使用期间主导已识别资产的使用目的和使用方式。

（二）已识别资产的使用目的和使用方式在使用期开始前已预先确定，并且客户有权在整个使用期间自行或主导他人按照其确定的方式运营该资产，或者客户设计了已识别资产并在设计时已预先确定了该资产在整个使用期间的使用目的和使用方式。

第二节 租赁的分拆和合并

第九条 合同中同时包含多项单独租赁的，承租人和出租人应当将合同予以分拆，并分别各项单独租赁进行会计处理。

合同中同时包含租赁和非租赁部分的，承租人和出租人应当将租赁和非租赁部分进行分拆，除非企业适用本准则第十二条的规定进行会计处理，租赁部分应当分别按照本准则进行会计处理，非租赁部分应当按照其他适用的企业会计准则进行会计处理。

第十条 同时符合下列条件的，使用已识别资产的权利构成合同中的一项单独租赁：

（一）承租人可从单独使用该资产或将其与易于获得的其他资源一起使用中获利；

（二）该资产与合同中的其他资产不存在高度依赖或高度关联关系。

第十一条 在分拆合同包含的租赁和非租赁部分时，承租人应当按照各租赁部分单独价格及非租赁部分的单独价格之和的相对比例分摊合同对价，出租人应当根据《企业会计准则第 14 号——收入》关于交易价格分摊的规定分摊合同对价。

第十二条 为简化处理，承租人可以按照租赁资产的类别选择是否分拆合同包含的租赁和非租赁部分。承租人选择不分拆的，应当将各租赁部分及与其相关的非租赁部分分别合并为租赁，按照本准则进行会计处理。但是，对于按照《企业会计准则第 22 号——金融工具确认和计量》应分拆的嵌入衍生工具，承租人不应将其与租赁部分合并进行会计处理。

第十三条 企业与同一交易方或其关联方在同一时间或相近时间订立的两份或多份包含租赁的合同，在符合下列条件之一时，应当合并为一份合同进行会计处理：

（一）该两份或多份合同基于总体商业目的而订立并构成一揽子交易，若不作为整体考虑则无法理解其总体商业目的。

（二）该两份或多份合同中的某份合同的对价金额取决于其他合同的定价或履行情况。

（三）该两份或多份合同让渡的资产使用权合起来构成一项单独租赁。

第三章 承租人的会计处理

第一节 确认和初始计量

第十四条 在租赁期开始日，承租人应当对租赁确认使用权资产和租赁负债，应用本准则第三章第三节进行简化处理的短期租赁和低价值资产租赁除外。

使用权资产，是指承租人可在租赁期内使用租赁资产的权利。

租赁期开始日，是指出租人提供租赁资产使其可供承租人使用的起始日期。

第十五条 租赁期，是指承租人有权使用租赁资产且不可撤销的期间。

承租人有续租选择权，即有权选择续租该资产，且合理确定将行使该选择权的，租赁期还应当包含续租选择权涵盖的期间。

承租人有终止租赁选择权，即有权选择终止租赁该资产，但合理确定将不会行使该选择权的，租赁期应当包含终止租赁选择权涵盖的期间。

发生承租人可控范围内的重大事件或变化，且影响承租人是否合理确定将行使相应选择权的，承租人应当对其是否合理确定将行使续租选择权、购买选择权或不行使终止租赁选择权进行重新评估。

第十六条 使用权资产应当按照成本进行初始计量。该成本包括：

（一）租赁负债的初始计量金额；

（二）在租赁期开始日或之前支付的租赁付款额，存在租赁激励的，扣除已享受的租赁激励相关金额；

（三）承租人发生的初始直接费用；

（四）承租人为拆卸及移除租赁资产、复原租赁资产所在场地或将租赁资产恢复至租赁条款约定状态预计将发生的成本。前述成本属于为生产存货而发生的，适用《企业会计准则第 1 号——存货》。

承租人应当按照《企业会计准则第 13 号——或有事项》对本条第（四）项所述成本进行确认和计量。

租赁激励，是指出租人为达成租赁向承租人提供的优惠，包括出租人向承租人支付的与租赁有关的款项、出租人为承租人偿付或承担的成本等。

初始直接费用，是指为达成租赁所发生的增量成本。增量成本是指若企业不取得该租赁，则不会发生的成本。

第十七条 租赁负债应当按照租赁期开始日尚未支付的租赁付款额的现值进行初始计量。

在计算租赁付款额的现值时，承租人应当采用租赁内含利率作为折现率；无法确定租赁内含利率的，应当采用承租人增量借款利率作为折现率。

租赁内含利率，是指使出租人的租赁收款额的现值与未担保余值的现值之和等于租赁资产公允价值与出租人的初始直接费用之和的利率。

承租人增量借款利率，是指承租人在类似经济环境下为获得与使用权资产价值接近的资产，在类似期间以类似抵押条件借入资金须支付的利率。

第十八条 租赁付款额，是指承租人向出租人支付的与在租赁期内使用租赁资产的权利相关的款项，包括：

（一）固定付款额及实质固定付款额，存在租赁激励的，扣除租赁激励相关金额；

（二）取决于指数或比率的可变租赁付款额，该款项在初始计量时根据租赁期开始日的指数或比率确定；

（三）购买选择权的行权价格，前提是承租人合理确定将行使该选择权；

（四）行使终止租赁选择权需支付的款项，前提是租赁期反映出承租人将行使终止租赁选择权；

（五）根据承租人提供的担保余值预计应支付的款项。

实质固定付款额，是指在形式上可能包含变量但实质上无法避免的付款额。

可变租赁付款额，是指承租人为取得在租赁期内使用租赁资产的权利，向出租人支付的因租赁期开始日后的事实或情况发生变化（而非时间推移）而变动的款项。取决于指数或比率的可变租赁付款额包括与消费者价格指数挂钩的款项、与基准利率挂钩的款项和为反映市场租金费率变化而变动的款项等。

第十九条　担保余值，是指与出租人无关的一方向出租人提供担保，保证在租赁结束时租赁资产的价值至少为某指定的金额。

未担保余值，是指租赁资产余值中，出租人无法保证能够实现或仅由与出租人有关的一方予以担保的部分。

第二节　后续计量

第二十条　在租赁期开始日后，承租人应当按照本准则第二十一条、第二十二条、第二十七条及第二十九条的规定，采用成本模式对使用权资产进行后续计量。

第二十一条　承租人应当参照《企业会计准则第 4 号——固定资产》有关折旧规定，对使用权资产计提折旧。

承租人能够合理确定租赁期届满时取得租赁资产所有权的，应当在租赁资产剩余使用寿命内计提折旧。无法合理确定租赁期届满时能够取得租赁资产所有权的，应当在租赁期与租赁资产剩余使用寿命两者孰短的期间内计提折旧。

第二十二条　承租人应当按照《企业会计准则第 8 号——资产减值》的规定，确定使用权资产是否发生减值，并对已识别的减值损失进行会计处理。

第二十三条　承租人应当按照固定的周期性利率计算租赁负债在租赁期内各期间的利息费用，并计入当期损益。按照《企业会计准则第 17 号——借款费用》等其他准则规定应当计入相关资产成本的，从其规定。

该周期性利率，是按照本准则第十七条规定所采用的折现率，或者按照本准则第二十五条、二十六条和二十九条规定所采用的修订后的折现率。

第二十四条　未纳入租赁负债计量的可变租赁付款额应当在实际发生时计入当期损益。按照《企业会计准则第 1 号——存货》等其他准则规定应当计入相关资产成本的，从其规定。

第二十五条　在租赁期开始日后，发生下列情形的，承租人应当重新确定租赁付款额，并按变动后租赁付款额和修订后的折现率计算的现值重新计量租赁负债：

（一）因依据本准则第十五条第四款规定，续租选择权或终止租赁选择权的评估结果发生变化，或者前述选择权的实际行使情况与原评估结果不一致等导致租赁期变化的，应当根据新的租赁期重新确定租赁付款额；

（二）因依据本准则第十五条第四款规定，购买选择权的评估结果发生变化的，应当根据新的评估结果重新确定租赁付款额。

在计算变动后租赁付款额的现值时，承租人应当采用剩余租赁期间的租赁内含利率作为修订后的折现率；无法确定剩余租赁期间的租赁内含利率的，应当采用重估日的承租人增量借款利率作为修订后的折现率。

第二十六条　在租赁期开始日后，根据担保余值预计的应付金额发生变动，或者因用于确定租赁付款额的指数或比率变动而导致未来租赁付款额发生变动的，承租人应当按照变动后租赁付款额的现值重新计量租赁负债。在这些情形下，承租人采用的折现率不变；但是，租赁付款额的变动源自浮动利率变动的，使用修订后的折现率。

第二十七条　承租人在根据本准则第二十五条、第二十六条或因实质固定付款额变动重新计量租赁负债时，应当相应调整使用权资产的账面价值。使用权资产的账面价值已调减至零，但租赁负债仍需进一步调减的，承租人应当将剩余金额计入当期损益。

第二十八条　租赁发生变更且同时符合下列条件的，承租人应当将该租赁变更作为一项单独租赁进行会计处理：

（一）该租赁变更通过增加一项或多项租赁资产的使用权而扩大了租赁范围；

（二）增加的对价与租赁范围扩大部分的单独价格按该合同情况调整后的金额相当。

租赁变更，是指原合同条款之外的租赁范围、租赁对价、租赁期限的变更，包括增加或终止一项或多项租赁资产的使用权，延长或缩短合同规定的租赁期等。

第二十九条 租赁变更未作为一项单独租赁进行会计处理的，在租赁变更生效日，承租人应当按照本准则第九条至第十二条的规定分摊变更后合同的对价，按照本准则第十五条的规定重新确定租赁期，并按照变更后租赁付款额和修订后的折现率计算的现值重新计量租赁负债。

在计算变更后租赁付款额的现值时，承租人应当采用剩余租赁期间的租赁内含利率作为修订后的折现率；无法确定剩余租赁期间的租赁内含利率的，应当采用租赁变更生效日的承租人增量借款利率作为修订后的折现率。租赁变更生效日，是指双方就租赁变更达成一致的日期。

租赁变更导致租赁范围缩小或租赁期缩短的，承租人应当相应调减使用权资产的账面价值，并将部分终止或完全终止租赁的相关利得或损失计入当期损益。其他租赁变更导致租赁负债重新计量的，承租人应当相应调整使用权资产的账面价值。

第三节 短期租赁和低价值资产租赁

第三十条 短期租赁，是指在租赁期开始日，租赁期不超过 12 个月的租赁。

包含购买选择权的租赁不属于短期租赁。

第三十一条 低价值资产租赁，是指单项租赁资产为全新资产时价值较低的租赁。

低价值资产租赁的判定仅与资产的绝对价值有关，不受承租人规模、性质或其他情况影响。低价值资产租赁还应当符合本准则第十条的规定。

承租人转租或预期转租租赁资产的，原租赁不属于低价值资产租赁。

第三十二条 对于短期租赁和低价值资产租赁，承租人可以选择不确认使用权资产和租赁负债。

作出该选择的，承租人应当将短期租赁和低价值资产租赁的租赁付款额，在租赁期内各个期间按照直线法或其他系统合理的方法计入相关资产成本或当期损益。其他系统合理的方法能够更好地反映承租人的受益模式的，承租人应当采用该方法。

第三十三条 对于短期租赁，承租人应当按照租赁资产的类别作出本准则第三十二条所述的会计处理选择。

对于低价值资产租赁，承租人可根据每项租赁的具体情况作出本准则第三十二条所述的会计处理选择。

第三十四条 按照本准则第三十二条进行简化处理的短期租赁发生租赁变更或者因租赁变更之外的原因导致租赁期发生变化的，承租人应当将其视为一项新租赁进行会计处理。

第四章 出租人的会计处理

第一节 出租人的租赁分类

第三十五条 出租人应当在租赁开始日将租赁分为融资租赁和经营租赁。

租赁开始日，是指租赁合同签署日与租赁各方就主要租赁条款作出承诺日中的较早者。

融资租赁，是指实质上转移了与租赁资产所有权有关的几乎全部风险和报酬的租赁。其所有权最终可能转移，也可能不转移。

经营租赁，是指除融资租赁以外的其他租赁。

在租赁开始日后，出租人无需对租赁的分类进行重新评估，除非发生租赁变更。租赁资产预计使用寿命、预计余值等会计估计变更或发生承租人违约等情况变化的，出租人不对租赁的分类进行重新评估。

第三十六条 一项租赁属于融资租赁还是经营租赁取决于交易的实质，而不是合同的形式。如果一项租赁实质上转移了与租赁资产所有权有关的几乎全部风险和报酬，出租人应当将该项租赁分类为融资租赁。

一项租赁存在下列一种或多种情形的，通常分类为融资租赁：

（一）在租赁期届满时，租赁资产的所有权转移给承租人。

（二）承租人有购买租赁资产的选择权，所订立的购买价款与预计行使选择权时租赁资产的公允价值相比足够低，因而在租赁开始日就可以合理确定承租人将行使该选择权。

（三）资产的所有权虽然不转移，但租赁期占租赁资产使用寿命的大部分。

（四）在租赁开始日，租赁收款额的现值几乎相当于租赁资产的公允价值。

（五）租赁资产性质特殊，如果不作较大改造，只有承租人才能使用。

一项租赁存在下列一项或多项迹象的，也可能分类为融资租赁：

（一）若承租人撤销租赁，撤销租赁对出租人造成的损失由承租人承担。

（二）资产余值的公允价值波动所产生的利得或损失归属于承租人。

（三）承租人有能力以远低于市场水平的租金继续租赁至下一期间。

第三十七条 转租出租人应当基于原租赁产生的使用权资产，而不是原租赁的标的资产，对转租赁进行分类。

但是，原租赁为短期租赁，且转租出租人应用本准则第三十二条对原租赁进行简化处理的，转租出租人应当将该转租赁分类为经营租赁。

第二节 出租人对融资租赁的会计处理

第三十八条 在租赁期开始日，出租人应当对融资租赁确认应收融资租赁款，并终止确认融资租赁资产。

出租人对应收融资租赁款进行初始计量时，应当以租赁投资净额作为应收融资租赁款的入账价值。

租赁投资净额为未担保余值和租赁期开始日尚未收到的租赁收款额按照租赁内含利率折现的现值之和。

租赁收款额，是指出租人因让渡在租赁期内使用租赁资产的权利而应向承租人收取的款项，包括：

（一）承租人需支付的固定付款额及实质固定付款额，存在租赁激励的，扣除租赁激励相关金额；

（二）取决于指数或比率的可变租赁付款额，该款项在初始计量时根据租赁期开始日的指数或比率确定；

（三）购买选择权的行权价格，前提是合理确定承租人将行使该选择权；

（四）承租人行使终止租赁选择权需支付的款项，前提是租赁期反映出承租人将行使终止租赁选择权；

（五）由承租人、与承租人有关的一方以及有经济能力履行担保义务的独立第三方向出租人提供的担保余值。

在转租的情况下，若转租的租赁内含利率无法确定，转租出租人可采用原租赁的折现率（根据与转租有关的初始直接费用进行调整）计量转租投资净额。

第三十九条 出租人应当按照固定的周期性利率计算并确认租赁期内各个期间的利息收入。该周期性利率，是按照本准则第三十八条规定所采用的折现率，或者按照本准则第四十四条规定所采用的修订后的折现率。

第四十条 出租人应当按照《企业会计准则第 22 号——金融工具确认和计量》和《企业会计准则第 23 号——金融资产转移》的规定，对应收融资租赁款的终止确认和减值进行会计处理。

出租人将应收融资租赁款或其所在的处置组划分为持有待售类别的，应当按照《企业会计准则第 42 号——持有待售的非流动资产、处置组和终止经营》进行会计处理。

第四十一条 出租人取得的未纳入租赁投资净额计量的可变租赁付款额应当在实际发生时计入当期损益。

第四十二条 生产商或经销商作为出租人的融资租赁，在租赁期开始日，该出租人应当按照租赁资产公允价值与租赁收款额按市场利率折现的现值两者孰低确认收入，并按照租赁资产账面价值扣除未担保余值的现值后的余额结转销售成本。

生产商或经销商出租人为取得融资租赁发生的成本，应当在租赁期开始日计入当期损益。

第四十三条 融资租赁发生变更且同时符合下列条件的，出租人应当将该变更作为一项单独租赁进行会计处理：

（一）该变更通过增加一项或多项租赁资产的使用权而扩大了租赁范围；

（二）增加的对价与租赁范围扩大部分的单独价格按该合同情况调整后的金额相当。

第四十四条 融资租赁的变更未作为一项单独租赁进行会计处理的，出租人应当分别下列情形对变更后的租赁进行处理：

（一）假如变更在租赁开始日生效，该租赁会被分类为经营租赁的，出租人应当自租赁变更生效日开始将其作为一项新租赁进行会计处理，并以租赁变更生效日前的租赁投资净额作为租赁资产的账面价值；

（二）假如变更在租赁开始日生效，该租赁会被分类为融资租赁的，出租人应当按照《企业会计准则第22号——金融工具确认和计量》关于修改或重新议定合同的规定进行会计处理。

第三节 出租人对经营租赁的会计处理

第四十五条 在租赁期内各个期间，出租人应当采用直线法或其他系统合理的方法，将经营租赁的租赁收款额确认为租金收入。其他系统合理的方法能够更好地反映因使用租赁资产所产生经济利益的消耗模式的，出租人应当采用该方法。

第四十六条 出租人发生的与经营租赁有关的初始直接费用应当资本化，在租赁期内按照与租金收入确认相同的基础进行分摊，分期计入当期损益。

第四十七条 对于经营租赁资产中的固定资产，出租人应当采用类似资产的折旧政策计提折旧；对于其他经营租赁资产，应当根据该资产适用的企业会计准则，采用系统合理的方法进行摊销。

出租人应当按照《企业会计准则第 8 号——资产减值》的规定，确定经营租赁资产是否发生减值，并进行相应会计处理。

第四十八条 出租人取得的与经营租赁有关的未计入租赁收款额的可变租赁付款额，应当在实际发生时计入当期损益。

第四十九条 经营租赁发生变更的，出租人应当自变更生效日起将其作为一项新租赁进行会计处理，与变更前租赁有关的预收或应收租赁收款额应当视为新租赁的收款额。

第五章 售后租回交易

第五十条 承租人和出租人应当按照《企业会计准则第 14 号——收入》的规定，评估确定售后租回交易中的资产转让是否属于销售。

第五十一条 售后租回交易中的资产转让属于销售的，承租人应当按原资产账面价值中与租回获得的使用权有关的部分，计量售后租回所形成的使用权资产，并仅就转让至出租人的权利确认相关利得或损失；出租人应当根据其他适用的企业会计准则对资产购买进行会计处理，并根据本准则对资产出租进行会计处理。

如果销售对价的公允价值与资产的公允价值不同，或者出租人未按市场价格收取租金，则企业应当将销售对价低于市场价格的款项作为预付租金进行会计处理，将高于市场价格的款项作为出租人向承租人提供的额外融资进行会计处理；同时，承租人按照公允价值调整相关销售利得或损失，出租人按市场价格调整租金收入。

在进行上述调整时，企业应当基于以下两者中更易于确定的项目：销售对价的公允价值与资产公允价值之间的差额、租赁合同中付款额的现值与按租赁市价计算的付款额现值之间的差额。

第五十二条 售后租回交易中的资产转让不属于销售的，承租人应当继续确认被转让资产，同时确认一项与转让收入等额的金融负债，并按照《企业会计准则第22号——金融工具确认和计量》对该金融负债进行会计处理；出租人不确认被转让资产，但应当确认一项与转让收入等额的金融资产，并按照《企业会计准则第22号——金融工具确认和计量》对该金融资产进行会计处理。

第六章 列 报

第一节 承租人的列报

第五十三条 承租人应当在资产负债表中单独列示使用权资产和租赁负债。其中，租赁负债通常分别非流动负债和一年内到期的非流动负债列示。

在利润表中，承租人应当分别列示租赁负债的利息费用与使用权资产的折旧费用。租赁负债的利息费用在财务费用项目列示。

在现金流量表中，偿还租赁负债本金和利息所支付的现金应当计入筹资活动现金流出，支付的按本准则第三十二条简化处理的短期租赁付款额和低价值资产租赁付款额以及未纳入租赁负债计量的可变租赁付款额应当计入经营活动现金流出。

第五十四条 承租人应当在附注中披露与租赁有关的下列信息：

（一）各类使用权资产的期初余额、本期增加额、期末余额以及累计折旧额和减值金额；

（二）租赁负债的利息费用；

（三）计入当期损益的按本准则第三十二条简化处理的短期租赁费用和低价值资产租赁费用；

（四）未纳入租赁负债计量的可变租赁付款额；

（五）转租使用权资产取得的收入；

（六）与租赁相关的总现金流出；

（七）售后租回交易产生的相关损益；

（八）其他按照《企业会计准则第37号——金融工具列报》应当披露的有关租赁负债的信息。

承租人应用本准则第三十二条对短期租赁和低价值资产租赁进行简化处理的，应当披露这一事实。

第五十五条 承租人应当根据理解财务报表的需要，披露有关租赁活动的其他定性和定量信息。此类信息包括：

（一）租赁活动的性质，如对租赁活动基本情况的描述；

（二）未纳入租赁负债计量的未来潜在现金流出；

（三）租赁导致的限制或承诺；

（四）售后租回交易除第五十四条第（七）项之外的其他信息；

（五）其他相关信息。

第二节 出租人的列报

第五十六条 出租人应当根据资产的性质，在资产负债表中列示经营租赁资产。

第五十七条 出租人应当在附注中披露与融资租赁有关的下列信息：

（一）销售损益、租赁投资净额的融资收益以及与未纳入租赁投资净额的可变租赁付款额相关的收入；

（二）资产负债表日后连续五个会计年度每年将收到的未折现租赁收款额，以及剩余年度将收到的未折现租赁收款额总额；

（三）未折现租赁收款额与租赁投资净额的调节表。

第五十八条 出租人应当在附注中披露与经营租赁有关的下列信息：

（一）租赁收入，并单独披露与未计入租赁收款额的可变租赁付款额相关的收入；

（二）将经营租赁固定资产与出租人持有自用的固定资产分开，并按经营租赁固定资产的类别提供《企业会计准则第 4 号——固定资产》要求披露的信息；

（三）资产负债表日后连续五个会计年度每年将收到的未折现租赁收款额，以及剩余年度将收到的未折现租赁收款额总额。

第五十九条 出租人应当根据理解财务报表的需要，披露有关租赁活动的其他定性和定量信息。此类信息包括：

（一）租赁活动的性质，如对租赁活动基本情况的描述；

（二）对其在租赁资产中保留的权利进行风险管理的情况；

（三）其他相关信息。

第七章 衔接规定

第六十条 对于首次执行日前已存在的合同，企业在首次执行日可以选择不重新评估其是否为租赁或者包含租赁。选择不重新评估的，企业应当在财务报表附注中披露这一事实，并一致应用于前述所有合同。

第六十一条 承租人应当选择下列方法之一对租赁进行衔接会计处理，并一致应用于其作为承租人的所有租赁：

（一）按照《企业会计准则第 28 号——会计政策、会计估计变更和差错更正》的规定采用追溯调整法处理。

（二）根据首次执行本准则的累积影响数，调整首次执行本准则当年年初留存收益及财务报表其他相关项目金额，不调整可比期间信息。采用该方法时，应当按照下列规定进行衔接处理：

1. 对于首次执行日前的融资租赁，承租人在首次执行日应当按照融资租入资产和应付融资租赁款的原账面价值，分别计量使用权资产和租赁负债。

2. 对于首次执行日前的经营租赁，承租人在首次执行日应当根据剩余租赁付款额按首次执行日承租人增量借款利率折现的现值计量租赁负债，并根据每项租赁选择按照下列两者之一计量使用权资产：

（1）假设自租赁期开始日即采用本准则的账面价值（采用首次执行日的承租人增量借款利率作为折现率）；

（2）与租赁负债相等的金额，并根据预付租金进行必要调整。

3. 在首次执行日，承租人应当按照《企业会计准则第 8 号——资产减值》的规定，对使用权资产进行减值测试并进行相应会计处理。

第六十二条 首次执行日前的经营租赁中，租赁资产属于低价值资产且根据本准则第三十二条的规定选择不确认使用权资产和租赁负债的，承租人无需对该经营租赁按照衔接规定进行调整，应当自首次执行日起按照本准则进行会计处理。

第六十三条 承租人采用本准则第六十一条第（二）项进行衔接会计处理时，对于首次执行日前的经营租赁，可根据每项租赁采用下列一项或多项简化处理：

1. 将于首次执行日后 12 个月内完成的租赁，可作为短期租赁处理。

2. 计量租赁负债时，具有相似特征的租赁可采用同一折现率；使用权资产的计量可不包含初始直接费用。

3. 存在续租选择权或终止租赁选择权的，承租人可根据首次执行日前选择权的实际行使及其他最新情况确定租赁期，无需对首次执行日前各期间是否合理确定行使续租选择权或终止租赁选择权进行估计。

4. 作为使用权资产减值测试的替代，承租人可根据《企业会计准则第13号——或有事项》评估包含租赁的合同在首次执行日前是否为亏损合同，并根据首次执行日前计入资产负债表的亏损准备金额调整使用权资产。

5. 首次执行本准则当年年初之前发生租赁变更的，承租人无需按照本准则第二十八条、第二十九条的规定对租赁变更进行追溯调整，而是根据租赁变更的最终安排，按照本准则进行会计处理。

第六十四条　承租人采用本准则第六十三条规定的简化处理方法的，应当在财务报表附注中披露所采用的简化处理方法以及在合理可能的范围内对采用每项简化处理方法的估计影响所作的定性分析。

第六十五条　对于首次执行日前划分为经营租赁且在首次执行日后仍存续的转租赁，转租出租人在首次执行日应当基于原租赁和转租赁的剩余合同期限和条款进行重新评估，并按照本准则的规定进行分类。按照本准则重分类为融资租赁的，应当将其作为一项新的融资租赁进行会计处理。

除前款所述情形外，出租人无需对其作为出租人的租赁按照衔接规定进行调整，而应当自首次执行日起按照本准则进行会计处理。

第六十六条　对于首次执行日前已存在的售后租回交易，企业在首次执行日不重新评估资产转让是否符合《企业会计准则第14号——收入》作为销售进行会计处理的规定。

对于首次执行日前应当作为销售和融资租赁进行会计处理的售后租回交易，卖方（承租人）应当按照与首次执行日存在的其他融资租赁相同的方法对租回进行会计处理，并继续在租赁期内摊销相关递延收益或损失。

对于首次执行日前应当作为销售和经营租赁进行会计处理的售后租回交易，卖方（承租人）应当按照与首次执行日存在的其他经营租赁相同的方法对租回进行会计处理，并根据首次执行日前计入资产负债表的相关递延收益或损失调整使用权资产。

第六十七条　承租人选择按照本准则第六十一条第（二）项规定对租赁进行衔接会计处理的，还应当在首次执行日披露以下信息：

首次执行日计入资产负债表的租赁负债所采用的承租人增量借款利率的加权平均值；

首次执行日前一年度报告期末披露的重大经营租赁的尚未支付的最低租赁付款额按首次执行日承租人增量借款利率折现的现值，与计入首次执行日资产负债表的租赁负债的差额。

第八章　附　　则

第六十八条　本准则自2019年1月1日起施行。

23. 企业会计准则第22号——金融工具确认和计量（2017年修订）

（财会〔2017〕7号）

第一章　总　　则

第一条　为了规范金融工具的确认和计量，根据《企业会计准则——基本准则》，制定本准则。

第二条 金融工具，是指形成一方的金融资产并形成其他方的金融负债或权益工具的合同。

第三条 金融资产，是指企业持有的现金、其他方的权益工具以及符合下列条件之一的资产：

（一）从其他方收取现金或其他金融资产的合同权利。

（二）在潜在有利条件下，与其他方交换金融资产或金融负债的合同权利。

（三）将来须用或可用企业自身权益工具进行结算的非衍生工具合同，且企业根据该合同将收到可变数量的自身权益工具。

（四）将来须用或可用企业自身权益工具进行结算的衍生工具合同，但以固定数量的自身权益工具交换固定金额的现金或其他金融资产的衍生工具合同除外。其中，企业自身权益工具不包括应当按照《企业会计准则第 37 号——金融工具列报》分类为权益工具的可回售工具或发行方仅在清算时才有义务向另一方按比例交付其净资产的金融工具，也不包括本身就要求在未来收取或交付企业自身权益工具的合同。

第四条 金融负债，是指企业符合下列条件之一的负债：

（一）向其他方交付现金或其他金融资产的合同义务。

（二）在潜在不利条件下，与其他方交换金融资产或金融负债的合同义务。

（三）将来须用或可用企业自身权益工具进行结算的非衍生工具合同，且企业根据该合同将交付可变数量的自身权益工具。

（四）将来须用或可用企业自身权益工具进行结算的衍生工具合同，但以固定数量的自身权益工具交换固定金额的现金或其他金融资产的衍生工具合同除外。企业对全部现有同类别非衍生自身权益工具的持有方同比例发行配股权、期权或认股权证，使之有权按比例以固定金额的任何货币换取固定数量的该企业自身权益工具的，该类配股权、期权或认股权证应当分类为权益工具。其中，企业自身权益工具不包括应当按照《企业会计准则第 37 号——金融工具列报》分类为权益工具的可回售工具或发行方仅在清算时才有义务向另一方按比例交付其净资产的金融工具，也不包括本身就要求在未来收取或交付企业自身权益工具的合同。

第五条 衍生工具，是指属于本准则范围并同时具备下列特征的金融工具或其他合同：

（一）其价值随特定利率、金融工具价格、商品价格、汇率、价格指数、费率指数、信用等级、信用指数或其他变量的变动而变动，变量为非金融变量的，该变量不应与合同的任何一方存在特定关系。

（二）不要求初始净投资，或者与对市场因素变化预期有类似反应的其他合同相比，要求较少的初始净投资。

（三）在未来某一日期结算。

常见的衍生工具包括远期合同、期货合同、互换合同和期权合同等。

第六条 除下列各项外，本准则适用于所有企业各种类型的金融工具：

（一）由《企业会计准则第 2 号——长期股权投资》规范的对子公司、合营企业和联营企业的投资，适用《企业会计准则第 2 号——长期股权投资》，但是企业根据《企业会计准则第 2 号——长期股权投资》对上述投资按照本准则相关规定进行会计处理的，适用本准则。企业持有的与在子公司、合营企业或联营企业中的权益相联系的衍生工具，适用本准则；该衍生工具符合《企业会计准则第 37 号——金融工具列报》规定的权益工具定义的，适用《企业会计准则第 37 号——金融工具列报》。

（二）由《企业会计准则第 9 号——职工薪酬》规范的职工薪酬计划形成的企业的权

利和义务，适用《企业会计准则第 9 号——职工薪酬》。

（三）由《企业会计准则第 11 号——股份支付》规范的股份支付，适用《企业会计准则第 11 号——股份支付》。但是，股份支付中属于本准则第八条范围的买入或卖出非金融项目的合同，适用本准则。

（四）由《企业会计准则第 12 号——债务重组》规范的债务重组，适用《企业会计准则第 12 号——债务重组》。

（五）因清偿按照《企业会计准则第 13 号——或有事项》所确认的预计负债而获得补偿的权利，适用《企业会计准则第 13 号——或有事项》。

（六）由《企业会计准则第 14 号——收入》规范的属于金融工具的合同权利和义务，适用《企业会计准则第 14 号——收入》，但该准则要求在确认和计量相关合同权利的减值损失和利得时应当按照本准则规定进行会计处理的，适用本准则有关减值的规定。

（七）购买方（或合并方）与出售方之间签订的，将在未来购买日（或合并日）形成《企业会计准则第 20 号——企业合并》规范的企业合并且其期限不超过企业合并获得批准并完成交易所必需的合理期限的远期合同，不适用本准则。

（八）由《企业会计准则第 21 号——租赁》规范的租赁的权利和义务，适用《企业会计准则第 21 号——租赁》。但是，租赁应收款的减值、终止确认，租赁应付款的终止确认，以及租赁中嵌入的衍生工具，适用本准则。

（九）金融资产转移，适用《企业会计准则第 23 号——金融资产转移》。

（十）套期会计，适用《企业会计准则第 24 号——套期会计》。

（十一）由保险合同相关会计准则规范的保险合同所产生的权利和义务，适用保险合同相关会计准则。因具有相机分红特征而由保险合同相关会计准则规范的合同所产生的权利和义务，适用保险合同相关会计准则。但对于嵌入保险合同的衍生工具，该嵌入衍生工具本身不是保险合同的，适用本准则。

对于财务担保合同，发行方之前明确表明将此类合同视作保险合同，并且已按照保险合同相关会计准则进行会计处理的，可以选择适用本准则或保险合同相关会计准则。该选择可以基于单项合同，但选择一经作出，不得撤销。否则，相关财务担保合同适用本准则。

财务担保合同，是指当特定债务人到期不能按照最初或修改后的债务工具条款偿付债务时，要求发行方向蒙受损失的合同持有人赔付特定金额的合同。

（十二）企业发行的按照《企业会计准则第 37 号——金融工具列报》规定应当分类为权益工具的金融工具，适用《企业会计准则第 37 号——金融工具列报》。

第七条　本准则适用于下列贷款承诺：

（一）企业指定为以公允价值计量且其变动计入当期损益的金融负债的贷款承诺。如果按照以往惯例，企业在贷款承诺产生后不久即出售其所产生资产，则同一类别的所有贷款承诺均应当适用本准则。

（二）能够以现金或者通过交付或发行其他金融工具净额结算的贷款承诺。此类贷款承诺属于衍生工具。企业不得仅仅因为相关贷款将分期拨付（如按工程进度分期拨付的按揭建造贷款）而将该贷款承诺视为以净额结算。

（三）以低于市场利率贷款的贷款承诺。

所有贷款承诺均适用本准则关于终止确认的规定。企业作为贷款承诺发行方的，还适用本准则关于减值的规定。

贷款承诺，是指按照预先规定的条款和条件提供信用的确定性承诺。

第八条　对于能够以现金或其他金融工具净额结算，或者通过交换金融工具结算的买入或卖出非金融项目的合同，除了企业按照预定的购买、销售或使用要求签订并持有旨在收取或交付非金融项目的合同适用其他相关会计准则外，企业应当将该合同视同金融工具，适用本准则。

对于能够以现金或其他金融工具净额结算，或者通过交换金融工具结算的买入或卖出非金融项目的合同，即使企业按照预定的购买、销售或使用要求签订并持有旨在收取或交付非金融项目的合同的，企业也可以将该合同指定为以公允价值计量且其变动计入当期损益的金融资产或金融负债。企业只能在合同开始时做出该指定，并且必须能够通过该指定消除或显著减少会计错配。该指定一经作出，不得撤销。

会计错配，是指当企业以不同的会计确认方法和计量属性，对在经济上相关的资产和负债进行确认或计量而产生利得或损失时，可能导致的会计确认和计量上的不一致。

第二章 金融工具的确认和终止确认

第九条 企业成为金融工具合同的一方时，应当确认一项金融资产或金融负债。

第十条 对于以常规方式购买或出售金融资产的，企业应当在交易日确认将收到的资产和为此将承担的负债，或者在交易日终止确认已出售的资产，同时确认处置利得或损失以及应向买方收取的应收款项。

以常规方式购买或出售金融资产，是指企业按照合同规定购买或出售金融资产，并且该合同条款规定，企业应当根据通常由法规或市场惯例所确定的时间安排来交付金融资产。

第十一条 金融资产满足下列条件之一的，应当终止确认：

（一）收取该金融资产现金流量的合同权利终止。

（二）该金融资产已转移，且该转移满足《企业会计准则第 23 号——金融资产转移》关于金融资产终止确认的规定。

本准则所称金融资产或金融负债终止确认，是指企业将之前确认的金融资产或金融负债从其资产负债表中予以转出。

第十二条 金融负债（或其一部分）的现时义务已经解除的，企业应当终止确认该金融负债（或该部分金融负债）。

第十三条 企业（借入方）与借出方之间签订协议，以承担新金融负债方式替换原金融负债，且新金融负债与原金融负债的合同条款实质上不同的，企业应当终止确认原金融负债，同时确认一项新金融负债。

企业对原金融负债（或其一部分）的合同条款做出实质性修改的，应当终止确认原金融负债，同时按照修改后的条款确认一项新金融负债。

第十四条 金融负债（或其一部分）终止确认的，企业应当将其账面价值与支付的对价（包括转出的非现金资产或承担的负债）之间的差额，计入当期损益。

第十五条 企业回购金融负债一部分的，应当按照继续确认部分和终止确认部分在回购日各自的公允价值占整体公允价值的比例，对该金融负债整体的账面价值进行分配。分配给终止确认部分的账面价值与支付的对价（包括转出的非现金资产或承担的负债）之间的差额，应当计入当期损益。

第三章 金融资产的分类

第十六条 企业应当根据其管理金融资产的业务模式和金融资产的合同现金流量特征，将金融资产划分为以下三类：

（一）以摊余成本计量的金融资产。

（二）以公允价值计量且其变动计入其他综合收益的金融资产。

（三）以公允价值计量且其变动计入当期损益的金融资产。

企业管理金融资产的业务模式，是指企业如何管理其金融资产以产生现金流量。业务模式决定企业所管理金融资产现金流量的来源是收取合同现金流量、出售金融资产还是两者兼有。企业管理金融资产的业务模式，应当以企业关键管理人员决定的对金融资产进行管理的特定业务目标为基础确定。企业确定管理金融资产的业务模式，应当以客观事实为依据，不得以按照合理预期不会发生的情形为基础确定。

金融资产的合同现金流量特征，是指金融工具合同约定的、反映相关金融资产经济特征的现金流量属性。企业分类为本准则第十七条和第十八条规范的金融资产，其合同现金流量特征，应当与基本借贷安排相一致。即相关金融资产在特定日期产生的合同现金流量仅为对本金和以未偿付本金金额为基础的利息的支付，其中，本金，是指金融资产在初始确认时的公允价值，本金金额可能因提前还款等原因在金融资产的存续期内发生变动；利息包括对货币时间价值、与特定时期未偿付本金金额相关的信用风险以及其他基本借贷风险、成本和利润的对价。其中，货币时间价值是利息要素中仅因为时间流逝而提供对价的部分，不包括为所持有金融资产的其他风险或成本提供的对价，但货币时间价值要素有时可能存在修正。在货币时间价值要素存在修正的情况下，企业应当对相关修正进行评估，以确定其是否满足上述合同现金流量特征的要求。此外，金融资产包含可能导致其合同现金流量的时间分布或金额发生变更的合同条款（如包含提前还款特征）的，企业应当对相关条款进行评估（如评估提前还款特征的公允价值是否非常小），以确定其是否满足上述合同现金流量特征的要求。

第十七条　金融资产同时符合下列条件的，应当分类为以摊余成本计量的金融资产：

（一）企业管理该金融资产的业务模式是以收取合同现金流量为目标。

（二）该金融资产的合同条款规定，在特定日期产生的现金流量，仅为对本金和以未偿付本金金额为基础的利息的支付。

第十八条　金融资产同时符合下列条件的，应当分类为以公允价值计量且其变动计入其他综合收益的金融资产：

（一）企业管理该金融资产的业务模式既以收取合同现金流量为目标又以出售该金融资产为目标。

（二）该金融资产的合同条款规定，在特定日期产生的现金流量，仅为对本金和以未偿付本金金额为基础的利息的支付。

第十九条　按照本准则第十七条分类为以摊余成本计量的金融资产和按照本准则第十八条分类为以公允价值计量且其变动计入其他综合收益的金融资产之外的金融资产，企业应当将其分类为以公允价值计量且其变动计入当期损益的金融资产。

在初始确认时，企业可以将非交易性权益工具投资指定为以公允价值计量且其变动计入其他综合收益的金融资产，并按照本准则第六十五条规定确认股利收入。该指定一经作出，不得撤销。企业在非同一控制下的企业合并中确认的或有对价构成金融资产的，该金融资产应当分类为以公允价值计量且其变动计入当期损益的金融资产，不得指定为以公允价值计量且其变动计入其他综合收益的金融资产。

金融资产或金融负债满足下列条件之一的，表明企业持有该金融资产或承担该金融负债的目的是交易性的：

（一）取得相关金融资产或承担相关金融负债的目的，主要是为了近期出售或回购。

（二）相关金融资产或金融负债在初始确认时属于集中管理的可辨认金融工具组合的一部分，且有客观证据表明近期实际存在短期获利模式。

（三）相关金融资产或金融负债属于衍生工具。但符合财务担保合同定义的衍生工具以及被指定为有效套期工具的衍生工具除外。

第二十条 在初始确认时，如果能够消除或显著减少会计错配，企业可以将金融资产指定为以公允价值计量且其变动计入当期损益的金融资产。该指定一经作出，不得撤销。

第四章 金融负债的分类

第二十一条 除下列各项外，企业应当将金融负债分类为以摊余成本计量的金融负债：

（一）以公允价值计量且其变动计入当期损益的金融负债，包括交易性金融负债（含属于金融负债的衍生工具）和指定为以公允价值计量且其变动计入当期损益的金融负债。

（二）金融资产转移不符合终止确认条件或继续涉入被转移金融资产所形成的金融负债。对此类金融负债，企业应当按照《企业会计准则第 23 号——金融资产转移》相关规定进行计量。

（三）不属于本条（一）或（二）情形的财务担保合同，以及不属于本条（一）情形的以低于市场利率贷款的贷款承诺。企业作为此类金融负债发行方的，应当在初始确认后按照依据本准则第八章所确定的损失准备金额以及初始确认金额扣除依据《企业会计准则第 14 号——收入》相关规定所确定的累计摊销额后的余额孰高进行计量。

在非同一控制下的企业合并中，企业作为购买方确认的或有对价形成金融负债的，该金融负债应当按照以公允价值计量且其变动计入当期损益进行会计处理。

第二十二条 在初始确认时，为了提供更相关的会计信息，企业可以将金融负债指定为以公允价值计量且其变动计入当期损益的金融负债，但该指定应当满足下列条件之一：

（一）能够消除或显著减少会计错配。

（二）根据正式书面文件载明的企业风险管理或投资策略，以公允价值为基础对金融负债组合或金融资产和金融负债组合进行管理和业绩评价，并在企业内部以此为基础向关键管理人员报告。

该指定一经作出，不得撤销。

第五章 嵌入衍生工具

第二十三条 嵌入衍生工具，是指嵌入非衍生工具（即主合同）中的衍生工具。嵌入衍生工具与主合同构成混合合同。该嵌入衍生工具对混合合同的现金流量产生影响的方式，应当与单独存在的衍生工具类似，且该混合合同的全部或部分现金流量随特定利率、金融工具价格、商品价格、汇率、价格指数、费率指数、信用等级、信用指数或其他变量变动而变动，变量为非金融变量的，该变量不应与合同的任何一方存在特定关系。

衍生工具如果附属于一项金融工具但根据合同规定可以独立于该金融工具进行转让，或者具有与该金融工具不同的交易对手方，则该衍生工具不是嵌入衍生工具，应当作为一项单独存在的衍生工具处理。

第二十四条 混合合同包含的主合同属于本准则规范的资产的，企业不应从该混合合同中分拆嵌入衍生工具，而应当将该混合合同作为一个整体适用本准则关于金融资产分类的相关规定。

第二十五条 混合合同包含的主合同不属于本准则规范的资产，且同时符合下列条件的，企业应当从混合合同中分拆嵌入衍生工具，将其作为单独存在的衍生工具处理：

（一）嵌入衍生工具的经济特征和风险与主合同的经济特征和风险不紧密相关。

（二）与嵌入衍生工具具有相同条款的单独工具符合衍生工具的定义。

（三）该混合合同不是以公允价值计量且其变动计入当期损益进行会计处理。

嵌入衍生工具从混合合同中分拆的，企业应当按照适用的会计准则规定，对混合合同的主合同进行会计处理。企业无法根据嵌入衍生工具的条款和条件对嵌入衍生工具的公允价值进行可靠地计量的，该嵌入衍生工具的公允价值应当根据混合合同公允价值和主合同公允价值之间的差额确定。使用了上述方法后，该嵌入衍生工具在取得日或后续资产负债表日的公允价值仍然无法单独计量的，企业应当将该混合合同整体指定为以公允价值计量且其变动计入当期损益的金融工具。

第二十六条 混合合同包含一项或多项嵌入衍生工具，且其主合同不属于本准则规范的资产的，企业可以将其整体指定为以公允价值计量且其变动计入当期损益的金融工具。但下列情况除外：

（一）嵌入衍生工具不会对混合合同的现金流量产生重大改变。

（二）在初次确定类似的混合合同是否需要分拆时，几乎不需分析就能明确其包含的嵌入衍生工具不应分拆。如嵌入贷款的提前还款权，允许持有人以接近摊余成本的金额提前偿还贷款，该提前还款权不需要分拆。

第六章 金融工具的重分类

第二十七条 企业改变其管理金融资产的业务模式时，应当按照本准则的规定对所有受影响的相关金融资产进行重分类。

企业对所有金融负债均不得进行重分类。

第二十八条 企业发生下列情况的，不属于金融资产或金融负债的重分类：

（一）按照《企业会计准则第 24 号——套期会计》相关规定，某金融工具以前被指定并成为现金流量套期或境外经营净投资套期中的有效套期工具，但目前已不再满足运用该套期会计方法的条件。

（二）按照《企业会计准则第 24 号——套期会计》相关规定，某金融工具被指定并成为现金流量套期或境外经营净投资套期中的有效套期工具。

（三）按照《企业会计准则第 24 号——套期会计》相关规定，运用信用风险敞口公允价值选择权所引起的计量变动。

第二十九条 企业对金融资产进行重分类，应当自重分类日起采用未来适用法进行相关会计处理，不得对以前已经确认的利得、损失（包括减值损失或利得）或利息进行追溯调整。

重分类日，是指导致企业对金融资产进行重分类的业务模式发生变更后的首个报告期间的第一天。

第三十条 企业将一项以摊余成本计量的金融资产重分类为以公允价值计量且其变动计入当期损益的金融资产的，应当按照该资产在重分类日的公允价值进行计量。原账面价值与公允价值之间的差额计入当期损益。

企业将一项以摊余成本计量的金融资产重分类为以公允价值计量且其变动计入其他综合收益的金融资产的，应当按照该金融资产在重分类日的公允价值进行计量。原账面价值与公允价值之间的差额计入其他综合收益。该金融资产重分类不影响其实际利率和预期信用损失的计量。

第三十一条 企业将一项以公允价值计量且其变动计入其他综合收益的金融资产重分类为以摊余成本计量的金融资产的，应当将之前计入其他综合收益的累计利得或损失转出，调整该金融资产在重分类日的公允价值，并以调整后的金额作为新的账面价值，即视同该金融资产一直以摊余成本计量。该金融资产重分类不影响其实际利率和预期信用损失的计量。

企业将一项以公允价值计量且其变动计入其他综合收益的金融资产重分类为以公允价值计量且其变动计入当期损益的金融资产的，应当继续以公允价值计量该金融资产。同时，企业应当将之前计入其他综合收益的累计利得或损失从其他综合收益转入当期损益。

第三十二条 企业将一项以公允价值计量且其变动计入当期损益的金融资产重分类为以摊余成本计量的金融资产的，应当以其在重分类日的公允价值作为新的账面余额。

企业将一项以公允价值计量且其变动计入当期损益的金融资产重分类为以公允价值计量且其变动计入其他综合收益的金融资产的，应当继续以公允价值计量该金融资产。

按照本条规定对金融资产重分类进行处理的，企业应当根据该金融资产在重分类日的公允价值确定其实际利率。同时，企业应当自重分类日起对该金融资产适用本准则关于金融资产减值的相关规定，并将重分类日视为初始确认日。

第七章 金融工具的计量

第三十三条 企业初始确认金融资产或金融负债，应当按照公允价值计量。对于以公允价值计量且其变动计入当期损益的金融资产和金融负债，相关交易费用应当直接计入当期损益；对于其他类别的金融资产或金融负债，相关交易费用应当计入初始确认金额。但是，企业初始确认的应收账款未包含《企业会计准则第 14 号——收入》所定义的重大融资成分或根据《企业会计准则第 14 号——收入》规定不考虑不超过一年的合同中的融资成分的，应当按照该准则定义的交易价格进行初始计量。

交易费用，是指可直接归属于购买、发行或处置金融工具的增量费用。增量费用，是指企业没有发生购买、发行或处置相关金融工具的情形就不会发生的费用，包括支付给代理机构、咨询公司、券商、证券交易所、政府有关部门等的手续费、佣金、相关税费以及其他必要支出，不包括债券溢价、折价、融资费用、内部管理成本和持有成本等与交易不直接相关的费用。

第三十四条 企业应当根据《企业会计准则第 39 号——公允价值计量》的规定，确定金融资产和金融负债在初始确认时的公允价值。公允价值通常为相关金融资产或金融负债的交易价格。金融资产或金融负债公允价值与交易价格存在差异的，企业应当区别下列情况进行处理：

（一）在初始确认时，金融资产或金融负债的公允价值依据相同资产或负债在活跃市场上的报价或者以仅使用可观察市场数据的估值技术确定的，企业应当将该公允价值与交易价格之间的差额确认为一项利得或损失。

（二）在初始确认时，金融资产或金融负债的公允价值以其他方式确定的，企业应当将该公允价值与交易价格之间的差额递延。初始确认后，企业应当根据某一因素在相应会计期间的变动程度将该递延差额确认为相应会计期间的利得或损失。该因素应当仅限于市场参与者对该金融工具定价时将予考虑的因素，包括时间等。

第三十五条 初始确认后，企业应当对不同类别的金融资产，分别以摊余成本、以公允价值计量且其变动计入其他综合收益或以公允价值计量且其变动计入当期损益进行后续计量。

第三十六条 初始确认后，企业应当对不同类别的金融负债，分别以摊余成本、以公允价值计量且其变动计入当期损益或以本准则第二十一条规定的其他适当方法进行后续计量。

第三十七条 金融资产或金融负债被指定为被套期项目的，企业应当根据《企业会计准则第 24 号——套期会计》规定进行后续计量。

第三十八条 金融资产或金融负债的摊余成本，应当以该金融资产或金融负债的初始确认金额经下列调整后的结果确定：

（一）扣除已偿还的本金。

（二）加上或减去采用实际利率法将该初始确认金额与到期日金额之间的差额进行摊销形成的累计摊销额。

（三）扣除累计计提的损失准备（仅适用于金融资产）。

实际利率法，是指计算金融资产或金融负债的摊余成本以及将利息收入或利息费用分摊计入各会计期间的方法。

实际利率，是指将金融资产或金融负债在预计存续期的估计未来现金流量，折现为该金融资产账面余额或该金融负债摊余成本所使用的利率。在确定实际利率时，应当在考虑金融资产或金融负债所有合同条款（如提前还款、展期、看涨期权或其他类似期权等）的基础上估计预期现金流量，但不应当考虑预期信用损失。

第三十九条 企业应当按照实际利率法确认利息收入。利息收入应当根据金融资产账面余额乘以实际利率计算确定，但下列情况除外：

（一）对于购入或源生的已发生信用减值的金融资产，企业应当自初始确认起，按照该金融资产的摊余成本和经信用调整的实际利率计算确定其利息收入。

（二）对于购入或源生的未发生信用减值、但在后续期间成为已发生信用减值的金融资产，企业应当在后续期间，按照该金融资产的摊余成本和实际利率计算确定其利息收入。企业按照上述规定对金融资产的摊余成本运用实际利率法计算利息收入的，若该金融工具在后续期间因其信用风险有所改善而不再存在信用减值，并且这一改善在客观上可与应用上述规定之后发生的某一事件相联系（如债务人的信用评级被上调），企业应当转按实际利率乘以该金融资产账面余额来计算确定利息收入。

经信用调整的实际利率，是指将购入或源生的已发生信用减值的金融资产在预计存续期的估计未来现金流量，折现为该金融资产摊余成本的利率。在确定经信用调整的实际利率时，应当在考虑金融资产的所有合同条款（例如提前还款、展期、看涨期权或其他类似期权等）以及初始预期信用损失的基础上估计预期现金流量。

第四十条 当对金融资产预期未来现金流量具有不利影响的一项或多项事件发生时，该金融资产成为已发生信用减值的金融资产。金融资产已发生信用减值的证据包括下列可观察信息：

（一）发行方或债务人发生重大财务困难；

（二）债务人违反合同，如偿付利息或本金违约或逾期等；

（三）债权人出于与债务人财务困难有关的经济或合同考虑，给予债务人在任何其他情况下都不会作出的让步；

（四）债务人很可能破产或进行其他财务重组；

（五）发行方或债务人财务困难导致该金融资产的活跃市场消失；

（六）以大幅折扣购买或源生一项金融资产，该折扣反映了发生信用损失的事实。

金融资产发生信用减值，有可能是多个事件的共同作用所致，未必是可单独识别的事件所致。

第四十一条 合同各方之间支付或收取的、属于实际利率或经信用调整的实际利率组成部分的各项费用、交易费用及溢价或折价等，应当在确定实际利率或经信用调整的实际利率时予以考虑。

企业通常能够可靠估计金融工具（或一组类似金融工具）的现金流量和预计存续期。在极少数情况下，金融工具（或一组金融工具）的估计未来现金流量或预计存续期无法可靠估计的，企业在计算确定其实际利率（或经信用调整的实际利率）时，应当基于该金融工具在整个合同期内的合同现金流量。

第四十二条 企业与交易对手方修改或重新议定合同，未导致金融资产终止确认，但导致合同现金流量发生变化的，应当重新计算该金融资产的账面余额，并将相关利得或损失计入当期损益。重新计算的该金融资产的账面余额，应当根据将重新议定或修改的合同现金流量按金融资产的原实际利率（或者购买或源生的已发生信用减值的金融资产的经信用调整的实际利率）或按《企业会计准则第 24 号——套期会计》第二十三条规定的重新计算的实际利率（如适用）折现的现值确定。对于修改或重新议定合同所产生的所有成本或费用，企业应当调整修改后的金融资产账面价值，并在修改后金融资产的剩余期限内进行摊销。

第四十三条 企业不再合理预期金融资产合同现金流量能够全部或部分收回的，应当直接减记该金融资产的账面余额。这种减记构成相关金融资产的终止确认。

第四十四条 企业对权益工具的投资和与此类投资相联系的合同应当以公允价值计量。但在有限情况下，如果用以确定公允价值的近期信息不足，或者公允价值的可能估计金额分布范围很广，而成本代表了该范围内对公允价值的最佳估计的，该成本可代表其在该分布范围内对公允价值的恰当估计。

企业应当利用初始确认日后可获得的关于被投资方业绩和经营的所有信息，判断成本能否代表公允价值。存在下列情形（包含但不限于）之一的，可能表明成本不代表相关金融资产的公允价值，企业应当对其公允价值进行估值：

（一）与预算、计划或阶段性目标相比，被投资方业绩发生重大变化。

（二）对被投资方技术产品实现阶段性目标的预期发生变化。

（三）被投资方的权益、产品或潜在产品的市场发生重大变化。

（四）全球经济或被投资方经营所处的经济环境发生重大变化。

（五）被投资方可比企业的业绩或整体市场所显示的估值结果发生重大变化。

（六）被投资方的内部问题，如欺诈、商业纠纷、诉讼、管理或战略变化。

（七）被投资方权益发生了外部交易并有客观证据，包括发行新股等被投资方发生的交易和第三方之间转让被投资方权益工具的交易等。

第四十五条 权益工具投资或合同存在报价的，企业不应当将成本作为对其公允价值的最佳估计。

第八章 金融工具的减值

第四十六条 企业应当按照本准则规定，以预期信用损失为基础，对下列项目进行减值会计处理并确认损失准备：

（一）按照本准则第十七条分类为以摊余成本计量的金融资产和按照本准则第十八条分类为以公允价值计量且其变动计入其他综合收益的金融资产。

（二）租赁应收款。

（三）合同资产。合同资产，是指《企业会计准则第 14 号——收入》定义的合同资产。

（四）企业发行的分类为以公允价值计量且其变动计入当期损益的金融负债以外的贷款承诺和适用本准则第二十一条（三）规定的财务担保合同。

损失准备，是指针对按照本准则第十七条计量的金融资产、租赁应收款和合同资产的预期信用损失计提的准备，按照本准则第十八条计量的金融资产的累计减值金额以及针对贷款承诺和财务担保合同的预期信用损失计提的准备。

第四十七条 预期信用损失，是指以发生违约的风险为权重的金融工具信用损失的加权平均值。

信用损失，是指企业按照原实际利率折现的、根据合同应收的所有合同现金流量与预期收取的所有现金流量之间的差额，即全部现金短缺的现值。其中，对于企业购买或源生的已发生信用减值的金融资产，应按照该金融资产经信用调整的实际利率折现。由于预期信用损失考虑付款的金额和时间分布，因此即使企业预计可以全额收款但收款时间晚于合同规定的到期期限，也会产生信用损失。

在估计现金流量时，企业应当考虑金融工具在整个预计存续期的所有合同条款（如提前还款、展期、看涨期权或其他类似期权等）。企业所考虑的现金流量应当包括出售所持担保品获得的现金流量，以及属于合同条款组成部分的其他信用增级所产生的现金流量。

企业通常能够可靠估计金融工具的预计存续期。在极少数情况下，金融工具预计存续期无法可靠估计的，企业在计算确定预期信用损失时，应当基于该金融工具的剩余合同期间。

第四十八条　除了按照本准则第五十七条和第六十三条的相关规定计量金融工具损失准备的情形以外，企业应当在每个资产负债表日评估相关金融工具的信用风险自初始确认后是否已显著增加，并按照下列情形分别计量其损失准备、确认预期信用损失及其变动：

（一）如果该金融工具的信用风险自初始确认后已显著增加，企业应当按照相当于该金融工具整个存续期内预期信用损失的金额计量其损失准备。无论企业评估信用损失的基础是单项金融工具还是金融工具组合，由此形成的损失准备的增加或转回金额，应当作为减值损失或利得计入当期损益。

（二）如果该金融工具的信用风险自初始确认后并未显著增加，企业应当按照相当于该金融工具未来 12 个月内预期信用损失的金额计量其损失准备，无论企业评估信用损失的基础是单项金融工具还是金融工具组合，由此形成的损失准备的增加或转回金额，应当作为减值损失或利得计入当期损益。

未来 12 个月内预期信用损失，是指因资产负债表日后 12 个月内（若金融工具的预计存续期少于 12 个月，则为预计存续期）可能发生的金融工具违约事件而导致的预期信用损失，是整个存续期预期信用损失的一部分。

企业在进行相关评估时，应当考虑所有合理且有依据的信息，包括前瞻性信息。为确保自金融工具初始确认后信用风险显著增加即确认整个存续期预期信用损失，企业在一些情况下应当以组合为基础考虑评估信用风险是否显著增加。整个存续期预期信用损失，是指因金融工具整个预计存续期内所有可能发生的违约事件而导致的预期信用损失。

第四十九条　对于按照本准则第十八条分类为以公允价值计量且其变动计入其他综合收益的金融资产，企业应当在其他综合收益中确认其损失准备，并将减值损失或利得计入当期损益，且不应减少该金融资产在资产负债表中列示的账面价值。

第五十条　企业在前一会计期间已经按照相当于金融工具整个存续期内预期信用损失的金额计量了损失准备，但在当期资产负债表日，该金融工具已不再属于自初始确认后信用风险显著增加的情形的，企业应当在当期资产负债表日按照相当于未来 12 个月内预期信用损失的金额计量该金融工具的损失准备，由此形成的损失准备的转回金额应当作为减值利得计入当期损益。

第五十一条　对于贷款承诺和财务担保合同，企业在应用金融工具减值规定时，应当将本企业成为作出不可撤销承诺的一方之日作为初始确认日。

第五十二条　企业在评估金融工具的信用风险自初始确认后是否已显著增加时，应当考虑金融工具预计存续期内发生违约风险的变化，而不是预期信用损失金额的变化。企业应当通过比较金融工具在资产负债表日发生违约的风险与在初始确认日发生违约的风险，以确定金融工具预计存续期内发生违约风险的变化情况。

在为确定是否发生违约风险而对违约进行界定时，企业所采用的界定标准，应当与其内部针对相关金融工具的信用风险管理目标保持一致，并考虑财务限制条款等其他定性指标。

第五十三条 企业通常应当在金融工具逾期前确认该工具整个存续期预期信用损失。企业在确定信用风险自初始确认后是否显著增加时，企业无须付出不必要的额外成本或努力即可获得合理且有依据的前瞻性信息的，不得仅依赖逾期信息来确定信用风险自初始确认后是否显著增加；企业必须付出不必要的额外成本或努力才可获得合理且有依据的逾期信息以外的单独或汇总的前瞻性信息的，可以采用逾期信息来确定信用风险自初始确认后是否显著增加。

无论企业采用何种方式评估信用风险是否显著增加，通常情况下，如果逾期超过 30 日，则表明金融工具的信用风险已经显著增加。除非企业在无须付出不必要的额外成本或努力的情况下即可获得合理且有依据的信息，证明即使逾期超过 30 日，信用风险自初始确认后仍未显著增加。如果企业在合同付款逾期超过 30 日前已确定信用风险显著增加，则应当按照整个存续期的预期信用损失确认损失准备。

如果交易对手方未按合同规定时间支付约定的款项，则表明该金融资产发生逾期。

第五十四条 企业在评估金融工具的信用风险自初始确认后是否已显著增加时，应当考虑违约风险的相对变化，而非违约风险变动的绝对值。在同一后续资产负债表日，对于违约风险变动的绝对值相同的两项金融资产，初始确认时违约风险较低的金融工具比初始确认时违约风险较高的金融工具的信用风险变化更为显著。

第五十五条 企业确定金融工具在资产负债表日只具有较低的信用风险的，可以假设该金融工具的信用风险自初始确认后并未显著增加。

如果金融工具的违约风险较低，借款人在短期内履行其合同现金流量义务的能力很强，并且即便较长时期内经济形势和经营环境存在不利变化但未必一定降低借款人履行其合同现金流量义务的能力，该金融工具被视为具有较低的信用风险。

第五十六条 企业与交易对手方修改或重新议定合同，未导致金融资产终止确认，但导致合同现金流量发生变化的，企业在评估相关金融工具的信用风险是否已经显著增加时，应当将基于变更后的合同条款在资产负债表日发生违约的风险与基于原合同条款在初始确认时发生违约的风险进行比较。

第五十七条 对于购买或源生的已发生信用减值的金融资产，企业应当在资产负债表日仅将自初始确认后整个存续期内预期信用损失的累计变动确认为损失准备。在每个资产负债表日，企业应当将整个存续期内预期信用损失的变动金额作为减值损失或利得计入当期损益。即使该资产负债表日确定的整个存续期内预期信用损失小于初始确认时估计现金流量所反映的预期信用损失的金额，企业也应当将预期信用损失的有利变动确认为减值利得。

第五十八条 企业计量金融工具预期信用损失的方法应当反映下列各项要素：

（一）通过评价一系列可能的结果而确定的无偏概率加权平均金额。

（二）货币时间价值。

（三）在资产负债表日无须付出不必要的额外成本或努力即可获得的有关过去事项、当前状况以及未来经济状况预测的合理且有依据的信息。

第五十九条 对于适用本准则有关金融工具减值规定的各类金融工具，企业应当按照下列方法确定其信用损失：

（一）对于金融资产，信用损失应为企业应收取的合同现金流量与预期收取的现金流量之间差额的现值。

（二）对于租赁应收款项，信用损失应为企业应收取的合同现金流量与预期收取的现金流量之间差额的现值。其中，用于确定预期信用损失的现金流量，应与按照《企业会计准则第 21 号——租赁》用于计量租赁应收款项的现金流量保持一致。

（三）对于未提用的贷款承诺，信用损失应为在贷款承诺持有人提用相应贷款的情况下，企业应收取的合同现金流量与预期收取的现金流量之间差额的现值。企业对贷款承诺预期信用损失的估计，应当与其对该贷款承诺提用情况的预期保持一致。

（四）对于财务担保合同，信用损失应为企业就该合同持有人发生的信用损失向其作出赔付的预计付款额，减去企业预期向该合同持有人、债务人或任何其他方收取的金额之间差额的现值。

（五）对于资产负债表日已发生信用减值但并非购买或源生已发生信用减值的金融资产，信用损失应为该金融资产账面余额与按原实际利率折现的估计未来现金流量的现值之间的差额。

第六十条　企业应当以概率加权平均为基础对预期信用损失进行计量。企业对预期信用损失的计量应当反映发生信用损失的各种可能性，但

不必识别所有可能的情形。

第六十一条　在计量预期信用损失时，企业需考虑的最长期限为企业面临信用风险的最长合同期限（包括考虑续约选择权），而不是更长期间，即使该期间与业务实践相一致。

第六十二条　如果金融工具同时包含贷款和未提用的承诺，且企业根据合同规定要求还款或取消未提用承诺的能力并未将企业面临信用损失的期间限定在合同通知期内的，企业对于此类金融工具（仅限于此类金融工具）确认预期信用损失的期间，应当为其面临信用风险且无法用信用风险管理措施予以缓释的期间，即使该期间超过了最长合同期限。

第六十三条　对于下列各项目，企业应当始终按照相当于整个存续期内预期信用损失的金额计量其损失准备：

（一）由《企业会计准则第 14 号——收入》规范的交易形成的应收款项或合同资产，且符合下列条件之一：

1. 该项目未包含《企业会计准则第 14 号——收入》所定义的重大融资成分，或企业根据《企业会计准则第 14 号——收入》规定不考虑不超过一年的合同中的融资成分。

2. 该项目包含《企业会计准则第 14 号——收入》所定义的重大融资成分，同时企业做出会计政策选择，按照相当于整个存续期内预期信用损失的金额计量损失准备。企业应当将该会计政策选择适用于所有此类应收款项和合同资产，但可对应收款项类和合同资产类分别做出会计政策选择。

（二）由《企业会计准则第 21 号——租赁》规范的交易形成的租赁应收款，同时企业做出会计政策选择，按照相当于整个存续期内预期信用损失的金额计量损失准备。企业应当将该会计政策选择适用于所有租赁应收款，但可对应收融资租赁款和应收经营租赁款分别做出会计政策选择。

在适用本条规定时，企业可对应收款项、合同资产和租赁应收款分别选择减值会计政策。

第九章　利得和损失

第六十四条　企业应当将以公允价值计量的金融资产或金融负债的利得或损失计入当期损益，除非该金融资产或金融负债属于下列情形之一：

（一）属于《企业会计准则第 24 号——套期会计》规定的套期关系的一部分。

（二）是一项对非交易性权益工具的投资，且企业已按照本准则第十九条规定将其指定为以公允价值计量且其变动计入其他综合收益的金融资产。

（三）是一项被指定为以公允价值计量且其变动计入当期损益的金融负债，且按照本准则第六十八条规定，该负债由企业自身信用风险变动引起的其公允价值变动应当计入其他综合收益。

（四）是一项按照本准则第十八条分类为以公允价值计量且其变动计入其他综合收益的金融资产，且企业根据本准则第七十一条规定，其减值损失或利得和汇兑损益之外的公允价值变动计入其他综合收益。

第六十五条 企业只有在同时符合下列条件时，才能确认股利收入并计入当期损益：

（一）企业收取股利的权利已经确立；

（二）与股利相关的经济利益很可能流入企业；

（三）股利的金额能够可靠地计量。

第六十六条 以摊余成本计量且不属于任何套期关系的一部分的金融资产所产生的利得或损失，应当在终止确认、按照本准则规定重分类、按照实际利率法摊销或按照本准则规定确认减值时，计入当期损益。如果企业将以摊余成本计量的金融资产重分类为其他类别，应当根据本准则第三十条规定处理其利得或损失。

以摊余成本计量且不属于任何套期关系的一部分的金融负债所产生的利得或损失，应当在终止确认时计入当期损益或在按照实际利率法摊销时计入相关期间损益。

第六十七条 属于套期关系中被套期项目的金融资产或金融负债所产生的利得或损失，应当按照《企业会计准则第 24 号——套期会计》相关规定进行处理。

第六十八条 企业根据本准则第二十二条和第二十六条规定将金融负债指定为以公允价值计量且其变动计入当期损益的金融负债的，该金融负债所产生的利得或损失应当按照下列规定进行处理：

（一）由企业自身信用风险变动引起的该金融负债公允价值的变动金额，应当计入其他综合收益；

（二）该金融负债的其他公允价值变动计入当期损益。

按照本条（一）规定对该金融负债的自身信用风险变动的影响进行处理会造成或扩大损益中的会计错配的，企业应当将该金融负债的全部利得或损失（包括企业自身信用风险变动的影响金额）计入当期损益。

该金融负债终止确认时，之前计入其他综合收益的累计利得或损失应当从其他综合收益中转出，计入留存收益。

第六十九条 企业根据本准则第十九条规定将非交易性权益工具投资指定为以公允价值计量且其变动计入其他综合收益的金融资产的，当该金融资产终止确认时，之前计入其他综合收益的累计利得或损失应当从其他综合收益中转出，计入留存收益。

第七十条 指定为以公允价值计量且其变动计入当期损益的金融负债的财务担保合同和不可撤销贷款承诺所产生的全部利得或损失，应当计入当期损益。

第七十一条 按照本准则第十八条分类为以公允价值计量且其变动计入其他综合收益的金融资产所产生的所有利得或损失，除减值损失或利得和汇兑损益之外，均应当计入其他综合收益，直至该金融资产终止确认或被重分类。但是，采用实际利率法计算的该金融资产的利息应当计入当期损益。该金融资产计入各期损益的金额应当与视同其一直按摊余成本计量而计入各期损益的金额相等。

该金融资产终止确认时，之前计入其他综合收益的累计利得或损失应当从其他综合收益中转出，计入当期损益。

企业将该金融资产重分类为其他类别金融资产的，应当根据本准则第三十一条规定，对之前计入其他综合收益的累计利得或损失进行相应处理。

第十章 衔接规定

第七十二条 本准则施行日之前的金融工具确认和计量与本准则要求不一致的，企业应当进行追溯调整，但本准则第七十三条至第八十三条另有规定的除外。在本准则施行日已经终止确认的项目不适用本准则。

第七十三条 在本准则施行日，企业应当按照本准则的规定对金融工具进行分类和计量（含减值），涉及前期比较财务报表数据与本准则要求不一致的，无需调整。金融工具原账面价值和在本准则施行日的新账面价值之间的差额，应当计入本准则施行日所在年度报告期间的期初留存收益或其他综合收益。同时，企业应当按照《企业会计准则第 37 号——金融工具列报》的相关规定在附注中进行披露。

企业如果调整前期比较财务报表数据，应当能够以前期的事实和情况为依据，且比较数据应当反映本准则的所有要求。

第七十四条 在本准则施行日，企业应当以该日的既有事实和情况为基础，根据本准则第十七条（一）或第十八条（一）的相关规定评估其管理金融资产的业务模式是以收取合同现金流量为目标，还是以既收取合同现金流量又出售金融资产为目标，并据此确定金融资产的分类，进行追溯调整，无须考虑企业之前的业务模式。

第七十五条 在本准则施行日，企业在考虑具有本准则第十六条所述修正的货币时间价值要素的金融资产的合同现金流量特征时，需要对特定货币时间价值要素修正进行评估的，该评估应当以该金融资产初始确认时存在的事实和情况为基础。该评估不切实可行的，企业不应考虑本准则关于货币时间价值要素修正的规定。

第七十六条 在本准则施行日，企业在考虑具有本准则第十六条所述提前还款特征的金融资产的合同现金流量特征时，需要对该提前还款特征的公允价值是否非常小进行评估的，该评估应当以该金融资产初始确认时存在的事实和情况为基础。该评估不切实可行的，企业不应考虑本准则关于提前还款特征例外情形的规定。

第七十七条 在本准则施行日，企业存在根据本准则相关规定应当以公允价值计量的混合合同但之前未以公允价值计量的，该混合合同在前期比较财务报表期末的公允价值应当等于其各组成部分在前期比较财务报表期末公允价值之和。在本准则施行日，企业应当将整个混合合同在该日的公允价值与该混合合同各组成部分在该日的公允价值之和之间的差额，计入本准则施行日所在报告期间的期初留存收益或其他综合收益。

第七十八条 在本准则施行日，企业应当以该日的既有事实和情况为基础，根据本准则的相关规定，对相关金融资产进行指定或撤销指定，并追溯调整：

（一）在本准则施行日，企业可以根据本准则第二十条规定，将满足条件的金融资产指定为以公允价值计量且其变动计入当期损益的金融资产。但企业之前指定为以公允价值计量且其变动计入当期损益的金融资产，不满足本准则第二十条规定的指定条件的，应当解除之前作出的指定；之前指定为以公允价值计量且其变动计入当期损益的金融资产继续满足本准则第二十条规定的指定条件的，企业可以选择继续指定或撤销之前的指定。

（二）在本准则施行日，企业可以根据本准则第十九条规定，将非交易性权益工具投资指定为以公允价值计量且其变动计入其他综合收益的金融资产。

第七十九条 在本准则施行日，企业应当以该日的既有事实和情况为基础，根据本准则的相关规定，对相关金融负债进行指定或撤销指定，并追溯调整：

（一）在本准则施行日，为了消除或显著减少会计错配，企业可以根据本准则第二十二条（一）的规定，将金融负债指定为以公允价值计量且其变动计入当期损益的金融负债。

（二）企业之前初始确认金融负债时，为了消除或显著减少会计错配，已将该金融负债指定为以公允价值计量且其变动计入当期损益的金融负债，但在本准则施行日不再满足本准则规定的指定条件的，企业应当撤销之前的指定；该金融负债在本准则施行日仍然满足本准则规定的指定条件的，企业可以选择继续指定或撤销之前的指定。

第八十条 在本准则施行日，企业按照本准则规定对相关金融资产或金融负债以摊余成本进行计量、应用实际利率法追溯调整不切实可行的，应当按照以下原则进行处理：

（一）以金融资产或金融负债在前期比较财务报表期末的公允价值，作为企业调整前期比较财务报表数据时该金融资产的账面余额或该金融负债的摊余成本；

（二）以金融资产或金融负债在本准则施行日的公允价值，作为该金融资产在本准则施行日的新账面余额或该金融负债的新摊余成本。

第八十一条 在本准则施行日，对于之前以成本计量的、在活跃市场中没有报价且其公允价值不能可靠地计量的权益工具投资或与该权益工具挂钩并须通过交付该工具进行结算的衍生金融资产，企业应当以其

在本准则施行日的公允价值计量。原账面价值与公允价值之间的差额，应当计入本准则施行日所在报告期间的期初留存收益或其他综合收益。

在本准则施行日，对于之前以成本计量的、与在活跃市场中没有报价的权益工具挂钩并须通过交付该权益工具进行结算的衍生金融负债，企业应当以其在本准则施行日的公允价值计量。原账面价值与公允价值之间的差额，应当计入本准则施行日所在报告期间的期初留存收益。

第八十二条 在本准则施行日，企业存在根据本准则第二十二条规定将金融负债指定为以公允价值计量且其变动计入当期损益的金融负债，并且按照本准则第六十八条（一）规定将由企业自身信用风险变动引起的该金融负债公允价值的变动金额计入其他综合收益的，企业应当以该日的既有事实和情况为基础，判断按照上述规定处理是否会造成或扩大损益的会计错配，进而确定是否应当将该金融负债的全部利得或损失（包括企业自身信用风险变动的影响金额）计入当期损益，并按照上述结果追溯调整。

第八十三条 在本准则施行日，企业按照本准则计量金融工具减值的，应当使用无须付出不必要的额外成本或努力即可获得的合理且有依据的信息，确定金融工具在初始确认日的信用风险，并将该信用风险与本准则施行日的信用风险进行比较。

在确定自初始确认后信用风险是否显著增加时，企业可以应用本准则第五十五条的规定根据其是否具有较低的信用风险进行判断，或者应用本准则第五十三条第二段的规定根据相关金融资产逾期是否超过 30 日进行判断。企业在本准则施行日必须付出不必要的额外成本或努力才可获得合理且有依据的信息的，企业在该金融工具终止确认前的所有资产负债表日的损失准备应当等于其整个存续期的预期信用损失。

第十一章 附 则

第八十四条 本准则自 2018 年 1 月 1 日起施行。

24. 企业会计准则第 23 号——金融资产转移（2017 年修订）

（财会〔2017〕8 号）

第一章 总 则

第一条 为了规范金融资产（包括单项或一组类似金融资产）转移和终止确认的会计处理，根据《企业会计准则——基本准则》，制定本准则。

第二条 金融资产转移，是指企业（转出方）将金融资产（或其现金流量）让与或交付给该金融资产发行方之外的另一方（转入方）。

金融资产终止确认，是指企业将之前确认的金融资产从其资产负债表中予以转出。

第三条 企业对金融资产转入方具有控制权的，除在该企业个别财务报表基础上应用本准则外，在编制合并财务报表时，还应当按照《企业会计准则第33号——合并财务报表》的规定合并所有纳入合并范围的子公司(含结构化主体)，并在合并财务报表层面应用本准则。

第二章 金融资产终止确认的一般原则

第四条 金融资产的一部分满足下列条件之一的，企业应当将终止确认的规定适用于该金融资产部分，除此之外，企业应当将终止确认的规定适用于该金融资产整体：

（一）该金融资产部分仅包括金融资产所产生的特定可辨认现金流量。如企业就某债务工具与转入方签订一项利息剥离合同，合同规定转入方有权获得该债务工具利息现金流量，但无权获得该债务工具本金现金流量，终止确认的规定适用于该债务工具的利息现金流量。

（二）该金融资产部分仅包括与该金融资产所产生的全部现金流量完全成比例的现金流量部分。如企业就某债务工具与转入方签订转让合同，合同规定转入方拥有获得该债务工具全部现金流量一定比例的权利，终止确认的规定适用于该债务工具全部现金流量一定比例的部分。

（三）该金融资产部分仅包括与该金融资产所产生的特定可辨认现金流量完全成比例的现金流量部分。如企业就某债务工具与转入方签订转让合同，合同规定转入方拥有获得该债务工具利息现金流量一定比例的权利，终止确认的规定适用于该债务工具利息现金流量一定比例的部分。

企业发生满足本条（二）或（三）条件的金融资产转移，且存在一个以上转入方的，只要企业转移的份额与金融资产全部现金流量或特定可辨认现金流量完全成比例即可，不要求每个转入方均持有成比例的份额。

第五条 金融资产满足下列条件之一的，应当终止确认：

（一）收取该金融资产现金流量的合同权利终止。

（二）该金融资产已转移，且该转移满足本准则关于终止确认的规定。

第三章 金融资产转移的情形及其终止确认

第六条 金融资产转移，包括下列两种情形：

（一）企业将收取金融资产现金流量的合同权利转移给其他方。

（二）企业保留了收取金融资产现金流量的合同权利，但承担了将收取的该现金流量支付给一个或多个最终收款方的合同义务，且同时满足下列条件：

1. 企业只有从该金融资产收到对等的现金流量时，才有义务将其支付给最终收款方。企业提供短期垫付款，但有权全额收回该垫付款并按照市场利率计收利息的，视同满足本条件。

2. 转让合同规定禁止企业出售或抵押该金融资产，但企业可以将其作为向最终收款方支付现金流量义务的保证。

3. 企业有义务将代表最终收款方收取的所有现金流量及时划转给最终收款方，且无重大延误。企业无权将该现金流量进行再投资，但在收款日和最终收款方要求的划转日之间的短暂结算期内，将所收到的现金流量进行现金或现金等价物投资，并且按照合同约定将此类投资的收益支付给最终收款方的，视同满足本条件。

第七条 企业在发生金融资产转移时，应当评估其保留金融资产所有权上的风险和报酬的程度，并分别下列情形处理：

（一）企业转移了金融资产所有权上几乎所有风险和报酬的，应当终止确认该金融资产，并将转移中产生或保留的权利和义务单独确认为资产或负债。

（二）企业保留了金融资产所有权上几乎所有风险和报酬的，应当继续确认该金融资产。（三）企业既没有转移也没有保留金融资产所有权上几乎所有风险和报酬的［即除本条（一）（二）之外的其他情形］，应当根据其是否保留了对金融资产的控制，分别下列情形处理：

1. 企业未保留对该金融资产控制的，应当终止确认该金融资产，并将转移中产生或保留的权利和义务单独确认为资产或负债。

2. 企业保留了对该金融资产控制的，应当按照其继续涉入被转移金融资产的程度继续确认有关金融资产，并相应确认相关负债。

继续涉入被转移金融资产的程度，是指企业承担的被转移金融资产价值变动风险或报酬的程度。

第八条 企业在评估金融资产所有权上风险和报酬的转移程度时，应当比较转移前后其所承担的该金融资产未来净现金流量金额及其时间分布变动的风险。

企业承担的金融资产未来净现金流量现值变动的风险没有因转移而发生显著变化的，表明该企业仍保留了金融资产所有权上几乎所有风险和报酬。如将贷款整体转移并对该贷款可能发生的所有损失进行全额补偿，或者出售一项金融资产但约定以固定价格或者售价加上出借人回报的价格回购。

企业承担的金融资产未来净现金流量现值变动的风险相对于金融资产的未来净现金流量现值的全部变动风险不再显著的，表明该企业已经转移了金融资产所有权上几乎所有风险和报酬。如无条件出售金融资产，或者出售金融资产且仅保留以其在回购时的公允价值进行回购的选择权。

企业通常不需要通过计算即可判断其是否转移或保留了金融资产所有权上几乎所有风险和报酬。在其他情况下，企业需要通过计算评估是否已经转移了金融资产所有权上几乎所有风险和报酬的，在计算和比较金融资产未来现金流量净现值的变动时，应当考虑所有合理、可能的现金流量变动，对于更可能发生的结果赋予更高的权重，并采用适当的市场利率作为折现率。

第九条 企业在判断是否保留了对被转移金融资产的控制时，应当根据转入方是否具有出售被转移金融资产的实际能力而确定。转入方能够单方面将被转移金融资产整体出售给不相关的第三方，且没有额外条件对此项出售加以限制的，表明转入方有出售被转移金融资产的实际能力，从而表明企业未保留对被转移金融资产的控制；在其他情形下，表明企业保留了对被转移金融资产的控制。

在判断转入方是否具有出售被转移金融资产的实际能力时，企业考虑的关键应当是转入方实际上能够采取的行动。被转移金融资产不存在市场或转入方不能单方面自由地处置被转移金融资产的，通常表明转入方不具有出售被转移金融资产的实际能力。

转入方不大可能出售被转移金融资产并不意味着企业（转出方）保留了对被转移金融资产的控制。但存在看跌期权或担保而限制转入方出售被转移金融资产的，转出方实际上保留了对被转移金融资产的控制。如存在看跌期权或担保且很有价值，导致转入方实际上不能在不附加类似期权或其他限制条件的情形下将该被转移金融资产出售给第三方，从而限制了转入方出售被转移金融资产的能力，转入方将持有被转移金融资产以获取看跌期权或担保下相应付款的，企业保留了对被转移金融资产的控制。

第十条 企业认定金融资产所有权上几乎所有风险和报酬已经转移的，除企业在新的交易中重新获得被转移金融资产外，不应当在未来期间再次确认该金融资产。

第十一条 在金融资产转移不满足终止确认条件的情况下，如果同时确认衍生工具和被转移金融资产或转移产生的负债会导致对同一权利或义务的重复确认，则企业（转出方）与转移有关的合同权利或义务不应当作为衍生工具进行单独会计处理。

第十二条 在金融资产转移不满足终止确认条件的情况下，转入方不应当将被转移金融资产全部或部分确认为自己的资产。转入方应当终止确认所支付的现金或其他对价，同时确认一项应收转出方的款项。企业（转出方）同时拥有以固定金额重新控制整个被转移金融资产的权利和义务的（如以固定金额回购被转移金融资产），在满足《企业会计准则第22号——金融工具确认和计量》关于摊余成本计量规定的情况下，转入方可以将其应收款项以摊余成本计量。

第十三条 企业在判断金融资产转移是否满足本准则规定的金融资产终止确认条件时，应当注重金融资产转移的实质。

（一）企业转移了金融资产所有权上几乎所有风险和报酬，应当终止确认被转移金融资产的常见情形有：

1. 企业无条件出售金融资产。

2. 企业出售金融资产，同时约定按回购日该金融资产的公允价值回购。

3. 企业出售金融资产，同时与转入方签订看跌期权合同（即转入方有权将该金融资产返售给企业）或看涨期权合同（即转出方有权回购该金融资产），且根据合同条款判断，该看跌期权或看涨期权为一项重大价外期权（即期权合约的条款设计，使得金融资产的转入方或转出方极小可能会行权）。

（二）企业保留了金融资产所有权上几乎所有风险和报酬，应当继续确认被转移金融资产的常见情形有：

1. 企业出售金融资产并与转入方签订回购协议，协议规定企业将回购原被转移金融资产，或者将予回购的金融资产与售出的金融资产相同或实质上相同、回购价格固定或原售价加上回报。

2. 企业融出证券或进行证券出借。

3. 企业出售金融资产并附有将市场风险敞口转回给企业的总回报互换。

4. 企业出售短期应收款项或信贷资产，并且全额补偿转入方可能因被转移金融资产发生的信用损失。

5. 企业出售金融资产，同时与转入方签订看跌期权合同或看涨期权合同，且根据合同条款判断，该看跌期权或看涨期权为一项重大价内期权（即期权合约的条款设计，使得金融资产的转入方或转出方很可能会行权）。

（三）企业应当按照其继续涉入被转移金融资产的程度继续确认被转移金融资产的常见情形有：

1. 企业转移金融资产，并采用保留次级权益或提供信用担保等方式进行信用增级，企业只转移了被转移金融资产所有权上的部分（非几乎所有）风险和报酬，且保留了对被转移金融资产的控制。

2. 企业转移金融资产，并附有既非重大价内也非重大价外的看涨期权或看跌期权，导致企业既没有转移也没有保留所有权上几乎所有风险和报酬，且保留了对被转移金融资产的控制。

第四章 满足终止确认条件的金融资产转移的会计处理

第十四条 金融资产转移整体满足终止确认条件的，应当将下列两项金额的差额计入当期损益：

（一）被转移金融资产在终止确认日的账面价值。

（二）因转移金融资产而收到的对价，与原直接计入其他综合收益的公允价值变动累计额中对应终止确认部分的金额（涉及转移的金融资产为根据《企业会计准则第22号——金融工具确认和计量》第十八条分类为以公允价值计量且其变动计入其他综合收益的金融资产的情形）之和。企业保留了向该金融资产提供相关收费服务的权利（包括收取该金融资产的现金流量，并将所收取的现金流量划转给指定的资金保管机构等），应当就该服务合同确认一项服务资产或服务负债。如果企业将收取的费用预计超过对服务的充分补偿的，应当将该服务权利作为继续确认部分确认为一项服务资产，并按照本准则第十五条的规定确定该服务资产的金额。如果将收取的费用预计不能充分补偿企业所提供服务的，则应当将由此形成的服务义务确认一项服务负债，并以公允价值进行初始计量。

企业因金融资产转移导致整体终止确认金融资产，同时获得了新金融资产或承担了新金融负债或服务负债的，应当在转移日确认该金融资产、金融负债（包括看涨期权、看跌期权、担保负债、远期合同、互换等）或服务负债，并以公允价值进行初始计量。该金融资产扣除金融负债和服务负债后的净额应当作为上述对价的组成部分。

第十五条 企业转移了金融资产的一部分，且该被转移部分整体满足终止确认条件的，应当将转移前金融资产整体的账面价值，在终止确认部分和继续确认部分（在此种情形下，所保留的服务资产应当视同继续确认金融资产的一部分）之间，按照转移日各自的相对公允价值进行分摊，并将下列两项金额的差额计入当期损益：

（一）终止确认部分在终止确认日的账面价值。

（二）终止确认部分收到的对价，与原计入其他综合收益的公允价值变动累计额中对应终止确认部分的金额（涉及转移的金融资产为根据《企业会计准则第22号——金融工具确认和计量》第十八条分类为以公允价值计量且其变动计入其他综合收益的金融资产的情形）之和。对价包括获得的所有新资产减去承担的所有新负债后的金额。

原计入其他综合收益的公允价值变动累计额中对应终止确认部分的金额，应当按照金融资产终止确认部分和继续确认部分的相对公允价值，对该累计额进行分摊后确定。

第十六条 根据本准则第十五条的规定，企业将转移前金融资产整体的账面价值按相对公允价值在终止确认部分和继续确认部分之间进行分摊时，应当按照下列规定确定继续确认部分的公允价值：

（一）企业出售过与继续确认部分类似的金融资产，或继续确认部分存在其他市场交易的，近期实际交易价格可作为其公允价值的最佳估计。

（二）继续确认部分没有报价或近期没有市场交易的，其公允价值的最佳估计为转移前金融资产整体的公允价值扣除终止确认部分的对价后的差额。

第五章 继续确认被转移金融资产的会计处理

第十七条 企业保留了被转移金融资产所有权上几乎所有风险和报酬而不满足终止确认条件的，应当继续确认被转移金融资产整体，并将收到的对价确认为一项金融负债。

第十八条 在继续确认被转移金融资产的情形下，金融资产转移所涉及的金融资产与所确认的相关金融负债不得相互抵销。在后续会计期间，企业应当继续确认该金融资产产生的收入（或利得）和该金融负债产生的费用（或损失），不得相互抵销。

第六章 继续涉入被转移金融资产的会计处理

第十九条 企业既没有转移也没有保留金融资产所有权上几乎所有风险和报酬，且保留了对该金融资产控制的，应当按照其继续涉入被转移金融资产的程度继续确认该被转移金融资产，并相应确认相关负债。被转移金融资产和相关负债应当在充分反映企业因金融资产转移所保留的权利和承担的义务的基础上进行计量。企业应当按照下列规定对相关负债进行计量：

（一）被转移金融资产以摊余成本计量的，相关负债的账面价值等于继续涉入被转移金融资产的账面价值减去企业保留的权利（如果企业因金融资产转移保留了相关权利）的摊余成本并加上企业承担的义务（如果企业因金融资产转移承担了相关义务）的摊余成本；相关负债不得指定为以公允价值计量且其变动计入当期损益的金融负债。

（二）被转移金融资产以公允价值计量的，相关负债的账面价值等于继续涉入被转移金融资产的账面价值减去企业保留的权利（如果企业因金融资产转移保留了相关权利）的公允价值并加上企业承担的义务（如果企业因金融资产转移承担了相关义务）的公允价值，该权利和义务的公允价值应为按独立基础计量时的公允价值。

第二十条 企业通过对被转移金融资产提供担保方式继续涉入的，应当在转移日按照金融资产的账面价值和担保金额两者的较低者，继续确认被转移金融资产，同时按照担保金额和担保合同的公允价值（通常是提供担保收到的对价）之和确认相关负债。担保金额，是指企业所收到的对价中，可被要求偿还的最高金额。

在后续会计期间，担保合同的初始确认金额应当随担保义务的履行进行摊销，计入当期损益。被转移金融资产发生减值的，计提的损失准备应从被转移金融资产的账面价值中抵减。

第二十一条 企业因持有看涨期权或签出看跌期权而继续涉入被转移金融资产，且该金融资产以摊余成本计量的，应当按照其可能回购的被转移金融资产的金额继续确认被转移金融资产，在转移日按照收到的对价确认相关负债。

被转移金融资产在期权到期日的摊余成本和相关负债初始确认金额之间的差额，应当采用实际利率法摊销，计入当期损益，同时调整相关负债的账面价值。相关期权行权的，应当在行权时，将相关负债的账面价值与行权价格之间的差额计入当期损益。

第二十二条 企业因持有看涨期权或签出看跌期权（或两者兼有，即上下限期权）而继续涉入被转移金融资产，且以公允价值计量该金融资产的，应当分别以下情形进行处理：

（一）企业因持有看涨期权而继续涉入被转移金融资产的，应当继续按照公允价值计量被转移金融资产，同时按照下列规定计量相关负债：

1. 该期权是价内或平价期权的，应当按照期权的行权价格扣除期权的时间价值后的金额，计量相关负债。

2. 该期权是价外期权的，应当按照被转移金融资产的公允价值扣除期权的时间价值后的金额，计量相关负债。

（二）企业因签出看跌期权形成的义务而继续涉入被转移金融资产的，应当按照该金融资产的公允价值和该期权行权价格两者的较低者，计量继续涉入形成的资产；同时，按照该期权的行权价格与时间价值之和，计量相关负债。

（三）企业因持有看涨期权和签出看跌期权（即上下限期权）而继续涉入被转移金融资产的，应当继续按照公允价值计量被转移金融资产，同时按照下列规定计量相关负债：

1. 该看涨期权是价内或平价期权的，应当按照看涨期权的行权价格和看跌期权的公允价值之和，扣除看涨期权的时间价值后的金额，计量相关负债。

2. 该看涨期权是价外期权的，应当按照被转移金融资产的公允价值和看跌期权的公允价值之和，扣除看涨期权的时间价值后的金额，计量相关负债。

第二十三条 企业采用基于被转移金融资产的现金结算期权或类似条款的形式继续涉入的，其会计处理方法与本准则第二十一条和第二十二条中规定的以非现金结算期权形式继续涉入的会计处理方法相同。

第二十四条 企业按继续涉入程度继续确认的被转移金融资产以及确认的相关负债不应当相互抵销。企业应当对继续确认的被转移金融资产确认所产生的收入（或利得），对相关负债确认所产生的费用（或损失），两者不得相互抵销。继续确认的被转移金融资产以公允价值计量的，在后续计量时对其公允价值变动应根据《企业会计准则第 22 号——金融工具确认和计量》第六十四条的规定进行确认，同时相关负债公允价值变动的确认应当与之保持一致，且两者不得相互抵销。

第二十五条 企业对金融资产的继续涉入仅限于金融资产一部分的，企业应当根据本准则第十六条的规定，按照转移日因继续涉入而继续确认部分和不再确认部分的相对公允价值，在两者之间分配金融资产的账面价值，并将下列两项金额的差额计入当期损益：

（一）分配至不再确认部分的账面金额（以转移日计量的为准）；

（二）不再确认部分所收到的对价。

如果涉及转移的金融资产为根据《企业会计准则第 22 号——金融工具确认和计量》第十八条分类为以公允价值计量且其变动计入其他综合收益的金融资产的，不再确认部分的金额对应的原计入其他综合收益的公允价值变动累计额计入当期损益。

第七章 向转入方提供非现金担保物的会计处理

第二十六条 企业向金融资产转入方提供了非现金担保物（如债务工具或权益工具投资等）的，企业（转出方）和转入方应当按照下列规定进行处理：

（一）转入方按照合同或惯例有权出售该担保物或将其再作为担保物的，企业应当将该非现金担保物在财务报表中单独列报。

（二）转入方已将该担保物出售的，转入方应当就归还担保物的义务，按照公允价值确认一项负债。

（三）除因违约丧失赎回担保物权利外，企业应当继续将担保物确认为一项资产。

企业因违约丧失赎回担保物权利的，应当终止确认该担保物；转入方应当将该担保物确认为一项资产，并以公允价值计量。转入方已出售该担保物的，应当终止确认归还担保物的义务。

第八章 衔接规定

第二十七条 在本准则施行日，企业仍继续涉入被转移金融资产的，应当按照《企业会计准则第 22 号——金融工具确认和计量》及本准则关于被转移金融资产确认和计量的相关规定进行追溯调整，再按照本准则的规定对其所确认的相关负债进行重新计量，并将相关影响按照与被转移金融资产一致的方式在本准则施行日进行调整。追溯调整不切实可行的除外。

第九章 附 则

第二十八条 本准则自 2018 年 1 月 1 日起施行。

25. 企业会计准则第 24 号——套期会计（2017 年修订）

（财会〔2017〕9 号）

第一章 总 则

第一条 为了规范套期会计处理，根据《企业会计准则——基本准则》，制定本准则。

第二条 套期，是指企业为管理外汇风险、利率风险、价格风险、信用风险等特定风险引起的风险敞口，指定金融工具为套期工具，以使套期工具的公允价值或现金流量变动，预期抵销被套期项目全部或部分公允价值或现金流量变动的风险管理活动。

第三条 套期分为公允价值套期、现金流量套期和境外经营净投资套期。

公允价值套期，是指对已确认资产或负债、尚未确认的确定承诺，或上述项目组成部分的公允价值变动风险敞口进行的套期。该公允价值变动源于特定风险，且将影响企业的损益或其他综合收益。其中，影响其他综合收益的情形，仅限于企业对指定为以公允价值计量且其变动计入其他综合收益的非交易性权益工具投资的公允价值变动风险敞口进行的套期。

现金流量套期，是指对现金流量变动风险敞口进行的套期。该现金流量变动源于与已确认资产或负债、极可能发生的预期交易，或与上述项目组成部分有关的特定风险，且将影响企业的损益。

境外经营净投资套期，是指对境外经营净投资外汇风险敞口进行的套期。境外经营净投资，是指企业在境外经营净资产中的权益份额。

对确定承诺的外汇风险进行的套期，企业可以将其作为公允价值套期或现金流量套期处理。

第四条 对于满足本准则第二章和第三章规定条件的套期，企业可以运用套期会计方法进行处理。

套期会计方法，是指企业将套期工具和被套期项目产生的利得或损失在相同会计期间计入当期损益（或其他综合收益）以反映风险管理活动影响的方法。

第二章 套期工具和被套期项目

第五条 套期工具，是指企业为进行套期而指定的、其公允价值或现金流量变动预期可抵销被套期项目的公允价值或现金流量变动的金融工具，包括：

（一）以公允价值计量且其变动计入当期损益的衍生工具，但签出期权除外。企业只有在对购入期权（包括嵌入在混合合同中的购入期权）进行套期时，签出期权才可以作为套期工具。嵌入在混合合同中但未分拆的衍生工具不能作为单独的套期工具。

（二）以公允价值计量且其变动计入当期损益的非衍生金融资产或非衍生金融负债，但指定为以公允价值计量且其变动计入当期损益、且其自身信用风险变动引起的公允价值变动计入其他综合收益的金融负债除外。

企业自身权益工具不属于企业的金融资产或金融负债，不能作为套期工具。

第六条 对于外汇风险套期，企业可以将非衍生金融资产（选择以公允价值计量且其变动计入其他综合收益的非交易性权益工具投资除外）或非衍生金融负债的外汇风险成分指定为套期工具。

第七条 在确立套期关系时，企业应当将符合条件的金融工具整体指定为套期工具，但下列情形除外：

（一）对于期权，企业可以将期权的内在价值和时间价值分开，只将期权的内在价值变动指定为套期工具。

（二）对于远期合同，企业可以将远期合同的远期要素和即期要素分开，只将即期要素的价值变动指定为套期工具。

（三）对于金融工具，企业可以将金融工具的外汇基差单独分拆，只将排除外汇基差后的金融工具指定为套期工具。

（四）企业可以将套期工具的一定比例指定为套期工具，但不可以将套期工具剩余期限内某一时段的公允价值变动部分指定为套期工具。

第八条 企业可以将两项或两项以上金融工具（或其一定比例）的组合指定为套期工具（包括组合内的金融工具形成风险头寸相互抵销的情形）。

对于一项由签出期权和购入期权组成的期权（如利率上下限期权），或对于两项或两项以上金融工具（或其一定比例）的组合，其在指定日实质上相当于一项净签出期权的，不能将其指定为套期工具。只有在对购入期权（包括嵌入在混合合同中的购入期权）进行套期时，净签出期权才可以作为套期工具。

第九条 被套期项目，是指使企业面临公允价值或现金流量变动风险，且被指定为被套期对象的、能够可靠计量的项目。企业可以将下列单个项目、项目组合或其组成部分指定为被套期项目：

（一）已确认资产或负债。

（二）尚未确认的确定承诺。确定承诺，是指在未来某特定日期或期间，以约定价格交换特定数量资源、具有法律约束力的协议。

（三）极可能发生的预期交易。预期交易，是指尚未承诺但预期会发生的交易。

（四）境外经营净投资。

上述项目组成部分是指小于项目整体公允价值或现金流量变动的部分，企业只能将下列项目组成部分或其组合指定为被套期项目：

（一）项目整体公允价值或现金流量变动中仅由某一个或多个特定风险引起的公允价值或现金流量变动部分（风险成分）。根据在特定市场环境下的评估，该风险成分应当能够单独识别并可靠计量。风险成分也包括被套期项目公允价值或现金流量的变动仅高于或仅低于特定价格或其他变量的部分。

（二）一项或多项选定的合同现金流量。

（三）项目名义金额的组成部分，即项目整体金额或数量的特定部分，其可以是项目整体的一定比例部分，也可以是项目整体的某一层级部分。若某一层级部分包含提前还款权，且该提前还款权的公允价值受被套期风险变化影响的，企业不得将该层级指定为公允价值套期的被套期项目，但企业在计量被套期项目的公允价值时已包含该提前还款权影响的情况除外。

第十条 企业可以将符合被套期项目条件的风险敞口与衍生工具组合形成的汇总风险敞口指定为被套期项目。

第十一条 当企业出于风险管理目的对一组项目进行组合管理、且组合中的每一个项目（包括其组成部分）单独都属于符合条件的被套期项目时，可以将该项目组合指定为被套期项目。

在现金流量套期中，企业对一组项目的风险净敞口（存在风险头寸相互抵销的项目）进行套期时，仅可以将外汇风险净敞口指定为被套期项目，并且应当在套期指定中明确预期交易预计影响损益的报告期间，以及预期交易的性质和数量。

第十二条 企业将一组项目名义金额的组成部分指定为被套期项目时，应当分别满足下列条件：

（一）企业将一组项目的一定比例指定为被套期项目时，该指定应当与该企业的风险管理目标相一致。

（二）企业将一组项目的某一层级部分指定为被套期项目时，应当同时满足下列条件：

1. 该层级能够单独识别并可靠计量。

2. 企业的风险管理目标是对该层级进行套期。

3. 该层级所在的整体项目组合中的所有项目均面临相同的被套期风险。

4. 对于已经存在的项目（如已确认资产或负债、尚未确认的确定承诺）进行的套期，被套期层级所在的整体项目组合可识别并可追踪。

5. 该层级包含提前还款权的，应当符合本准则第九条项目名义金额的组成部分中的相关要求。

本准则所称风险管理目标，是指企业在某一特定套期关系层面上，确定如何指定套期工具和被套期项目，以及如何运用指定的套期工具对指定为被套期项目的特定风险敞口进行套期。

第十三条 如果被套期项目是净敞口为零的项目组合（即各项目之间的风险完全相互抵销），同时满足下列条件时，企业可以将该组项目指定在不含套期工具的套期关系中：

（一）该套期是风险净敞口滚动套期策略的一部分，在该策略下，企业定期对同类型的新的净敞口进行套期；

（二）在风险净敞口滚动套期策略整个过程中，被套期净敞口的规模会发生变化，当其不为零时，企业使用符合条件的套期工具对净敞口进行套期，并通常采用套期会计方法；

（三）如果企业不对净敞口为零的项目组合运用套期会计，将导致不一致的会计结果，因为不运用套期会计方法将不会确认在净敞口套期下确认的相互抵销的风险敞口。

第十四条 运用套期会计时，在合并财务报表层面，只有与企业集团之外的对手方之间交易形成的资产、负债、尚未确认的确定承诺或极可能发生的预期交易才能被指定为被套期项目；在合并财务报表层面，只有与企业集团之外的对手方签订的合同才能被指定为套期工具。对于同一企业集团内的主体之间的交易，在企业个别财务报表层面可以运用套期会计，在企业集团合并财务报表层面不得运用套期会计，但下列情形除外：

（一）在合并财务报表层面，符合《企业会计准则第 33 号——合并财务报表》规定的投资性主体与其以公允价值计量且其变动计入当期损益的子公司之间的交易，可以运用套期会计。

（二）企业集团内部交易形成的货币性项目的汇兑收益或损失，不能在合并财务报表中全额抵销的，企业可以在合并财务报表层面将该货币性项目的外汇风险指定为被套期项目。

（三）企业集团内部极可能发生的预期交易，按照进行此项交易的主体的记账本位币以外的货币标价，且相关的外汇风险将影响合并损益的，企业可以在合并财务报表层面将该外汇风险指定为被套期项目。

第三章 套期关系评估

第十五条 公允价值套期、现金流量套期或境外经营净投资套期同时满足下列条件的，才能运用本准则规定的套期会计方法进行处理：

（一）套期关系仅由符合条件的套期工具和被套期项目组成。

（二）在套期开始时，企业正式指定了套期工具和被套期项目，并准备了关于套期关系和企业从事套期的风险管理策略和风险管理目标的书面文件。该文件至少载明了套期工具、被套期项目、被套期风险的性质以及套期有效性评估方法（包括套期无效部分产生的原因分析以及套期比率确定方法）等内容。

（三）套期关系符合套期有效性要求。

套期有效性，是指套期工具的公允价值或现金流量变动能够抵销被套期风险引起的被套期项目公允价值或现金流量变动的程度。套期工具的公允价值或现金流量变动大于或小于被套期项目的公允价值或现金流量变动的部分为套期无效部分。

第十六条 套期同时满足下列条件的，企业应当认定套期关系符合套期有效性要求：

（一）被套期项目和套期工具之间存在经济关系。该经济关系使得套期工具和被套期项目的价值因面临相同的被套期风险而发生方向相反的变动。

（二）被套期项目和套期工具经济关系产生的价值变动中，信用风险的影响不占主导地位。

（三）套期关系的套期比率，应当等于企业实际套期的被套期项目数量与对其进行套期的套期工具实际数量之比，但不应当反映被套期项目和套期工具相对权重的失衡，这种失衡会导致套期无效，并可能产生与套期会计目标不一致的会计结果。例如，企业确定拟采用的套期比率是为了避免确认现金流量套期的套期无效部分，或是为了创造更多的被套期项目进行公允价值调整以达到增加使用公允价值会计的目的，可能会产生与套期会计目标不一致的会计结果。

第十七条 企业应当在套期开始日及以后期间持续地对套期关系是否符合套期有效性要求进行评估，尤其应当分析在套期剩余期限内预期将影响套期关系的套期无效部分产生的原因。企业至少应当在资产负债表日及相关情形发生重大变化将影响套期有效性要求时对套期关系进行评估。

第十八条 套期关系由于套期比率的原因而不再符合套期有效性要求，但指定该套期关系的风险管理目标没有改变的，企业应当进行套期关系再平衡。

本准则所称套期关系再平衡，是指对已经存在的套期关系中被套期项目或套期工具的数量进行调整，以使套期比率重新符合套期有效性要求。基于其他目的对被套期项目或套期工具所指定的数量进行变动，不构成本准则所称的套期关系再平衡。

企业在套期关系再平衡时，应当首先确认套期关系调整前的套期无效部分，并更新在套期剩余期限内预期将影响套期关系的套期无效部分产生原因的分析，同时相应更新套期关系的书面文件。

第十九条 企业发生下列情形之一的，应当终止运用套期会计：

（一）因风险管理目标发生变化，导致套期关系不再满足风险管理目标。

（二）套期工具已到期、被出售、合同终止或已行使。

（三）被套期项目与套期工具之间不再存在经济关系，或者被套期项目和套期工具经济关系产生的价值变动中，信用风险的影响开始占主导地位。

（四）套期关系不再满足本准则所规定的运用套期会计方法的其他条件。在适用套期关系再平衡的情况下，企业应当首先考虑套期关系再平衡，然后评估套期关系是否满足本准则所规定的运用套期会计方法的条件。

终止套期会计可能会影响套期关系的整体或其中一部分，在仅影响其中一部分时，剩余未受影响的部分仍适用套期会计。

第二十条 套期关系同时满足下列条件的，企业不得撤销套期关系的指定并由此终止套期关系：

（一）套期关系仍然满足风险管理目标；

（二）套期关系仍然满足本准则运用套期会计方法的其他条件。在适用套期关系再平衡的情况下，企业应当首先考虑套期关系再平衡，然后评估套期关系是否满足本准则所规定的运用套期会计方法的条件。

第二十一条 企业发生下列情形之一的，不作为套期工具已到期或合同终止处理：

（一）套期工具展期或被另一项套期工具替换，而且该展期或替换是企业书面文件所载明的风险管理目标的组成部分。

（二）由于法律法规或其他相关规定的要求，套期工具的原交易对手方变更为一个或多个清算交易对手方（例如清算机构或其他主体），以最终达成由同一中央交易对手方进行清算的目的。如果存在套期工具其他变更的，该变更应当仅限于达成此类替换交易对手方所必需的变更。

第四章 确认和计量

第二十二条 公允价值套期满足运用套期会计方法条件的，应当按照下列规定处理：

（一）套期工具产生的利得或损失应当计入当期损益。如果套期工具是对选择以公允价值计量且其变动计入其他综合收益的非交易性权益工具投资（或其组成部分）进行套期的，套期工具产生的利得或损失应当计入其他综合收益。

（二）被套期项目因被套期风险敞口形成的利得或损失应当计入当期损益，同时调整未以公允价值计量的已确认被套期项目的账面价值。被套期项目为按照《企业会计准则第22

号——金融工具确认和计量》第十八条分类为以公允价值计量且其变动计入其他综合收益的金融资产（或其组成部分）的，其因被套期风险敞口形成的利得或损失应当计入当期损益，其账面价值已经按公允价值计量，不需要调整；被套期项目为企业选择以公允价值计量且其变动计入其他综合收益的非交易性权益工具投资（或其组成部分）的，其因被套期风险敞口形成的利得或损失应当计入其他综合收益，其账面价值已经按公允价值计量，不需要调整。

被套期项目为尚未确认的确定承诺（或其组成部分）的，其在套期关系指定后因被套期风险引起的公允价值累计变动额应当确认为一项资产或负债，相关的利得或损失应当计入各相关期间损益。当履行确定承诺而取得资产或承担负债时，应当调整该资产或负债的初始确认金额，以包括已确认的被套期项目的公允价值累计变动额。

第二十三条 公允价值套期中，被套期项目为以摊余成本计量的金融工具（或其组成部分）的，企业对被套期项目账面价值所作的调整应当按照开始摊销日重新计算的实际利率进行摊销，并计入当期损益。该摊销可以自调整日开始，但不应当晚于对被套期项目终止进行套期利得和损失调整的时点。被套期项目为按照《企业会计准则第 22 号——金融工具确认和计量》第十八条分类为以公允价值计量且其变动计入其他综合收益的金融资产（或其组成部分）的，企业应当按照相同的方式对累计已确认的套期利得或损失进行摊销，并计入当期损益，但不调整金融资产（或其组成部分）的账面价值。

第二十四条 现金流量套期满足运用套期会计方法条件的，应当按照下列规定处理：

（一）套期工具产生的利得或损失中属于套期有效的部分，作为现金流量套期储备，应当计入其他综合收益。现金流量套期储备的金额，应当按照下列两项的绝对额中较低者确定：

1. 套期工具自套期开始的累计利得或损失；

2. 被套期项目自套期开始的预计未来现金流量现值的累计变动额。

每期计入其他综合收益的现金流量套期储备的金额应当为当期现金流量套期储备的变动额。

（二）套期工具产生的利得或损失中属于套期无效的部分（即扣除计入其他综合收益后的其他利得或损失），应当计入当期损益。

第二十五条 现金流量套期储备的金额，应当按照下列规定处理：

（一）被套期项目为预期交易，且该预期交易使企业随后确认一项非金融资产或非金融负债的，或者非金融资产或非金融负债的预期交易形成一项适用于公允价值套期会计的确定承诺时，企业应当将原在其他综合收益中确认的现金流量套期储备金额转出，计入该资产或负债的初始确认金额。

（二）对于不属于本条（一）涉及的现金流量套期，企业应当在被套期的预期现金流量影响损益的相同期间，将原在其他综合收益中确认的现金流量套期储备金额转出，计入当期损益。

（三）如果在其他综合收益中确认的现金流量套期储备金额是一项损失，且该损失全部或部分预计在未来会计期间不能弥补的，企业应当在预计不能弥补时，将预计不能弥补的部分从其他综合收益中转出，计入当期损益。

第二十六条 当企业对现金流量套期终止运用套期会计时，在其他综合收益中确认的累计现金流量套期储备金额，应当按照下列规定进行处理：

（一）被套期的未来现金流量预期仍然会发生的，累计现金流量套期储备的金额应当予以保留，并按照本准则第二十五条的规定进行会计处理。

（二）被套期的未来现金流量预期不再发生的，累计现金流量套期储备的金额应当从其他综合收益中转出，计入当期损益。被套期的未来现金流量预期不再极可能发生但可能预期仍然会发生，在预期仍然会发生的情况下，累计现金流量套期储备的金额应当予以保留，并按照本准则第二十五条的规定进行会计处理。

第二十七条 对境外经营净投资的套期，包括对作为净投资的一部分进行会计处理的货币性项目的套期，应当按照类似于现金流量套期会计的规定处理：

（一）套期工具形成的利得或损失中属于套期有效的部分，应当计入其他综合收益。

全部或部分处置境外经营时，上述计入其他综合收益的套期工具利得或损失应当相应转出，计入当期损益。

（二）套期工具形成的利得或损失中属于套期无效的部分，应当计入当期损益。

第二十八条 企业根据本准则第十八条规定对套期关系作出再平衡的，应当在调整套期关系之前确定套期关系的套期无效部分，并将相关利得或损失计入当期损益。

套期关系再平衡可能会导致企业增加或减少指定套期关系中被套期项目或套期工具的数量。企业增加了指定的被套期项目或套期工具的，增加部分自指定增加之日起作为套期关系的一部分进行处理；企业减少了指定的被套期项目或套期工具的，减少部分自指定减少之日起不再作为套期关系的一部分，作为套期关系终止处理。

第二十九条 对于被套期项目为风险净敞口的套期，被套期风险影响利润表不同列报项目的，企业应当将相关套期利得或损失单独列报，不应当影响利润表中与被套期项目相关的损益列报项目金额（如营业收入或营业成本）。

对于被套期项目为风险净敞口的公允价值套期，涉及调整被套期各组成项目账面价值的，企业应当对各项资产和负债的账面价值做相应调整。

第三十条 除本准则第二十九条规定外，对于被套期项目为一组项目的公允价值套期，企业在套期关系存续期间，应当针对被套期项目组合中各组成项目，分别确认公允价值变动所引起的相关利得或损失，按照本准则第二十二条的规定进行相应处理，计入当期损益或其他综合收益。涉及调整被套期各组成项目账面价值的，企业应当对各项资产和负债的账面价值做相应调整。

除本准则第二十九条规定外，对于被套期项目为一组项目的现金流量套期，企业在将其他综合收益中确认的相关现金流量套期储备转出时，应当按照系统、合理的方法将转出金额在被套期各组成项目中分摊，并按照本准则第二十五条的规定进行相应处理。

第三十一条 企业根据本准则第七条规定将期权的内在价值和时间价值分开，只将期权的内在价值变动指定为套期工具时，应当区分被套期项目的性质是与交易相关还是与时间段相关。被套期项目与交易相关的，对其进行套期的期权时间价值具备交易成本的特征；被套期项目与时间段相关的，对其进行套期的期权时间价值具备为保护企业在特定时间段内规避风险所需支付成本的特征。企业应当根据被套期项目的性质分别进行以下会计处理：

（一）对于与交易相关的被套期项目，企业应当按照本准则第三十二条的规定，将期权时间价值的公允价值变动中与被套期项目相关的部分计入其他综合收益。对于在其他综合收益中确认的期权时间价值的公允价值累计变动额，应当按照本准则第二十五条规定的与现金流量套期储备金额相同的会计处理方法进行处理。

（二）对于与时间段相关的被套期项目，企业应当按照本准则第三十二条的规定，将期权时间价值的公允价值变动中与被套期项目相关的部分计入其他综合收益。同时，企业应当按照系统、合理的方法，将期权被指定为套期工具当日的时间价值中与被套期项目相关的部分，在套期关系影响损益或其他综合收益（仅限于企业对指定为以公允价值计量且其变动计入其他综合收益的非交易性权益工具投资的公允价值变动风险敞口进行的套期）的期间内摊销，摊销金额从其他综合收益中转出，计入当期损益。若企业终止运用套期会计，则其他综合收益中剩余的相关金额应当转出，计入当期损益。

期权的主要条款（如名义金额、期限和标的）与被套期项目相一致的，期权的实际时间价值与被套期项目相关；期权的主要条款与被套期项目不完全一致的，企业应当通过对主要条款与被套期项目完全一致的期权进行估值确定校准时间价值，并确认期权的实际时间价值中与被套期项目相关的部分。

第三十二条　在套期关系开始时，期权的实际时间价值高于校准时间价值的，企业应当以校准时间价值为基础，将其累计公允价值变动计入其他综合收益，并将这两个时间价值的公允价值变动差额计入当期损益；在套期关系开始时，期权的实际时间价值低于校准时间价值的，企业应当将两个时间价值中累计公允价值变动的较低者计入其他综合收益，如果实际时间价值的累计公允价值变动扣减累计计入其他综合收益金额后尚有剩余的，应当计入当期损益。

第三十三条　企业根据本准则第七条规定将远期合同的远期要素和即期要素分开、只将即期要素的价值变动指定为套期工具的，或者将金融工具的外汇基差单独分拆、只将排除外汇基差后的金融工具指定为套期工具的，可以按照与前述期权时间价值相同的处理方式对远期合同的远期要素或金融工具的外汇基差进行会计处理。

第五章　信用风险敞口的公允价值选择权

第三十四条　企业使用以公允价值计量且其变动计入当期损益的信用衍生工具管理金融工具（或其组成部分）的信用风险敞口时，可以在该金融工具（或其组成部分）初始确认时、后续计量中或尚未确认时，将其指定为以公允价值计量且其变动计入当期损益的金融工具，并同时作出书面记录，但应当同时满足下列条件：

（一）金融工具信用风险敞口的主体（如借款人或贷款承诺持有人）与信用衍生工具涉及的主体相一致；

（二）金融工具的偿付级次与根据信用衍生工具条款须交付的工具的偿付级次相一致。

上述金融工具（或其组成部分）被指定为以公允价值计量且其变动计入当期损益的金融工具的，企业应当在指定时将其账面价值（如有）与其公允价值之间的差额计入当期损益。如该金融工具是按照《企业会计准则第 22 号——金融工具确认和计量》第十八条分类为以公允价值计量且其变动计入其他综合收益的金融资产的，企业应当将之前计入其他综合收益的累计利得或损失转出，计入当期损益。

第三十五条　同时满足下列条件的，企业应当对按照本准则第三十四条规定的金融工具（或其一定比例）终止以公允价值计量且其变动计入当期损益：

（一）本准则第三十四条规定的条件不再适用，例如信用衍生工具或金融工具（或其一定比例）已到期、被出售、合同终止或已行使，或企业的风险管理目标发生变化，不再通过信用衍生工具进行风险管理。

（二）金融工具（或其一定比例）按照《企业会计准则第 22 号——金融工具确认和计量》的规定，仍然不满足以公允价值计量且其变动计入当期损益的金融工具的条件。

当企业对金融工具（或其一定比例）终止以公允价值计量且其变动计入当期损益时，该金融工具（或其一定比例）在终止时的公允价值应当作为其新的账面价值。同时，企业应当采用与该金融工具被指定为以公允价值计量且其变动计入当期损益之前相同的方法进行计量。

第六章　衔 接 规 定

第三十六条　本准则施行日之前套期会计处理与本准则要求不一致的，企业不作追溯调整，但本准则第三十七条所规定的情况除外。

在本准则施行日，企业应当按照本准则的规定对所存在的套期关系进行评估。在符合本准则规定的情况下可以进行再平衡，再平衡后仍然符合本准则规定的运用套期会计方法条件的，将其视为持续的套期关系，并将再平衡所产生的相关利得或损失计入当期损益。

第三十七条　下列情况下，企业应当按照本准则的规定，对在比较财务报表期间最早的期初已经存在的以及在此之后被指定的套期关系进行追溯调整：

（一）企业将期权的内在价值和时间价值分开，只将期权的内在价值变动指定为套期工具。

（二）本准则第二十一条（二）规定的情形。

此外，企业将远期合同的远期要素和即期要素分开、只将即期要素的价值变动指定为套期工具的，或者将金融工具的外汇基差单独分拆、只将排除外汇基差后的金融工具指定为套期工具的，可以按照与本准则关于期权时间价值相同的处理方式对远期合同的远期要素和金融工具的外汇基差的会计处理进行追溯调整。如果选择追溯调整，企业应当对所有满足该选择条件的套期关系进行追溯调整。

第七章 附 则

第三十八条 本准则自2018年1月1日起施行。

26. 企业会计准则第25号——保险合同（2020年发布）

（财会〔2020〕20号）

第一章 总 则

第一条 为了规范保险合同的确认、计量和相关信息的列报，根据《企业会计准则——基本准则》，制定本准则。

第二条 保险合同，是指企业（合同签发人）与保单持有人约定，在特定保险事项对保单持有人产生不利影响时给予其赔偿，并因此承担源于保单持有人重大保险风险的合同。

保险事项，是指保险合同所承保的、产生保险风险的不确定未来事项。

保险风险，是指从保单持有人转移至合同签发人的除金融风险之外的风险。

第三条 本准则适用于下列保险合同：

（一）企业签发的保险合同（含分入的再保险合同）；

（二）企业分出的再保险合同；

（三）企业在合同转让或非同一控制下企业合并中取得的上述保险合同。

签发保险合同的企业所签发的具有相机参与分红特征的投资合同适用本准则。

再保险合同，是指再保险分入人（再保险合同签发人）与再保险分出人约定，对再保险分出人由对应的保险合同所引起的赔付等进行补偿的保险合同。

具有相机参与分红特征的投资合同，是指赋予特定投资者合同权利以收取保证金额和附加金额的金融工具。附加金额由企业（合同签发人）基于特定项目回报相机决定，且预计构成合同利益的重要部分。

第四条 下列各项适用其他相关会计准则：

（一）由《企业会计准则第6号——无形资产》《企业会计准则第14号——收入》和《企业会计准则第21号——租赁》规范的基于非金融项目未来使用情况等形成的合同权利或义务，分别适用《企业会计准则第6号——无形资产》《企业会计准则第14号——收入》和《企业会计准则第21号——租赁》。

（二）由《企业会计准则第9号——职工薪酬》和《企业会计准则第11号——股份支付》规范的职工薪酬计划、股份支付等形成的权利或义务，分别适用《企业会计准则第9号——职工薪酬》和《企业会计准则第11号——股份支付》。

（三）由《企业会计准则第14号——收入》规范的附有质量保证条款的销售，适用《企业会计准则第14号——收入》。

（四）生产商、经销商和零售商提供的余值担保，以及租赁合同中由承租方提供的余值担保，分别适用《企业会计准则第 14 号——收入》和《企业会计准则第 21 号——租赁》。

（五）企业合并中的或有对价，适用《企业会计准则第 20 号——企业合并》。

（六）财务担保合同，适用《企业会计准则第 22 号——金融工具确认和计量》《企业会计准则第 23 号——金融资产转移》《企业会计准则第 24 号——套期会计》和《企业会计准则第 37 号——金融工具列报》（以下统称“金融工具相关会计准则”）。企业明确表明将此类合同视作保险合同，并且已按照保险合同相关会计准则进行会计处理的，应当基于单项合同选择适用本准则或金融工具相关会计准则。选择一经作出，不得撤销。

（七）符合保险合同定义的信用卡合同或类似合同，如果定价时未单独评估和反映单一保单持有人的保险风险，合同条款中除保险保障服务以外的部分，适用金融工具相关会计准则或其他相关会计准则。

第五条 符合保险合同定义但主要以固定收费方式提供服务的合同，同时符合下列条件的，企业可以选择适用《企业会计准则第 14 号——收入》或本准则：

（一）合同定价不反映对单个保单持有人的风险评估；

（二）合同通过提供服务而非支付现金补偿保单持有人；

（三）合同转移的保险风险主要源于保单持有人对服务的使用而非服务成本的不确定性。

该选择应当基于单项合同，一经作出，不得撤销。

第六条 符合保险合同定义但对保险事项的赔偿金额仅限于清算保单持有人因该合同而产生的支付义务的合同（如包含死亡豁免条款的贷款合同），企业可以选择适用金融工具相关会计准则或本准则。该选择应当基于保险合同组合，一经作出，不得撤销。

第二章 保险合同的识别、合并和分拆

第七条 企业应当评估各单项合同的保险风险是否重大，据此判断该合同是否为保险合同。对于合同开始日经评估符合保险合同定义的合同，后续不再重新评估。

第八条 企业基于整体商业目的而与同一或相关联的多个合同对方订立的多份保险合同，应当合并为一份合同进行会计处理，以反映其商业实质。

第九条 保险合同中包含多个组成部分的，企业应当将下列组成部分予以分拆，并分别适用相关会计准则：

（一）符合《企业会计准则第 22 号——金融工具确认和计量》分拆条件的嵌入衍生工具，适用金融工具相关会计准则。

（二）可明确区分的投资成分，适用金融工具相关会计准则，但与投资成分相关的合同条款符合具有相机参与分红特征的投资合同定义的，应当适用本准则。

（三）可明确区分的商品或非保险合同服务的承诺，适用《企业会计准则第 14 号——收入》。

保险合同经上述分拆后的剩余组成部分，适用本准则。

投资成分，是指无论保险事项是否发生均须偿还给保单持有人的金额。

保险合同服务，是指企业为保险事项提供的保险保障服务、为不具有直接参与分红特征的保险合同持有人提供的投资回报服务，以及代具有直接参与分红特征的保险合同持有人管理基础项目的投资相关服务。

第十条 企业应当根据保险合同分拆情况分摊合同现金流量。合同现金流量扣除已分拆嵌入衍生工具和可明确区分的投资成分的现金流量后，在保险成分（含未分拆嵌入衍生工具、不可明确区分的投资成分和不可明确区分的商品或非保险合同服务的承诺，下同）和可明确区分的商品或非保险合同服务的承诺之间进行分摊，分摊至保险成分的现金流量适用本准则。

第三章 保险合同的分组

第十一条 企业应当将具有相似风险且统一管理的保险合同归为同一保险合同组合。

第十二条 企业应当将同一合同组合至少分为下列合同组：

（一）初始确认时存在亏损的合同组；

（二）初始确认时无显著可能性在未来发生亏损的合同组；

（三）该组合中剩余合同组成的合同组。

企业不得将签发时间间隔超过一年的合同归入同一合同组。

第十三条 企业可以按照获利水平、亏损程度或初始确认后在未来发生亏损的可能性等，对合同组作进一步细分。

第十四条 企业应当以合同组合中单项合同为基础，逐项评估其归属的合同组。但有合理可靠的信息表明多项合同属于同一合同组的，企业可以多项合同为基础评估其归属的合同组。

第十五条 企业针对不同特征保单持有人设定不同价格或承诺不同利益水平的实际能力因法律法规或监管要求而受到限制，并将因此限制而导致合同组合中的合同被归入不同合同组的，企业可以不考虑相关限制的影响，将这些合同归入同一合同组。

第四章 确　　认

第十六条 企业应当在下列时点中的最早时点确认其签发的合同组：

（一）责任期开始日；

（二）保单持有人首付款到期日，或者未约定首付款到期日时企业实际收到首付款日；

（三）发生亏损时。

合同组合中的合同符合上述时点要求时，企业应当根据本准则第三章相关规定评估其归属的合同组，后续不再重新评估。

责任期，是指企业向保单持有人提供保险合同服务的期间。

第十七条 企业应当将合同组确认前已付或应付的、系统合理分摊至相关合同组的保险获取现金流量，确认为保险获取现金流量资产。

保险获取现金流量，是指因销售、核保和承保已签发或预计签发的合同组而产生的，可直接归属于其对应合同组合的现金流量。

第十八条 合同组合中的合同归入其所属合同组时，企业应当终止确认该合同对应的保险获取现金流量资产。

第十九条 资产负债表日，如果事实和情况表明保险获取现金流量资产可能存在减值迹象，企业应当估计其可收回金额。保险获取现金流量资产的可收回金额低于其账面价值的，企业应当计提资产减值准备，确认减值损失，计入当期损益。导致以前期间减值因素已经消失的，应当转回原已计提的资产减值准备，计入当期损益。

第五章 计　　量

第一节 一般规定

第二十条 企业应当以合同组作为计量单元。

企业应当在合同组初始确认时按照履约现金流量与合同服务边际之和对保险合同负债进行初始计量。

合同服务边际，是指企业因在未来提供保险合同服务而将于未来确认的未赚利润。

本准则第六章对分出的再保险合同组确认和计量另有规定的，从其规定。

第二十一条　履约现金流量包括下列各项：

（一）与履行保险合同直接相关的未来现金流量的估计；

（二）货币时间价值及金融风险调整；

（三）非金融风险调整。

非金融风险调整，是指企业在履行保险合同时，因承担非金融风险导致的未来现金流量在金额和时间方面的不确定性而要求得到的补偿。

履约现金流量的估计不考虑企业自身的不履约风险。

第二十二条　企业可以在高于合同组或合同组合的汇总层面估计履约现金流量，并采用系统合理的方法分摊至合同组。

第二十三条　未来现金流量的估计应当符合下列要求：

（一）未来现金流量估计值为无偏的概率加权平均值；

（二）有关市场变量的估计应当与可观察市场数据一致；

（三）以当前可获得的信息为基础，反映计量时存在的情况和假设；

（四）与货币时间价值及金融风险调整分别估计，估计技术适合合并估计的除外。

第二十四条　企业估计未来现金流量时应当考虑合同组内各单项合同边界内的现金流量，不得将合同边界外的未来现金流量用于合同组的计量。

企业有权要求保单持有人支付保费或者有实质性义务向保单持有人提供保险合同服务的，该权利或义务所产生的现金流量在保险合同边界内。

存在下列情形之一的，表明企业无实质性义务向保单持有人提供保险合同服务：

（一）企业有实际能力重新评估该保单持有人的风险，并据此可重新设定价格或承诺利益水平以充分反映该风险。

（二）企业有实际能力重新评估该合同所属合同组合的风险，并据此可重新设定价格或承诺利益水平以充分反映该风险，且重新评估日前对应保费在定价时未考虑重新评估日后的风险。

第二十五条　企业应当采用适当的折现率对履约现金流量进行货币时间价值及金融风险调整，以反映货币时间价值及未包含在未来现金流量估计中的有关金融风险。适当的折现率应当同时符合下列要求：

（一）反映货币时间价值、保险合同现金流量特征以及流动性特征；

（二）基于与保险合同具有一致现金流量特征的金融工具当前可观察市场数据确定，且不考虑与保险合同现金流量无关但影响可观察市场数据的其他因素。

第二十六条　企业在估计履约现金流量时应当考虑非金融风险调整，以反映非金融风险对履约现金流量的影响。

企业应当单独估计非金融风险调整，不得在未来现金流量和折现率的估计中隐含非金融风险调整。

第二十七条　企业应当在合同组初始确认时计算下列各项之和：

（一）履约现金流量；

（二）在该日终止确认保险获取现金流量资产以及其他相关资产或负债对应的现金流量；

（三）合同组内合同在该日产生的现金流量。

上述各项之和反映为现金净流入的，企业应当将其确认为合同服务边际；反映为现金净流出的，企业应当将其作为首日亏损计入当期损益。

第二十八条　企业应当在资产负债表日按照未到期责任负债与已发生赔款负债之和对保险合同负债进行后续计量。

未到期责任负债包括资产负债表日分摊至保险合同组的、与未到期责任有关的履约现金流量和当日该合同组的合同服务边际。

已发生赔款负债包括资产负债表日分摊至保险合同组的、与已发生赔案及其他相关费用有关的履约现金流量。

第二十九条 对于不具有直接参与分红特征的保险合同组，资产负债表日合同组的合同服务边际账面价值应当以期初账面价值为基础，经下列各项调整后予以确定：

（一）当期归入该合同组的合同对合同服务边际的影响金额；

（二）合同服务边际在当期计提的利息，计息利率为该合同组内合同确认时、不随基础项目回报变动的现金流量所适用的加权平均利率；

（三）与未来服务相关的履约现金流量的变动金额，但履约现金流量增加额超过合同服务边际账面价值所导致的亏损部分，以及履约现金流量减少额抵销的未到期责任负债的亏损部分除外；

（四）合同服务边际在当期产生的汇兑差额；

（五）合同服务边际在当期的摊销金额。

第三十条 企业应当按照提供保险合同服务的模式，合理确定合同组在责任期内各个期间的责任单元，并据此对根据本准则第二十九条（一）至（四）调整后的合同服务边际账面价值进行摊销，计入当期及以后期间保险服务收入。

第三十一条 企业因当期提供保险合同服务导致未到期责任负债账面价值的减少额，应当确认为保险服务收入；因当期发生赔案及其他相关费用导致已发生赔款负债账面价值的增加额，以及与之相关的履约现金流量的后续变动额，应当确认为保险服务费用。

企业在确认保险服务收入和保险服务费用时，不得包含保险合同中的投资成分。

第三十二条 企业应当将合同组内的保险获取现金流量，随时间流逝进行系统摊销，计入责任期内各个期间的保险服务费用，同时确认为保险服务收入，以反映该类现金流量所对应的保费的收回。

第三十三条 企业应当将货币时间价值及金融风险的影响导致的未到期责任负债和已发生赔款负债账面价值变动额，作为保险合同金融变动额。

企业可以选择将货币时间价值及金融风险的影响导致的非金融风险调整变动额不作为保险合同金融变动额。

第三十四条 企业应当考虑持有的相关资产及其会计处理，在合同组合层面对保险合同金融变动额的会计处理做出下列会计政策选择：

（一）将保险合同金融变动额全额计入当期保险财务损益。

（二）将保险合同金融变动额分解计入当期保险财务损益和其他综合收益。选择该会计政策的，企业应当在合同组剩余期限内，采用系统合理的方法确定计入各个期间保险财务损益的金额，其与保险合同金融变动额的差额计入其他综合收益。

保险财务损益，是指计入当期及以后期间损益的保险合同金融变动额。保险财务损益包括企业签发的保险合同的承保财务损益和分出的再保险合同的财务损益。

第三十五条 企业应当将非金融风险调整账面价值变动中除保险合同金融变动额以外的金额计入当期及以后期间损益。

第三十六条 对于本准则适用范围内的具有相机参与分红特征的投资合同，企业应当按照本准则有关保险合同的规定进行会计处理，但下列各项特殊规定除外：

（一）初始确认的时点为企业成为合同一方的日期。

（二）企业有支付现金的实质性义务的，该义务所产生的现金流量在合同边界内。企业有实际能力对其支付现金的承诺进行重新定价以充分反映其承诺支付现金的金额及相关风险的，表明企业无支付现金的实质性义务。

（三）企业应当按照投资服务的提供模式，在合同组期限内采用系统合理的方法对合同服务边际进行摊销，计入当期及以后期间损益。

第三十七条 对于中期财务报表中根据本准则作出的相关会计估计处理结果，企业应当就是否在本年度以后中期财务报表和年度财务报表中进行调整做出会计政策选择，并一致应用于本准则适用范围内的合同组。

第三十八条 企业对产生外币现金流量的合同组进行计量时，应当将保险合同负债视为货币性项目，根据《企业会计准则第 19 号——外币折算》有关规定处理。

资产负债表日，产生外币现金流量的合同组的汇兑差额应当计入当期损益。企业根据本准则第三十四条规定选择将保险合同金融变动额分解计入当期保险财务损益和其他综合收益的，与计入其他综合收益的金额相关的汇兑差额，应当计入其他综合收益。

第二节 具有直接参与分红特征的保险合同组计量的特殊规定

第三十九条 企业应当在合同开始日评估一项合同是否为具有直接参与分红特征的保险合同，后续不再重新评估。

第四十条 具有直接参与分红特征的保险合同，是指在合同开始日同时符合下列条件的保险合同：

（一）合同条款规定保单持有人参与分享清晰可辨认的基础项目；

（二）企业预计将基础项目公允价值变动回报中的相当大部分支付给保单持有人；

（三）预计应付保单持有人金额变动中的相当大部分将随基础项目公允价值的变动而变动。

第四十一条 企业应当按照基础项目公允价值扣除浮动收费的差额，估计具有直接参与分红特征的保险合同组的履约现金流量。

浮动收费，是指企业因代保单持有人管理基础项目并提供投资相关服务而取得的对价，等于基础项目公允价值中企业享有份额减去不随基础项目回报变动的履约现金流量。

第四十二条 对于具有直接参与分红特征的保险合同组，资产负债表日合同组的合同服务边际账面价值应当以期初账面价值为基础，经下列调整后予以确定：

（一）当期归入该合同组的合同对合同服务边际的影响金额。

（二）基础项目公允价值中企业享有份额的变动金额，但以下情形除外：

1. 企业使用衍生工具或分出再保险合同管理与该金额变动相关金融风险时，对符合本准则规定条件的，可以选择将该金额变动中由货币时间价值及金融风险的影响导致的部分计入当期保险财务损益。但企业将分出再保险合同的保险合同金融变动额分解计入当期保险财务损益和其他综合收益的，该金额变动中的相应部分也应予以分解。

2. 础项目公允价值中企业享有份额的减少额超过合同服务边际账面价值所导致的亏损部分。

3. 础项目公允价值中企业享有份额的增加额抵销的未到期责任负债的亏损部分。

（三）与未来服务相关且不随基础项目回报变动的履约现金流量的变动金额，但以下情形除外：

1. 企业使用衍生工具、分出再保险合同或以公允价值计量且其变动计入当期损益的非衍生金融工具管理与该履约现金流量变动相关金融风险时，对符合本准则规定条件的，可以选择将该履约现金流量变动中由货币时间价值及金融风险的影响导致的部分计入当期保险财务损益。但企业将分出再保险合同的保险合同金融变动额分解计入当期保险财务损益和其他综合收益的，该履约现金流量变动中的相应部分也应予以分解。

2. 该履约现金流量的增加额超过合同服务边际账面价值所导致的亏损部分。

3. 该履约现金流量的减少额抵销的未到期责任负债的亏损部分。

（四）合同服务边际在当期产生的汇兑差额。

（五）合同服务边际在当期的摊销金额。企业应当按照提供保险合同服务的模式，合理确定合同组在责任期内各个期间的责任单元，并据此对根据本条（一）至（四）调整后的合同服务边际账面价值进行摊销，计入当期及以后期间保险服务收入。

企业可以对本条（二）和（三）中的变动金额进行合并调整。

第四十三条 企业采用风险管理措施对具有直接参与分红特征的保险合同产生的金融风险予以缓释时，同时符合下列条件的，对于本准则第四十二条（二）和（三）相关金额变动中由货币时间价值及金融风险的影响导致的部分，可以选择不调整合同服务边际：

（一）企业制定了关于风险管理目标和策略的书面文件；

（二）保险合同与用于风险管理的衍生工具、分出再保险合同或以公允价值计量且其变动计入当期损益的非衍生金融工具之间存在经济抵销关系；

（三）经济抵销关系产生的价值变动中，信用风险的影响不占主导地位。

企业不再符合上述条件时，应当自不符合之日起，将本准则第四十二条（二）和（三）相关金额变动中由货币时间价值及金融风险的影响导致的部分调整合同服务边际，之前已经计入保险财务损益的金额不予调整。

第四十四条 对于企业不持有基础项目的具有直接参与分红特征的保险合同组，企业应当根据本准则第三十四条规定，对保险合同金额变动额进行会计处理。

对于企业持有基础项目的具有直接参与分红特征的保险合同组，企业根据本准则第三十四条规定，选择将保险合同金融变动额分解计入当期保险财务损益和其他综合收益的，计入当期保险财务损益的金额应当等于其持有的基础项目按照相关会计准则规定计入当期损益的金额。

本准则第四十二条对保险合同金融变动额的会计处理另有规定的，从其规定。

第四十五条 分入和分出的再保险合同不适用本节规定。

第三节 亏损保险合同组计量的特殊规定

第四十六条 合同组在初始确认时发生首日亏损的，或合同组合中的合同归入其所属亏损合同组而新增亏损的，企业应当确认亏损并计入当期保险服务费用，同时将该亏损部分增加未到期责任负债账面价值。

初始确认时，亏损合同组的保险合同负债账面价值等于其履约现金流量。

第四十七条 发生下列情形之一导致合同组在后续计量时发生亏损的，企业应当确认亏损并计入当期保险服务费用，同时将该亏损部分增加未到期责任负债账面价值：

（一）因与未来服务相关的未来现金流量或非金融风险调整的估计发生变更，导致履约现金流量增加额超过合同服务边际账面价值。

（二）对于具有直接参与分红特征的保险合同组，其基础项目公允价值中企业享有份额的减少额超过合同服务边际账面价值。

第四十八条 企业在确认合同组的亏损后，应当将未到期责任负债账面价值的下列变动额，采用系统合理的方法分摊至未到期责任负债中的亏损部分和其他部分：

（一）因发生保险服务费用而减少的未来现金流量的现值；

（二）因相关风险释放而计入当期损益的非金融风险调整的变动金额；

（三）保险合同金融变动额。

分摊至亏损部分的金额不得计入当期保险服务收入。

第四十九条 企业在确认合同组的亏损后，应当按照下列规定进行后续计量：

（一）将因与未来服务相关的未来现金流量或非金融风险调整的估计变更所导致的履约现金流量增加额，以及具有直接参与分红特征的保险合同组的基础项目公允价值中企业享有份额的减少额，确认为新增亏损并计入当期保险服务费用，同时将该亏损部分增加未到期责任负债账面价值。

（二）将因与未来服务相关的未来现金流量或非金融风险调整的估计变更所导致的履约现金流量减少额，以及具有直接参与分红特征的保险合同组的基础项目公允价值中企业享有份额的增加额，减少未到期责任负债的亏损部分，冲减当期保险服务费用；超出亏损部分的金额，确认为合同服务边际。

第四节 保险合同组计量的简化处理规定

第五十条 符合下列条件之一的，企业可以采用保费分配法简化合同组的计量：

（一）企业能够合理预计采用本节简化处理规定与根据本准则前述章节规定计量合同组未到期责任负债的结果无重大差异。企业预计履约现金流量在赔案发生前将发生重大变化的，表明该合同组不符合本条件。

（二）该合同组内各项合同的责任期不超过一年。

第五十一条 企业对其签发的保险合同采用保费分配法时，应当假设初始确认时该合同所属合同组合内不存在亏损合同，该假设与相关事实和情况不符的除外。

第五十二条 企业采用保费分配法时，合同组内各项合同初始确认时的责任期均不超过一年的，可以选择在保险获取现金流量发生时将其确认为费用，计入当期损益。

第五十三条 企业采用保费分配法计量合同组时，初始确认时未到期责任负债账面价值等于已收保费减去初始确认时发生的保险获取现金流量（根据本准则第五十二条规定选择在发生时计入当期损益的除外），减去（或加上）在合同组初始确认时终止确认的保险获取现金流量资产以及其他相关资产或负债的金额。

资产负债表日未到期责任负债账面价值等于期初账面价值加上当期已收保费，减去当期发生的保险获取现金流量（根据本准则第五十二条规定选择在发生时计入当期损益的除外），加上当期确认为保险服务费用的保险获取现金流量摊销金额和针对融资成分的调整金额，减去因当期提供保险合同服务而确认为保险服务收入的金额和当期已付或转入已发生赔款负债中的投资成分。

第五十四条 合同组内的合同中存在重大融资成分的，企业应当按照合同组初始确认时确定的折现率，对未到期责任负债账面价值进行调整，以反映货币时间价值及金融风险的影响。

合同组初始确认时，如果企业预计提供保险合同服务每一部分服务的时点与相关保费到期日之间的间隔不超过一年，可以不考虑合同中存在的重大融资成分。

第五十五条 相关事实和情况表明合同组在责任期内存在亏损时，企业应当将该日与未到期责任相关的履约现金流量超过按照本准则第五十三条确定的未到期责任负债账面价值的金额，计入当期保险服务费用，同时增加未到期责任负债账面价值。

第五十六条 企业应当根据与已发生赔案及其他相关费用有关的履约现金流量计量已发生赔款负债。相关履约现金流量预计在赔案发生后一年内支付或收取的，企业可以不考虑货币时间价值及金融风险的影响，且一致应用于本准则第五十五条规定的相关履约现金流量的计算。

第五十七条 企业应当将已收和预计收取的保费，在扣除投资成分并根据本准则第五十四条规定对重大融资成分进行调整后，分摊至当期的金额确认为保险服务收入。

企业应当随时间流逝在责任期内分摊经调整的已收和预计收取的保费；保险合同的风险在责任期内不随时间流逝为主释放的，应当以保险服务费用预计发生时间为基础进行分摊。

第六章分 出的再保险合同组的确认和计量

第五十八条 企业对分出的再保险合同组进行确认和计量，除本章另有规定外，应当按照本准则有关保险合同的其他相关规定进行处理，但本准则第五章关于亏损合同组计量的相关规定不适用于分出的再保险合同组。

第五十九条 企业应当将同一分出的再保险合同组合至少分为下列合同组：

（一）初始确认时存在净利得的合同组；

（二）初始确认时无显著可能性在未来产生净利得的合同组；

（三）该组合中剩余合同组成的合同组。

企业可以按照净成本或净利得水平以及初始确认后在未来产生净利得的可能性等，对分出的再保险合同组作进一步细分。

企业不得将分出时间间隔超过一年的合同归入同一分出的再保险合同组。

第六十条 企业应当在下列时点中的最早时点确认其分出的再保险合同组：

（一）分出的再保险合同组责任期开始日；

（二）分出的再保险合同组所对应的保险合同组确认为亏损合同组时。

第六十一条 分出的再保险合同组分出成比例责任的，企业应当在下列时点中的最早时点确认该合同组：

（一）分出的再保险合同组责任期开始日和任一对应的保险合同初始确认时点中较晚的时点；

（二）分出的再保险合同组所对应的保险合同组确认为亏损合同组时。

第六十二条 企业在初始确认其分出的再保险合同组时，应当按照履约现金流量与合同服务边际之和对分出再保险合同资产进行初始计量。

分出再保险合同组的合同服务边际，是指企业为在未来获得再保险分入人提供的保险合同服务而产生的净成本或净利得。

第六十三条 企业在估计分出的再保险合同组的未来现金流量现值时，采用的相关假设应当与计量所对应的保险合同组保持一致，并考虑再保险分入人的不履约风险。

第六十四条 企业应当根据分出的再保险合同组转移给再保险分入人的风险，估计非金融风险调整。

第六十五条 企业应当在分出的再保险合同组初始确认时计算下列各项之和：

（一）履约现金流量；

（二）在该日终止确认的相关资产或负债对应的现金流量；

（三）分出再保险合同组内合同在该日产生的现金流量；

（四）分保摊回未到期责任资产亏损摊回部分的金额。

企业应当将上述各项之和所反映的净成本或净利得，确认为合同服务边际。净成本与分出前发生的事项相关的，企业应当将其确认为费用并计入当期损益。

第六十六条 企业应当在资产负债表日按照分保摊回未到期责任资产与分保摊回已发生赔款资产之和对分出再保险合同资产进行后续计量。

分保摊回未到期责任资产包括资产负债表日分摊至分出的再保险合同组的、与未到期责任有关的履约现金流量和当日该合同组的合同服务边际。

分保摊回已发生赔款资产包括资产负债表日分摊至分出的再保险合同组的、与已发生赔款及其他相关费用的摊回有关的履约现金流量。

第六十七条 对于订立时点不晚于对应的保险合同确认时点的分出的再保险合同，企业在初始确认对应的亏损合同组或者将对应的亏损保险合同归入合同组而确认亏损时，应当根据下列两项的乘积确定分出再保险合同组分保摊回未到期责任资产亏损摊回部分的金额：

（一）对应的保险合同确认的亏损；

（二）预计从分出再保险合同组摊回的对应的保险合同赔付的比例。

企业应当按照上述亏损摊回部分的金额调整分出再保险合同组的合同服务边际，同时确认为摊回保险服务费用，计入当期损益。

企业在对分出的再保险合同组进行后续计量时，应当调整亏损摊回部分的金额以反映对应的保险合同亏损部分的变化，调整后的亏损摊回部分的金额不应超过企业预计从分出再保险合同组摊回的对应的保险合同亏损部分的相应金额。

第六十八条 资产负债表日分出的再保险合同组的合同服务边际账面价值应当以期初账面价值为基础，经下列各项调整后予以确定：

（一）当期归入该合同组的合同对合同服务边际的影响金额；

（二）合同服务边际在当期计提的利息，计息利率为该合同组内合同确认时、不随基础项目回报变动的现金流量所适用的加权平均利率；

（三）根据本准则第六十七条第一款计算的分保摊回未到期责任资产亏损摊回部分的金额，以及与分出再保险合同组的履约现金流量变动无关的分保摊回未到期责任资产亏损摊回部分的转回；

（四）与未来服务相关的履约现金流量的变动金额，但分摊至对应的保险合同组且不调整其合同服务边际的履约现金流量变动而导致的变动，以及对应的保险合同组采用保费分配法计量时因确认或转回亏损而导致的变动除外；

（五）合同服务边际在当期产生的汇兑差额；

（六）合同服务边际在当期的摊销金额。企业应当按照取得保险合同服务的模式，合理确定分出再保险合同组在责任期内各个期间的责任单元，并据此对根据本条（一）至（五）调整后的合同服务边际账面价值进行摊销，计入当期及以后期间损益。

第六十九条 再保险分入人不履约风险导致的履约现金流量变动金额与未来服务无关，企业不应当因此调整分出再保险合同组的合同服务边际。

第七十条 企业因当期取得再保险分入人提供的保险合同服务而导致分保摊回未到期责任资产账面价值的减少额，应当确认为分出保费的分摊；因当期发生赔款及其他相关费用的摊回导致分保摊回已发生赔款资产账面价值的增加额，以及与之相关的履约现金流量的后续变动额，应当确认为摊回保险服务费用。

企业应当将预计从再保险分入人收到的不取决于对应的保险合同赔付的金额，作为分出保费的分摊的减项。企业在确认分出保费的分摊和摊回保险服务费用时，不得包含分出再保险合同中的投资成分。

第七十一条 符合下列条件之一的，企业可以采用保费分配法简化分出的再保险合同组的计量：

（一）企业能够合理预计采用保费分配法与不采用保费分配法计量分出再保险合同组的结果无重大差异。企业预计履约现金流量在赔案发生前将发生重大变化的，表明该合同组不符合本条件。

（二）该分出的再保险合同组内各项合同的责任期不超过一年。

第七十二条 企业采用保费分配法计量分出再保险合同组时，根据本准则第六十七条第一款计算的亏损摊回部分的金额应当调整分出再保险合同组的分保摊回未到期责任资产账面价值，同时确认为摊回保险服务费用，计入当期损益。

第七章 合同转让或非同一控制下企业合并中取得的保险合同的确认和计量

第七十三条 企业对合同转让或非同一控制下企业合并中取得的保险合同进行确认和计量，除本章另有规定外，应当适用本准则其他相关规定。

第七十四条 企业在合同转让或非同一控制下企业合并中取得的保险合同，应当视为在转让日（或购买日）订立该合同，并根据本准则相关规定将该合同归入其所属合同组。

第七十五条 企业在合同转让或非同一控制下企业合并中为取得保险合同而收到或支

付的对价，应当视为收取或支付的保费。

第七十六条 企业在合同转让或非同一控制下企业合并中取得保险合同的会计处理适用《企业会计准则第 20 号——企业合并》等其他会计准则的，应当根据相关会计准则进行处理。

第八章 保险合同的修改和终止确认

第七十七条 保险合同条款的修改符合下列条件之一的，企业应当终止确认原合同，并按照修改后的合同条款确认一项新合同：

（一）假设修改后的合同条款自合同开始日适用，出现下列情形之一的：

1. 修改后的合同不属于本准则的适用范围。

2. 修改后的合同应当予以分拆且分拆后适用本准则的组成部分发生变化。

3. 修改后的合同的合同边界发生实质性变化。

4. 修改后的合同归属于不同的合同组。

（二）原合同与修改后的合同仅有其一符合具有直接参与分红特征的保险合同的定义。

（三）原合同采用保费分配法，修改后的合同不符合采用保费分配法的条件。

保险合同条款的修改不符合上述条件的，企业应当将合同条款修改导致的现金流量变动作为履约现金流量的估计变更进行处理。

第七十八条 保险合同约定的义务因履行、取消或到期而解除的，企业应当终止确认保险合同。

第七十九条 企业终止确认一项保险合同，应当按照下列规定进行处理：

（一）调整该保险合同所属合同组的履约现金流量，扣除与终止确认的权利义务相关的未来现金流量现值和非金融风险调整。

（二）调整合同组的合同服务边际。

（三）调整合同组在当期及以后期间的责任单元。

第八十条 企业修改原合同并确认新合同时，应当按照下列两项的差额调整原合同所属合同组的合同服务边际：

（一）因终止确认原合同所导致的合同组履约现金流量变动金额；

（二）修改日订立与新合同条款相同的合同预计将收取的保费减去因修改原合同而收取的额外保费后的保费净额。

企业在计量新合同所属合同组时，应当假设于修改日收到本条（二）中的保费净额。

第八十一条 企业因合同转让而终止确认一项保险合同的，应当按照因终止确认该合同所导致的合同组履约现金流量变动金额与受让方收取的保费之间的差额，调整该合同所属合同组的合同服务边际。

第八十二条 企业因合同修改或转让而终止确认一项保险合同时，应当将与该合同相关的、由于会计政策选择而在以前期间确认为其他综合收益的余额转入当期损益；但对于企业持有基础项目的具有直接参与分红特征的保险合同，企业不得仅因终止确认该保险合同而进行上述会计处理。

第九章 列 报

第一节 资产负债表和利润表相关项目的列示及披露

第八十三条 企业应当根据自身实际情况，合理确定列报保险合同的详细程度，避免列报大量不重要信息或不恰当汇总实质性不同信息。

企业可以按照合同类型、地理区域或报告分部等对保险合同的信息披露进行恰当汇总。

第八十四条　企业应当在资产负债表中分别列示与保险合同有关的下列项目：

（一）保险合同资产；

（二）保险合同负债；

（三）分出再保险合同资产；

（四）分出再保险合同负债。

企业签发的保险合同组合账面价值为借方余额的，列示为保险合同资产；分出的再保险合同组合账面价值为贷方余额的，列示为分出再保险合同负债。

保险获取现金流量资产于资产负债表日的账面价值应当计入保险合同组合账面价值。

第八十五条　企业应当在利润表中分别列示与保险合同有关的下列项目：

（一）保险服务收入；

（二）保险服务费用；

（三）分出保费的分摊；

（四）摊回保险服务费用；

（五）承保财务损益；

（六）分出再保险财务损益。

第八十六条　企业应当在附注中分别就签发的保险合同和分出的再保险合同，单独披露未到期责任负债（或分保摊回未到期责任资产）和已发生赔款负债（或分保摊回已发生赔款资产）余额调节表，以反映与保险合同账面价值变动有关的下列信息：

（一）保险合同负债和保险合同资产（或分出再保险合同资产和分出再保险合同负债）的期初和期末余额及净额，及净额调节情况；

（二）未到期责任负债（或分保摊回未到期责任资产）当期变动情况，亏损部分（或亏损摊回部分）应单独披露；

（三）已发生赔款负债（或分保摊回已发生赔款资产）当期变动情况，采用保费分配法的保险合同应分别披露未来现金流量现值和非金融风险调整；

（四）当期保险服务收入；

（五）当期保险服务费用，包括当期发生赔款及其他相关费用、保险获取现金流量的摊销、亏损部分的确认及转回和已发生赔款负债相关履约现金流量变动；

（六）当期分出保费的分摊；

（七）当期摊回保险服务费用，包括摊回当期发生赔款及其他相关费用、亏损摊回部分的确认及转回和分保摊回已发生赔款资产相关履约现金流量变动；

（八）不计入当期损益的投资成分，保费返还可以在此项合并披露；

（九）与当期服务无关但影响保险合同账面价值的金额，包括当期现金流量、再保险分入人不履约风险变动额、保险合同金融变动额、其他与保险合同账面价值变动有关的金额。当期现金流量应分别披露收到保费（或支付分出保费）、支付保险获取现金流量、支付赔款及其他相关费用（或收到摊回赔款及其他相关费用）。

第八十七条　对于未采用保费分配法的保险合同，企业应当在附注中分别就签发的保险合同和分出的再保险合同，单独披露履约现金流量和合同服务边际余额调节表，以反映与保险合同账面价值变动有关的下列信息：

（一）保险合同负债和保险合同资产（或分出再保险合同资产和分出再保险合同负债）的期初和期末余额及净额，及净额调节情况；

（二）未来现金流量现值当期变动情况；

（三）非金融风险调整当期变动情况；

（四）合同服务边际当期变动情况；

（五）与当期服务相关的变动情况，包括合同服务边际的摊销、非金融风险调整的变动、当期经验调整；

（六）与未来服务相关的变动情况，包括当期初始确认的保险合同影响金额、调整合同服务边际的估计变更、不调整合同服务边际的估计变更；

（七）与过去服务相关的变动情况，包括已发生赔款负债（或分保摊回已发生赔款资产）相关履约现金流量变动；

（八）与当期服务无关但影响保险合同账面价值的金额，包括当期现金流量、再保险分入人不履约风险变动额、保险合同金融变动额、其他与保险合同账面价值变动有关的金额。当期现金流量应分别披露收到保费（或支付分出保费）、支付保险获取现金流量、支付赔款及其他相关费用（或收到摊回赔款及其他相关费用）。

第八十八条 企业应当在附注中披露关于保险获取现金流量资产的下列定量信息：

（一）保险获取现金流量资产的期初和期末余额及其调节情况；

（二）保险获取现金流量资产减值准备当期计提和当期转回情况；

（三）期末保险获取现金流量资产预计在未来按适当的时间段终止确认的相关信息。

第八十九条 对于未采用保费分配法的保险合同，企业应当在附注中分别就签发的保险合同和分出的再保险合同，披露当期初始确认的保险合同对资产负债表影响的下列信息：

（一）未来现金流出现值，保险获取现金流量的金额应单独披露；

（二）未来现金流入现值；

（三）非金融风险调整；

（四）合同服务边际。

对于当期初始确认的亏损合同组以及在合同转让或非同一控制下企业合并中取得的保险合同，企业应当分别披露其对资产负债表影响的上述信息。

第九十条 对于未采用保费分配法的签发的保险合同，企业应当在附注中披露与本期确认保险服务收入相关的下列定量信息：

（一）与未到期责任负债变动相关的保险服务收入，分别披露期初预计当期发生的保险服务费用、非金融风险调整的变动、合同服务边际的摊销、其他金额（如与当期服务或过去服务相关的保费经验调整）；

（二）保险获取现金流量的摊销。

第九十一条 对于未采用保费分配法的保险合同，企业应当在附注中分别就签发的保险合同和分出的再保险合同，披露期末合同服务边际在剩余期限内按适当的时间段摊销计入利润表的定量信息。

第九十二条 企业应当披露当期保险合同金融变动额的定量信息及其解释性说明，包括对保险合同金融变动额与相关资产投资回报关系的说明。

第九十三条 企业应当披露与具有直接参与分红特征的保险合同相关的下列信息：

（一）基础项目及其公允价值；

（二）根据本准则第四十二条和第四十三条规定，将货币时间价值及金融风险的影响金额计入当期保险财务损益或其他综合收益对当期合同服务边际的影响。

第九十四条 对于具有直接参与分红特征的保险合同组，企业选择将保险合同金融变动额分解计入当期保险财务损益和其他综合收益的，根据本准则第四十四条规定，因是否持有基础项目的情况发生变动导致计入当期保险财务损益的计量方法发生变更的，应当披露变更原因和对财务报表项目的影响金额，以及相关合同组在变更日的账面价值。

第二节 与保险合同计量相关的披露

第九十五条 企业应当披露与保险合同计量所采用的方法、输入值和假设等相关的下列信息：

（一）保险合同计量所采用的方法以及估计相关输入值的程序。企业应当披露相关输入值的定量信息，不切实可行的除外。

（二）本条（一）中所述方法和程序的变更及其原因，以及受影响的合同类型。

（三）与保险合同计量有关的下列信息：

1. 对于不具有直接参与分红特征的保险合同，区分相机抉择与其他因素导致未来现金流量估计变更的方法；

2. 确定非金融风险调整的计量方法及计量结果所对应的置信水平，以及非金融风险调整变动额根据本准则第三十三条在利润表中的列示方法；

3. 确定折现率的方法，以及用于不随基础项目回报变动的现金流量折现的收益率曲线（或收益率曲线范围）；

4. 确定投资成分的方法；

5. 确定责任单元组成部分及相对权重的方法。

第九十六条 企业选择将保险合同金融变动额分解计入当期保险财务损益和其他综合收益的，应当披露确定保险财务损益金额的方法及其说明。

第九十七条 对于采用保费分配法计量的保险合同组，企业应当披露下列信息：

（一）合同组适用保费分配法的判断依据；

（二）未到期责任负债（或分保摊回未到期责任资产）和已发生赔款负债（或分保摊回已发生赔款资产）的计量是否反映货币时间价值及金融风险的影响；

（三）是否在保险获取现金流量发生时将其确认为费用。

第三节 与风险相关的披露

第九十八条 企业应当披露与保险合同产生的保险风险和金融风险等相关的定性和定量信息。金融风险包括市场风险、信用风险、流动性风险等。

第九十九条 对于保险合同产生的各类风险，企业应当按类别披露下列信息：

（一）风险敞口及其形成原因，以及在本期发生的变化。

（二）风险管理的目标、政策和程序以及计量风险的方法及其在本期发生的变化。

（三）期末风险敞口的汇总数据。该数据应当以向内部关键管理人员提供的相关信息为基础。期末风险敞口不能反映企业本期风险敞口变动情况的，企业应当进一步提供相关信息。

（四）风险集中度信息，包括企业确定风险集中度的说明和参考因素（如保险事项类型、行业特征、地理区域、货币种类等）。

第一百条 企业应当披露相关监管要求（如最低资本要求、保证利率等）对本准则适用范围内的合同的影响。保险合同分组时应用本准则第十五条规定的，企业应当披露这一事实。

第一百零一条 企业应当对保险风险和市场风险进行敏感性分析并披露下列信息：

（一）资产负债表日保险风险变量和各类市场风险变量发生合理、可能的变动时，将对企业损益和所有者权益产生的影响。

对于保险风险，敏感性分析应当反映对企业签发的保险合同及其经分出的再保险合同进行风险缓释后的影响。

对于各类市场风险，敏感性分析应当反映保险合同所产生的风险变量与企业持有的金融资产所产生的风险变量之间的关联性。

（二）本期进行敏感性分析所使用的方法和假设，以及在本期发生的变化及其原因。

第一百零二条 企业为管理保险合同所产生的风险，采用不同于本准则第一百零一条中所述方法进行敏感性分析的，应当披露下列信息：

（一）用于敏感性分析的方法、选用的主要参数和假设；

（二）所用方法的目的，以及该方法提供信息的局限性。

第一百零三条 企业应当披露索赔进展情况，以反映已发生赔款的实际赔付金额与未经折现的预计赔付金额的比较信息，及其与资产负债表日已发生赔款负债账面价值的调节情况。

索赔进展情况的披露应当从赔付时间和金额在资产负债表日仍存在不确定性的重大赔付最早发生期间开始，但最长披露期限可不超过十年。赔付时间和金额的不确定性在未来一年内将消除的索赔进展信息可以不披露。

第一百零四条 企业应当披露与保险合同所产生的信用风险相关的下列信息：

（一）签发的保险合同和分出的再保险合同分别于资产负债表日的最大信用风险敞口；

（二）与分出再保险合同资产的信用质量相关的信息。

第一百零五条 企业应当披露与保险合同所产生的流动性风险相关的下列信息：

（一）对管理流动性风险的说明。

（二）对资产负债表日保险合同负债和分出再保险合同负债的到期期限分析。

到期期限分析应当基于合同组合，所使用的时间段至少应当为资产负债表日后一年以内、一年至两年以内、两年至三年以内、三年至四年以内、四年至五年以内、五年以上。列入各时间段内的金额可以是未来现金流量现值或者未经折现的合同剩余净现金流量。

到期期限分析可以不包括采用保费分配法计量的保险合同负债和分出再保险合同负债中与未到期责任相关的部分。

（三）保单持有人可随时要求偿还的金额。企业应当说明该金额与相关保险合同组合账面价值之间的关联性。

第十章 衔接规定

第一百零六条 首次执行日之前的保险合同会计处理与本准则规定不一致的，企业应当按照《企业会计准则第 28 号——会计政策、会计估计变更和差错更正》的规定采用追溯调整法处理，但本准则另有规定的除外。

企业进行追溯调整的，无须披露当期和各个列报前期财务报表受影响项目和每股收益的调整金额。

第一百零七条 企业采用追溯调整法时，应当在过渡日按照下列规定进行衔接处理：

（一）假设一直按照本准则要求识别、确认和计量保险合同组；

（二）假设一直按照本准则要求识别、确认和计量保险获取现金流量资产，但无须估计该资产于过渡日前的可收回金额；

（三）确认追溯调整对所有者权益的累积影响数；

（四）不得在过渡日前运用本准则第四十三条规定的风险管理缓释选择权。

过渡日是指本准则首次执行日前最近一个会计年度的期初，企业列报经调整的更早期间的比较信息的，过渡日是更早比较期间的期初。

第一百零八条 对合同组采用追溯调整法不切实可行的，企业应当采用修正追溯调整法或公允价值法。对合同组采用修正追溯调整法也不切实可行的，企业应当采用公允价值法。

修正追溯调整法，是指企业在对本章所涉及相关事项采用追溯调整法不切实可行时，使用在过渡日无须付出不必要的额外成本或努力即可获得的合理可靠的信息，以获得接近追溯调整法结果为目标，在衔接处理上按本准则规定进行简化的方法。

公允价值法，是指以过渡日合同组公允价值与履约现金流量的差额确定合同组在该日的合同服务边际或未到期责任负债亏损部分，以及在衔接处理上按本准则规定进行简化的方法。

企业在过渡日前符合本准则第四十三条规定条件，使用衍生工具、分出的再保险合同或以公允价值计量且其变动计入当期损益的非衍生金融工具管理合同组产生的金融风险，并自过渡日起采用未来适用法运用风险管理缓释选择权进行会计处理的，企业可以对该合同组采用公允价值法进行衔接处理。

第一百零九条　企业采用修正追溯调整法时，应当在过渡日根据本准则规定识别下列事项并进行衔接处理：

（一）保险合同组，但在按照本准则规定进行保险合同分组时无法获得合理可靠的信息的，企业可以将签发或分出时间间隔超过一年的合同归入同一合同组；

（二）具有直接参与分红特征的保险合同；

（三）不具有直接参与分红特征的保险合同中的相机抉择现金流量；

（四）具有相机参与分红特征的投资合同。

企业采用修正追溯调整法时，对于在合同转让或非同一控制下企业合并中取得的保险合同，应当将该类合同在转让日或购买日前已发生的赔付义务确认为已发生赔款负债。

第一百一十条　对不具有直接参与分红特征的保险合同组在过渡日的合同服务边际或未到期责任负债亏损部分采用修正追溯调整法时，企业应当按照下列规定进行衔接处理：

（一）以过渡日或更早日期（如适用）估计的未来现金流量为基础，根据合同组初始确认时至过渡日或更早日期（如适用）发生的现金流量进行调整，确定合同组在初始确认时的未来现金流量；

（二）基于过渡日前最近至少三个会计年度可观察数据，考虑该数据与本准则第二十五条规定的折现率的相似性或差异，采用适当方法确定合同组在初始确认时或以后的折现率；

（三）以过渡日估计的非金融风险调整金额为基础，根据在过渡日签发或分出的类似保险合同的相关风险释放方式，估计过渡日之前合同组非金融风险调整的变动金额，确定合同组在初始确认时的非金融风险调整金额；

（四）采用与过渡日后一致的方法将过渡日前已付或应付的保险获取现金流量系统合理地分摊至过渡日确认和预计将于过渡日后确认的合同组，分别调整过渡日合同服务边际和确认为保险获取现金流量资产。企业无法获得合理可靠的信息进行上述处理的，则不应调整合同服务边际或确认保险获取现金流量资产；

（五）合同组在初始确认时根据本条（一）至（四）确认合同服务边际的，应当按照本条（二）确定的初始确认时折现率计提利息，并基于过渡日合同组中的剩余责任单元和该日前的责任单元，确定过渡日前计入损益的合同服务边际；

（六）合同组在初始确认时根据本条（一）至（四）确认未到期责任负债亏损部分的，应当采用系统合理的方法，确定分摊至过渡日前的亏损部分；

（七）对于订立时点不晚于对应的亏损保险合同确认时点的分出的再保险合同，应当根据过渡日对应的亏损保险合同的未到期责任负债亏损部分乘以预计从分出的再保险合同组摊回的对应的保险合同赔付的比例，计算分出再保险合同组分保摊回未到期责任资产在过渡日的亏损摊回部分金额，企业无法获得合理可靠的信息确定该亏损摊回部分金额的，则不应确认亏损摊回部分。

第一百一十一条　对具有直接参与分红特征的保险合同组在过渡日的合同服务边际或未到期责任负债亏损部分采用修正追溯调整法时，企业应当按照下列规定进行衔接处理：

（一）以过渡日基础项目公允价值减去该日履约现金流量的金额为基础，根据过渡日前相关现金流量以及非金融风险调整的变动进行恰当调整；

（二）采用与过渡日后一致的方法将过渡日前已付或应付的保险获取现金流量系统合理地分摊至过渡日确认和预计将于过渡日后确认的合同组，分别调整过渡日合同服务边际和确认为保险获取现金流量资产。企业无法获得合理可靠的信息进行上述处理的，则不应调整合同服务边际或确认保险获取现金流量资产；

（三）合同组根据本条（一）和（二）确认合同服务边际的，应当基于过渡日合同组中的剩余责任单元和该日前的责任单元，确定过渡日前计入损益的合同服务边际；

（四）合同组根据本条（一）和（二）确认未到期责任负债亏损部分的，应当将该亏损部分调整为零，同时将该亏损部分增加过渡日未到期责任负债账面价值。

第一百一十二条 企业对过渡日保险合同金融变动额采用修正追溯调整法时，应当按照下列规定进行衔接处理：

（一）根据本准则第一百零九条（一）规定将签发或分出时间相隔超过一年的合同归入同一合同组的，可以在过渡日确定合同组初始确认时或以后适用的折现率。企业根据本准则第三十四条选择将保险合同金融变动额分解计入保险财务损益和其他综合收益的，应当采用适当方法确定过渡日计入其他综合收益的累计金额。

（二）未将签发或分出时间相隔超过一年的合同归入同一合同组的，应当按照本准则第一百一十条（二）估计合同组初始确认时或以后适用的折现率。企业根据本准则第三十四条选择将保险合同金融变动额分解计入保险财务损益和计入其他综合收益的，应当采用适当方法确定过渡日计入其他综合收益的累计金额。

第一百一十三条 企业根据本准则第三十七条规定选择不调整中期财务报表有关会计估计处理结果的会计政策的，应当在过渡日对该会计政策采用追溯调整法处理。采用追溯调整法不切实可行的，企业可以采用修正追溯调整法，对保险合同金融变动额和不具有直接参与分红特征的保险合同的合同服务边际或未到期责任负债亏损部分进行衔接处理时，视同过渡日前未编制中期财务报表。

第一百一十四条 企业采用公允价值法时，可以使用在合同开始日或初始确认时根据合同条款和市场状况可确定的合理可靠的信息，或使用在过渡日可获得的合理可靠的信息，根据本准则规定识别下列事项并进行衔接处理：

（一）保险合同组，企业可以将签发或分出时间间隔超过一年的合同归入同一合同组；

（二）具有直接参与分红特征的保险合同；

（三）不具有直接参与分红特征的保险合同中的相机抉择现金流量；

（四）具有相机参与分红特征的投资合同。

企业采用公允价值法时，对于在合同转让或非同一控制下企业合并中取得的保险合同，可以将该类合同在转让日或购买日前已发生的赔付义务确认为已发生赔款负债。

第一百一十五条 企业采用公允价值法时，按照下列规定进行衔接处理：

（一）企业可以在过渡日确定合同组初始确认时或以后适用的折现率；

（二）对于分出的再保险合同组对应亏损保险合同的，应当根据过渡日对应的亏损保险合同的未到期责任负债亏损部分乘以预计从分出的再保险合同组摊回的对应的保险合同赔付的比例，计算分出再保险合同组分保摊回未到期责任资产在过渡日的亏损摊回部分金额；

（三）企业根据本准则第三十四条选择将保险合同金融变动额分解计入保险财务损益和其他综合收益的，应当采用适当方法确定过渡日计入其他综合收益的累计金额；

（四）对保险获取现金流量资产采用追溯调整法不切实可行时，企业应当采用适当方法确定过渡日的保险获取现金流量资产。

第一百一十六条 企业应当在附注中披露与衔接处理相关的下列信息：

（一）在采用修正追溯调整法和公允价值法的保险合同的存续期间，说明该类保险合同在过渡日的衔接处理；

（二）在本准则第八十六条和第八十七条规定的调节表中，分别就过渡日采用修正追溯调整法和公允价值法的保险合同，在该类保险合同存续期间单独披露其对保险服务收入和合同服务边际的影响；

（三）企业根据本准则第一百一十二条和第一百一十五条（三）的规定，采用修正追溯调整法或公允价值法确定过渡日计入其他综合收益的累计金额的，在该金额减计为零之前的期间，应当披露以公允价值计量且其变动计入其他综合收益的相关金融资产计入其他综合收益的累计金额自期初至期末的调节情况。

第一百一十七条　企业无须披露比首次执行日前最近一个会计年度更早期间的信息。企业选择披露未经调整的更早期间的比较信息的，应当列示该类信息并说明其编制基础。

企业可以选择不披露未公开的、比首次执行日前四个会计年度更早期间发生的索赔进展情况，但应当披露这一选择。

第一百一十八条　企业在本准则首次执行日前执行金融工具相关会计准则的，应当在本准则首次执行日对金融资产进行下列处理：

（一）企业可以对管理金融资产的业务模式进行重新评估并确定金融资产分类，但为了与本准则适用范围内合同无关的活动而持有的金融资产除外；

（二）在首次执行日前被指定为以公允价值计量且其变动计入当期损益的金融资产，因企业执行本准则而不再符合指定条件时，应当撤销之前的指定；

（三）金融资产因企业执行本准则而符合指定条件的，可以指定为以公允价值计量且其变动计入当期损益的金融资产；

（四）企业可以将非交易性权益工具投资指定为以公允价值计量且其变动计入其他综合收益的金融资产或撤销之前的指定。

企业应当以本准则首次执行日的事实和情况为基础进行上述处理，并追溯调整首次执行本准则当年年初留存收益或权益的其他部分。企业无须调整可比期间信息。企业选择调整可比期间信息的，应当以前期事实和情况为基础，以反映金融工具相关会计准则的要求。

第一百一十九条　企业根据本准则第一百一十八条规定进行处理的，应当披露下列信息：

（一）根据本准则第一百一十八条（一）对管理相关金融资产的业务模式进行重新评估并确定金融资产分类的标准；

（二）相关金融资产列报类型和账面价值的变化；

（三）撤销之前指定为以公允价值计量且其变动计入当期损益的金融资产的期末账面价值；

（四）指定或撤销指定以公允价值计量且其变动计入当期损益的相关金融资产的原因。

第十一章　附　　则

第一百二十条　本准则自 2023 年 1 月 1 日起施行。

27. 企业会计准则第 27 号——石油天然气开采（2006 年颁布）

（财会〔2006〕3 号）

第一章　总　　则

第一条　为了规范石油天然气（以下简称油气）开采活动的会计处理和相关信息的披露，根据《企业会计准则——基本准则》，制定本准则。

第二条　油气开采活动包括矿区权益的取得以及油气的勘探、开发和生产等阶段。

第三条　油气开采活动以外的油气储存、集输、加工和销售等业务的会计处理，适用其他相关会计准则。

第二章 矿区权益的会计处理

第四条 矿区权益，是指企业取得的在矿区内勘探、开发和生产油气的权利。

矿区权益分为探明矿区权益和未探明矿区权益。探明矿区，是指已发现探明经济可采储量的矿区；未探明矿区，是指未发现探明经济可采储量的矿区。

探明经济可采储量，是指在现有技术和经济条件下，根据地质和工程分析，可合理确定的能够从已知油气藏中开采的油气数量。

第五条 为取得矿区权益而发生的成本应当在发生时予以资本化。企业取得的矿区权益，应当按照取得时的成本进行初始计量：

（一）申请取得矿区权益的成本包括探矿权使用费、采矿权使用费、土地或海域使用权支出、中介费以及可直接归属于矿区权益的其他申请取得支出。

（二）购买取得矿区权益的成本包括购买价款、中介费以及可直接归属于矿区权益的其他购买取得支出。

矿区权益取得后发生的探矿权使用费、采矿权使用费和租金等维持矿区权益的支出，应当计入当期损益。

第六条 企业应当采用产量法或年限平均法对探明矿区权益计提折耗。采用产量法计提折耗的，折耗额可按照单个矿区计算，也可按照若干具有相同或类似地质构造特征或储层条件的相邻矿区所组成的矿区组计算。计算公式如下：

$$\text{探明矿区权益折耗额}=\text{探明矿区权益账面价值}\times\text{探明矿区权益折耗率}$$

$$\text{探明矿区权益折耗率}=\frac{\text{探明矿区当期产量}}{\text{探明矿区期末探明经济可采储量}+\text{探明矿区当期产量}}$$

第七条 企业对于矿区权益的减值，应当分别不同情况确认减值损失：

（一）探明矿区权益的减值，按照《企业会计准则第 8 号——资产减值》处理。

（二）对于未探明矿区权益，应当至少每年进行一次减值测试。

单个矿区取得成本较大的，应当以单个矿区为基础进行减值测试，并确定未探明矿区权益减值金额。单个矿区取得成本较小且与其他相邻矿区具有相同或类似地质构造特征或储层条件的，可按照若干具有相同或类似地质构造特征或储层条件的相邻矿区所组成的矿区组进行减值测试。

未探明矿区权益公允价值低于账面价值的差额，应当确认为减值损失，计入当期损益。未探明矿区权益减值损失一经确认，不得转回。

第八条 企业转让矿区权益的，应当按照下列规定进行处理：

（一）转让全部探明矿区权益的，将转让所得与矿区权益账面价值的差额计入当期损益。

转让部分探明矿区权益的，按照转让权益和保留权益的公允价值比例，计算确定已转让部分矿区权益账面价值，转让所得与已转让矿区权益账面价值的差额计入当期损益。

（二）转让单独计提减值准备的全部未探明矿区权益的，转让所得与未探明矿区权益账面价值的差额，计入当期损益。

转让单独计提减值准备的部分未探明矿区权益的，如果转让所得大于矿区权益账面价值，将其差额计入当期损益；如果转让所得小于矿区权益账面价值，以转让所得冲减矿区权益账面价值，不确认损益。

（三）转让以矿区组为基础计提减值准备的未探明矿区权益的，如果转让所得大于矿区权益账面原值，将其差额计入当期损益；如果转让所得小于矿区权益账面原值，以转让所得冲减矿区权益账面原值，不确认损益。

转让该矿区组最后一个未探明矿区的剩余矿区权益时，转让所得与未探明矿区权益账面价值的差额，计入当期损益。

第九条 未探明矿区（组）内发现探明经济可采储量而将未探明矿区（组）转为探明

矿区（组）的，应当按照其账面价值转为探明矿区权益。

第十条 未探明矿区因最终未能发现探明经济可采储量而放弃的，应当按照放弃时的账面价值转销未探明矿区权益并计入当期损益。因未完成义务工作量等因素导致发生的放弃成本，计入当期损益。

第三章 油气勘探的会计处理

第十一条 油气勘探，是指为了识别勘探区域或探明油气储量而进行的地质调查、地球物理勘探、钻探活动以及其他相关活动。

第十二条 油气勘探支出包括钻井勘探支出和非钻井勘探支出。

钻井勘探支出主要包括钻探区域探井、勘探型详探井、评价井和资料井等活动发生的支出；非钻井勘探支出主要包括进行地质调查、地球物理勘探等活动发生的支出。

第十三条 钻井勘探支出在完井后，确定该井发现了探明经济可采储量的，应当将钻探该井的支出结转为井及相关设施成本。

确定该井未发现探明经济可采储量的，应当将钻探该井的支出扣除净残值后计入当期损益。

确定部分井段发现了探明经济可采储量的，应当将发现探明经济可采储量的有效井段的钻井勘探支出结转为井及相关设施成本，无效井段钻井勘探累计支出转入当期损益。

未能确定该探井是否发现探明经济可采储量的，应当在完井后一年内将钻探该井的支出予以暂时资本化。

第十四条 在完井一年时仍未能确定该探井是否发现探明经济可采储量，同时满足下列条件的，应当将钻探该井的资本化支出继续暂时资本化，否则应当计入当期损益：

（一）该井已发现足够数量的储量，但要确定其是否属于探明经济可采储量，还需要实施进一步的勘探活动；

（二）进一步的勘探活动已在实施中或已有明确计划并即将实施。

钻井勘探支出已费用化的探井又发现了探明经济可采储量的，已费用化的钻井勘探支出不作调整，重新钻探和完井发生的支出应当予以资本化。

第十五条 非钻井勘探支出于发生时计入当期损益。

第四章 油气开发的会计处理

第十六条 油气开发，是指为了取得探明矿区中的油气而建造或更新井及相关设施的活动。

第十七条 油气开发活动所发生的支出，应当根据其用途分别予以资本化，作为油气开发形成的井及相关设施的成本。

油气开发形成的井及相关设施的成本主要包括：

（一）钻前准备支出，包括前期研究、工程地质调查、工程设计、确定井位、清理井场、修建道路等活动发生的支出；

（二）井的设备购置和建造支出，井的设备包括套管、油管、抽油设备和井口装置等，井的建造包括钻井和完井；

（三）购建提高采收率系统发生的支出；

（四）购建矿区内集输设施、分离处理设施、计量设备、储存设施、各种海上平台、海底及陆上电缆等发生的支出。

第十八条 在探明矿区内，钻井至现有已探明层位的支出，作为油气开发支出；为获取新增探明经济可采储量而继续钻至未探明层位的支出，作为钻井勘探支出，按照本准则第十三条和第十四条处理。

第五章 油气生产的会计处理

第十九条 油气生产，是指将油气从油气藏提取到地表以及在矿区内收集、拉运、处理、现场储存和矿区管理等活动。

第二十条 油气的生产成本包括相关矿区权益折耗、井及相关设施折耗、辅助设备及设施折旧以及操作费用等。操作费用包括油气生产和矿区管理过程中发生的直接和间接费用。

第二十一条 企业应当采用产量法或年限平均法对井及相关设施计提折耗。井及相关设施包括确定发现了探明经济可采储量的探井和开采活动中形成的井，以及与开采活动直接相关的各种设施。采用产量法计提折耗的，折耗额可按照单个矿区计算，也可按照若干具有相同或类似地质构造特征或储层条件的相邻矿区所组成的矿区组计算。计算公式如下：

探明矿区权益折耗额＝探明矿区权益账面价值 × 探明矿区权益折耗率

$$\text{探明矿区权益折耗率}=\frac{\text{探明矿区当期产量}}{\text{探明矿区期末探明经济可采储量}+\text{探明矿区当期产量}}$$

探明已开发经济可采储量，包括矿区的开发井网钻探和配套设施建设完成后已全面投入开采的探明经济可采储量，以及在提高采收率技术所需的设施已建成并已投产后相应增加的可采储量。

第二十二条 地震设备、建造设备、车辆、修理车间、仓库、供应站、通讯设备、办公设施等辅助设备及设施，应当按照《企业会计准则第 4 号——固定资产》处理。

第二十三条 企业承担的矿区废弃处置义务，满足《企业会计准则第 13 号——或有事项》中预计负债确认条件的，应当将该义务确认为预计负债，并相应增加井及相关设施的账面价值。

不符合预计负债确认条件的，在废弃时发生的拆卸、搬移、场地清理等支出，应当计入当期损益。

矿区废弃，是指矿区内的最后一口井停产。

第二十四条 井及相关设施、辅助设备及设施的减值，应当按照《企业会计准则第 8 号——资产减值》处理。

第六章 披 露

第二十五条 企业应当在附注中披露与石油天然气开采活动有关的下列信息：

（一）拥有国内和国外的油气储量年初、年末数据。

（二）当期在国内和国外发生的矿区权益的取得、油气勘探和油气开发各项支出的总额。

（三）探明矿区权益、井及相关设施的账面原值，累计折耗和减值准备累计金额及其计提方法；与油气开采活动相关的辅助设备及设施的账面原价，累计折旧和减值准备累计金额及其计提方法。

28. 企业会计准则第 28 号——会计政策、会计估计变更和差错更正（2006 年颁布）

（财会〔2006〕3 号）

第一章 总 则

第一条 为了规范企业会计政策的应用，会计政策、会计估计变更和前期差错更正的确认、计量和相关信息的披露，根据《企业会计准则——基本准则》，制定本准则。

第二条 会计政策变更和前期差错更正的所得税影响，适用《企业会计准则第18号——所得税》。

第二章 会计政策

第三条 企业应当对相同或者相似的交易或者事项采用相同的会计政策进行处理。但是，其他会计准则另有规定的除外。

会计政策，是指企业在会计确认、计量和报告中所采用的原则、基础和会计处理方法。

第四条 企业采用的会计政策，在每一会计期间和前后各期应当保持一致，不得随意变更。但是，满足下列条件之一的，可以变更会计政策：

（一）法律、行政法规或者国家统一的会计制度等要求变更。

（二）会计政策变更能够提供更可靠、更相关的会计信息。

第五条 下列各项不属于会计政策变更：

（一）本期发生的交易或者事项与以前相比具有本质差别而采用新的会计政策。

（二）对初次发生的或不重要的交易或者事项采用新的会计政策。

第六条 企业根据法律、行政法规或者国家统一的会计制度等要求变更会计政策的，应当按照国家相关会计规定执行。

会计政策变更能够提供更可靠、更相关的会计信息的，应当采用追溯调整法处理，将会计政策变更累积影响数调整列报前期最早期初留存收益，其他相关项目的期初余额和列报前期披露的其他比较数据也应当一并调整，但确定该项会计政策变更累积影响数不切实可行的除外。

追溯调整法，是指对某项交易或事项变更会计政策，视同该项交易或事项初次发生时即采用变更后的会计政策，并以此对财务报表相关项目进行调整的方法。

会计政策变更累积影响数，是指按照变更后的会计政策对以前各期追溯计算的列报前期最早期初留存收益应有金额与现有金额之间的差额。

第七条 确定会计政策变更对列报前期影响数不切实可行的，应当从可追溯调整的最早期间期初开始应用变更后的会计政策。

在当期期初确定会计政策变更对以前各期累积影响数不切实可行的，应当采用未来适用法处理。

未来适用法，是指将变更后的会计政策应用于变更日及以后发生的交易或者事项，或者在会计估计变更当期和未来期间确认会计估计变更影响数的方法。

第三章 会计估计变更

第八条 企业据以进行估计的基础发生了变化，或者由于取得新信息、积累更多经验以及后来的发展变化，可能需要对会计估计进行修订。会计估计变更的依据应当真实、可靠。

会计估计变更，是指由于资产和负债的当前状况及预期经济利益和义务发生了变化，从而对资产或负债的账面价值或者资产的定期消耗金额进行调整。

第九条 企业对会计估计变更应当采用未来适用法处理。

会计估计变更仅影响变更当期的，其影响数应当在变更当期予以确认；既影响变更当期又影响未来期间的，其影响数应当在变更当期和未来期间予以确认。

第十条 企业难以对某项变更区分为会计政策变更或会计估计变更的，应当将其作为会计估计变更处理。

第四章 前期差错更正

第十一条 前期差错，是指由于没有运用或错误运用下列两种信息，而对前期财务报表造成省略漏或错报。

（一）编报前期财务报表时预期能够取得并加以考虑的可靠信息。

（二）前期财务报告批准报出时能够取得的可靠信息。

前期差错通常包括计算错误、应用会计政策错误、疏忽或曲解事实以及舞弊产生的影响以及存货、固定资产盘盈等。

第十二条 企业应当采用追溯重述法更正重要的前期差错，但确定前期差错累积影响数不切实可行的除外。

追溯重述法，是指在发现前期差错时，视同该项前期差错从未发生过，从而对财务报表相关项目进行更正的方法。

第十三条 确定前期差错影响数不切实可行的，可以从可追溯重述的最早期间开始调整留存收益的期初余额，财务报表其他相关项目的期初余额也应当一并调整，也可以采用未来适用法。

第十四条 企业应当在重要的前期差错发现当期的财务报表中，调整前期比较数据。

第五章 披 露

第十五条 企业应当在附注中披露与会计政策变更有关的下列信息：

（一）会计政策变更的性质、内容和原因。

（二）当期和各个列报前期财务报表中受影响的项目名称和调整金额。

（三）无法进行追溯调整的，说明该事实和原因以及开始应用变更后的会计政策的时点、具体应用情况。

第十六条 企业应当在附注中披露与会计估计变更有关的下列信息：

（一）会计估计变更的内容和原因。

（二）会计估计变更对当期和未来期间的影响数。

（三）会计估计变更的影响数不能确定的，披露这一事实和原因。

第十七条 企业应当在附注中披露与前期差错更正有关的下列信息：

（一）前期差错的性质。

（二）各个列报前期财务报表中受影响的项目名称和更正金额。

（三）无法进行追溯重述的，说明该事实和原因以及对前期差错开始进行更正的时点、具体更正情况。

第十八条 在以后期间的财务报表中，不需要重复披露在以前期间的附注中已披露的会计政策变更和前期差错更正的信息。

29. 企业会计准则第 29 号——资产负债表日后事项（2006 年颁布）

（财会〔2006〕3 号）

第一章 总 则

第一条 为了规范资产负债表日后事项的确认、计量和相关信息的披露，根据《企业会计准则——基本准则》，制定本准则。

第二条 资产负债表日后事项，是指资产负债表日至财务报告批准报出日之间发生的有利或不利事项。财务报告批准报出日，是指董事会或类似机构批准财务报告报出的日期。

资产负债表日后事项包括资产负债表日后调整事项和资产负债表日后非调整事项。

资产负债表日后调整事项，是指对资产负债表日已经存在的情况提供了新的或进一步证据的事项。

资产负债表日后非调整事项，是指表明资产负债表日后发生的情况的事项。

第三条 资产负债表日后事项表明持续经营假设不再适用的，企业不应当在持续经营基础上编制财务报表。

第二章 资产负债表日后调整事项

第四条 企业发生的资产负债表日后调整事项，应当调整资产负债表日的财务报表。

第五条 企业发生的资产负债表日后调整事项，通常包括下列各项：

（一）资产负债表日后诉讼案件结案，法院判决证实了企业在资产负债表日已经存在现时义务，需要调整原先确认的与该诉讼案件相关的预计负债，或确认一项新负债。

（二）资产负债表日后取得确凿证据，表明某项资产在资产负债表日发生了减值或者需要调整该项资产原先确认的减值金额。

（三）资产负债表日后进一步确定了资产负债表日前购入资产的成本或售出资产的收入。

（四）资产负债表日后发现了财务报表舞弊或差错。

第三章 资产负债表日后非调整事项

第六条 企业发生的资产负债表日后非调整事项，不应当调整资产负债表日的财务报表。

第七条 企业发生的资产负债表日后非调整事项，通常包括下列各项：

（一）资产负债表日后发生重大诉讼、仲裁、承诺。

（二）资产负债表日后资产价格、税收政策、外汇汇率发生重大变化。

（三）资产负债表日后因自然灾害导致资产发生重大损失。

（四）资产负债表日后发行股票和债券以及其他巨额举债。

（五）资产负债表日后资本公积转增资本。

（六）资产负债表日后发生巨额亏损。

（七）资产负债表日后发生企业合并或处置子公司。

第八条 资产负债表日后，企业利润分配方案中拟分配的以及经审议批准宣告发放的股利或利润，不确认为资产负债表日的负债，但应当在附注中单独披露。

第四章 披　露

第九条 企业应当在附注中披露与资产负债表日后事项有关的下列信息：

（一）财务报告的批准报出者和财务报告批准报出日。

按照有关法律、行政法规等规定，企业所有者或其他方面有权对报出的财务报告进行修改的，应当披露这一情况。

（二）每项重要的资产负债表日后非调整事项的性质、内容，及其对财务状况和经营成果的影响。无法做出估计的，应当说明原因。

第十条 企业在资产负债表日后取得了影响资产负债表日存在情况的新的或进一步的证据，应当调整与之相关的披露信息。

30. 企业会计准则第 30 号——财务报表列报（2006 年颁布）

（财会〔2014〕7 号）

第一章 总　则

第一条 为了规范财务报表的列报，保证同一企业不同期间和同一期间不同企业的财务报表相互可比，根据《企业会计准则——基本准则》，制定本准则。

第二条 财务报表是对企业财务状况、经营成果和现金流量的结构性表述。财务报表至少应当包括下列组成部分：

（一）资产负债表；

（二）利润表；

（三）现金流量表；

（四）所有者权益（或股东权益，下同）变动表；

（五）附注。

财务报表上述组成部分具有同等的重要程度。

第三条 本准则适用于个别财务报表和合并财务报表，以及年度财务报表和中期财务报表，《企业会计准则第 32 号——中期财务报告》另有规定的除外。合并财务报表的编制和列报，还应遵循《企业会计准则第 33 号——合并财务报表》；现金流量表的编制和列报，还应遵循《企业会计准则第 31 号——现金流量表》；其他会计准则的特殊列报要求，适用其他相关会计准则。

第二章 基本要求

第四条 企业应当以持续经营为基础，根据实际发生的交易和事项，按照《企业会计准则——基本准则》和其他各项会计准则的规定进行确认和计量，在此基础上编制财务报表。企业不应以附注披露代替确认和计量，不恰当的确认和计量也不能通过充分披露相关会计政策而纠正。

如果按照各项会计准则规定披露的信息不足以让报表使用者了解特定交易或事项对企业财务状况和经营成果的影响时，企业还应当披露其他的必要信息。

第五条 在编制财务报表的过程中，企业管理层应当利用所有可获得信息来评价企业自报告期末起至少 12 个月的持续经营能力。

评价时需要考虑宏观政策风险、市场经营风险、企业目前或长期的盈利能力、偿债能力、财务弹性以及企业管理层改变经营政策的意向等因素。

评价结果表明对持续经营能力产生重大怀疑的，企业应当在附注中披露导致对持续经营能力产生重大怀疑的因素以及企业拟采取的改善措施。

第六条 企业如有近期获利经营的历史且有财务资源支持，则通常表明以持续经营为基础编制财务报表是合理的。

企业正式决定或被迫在当期或将在下一个会计期间进行清算或停止营业的，则表明以持续经营为基础编制财务报表不再合理。在这种情况下，企业应当采用其他基础编制财务报表，并在附注中声明财务报表未以持续经营为基础编制的事实、披露未以持续经营为基础编制的原因和财务报表的编制基础。

第七条 除现金流量表按照收付实现制原则编制外，企业应当按照权责发生制原则编制财务报表。

第八条 财务报表项目的列报应当在各个会计期间保持一致，不得随意变更，但下列情况除外：

（一）会计准则要求改变财务报表项目的列报。

（二）企业经营业务的性质发生重大变化或对企业经营影响较大的交易或事项发生后，变更财务报表项目的列报能够提供更可靠、更相关的会计信息。

第九条 性质或功能不同的项目，应当在财务报表中单独列报，但不具有重要性的项目除外。

性质或功能类似的项目，其所属类别具有重要性的，应当按其类别在财务报表中单独列报。

某些项目的重要性程度不足以在资产负债表、利润表、现金流量表或所有者权益变动表中单独列示，但对附注却具有重要性，则应当在附注中单独披露。

第十条 重要性，是指在合理预期下，财务报表某项目的省略或错报会影响使用者据此作出经济决策的，该项目具有重要性。

重要性应当根据企业所处的具体环境，从项目的性质和金额两方面予以判断，且对各项目重要性的判断标准一经确定，不得随意变更。判断项目性质的重要性，应当考虑该项目在性质上是否属于企业日常活动、是否显著影响企业的财务状况、经营成果和现金流量等因素；判断项目金额大小的重要性，应当考虑该项目金额占资产总额、负债总额、所有者权益总额、营业收入总额、营业成本总额、净利润、综合收益总额等直接相关项目金额的比重或所属报表单列项目金额的比重。

第十一条 财务报表中的资产项目和负债项目的金额、收入项目和费用项目的金额、直接计入当期利润的利得项目和损失项目的金额不得相互抵销，但其他会计准则另有规定的除外。

一组类似交易形成的利得和损失应当以净额列示，但具有重要性的除外。

资产或负债项目按扣除备抵项目后的净额列示，不属于抵销。

非日常活动产生的利得和损失，以同一交易形成的收益扣减相关费用后的净额列示更能反映交易实质的，不属于抵销。

第十二条 当期财务报表的列报，至少应当提供所有列报项目上一个可比会计期间的比较数据，以及与理解当期财务报表相关的说明，但其他会计准则另有规定的除外。

根据本准则第八条的规定，财务报表的列报项目发生变更的，应当至少对可比期间的数据按照当期的列报要求进行调整，并在附注中披露调整的原因和性质，以及调整的各项目金额。对可比数据进行调整不切实可行的，应当在附注中披露不能调整的原因。

不切实可行，是指企业在作出所有合理努力后仍然无法采用某项会计准则规定。

第十三条 企业应当在财务报表的显著位置至少披露下列各项：

（一）编报企业的名称。

（二）资产负债表日或财务报表涵盖的会计期间。

（三）人民币金额单位。

（四）财务报表是合并财务报表的，应当予以标明。

第十四条 企业至少应当按年编制财务报表。年度财务报表涵盖的期间短于一年的，应当披露年度财务报表的涵盖期间、短于一年的原因以及报表数据不具可比性的事实。

第十五条 本准则规定在财务报表中单独列报的项目，应当单独列报。其他会计准则规定单独列报的项目，应当增加单独列报项目。

第三章 资产负债表

第十六条 资产和负债应当分别流动资产和非流动资产、流动负债和非流动负债列示。

金融企业等销售产品或提供服务不具有明显可识别营业周期的企业，其各项资产或负债按照流动性列示能够提供可靠且更相关信息的，可以按照其流动性顺序列示。从事多种经营的企业，其部分资产或负债按照流动和非流动列报、其他部分资产或负债按照流动性列示能够提供可靠且更相关信息的，可以采用混合的列报方式。

对于同时包含资产负债表日后一年内（含一年，下同）和一年之后预期将收回或清偿金额的资产和负债单列项目，企业应当披露超过一年后预期收回或清偿的金额。

第十七条 资产满足下列条件之一的，应当归类为流动资产：

（一）预计在一个正常营业周期中变现、出售或耗用。

（二）主要为交易目的而持有。

（三）预计在资产负债表日起一年内变现。

（四）自资产负债表日起一年内，交换其他资产或清偿负债的能力不受限制的现金或现金等价物。

正常营业周期，是指企业从购买用于加工的资产起至实现现金或现金等价物的期间。正常营业周期通常短于一年。因生产周期较长等导致正常营业周期长于一年的，尽管相关资产往往超过一年才变现、出售或耗用，仍应当划分为流动资产。正常营业周期不能确定的，应当以一年（12 个月）作为正常营业周期。

第十八条 流动资产以外的资产应当归类为非流动资产，并应按其性质分类列示。被划分为持有待售的非流动资产应当归类为流动资产。

第十九条 负债满足下列条件之一的，应当归类为流动负债：

（一）预计在一个正常营业周期中清偿。

（二）主要为交易目的而持有。

（三）自资产负债表日起一年内到期应予以清偿。

（四）企业无权自主地将清偿推迟至资产负债表日后一年以上。负债在其对手方选择的情况下可通过发行权益进行清偿的条款与负债的流动性划分无关。

企业对资产和负债进行流动性分类时，应当采用相同的正常营业周期。企业正常营业周期中的经营性负债项目即使在资产负债表日后超过一年才予清偿的，仍应当划分为流动负债。经营性负债项目包括应付账款、应付职工薪酬等，这些项目属于企业正常营业周期中使用的营运资金的一部分。

第二十条 流动负债以外的负债应当归类为非流动负债，并应当按其性质分类列示。被划分为持有待售的非流动负债应当归类为流动负债。

第二十一条 对于在资产负债表日起一年内到期的负债，企业有意图且有能力自主地将清偿义务展期至资产负债表日后一年以上的，应当归类为非流动负债；不能自主地将清偿义务展期的，即使在资产负债表日后、财务报告批准报出日前签订了重新安排清偿计划协议，该项负债仍应当归类为流动负债。

第二十二条 企业在资产负债表日或之前违反了长期借款协议，导致贷款人可随时要求清偿的负债，应当归类为流动负债。

贷款人在资产负债表日或之前同意提供在资产负债表日后一年以上的宽限期，在此期限内企业能够改正违约行为，且贷款人不能要求随时清偿的，该项负债应当归类为非流动负债。

其他长期负债存在类似情况的，比照上述第一款和第二款处理。

第二十三条 资产负债表中的资产类至少应当单独列示反映下列信息的项目：

（一）货币资金；

（二）以公允价值计量且其变动计入当期损益的金融资产；

（三）应收款项；

（四）预付款项；

（五）存货；

（六）被划分为持有待售的非流动资产及被划分为持有待售的处置组中的资产；

（七）可供出售金融资产；

（八）持有至到期投资；

（九）长期股权投资；

（十）投资性房地产；

（十一）固定资产；

（十二）生物资产；

（十三）无形资产；

（十四）递延所得税资产。

第二十四条 资产负债表中的资产类至少应当包括流动资产和非流动资产的合计项目，按照企业的经营性质不切实可行的除外。

第二十五条 资产负债表中的负债类至少应当单独列示反映下列信息的项目：

（一）短期借款；

（二）以公允价值计量且其变动计入当期损益的金融负债；

（三）应付款项；

（四）预收款项；

（五）应付职工薪酬；

（六）应交税费；

（七）被划分为持有待售的处置组中的负债；

（八）长期借款；

（九）应付债券；

（十）长期应付款；

（十一）预计负债；

（十二）递延所得税负债。

第二十六条 资产负债表中的负债类至少应当包括流动负债、非流动负债和负债的合计项目，按照企业的经营性质不切实可行的除外。

第二十七条 资产负债表中的所有者权益类至少应当单独列示反映下列信息的项目：

（一）实收资本（或股本，下同）；

（二）资本公积；

（三）盈余公积；

（四）未分配利润。

在合并资产负债表中，应当在所有者权益类单独列示少数股东权益。

第二十八条 资产负债表中的所有者权益类应当包括所有者权益的合计项目。

第二十九条 资产负债表应当列示资产总计项目，负债和所有者权益总计项目。

第四章 利 润 表

第三十条 企业在利润表中应当对费用按照功能分类，分为从事经营业务发生的成本、管理费用、销售费用和财务费用等。

第三十一条 利润表至少应当单独列示反映下列信息的项目，但其他会计准则另有规定的除外：

（一）营业收入；

（二）营业成本；

（三）营业税金及附加；

（四）管理费用；

（五）销售费用；

（六）财务费用；

（七）投资收益；

（八）公允价值变动损益；

（九）资产减值损失；

（十）非流动资产处置损益；

（十一）所得税费用；

（十二）净利润；

（十三）其他综合收益各项目分别扣除所得税影响后的净额；

（十四）综合收益总额。

金融企业可以根据其特殊性列示利润表项目。

第三十二条 综合收益，是指企业在某一期间除与所有者以其所有者身份进行的交易之外的其他交易或事项所引起的所有者权益变动。综合收益总额项目反映净利润和其他综合收益扣除所得税影响后的净额相加后的合计金额。

第三十三条 其他综合收益，是指企业根据其他会计准则规定未在当期损益中确认的各项利得和损失。

其他综合收益项目应当根据其他相关会计准则的规定分为下列两类列报：

（一）以后会计期间不能重分类进损益的其他综合收益项目，主要包括重新计量设定受益计划净负债或净资产导致的变动、按照权益法核算的在被投资单位以后会计期间不能重分类进损益的其他综合收益中所享有的份额等；

（二）以后会计期间在满足规定条件时将重分类进损益的其他综合收益项目，主要包括按照权益法核算的在被投资单位以后会计期间在满足规定条件时将重分类进损益的其他综合收益中所享有的份额、可供出售金融资产公允价值变动形成的利得或损失、持有至到期投资重分类为可供出售金融资产形成的利得或损失、现金流量套期工具产生的利得或损失中属于有效套期的部分、外币财务报表折算差额等。

第三十四条 在合并利润表中，企业应当在净利润项目之下单独列示归属于母公司所有者的损益和归属于少数股东的损益，在综合收益总额项目之下单独列示归属于母公司所有者的综合收益总额和归属于少数股东的综合收益总额。

第五章 所有者权益变动表

第三十五条 所有者权益变动表应当反映构成所有者权益的各组成部分当期的增减变动情况。综合收益和与所有者（或股东，下同）的资本交易导致的所有者权益的变动，应当分别列示。

与所有者的资本交易，是指企业与所有者以其所有者身份进行的、导致企业所有者权益变动的交易。

第三十六条 所有者权益变动表至少应当单独列示反映下列信息的项目：

（一）综合收益总额，在合并所有者权益变动表中还应单独列示归属于母公司所有者的综合收益总额和归属于少数股东的综合收益总额；

（二）会计政策变更和前期差错更正的累积影响金额；

（三）所有者投入资本和向所有者分配利润等；

（四）按照规定提取的盈余公积；

（五）所有者权益各组成部分的期初和期末余额及其调节情况。

第六章 附 注

第三十七条 附注是对在资产负债表、利润表、现金流量表和所有者权益变动表等报表中列示项目的文字描述或明细资料，以及对未能在这些报表中列示项目的说明等。

第三十八条 附注应当披露财务报表的编制基础，相关信息应当与资产负债表、利润表、现金流量表和所有者权益变动表等报表中列示的项目相互参照。

第三十九条 附注一般应当按照下列顺序至少披露：

（一）企业的基本情况。

1. 企业注册地、组织形式和总部地址。

2. 企业的业务性质和主要经营活动。

3. 母公司以及集团最终母公司的名称。

4. 财务报告的批准报出者和财务报告批准报出日，或者以签字人及其签字日期为准。

5. 营业期限有限的企业，还应当披露有关其营业期限的信息。

（二）财务报表的编制基础。

（三）遵循企业会计准则的声明。

企业应当声明编制的财务报表符合企业会计准则的要求，真实、完整地反映了企业的财务状况、经营成果和现金流量等有关信息。

（四）重要会计政策和会计估计。

重要会计政策的说明，包括财务报表项目的计量基础和在运用会计政策过程中所做的重要判断等。重要会计估计的说明，包括可能导致下一个会计期间内资产、负债账面价值重大调整的会计估计的确定依据等。

企业应当披露采用的重要会计政策和会计估计，并结合企业的具体实际披露其重要会计政策的确定依据和财务报表项目的计量基础，及其会计估计所采用的关键假设和不确定因素。

（五）会计政策和会计估计变更以及差错更正的说明。

企业应当按照《企业会计准则第28号——会计政策、会计估计变更和差错更正》的规定，披露会计政策和会计估计变更以及差错更正的情况。

（六）报表重要项目的说明。

企业应当按照资产负债表、利润表、现金流量表、所有者权益变动表及其项目列示的顺序，对报表重要项目的说明采用文字和数字描述相结合的方式进行披露。报表重要项目的明细金额合计，应当与报表项目金额相衔接。

企业应当在附注中披露费用按照性质分类的利润表补充资料，可将费用分为耗用的原材料、职工薪酬费用、折旧费用、摊销费用等。

（七）或有和承诺事项、资产负债表日后非调整事项、关联方关系及其交易等需要说明的事项。

（八）有助于财务报表使用者评价企业管理资本的目标、政策及程序的信息。

第四十条 企业应当在附注中披露下列关于其他综合收益各项目的信息：

（一）其他综合收益各项目及其所得税影响；

（二）其他综合收益各项目原计入其他综合收益、当期转出计入当期损益的金额；

（三）其他综合收益各项目的期初和期末余额及其调节情况。

第四十一条 企业应当在附注中披露终止经营的收入、费用、利润总额、所得税费用和净利润，以及归属于母公司所有者的终止经营利润。

第四十二条 终止经营，是指满足下列条件之一的已被企业处置或被企业划归为持有待售的、在经营和编制财务报表时能够单独区分的组成部分：

（一）该组成部分代表一项独立的主要业务或一个主要经营地区。

（二）该组成部分是拟对一项独立的主要业务或一个主要经营地区进行处置计划的一部分。

（三）该组成部分是仅仅为了再出售而取得的子公司。

同时满足下列条件的企业组成部分（或非流动资产，下同）应当确认为持有待售：该组成部分必须在其当前状况下仅根据出售此类组成部分的惯常条款即可立即出售；企业已经就处置该组成部分作出决议，如按规定需得到股东批准的，应当已经取得股东大会或相应权力机构的批准；企业已经与受让方签订了不可撤销的转让协议；该项转让将在一年内完成。

第四十三条 企业应当在附注中披露在资产负债表日后、财务报告批准报出日前提议或宣布发放的股利总额和每股股利金额（或向投资者分配的利润总额）。

第七章 衔接规定

第四十四条 在本准则施行日之前已经执行企业会计准则的企业，应当按照本准则调整财务报表的列报项目；涉及有关报表和附注比较数据的，也应当做相应调整，调整不切实可行的除外。

第八章 附 则

第四十五条 本准则自2014年7月1日起施行。

31. 企业会计准则第31号——现金流量表（2006年颁布）

（财会〔2006〕3号）

第一章 总 则

第一条 为了规范现金流量表的编制和列报，根据《企业会计准则——基本准则》，制定本准则。

第二条 现金流量表，是指反映企业在一定会计期间现金和现金等价物流入和流出的报表。

现金，是指企业库存现金以及可以随时用于支付的存款。

现金等价物，是指企业持有的期限短、流动性强、易于转换为已知金额现金、价值变动风险很小的投资。

本准则提及现金时，除非同时提及现金等价物，均包括现金和现金等价物。

第三条 合并现金流量表的编制和列报，适用《企业会计准则第33号——合并财务报表》。

第二章 基本要求

第四条 现金流量表应当分别经营活动、投资活动和筹资活动列报现金流量。

第五条 现金流量应当分别按照现金流入和现金流出总额列报。

但是，下列各项可以按照净额列报：

（一）代客户收取或支付的现金。

（二）周转快、金额大、期限短项目的现金流入和现金流出。

（三）金融企业的有关项目，包括短期贷款发放与收回的贷款本金、活期存款的吸收与支付、同业存款和存放同业款项的存取、向其他金融企业拆借资金以及证券的买入与卖出等。

第六条 自然灾害损失、保险索赔等特殊项目，应当根据其性质，分别归并到经营活动、投资活动和筹资活动现金流量类别中单独列报。

第七条 外币现金流量以及境外子公司的现金流量，应当采用现金流量发生日的即期汇率或按照系统合理的方法确定的、与现金流量发生日即期汇率近似的汇率折算。汇率变动对现金的影响额应当作为调节项目，在现金流量表中单独列报。

第三章 经营活动现金流量

第八条 企业应当采用直接法列示经营活动产生的现金流量。

经营活动，是指企业投资活动和筹资活动以外的所有交易和事项。

直接法，是指通过现金收入和现金支出的主要类别列示经营活动的现金流量。

第九条 有关经营活动现金流量的信息，可以通过下列途径之一取得：

（一）企业的会计记录。

（二）根据下列项目对利润表中的营业收入、营业成本以及其他项目进行调整：

1. 当期存货及经营性应收和应付项目的变动；

2. 固定资产折旧、无形资产摊销、计提资产减值准备等其他非现金项目；

3. 属于投资活动或筹资活动现金流量的其他非现金项目。

第十条 经营活动产生的现金流量至少应当单独列示反映下列信息的项目：

（一）销售商品、提供劳务收到的现金；

（二）收到的税费返还；

（三）收到其他与经营活动有关的现金；

（四）购买商品、接受劳务支付的现金；

（五）支付给职工以及为职工支付的现金；

（六）支付的各项税费；

（七）支付其他与经营活动有关的现金。

第十一条 金融企业可以根据行业特点和现金流量实际情况，合理确定经营活动现金流量项目的类别。

第四章 投资活动现金流量

第十二条 投资活动，是指企业长期资产的购建和不包括在现金等价物范围的投资及其处置活动。

第十三条 投资活动产生的现金流量至少应当单独列示反映下列信息的项目：

（一）收回投资收到的现金；

（二）取得投资收益收到的现金；

（三）处置固定资产、无形资产和其他长期资产收回的现金净额；

（四）处置子公司及其他营业单位收到的现金净额；

（五）收到其他与投资活动有关的现金；

（六）购建固定资产、无形资产和其他长期资产支付的现金；

（七）投资支付的现金；

（八）取得子公司及其他营业单位支付的现金净额；

（九）支付其他与投资活动有关的现金。

第五章 筹资活动现金流量

第十四条 筹资活动，是指导致企业资本及债务规模和构成发生变化的活动。

第十五条 筹资活动产生的现金流量至少应当单独列示反映下列信息的项目：

（一）吸收投资收到的现金；

（二）取得借款收到的现金；

（三）收到其他与筹资活动有关的现金；

（四）偿还债务支付的现金；

（五）分配股利、利润或偿付利息支付的现金；

（六）支付其他与筹资活动有关的现金。

第六章 披 露

第十六条 企业应当在附注中披露将净利润调节为经营活动现金流量的信息。至少应当单独披露对净利润进行调节的下列项目：

（一）资产减值准备；
（二）固定资产折旧；
（三）无形资产摊销；
（四）长期待摊费用摊销；
（五）待摊费用；
（六）预提费用；
（七）处置固定资产、无形资产和其他长期资产的损益；
（八）固定资产报废损失；
（九）公允价值变动损益；
（十）财务费用；
（十一）投资损益；
（十二）递延所得税资产和递延所得税负债；
（十三）存货；
（十四）经营性应收项目；
（十五）经营性应付项目。

第十七条 企业应当在附注中以总额披露当期取得或处置子公司及其他营业单位的下列信息：

（一）取得或处置价格；
（二）取得或处置价格中以现金支付的部分；
（三）取得或处置子公司及其他营业单位收到的现金；
（四）取得或处置子公司及其他营业单位按照主要类别分类的非现金资产和负债。

第十八条 企业应当在附注中披露不涉及当期现金收支、但影响企业财务状况或在未来可能影响企业现金流量的重大投资和筹资活动。

第十九条 企业应当在附注中披露与现金和现金等价物有关的下列信息：

（一）现金和现金等价物的构成及其在资产负债表中的相应金额。
（二）企业持有但不能由母公司或集团内其他子公司使用的大额现金和现金等价物金额。

32. 企业会计准则第 32 号——中期财务报告（2006 年颁布）

（财会〔2006〕3 号）

第一章 总 则

第一条 为了规范中期财务报告的内容和编制中期财务报告应当遵循的确认与计量原则，根据《企业会计准则——基本准则》，制定本准则。

第二条 中期财务报告，是指以中期为基础编制的财务报告。

中期，是指短于一个完整的会计年度的报告期间。

第二章 中期财务报告的内容

第三条 中期财务报告至少应当包括资产负债表、利润表、现金流量表和附注。

中期资产负债表、利润表和现金流量表应当是完整报表，其格式和内容应当与上年度财务报表相一致。

当年新施行的会计准则对财务报表格式和内容作了修改的，中期财务报表应当按照修改后的报表格式和内容编制，上年度比较财务报表的格式和内容，也应当作相应调整。

基本每股收益和稀释每股收益应当在中期利润表中单独列示。

第四条 上年度编制合并财务报表的，中期期末应当编制合并财务报表。

上年度财务报告除了包括合并财务报表，还包括母公司财务报表的，中期财务报告也应当包括母公司财务报表。

上年度财务报告包括了合并财务报表，但报告中期内处置了所有应当纳入合并范围的子公司的，中期财务报告只需提供母公司财务报表，但上年度比较财务报表仍应当包括合并财务报表，上年度可比中期没有子公司的除外。

第五条 中期财务报告应当按照下列规定提供比较财务报表：

（一）本中期末的资产负债表和上年度末的资产负债表。

（二）本中期的利润表、年初至本中期末的利润表以及上年度可比期间的利润表。

（三）年初至本中期末的现金流量表和上年度年初至可比本中期末的现金流量表。

第六条 财务报表项目在报告中期作了调整或者修订的，上年度比较财务报表项目有关金额应当按照本年度中期财务报表的要求重新分类，并在附注中说明重新分类的原因及其内容，无法重新分类的，应当在附注中说明不能重新分类的原因。

第七条 中期财务报告中的附注应当以年初至本中期末为基础编制，披露自上年度资产负债表日之后发生的，有助于理解企业财务状况、经营成果和现金流量变化情况的重要交易或者事项。

对于理解本中期财务状况、经营成果和现金流量有关的重要交易或者事项，也应当在附注中作相应披露。

第八条 中期财务报告中的附注至少应当包括下列信息：

（一）中期财务报表所采用的会计政策与上年度财务报表相一致的声明。

会计政策发生变更的，应当说明会计政策变更的性质、内容、原因及其影响数；无法进行追溯调整的，应当说明原因。

（二）会计估计变更的内容、原因及其影响数；影响数不能确定的，应当说明原因。

（三）前期差错的性质及其更正金额；无法进行追溯重述的，应当说明原因。

（四）企业经营的季节性或者周期性特征。

（五）存在控制关系的关联方发生变化的情况；关联方之间发生交易的，应当披露关联方关系的性质、交易类型和交易要素。

（六）合并财务报表的合并范围发生变化的情况。

（七）对性质特别或者金额异常的财务报表项目的说明。

（八）证券发行、回购和偿还情况。

（九）向所有者分配利润的情况，包括在中期内实施的利润分配和已提出或者已批准但尚未实施的利润分配情况。

（十）根据《企业会计准则第 35 号——分部报告》规定应当披露分部报告信息的，应当披露主要报告形式的分部收入与分部利润（亏损）。

（十一）中期资产负债表日至中期财务报告批准报出日之间发生的非调整事项。

（十二）上年度资产负债表日以后所发生的或有负债和或有资产的变化情况。

（十三）企业结构变化情况，包括企业合并，对被投资单位具有重大影响、共同控制或者控制关系的长期股权投资的购买或者处置，终止经营等。

（十四）其他重大交易或者事项，包括重大的长期资产转让及其出售情况、重大的固定资产和无形资产取得情况、重大的研究和开发支出、重大的资产减值损失情况等。

企业在提供上述（五）和（十）有关关联方交易、分部收入与分部利润（亏损）信息时，应当同时提供本中期（或者本中期末）和本年度年初至本中期末的数据，以及上年度可比本中期（或者可比期末）和可比年初至本中期末的比较数据。

第九条 企业在确认、计量和报告各中期财务报表项目时，对项目重要性程度的判断，应当以中期财务数据为基础，不应以年度财务数据为基础。中期会计计量与年度财务数据相比，可在更大程度上依赖于估计，但是，企业应当确保所提供的中期财务报告包括了相关的重要信息。

第十条 在同一会计年度内，以前中期财务报告中报告的某项估计金额在最后一个中期发生了重大变更、企业又不单独编制该中期财务报告的，应当在年度财务报告的附注中披露该项估计变更的内容、原因及其影响金额。

第三章 确认和计量

第十一条 企业在中期财务报表中应当采用与年度财务报表相一致的会计政策。

上年度资产负债表日之后发生了会计政策变更，且变更后的会计政策将在年度财务报表中采用的，中期财务报表应当采用变更后的会计政策，并按照本准则第十四条的规定处理。

第十二条 中期会计计量应当以年初至本中期末为基础，财务报告的频率不应当影响年度结果的计量。

在同一会计年度内，以前中期财务报表项目在以后中期发生了会计估计变更的，以后中期财务报表应当反映该会计估计变更后的金额，但对以前中期财务报表项目金额不作调整。同时，该会计估计变更应当按照本准则第八条（二）或者第十条的规定在附注中作相应披露。

第十三条 企业取得的季节性、周期性或者偶然性收入，应当在发生时予以确认和计量，不应在中期财务报表中预计或者递延，但会计年度末允许预计或者递延的除外。

企业在会计年度中不均匀发生的费用，应当在发生时予以确认和计量，不应在中期财务报表中预提或者待摊，但会计年度末允许预提或者待摊的除外。

第十四条 企业在中期发生了会计政策变更的，应当按照《企业会计准则第28号——会计政策、会计估计变更和差错更正》处理，并按照本准则第八条（一）的规定在附注中作相应披露。

会计政策变更的累积影响数能够合理确定、且涉及本会计年度以前中期财务报表相关项目数字的，应当予以追溯调整，视同该会计政策在整个会计年度一贯采用；同时，上年度可比财务报表也应当作相应调整。

33. 企业会计准则第33号——合并财务报表（2014年修订）

（财会〔2014〕10号）

第一章 总 则

第一条 为了规范合并财务报表的编制和列报，根据《企业会计准则——基本准则》，制定本准则。

第二条 合并财务报表，是指反映母公司和其全部子公司形成的企业集团整体财务状况、经营成果和现金流量的财务报表。母公司，是指控制一个或一个以上主体（含企业、被投资单位中可分割的部分，以及企业所控制的结构化主体等，下同）的主体。子公司，是指被母公司控制的主体。

第三条 合并财务报表至少应当包括下列组成部分：

（一）合并资产负债表；

（二）合并利润表；

（三）合并现金流量表；

（四）合并所有者权益（或股东权益，下同）变动表；

（五）附注。

企业集团中期期末编制合并财务报表的，至少应当包括合并资产负债表、合并利润表、合并现金流量表和附注。

第四条　母公司应当编制合并财务报表。如果母公司是投资性主体，且不存在为其投资活动提供相关服务的子公司，则不应当编制合并财务报表，该母公司按照本准则第二十一条规定以公允价值计量其对所有子公司的投资，且公允价值变动计入当期损益。

第五条　外币财务报表折算，适用《企业会计准则第 19 号——外币折算》和《企业会计准则第 31 号——现金流量表》。

第六条　关于在子公司权益的披露，适用《企业会计准则第 41 号——在其他主体中权益的披露》。

第二章　合并范围

第七条　合并财务报表的合并范围应当以控制为基础予以确定。

控制，是指投资方拥有对被投资方的权力，通过参与被投资方的相关活动而享有可变回报，并且有能力运用对被投资方的权力影响其回报金额。

本准则所称相关活动，是指对被投资方的回报产生重大影响的活动。被投资方的相关活动应当根据具体情况进行判断，通常包括商品或劳务的销售和购买、金融资产的管理、资产的购买和处置、研究与开发活动以及融资活动等。

第八条　投资方应当在综合考虑所有相关事实和情况的基础上对是否控制被投资方进行判断。一旦相关事实和情况的变化导致对控制定义所涉及的相关要素发生变化的，投资方应当进行重新评估。相关事实和情况主要包括：

（一）被投资方的设立目的。

（二）被投资方的相关活动以及如何对相关活动作出决策。

（三）投资方享有的权利是否使其目前有能力主导被投资方的相关活动。

（四）投资方是否通过参与被投资方的相关活动而享有可变回报。

（五）投资方是否有能力运用对被投资方的权力影响其回报金额。

（六）投资方与其他方的关系。

第九条　投资方享有现时权利使其目前有能力主导被投资方的相关活动，而不论其是否实际行使该权利，视为投资方拥有对被投资方的权力。

第十条　两个或两个以上投资方分别享有能够单方面主导被投资方不同相关活动的现时权利的，能够主导对被投资方回报产生最重大影响的活动的一方拥有对被投资方的权力。

第十一条　投资方在判断是否拥有对被投资方的权力时，应当仅考虑与被投资方相关的实质性权利，包括自身所享有的实质性权利以及其他方所享有的实质性权利。

实质性权利，是指持有人在对相关活动进行决策时有实际能力行使的可执行权利。判断一项权利是否为实质性权利，应当综合考虑所有相关因素，包括权利持有人行使该项权利是否存在财务、价格、条款、机制、信息、运营、法律法规等方面的障碍；当权利由多方持有或者行权需要多方同意时，是否存在实际可行的机制使得这些权利持有人在其愿意的情况下能够一致行权；权利持有人能否从行权中获利等。

某些情况下，其他方享有的实质性权利有可能会阻止投资方对被投资方的控制。这种实质性权利既包括提出议案以供决策的主动性权利，也包括对已提出议案作出决策的被动性权利。

第十二条　仅享有保护性权利的投资方不拥有对被投资方的权力。

保护性权利，是指仅为了保护权利持有人利益却没有赋予持有人对相关活动决策权的一项权利。保护性权利通常只能在被投资方发生根本性改变或某些例外情况发生时才能够行使，它既没有赋予其持有人对被投资方拥有权力，也不能阻止其他方对被投资方拥有权力。

第十三条 除非有确凿证据表明其不能主导被投资方相关活动，下列情况，表明投资方对被投资方拥有权力：

（一）投资方持有被投资方半数以上的表决权的。

（二）投资方持有被投资方半数或以下的表决权，但通过与其他表决权持有人之间的协议能够控制半数以上表决权的。

第十四条 投资方持有被投资方半数或以下的表决权，但综合考虑下列事实和情况后，判断投资方持有的表决权足以使其目前有能力主导被投资方相关活动的，视为投资方对被投资方拥有权力：

（一）投资方持有的表决权相对于其他投资方持有的表决权份额的大小，以及其他投资方持有表决权的分散程度。

（二）投资方和其他投资方持有的被投资方的潜在表决权，如可转换公司债券、可执行认股权证等。

（三）其他合同安排产生的权利。

（四）被投资方以往的表决权行使情况等其他相关事实和情况。

第十五条 当表决权不能对被投资方的回报产生重大影响时，如仅与被投资方的日常行政管理活动有关，并且被投资方的相关活动由合同安排所决定，投资方需要评估这些合同安排，以评价其享有的权利是否足够使其拥有对被投资方的权力。

第十六条 某些情况下，投资方可能难以判断其享有的权利是否足以使其拥有对被投资方的权力。在这种情况下，投资方应当考虑其具有实际能力以单方面主导被投资方相关活动的证据，从而判断其是否拥有对被投资方的权力。投资方应考虑的因素包括但不限于下列事项：

（一）投资方能否任命或批准被投资方的关键管理人员。

（二）投资方能否出于其自身利益决定或否决被投资方的重大交易。

（三）投资方能否掌控被投资方董事会等类似权力机构成员的任命程序，或者从其他表决权持有人手中获得代理权。

（四）投资方与被投资方的关键管理人员或董事会等类似权力机构中的多数成员是否存在关联方关系。

投资方与被投资方之间存在某种特殊关系的，在评价投资方是否拥有对被投资方的权力时，应当适当考虑这种特殊关系的影响。特殊关系通常包括：被投资方的关键管理人员是投资方的现任或前任职工、被投资方的经营依赖于投资方、被投资方活动的重大部分有投资方参与其中或者是以投资方的名义进行、投资方自被投资方承担可变回报的风险或享有可变回报的收益远超过其持有的表决权或其他类似权利的比例等。

第十七条 投资方自被投资方取得的回报可能会随着被投资方业绩而变动的，视为享有可变回报。投资方应当基于合同安排的实质而非回报的法律形式对回报的可变性进行评价。

第十八条 投资方在判断是否控制被投资方时，应当确定其自身是以主要责任人还是代理人的身份行使决策权，在其他方拥有决策权的情况下，还需要确定其他方是否以其代理人的身份代为行使决策权。

代理人仅代表主要责任人行使决策权，不控制被投资方。投资方将被投资方相关活动的决策权委托给代理人的，应当将该决策权视为自身直接持有。

第十九条 在确定决策者是否为代理人时，应当综合考虑该决策者与被投资方以及其他投资方之间的关系。

（一）存在单独一方拥有实质性权利可以无条件罢免决策者的，该决策者为代理人。

（二）除（一）以外的情况下，应当综合考虑决策者对被投资方的决策权范围、其他方享有的实质性权利、决策者的薪酬水平、决策者因持有被投资方中的其他权益所承担可变回报的风险等相关因素进行判断。

第二十条 投资方通常应当对是否控制被投资方整体进行判断。但极个别情况下，有确凿证据表明同时满足下列条件并且符合相关法律法规规定的，投资方应当将被投资方的一部分（以下简称“该部分”）视为被投资方可分割的部分（单独主体），进而判断是否控制该部分（单独主体）。

（一）该部分的资产是偿付该部分负债或该部分其他权益的唯一来源，不能用于偿还该部分以外的被投资方的其他负债；

（二）除与该部分相关的各方外，其他方不享有与该部分资产相关的权利，也不享有与该部分资产剩余现金流量相关的权利。

第二十一条 母公司应当将其全部子公司（包括母公司所控制的单独主体）纳入合并财务报表的合并范围。

如果母公司是投资性主体，则母公司应当仅将为其投资活动提供相关服务的子公司（如有）纳入合并范围并编制合并财务报表；其他子公司不应当予以合并，母公司对其他子公司的投资应当按照公允价值计量且其变动计入当期损益。

第二十二条 当母公司同时满足下列条件时，该母公司属于投资性主体：

（一）该公司是以向投资者提供投资管理服务为目的，从一个或多个投资者处获取资金；

（二）该公司的唯一经营目的，是通过资本增值、投资收益或两者兼有而让投资者获得回报；

（三）该公司按照公允价值对几乎所有投资的业绩进行考量和评价。

第二十三条 母公司属于投资性主体的，通常情况下应当符合下列所有特征：

（一）拥有一个以上投资；

（二）拥有一个以上投资者；

（三）投资者不是该主体的关联方；

（四）其所有者权益以股权或类似权益方式存在。

第二十四条 投资性主体的母公司本身不是投资性主体，则应当将其控制的全部主体，包括那些通过投资性主体所间接控制的主体，纳入合并财务报表范围。

第二十五条 当母公司由非投资性主体转变为投资性主体时，除仅将为其投资活动提供相关服务的子公司纳入合并财务报表范围编制合并财务报表外，企业自转变日起对其他子公司不再予以合并，并参照本准则第四十九条的规定，按照视同在转变日处置子公司但保留剩余股权的原则进行会计处理。

当母公司由投资性主体转变为非投资性主体时，应将原未纳入合并财务报表范围的子公司于转变日纳入合并财务报表范围，原未纳入合并财务报表范围的子公司在转变日的公允价值视同为购买的交易对价。

第三章 合并程序

第二十六条 母公司应当以自身和其子公司的财务报表为基础，根据其他有关资料，编制合并财务报表。

母公司编制合并财务报表，应当将整个企业集团视为一个会计主体，依据相关企业会计准则的确认、计量和列报要求，按照统一的会计政策，反映企业集团整体财务状况、经营成果和现金流量。

（一）合并母公司与子公司的资产、负债、所有者权益、收入、费用和现金流等项目。

（二）抵销母公司对子公司的长期股权投资与母公司在子公司所有者权益中所享有

的份额。

（三）抵销母公司与子公司、子公司相互之间发生的内部交易的影响。内部交易表明相关资产发生减值损失的，应当全额确认该部分损失。

（四）站在企业集团角度对特殊交易事项予以调整。

第二十七条 母公司应当统一子公司所采用的会计政策，使子公司采用的会计政策与母公司保持一致。

子公司所采用的会计政策与母公司不一致的，应当按照母公司的会计政策对子公司财务报表进行必要的调整；或者要求子公司按照母公司的会计政策另行编报财务报表。

第二十八条 母公司应当统一子公司的会计期间，使子公司的会计期间与母公司保持一致。

子公司的会计期间与母公司不一致的，应当按照母公司的会计期间对子公司财务报表进行调整；或者要求子公司按照母公司的会计期间另行编报财务报表。

第二十九条 在编制合并财务报表时，子公司除了应当向母公司提供财务报表外，还应当向母公司提供下列有关资料：

（一）采用的与母公司不一致的会计政策及其影响金额；

（二）与母公司不一致的会计期间的说明；

（三）与母公司、其他子公司之间发生的所有内部交易的相关资料；

（四）所有者权益变动的有关资料；

（五）编制合并财务报表所需要的其他资料。

第一节 合并资产负债表

第三十条 合并资产负债表应当以母公司和子公司的资产负债表为基础，在抵销母公司与子公司、子公司相互之间发生的内部交易对合并资产负债表的影响后，由母公司合并编制。

（一）母公司对子公司的长期股权投资与母公司在子公司所有者权益中所享有的份额应当相互抵销，同时抵销相应的长期股权投资减值准备。

子公司持有母公司的长期股权投资，应当视为企业集团的库存股，作为所有者权益的减项，在合并资产负债表中所有者权益项目下以“减：库存股”项目列示。

子公司相互之间持有的长期股权投资，应当比照母公司对子公司的股权投资的抵销方法，将长期股权投资与其对应的子公司所有者权益中所享有的份额相互抵销。

（二）母公司与子公司、子公司相互之间的债权与债务项目应当相互抵销，同时抵销相应的减值准备。

（三）母公司与子公司、子公司相互之间销售商品（或提供劳务，下同）或其他方式形成的存货、固定资产、工程物资、在建工程、无形资产等所包含的未实现内部销售损益应当抵销。

对存货、固定资产、工程物资、在建工程和无形资产等计提的跌价准备或减值准备与未实现内部销售损益相关的部分应当抵销。

（四）母公司与子公司、子公司相互之间发生的其他内部交易对合并资产负债表的影响应当抵销。

（五）因抵销未实现内部销售损益导致合并资产负债表中资产、负债的账面价值与其在所属纳税主体的计税基础之间产生暂时性差异的，在合并资产负债表中应当确认递延所得税资产或递延所得税负债，同时调整合并利润表中的所得税费用，但与直接计入所有者权益的交易或事项及企业合并相关的递延所得税除外。

第三十一条 子公司所有者权益中不属于母公司的份额，应当作为少数股东权益，在合并资产负债表中所有者权益项目下以"少数股东权益"项目列示。

第三十二条　母公司在报告期内因同一控制下企业合并增加的子公司以及业务，编制合并资产负债表时，应当调整合并资产负债表的期初数，同时应当对比较报表的相关项目进行调整，视同合并后的报告主体自最终控制方开始控制时点起一直存在。

因非同一控制下企业合并或其他方式增加的子公司以及业务，编制合并资产负债表时，不应当调整合并资产负债表的期初数。

第三十三条　母公司在报告期内处置子公司以及业务，编制合并资产负债表时，不应当调整合并资产负债表的期初数。

第二节　合并利润表

第三十四条　合并利润表应当以母公司和子公司的利润表为基础，在抵销母公司与子公司、子公司相互之间发生的内部交易对合并利润表的影响后，由母公司合并编制。

（一）母公司与子公司、子公司相互之间销售商品所产生的营业收入和营业成本应当抵销。

母公司与子公司、子公司相互之间销售商品，期末全部实现对外销售的，应当将购买方的营业成本与销售方的营业收入相互抵销。

母公司与子公司、子公司相互之间销售商品，期末未实现对外销售而形成存货、固定资产、工程物资、在建工程、无形资产等资产的，在抵销销售商品的营业成本和营业收入的同时，应当将各项资产所包含的未实现内部销售损益予以抵销。

（二）在对母公司与子公司、子公司相互之间销售商品形成的固定资产或无形资产所包含的未实现内部销售损益进行抵销的同时，也应当对固定资产的折旧额或无形资产的摊销额与未实现内部销售损益相关的部分进行抵销。

（三）母公司与子公司、子公司相互之间持有对方债券所产生的投资收益、利息收入及其他综合收益等，应当与其相对应的发行方利息费用相互抵销。

（四）母公司对子公司、子公司相互之间持有对方长期股权投资的投资收益应当抵销。

（五）母公司与子公司、子公司相互之间发生的其他内部交易对合并利润表的影响应当抵销。

第三十五条　子公司当期净损益中属于少数股东权益的份额，应当在合并利润表中净利润项目下以"少数股东损益"项目列示。

子公司当期综合收益中属于少数股东权益的份额，应当在合并利润表中综合收益总额项目下以"归属于少数股东的综合收益总额"项目列示。

第三十六条　母公司向子公司出售资产所发生的未实现内部交易损益，应当全额抵销"归属于母公司所有者的净利润"。

子公司向母公司出售资产所发生的未实现内部交易损益，应当按照母公司对该子公司的分配比例在"归属于母公司所有者的净利润"和"少数股东损益"之间分配抵销。

子公司之间出售资产所发生的未实现内部交易损益，应当按照母公司对出售方子公司的分配比例在"归属于母公司所有者的净利润"和"少数股东损益"之间分配抵销。

第三十七条　子公司少数股东分担的当期亏损超过了少数股东在该子公司期初所有者权益中所享有的份额的，其余额仍应当冲减少数股东权益。

第三十八条　母公司在报告期内因同一控制下企业合并增加的子公司以及业务，应当将该子公司以及业务合并当期期初至报告期末的收入、费用、利润纳入合并利润表，同时应当对比较报表的相关项目进行调整，视同合并后的报告主体自最终控制方开始控制时点起一直存在。

因非同一控制下企业合并或其他方式增加的子公司以及业务，应当将该子公司以及业务购买日至报告期末的收入、费用、利润纳入合并利润表。

第三十九条 母公司在报告期内处置子公司以及业务，应当将该子公司以及业务期初至处置日的收入、费用、利润纳入合并利润表。

第三节 合并现金流量表

第四十条 合并现金流量表应当以母公司和子公司的现金流量表为基础，在抵销母公司与子公司、子公司相互之间发生的内部交易对合并现金流量表的影响后，由母公司合并编制。

本准则提及现金时，除非同时提及现金等价物，均包括现金和现金等价物。

第四十一条 编制合并现金流量表应当符合下列要求：

（一）母公司与子公司、子公司相互之间当期以现金投资或收购股权增加的投资所产生的现金流量应当抵销。

（二）母公司与子公司、子公司相互之间当期取得投资收益、利息收入收到的现金，应当与分配股利、利润或偿付利息支付的现金相互抵销。

（三）母公司与子公司、子公司相互之间以现金结算债权与债务所产生的现金流量应当抵销。

（四）母公司与子公司、子公司相互之间当期销售商品所产生的现金流量应当抵销。

（五）母公司与子公司、子公司相互之间处置固定资产、无形资产和其他长期资产收回的现金净额，应当与购建固定资产、无形资产和其他长期资产支付的现金相互抵销。

（六）母公司与子公司、子公司相互之间当期发生的其他内部交易所产生的现金流量应当抵销。

第四十二条 合并现金流量表及其补充资料也可以根据合并资产负债表和合并利润表进行编制。

第四十三条 母公司在报告期内因同一控制下企业合并增加的子公司以及业务，应当将该子公司以及业务合并当期期初至报告期末的现金流量纳入合并现金流量表，同时应当对比较报表的相关项目进行调整，视同合并后的报告主体自最终控制方开始控制时点起一直存在。

因非同一控制下企业合并增加的子公司以及业务，应当将该子公司购买日至报告期末的现金流量纳入合并现金流量表。

第四十四条 母公司在报告期内处置子公司以及业务，应当将该子公司以及业务期初至处置日的现金流量纳入合并现金流量表。

第四节 合并所有者权益变动表

第四十五条 合并所有者权益变动表应当以母公司和子公司的所有者权益变动表为基础，在抵销母公司与子公司、子公司相互之间发生的内部交易对合并所有者权益变动表的影响后，由母公司合并编制。

（一）母公司对子公司的长期股权投资应当与母公司在子公司所有者权益中所享有的份额相互抵销。

子公司持有母公司的长期股权投资以及子公司相互之间持有的长期股权投资，应当按照本准则第三十条规定处理。

（二）母公司对子公司、子公司相互之间持有对方长期股权投资的投资收益应当抵销。

（三）母公司与子公司、子公司相互之间发生的其他内部交易对所有者权益变动的影响应当抵销。

合并所有者权益变动表也可以根据合并资产负债表和合并利润表进行编制。

第四十六条　有少数股东的，应当在合并所有者权益变动表中增加“少数股东权益”栏目，反映少数股东权益变动的情况。

第四章　特殊交易的会计处理

第四十七条　母公司购买子公司少数股东拥有的子公司股权，在合并财务报表中，因购买少数股权新取得的长期股权投资与按照新增持股比例计算应享有子公司自购买日或合并日开始持续计算的净资产份额之间的差额，应当调整资本公积（资本溢价或股本溢价），资本公积不足冲减的，调整留存收益。

第四十八条　企业因追加投资等原因能够对非同一控制下的被投资方实施控制的，在合并财务报表中，对于购买日之前持有的被购买方的股权，应当按照该股权在购买日的公允价值进行重新计量，公允价值与其账面价值的差额计入当期投资收益；购买日之前持有的被购买方的股权涉及权益法核算下的其他综合收益等的，与其相关的其他综合收益等应当转为购买日所属当期收益。购买方应当在附注中披露其在购买日之前持有的被购买方的股权在购买日的公允价值、按照公允价值重新计量产生的相关利得或损失的金额。

第四十九条　母公司在不丧失控制权的情况下部分处置对子公司的长期股权投资，在合并财务报表中，处置价款与处置长期股权投资相对应享有子公司自购买日或合并日开始持续计算的净资产份额之间的差额，应当调整资本公积（资本溢价或股本溢价），资本公积不足冲减的，调整留存收益。

第五十条　企业因处置部分股权投资等原因丧失了对被投资方的控制权的，在编制合并财务报表时，对于剩余股权，应当按照其在丧失控制权日的公允价值进行重新计量。处置股权取得的对价与剩余股权公允价值之和，减去按原持股比例计算应享有原有子公司自购买日或合并日开始持续计算的净资产的份额之间的差额，计入丧失控制权当期的投资收益，同时冲减商誉。与原有子公司股权投资相关的其他综合收益等，应当在丧失控制权时转为当期投资收益。

第五十一条　企业通过多次交易分步处置对子公司股权投资直至丧失控制权的，如果处置对子公司股权投资直至丧失控制权的各项交易属于一揽子交易的，应当将各项交易作为一项处置子公司并丧失控制权的交易进行会计处理；但是，在丧失控制权之前每一次处置价款与处置投资对应的享有该子公司净资产份额的差额，在合并财务报表中应当确认为其他综合收益，在丧失控制权时一并转入丧失控制权当期的损益。

处置对子公司股权投资的各项交易的条款、条件以及经济影响符合下列一种或多种情况，通常表明应将多次交易事项作为一揽子交易进行会计处理：

（一）这些交易是同时或者在考虑了彼此影响的情况下订立的。

（二）这些交易整体才能达成一项完整的商业结果。

（三）一项交易的发生取决于其他至少一项交易的发生。

（四）一项交易单独考虑时是不经济的，但是和其他交易一并考虑时是经济的。

第五十二条　对于本章未列举的交易或者事项，如果站在企业集团合并财务报表角度的确认和计量结果与其所属的母公司或子公司的个别财务报表层面的确认和计量结果不一致的，则在编制合并财务报表时，也应当按照本准则第二十六条第二款第（四）项的规定，对其确认和计量结果予以相应调整。

第五章　衔接规定

第五十三条　首次采用本准则的企业应当根据本准则的规定对被投资方进行重新评估，

确定其是否应纳入合并财务报表范围。因首次采用本准则导致合并范围发生变化的，应当进行追溯调整，追溯调整不切实可行的除外。比较期间已丧失控制权的原子公司，不再追溯调整。

第六章 附 则

第五十四条 本准则自 2014 年 7 月 1 日起施行。

34. 企业会计准则第 34 号——每股收益（2006 年颁布）

（财会〔2006〕3 号）

第一章 总 则

第一条 为了规范每股收益的计算方法及其列报，根据《企业会计准则——基本准则》，制定本准则。

第二条 本准则适用于普通股或潜在普通股已公开交易的企业，以及正处于公开发行普通股或潜在普通股过程中的企业。

潜在普通股，是指赋予其持有者在报告期或以后期间享有取得普通股权利的一种金融工具或其他合同，包括可转换公司债券、认股权证、股份期权等。

第三条 合并财务报表中，企业应当以合并财务报表为基础计算和列报每股收益。

第二章 基本每股收益

第四条 企业应当按照归属于普通股股东的当期净利润，除以发行在外普通股的加权平均数计算基本每股收益。

第五条 发行在外普通股加权平均数按下列公式计算：

发行在外普通股加权平均数＝期初发行在外普通股股数＋当期新发行普通股股数 × 已发行时间 ÷ 报告期时间－当期回购普通股股数 × 已回购时间 ÷ 报告期时间

已发行时间、报告期时间和已回购时间一般按照天数计算；在不影响计算结果合理性的前提下，也可以采用简化的计算方法。

第六条 新发行普通股股数，应当根据发行合同的具体条款，从应收对价之日（一般为股票发行日）起计算确定。通常包括下列情况：

（一）为收取现金而发行的普通股股数，从应收现金之日起计算。

（二）因债务转资本而发行的普通股股数，从停计债务利息之日或结算日起计算。

（三）非同一控制下的企业合并，作为对价发行的普通股股数，从购买日起计算；同一控制下的企业合并，作为对价发行的普通股股数，应当计入各列报期间普通股的加权平均数。

（四）为收购非现金资产而发行的普通股股数，从确认收购之日起计算。

第三章 稀释每股收益

第七条 企业存在稀释性潜在普通股的，应当分别调整归属于普通股股东的当期净利润和发行在外普通股的加权平均数，并据以计算稀释每股收益。

稀释性潜在普通股，是指假设当期转换为普通股会减少每股收益的潜在普通股。

第八条 计算稀释每股收益，应当根据下列事项对归属于普通股股东的当期净利润进行调整：

（一）当期已确认为费用的稀释性潜在普通股的利息；

（二）稀释性潜在普通股转换时将产生的收益或费用。

上述调整应当考虑相关的所得税影响。

第九条　计算稀释每股收益时，当期发行在外普通股的加权平均数应当为计算基本每股收益时普通股的加权平均数与假定稀释性潜在普通股转换为已发行普通股而增加的普通股股数的加权平均数之和。

计算稀释性潜在普通股转换为已发行普通股而增加的普通股股数的加权平均数时，以前期间发行的稀释性潜在普通股，应当假设在当期期初转换；当期发行的稀释性潜在普通股，应当假设在发行日转换。

第十条　认股权证和股份期权等的行权价格低于当期普通股平均市场价格时，应当考虑其稀释性。计算稀释每股收益时，增加的普通股股数按下列公式计算：增加的普通股股数＝拟行权时转换的普通股股数－行权价格 × 拟行权时转换的普通股股数 ÷ 当期普通股平均市场价格

第十一条　企业承诺将回购其股份的合同中规定的回购价格高于当期普通股平均市场价格时，应当考虑其稀释性。计算稀释每股收益时，增加的普通股股数按下列公式计算：增加的普通股股数＝回购价格 × 承诺回购的普通股股数 ÷ 当期普通股平均市场价格－承诺回购的普通股股数

第十二条　稀释性潜在普通股应当按照其稀释程度从大到小的顺序计入稀释每股收益，直至稀释每股收益达到最小值。

第四章　列　　报

第十三条　发行在外普通股或潜在普通股的数量因派发股票股利、公积金转增资本、拆股而增加或因并股而减少，但不影响所有者权益金额的，应当按调整后的股数重新计算各列报期间的每股收益。

上述变化发生于资产负债表日至财务报告批准报出日之间的，应当以调整后的股数重新计算各列报期间的每股收益。

按照《企业会计准则第 28 号——会计政策、会计估计变更和差错更正》的规定对以前年度损益进行追溯调整或追溯重述的，应当重新计算各列报期间的每股收益。

第十四条　企业应当在利润表中单独列示基本每股收益和稀释每股收益。

第十五条　企业应当在附注中披露与每股收益有关的下列信息：

（一）基本每股收益和稀释每股收益分子、分母的计算过程。

（二）列报期间不具有稀释性但以后期间很可能具有稀释性的潜在普通股。

（三）在资产负债表日至财务报告批准报出日之间，企业发行在外普通股或潜在普通股股数发生重大变化的情况。

35. 企业会计准则第 35 号——分部报告（2006 年颁布）

（财会〔2006〕3 号）

第一章　总　　则

第一条　为了规范分部报告的编制和相关信息的披露，根据《企业会计准则——基本准则》，制定本准则。

第二条　企业存在多种经营或跨地区经营的，应当按照本准则规定披露分部信息。但是，法律、行政法规另有规定的除外。

第三条　企业应当以对外提供的财务报表为基础披露分部信息。

对外提供合并财务报表的企业，应当以合并财务报表为基础披露分部信息。

第二章 报告分部的确定

第四条 企业披露分部信息，应当区分业务分部和地区分部。

第五条 业务分部，是指企业内可区分的、能够提供单项或一组相关产品或劳务的组成部分。该组成部分承担了不同于其他组成部分的风险和报酬。

企业在确定业务分部时，应当结合企业内部管理要求，并考虑下列因素：

（一）各单项产品或劳务的性质，包括产品或劳务的规格、型号、最终用途等；

（二）生产过程的性质，包括采用劳动密集或资本密集方式组织生产、使用相同或者相似设备和原材料、采用委托生产或加工方式等；

（三）产品或劳务的客户类型，包括大宗客户、零散客户等；

（四）销售产品或提供劳务的方式，包括批发、零售、自产自销、委托销售、承包等；

（五）生产产品或提供劳务受法律、行政法规的影响，包括经营范围或交易定价限制等。

第六条 地区分部，是指企业内可区分的、能够在一个特定的经济环境内提供产品或劳务的组成部分。该组成部分承担了不同于在其他经济环境内提供产品或劳务的组成部分的风险和报酬。

企业在确定地区分部时，应当结合企业内部管理要求，并考虑下列因素：

（一）所处经济、政治环境的相似性，包括境外经营所在地区经济和政治的稳定程度等；

（二）在不同地区经营之间的关系，包括在某地区进行产品生产，而在其他地区进行销售等；

（三）经营的接近程度大小，包括在某地区生产的产品是否需在其他地区进一步加工生产等；

（四）与某一特定地区经营相关的特别风险，包括气候异常变化等；

（五）外汇管理规定，即境外经营所在地区是否实行外汇管制；

（六）外汇风险。

第七条 两个或两个以上的业务分部或地区分部同时满足下列条件的，可以予以合并：

（一）具有相近的长期财务业绩，包括具有相近的长期平均毛利率、资金回报率、未来现金流量等；

（二）确定业务分部或地区分部所考虑的因素类似。

第八条 企业应当以业务分部或地区分部为基础确定报告分部。

业务分部或地区分部的大部分收入是对外交易收入，且满足下列条件之一的，应当将其确定为报告分部：

（一）该分部的分部收入占所有分部收入合计的10%或者以上。

（二）该分部的分部利润（亏损）的绝对额，占所有盈利分部利润合计额或者所有亏损分部亏损合计额的绝对额两者中较大者的10%或者以上。

（三）该分部的分部资产占所有分部资产合计额的10%或者以上。

第九条 业务分部或地区分部未满足本准则第八条规定条件的，可以按照下列规定处理：

（一）不考虑该分部的规模，直接将其指定为报告分部；

（二）不将该分部直接指定为报告分部的，可将该分部与一个或一个以上类似的、未满足本准则第八条规定条件的其他分部合并为一个报告分部；

（三）不将该分部指定为报告分部且不与其他分部合并的，应当在披露分部信息时，将其作为其他项目单独披露。

第十条 报告分部的对外交易收入合计额占合并总收入或企业总收入的比重未达到75%的，应当将其他的分部确定为报告分部（即使它们未满足本准则第八条规定的条件），直到该比重达到 75%。

第十一条 企业的内部管理按照垂直一体化经营的不同层次来划分的，即使其大部分收入不通过对外交易取得，仍可将垂直一体化经营的不同层次确定为独立的报告业务分部。

第十二条 对于上期确定为报告分部的，企业本期认为其依然重要，即使本期未满足本准则第八条规定条件的，仍应将其确定为本期的报告分部。

第三章 分部信息的披露

第十三条 企业应当区分主要报告形式和次要报告形式披露分部信息。

（一）风险和报酬主要受企业的产品和劳务差异影响的，披露分部信息的主要形式应当是业务分部，次要形式是地区分部。

（二）风险和报酬主要受企业在不同的国家或地区经营活动影响的，披露分部信息的主要形式应当是地区分部，次要形式是业务分部。

（三）风险和报酬同时较大地受企业产品和劳务的差异以及经营活动所在国家或地区差异影响的，披露分部信息的主要形式应当是业务分部，次要形式是地区分部。

第十四条 对于主要报告形式，企业应当在附注中披露分部收入、分部费用、分部利润（亏损）、分部资产总额和分部负债总额等。

（一）分部收入，是指可归属于分部的对外交易收入和对其他分部交易收入。分部的对外交易收入和对其他分部交易收入，应当分别披露。

（二）分部费用，是指可归属于分部的对外交易费用和对其他分部交易费用。分部的折旧费用、摊销费用以及其他重大的非现金费用，应当分别披露。

（三）分部利润（亏损），是指分部收入减去分部费用后的余额。

在合并利润表中，分部利润（亏损）应当在调整少数股东损益前确定。

（四）分部资产，是指分部经营活动使用的可归属于该分部的资产，不包括递延所得税资产。

分部资产的披露金额应当按照扣除相关累计折旧或摊销额以及累计减值准备后的金额确定。

披露分部资产总额时，当期发生的在建工程成本总额、购置的固定资产和无形资产的成本总额，应当单独披露。

（五）分部负债，是指分部经营活动形成的可归属于该分部的负债，不包括递延所得税负债。

第十五条 分部的日常活动是金融性质的，利息收入和利息费用应当作为分部收入和分部费用进行披露。

第十六条 企业披露的分部信息，应当与合并财务报表或企业财务报表中的总额信息相衔接。

分部收入应当与企业的对外交易收入（包括企业对外交易取得的、未包括在任何分部收入中的收入）相衔接；分部利润（亏损）应当与企业营业利润（亏损）和企业净利润（净亏损）相衔接；分部资产总额应当与企业资产总额相衔接；分部负债总额应当与企业负债总额相衔接。

第十七条 分部信息的主要报告形式是业务分部的，应当就次要报告形式披露下列信息：

（一）对外交易收入占企业对外交易收入总额 10% 或者以上的地区分部，以外部客户所在地为基础披露对外交易收入。

（二）分部资产占所有地区分部资产总额 10% 或者以上的地区分部，以资产所在地为基础披露分部资产总额。

第十八条 分部信息的主要报告形式是地区分部的，应当就次要报告形式披露下列信息：

（一）对外交易收入占企业对外交易收入总额10%或者以上的业务分部，应当披露对外交易收入。

（二）分部资产占所有业务分部资产总额10%或者以上的业务分部，应当披露分部资产总额。

第十九条 分部间转移交易应当以实际交易价格为基础计量。转移价格的确定基础及其变更情况，应当予以披露。

第二十条 企业应当披露分部会计政策，但分部会计政策与合并财务报表或企业财务报表一致的除外。

分部会计政策变更影响重大的，应当按照《企业会计准则第28号——会计政策、会计估计变更和差错更正》进行披露，并提供相关比较数据。提供比较数据不切实可行的，应当说明原因。

企业改变分部的分类且提供比较数据不切实可行的，应当在改变分部分类的年度，分别披露改变前和改变后的报告分部信息。

分部会计政策，是指编制合并财务报表或企业财务报表时采用的会计政策，以及与分部报告特别相关的会计政策。与分部报告特别相关的会计政策包括分部的确定、分部间转移价格的确定方法，以及将收入和费用分配给分部的基础等。

第二十一条 企业在披露分部信息时，应当提供前期比较数据。

但是，提供比较数据不切实可行的除外。

36. 企业会计准则第36号——关联方披露（2006年颁布）

（财会〔2006〕3号）

第一章 总 则

第一条 为了规范关联方及其交易的信息披露，根据《企业会计准则——基本准则》，制定本准则。

第二条 企业财务报表中应当披露所有关联方关系及其交易的相关信息。对外提供合并财务报表的，对于已经包括在合并范围内各企业之间的交易不予披露，但应当披露与合并范围外各关联方的关系及其交易。

第二章 关 联 方

第三条 一方控制、共同控制另一方或对另一方施加重大影响，以及两方或两方以上同受一方控制、共同控制或重大影响的，构成关联方。

控制，是指有权决定一个企业的财务和经营政策，并能据以从该企业的经营活动中获取利益。

共同控制，是指按照合同约定对某项经济活动所共有的控制，仅在与该项经济活动相关的重要财务和经营决策需要分享控制权的投资方一致同意时存在。

重大影响，是指对一个企业的财务和经营政策有参与决策的权力，但并不能够控制或者与其他方一起共同控制这些政策的制定。

第四条 下列各方构成企业的关联方：

（一）该企业的母公司。

（二）该企业的子公司。

（三）与该企业受同一母公司控制的其他企业。

（四）对该企业实施共同控制的投资方。

（五）对该企业施加重大影响的投资方。

（六）该企业的合营企业。

（七）该企业的联营企业。

（八）该企业的主要投资者个人及与其关系密切的家庭成员。主要投资者个人，是指能够控制、共同控制一个企业或者对一个企业施加重大影响的个人投资者。

（九）该企业或其母公司的关键管理人员及与其关系密切的家庭成员。关键管理人员，是指有权力并负责计划、指挥和控制企业活动的人员。与主要投资者个人或关键管理人员关系密切的家庭成员，是指在处理与企业的交易时可能影响该个人或受该个人影响的家庭成员。

（十）该企业主要投资者个人、关键管理人员或与其关系密切的家庭成员控制、共同控制或施加重大影响的其他企业。

第五条　仅与企业存在下列关系的各方，不构成企业的关联方：

（一）与该企业发生日常往来的资金提供者、公用事业部门、政府部门和机构。

（二）与该企业发生大量交易而存在经济依存关系的单个客户、供应商、特许商、经销商或代理商。

（三）与该企业共同控制合营企业的合营者。

第六条　仅仅同受国家控制而不存在其他关联方关系的企业，不构成关联方。

第三章　关联方交易

第七条　关联方交易，是指关联方之间转移资源、劳务或义务的行为，而不论是否收取价款。

第八条　关联方交易的类型通常包括下列各项：

（一）购买或销售商品。

（二）购买或销售商品以外的其他资产。

（三）提供或接受劳务。

（四）担保。

（五）提供资金（贷款或股权投资）。

（六）租赁。

（七）代理。

（八）研究与开发项目的转移。

（九）许可协议。

（十）代表企业或由企业代表另一方进行债务结算。

（十一）关键管理人员薪酬。

第四章　披　　露

第九条　企业无论是否发生关联方交易，均应当在附注中披露与母公司和子公司有关的下列信息：

（一）母公司和子公司的名称。

母公司不是该企业最终控制方的，还应当披露最终控制方名称。

母公司和最终控制方均不对外提供财务报表的，还应当披露母公司之上与其最相近的对外提供财务报表的母公司名称。

（二）母公司和子公司的业务性质、注册地、注册资本（或实收资本、股本）及其变化。

（三）母公司对该企业或者该企业对子公司的持股比例和表决权比例。

第十条　企业与关联方发生关联方交易的，应当在附注中披露该关联方关系的性质、交易类型及交易要素。交易要素至少应当包括：

（一）交易的金额。

（二）未结算项目的金额、条款和条件，以及有关提供或取得担保的信息。

（三）未结算应收项目的坏账准备金额。

（四）定价政策。

第十一条 关联方交易应当分别关联方以及交易类型予以披露。

类型相似的关联方交易，在不影响财务报表阅读者正确理解关联方交易对财务报表影响的情况下，可以合并披露。

第十二条 企业只有在提供确凿证据的情况下，才能披露关联方交易是公平交易。

37. 企业会计准则第37号——金融工具列报（2017年修订）

（财会〔2017〕14号）

第一章 总 则

第一条 为了规范金融工具的列报，根据《企业会计准则——基本准则》，制定本准则。

金融工具列报，包括金融工具列示和金融工具披露。

第二条 金融工具列报的信息，应当有助于财务报表使用者了解企业所发行金融工具的分类、计量和列报的情况，以及企业所持有的金融资产和承担的金融负债的情况，并就金融工具对企业财务状况和经营成果影响的重要程度、金融工具使企业在报告期间和期末所面临风险的性质和程度，以及企业如何管理这些风险作出合理评价。

第三条 本准则适用于所有企业各种类型的金融工具，但下列各项适用其他会计准则：

（一）由《企业会计准则第2号——长期股权投资》《企业会计准则第33号——合并财务报表》和《企业会计准则第40号——合营安排》规范的对子公司、合营企业和联营企业的投资，其披露适用《企业会计准则第41号——在其他主体中权益的披露》。但企业持有的与在子公司、合营企业或联营企业中的权益相联系的衍生工具，适用本准则。

企业按照《企业会计准则第22号——金融工具确认和计量》相关规定对联营企业或合营企业的投资进行会计处理的，以及企业符合《企业会计准则第33号——合并财务报表》有关投资性主体定义，且根据该准则规定对子公司的投资以公允价值计量且其变动计入当期损益的，对上述合营企业、联营企业或子公司的相关投资适用本准则。

（二）由《企业会计准则第9号——职工薪酬》规范的职工薪酬相关计划形成的企业的权利和义务，适用《企业会计准则第9号——职工薪酬》。

（三）由《企业会计准则第11号——股份支付》规范的股份支付中涉及的金融工具以及其他合同和义务，适用《企业会计准则第11号——股份支付》。但是，股份支付中属于本准则范围的买入或卖出非金融项目的合同，以及与股份支付相关的企业发行、回购、出售或注销的库存股，适用本准则。

（四）由《企业会计准则第12号——债务重组》规范的债务重组，适用《企业会计准则第12号——债务重组》。但债务重组中涉及金融资产转移披露的，适用本准则。

（五）由《企业会计准则第14号——收入》规范的属于金融工具的合同权利和义务，适用《企业会计准则第14号——收入》。由《企业会计准则第14号——收入》要求在确认和计量相关合同权利的减值损失和利得时，应当按照《企业会计准则第22号——金融工具确认和计量》进行会计处理的合同权利，适用本准则有关信用风险披露的规定。

（六）由保险合同相关会计准则规范的保险合同所产生的权利和义务，适用保险合同相关会计准则。

因具有相机分红特征而由保险合同相关会计准则规范的合同所产生的权利和义务，适用保险合同相关会计准则。但对于嵌入保险合同的衍生工具，该嵌入衍生工具本身不是保险合同的，适用本准则；该嵌入衍生工具本身为保险合同的，适用保险合同相关会计准则。

企业选择按照《企业会计准则第 22 号——金融工具确认和计量》进行会计处理的财务担保合同，适用本准则；企业选择按照保险合同相关会计准则进行会计处理的财务担保合同，适用保险合同相关会计准则。

第四条 本准则适用于能够以现金或其他金融工具净额结算，或通过交换金融工具结算的买入或卖出非金融项目的合同。但企业按照预定的购买、销售或使用要求签订并持有，旨在收取或交付非金融项目的合同，适用其他相关会计准则，但是企业根据《企业会计准则第 22 号——金融工具确认和计量》第八条的规定将该合同指定为以公允价值计量且其变动计入当期损益的金融资产或金融负债的，适用本准则。

第五条 本准则第六章至第八章的规定，除适用于企业已按照《企业会计准则第 22 号——金融工具确认和计量》确认的金融工具外，还适用于未确认的金融工具。

第六条 本准则规定的交易或事项涉及所得税的，应当按照《企业会计准则第 18 号——所得税》进行处理。

第二章 金融负债和权益工具的区分

第七条 企业应当根据所发行金融工具的合同条款及其所反映的经济实质而非仅以法律形式，结合金融资产、金融负债和权益工具的定义，在初始确认时将该金融工具或其组成部分分类为金融资产、金融负债或权益工具。

第八条 金融负债，是指企业符合下列条件之一的负债：

（一）向其他方交付现金或其他金融资产的合同义务。

（二）在潜在不利条件下，与其他方交换金融资产或金融负债的合同义务。

（三）将来须用或可用企业自身权益工具进行结算的非衍生工具合同，且企业根据该合同将交付可变数量的自身权益工具。

（四）将来须用或可用企业自身权益工具进行结算的衍生工具合同，但以固定数量的自身权益工具交换固定金额的现金或其他金融资产的衍生工具合同除外。企业对全部现有同类别非衍生自身权益工具的持有方同比例发行配股权、期权或认股权证，使之有权按比例以固定金额的任何货币换取固定数量的该企业自身权益工具的，该类配股权、期权或认股权证应当分类为权益工具。其中，企业自身权益工具不包括应按照本准则第三章分类为权益工具的金融工具，也不包括本身就要求在未来收取或交付企业自身权益工具的合同。

第九条 权益工具，是指能证明拥有某个企业在扣除所有负债后的资产中的剩余权益的合同。企业发行的金融工具同时满足下列条件的，符合权益工具的定义，应当将该金融工具分类为权益工具：

（一）该金融工具应当不包括交付现金或其他金融资产给其他方，或在潜在不利条件下与其他方交换金融资产或金融负债的合同义务；

（二）将来须用或可用企业自身权益工具结算该金融工具。如为非衍生工具，该金融工具应当不包括交付可变数量的自身权益工具进行结算的合同义务；如为衍生工具，企业只能通过以固定数量的自身权益工具交换固定金额的现金或其他金融资产结算该金融工具。企业自身权益工具不包括应按照本准则第三章分类为权益工具的金融工具，也不包括本身就要求在未来收取或交付企业自身权益工具的合同。

第十条 企业不能无条件地避免以交付现金或其他金融资产来履行一项合同义务的，该合同义务符合金融负债的定义。有些金融工具虽然没有明确地包含交付现金或其他金融资产义务的条款和条件，但有可能通过其他条款和条件间接地形成合同义务。

如果一项金融工具须用或可用企业自身权益工具进行结算，需要考虑用于结算该工具的企业自身权益工具，是作为现金或其他金融资产的替代品，还是为了使该工具持有方享有在发行方扣除所有负债后的资产中的剩余权益。如果是前者，该工具是发行方的金融负债；如果是后者，该工具是发行方的权益工具。在某些情况下，一项金融工具合同规定企业须用或可用自身权益工具结算该金融工具，其中合同权利或合同义务的金额等于可获取或需交付的自身权益工具的数量乘以其结算时的公允价值，则无论该合同权利或合同义务的金额是固定的，还是完全或部分地基于除企业自身权益工具的市场价格以外变量（例如利率、某种商品的价格或某项金融工具的价格）的变动而变动的，该合同应当分类为金融负债。

第十一条 除根据本准则第三章分类为权益工具的金融工具外，如果一项合同使发行方承担了以现金或其他金融资产回购自身权益工具的义务，即使发行方的回购义务取决于合同对手方是否行使回售权，发行方应当在初始确认时将该义务确认为一项金融负债，其金额等于回购所需支付金额的现值（如远期回购价格的现值、期权行权价格的现值或其他回售金额的现值）。如果最终发行方无需以现金或其他金融资产回购自身权益工具，应当在合同到期时将该项金融负债按照账面价值重分类为权益工具。

第十二条 对于附有或有结算条款的金融工具，发行方不能无条件地避免交付现金、其他金融资产或以其他导致该工具成为金融负债的方式进行结算的，应当分类为金融负债。但是，满足下列条件之一的，发行方应当将其分类为权益工具：

（一）要求以现金、其他金融资产或以其他导致该工具成为金融负债的方式进行结算的或有结算条款几乎不具有可能性，即相关情形极端罕见、显著异常且几乎不可能发生。

（二）只有在发行方清算时，才需以现金、其他金融资产或以其他导致该工具成为金融负债的方式进行结算。

（三）按照本准则第三章分类为权益工具的可回售工具。

附有或有结算条款的金融工具，指是否通过交付现金或其他金融资产进行结算，或者是否以其他导致该金融工具成为金融负债的方式进行结算，需要由发行方和持有方均不能控制的未来不确定事项（如股价指数、消费价格指数变动、利率或税法变动、发行方未来收入、净收益或债务权益比率等）的发生或不发生（或发行方和持有方均不能控制的未来不确定事项的结果）来确定的金融工具。

第十三条 对于存在结算选择权的衍生工具（例如合同规定发行方或持有方能选择以现金净额或以发行股份交换现金等方式进行结算的衍生工具），发行方应当将其确认为金融资产或金融负债，但所有可供选择的结算方式均表明该衍生工具应当确认为权益工具的除外。

第十四条 企业应对发行的非衍生工具进行评估，以确定所发行的工具是否为复合金融工具。企业所发行的非衍生工具可能同时包含金融负债成分和权益工具成分。对于复合金融工具，发行方应于初始确认时将各组成部分分别分类为金融负债、金融资产或权益工具。

企业发行的一项非衍生工具同时包含金融负债成分和权益工具成分的，应于初始计量时先确定金融负债成分的公允价值（包括其中可能包含的非权益性嵌入衍生工具的公允价值），再从复合金融工具公允价值中扣除负债成分的公允价值，作为权益工具成分的价值。复合金融工具中包含非权益性嵌入衍生工具的，非权益性嵌入衍生工具的公允价值应当包含在金融负债成分的公允价值中，并且按照《企业会计准则第 22 号——金融工具确认和计量》的规定对该金融负债成分进行会计处理。

第十五条 在合并财务报表中对金融工具（或其组成部分）进行分类时，企业应当考虑企业集团成员和金融工具的持有方之间达成的所有条款和条件。企业集团作为一个整体，因该工具承担了交付现金、其他金融资产或以其他导致该工具成为金融负债的方式进行结算的义务的，该工具在企业集团合并财务报表中应当分类为金融负债。

第三章 特殊金融工具的区分

第十六条 符合金融负债定义，但同时具有下列特征的可回售工具，应当分类为权益工具：

（一）赋予持有方在企业清算时按比例份额获得该企业净资产的权利。这里所指企业净资产是扣除所有优先于该工具对企业资产要求权之后的剩余资产；这里所指按比例份额是清算时将企业的净资产分拆为金额相等的单位，并且将单位金额乘以持有方所持有的单位数量。

（二）该工具所属的类别次于其他所有工具类别，即该工具在归属于该类别前无须转换为另一种工具，且在清算时对企业资产没有优先于其他工具的要求权。

（三）该工具所属的类别中（该类别次于其他所有工具类别），所有工具具有相同的特征（例如它们必须都具有可回售特征，并且用于计算回购或赎回价格的公式或其他方法都相同）。

（四）除了发行方应当以现金或其他金融资产回购或赎回该工具的合同义务外，该工具不满足本准则规定的金融负债定义中的任何其他特征。

（五）该工具在存续期内的预计现金流量总额，应当实质上基于该工具存续期内企业的损益、已确认净资产的变动、已确认和未确认净资产的公允价值变动（不包括该工具的任何影响）。

可回售工具，是指根据合同约定，持有方有权将该工具回售给发行方以获取现金或其他金融资产的权利，或者在未来某一不确定事项发生或者持有方死亡或退休时，自动回售给发行方的金融工具。

第十七条 符合金融负债定义，但同时具有下列特征的发行方仅在清算时才有义务向另一方按比例交付其净资产的金融工具，应当分类为权益工具：

（一）赋予持有方在企业清算时按比例份额获得该企业净资产的权利；

（二）该工具所属的类别次于其他所有工具类别；

（三）该工具所属的类别中（该类别次于其他所有工具类别），发行方对该类别中所有工具都应当在清算时承担按比例份额交付其净资产的同等合同义务。

产生上述合同义务的清算确定将会发生并且不受发行方的控制（如发行方本身是有限寿命主体），或者发生与否取决于该工具的持有方。

第十八条 分类为权益工具的可回售工具，或发行方仅在清算时才有义务向另一方按比例交付其净资产的金融工具，除应当具有本准则第十六条或第十七条所述特征外，其发行方应当没有同时具备下列特征的其他金融工具或合同：

（一）现金流量总额实质上基于企业的损益、已确认净资产的变动、已确认和未确认净资产的公允价值变动（不包括该工具或合同的任何影响）；

（二）实质上限制或固定了本准则第十六条或第十七条所述工具持有方所获得的剩余回报。

在运用上述条件时，对于发行方与本准则第十六条或第十七条所述工具持有方签订的非金融合同，如果其条款和条件与发行方和其他方之间可能订立的同等合同类似，不应考虑该非金融合同的影响。但如果不能做出此判断，则不得将该工具分类为权益工具。

第十九条 按照本章规定分类为权益工具的金融工具，自不再具有本准则第十六条或第十七条所述特征，或发行方不再满足本准则第十八条规定条件之日起，发行方应当将其重分类为金融负债，以重分类日该工具的公允价值计量，并将重分类日权益工具的账面价值和金融负债的公允价值之间的差额确认为权益。

按照本章规定分类为金融负债的金融工具，自具有本准则第十六条或第十七条所述特征，且发行方满足本准则第十八条规定条件之日起，发行方应当将其重分类为权益工具，以重分类日金融负债的账面价值计量。

第二十条 企业发行的满足本章规定分类为权益工具的金融工具，在企业集团合并财务报表中对应的少数股东权益部分，应当分类为金融负债。

第四章 收益和库存股

第二十一条 金融工具或其组成部分属于金融负债的，相关利息、股利（或股息）、利得或损失，以及赎回或再融资产生的利得或损失等，应当计入当期损益。

第二十二条 金融工具或其组成部分属于权益工具的，其发行（含再融资）、回购、出售或注销时，发行方应当作为权益的变动处理。发行方不应当确认权益工具的公允价值变动。

发行方向权益工具持有方的分配应当作为其利润分配处理，发放的股票股利不影响发行方的所有者权益总额。

第二十三条 与权益性交易相关的交易费用应当从权益中扣减。

企业发行或取得自身权益工具时发生的交易费用（如登记费，承销费，法律、会计、评估及其他专业服务费用，印刷成本和印花税等），可直接归属于权益性交易的，应当从权益中扣减。终止的未完成权益性交易所发生的交易费用应当计入当期损益。

第二十四条 发行复合金融工具发生的交易费用，应当在金融负债成分和权益工具成分之间按照各自占总发行价款的比例进行分摊。与多项交易相关的共同交易费用，应当在合理的基础上，采用与其他类似交易一致的方法，在各项交易间进行分摊。

第二十五条 发行方分类为金融负债的金融工具支付的股利，在利润表中应当确认为费用，与其他负债的利息费用合并列示，并在财务报表附注中单独披露。

作为权益扣减项的交易费用，应当在财务报表附注中单独披露。

第二十六条 回购自身权益工具（库存股）支付的对价和交易费用，应当减少所有者权益，不得确认金融资产。库存股可由企业自身购回和持有，也可由企业集团合并财务报表范围内的其他成员购回和持有。

第二十七条 企业应当按照《企业会计准则第 30 号——财务报表列报》的规定在资产负债表中单独列示所持有的库存股金额。

企业从关联方回购自身权益工具的，还应当按照《企业会计准则第 36 号——关联方披露》的相关规定进行披露。

第五章 金融资产和金融负债的抵销

第二十八条 金融资产和金融负债应当在资产负债表内分别列示，不得相互抵销。但同时满足下列条件的，应当以相互抵销后的净额在资产负债表内列示：

（一）企业具有抵销已确认金额的法定权利，且该种法定权利是当前可执行的；

（二）企业计划以净额结算，或同时变现该金融资产和清偿该金融负债。

不满足终止确认条件的金融资产转移，转出方不得将已转移的金融资产和相关负债进行抵销。

第二十九条 抵销权是债务人根据合同或其他协议，以应收债权人的金额全部或部分抵销应付债权人的金额的法定权利。在某些情况下，如果债务人、债权人和第三方三者之间签署的协议明确表示债务人拥有该抵销权，并且不违反法律法规或其他相关规定，债务人可能拥有以应收第三方的金额抵销应付债权人的金额的法定权利。

第三十条 抵销权应当不取决于未来事项，而且在企业和所有交易对手方的正常经营过程中，或在出现违约、无力偿债或破产等各种情形下，企业均可执行该法定权利。

在确定抵销权是否可执行时，企业应当充分考虑法律法规或其他相关规定以及合同约定等各方面因素。

第三十一条 当前可执行的抵销权不构成相互抵销的充分条件，企业既不打算行使抵销权（即净额结算），又无计划同时结算金融资产和金融负债的，该金融资产和金融负债不得抵销。

在没有法定权利的情况下，一方或双方即使有意向以净额为基础进行结算或同时结算相关金融资产和金融负债的，该金融资产和金融负债也不得抵销。

第三十二条 企业同时结算金融资产和金融负债的，如果该结算方式相当于净额结算，则满足本准则第二十八条（二）以净额结算的标准。这种结算方式必须在同一结算过程或周期内处理了相关应收和应付款项，最终消除或几乎消除了信用风险和流动性风险。如果某结算方式同时具备如下特征，可视为满足净额结算标准：

（一）符合抵销条件的金融资产和金融负债在同一时点提交处理；

（二）金融资产和金融负债一经提交处理，各方即承诺履行结算义务；

（三）金融资产和金融负债一经提交处理，除非处理失败，这些资产和负债产生的现金流量不可能发生变动；

（四）以证券作为担保物的金融资产和金融负债，通过证券结算系统或其他类似机制进行结算（例如券款对付），即如果证券交付失败，则以证券作为抵押的应收款项或应付款项的处理也将失败，反之亦然；

（五）若发生本条（四）所述的失败交易，将重新进入处理程序，直至结算完成；

（六）由同一结算机构执行；

（七）有足够的日间信用额度，并且能够确保该日间信用额度一经申请提取即可履行，以支持各方能够在结算日进行支付处理。

第三十三条 在下列情况下，通常认为不满足本准则第二十八条所列条件，不得抵销相关金融资产和金融负债：

（一）使用多项不同金融工具来仿效单项金融工具的特征（即合成工具）。例如利用浮动利率长期债券与收取浮动利息且支付固定利息的利率互换，合成一项固定利率长期负债。

（二）金融资产和金融负债虽然具有相同的主要风险敞口（例如远期合同或其他衍生工具组合中的资产和负债），但涉及不同的交易对手方。

（三）无追索权金融负债与作为其担保物的金融资产或其他资产。

（四）债务人为解除某项负债而将一定的金融资产进行托管（例如偿债基金或类似安排），但债权人尚未接受以这些资产清偿负债。

（五）因某些导致损失的事项而产生的义务预计可以通过保险合同向第三方索赔而得以补偿。

第三十四条 企业与同一交易对手方进行多项金融工具交易时，可能与对手方签订总互抵协议。只有满足本准则第二十八条所列条件时，总互抵协议下的相关金融资产和金融负债才能抵销。

总互抵协议，是指协议所涵盖的所有金融工具中的任何一项合同在发生违约或终止时，就协议所涵盖的所有金融工具按单一净额进行结算。

第三十五条 企业应当区分金融资产和金融负债的抵销与终止确认。抵销金融资产和金融负债并在资产负债表中以净额列示，不应当产生利得或损失；终止确认是从资产负债表列示的项目中移除相关金融资产或金融负债，有可能产生利得或损失。

第六章 金融工具对财务状况和经营成果影响的列报

第一节 一般性规定

第三十六条 企业在对金融工具各项目进行列报时，应当根据金融工具的特点及相关信息的性质对金融工具进行归类，并充分披露与金融工具相关的信息，使得财务报表附注中的披露与财务报表列示的各项目相互对应。

第三十七条 在确定金融工具的列报类型时，企业至少应当将本准则范围内的金融工具区分为以摊余成本计量和以公允价值计量的类型。

第三十八条 企业应当披露编制财务报表时对金融工具所采用的重要会计政策、计量基础和与理解财务报表相关的其他会计政策等信息，主要包括：

（一）对于指定为以公允价值计量且其变动计入当期损益的金融资产，企业应当披露下列信息。

1. 指定的金融资产的性质。

2. 企业如何满足运用指定的标准。企业应当披露该指定所针对的确认或计量不一致的描述性说明。

（二）对于指定为以公允价值计量且其变动计入当期损益的金融负债，企业应当披露下列信息。

1. 指定的金融负债的性质。

2. 初始确认时对上述金融负债做出指定的标准。

3. 企业如何满足运用指定的标准。对于以消除或显著减少会计错配为目的的指定，企业应当披露该指定所针对的确认或计量不一致的描述性说明。对于以更好地反映组合的管理实质为目的的指定，企业应当披露该指定符合企业正式书面文件载明的风险管理或投资策略的描述性说明。对于整体指定为以公允价值计量且其变动计入当期损益的混合工具，企业应当披露运用指定标准的描述性说明。

（三）如何确定每类金融工具的利得或损失。

第二节 资产负债表中的列示及相关披露

第三十九条 企业应当在资产负债表或相关附注中列报下列金融资产或金融负债的账面价值：

（一）以摊余成本计量的金融资产。

（二）以摊余成本计量的金融负债。

（三）以公允价值计量且其变动计入其他综合收益的金融资产，并分别反映：（1）根据《企业会计准则第 22 号——金融工具确认和计量》第十八条的规定分类为以公允价值计量且其变动计入其他综合收益的金融资产；（2）根据《企业会计准则第 22 号——金融工具确认和计量》第十九条的规定在初始确认时被指定为以公允价值计量且其变动计入其他综合收益的非交易性权益工具投资。

（四）以公允价值计量且其变动计入当期损益的金融资产，并分别反映：（1）根据《企业会计准则第 22 号——金融工具确认和计量》第十九条的规定分类为以公允价值计量且其变动计入当期损益的金融资产；（2）根据《企业会计准则第 22 号——金融工具确认和计量》第二十条的规定指定为以公允价值计量且其变动计入当期损益的金融资产；（3）根据《企业会计准则第 24 号——套期会计》第三十四条的规定在初始确认或后续计量时指定为以公允价值计量且其变动计入当期损益的金融资产。

（五）以公允价值计量且其变动计入当期损益的金融负债，并分别反映：（1）根据《企业会计准则第 22 号——金融工具确认和计量》第二十一条的规定分类为以公允价值计量且其变动计入当期损益的金融负债；（2）根据《企业会计准则第 22 号——金融工具确认和计量》第二十二条的规定在初始确认时指定为以公允价值计量且其变动计入当期损益的金融负债；（3）根据《企业会计准则第 24 号——套期会计》第三十四条的规定在初始确认和后续计量时指定为以公允价值计量且其变动计入当期损益的金融负债。

第四十条　企业将本应按摊余成本或以公允价值计量且其变动计入其他综合收益计量的一项或一组金融资产指定为以公允价值计量且其变动计入当期损益的金融资产的，应当披露下列信息：

（一）该金融资产在资产负债表日使企业面临的最大信用风险敞口；

（二）企业通过任何相关信用衍生工具或类似工具使得该最大信用风险敞口降低的金额；

（三）该金融资产因信用风险变动引起的公允价值本期变动额和累计变动额；

（四）相关信用衍生工具或类似工具自该金融资产被指定以来的公允价值的本期变动额和累计变动额。

信用风险，是指金融工具的一方不履行义务，造成另一方发生财务损失的风险。

金融资产在资产负债表日的最大信用风险敞口，通常是金融工具账面余额减去减值损失准备后的金额（已减去根据本准则规定已抵销的金额）。

第四十一条　企业将一项金融负债指定为以公允价值计量且其变动计入当期损益的金融负债，且企业自身信用风险变动引起的该金融负债公允价值的变动金额计入其他综合收益的，应当披露下列信息：

（一）该金融负债因自身信用风险变动引起的公允价值本期变动额和累计变动额；

（二）该金融负债的账面价值与按合同约定到期应支付债权人金额之间的差额；

（三）该金融负债的累计利得或损失本期从其他综合收益转入留存收益的金额和原因。

第四十二条　企业将一项金融负债指定为以公允价值计量且其变动计入当期损益的金融负债，且该金融负债（包括企业自身信用风险变动的影响）的全部利得或损失计入当期损益的，应当披露下列信息：

（一）该金融负债因自身信用风险变动引起的公允价值本期变动额和累计变动额；

（二）该金融负债的账面价值与按合同约定到期应支付债权人金额之间的差额。

第四十三条　企业应当披露用于确定本准则第四十条（三）所要求披露的金融资产因信用风险变动引起的公允价值变动额的估值方法，以及用于确定本准则第四十一条（一）和第四十二条（一）所要求披露的金融负债因自身信用风险变动引起的公允价值变动额的估值方法，并说明选用该方法的原因。如果企业认为披露的信息未能如实反映相关金融工具公允价值变动中由信用风险引起的部分，则应当披露企业得出此结论的原因及其他需要考虑的因素。

企业应当披露其用于确定金融负债自身信用风险变动引起的公允价值的变动计入其他综合收益是否会造成或扩大损益中的会计错配的方法。企业根据《企业会计准则第 22 号——金融工具确认和计量》第六十八条的规定将金融负债因企业自身信用风险变动引起的公允价值变动计入当期损益的，企业应当披露该金融负债与预期能够抵销其自身信用风险变动引起的公允价值变动的金融工具之间的经济关系。

第四十四条　企业将非交易性权益工具投资指定为以公允价值计量且其变动计入其他综合收益的，应当披露下列信息：

（一）企业每一项指定为以公允价值计量且其变动计入其他综合收益的权益工具投资；

（二）企业做出该指定的原因；

（三）企业每一项指定为以公允价值计量且其变动计入其他综合收益的权益工具投资的期末公允价值；

（四）本期确认的股利收入，其中对本期终止确认的权益工具投资相关的股利收入和资产负债表日仍持有的权益工具投资相关的股利收入应当分别单独披露；

（五）该权益工具投资的累计利得和损失本期从其他综合收益转入留存收益的金额及其原因。

第四十五条 企业本期终止确认了指定为以公允价值计量且其变动计入其他综合收益的非交易性权益工具投资的，应当披露下列信息：

（一）企业处置该权益工具投资的原因；

（二）该权益工具投资在终止确认时的公允价值；

（三）该权益工具投资在终止确认时的累计利得或损失。

第四十六条 企业在当期或以前报告期间将金融资产进行重分类的，对于每一项重分类，应当披露重分类日、对业务模式变更的具体说明及其对财务报表影响的定性描述，以及该金融资产重分类前后的金额。

企业自上一年度报告日起将以公允价值计量且其变动计入其他综合收益的金融资产重分类为以摊余成本计量的金融资产的，或者将以公允价值计量且其变动计入当期损益的金融资产重分类为其他类别的，应当披露下列信息：

（一）该金融资产在资产负债表日的公允价值；

（二）如果未被重分类，该金融资产原来应在当期损益或其他综合收益中确认的公允价值利得或损失。

企业将以公允价值计量且其变动计入当期损益的金融资产重分类为其他类别的，自重分类日起到终止确认的每一个报告期间内，都应当披露该金融资产在重分类日确定的实际利率和当期已确认的利息收入。

第四十七条 对于所有可执行的总互抵协议或类似协议下的已确认金融工具，以及符合本准则第二十八条抵销条件的已确认金融工具，企业应当在报告期末以表格形式（除非企业有更恰当的披露形式）分别按金融资产和金融负债披露下列定量信息：

（一）已确认金融资产和金融负债的总额。

（二）按本准则规定抵销的金额。

（三）在资产负债表中列示的净额。

（四）可执行的总互抵协议或类似协议确定的，未包含在本条（二）中的金额，包括：

1. 不满足本准则抵销条件的已确认金融工具的金额；

2. 与财务担保物（包括现金担保）相关的金额，以在资产负债表中列示的净额扣除本条（四）1 后的余额为限。

（五）资产负债表中列示的净额扣除本条（四）后的余额。

企业应当披露本条（四）所述协议中抵销权的条款及其性质等信息，以及不同计量基础的金融工具适用本条时产生的计量差异。

上述信息未在财务报表同一附注中披露的，企业应当提供不同附注之间的交叉索引。

第四十八条 按照本准则第三章分类为权益工具的可回售工具，企业应当披露下列信息：

（一）可回售工具的汇总定量信息；

（二）对于按持有方要求承担的回购或赎回义务，企业的管理目标、政策和程序及其变化；

（三）回购或赎回可回售工具的预期现金流出金额以及确定方法。

第四十九条 企业将本准则第三章规定的特殊金融工具在金融负债和权益工具之间重分类的，应当分别披露重分类前后的公允价值或账面价值，以及重分类的时间和原因。

第五十条 企业应当披露作为负债或者或有负债担保物的金融资产的账面价值，以及与该项担保有关的条款和条件。根据《企业会计准则第 23 号——金融资产转移》第二十六条的规定，企业（转出方）向金融资产转入方提供了非现金担保物（如债务工具或权益工具投资等），转入方按照合同或惯例有权出售该担保物或将其再作为担保物的，企业应当将该非现金担保物在财务报表中单独列报。

第五十一条　企业取得担保物（担保物为金融资产或非金融资产），在担保物所有人未违约时可将该担保物出售或再抵押的，应当披露该担保物的公允价值、企业已出售或再抵押担保物的公允价值，以及承担的返还义务和使用担保物的条款和条件。

第五十二条　对于按照《企业会计准则第 22 号——金融工具确认和计量》第十八条的规定分类为以公允价值计量且其变动计入其他综合收益的金融资产，企业应当在财务报表附注中披露其确认的损失准备，但不应在资产负债表中将损失准备作为金融资产账面金额的扣减项目单独列示。

第五十三条　对于企业发行的包含金融负债成分和权益工具成分的复合金融工具，嵌入了价值相互关联的多项衍生工具（如可赎回的可转换债务工具）的，应当披露相关特征。

第五十四条　对于除基于正常信用条款的短期贸易应付款项之外的金融负债，企业应当披露下列信息：

（一）本期发生违约的金融负债的本金、利息、偿债基金、赎回条款的详细情况；

（二）发生违约的金融负债的期末账面价值；

（三）在财务报告批准对外报出前，就违约事项已采取的补救措施、对债务条款的重新议定等情况。

企业本期发生其他违反合同的情况，且债权人有权在发生违约或其他违反合同情况时要求企业提前偿还的，企业应当按上述要求披露。如果在期末前违约或其他违反合同情况已得到补救或已重新议定债务条款，则无需披露。

第三节　利润表中的列示及相关披露

第五十五条　企业应当披露与金融工具有关的下列收入、费用、利得或损失：

（一）以公允价值计量且其变动计入当期损益的金融资产和金融负债所产生的利得或损失。其中，指定为以公允价值计量且其变动计入当期损益的金融资产和金融负债，以及根据《企业会计准则第 22 号——金融工具确认和计量》第十九条的规定必须分类为以公允价值计量且其变动计入当期损益的金融资产和根据《企业会计准则第 22 号——金融工具确认和计量》第二十一条的规定必须分类为以公允价值计量且其变动计入当期损益的金融负债的净利得或净损失，应当分别披露。

（二）对于指定为以公允价值计量且其变动计入当期损益的金融负债，企业应当分别披露本期在其他综合收益中确认的和在当期损益中确认的利得或损失。

（三）对于根据《企业会计准则第 22 号——金融工具确认和计量》第十八条的规定分类为以公允价值计量且其变动计入其他综合收益的金融资产，企业应当分别披露当期在其他综合收益中确认的以及当期终止确认时从其他综合收益转入当期损益的利得或损失。

（四）对于根据《企业会计准则第 22 号——金融工具确认和计量》第十九条的规定指定为以公允价值计量且其变动计入其他综合收益的非交易性权益工具投资，企业应当分别披露在其他综合收益中确认的利得和损失以及在当期损益中确认的股利收入。

（五）除以公允价值计量且其变动计入当期损益的金融资产或金融负债外，按实际利率法计算的金融资产或金融负债产生的利息收入或利息费用总额，以及在确定实际利率时未予包括并直接计入当期损益的手续费收入或支出。

（六）企业通过信托和其他托管活动代他人持有资产或进行投资而形成的，直接计入当期损益的手续费收入或支出。

第五十六条 企业应当分别披露以摊余成本计量的金融资产终止确认时在利润表中确认的利得和损失金额及其相关分析，包括终止确认金融资产的原因。

第四节 套期会计相关披露

第五十七条 企业应当披露与套期会计有关的下列信息：

（一）企业的风险管理策略以及如何应用该策略来管理风险；

（二）企业的套期活动可能对其未来现金流量金额、时间和不确定性的影响；

（三）套期会计对企业的资产负债表、利润表及所有者权益变动表的影响。

企业在披露套期会计相关信息时，应当合理确定披露的详细程度、披露的重点、恰当的汇总或分解水平，以及财务报表使用者是否需要额外的说明以评估企业披露的定量信息。企业按照本准则要求所确定的信息披露汇总或分解水平应当和《企业会计准则第 39 号——公允价值计量》的披露要求所使用的汇总或分解水平相同。

第五十八条 企业应当披露其进行套期和运用套期会计的各类风险的风险敞口的风险管理策略相关信息，从而有助于财务报表使用者评价：每类风险是如何产生的、企业是如何管理各类风险的（包括企业是对某一项目整体的所有风险进行套期还是对某一项目的单个或多个风险成分进行套期及其理由），以及企业管理风险敞口的程度。与风险管理策略相关的信息应当包括：

（一）企业指定的套期工具；

（二）企业如何运用套期工具对被套期项目的特定风险敞口进行套期；

（三）企业如何确定被套期项目与套期工具的经济关系以评估套期有效性；

（四）套期比率的确定方法；

（五）套期无效部分的来源。

第五十九条 企业将某一特定的风险成分指定为被套期项目的，除应当披露本准则第五十八条规定的相关信息外，还应当披露下列定性或定量信息：

（一）企业如何确定该风险成分，包括风险成分与项目整体之间关系性质的说明；

（二）风险成分与项目整体的关联程度（例如被指定的风险成分以往平均涵盖项目整体公允价值变动的百分比）。

第六十条 企业应当按照风险类型披露相关定量信息，从而有助于财务报表使用者评价套期工具的条款和条件及这些条款和条件如何影响企业未来现金流量的金额、时间和不确定性。这些要求披露的明细信息应当包括：

（一）套期工具名义金额的时间分布；

（二）套期工具的平均价格或利率（如适用）。

第六十一条 在因套期工具和被套期项目频繁变更而导致企业频繁地重设（即终止及重新开始）套期关系的情况下，企业无需披露本准则第六十条规定的信息，但应当披露下列信息：

（一）企业基本风险管理策略与该套期关系相关的信息；

（二）企业如何通过运用套期会计以及指定特定的套期关系来反映其风险管理策略；

（三）企业重设套期关系的频率。

在因套期工具和被套期项目频繁变更而导致企业频繁地重设套期关系的情况下，如果资产负债表日的套期关系数量并不代表本期内的正常数量，企业应当披露这一情况以及该数量不具代表性的原因。

第六十二条 企业应当按照风险类型披露在套期关系存续期内预期将影响套期关系的套期无效部分的来源，如果在套期关系中出现导致套期无效部分的其他来源，也应当按照风险类型披露相关来源及导致套期无效的原因。

第六十三条 企业应当披露已运用套期会计但预计不再发生的预期交易的现金流量套期。

第六十四条 对于公允价值套期，企业应当以表格形式、按风险类型分别披露与被套期项目相关的下列金额：

（一）在资产负债表中确认的被套期项目的账面价值，其中资产和负债应当分别单独列示；

（二）资产负债表中已确认的被套期项目的账面价值、针对被套期项目的公允价值套期调整的累计金额，其中资产和负债应当分别单独列示；

（三）包含被套期项目的资产负债表列示项目；

（四）本期用作确认套期无效部分基础的被套期项目价值变动；

（五）被套期项目为以摊余成本计量的金融工具的，若已终止针对套期利得和损失进行调整，则应披露在资产负债表中保留的公允价值套期调整的累计金额。

第六十五条 对于现金流量套期和境外经营净投资套期，企业应当以表格形式、按风险类型分别披露与被套期项目相关的下列金额：

（一）本期用作确认套期无效部分基础的被套期项目价值变动；

（二）根据《企业会计准则第 24 号——套期会计》第二十四条的规定继续按照套期会计处理的现金流量套期储备的余额；

（三）根据《企业会计准则第 24 号——套期会计》第二十七条的规定继续按照套期会计处理的境外经营净投资套期计入其他综合收益的余额；

（四）套期会计不再适用的套期关系所导致的现金流量套期储备和境外经营净投资套期中计入其他综合收益的利得和损失的余额。

第六十六条 对于每类套期类型，企业应当以表格形式、按风险类型分别披露与套期工具相关的下列金额：

（一）套期工具的账面价值，其中金融资产和金融负债应当分别单独列示；

（二）包含套期工具的资产负债表列示项目；

（三）本期用作确认套期无效部分基础的套期工具的公允价值变动；

（四）套期工具的名义金额或数量。

第六十七条 对于公允价值套期，企业应当以表格形式、按风险类型分别披露与套期工具相关的下列金额：

（一）计入当期损益的套期无效部分；

（二）计入其他综合收益的套期无效部分；

（三）包含已确认的套期无效部分的利润表列示项目。

第六十八条 对于现金流量套期和境外经营净投资套期，企业应当以表格形式、按风险类型分别披露与套期工具相关的下列金额：

（一）当期计入其他综合收益的套期利得或损失；

（二）计入当期损益的套期无效部分；

（三）包含已确认的套期无效部分的利润表列示项目；

（四）从现金流量套期储备或境外经营净投资套期计入其他综合收益的利得和损失重分类至当期损益的金额，并应区分之前已运用套期会计但因被套期项目的未来现金流量预计不再发生而转出的金额和因被套期项目影响当期损益而转出的金额；

（五）包含重分类调整的利润表列示项目；

（六）对于风险净敞口套期，计入利润表中单列项目的套期利得或损失。

第六十九条 企业按照《企业会计准则第 30 号——财务报表列报》的规定在提供所有者权益各组成部分的调节情况以及其他综合收益的分析时，应当按照风险类型披露下列信息：

（一）分别披露按照本准则第六十八条（一）和（四）的规定披露的金额；

（二）分别披露按照《企业会计准则第 24 号——套期会计》第二十五条（一）和（三）的规定处理的现金流量套期储备的金额；

（三）分别披露对与交易相关的被套期项目进行套期的期权时间价值所涉及的金额，以及对与时间段相关的被套期项目进行套期的期权时间价值所涉及的金额；

（四）分别披露对与交易相关的被套期项目进行套期的远期合同的远期要素和金融工具的外汇基差所涉及的金额，以及对与时间段相关的被套期项目进行套期的远期合同的远期要素和金融工具的外汇基差所涉及的金额。

第七十条 企业因使用信用衍生工具管理金融工具的信用风险敞口而将金融工具（或其一定比例）指定为以公允价值计量且其变动计入当期损益的，应当披露下列信息：

（一）对于用于管理根据《企业会计准则第 24 号——套期会计》第三十四条的规定被指定为以公允价值计量且其变动计入当期损益的金融工具信用风险敞口的信用衍生工具，每一项名义金额与当期期初和期末公允价值的调节表；

（二）根据《企业会计准则第 24 号——套期会计》第三十四条的规定将金融工具（或其一定比例）指定为以公允价值计量且其变动计入当期损益时，在损益中确认的利得或损失；

（三）当企业根据《企业会计准则第 24 号——套期会计》第三十五条的规定对该金融工具（或其一定比例）终止以公允价值计量且其变动计入当期损益时，作为其新账面价值的该金融工具的公允价值和相关的名义金额或本金金额，企业在后续期间无须继续披露这一信息，除非根据《企业会计准则第 30 号——财务报表列报》的规定需要提供比较信息。

第五节 公允价值披露

第七十一条 除了本准则第七十三条规定情况外，企业应当披露每一类金融资产和金融负债的公允价值，并与账面价值进行比较。对于在资产负债表中相互抵销的金融资产和金融负债，其公允价值应当以抵销后的金额披露。

第七十二条 金融资产或金融负债初始确认的公允价值与交易价格存在差异时，如果其公允价值并非基于相同资产或负债在活跃市场中的报价确定的，也非基于仅使用可观察市场数据的估值技术确定的，企业在初始确认金融资产或金融负债时不应确认利得或损失。在此情况下，企业应当按金融资产或金融负债的类型披露下列信息：

（一）企业在损益中确认交易价格与初始确认的公允价值之间差额时所采用的会计政策，以反映市场参与者对资产或负债进行定价时所考虑的因素（包括时间因素）的变动；

（二）该项差异期初和期末尚未在损益中确认的总额和本期变动额的调节表；

（三）企业如何认定交易价格并非公允价值的最佳证据，以及确定公允价值的证据。

第七十三条 企业可以不披露下列金融资产或金融负债的公允价值信息：

（一）账面价值与公允价值差异很小的金融资产或金融负债（如短期应收账款或应付账款）；

（二）包含相机分红特征且其公允价值无法可靠计量的合同；

（三）租赁负债。

第七十四条 在本准则第七十三条（二）所述的情况下，企业应当披露下列信息：

（一）对金融工具的描述及其账面价值，以及因公允价值无法可靠计量而未披露其公允价值的事实和说明；

（二）金融工具的相关市场信息；

（三）企业是否有意图处置以及如何处置这些金融工具；

（四）之前公允价值无法可靠计量的金融工具终止确认的，应当披露终止确认的事实，终止确认时该金融工具的账面价值和所确认的利得或损失金额。

第七章　与金融工具相关的风险披露

第一节　定性和定量信息

第七十五条　企业应当披露与各类金融工具风险相关的定性和定量信息，以便财务报表使用者评估报告期末金融工具产生的风险的性质和程度，更好地评价企业所面临的风险敞口。相关风险包括信用风险、流动性风险、市场风险等。

第七十六条　对金融工具产生的各类风险，企业应当披露下列定性信息：

（一）风险敞口及其形成原因，以及在本期发生的变化；

（二）风险管理目标、政策和程序以及计量风险的方法及其在本期发生的变化。

第七十七条　对金融工具产生的各类风险，企业应当按类别披露下列定量信息：

（一）期末风险敞口的汇总数据。该数据应当以向内部关键管理人员提供的相关信息为基础。企业运用多种方法管理风险的，披露的信息应当以最相关和可靠的方法为基础。

（二）按照本准则第七十八条至第九十七条披露的信息。

（三）期末风险集中度信息，包括管理层确定风险集中度的说明和参考因素（包括交易对手方、地理区域、货币种类、市场类型等），以及各风险集中度相关的风险敞口金额。

上述期末定量信息不能代表企业本期风险敞口情况的，应当进一步提供相关信息。

第二节　信用风险披露

第七十八条　对于适用《企业会计准则第 22 号——金融工具确认和计量》金融工具减值规定的各类金融工具和相关合同权利，企业应当按照本准则第八十条至第八十七条的规定披露。

对于始终按照相当于整个存续期内预期信用损失的金额计量其减值损失准备的应收款项、合同资产和租赁应收款，在逾期超过 30 日后对合同现金流量作出修改的，适用本准则第八十五条（一）的规定。

租赁应收款不适用本准则第八十六条（二）的规定。

第七十九条　为使财务报表使用者了解信用风险对未来现金流量的金额、时间和不确定性的影响，企业应当披露与信用风险有关的下列信息：

（一）企业信用风险管理实务的相关信息及其与预期信用损失的确认和计量的关系，包括计量金融工具预期信用损失的方法、假设和信息；

（二）有助于财务报表使用者评价在财务报表中确认的预期信用损失金额的定量和定性信息，包括预期信用损失金额的变动及其原因；

（三）企业的信用风险敞口，包括重大信用风险集中度；

（四）其他有助于财务报表使用者了解信用风险对未来现金流量金额、时间和不确定性的影响的信息。

第八十条　信用风险信息已经在其他报告（例如管理层讨论与分析）中予以披露并与财务报告交叉索引，且财务报告和其他报告可以同时同条件获得的，则信用风险信息无需重复列报。企业应当根据自身实际情况，合理确定相关披露的详细程度、汇总或分解水平以及是否需对所披露的定量信息作补充说明。

第八十一条　企业应当披露与信用风险管理实务有关的下列信息：

（一）企业评估信用风险自初始确认后是否已显著增加的方法，并披露下列信息。

1. 根据《企业会计准则第 22 号——金融资产确认和计量》第五十五条的规定，在资产负债表日只具有较低的信用风险的金融工具及其确定依据（包括适用该情况的金融工具类别）。

2. 逾期超过 30 日，而信用风险自初始确认后未被认定为显著增加的金融资产及其确定依据。

（二）企业对违约的界定及其原因。

（三）以组合为基础评估预期信用风险的金融工具的组合方法。

（四）确定金融资产已发生信用减值的依据。

（五）企业直接减记金融工具的政策，包括没有合理预期金融资产可以收回的迹象和已经直接减记但仍受执行活动影响的金融资产相关政策的信息。

（六）根据《企业会计准则第 22 号——金融工具确认和计量》第五十六条的规定评估合同现金流量修改后金融资产的信用风险的，企业应当披露其信用风险的评估方法以及下列信息：

1. 对于损失准备相当于整个存续期预期信用损失的金融资产，在发生合同现金流修改时，评估信用风险是否已下降，从而企业可以按照相当于该金融资产未来 12 个月内预期信用损失的金额确认计量其损失准备；

2. 对于符合本条（六）第 1 项中所述的金融资产，企业应当披露其如何监控后续该金融资产的信用风险是否显著增加，从而按照相当于整个存续期预期信用损失的金额重新计量损失准备。

第八十二条 企业应当披露《企业会计准则第 22 号——金融工具确认和计量》第八章有关金融工具减值所采用的输入值、假设和估值技术等相关信息，具体包括：

（一）用于确定下列各事项或数据的输入值、假设和估计技术：

1. 未来 12 个月内预期信用损失和整个存续期的预期信用损失的计量；

2. 金融工具的信用风险自初始确认后是否已显著增加；

3. 金融资产是否已发生信用减值。

（二）确定预期信用损失时如何考虑前瞻性信息，包括宏观经济信息的使用。

（三）报告期估计技术或重大假设的变更及其原因。

第八十三条 企业应当以表格形式按金融工具的类别编制损失准备期初余额与期末余额的调节表，分别说明下列项目的变动情况：

（一）按相当于未来 12 个月预期信用损失的金额计量的损失准备。

（二）按相当于整个存续期预期信用损失的金额计量的下列各项的损失准备：

1. 自初始确认后信用风险已显著增加但并未发生信用减值的金融工具；

2. 对于资产负债表日已发生信用减值但并非购买或源生的已发生信用减值的金融资产；

3. 根据《企业会计准则第 22 号——金融工具确认和计量》第六十三条的规定计量减值损失准备的应收账款、合同资产和租赁应收款。

（三）购买或源生的已发生信用减值的金融资产的变动。除调节表外，企业还应当披露本期初始确认的该类金融资产在初始确认时未折现的预期信用损失总额。

第八十四条 为有助于财务报表使用者了解企业按照本准则第八十三条规定披露的损失准备变动信息，企业应当对本期发生损失准备变动的金融工具账面余额显著变动情况作出说明，这些说明信息应当包括定性和定量信息，并应当对按照本准则第八十三条规定披露损失准备的各项目分别单独披露，具体可包括下列情况下发生损失准备变动的金融工具账面余额显著变动信息：

（一）本期因购买或源生的金融工具所导致的变动。

（二）未导致终止确认的金融资产的合同现金流量修改所导致的变动。

（三）本期终止确认的金融工具（包括直接减记的金融工具）所导致的变动。

对于当期已直接减记但仍受执行活动影响的金融资产，还应当披露尚未结算的合同金额。

（四）因按照相当于未来 12 个月预期信用损失或整个存续期内预期信用损失金额计量损失准备而导致的金融工具账面余额变动信息。

第八十五条 为有助于财务报表使用者了解未导致终止确认的金融资产合同现金流量修改的性质和影响，及其对预期信用损失计量的影响，企业应当披露下列信息：

（一）企业在本期修改了金融资产合同现金流量，且修改前损失准备是按相当于整个存续期预期信用损失金额计量的，应当披露修改或重新议定合同前的摊余成本及修改合同现金流量的净利得或净损失；

（二）对于之前按照相当于整个存续期内预期信用损失的金额计量了损失准备的金融资产，而当期按照相当于未来 12 个月内预期信用损失的金额计量该金融资产的损失准备的，应当披露该金融资产在资产负债表日的账面余额。

第八十六条 为有助于财务报表使用者了解担保物或其他信用增级对源自预期信用损失的金额的影响，企业应当按照金融工具的类别披露下列信息：

（一）在不考虑可利用的担保物或其他信用增级的情况下，企业在资产负债表日的最大信用风险敞口。

（二）作为抵押持有的担保物和其他信用增级的描述，包括：

1. 所持有担保物的性质和质量的描述；

2. 本期由于信用恶化或企业担保政策变更，导致担保物或信用增级的质量发生显著变化的说明；

3. 由于存在担保物而未确认损失准备的金融工具的信息。

（三）企业在资产负债表日持有的担保物和其他信用增级为已发生信用减值的金融资产作抵押的定量信息（例如对担保物和其他信用增级降低信用风险程度的量化信息）。

第八十七条 为有助于财务报表使用者评估企业的信用风险敞口并了解其重大信用风险集中度，企业应当按照信用风险等级披露相关金融资产的账面余额以及贷款承诺和财务担保合同的信用风险敞口。这些信息应当按照下列各类金融工具分别披露：

（一）按相当于未来 12 个月预期信用损失的金额计量损失准备的金融工具。

（二）按相当于整个存续期预期信用损失的金额计量损失准备的下列金融工具：

1. 自初始确认后信用风险已显著增加的金融工具（但并非已发生信用减值的金融资产）；

2. 在资产负债表日已发生信用减值但并非所购买或源生的已发生信用减值的金融资产；

3. 根据《企业会计准则第 22 号——金融工具确认和计量》第六十三条规定计量减值损失准备的应收账款、合同资产或者租赁应收款。

（三）购买或源生的已发生信用减值的金融资产。

信用风险等级是指基于金融工具发生违约的风险对信用风险划分的等级。

第八十八条 对于属于本准则范围，但不适用《企业会计准则第 22 号——金融工具确认和计量》金融工具减值规定的各类金融工具，企业应当披露与每类金融工具信用风险有关的下列信息：

（一）在不考虑可利用的担保物或其他信用增级的情况下，企业在资产负债表日的最大信用风险敞口。金融工具的账面价值能代表最大信用风险敞口的，不再要求披露此项信息。

（二）无论是否适用本条（一）中的披露要求，企业都应当披露可利用担保物或其他信用增级的信息及其对最大信用风险敞口的财务影响。

第八十九条 企业本期通过取得担保物或其他信用增级所确认的金融资产或非金融资产，应当披露下列信息：

（一）所确认资产的性质和账面价值；

（二）对于不易变现的资产，应当披露处置或拟将其用于日常经营的政策等。

第三节 流动性风险披露

第九十条 企业应当披露金融负债按剩余到期期限进行的到期期限分析，以及管理这些金融负债流动性风险的方法：

（一）对于非衍生金融负债（包括财务担保合同），到期期限分析应当基于合同剩余到期期限。对于包含嵌入衍生工具的混合金融工具，应当将其整体视为非衍生金融负债进行披露。

（二）对于衍生金融负债，如果合同到期期限是理解现金流量时间分布的关键因素，到期期限分析应当基于合同剩余到期期限。

当企业将所持有的金融资产作为流动性风险管理的一部分，且披露金融资产的到期期限分析使财务报表使用者能够恰当地评估企业流动性风险的性质和范围时，企业应当披露金融资产的到期期限分析。

流动性风险，是指企业在履行以交付现金或其他金融资产的方式结算的义务时发生资金短缺的风险。

第九十一条 企业在披露到期期限分析时，应当运用职业判断确定适当的时间段。列入各时间段内按照本准则第九十条的规定披露的金额，应当是未经折现的合同现金流量。

企业可以但不限于按下列时间段进行到期期限分析：

（一）一个月以内（含一个月，下同）；

（二）一个月至三个月以内；

（三）三个月至一年以内；

（四）一年至五年以内；

（五）五年以上。

第九十二条 债权人可以选择收回债权时间的，债务人应当将相应的金融负债列入债权人可以要求收回债权的最早时间段内。

债务人应付债务金额不固定的，应当根据资产负债表日的情况确定到期期限分析所披露的金额。如分期付款的，债务人应当把每期将支付的款项列入相应的最早时间段内。

财务担保合同形成的金融负债，担保人应当将最大担保金额列入相关方可以要求支付的最早时间段内。

第九十三条 企业应当披露流动性风险敞口汇总定量信息的确定方法。此类汇总定量信息中的现金（或另一项金融资产）流出符合下列条件之一的，应当说明相关事实，并提供有助于评价该风险程度的额外定量信息：

（一）该现金的流出可能显著早于汇总定量信息中所列示的时间。

（二）该现金的流出可能与汇总定量信息中所列示的金额存在重大差异。

如果以上信息已包括在本准则第九十条规定的到期期限分析中，则无需披露上述额外定量信息。

第四节 市场风险披露

第九十四条 金融工具的市场风险，是指金融工具的公允价值或未来现金流量因市场价格变动而发生波动的风险，包括汇率风险、利率风险和其他价格风险。

汇率风险，是指金融工具的公允价值或未来现金流量因外汇汇率变动而发生波动的风险。汇率风险可源于以记账本位币之外的外币进行计价的金融工具。

利率风险，是指金融工具的公允价值或未来现金流量因市场利率变动而发生波动的风险。利率风险可源于已确认的计息金融工具和未确认的金融工具（如某些贷款承诺）。

其他价格风险，是指金融工具的公允价值或未来现金流量因汇率风险和利率风险以外的市场价格变动而发生波动的风险，无论这些变动是由于与单项金融工具或其发行方有关的因素而引起的，还是由于与市场内交易的所有类似金融工具有关的因素而引起的。其他价格风险可源于商品价格或权益工具价格等的变化。

第九十五条 在对市场风险进行敏感性分析时，应当以整个企业为基础，披露下列信息：

（一）资产负债表日所面临的各类市场风险的敏感性分析。该项披露应当反映资产负债表日相关风险变量发生合理、可能的变动时，将对企业损益和所有者权益产生的影响。

对具有重大汇率风险敞口的每一种货币，应当分币种进行敏感性分析。

（二）本期敏感性分析所使用的方法和假设，以及本期发生的变化和原因。

第九十六条 企业采用风险价值法或类似方法进行敏感性分析能够反映金融风险变量之间（如利率和汇率之间等）的关联性，且企业已采用该种方法管理金融风险的，可不按照本准则第九十五条的规定进行披露，但应当披露下列信息：

（一）用于该种敏感性分析的方法、选用的主要参数和假设；

（二）所用方法的目的，以及该方法提供的信息在反映相关资产和负债公允价值方面的局限性。

第九十七条 按照本准则第九十五条或第九十六条对敏感性分析的披露不能反映金融工具市场风险的（例如期末的风险敞口不能反映当期的风险状况），企业应当披露这一事实及其原因。

第八章 金融资产转移的披露

第九十八条 企业应当就资产负债表日存在的所有未终止确认的已转移金融资产，以及对已转移金融资产的继续涉入，按本准则要求单独披露。

本章所述的金融资产转移，包括下列两种情形：

（一）企业将收取金融资产现金流量的合同权利转移给另一方。

（二）企业保留了收取金融资产现金流量的合同权利，但承担了将收取的现金流量支付给一个或多个最终收款方的合同义务。

第九十九条 企业对于金融资产转移所披露的信息，应当有助于财务报表使用者了解未整体终止确认的已转移金融资产与相关负债之间的关系，评价企业继续涉入已终止确认金融资产的性质和相关风险。

企业按照本准则第一百零一条和第一百零二条所披露信息不能满足本条前款要求的，应当披露其他补充信息。

第一百条 本章所述的继续涉入，是指企业保留了已转移金融资产中内在的合同权利或义务，或者取得了与已转移金融资产相关的新合同权利或义务。转出方与转入方签订的转让协议或与第三方单独签订的与转让相关的协议，都有可能形成对已转移金融资产的继续涉入。如果企业对已转移金融资产的未来业绩不享有任何利益，也不承担与已转移金融资产相关的任何未来支付义务，则不形成继续涉入。下列情形不形成继续涉入：

（一）与转移的真实性以及合理、诚信和公平交易等原则有关的常规声明和保证，这些声明和保证可能因法律行为导致转移无效。

（二）以公允价值回购已转移金融资产的远期、期权和其他合同。

（三）使企业保留了收取金融资产现金流量的合同权利但承担了将收取的现金流量支付给一个或多个最终收款方的合同义务的安排，且这类安排满足《企业会计准则第23号——金融资产转移》第六条（二）中的三个条件。

第一百零一条 对于已转移但未整体终止确认的金融资产，企业应当按照类别披露下列信息：

（一）已转移金融资产的性质；

（二）仍保留的与所有权有关的风险和报酬的性质；

（三）已转移金融资产与相关负债之间关系的性质，包括因转移引起的对企业使用已转移金融资产的限制；

（四）在转移金融资产形成的相关负债的交易对手方仅对已转移金融资产有追索权的情况下，应当以表格形式披露所转移金融资产和相关负债的公允价值以及净头寸，即已转移金融资产和相关负债公允价值之间的差额；

（五）继续确认已转移金融资产整体的，披露已转移金融资产和相关负债的账面价值；

（六）按继续涉入程度确认所转移金融资产的，披露转移前该金融资产整体的账面价值、按继续涉入程度确认的资产和相关负债的账面价值。

第一百零二条 对于已整体终止确认但转出方继续涉入已转移金融资产的，企业应当至少按照类别披露下列信息：

（一）因继续涉入确认的资产和负债的账面价值和公允价值，以及在资产负债表中对应的项目。

（二）因继续涉入导致企业发生损失的最大风险敞口及确定方法。

（三）应当或可能回购已终止确认的金融资产需要支付的未折现现金流量（如期权协议中的行权价格）或其他应向转入方支付的款项，以及对这些现金流量或款项的到期期限分析。如果到期期限可能为一个区间，应当以企业必须或可能支付的最早日期为依据归入相应的时间段。到期期限分析应当分别反映企业应当支付的现金流量（如远期合同）、企业可能支付的现金流量（如签出看跌期权）以及企业可选择支付的现金流量（如购入看涨期权）。在现金流量不固定的情形下，上述金额应当基于每个资产负债表日的情况披露。

（四）对本条（一）至（三）定量信息的解释性说明，包括对已转移金融资产、继续涉入的性质和目的，以及企业所面临风险的描述等。其中，对企业所面临风险的描述包括下列各项：

1. 企业对继续涉入已终止确认金融资产的风险进行管理的方法；

2. 企业是否应先于其他方承担有关损失，以及先于本企业承担损失的其他方应承担损失的顺序及金额；

3. 企业向已转移金融资产提供财务支持或回购该金融资产的义务的触发条件。

（五）金融资产转移日确认的利得或损失，以及因继续涉入已终止确认金融资产当期和累计确认的收益或费用（如衍生工具的公允价值变动）。

（六）终止确认产生的收款总额在本期分布不均衡的（例如大部分转移金额在临近报告期末发生），企业应当披露本期最大转移活动发生的时间段、该段期间所确认的金额（如相关利得或损失）和收款总额。

企业在披露本条所规定的信息时，应当按照其继续涉入面临的风险敞口类型分类汇总披露。例如，可按金融工具类别（如附担保或看涨期权继续涉入方式）或转让类型（如应收账款保理、证券化和融券）分类汇总披露。企业对某项终止确认的金融资产存在多种继续涉入方式的，可按其中一类汇总披露。

第一百零三条 企业按照本准则第一百条的规定确定是否继续涉入已转移金融资产时，应当以自身财务报告为基础进行考虑。

第九章 衔接规定

第一百零四条 自本准则施行日起，企业应当按照本准则的要求列报金融工具相关信息。企业比较财务报表列报的信息与本准则要求不一致的，不需要按照本准则的要求进行调整。

第十章　附　　则

第一百零五条　本准则自 2018 年 1 月 1 日起施行。

38. 企业会计准则第 38 号——首次执行企业会计准则（2006 年颁布）

（财会〔2006〕3 号）

第一章　总　　则

第一条　为了规范首次执行企业会计准则对会计要素的确认、计量和财务报表列报，根据《企业会计准则——基本准则》，制定本准则。

第二条　首次执行企业会计准则，是指企业第一次执行企业会计准则体系，包括基本准则、具体准则和会计准则应用指南。

第三条　首次执行企业会计准则后发生的会计政策变更，适用《企业会计准则第 28 号——会计政策、会计估计变更和差错更正》。

第二章　确 认 和 计 量

第四条　在首次执行日，企业应当对所有资产、负债和所有者权益按照企业会计准则的规定进行重新分类、确认和计量，并编制期初资产负债表。

编制期初资产负债表时，除按照本准则第五条至第十九条规定要求追溯调整的项目外，其他项目不应追溯调整。

第五条　对于首次执行日的长期股权投资，应当分别下列情况处理：

（一）根据《企业会计准则第 20 号——企业合并》属于同一控制下企业合并产生的长期股权投资，尚未摊销完毕的股权投资差额应全额冲销，并调整留存收益，以冲销股权投资差额后的长期股权投资账面余额作为首次执行日的认定成本。

（二）除上述（一）以外的其他采用权益法核算的长期股权投资，存在股权投资贷方差额的，应冲销贷方差额，调整留存收益，并以冲销贷方差额后的长期股权投资账面余额作为首次执行日的认定成本；存在股权投资借方差额的，应当将长期股权投资的账面余额作为首次执行日的认定成本。

第六条　对于有确凿证据表明可以采用公允价值模式计量的投资性房地产，在首次执行日可以按照公允价值进行计量，并将账面价值与公允价值的差额调整留存收益。

第七条　在首次执行日，对于满足预计负债确认条件且该日之前尚未计入资产成本的弃置费用，应当增加该项资产成本，并确认相应的负债；同时，将应补提的折旧（折耗）调整留存收益。

第八条　对于首次执行日存在的解除与职工的劳动关系计划，满足《企业会计准则第 9 号——职工薪酬》预计负债确认条件的，应当确认因解除与职工的劳动关系给予补偿而产生的负债，并调整留存收益。

第九条　对于企业年金基金在运营中所形成的投资，应当在首次执行日按照公允价值进行计量，并将账面价值与公允价值的差额调整留存收益。

第十条　对于可行权日在首次执行日或之后的股份支付，应当根据《企业会计准则第 11 号——股份支付》的规定，按照权益工具、其他方服务或承担的以权益工具为基础计算确定的负债的公允价值，将应计入首次执行日之前等待期的成本费用金额调整留存收益，相应增加所有者权益或负债。

首次执行日之前可行权的股份支付，不应追溯调整。

第十一条 在首次执行日，企业应当按照《企业会计准则第 13 号——或有事项》的规定，将满足预计负债确认条件的重组义务，确认为负债，并调整留存收益。

第十二条 企业应当按照《企业会计准则第 18 号——所得税》的规定，在首次执行日对资产、负债的账面价值与计税基础不同形成的暂时性差异的所得税影响进行追溯调整，并将影响金额调整留存收益。

第十三条 除下列项目外，对于首次执行日之前发生的企业合并不应追溯调整：

（一）按照《企业会计准则第 20 号——企业合并》属于同一控制下企业合并，原已确认商誉的摊余价值应当全额冲销，并调整留存收益。

按照该准则的规定属于非同一控制下企业合并的，应当将商誉在首次执行日的摊余价值作为认定成本，不再进行摊销。

（二）首次执行日之前发生的企业合并，合并合同或协议中约定根据未来事项的发生对合并成本进行调整的，如果首次执行日预计未来事项很可能发生并对合并成本的影响金额能够可靠计量的，应当按照该影响金额调整已确认商誉的账面价值。

（三）企业应当按照《企业会计准则第 8 号——资产减值》的规定，在首次执行日对商誉进行减值测试，发生减值的，应当以计提减值准备后的金额确认，并调整留存收益。

第十四条 在首次执行日，企业应当将所持有的金融资产（不含《企业会计准则第 2 号——长期股权投资》规范的投资），划分为以公允价值计量且其变动计入当期损益的金融资产、持有至到期投资、贷款和应收款项、可供出售金融资产。

（一）划分为以公允价值计量且其变动计入当期损益或可供出售金融资产的，应当在首次执行日按照公允价值计量，并将账面价值与公允价值的差额调整留存收益。

（二）划分为持有至到期投资、贷款和应收款项的，应当自首次执行日起改按实际利率法，在随后的会计期间采用摊余成本计量。

第十五条 对于在首次执行日指定为以公允价值计量且其变动计入当期损益的金融负债，应当在首次执行日按照公允价值计量，并将账面价值与公允价值的差额调整留存收益。

第十六条 对于未在资产负债表内确认、或已按成本计量的衍生金融工具（不包括套期工具），应当在首次执行日按照公允价值计量，同时调整留存收益。

第十七条 对于嵌入衍生金融工具，按照《企业会计准则第 22 号——金融工具确认和计量》规定应从混合工具分拆的，应当在首次执行日将其从混合工具分拆并单独处理，但嵌入衍生金融工具的公允价值难以合理确定的除外。

对于企业发行的包含负债和权益成分的非衍生金融工具，应当按照《企业会计准则第 37 号——金融工具列报》的规定，在首次执行日将负债和权益成分分拆，但负债成分的公允价值难以合理确定的除外。

第十八条 在首次执行日，对于不符合《企业会计准则第 24 号——套期保值》规定的套期会计方法运用条件的套期保值，应当终止采用原套期会计方法，并按照《企业会计准则第 24 号——套期保值》处理。

第十九条 发生再保险分出业务的企业，应当在首次执行日按照《企业会计准则第 26 号——再保险合同》的规定，将应向再保险接受人摊回的相应准备金确认为资产，并调整各项准备金的账面价值。

第三章 列 报

第二十条 在首次执行日后按照企业会计准则编制的首份年度财务报表（以下简称首份年度财务报表）期间，企业应当按照《企业会计准则第 30 号——财务报表列报》和《企业会计准则第 31 号——现金流量表》的规定，编报资产负债表、利润表、现金流量表和所有者权益变动表及附注。

对外提供合并财务报表的，应当遵循《企业会计准则第 33 号——合并财务报表》的规定。

在首份年度财务报表涵盖的期间内对外提供中期财务报告的，应当遵循《企业会计准则第 32 号——中期财务报告》的规定。

企业应当在附注中披露首次执行企业会计准则财务报表项目金额的变动情况。

第二十一条　首份年度财务报表至少应当包括上年度按照企业会计准则列报的比较信息。财务报表项目的列报发生变更的，应当对上年度比较数据按照企业会计准则的列报要求进行调整，但不切实可行的除外。

对于原未纳入合并范围但按照《企业会计准则第 33 号——合并财务报表》规定应纳入合并范围的子公司，在上年度的比较合并财务报表中，企业应当将该子公司纳入合并范围。对于原已纳入合并范围但按照该准则规定不应纳入合并范围的子公司，在上年度的比较合并财务报表中，企业不应将该子公司纳入合并范围。上年度比较合并财务报表中列示的少数股东权益，应当按照该准则的规定，在所有者权益类列示。

应当列示每股收益的企业，比较财务报表中上年度的每股收益按照《企业会计准则第 34 号——每股收益》的规定计算和列示。

应当披露分部信息的企业，比较财务报表中上年度关于分部的信息按照《企业会计准则第 35 号——分部报告》的规定披露。

39. 企业会计准则第 39 号——公允价值计量（2014 年颁布）

（财会〔2014〕6 号）

第一章　总　则

第一条　为了规范公允价值的计量和披露，根据《企业会计准则——基本准则》，制定本准则。

第二条　公允价值，是指市场参与者在计量日发生的有序交易中，出售一项资产所能收到或者转移一项负债所需支付的价格。

第三条　本准则适用于其他相关会计准则要求或者允许采用公允价值进行计量或披露的情形，本准则第四条和第五条所列情形除外。

第四条　下列各项的计量和披露适用其他相关会计准则：

（一）与公允价值类似的其他计量属性的计量和披露，如《企业会计准则第 1 号——存货》规范的可变现净值、《企业会计准则第 8 号——资产减值》规范的预计未来现金流量现值，分别适用《企业会计准则第 1 号——存货》和《企业会计准则第 8 号——资产减值》。

（二）股份支付业务相关的计量和披露，适用《企业会计准则第 11 号——股份支付》。

（三）租赁业务相关的计量和披露，适用《企业会计准则第 21 号——租赁》。

第五条　下列各项的披露适用其他相关会计准则：

（一）以公允价值减去处置费用后的净额确定可收回金额的资产的披露，适用《企业会计准则第 8 号——资产减值》。

（二）以公允价值计量的职工离职后福利计划资产的披露，适用《企业会计准则第 9 号——职工薪酬》。

（三）以公允价值计量的企业年金基金投资的披露，适用《企业会计准则第 10 号——企业年金基金》。

第二章　相关资产或负债

第六条　企业以公允价值计量相关资产或负债，应当考虑该资产或负债的特征。

相关资产或负债的特征，是指市场参与者在计量日对该资产或负债进行定价时考虑的特征，包括资产状况及所在位置、对资产出售或者使用的限制等。

第七条 以公允价值计量的相关资产或负债可以是单项资产或负债（如一项金融工具、一项非金融资产等），也可以是资产组合、负债组合或者资产和负债的组合（如《企业会计准则第 8 号——资产减值》规范的资产组、《企业会计准则第 20 号——企业合并》规范的业务等）。企业是以单项还是以组合的方式对相关资产或负债进行公允价值计量，取决于该资产或负债的计量单元。

计量单元，是指相关资产或负债以单独或者组合方式进行计量的最小单位。相关资产或负债的计量单元应当由要求或者允许以公允价值计量的其他相关会计准则规定，但本准则第十章规范的市场风险或信用风险可抵销的金融资产和金融负债的公允价值计量除外。

第三章 有序交易和市场

第八条 企业以公允价值计量相关资产或负债，应当假定市场参与者在计量日出售资产或者转移负债的交易，是在当前市场条件下的有序交易。

有序交易，是指在计量日前一段时期内相关资产或负债具有惯常市场活动的交易。清算等被迫交易不属于有序交易。

第九条 企业以公允价值计量相关资产或负债，应当假定出售资产或者转移负债的有序交易在相关资产或负债的主要市场进行。不存在主要市场的，企业应当假定该交易在相关资产或负债的最有利市场进行。

主要市场，是指相关资产或负债交易量最大和交易活跃程度最高的市场。

最有利市场，是指在考虑交易费用和运输费用后，能够以最高金额出售相关资产或者以最低金额转移相关负债的市场。

交易费用，是指在相关资产或负债的主要市场（或最有利市场）中，发生的可直接归属于资产出售或者负债转移的费用。交易费用是直接由交易引起的、交易所必需的，而且不出售资产或者不转移负债就不会发生的费用。

运输费用，是指将资产从当前位置运抵主要市场（或最有利市场）发生的费用。

第十条 企业在识别主要市场（或最有利市场）时，应当考虑所有可合理取得的信息，但没有必要考察所有市场。

通常情况下，企业正常进行资产出售或者负债转移的市场可以视为主要市场（或最有利市场）。

第十一条 主要市场（或最有利市场）应当是企业在计量日能够进入的交易市场，但不要求企业于计量日在该市场上实际出售资产或者转移负债。

由于不同企业可以进入的市场不同，对于不同企业，相同资产或负债可能具有不同的主要市场（或最有利市场）。

第十二条 企业应当以主要市场的价格计量相关资产或负债的公允价值。不存在主要市场的，企业应当以最有利市场的价格计量相关资产或负债的公允价值。

企业不应当因交易费用对该价格进行调整。交易费用不属于相关资产或负债的特征，只与特定交易有关。交易费用不包括运输费用。

相关资产所在的位置是该资产的特征，发生的运输费用能够使该资产从当前位置转移到主要市场（或最有利市场）的，企业应当根据使该资产从当前位置转移到主要市场（或最有利市场）的运输费用调整主要市场（或最有利市场）的价格。

第十三条 当计量日不存在能够提供出售资产或者转移负债的相关价格信息的可观察市场时，企业应当从持有资产或者承担负债的市场参与者角度，假定计量日发生了出售资产或者转移负债的交易，并以该假定交易的价格为基础计量相关资产或负债的公允价值。

第四章 市场参与者

第十四条 企业以公允价值计量相关资产或负债，应当采用市场参与者在对该资产或负债定价时为实现其经济利益最大化所使用的假设。

市场参与者，是指在相关资产或负债的主要市场（或最有利市场）中，同时具备下列特征的买方和卖方：

（一）市场参与者应当相互独立，不存在《企业会计准则第36号——关联方披露》所述的关联方关系；

（二）市场参与者应当熟悉情况，能够根据可取得的信息对相关资产或负债以及交易具备合理认知；

（三）市场参与者应当有能力并自愿进行相关资产或负债的交易。

第十五条 企业在确定市场参与者时，应当考虑所计量的相关资产或负债、该资产或负债的主要市场（或最有利市场）以及在该市场上与企业进行交易的市场参与者等因素，从总体上识别市场参与者。

第五章 公允价值初始计量

第十六条 企业应当根据交易性质和相关资产或负债的特征等，判断初始确认时的公允价值是否与其交易价格相等。

在企业取得资产或者承担负债的交易中，交易价格是取得该项资产所支付或者承担该项负债所收到的价格（即进入价格）。公允价值是出售该项资产所能收到或者转移该项负债所需支付的价格（即脱手价格）。相关资产或负债在初始确认时的公允价值通常与其交易价格相等，但在下列情况中两者可能不相等：

（一）交易发生在关联方之间。但企业有证据表明该关联方交易是在市场条件下进行的除外。

（二）交易是被迫的。

（三）交易价格所代表的计量单元与按照本准则第七条确定的计量单元不同。

（四）交易市场不是相关资产或负债的主要市场（或最有利市场）。

第十七条 其他相关会计准则要求或者允许企业以公允价值对相关资产或负债进行初始计量，且其交易价格与公允价值不相等的，企业应当将相关利得或损失计入当期损益，但其他相关会计准则另有规定的除外。

第六章 估值技术

第十八条 企业以公允价值计量相关资产或负债，应当采用在当前情况下适用并且有足够可利用数据和其他信息支持的估值技术。企业使用估值技术的目的，是为了估计在计量日当前市场条件下，市场参与者在有序交易中出售一项资产或者转移一项负债的价格。

企业以公允价值计量相关资产或负债，使用的估值技术主要包括市场法、收益法和成本法。企业应当使用与其中一种或多种估值技术相一致的方法计量公允价值。企业使用多种估值技术计量公允价值的，应当考虑各估值结果的合理性，选取在当前情况下最能代表公允价值的金额作为公允价值。

市场法，是利用相同或类似的资产、负债或资产和负债组合的价格以及其他相关市场交易信息进行估值的技术。

收益法，是将未来金额转换成单一现值的估值技术。

成本法，是反映当前要求重置相关资产服务能力所需金额（通常指现行重置成本）的估值技术。

第十九条 企业在估值技术的应用中，应当优先使用相关可观察输入值，只有在相关可观察输入值无法取得或取得不切实可行的情况下，才可以使用不可观察输入值。

输入值，是指市场参与者在给相关资产或负债定价时所使用的假设，包括可观察输入值和不可观察输入值。

可观察输入值，是指能够从市场数据中取得的输入值。该输入值反映了市场参与者在对相关资产或负债定价时所使用的假设。

不可观察输入值，是指不能从市场数据中取得的输入值。该输入值应当根据可获得的市场参与者在对相关资产或负债定价时所使用假设的最佳信息确定。

第二十条 企业以交易价格作为初始确认时的公允价值，且在公允价值后续计量中使用了涉及不可观察输入值的估值技术的，应当在估值过程中校正该估值技术，以使估值技术确定的初始确认结果与交易价格相等。

企业在公允价值后续计量中使用估值技术的，尤其是涉及不可观察输入值的，应当确保该估值技术反映了计量日可观察的市场数据，如类似资产或负债的价格等。

第二十一条 公允价值计量使用的估值技术一经确定，不得随意变更，但变更估值技术或其应用能使计量结果在当前情况下同样或者更能代表公允价值的情况除外，包括但不限于下列情况：

（一）出现新的市场。

（二）可以取得新的信息。

（三）无法再取得以前使用的信息。

（四）改进了估值技术。

（五）市场状况发生变化。

企业变更估值技术或其应用的，应当按照《企业会计准则第 28 号——会计政策、会计估计变更和差错更正》的规定作为会计估计变更，并根据本准则的披露要求对估值技术及其应用的变更进行披露，而不需要按照《企业会计准则第 28 号——会计政策、会计估计变更和差错更正》的规定对相关会计估计变更进行披露。

第二十二条 企业采用估值技术计量公允价值时，应当选择与市场参与者在相关资产或负债的交易中所考虑的资产或负债特征相一致的输入值，包括流动性折溢价、控制权溢价或少数股东权益折价等，但不包括与本准则第七条规定的计量单元不一致的折溢价。

企业不应当考虑因其大量持有相关资产或负债所产生的折价或溢价。该折价或溢价反映了市场正常日交易量低于企业在当前市场出售或转让其持有的相关资产或负债数量时，市场参与者对该资产或负债报价的调整。

第二十三条 以公允价值计量的相关资产或负债存在出价和要价的，企业应当以在出价和要价之间最能代表当前情况下公允价值的价格确定该资产或负债的公允价值。企业可以使用出价计量资产头寸、使用要价计量负债头寸。

本准则不限制企业使用市场参与者在实务中使用的在出价和要价之间的中间价或其他定价惯例计量相关资产或负债。

第七章 公允价值层次

第二十四条 企业应当将公允价值计量所使用的输入值划分为三个层次，并首先使用第一层次输入值，其次使用第二层次输入值，最后使用第三层次输入值。

第一层次输入值是在计量日能够取得的相同资产或负债在活跃市场上未经调整的报价。活跃市场，是指相关资产或负债的交易量和交易频率足以持续提供定价信息的市场。

第二层次输入值是除第一层次输入值外相关资产或负债直接或间接可观察的输入值。

第三层次输入值是相关资产或负债的不可观察输入值。

公允价值计量结果所属的层次，由对公允价值计量整体而言具有重要意义的输入值所属的最低层次决定。企业应当在考虑相关资产或负债特征的基础上判断所使用的输入值是否重要。公允价值计量结果所属的层次，取决于估值技术的输入值，而不是估值技术本身。

第二十五条　第一层次输入值为公允价值提供了最可靠的证据。在所有情况下，企业只要能够获得相同资产或负债在活跃市场上的报价，就应当将该报价不加调整地应用于该资产或负债的公允价值计量，但下列情况除外：

（一）企业持有大量类似但不相同的以公允价值计量的资产或负债，这些资产或负债存在活跃市场报价，但难以获得每项资产或负债在计量日单独的定价信息。在这种情况下，企业可以采用不单纯依赖报价的其他估值模型。

（二）活跃市场报价未能代表计量日的公允价值，如因发生影响公允价值计量的重大事件等导致活跃市场的报价未能代表计量日的公允价值。

（三）本准则第三十四条（二）所述情况。

企业因上述情况对相同资产或负债在活跃市场上的报价进行调整的，公允价值计量结果应当划分为较低层次。

第二十六条　企业在使用第二层次输入值对相关资产或负债进行公允价值计量时，应当根据该资产或负债的特征，对第二层次输入值进行调整。这些特征包括资产状况或所在位置、输入值与类似资产或负债的相关程度［包括本准则第三十四条（二）规定的因素］、可观察输入值所在市场的交易量和活跃程度等。

对于具有合同期限等具体期限的相关资产或负债，第二层次输入值应当在几乎整个期限内是可观察的。

第二层次输入值包括：

（一）活跃市场中类似资产或负债的报价；

（二）非活跃市场中相同或类似资产或负债的报价；

（三）除报价以外的其他可观察输入值，包括在正常报价间隔期间可观察的利率和收益率曲线、隐含波动率和信用利差等；

（四）市场验证的输入值等。市场验证的输入值，是指通过相关性分析或其他手段获得的主要来源于可观察市场数据或者经过可观察市场数据验证的输入值。

企业使用重要的不可观察输入值对第二层次输入值进行调整，且该调整对公允价值计量整体而言是重要的，公允价值计量结果应当划分为第三层次。

第二十七条　企业只有在相关资产或负债不存在市场活动或者市场活动很少导致相关可观察输入值无法取得或取得不切实可行的情况下，才能使用第三层次输入值，即不可观察输入值。

不可观察输入值应当反映市场参与者对相关资产或负债定价时所使用的假设，包括有关风险的假设，如特定估值技术的固有风险和估值技术输入值的固有风险等。

第二十八条　企业在确定不可观察输入值时，应当使用在当前情况下可合理取得的最佳信息，包括所有可合理取得的市场参与者假设。

企业可以使用内部数据作为不可观察输入值，但如果有证据表明其他市场参与者将使用不同于企业内部数据的其他数据，或者这些企业内部数据是企业特定数据、其他市场参与者不具备企业相关特征时，企业应当对其内部数据做出相应调整。

第八章　非金融资产的公允价值计量

第二十九条　企业以公允价值计量非金融资产，应当考虑市场参与者将该资产用于最佳用途产生经济利益的能力，或者将该资产出售给能够用于最佳用途的其他市场参与者产生经济利益的能力。

最佳用途，是指市场参与者实现一项非金融资产或其所属的资产和负债组合的价值最大化时该非金融资产的用途。

第三十条 企业确定非金融资产的最佳用途，应当考虑法律上是否允许、实物上是否可能以及财务上是否可行等因素。

（一）企业判断非金融资产的用途在法律上是否允许，应当考虑市场参与者在对该资产定价时考虑的资产使用在法律上的限制。

（二）企业判断非金融资产的用途在实物上是否可能，应当考虑市场参与者在对该资产定价时考虑的资产实物特征。

（三）企业判断非金融资产的用途在财务上是否可行，应当考虑在法律上允许且实物上可能的情况下，使用该资产能否产生足够的收益或现金流量，从而在补偿使资产用于该用途所发生的成本后，仍然能够满足市场参与者所要求的投资回报。

第三十一条 企业应当从市场参与者的角度确定非金融资产的最佳用途。

通常情况下，企业对非金融资产的现行用途可以视为最佳用途，除非市场因素或者其他因素表明市场参与者按照其他用途使用该资产可以实现价值最大化。

第三十二条 企业以公允价值计量非金融资产，应当基于最佳用途确定下列估值前提：

（一）市场参与者单独使用一项非金融资产产生最大价值的，该非金融资产的公允价值应当是将其出售给同样单独使用该资产的市场参与者的当前交易价格。

（二）市场参与者将一项非金融资产与其他资产（或者其他资产或负债的组合）组合使用产生最大价值的，该非金融资产的公允价值应当是将其出售给以同样组合方式使用该资产的市场参与者的当前交易价格，并且该市场参与者可以取得组合中的其他资产和负债。其中，负债包括企业为筹集营运资金产生的负债，但不包括企业为组合之外的资产筹集资金所产生的负债。最佳用途的假定应当一致地应用于组合中所有与最佳用途相关的资产。

企业应当从市场参与者的角度判断该资产的最佳用途是单独使用、与其他资产组合使用、还是与其他资产和负债组合使用，但在计量非金融资产的公允价值时，应当假定按照本准则第七条确定的计量单元出售该资产。

第九章 负债和企业自身权益工具的公允价值计量

第三十三条 企业以公允价值计量负债，应当假定在计量日将该负债转移给其他市场参与者，而且该负债在转移后继续存在，并由作为受让方的市场参与者履行义务。

企业以公允价值计量自身权益工具，应当假定在计量日将该自身权益工具转移给其他市场参与者，而且该自身权益工具在转移后继续存在，并由作为受让方的市场参与者取得与该工具相关的权利、承担相应的义务。

第三十四条 企业以公允价值计量负债或自身权益工具，应当遵循下列原则：

（一）存在相同或类似负债或企业自身权益工具可观察市场报价的，应当以该报价为基础确定该负债或企业自身权益工具的公允价值。

（二）不存在相同或类似负债或企业自身权益工具可观察市场报价，但其他方将其作为资产持有的，企业应当在计量日从持有该资产的市场参与者角度，以该资产的公允价值为基础确定该负债或自身权益工具的公允价值。

当该资产的某些特征不适用于所计量的负债或企业自身权益工具时，企业应当根据该资产的公允价值进行调整，以调整后的价值确定负债或企业自身权益工具的公允价值。这些特征包括资产出售受到限制、资产与所计量负债或企业自身权益工具类似但不相同、资产的计量单元与负债或企业自身权益工具的计量单元不完全相同等。

（三）不存在相同或类似负债或企业自身权益工具可观察市场报价，并且其他方未将其作为资产持有的，企业应当从承担负债或者发行权益工具的市场参与者角度，采用估值技术确定该负债或企业自身权益工具的公允价值。

第三十五条 企业以公允价值计量负债，应当考虑不履约风险，并假定不履约风险在负债转移前后保持不变。

不履约风险，是指企业不履行义务的风险，包括但不限于企业自身信用风险。

第三十六条 企业以公允价值计量负债或自身权益工具，并且该负债或自身权益工具存在限制转移因素的，如果公允价值计量的输入值中已经考虑了该因素，企业不应当再单独设置相关输入值，也不应当对其他输入值进行相关调整。

第三十七条 企业以公允价值计量活期存款等具有可随时要求偿还特征的金融负债的，该金融负债的公允价值不应当低于债权人随时要求偿还时的应付金额，即从债权人可要求偿还的第一天起折现的现值。

第十章 市场风险或信用风险可抵销的金融资产和金融负债的公允价值计量

第三十八条 企业以市场风险和信用风险的净敞口为基础管理金融资产和金融负债的，可以以计量日市场参与者在当前市场条件下有序交易中出售净多头（即资产）或者转移净空头（即负债）的价格为基础，计量该金融资产和金融负债组合的公允价值。

市场风险或信用风险可抵销的金融资产或金融负债，应当是由《企业会计准则第22号——金融工具确认和计量》规范的金融资产和金融负债，也包括不符合金融资产或金融负债定义但按照《企业会计准则第22号——金融工具确认和计量》进行会计处理的其他合同。

与市场风险或信用风险可抵销的金融资产和金融负债相关的财务报表列报，应当适用其他相关会计准则。

第三十九条 企业按照本准则第三十八条规定计量金融资产和金融负债组合的公允价值的，应当同时满足下列条件：

（一）企业风险管理或投资策略的正式书面文件已载明，企业以特定市场风险或特定对手信用风险的净敞口为基础，管理金融资产和金融负债的组合；

（二）企业以特定市场风险或特定对手信用风险的净敞口为基础，向企业关键管理人员报告金融资产和金融负债组合的信息；

（三）企业在每个资产负债表日以公允价值计量组合中的金融资产和金融负债。

第四十条 企业按照本准则第三十八条规定计量金融资产和金融负债组合的公允价值的，该金融资产和金融负债面临的特定市场风险及其期限实质上应当相同。

企业按照本准则第三十八条规定计量金融资产和金融负债组合的公允价值的，如果市场参与者将会考虑假定出现违约情况下能够减小信用风险敞口的所有现行安排，企业应当考虑特定对手的信用风险净敞口的影响或特定对手对企业的信用风险净敞口的影响，并预计市场参与者依法强制执行这些安排的可能性。

第四十一条 企业采用本准则第三十八条规定的，应当按照《企业会计准则第28号——会计政策、会计估计变更和差错更正》的规定确定相关会计政策，并且一经确定，不得随意变更。

第十一章 公允价值披露

第四十二条 企业应当根据相关资产或负债的性质、特征、风险以及公允价值计量的层次对该资产或负债进行恰当分组，并按照组别披露公允价值计量的相关信息。

为确定资产和负债的组别，企业通常应当对资产负债表列报项目做进一步分解。企业应当披露各组别与报表列报项目之间的调节信息。

其他相关会计准则明确规定了相关资产或负债组别且其分组原则符合本条规定的，企业可以直接使用该组别提供相关信息。

第四十三条 企业应当区分持续的公允价值计量和非持续的公允价值计量。

持续的公允价值计量，是指其他相关会计准则要求或者允许企业在每个资产负债表日持续以公允价值进行的计量。

非持续的公允价值计量，是指其他相关会计准则要求或者允许企业在特定情况下的资产负债表中以公允价值进行的计量。

第四十四条 在相关资产或负债初始确认后的每个资产负债表日，企业至少应当在附注中披露持续以公允价值计量的每组资产和负债的下列信息：

（一）其他相关会计准则要求或者允许企业在资产负债表日持续以公允价值计量的项目和金额。

（二）公允价值计量的层次。

（三）在各层次之间转换的金额和原因，以及确定各层次之间转换时点的政策。每一层次的转入与转出应当分别披露。

（四）对于第二层次的公允价值计量，企业应当披露使用的估值技术和输入值的描述性信息。当变更估值技术时，企业还应当披露这一变更以及变更的原因。

（五）对于第三层次的公允价值计量，企业应当披露使用的估值技术、输入值和估值流程的描述性信息。当变更估值技术时，企业还应当披露这一变更以及变更的原因。企业应当披露公允价值计量中使用的重要的、可合理取得的不可观察输入值的量化信息。

（六）对于第三层次的公允价值计量，企业应当披露期初余额与期末余额之间的调节信息，包括计入当期损益的已实现利得或损失总额，以及确认这些利得或损失时的损益项目；计入当期损益的未实现利得或损失总额，以及确认这些未实现利得或损失时的损益项目（如相关资产或负债的公允价值变动损益等）；计入当期其他综合收益的利得或损失总额，以及确认这些利得或损失时的其他综合收益项目；分别披露相关资产或负债购买、出售、发行及结算情况。

（七）对于第三层次的公允价值计量，当改变不可观察输入值的金额可能导致公允价值显著变化时，企业应当披露有关敏感性分析的描述性信息。

这些输入值和使用的其他不可观察输入值之间具有相关关系的，企业应当描述这种相关关系及其影响，其中不可观察输入值至少包括本条（五）要求披露的不可观察输入值。

对于金融资产和金融负债，如果为反映合理、可能的其他假设而变更一个或多个不可观察输入值将导致公允价值的重大改变，企业还应当披露这一事实、变更的影响金额及其计算方法。

（八）当非金融资产的最佳用途与其当前用途不同时，企业应当披露这一事实及其原因。

第四十五条 在相关资产或负债初始确认后的资产负债表中，企业至少应当在附注中披露非持续以公允价值计量的每组资产和负债的下列信息：

（一）其他相关会计准则要求或者允许企业在特定情况下非持续以公允价值计量的项目和金额，以及以公允价值计量的原因。

（二）公允价值计量的层次。

（三）对于第二层次的公允价值计量，企业应当披露使用的估值技术和输入值的描述性信息。当变更估值技术时，企业还应当披露这一变更以及变更的原因。

（四）对于第三层次的公允价值计量，企业应当披露使用的估值技术、输入值和估值流程的描述性信息，当变更估值技术时，企业还应当披露这一变更以及变更的原因。企业应当披露公允价值计量中使用的重要不可观察输入值的量化信息。

（五）当非金融资产的最佳用途与其当前用途不同时，企业应当披露这一事实及其原因。

第四十六条 企业调整公允价值计量层次转换时点的相关会计政策应当在前后各会计期间保持一致，并按照本准则第四十四条（三）的规定进行披露。企业调整公允价值计量层次转换时点的相关会计政策应当一致地应用于转出的公允价值计量层次和转入的公允价值计量层次。

第四十七条 企业采用本准则第三十八条规定的会计政策的，应当披露该事实。

第四十八条 对于在资产负债表中不以公允价值计量但以公允价值披露的各组资产和负债，企业应当按照本准则第四十四条（二）（四）（五）和（八）披露信息，但不需要按照本准则第四十四条（五）披露第三层次公允价值计量的估值流程和使用的重要不可观察输入值的量化信息。

第四十九条 对于以公允价值计量且在发行时附有不可分割的第三方信用增级的负债，发行人应当披露这一事实，并说明该信用增级是否已反映在该负债的公允价值计量中。

第五十条 企业应当以表格形式披露本准则要求的量化信息，除非其他形式更适当。

第十二章 衔接规定

第五十一条 本准则施行日之前的公允价值计量与本准则要求不一致的，企业不作追溯调整。

第五十二条 比较财务报表中披露的本准则施行日之前的信息与本准则要求不一致的，企业不需要按照本准则的规定进行调整。

第十三章 附 则

第五十三条 本准则自 2014 年 7 月 1 日起施行。

40. 企业会计准则第 40 号——合营安排（2014 年颁布）

（财会〔2014〕11 号）

第一章 总 则

第一条 为了规范合营安排的认定、分类以及各参与方在合营安排中权益等的会计处理，根据《企业会计准则——基本准则》，制定本准则。

第二条 合营安排，是指一项由两个或两个以上的参与方共同控制的安排。合营安排具有下列特征：

（一）各参与方均受到该安排的约束；

（二）两个或两个以上的参与方对该安排实施共同控制。任何一个参与方都不能够单独控制该安排，对该安排具有共同控制的任何一个参与方均能够阻止其他参与方或参与方组合单独控制该安排。

第三条 合营安排不要求所有参与方都对该安排实施共同控制。合营安排参与方既包括对合营安排享有共同控制的参与方（即合营方），也包括对合营安排不享有共同控制的参与方。

第四条 合营方在合营安排中权益的披露，适用《企业会计准则第 41 号——在其他主体中权益的披露》。

第二章 合营安排的认定和分类

第五条 共同控制，是指按照相关约定对某项安排所共有的控制，并且该安排的相关活动必须经过分享控制权的参与方一致同意后才能决策。

本准则所称相关活动，是指对某项安排的回报产生重大影响的活动。某项安排的相关活动应当根据具体情况进行判断，通常包括商品或劳务的销售和购买、金融资产的管理、资产的购买和处置、研究与开发活动以及融资活动等。

第六条 如果所有参与方或一组参与方必须一致行动才能决定某项安排的相关活动，则称所有参与方或一组参与方集体控制该安排。

在判断是否存在共同控制时，应当首先判断所有参与方或参与方组合是否集体控制该安排，其次再判断该安排相关活动的决策是否必须经过这些集体控制该安排的参与方一致同意。

第七条 如果存在两个或两个以上的参与方组合能够集体控制某项安排的，不构成共同控制。

第八条 仅享有保护性权利的参与方不享有共同控制。

第九条 合营安排分为共同经营和合营企业。

共同经营，是指合营方享有该安排相关资产且承担该安排相关负债的合营安排。

合营企业，是指合营方仅对该安排的净资产享有权利的合营安排。

第十条 合营方应当根据其在合营安排中享有的权利和承担的义务确定合营安排的分类。对权利和义务进行评价时应当考虑该安排的结构、法律形式以及合同条款等因素。

第十一条 未通过单独主体达成的合营安排，应当划分为共同经营。

单独主体，是指具有单独可辨认的财务架构的主体，包括单独的法人主体和不具备法人主体资格但法律认可的主体。

第十二条 通过单独主体达成的合营安排，通常应当划分为合营企业。但有确凿证据表明满足下列任一条件并且符合相关法律法规规定的合营安排应当划分为共同经营：

（一）合营安排的法律形式表明，合营方对该安排中的相关资产和负债分别享有权利和承担义务。

（二）合营安排的合同条款约定，合营方对该安排中的相关资产和负债分别享有权利和承担义务。

（三）其他相关事实和情况表明，合营方对该安排中的相关资产和负债分别享有权利和承担义务，如合营方享有与合营安排相关的几乎所有产出，并且该安排中负债的清偿持续依赖于合营方的支持。

不能仅凭合营方对合营安排提供债务担保即将其视为合营方承担该安排相关负债。合营方承担向合营安排支付认缴出资义务的，不视为合营方承担该安排相关负债。

第十三条 相关事实和情况变化导致合营方在合营安排中享有的权利和承担的义务发生变化的，合营方应当对合营安排的分类进行重新评估。

第十四条 对于为完成不同活动而设立多项合营安排的一个框架性协议，企业应当分别确定各项合营安排的分类。

第三章 共同经营参与方的会计处理

第十五条 合营方应当确认其与共同经营中利益份额相关的下列项目，并按照相关企业会计准则的规定进行会计处理：

（一）确认单独所持有的资产，以及按其份额确认共同持有的资产；

（二）确认单独所承担的负债，以及按其份额确认共同承担的负债；

（三）确认出售其享有的共同经营产出份额所产生的收入；

（四）按其份额确认共同经营因出售产出所产生的收入；

（五）确认单独所发生的费用，以及按其份额确认共同经营发生的费用。

第十六条 合营方向共同经营投出或出售资产等（该资产构成业务的除外），在该资产等由共同经营出售给第三方之前，应当仅确认因该交易产生的损益中归属于共同经营其他参与方的部分。投出或出售的资产发生符合《企业会计准则第 8 号——资产减值》等规定的资产减值损失的，合营方应当全额确认该损失。

第十七条　合营方自共同经营购买资产等（该资产构成业务的除外），在将该资产等出售给第三方之前，应当仅确认因该交易产生的损益中归属于共同经营其他参与方的部分。购入的资产发生符合《企业会计准则第 8 号——资产减值》等规定的资产减值损失的，合营方应当按其承担的份额确认该部分损失。

第十八条　对共同经营不享有共同控制的参与方，如果享有该共同经营相关资产且承担该共同经营相关负债的，应当按照本准则第十五条至第十七条的规定进行会计处理；否则，应当按照相关企业会计准则的规定进行会计处理。

第四章　合营企业参与方的会计处理

第十九条　合营方应当按照《企业会计准则第 2 号——长期股权投资》的规定对合营企业的投资进行会计处理。

第二十条　对合营企业不享有共同控制的参与方应当根据其对该合营企业的影响程度进行会计处理：

（一）对该合营企业具有重大影响的，应当按照《企业会计准则第 2 号——长期股权投资》的规定进行会计处理。

（二）对该合营企业不具有重大影响的，应当按照《企业会计准则第 22 号——金融工具确认和计量》的规定进行会计处理。

第五章　衔接规定

第二十一条　首次采用本准则的企业应当根据本准则的规定对其合营安排进行重新评估，确定其分类。

第二十二条　合营企业重新分类为共同经营的，合营方应当在比较财务报表最早期间期初终止确认以前采用权益法核算的长期股权投资，以及其他实质上构成对合营企业净投资的长期权益；同时根据比较财务报表最早期间期初采用权益法核算时使用的相关信息，确认本企业在共同经营中的利益份额所产生的各项资产（包括商誉）和负债，所确认资产和负债的账面价值与其计税基础之间存在暂时性差异的，应当按照《企业会计准则第 18 号——所得税》的规定进行会计处理。

确认的各项资产和负债的净额与终止确认的长期股权投资以及其他实质上构成对合营企业净投资的长期权益的账面金额存在差额的，应当按照下列规定处理：

（一）前者大于后者的，其差额应当首先抵减与该投资相关的商誉，仍有余额的，再调增比较财务报表最早期间的期初留存收益；

（二）前者小于后者的，其差额应当冲减比较财务报表最早期间的期初留存收益。

第六章　附　　则

第二十三条　本准则自 2014 年 7 月 1 日起施行。

41. 企业会计准则第 41 号——在其他主体中权益的披露（2014 年颁布）

（财会〔2014〕16 号）

第一章　总　　则

第一条　为了规范在其他主体中权益的披露，根据《企业会计准则——基本准则》，制定本准则。

第二条 企业披露的在其他主体中权益的信息，应当有助于财务报表使用者评估企业在其他主体中权益的性质和相关风险，以及该权益对企业财务状况、经营成果和现金流量的影响。

第三条 本准则所指的在其他主体中的权益，是指通过合同或其他形式能够使企业参与其他主体的相关活动并因此享有可变回报的权益。参与方式包括持有其他主体的股权、债权，或向其他主体提供资金、流动性支持、信用增级和担保等。企业通过这些参与方式实现对其他主体的控制、共同控制或重大影响。其他主体包括企业的子公司、合营安排（包括共同经营和合营企业）、联营企业以及未纳入合并财务报表范围的结构化主体等。

结构化主体，是指在确定其控制方时没有将表决权或类似权利作为决定因素而设计的主体。

第四条 本准则适用于企业在子公司、合营安排、联营企业和未纳入合并财务报表范围的结构化主体中权益的披露。

企业同时提供合并财务报表和母公司个别财务报表的，应当在合并财务报表附注中披露本准则要求的信息，不需要在母公司个别财务报表附注中重复披露相关信息。

第五条 下列各项的披露适用其他相关会计准则：

（一）离职后福利计划或其他长期职工福利计划，适用《企业会计准则第 9 号——职工薪酬》。

（二）企业在其参与的但不享有共同控制的合营安排中的权益，适用《企业会计准则第 37 号——金融工具列报》。但是，企业对该合营安排具有重大影响或该合营安排是结构化主体的，适用本准则。

（三）企业持有的由《企业会计准则第 22 号——金融工具确认和计量》规范的在其他主体中的权益，适用《企业会计准则第 37 号——金融工具列报》。但是，企业在未纳入合并财务报表范围的结构化主体中的权益，以及根据其他相关会计准则以公允价值计量且其变动计入当期损益的在联营企业或合营企业中的权益，适用本准则。

第二章 重大判断和假设的披露

第六条 企业应当披露对其他主体实施控制、共同控制或重大影响的重大判断和假设，以及这些判断和假设变更的情况，包括但不限于下列各项：

（一）企业持有其他主体半数或以下的表决权但仍控制该主体的判断和假设，或者持有其他主体半数以上的表决权但并不控制该主体的判断和假设。

（二）企业持有其他主体 20% 以下的表决权但对该主体具有重大影响的判断和假设，或者持有其他主体 20% 或以上的表决权但对该主体不具有重大影响的判断和假设。

（三）企业通过单独主体达成合营安排的，确定该合营安排是共同经营还是合营企业的判断和假设。

（四）确定企业是代理人还是委托人的判断和假设。

第七条 企业应当披露按照《企业会计准则第 33 号——合并财务报表》被确定为投资性主体的重大判断和假设，以及虽然不符合《企业会计准则第 33 号——合并财务报表》有关投资性主体的一项或多项特征但仍被确定为投资性主体的原因。企业（母公司）由非投资性主体转变为投资性主体的，应当披露该变化及其原因，并披露该变化对财务报表的影响，包括对变化当日不再纳入合并财务报表范围子公司的投资的公允价值、按照公允价值重新计量产生的利得或损失以及相应的列报项目。企业（母公司）由投资性主体转变为非投资性主体的，应当披露该变化及其原因。

第三章 在子公司中权益的披露

第八条 企业应当在合并财务报表附注中披露企业集团的构成，包括子公司的名称、主要经营地及注册地、业务性质、企业的持股比例（或类似权益比例，下同）等。

子公司少数股东持有的权益对企业集团重要的，企业还应当在合并财务报表附注中披露下列信息：

（一）子公司少数股东的持股比例。子公司少数股东的持股比例不同于其持有的表决权比例的，企业还应当披露该表决权比例。

（二）当期归属于子公司少数股东的损益以及向少数股东支付的股利。

（三）子公司在当期期末累计的少数股东权益余额。

（四）子公司的主要财务信息。

第九条 使用企业集团资产和清偿企业集团债务存在重大限制的，企业应当在合并财务报表附注中披露下列信息：

（一）该限制的内容，包括对母公司或其子公司与企业集团内其他主体相互转移现金或其他资产的限制，以及对企业集团内主体之间发放股利或进行利润分配、发放或收回贷款或垫款等的限制。

（二）子公司少数股东享有保护性权利、并且该保护性权利对企业使用企业集团资产或清偿企业集团负债的能力存在重大限制的，该限制的性质和程度。

（三）该限制涉及的资产和负债在合并财务报表中的金额。

第十条 企业存在纳入合并财务报表范围的结构化主体的，应当在合并财务报表附注中披露下列信息：

（一）合同约定企业或其子公司向该结构化主体提供财务支持的，应当披露提供财务支持的合同条款，包括可能导致企业承担损失的事项或情况。

（二）在没有合同约定的情况下，企业或其子公司当期向该结构化主体提供了财务支持或其他支持，应当披露所提供支持的类型、金额及原因，包括帮助该结构化主体获得财务支持的情况。其中，企业或其子公司当期对以前未纳入合并财务报表范围的结构化主体提供了财务支持或其他支持并且该支持导致企业控制了该结构化主体的，还应当披露决定提供支持的相关因素。

（三）企业存在向该结构化主体提供财务支持或其他支持的意图的，应当披露该意图，包括帮助该结构化主体获得财务支持的意图。

第十一条 企业在其子公司所有者权益份额发生变化且该变化未导致企业丧失对子公司控制权的，应当在合并财务报表附注中披露该变化对本企业所有者权益的影响。

企业丧失对子公司控制权的，应当在合并财务报表附注中披露按照《企业会计准则第33号——合并财务报表》计算的下列信息：

（一）由于丧失控制权而产生的利得或损失以及相应的列报项目。

（二）剩余股权在丧失控制权日按照公允价值重新计量而产生的利得或损失。

第十二条 企业是投资性主体且存在未纳入合并财务报表范围的子公司、并对该子公司权益按照公允价值计量且其变动计入当期损益的，应当在财务报表附注中对该情况予以说明。同时，对于未纳入合并财务报表范围的子公司，企业应当披露下列信息：

（一）子公司的名称、主要经营地及注册地。

（二）企业对子公司的持股比例。持股比例不同于企业持有的表决权比例的，企业还应当披露该表决权比例。企业的子公司也是投资性主体且该子公司存在未纳入合并财务报表范围的下属子公司的，企业应当按照上述要求披露该下属子公司的相关信息。

第十三条 企业是投资性主体的，对其在未纳入合并财务报表范围的子公司中的权益，应当披露与该权益相关的风险信息：

（一）该未纳入合并财务报表范围的子公司以发放现金股利、归还贷款或垫款等形式向企业转移资金的能力存在重大限制的，企业应当披露该限制的性质和程度。

（二）企业存在向未纳入合并财务报表范围的子公司提供财务支持或其他支持的承诺或意图的，企业应当披露该承诺或意图，包括帮助该子公司获得财务支持的承诺或意图。

在没有合同约定的情况下，企业或其子公司当期向未纳入合并财务报表范围的子公司提供财务支持或其他支持的，企业应当披露提供支持的类型、金额及原因。

（三）合同约定企业或其未纳入合并财务报表范围的子公司向未纳入合并财务报表范围、但受企业控制的结构化主体提供财务支持的，企业应当披露相关合同条款，以及可能导致企业承担损失的事项或情况。在没有合同约定的情况下，企业或其未纳入合并财务报表范围的子公司当期向原先不受企业控制且未纳入合并财务报表范围的结构化主体提供财务支持或其他支持，并且所提供的支持导致企业控制该结构化主体的，企业应当披露决定提供上述支持的相关因素。

第四章 在合营安排或联营企业中权益的披露

第十四条 存在重要的合营安排或联营企业的，企业应当披露下列信息：

（一）合营安排或联营企业的名称、主要经营地及注册地。

（二）企业与合营安排或联营企业的关系的性质，包括合营安排或联营企业活动的性质，以及合营安排或联营企业对企业活动是否具有战略性等。

（三）企业的持股比例。持股比例不同于企业持有的表决权比例的，企业还应当披露该表决权比例。

第十五条 对于重要的合营企业或联营企业，企业除了应当按照本准则第十四条披露相关信息外，还应当披露对合营企业或联营企业投资的会计处理方法，从合营企业或联营企业收到的股利，以及合营企业或联营企业在其自身财务报表中的主要财务信息。

企业对上述合营企业或联营企业投资采用权益法进行会计处理的，上述主要财务信息应当是按照权益法对合营企业或联营企业相关财务信息调整后的金额；同时，企业应当披露将上述主要财务信息按照权益法调整至企业对合营企业或联营企业投资账面价值的调节过程。企业对上述合营企业或联营企业投资采用权益法进行会计处理但该投资存在公开报价的，还应当披露其公允价值。

第十六条 企业在单个合营企业或联营企业中的权益不重要的，应当分别就合营企业和联营企业两类披露下列信息：

（一）按照权益法进行会计处理的对合营企业或联营企业投资的账面价值合计数。

（二）对合营企业或联营企业的净利润、终止经营的净利润、其他综合收益、综合收益等项目，企业按照其持股比例计算的金额的合计数。

第十七条 合营企业或联营企业以发放现金股利、归还贷款或垫款等形式向企业转移资金的能力存在重大限制的，企业应当披露该限制的性质和程度。

第十八条 企业对合营企业或联营企业投资采用权益法进行会计处理，被投资方发生超额亏损且投资方不再确认其应分担合营企业或联营企业损失份额的，应当披露未确认的合营企业或联营企业损失份额，包括当期份额和累积份额。

第十九条 企业应当单独披露与其对合营企业投资相关的未确认承诺，以及与其对合营企业或联营企业投资相关的或有负债。

第二十条 企业是投资性主体的，不需要披露本准则第十五条和第十六条规定的信息。

第五章 在未纳入合并财务报表范围的结构化主体中权益的披露

第二十一条 对于未纳入合并财务报表范围的结构化主体，企业应当披露下列信息：

（一）未纳入合并财务报表范围的结构化主体的性质、目的、规模、活动及融资方式。

（二）在财务报表中确认的与企业在未纳入合并财务报表范围的结构化主体中权益相关的资产和负债的账面价值及其在资产负债表中的列报项目。

（三）在未纳入合并财务报表范围的结构化主体中权益的最大损失敞口及其确定方法。企业不能量化最大损失敞口的，应当披露这一事实及其原因。

（四）在财务报表中确认的与企业在未纳入合并财务报表范围的结构化主体中权益相关的资产和负债的账面价值与其最大损失敞口的比较。企业发起设立未纳入合并财务报表范围的结构化主体，但资产负债表日在该结构化主体中没有权益的，企业不需要披露上述（二）至（四）项要求的信息，但应当披露企业作为该结构化主体发起人的认定依据，并分类披露企业当期从该结构化主体获得的收益、收益类型，以及转移至该结构化主体的所有资产在转移时的账面价值。

第二十二条 企业应当披露其向未纳入合并财务报表范围的结构化主体提供财务支持或其他支持的意图，包括帮助该结构化主体获得财务支持的意图。在没有合同约定的情况下，企业当期向结构化主体（包括企业前期或当期持有权益的结构化主体）提供财务支持或其他支持的，还应当披露提供支持的类型、金额及原因，包括帮助该结构化主体获得财务支持的情况。

第二十三条 企业是投资性主体的，对受其控制但未纳入合并财务报表范围的结构化主体，应当按照本准则第十二条和第十三条的规定进行披露，不需要按照本章规定进行披露。

第六章 衔接规定

第二十四条 企业比较财务报表中披露的本准则施行日之前的信息与本准则要求不一致的，应当按照本准则的规定进行调整，但有关未纳入合并财务报表范围的结构化主体的披露要求除外。

第七章 附 则

第二十五条 本准则自 2014 年 7 月 1 日起施行。

42. 企业会计准则第 42 号——持有待售的非流动资产、处置组和终止经营（2017 年颁布）

（财会〔2017〕13 号）

第一章 总 则

第一条 为了规范企业持有待售的非流动资产或处置组的分类、计量和列报，以及终止经营的列报，根据《企业会计准则——基本准则》，制定本准则。

第二条 本准则的分类和列报规定适用于所有非流动资产和处置组。

处置组，是指在一项交易中作为整体通过出售或其他方式一并处置的一组资产，以及在该交易中转让的与这些资产直接相关的负债。处置组所属的资产组或资产组组合按照《企业会计准则第 8 号——资产减值》分摊了企业合并中取得的商誉的，该处置组应当包含分摊至处置组的商誉。

第三条 本准则的计量规定适用于所有非流动资产，但下列各项的计量适用其他相关会计准则：

（一）采用公允价值模式进行后续计量的投资性房地产，适用《企业会计准则第 3 号——投资性房地产》；

（二）采用公允价值减去出售费用后的净额计量的生物资产，适用《企业会计准则第 5 号——生物资产》；

（三）职工薪酬形成的资产，适用《企业会计准则第 9 号——职工薪酬》；

（四）递延所得税资产，适用《企业会计准则第 18 号——所得税》；

（五）由金融工具相关会计准则规范的金融资产，适用金融工具相关会计准则；

（六）由保险合同相关会计准则规范的保险合同所产生的权利，适用保险合同相关会计准则。

处置组包含适用本准则计量规定的非流动资产的，本准则的计量规定适用于整个处置组。处置组中负债的计量适用相关会计准则。

第四条 终止经营，是指企业满足下列条件之一的、能够单独区分的组成部分，且该组成部分已经处置或划分为持有待售类别：

（一）该组成部分代表一项独立的主要业务或一个单独的主要经营地区；

（二）该组成部分是拟对一项独立的主要业务或一个单独的主要经营地区进行处置的一项相关联计划的一部分；

（三）该组成部分是专为转售而取得的子公司。

第二章 持有待售的非流动资产或处置组的分类

第五条 企业主要通过出售（包括具有商业实质的非货币性资产交换，下同）而非持续使用一项非流动资产或处置组收回其账面价值的，应当将其划分为持有待售类别。

第六条 非流动资产或处置组划分为持有待售类别，应当同时满足下列条件：

（一）根据类似交易中出售此类资产或处置组的惯例，在当前状况下即可立即出售；

（二）出售极可能发生，即企业已经就一项出售计划作出决议且获得确定的购买承诺，预计出售将在一年内完成。有关规定要求企业相关权力机构或者监管部门批准后方可出售的，应当已经获得批准。

确定的购买承诺，是指企业与其他方签订的具有法律约束力的购买协议，该协议包含交易价格、时间和足够严厉的违约惩罚等重要条款，使协议出现重大调整或者撤销的可能性极小。

第七条 企业专为转售而取得的非流动资产或处置组，在取得日满足"预计出售将在一年内完成"的规定条件，且短期（通常为 3 个月）内很可能满足持有待售类别的其他划分条件的，企业应当在取得日将其划分为持有待售类别。

第八条 因企业无法控制的下列原因之一，导致非关联方之间的交易未能在一年内完成，且有充分证据表明企业仍然承诺出售非流动资产或处置组的，企业应当继续将非流动资产或处置组划分为持有待售类别：

（一）买方或其他方意外设定导致出售延期的条件，企业针对这些条件已经及时采取行动，且预计能够自设定导致出售延期的条件起一年内顺利化解延期因素；

（二）因发生罕见情况，导致持有待售的非流动资产或处置组未能在一年内完成出售，企业在最初一年内已经针对这些新情况采取必要措施且重新满足了持有待售类别的划分条件。

第九条 持有待售的非流动资产或处置组不再满足持有待售类别划分条件的，企业不应当继续将其划分为持有待售类别。

部分资产或负债从持有待售的处置组中移除后，处置组中剩余资产或负债新组成的处置组仍然满足持有待售类别划分条件的，企业应当将新组成的处置组划分为持有待售类别，否则应当将满足持有待售类别划分条件的非流动资产单独划分为持有待售类别。

第十条 企业因出售对子公司的投资等原因导致其丧失对子公司控制权的，无论出售后企业是否保留部分权益性投资，应当在拟出售的对子公司投资满足持有待售类别划分条件时，在母公司个别财务报表中将对子公司投资整体划分为持有待售类别，在合并财务报表中将子公司所有资产和负债划分为持有待售类别。

第十一条 企业不应当将拟结束使用而非出售的非流动资产或处置组划分为持有待售类别。

第三章 持有待售的非流动资产或处置组的计量

第十二条 企业将非流动资产或处置组首次划分为持有待售类别前，应当按照相关会计准则规定计量非流动资产或处置组中各项资产和负债的账面价值。

第十三条 企业初始计量或在资产负债表日重新计量持有待售的非流动资产或处置组时，其账面价值高于公允价值减去出售费用后的净额的，应当将账面价值减记至公允价值减去出售费用后的净额，减记的金额确认为资产减值损失，计入当期损益，同时计提持有待售资产减值准备。

第十四条 对于取得日划分为持有待售类别的非流动资产或处置组，企业应当在初始计量时比较假定其不划分为持有待售类别情况下的初始计量金额和公允价值减去出售费用后的净额，以两者孰低计量。除企业合并中取得的非流动资产或处置组外，由非流动资产或处置组以公允价值减去出售费用后的净额作为初始计量金额而产生的差额，应当计入当期损益。

第十五条 企业在资产负债表日重新计量持有待售的处置组时，应当首先按照相关会计准则规定计量处置组中不适用本准则计量规定的资产和负债的账面价值，然后按照本准则第十三条的规定进行会计处理。

第十六条 对于持有待售的处置组确认的资产减值损失金额，应当先抵减处置组中商誉的账面价值，再根据处置组中适用本准则计量规定的各项非流动资产账面价值所占比重，按比例抵减其账面价值。

第十七条 后续资产负债表日持有待售的非流动资产公允价值减去出售费用后的净额增加的，以前减记的金额应当予以恢复，并在划分为持有待售类别后确认的资产减值损失金额内转回，转回金额计入当期损益。划分为持有待售类别前确认的资产减值损失不得转回。

第十八条 后续资产负债表日持有待售的处置组公允价值减去出售费用后的净额增加的，以前减记的金额应当予以恢复，并在划分为持有待售类别后适用本准则计量规定的非流动资产确认的资产减值损失金额内转回，转回金额计入当期损益。已抵减的商誉账面价值，以及适用本准则计量规定的非流动资产在划分为持有待售类别前确认的资产减值损失不得转回。

第十九条 持有待售的处置组确认的资产减值损失后续转回金额，应当根据处置组中除商誉外适用本准则计量规定的各项非流动资产账面价值所占比重，按比例增加其账面价值。

第二十条 持有待售的非流动资产或处置组中的非流动资产不应计提折旧或摊销，持有待售的处置组中负债的利息和其他费用应当继续予以确认。

第二十一条 非流动资产或处置组因不再满足持有待售类别的划分条件而不再继续划分为持有待售类别或非流动资产从持有待售的处置组中移除时，应当按照以下两者孰低计量：

（一）划分为持有待售类别前的账面价值，按照假定不划分为持有待售类别情况下本应确认的折旧、摊销或减值等进行调整后的金额；

（二）可收回金额。

第二十二条 企业终止确认持有待售的非流动资产或处置组时，应当将尚未确认的利得或损失计入当期损益。

第四章 列 报

第二十三条 企业应当在资产负债表中区别于其他资产单独列示持有待售的非流动资产或持有待售的处置组中的资产，区别于其他负债单独列示持有待售的处置组中的负债。持有待售的非流动资产或持有待售的处置组中的资产与持有待售的处置组中的负债不应当相互抵销，应当分别作为流动资产和流动负债列示。

第二十四条 企业应当在利润表中分别列示持续经营损益和终止经营损益。不符合终止经营定义的持有待售的非流动资产或处置组，其减值损失和转回金额及处置损益应当作为持续经营损益列报。终止经营的减值损失和转回金额等经营损益及处置损益应当作为终止经营损益列报。

第二十五条 企业应当在附注中披露下列信息：

（一）持有待售的非流动资产或处置组的出售费用和主要类别，以及每个类别的账面价值和公允价值；

（二）持有待售的非流动资产或处置组的出售原因、方式和时间安排；

（三）列报持有待售的非流动资产或处置组的分部；

（四）持有待售的非流动资产或持有待售的处置组中的资产确认的减值损失及其转回金额；

（五）与持有待售的非流动资产或处置组有关的其他综合收益累计金额；

（六）终止经营的收入、费用、利润总额、所得税费用（收益）和净利润；

（七）终止经营的资产或处置组确认的减值损失及其转回金额；

（八）终止经营的处置损益总额、所得税费用（收益）和处置净损益；

（九）终止经营的经营活动、投资活动和筹资活动现金流量净额；

（十）归属于母公司所有者的持续经营损益和终止经营损益。

非流动资产或处置组在资产负债表日至财务报告批准报出日之间满足持有待售类别划分条件的，应当作为资产负债表日后非调整事项进行会计处理，并按照本条（一）至（三）的规定进行披露。

企业专为转售而取得的持有待售的子公司，应当按照本条（二）至（五）和（十）的规定进行披露。

第二十六条 对于当期首次满足持有待售类别划分条件的非流动资产或处置组，不应当调整可比会计期间资产负债表。

第二十七条 对于当期列报的终止经营，企业应当在当期财务报表中，将原来作为持续经营损益列报的信息重新作为可比会计期间的终止经营损益列报，并按照本准则第二十五条（六）（七）（九）（十）的规定披露可比会计期间的信息。

第二十八条 拟结束使用而非出售的处置组满足终止经营定义中有关组成部分的条件的，应当自停止使用日起作为终止经营列报。

第二十九条 企业因出售对子公司的投资等原因导致其丧失对子公司控制权，且该子公司符合终止经营定义的，应当在合并利润表中列报相关终止经营损益，并按照本准则第二十五条（六）至（十）的规定进行披露。

第三十条 企业应当在利润表中将终止经营处置损益的调整金额作为终止经营损益列报，并在附注中披露调整的性质和金额。可能引起调整的情形包括：

（一）最终确定处置条款，如与买方商定交易价格调整额和补偿金；

（二）消除与处置相关的不确定因素，如确定卖方保留的环保义务或产品质量保证义务；

（三）履行与处置相关的职工薪酬支付义务。

第三十一条 非流动资产或处置组不再继续划分为持有待售类别或非流动资产从持有待售的处置组中移除的，企业应当在当期利润表中将非流动资产或处置组的账面价值调整金额作为持续经营损益列报。企业的子公司、共同经营、合营企业、联营企业以及部分对合营企业或联营企业的投资不再继续划分为持有待售类别或从持有待售的处置组中移除的，企业应当在当期财务报表中相应调整各个划分为持有待售类别后可比会计期间的比较数据。企业应当在附注中披露下列信息：

（一）企业改变非流动资产或处置组出售计划的原因；

（二）可比会计期间财务报表中受影响的项目名称和影响金额。

第三十二条 终止经营不再满足持有待售类别划分条件的，企业应当在当期财务报表中，将原来作为终止经营损益列报的信息重新作为可比会计期间的持续经营损益列报，并在附注中说明这一事实。

第五章 附 则

第三十三条 本准则自 2017 年 5 月 28 日起施行。

对于本准则施行日存在的持有待售的非流动资产、处置组和终止经营，应当采用未来适用法处理。

第六章 管理会计指引体系

1. 管理会计基本指引（2016 年颁布）

（财会〔2016〕10 号）

第一章 总 则

第一条 为促进单位（包括企业和行政事业单位，下同）加强管理会计工作，提升内部管理水平，促进经济转型升级，根据《中华人民共和国会计法》《财政部关于全面推进管理会计体系建设的指导意见》等，制定本指引。

第二条 基本指引在管理会计指引体系中起统领作用，是制定应用指引和建设案例库的基础。管理会计指引体系包括基本指引、应用指引和案例库，用以指导单位管理会计实践。

第三条 管理会计的目标是通过运用管理会计工具方法，参与单位规划、决策、控制、评价活动并为之提供有用信息，推动单位实现战略规划。

第四条 单位应用管理会计，应遵循下列原则：

（一）战略导向原则。管理会计的应用应以战略规划为导向，以持续创造价值为核心，促进单位可持续发展。

（二）融合性原则。管理会计应嵌入单位相关领域、层次、环节，以业务流程为基础，利用管理会计工具方法，将财务和业务等有机融合。

（三）适应性原则。管理会计的应用应与单位应用环境和自身特征相适应。单位自身特征包括单位性质、规模、发展阶段、管理模式、治理水平等。

（四）成本效益原则。管理会计的应用应权衡实施成本和预期效益，合理、有效地推进管理会计应用。

第五条 管理会计应用主体视管理决策主体确定，可以是单位整体，也可以是单位内部的责任中心。

第六条 单位应用管理会计，应包括应用环境、管理会计活动、工具方法、信息与报告等四要素。

第二章 应用环境

第七条 单位应用管理会计，应充分了解和分析其应用环境。管理会计应用环境，是单位应用管理会计的基础，包括内外部环境。

内部环境主要包括与管理会计建设和实施相关的价值创造模式、组织架构、管理模式、资源保障、信息系统等因素。

外部环境主要包括国内外经济、市场、法律、行业等因素。

第八条 单位应准确分析和把握价值创造模式，推动财务与业务等的有机融合。

第九条 单位应根据组织架构特点，建立健全能够满足管理会计活动所需的由财务、业务等相关人员组成的管理会计组织体系。有条件的单位可以设置管理会计机构，组织开展管理会计工作。

第十条 单位应根据管理模式确定责任主体，明确各层级以及各层级内的部门、岗位之间的管理会计责任权限，制定管理会计实施方案，以落实管理会计责任。

第十一条 单位应从人力、财力、物力等方面做好资源保障工作，加强资源整合，提高资源利用效率效果，确保管理会计工作顺利开展。

单位应注重管理会计理念、知识培训，加强管理会计人才培养。

第十二条 单位应将管理会计信息化需求纳入信息系统规划，通过信息系统整合、改造或新建等途径，及时、高效地提供和管理相关信息，推进管理会计实施。

第三章 管理会计活动

第十三条 管理会计活动是单位利用管理会计信息，运用管理会计工具方法，在规划、决策、控制、评价等方面服务于单位管理需要的相关活动。

第十四条 单位应用管理会计，应做好相关信息支持，参与战略规划拟定，从支持其定位、目标设定、实施方案选择等方面，为单位合理制定战略规划提供支撑。

第十五条 单位应用管理会计，应融合财务和业务等活动，及时充分提供和利用相关信息，支持单位各层级根据战略规划做出决策。

第十六条 单位应用管理会计，应设定定量定性标准，强化分析、沟通、协调、反馈等控制机制，支持和引导单位持续高质高效地实施单位战略规划。

第十七条 单位应用管理会计，应合理设计评价体系，基于管理会计信息等，评价单位战略规划实施情况，并以此为基础进行考核，完善激励机制；同时，对管理会计活动进行评估和完善，以持续改进管理会计应用。

第四章 工具方法

第十八条 管理会计工具方法是实现管理会计目标的具体手段。

第十九条 管理会计工具方法是单位应用管理会计时所采用的战略地图、滚动预算管理、作业成本管理、本量利分析、平衡计分卡等模型、技术、流程的统称。管理会计工具方法具有开放性，随着实践发展不断丰富完善。

第二十条 管理会计工具方法主要应用于以下领域：战略管理、预算管理、成本管理、营运管理、投融资管理、绩效管理、风险管理等。

（一）战略管理领域应用的管理会计工具方法包括但不限于战略地图、价值链管理等；

（二）预算管理领域应用的管理会计工具方法包括但不限于全面预算管理、滚动预算管理、作业预算管理、零基预算管理、弹性预算管理等；

（三）成本管理领域应用的管理会计工具方法包括但不限于目标成本管理、标准成本管理、变动成本管理、作业成本管理、生命周期成本管理等；

（四）营运管理领域应用的管理会计工具方法包括但不限于本量利分析、敏感性分析、边际分析、标杆管理等；

（五）投融资管理领域应用的管理会计工具方法包括但不限于贴现现金流法、项目管理、资本成本分析等；

（六）绩效管理领域应用的管理会计工具方法包括但不限于关键指标法、经济增加值、平衡计分卡等；

（七）风险管理领域应用的管理会计工具方法包括但不限于单位风险管理框架、风险矩阵模型等。

第二十一条 单位应用管理会计，应结合自身实际情况，根据管理特点和实践需要选择适用的管理会计工具方法，并加强管理会计工具方法的系统化、集成化应用。

第五章 信息与报告

第二十二条 管理会计信息包括管理会计应用过程中所使用和生成的财务信息和非财务信息。

第二十三条 单位应充分利用内外部各种渠道，通过采集、转换等多种方式，获得相关、可靠的管理会计基础信息。

第二十四条 单位应有效利用现代信息技术，对管理会计基础信息进行加工、整理、分析和传递，以满足管理会计应用需要。

第二十五条 单位生成的管理会计信息应相关、可靠、及时、可理解。

第二十六条 管理会计报告是管理会计活动成果的重要表现形式，旨在为报告使用者提供满足管理需要的信息。管理会计报告按期间可以分为定期报告和不定期报告，按内容可以分为综合性报告和专项报告等类别。

第二十七条 单位可以根据管理需要和管理会计活动性质设定报告期间。一般应以公历期间作为报告期间，也可以根据特定需要设定报告期间。

第六章 附 则

第二十八条 本指引由财政部负责解释。

第二十九条 本指引自印发之日起施行。

2. 管理会计应用指引第 100 号——战略管理（2017 年颁布）

（财会〔2017〕24 号）

第一章 总 则

第一条 为了促进企业加强战略管理，提高企业战略管理的科学性和有效性，推动企业实现战略目标，根据《管理会计基本指引》，制定本指引。

第二条 战略管理，是指对企业全局的、长远的发展方向、目标、任务和政策，以及资源配置作出决策和管理的过程。战略，是指企业从全局考虑做出的长远性的谋划。

第三条 企业战略一般分为三个层次，包括选择可竞争的经营领域的总体战略、某经营领域具体竞争策略的业务单位战略（也称竞争战略）和涉及各职能部门的职能战略。

第四条 企业进行战略管理，一般应遵循以下原则：

（一）目标可行原则。战略目标的设定，应具有一定的前瞻性和适当的挑战性，使战略目标通过一定的努力可以实现，并能够使长期目标与短期目标有效衔接。

（二）资源匹配原则。企业应根据各业务部门与战略目标的匹配程度进行资源配置。

（三）责任落实原则。企业应将战略目标落实到具体的责任中心和责任人，构成不同层级彼此相连的战略目标责任圈。

（四）协同管理原则。企业应以实现战略目标为核心，考虑不同责任中心业务目标之间的有效协同，加强各部门之间的协同管理，有效提高资源使用的效率和效果。

第五条 战略管理领域应用的管理会计工具方法，一般包括战略地图、价值链管理等。战略管理工具方法，可单独应用，也可综合应用，以加强战略管理的协同性。

第二章 应用环境

第六条 企业应关注宏观环境（包括政治、经济、社会、文化、法律及技术等因素）、产业环境、竞争环境等对其影响长远的外部环境因素，尤其是可能发生重大变化的外部环境因素，确认企业所面临的机遇和挑战；同时应关注本身的历史及现行战略、资源、能力、核心竞争力等内部环境因素，确认企业具有的优势和劣势。

第七条 企业一般应设置专门机构或部门，牵头负责战略管理工作，并与其他业务部门、职能部门协同制定战略目标，做好战略实施的部门协调，保障战略目标得以实现。

第八条 企业应建立健全战略管理有关制度及配套的绩效激励制度等，形成科学有效的制度体系，切实调动员工的积极性，提升员工的执行力，推动企业战略的实施。

第三章 应用程序

第九条 企业应用战略管理工具方法，一般按照战略分析、战略制定、战略实施、战略评价和控制、战略调整等程序进行。

第十条 战略分析包括外部环境分析和内部环境分析。企业进行环境分析时，可应用态势分析法（strength，weakness，opportunity，threat，简称SWOT分析）、波特五力分析和波士顿矩阵分析等方法，分析企业的发展机会和竞争力，以及各业务流程在价值创造中的优势和劣势，并对每一业务流程按照其优势强弱划分等级，为制定战略目标奠定基础。

第十一条 战略制定，是指企业根据确定的愿景、使命和环境分析情况，选择和设定战略目标的过程。企业可根据对整体目标的保障、对员工积极性的发挥以及企业各部门战略方案的协调等实际需要，选择自上而下、自下而上或上下结合的方法，制定战略目标。企业设定战略目标后，各部门需要结合企业战略目标设定本部门战略目标，并将其具体化为一套关键财务及非财务指标的预测值。为各关键指标设定的目标（预测）值，应与本企业的可利用资源相匹配，并有利于执行人积极有效地实现既定目标。

第十二条 战略实施，是指将企业的战略目标变成现实的管理过程。企业应加强战略管控，结合使用战略地图、价值链管理等多种管理会计工具方法，将战略实施的关键业务流程化，并落实到企业现有的业务流程中，确保企业高效率和高效益地实现战略目标。

第十三条 战略评价和控制，是指企业在战略实施过程中，通过检测战略实施进展情况，评价战略执行效果，审视战略的科学性和有效性，不断调整战略举措，以达到预期目标。企业主要应从以下几个方面进行战略评价：战略是否适应企业的内外部环境；战略是否达到有效的资源配置；战略涉及的风险程度是否可以接受；战略实施的时间和进度是否恰当。

第十四条　战略调整，是指根据企业情况的发展变化和战略评价结果，对所制定的战略及时进行调整，以保证战略有效指导企业经营管理活动。战略调整一般包括调整企业的愿景、长期发展方向、战略目标及其战略举措等。

第四章　附　　则

第十五条　本指引由财政部负责解释。

3. 管理会计应用指引第 101 号——战略地图（2017 年颁布）

（财会〔2017〕24 号）

第一章　总　　则

第一条　战略地图，是指为描述企业各维度战略目标之间因果关系而绘制的可视化的战略因果关系图。战略地图通常以财务、客户、内部业务流程、学习与成长等四个维度为主要内容，通过分析各维度的相互关系，绘制战略因果关系图。企业可根据自身情况对各维度的名称、内容等进行修改和调整。

第二条　企业应用战略地图工具方法，应注重通过战略地图的有关路径设计，有效使用有形资源和无形资源，高效实现价值创造；应通过战略地图实施将战略目标与执行有效绑定，引导各责任中心按照战略目标持续提升业绩，服务企业战略实施。

第三条　企业应用战略地图工具方法，应遵循《管理会计应用指引第 100 号——战略管理》中对应用环境的一般要求。

第四条　企业应用战略地图工具方法，一般按照战略地图设计和战略地图实施等程序进行。

第二章　战略地图设计

第五条　企业设计战略地图，一般按照设定战略目标、确定业务改善路径、定位客户价值、确定内部业务流程优化主题、确定学习与成长主题、进行资源配置、绘制战略地图等程序进行。

第六条　企业进行战略目标设定，应遵循《管理会计应用指引第 100 号——战略管理》的有关要求。

第七条　企业应根据已设定的战略目标，对现有客户（服务对象）和可能的新客户以及新产品（新服务）进行深入分析，寻求业务改善和增长的最佳路径，提取业务和财务融合发展的战略主题。在财务维度，战略主题一般可划分为两个层次：第一层次一般包括生产率提升和营业收入增长等；第二层次一般包括创造成本优势、提高资产利用率、增加客户机会和提高客户价值等。

第八条　企业应对现有客户进行分析，从产品（服务）质量、技术领先、售后服务和稳定标准等方面确定、调整客户价值定位。在客户价值定位维度，企业一般可设置客户体验、双赢营销关系、品牌形象提升等战略主题。

第九条　企业应根据业务提升路径和服务定位，梳理业务流程及其关键增值（提升服务形象）活动，分析行业关键成功要素和内部营运矩阵，从内部业务流程的管理流程、创新流程、客户管理流程、遵循法规流程等角度确定战略主题，并将业务战略主题进行分类归纳，制定战略方案。

第十条 企业应根据业务提升路径和服务定位，分析创新和人力资本等无形资源在价值创造中的作用，识别学习与成长维度的关键要素，并相应确立激励制度创新、信息系统创新和智力资本利用创新等战略主题，为财务、客户、内部业务流程维度的战略主题和关键业绩指标（key performance indicator，简称 KPI）提供有力支撑。

第十一条 根据各维度战略主题，企业应分析其有形资源和无形资源的战略匹配度，对各主题进行战略资源配置。同时应关注企业人力资源、信息资源、组织资源等在资源配置中的定位和价值创造中的作用。

第十二条 企业可应用平衡计分卡的四维度划分绘制战略地图，以图形方式展示企业的战略目标及实现战略目标的关键路径。具体绘制程序如下：

（一）确立战略地图的总体主题。总体主题是对企业整体战略目标的描述，应清晰表达企业愿景和战略目标，并与财务维度的战略主题和 KPI 对接。

（二）根据企业的需要，确定四维度的名称。把确定的四维度战略主题对应画入各自战略地图内，每一主题可以通过若干 KPI 进行描述。

（三）将各个战略主题和 KPI 用路径线链接，形成战略主题和 KPI 相连的战略地图。在绘制过程中，企业应将战略总目标（财务维度）、客户价值定位（客户维度）、内部业务流程主题（内部流程维度）和学习与成长维度与战略 KPI 链接，形成战略地图。

企业所属的各责任中心的战略主题、KPI 相应的战略举措、资源配置等信息一般无法都绘制到一张图上，一般采用绘制对应关系表或另外绘制下一层级责任中心的战略地图等方式来展现其战略因果关系。

第三章 战略地图实施

第十三条 战略地图实施，是指企业利用管理会计工具方法，确保企业实现既定战略目标的过程。战略地图实施一般按照战略 KPI 设计、战略 KPI 责任落实、战略执行、执行报告、持续改善、评价激励等程序进行。

第十四条 企业应用战略地图，应设计一套可以使各部门主管明确自身责任与战略目标相联系的考核指标，即进行战略 KPI 设计。

第十五条 企业应对战略 KPI 进行分解，落实责任并签订责任书。具体可按以下程序进行：

（一）将战略 KPI 分解为责任部门 KPI。企业应从最高层开始，将战 KPI 分解到各责任部门，再分解到责任团队。每一责任部门、责任团队或责任人都有对应 KPI，且每一 KPI 都能找到对应的具体战略举措。企业可编制责任表，描述 KPI 中的权、责、利和战略举措的对应关系，以便实施战略管控和形成相应的报告。每一责任部门的负责人可根据上述责任表，将 KPI 在本部门进行进一步分解和责任落实，层层建立战略实施责任制度。

（二）签订责任书。企业应在分解明确各责任部门 KPI 的基础上，签订责任书，以督促各执行部门落实责任。责任书一般由企业领导班子（或董事会）与执行层的各部门签订。责任书应明确规定一定时期内（一般为一个年度）要实现的 KPI 任务、相应的战略举措及相应的奖惩机制。

第十六条 企业应以责任书中所签任务为基础，按责任部门的具体人员和团队情况，对任务和 KPI 进一步分解，并制定相应的执行责任书，进行自我管控和自我评价。同时，以各部门责任书和职责分工为基础，确定不同执行过程的负责人及协调人，并按照设定的战略目标实现日期，确定不同的执行指引表，采取有效战略举措，保障 KPI 实现。

第十七条 企业应编制战略执行报告，反映各责任部门的战略执行情况，分析偏差原因，提出具体管控措施。

（一）每一层级责任部门应向上一层级责任部门提交战略执行报告，以反映战略执行情况，制定下一步战略实施举措。

（二）战略执行报告一般可分为以下三个层级：

1. 战略层（如董事会）报告，包括战略总体目标的完成情况和原因分析；

2. 经营层报告，包括责任人的战略执行方案中相关指标的执行情况和原因分析；

3. 业务层报告，包括战略执行方案下具体任务的完成情况和原因分析。

（三）企业应根据战略执行报告，分析责任人战略执行情况与既定目标是否存在偏差，并对偏差进行原因分析，形成纠偏建议，作为责任人绩效评价的重要依据。

第十八条 企业应在对战略执行情况进行分析的基础上，进行持续改善，不断提升战略管控水平。

（一）与既定目标相比，发现问题并进行改善。企业应根据战略执行报告，将战略执行情况与管控目标进行比对，分析偏差，及时发现问题，提出解决问题的具体措施和改善方案，并采取必要措施。企业在进行偏差分析时，一般应关注以下问题：

1. 所产生的偏差是否为临时性波动；

2. 战略 KPI 分解与执行是否有误；

3. 外部环境是否发生重大变化，从而导致原定战略目标脱离实际情况。

企业应在分析这些问题的基础上，找出发生偏差的根源所在，及时进行纠正。

（二）达成既定目标时，考虑如何提升。达成战略地图上所列的战略目标时，企业一般可考虑适当增加执行难度，提升目标水平，按持续改善的策略与方法进入新的循环。

第十九条 企业应按照《管理会计应用指引第 100 号——战略管理》中战略评价的有关要求，对战略实施情况进行评价，并按照《管理会计应用指引第 600 号——绩效管理》的有关要求进行激励，引导责任人自觉地、持续地积极工作，有效利用企业资源，提高企业绩效，实现企业战略目标。

第四章 工具方法评价

第二十条 战略地图的主要优点是：能够将企业的战略目标清晰化、可视化，并与战略 KPI 和战略举措建立明确联系，为企业战略实施提供了有力的可视化工具。

第二十一条 战略地图的主要缺点是：需要多维度、多部门的协调，实施成本高，并且需要与战略管控相融合，才能真正实现战略实施。

第五章 附 则

第二十二条 本指引由财政部负责解释。

附录：

专有名词解释

1. 态势分析法（strength，weakness，opportunity，threat，简称 SWOT 分析，S 表示优势、W 表示劣势、O 表示机会、T 表示威胁），是指基于内外部竞争环境和竞争条件下的综合分析，就是将与研究对象密切相关的各种主要内部优势、劣势和外部的机会和威胁等，通过调查列举出来，并依照矩阵形式排列，然后用系统分析的思想，把各种因素相互匹配起来加以分析，从中得出相应结论，而结论通常带有一定的决策性，对制定相应的发展战略、计划以及对策起到支撑作用。按照态势分析法，战略目标应是一个企业“能够做的”（即企业的强项和弱项）和“可能做的”（即环境的机会和威胁）之间的有机组合。

2. 波特五力分析法（Michael Porter’s five forces model），是指将供应商定价能力、购买者的讨价还价能力、潜在进入者的威胁、替代品的威胁、同行业竞争者的力量作为竞争主要来源的一种竞争力分析方法。

3. 波士顿矩阵分析法（BCG Matrix），是指在坐标图上，以纵轴表示企业销售增长率，横轴表示市场占有率，将坐标图划分为四个象限，依次为“明星类产品（★）”“问题类产品（？）”“金牛类产品（￥）”“瘦狗类产品（×）”；最后的瘦狗类属于不再投资扩展或即将淘汰的产品。其目的在于通过产品所处不同象限的划分，使企业采取不同决策，以保证其不断地淘汰无发展前景的产品，保持“问号”“明星”“金牛”产品的合理组合，实现产品及资源分配结构的良性循环。

4. 营运矩阵分析，是指通过横向联系和纵向联系的营运方式，分析企业营运中分权化与集权化的问题，考虑各个管理部门（或岗位）之间的相互协调和相互监督，以更加高效地实现企业营运目标。

4. 管理会计应用指引第 200 号——预算管理（2017 年颁布）

（财会〔2017〕24 号）

第一章 总 则

第一条 为了促进企业加强预算管理，发挥预算管理在企业规划、决策、控制和评价活动中的作用，根据《管理会计基本指引》，制定本指引。

第二条 预算管理，是指企业以战略目标为导向，通过对未来一定期间内的经营活动和相应的财务结果进行全面预测和筹划，科学、合理配置企业各项财务和非财务资源，并对执行过程进行监督和分析，对执行结果进行评价和反馈，指导经营活动的改善和调整，进而推动实现企业战略目标的管理活动。

第三条 预算管理的内容主要包括经营预算、专门决策预算和财务预算。经营预算（也称业务预算），是指与企业日常业务直接相关的一系列预算，包括销售预算、生产预算、采购预算、费用预算、人力资源预算等。专门决策预算，是指企业重大的或不经常发生的、需要根据特定决策编制的预算，包括投融资决策预算等。财务预算，是指与企业资金收支、财务状况或经营成果等有关的预算，包括资金预算、预计资产负债表、预计利润表等。

第四条 企业进行预算管理，一般应遵循以下原则：

（一）战略导向原则。预算管理应围绕企业的战略目标和业务计划有序开展，引导各预算责任主体聚焦战略、专注执行、达成绩效。

（二）过程控制原则。预算管理应通过及时监控、分析等把握预算目标的实现进度并实施有效评价，对企业经营决策提供有效支撑。

（三）融合性原则。预算管理应以业务为先导、以财务为协同，将预算管理嵌入企业经营管理活动的各个领域、层次、环节。

（四）平衡管理原则。预算管理应平衡长期目标与短期目标、整体利益与局部利益、收入与支出、结果与动因等关系，促进企业可持续发展。

（五）权变性原则。预算管理应刚性与柔性相结合，强调预算对经营管理的刚性约束，又可根据内外环境的重大变化调整预算，并针对例外事项进行特殊处理。

第五条 预算管理领域应用的管理会计工具方法，一般包括滚动预算、零基预算、弹性预算、作业预算等。

企业可根据其战略目标、业务特点和管理需要，结合不同工具方法的特征及适用范围，选择恰当的工具方法综合运用。

第六条 企业可整合预算与战略管理领域的管理会计工具方法，强化预算对战略目标的承接分解；整合预算与成本管理、风险管理领域的管理会计工具方法，强化预算对战略执行的过程控制；整合预算与营运管理领域的管理会计工具方法，强化预算对生产经营的过程监控；整合预算与绩效管理领域的管理会计工具方法，强化预算对战略目标的标杆引导。

第七条 企业应用预算管理工具方法，一般按照预算编制、预算控制、预算调整、预算考核等程序进行。

第二章 应用环境

第八条 企业实施预算管理的基础环境包括战略目标、业务计划、组织架构、内部管理制度、信息系统等。

第九条 企业应按照战略目标，确立预算管理的方向、重点和目标。

第十条 企业应将战略目标和业务计划具体化、数量化作为预算目标，促进战略目标落地。

业务计划，是指按照战略目标对业务活动的具体描述和详细计划。

第十一条 企业可设置预算管理委员会等专门机构组织、监督预算管理工作。该机构的主要其职责包括：审批公司预算管理制度、政策，审议年度预算草案或预算调整草案并报董事会等机构审批，监控、考核本单位的预算执行情况并向董事会报告，协调预算编制、预算调整及预算执行中的有关问题等。

预算管理的机构设置、职责权限和工作程序应与企业的组织架构和管理体制互相协调，保障预算管理各环节职能衔接，流程顺畅。

第十二条 企业应建立健全预算管理制度、会计核算制度、定额标准制度、内部控制制度、内部审计制度、绩效考核和激励制度等内部管理制度，夯实预算管理的制度基础。

第十三条 企业应充分利用现代信息技术，规范预算管理流程，提高预算管理效率。

第三章 预算编制

第十四条 企业应建立和完善预算编制的工作制度，明确预算编制依据、编制内容、编制程序和编制方法，确保预算编制依据合理、内容全面、程序规范、方法科学，确保形成各层级广泛接受的、符合业务假设的、可实现的预算控制目标。

第十五条 企业一般按照分级编制、逐级汇总的方式，采用自上而下、自下而上、上下结合或多维度相协调的流程编制预算。预算编制流程与编制方法的选择应与企业现有管理模式相适应。

第十六条 预算编制完成后，应按照相关法律法规及企业章程的规定报经企业预算管理决策机构审议批准，以正式文件形式下达执行。

第十七条 预算审批包括预算内审批、超预算审批、预算外审批等。预算内审批事项，应简化流程，提高效率；超预算审批事项，应执行额外的审批流程；预算外审批事项，应严格控制，防范风险。

第四章 预算执行

第十八条 预算执行一般按照预算控制、预算调整等程序进行。

第十九条 预算控制，是指企业以预算为标准，通过预算分解、过程监督、差异分析等促使日常经营不偏离预算标准的管理活动。

第二十条 企业应建立预算授权控制制度，强化预算责任，严格预算控制。

第二十一条 企业应建立预算执行的监督、分析制度，提高预算管理对业务的控制能力。

第二十二条 企业应将预算目标层层分解至各预算责任中心。预算分解应按各责任中心权、责、利相匹配的原则进行，既公平合理，又有利于企业实现预算目标。

第二十三条 企业应通过信息系统展示、会议、报告、调研等多种途径及形式，及时监督、分析预算执行情况，分析预算执行差异的原因，提出对策建议。

第二十四条 年度预算经批准后，原则上不作调整。企业应在制度中严格明确预算调整的条件、主体、权限和程序等事宜，当内外战略环境发生重大变化或突发重大事件等，导致预算编制的基本假设发生重大变化时，可进行预算调整。

第五章 预算考核

第二十五条 预算考核主要针对定量指标进行考核，是企业绩效考核的重要组成部分。

第二十六条 企业应按照公开、公平、公正的原则实施预算考核。

第二十七条 企业应建立健全预算考核制度，并将预算考核结果纳入绩效考核体系，切实做到有奖有惩、奖惩分明。

第二十八条 预算考核主体和考核对象的界定应坚持上级考核下级、逐级考核、预算执行与预算考核职务相分离的原则。

第二十九条 预算考核以预算完成情况为考核核心，通过预算执行情况与预算目标的比较，确定差异并查明产生差异的原因，进而据以评价各责任中心的工作业绩，并通过与相应的激励制度挂钩，促进其与预算目标相一致。

第六章 附 则

第三十条 本指引由财政部负责解释。

5. 管理会计应用指引第 201 号——滚动预算（2017 年颁布）

（财会〔2017〕24 号）

第一章 总 则

第一条 滚动预算，是指企业根据上一期预算执行情况和新的预测结果，按既定的预算编制周期和滚动频率，对原有的预算方案进行调整和补充，逐期滚动，持续推进的预算编制方法。

预算编制周期，是指每次预算编制所涵盖的时间跨度。

滚动频率，是指调整和补充预算的时间间隔，一般以月度、季度、年度等为滚动频率。

第二条 滚动预算一般由中期滚动预算和短期滚动预算组成。中期滚动预算的预算编制周期通常为 3 年或 5 年，以年度作为预算滚动频率。短期滚动预算通常以 1 年为预算编制周期，以月度、季度作为预算滚动频率。

第二章 应用环境

第三条 企业应用滚动预算工具方法，应遵循《管理会计应用指引第 200 号——预算管理》中对应用环境的一般要求。

第四条　企业应用滚动预算工具方法，应具备丰富的预算管理经验和能力。

第五条　企业应建立先进、科学的信息系统，及时获取充足、可靠的外部市场数据和企业内部数据，以满足编制滚动预算的需要。

第六条　企业应重视预算编制基础数据，统一财务和非财务信息标准，确保预算编制以可靠、翔实、完整的基础数据为依据。

第三章　应用程序

第七条　企业应遵循《管理会计应用指引第200号——预算管理》中的应用程序实施滚动预算管理。

第八条　企业应研究外部环境变化，分析行业特点、战略目标和业务性质，结合企业管理基础和信息化水平，确定预算编制的周期和预算滚动的频率。

第九条　企业应遵循重要性原则和成本效益原则，结合业务性质和管理要求，确定滚动预算的编制内容。

企业通常可以选择编制业务滚动预算，对于管理基础好、信息化程度高的企业，还可选择编制资本滚动预算和财务滚动预算。

第十条　企业应以战略目标和业务计划为依据，并根据上一期预算执行情况和新的预测信息，经综合平衡和结构优化，作为下一期滚动预算的编制基础。

第十一条　企业应以战略目标和业务计划为基础，研究滚动预算所涉及的外部环境变化和内部重要事项，测算并提出预算方案。

第十二条　企业实行中期滚动预算的，应在中期预算方案的框架内滚动编制年度预算。第一年的预算约束对应年度的预算，后续期间的预算指引后续对应年度的预算。

第十三条　短期滚动预算服务于年度预算目标的实施。企业实行短期滚动预算的，应以年度预算为基础，分解编制短期滚动预算。

第十四条　企业应分析影响预算目标的各种动因之间的关系，建立预算模型，生成预算编制方案。

第十五条　企业应对比分析上一期的预算信息和预算执行情况，结合新的内外部环境预测信息，对下一期预算进行调整和修正，持续进行预算的滚动编制。

第十六条　企业可借助数据仓库等信息技术的支撑，实现预算编制方案的快速生成，减少预算滚动编制的工作量。

第十七条　企业应根据预算滚动编制结果，调整资源配置和管理要求。

第四章　工具方法评价

第十八条　滚动预算的主要优点是：通过持续滚动预算编制、逐期滚动管理，实现动态反映市场、建立跨期综合平衡，从而有效指导企业营运，强化预算的决策与控制职能。

第十九条　滚动预算的主要缺点是：一是预算滚动的频率越高，对预算沟通的要求越高，预算编制的工作量越大；二是过高的滚动频率容易增加管理层的不稳定感，导致预算执行者无所适从。

第五章　附　　则

第二十条　本指引由财政部负责解释。

6. 管理会计应用指引第 202 号——零基预算（2018 年颁布）

（财会〔2018〕22 号）

第一章 总 则

第一条 零基预算，是指企业不以历史期经济活动及其预算为基础，以零为起点，从实际需要出发分析预算期经济活动的合理性，经综合平衡，形成预算的预算编制方法。

零基预算是相对于增量预算的一种预算编制方法。增量预算，是指以历史期实际经济活动及其预算为基础，结合预算期经济活动及相关影响因素的变动情况，通过调整历史期经济活动项目及金额形成预算的预算编制方法。

第二条 零基预算适用于企业各项预算的编制，特别是不经常发生的预算项目或预算编制基础变化较大的预算项目。

第二章 应用环境

第三条 企业应用零基预算工具方法，应遵循《管理会计应用指引第 200 号——预算管理》中对应用环境的一般要求。

第四条 企业应结合预算项目实际情况、预算管理要求和应用成本选择使用零基预算工具方法。

第五条 企业应用零基预算工具方法，应明确预算管理责任部门和预算编制责任部门。预算管理责任部门负责组织各部门确定和维护

各预算项目的编制标准，组织各具体预算项目的编制；预算编制责任部门具体负责本部门业务计划和预算的编制。

第三章 应用程序

第六条 企业应用零基预算工具方法编制预算，一般按照明确预算编制标准、制定业务计划、编制预算草案、审定预算方案等程序进行。

第七条 企业应搜集和分析对标单位、行业等外部信息，结合内部管理需要形成企业各预算项目的编制标准，并在预算管理过程中根据实际情况不断分析评价、修订完善预算编制标准。

第八条 预算编制责任部门应依据企业战略、年度经营目标和内外环境变化等安排预算期经济活动，在分析预算期各项经济活动合理性的基础上制定详细、具体的业务计划，作为预算编制的基础。

第九条 预算编制责任部门应以相关业务计划为基础，根据预算编制标准编制本部门相关预算项目，并报预算管理责任部门审核。

第十条 预算管理责任部门应在审核相关业务计划合理性的基础上，逐项评价各预算项目的目标、作用、标准和金额等，按战略相关性、资源限额和效益性等进行综合分析和平衡，汇总形成企业预算草案，上报企业预算管理委员会等专门机构审议后报董事会等机构审批。

第四章 工具方法评价

第十一条 零基预算的主要优点：一是以零为起点编制预算，不受历史期经济活动中的不合理因素影响，能够灵活应对内外环境的变化，预算编制更贴近预算期企业经济活动需要；二是有助于增加预算编制透明度，有利于进行预算控制。

第十二条　零基预算的主要缺点：一是预算编制工作量较大、成本较高；二是预算编制的准确性受企业管理水平和相关数据标准准确性影响较大。

第五章　附　　则

第十三条　本指引由财政部负责解释。

7. 管理会计应用指引第 203 号——弹性预算（2018 年颁布）

（财会〔2018〕22 号）

第一章　总　　则

第一条　弹性预算，是指企业在分析业务量与预算项目之间数量依存关系的基础上，分别确定不同业务量及其相应预算项目所消耗资源的预算编制方法。

弹性预算是相对于固定预算的一种编制方法。固定预算，是指以预算期内正常的、最可能实现的某一业务量水平为固定基础，不考虑可能发生的变动的预算编制方法。

业务量，是指企业销售量、产量、作业量等与预算项目相关的弹性变量。

第二条　弹性预算适用于企业各项预算的编制，特别是市场、产能等存在较大不确定性，且其预算项目与业务量之间存在明显的数量依存关系的预算项目。

第二章　应 用 环 境

第三条　企业应用弹性预算工具方法，应遵循《管理会计应用指引第 200 号——预算管理》中对应用环境的一般要求。

第四条　企业应用弹性预算工具方法，应合理识别与预算项目相关的业务量，长期跟踪、完整记录预算项目与业务量的变化情况，并对二者的数量依存关系进行深入分析。

第五条　企业应用弹性预算工具方法，应成立由财务、战略和有关业务部门组成的跨部门团队。

第六条　企业应合理预测预算期的可能业务量，借助信息系统或其他管理会计工具方法，匹配和及时修订弹性定额。

第三章　应 用 程 序

第七条　企业应用弹性预算工具方法，一般按照以下程序进行：确定弹性预算适用项目，识别相关的业务量并预测业务量在预算期内可能存在的不同水平和弹性幅度；分析预算项目与业务量之间的数量依存关系，确定弹性定额；构建弹性预算模型，形成预算方案；审定预算方案。

第八条　企业选择的弹性预算适用项目一般应与业务量有明显数量依存关系，且企业能有效分析该数量依存关系，并积累了一定的分析数据。

企业在选择成本费用类弹性预算适用项目时，还要考虑该预算项目是否具备较好的成本性态分析基础。

第九条　企业应分析、确定与预算项目变动直接相关的业务量指标，确定其计量标准和方法，作为预算编制的起点。

第十条　企业应深入分析市场需求、价格走势、企业产能等内外因素的变化，预测预算期可能的不同业务量水平，编制销售计划、生产计划等各项业务计划。

第十一条　企业应逐项分析、认定预算项目和业务量之间的数量依存关系、依存关系的合理范围及变化趋势，确定弹性定额。

确定弹性定额后，企业应不断强化弹性差异分析，修正和完善预算项目和业务量之间的数量依存关系；并根据企业管理需要增补新的弹性预算定额，形成企业弹性定额库。

第十二条 企业通常采用公式法或列表法构建具体的弹性预算模型，形成基于不同业务量的多套预算方案。

公式法下弹性预算的基本公式为：

预算总额＝固定基数＋∑（与业务量相关的弹性定额 × 预计业务量）

应用公式法编制预算时，相关弹性定额可能仅适用于一定业务量范围内。当业务量变动超出该适用范围时，应及时修正、更新弹性定额，或改为列表法编制。

列表法，是指企业通过列表的方式，在业务量范围内依据已划分出的若干个不同等级，分别计算并列示该预算项目与业务量相关的不同可能预算方案的方法。

第十三条 企业预算管理责任部门应审核、评价和修正各预算方案，根据预算期最可能实现的业务量水平确定预算控制标准，并上报企业预算管理委员会等专门机构审议后报董事会等机构审批。

第四章 工具方法评价

第十四条 弹性预算的主要优点：考虑了预算期可能的不同业务量水平，更贴近企业经营管理实际情况。

第十五条 弹性预算的主要缺点：一是编制工作量大；二是市场及其变动趋势预测的准确性、预算项目与业务量之间依存关系的判断水平等会对弹性预算的合理性造成较大影响。

第五章 附 则

第十六条 本指引由财政部负责解释。

8. 管理会计应用指引第 204 号——作业预算（2018 年颁布）

（财会〔2018〕22 号）

第一章 总 则

第一条 作业预算，是指基于“作业消耗资源、产出消耗作业”的原理，以作业管理为基础的预算管理方法。

第二条 本指引中作业、资源费用等有关定义参见《管理会计应用指引第 304 号——作业成本法》。

第三条 作业预算主要适用于具有作业类型较多且作业链较长、管理层对预算编制的准确性要求较高、生产过程多样化程度较高，以及间接或辅助资源费用所占比重较大等特点的企业。

第二章 应用环境

第四条 企业应用作业预算工具方法，应遵循《管理会计应用指引第 200 号——预算管理》《管理会计应用指引第 304 号——作业成本法》中对应用环境的一般要求。

第五条 企业应具有满足作业管理、资源费用管理要求的信息系统，能通过外部市场和企业内部可靠、完整、及时地获取作业消耗标准、资源费用标准等基础数据。

第三章 应用程序

第六条 企业应遵循《管理会计应用指引第 200 号——预算管理》中的应用程序，实施作业预算管理。

第七条 企业编制作业预算一般按照确定作业需求量、确定资源费用需求量、平衡资源费用需求量与供给量、审核最终预算等程序进行。

第八条 企业应根据预测期销售量和销售收入预测各相关作业中心的产出量（或服务量），进而按照作业与产出量（或服务量）之间的关系，分别按产量级作业、批别级作业、品种级作业、客户级作业、设施级作业等计算各类作业的需求量。作业类别的划分参见《管理会计应用指引第 304 号——作业成本法》。企业一般应先计算主要作业的需求量，再计算次要作业的需求量。

（一）产量级作业：该类作业的需求量一般与产品（或服务）的数量成正比例变动，有关计算公式如下：

产量级作业需求量＝Σ各产品（或服务）预测的产出量（或服务量）×该产品（或服务）作业消耗率

（二）批别级作业：该类作业的需求量一般与产品（或服务）的批次数成正比例变动，有关计算公式如下：

批别级作业需求量＝Σ各产品（或服务）预测的批次数 × 该批次作业消耗率

（三）品种级作业：该类作业的需求量一般与品种类别的数量成正比例变动，有关计算公式如下：

品种级作业需求量＝Σ各产品（或服务）预测的品种类别数 × 该品种类别作业消耗率

（四）客户级作业：该类作业的需求量一般与特定类别客户的数量成正比例变动，有关计算公式如下：

客户级作业需求量＝Σ预测的每类特定客户数 × 该类客户作业消耗率

（五）设施级作业：该类作业的需求量在一定产出量（或服务量）规模范围内一般与每类设施投入量成正比例变动，有关计算公式如下：

设施级作业需求量＝Σ预测的每类设施能力投入量 × 该类设施作业消耗率

作业消耗率，是指单位产品（或服务）、批次、品种类别、客户、设施等消耗的作业数量。

第九条 企业应依据作业消耗资源的因果关系确定作业对资源费用的需求量。有关计算公式如下：

资源费用需求量＝Σ各类作业需求量 × 资源消耗率资源消耗率，是指单位作业消耗的资源费用数量。

第十条 企业应检查资源费用需求量与供给量是否平衡，如果没有达到基本平衡，需要通过增加或减少资源费用供给量或降低资源消耗率等方式，使两者的差额处于可接受的区间内。

资源费用供给量，是指企业目前经营期间所拥有并能投入作业的资源费用数量。

第十一条 企业一般以作业中心为对象，按照作业类别编制资源费用预算。有关计算公式如下：

资源费用预算＝Σ各类资源需求量 × 该资源费用预算价格

资源费用的预算价格一般来源于企业建立的资源费用价格库。企业应收集、积累多个历史期间的资源费用成本价、行业标杆价、预期市场价等，建立企业的资源价格库。

第十二条 作业预算初步编制完成后，企业应组织相关人员进行预算评审。预算评审小组一般应由企业预算管理部门、运营与生产管理部门、作业及流程管理部门、技术定额管理部门等组成。评审小组应从业绩要求、作业效率要求、资源效益要求等多个方面对作业预算进行评审，评审通过后上报企业预算管理决策机构进行审批。

第十三条 企业应按照作业中心和作业进度进行作业预算控制，通过把预算执行的过程控制精细化到作业管理层次，把控制重点放在作业活动驱动的资源上，实现生产经营全过程的预算控制。

第十四条 企业作业预算分析主要包括资源动因分析和作业动因分析。资源动因分析主要揭示作业消耗资源的必要性和合理性，发现减少资源浪费、降低资源消耗成本的机会，提高资源利用效率；作业动因分析主要揭示作业的有效性和增值性，减少无效作业和不增值作业，不断地进行作业改进和流程优化，提高作业产出效果。

第四章 工具方法评价

第十五条 作业预算的主要优点：一是基于作业需求量配置资源，避免了资源配置的盲目性；二是通过总体作业优化实现最低的资源费

用耗费，创造最大的产出成果；三是作业预算可以促进员工对业务和预算的支持，有利于预算的执行。

第十六条 作业预算的主要缺点：预算的建立过程复杂，需要详细地估算生产和销售对作业和资源费用的需求量，并测定作业消耗率和资源消耗率，数据收集成本较高。

第五章 附 则

第十七条 本指引由财政部负责解释。

9. 管理会计应用指引第 300 号——成本管理（2017 年颁布）

（财会〔2017〕24 号）

第一章 总 则

第一条 为了促进企业加强成本管理，提高企业成本管理水平，提升竞争能力，根据《管理会计基本指引》，制定本指引。

第二条 成本管理，是指企业在营运过程中实施成本预测、成本决策、成本计划、成本控制、成本核算、成本分析和成本考核等一系列管理活动的总称。

第三条 企业进行成本管理，一般应遵循以下原则：

（一）融合性原则。成本管理应以企业业务模式为基础，将成本管理嵌入业务的各领域、各层次、各环节，实现成本管理责任到人、控制到位、考核严格、目标落实。

（二）适应性原则。成本管理应与企业生产经营特点和目标相适应，尤其要与企业发展战略或竞争战略相适应。

（三）成本效益原则。成本管理应用相关工具方法时，应权衡其为企业带来的收益和付出的成本，避免获得的收益小于其投入的成本。

（四）重要性原则。成本管理应重点关注对成本具有重大影响的项目，对于不具有重要性的项目可以适当简化处理。

第四条 成本管理领域应用的管理会计工具方法，一般包括目标成本法、标准成本法、变动成本法、作业成本法等。

第五条 企业应结合自身的成本管理目标和实际情况，在保证产品的功能和质量的前提下，选择应用适合企业的成本管理工具方法或综合应用不同成本管理工具方法，以更好地实现成本管理的目标。

综合应用不同成本管理工具方法时，应以各成本管理工具方法具体目标的兼容性、资源的共享性、适用对象的差异性、方法的协调性和互补性为前提，通过综合运用成本管理的

工具方法实现最大效益。

第二章 应用环境

第六条 企业应根据其内外部环境选择适合的成本管理工具方法。

第七条 企业应建立健全成本管理的制度体系，一般包括费用申报制度、定额管理制度、责任成本制度等。

第八条 企业应建立健全成本相关原始记录，加强和完善成本数据的收集、记录、传递、汇总和整理工作，确保成本基础信息记录真实、完整。

第九条 企业应加强存货的计量验收管理，建立存货的计量、验收、领退及清查制度。

第十条 企业应充分用现代信息技术，规范成本管理流程，提高成本管理的效率。

第三章 应用程序

第十一条 企业应用成本管理工具方法，一般按照事前管理、事中管理、事后管理等程序进行：

（一）事前成本管理阶段，主要是对未来的成本水平及其发展趋势所进行的预测与规划，一般包括成本预测、成本决策和成本计划等步骤；

（二）事中成本管理阶段，主要是对营运过程中发生的成本进行监督和控制，并根据实际情况对成本预算进行必要的修正，即成本控制步骤；

（三）事后成本管理阶段，主要是在成本发生之后进行的核算、分析和考核，一般包括成本核算、成本分析和成本考核等步骤。

第十二条 成本预测是以现有条件为前提，在历史成本资料的基础上，根据未来可能发生的变化，利用科学的方法，对未来的成本水平及其发展趋势进行描述和判断的成本管理活动。

第十三条 成本决策是在成本预测及有关成本资料的基础上，综合经济效益、质量、效率和规模等指标，运用定性和定量的方法对各个成本方案进行分析并选择最优方案的成本管理活动。

第十四条 成本计划是以营运计划和有关成本数据、资料为基础，根据成本决策所确定的目标，通过一定的程序，运用一定的方法，针对计划期企业的生产耗费和成本水平进行的具有约束力的成本筹划管理活动。

第十五条 成本控制是成本管理者根据预定的目标，对成本发生和形成过程以及影响成本的各种因素条件施加主动的影响或干预，把实际成本控制在预期目标内的成本管理活动。

第十六条 成本核算是根据成本核算对象，按照国家统一的会计制度和企业管理要求，对营运过程中实际发生的各种耗费按照规定的成本项目进行归集、分配和结转，取得不同成本核算对象的总成本和单位成本，向有关使用者提供成本信息的成本管理活动。

第十七条 成本分析是利用成本核算提供的成本信息及其他有关资料，分析成本水平与构成的变动情况，查明影响成本变动的各种因素和产生的原因，并采取有效措施控制成本的成本管理活动。

第十八条 成本考核是对成本计划及其有关指标实际完成情况进行定期总结和评价，并根据考核结果和责任制的落实情况，进行相应奖励和惩罚，以监督和促进企业加强成本管理责任制，提高成本管理水平的成本管理活动。

第四章 附　　则

第十九条 本指引由财政部负责解释。

10. 管理会计应用指引第 301 号——目标成本法（2017 年颁布）

（财会〔2017〕24 号）

第一章 总 则

第一条 目标成本法，是指企业以市场为导向，以目标售价和目标利润为基础确定产品的目标成本，从产品设计阶段开始，通过各部门、各环节乃至与供应商的通力合作，共同实现目标成本的成本管理方法。

第二条 目标成本法一般适用于制造业企业成本管理，也可在物流、建筑、服务等行业应用。

第二章 应用环境

第三条 企业应用目标成本法，应遵循《管理会计应用指引第 300 号——成本管理》中对应用环境的一般要求。

第四条 企业应用目标成本法，要求处于比较成熟的买方市场环境，且产品的设计、性能、质量、价值等呈现出较为明显的多样化特征。

第五条 企业应以创造和提升客户价值为前提，以成本降低或成本优化为主要手段，谋求竞争中的成本优势，保证目标利润的实现。

第六条 企业应成立由研究与开发、工程、供应、生产、营销、财务、信息等有关部门组成的跨部门团队，负责目标成本的制定、计划、分解、下达与考核，并建立相应的工作机制，有效协调有关部门之间的分工与合作。

第七条 企业能及时、准确取得目标成本计算所需的产品售价、成本、利润以及性能、质量、工艺、流程、技术等方面各类财务和非财务信息。

第三章 应用程序

第八条 应用目标成本法一般需经过目标成本的设定、分解、达成到再设定、再分解、再达成多重循环，以持续改进产品方案。

企业应用目标成本法，一般按照确定应用对象、成立跨部门团队、收集相关信息、计算市场容许成本、设定目标成本、分解可实现目标成本、落实目标成本责任、考核成本管理业绩以及持续改善等程序进行。

第九条 企业应根据目标成本法的应用目标及其应用环境和条件，综合考虑产品的产销量和盈利能力等因素，确定应用对象。

企业一般应将拟开发的新产品作为目标成本法的应用对象，或选择那些功能与设计存在较大的弹性空间、产销量较大且处于亏损状态或盈利水平较低、对企业经营业绩具有重大影响的老产品作为目标成本法的应用对象。

第十条 企业负责目标成本管理的跨部门团队之下，可以建立成本规划、成本设计、成本确认、成本实施等小组，各小组根据管理层授权协同合作完成相关工作。

成本规划小组由业务及财务人员组成，负责设定目标利润，制定新产品开发或老产品改进方针，考虑目标成本等。该小组的职责主要是收集相关信息、计算市场驱动产品成本等。

成本设计小组由技术及财务人员组成，负责确定产品的技术性能、规格，负责对比各种成本因素，考虑价值工程，进行设计图上成本降低或成本优化的预演等。该小组的职责主要是可实现目标成本的设定和分解等。

成本确认小组由有关部门负责人、技术及财务人员组成，负责分析设计方案或试制品评价的结果，确认目标成本，进行生产准备、设备投资等。该小组的职责主要是可实现目标成本设定与分解的评价和确认等。

成本实施小组由有关部门负责人及财务人员组成，负责确认实现成本策划的各种措施，分析成本控制中出现的差异，并提出对策，对整个生产过程进行分析、评价等。该小组的职责主要是落实目标成本责任、考核成本管理业绩等。

第十一条 目标成本法的应用需要企业研究与开发、工程、供应、生产、营销、财务和信息等部门收集与应用对象相关的信息；这些信息一般包括：

（一）产品成本构成及料、工、费等财务和非财务信息；

（二）产品功能及其设计、生产流程与工艺等技术信息；

（三）材料的主要供应商、供求状况、市场价格及其变动趋势等信息；

（四）产品的主要消费者群体、分销方式和渠道、市场价格及其变动趋势等信息；

（五）本企业及同行业标杆企业产品盈利水平等信息；

（六）其他相关信息。

第十二条 市场容许成本，是指目标售价减去目标利润之后的余额。

目标售价的设定应综合考虑客户感知的产品价值、竞争产品的预期相对功能和售价，以及企业针对该产品的战略目标等因素。

目标利润的设定应综合考虑利润预期、历史数据、竞争地位分析等因素。

第十三条 企业应将容许成本与新产品设计成本或老产品当前成本进行比较，确定差异及成因，设定可实现的目标成本。

企业一般采取价值工程、拆装分析、流程再造、全面质量管理、供应链全程成本管理等措施和手段，寻求消除当前成本或设计成本偏离容许成本差异的措施，使容许成本转化为可实现的目标成本。

第十四条 企业应按主要功能对可实现的目标成本进行分解，确定产品所包含的每一零部件的目标成本。在分解时，首先应确定主要功能的目标成本，然后寻求实现这种功能的方法，并把主要功能和主要功能级的目标成本分配给零部件，形成零部件级目标成本。同时，企业应将零部件级目标成本转化为供应商的目标售价。

第十五条 企业应将设定的可实现目标成本、功能级目标成本、零部件级目标成本和供应商目标售价进一步量化为可控制的财务和非财务指标，落实到各责任中心，形成各责任中心的责任成本和成本控制标准，并辅之以相应的权限，将达成的可实现目标成本落到实处。

第十六条 企业应依据各责任中心的责任成本和成本控制标准，按照业绩考核制度和办法，定期进行成本管理业绩的考核与评价，为各责任中心和人员的激励奠定基础。

第十七条 企业应定期将产品实际成本与设定的可实现目标成本进行对比，确定其差异及其性质，分析差异的成因，提出消除各种重要不利差异的可行途径和措施，进行可实现目标成本的重新设定、再达成，推动成本管理的持续优化。

第四章 工具方法评价

第十八条 目标成本法的主要优点是：一是突出从原材料到产品出货全过程成本管理，有助于提高成本管理的效率和效果；二是强调产品寿命周期成本的全过程和全员管理，有助于提高客户价值和产品市场竞争力；三是谋求成本规划与利润规划活动的有机统一，有助于提升产品的综合竞争力。

第十九条 目标成本法的主要缺点是：其应用不仅要求企业具有各类所需要的人才，更需要各有关部门和人员的通力合作，管理水平要求较高。

第五章 附 则

第二十条 本指引由财政部负责解释。

11. 管理会计应用指引第 302 号——标准成本法（2017 年颁布）

（财会〔2017〕24 号）

第一章 总 则

第一条 标准成本法，是指企业以预先制定的标准成本为基础，通过比较标准成本与实际成本，计算和分析成本差异、揭示成本差异动因，进而实施成本控制、评价经营业绩的一种成本管理方法。

标准成本，是指在正常的生产技术水平和有效的经营管理条件下，企业经过努力应达到的产品成本水平。

成本差异，是指实际成本与相应标准成本之间的差额。当实际成本高于标准成本时，形成超支差异；当实际成本低于标准成本时，形成节约差异。

第二条 企业应用标准成本法的主要目标，是通过标准成本与实际成本的比较，揭示与分析标准成本与实际成本之间的差异，并按照例外管理的原则，对不利差异予以纠正，以提高工作效率，不断改善产品成本。

第三条 标准成本法一般适用于产品及其生产条件相对稳定，或生产流程与工艺标准化程度较高的企业。

第二章 应用环境

第四条 企业应用标准成本法，应遵循《管理会计应用指引第 300 号——成本管理》中对应用环境的一般要求。

第五条 企业应用标准成本法，要求处于较稳定的外部市场经营环境，且市场对产品的需求相对平稳。

第六条 企业应成立由采购、生产、技术、营销、财务、人力资源、信息等有关部门组成的跨部门团队，负责标准成本的制定、分解、下达、分析等。

第七条 企业能够及时、准确地取得标准成本制定所需要的各种财务和非财务信息。

第三章 应用程序

第八条 企业应用标准成本法，一般按照确定应用对象、制定标准成本、实施过程控制、成本差异计算与动因分析，以及修订与改进标准成本等程序进行。

第九条 为了实现成本的精细化管理，企业应根据标准成本法的应用环境，结合内部管理要求，确定应用对象。标准成本法的成本对象可以是不同种类、不同批次或不同步骤的产品。

第十条 企业制定标准成本，可由跨部门团队采用“上下结合”的模式进行，经企业管理层批准后实施。

第十一条 在制定标准成本时，企业一般应结合经验数据、行业标杆或实地测算的结果，运用统计分析、工程试验等方法，按照以下程序进行：

（一）就不同的成本或费用项目，分别确定消耗量标准和价格标准；

（二）确定每一成本或费用项目的标准成本；

（三）汇总不同成本项目的标准成本，确定产品的标准成本。

第十二条 产品标准成本通常由直接材料标准成本、直接人工标准成本和制造费用标准成本构成。每一成本项目的标准成本应分为用量标准（包括单位产品消耗量、单位产品人工小时等）和价格标准（包括原材料单价、小时工资率、小时制造费用分配率等）。

第十三条　直接材料成本标准，是指直接用于产品生产的材料成本标准，包括标准用量和标准单价两方面。

制定直接材料的标准用量，一般由生产部门负责，会同技术、财务、信息等部门，按照以下程序进行：

（一）根据产品的图纸等技术文件进行产品研究，列出所需的各种材料以及可能的替代材料，并说明这些材料的种类、质量以及库存情况；

（二）在对过去用料经验记录进行分析的基础上，采用过去用料的平均值、最高与最低值的平均数、最节省数量、实际测定数据或技术分析数据等，科学地制定标准用量。

制定直接材料的标准单价，一般由采购部门负责，会同财务、生产、信息等部门，在考虑市场环境及其变化趋势、订货价格以及最佳采购批量等因素的基础上综合确定。

直接材料标准成本的计算公式如下：

直接材料标准成本＝单位产品的标准用量 × 材料的标准单价

材料按计划成本核算的企业，材料的标准单价可以采用材料计划单价。

第十四条　直接人工成本标准，是指直接用于产品生产的人工成本标准，包括标准工时和标准工资率。

制定直接人工的标准工时，一般由生产部门负责，会同技术、财务、信息等部门，在对产品生产所需作业、工序、流程工时进行技术测定的基础上，考虑正常的工作间隙，并适当考虑生产条件的变化，生产工序、操作技术的改善，以及相关工作人员主观能动性的充分发挥等因素，合理确定单位产品的工时标准。

制定直接人工的标准工资率，一般由人力资源部门负责，根据企业薪酬制度等制定。

直接人工标准成本的计算公式如下：

直接人工标准成本＝单位产品的标准工时 × 小时标准工资率

第十五条　制造费用成本标准应区分变动制造费用项目和固定制造费用项目分别确定。

第十六条　变动制造费用，是指通常随产量变化而成正比例变化的制造费用。变动制造费用项目的标准成本根据标准用量和标准价格确定。

变动制造费用的标准用量可以是单位产量的燃料、动力、辅助材料等标准用量，也可以是产品的直接人工标准工时，或者是单位产品的标准机器工时。标准用量的选择需考虑用量与成本的相关性，制定方法与直接材料的标准用量以及直接人工的标准工时类似。

变动制造费用的标准价格可以是燃料、动力、辅助材料等标准价格，也可以是小时标准工资率等。制定方法与直接材料的价格标准以及直接人工的标准工资率类似。

变动制造费用的计算公式如下：

$$\text{变动制造费用项目的标准成本} = \text{变动制造费用项目的标准用量} \times \text{变动制造费用项目的标准价格}$$

第十七条　固定制造费用，是指在一定产量范围内，其费用总额不会随产量变化而变化，始终保持固定不变的制造费用。固定制造费用一般按照费用的构成项目实行总量控制；也可以根据需要，通过计算标准分配率，将固定制造费用分配至单位产品，形成固定制造费用的标准成本。

制定固定费用标准，一般由财务部门负责，会同采购、生产、技术、营销、财务、人事、信息等有关部门，按照以下程序进行：

（一）依据固定制造费用的不同构成项目的特性，充分考虑产品的现有生产能力、管理部门的决策以及费用预算等，测算确定各固定制造费用构成项目的标准成本；

（二）通过汇总各固定制造费用项目的标准成本，得到固定制造费用的标准总成本；

（三）确定固定制造费用的标准分配率，标准分配率可根据产品的单位工时与预算总工时的比率确定。

其中，预算总工时，是指由预算产量和单位工时标准确定的总工时。单位工时标准可以依据相关性原则在直接人工工时或者机器工时之间做出选择。

固定制造费用标准成本的计算顺序及公式如下：

固定制造费用标准成本由固定制造费用项目预算确定；

固定制造费用总成本＝∑固定制造费用项目标准成本

固定制造费用标准分配率＝单位产品的标准工时 ÷ 预算总工时

固定制造费用标准成本＝固定制造费用总成本 × 固定制造费用标准分配率

第十八条　企业应在制定标准成本的基础上，将产品成本及其各成本或费用项目的标准用量和标准价格层层分解，落实到部门及相关责任人，形成成本控制标准。

各归口管理部门（或成本中心）应根据相关成本控制标准，控制费用开支与资源消耗，监督、控制成本的形成过程，及时分析偏离标准的差异并分析其成因，并及时采取措施加以改进。

第十九条　在标准成本法的实施过程中，各相关部门（或成本中心）应对其所管理的项目进行跟踪分析。

生产部门一般应根据标准用量、标准工时等，实时跟踪和分析各项耗用差异，从操作人员、机器设备、原料质量、标准制定等方面寻找差异原因，采取应对措施，控制现场成本，并及时反馈给人力资源、技术、采购、财务等相关部门，共同实施事中控制。

采购部门一般应根据标准价格，按照各项目采购批次，揭示和反馈价格差异形成的原因，控制和降低总采购成本。

第二十条　企业应定期将实际成本与标准成本进行比较和分析，确定差异数额及性质，揭示差异形成的动因，落实责任中心，寻求可行的改进途径和措施。

第二十一条　成本差异的计算与分析一般按成本或费用项目进行。

第二十二条　直接材料成本差异，是指直接材料实际成本与标准成本之间的差额，该项差异可分解为直接材料价格差异和直接材料数量差异。

直接材料价格差异，是指在采购过程中，直接材料实际价格偏离标准价格所形成的差异；直接材料数量差异，是指在产品生产过程中，直接材料实际消耗量偏离标准消耗量所形成的差异。有关计算公式如下：

直接材料成本差异＝实际成本－标准成本

＝实际耗用量 × 实际单价－标准耗用量 × 标准单价

直接材料成本差异＝直接材料价格差异＋直接材料数量差异

直接材料价格差异＝实际耗用量 ×（实际单价－标准单价）

直接材料数量差异＝（实际耗用量－标准耗用量）× 标准单价

第二十三条　直接人工成本差异，是指直接人工实际成本与标准成本之间的差额，该差异可分解为工资率差异和人工效率差异。

工资率差异，是指实际工资率偏离标准工资率形成的差异，按实际工时计算确定；人工效率差异，是指实际工时偏离标准工时形成的差异，按标准工资率计算确定。有关计算公式如下：

直接人工成本差异＝实际成本－标准成本

＝实际工时 × 实际工资率－标准工时 × 标准工资率

直接人工成本差异＝直接人工工资率差异＋直接人工效率差异

直接人工工资率差异＝实际工时 ×（实际工资率－标准工资率）

直接人工效率差异 =（实际工时 - 标准工时）× 标准工资率

第二十四条 变动制造费用项目的差异，是指变动制造费用项目的实际发生额与变动制造费用项目的标准成本之间的差额，该差异可分解为变动制造费用项目的价格差异和数量差异。

变动制造费用项目的价格差异，是指燃料、动力、辅助材料等变动制造费用项目的实际价格偏离标准价格的差异；变动制造费用项目的数量差异，是指燃料、动力、辅助材料等变动制造费用项目的实际消耗量偏离标准用量的差异。变动制造费用项目成本差异的计算和分析原理与直接材料和直接人工成本差异的计算和分析相同。

第二十五条 固定制造费用项目成本差异，是指固定制造费用项目实际成本与标准成本之间的差额。其计算公式如下：

固定制造费用项目成本差异 = 固定制造费用项目实际成本 - 固定制造费用项目标准成本

企业应根据固定制造费用项目的性质，分析差异的形成原因，并将之追溯至相关责任中心。

第二十六条 在成本差异的分析过程中，企业应关注各项成本差异的规模、趋势及其可控性。对于反复发生的大额差异，企业应进行重点分析与处理。

企业可将生成的成本差异信息汇总，定期形成标准成本差异分析报告，并针对性地提出成本改进措施。

第二十七条 为保证标准成本的科学性、合理性与可行性，企业应定期或不定期对标准成本进行修订与改进。

第二十八条 一般情况下，标准成本的修订工作由标准成本的制定机构负责。企业应至少每年对标准成本进行测试，通过编制成本差异分析表，确认是否存在因标准成本不准确而形成的成本差异。当该类差异较大时，企业应按照标准成本的制定程序，对标准成本进行调整。

除定期测试外，当外部市场、组织机构、技术水平、生产工艺、产品品种等内外部环境发生较大变化时，企业也应及时对标准成本进行调整。

第四章 工具方法评价

第二十九条 标准成本法的主要优点是：一是能及时反馈各成本项目不同性质的差异，有利于考核相关部门及人员的业绩；二是标准成本的制定及其差异和动因的信息可以使企业预算的编制更为科学和可行，有助于企业的经营决策。

第三十条 标准成本法的主要缺点是：一是要求企业产品的成本标准比较准确、稳定，在使用条件上存在一定的局限性，二是对标准管理水平较高，系统维护成本较高；三是标准成本需要根据市场价格波动频繁更新，导致成本差异可能缺乏可靠性，降低成本控制效果。

第五章 附 则

第三十一条 本指引由财政部负责解释。

12. 管理会计应用指引第 303 号——变动成本法（2017 年颁布）

（财会〔2017〕24 号）

第一章 总 则

第一条 变动成本法，是指企业以成本性态分析为前提条件，仅将生产过程中消耗的变动生产成本作为产品成本的构成内容，而将固定生产成本和非生产成本作为期间成本，直接由当期收益予以补偿的一种成本管理方法。

成本性态，是指成本与业务量之间的相互依存关系。按照成本性态，成本可划分为固定成本、变动成本和混合成本。

固定成本，是指在一定范围内，其总额不随业务量变动而增减变动，但单位成本随业务量增加而相对减少的成本。

变动成本，是指在一定范围内，其总额随业务量变动发生相应的正比例变动，而单位成本保持不变的成本。

混合成本，是指总额随业务量变动但不成正比例变动的成本。

第二条 变动成本法通常用于分析各种产品的盈利能力，为正确制定经营决策、科学进行成本计划、成本控制和成本评价与考核等工作提供有用信息。

第三条 变动成本法一般适用于同时具备以下特征的企业：

（一）企业固定成本比重较大，当产品更新换代的速度较快时，分摊计入产品成本中的固定成本比重大，采用变动成本法可以正确反映产品盈利状况；

（二）企业规模大，产品或服务的种类多，固定成本分摊存在较大困难；

（三）企业作业保持相对稳定。

第二章 应用环境

第四条 企业应用变动成本法，应遵循《管理会计应用指引第 300 号——成本管理》中对应用环境的一般要求。

第五条 企业应用目标成本法所处的外部环境，一般应具备以下特点：

（一）市场竞争环境激烈，需要频繁进行短期经营决策。

（二）市场相对稳定，产品差异化程度不大，以利于企业进行价格等短期决策。

第六条 企业应保证成本基础信息记录完整，财务会计核算基础工作完善。

第七条 企业应建立较好的成本性态分析基础，具有划分固定成本与变动成本的科学标准，以及划分标准的使用流程与规范。

第八条 企业能够及时、全面、准确地收集与提供有关产量、成本、利润以及成本性态等方面的信息。

第三章 应用程序

第九条 企业应用变动成本法，一般按照成本性态分析、变动成本计算、损益计算等程序进行。

第十条 成本性态分析，是指企业基于成本与业务量之间的关系， 运用技术方法，将业务范围内发生的成本分解为固定成本和变动成本的过程。

第十一条 混合成本的分解方法主要包括：高低点法、回归分析法、账户分析法（也称会计分析法）、技术测定法（也称工业工程法）、合同确认法，前两种方法需要借助数学方法进行分解，后三种方法可通过直接分析认定。

（一）高低点法：企业以过去某一会计期间的总成本和业务量资料为依据，从中选取业务量最高点和业务量最低点，将总成本进行分解，得出成本模型。计算公式如下：

$$单位变动成本=\frac{最高点业务量的成本-最低点业务量的成本}{最高点业务量-最低点业务量}$$

$$固定成本总额=最高点业务量的成本-单位变动成本\times最高点业务量$$

或：

$$=最低点业务量的成本-单位变动成本\times最低点业务量$$

高低点法计算较为简单，但结果代表性较差。

（二）回归分析法：企业根据过去一定期间的业务量和混合成本的历史资料，应用最小二乘法原理，计算最能代表业务量与混合成本关系的回归直线，借以确定混合成本中固定成本和变动成本的方法。计算公式如下：

假设混合成本符合总成本模型，即：

$$Y = a + bX$$

式中：a 为固定成本部分；b 为单位变动成本。

$$b = \frac{n\Sigma x_i y_i - \Sigma x_i \Sigma y_i}{n\Sigma x_i^2 - (\Sigma x_i)^2}$$

$$a = \frac{\Sigma y_i - b\Sigma x_i}{n}$$

回归分析法的结果较为精确，但计算较为复杂。

（三）账户分析法：企业根据有关成本账户及其明细账的内容，结合其与产量的依存关系，判断其比较接近的成本类别，将其视为该类成本。

账户分析法较为简便易行，但比较粗糙且带有主观判断。

（四）技术测定法：企业根据生产过程中各种材料和人工成本消耗量的技术测定来划分固定成本和变动成本。

技术测定法仅适用于投入成本和产出数量之间有规律性联系的成本分解。

（五）合同确认法：企业根据订立的经济合同或协议中关于支付费用的规定，来确认并估算哪些项目属于变动成本，哪些项目属于固定成本。

合同确认法一般要配合账户分析法使用。

第十二条　在变动成本法下，为加强短期经营决策，按照成本性态，企业的生产成本分为变动生产成本和固定生产成本，非生产成本分为变动非生产成本和固定非生产成本。其中，只有变动生产成本才构成产品成本，其随产品实体的流动而流动，随产量变动而变动。

第十三条　在变动成本法下，利润的计算通常采用贡献式损益表。该表一般应包括营业收入、变动成本、边际贡献、固定成本、利润等项目。其中，变动成本包括变动生产成本和变动非生产成本两部分，固定成本包括固定生产成本和固定非生产成本两部分。贡献式损益表中损益计算包括以下两个步骤：

（一）计算边际贡献总额

边际贡献总额＝营业收入总额－变动成本总额

＝销售单价 × 销售量－单位变动成本 × 销售量

＝（销售单价－单位变动成本）× 销售量

＝单位边际贡献 × 销售量

（二）计算当期利润

利润＝边际贡献总额－固定成本总额

第四章　工具方法评价

第十四条　变动成本法的主要优点是：一是区分固定成本与变动成本，有利于明确企业产品盈利能力和划分成本责任；二是保持利润与销售量增减相一致，促进以销定产；三是揭示了销售量、成本和利润之间的依存关系，使当期利润真正反映企业经营状况，有利于企业经营预测和决策。

第十五条　变动成本法的主要缺点是：一是计算的单位成本并不是完全成本，不能反映产品生产过程中发生的全部耗费；二是不能适应长期决策的需要。

第五章 附 则

第十六条 本指引由财政部负责解释。

13. 管理会计应用指引第 304 号——作业成本法（2017 年颁布）

（财会〔2017〕24 号）

第一章 总 则

第一条 作业成本法，是指以“作业消耗资源、产出消耗作业”为原则，按照资源动因将资源费用追溯或分配至各项作业，计算出作业成本，然后再根据作业动因，将作业成本追溯或分配至各成本对象，最终完成成本计算的成本管理方法。

资源费用，是指企业在一定期间内开展经济活动所发生的各项资源耗费。资源费用既包括房屋及建筑物、设备、材料、商品等有形资源的耗费，也包括信息、知识产权、土地使用权等各种无形资源的耗费，还包括人力资源耗费以及其他各种税费支出等。

作业，是指企业基于特定目的重复执行的任务或活动，是连接资源和成本对象的桥梁。一项作业既可以是一项非常具体的任务或活动，也可以泛指一类任务或活动。

按消耗对象不同，作业可分为主要作业和次要作业。主要作业是被产品、服务或客户等最终成本对象消耗的作业。次要作业是被原材料、主要作业等介于中间地位的成本对象消耗的作业。

成本对象，是指企业追溯或分配资源费用、计算成本的对象物。成本对象可以是工艺、流程、零部件、产品、服务、分销渠道、客户、作业、作业链等需要计量和分配成本的项目。

成本动因，是指诱导成本发生的原因，是成本对象与其直接关联的作业和最终关联的资源之间的中介。按其在资源流动中所处的位置和作用，成本动因可分为资源动因和作业动因。

第二条 作业成本法的应用目标包括：

（一）通过追踪所有资源费用到作业，然后再到流程、产品、分销渠道或客户等成本对象，提供全口径、多维度的更加准确的成本信息；

（二）通过作业认定、成本动因分析以及对作业效率、质量和时间的计量，更真实地揭示资源、作业和成本之间的联动关系，为资源的合理配置以及作业、流程和作业链（或价值链）的持续优化提供依据；

（三）通过作业成本法提供的信息及其分析，为企业更有效地开展规划、决策、控制、评价等各种管理活动奠定坚实基础。

第三条 作业成本法一般适用于具备以下特征的企业：作业类型较多且作业链较长；同一生产线生产多种产品；企业规模较大且管理层对产品成本准确性要求较高；产品、客户和生产过程多样化程度较高；间接或辅助资源费用所占比重较大等。

第二章 应用环境

第四条 企业应用作业成本法，应遵循《管理会计应用指引第 300 号——成本管理》中对应用环境的一般要求。

第五条 企业应用作业成本法所处的外部环境，一般应具备以下特点之一：一是客户个性化需求较高，市场竞争激烈；二是产品的需求弹性较大，价格敏感度高。

第六条 企业应用作业成本法应基于作业观，即企业作为一个为最终满足客户需要而设计的一系列作业的集合体，进行业务组织和管理。

第七条 企业应成立由生产、技术、销售、财务、信息等部门的相关人员构成的设计和实施小组，负责作业成本系统的开发设计与组织实施工作。

第八条 企业应能够清晰地识别作业、作业链、资源动因和成本动因，为资源费用以及作业成本的追溯或分配提供合理的依据。

第九条 企业应拥有先进的计算机及网络技术，配备完善的信息系统，能够及时、准确提供各项资源、作业、成本动因等方面的信息。

第三章 应用程序

第十条 企业应用作业成本法，一般按照资源识别及资源费用的确认与计量、成本对象选择、作业认定、作业中心设计、资源动因选择与计量、作业成本汇集、作业动因选择与计量、作业成本分配、作业成本信息报告等程序进行。

第十一条 资源识别及资源费用的确认与计量，是指识别出由企业拥有或控制的所有资源，遵循国家统一的会计制度，合理选择会计政策，确认和计量全部资源费用，编制资源费用清单，为资源费用的追溯或分配奠定基础。

资源费用清单一般应分部门列示当期发生的所有资源费用，其内容要素一般包括发生部门、费用性质、所属类别、受益对象等。

第十二条 资源识别及资源费用的确认与计量应由企业的财务部门负责，在基础设施管理、人力资源管理、研究与开发、采购、生产、技术、营销、服务、信息等部门的配合下完成。

第十三条 在作业成本法下，企业应将当期所有的资源费用，遵循因果关系和受益原则，根据资源动因和作业动因，分项目经由作业追溯或分配至相关的成本对象，确定成本对象的成本。

企业应根据国家统一的会计制度，并考虑预算控制、成本管理、营运管理、业绩评价以及经济决策等方面的要求确定成本对象。

第十四条 作业认定，是指企业识别由间接或辅助资源执行的作业集，确认每一项作业完成的工作以及执行该作业所耗费的资源费用，并据以编制作业清单的过程。

第十五条 作业认定的内容主要包括对企业每项消耗资源的作业进行识别、定义和划分，确定每项作业在生产经营活动中的作用、同其他作业的区别以及每项作业与耗用资源之间的关系。

第十六条 作业认定一般包括以下两种形式：

（一）根据企业生产流程，自上而下进行分解。

（二）通过与企业每一部门负责人和一般员工进行交流，自下而上确定他们所做的工作，并逐一认定各项作业。

企业一般应将两种方式相结合，以保证全面、准确认定作业。

第十七条 作业认定的具体方法一般包括调查表法和座谈法。

调查表法，是指通过向企业全体员工发放调查表，并通过分析调查表来认定作业的方法。

座谈法，是指通过与企业员工的面对面交谈，来认定作业的方法。

企业一般应将两种方法相结合，以保证全面、准确认定全部作业。

第十八条 企业对认定的作业应加以分析和归类，按顺序列出作业清单或编制出作业字典。作业清单或作业字典一般应当包括作业名称、作业内容、作业类别、所属作业中心等内容。

第十九条 作业中心设计，是指企业将认定的所有作业按照一定的标准进行分类，形成不同的作业中心，作为资源费用追溯或分配对象的过程。

作业中心可以是某一项具体的作业，也可以是由若干个相互联系的能够实现某种特定功能的作业的集合。

第二十条 企业可按照受益对象、层次和重要性，将作业分为以下五类，并分别设计相应的作业中心：

（一）产量级作业，是指明确地为个别产品（或服务）实施的、使单个产品（或服务）受益的作业。

该类作业的数量与产品（或服务）的数量成正比例变动。包括产品加工、检验等。

（二）批别级作业，是指为一组（或一批）产品（或服务）实施的、使该组（或批）产品（或服务）受益的作业。

该类作业的发生是由生产的批量数而不是单个产品（或服务）引起的，其数量与产品（或服务）的批量数成正比变动。包括设备调试、生产准备等。

（三）品种级作业，是指为生产和销售某种产品（或服务）实施的、使该种产品（或服务）的每个单位都受益的作业。

该类作业用于产品（或服务）的生产或销售，但独立于实际产量或批量，其数量与品种的多少成正比例变动。包括新产品设计、现有产品质量与功能改进、生产流程监控、工艺变换需要的流程设计、产品广告等。

（四）客户级作业，是指为服务特定客户所实施的作业。

该类作业保证企业将产品（或服务）销售给个别客户，但作业本身与产品（或服务）数量独立。包括向个别客户提供的技术支持活动、咨询活动、独特包装等。

（五）设施级作业，是指为提供生产产品（或服务）的基本能力而实施的作业。

该类作业是开展业务的基本条件，其使所有产品（或服务）都受益，但与产量或销量无关。包括管理作业、针对企业整体的广告活动等。

第二十一条 资源动因是引起资源耗用的成本动因，它反映了资源耗用与作业量之间的因果关系。资源动因选择与计量为将各项资源费用归集到作业中心提供了依据。

第二十二条 企业应识别当期发生的每一项资源消耗，分析资源耗用与作业中心作业量之间的因果关系，选择并计量资源动因。

企业一般应选择那些与资源费用总额呈正比例关系变动的资源动因作为资源费用分配的依据。

第二十三条 作业成本归集，是指企业根据资源耗用与作业之间的因果关系，将所有的资源成本直接追溯或按资源动因分配至各作业中心，计算各作业总成本的过程。

第二十四条 作业成本汇集应遵循以下基本原则：

（一）对于为执行某种作业直接消耗的资源，应直接追溯至该作业中心；

（二）对于为执行两种或两种以上作业共同消耗的资源，应按照各作业中心的资源动因量比例分配至各作业中心。

第二十五条 为便于将资源费用直接追溯或分配至各作业中心，企业还可以按照资源与不同层次作业的关系，将资源分为如下五类：

（一）产量级资源，包括为单个产品（或服务）所取得的原材料、零部件、人工、能源等。

（二）批别级资源，包括用于生产准备、机器调试的人工等。

（三）品种级资源，包括为生产某一种产品（或服务）所需要的专用化设备、软件或人力等。

（四）顾客级资源，包括为服务特定客户所需要的专门化设备、软件和人力等。

（五）设施级资源，包括土地使用权、房屋及建筑物，以及所保持的不受产量、批别、产品、服务和客户变化影响的人力资源等。

对产量级资源费用，应直接追溯至各作业中心的产品等成本对象。对于其他级别的资源费用，应选择合理的资源动因，按照各作业中心的资源动因量比例，分配至各作业中心。

企业为执行每一种作业所消耗的资源费用的总和，构成该种作业的总成本。

第二十六条　作业动因是引起作业耗用的成本动因，反映了作业耗用与最终产出的因果关系，是将作业成本分配到流程、产品、分销渠道、客户等成本对象的依据。

第二十七条　当作业中心仅包含一种作业的情况下，所选择的作业动因应该是引起该作业耗用的成本动因；当作业中心由若干个作业集合而成的情况下，企业可采用回归分析法或分析判断法，分析比较各具体作业动因与该作业中心成本之间的相关关系，选择相关性最大的作业动因，即代表性作业动因，作为作业成本分配的基础。

第二十八条　作业动因需要在交易动因、持续时间动因和强度动因间进行选择。其中，交易动因，是指用执行频率或次数计量的成本动因，包括接受或发出订单数、处理收据数等；持续时间动因，是指用执行时间计量的成本动因，包括产品安装时间、检查小时等；强度动因，是指不易按照频率、次数或执行时间进行分配而需要直接衡量每次执行所需资源的成本动因，包括特别复杂产品的安装、质量检验等。

企业如果每次执行所需要的资源数量相同或接近，应选择交易动因；如果每次执行所需要的时间存在显著的不同，应选择持续时间动因；如果作业的执行比较特殊或复杂，应选择强度动因。

对于选择的作业动因，企业应采用相应的方法和手段进行计量，以取得作业动因量的可靠数据。

第二十九条　作业成本分配，是指企业将各作业中心的作业成本按作业动因分配至产品等成本对象，并结合直接追溯的资源费用，计算出各成本对象的总成本和单位成本的过程。

第三十条　作业成本分配一般按照以下两个程序进行：

（一）分配次要作业成本至主要作业，计算主要作业的总成本和单位成本。企业应按照各主要作业耗用每一次要作业的作业动因量，将次要作业的总成本分配至各主要作业，并结合直接追溯至次要作业的资源费用，计算各主要作业的总成本和单位成本。有关计算公式如下：

次要作业成本分配率＝次要作业总成本 ÷ 该作业动因总量

$$\text{某主要作业分配的次要作业成本}=\text{该主要作业耗用的次要作业动因量}\times\text{该次要作业成本分配率}$$

$$\text{主要作业总成本}=\text{直接追溯至该作业的资源费用}+\text{分配至该主要作业的次要作业成本之和}$$

主要作业单位成本＝主要作业总成本 ÷ 该主要作业动因总量

（二）分配主要作业成本至成本对象，计算各成本对象的总成本和单位成本。企业应按照各主要作业耗用每一次要作业的作业动因量，将次要作业成本分配至各主要作业，并结合直接追溯至成本对象的单位水平资源费用，计算各成本对象的总成本和单位成本。有关计算公式如下：

$$\text{某成本对象分配的主要作业成本}=\text{该成本对象耗用的主要作业成本动因量}\times\text{主要作业单位成本}$$

$$\text{某成本对象总成本}=\text{直接追溯至该成本对象的资源费用}+\text{分配至该成本对象的主要作业成本之和}$$

某成本对象单位成本＝该成本对象总成本 ÷ 该成本对象的产出量

第三十一条 作业成本信息报告的目的，是通过设计、编制和报送具有特定内容和格式要求的作业成本报表，向企业内部各有关部门和人员提供其所需要的作业成本及其他相关信息。

第三十二条 作业成本报表的内容和格式应根据企业内部管理需要确定。作业成本报表提供的信息一般应包括以下内容：

（一）企业拥有的资源及其分布以及当期发生的资源费用总额及其具体构成的信息；

（二）每一成本对象总成本、单位成本及其消耗的作业类型、数量及单位作业成本的信息，以及产品盈利性分析的信息；

（三）每一作业或作业中心的资源消耗及其数量、成本以及作业总成本与单位成本的信息；

（四）与资源成本分配所依据的资源动因以及作业成本分配所依据的作业动因相关的信息；

（五）资源费用、作业成本以及成本对象成本预算完成情况及其原因分析的信息；

（六）有助于作业、流程、作业链（或价值链）持续优化的作业效率、时间和质量等方面非财务信息；

（七）有助于促进客户价值创造的有关增值作业与非增值作业的成本信息及其他信息；

（八）有助于业绩评价与考核的作业成本信息及其他相关信息；

（九）上述各类信息的历史或同行业比较信息。

第四章 工具方法评价

第三十三条 作业成本法的主要优点是：一是能够提供更加准确的各维度成本信息，有助于企业提高产品定价、作业与流程改进、客户服务等决策的准确性；二是改善和强化成本控制，促进绩效管理的改进和完善；三是推进作业基础预算，提高作业、流程、作业链（或价值链）管理的能力。

第三十四条 作业成本法的主要缺点是：部分作业的识别、划分、合并与认定，成本动因的选择以及成本动因计量方法的选择等均存在较大的主观性，操作较为复杂，开发和维护费用较高。

第五章 附 则

第三十五条 本指引由财政部负责解释。

14. 管理会计应用指引第 400 号——营运管理（2017 年颁布）

（财会〔2017〕24 号）

第一章 总 则

第一条 为了促进企业加强营运管理，提高营运效率和质量，实现营运目标，根据《管理会计基本指引》，制定本指引。

第二条 营运管理，是指为了实现企业战略和营运目标，各级管理者通过计划、组织、指挥、协调、控制、激励等活动，实现对企业生产经营过程中的物料供应、产品生产和销售等环节的价值增值管理。

第三条 企业进行营运管理，应区分计划（plan）、实施（do）、检查（check）、处理（act）等四个阶段（简称 PDCA 管理原则），形成闭环管理，使营运管理工作更加条理化、系统化、科学化。

第四条 营运管理领域应用的管理会计工具方法，一般包括本量利分析、敏感性分析、边际分析和标杆管理等。企业应根据自身业务特点和管理需要等，选择单独或综合运用营运管理工具方法，以更好地实现营运管理目标。

第五条 企业应用营运管理工具方法，一般按照营运计划的制定、营运计划的执行、营运计划的调整、营运监控分析与报告、营运绩效管理等程序进行。

第二章 应用环境

第六条 企业营运管理的应用环境包括组织架构、管理制度和流程、信息系统以及相关外部环境等。

第七条 为确保营运管理的有序开展，企业应建立健全营运管理组织架构，明确各管理层级或管理部门在营运管理中的职责，有效组织开展营运计划的制定审批、分解下达、执行监控、分析报告、绩效管理等日常营运管理工作。

第八条 企业应建立健全营运管理的制度体系，明确营运管理各环节的工作目标、职责分工、工作程序、工具方法、信息报告等内容。

第九条 企业应建立完整的业务信息系统，规范信息的收集、整理、传递和使用等，有效支持管理者决策。

第三章 营运计划的制定

第十条 营运计划，是指企业根据战略决策和营运目标的要求，从时间和空间上对营运过程中各种资源所做出的统筹安排，主要作用是分解营运目标，分配企业资源，安排营运过程中的各项活动。

第十一条 营运计划按计划的时间可分为长期营运计划、中期营运计划和短期营运计划；按计划的内容可分为销售、生产、供应、财务、人力资源、产品开发、技术改造和设备投资等营运计划。

第十二条 制定营运计划应当遵循以下原则：

（一）系统性原则。企业在制定计划时不仅应考虑营运的各个环节，还要从整个系统的角度出发，既要考虑大系统的利益，也要兼顾各个环节的利益。

（二）平衡性原则。企业应考虑内外部环境之间的矛盾，有效平衡可能对营运过程中的研发、生产、供应、销售等存在影响的各个方面，使其保持合理的比例关系。

（三）灵活性原则。企业应当充分考虑未来的不确定性，在制定计划时保持一定的灵活性和弹性。

第十三条 企业在制定营运计划时，应以战略目标和年度营运目标为指引，充分分析宏观经济形势、行业发展规律以及竞争对手情况等内外部环境变化，同时还应评估企业自身研发、生产、供应、销售等环节的营运能力，客观评估自身的优势和劣势以及面临的风险和机会等。

第十四条 企业在制定营运计划时，应开展营运预测，将其作为营运计划制定的基础和依据。

第十五条 营运预测，是指通过收集整理历史信息和实时信息，恰当运用科学预测方法，对未来经济活动可能产生的经济效益和发展趋势做出科学合理的预计和推测的过程。

第十六条 企业应用多种工具方法制定营运计划的，应根据自身实际情况，选择单独或综合应用预算管理领域、平衡计分卡、标杆管理等管理会计工具方法；同时，应充分应用本量利分析、敏感性分析、边际分析等管理会计工具方法，为营运计划的制定提供具体量化的数据分析，有效支持决策。

第十七条 企业应当科学合理地制定营运计划，充分考虑各层次营运目标、业务计划、管理指标等方面的内在逻辑联系，形成涵盖各价值链的、不同层次和不同领域的、业务与财务相结合的、短期与长期相结合的目标体系和行动计划。

第十八条 企业应采取自上而下、自下而上或上下结合的方式制定营运计划，充分调动全员积极性，通过沟通、讨论达成共识。

第十九条 企业应根据营运管理流程，对营运计划进行逐级审批。企业各部门应在已经审批通过的营运计划基础上，进一步制定各自的业务计划，并按流程履行审批程序。

第二十条 企业应对未来的不确定性进行充分的预估，在科学营运预测的基础上，制定多方案的备选营运计划，以应对未来不确定性带来的风险与挑战。

第四章 营运计划的执行

第二十一条 经审批的营运计划应以正式文件的形式下达执行。企业应逐级分解营运计划，按照横向到边、纵向到底的要求分解落实到各所属企业、部门、岗位或员工，确保营运计划得到充分落实。

第二十二条 经审批的营运计划应分解到季度、月度，形成月度的营运计划，逐月下达、执行。各企业应根据月度的营运计划组织开展各项营运活动。

第二十三条 企业应建立配套的监督控制机制，及时记录营运计划执行情况，进行差异分析与纠偏，持续优化业务流程，确保营运计划有效执行。

第二十四条 企业应在月度营运计划的基础上，开展月度、季度滚动预测，及时反映滚动营运计划所对应的实际营运状况，为企业资源配置的决策提供有效支持。

第五章 营运计划的调整

第二十五条 营运计划一旦批准下达，一般不予调整。宏观经济形势、市场竞争形势等发生重大变化，导致企业营运状况与预期出现较大偏差的，企业可以适时对营运计划做出调整，使营运目标更加切合实际。

第二十六条 企业在营运计划执行过程中，应关注和识别存在的各种不确定因素，分析和评估其对企业营运的影响，适时启动调整原计划的有关工作，确保企业营运目标更加切合实际，更合理地进行资源配置。

第二十七条 企业在做出营运计划调整决策时，应分析和评估营运计划调整方案对企业营运的影响，包括对短期的资源配置、营运成本、营运效益等的影响以及对长期战略的影响。

第二十八条 企业应建立营运计划调整的流程和机制，规范营运计划的调整。营运计划的调整应由具体执行的所属企业或部门提出调整申请，经批准后下达正式文件。

第六章 营运监控分析与报告

第二十九条 为了强化营运监控，确保企业营运目标的顺利完成，企业应结合自身实际情况，按照日、周、月、季、年等频率建立营运监控体系；并按照 PDCA 管理原则，不断优化营运监控体系的各项机制，做好营运监控分析工作。

第三十条 企业的营运监控分析，是指以本期财务和管理指标为起点，通过指标分析查找异常，并进一步揭示差异所反映的营运缺陷，追踪缺陷成因，提出并落实改进措施，不断提高企业营运管理水平。

第三十一条 营运管理监控的基本任务是发现偏差、分析偏差和纠正偏差。

（一）发现偏差。企业通过各类手段和方法，分析营运计划的执行情况，发现计划执行中的问题。

（二）分析偏差。企业对营运计划执行过程中出现的问题和偏差原因进行研究，采取针对性的措施。

（三）纠正偏差。企业根据偏差产生的原因采取针对性的纠偏对策，使企业营运过程中的活动按既定的营运计划进行，或者按照本指引第五章对营运计划进行必要的调整。

第三十二条 企业营运监控分析应至少包括发展能力、盈利能力、

偿债能力等方面的财务指标，以及生产能力、管理能力等方面的非财务内容，并根据所处行业的营运特点，通过趋势分析、对标分析等工具方法，建立完善营运监控分析指标体系。

第三十三条 企业营运分析的一般步骤包括：

（一）明确营运目的，确定有关营运活动的范围；

（二）全面收集有关营运活动的资料，进行分类整理；

（三）分析营运计划与执行的差异，追溯原因；

（四）根据差异分析采取恰当的措施，并进行分析和报告。

第三十四条 企业应将营运监控分析的对象、目的、程序、评价及改进建议形成书面分析报告。分析报告按照分析的范围及内容可以分为综合分析报告、专题分析报告和简要分析报告；按照分析的时间分为定期分析报告和不定期分析报告。

第三十五条 企业应建立预警、督办、跟踪等营运监控机制，及时对营运监控过程中发现的异常情况进行通报、预警，按照 PDCA 管理原则督促相关责任人将工作举措落实到位。

第三十六条 企业可以建立信息报送、收集、整理、分析、报告等日常管理机制，保证信息传递的及时性和可靠性；建立营运监控管理信息系统、营运监控信息报告体系等，保证营运监控分析工作的顺利开展。

第七章 营运绩效管理

第三十七条 企业可以开展营运绩效管理，激励员工为实现营运管理目标做出贡献。

第三十八条 企业可以建立营运绩效管理委员会、营运绩效管理办公室等不同层级的绩效管理组织，明确绩效管理流程和审批权限，制定绩效管理制度。

第三十九条 企业可以以营运计划为基础，制定绩效管理指标体系，明确绩效指标的定义、计算口径、统计范围、绩效目标、评价标准、评价周期、评价流程等内容，确保绩效指标具体、可衡量、可实现、相关以及具有明确期限。

第四十条 绩效管理指标应以企业营运管理指标为基础，做到无缝衔接、层层分解，确保企业营运目标的落实。

第八章 附 则

第四十一条 本指引由财政部负责解释。

15. 管理会计应用指引第 401 号——本量利分析（2017 年颁布）

（财会〔2017〕24 号）

第一章 总 则

第一条 本量利分析，是指以成本性态分析和变动成本法为基础，运用数学模型和图式，对成本、利润、业务量与单价等因素之间的依存关系进行分析，发现变动的规律性，为企业进行预测、决策、计划和控制等活动提供支持的一种方法。其中，“本”是指成本，包括固定成本和变动成本；“量”是指业务量，一般指销售量；“利”一般指营业利润。

第二条 本量利分析的基本公式如下：

营业利润＝（单价－单位变动成本）× 业务量－固定成本

第三条 本量利分析主要用于企业生产决策、成本决策和定价决策，也可以广泛地用于投融资决策等。

第四条 企业在营运计划的制定、调整以及营运监控分析等程序中通常会应用到本量利分析。

第五条 企业应用本量利分析，应遵循《管理会计应用指引第 400 号——营运管理》中对应用环境的一般要求。

第二章 应用程序

第六条 本量利分析方法通常包括盈亏平衡分析、目标利润分析、敏感性分析、边际分析等。

第七条 盈亏平衡分析（也称保本分析），是指分析、测定盈亏平衡点，以及有关因素变动对盈亏平衡点的影响等，是本量利分析的核心内容。盈亏平衡分析的原理是，通过计算企业在利润为零时处于盈亏平衡的业务量，分析项目对市场需求变化的适应能力等。

盈亏平衡分析包括单一产品的盈亏平衡分析和产品组合的盈亏平衡分析。

第八条 单一产品的盈亏平衡分析通常采用以下方法：

（一）公式法

盈亏平衡点的业务量＝固定成本 ÷（单价－单位变动成本）

盈亏平衡点的销售额＝单价 × 盈亏平衡点的业务量

或　　　＝固定成本 ÷（1－变动成本率）

　　　　＝固定成本 ÷ 边际贡献率

边际贡献率＝1－变动成本率

企业的业务量等于盈亏平衡点的业务量时，企业处于保本状态；企业的业务量高于盈亏平衡点的业务量时，企业处于盈利状态，企业的业务量低于盈亏平衡点的业务量时，企业处于亏损状态。

（二）图示法

企业可以使用本量利关系图进行分析。本量利关系图按照数据的特征和目的分类，可以分为传统式、贡献毛益式和利量式三种图形（具体的图示法分析见附录）。

第九条 产品组合的盈亏平衡分析通常采用以下方法：

产品组合的盈亏平衡分析是在掌握每种单一产品的边际贡献率的基础上，按各种产品销售额的比重进行加权平均，据以计算综合边际贡献率，从而确定多产品组合的盈亏平衡点。

某种产品的销售额权重＝该产品的销售额 ÷ 各种产品的销售额合计

盈亏平衡点的销售额＝固定成本 ÷（1－综合变动成本率）

或　　　＝固定成本 ÷ 综合边际贡献率

综合边际贡献率＝1－综合变动成本率

企业销售额高于盈亏平衡点时，企业处于盈利状态；企业销售额低于盈亏平衡点时，企业处于亏损状态。企业通常运用产品组合的盈亏平衡点分析优化产品组合，提高获利水平。

第十条 目标利润分析是在本量利分析方法的基础上，计算为达到目标利润所需达到的业务量、收入和成本的一种利润规划方法，该方法应反映市场的变化趋势、企业战略规划目标以及管理层需求等。

目标利润分析包括单一产品的目标利润分析和产品组合的目标利润分析。单一产品的目标利润分析重在分析每个要素的重要性。产品组合的目标利润分析重在优化企业产品组合。

第十一条 企业应结合市场情况、宏观经济背景、行业发展规划以及企业的战略发展规划等确定目标利润。

第十二条 企业要实现目标利润，在假定其他因素不变时，通常应提高销售数量或销售价格，降低固定成本或单位变动成本。单一产品的目标利润分析公式如下：

实现目标利润的业务量＝（目标利润＋固定成本）÷（单价－单位变动成本）

实现目标利润的销售额＝单价 × 实现目标利润的业务量

或 实现目标利润的销售额＝（目标利润＋固定成本）÷ 边际贡献率

企业在应用该工具方法进行如何提高销售量的策略分析时，可以根据市场情况的变化对销售价格进行调整，降价通常可能促进销售量

的增加，提价通常可能使销售量下降；在市场需求极为旺盛的情况下，

可以通过增加固定成本支出（如广告费、租赁设备等）、扩大生产能力来扩大销售量。

第十三条 产品组合的目标利润分析通常采用以下方法：

在单一产品的目标利润分析基础上，依据分析结果进行优化调整，寻找最优的产品组合。基本分析公式如下：

实现目标利润的销售额＝（综合目标利润＋固定成本）÷（1－综合变动成本率）

实现目标利润率的销售额＝固定成本 ÷（1－综合变动成本率－综合目标利润率）

企业在应用该工具方法进行优化产品产量结构的策略分析时，在既定的生产能力基础上，可以提高具有较高边际贡献率的产品的产量。

第十四条 敏感性分析参见《管理会计应用指引第 402 号——敏感性分析》。

第十五条 边际分析参见《管理会计应用指引第 403 号——边际分析》。

第三章 工具方法评价

第十六条 本量利分析的主要优点是：可以广泛应用于规划企业经济活动和营运决策等方面，简便易行、通俗易懂和容易掌握。

第十七条 本量利分析的主要缺点是：仅考虑单因素变化的影响，是一种静态分析方法，且对成本性态较为依赖。

第四章 附 则

第十八条 本指引由财政部负责解释。

16. 管理会计应用指引第 402 号——敏感性分析（2017 年颁布）

（财会〔2017〕24 号）

第一章 总 则

第一条 敏感性分析，是指对影响目标实现的因素变化进行量化分析，以确定各因素变化对实现目标的影响及其敏感程度。敏感性分析可以分为单因素敏感性分析和多因素敏感性分析。

第二条 敏感性分析具有广泛适用性，有助于识别、控制和防范短期营运决策、长期投资决策等相关风险，也可以用于一般经营分析。

第三条 企业在营运计划的制定、调整以及营运监控分析等程序中通常会应用到敏感性分析，敏感性分析也常用于长期投资决策等。

第四条 企业应用敏感性分析，应遵循《管理会计应用指引第 400 号——营运管理》

中对应用环境的一般要求。

第二章 在短期营运决策中的应用程序

第五条 短期营运决策中的敏感性分析主要应用于目标利润规划。

第六条 短期营运决策中的敏感性分析的应用程序一般包括确定短期营运决策目标、根据决策环境确定决策目标的基准值、分析确定影响决策目标的各种因素、计算敏感系数、根据敏感系数对各因素进行排序等程序。

第七条 在利润规划敏感性分析中，利润规划的决策目标是利润最大化，有关公式如下：

利润＝销售量 ×（单价－单位变动成本）－固定成本总额

第八条 在确定利润基准值时，企业通常根据正常状态下的产品销售量、定价和成本状况，使用本量利公式测算目标利润基准值。

第九条 企业根据本量利公式分析和识别影响利润基准值的因素，包括销售量、单价、单位变动成本和固定成本。

企业在进行敏感性分析时，可视具体情况和以往经验选取对利润基准值影响较大的因素进行分析。

第十条 企业在进行因素分析时，通过计算各因素的敏感系数，衡量因素变动对决策目标基准值的影响程度。企业可以进行单因素敏感性分析或多因素敏感性分析。

第十一条 单因素敏感性分析，是指每次只变动一个因素而其他因素保持不变时所做的敏感性分析。敏感系数反映的是某一因素值变动对目标值变动的影响程度，有关公式如下：

某因素敏感系数＝目标值变动百分比 ÷ 因素值变动百分比

在目标利润规划中，目标值为目标利润，变动因素为销售量、单价、单位变动成本和固定成本。敏感系数的绝对值越大，该因素越敏感。

第十二条 多因素敏感性分析，是指假定其他因素不变时，分析两种或两种以上不确定性因素同时变化对目标的影响程度所做的敏感性分析。

企业在进行目标利润规划时，通常以利润基准值为基础，测算销售量、单价、单位变动成本和固定成本中两个或两个以上的因素同时发生变动时，对利润基准值的影响程度。

第十三条 企业应根据敏感系数绝对值的大小对其进行排序，按照有关因素的敏感程度优化规划和决策。有关因素只要有较小幅度变动就会引起利润较大幅度变动的，属于敏感性因素；有关因素虽有较大幅度变动但对利润影响不大的，属于弱敏感性因素。在短期利润规划决策中，销售量、单价、单位变动成本和固定成本都会对利润产生影响，应重点关注敏感性因素，及时采取措施，加强控制敏感性因素，确保利润规划的完成。

第十四条 在对利润规划进行敏感性分析时，企业应确定导致盈利转为亏损的有关变量的临界值，即确定销售量和单价的最小允许值、单位变动成本和固定成本的最大允许值，有关公式如下：

销售量的最小允许值＝固定成本 ÷（单价－单位变动成本）

单价的最小允许值＝（单位变动成本 × 销售量＋固定成本）÷ 销售量

单位变动成本的最大允许值＝（单价 × 销售量－固定成本）÷ 销售量

固定成本的最大允许值＝（单价－单位变动成本）× 销售量

第三章 在长期投资决策中的应用程序

第十五条 长期投资决策中的敏感性分析，是指通过衡量投资方案中某个因素的变动对该方案预期结果的影响程度，做出对项目投资决策的可行性评价。

第十六条 长期投资决策敏感性分析的一般步骤参考本指引第六条。

第十七条 长期投资决策模型中决策目标的基准值通常包括净现值、内含报酬率、投资回收期、现值指数等。

企业通常需要结合行业和项目特点，参考类似投资的经验，对决策目标基准值的影响因素进行识别和选取。决策目标基准值的影响因素通常包括项目的期限、现金流和折现率。

第十八条 长期投资决策中的敏感性分析，通常分析项目期限、折现率和现金流量等变量的变化对投资方案的净现值、内含报酬率等产生的影响。

第十九条 以净现值为目标值进行敏感性分析的，可以计算投资期内的年现金净流量、有效使用年限和折现率的变动对净现值的影响程度；也可以计算净现值为零时的年现金净流量和有效使用年限的下限。

第二十条 以内含报酬率为基准值进行敏感性分析，可以计算投资期内的年现金净流量和有效使用年限变动对内含报酬率的影响程度。

第四章 工具方法评价

第二十一条 敏感性分析的主要优点是：方法简单易行，分析结果易于理解，能为企业的规划、控制和决策提供参考。

第二十二条 敏感性分析的主要缺点是：对决策模型和预测数据具有依赖性，决策模型的可靠程度和数据的合理性，会影响敏感性分析的可靠性。

第五章 附 则

第二十三条 本指引由财政部负责释。

17. 管理会计应用指引第 403 号——边际分析（2017 年颁布）

（财会〔2017〕24 号）

第一章 总 则

第一条 边际分析，是指分析某可变因素的变动引起其他相关可变因素变动的程度的方法，以评价既定产品或项目的获利水平，判断盈亏临界点，提示营运风险，支持营运决策。

第二条 企业在营运管理中，通常在进行本量利分析、敏感性分析的同时运用边际分析工具方法。

第三条 企业在营运计划的制定、调整以及营运监控分析等程序中通常会应用到边际分析。

第四条 企业应用边际分析，应遵循《管理会计应用指引第 400 号——营运管理》中对应用环境的一般要求。

第二章 应用程序

第五条 边际分析工具方法主要有边际贡献分析、安全边际分析等。

第六条 边际贡献分析，是指通过分析销售收入减去变动成本总额之后的差额，衡量产品为企业贡献利润的能力。边际贡献分析主要包括边际贡献和边际贡献率两个指标。

边际贡献总额是产品的销售收入扣除变动成本总额后给企业带来的贡献，进一步扣除企业的固定成本总额后，剩余部分就是企业的利润，相关计算公式如下：

边际贡献总额＝销售收入－变动成本总额

单位边际贡献＝单价－单位变动成本

边际贡献率，是指边际贡献在销售收入中所占的百分比，表示每 1 元销售收入中边际贡献所占的比重。

边际贡献率＝边际贡献 ÷ 销售收入 ×100%

＝单位边际贡献 ÷ 单价 ×100%

第七条 企业面临资源约束，需要对多个产品线或多种产品进行优化决策或对多种待选新产品进行投产决策的，可以通过计算边际贡献以及边际贡献率，评价待选产品的盈利性，优化产品组合。

第八条 企业进行单一产品决策时，评价标准如下：当边际贡献总额大于固定成本时，利润大于0，表明企业盈利；当边际贡献总额小于固定成本时，利润小于0，表明企业亏损；当边际贡献总额等于固定成本时，利润等于0，表明企业保本。

第九条 当进行多产品决策时，边际贡献与变动成本之间存在如下关系：

综合边际贡献率＝1－综合变动成本率

综合边际贡献率反映了多产品组合给企业做出贡献的能力，该指标通常越大越好。

第十条 企业可以通过边际分析对现有产品组合进行有关优化决策，如计算现有各条产品线或各种产品的边际贡献并进行比较，增加边际贡献或边际贡献率高的产品组合，减少边际贡献或边际贡献率低的产品组合。

第十一条 安全边际分析，是指通过分析正常销售额超过盈亏临界点销售额的差额，衡量企业在保本的前提下，能够承受因销售额下降带来的不利影响的程度和企业抵御营运风险的能力。安全边际分析主要包括安全边际和安全边际率两个指标。

安全边际，是指实际销售量或预期销售量超过盈亏平衡点销售量的差额，体现企业营运的安全程度。有关公式如下：

安全边际＝实际销售量或预期销售量－保本点销售量

安全边际率，是指安全边际与实际销售量或预期销售量的比值，公式如下：

安全边际率＝安全边际 / 实际销售量或预期销售量 ×100%

第十二条 安全边际主要用于衡量企业承受营运风险的能力，尤其是销售量下降时承受风险的能力，也可以用于盈利预测。安全边际或安全边际率的数值越大，企业发生亏损的可能性越小，抵御营运风险的能力越强，盈利能力越大。

第三章 工具方法评价

第十三条 边际分析方法的主要优点是：可有效地分析业务量、变动成本和利润之间的关系，通过定量分析，直观地反映企业营运风险，促进提高企业营运效益。

第十四条 边际分析方法的主要缺点是：决策变量与相关结果之间关系较为复杂，所选取的变量直接影响边际分析的实际应用效果。

第四章 附　　则

第十五条 本指引由财政部负责解释。

附录

本量利关系图指标计算说明

1. 传统式本量利关系图是最基本、最常见的本量利关系图形（见图1）。绘制方法如下：

（1）在直角坐标系中，以横轴表示销售量，以纵轴表示成本或销售收入。

（2）在纵轴上找出固定成本数值，即以（0，固定成本数值）为起点，绘制一条与横轴平行的固定成本线。

（3）以（0，固定成本数值）为起点，以单位变动成本为斜率，绘制总成本线。

（4）以坐标原点（0，0）为起点，以销售单价为斜率，绘制销售收入线。

（5）总成本线和销售收入线的交点就是盈亏临界点销售量。

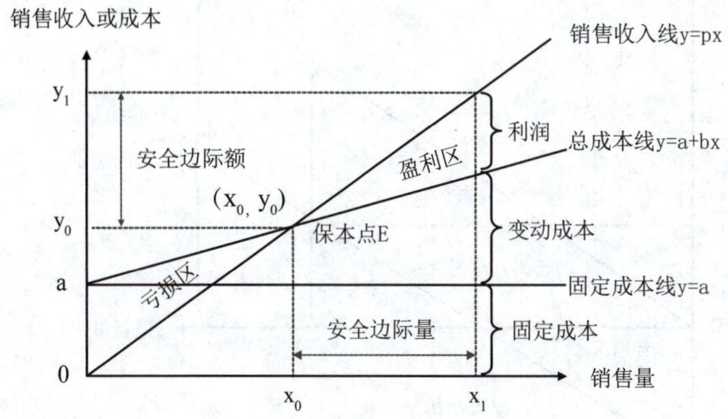

图 1　传统式本量利关系图

2. 贡献毛益式本量利关系图是将固定成本置于变动成本之上，能够反映贡献毛益形成过程的图形（见图 2）。绘制方法如下：

（1）在直角坐标系中，以横轴表示销售量，以纵轴表示成本或销售收入。

（2）从原点出发分别绘制销售收入线和变动成本线。

（3）以纵轴上的（0，固定成本数值）点为起点绘制一条与变动成本线平行的总成本线。

（4）总成本线和销售收入线的交点就是盈亏临界点销售量。

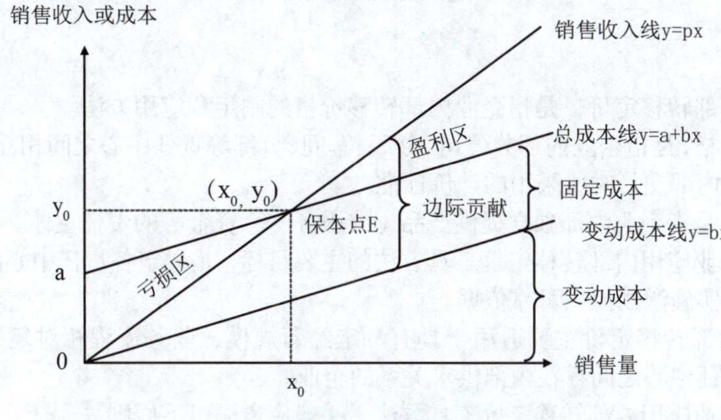

图 2　贡献毛益式本量利关系图

3. 利量式本量利关系图是反映利润与销售量之间依存关系的图形（见图 3）。绘制方法如下：

（1）在直角坐标系中，以横轴代表销售量，以纵轴代表利润（或亏损）。

（2）在纵轴原点以下部分找到与固定成本总额相等的点（0，固定成本数值），该点表示销售量等于零时，亏损额等于固定成本；从点（0，固定成本数值）出发画出利润线，该线的斜率是企业贡献毛益。

（3）利润线与横轴的交点即为盈亏临界点销售量。

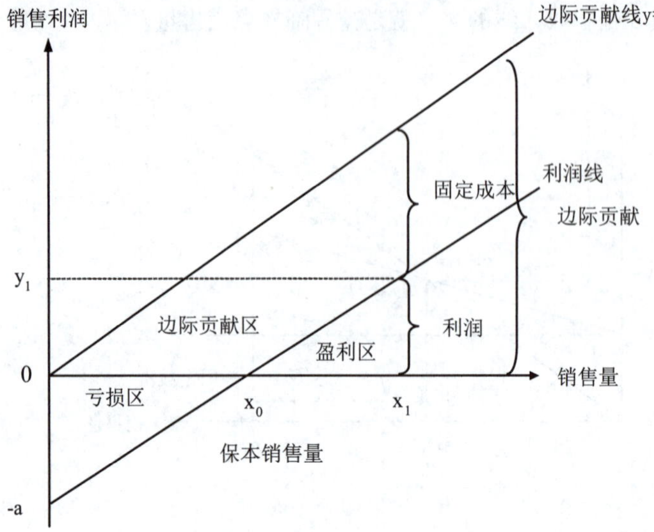

图 3 利量式本量利关系

18. 管理会计应用指引第 404 号——内部转移定价（2018 年颁布）

（财会〔2018〕22 号）

第一章 总 则

第一条 内部转移定价，是指企业内部转移价格的制定和应用方法。

内部转移价格，是指企业内部分公司、分厂、车间、分部等责任中心之间相互提供产品（或服务）、资金等内部交易时所采用的计价标准。

责任中心，是指企业内部独立提供产品（或服务）、资金等的责任主体。

第二条 企业应用内部转移定价工具方法的主要目标，是界定各责任中心的经济责任，计量其绩效，为实施激励提供可靠依据。

第三条 内部转移定价主要适用于具有一定经营规模、业务流程相对复杂、设置了多个责任中心且责任中心之间存在内部供求关系的企业。

第四条 企业应用内部转移定价工具方法，一般应遵循以下原则：

（一）合规性原则。内部转移价格的制定、执行及调整应符合相关会计、财务、税收等法律法规的规定。

（二）效益性原则。企业应用内部转移定价工具方法，应以企业整体利益最大化为目标，避免为追求局部最优而损害企业整体利益的情况；同时，应兼顾各责任中心及员工利益，充分调动各方积极性。

（三）适应性原则。内部转移定价体系应当与企业所处行业特征、企业战略、业务流程、产品（或服务）特点、业绩评价体系等相适应，使企业能够统筹各责任中心利益，对内部转移价格达成共识。

第二章　应用环境

第五条　企业应用内部转移定价工具方法，应遵循《管理会计应用指引第 300 号——成本管理》《管理会计应用指引第 400 号——营运管理》中对应用环境的一般要求。

第六条　企业一般由绩效管理委员会或类似机构负责搭建内部交易和内部转移价格管理体系，制定相关制度，审核、批准内部转移定价方案，并由财务、绩效管理等职能部门负责编制和修订内部转移价格、进行内部交易核算、对内部交易价格执行情况进行监控和报告等内部转移价格的日常管理。

第七条　企业应建立与所采用的内部转移定价体系相适应的内部交易管理信息系统，并及时获取所需的内部转移价格，灵活确定有关定价方式，客观反映各责任中心绩效。

第三章　应用程序

第八条　企业应用内部转移定价工具方法，一般按照明确责任中心、制定与实施转移价格、分析与评价内部转移价格等程序进行。

第九条　企业应根据所属行业的特征、业务流程、组织结构等情况和实际需要明确各责任中心及其主要责任。

一般情况下，企业可将直接对外销售或有一定销售决策权的责任单位设置为内部利润中心，内部利润中心是既对成本费用负责、又对利润负责的责任中心；将中间产品（或服务）、辅助产品（或服务）的提供方设置为内部成本中心，内部成本中心是主要对成本费用负责的责任中心。企业出于管理需要，也可以将中间产品（或服务）、辅助产品（或服务）的提供方设置为模拟的内部利润中心，该中心除降低成本外还承担优化品种结构、提高产品（或服务）质量、降低资金占用等责任。

第十条　企业绩效管理委员会或类似机构应根据各责任中心的性质和业务特点，分别确定适当的内部转移定价形式。内部转移定价通常分为价格型、成本型和协商型。

（一）价格型内部转移定价，是指以市场价格为基础制定的、由成本和毛利构成内部转移价格的方法，一般适用于内部利润中心。

责任中心所提供的产品（或服务）经常外销且外销比例较大的，或所提供的产品（或服务）有外部活跃市场可靠报价的，可以外销价或活跃市场报价作为内部转移价格。

责任中心一般不对外销售且外部市场没有可靠报价的产品（或服务），或企业管理层和有关各方认为不需要频繁变动价格的，可以参照外部市场价或预测价制定模拟市场价作为内部转移价格。

没有外部市场但企业出于管理需要设置为模拟利润中心的责任中心，可以在生产成本基础上加一定比例毛利作为内部转移价格。

（二）成本型内部转移定价，是指以标准成本等相对稳定的成本数据为基础，制定内部转移价格的方法，一般适用于内部成本中心。标准成本的制定参见《管理会计应用指引第 302 号——标准成本法》。

（三）协商型内部转移定价，是指企业内部供求双方为使双方利益相对均衡，通过协商机制制定内部转移价格的方法，主要适用于分权程度较高的情形。协商价的取值范围通常较宽，一般不高于市场价，不低于变动成本。

第十一条　除以外销价或活跃市场报价制定的内部转移价格可能随市场行情波动而变动较频繁外，其余内部转移价格应在一定期间内保持相对稳定，以使需求方责任中心的绩效不受供给方责任中心绩效变化的影响。

第十二条　企业可以根据管理需要，核算各责任中心资金占用成本，将其作为内部利润的减项，或直接作为业绩考核的依据。

第十三条 责任中心占用的资金一般指货币资金，也可以包括原材料、半成品等存货以及应收款项等。占用资金的价格一般参考市场利率或加权资本成本制定。

第十四条 金融企业内部转移资金，应综合考虑产品现金流及重定价特点、信息技术手段及管理需求等因素，分析外部金融市场环境，选择适当的资金转移定价和收益率曲线，获取收益率曲线中特定期限的利率，确定资金转移价格。资金转移定价主要包括指定利率法、原始期限匹配法、重定价期限匹配法、现金流匹配定价法等。

（一）指定利率法，是指以单一利率作为某类资金转移价格的方法。一般适用于无确定期限、利率类型为不定期调整类型的资金业务，以及缺乏数据累积的最初阶段。

（二）原始期限匹配法，是指对有明确期限的资金，按照其期限制定与其匹配的转移价格，且在到期之前转移价格保持不变的定价方法。一般适用于定期存贷款及银行贴现票据等到期支付全部本息的固定利率类型的资金业务。（三）重定价期限匹配法，是指按照资金重定价的期限获取收益率曲线上对应利率，将该利率作为资金的转移价格，且在重定价期限内保持不变的定价方法，其主要作用是分离资金重定价周期中的利率风险。一般适用于浮动利率类的资金业务。

（四）现金流匹配定价法，是指按照现金流的特性，先针对每一笔现金流按照原始期限匹配法或重定价期限匹配法制定转移价格，再对每笔现金流的转移价格加权平均得出转移价格，且在期限内（或重定价期限内）保持不变的定价方法。一般适用于能够合理估计未来现金流分布的资金业务。

第十五条 企业应及时对内部转移定价形成的结果进行汇总分析，作为考核责任中心绩效的依据；同时，应监测内部转移定价体系运行情况，协调、裁决交易中的争议，保障内部转移定价体系运转顺畅。此外，企业应定期开展内部转移定价应用评价工作，根据内外部环境变化及时修订、调整定价策略。

第四章 工具方法评价

第十六条 内部转移定价的主要优点：能够清晰反映企业内部供需各方的责任界限，为绩效评价和激励提供客观依据，有利于企业优化资源配置。

第十七条 内部转移定价的主要缺点：可能受到相关因素影响，内部转移定价体系产生的定价结果不合理，造成信息扭曲，误导相关方行为，从而损害企业局部或整体利益。

第五章 附 则

第十八条 本指引由财政部负责解释。

19. 管理会计应用指引第 405 号——多维度盈利能力分析（2018 年颁布）

（财会〔2018〕22 号）

第一章 总 则

第一条 多维度盈利能力分析，是指企业对一定期间内的经营成果，按照区域、产品、部门、客户、渠道、员工等维度进行计量，分析盈亏动因，从而支持企业精细化管理、满足内部营运管理需要的一种分析方法。

第二条 多维度盈利能力分析主要适用于市场竞争压力较大、组织结构相对复杂或具有多元化产品（或服务）体系的企业。企业应用多维度盈利能力分析工具方法，还应具备一定的信息化程度和管理水平。

第二章 应用环境

第三条 企业应用多维度盈利能力分析工具方法，应遵循《管理会计应用指引第 400 号——营运管理》中对应用环境的一般要求。

第四条 企业应用多维度盈利能力分析工具方法，应按照多维度建立内部经营评价和成本管理制度，并按照管理最小颗粒度进行内部转移定价、成本分摊、业绩分成、经济增加值计量等。

管理最小颗粒度，是指企业根据实际管理需要与管理能力所确定的最小业务评价单元。

第五条 企业应用多维度盈利能力分析，通常需构建多维度盈利能力分析信息系统、模块或工具，制定统一的数据标准和规范，及时、准确、高效地获取各维度管理最小颗粒度相关信息。

第三章 应用程序

第六条 企业进行多维度盈利能力分析，一般按照确定分析维度、建立分析模型、制定数据标准、收集数据、加工数据、编制分析报告等程序进行。

第七条 企业应根据组织架构、管理能力，以及绩效管理、销售管理、渠道管理、产品管理、生产管理、研发管理等管理需求，确定盈利能力分析各维度的类别，通常包括区域、产品、部门、客户、渠道、员工等。

第八条 企业应以营业收入、营业成本、利润总额、净利润、经济增加值（EVA）等核心财务指标为基础，构建多维度盈利能力分析模型（见附录 1）。

业财融合程度较高的企业可将与经营业绩直接相关的业务信息，如销售量、市场份额、用户数等，纳入多维盈利能力分析模型。

金融企业在构建多维度盈利能力分析模型时，可加入经风险调整后的经济增加值（EVA）、风险调整资本回报率（RAROC）等指标。

第九条 企业应根据盈利能力分析各维度的分类规则和所构建的分析模型制定统一的基础数据标准和数据校验规则，保证各维盈利能力分析数据基础的一致性和准确性，并通过系统参数配置、数据质量管控等在信息系统中予以实施。

第十条 企业应根据管理最小颗粒度确定数据源的获取标准，并从信息系统中收集基础数据。有条件的企业可建立数据仓库或数据集市，形成统一规范的数据集。

第十一条 企业根据管理需求对收集的数据进行加工，一般包括以下几个方面：

（一）按照管理最小颗粒度进行内部转移定价、成本分摊、业绩分成及经济增加值计量等，并根据盈利能力分析模型，生成管理最小颗粒度盈利信息。

1. 企业应遵循《管理会计应用指引第 404 号——内部转移定价》的一般要求，确定内部转移价格。

2. 企业应遵循“谁受益、谁负担”原则，通过建立科学有效的成本归集路径，将实际发生的完全成本基于业务动因相对合理地分摊到管理最小颗粒度。

3. 企业应依据业绩匹配原则，合理选择佣金法、量价法、比例法等方法，对业务协同产生的业绩进行分成。

4. 企业应遵循《管理会计应用指引第 602 号——经济增加值法》的一般要求，计量经济增加值。

（二）企业根据设定的数据标准，按管理最小颗粒度与区域、产品、部门、客户、渠道、员工等维度的归属关系进行分类汇总，生成各维度盈利信息。

第十二条 企业应根据管理需求，进一步整理、分析多维度盈利能力分析信息，综合使用趋势分析法、比率分析法、因素分析法等方法，从不同维度进行盈利能力分析，编制多维度盈利能力分析报告。

企业应根据报告使用者需求确定多维度盈利能力分析报告的具体内容，一般包括多维度盈利目标及其在报告期实现程度、整体盈亏的多维分析、各维度具体盈亏状况及其驱动因素分析（如区域下各产品、渠道盈利分析等）、各维度下经营发展趋势分析及风险预警、下一步的建议措施（如优化资源配置）等。

第十三条 企业编制多维度盈利能力分析报告时，可采用排序法、矩阵法、气泡图、雷达图等方法（见附录 2）对各维度盈利能力进行评估与分类。

第四章 工具方法评价

第十四条 多维度盈利能力分析的主要优点：可以灵活地支持企业实现精细化内部管理，为客户营销、产品管理、外部定价、成本管控、投资决策、绩效考核等提供相关、可靠的信息。

第十五条 多维度盈利能力分析的主要缺点：对企业管理能力、内部治理的规范性和数据质量等要求较高。

第五章 附 则

第十六条 本指引由财政部负责解释。

附录 1:

多维度盈利能力分析模型示例

项目	区域		产品		部门		……
	大区	城市	型号	批次	××部	××部	……
市场占比							
销售量							
销售收入							
减：销售折扣与折让							
营业收入							
减：营业成本							
营业毛利							
减：销售费用							
管理费用							
财务费用							
……							
营业利润							
……							

（续表）

项目	区域		产品		部门		……
	大区	城市	型号	批次	××部	××部	……
利润总额							
减：所得税							
净利润							
……							
经济增加值（EVA）							
……							

注：本表可根据企业管理决策需要，增加或减少显示项目。

附录2：

评估方法

1.排序法，是指将一定期间内各维度下的指标值进行排序，既可以按利润贡献度排序，也可以按综合指标总分排序，由高到低或按设定的标准分段。

2.矩阵法，是指将一定期间内各维度下的指标值纳入盈利矩阵的相应位置，以表示其盈利能力的类型。通常盈利矩阵以成本类指标为横坐标，以利润类指标为纵坐标，组合成四个象限。

3.气泡图，是指将一定期间内各维度下的指标值按其数值大小，以气泡大小列示于坐标图中，以直观表示其盈利能力。

4.雷达图，是指将一定期间内各维度下重要指标值纳入雷达形状的图中，同时展示各维度下盈利能力。

20.管理会计应用指引第500号——投融资管理（2017年颁布）

（财会〔2017〕24号）

第一章 总 则

第一条 为了促进企业加强投融资管理，健全投融资决策机制，降低投融资风险，提高投资效益，根据《管理会计基本指引》，制定本指引。

第二条 投融资管理包括投资管理和融资管理。投资管理，是指企业根据自身战略发展规划，以企业价值最大化为目标，对将资金投入营运进行的管理活动。融资管理，是指企业为实现既定的战略目标，在风险匹配的原则下，对通过一定的融资方式和渠道筹集资金进行的管理活动。企业融资的规模、期限、结构等应与经营活动、投资活动等的需要相匹配。

第三条 企业进行投融资管理，一般应遵循以下原则：

（一）价值创造原则。投融资管理应以持续创造企业价值为核心。

（二）战略导向原则。投融资管理应符合企业发展战略与规划，与企业战略布局和结构调整方向相一致。

（三）风险匹配原则。投融资管理应确保投融资对象的风险状况与企业的风险综合承受能力相匹配。

第四条 投融资管理领域应用的管理会计工具方法，一般包括贴现现金流法、项目管理、情景分析、约束资源优化等。

第二章 投资管理程序

第五条 企业应建立健全投资管理的制度体系，根据组织架构特点，设置能够满足投资管理活动所需的，由业务、财务、法律及审计等相关人员组成的投资委员会或类似决策机构，对重大投资事项和投资制度建设等进行审核，有条件的企业可以设置投资管理机构，组织开展投资管理工作。

第六条 企业应用投资管理工具方法，一般按照制定投资计划、进行可行性分析、实施过程控制和投资后评价等程序进行。

第七条 企业投资管理机构应根据战略需要，定期编制中长期投资规划，并据此编制年度投资计划。

（一）中长期投资规划一般应明确指导思想、战略目标、投资规模、投资结构等。

（二）年度投资计划一般包括编制依据、年度投资任务、年度投资任务执行计划、投资项目的类别及名称、各项目投资额的估算及资金来源构成等，并纳入企业预算管理。

第八条 投资可行性分析的内容一般包括该投资在技术和经济上的可行性、可能产生的经济效益和社会效益、可以预测的投资风险、投资落实的各项保障条件等。

第九条 企业进行投资管理，应当将投资控制贯穿于投资的实施全过程。投资控制的主要内容一般包括进度控制、财务控制、变更控制等。

进度控制，是指对投资实际执行进度方面的规范与控制，主要由投资执行部门负责。

财务控制，是指对投资过程中资金使用、成本控制等方面的规范与控制，主要由财务部门负责。

变更控制，是指对投资变更方面的规范与控制，主要由投资管理部门负责。

第十条 投资项目实施完成后，企业应对照项目可行性分析和投资计划组织开展投资后评价。投资后评价的主要内容一般包括投资过程回顾、投资绩效和影响评价、投资目标实现程度和持续能力评价、经验教训和对策建议等。

第十一条 投资报告应根据投资管理的情况和执行结果编制，反映企业投资管理的实施情况。投资报告主要包括以下两部分内容：

（一）投资管理的情况说明，一般包括投资对象、投资额度、投资结构、投资风险、投资进度、投资效益及需要说明的其他重大事项等；

（二）投资管理建议，可以根据需要以附件形式提供支持性文档。

第十二条 投资报告是重要的管理会计报告，应确保内容真实、数据可靠、分析客观、结论清楚，为报告使用者提供满足决策需要的信息。

第十三条 企业可定期编制投资报告，反映一定期间内投资管理的总体情况，一般至少应于每个会计年度编制一份；也可根据需要编制不定期投资报告，主要用于反映重要项目节点、特殊事项和特定项目的投资管理情况。

第十四条 企业应及时进行回顾和分析，检查和评估投资管理的实施效果，不断优化投资管理流程，改进投资管理工作。

第三章 融资管理程序

第十五条 企业应建立健全融资管理的制度体系，融资管理一般采取审批制。企业应设置满足融资管理所需的，由业务、财务、法律及审计等相关人员组成的融资委员会或类似决策机构，对重大融资事项和融资管理制度等进行审批，并设置专门归口管理部门牵头负责融资管理工作。

第十六条 企业应用融资管理工具方法，一般按照融资计划制定、融资决策分析、融资方案的实施与调整、融资管理分析等程序进行。

第十七条 企业对融资安排应实行年度统筹、季度平衡、月度执行的管理方式，根据战略需要、业务计划和经营状况，预测现金流量，统筹各项收支，编制年度融资计划，并据此分解至季度和月度融资计划。必要时根据特定项目的需要，编制专项融资计划。年度融资计划的内容一般包括编制依据、融资规模、融资方式、资本成本等；季度和月度融资计划的内容一般包括年度经营计划、企业经营情况和项目进展水平、资金周转水平、融资方式、资本成本等。企业融资计划可作为预算管理的一部分，纳入企业预算管理。

第十八条 企业应根据融资决策分析的结果编制融资方案，融资决策分析的内容一般包括资本结构、资本成本、融资用途、融资规模、融资方式、融资机构的选择依据、偿付能力、融资潜在风险和应对措施、还款计划等。

第十九条 融资方案经审批通过后，进入实施阶段，一般由归口管理部门具体负责落实。如果融资活动受阻或者融资量无法达到融资需求目标，归口管理部门应及时对融资方案进行调整，数额较大时应按照融资管理程序重新报请融资委员会或类似决策机构审批。

第二十条 企业融资完成后，应对融资进行统一管理，必要时应建立融资管理台账。企业应定期进行融资管理分析，内容一般包括还款计划、还款期限、资本成本、偿付能力、融资潜在风险和应对措施等。还款计划应纳入预算管理，以确保按期偿还融资。

第二十一条 融资报告应根据融资管理的执行结果编制，反映企业融资管理的情况和执行结果。融资报告主要包括以下两部分内容：

（一）融资管理的情况说明，一般包括融资需求测算、融资渠道、融资方式、融资成本、融资程序、融资风险及应对措施、需要说明的重大事项等；

（二）融资管理建议，可以根据需要以附件形式提供支持性文档。

第二十二条 融资报告是重要的管理会计报告，应确保内容真实、数据可靠、分析客观、结论清楚，为报告使用者提供满足决策需要的信息。

第二十三条 企业可定期编制融资报告，反映一定期间内融资管理的总体情况，一般至少应于每个会计年度出具一份；也可根据需要编制不定期报告，主要用于反映特殊事项和特定项目的融资管理情况。

第二十四条 企业应及时进行融资管理回顾和分析，检查和评估融资管理的实施效果，不断优化融资管理流程，改进融资管理工作。

第四章 附 则

第二十五条 本指引由财政部负责解释。

21. 管理会计应用指引第501号——贴现现金流法（2017年颁布）

（财会〔2017〕24号）

第一章 总 则

第一条 贴现现金流法，是以明确的假设为基础，选择恰当的贴现率对预期的各期现金流入、流出进行贴现，通过贴现值的计算和比较，为财务合理性提供判断依据的价值评估方法。

第二条 贴现现金流法一般适用于在企业日常经营过程中，与投融资管理相关的资产价值评估、企业价值评估和项目投资决策等。贴现现金流法也适用于其他价值评估方法不适用的企业，包括正在经历重大变化的企业，如债务重组、重大转型、战略性重新定位、亏损或者处于开办期的企业等。

第二章 应用环境

第三条 企业应用贴现现金流法，应对企业战略、行业特征、外部信息等进行充分了解。

第四条 企业应用贴现现金流法，应从战略层面明确贴现现金流法应用的可行性，并根据实际情况，建立适宜贴现现金流法开展的沟通协调程序和操作制度，明确信息提供的责任主体、基本程序和方式，确保信息提供的充分性和可靠性。同时，企业应考虑评估标的未来将采取的会计政策和评估基准日时所采用的会计政策在重要方面是否基本一致。

第五条 企业应用贴现现金流法，应确认内外部环境对贴现现金流法的应用可提供充分支持，如现金流入和现金流出的可预测性、贴现率的可获取性，以及所有数据的可计量特征等。通常需要考虑以下内容：

（一）国家现行的有关法律法规及政策、国家宏观经济形势有无重大变化，各方所处地区的政治、经济和社会环境有无重大变化；

（二）有关利率、汇率、税基及税率等是否发生重大变化；

（三）评估标的的所有者和使用者是否完全遵守有关法律法规，评估标的在现有的管理方式和管理水平的基础上，经营范围、方式与目前方向是否保持一致；

（四）有无其他不可抗拒因素及不可预见因素对企业造成重大不利影响。

第三章 应用程序

第六条 企业应用贴现现金流法，一般按以下程序进行：

（一）估计贴现现金流法的三个要素，即，贴现期、现金流、贴现率；

（二）在贴现期内，采用合理的贴现率对现金流进行贴现；

（三）进行合理性判断；

（四）形成分析报告。

第七条 企业应充分考虑标的特点、所处市场因素波动的影响以及有关法律法规的规定等，合理确定贴现期限，确保贴现期与现金流发生期间相匹配。贴现期可采用项目已有限期，亦可采用分段式，如以 5 年作为一个期间段。企业在进行资产价值评估时，尤其要注意标的资产的技术寿命期限对合同约定期限或者法定使用期限的影响。

第八条 企业应用贴现现金流法，应当说明和反映影响现金流入和现金流出的事项和因素，既要反映现金流的变化总趋势，也要反映某些重要项目的具体趋势。

（一）企业应用贴现现金流法进行资产价值评估，要基于行业市场需求情况、经营风险、技术风险和管理难度等，分析与之有关的预期现金流，以及与收益有关的成本费用、配套资产等；并合理区分标的资产与其他配套资产或者作为企业资产的组成部分，所获得的收益和所受的影响；同时，要准确评估标的资产使用权和收益权的完整性，并评估其对资产预测现金流所产生的影响。

（二）企业应用贴现现金流法进行企业价值评估，一般按照以下程序进行：

1. 从相关当事方获取标的企业未来经营状况和收益状况的预测资料，充分考虑并分析标的企业的资本结构、经营状况、历史业绩、发展前景和影响标的企业生产经营的宏观经济因素、标的企业所在行业发展状况与前景，以及未来各种可能性发生的概率及其影响，合理确定预测假设和权重，进行未来收益预测。

2. 确定预测现金流中的主要参数的合理性，一般包括主营业务收入、毛利率、营运资金、资本性支出、成本及费用构成等，尤其要注意企业会计盈余质量对企业估值所产生的影响，需要调整并减少企业的非经常性损益、重组成本、非主营业务对会计报表的影响。

3. 确定预测现金流，应区分以企业整体还是以所有者权益作为企业价值评估的基础。通常，企业整体价值评估采用企业自由现金流作为预测现金流的基础；企业所有者权益价值评估采用股权自由现金流作为预测现金流的基础。

（三）企业应用贴现现金流法进行项目投资决策，需要充分考虑并分析项目的资本结构、经营状况、历史业绩、发展前景，影响项目运行的市场行业因素和宏观经济因素，并要明确区分项目的预测现金流，同时要合理区分标的项目与其他项目，或者作为企业的组成部分，所获得的收益和所受到的影响，尤其要注意可能存在的关联交易，包括关联交易性质及定价原则等对预测现金流的影响。

第九条 贴现率是反映当前市场货币时间价值和标的风险的回报率。贴现率的设定要充分体现标的特点，通常应当反映评估基准日类似地区同类标的平均回报水平和评估对象的特定风险。同时，贴现率应当与贴现期、现金流相匹配，当使用非年度的时间间隔（比如按月或按日）进行分析时，年度名义贴现率应调整为相应期间的实际贴现率。

（一）资产价值评估采用的贴现率，通常根据与资产使用寿命相匹配的无风险报酬率进行风险调整后确定。无风险报酬率通常选择对应期限的国债利率，风险调整因素有政治风险、市场风险、技术风险、经营风险和财务风险等。

（二）进行企业价值评估采用的贴现率，需要区分是以企业整体还是以所有者权益作为价值评估的基础。通常，企业整体价值评估采用股权资本成本和债务资本成本的加权平均资本成本作为贴现率的确定依据；企业所有者权益价值评估采用股权资本成本作为贴现率的确定依据。

资本成本，是指筹集和使用资金的成本率，或进行投资时所要求的必要报酬率，一般用相对数即资本成本率表达。

企业的股权资本成本通常以资本资产定价模型为基础进行估计，综合考虑控制权程度、股权流动性、企业经营情况、历史业绩、发展前景和影响标的企业生产经营的宏观经济因素、标的企业所在行业发展状况与前景等调整因素。

（三）项目投资决策采用的贴现率，应根据市场回报率和标的项目本身的预期风险来确定。一般地，可以按照标的项目本身的特点，适用资产价值评估和企业价值评估的贴现率确定方法，但要注意区分标的项目与其他项目，或者作为企业组成部分所产生的风险影响，对贴现率进行调整。

第十条 企业应用贴现现金流法进行价值评估，一般从以下方面进行合理性判断：

（一）客户要求。当客户提出的特殊要求不符合市场价值为基础的评估对有关贴现期、现金流或贴现率的相关规定时，其估值结果是基于客户特殊要求下的投资价值而不是市场价值。

（二）评判标准。贴现现金流法作为一项预测技术，评判标准不在于贴现现金流预测最终是否完全实现，而应关注预测时的数据对贴现现金流预测的支持程度。

第十一条 贴现现金流法分析报告的形式可以根据业务的性质、服务对象的需求等确定，也可在资产评估报告中整体呈现。当企业需要单独提供贴现现金流法分析报告时，应确保内容的客观与详实。贴现现金流法分析报告一般包括以下内容：

（一）假设条件。贴现现金流法分析报告应当对贴现现金流法应用过程中的所有假设进行披露。

（二）数据来源。贴现现金流法分析报告应当清楚地说明并提供分析中所使用的有关数据及来源。

（三）实施程序。编制贴现现金流法分析报告一般按照以下程序进行：合理选择评估方法；评估方法的运用和逻辑推理；主要参数的来源、分析、比较和测算；对评估结论进行分析，形成评估结论。

（四）评估者身份。当以内部评估人员身份开展评估工作时，评估人员与控制资产的实体之间的关系应当在评估报告中披露；当以外部评估人员身份开展评估工作且以盈利为目的为委托方工作时，评估人员应当对这种关系予以披露。

第四章 工具方法评价

第十二条 贴现现金流法的主要优点是，结合历史情况进行预测，并将未来经营战略融入模型，有助于更全面地反映企业价值。

第十三条 贴现现金流法的主要缺点是：测算过程相对较为复杂，对数据采集和假设的验证要求繁复，资本成本、增长率、未来现金流量的性质等变量很难得到准确的预测、计算，往往会使得实务中的评估精度大大降低。

第五章 附 则

第十四条 本指引由财政部负责解释。

22. 管理会计应用指引第 502 号——项目管理（2017 年颁布）

（财会〔2017〕24 号）

第一章 总 则

第一条 项目管理，是指通过项目各参与方的合作，运用专门的知识、工具和方法，对各项资源进行计划、组织、协调、控制，使项目能够在规定的时间、预算和质量范围内，实现或超过既定目标的管理活动。

第二条 本指引适用于以一次性活动为主要特征的项目活动，如一项工程、服务、研究课题、研发项目、赛事、会展或活动演出等；也可以适用于以项目制为主要经营单元的各类经济主体。

第三条 企业进行项目管理时，一般应遵循以下原则：

（一）注重实效，协同创新。项目应围绕项目管理的目标，强调成本效益原则，实现项目各责任主体间的协同发展、自主创新。

（二）按级负责，分工管理。项目各责任主体，应当根据管理层次和任务分工的不同，有效行使管理职责，履行管理义务，确保项目取得实效。

（三）科学安排，合理配置。严格按照项目的目标和任务，科学合理编制预算，严格执行预算。

第二章 项目管理的基本程序

第四条 企业应用项目管理工具方法一般按照可行性研究、项目立项、项目计划、项目实施、项目验收和项目后评价等程序进行。

第五条 可行性研究，是指通过对项目在技术上是否可行、经济上是否合理、社会和环境影响是否积极等进行科学分析和论证，以最终确定项目投资建设是否进入启动程序的过程。

企业一般可以从投资必要性、技术可行性、财务可行性、组织可行性、经济可行性、环境可行性、社会可行性、风险因素及对策等方面开展项目的可行性研究。

第六条 项目立项，是指对项目可行性研究进行批复，并确认列入项目实施计划的过程。经批复的可行性研究报告是项目立项的依据，项目立项一般应在批复的有效期内完成。

第七条 项目计划，是指项目立项后，在符合项目可行性报告批复相关要求的基础上，明确项目的实施内容、实施规模、实施标准、实施技术等计划实施方案，并据此编制项目执行预算的书面文件。

通常情况下，项目执行预算超过可行性研究报告项目预算的10%时，或者项目实施内容、实施规模、实施地点、实施技术方案等发生重大变更时，应重新组织编制和报批可行性报告。经批复的项目计划及项目执行预算应作为项目实施的依据。

项目可行性报告的内容一般包括项目概况、市场预测、产品方案与生产规模、厂址选择、工艺与组织方案设计、财务评价、项目风险分析，以及项目可行性研究结论与建议等。

第八条 项目实施，是指按照项目计划，在一定的预算范围内，保质保量按时完成项目任务的过程。通常，应重点从质量、成本、进度等方面，有效控制项目的实施过程。

（一）企业应遵循国家规定及行业标准，建立质量监督管理组织、健全质量管理制度、形成质量考核评价体系和反馈机制等，实现对项目实施过程的质量控制。

（二）成本控制应贯穿于项目实施的全过程。企业可以通过加强项目实施阶段的投资控制，监督合同执行，有效控制设计变更，监督和控制合同价款的支付，实现项目实施过程的成本控制。

（三）企业应通过建立进度控制管理制度，编制项目实施进度计划，制定项目实施节点；实行动态检测，完善动态控制手段，定期检查进度计划，收集实际进度数据；加强项目进度偏差原因分析，及时采取纠偏措施等，实现对项目实施过程的进度控制。

第九条 项目验收，是指项目完成后，进行的综合评价、移交使用、形成资产的整个过程。

项目验收一般应由可行性研究报告的批复部门组织开展，可以从项目内容的完成情况、目标的实现情况、经费的使用情况、问题的整改情况、项目成果的意义和应用情况等方面进行验收。

第十条 项目后评价，是指通过对项目实施过程、结果及其影响进行调查研究和全面系统回顾，与项目决策时确定的目标以及技术、经济、环境、社会指标进行对比，找出差别和变化，据以分析原因、总结经验、提出对策建议，并通过信息反馈，改善项目管理决策，提高项目管理效益的过程。

企业应比对项目可行性报告的主要内容和批复文件开展项目后评价，必要时应参照项目计划的相关内容进行对比分析，进一步加强项目管理，不断提高决策水平和投资效益。

第三章 项目财务管理

第十一条 项目财务管理，是指基于项目全生命周期的项目财务活动的归口管理工作，是对项目营运过程中财务资源使用的全流程管理活动。

在项目营运过程中，企业应当重视并严格执行项目预算管理、项目执行成本控制、项目会计核算、资金管理与项目结算、项目决算和项目经济后评价等。企业可根据项目规模、周期、经费额度等指定专人负责上述工作，并参与项目论证与评估等工作。

第十二条 企业进行项目预算管理，一般应从项目预算编制、预算执行控制、项目预算调整等方面开展。

（一）项目预算编制

1. 企业应基于项目的重要性和成本效益考虑，制定项目预算管理制度，可以指定项目预算管理分管领导、设置项目概预算专职人员。

2. 企业应依据总量控制、分项预算的总体框架，按照需要与可能、局部与全局、重点与一般、当前与长远相结合的编制原则，编制项目预算。

3. 企业应在充分调研和论证的基础上，强调项目预算编制的明细化和标准化，明确预算的编制内容、编制依据和编制方法，实现项目预算与会计核算科目的配比性。

（二）预算执行控制

1. 企业应分解落实项目实施各阶段的预算执行计划，明确项目各阶段的预算控制目标。

2. 在项目执行过程中，企业应以项目预算执行计划和目标为依据，定期对项目预算执行情况进行核查、比对、分析。

（三）项目预算调整

1. 企业应依据外部环境变化、项目实施进展和项目方案优化要求等，不断修正和完善项目各阶段的预算执行计划和预算控制目标。

2. 在项目预算管理中，企业可采用滚动预算方式，以项目执行前一阶段的预算调整，作为下一阶段项目预算控制的目标，按照时间（如年、月、日）或项目单元编制，依次分解，滚动预算。

第十三条 企业进行项目执行成本控制，一般应从项目费用定额表、项目合同管理、项目执行成本变更等方面开展。

（一）项目费用定额管理。企业应根据项目自身特点，制定项目费用定额表，如物资消耗费、工时定额等，形成项目执行成本控制的依据。

（二）项目合同管理。项目执行过程中涉及合同管理时，财务管理人员一般可以参与合同的论证、签订、审查和履行、变更、解除等，负责审查并履行合同支付职能，定期了解合同方的资信和履约能力，建立合同管理台账。

（三）项目执行成本变更管理。项目执行成本原则上不得随意变更，因特殊情况需要调整时，需根据相应的批报程序，报原审核部门核定，按照先批准、后变更的原则进行处理。

第十四条 项目执行过程中，应按照国家统一的会计制度进行会计核算。项目收支应分项目、分要素进行明细核算，确保会计核算制度与项目预算管理相衔接。

第十五条 企业应建立健全资金管理和项目结算制度，设立项目专款账户对资金的使用进行管理，正确区分会计期间，规范成本列支，统一对项目进行收支与结算。项目结算一般包括项目月度结算、年度结算和完工结算。

第十六条 企业应建立项目决算审计制度，明确项目决算报表内容、格式要求和填报口径，严格执行项目决算数据材料的收集、审核、汇总，形成项目决算报告，同时提交审计部门进行项目审计。

项目决算报告一般包括项目决算说明书、项目决算报表、项目成果和费用支出的对比分析等。项目决算报告和项目审计意见应作为项目验收的依据。

第十七条 企业应在对比项目可行性研究的基础上进行项目经济后评价，并编制项目经济后评价报告。

经济后评价报告一般包括项目资金收入和使用情况、重新测算项目的财务评价指标、经济评价指标等。经济后评价应通过投资增量效益的分析，突出项目对经济价值和社会价值的作用和影响。

第四章 项目管理的工具方法

第十八条 项目管理的工具方法一般包括挣值法、成本效益法、价值工程法等。

第一节 挣 值 法

第十九条 挣值，是指项目实施过程中已完成工作的价值，用分配给实际已完成工作的预算来表示。

挣值法，是一种通过分析项目实施与项目目标期望值之间的差异，从而判断项目实施的成本、进度绩效的方法。

第二十条 挣值法广泛适用于项目管理中的项目实施、项目后评价等阶段。挣值法的评价基准包括成本基准和进度基准，通常可以用于检测实际绩效与评价基准之间的偏差。

第二十一条 进度偏差，是在某个给定时点上，测量并反映项目提前或落后的进度绩效指标。

进度偏差可以采用绝对数，表示为挣值与计划成本之差（偏差量 =挣值－计划成本）；也可采用相对数，表示为挣值与计划成本之比（偏差率=挣值 ÷ 计划成本）。

企业应用挣值法开展项目管理时，既要监测挣值的增量，以判断当前的绩效状态；又要监测挣值的累计值，以判断长期的绩效趋势。

计划成本，是指根据批准的进度计划或预算，到某一时点应当完成的工作所需投入资金的累计值。企业应用挣值法进行项目管理，应当把项目预算分配至项目计划的各个时点。

第二十二条 成本偏差，是在某个给定时点上，测量并反映项目预算亏空或预算盈余的成本绩效指标。

成本偏差可以采用绝对数，表示为挣值与实际成本之差（偏差量 =挣值－实际成本）；也可采用相对数，表示为挣值与实际成本的比值（偏差率=挣值 ÷ 实际成本）。

实际成本，是指按实际进度完成的成本支出量。企业应用挣值法开展项目管理时，实际成本的计算口径必须与计划成本和挣值的计算口径保持一致。

第二十三条 挣值法的主要优点是：一是通过对项目当前运行状态的分析，可以有效地预测出项目的未来发展趋势，严格地控制项目的进度和成本；二是在出现不利偏差时，能够较快地检测出问题所在， 留有充足的时间对问题进行处理和对项目进行调整。

第二十四条 挣值法的主要缺点是：一是片面注重用财权的执行情况判断事权的实施效益；二是属于事后控制方法，不利于事前控制三是存在用项目非关键路径上取得的挣值掩盖关键路径上进度落后的可能性，影响项目绩效判断的准确性。

第二节 成本效益法

第二十五条 成本效益法，是指通过比较项目不同实现方案的全部成本和效益，以寻求最优投资决策的一种项目管理工具方法。其中， 成本指标可以包括项目的执行成本、社会成本等；效益指标可以包括项目的经济效益、社会效益等。

第二十六条 成本效益法属于事前控制方法，适用于项目可行性研究阶段。

第二十七条 企业应用成本效益法，一般按照以下程序进行：确定项目中的收入和成本；确定项目不同实现方案的差额收入；确定项目不同实现方案的差额费用；制定项目不同实现方案的预期成本和预期收入的实现时间表；评估难以量化的社会效益和成本。

第二十八条 成本效益法的主要优点是：一是普适性较强，是衡量管理决策可行性的基本依据；二是需考虑评估标的经济与社会、直接与间接、内在与外在、短期与长期等各个维度的成本和收益，具有较强的在综合性。

第二十九条 成本效益法的主要缺点是：一是属于事前评价，评价方法存在的不确定性因素较多；二是综合考虑了项目的经济效益、 社会效益等各方面，除了经济效益以外的其他效益存在较大的量化难度。

第三节 价值工程法

第三十条 价值工程法，是指对研究对象的功能和成本进行系统分析，比较为获取的功能而发生的成本，以提高研究对象价值的管理方法。

本方法下的功能，是指对象满足某种需求的效用或属性；本方法下的成本，是指按功能计算的全部成本费用；本方法下的价值，是指对象所具有的功能与获得该功能所发生的费用之比。

第三十一条 价值工程法可广泛适用于项目设计与改造、项目实施等阶段。

第三十二条 企业应用价值工程法，一般按照以下程序进行：

（一）准备阶段。选择价值工程的对象并明确目标、限制条件和分析范围；根据价值工程对象的特点，组成价值工程工作小组；制定工作计划，包括具体执行人、执行日期、工作目标等。

（二）分析阶段。收集整理与对象有关的全部信息资料；通过分析信息资料，简明准确地表述对象的功能、明确功能的特征要求，并绘制功能系统图；运用某种数量形式表达原有对象各功能的大小，求出原有对象各功能的当前成本，并依据对功能大小与功能当前成本之间关系的研究，确定应当在哪些功能区域改进原有对象，并确定功能的目标成本。

（三）创新阶段。依据功能系统图、功能特性和功能目标成本，通过创新性的思维和活动，提出实现功能的各种不同方案；从技术、经济和社会等方面评价所提出的方案，看其是否能实现规定的目标，从中选择最佳方案；将选出的方案及有关的经济资料和预测的效益编写成正式的提案。

（四）实施阶段。组织提案审查，并根据审查结果签署是否实施的意见；根据具体条件及内容，制定实施计划，组织实施，并指定专人在实施过程中跟踪检查，记录全程的有关数据资料，必要时，可再次召集价值工程工作小组提出新的方案；根据提案实施后的技术经济效果，进行成果鉴定。

第三十三条 价值工程法的主要优点是：一是把项目的功能和成本联系起来，通过削减过剩功能、补充不足功能使项目的功能结构更加合理化；二是着眼于项目成本的整体分析，注重有效利用资源，有助于实现项目整体成本的最优化。

第三十四条 价值工程法的主要缺点是，要求具有较全面的知识储备，不同性质的价值工程分析对象涉及的其他领域的学科性质，以及其他领域的广度和深度等都存在很大差别，导致功能的内涵、结构和系统特征必然具有实质性区别。

第五章 附 则

第三十五条 本指引由财政部负责解释。

23. 管理会计应用指引第 503 号——情景分析（2017 年颁布）

（财会〔2017〕24 号）

第一章 总 则

第一条 情景分析，是指在对企业经营管理中未来可能出现的相关事件情景进行假设的基础上，结合企业管理要求，通过模拟等技术，分析相关方案发生的可能性、相应后果和影响，以做出最佳决策的方法。

第二条 情景分析一般适用于企业的投融资决策，也可用于战略目标制定、风险评估等。

第二章 应用环境

第三条 企业应用情景分析工具方法，应重点考虑对决策事项有重大影响的事件情景，评价事件情景与分析方案、决策事项关联程度，并将情景分析建立在合理假设的基础上。

第四条 企业应用情景分析工具方法，应考虑与决策事项有关的参数、边界条件等的完整性及可获取性，尤其应考虑宏观环境因素的可测性，如产业政策、行业状况等。

第三章　应用程序

第五条　企业应用情景分析工具方法，一般按照确认决策事项、确认影响因素、设定情景、分析方案和分析实施后果等程序进行。

第六条　企业应用情景分析工具方法，应根据决策目标和决策需求确定决策事项。同时，决策事项应存在多种可量化的影响因素及其不同的实现路径。

第七条　企业应用情景分析工具方法，应对决策事项的影响因素进行全面分析，并根据重要性原则明确决策事项的主要影响因素，以此作为设置情景的主要内外部影响因素。

（一）在进行投融资决策时，通常应考虑投资额、资本成本等影响因素；

（二）在进行战略目标制定时，通常应考虑消费者信心指数、市场占有率等影响因素；

（三）在进行风险评估时，通常应考虑利率、汇率等产生可承受最大损失的影响因素。

第八条　企业通常应根据决策事项设定不同的情景，这些情景应能提供有意义的测试环境，以便后续制定多个可选择方案。

（一）根据历史情况设定情景时，通常可以选取最优、最差或基准的历史情况作为情景，或者以历史特殊事件作为情景，如重复进行的标准历史事件；

（二）根据其他假设设定情景时，通常使用人为假设、专家认定或者数据模拟等方法来设定情景。

第九条　企业应在情景设定的基础上，建立影响因素与决策目标之间的逻辑关系。通过搜集相关数据，对不同情景下决策事项的总体发展状况进行分析，或对不同情景下决策事项可能产生的经济后果进行测算，制定出各种情景下的对策和实施方案。

企业应建立情景变化监测机制，及时调整情景分析中的主要影响因素，修正对策和实施方案。

第十条　企业在应用情景分析工具方法后，通过梳理总结决策事项、影响因素、情景设定、情景分析结果、应对措施设置等，并考虑情景假设设定的基本原则及理由，不断完善情景分析工具方法。

第四章　工具方法评价

第十一条　情景分析的主要优点：注重情景发展的多种可能性，降低决策失误对企业造成的影响，对决策事项的可参考性较强。

第十二条　情景分析的主要缺点：情景假设的主观性较强，对于情景数据的准确性、逻辑性及因果关系的建立要求较高。

第五章　附　　则

第十三条　本指引由财政部负责解释。

24. 管理会计应用指引第 504 号——约束资源优化（2017 年颁布）

（财会〔2017〕24 号）

第一章　总　　则

第一条　约束资源优化，是指企业通过识别制约其实现生产经营目标的瓶颈资源，并对相关资源进行改善和调整，以优化企业资源配置、提高企业资源使用效率的方法。

约束资源，是指企业拥有的实际资源能力小于需要的资源能力的资源，即制约企业实现生产经营目标的瓶颈资源，如流动资金、原材料、劳动力、生产设备、技术等要素及要素投入的时间安排等。

第二条 约束资源优化一般适用于企业的投融资管理和营运管理等领域。

第二章 应用环境

第三条 企业应用约束资源优化工具方法，约束资源的缺口一般应相对稳定。

第四条 企业应用约束资源优化工具方法，相关数据一般应完整并可获取，必要时提供信息技术的支持。

第三章 应用程序

第五条 企业应用约束资源优化工具方法，一般按照识别约束资源、寻找突破方法、协同非约束资源、评价实施效果等程序进行。

第六条 企业应用约束资源优化工具方法，应识别出管理过程中制约既定目标实现的约束资源，并对约束资源进行定量分析。在约束资源难以进行定量分析时，可以通过内部评审法、专家评价法等，识别出管理过程中的约束资源。

内部评审法，是指企业通过内部组织开展评议、审查识别约束资源的方法。企业通常应组建满足约束资源识别所需的，由财务部门、生产部门和其他相关部门人员组成的内部评审小组或类似评审组织，通过集中研讨等方式，识别出管理过程中的约束资源。

专家评价法，是指利用专家的经验、知识等识别约束资源的方法。对于企业既定目标的实现形成重大制约影响的约束资源，企业通常采用此方法进行综合评判。

第七条 在识别约束资源的基础上，企业应比较约束资源的资源能力差距，搜集约束资源的相关数据等信息，系统分析约束资源形成的原因和涉及的实施责任主体，制定约束资源优化的实施方案，建立实现约束资源优化的长效机制，促进约束资源的资源能力提升。

（一）当约束资源是流动资金时，通常采取企业资金内部调剂、缩短应收账款回收周期、加快存货周转、延长付款周期等方法消除流动资金缺口，也可以通过外部融资扩大企业的资金来源，如债务融资、权益融资等。

（二）当约束资源是原材料时，通常采取设置库存缓冲，确保原材料的及时供应等方法消除原材料缺口。

（三）当约束资源是劳动力时，通常采取招聘新员工、增设新岗位、其他岗位借调等方法消除劳动力瓶颈。

（四）当约束资源是生产设备时，通常采取提前安排设备购置计划、或寻找委托加工方式补充产能的不足。

（五）当约束资源是技术时，通常采取技术研发、引进新技术等方法来消除技术瓶颈。

（六）当约束资源是要素投入的时间时，通常在明确各项作业的关键路线和关键工序的基础上，重新安排各项作业的工作流程，利用时间缓冲进行优化，确保要素投入的时间不受影响。

第八条 企业应根据约束资源优化的解决方法和解决方案，重新安排其他资源和活动，确保非约束资源的协同利用。通常情况下，企业需要根据约束资源的运作节奏，调整和改变原有的管理政策和其他资源的配置，利用倒排的方法对其他资源进行调整，确保非约束资源的运作与约束资源同步，实现各个环节的衔接，协调整个管理流程。

第九条 企业应评价并确认原有约束资源的资源能力得到改善，确保原有约束资源不再制约企业实现既定目标，重新梳理各项作业流程，识别新的约束资源，寻找相应的突破方法，进一步实现资源优化配置。

第四章 工具方法评价

第十条 约束资源优化的主要优点：促进企业不断地发现、分析和解决企业发展的关键瓶颈，提高企业资源配置效率。

第十一条 约束资源优化的主要缺点：涉及多个部门、多个责任主体，协调沟通难度大；对相关数据的量化要求较高。

第五章 附 则

第十二条 本指引由财政部负责解释。

25. 管理会计应用指引第600号——绩效管理（2017年颁布）

（财会〔2017〕24号）

第一章 总 则

第一条 为了促进企业加强绩效管理，激发和调动员工积极性，增强价值创造力，根据《管理会计基本指引》，制定本指引。

第二条 绩效管理，是指企业与所属单位（部门）、员工之间就绩效目标及如何实现绩效目标达成共识，并帮助和激励员工取得优异绩效，从而实现企业目标的管理过程。绩效管理的核心是绩效评价和激励管理。

绩效评价，是指企业运用系统的工具方法，对一定时期内企业营运效率与效果进行综合评判的管理活动。绩效评价是企业实施激励管理的重要依据。

激励管理，是指企业运用系统的工具方法，调动企业员工的积极性、主动性和创造性，激发企业员工工作动力的管理活动。激励管理是促进企业绩效提升的重要手段。

第三条 企业进行绩效管理，一般应遵循以下原则：

（一）战略导向原则。绩效管理应为企业实现战略目标服务，支持价值创造能力提升。

（二）客观公正原则。绩效管理应实事求是，评价过程应客观公正，激励实施应公平合理。

（三）规范统一原则。绩效管理的政策和制度应统一明确，并严格执行规定的程序和流程。

（四）科学有效原则。绩效管理应做到目标符合实际，方法科学有效，激励与约束并重，操作简便易行。

第四条 绩效管理领域应用的管理会计工具方法，一般包括关键绩效指标法、经济增加值法、平衡计分卡、股权激励等。

企业可根据自身战略目标、业务特点和管理需要，结合不同工具方法的特征及适用范围，选择一种适合的绩效管理工具方法单独使用，也可选择两种或两种以上的工具方法综合运用。

第二章 应用环境

第五条 企业进行绩效管理时，应设立薪酬与考核委员会或类似机构，主要负责审核绩效管理的政策和制度、绩效计划与激励计划、绩效评价结果与激励实施方案、绩效评价与激励管理报告等，协调解决绩效管理工作中的重大问题。

薪酬与考核委员会或类似机构下设绩效管理工作机构，主要负责制定绩效管理的政策和制度、绩效计划与激励计划，组织绩效计划与激励计划的执行与实施，编制绩效评价与激励管理报告等，协调解决绩效管理工作中的日常问题。

第六条 企业应建立健全绩效管理的制度体系，明确绩效管理的工作目标、职责分工、工作程序、工具方法、信息报告等内容。

第七条 企业应建立有助于绩效管理实施的信息系统，为绩效管理工作提供信息支持。

第三章 绩效计划与激励计划的制定

第八条 企业应用绩效管理工具方法，一般按照制定绩效计划与激励计划、执行绩效计划与激励计划、实施绩效评价与激励、编制绩效评价与激励管理报告等程序进行。

第九条 企业应根据战略目标，综合考虑绩效评价期间宏观经济政策、外部市场环境、内部管理需要等因素，结合业务计划与预算，按照上下结合、分级编制、逐级分解的程序，在沟通反馈的基础上，编制各层级的绩效计划与激励计划。

第十条 绩效计划是企业开展绩效评价工作的行动方案，包括构建指标体系、分配指标权重、确定绩效目标值、选择计分方法和评价周期、拟定绩效责任书等一系列管理活动。制定绩效计划通常从企业级开始，层层分解到所属单位（部门），最终落实到具体岗位和员工。

第十一条 企业可单独或综合运用关键绩效指标法、经济增加值法、平衡计分卡等工具方法构建指标体系。指标体系应反映企业战略目标实现的关键成功因素，具体指标应含义明确、可度量。

第十二条 指标权重的确定可选择运用主观赋权法和客观赋权法，也可综合运用这两种方法。主观赋权法是利用专家或个人的知识与经验来确定指标权重的方法，如德尔菲法、层次分析法等。客观赋权法是从指标的统计性质入手，由调查数据确定指标权重的方法，如主成分分析法、均方差法等。

第十三条 绩效目标值的确定可参考内部标准与外部标准。内部标准有预算标准、历史标准、经验标准等；外部标准有行业标准、竞争对手标准、标杆标准等。

第十四条 绩效评价计分方法可分为定量法和定性法。定量法主要有功效系数法和综合指数法等；定性法主要有素质法和行为法等。

第十五条 绩效评价周期一般可分为月度、季度、半年度、年度、任期。月度、季度绩效评价一般适用于企业基层员工和管理人员，半年度绩效评价一般适用于企业中高层管理人员，年度绩效评价适用于企业所有被评价对象，任期绩效评价主要适用于企业负责人。

第十六条 绩效计划制定后，评价主体与被评价对象一般应签订绩效责任书，明确各自的权利和义务，并作为绩效评价与激励管理的依据。绩效责任书的主要内容包括绩效指标、目标值及权重、评价计分方法、特别约定事项、有效期限、签订日期等。绩效责任书一般按年度或任期签订。

第十七条 激励计划是企业为激励被评价对象而采取的行动方案，包括激励对象、激励形式、激励条件、激励周期等内容。激励计划按激励形式可分为薪酬激励计划、能力开发激励计划、职业发展激励计划和其他激励计划。

薪酬激励计划按期限可分为短期薪酬激励计划和中长期薪酬激励计划。短期薪酬激励计划主要包括绩效工资、绩效奖金、绩效福利等。中长期薪酬激励计划主要包括股票期权、股票增值权、限制性股票以及虚拟股票等。

能力开发激励计划主要包括对员工知识、技能等方面的提升计划。

职业发展激励计划主要是对员工职业发展做出的规划。

其他激励计划包括良好的工作环境、晋升与降职、表扬与批评等。

第十八条 激励计划的制定应以绩效计划为基础，采用多元化的激励形式，兼顾内在激励与外在激励、短期激励与长期激励、现金激励与非现金激励、个人激励与团队激励、正向激励与负向激励，充分发挥各种激励形式的综合作用。

第十九条 绩效计划与激励计划制定完成后，应经薪酬与考核委员会或类似机构审核，报董事会或类似机构审批。经审批的绩效计划与激励计划应保持稳定，一般不予调整，若受国家政策、市场环境、不可抗力等客观因素影响，确需调整的，应严格履行规定的审批程序。

第四章 绩效计划与激励计划的执行

第二十条 审批后的绩效计划与激励计划，应以正式文件的形式下达执行，确保与计划相关的被评价对象能够了解计划的具体内容和要求。

第二十一条 绩效计划与激励计划下达后，各计划执行单位（部门）应认真组织实施，从横向和纵向两方面落实到各所属单位（部门）、各岗位员工，形成全方位的绩效计划与激励计划执行责任体系。

第二十二条 绩效计划与激励计划执行过程中，企业应建立配套的监督控制机制，及时记录执行情况，进行差异分析与纠偏，持续优化业务流程，确保绩效计划与激励计划的有效执行。

（一）监控与记录。企业可借助信息系统或其他信息支持手段，监控和记录指标完成情况、重大事项、员工的工作表现、激励措施执行情况等内容。收集信息的方法主要有观察法、工作记录法、他人反馈法等。

（二）分析与纠偏。根据监控与记录的结果，重点分析指标完成值与目标值的偏差、激励效果与预期目标的偏差，提出相应整改建议并采取必要的改进措施。

（三）编制分析报告。分析报告主要反映绩效计划与激励计划的执行情况及分析结果，其频率可以是月度、季度、年度，也可根据需要编制。

第二十三条 绩效计划与激励计划执行过程中，绩效管理工作机构应通过会议、培训、网络、公告栏等形式，进行多渠道、多样化、持续不断地沟通与辅导，使绩效计划与激励计划得到充分理解和有效执行。

第五章 绩效评价与激励的实施

第二十四条 绩效管理工作机构应根据计划的执行情况定期实施绩效评价与激励，按照绩效计划与激励计划的约定，对被评价对象的绩效表现进行系统、全面、公正、客观地评价，并根据评价结果实施相应的激励。

第二十五条 评价主体应按照绩效计划收集相关信息，获取被评价对象的绩效指标实际值，对照目标值，应用选定的计分方法，计算评价分值，并进一步形成对被评价对象的综合评价结果。

第二十六条 绩效评价过程及结果应有完整的记录，结果应得到评价主体和被评价对象的确认，并进行公开发布或非公开告知。公开发布的主要方式有召开绩效发布会、企业网站绩效公示、面板绩效公告等；非公开发布一般采用一对一书面、电子邮件函告或面谈告知等方式进行。

第二十七条 评价主体应及时向被评价对象进行绩效反馈，反馈内容包括评价结果、差距分析、改进建议及措施等，可采取反馈报告、反馈面谈、反馈报告会等形式进行。

第二十八条 绩效结果发布后，企业应依据绩效评价的结果，组织兑现激励计划，综合运用绩效薪酬激励、能力开发激励、职业发展激励等多种方式，逐级兑现激励承诺。

第六章 绩效评价与激励管理报告

第二十九条 绩效管理工作机构应定期或根据需要编制绩效评价与激励管理报告，对绩效评价和激励管理的结果进行反映。

第三十条 绩效评价与激励管理报告是企业管理会计报告的重要组成部分，应确保内容真实、数据可靠、分析客观、结论清楚，为报告使用者提供满足决策需要的信息。

第三十一条 绩效评价报告根据评价结果编制，反映被评价对象的绩效计划完成情况，通常由报告正文和附件构成。

报告正文主要包括以下两部分：

（一）评价情况说明，包括评价对象、评价依据、评价过程、评价结果、需要说明的重大事项等；

（二）管理建议。报告附件包括评价计分表、问卷调查结果分析、专家咨询意见等报告正文的支持性文档。

第三十二条 激励管理报告根据激励计划的执行结果编制，反映被评价对象的激励计划实施情况。

激励管理报告主要包括以下两部分：

（一）激励情况说明，包括激励对象、激励依据、激励措施、激励执行结果、需要说明的重大事项等；

（二）管理建议。其他有关支持性文档可以根据需要以附件形式提供。

第三十三条 绩效评价与激励管理报告可分为定期报告、不定期报告。

定期报告主要反映一定期间被评价对象的绩效评价与激励管理情况。每个会计年度至少出具一份定期报告。

不定期报告根据需要编制，反映部分特殊事项或特定项目的绩效评价与激励管理情况。

第三十四条 绩效评价与激励管理报告应根据需要及时报送薪酬与考核委员会或类似机构审批。

第三十五条 企业应定期通过回顾和分析，检查和评估绩效评价与激励管理的实施效果，不断优化绩效计划和激励计划，改进未来绩效管理工作。

第七章 附 则

第三十六条 本指引由财政部负责解释。

26. 管理会计应用指引第 601 号——关键绩效指标法（2017 年颁布）

（财会〔2017〕24 号）

第一章 总 则

第一条 为了促进企业加强绩效管理，激发和调动员工积极性，增强价值创造力，根据《管理会计基本指引》，制定本指引。

第二条 绩效管理，是指企业与所属单位（部门）、员工之间就绩效目标及如何实现绩效目标达成共识，并帮助和激励员工取得优异绩效，从而实现企业目标的管理过程。绩效管理的核心是绩效评价和激励管理。

绩效评价，是指企业运用系统的工具方法，对一定时期内企业营运效率与效果进行综合评判的管理活动。绩效评价是企业实施激励管理的重要依据。

激励管理，是指企业运用系统的工具方法，调动企业员工的积极性、主动性和创造性，激发企业员工工作动力的管理活动。激励管理是促进企业绩效提升的重要手段。

第三条 企业进行绩效管理，一般应遵循以下原则：

（一）战略导向原则。绩效管理应为企业实现战略目标服务，支持价值创造能力提升。

（二）客观公正原则。绩效管理应实事求是，评价过程应客观公正，激励实施应公平合理。

（三）规范统一原则。绩效管理的政策和制度应统一明确，并严格执行规定的程序和流程。

（四）科学有效原则。绩效管理应做到目标符合实际，方法科学有效，激励与约束并重，操作简便易行。

第四条　绩效管理领域应用的管理会计工具方法，一般包括关键绩效指标法、经济增加值法、平衡计分卡、股权激励等。

企业可根据自身战略目标、业务特点和管理需要，结合不同工具方法的特征及适用范围，选择一种适合的绩效管理工具方法单独使用，也可选择两种或两种以上的工具方法综合运用。

第二章　应用环境

第五条　企业进行绩效管理时，应设立薪酬与考核委员会或类似机构，主要负责审核绩效管理的政策和制度、绩效计划与激励计划、绩效评价结果与激励实施方案、绩效评价与激励管理报告等，协调解决绩效管理工作中的重大问题。

薪酬与考核委员会或类似机构下设绩效管理工作机构，主要负责制定绩效管理的政策和制度、绩效计划与激励计划，组织绩效计划与激励计划的执行与实施，编制绩效评价与激励管理报告等，协调解决绩效管理工作中的日常问题。

第六条　企业应建立健全绩效管理的制度体系，明确绩效管理的工作目标、职责分工、工作程序、工具方法、信息报告等内容。

第七条　企业应建立有助于绩效管理实施的信息系统，为绩效管理工作提供信息支持。

第三章　绩效计划与激励计划的制定

第八条　企业应用绩效管理工具方法，一般按照制定绩效计划与激励计划、执行绩效计划与激励计划、实施绩效评价与激励、编制绩效评价与激励管理报告等程序进行。

第九条　企业应根据战略目标，综合考虑绩效评价期间宏观经济政策、外部市场环境、内部管理需要等因素，结合业务计划与预算，按照上下结合、分级编制、逐级分解的程序，在沟通反馈的基础上，编制各层级的绩效计划与激励计划。

第十条　绩效计划是企业开展绩效评价工作的行动方案，包括构建指标体系、分配指标权重、确定绩效目标值、选择计分方法和评价周期、拟定绩效责任书等一系列管理活动。制定绩效计划通常从企业级开始，层层分解到所属单位（部门），最终落实到具体岗位和员工。

第十一条　企业可单独或综合运用关键绩效指标法、经济增加值法、平衡计分卡等工具方法构建指标体系。指标体系应反映企业战略目标实现的关键成功因素，具体指标应含义明确、可度量。

第十二条　指标权重的确定可选择运用主观赋权法和客观赋权法，也可综合运用这两种方法。主观赋权法是利用专家或个人的知识与经验来确定指标权重的方法，如德尔菲法、层次分析法等。客观赋权法是从指标的统计性质入手，由调查数据确定指标权重的方法，如主成分分析法、均方差法等。

第十三条　绩效目标值的确定可参考内部标准与外部标准。内部标准有预算标准、历史标准、经验标准等；外部标准有行业标准、竞争对手标准、标杆标准等。

第十四条　绩效评价计分方法可分为定量法和定性法。定量法主要有功效系数法和综合指数法等；定性法主要有素质法和行为法等。

第十五条　绩效评价周期一般可分为月度、季度、半年度、年度、任期。月度、季度绩效评价一般适用于企业基层员工和管理人员，半年度绩效评价一般适用于企业中高层管理人员，年度绩效评价适用于企业所有被评价对象，任期绩效评价主要适用于企业负责人。

第十六条 绩效计划制定后，评价主体与被评价对象一般应签订绩效责任书，明确各自的权利和义务，并作为绩效评价与激励管理的依据。绩效责任书的主要内容包括绩效指标、目标值及权重、评价计分方法、特别约定事项、有效期限、签订日期等。绩效责任书一般按年度或任期签订。

第十七条 激励计划是企业为激励被评价对象而采取的行动方案，包括激励对象、激励形式、激励条件、激励周期等内容。激励计划按激励形式可分为薪酬激励计划、能力开发激励计划、职业发展激励计划和其他激励计划。

薪酬激励计划按期限可分为短期薪酬激励计划和中长期薪酬激励计划。短期薪酬激励计划主要包括绩效工资、绩效奖金、绩效福利等。中长期薪酬激励计划主要包括股票期权、股票增值权、限制性股票以及虚拟股票等。

能力开发激励计划主要包括对员工知识、技能等方面的提升计划。

职业发展激励计划主要是对员工职业发展做出的规划。

其他激励计划包括良好的工作环境、晋升与降职、表扬与批评等。

第十八条 激励计划的制定应以绩效计划为基础，采用多元化的激励形式，兼顾内在激励与外在激励、短期激励与长期激励、现金激励与非现金激励、个人激励与团队激励、正向激励与负向激励，充分发挥各种激励形式的综合作用。

第十九条 绩效计划与激励计划制定完成后，应经薪酬与考核委员会或类似机构审核，报董事会或类似机构审批。经审批的绩效计划与激励计划应保持稳定，一般不予调整，若受国家政策、市场环境、不可抗力等客观因素影响，确需调整的，应严格履行规定的审批程序。

第四章 绩效计划与激励计划的执行

第二十条 审批后的绩效计划与激励计划，应以正式文件的形式下达执行，确保与计划相关的被评价对象能够了解计划的具体内容和要求。

第二十一条 绩效计划与激励计划下达后，各计划执行单位（部门）应认真组织实施，从横向和纵向两方面落实到各所属单位（部门）、各岗位员工，形成全方位的绩效计划与激励计划执行责任体系。

第二十二条 绩效计划与激励计划执行过程中，企业应建立配套的监督控制机制，及时记录执行情况，进行差异分析与纠偏，持续优化业务流程，确保绩效计划与激励计划的有效执行。

（一）监控与记录。企业可借助信息系统或其他信息支持手段，监控和记录指标完成情况、重大事项、员工的工作表现、激励措施执行情况等内容。收集信息的方法主要有观察法、工作记录法、他人反馈法等。

（二）分析与纠偏。根据监控与记录的结果，重点分析指标完成值与目标值的偏差、激励效果与预期目标的偏差，提出相应整改建议并采取必要的改进措施。

（三）编制分析报告。分析报告主要反映绩效计划与激励计划的执行情况及分析结果，其频率可以是月度、季度、年度，也可根据需要编制。

第二十三条 绩效计划与激励计划执行过程中，绩效管理工作机构应通过会议、培训、网络、公告栏等形式，进行多渠道、多样化、持续不断地沟通与辅导，使绩效计划与激励计划得到充分理解和有效执行。

第五章 绩效评价与激励的实施

第二十四条 绩效管理工作机构应根据计划的执行情况定期实施绩效评价与激励，按照绩效计划与激励计划的约定，对被评价对象的绩效表现进行系统、全面、公正、客观地评价，并根据评价结果实施相应的激励。

第二十五条 评价主体应按照绩效计划收集相关信息，获取被评价对象的绩效指标实际值，对照目标值，应用选定的计分方法，计算评价分值，并进一步形成对被评价对象的综合评价结果。

第二十六条 绩效评价过程及结果应有完整的记录，结果应得到评价主体和被评价对象的确认，并进行公开发布或非公开告知。公开发布的主要方式有召开绩效发布会、企业网站绩效公示、面板绩效公告等；非公开发布一般采用一对一书面、电子邮件函告或面谈告知等方式进行。

第二十七条 评价主体应及时向被评价对象进行绩效反馈，反馈内容包括评价结果、差距分析、改进建议及措施等，可采取反馈报告、反馈面谈、反馈报告会等形式进行。

第二十八条 绩效结果发布后，企业应依据绩效评价的结果，组织兑现激励计划，综合运用绩效薪酬激励、能力开发激励、职业发展激励等多种方式，逐级兑现激励承诺。

第六章 绩效评价与激励管理报告

第二十九条 绩效管理工作机构应定期或根据需要编制绩效评价与激励管理报告，对绩效评价和激励管理的结果进行反映。

第三十条 绩效评价与激励管理报告是企业管理会计报告的重要组成部分，应确保内容真实、数据可靠、分析客观、结论清楚，为报告使用者提供满足决策需要的信息。

第三十一条 绩效评价报告根据评价结果编制，反映被评价对象的绩效计划完成情况，通常由报告正文和附件构成。

报告正文主要包括以下两部分：

（一）评价情况说明，包括评价对象、评价依据、评价过程、评价结果、需要说明的重大事项等；

（二）管理建议。报告附件包括评价计分表、问卷调查结果分析、专家咨询意见等报告正文的支持性文档。

第三十二条 激励管理报告根据激励计划的执行结果编制，反映被评价对象的激励计划实施情况。

激励管理报告主要包括以下两部分：

（一）激励情况说明，包括激励对象、激励依据、激励措施、激励执行结果、需要说明的重大事项等；

（二）管理建议。其他有关支持性文档可以根据需要以附件形式提供。

第三十三条 绩效评价与激励管理报告可分为定期报告、不定期报告。

定期报告主要反映一定期间被评价对象的绩效评价与激励管理情况。每个会计年度至少出具一份定期报告。

不定期报告根据需要编制，反映部分特殊事项或特定项目的绩效评价与激励管理情况。

第三十四条 绩效评价与激励管理报告应根据需要及时报送薪酬与考核委员会或类似机构审批。

第三十五条 企业应定期通过回顾和分析，检查和评估绩效评价与激励管理的实施效果，不断优化绩效计划和激励计划，改进未来绩效管理工作。

第七章 附 则

第三十六条 本指引由财政部负责解释。

27. 管理会计应用指引第 602 号——经济增加值法（2017 年颁布）

（财会〔2017〕24 号）

第一章 总 则

第一条 经济增加值法，是指以经济增加值（economic value added，简称 EVA）为核心，建立绩效指标体系，引导企业注重价值创造，并据此进行绩效管理的方法。

经济增加值，是指税后净营业利润扣除全部投入资本的成本后的剩余收益。经济增加值及其改善值是全面评价经营者有效使用资本和为企业创造价值的重要指标。经济增加值为正，表明经营者在为企业创造价值；经济增加值为负，表明经营者在损毁企业价值。

第二条 经济增加值法较少单独应用，一般与关键绩效指标法、平衡计分卡等其他方法结合使用。

第三条 企业应用经济增加值法进行绩效管理的对象，可为企业及其所属单位（部门）（可单独计算经济增加值）和高级管理人员。

第二章 应用环境

第四条 企业应用经济增加值法，应遵循《管理会计应用指引第 600 号——绩效管理》中对应用环境的一般要求。

第五条 企业应用经济增加值法，应树立价值管理理念，明确以价值创造为中心的战略目标，建立以经济增加值为核心的价值管理体系，使价值管理成为企业的核心管理制度。

第六条 企业应综合考虑宏观环境、行业特点和企业的实际情况，通过价值创造模式的识别，确定关键价值驱动因素，构建以经济增加值为核心的指标体系。

第七条 企业应建立清晰的资本资产管理责任体系，确定不同被评价对象的资本资产管理责任。

第八条 企业应建立健全会计核算体系，确保会计数据真实可靠、内容完整，并及时获取与经济增加值计算相关的会计数据。

第九条 企业应加强融资管理，关注筹资来源与渠道，及时获取债务资本成本、股权资本成本等相关信息，合理确定资本成本。

第十条 企业应加强投资管理，把能否增加价值作为新增投资项目决策的主要评判标准，以保持持续的价值创造能力。

第三章 应用程序

第十一条 企业应用经济增加值法，一般按照制定以经济增加值指标为核心的绩效计划、制定激励计划、执行绩效计划与激励计划、实施绩效评价与激励、编制绩效评价与激励管理报告等程序进行。

第十二条 企业通常按《管理会计应用指引第 600 号——绩效管理》第十条所规定的管理活动制定绩效计划。绩效计划是企业开展业绩评价工作的行动方案，包括构建指标体系、分配指标权重、确定业绩绩效目标值、选择计分方法和评价周期、拟定业绩绩效责任书等。

第十三条 构建经济增加值指标体系，一般按照以下程序进行：

（一）制定企业级经济增加值指标体系。首先应结合行业竞争优势、组织结构、业务特点、会计政策等情况，确定企业级经济增加值指标的计算公式、调整项目、资本成本等，并围绕经济增加值的关键驱动因素，制定企业的经济增加值指标体系。

（二）制定所属单位（部门）级经济增加值指标体系。根据企业级经济增加值指标体系，结合所属单位（部门）所处行业、业务特点、资产规模等因素，在充分沟通的基础上，设定所属单位（部门）级经济增加值指标的计算公式、调整项目、资本成本等，并围绕所属单位（部门）经济增加值的关键驱动因素，细化制定所属单位（部门）的经济增加值指标体系。

（三）制定高级管理人员的经济增加值指标体系。根据企业级、所属单位（部门）级经济增加值指标体系，结合高级管理人员的岗位职责，制定高级管理人员的经济增加值指标体系。

第十四条　经济增加值的计算公式为：

经济增加值＝税后净营业利润－平均资本占用 × 加权平均资本成本

其中：税后净营业利润衡量的是企业的经营盈利情况；平均资本占用反映的是企业持续投入的各种债务资本和股权资本；加权平均资本成本反映的是企业各种资本的平均成本率。

第十五条　计算经济增加值时，需要进行相应的会计项目调整，以消除财务报表中不能准确反映企业价值创造的部分。会计调整项目的选择应遵循价值导向性、重要性、可控性、可操作性与行业可比性等原则，根据企业实际情况确定。常用的调整项目有：

（一）研究开发费、大型广告费等一次性支出但收益期较长的费用，应予以资本化处理，不计入当期费用。

（二）反映付息债务成本的利息支出，不作为期间费用扣除，计算税后净营业利润时扣除所得税影响后予以加回。

（三）营业外收入、营业外支出具有偶发性，将当期发生的营业外收支从税后净营业利润中扣除。

（四）将当期减值损失扣除所得税影响后予以加回，并在计算资本占用时相应调整资产减值准备发生额。

（五）递延税金不反映实际支付的税款情况，将递延所得税资产及递延所得税负债变动影响的企业所得税从税后净营业利润中扣除，相应调整资本占用。

（六）其他非经常性损益调整项目，如股权转让收益等。

第十六条　税后净营业利润等于会计上的税后净利润加上利息支出等会计调整项目后得到的税后利润。

第十七条　平均资本占用是所有投资者投入企业经营的全部资本，包括债务资本和股权资本。其中债务资本包括融资活动产生的各类有息负债，不包括经营活动产生的无息流动负债。股权资本中包含少数股东权益。

资本占用除根据经济业务实质相应调整资产减值损失、递延所得税等，还可根据管理需要调整研发支出、在建工程等项目，引导企业注重长期价值创造。

第十八条　加权平均资本成本是债务资本成本和股权资本成本的加权平均，反映了投资者所要求的必要报酬率。加权平均资本成本的计算公式如下：

$$KWACC = KD\frac{DC}{TC} \times (1-T) + KS\frac{EC}{TC}$$

其中：TC 代表资本占用，EC 代表股权资本，DC 代表债务资本；T 代表所得税税率；KWACC 代表加权平均资本成本，KD 代表债务资本成本，KS 代表股权资本成本。

债务资本成本是企业实际支付给债权人的税前利率，反映的是企业在资本市场中债务融资的成本率。如果企业存在不同利率的融资来源，债务资本成本应使用加权平均值。

股权资本成本是在不同风险下，所有者对投资者要求的最低回报率。通常根据资本资产定价模型确定，计算公式为：

KS＝Rf＋β（Rm–Rf）

其中：Rf为无风险收益率，Rm为市场预期回报率，Rm–Rf为市场风险溢价。β是企业股票相对于整个市场的风险指数。上市企业的β值，可采用回归分析法或单独使用最小二乘法等方法测算确定，也可以直接采用证券机构等提供或发布的β值；非上市企业的β值，可采用类比法，参考同类上市企业的β值确定。

第十九条 企业级加权平均资本成本确定后，应结合行业情况、不同所属单位（部门）的特点，通过计算（能单独计算的）或指定（不能单独计算的）的方式确定所属单位（部门）的资本成本。

通常情况下，企业对所属单位（部门）所投入资本即股权资本的成本率是相同的，为简化资本成本的计算，所属单位（部门）的加权平均资本成本一般与企业保持一致。

第二十条 经济增加值法指标体系通常包括经济增加值、经济增加值改善值、经济增加值回报率、资本周转率、产量、销量、单位生产成本等。

第二十一条 应用经济增加值法建立的绩效评价体系，应赋予经济增加值指标较高的权重。

第二十二条 经济增加值目标值根据经济增加值基准值（简称EVA基准值）和期望的经济增加值改善值（简称期望的△EVA）确定。

EVA目标值＝EVA基准值＋期望的△EVA

企业在确定EVA基准值和期望的△EVA值时，要充分考虑企业规模、发展阶段、行业特点等因素。其中，EVA基准值可参照上年实际完成值、上年实际完成值与目标值的平均值、近几年（比如前3年）实际完成值的平均值等确定。期望的△EVA值，根据企业战略目标、年度生产经营计划、年度预算安排、投资者期望等因素，结合价值创造能力改善等要求综合确定。

第二十三条 绩效评价计分方法和周期的选择、绩效责任书的签订，参照《管理会计应用指引第600号——绩效管理》。

第二十四条 经济增加值法的激励计划按激励形式可分为薪酬激励计划、能力开发激励计划、职业发展激励计划和其他激励计划。应用经济增加值法建立的激励体系，应以经济增加值的改善值为基础。

（一）薪酬激励计划主要包括目标奖金、奖金库和基于经济增加值的股票期权。

1. 目标奖金。目标奖金是达到经济增加值目标值所获得的奖金，只对经济增加值增量部分实施奖励。

2. 奖金库。奖金库是基于对企业经济增加值长期增长目标实施的奖励。企业设立专门的账号管理奖金，将以经济增加值为基准计算的奖金额存入专门账户中，以递延奖金形式发放。

3. 股票期权。根据经济增加值确定股票期权的行权价格和数量，行权价格每年以相当于企业资本成本的比例上升，授予数量由当年所获得的奖金确定。

（二）能力开发激励计划主要包括对员工知识、技能等方面的提升计划。

（三）职业发展激励计划主要是对员工职业发展做出的规划。

（四）其他激励计划包括良好的工作环境、晋升与降职、表扬与批评等。

第二十五条 绩效计划和激励计划制定后，执行、实施及编制报告参照《管理会计应用指引第600号——绩效管理》。

第二十六条 企业应用经济增加值法，应循序渐进，在企业及部分所属单位试点的基础上，总结完善后稳步推开。

第四章 工具方法评价

第二十七条 经济增加值法的主要优点是：考虑了所有资本的成本，更真实地反映了企业的价值创造能力；实现了企业利益、经营者利益和员工利益的统一，激励经营者和所有员工为企业创造更多价值；能有效遏制企业盲目扩张规模以追求利润总量和增长率的倾向，引导企业注重长期价值创造。

第二十八条 经济增加值法的主要缺点是：一是仅对企业当期或未来 1–3 年价值创造情况的衡量和预判，无法衡量企业长远发展战略的价值创造情况；二是计算主要基于财务指标，无法对企业的营运效率与效果进行综合评价；三是不同行业、不同发展阶段、不同规模等的企业，其会计调整项和加权平均资本成本各不相同，计算比较复杂，影响指标的可比性。

第五章 附 则

第二十九条 本指引由财政部负责解释。

28. 管理会计应用指引第 603 号——平衡计分卡（2017 年颁布）

（财会〔2017〕24 号）

第一章 总 则

第一条 平衡计分卡，是指基于企业战略，从财务、客户、内部业务流程、学习与成长四个维度，将战略目标逐层分解转化为具体的、相互平衡的绩效指标体系，并据此进行绩效管理的方法。

第二条 平衡计分卡通常与战略地图等其他工具结合使用。

第三条 平衡计分卡适用于战略目标明确、管理制度比较完善、管理水平相对较高的企业。

平衡计分卡的应用对象可为企业、所属单位（部门）和员工。

第二章 应用环境

第四条 企业应用平衡计分卡工具方法，应遵循《管理会计应用指引第 600 号——绩效管理》中对应用环境的一般要求。

第五条 企业应用平衡计分卡工具方法，应有明确的愿景和战略。平衡计分卡应以战略目标为核心，全面描述、衡量和管理战略目标，将战略目标转化为可操作的行动。

第六条 平衡计分卡可能涉及组织和流程变革，具有创新精神、变革精神的企业文化有助于成功实施平衡计分卡。

第七条 企业应对组织结构和职能进行梳理，消除不同组织职能间的壁垒，实现良好的组织协同，既包括企业内部各级单位（部门）之间的横向与纵向协同，也包括与投资者、客户、供应商等外部利益相关者之间的协同。

第八条 企业应注重员工学习与成长能力的提升，以更好地实现平衡计分卡的财务、客户、内部业务流程目标，使战略目标贯彻到每一名员工的日常工作中。

第九条 平衡计分卡的实施是一项复杂的系统工程。企业一般需要建立由战略管理、人力资源管理、财务管理和外部专家等组成的团队，为平衡计分卡的实施提供机制保障。

第十条 企业应建立高效集成的信息系统，实现绩效管理与预算管理、财务管理、生产经营等系统的紧密结合，为平衡计分卡的实施提供信息支持。

第三章 应用程序

第十一条 企业应用平衡计分卡工具方法，一般按照制定战略地图、制定以平衡计分卡为核心的绩效计划、制定激励计划、制定战略性行动方案、执行绩效计划与激励计划、实施绩效评价与激励、编制绩效评价与激励管理报告等程序进行。

第十二条 企业首先应制定战略地图，即基于企业愿景与战略，将战略目标及其因果关系、价值创造路径以图示的形式直观、明确、清晰地呈现。战略地图的制定参照《管理会计应用指引第 101 号—— 战略地图》。

第十三条 战略地图基于战略主题构建，战略主题反映企业价值创造的关键业务流程，每个战略主题包括相互关联的 1–2 个目标。

第十四条 战略地图制定后，应以平衡计分卡为核心编制绩效计划。绩效计划是企业开展绩效评价工作的行动方案，包括构建指标体系、分配指标权重、确定绩效目标值、选择计分方法和评价周期、签订绩效责任书等一系列管理活动。制定绩效计划通常从企业级开始，层层分解到所属单位（部门），最终落实到具体岗位和员工。

第十五条 平衡计分卡指标体系的构建应围绕战略地图，针对财务、客户、内部业务流程和学习与成长四个维度的战略目标，确定相应的评价指标。

构建平衡计分卡指标体系的一般程序：

（一）制定企业级指标体系。根据企业层面的战略地图，为每个战略主题的目标设定指标，每个目标至少应有 1 个指标。

（二）制定所属单位（部门）级指标体系。依据企业级战略地图和指标体系，制定所属单位（部门）的战略地图，确定相应的指标体系，协同各所属单位（部门）的行动与战略目标保持一致。

（三）制定岗位（员工）级指标体系。根据企业、所属单位（部门）级指标体系，按照岗位职责逐级形成岗位（员工）级指标体系。

第十六条 平衡计分卡指标体系构建时，应注重短期目标与长期目标的平衡、财务指标与非财务指标的平衡、结果性指标与动因性指标的平衡、企业内部利益与外部利益的平衡。平衡计分卡每个维度的指标通常为 4–7 个，总数量一般不超过 25 个。

第十七条 平衡计分卡指标体系构建时，企业应以财务维度为核心，其他维度的指标都与核心维度的一个或多个指标相联系。通过梳理核心维度目标的实现过程，确定每个维度的关键驱动因素，结合战略主题，选取关键绩效指标。

财务维度以财务术语描述了战略目标的有形成果。企业常用指标有投资资本回报率、净资产收益率、经济增加值、息税前利润、自由现金流、资产负债率、总资产周转率等。

客户维度界定了目标客户的价值主张。企业常用指标有市场份额、客户满意度、客户获得率、客户保持率、客户获利率、战略客户数量等。

内部业务流程维度确定了对战略目标产生影响的关键流程。企业常用指标有交货及时率、生产负荷率、产品合格率、存货周转率、单位生产成本等。

学习与成长维度确定了对战略最重要的无形资产。企业常用指标有员工保持率、员工生产率、培训计划完成率、员工满意度等。

第十八条 企业可根据实际情况建立通用类指标库，不同层级单位和部门结合不同的战略定位、业务特点选择适合的指标体系。

第十九条 平衡计分卡指标的权重分配应以战略目标为导向，反映被评价对象对企业战略目标贡献或支持的程度，以及各指标之间的重要性水平。企业绩效指标权重一般设定在 5% ～ 30%，对特别重要的指标可适当提高权重。对特别关键、影响企业整体价值的指标可设立“一票否决”制度，即如果某项绩效指标未完成，无论其他指标是否完成，均视为未完成绩效目标。

第二十条 平衡计分卡绩效目标值应根据战略地图的因果关系分别设置。首先确定战略主题的目标值，其次确定主题内的目标值，然后基于平衡计分卡评价指标与战略目标的对应关系，为每个评价指标设定目标值，通常设计3–5年的目标值。

第二十一条 平衡计分卡绩效目标值确定后，应规定因内外部环境发生重大变化、自然灾害等不可抗力因素对绩效完成结果产生重大影响时，对目标值进行调整的办法和程序。一般情况下，由被评价对象或评价主体测算确定影响程度，向相应的绩效管理工作机构提出调整申请，报薪酬与考核委员会或类似机构审批。

第二十二条 绩效评价计分方法和周期的选择、绩效责任书的签订、激励计划的制定，参照《管理会计应用指引第600号——绩效管理》。

第二十三条 绩效计划与激励计划制定后，企业应在战略主题的基础上，制定战略性行动方案，实现短期行动计划与长期战略目标的协同。战略性行动方案的制定主要包括以下内容：

（一）选择战略性行动方案。制定每个战略主题的多个行动方案，并从中区分、排序和选择最优的战略性行动方案。

（二）提供战略性资金。建立战略性支出的预算，为战略性行动方案提供资金支持。

（三）建立责任制。明确战略性行动方案的执行责任方，定期回顾战略性行动方案的执行进程和效果。

第二十四条 绩效计划与激励计划执行过程中，企业应按照纵向一致、横向协调的原则，持续地推进组织协同，将协同作为一个重要的流程进行管理，使企业和员工的目标、职责与行动保持一致，创造协同效应。

第二十五条 绩效计划与激励计划执行过程中，企业应持续深入地开展流程管理，及时识别存在问题的关键流程，根据需要对流程进行优化完善，必要时进行流程再造，将流程改进计划与战略目标相协同。

第二十六条 绩效计划与激励计划的执行、实施及编制报告参照《管理会计应用指引第600号——绩效管理》。

第二十七条 平衡计分卡的实施是一项长期的管理改善工作，在实践中通常采用先试点后推广的方式，循序渐进，分步实施。

第四章　工具方法评价

第二十八条 平衡计分卡的主要优点是：一是战略目标逐层分解并转化为被评价对象的绩效指标和行动方案，使整个组织行动协调一致；二是从财务、客户、内部业务流程、学习与成长四个维度确定绩效指标，使绩效评价更为全面完整；三是将学习与成长作为一个维度，注重员工的发展要求和组织资本、信息资本等无形资产的开发利用，有利于增强企业可持续发展的动力。

第二十九条 应用平衡计分卡的主要缺点是：一是专业技术要求高，工作量比较大，操作难度也较大，需要持续地沟通和反馈，实施比较复杂，实施成本高；二是各指标权重在不同层级及各层级不同指标之间的分配比较困难，且部分非财务指标的量化工作难以落实；三是系统性强、涉及面广，需要专业人员的指导、企业全员的参与和长期持续地修正与完善，对信息系统、管理能力有较高的要求。

第五章　附　　则

第三十条 本指引由财政部负责解释。

附录：

相关工具方法及指标计算说明

一、工具方法说明

（一）指标权重确定方法

1. 德尔菲法（也称专家调查法），是指邀请专家对各项指标进行权重设置，将汇总平均后的结果反馈给专家，再次征询意见，经过多次反复，逐步取得比较一致结果的方法。

2. 层次分析法，是指将绩效指标分解成多个层次，通过下层元素对于上层元素相对重要性的两两比较，构成两两比较的判断矩阵，求出判断矩阵最大特征值所对应的特征向量作为指标权重值的方法。

3. 主成分分析法，是指将多个变量重新组合成一组新的相互无关的综合变量，根据实际需要从中挑选出尽可能多地反映原来变量信息的少数综合变量，进一步求出各变量的方差贡献率，以确定指标权重的方法。

4. 均方差法，是指将各项指标定为随机变量，指标在不同方案下的数值为该随机变量的取值，首先求出这些随机变量（各指标）的均方差，然后根据不同随机变量的离散程度确定指标权重的方法。

（二）绩效评价计分方法

1. 功效系数法，是指根据多目标规划原理，将所要评价的各项指标分别对照各自的标准，并根据各项指标的权重，通过功效函数转化为可以度量的评价分数，再对各项指标的单项评价分数进行加总，得出综合评价分数的一种方法。该方法的优点是从不同侧面对评价对象进行计算评分，满足了企业多目标、多层次、多因素的绩效评价要求，缺点是标准值确定难度较大，比较复杂。功效系数法的计算公式为：

绩效指标总得分＝∑单项指标得分

单项指标得分＝本档基础分＋调整分

本档基础分＝指标权重 × 本档标准系数

调整分＝功效系数 ×（上档基础分－本档基础分）

上档基础分＝指标权重 × 上档标准系数

$$\text{功效系数}=\frac{\text{实际值}-\text{本档标准值}}{\text{上档标准值}-\text{本档标准值}}$$

对评价标准值的选用，应结合评价的目的、范围、企业所处行业、企业规模等具体情况，参考国家相关部门或研究机构发布的标准值确定。

2. 综合指数法，是指根据指数分析的基本原理，计算各项绩效指标的单项评价指数和加权评价指数，据以进行综合评价的方法。该方法的优点是操作简单，容易理解，缺点是标准值存在异常时影响结果的准确性。综合指数法的计算公式为：

绩效指标总得分＝∑（单项指标评价指数 × 该项评价指标的权重）

3. 素质法，是指评估员工个人或团队在多大程度上具有组织所要求的某种基本素质、关键技能和主要特质的方法。

4. 行为法，是指专注于描述与绩效有关的行为状态，考核员工在多大程度上采取了管理者所期望或工作角色所要求的组织行为的方法。

（三）β 值确定方法

1. 最小二乘法，是指通过最小化误差的平方和，找到一组数据的最佳函数匹配的方法。

2. 回归分析法，是指在掌握大量观察数据的基础上，利用数理统计方法建立因变量与自变量之间的回归关系函数表达式的方法。

3. 类比法（也称比较类推法），是指由一类事物所具有的某种属性，推测与其类似的事物应具有这种属性的方法。

（四）收集信息方法

1. 观察法，是指通过直接观察员工在工作中的表现并予以记录的方法。

2. 工作记录法，是指通过日常工作记录或财务管理、生产经营等业务系统产生的数据，予以收集信息的方法。

3. 他人反馈法，是指收集其他人员对被评价对象的评价信息的方法。

二、评价指标计算说明

1. 投资资本回报率，是指企业一定会计期间取得的息前税后利润占其所使用的全部投资资本的比例，反映企业在会计期间有效利用投资资本创造回报的能力。一般计算公式如下：

$$投资资本回报率=\frac{税前利润\times(1-所得税税率)+利息支出}{投资资本平均余额}\times 100\%$$

$$投资资本平均余额=\frac{期初投资资本+期末投资资本}{2}$$

投资资本=有息债务+所有者（股东）权益

2. 净资产收益率（也称权益净利率），是指企业一定会计期间取得的净利润占其所使用的净资产平均数的比例，反映企业全部资产的获利能力。一般计算公式如下：

$$净资产收益率=\frac{净利润}{平均净资产}\times 100\%$$

3. 经济增加值回报率，是指企业一定会计期间内经济增加值与平均资本占用的比值。一般计算公式如下：

$$经济增加值回报率=\frac{经济增加值}{平均净资产}\times 100\%$$

4. 息税前利润，是指企业当年实现税前利润与利息支出的合计数。一般计算公式如下：

息税前利润=税前利润+利息支出

5. 自由现金流，是指企业一定会计期间经营活动产生的净现金流超过付现资本性支出的金额，反映企业可动用的现金。一般计算公式如下：

自由现金流=经营活动净现金流－付现资本性支出

6. 资产负债率，是指企业负债总额与资产总额的比值，反映企业整体财务风险程度。一般计算公式如下：

$$资产负债率=\frac{负债总额}{资产总额}\times 100\%$$

7. 总资产周转率，是指营业收入与总资产平均余额的比值，反映总资产在一定会计期间内周转的次数。一般计算公式如下：

总资产周转率=营业收入 / 总资产平均余额

8. 存货周转率，是指企业营业收入与存货平均余额的比值，反映存货在一定会计期间内周转的次数。一般计算公式如下：

存货周转率=营业收入 / 存货平均余额

9. 资本周转率，是指企业在一定会计期间内营业收入与平均资本占用的比值。一般计算公式如下：

$$资本周转率=\frac{营业收入}{平均资本占用}\times100\%$$

10. 资本性支出，是指企业发生的、其效益涉及于两个或两个以上会计年度的各项支出。

11. 产量，是指企业在一定时期内生产出来的产品的数量。

12. 销量，是指企业在一定时期内销售商品的数量。

13. 单位生产成本，是指生产单位产品而平均耗费的成本。

14. 客户满意度，是指客户期望值与客户体验的匹配程度，即客户通过对某项产品或服务的实际感知与其期望值相比较后得出的指数。客户满意度收集渠道主要包括问卷调查、客户投诉、与客户的直接沟通、消费者组织的报告、各种媒体的报告和行业研究的结果等。

15. 员工满意度，是指员工对企业的实际感知与其期望值相比较后得出的指数。主要通过问卷调查、访谈调查等方式，从工作环境、工作关系、工作内容、薪酬福利、职业发展等方面进行衡量。

16. 市场份额，是指一个企业的销售量（或销售额）在市场同类产品中所占的比重。

17. 客户获得率，是指企业在争取新客户时获得成功部分的比例。该指标可用客户数量增长率或客户交易额增长率来描述，一般计算公式如下：

$$客户数量增长率=\frac{本期客户数量-上期客户数量}{上期客户数量}\times100\%$$

$$客户交易额增长率=\frac{本期客户交易额-上期客户交易额}{上期客户交易额}\times100\%$$

18. 客户保持率，是指企业继续保持与老客户交易关系的比例。该指标可用老客户交易增长率来描述，一般计算公式如下：

$$老客户交易增长率=\frac{老客户本期交易额-老客户上期交易额}{老客户上期交易额}\times100\%$$

19. 客户获利率，是指企业从单一客户得到的净利润与付出的总成本的比率。一般计算公式如下：

$$单一客户获利率=\frac{单一客户净利润}{单一客户总成本}\times100\%$$

20. 战略客户数量，是指对企业战略目标实现有重要作用的客户的数量。

21. 交货及时率，是指企业在一定会计期间内及时交货的次数占其总交货次数比例。一般计算公式如下：

$$交货及时率=\frac{及时交货的订单个数}{总订单个数}\times100\%$$

22. 生产负荷率，是指投产项目在一定会计期间内的产品产量与设计生产能力的比例。一般计算公式如下：

$$生产负荷率=\frac{实际产量}{设计生产能力}\times100\%$$

23. 产品合格率，是指合格产品数量占总产品数量的比例。一般计算公式为：

$$产品合格率=\frac{合格产品数量}{总产品数量}\times 100\%$$

24. 员工流失率，是指企业一定会计期间内离职员工占员工平均人数的比例。一般计算公式如下：

$$员工流失率=\frac{本期离职员工人数}{员工平均人数}\times 100\%$$

员工保持率＝1－员工流失率

25. 员工生产率，是指员工在一定会计期间内创造的劳动成果与其相应员工数量的比值。该指标可用人均产品生产数量或人均营业收入进行衡量。一般计算公式如下：

人均产品生产数量＝本期产品生产总量 / 生产人数

人均营业收入＝本期营业收入 / 员工人数

26. 培训计划完成率，是指培训计划实际执行的总时数占培训计划总时数的比例。一般计算公式如下：

$$培训计划完成率=\frac{培训计划实际执行的总时数}{培训计划总时数}\times 100\%$$

29. 管理会计应用指引第 604 号——绩效棱柱模型（2018 年颁布）

（财会〔2018〕22 号）

第一章　总　　则

第一条　绩效棱柱模型，是指从企业利益相关者角度出发，以利益相关者满意为出发点，利益相关者贡献为落脚点，以企业战略、业务流程、组织能力为手段，用棱柱的五个构面构建三维绩效评价体系，并据此进行绩效管理的方法。

利益相关者，是指有能力影响企业或者被企业所影响的人或者组织，通常包括股东、债权人、员工、客户、供应商、监管机构等。

第二条　绩效棱柱模型适用于管理制度比较完善，业务流程比较规范，管理水平相对较高的大中型企业。

绩效棱柱模型的应用对象可为企业和企业各级所属单位（部门）。

第二章　应 用 环 境

第三条　企业应用绩效棱柱模型工具方法，应遵循《管理会计应用指引第 600 号——绩效管理》中对应用环境的一般要求。

第四条　企业应坚持主要利益相关者价值取向，建立有效的内外部沟通协调机制，与利益相关者建立良好的互动关系。

第五条　企业应根据主要利益相关者的需求制定战略，优化关键流程，提升组织能力，在满足主要利益相关者需求的基础上分享其做出的贡献。

第六条　企业应用绩效棱柱模型工具方法，一般需要建立由负责战略、人力资源、财务、客户和供应商等有关部门及外部专家等组成的项目团队。

第七条 企业应对人力资源管理、客户关系管理、供应商关系管理、财务管理等系统进行集成，为绩效棱柱模型的实施提供信息支持。

第三章 应用程序

第八条 企业应用绩效棱柱模型工具方法，应遵循《管理会计应用指引第600号——绩效管理》中对应用程序的一般要求。

第九条 企业在制定绩效计划时，可采用绩效棱柱模型工具方法。在应用该方法时，一般按照明确主要利益相关者、绘制利益相关者地图、优化战略和业务流程以及提升能力、制定以绩效棱柱模型为核心的绩效计划等程序进行。

第十条 企业应结合自身的经营环境、行业特点、发展阶段、商业模式、业务特点等因素界定利益相关者范围，进一步运用态势分析法、德尔菲法等方法确定绩效棱柱模型的主要利益相关者。

第十一条 企业应根据确定的主要利益相关者，绘制基于绩效棱柱模型的利益相关者地图。

利益相关者地图是以利益相关者满意为出发点，按照企业战略、业务流程、组织能力依次展开，并以利益相关者贡献为落脚点的平面展开图。

利益相关者地图可将绩效棱柱模型五个构面以图示形式直观、明确、清晰地呈现出来。

第十二条 绘制利益相关者地图后，企业应及时查找现有的战略、业务流程和组织能力在满足主要利益相关者满意方面存在的不足和差距，进一步优化战略和业务流程，提升组织能力，制定行动方案并有效地实施。

第十三条 绘制利益相关者地图后，企业还应以绩效棱柱模型为核心编制绩效计划。绩效计划是企业开展绩效评价工作的行动方案，包括构建指标体系、分配指标权重、确定绩效目标值、选择计分方法和评价周期、签订绩效责任书等一系列管理活动。

第十四条 企业应围绕利益相关者地图，构建绩效棱柱模型指标体系。指标体系的构建应坚持系统性、相关性、可操作性、成本效益原则。各项指标应简单明了，易于理解和使用。主要内容如下：

（一）制定企业级指标体系。根据企业层面的利益相关者地图，分别设计出各个构面的绩效评价指标。

（二）制定所属单位（部门）级指标体系。根据企业级利益相关者地图和指标体系，绘制所属单位（部门）级利益相关者地图，制定相应的指标体系。

第十五条 绩效棱柱模型指标体系通常包括以下内容：

（一）利益相关者满意评价指标：与投资者（包括股东和债权人，下同）相关的指标有总资产报酬率、净资产收益率、派息率、资产负债率、流动比率等；与员工相关的指标有员工满意度、工资收入增长率、人均工资等；与客户相关的指标有客户满意度、客户投诉率等；与供应商相关的指标有逾期付款次数等；与监管机构相关的指标有社会贡献率、资本保值增值率等。

（二）企业战略评价指标：与投资者相关的指标有可持续增长率、资本结构、研发投入比率等；与员工相关的指标有员工职业规划、员工福利计划等；与客户相关的指标有品牌意识、客户增长率等；与供应商相关的指标有供应商关系质量等；与监管机构相关的指标有政策法规认知度、企业的环保意识等。

（三）业务流程评价指标：与投资者相关的指标有标准化流程比率、内部控制有效性等；与员工相关的指标有员工培训有效性、培训费用支出率等；与客户相关的指标有产品合格率、准时交货率等；与供应商相关的指标有采购合同履约率、供应商的稳定性等；与监管机构相关的指标有环保投入率、罚款与销售比率等。

（四）组织能力评价指标：与投资者相关的指标有总资产周转率、管理水平评分等；

与员工相关的指标有员工专业技术水平、人力资源管理水平等；与客户相关的指标有售后服务水平、市场管理水平等；与供应商相关的指标有采购折扣率水平、供应链管理水平等；与监管机构相关的指标有节能减排达标率等。

（五）利益相关者贡献评价指标：与投资者相关的指标有融资成本率等；与员工相关的指标有员工生产率、员工保持率等；与客户相关的指标有客户忠诚度、客户毛利水平等；与供应商相关的指标有供应商产品质量水平、按时交货率等；与监管机构相关的指标有当地政府支持度、税收优惠程度等。

第十六条 企业分配绩效棱柱模型指标权重，应以主要利益相关者价值为导向，反映所属各单位或部门、岗位对主要利益相关者价值贡献或支持的程度，以及各指标之间的重要性水平。首先根据重要性水平分别对主要利益相关者分配权重，权重之和为100%；然后对不同主要利益相关者五个构面分别设置权重，权重之和为100%；单项指标权重一般设定在5%–30%之间，对特别重要的指标可适当提高权重。

第十七条 企业设定绩效棱柱模型的绩效目标值，应根据利益相关者地图的因果关系，以利益相关者满意指标目标值为出发点，逐步分解得到企业战略、业务流程、组织能力的各项指标目标值，最终实现利益相关者贡献的目标值。各目标值应符合企业实际，具有可实现性和挑战性，使被评价对象经过努力可以达到。

第十八条 绩效棱柱模型绩效目标值确定后，因内外部环境发生重大变化、自然灾害等不可抗力因素对绩效完成结果产生重大影响时，企业应规定对目标值进行调整的办法和程序。一般情况下，由被评价对象或评价主体测算确定影响额度，向相应的绩效管理工作机构提出调整申请，报薪酬与考核委员会或类似机构审批。

第十九条 绩效棱柱模型的实施是一项长期管理改善工作，企业在实践中通常可采用先试点后推广的方式，循序渐进分步实施。

第四章 工具方法评价

第二十条 绩效棱柱模型的主要优点是：坚持主要利益相关者价值取向，使主要利益相关者与企业紧密联系，有利于实现企业与主要利益相关者的共赢，为企业可持续发展创造良好的内外部环境。

第二十一条 绩效棱柱模型的主要缺点是：涉及多个主要利益相关者，对每个主要利益相关者都要从五个构面建立指标体系，指标选取复杂，部分指标较难量化，对企业信息系统和管理水平有较高要求，实施难度大、门槛高。

第五章 附 则

第二十二条 本指引由财政部负责解释。

30. 管理会计应用指引第700号——风险管理（2018年颁布）

（财会〔2018〕22号）

第一章 总 则

第一条 为了加强企业风险管理，推动相关管理会计工具方法在风险管理领域的有效应用，根据《管理会计基本指引》，制定本指引。第二条风险管理，是指企业为实现风险管理目标，对企业风险进行有效识别、评估、预警和应对等管理活动的过程。企业风险，是指对企业的战略与经营目标实现产生影响的不确定性。

需要注意的是，企业风险管理并不能替代内部控制。

第三条 企业进行风险管理，一般应遵循以下原则：

（一）融合性原则。企业风险管理应与企业的战略设定、经营管理与业务流程相结合。

（二）全面性原则。企业风险管理应覆盖企业所有的风险类型、业务流程、操作环节和管理层级与环节。

（三）重要性原则。企业应对风险进行评价，确定需要进行重点管理的风险，并有针对性地实施重点风险监测，及时识别、应对。

（四）平衡性原则。企业应权衡风险与回报、成本与收益之间的关系。

第四条 企业可根据风险的来源、影响、性质、责任主体等不同标准，建立符合风险管理需要的，满足系统性、完整性、层次性、可操作性、可扩展性等要求的风险分类框架。

第五条 风险管理领域应用的管理会计工具方法，一般包括风险矩阵、风险清单等。

企业可结合自身的风险管理目标和实际情况，单独或综合应用不同风险管理工具方法。

第二章 应用环境

第六条 企业应强化风险管理意识，形成与本企业经营状况相适应的风险管理理念，培育和塑造良好的风险管理文化，建立风险管理培训、传达、监督和激励约束机制，将风险管理意识转化为员工的共同认识和自觉行动。

第七条 企业应根据相关法律法规的要求和风险管理的需要，建立组织架构健全、职责边界清晰的风险管理结构，明确董事会、监事会、管理层、业务部门、风险管理责任部门等在风险管理中的职责分工，建立风险管理决策、执行、监督与评价等职能既相互分离与制约，又相互协调的运行机制。

第八条 企业应建立健全能够涵盖风险管理主要环节的风险管理制度体系。通常包括风险管理决策制度、风险识别与评估制度、风险监测预警制度、应急处理制度、风险管理评价制度、风险管理考核制度等。

第九条 企业应加强信息技术在风险管理中的应用，建立与业务财务相融合的信息系统。

第三章 应用程序

第十条 企业应用风险管理工具方法，一般按照设定目标，识别和分析风险，对风险进行检测、预警和应对，沟通风险信息，考核和评价风险管理等程序进行。

第十一条 风险管理目标是在确定企业风险偏好的基础上，将企业的总体风险和主要风险控制在企业风险容忍度范围之内。

风险偏好，是指企业愿意承担的风险及相应的风险水平；风险容忍度，是指企业在风险偏好的基础上，设定的风险管理目标值的可容忍波动范围。

第十二条 企业应根据风险形成机制，识别可能影响风险管理目标实现的内外部风险因素和风险事项。

第十三条 企业应在风险识别的基础上，对风险成因和特征、风险之间的相互关系，以及风险发生的可能性、对目标影响程度和可能持续的时间进行分析。

第十四条 企业应在风险评价的基础上，针对需重点关注的风险，设置风险预警指标体系对风险的状况进行监测，并通过将指标值与预警临界值的比较，识别预警信号，并进行预警分级。

第十五条 企业应针对已发生的风险或已超过监测预警临界值的风险，采取风险接受、风险规避、风险转移、风险分担、风险转换、风险对冲、风险补偿、风险降低等策略，把风险控制在风险容忍度之内。

第十六条 企业应在企业内部各管理层级、责任单位、业务环节之间，以及企业与外部投资者、债权人、客户、供应商、中介机构和监管部门等有关方面之间，传递和反馈风险管理各环节的相关信息。

企业应建立风险管理报告制度，明确报告的内容、对象、频率和路径。

第十七条 企业应根据风险管理职责设置风险管理考核指标，并纳入企业绩效管理，建立明确的、权责利相结合的奖惩制度，以保证风险管理活动的持续性和有效性。

风险管理部门应定期对各职能部门和业务部门的风险管理实施情况和有效性进行考核，形成考核结论并出具考核报告，及时报送企业管理层和绩效管理部门。

第十八条 企业应定期对风险管理制度、工具方法和风险管理目标的实现情况进行评价，识别是否存在重大风险管理缺陷，形成评价结论并出具评价报告。

第四章 附 则

第十九条 本指引由财政部负责解释。

31. 管理会计应用指引第 701 号——风险矩阵（2018 年颁布）

（财会〔2018〕22 号）

第一章 总 则

第一条 风险矩阵，是指按照风险发生的可能性和风险发生后果的严重程度，将风险绘制在矩阵图中，展示风险及其重要性等级的风险管理工具方法。

第二条 风险矩阵的基本原理是，根据企业风险偏好，判断并度量风险发生可能性和后果严重程度，计算风险值，以此作为主要依据在矩阵中描绘出风险重要性等级。

第三条 企业应用风险矩阵，应明确应用主体（企业整体、下属企业或部门），确定所要识别的风险，定义风险发生可能性和后果严重程度的标准，以及定义风险重要性等级及其表示形式。

第四条 风险矩阵适用于表示企业各类风险重要性等级，也适用于各类风险的分析评价和沟通报告。

第二章 应用环境

第五条 企业应用风险矩阵工具方法，应遵循《管理会计应用指引第 700 号——风险管理》中对应用环境的一般要求。

第六条 企业应用风险矩阵工具方法，应综合考虑所处的外部环境、企业内部的财务和业务情况，以及企业风险管理目标、风险偏好、风险容忍度、风险管理能力等。

第七条 企业应用风险矩阵工具方法，由风险管理责任部门负责风险矩阵工具方法的培训、组织、协调、指导，并根据由相关职能部门和业务部门负责绘制的风险矩阵列示的风险重要性等级，汇总编制企业整体的风险矩阵。

必要时，企业可组建由相关职能部门和业务部门组成的跨部门风险管理团队，对风险发生可能性和后果严重程度做出客观、全面的分析和评价。

第三章 应用程序

第八条 企业应用风险矩阵工具方法，一般按照绘制风险矩阵坐标图（包括确定风险矩阵的横纵坐标、制定风险重要性等级标准、分析与评价各项风险、在风险矩阵中描绘出风险点），沟通报告风险信息和持续修订风险矩阵图等程序进行。

第九条 风险矩阵坐标，是以风险后果严重程度为横坐标、以风险发生可能性为纵坐标的矩阵坐标图。企业可根据风险管理精度的需要，确定定性、半定量或定量指标来描述风险后果严重程度和风险发生可能性。

风险后果严重程度的横坐标等级可定性描述为“微小”“较小”“较大”“重大”等（也可采用 1、2、3、4 等 M 个半定量分值），风险发生可能性的纵坐标等级可定性描述为“不太可能”“偶尔可能”“可能”“很可能”等（也可采用 1、2、3、4 等 N 个半定量分值），从而形成 M×N 个方格区域的风险矩阵图（见附图 1），也可以根据需要通过定量指标更精确地描述风险后果严重程度和风险发生可能性。

第十条 企业在确定风险重要性等级时，应综合考虑风险后果严重程度和发生可能性，以及企业的风险偏好，将风险重要性等级划分为可忽视的风险、可接受的风险、要关注的风险和重大的风险等级别。

对于使用半定量和定量指标描绘的矩阵，企业可将风险后果严重程度和发生可能性等级的乘积（即风险值）划分为与风险重要性等级相匹配的区间。为了突出风险矩阵的可视化效果，企业可以将不同重要性等级的风险用不同的标识进行区分。

第十一条 企业在逐项分析和评价需在风险矩阵中展示的风险时，注意考虑各风险的性质和企业对该风险的应对能力，对单个风险发生的可能性和风险后果严重程度的量化应注重参考相关历史数据。企业在综合职能部门和业务部门等相关方意见后，得到每一风险发生可能性和后果严重程度的评分结果。

第十二条 企业应将每一风险发生的可能性和后果严重程度的评分结果组成的唯一坐标点标注在建立好的风险矩阵图中，标明各点的含义并给风险矩阵命名，完成风险矩阵的绘制。

第十三条 企业应将绘制完成的风险矩阵及时传递给企业管理层、各职能部门和业务部门。企业还可将风险矩阵纳入企业风险管理报告，以切实指导风险预警和应对活动，提高风险管理效果。

第十四条 企业应根据风险管理的需要或企业管理层的要求，定期或不定期地更新风险矩阵所展示的各类风险及其重要性等级。

第四章 工具方法评价

第十五条 风险矩阵的主要优点：为企业确定各项风险重要性等级提供了可视化的工具。

第十六条 风险矩阵的主要缺点：一是需要对风险重要性等级标准、风险发生可能性、后果严重程度等做出主观判断，可能影响使用的准确性；二是应用风险矩阵所确定的风险重要性等级是通过相互比较确定的，因而无法将列示的个别风险重要性等级通过数学运算得到总体风险的重要性等级。

第五章 附 则

第十七条 本指引由财政部负责解释。

附录：

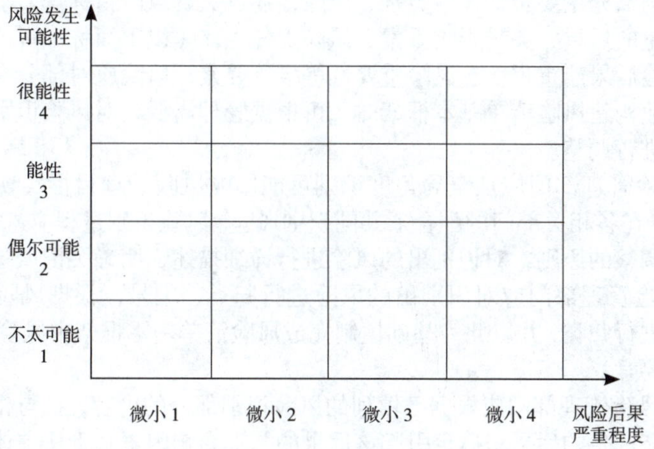

风险矩阵图

32. 管理会计应用指引第 702 号——风险清单（2018 年颁布）

（财会〔2018〕22 号）

第一章 总 则

第一条 风险清单，是指企业根据自身战略、业务特点和风险管理要求，以表单形式进行风险识别、风险分析、风险应对措施、风险报告和沟通等管理活动的工具方法。

第二条 风险清单适用于各类企业及企业内部各个层级和各类型风险的管理。

第三条 企业应用风险清单工具方法的主要目标，是使企业从整体上了解自身风险概况和存在的重大风险，明晰各相关部门的风险管理责任，规范风险管理流程，并为企业构建风险预警和风险考评机制奠定基础。

第二章 应用环境

第四条 企业应用风险清单工具方法，应遵循《管理会计应用指引第 700 号——风险管理》中对应用环境的一般要求。

第五条 风险清单应由企业风险管理部门牵头组织实施，明确风险清单编制的对象和流程，建立培训、指导、协调、考核和监督机制。各部门对与本部门相关的风险清单的有效性负直接责任，有效性包括风险清单使用的效率和效果等。

第三章 应用程序

第六条 企业应用风险清单工具方法，一般按照编制风险清单、沟通与报告、评价与优化等程序进行。

第七条 企业一般按企业整体和部门两个层级编制风险清单。企业整体风险清单的编制一般按照构建风险清单基本框架、识别风险、分析风险、制定重大风险应对措施等程序进行；部门风险清单的编制可根据企业整体风险清单，梳理出与本部门相关的重大风险，依照上述流程进行。

中小企业编制风险清单，也可不区分企业整体和部门。

第八条 企业风险清单基本框架（见附录）一般包括风险识别、风险分析、风险应对三部分。风险识别部分主要包括风险类别、风险描述、关键风险指标等要素；风险分析部分主要包括可能产生的后果、关键影响因素、风险责任主体（以下简称“责任主体”）、风险发生可能性、风险后果严重程度、风险重要性等级等要素；风险应对部分主要包括风险应对措施等要素。企业构建风险清单基本框架时，可根据管理需要，对风险识别、风险分析、风险应对中的要素进行调整。

第九条 风险管理部门应从全局角度识别可能影响风险管理目标实现的因素和事项，建立风险信息库，在各相关部门的配合下共同识别风险。风险识别过程应遵循全面系统梳理、全员参与、动态调整的原则，对识别出的风险进行详细描述，明确关键风险指标等。

第十条 风险管理部门应对识别出的风险进行归类、编号，根据风险性质、风险指标是否可以量化等进行归类，并以此为基础填制完成风险清单基本框架中风险类别、风险描述、关键风险指标等要素。

第十一条 风险管理部门应根据已填列的风险识别部分的内容，在与相关部门沟通后，分析各类风险可能产生的后果，确定引起该后果的关键影响因素及责任主体，并填制完成风险清单基本框架中可能产生后果、关键影响因素、风险责任主体等要素。

第十二条 各责任主体可基于风险偏好和风险应对能力，逐项分析风险清单中各类风险发生的可能性和后果严重程度，确定风险重要性等级，并填制风险发生可能性、风险后果严重程度、风险重要性等级等要素。风险重要性等级的确定方法和标准可参见《管理会计应用指引第 701 号——风险矩阵》。

第十三条 风险管理部门应以风险重要性等级结果为依据确定企业整体的重大风险，报企业风险管理决策机构批准后反馈给相关责任主体。

第十四条 风险管理部门应会同各责任主体结合企业的风险偏好、风险管理能力等制定相应的风险管理应对措施，填制风险清单基本框架中风险应对措施要素，由此填制完成企业整体风险清单。

第十五条 风险管理部门及各责任主体可对企业整体重大风险进行进一步的分析，也可直接对各部门相关的业务流程进行细化分解，形成相关部门的风险清单。

各部门应用本风险清单进行风险管理的程序与企业整体风险清单类似，但应加强流程细节分析，突出具体应对措施，力求将风险管理切实落到业务流程和岗位责任人。

第十六条 风险管理部门应将风险清单所呈现的风险信息及时传递给相关责任主体，确保各责任主体准确理解相关的风险信息，有效开展风险管理活动。为提高风险清单应用的有效性，风险管理部门可将其纳入企业风险管理报告。

第十七条 风险管理部门应会同各责任主体定期或不定期地根据企业内外部环境变化，对风险清单是否全面识别风险并准确分类、是否准确分析风险成因及后果、是否采取了恰当的风险应对措施等进行评估，及时对风险清单进行更新调整。

第四章 工具方法评价

第十八条 风险清单的主要优点：能够直观反映企业风险情况，易于操作，能够适应不同类型企业、不同层次风险、不同风险管理水平的风险管理工作。

第十九条 风险清单的主要缺点：风险清单所列举的风险往往难以穷尽，且风险重要性等级的确定可能因评价的主观性而产生偏差。

第五章 附 则

第二十条 本指引由财政部负责解释。

附录 1

企业整体风险清单

风险识别										风险分析				风险应对
风险类别						风险描述	关键风险指标	可能产生的后果	关键影响因素	风险责任主体	风险发生可能性	风险后果严重程度	风险重要性等级	风险应对措施
一级风险		二级风险		……										
编号	名称	编号	名称	编号	名称									
1	战略风险	1.1												
		1.2												
		…												
2	营运风险	2.1												
		2.2												
		…												
3	财务风险	3.1												
		3.2												
		…												
	……													

附录 2

部门风险清单

风险识别								风险分析						风险应对
风险类别						风险描述	关键风险指标	关键影响因素	可能产生的后果	风险责任主体	风险发生可能性	风险后果严重程度	风险重要性等级	风险应对措施
一级风险		二级风险												
编号	名称	编号	名称											
1	业务 1	1.1	流程 1											
		1.2	流程 2											
		…	……											
2	业务 2	2.1												
		2.2												
		…												
3	业务 3	3.1												
		3.2												
		…												
	……													

33. 管理会计应用指引第 801 号——企业管理会计报告（2017 年颁布）

（财会〔2017〕24 号）

第一章　总　则

第一条　为了指导企业管理会计报告的编制、审批、报送、使用等，根据《管理会计基本指引》，制定本指引。

第二条　企业管理会计报告，是指企业运用管理会计方法，根据财务和业务的基础信息加工整理形成的，满足企业价值管理和决策支持需要的内部报告。

第三条　企业管理会计报告的目标是为企业各层级进行规划、决策、控制和评价等管理活动提供有用信息。

第四条　企业应建立管理会计报告组织体系，根据需要设置管理会计报告相关岗位，明确岗位职责。企业各部门都应履行提供管理会计报告所需信息的责任。

第五条　企业管理会计报告的形式要件包括报告的名称、报告期间或时间、报告对象、报告内容以及报告人等。

第六条　企业管理会计报告的对象是对管理会计信息有需求的各个层级、各个环节的管理者。

第七条　企业可根据管理的需要和管理会计活动的性质设定报告期间。一般应以日历期间（月度、季度、年度）作为企业管理会计报告期间，也可根据特定需要设定企业管理会计报告期间。

第八条　企业管理会计报告的内容应根据管理需要和报告目标而定，易于理解并具有一定灵活性。

第九条　企业管理会计报告的编制、审批、报送、使用等应与企业组织架构相适应。

第十条　企业管理会计报告体系应根据管理活动全过程进行设计，在管理活动各环节形成基于因果关系链的结果报告和原因报告。

第十一条　企业管理会计报告体系可按照多种标准进行分类，包括但不限于：

（一）按照企业管理会计报告使用者所处的管理层级可分为战略层管理会计报告、经营层管理会计报告和业务层管理会计报告；

（二）按照企业管理会计报告内容可分为综合企业管理会计报告和专项企业管理会计报告；

（三）按照管理会计功能可分为管理规划报告、管理决策报告、管理控制报告和管理评价报告；

（四）按照责任中心可分为投资中心报告、利润中心报告和成本中心报告；

（五）按照报告主体整体性程度可分为整体报告和分部报告。

第二章　战略层管理会计报告

第十二条　战略层管理会计报告是为战略层开展战略规划、决策、控制和评价以及其他方面的管理活动提供相关信息的对内报告。战略层管理会计报告的报告对象是企业的战略层，包括股东大会、董事会和监事会等。

第十三条　战略层管理会计报告包括但不仅限于战略管理报告、综合业绩报告、价值创造报告、经营分析报告、风险分析报告、重大事项报告、例外事项报告等。这些报告可独立提交，也可根据不同需要整合后提交。

第十四条 战略管理报告的内容一般包括内外部环境分析、战略选择与目标设定、战略执行及其结果，以及战略评价等。

第十五条 综合业绩报告的内容一般包括关键绩效指标预算及其执行结果、差异分析以及其他重大绩效事项等。

第十六条 价值创造报告的内容一般包括价值创造目标、价值驱动的财务因素与非财务因素、内部各业务单元的资源占用与价值贡献，以及提升公司价值的措施等。

第十七条 经营分析报告的内容一般包括过去经营决策执行情况回顾、本期经营目标执行的差异及其原因、影响未来经营状况的内外部环境与主要风险分析、下一期的经营目标及管理措施等。

第十八条 风险分析报告的内容一般包括企业全面风险管理工作回顾、内外部风险因素分析、主要风险识别与评估、风险管理工作计划等。

第十九条 重大事项报告是针对企业的重大投资项目、重大资本运作、重大融资、重大担保事项、关联交易等事项进行的报告。

第二十条 例外事项报告是针对企业发生的管理层变更、股权变更、安全事故、自然灾害等偶发性事项进行的报告。

第二十一条 战略层管理会计报告应精炼、简洁、易于理解，报告主要结果、主要原因，并提出具体的建议。

第三章 经营层管理会计报告

第二十二条 经营层管理会计报告是为经营管理层开展与经营管理目标相关的管理活动提供相关信息的对内报告。经营层管理会计报告的报告对象是经营管理层。

第二十三条 经营层管理会计报告主要包括全面预算管理报告、投资分析报告、项目可行性报告、融资分析报告、盈利分析报告、资金管理报告、成本管理报告、绩效评价报告等。

第二十四条 全面预算管理报告的内容一般包括预算目标制定与分解、预算执行差异分析以及预算考评等。

第二十五条 投资分析报告的内容一般包括投资对象、投资额度、投资结构、投资进度、投资效益、投资风险和投资管理建议等。

第二十六条 项目可行性报告的内容一般包括项目概况、市场预测、产品方案与生产规模、厂址选择、工艺与组织方案设计、财务评价、项目风险分析，以及项目可行性研究结论与建议等。

第二十七条 融资分析报告的内容一般包括融资需求测算、融资渠道与融资方式分析及选择、资本成本、融资程序、融资风险及其应对措施和融资管理建议等。

第二十八条 盈利分析报告的内容一般包括盈利目标及其实现程度、利润的构成及其变动趋势、影响利润的主要因素及其变化情况， 以及提高盈利能力的具体措施等。企业还应对收入和成本进行深入分析。盈利分析报告可基于企业集团、单个企业，也可基于责任中心、 产品、区域、客户等进行。

第二十九条 资金管理报告的内容一般包括资金管理目标、主要流动资金项目如现金、应收票据、应收账款、存货的管理状况、资金管理存在的问题以及解决措施等。企业集团资金管理报告的内容一般还包括资金管理模式（集中管理还是分散管理）、资金集中方式、资金集中程度、内部资金往来等。

第三十条 成本管理报告的内容一般包括成本预算、实际成本及其差异分析，成本差异形成的原因以及改进措施等。

第三十一条 业绩评价报告的内容一般包括绩效目标、关键绩效指标、实际执行结果、差异分析、考评结果，以及相关建议等。

第三十二条 经营层管理会计报告应做到内容完整、分析深入。

第四章 业务层管理会计报告

第三十三条 业务层管理会计报告是为企业开展日常业务或作业活动提供相关信息的对内报告。其报告的报告对象是企业的业务部门、职能部门以及车间、班组等。

第三十四条 业务层管理会计报告应根据企业内部各部门、车间或班组的核心职能或经营目标进行设计，主要包括研究开发报告、采购业务报告、生产业务报告、配送业务报告、销售业务报告、售后服务业务报告、人力资源报告等。

第三十五条 研究开发报告的内容一般包括研发背景、主要研发内容、技术方案、研发进度、项目预算等。

第三十六条 采购业务报告的内容一般包括采购业务预算、采购业务执行结果、差异分析及改善建议等。采购业务报告要重点反映采购质量、数量以及时间、价格等方面的内容。

第三十七条 生产业务报告的内容一般包括生产业务预算、生产业务执行结果、差异分析及改善建议等。生产业务报告要重点反映生产成本、生产数量以及产品质量、生产时间等方面的内容。

第三十八条 配送业务报告的内容一般包括配送业务预算、配送业务执行结果、差异分析及改善建议等。配送业务报告要重点反映配送的及时性、准确性以及配送损耗等方面的内容。

第三十九条 销售业务报告的内容一般包括销售业务预算、销售业务执行结果、差异分析及改善建议等。销售业务报告要重点反映销售的数量结构和质量结构等方面的内容。

第四十条 售后服务业务报告的内容一般包括售后服务业务预算、售后服务业务执行结果、差异分析及改善建议等。售后服务业务报告重点反映售后服务的客户满意度等方面的内容。

第四十一条 人力资源报告的内容一般包括人力资源预算、人力资源执行结果、差异分析及改善建议等。人力资源报告重点反映人力资源使用及考核等方面的内容。

第四十二条 业务层管理会计报告应做到内容具体，数据充分。

第五章 企业管理会计报告的流程

第四十三条 企业管理会计报告流程包括报告的编制、审批、报送、使用、评价等环节。

第四十四条 企业管理会计报告由管理会计信息归集、处理并报送的责任部门编制。

第四十五条 企业应根据报告的内容、重要性和报告对象等，确定不同的审批流程。经审批后的报告方可报出。

第四十六条 企业应合理设计报告报送路径，确保企业管理会计报告及时、有效地送达报告对象。企业管理会计报告可以根据报告性质、管理需要进行逐级报送或直接报送。

第四十七条 企业应建立管理会计报告使用的授权制度，报告使用人应在权限范围内使用企业管理会计报告。

第四十八条 企业应对管理会计报告的质量、传递的及时性、保密情况等进行评价，并将评价结果与绩效考核挂钩。

第四十九条 企业应当充分利用信息技术，强化管理会计报告及相关信息集成和共享，将管理会计报告的编制、审批、报送和使用等纳入企业统一信息平台。

第五十条 企业应定期根据管理会计报告使用效果以及内外部环境变化对管理会计报告体系、内容以及编制、审批、报送、使用等进行优化。

第五十一条 企业管理会计报告属内部报告，应在允许的范围内传递和使用。相关人员应遵守保密规定。

第六章 附 则

第五十二条 本指引由财政部负责解释。

34. 管理会计应用指引第 802 号——管理会计信息系统（2017 年颁布）

（财会〔2017〕24 号）

第一章 总 则

第一条 为了指导企业有效建设、应用管理会计信息系统，根据《管理会计基本指引》，制订本指引。

第二条 管理会计信息系统，是指以财务和业务信息为基础，借助计算机、网络通信等现代信息技术手段，对管理会计信息进行收集、整理、加工、分析和报告等操作处理，为企业有效开展管理会计活动提供全面、及时、准确信息支持的各功能模块的有机集合。

第三条 企业建设和应用管理会计信息系统，一般应遵循以下原则：

（一）系统集成原则。管理会计信息系统各功能模块应集成在企业整体信息系统中，与财务和业务信息系统紧密结合，实现信息的集中统一管理及财务和业务信息到管理会计信息的自动生成。

（二）数据共享原则。企业建设管理会计信息系统应实现系统间的无缝对接，通过统一的规则和标准，实现数据的一次采集，全程共享，避免产生信息孤岛。

（三）规则可配原则。管理会计信息系统各功能模块应提供规则配置功能，实现其他信息系统与管理会计信息系统相关内容的映射和自定义配置。

（四）灵活扩展原则。管理会计信息系统应具备灵活扩展性，通过及时补充有关参数或功能模块，对环境、业务、产品、组织和流程等的变化及时做出响应，满足企业内部管理需要。

（五）安全可靠原则。应充分保障管理会计信息系统的设备、网络、应用及数据安全，严格权限授权，做好数据灾备建设，具备良好的抵御外部攻击能力，保证系统的正常运行并确保信息的安全、保密、完整。

第四条 本指引适用于已经具备一定的信息系统应用基础、在此基础上建设管理会计信息系统的企业，以及新建企业信息系统、并有意同时建设管理会计信息系统的企业。

第二章 应用环境

第五条 企业建设管理会计信息系统，一般应具备以下条件：

（一）对企业战略、组织结构、业务流程、责任中心等有清晰定义；

（二）设有具备管理会计职能的相关部门或岗位，具有一定的管理会计工具方法的应用基础以及相对清晰的管理会计应用流程；

（三）具备一定的财务和业务信息系统应用基础，包括已经实现了相对成熟的财务会计系统的应用，并在一定程度上实现了经营计划管理、采购管理、销售管理、库存管理等基础业务管理职能的信息化。

第三章 建设和应用程序

第六条 管理会计信息系统的建设和应用程序既包括系统的规划和建设过程；也包括

系统的应用过程，即输入、处理和输出过程。

第七条　管理会计信息系统规划和建设过程一般包括系统规划、系统实施和系统维护等环节。

第八条　在管理会计信息系统的规划环节，企业应将管理会计信息系统规划纳入企业信息系统建设的整体规划中，遵循整体规划、分步实施的原则，根据企业的战略目标和管理会计应用目标，形成清晰的管理会计应用需求，因地制宜逐步推进。

第九条　在管理会计信息系统实施环节，企业应制定详尽的实施计划，清晰划分实施的主要阶段、有关活动和详细任务的时间进度。实施阶段一般包括项目准备、系统设计、系统实现、测试和上线、运维及支持等过程。

（一）在项目准备阶段，企业主要应完成系统建设前的基础工作，一般包括确定实施目标、实施组织范围和业务范围，调研信息系统需求，进行可行性分析，制定项目计划、资源安排和项目管理标准，开展项目动员及初始培训等。

（二）在系统设计阶段，企业主要应对组织现有的信息系统应用情况、管理会计工作现状和信息系统需求进行调查，梳理管理会计应用模块和应用流程，据此设计管理会计信息系统的实施方案。

（三）在系统实现阶段，企业主要应完成管理会计信息系统的数据标准化建设、系统配置、功能和接口开发及单元测试等工作。

（四）在测试和上线阶段，企业主要应实现管理会计信息系统的整体测试、权限设置、系统部署、数据导入、最终用户培训和上线切换过程。必要时，企业还应根据实际情况进行预上线演练。

第十条　企业应做好管理会计信息系统的运维和支持，实现日常运行维护支持及上线后持续培训和系统优化。

第十一条　管理会计信息系统的应用程序一般包括输入、处理和输出三个环节。

（一）输入环节，是指管理会计信息系统采集或输入数据的过程。管理会计信息系统需提供已定义清楚数据规则的数据接口，以自动采集财务和业务数据。同时，系统还应支持本系统其他数据的手工录入，以利于相关业务调整和补充信息的需要。

（二）处理环节，是指借助管理会计工具模型进行数据加工处理的过程。管理会计信息系统可以充分利用数据挖掘、在线分析处理等商业智能技术，借助相关工具对数据进行综合查询、分析统计，挖掘出有助于企业管理活动的信息。

（三）输出环节，是指提供丰富的人机交互工具、集成通用的办公软件等成熟工具，自动生成或导出数据报告的过程。数据报告的展示形式应注重易读性和可视化。

最终的系统输出结果不仅可以采用独立报表或报告的形式展示给用户，也可以输出或嵌入到其他信息系统中，为各级管理部门提供管理所需的相关、及时的信息。

第十二条　管理会计信息系统的模块包括成本管理、预算管理、绩效管理、投资管理、管理会计报告以及其他功能模块。

第四章　成本管理模块

第十三条　成本管理模块应实现成本管理的各项主要功能，一般包括对成本要素、成本中心、成本对象等参数的设置，以及成本核算方法的配置，从财务会计核算模块、业务处理模块以及人力资源等模块抽取所需数据，进行精细化成本核算，生成分产品、分批次（订单）、分环节、分区域等多维度的成本信息，以及基于成本信息进行成本分析，实现成本的有效控制，为企业成本管理的事前计划、事中控制、事后分析提供有效的支持。

第十四条　成本核算主要完成对企业生产经营过程各个交易活动或事项的实际成本信息的收集、归纳、整理，并计算出实际发生的成本数据，支持多种成本计算和分摊方法，准确地度量、分摊和分配实际成本。

成本核算的输入信息一般包括业务事项的记录和货币计量数据等。企业应使用具体成本工具方法（如，完全成本法、变动成本法、作业成本法、目标成本法、标准成本法等），建立相应的计算模型，以各级成本中心为核算主体，完成成本核算的处理过程。成本核算处理过程结束后，应能够输出实际成本数据、管理层以及各个业务部门所需要的成本核算报告等。

第十五条 成本分析主要实现对实际成本数据分类比较、因素分析比较等，发现成本和利润的驱动因素，形成评价结论，编制成各种形式的分析、评价指标报告等。

成本分析的输入信息一般包括成本标准或计划数据、成本核算子模块生成的成本实际数据等。企业应根据输入数据和规则，选择具体分析评价方法（如，差异分析法、趋势分析法、结构分析法等），对各个成本中心的成本绩效进行分析比较，汇总形成各个责任中心及企业总体成本绩效报告，并输出成本分析报告、成本绩效评价报告等。

第十六条 成本预测主要实现不同成本对象的成本估算预测。成本预测的输入信息一般包括业务计划数据、成本评价结果、成本预测假设条件以及历史数据、行业对标数据等。企业应运用成本预测模（如，算术平均法、加权平均法、平滑指数法等）对下一个工作周期的成本需求进行预测，根据经验或行业可比数据对模型预测结果进行调整，并输出成本预测报告。

第十七条 成本控制主要按照既定的成本费用目标，对构成成本费用的诸要素进行规划、限制和调节，及时纠正偏差，控制成本费用超支，把实际耗费控制在成本费用计划范围内。

成本控制的输入信息一般包括成本费用目标和政策、成本分析报告、预算控制等。企业应建立工作流审批授权机制，以实现费用控制过程，通过成本预警机制实现成本控制的处理过程，输出费用支付清单、成本控制报告等。

第十八条 成本管理模块应提供基于指标分摊、基于作业分摊等多种成本分摊方法，利用预定义的规则，按要素、按期间、按作业等进行分摊。

第五章 预算管理模块

第十九条 预算管理模块应实现的主要功能包括对企业预算参数设置、预算管理模型搭建、预算目标制定、预算编制、预算执行控制、预算调整、预算分析和评价等全过程的信息化管理。

第二十条 预算目标和计划制定主要完成企业目标设定和业务计划的制定，实现预算的启动和准备过程。

预算目标和计划设定的输入信息一般包括企业远景与战略规划、内外部环境信息、投资者和管理者期望、往年绩效数据、经营状况预测以及公司战略举措、各业务板块主要业绩指标等。企业应对内外部环境和问题进行分析，评估预算备选方案，制定详细的业务计划，输出企业与各业务板块主要绩效指标和部门业务计划等。

第二十一条 预算编制主要完成预算目标设定、预算分解和目标下达、预算编制和汇总以及预算审批过程，实现自上而下、自下而上等多种预算编制流程，并提供固定预算、弹性预算、零基预算、滚动预算、作业预算等一种或多种预算编制方法的处理机制。

预算编制的输入信息一般包括历史绩效数据、关键绩效指标、预算驱动因素、管理费用标准等。企业应借助适用的预测方法（如：趋势预测、平滑预测、回归预测等）建立预测模型，辅助企业制定预算目标，依据预算管理体系，自动分解预算目标，辅助预算的审批流程，自动汇总预算。最终输出结果应为各个责任中心的预算方案等。

预算管理模块应能提供给企业根据业务需要编制多期间、多情景、多版本、多维度预算计划的功能，以满足预算编制的要求。

第二十二条　预算执行控制主要实现预算信息模块与各财务和业务系统的及时数据交换，实现对财务和业务预算执行情况的实时控制等。

预算执行控制的输入信息一般包括企业各业务板块及部门的主要绩效指标、业务计划、预算执行控制标准及预算执行情况等。企业应通过对数据的校验、比较和查询汇总，比对预算目标和执行情况的差异；建立预算监控模型，预警和冻结超预算情形，形成预算执行情况报告；执行预算控制审核机制以及例外预算管理等。最终输出结果为预算执行差异分析报告、经营调整措施等。

第二十三条　预算调整主要实现对部分责任中心的预算数据进行调整，完成调整的处理过程等。

预算调整的输入信息一般包括企业各业务板块及部门的主要绩效指标、预算执行差异分析报告等。企业对预算数据进行调整，并依据预算管理体系，自动分解调整后的预算目标，辅助调整预算的审批流程，自动汇总预算。最终输出结果为各个责任中心的预算调整报告、调整后的绩效指标等。

第二十四条　预算分析和评价主要提供多种预算分析模型，实现在预算执行的数据基础上，对预算数和实际发生数进行多期间、多层次、多角度的预算分析，最终完成预算的业绩评价，为绩效考核提供数据基础。

预算分析和评价的输入信息一般包括预算指标及预算执行情况，以及业绩评价的标准与考核办法等数据。企业应建立差异计算模型，实现预算差异的计算，辅助实现差异成因分析过程，最终输出部门、期间、层级等多维度的预算差异分析报告等。

第六章　绩效管理模块

第二十五条　绩效管理模块主要实现业绩评价和激励管理过程中各要素的管理功能，一般包括业绩计划和激励计划的制定、业绩计划和激励计划的执行控制、业绩评价与激励实施管理等，为企业的绩效管理提供支持。

第二十六条　绩效管理模块应提供企业各项关键绩效指标的定义和配置功能，并可从其他模块中自动获取各业务单元或责任中心相应的实际绩效数据，进行计算处理，形成绩效执行情况报告及差异分析报告。

第二十七条　业绩计划和激励计划制定主要完成绩效管理目标和标准的设定、绩效管理目标的分解和下达、业绩计划和激励计划的编制过程，以及计划的审批流程。

业绩计划和激励计划制定的输入信息一般包括企业及各级责任中心的战略关键绩效指标和年度经营关键绩效指标，以及企业绩效评价考核标准、绩效激励形式、条件等基础数据。处理过程一般包括构 建指标体系、分配指标权重、确定业绩目标值、选择业绩评价计分方法以及制定薪酬激励、能力开发激励、职业发展激励等多种激励计划，输出各级考核对象的业绩计划、绩效激励计划等。

第二十八条　业绩计划和激励计划的执行控制主要实现与预算系统与各业务系统的及时数据交换，实现对业绩计划与激励计划执行情况的实时控制等。

业绩计划和激励计划的执行控制的输入信息一般包括绩效实际数据以及业绩计划和激励计划等。企业应建立指标监控模型，根据指标计算办法计算指标实际值，比对实际值与目标值的偏差，输出业绩计划和激励计划执行差异报告等。

第二十九条　业绩评价和激励实施管理主要实现对计划的执行情况进行评价，形成综合评价结果，向被评价对象反馈改进建议及措施等。

业绩评价和激励实施管理的输入信息一般包括被评价对象的业绩指标实际值和目标值、指标计分方法和权重等。企业应选定评分计算方法计算评价分值，形成被评价对象的综合评价结果，输出业绩评价结果报告和改进建议等。

第七章 投资管理模块

第三十条 投资管理模块主要实现对企业投资项目进行计划和控制的系统支持过程，一般包括投资计划的制定和对每个投资项目进行的及时管控等。

第三十一条 投资管理模块应与成本管理模块、预算管理模块、绩效管理模块和管理会计报告模块等进行有效集成和数据交换。

第三十二条 投资管理模块应辅助企业实现投资计划的编制和审批过程。企业可以借助投资管理模块定义投资项目、投资程序、投资任务、投资预算、投资控制对象等基本信息；在此基础上，制定企业各级组织的投资计划和实施计划，实现投资计划的分解和下达。

第三十三条 投资管理模块应实现对企业具体投资项目的管控过程。企业可以根据实际情况，将项目管理功能集成到投资管理模块中，也可以实施单独的项目管理模块来实现项目的管控过程。

第三十四条 项目管理模块主要实现对投资项目的系统化管理过程，一般包括项目设置、项目计划与预算、项目执行、项目结算与关闭、项目报告以及项目后审计等功能。

（一）项目设置。主要完成项目定义（如，项目名称、项目期间、成本控制范围、利润中心等参数），以及工作分解定义、作业和项目文档等的定义和设置，为项目管理提供基础信息。

（二）项目计划与预算。主要完成项目里程碑计划、项目实施计划、项目概算、项目利润及投资测算、项目详细预算等过程，并辅助实现投资预算的审核和下达过程。

项目里程碑计划，一般包括对项目的关键节点进行定义，在关键节点对项目进行检查和控制，以及确定项目各阶段的开始和结束时间等。

（三）项目执行。主要实现项目的拨款申请，投资计量，项目实际发生值的确定、计算和汇总，以及与目标预算进行比对，对投资进行检查和成本管控。

（四）项目结算。通过定义的结算规则，运用项目结算程序，对项目实现期末结账处理。结算完成后，对项目执行关闭操作，保证项目的可控性。

（五）项目报告。项目管理模块应向用户提供关于项目数据的各类汇总报表及明细报表，主要包括项目计划、项目投资差异分析报告等。

（六）项目后审计。企业可以根据实际需要，在项目管理模块中提供项目后辅助审计功能，依据项目计划和过程建立工作底稿，对项目的实施过程、成本、绩效等进行审计和项目后评价。

第八章 管理会计报告模块

第三十五条 管理会计报告模块应实现基于信息系统中财务数据、业务数据自动生成管理会计报告，支持企业有效实现各项管理会计活动。

第三十六条 管理会计报告模块应为用户生成报告提供足够丰富、高效、及时的数据源，必要时应建立数据仓库和数据集市，形成统一规范的数据集，并在此基础上，借助数据挖掘等商务智能工具方法，自动生成多维度报表。

第三十七条 管理会计报告模块应为企业战略层、经营层和业务层提供丰富的通用报告模板。

第三十八条 管理会计报告模块应为企业提供灵活的自定义报告功能。企业可以借助报表工具自定义管理会计报表的报告主体、期间（定期或不定期）、结构、数据源、计算公式以及报表展现形式等。系统可以根据企业自定义报表的模板自动获取数据进行计算加工，并以预先定义的展现形式输出。

第三十九条　管理会计报告模块应提供用户追溯数据源的功能。用户可以在系统中对报告的最终结果数据进行追溯，可以层层追溯其数据来源和计算方法，直至业务活动。

第四十条　管理会计报告模块可以独立的模块形式存在于信息系统中，从其他管理会计模块中获取数据生成报告；也可内嵌到其他管理会计模块中，作为其他管理会计模块重要的输出环节。

第四十一条　管理会计报告模块应与财务报告系统相关联，既能有效生成企业整体报告，也能生成分部报告，并实现整体报告和分部报告的联查。

第九章　附　　则

第四十二条　本指引由财政部负责解释。

35. 管理会计应用指引第 803 号——行政事业单位（2018 年颁布）

（财办会〔2018〕4 号）

第一章　总　　则

第一条　为了促进行政事业单位加强管理会计工作，提升单位内部管理，提高管理绩效和公共管理服务水平，根据《管理会计基本指引》，制定本指引。

第二条　本指引适用于各级各类行政单位、事业单位等。行政事业单位附属独立核算的企业和生产经营单位、纳入企业财务管理体系的事业单位不适用本指引。

行政事业单位的管理会计应用主体应视管理决策主体确定，可以是单位整体，也可以是内设部门或内设机构，还可以是重大的专项活动和具体项目。

第三条　行政事业单位应按照《管理会计基本指引》的一般规定应用管理会计，并兼顾公平和效率、公益性和经济性，实现长期性和短期性、相关性和重要性的有机统一。

第四条　行政事业单位在进行规划、决策、控制、评价活动中，可以结合实际情况，参照企业相关管理会计应用指引，在战略管理、预算管理、成本管理、绩效管理、风险管理等方面，综合应用管理会计工具方法，推动行政任务完成和事业发展规划实现。

事业单位在进行规划、决策、控制、评价活动中，可以结合实际情况，参照企业投融资管理、营运管理等相关管理会计应用指引，综合运用相关管理会计工具方法。

第二章　应 用 环 境

第五条　行政事业单位应充分了解外部环境、优化内部环境。

行政事业单位外部环境主要包括行业管理法律法规、市场资源配置、行业发展趋势等因素。

行政事业单位内部环境主要包括与管理会计建设和实施有关的文化环境、组织环境、制度环境、信息系统等。

第六条　行政事业单位应营造管理会计应用的文化环境，包括树立管理会计理念、培养管理会计应用意识、全员参与和支持管理会计的应用等。

第七条　有条件的行政事业单位应根据业务规模和管理需求构建管理会计组织体系，建立健全内部管理制度，包括预决算制度、资产管理制度、财务管理制度、绩效管理制度等。

第八条 行政事业单位应根据管理需要编制管理会计报告，并按分层分类管理或垂直管理模式从下向上报送管理会计报告，以提供决策和管理支持。行政事业单位编制管理会计报告的流程，可参照《管理会计应用指引第 801 号——企业管理会计报告》的相关规定。

第九条 行政事业单位应利用有效的信息技术手段，整合和优化管理会计工作流程，实施预算和绩效管理一体化，促进业务系统和财务系统的有机融合，为单位的管理决策提供信息支持。行政事业单位的管理会计信息化建设，可参照《管理会计应用指引第 802 号——管理会计信息系统》的相关规定。

第三章 战略管理

第十条 行政事业单位在制定和实施单位长期发展目标、中长期行政事业规划、中长期重大任务、重要改革和政策过程中，可应用战略地图等工具方法。

第十一条 行政事业单位在战略管理中应用战略地图时，应遵循《管理会计应用指引第 101 号——战略地图》的有关要求。

第十二条 行政事业单位在设计战略地图时，应考虑行政事业单位所承担的行政事业任务和职能、使命、愿景等，确定战略目标，作为战略地图的起点。

第十三条 行政事业单位绘制战略地图时，可根据单位的特点和管理需要确定业务效果、服务对象、内部业务流程、学习与成长四个维度的名称和内容，各个维度的战略主题和绩效指标应与绩效管理相衔接。

在业务效果维度，行政事业单位战略主题应综合考虑行政事业单位的管理目标、社会目标、生态目标等特点，从社会效益、经济效益、生态效益等方面确定战略主题。

在服务对象维度，行政事业单位应考虑现有的服务对象和发展趋势，从产品（或服务）数量和质量、服务对象满意度等方面确定、调整服务对象与社会价值定位。

在内部业务流程维度，行政事业单位应梳理业务活动流程和关键环节，从改善运营管理流程、预算管理流程、服务对象管理流程、遵循法规等方面确定战略主题。

在学习与成长维度，行政事业单位应分析现有人力资本、组织文化等无形资源的作用，识别学习与成长的关键驱动因素，从人才培养与晋升、信息资本和组织资本等方面确定战略主题。

第四章 预算管理

第十四条 行政事业单位按照财政预算管理要求编制中期财政规划和年度预算。行政事业单位应整合应用预算与其他领域管理会计工具方法，提升行政事业单位管理水平。

第十五条 行政事业单位预算管理应遵循《管理会计应用指引第 200 号——预算管理》等相关指引的一般要求。

第十六条 行政事业单位预算管理除了遵循《管理会计指引第 200 号——预算管理》的预算编制、预算执行、预算考核应用程序外，还应包括决算分析和评价程序。

第十七条 行政事业单位应严格执行已批准的预算和绩效目标，实施动态监控，及时发现执行差异，提出纠正偏差的措施，并对较大的调整变化，按照规定程序报批。

第十八条 行政事业单位在预算管理中，应将决算和绩效结果作为编制以后年度预算的依据和重要参考变量，包括决算编制、决算分析、决算评价和绩效评价。

（一）行政事业单位决算作为预算执行结果的反映，应严格按照预算法和政府会计准则、制度等规定进行编制。

（二）行政事业单位应加强决算分析工作，对各项收支的预决算差异和项目绩效目标与绩效结果的差异进行比较，分析差异产生的原因，并提出应对和解决措施。决算分析方法主要包括比较分析法、趋势分析法、比率分析法、结构分析法、因素分析法等。

（三）行政事业单位应加强决算评价工作，设置决算评价指标，对预算执行结果进行绩效评价。决算评价方法主要采用横向比较法、纵向比较法、对标法等。

第五章　成本管理

第十九条　行政事业单位成本管理可应用标准成本法、作业成本法、完全成本法等工具方法。

第二十条　行政事业单位应用标准成本法、作业成本法等工具方法，应遵循《管理会计应用指引第302号——标准成本法》《管理会计应用指引第304号——作业成本法》等相关指引的一般要求。

第二十一条　行政事业单位应按照成本管理的要求，建立健全成本费用相关原始记录，加强和完善成本数据的收集、记录、传递、汇总和整理等基础工作，为成本管理提供必要的数据基础。

第二十二条　行政事业单位在对经常性项目制定成本目标、并进行成本分析、控制和考核时，可选用标准成本法。

行政事业单位应用标准成本法，可根据有关法规制度和定员定额标准，并按照行政事业单位的成本内容分类分项制定标准成本。

第二十三条　行政事业单位在对业务复杂、间接费用比重较大的项目进行成本核算、分析、控制和考核时，可选用作业成本法。

行政事业单位应根据单位的业务流程识别作业，可以是某项（类）业务（或活动）、某个流程、某个环节等。

行政事业单位在应用作业成本法时，应确立成本目标并构建适合的作业成本模型，并通过管理会计信息系统收集关键的成本数据和财务信息。

第二十四条　行政事业单位在核算单位整体、主要业务活动、责任中心的总成本和单位成本时，可应用完全成本法。

完全成本法，是指对业务活动中所发生的各种耗费按照成本核算对象进行归集和分配，计算出业务总成本和单位成本的一种工具方法。行政事业单位应用完全成本应区分直接费用和间接费用，间接费用按照合理的方法分摊至成本对象，直接费用和分摊的间接费用汇总计算总成本和单位成本。

第六章　绩效管理

第二十五条　行政事业单位绩效管理可应用关键业绩指标法、平衡计分卡等工具方法。

第二十六条　行政事业单位对不同性质、不同类型、不同行业的单位整体、内部部门、业务活动和人员进行绩效管理，可应用关键业绩指标法。

第二十七条　行政事业单位可根据财政部门、主管部门等规定选用通用的、共性的绩效指标体系，也可根据业务实际设计个性化的绩效指标。

第二十八条　行政事业单位的关键业绩指标可分为结果类和动因类指标。

结果类指标是反映行政事业单位产出和效果的指标，主要包括预决算差异率、投入产出比率、社会效益、经济效益、环境效益、可持续影响等综合性指标。

动因类指标是反映行政事业单位关键驱动因素的指标，主要包括投入和过程类的指标，如单位产出（或产品）成本、产出（或产品）或服务提供量（或业务量）、质量及时效性等。

第二十九条　行政事业单位在对单位整体、内部单位（或部门）、业务活动进行绩效管理中可应用平衡计分卡。

第三十条 行政事业单位应用平衡计分卡应通过设置合理的指标和权重，实现短期与长期目标、财务目标和非财务目标、结果类指标与动因类指标的平衡。

第三十一条 行政事业单位可以从业务效果维度、服务对象维度、内部业务流程维度、学习与成长维度构建平衡计分卡指标体系，也可根据战略目标和实际情况调整和修改四个维度的名称和内容。

业务效果维度的指标应反映行政事业单位的综合产出情况，兼顾经济性、效率性、效果性、公平性和环保性，可以选择收入支出比率、收入支出结构、预算执行情况、成本控制效果、资产管理、社会效益和社会责任、环境效益等方面的指标。

服务对象维度可以选择服务对象的满意度、服务质量、响应时间、公众满意度、业务量、被投诉次数、意见采纳数量、信息公开数等方面的指标。

内部业务流程维度可以选择运营能力、资产管理、服务提供时间效率、服务标准、技术创新、管理变革、法律遵循等方面的指标。

学习与成长维度可以选择职工满意度、职工培训与发展、职工的能力与素质、信息建设、组织文化建设、领导力、组织发展等方面指标。

第七章 附 则

第三十二条 本指引由财政部负责解释。

第七章 企业税收政策通知

1. 中华人民共和国企业所得税法（2018 年修订）

（2007 年 3 月 16 日第十届全国人民代表大会第五次会议通过 根据 2017 年 2 月 24 日第十二届全国人民代表大会常务委员会第二十六次会议《关于修改〈中华人民共和国企业所得税法〉的决定》第一次修正 根据 2018 年 12 月 29 日第十三届全国人民代表大会常务委员会第七次会议《关于修改〈中华人民共和国电力法〉等四部法律的决定》第二次修正）

第一章 总 则

第一条 在中华人民共和国境内，企业和其他取得收入的组织（以下统称企业）为企业所得税的纳税人，依照本法的规定缴纳企业所得税。

个人独资企业、合伙企业不适用本法。

第二条 企业分为居民企业和非居民企业。

本法所称居民企业，是指依法在中国境内成立，或者依照外国（地区）法律成立但实际管理机构在中国境内的企业。

本法所称非居民企业，是指依照外国（地区）法律成立且实际管理机构不在中国境内，但在中国境内设立机构、场所的，或者在中国境内未设立机构、场所，但有来源于中国境内所得的企业。

第三条 居民企业应当就其来源于中国境内、境外的所得缴纳企业所得税。

非居民企业在中国境内设立机构、场所的，应当就其所设机构、场所取得的来源于中国境内的所得，以及发生在中国境外但与其所设机构、场所有实际联系的所得，缴纳企业所得税。

非居民企业在中国境内未设立机构、场所的，或者虽设立机构、场所但取得的所得与其所设机构、场所没有实际联系的，应当就其来源于中国境内的所得缴纳企业所得税。

第四条 企业所得税的税率为 25%。

非居民企业取得本法第三条第三款规定的所得，适用税率为 20%。

第二章 应纳税所得额

第五条 企业每一纳税年度的收入总额，减除不征税收入、免税收入、各项扣除以及允许弥补的以前年度亏损后的余额，为应纳税所得额。

第六条 企业以货币形式和非货币形式从各种来源取得的收入，为收入总额。包括：

（一）销售货物收入；

（二）提供劳务收入；

（三）转让财产收入；

（四）股息、红利等权益性投资收益；

（五）利息收入；

（六）租金收入；

（七）特许权使用费收入；

（八）接受捐赠收入；

（九）其他收入。

第七条 收入总额中的下列收入为不征税收入：

（一）财政拨款；

（二）依法收取并纳入财政管理的行政事业性收费、政府性基金；

（三）国务院规定的其他不征税收入。

第八条 企业实际发生的与取得收入有关的、合理的支出，包括成本、费用、税金、损失和其他支出，准予在计算应纳税所得额时扣除。

第九条 企业发生的公益性捐赠支出，在年度利润总额 12% 以内的部分，准予在计算应纳税所得额时扣除；超过年度利润总额 12% 的部分，准予结转以后三年内在计算应纳税所得额时扣除。

第十条 在计算应纳税所得额时，下列支出不得扣除：

（一）向投资者支付的股息、红利等权益性投资收益款项；

（二）企业所得税税款；

（三）税收滞纳金；

（四）罚金、罚款和被没收财物的损失；

（五）本法第九条规定以外的捐赠支出；

（六）赞助支出；

（七）未经核定的准备金支出；

（八）与取得收入无关的其他支出。

第十一条 在计算应纳税所得额时，企业按照规定计算的固定资产折旧，准予扣除。

下列固定资产不得计算折旧扣除：

（一）房屋、建筑物以外未投入使用的固定资产；

（二）以经营租赁方式租入的固定资产；

（三）以融资租赁方式租出的固定资产；

（四）已足额提取折旧仍继续使用的固定资产；

（五）与经营活动无关的固定资产；

（六）单独估价作为固定资产入账的土地；

（七）其他不得计算折旧扣除的固定资产。

第十二条 在计算应纳税所得额时，企业按照规定计算的无形资产摊销费用，准予扣除。

下列无形资产不得计算摊销费用扣除：

（一）自行开发的支出已在计算应纳税所得额时扣除的无形资产；

（二）自创商誉；

（三）与经营活动无关的无形资产；

（四）其他不得计算摊销费用扣除的无形资产。

第十三条 在计算应纳税所得额时，企业发生的下列支出作为长期待摊费用，按照规定摊销的，准予扣除：

（一）已足额提取折旧的固定资产的改建支出；

（二）租入固定资产的改建支出；

（三）固定资产的大修理支出；

（四）其他应当作为长期待摊费用的支出。

第十四条 企业对外投资期间，投资资产的成本在计算应纳税所得额时不得扣除。

第十五条 企业使用或者销售存货，按照规定计算的存货成本，准予在计算应纳税所得额时扣除。

第十六条 企业转让资产，该项资产的净值，准予在计算应纳税所得额时扣除。

第十七条 企业在汇总计算缴纳企业所得税时，其境外营业机构的亏损不得抵减境内营业机构的盈利。

第十八条 企业纳税年度发生的亏损，准予向以后年度结转，用以后年度的所得弥补，但结转年限最长不得超过五年。

第十九条 非居民企业取得本法第三条第三款规定的所得，按照下列方法计算其应纳税所得额：

（一）股息、红利等权益性投资收益和利息、租金、特许权使用费所得，以收入全额为应纳税所得额；

（二）转让财产所得，以收入全额减除财产净值后的余额为应纳税所得额；

（三）其他所得，参照前两项规定的方法计算应纳税所得额。

第二十条 本章规定的收入、扣除的具体范围、标准和资产的税务处理的具体办法，由国务院财政、税务主管部门规定。

第二十一条 在计算应纳税所得额时，企业财务、会计处理办法与税收法律、行政法规的规定不一致的，应当依照税收法律、行政法规的规定计算。

第三章 应纳税额

第二十二条 企业的应纳税所得额乘以适用税率，减除依照本法关于税收优惠的规定减免和抵免的税额后的余额，为应纳税额。

第二十三条 企业取得的下列所得已在境外缴纳的所得税税额，可以从其当期应纳税额中抵免，抵免限额为该项所得依照本法规定计算的应纳税额；超过抵免限额的部分，可以在以后五个年度内，用每年度抵免限额抵免当年应抵税额后的余额进行抵补：

（一）居民企业来源于中国境外的应税所得；

（二）非居民企业在中国境内设立机构、场所，取得发生在中国境外但与该机构、场所有实际联系的应税所得。

第二十四条 居民企业从其直接或者间接控制的外国企业分得的来源于中国境外的股息、红利等权益性投资收益，外国企业在境外实际缴纳的所得税税额中属于该项所得负担的部分，可以作为该居民企业的可抵免境外所得税税额，在本法第二十三条规定的抵免限额内抵免。

第四章 税收优惠

第二十五条 国家对重点扶持和鼓励发展的产业和项目，给予企业所得税优惠。

第二十六条 企业的下列收入为免税收入：

（一）国债利息收入；

（二）符合条件的居民企业之间的股息、红利等权益性投资收益；

（三）在中国境内设立机构、场所的非居民企业从居民企业取得与该机构、场所有实际联系的股息、红利等权益性投资收益；

（四）符合条件的非营利组织的收入。

第二十七条 企业的下列所得，可以免征、减征企业所得税：

（一）从事农、林、牧、渔业项目的所得；

（二）从事国家重点扶持的公共基础设施项目投资经营的所得；

（三）从事符合条件的环境保护、节能节水项目的所得；

（四）符合条件的技术转让所得；

（五）本法第三条第三款规定的所得。

第二十八条 符合条件的小型微利企业，减按 20% 的税率征收企业所得税。

国家需要重点扶持的高新技术企业，减按 15% 的税率征收企业所得税。

第二十九条 民族自治地方的自治机关对本民族自治地方的企业应缴纳的企业所得税中属于地方分享的部分，可以决定减征或者免征。自治州、自治县决定减征或者免征的，须报省、自治区、直辖市人民政府批准。

第三十条 企业的下列支出，可以在计算应纳税所得额时加计扣除：

（一）开发新技术、新产品、新工艺发生的研究开发费用；

（二）安置残疾人员及国家鼓励安置的其他就业人员所支付的工资。

第三十一条 创业投资企业从事国家需要重点扶持和鼓励的创业投资，可以按投资额的一定比例抵扣应纳税所得额。

第三十二条 企业的固定资产由于技术进步等原因，确需加速折旧的，可以缩短折旧年限或者采取加速折旧的方法。

第三十三条 企业综合利用资源，生产符合国家产业政策规定的产品所取得的收入，可以在计算应纳税所得额时减计收入。

第三十四条 企业购置用于环境保护、节能节水、安全生产等专用设备的投资额，可以按一定比例实行税额抵免。

第三十五条 本法规定的税收优惠的具体办法，由国务院规定。

第三十六条 根据国民经济和社会发展的需要，或者由于突发事件等原因对企业经营活动产生重大影响的，国务院可以制定企业所得税专项优惠政策，报全国人民代表大会常务委员会备案。

第五章 源泉扣缴

第三十七条 对非居民企业取得本法第三条第三款规定的所得应缴纳的所得税，实行源泉扣缴，以支付人为扣缴义务人。税款由扣缴义务人在每次支付或者到期应支付时，从支付或者到期应支付的款项中扣缴。

第三十八条 对非居民企业在中国境内取得工程作业和劳务所得应缴纳的所得税，税务机关可以指定工程价款或者劳务费的支付人为扣缴义务人。

第三十九条 依照本法第三十七条、第三十八条规定应当扣缴的所得税，扣缴义务人未依法扣缴或者无法履行扣缴义务的，由纳税人在所得发生地缴纳。纳税人未依法缴纳的，税务机关可以从该纳税人在中国境内其他收入项目的支付人应付的款项中，追缴该纳税人的应纳税款。

第四十条 扣缴义务人每次代扣的税款，应当自代扣之日起七日内缴入国库，并向所在地的税务机关报送扣缴企业所得税报告表。

第六章 特别纳税调整

第四十一条 企业与其关联方之间的业务往来，不符合独立交易原则而减少企业或者其关联方应纳税收入或者所得额的，税务机关有权按照合理方法调整。

企业与其关联方共同开发、受让无形资产，或者共同提供、接受劳务发生的成本，在计算应纳税所得额时应当按照独立交易原则进行分摊。

第四十二条 企业可以向税务机关提出与其关联方之间业务往来的定价原则和计算方法，税务机关与企业协商、确认后，达成预约定价安排。

第四十三条 企业向税务机关报送年度企业所得税纳税申报表时，应当就其与关联方之间的业务往来，附送年度关联业务往来报告表。

税务机关在进行关联业务调查时，企业及其关联方，以及与关联业务调查有关的其他企业，应当按照规定提供相关资料。

第四十四条 企业不提供与其关联方之间业务往来资料，或者提供虚假、不完整资料，未能真实反映其关联业务往来情况的，税务机关有权依法核定其应纳税所得额。

第四十五条 由居民企业，或者由居民企业和中国居民控制的设立在实际税负明显低于本法第四条第一款规定税率水平的国家（地区）的企业，并非由于合理的经营需要而对利润不作分配或者减少分配的，上述利润中应归属于该居民企业的部分，应当计入该居民企业的当期收入。

第四十六条 企业从其关联方接受的债权性投资与权益性投资的比例超过规定标准而发生的利息支出，不得在计算应纳税所得额时扣除。

第四十七条 企业实施其他不具有合理商业目的的安排而减少其应纳税收入或者所得额的，税务机关有权按照合理方法调整。

第四十八条 税务机关依照本章规定作出纳税调整，需要补征税款的，应当补征税款，并按照国务院规定加收利息。

第七章 征收管理

第四十九条 企业所得税的征收管理除本法规定外，依照《中华人民共和国税收征收管理法》的规定执行。

第五十条 除税收法律、行政法规另有规定外，居民企业以企业登记注册地为纳税地点；但登记注册地在境外的，以实际管理机构所在地为纳税地点。

居民企业在中国境内设立不具有法人资格的营业机构的，应当汇总计算并缴纳企业所得税。

第五十一条 非居民企业取得本法第三条第二款规定的所得，以机构、场所所在地为纳税地点。非居民企业在中国境内设立两个或者两个以上机构、场所，符合国务院税务主管部门规定条件的，可以选择由其主要机构、场所汇总缴纳企业所得税。

非居民企业取得本法第三条第三款规定的所得，以扣缴义务人所在地为纳税地点。

第五十二条 除国务院另有规定外，企业之间不得合并缴纳企业所得税。

第五十三条 企业所得税按纳税年度计算。纳税年度自公历1月1日起至12月31日止。

企业在一个纳税年度中间开业，或者终止经营活动，使该纳税年度的实际经营期不足十二个月的，应当以其实际经营期为一个纳税年度。

企业依法清算时，应当以清算期间作为一个纳税年度。

第五十四条 企业所得税分月或者分季预缴。

企业应当自月份或者季度终了之日起十五日内，向税务机关报送预缴企业所得税纳税申报表，预缴税款。

企业应当自年度终了之日起五个月内，向税务机关报送年度企业所得税纳税申报表，并汇算清缴，结清应缴应退税款。

企业在报送企业所得税纳税申报表时，应当按照规定附送财务会计报告和其他有关资料。

第五十五条 企业在年度中间终止经营活动的，应当自实际经营终止之日起六十日内，向税务机关办理当期企业所得税汇算清缴。

企业应当在办理注销登记前，就其清算所得向税务机关申报并依法缴纳企业所得税。

第五十六条 依照本法缴纳的企业所得税，以人民币计算。所得以人民币以外的货币计算的，应当折合成人民币计算并缴纳税款。

第八章 附 则

第五十七条 本法公布前已经批准设立的企业，依照当时的税收法律、行政法规规定，享受低税率优惠的，按照国务院规定，可以在本法施行后五年内，逐步过渡到本法规定的税率；享受定期减免税优惠的，按照国务院规定，可以在本法施行后继续享受到期满为止，但因未获利而尚未享受优惠的，优惠期限从本法施行年度起计算。

法律设置的发展对外经济合作和技术交流的特定地区内，以及国务院已规定执行上述地区特殊政策的地区内新设立的国家需要重点扶持的高新技术企业，可以享受过渡性税收优惠，具体办法由国务院规定。

国家已确定的其他鼓励类企业，可以按照国务院规定享受减免税优惠。

第五十八条 中华人民共和国政府同外国政府订立的有关税收的协定与本法有不同规定的，依照协定的规定办理。

第五十九条 国务院根据本法制定实施条例。

第六十条 本法自 2008 年 1 月 1 日起施行。1991 年 4 月 9 日第七届全国人民代表大会第四次会议通过的《中华人民共和国外商投资企业和外国企业所得税法》和 1993 年 12 月 13 日国务院发布的《中华人民共和国企业所得税暂行条例》同时废止。

2. 中华人民共和国企业所得税法实施条例（2019 年颁布）

（国务院令 2019 第 713 号）

第一章 总 则

第一条 根据《中华人民共和国企业所得税法》（以下简称企业所得税法）的规定，制定本条例。

第二条 企业所得税法第一条所称个人独资企业、合伙企业，是指依照中国法律、行政法规成立的个人独资企业、合伙企业。

第三条 企业所得税法第二条所称依法在中国境内成立的企业，包括依照中国法律、行政法规在中国境内成立的企业、事业单位、社会团体以及其他取得收入的组织。

企业所得税法第二条所称依照外国（地区）法律成立的企业，包括依照外国（地区）法律成立的企业和其他取得收入的组织。

第四条 企业所得税法第二条所称实际管理机构，是指对企业的生产经营、人员、账务、财产等实施实质性全面管理和控制的机构。

第五条 企业所得税法第二条第三款所称机构、场所，是指在中国境内从事生产经营活动的机构、场所，包括：

（一）管理机构、营业机构、办事机构；

（二）工厂、农场、开采自然资源的场所；

（三）提供劳务的场所；

（四）从事建筑、安装、装配、修理、勘探等工程作业的场所；

（五）其他从事生产经营活动的机构、场所。

非居民企业委托营业代理人在中国境内从事生产经营活动的，包括委托单位或者个人经常代其签订合同，或者储存、交付货物等，该营业代理人视为非居民企业在中国境内设立的机构、场所。

第六条 企业所得税法第三条所称所得，包括销售货物所得、提供劳务所得、转让财产所得、股息红利等权益性投资所得、利息所得、租金所得、特许权使用费所得、接受捐赠所得和其他所得。

第七条 企业所得税法第三条所称来源于中国境内、境外的所得，按照以下原则确定：

（一）销售货物所得，按照交易活动发生地确定；

（二）提供劳务所得，按照劳务发生地确定；

（三）转让财产所得，不动产转让所得按照不动产所在地确定，动产转让所得按照转让动产的企业或者机构、场所所在地确定，权益性投资资产转让所得按照被投资企业所在地确定；

（四）股息、红利等权益性投资所得，按照分配所得的企业所在地确定；

（五）利息所得、租金所得、特许权使用费所得，按照负担、支付所得的企业或者机构、场所所在地确定，或者按照负担、支付所得的个人的住所地确定；

（六）其他所得，由国务院财政、税务主管部门确定。

第八条 企业所得税法第三条所称实际联系，是指非居民企业在中国境内设立的机构、场所拥有据以取得所得的股权、债权，以及拥有、管理、控制据以取得所得的财产等。

第二章 应纳税所得额

第一节 一般规定

第九条 企业应纳税所得额的计算，以权责发生制为原则，属于当期的收入和费用，不论款项是否收付，均作为当期的收入和费用；不属于当期的收入和费用，即使款项已经在当期收付，均不作为当期的收入和费用。本条例和国务院财政、税务主管部门另有规定的除外。

第十条 企业所得税法第五条所称亏损，是指企业依照企业所得税法和本条例的规定将每一纳税年度的收入总额减除不征税收入、免税收入和各项扣除后小于零的数额。

第十一条 企业所得税法第五十五条所称清算所得，是指企业的全部资产可变现价值或者交易价格减除资产净值、清算费用以及相关税费等后的余额。

投资方企业从被清算企业分得的剩余资产，其中相当于从被清算企业累计未分配利润和累计盈余公积中应当分得的部分，应当确认为股息所得；剩余资产减除上述股息所得后的余额，超过或者低于投资成本的部分，应当确认为投资资产转让所得或者损失。

第二节　收　　入

第十二条　企业所得税法第六条所称企业取得收入的货币形式，包括现金、存款、应收账款、应收票据、准备持有至到期的债券投资以及债务的豁免等。

企业所得税法第六条所称企业取得收入的非货币形式，包括固定资产、生物资产、无形资产、股权投资、存货、不准备持有至到期的债券投资、劳务以及有关权益等。

第十三条　企业所得税法第六条所称企业以非货币形式取得的收入，应当按照公允价值确定收入额。

前款所称公允价值，是指按照市场价格确定的价值。

第十四条　企业所得税法第六条第（一）项所称销售货物收入，是指企业销售商品、产品、原材料、包装物、低值易耗品以及其他存货取得的收入。

第十五条　企业所得税法第六条第（二）项所称提供劳务收入，是指企业从事建筑安装、修理修配、交通运输、仓储租赁、金融保险、邮电通信、咨询经纪、文化体育、科学研究、技术服务、教育培训、餐饮住宿、中介代理、卫生保健、社区服务、旅游、娱乐、加工以及其他劳务服务活动取得的收入。

第十六条　企业所得税法第六条第（三）项所称转让财产收入，是指企业转让固定资产、生物资产、无形资产、股权、债权等财产取得的收入。

第十七条　企业所得税法第六条第（四）项所称股息、红利等权益性投资收益，是指企业因权益性投资从被投资方取得的收入。

股息、红利等权益性投资收益，除国务院财政、税务主管部门另有规定外，按照被投资方作出利润分配决定的日期确认收入的实现。

第十八条　企业所得税法第六条第（五）项所称利息收入，是指企业将资金提供他人使用但不构成权益性投资，或者因他人占用本企业资金取得的收入，包括存款利息、贷款利息、债券利息、欠款利息等收入。

利息收入，按照合同约定的债务人应付利息的日期确认收入的实现。

第十九条　企业所得税法第六条第（六）项所称租金收入，是指企业提供固定资产、包装物或者其他有形资产的使用权取得的收入。

租金收入，按照合同约定的承租人应付租金的日期确认收入的实现。

第二十条　企业所得税法第六条第（七）项所称特许权使用费收入，是指企业提供专利权、非专利技术、商标权、著作权以及其他特许权的使用权取得的收入。

特许权使用费收入，按照合同约定的特许权使用人应付特许权使用费的日期确认收入的实现。

第二十一条　企业所得税法第六条第（八）项所称接受捐赠收入，是指企业接受的来自其他企业、组织或者个人无偿给予的货币性资产、非货币性资产。

接受捐赠收入，按照实际收到捐赠资产的日期确认收入的实现。

第二十二条　企业所得税法第六条第（九）项所称其他收入，是指企业取得的除企业所得税法第六条第（一）项至第（八）项规定的收入外的其他收入，包括企业资产溢余收入、逾期未退包装物押金收入、确实无法偿付的应付款项、已作坏账损失处理后又收回的应收款项、债务重组收入、补贴收入、违约金收入、汇兑收益等。

第二十三条　企业的下列生产经营业务可以分期确认收入的实现：

（一）以分期收款方式销售货物的，按照合同约定的收款日期确认收入的实现；

（二）企业受托加工制造大型机械设备、船舶、飞机，以及从事建筑、安装、装配工程业务或者提供其他劳务等，持续时间超过 12 个月的，按照纳税年度内完工进度或者完成的工作量确认收入的实现。

第二十四条 采取产品分成方式取得收入的，按照企业分得产品的日期确认收入的实现，其收入额按照产品的公允价值确定。

第二十五条 企业发生非货币性资产交换，以及将货物、财产、劳务用于捐赠、偿债、赞助、集资、广告、样品、职工福利或者利润分配等用途的，应当视同销售货物、转让财产或者提供劳务，但国务院财政、税务主管部门另有规定的除外。

第二十六条 企业所得税法第七条第（一）项所称财政拨款，是指各级人民政府对纳入预算管理的事业单位、社会团体等组织拨付的财政资金，但国务院和国务院财政、税务主管部门另有规定的除外。

企业所得税法第七条第（二）项所称行政事业性收费，是指依照法律法规等有关规定，按照国务院规定程序批准，在实施社会公共管理，以及在向公民、法人或者其他组织提供特定公共服务过程中，向特定对象收取并纳入财政管理的费用。

企业所得税法第七条第（二）项所称政府性基金，是指企业依照法律、行政法规等有关规定，代政府收取的具有专项用途的财政资金。

企业所得税法第七条第（三）项所称国务院规定的其他不征税收入，是指企业取得的，由国务院财政、税务主管部门规定专项用途并经国务院批准的财政性资金。

第三节 扣 除

第二十七条 企业所得税法第八条所称有关的支出，是指与取得收入直接相关的支出。

企业所得税法第八条所称合理的支出，是指符合生产经营活动常规，应当计入当期损益或者有关资产成本的必要和正常的支出。

第二十八条 企业发生的支出应当区分收益性支出和资本性支出。收益性支出在发生当期直接扣除；资本性支出应当分期扣除或者计入有关资产成本，不得在发生当期直接扣除。

企业的不征税收入用于支出所形成的费用或者财产，不得扣除或者计算对应的折旧、摊销扣除。

除企业所得税法和本条例另有规定外，企业实际发生的成本、费用、税金、损失和其他支出，不得重复扣除。

第二十九条 企业所得税法第八条所称成本，是指企业在生产经营活动中发生的销售成本、销货成本、业务支出以及其他耗费。

第三十条 企业所得税法第八条所称费用，是指企业在生产经营活动中发生的销售费用、管理费用和财务费用，已经计入成本的有关费用除外。

第三十一条 企业所得税法第八条所称税金，是指企业发生的除企业所得税和允许抵扣的增值税以外的各项税金及其附加。

第三十二条 企业所得税法第八条所称损失，是指企业在生产经营活动中发生的固定资产和存货的盘亏、毁损、报废损失，转让财产损失，呆账损失，坏账损失，自然灾害等不可抗力因素造成的损失以及其他损失。

企业发生的损失，减除责任人赔偿和保险赔款后的余额，依照国务院财政、税务主管部门的规定扣除。

企业已经作为损失处理的资产，在以后纳税年度又全部收回或者部分收回时，应当计入当期收入。

第三十三条 企业所得税法第八条所称其他支出，是指除成本、费用、税金、损失外，企业在生产经营活动中发生的与生产经营活动有关的、合理的支出。

第三十四条 企业发生的合理的工资薪金支出，准予扣除。

前款所称工资薪金，是指企业每一纳税年度支付给在本企业任职或者受雇的员工的所有现金形式或者非现金形式的劳动报酬，包括基本工资、奖金、津贴、补贴、年终加薪、加班工资，以及与员工任职或者受雇有关的其他支出。

第三十五条　企业依照国务院有关主管部门或者省级人民政府规定的范围和标准为职工缴纳的基本养老保险费、基本医疗保险费、失业保险费、工伤保险费、生育保险费等基本社会保险费和住房公积金，准予扣除。

企业为投资者或者职工支付的补充养老保险费、补充医疗保险费，在国务院财政、税务主管部门规定的范围和标准内，准予扣除。

第三十六条　除企业依照国家有关规定为特殊工种职工支付的人身安全保险费和国务院财政、税务主管部门规定可以扣除的其他商业保险费外，企业为投资者或者职工支付的商业保险费，不得扣除。

第三十七条　企业在生产经营活动中发生的合理的不需要资本化的借款费用，准予扣除。

企业为购置、建造固定资产、无形资产和经过 12 个月以上的建造才能达到预定可销售状态的存货发生借款的，在有关资产购置、建造期间发生的合理的借款费用，应当作为资本性支出计入有关资产的成本，并依照本条例的规定扣除。

第三十八条　企业在生产经营活动中发生的下列利息支出，准予扣除：

（一）非金融企业向金融企业借款的利息支出、金融企业的各项存款利息支出和同业拆借利息支出、企业经批准发行债券的利息支出；

（二）非金融企业向非金融企业借款的利息支出，不超过按照金融企业同期同类贷款利率计算的数额的部分。

第三十九条　企业在货币交易中，以及纳税年度终了时将人民币以外的货币性资产、负债按照期末即期人民币汇率中间价折算为人民币时产生的汇兑损失，除已经计入有关资产成本以及与向所有者进行利润分配相关的部分外，准予扣除。

第四十条　企业发生的职工福利费支出，不超过工资薪金总额 14% 的部分，准予扣除。

第四十一条　企业拨缴的工会经费，不超过工资薪金总额 2% 的部分，准予扣除。

第四十二条　除国务院财政、税务主管部门另有规定外，企业发生的职工教育经费支出，不超过工资薪金总额 2.5% 的部分，准予扣除；超过部分，准予在以后纳税年度结转扣除。

第四十三条　企业发生的与生产经营活动有关的业务招待费支出，按照发生额的 60% 扣除，但最高不得超过当年销售（营业）收入的 5‰。

第四十四条　企业发生的符合条件的广告费和业务宣传费支出，除国务院财政、税务主管部门另有规定外，不超过当年销售（营业）收入 15% 的部分，准予扣除；超过部分，准予在以后纳税年度结转扣除。

第四十五条　企业依照法律、行政法规有关规定提取的用于环境保护、生态恢复等方面的专项资金，准予扣除。上述专项资金提取后改变用途的，不得扣除。

第四十六条　企业参加财产保险，按照规定缴纳的保险费，准予扣除。

第四十七条　企业根据生产经营活动的需要租入固定资产支付的租赁费，按照以下方法扣除：

（一）以经营租赁方式租入固定资产发生的租赁费支出，按照租赁期限均匀扣除；

（二）以融资租赁方式租入固定资产发生的租赁费支出，按照规定构成融资租入固定资产价值的部分应当提取折旧费用，分期扣除。

第四十八条　企业发生的合理的劳动保护支出，准予扣除。

第四十九条　企业之间支付的管理费、企业内营业机构之间支付的租金和特许权使用费，以及非银行企业内营业机构之间支付的利息，不得扣除。

第五十条　非居民企业在中国境内设立的机构、场所，就其中国境外总机构发生的与该机构、场所生产经营有关的费用，能够提供总机构出具的费用汇集范围、定额、分配依据和方法等证明文件，并合理分摊的，准予扣除。

第五十一条 企业所得税法第九条所称公益性捐赠，是指企业通过公益性社会组织或者县级以上人民政府及其部门，用于符合法律规定的慈善活动、公益事业的捐赠。

第五十二条 本条例第五十一条所称公益性社会组织，是指同时符合下列条件的慈善组织以及其他社会组织：

（一）依法登记，具有法人资格；

（二）以发展公益事业为宗旨，且不以营利为目的；

（三）全部资产及其增值为该法人所有；

（四）收益和营运结余主要用于符合该法人设立目的的事业；

（五）终止后的剩余财产不归属任何个人或者营利组织；

（六）不经营与其设立目的无关的业务；

（七）有健全的财务会计制度；

（八）捐赠者不以任何形式参与该法人财产的分配；

（九）国务院财政、税务主管部门会同国务院民政部门等登记管理部门规定的其他条件。

第五十三条 企业当年发生以及以前年度结转的公益性捐赠支出，不超过年度利润总额 12% 的部分，准予扣除。

年度利润总额，是指企业依照国家统一会计制度的规定计算的年度会计利润。

第五十四条 企业所得税法第十条第（六）项所称赞助支出，是指企业发生的与生产经营活动无关的各种非广告性质支出。

第五十五条 企业所得税法第十条第（七）项所称未经核定的准备金支出，是指不符合国务院财政、税务主管部门规定的各项资产减值准备、风险准备等准备金支出。

第四节 资产的税务处理

第五十六条 企业的各项资产，包括固定资产、生物资产、无形资产、长期待摊费用、投资资产、存货等，以历史成本为计税基础。

前款所称历史成本，是指企业取得该项资产时实际发生的支出。

企业持有各项资产期间资产增值或者减值，除国务院财政、税务主管部门规定可以确认损益外，不得调整该资产的计税基础。

第五十七条 企业所得税法第十一条所称固定资产，是指企业为生产产品、提供劳务、出租或者经营管理而持有的、使用时间超过12个月的非货币性资产，包括房屋、建筑物、机器、机械、运输工具以及其他与生产经营活动有关的设备、器具、工具等。

第五十八条 固定资产按照以下方法确定计税基础：

（一）外购的固定资产，以购买价款和支付的相关税费以及直接归属于使该资产达到预定用途发生的其他支出为计税基础；

（二）自行建造的固定资产，以竣工结算前发生的支出为计税基础；

（三）融资租入的固定资产，以租赁合同约定的付款总额和承租人在签订租赁合同过程中发生的相关费用为计税基础，租赁合同未约定付款总额的，以该资产的公允价值和承租人在签订租赁合同过程中发生的相关费用为计税基础；

（四）盘盈的固定资产，以同类固定资产的重置完全价值为计税基础；

（五）通过捐赠、投资、非货币性资产交换、债务重组等方式取得的固定资产，以该资产的公允价值和支付的相关税费为计税基础；

（六）改建的固定资产，除企业所得税法第十三条第（一）项和第（二）项规定的支出外，以改建过程中发生的改建支出增加计税基础。

第五十九条 固定资产按照直线法计算的折旧，准予扣除。

企业应当自固定资产投入使用月份的次月起计算折旧；停止使用的固定资产，应当自停止使用月份的次月起停止计算折旧。

企业应当根据固定资产的性质和使用情况，合理确定固定资产的预计净残值。固定资产的预计净残值一经确定，不得变更。

第六十条 除国务院财政、税务主管部门另有规定外，固定资产计算折旧的最低年限如下：

（一）房屋、建筑物，为20年；

（二）飞机、火车、轮船、机器、机械和其他生产设备，为10年；

（三）与生产经营活动有关的器具、工具、家具等，为5年；

（四）飞机、火车、轮船以外的运输工具，为4年；

（五）电子设备，为3年。

第六十一条 从事开采石油、天然气等矿产资源的企业，在开始商业性生产前发生的费用和有关固定资产的折耗、折旧方法，由国务院财政、税务主管部门另行规定。

第六十二条 生产性生物资产按照以下方法确定计税基础：

（一）外购的生产性生物资产，以购买价款和支付的相关税费为计税基础；

（二）通过捐赠、投资、非货币性资产交换、债务重组等方式取得的生产性生物资产，以该资产的公允价值和支付的相关税费为计税基础。

前款所称生产性生物资产，是指企业为生产农产品、提供劳务或者出租等而持有的生物资产，包括经济林、薪炭林、产畜和役畜等。

第六十三条 生产性生物资产按照直线法计算的折旧，准予扣除。

企业应当自生产性生物资产投入使用月份的次月起计算折旧；停止使用的生产性生物资产，应当自停止使用月份的次月起停止计算折旧。

企业应当根据生产性生物资产的性质和使用情况，合理确定生产性生物资产的预计净残值。生产性生物资产的预计净残值一经确定，不得变更。

第六十四条 生产性生物资产计算折旧的最低年限如下：

（一）林木类生产性生物资产，为10年；

（二）畜类生产性生物资产，为3年。

第六十五条 企业所得税法第十二条所称无形资产，是指企业为生产产品、提供劳务、出租或者经营管理而持有的、没有实物形态的非货币性长期资产，包括专利权、商标权、著作权、土地使用权、非专利技术、商誉等。

第六十六条 无形资产按照以下方法确定计税基础：

（一）外购的无形资产，以购买价款和支付的相关税费以及直接归属于使该资产达到预定用途发生的其他支出为计税基础；

（二）自行开发的无形资产，以开发过程中该资产符合资本化条件后至达到预定用途前发生的支出为计税基础；

（三）通过捐赠、投资、非货币性资产交换、债务重组等方式取得的无形资产，以该资产的公允价值和支付的相关税费为计税基础。

第六十七条 无形资产按照直线法计算的摊销费用，准予扣除。

无形资产的摊销年限不得低于10年。

作为投资或者受让的无形资产，有关法律规定或者合同约定了使用年限的，可以按照规定或者约定的使用年限分期摊销。

外购商誉的支出，在企业整体转让或者清算时，准予扣除。

第六十八条 企业所得税法第十三条第（一）项和第（二）项所称固定资产的改建支出，是指改变房屋或者建筑物结构、延长使用年限等发生的支出。

企业所得税法第十三条第（一）项规定的支出，按照固定资产预计尚可使用年限分期摊销；第（二）项规定的支出，按照合同约定的剩余租赁期限分期摊销。

改建的固定资产延长使用年限的，除企业所得税法第十三条第（一）项和第（二）项规定外，应当适当延长折旧年限。

第六十九条 企业所得税法第十三条第（三）项所称固定资产的大修理支出，是指同时符合下列条件的支出：

（一）修理支出达到取得固定资产时的计税基础 50% 以上；

（二）修理后固定资产的使用年限延长 2 年以上。

企业所得税法第十三条第（三）项规定的支出，按照固定资产尚可使用年限分期摊销。

第七十条 企业所得税法第十三条第（四）项所称其他应当作为长期待摊费用的支出，自支出发生月份的次月起，分期摊销，摊销年限不得低于 3 年。

第七十一条 企业所得税法第十四条所称投资资产，是指企业对外进行权益性投资和债权性投资形成的资产。

企业在转让或者处置投资资产时，投资资产的成本，准予扣除。

投资资产按照以下方法确定成本：

（一）通过支付现金方式取得的投资资产，以购买价款为成本；

（二）通过支付现金以外的方式取得的投资资产，以该资产的公允价值和支付的相关税费为成本。

第七十二条 企业所得税法第十五条所称存货，是指企业持有以备出售的产品或者商品、处在生产过程中的在产品、在生产或者提供劳务过程中耗用的材料和物料等。

存货按照以下方法确定成本：

（一）通过支付现金方式取得的存货，以购买价款和支付的相关税费为成本；

（二）通过支付现金以外的方式取得的存货，以该存货的公允价值和支付的相关税费为成本；

（三）生产性生物资产收获的农产品，以产出或者采收过程中发生的材料费、人工费和分摊的间接费用等必要支出为成本。

第七十三条 企业使用或者销售的存货的成本计算方法，可以在先进先出法、加权平均法、个别计价法中选用一种。计价方法一经选用，不得随意变更。

第七十四条 企业所得税法第十六条所称资产的净值和第十九条所称财产净值，是指有关资产、财产的计税基础减除已经按照规定扣除的折旧、折耗、摊销、准备金等后的余额。

第七十五条 除国务院财政、税务主管部门另有规定外，企业在重组过程中，应当在交易发生时确认有关资产的转让所得或者损失，相关资产应当按照交易价格重新确定计税基础。

第三章 应纳税额

第七十六条 企业所得税法第二十二条规定的应纳税额的计算公式为：

应纳税额＝应纳税所得额 × 适用税率－减免税额－抵免税额

公式中的减免税额和抵免税额，是指依照企业所得税法和国务院的税收优惠规定减征、免征和抵免的应纳税额。

第七十七条 企业所得税法第二十三条所称已在境外缴纳的所得税税额，是指企业来源于中国境外的所得依照中国境外税收法律以及相关规定应当缴纳并已经实际缴纳的企业所得税性质的税款。

第七十八条 企业所得税法第二十三条所称抵免限额，是指企业来源于中国境外的所得，依照企业所得税法和本条例的规定计算的应纳税额。除国务院财政、税务主管部门另有规定外，该抵免限额应当分国（地区）不分项计算，计算公式如下：

抵免限额＝中国境内、境外所得依照企业所得税法和本条例的规定计算的应纳税总额 × 来源于某国（地区）的应纳税所得额 ÷ 中国境内、境外应纳税所得总额

第七十九条 企业所得税法第二十三条所称 5 个年度，是指从企业取得的来源于中国境外的所得，已经在中国境外缴纳的企业所得税性质的税额超过抵免限额的当年的次年起连续 5 个纳税年度。

第八十条 企业所得税法第二十四条所称直接控制，是指居民企业直接持有外国企业 20% 以上股份。

企业所得税法第二十四条所称间接控制，是指居民企业以间接持股方式持有外国企业 20% 以上股份，具体认定办法由国务院财政、税务主管部门另行制定。

第八十一条 企业依照企业所得税法第二十三条、第二十四条的规定抵免企业所得税税额时，应当提供中国境外税务机关出具的税款所属年度的有关纳税凭证。

第四章 税收优惠

第八十二条 企业所得税法第二十六条第（一）项所称国债利息收入，是指企业持有国务院财政部门发行的国债取得的利息收入。

第八十三条 企业所得税法第二十六条第（二）项所称符合条件的居民企业之间的股息、红利等权益性投资收益，是指居民企业直接投资于其他居民企业取得的投资收益。企业所得税法第二十六条第（二）项和第（三）项所称股息、红利等权益性投资收益，不包括连续持有居民企业公开发行并上市流通的股票不足 12 个月取得的投资收益。

第八十四条 企业所得税法第二十六条第（四）项所称符合条件的非营利组织，是指同时符合下列条件的组织：

（一）依法履行非营利组织登记手续；

（二）从事公益性或者非营利性活动；

（三）取得的收入除用于与该组织有关的、合理的支出外，全部用于登记核定或者章程规定的公益性或者非营利性事业；

（四）财产及其孳息不用于分配；

（五）按照登记核定或者章程规定，该组织注销后的剩余财产用于公益性或者非营利性目的，或者由登记管理机关转赠给与该组织性质、宗旨相同的组织，并向社会公告；

（六）投入人对投入该组织的财产不保留或者享有任何财产权利；

（七）工作人员工资福利开支控制在规定的比例内，不变相分配该组织的财产。

前款规定的非营利组织的认定管理办法由国务院财政、税务主管部门会同国务院有关部门制定。

第八十五条 企业所得税法第二十六条第（四）项所称符合条件的非营利组织的收入，不包括非营利组织从事营利性活动取得的收入，但国务院财政、税务主管部门另有规定的除外。

第八十六条 企业所得税法第二十七条第（一）项规定的企业从事农、林、牧、渔业项目的所得，可以免征、减征企业所得税，是指：

（一）企业从事下列项目的所得，免征企业所得税

1. 蔬菜、谷物、薯类、油料、豆类、棉花、麻类、糖料、水果、坚果的种植；

2. 农作物新品种的选育；

3. 中药材的种植；

4. 林木的培育和种植；

5. 牲畜、家禽的饲养；

6. 林产品的采集；

7. 灌溉、农产品初加工、兽医、农技推广、农机作业和维修等农、林、牧、渔服务业项目；

8. 远洋捕捞。

（二）企业从事下列项目的所得，减半征收企业所得税

1. 花卉、茶以及其他饮料作物和香料作物的种植；

2. 海水养殖、内陆养殖。

企业从事国家限制和禁止发展的项目，不得享受本条规定的企业所得税优惠。

第八十七条 企业所得税法第二十七条第（二）项所称国家重点扶持的公共基础设施项目，是指《公共基础设施项目企业所得税优惠目录》规定的港口码头、机场、铁路、公路、城市公共交通、电力、水利等项目。

企业从事前款规定的国家重点扶持的公共基础设施项目的投资经营的所得，自项目取得第一笔生产经营收入所属纳税年度起，第一年至第三年免征企业所得税，第四年至第六年减半征收企业所得税。

企业承包经营、承包建设和内部自建自用本条规定的项目，不得享受本条规定的企业所得税优惠。

第八十八条 企业所得税法第二十七条第（三）项所称符合条件的环境保护、节能节水项目，包括公共污水处理、公共垃圾处理、沼气综合开发利用、节能减排技术改造、海水淡化等。项目的具体条件和范围由国务院财政、税务主管部门商国务院有关部门制订，报国务院批准后公布施行。

企业从事前款规定的符合条件的环境保护、节能节水项目的所得，自项目取得第一笔生产经营收入所属纳税年度起，第一年至第三年免征企业所得税，第四年至第六年减半征收企业所得税。

第八十九条 依照本条例第八十七条和第八十八条规定享受减免税优惠的项目，在减免税期限内转让的，受让方自受让之日起，可以在剩余期限内享受规定的减免税优惠；减免税期限届满后转让的，受让方不得就该项目重复享受减免税优惠。

第九十条 企业所得税法第二十七条第（四）项所称符合条件的技术转让所得免征、减征企业所得税，是指一个纳税年度内，居民企业技术转让所得不超过500万元的部分，免征企业所得税；超过500万元的部分，减半征收企业所得税。

第九十一条 非居民企业取得企业所得税法第二十七条第（五）项规定的所得，减按10%的税率征收企业所得税。

下列所得可以免征企业所得税：

（一）外国政府向中国政府提供贷款取得的利息所得；

（二）国际金融组织向中国政府和居民企业提供优惠贷款取得的利息所得；

（三）经国务院批准的其他所得。

第九十二条 企业所得税法第二十八条第一款所称符合条件的小型微利企业，是指从事国家非限制和禁止行业，并符合下列条件的企业：

（一）工业企业，年度应纳税所得额不超过30万元，从业人数不超过100人，资产总额不超过3 000万元；

（二）其他企业，年度应纳税所得额不超过30万元，从业人数不超过80人，资产总额不超过1 000万元。

第九十三条 企业所得税法第二十八条第二款所称国家需要重点扶持的高新技术企业，是指拥有核心自主知识产权，并同时符合下列条件的企业：

（一）产品（服务）属于《国家重点支持的高新技术领域》规定的范围；

（二）研究开发费用占销售收入的比例不低于规定比例；

（三）高新技术产品（服务）收入占企业总收入的比例不低于规定比例；

（四）科技人员占企业职工总数的比例不低于规定比例；

（五）高新技术企业认定管理办法规定的其他条件。

《国家重点支持的高新技术领域》和高新技术企业认定管理办法由国务院科技、财政、税务主管部门商国务院有关部门制订，报国务院批准后公布施行。

第九十四条　企业所得税法第二十九条所称民族自治地方，是指依照《中华人民共和国民族区域自治法》的规定，实行民族区域自治的自治区、自治州、自治县。

对民族自治地方内国家限制和禁止行业的企业，不得减征或者免征企业所得税。

第九十五条　企业所得税法第三十条第（一）项所称研究开发费用的加计扣除，是指企业为开发新技术、新产品、新工艺发生的研究开发费用，未形成无形资产计入当期损益的，在按照规定据实扣除的基础上，按照研究开发费用的 50% 加计扣除；形成无形资产的，按照无形资产成本的 150% 摊销。

第九十六条　企业所得税法第三十条第（二）项所称企业安置残疾人员所支付的工资的加计扣除，是指企业安置残疾人员的，在按照支付给残疾职工工资据实扣除的基础上，按照支付给残疾职工工资的 100% 加计扣除。残疾人员的范围适用《中华人民共和国残疾人保障法》的有关规定。

企业所得税法第三十条第（二）项所称企业安置国家鼓励安置的其他就业人员所支付的工资的加计扣除办法，由国务院另行规定。

第九十七条　企业所得税法第三十一条所称抵扣应纳税所得额，是指创业投资企业采取股权投资方式投资于未上市的中小高新技术企业 2 年以上的，可以按照其投资额的 70% 在股权持有满 2 年的当年抵扣该创业投资企业的应纳税所得额；当年不足抵扣的，可以在以后纳税年度结转抵扣。

第九十八条　企业所得税法第三十二条所称可以采取缩短折旧年限或者采取加速折旧的方法的固定资产，包括：

（一）由于技术进步，产品更新换代较快的固定资产；

（二）常年处于强震动、高腐蚀状态的固定资产。

采取缩短折旧年限方法的，最低折旧年限不得低于本条例第六十条规定折旧年限的 60%；采取加速折旧方法的，可以采取双倍余额递减法或者年数总和法。

第九十九条　企业所得税法第三十三条所称减计收入，是指企业以《资源综合利用企业所得税优惠目录》规定的资源作为主要原材料，生产国家非限制和禁止并符合国家和行业相关标准的产品取得的收入，减按 90% 计入收入总额。

前款所称原材料占生产产品材料的比例不得低于《资源综合利用企业所得税优惠目录》规定的标准。

第一百条　企业所得税法第三十四条所称税额抵免，是指企业购置并实际使用《环境保护专用设备企业所得税优惠目录》《节能节水专用设备企业所得税优惠目录》和《安全生产专用设备企业所得税优惠目录》规定的环境保护、节能节水、安全生产等专用设备的，该专用设备的投资额的 10% 可以从企业当年的应纳税额中抵免；当年不足抵免的，可以在以后 5 个纳税年度结转抵免。

享受前款规定的企业所得税优惠的企业，应当实际购置并自身实际投入使用前款规定的专用设备；企业购置上述专用设备在 5 年内转让、出租的，应当停止享受企业所得税优惠，并补缴已经抵免的企业所得税税款。

第一百零一条　本章第八十七条、第九十九条、第一百条规定的企业所得税优惠目录，由国务院财政、税务主管部门商国务院有关部门制订，报国务院批准后公布施行。

第一百零二条 企业同时从事适用不同企业所得税待遇的项目的，其优惠项目应当单独计算所得，并合理分摊企业的期间费用；没有单独计算的，不得享受企业所得税优惠。

第五章 源泉扣缴

第一百零三条 依照企业所得税法对非居民企业应当缴纳的企业所得税实行源泉扣缴的，应当依照企业所得税法第十九条的规定计算应纳税所得额。

企业所得税法第十九条所称收入全额，是指非居民企业向支付人收取的全部价款和价外费用。

第一百零四条 企业所得税法第三十七条所称支付人，是指依照有关法律规定或者合同约定对非居民企业直接负有支付相关款项义务的单位或者个人。

第一百零五条 企业所得税法第三十七条所称支付，包括现金支付、汇拨支付、转账支付和权益兑价支付等货币支付和非货币支付。

企业所得税法第三十七条所称到期应支付的款项，是指支付人按照权责发生制原则应当计入相关成本、费用的应付款项。

第一百零六条 企业所得税法第三十八条规定的可以指定扣缴义务人的情形，包括：

（一）预计工程作业或者提供劳务期限不足一个纳税年度，且有证据表明不履行纳税义务的；

（二）没有办理税务登记或者临时税务登记，且未委托中国境内的代理人履行纳税义务的；

（三）未按照规定期限办理企业所得税纳税申报或者预缴申报的。

前款规定的扣缴义务人，由县级以上税务机关指定，并同时告知扣缴义务人所扣税款的计算依据、计算方法、扣缴期限和扣缴方式。

第一百零七条 企业所得税法第三十九条所称所得发生地，是指依照本条例第七条规定的原则确定的所得发生地。在中国境内存在多处所得发生地的，由纳税人选择其中之一申报缴纳企业所得税。

第一百零八条 企业所得税法第三十九条所称该纳税人在中国境内其他收入，是指该纳税人在中国境内取得的其他各种来源的收入。

税务机关在追缴该纳税人应纳税款时，应当将追缴理由、追缴数额、缴纳期限和缴纳方式等告知该纳税人。

第六章 特别纳税调整

第一百零九条 企业所得税法第四十一条所称关联方，是指与企业有下列关联关系之一的企业、其他组织或者个人：

（一）在资金、经营、购销等方面存在直接或者间接的控制关系；

（二）直接或者间接地同为第三者控制；

（三）在利益上具有相关联的其他关系。

第一百一十条 企业所得税法第四十一条所称独立交易原则，是指没有关联关系的交易各方，按照公平成交价格和营业常规进行业务往来遵循的原则。

第一百一十一条 企业所得税法第四十一条所称合理方法，包括：

（一）可比非受控价格法，是指按照没有关联关系的交易各方进行相同或者类似业务往来的价格进行定价的方法；

（二）再销售价格法，是指按照从关联方购进商品再销售给没有关联关系的交易方的价格，减除相同或者类似业务的销售毛利进行定价的方法；

（三）成本加成法，是指按照成本加合理的费用和利润进行定价的方法；

（四）交易净利润法，是指按照没有关联关系的交易各方进行相同或者类似业务往来取得的净利润水平确定利润的方法；

（五）利润分割法，是指将企业与其关联方的合并利润或者亏损在各方之间采用合理标准进行分配的方法；

（六）其他符合独立交易原则的方法。

第一百一十二条 企业可以依照企业所得税法第四十一条第二款的规定，按照独立交易原则与其关联方分摊共同发生的成本，达成成本分摊协议。

企业与其关联方分摊成本时，应当按照成本与预期收益相配比的原则进行分摊，并在税务机关规定的期限内，按照税务机关的要求报送有关资料。

企业与其关联方分摊成本时违反本条第一款、第二款规定的，其自行分摊的成本不得在计算应纳税所得额时扣除。

第一百一十三条 企业所得税法第四十二条所称预约定价安排，是指企业就其未来年度关联交易的定价原则和计算方法，向税务机关提出申请，与税务机关按照独立交易原则协商、确认后达成的协议。

第一百一十四条 企业所得税法第四十三条所称相关资料，包括：

（一）与关联业务往来有关的价格、费用的制定标准、计算方法和说明等同期资料；

（二）关联业务往来所涉及的财产、财产使用权、劳务等的再销售（转让）价格或者最终销售（转让）价格的相关资料；

（三）与关联业务调查有关的其他企业应当提供的与被调查企业可比的产品价格、定价方式以及利润水平等资料；

（四）其他与关联业务往来有关的资料。

企业所得税法第四十三条所称与关联业务调查有关的其他企业，是指与被调查企业在生产经营内容和方式上相类似的企业。

企业应当在税务机关规定的期限内提供与关联业务往来有关的价格、费用的制定标准、计算方法和说明等资料。关联方以及与关联业务调查有关的其他企业应当在税务机关与其约定的期限内提供相关资料。

第一百一十五条 税务机关依照企业所得税法第四十四条的规定核定企业的应纳税所得额时，可以采用下列方法：

（一）参照同类或者类似企业的利润率水平核定；

（二）按照企业成本加合理的费用和利润的方法核定；

（三）按照关联企业集团整体利润的合理比例核定；

（四）按照其他合理方法核定。

企业对税务机关按照前款规定的方法核定的应纳税所得额有异议的，应当提供相关证据，经税务机关认定后，调整核定的应纳税所得额。

第一百一十六条 企业所得税法第四十五条所称中国居民，是指根据《中华人民共和国个人所得税法》的规定，就其从中国境内、境外取得的所得在中国缴纳个人所得税的个人。

第一百一十七条 企业所得税法第四十五条所称控制，包括：

（一）居民企业或者中国居民直接或者间接单一持有外国企业10%以上有表决权股份，且由其共同持有该外国企业50%以上股份；

（二）居民企业，或者居民企业和中国居民持股比例没有达到第（一）项规定的标准，但在股份、资金、经营、购销等方面对该外国企业构成实质控制。

第一百一十八条 企业所得税法第四十五条所称实际税负明显低于企业所得税法第四条第一款规定税率水平，是指低于企业所得税法第四条第一款规定税率的50%。

第一百一十九条 企业所得税法第四十六条所称债权性投资，是指企业直接或者间接从关联方获得的，需要偿还本金和支付利息或者需要以其他具有支付利息性质的方式予以补偿的融资。

企业间接从关联方获得的债权性投资，包括：

（一）关联方通过无关联第三方提供的债权性投资；

（二）无关联第三方提供的、由关联方担保且负有连带责任的债权性投资；

（三）其他间接从关联方获得的具有负债实质的债权性投资。

企业所得税法第四十六条所称权益性投资，是指企业接受的不需要偿还本金和支付利息，投资人对企业净资产拥有所有权的投资。

企业所得税法第四十六条所称标准，由国务院财政、税务主管部门另行规定。

第一百二十条 企业所得税法第四十七条所称不具有合理商业目的，是指以减少、免除或者推迟缴纳税款为主要目的。

第一百二十一条 税务机关根据税收法律、行政法规的规定，对企业作出特别纳税调整的，应当对补征的税款，自税款所属纳税年度的次年6月1日起至补缴税款之日止的期间，按日加收利息。

前款规定加收的利息，不得在计算应纳税所得额时扣除。

第一百二十二条 企业所得税法第四十八条所称利息，应当按照税款所属纳税年度中国人民银行公布的与补税期间同期的人民币贷款基准利率加5个百分点计算。

企业依照企业所得税法第四十三条和本条例的规定提供有关资料的，可以只按前款规定的人民币贷款基准利率计算利息。

第一百二十三条 企业与其关联方之间的业务往来，不符合独立交易原则，或者企业实施其他不具有合理商业目的安排的，税务机关有权在该业务发生的纳税年度起10年内，进行纳税调整。

第七章 征收管理

第一百二十四条 企业所得税法第五十条所称企业登记注册地，是指企业依照国家有关规定登记注册的住所地。

第一百二十五条 企业汇总计算并缴纳企业所得税时，应当统一核算应纳税所得额，具体办法由国务院财政、税务主管部门另行制定。

第一百二十六条 企业所得税法第五十一条所称主要机构、场所，应当同时符合下列条件：

（一）对其他各机构、场所的生产经营活动负有监督管理责任；

（二）设有完整的账簿、凭证，能够准确反映各机构、场所的收入、成本、费用和盈亏情况。

第一百二十七条 企业所得税分月或者分季预缴，由税务机关具体核定。

企业根据企业所得税法第五十四条规定分月或者分季预缴企业所得税时，应当按照月度或者季度的实际利润额预缴；按照月度或者季度的实际利润额预缴有困难的，可以按照上一纳税年度应纳税所得额的月度或者季度平均额预缴，或者按照经税务机关认可的其他方法预缴。预缴方法一经确定，该纳税年度内不得随意变更。

第一百二十八条 企业在纳税年度内无论盈利或者亏损，都应当依照企业所得税法第五十四条规定的期限，向税务机关报送预缴企业所得税纳税申报表、年度企业所得税纳税申报表、财务会计报告和税务机关规定应当报送的其他有关资料。

第一百二十九条 企业所得以人民币以外的货币计算的，预缴企业所得税时，应当按照月度或者季度最后一日的人民币汇率中间价，折合成人民币计算应纳税所得额。年度终了汇算清缴时，对已经按照月度或者季度预缴税款的，不再重新折合计算，只就该纳税年度内未缴纳企业所得税的部分，按照纳税年度最后一日的人民币汇率中间价，折合成人民币计算应纳税所得额。

经税务机关检查确认，企业少计或者多计前款规定的所得的，应当按照检查确认补税或者退税时的上一个月最后一日的人民币汇率中间价，将少计或者多计的所得折合成人民币计算应纳税所得额，再计算应补缴或者应退的税款。

第八章　附　则

第一百三十条　企业所得税法第五十七条第一款所称本法公布前已经批准设立的企业，是指企业所得税法公布前已经完成登记注册的企业。

第一百三十一条　在香港特别行政区、澳门特别行政区和台湾地区成立的企业，参照适用企业所得税法第二条第二款、第三款的有关规定。

第一百三十二条　本条例自2008年1月1日起施行。1991年6月30日国务院发布的《中华人民共和国外商投资企业和外国企业所得税法实施细则》和1994年2月4日财政部发布的《中华人民共和国企业所得税暂行条例实施细则》同时废止。

第八章　个人所得税法规

1. 中华人民共和国个人所得税法（2018年修订）

（1980年9月10日第五届全国人民代表大会第三次会议通过　根据1993年10月31日第八届全国人民代表大会常务委员会第四次会议《关于修改〈中华人民共和国个人所得税法〉的决定》第一次修正　根据1999年8月30日第九届全国人民代表大会常务委员会第十一次会议《关于修改〈中华人民共和国个人所得税法〉的决定》第二次修正　根据2005年10月27日第十届全国人民代表大会常务委员会第十八次会议《关于修改〈中华人民共和国个人所得税法〉的决定》第三次修正　根据2007年6月29日第十届全国人民代表大会常务委员会第二十八次会议《关于修改〈中华人民共和国个人所得税法〉的决定》第四次修正　根据2007年12月29日第十届全国人民代表大会常务委员会第三十一次会议《关于修改〈中华人民共和国个人所得税法〉的决定》第五次修正　根据2011年6月30日第十一届全国人民代表大会常务委员会第二十一次会议《关于修改〈中华人民共和国个人所得税法〉的决定》第六次修正　根据2018年8月31日第十三届全国人民代表大会常务委员会第五次会议《关于修改〈中华人民共和国个人所得税法〉的决定》第七次修正）

第一条　在中国境内有住所，或者无住所而一个纳税年度内在中国境内居住累计满一百八十三天的个人，为居民个人。居民个人从中国境内和境外取得的所得，依照本法规定缴纳个人所得税。

在中国境内无住所又不居住，或者无住所而一个纳税年度内在中国境内居住累计不满一百八十三天的个人，为非居民个人。非居民个人从中国境内取得的所得，依照本法规定缴纳个人所得税。

纳税年度，自公历一月一日起至十二月三十一日止。

第二条　下列各项个人所得，应当缴纳个人所得税：

（一）工资、薪金所得；

（二）劳务报酬所得；

（三）稿酬所得；

（四）特许权使用费所得；

（五）经营所得；

（六）利息、股息、红利所得；

（七）财产租赁所得；

（八）财产转让所得；

（九）偶然所得。

居民个人取得前款第一项至第四项所得（以下称综合所得），按纳税年度合并计算个人所得税；非居民个人取得前款第一项至第四项所得，按月或者按次分项计算个人所得税。纳税人取得前款第五项至第九项所得，依照本法规定分别计算个人所得税。

第三条 个人所得税的税率：

（一）综合所得，适用百分之三至百分之四十五的超额累进税率（税率表附后）；

（二）经营所得，适用百分之五至百分之三十五的超额累进税率（税率表附后）；

（三）利息、股息、红利所得，财产租赁所得，财产转让所得和偶然所得，适用比例税率，税率为百分之二十。

第四条 下列各项个人所得，免征个人所得税：

（一）省级人民政府、国务院部委和中国人民解放军军以上单位，以及外国组织、国际组织颁发的科学、教育、技术、文化、卫生、体育、环境保护等方面的奖金；

（二）国债和国家发行的金融债券利息；

（三）按照国家统一规定发给的补贴、津贴；

（四）福利费、抚恤金、救济金；

（五）保险赔款；

（六）军人的转业费、复员费、退役金；

（七）按照国家统一规定发给干部、职工的安家费、退职费、基本养老金或者退休费、离休费、离休生活补助费；

（八）依照有关法律规定应予免税的各国驻华使馆、领事馆的外交代表、领事官员和其他人员的所得；

（九）中国政府参加的国际公约、签订的协议中规定免税的所得；

（十）国务院规定的其他免税所得。

前款第十项免税规定，由国务院报全国人民代表大会常务委员会备案。

第五条 有下列情形之一的，可以减征个人所得税，具体幅度和期限，由省、自治区、直辖市人民政府规定，并报同级人民代表大会常务委员会备案：

（一）残疾、孤老人员和烈属的所得；

（二）因自然灾害遭受重大损失的。

国务院可以规定其他减税情形，报全国人民代表大会常务委员会备案。

第六条 应纳税所得额的计算：

（一）居民个人的综合所得，以每一纳税年度的收入额减除费用六万元以及专项扣除、专项附加扣除和依法确定的其他扣除后的余额，为应纳税所得额。

（二）非居民个人的工资、薪金所得，以每月收入额减除费用五千元后的余额为应纳税所得额；劳务报酬所得、稿酬所得、特许权使用费所得，以每次收入额为应纳税所得额。

（三）经营所得，以每一纳税年度的收入总额减除成本、费用以及损失后的余额，为应纳税所得额。

（四）财产租赁所得，每次收入不超过四千元的，减除费用八百元；四千元以上的，减除百分之二十的费用，其余额为应纳税所得额。

（五）财产转让所得，以转让财产的收入额减除财产原值和合理费用后的余额，为应纳税所得额。

（六）利息、股息、红利所得和偶然所得，以每次收入额为应纳税所得额。

劳务报酬所得、稿酬所得、特许权使用费所得以收入减除百分之二十的费用后的余额为收入额。稿酬所得的收入额减按百分之七十计算。

个人将其所得对教育、扶贫、济困等公益慈善事业进行捐赠，捐赠额未超过纳税人申报的应纳税所得额百分之三十的部分，可以从其应纳税所得额中扣除；国务院规定对公益慈善事业捐赠实行全额税前扣除的，从其规定。

本条第一款第一项规定的专项扣除，包括居民个人按照国家规定的范围和标准缴纳的基本养老保险、基本医疗保险、失业保险等社会保险费和住房公积金等；专项附加扣除，包括子女教育、继续教育、大病医疗、住房贷款利息或者住房租金、赡养老人等支出，具体范围、标准和实施步骤由国务院确定，并报全国人民代表大会常务委员会备案。

第七条 居民个人从中国境外取得的所得，可以从其应纳税额中抵免已在境外缴纳的个人所得税税额，但抵免额不得超过该纳税人境外所得依照本法规定计算的应纳税额。

第八条 有下列情形之一的，税务机关有权按照合理方法进行纳税调整：

（一）个人与其关联方之间的业务往来不符合独立交易原则而减少本人或者其关联方应纳税额，且无正当理由；

（二）居民个人控制的，或者居民个人和居民企业共同控制的设立在实际税负明显偏低的国家（地区）的企业，无合理经营需要，对应当归属于居民个人的利润不作分配或者减少分配；

（三）个人实施其他不具有合理商业目的的安排而获取不当税收利益。

税务机关依照前款规定作出纳税调整，需要补征税款的，应当补征税款，并依法加收利息。

第九条 个人所得税以所得人为纳税人，以支付所得的单位或者个人为扣缴义务人。

纳税人有中国公民身份号码的，以中国公民身份号码为纳税人识别号；纳税人没有中国公民身份号码的，由税务机关赋予其纳税人识别号。扣缴义务人扣缴税款时，纳税人应当向扣缴义务人提供纳税人识别号。

第十条 有下列情形之一的，纳税人应当依法办理纳税申报：

（一）取得综合所得需要办理汇算清缴；

（二）取得应税所得没有扣缴义务人；

（三）取得应税所得，扣缴义务人未扣缴税款；

（四）取得境外所得；

（五）因移居境外注销中国户籍；

（六）非居民个人在中国境内从两处以上取得工资、薪金所得；

（七）国务院规定的其他情形。

扣缴义务人应当按照国家规定办理全员全额扣缴申报，并向纳税人提供其个人所得和已扣缴税款等信息。

第十一条 居民个人取得综合所得，按年计算个人所得税；有扣缴义务人的，由扣缴义务人按月或者按次预扣预缴税款；需要办理汇算清缴的，应当在取得所得的次年三月一日至六月三十日内办理汇算清缴。预扣预缴办法由国务院税务主管部门制定。

居民个人向扣缴义务人提供专项附加扣除信息的，扣缴义务人按月预扣预缴税款时应当按照规定予以扣除，不得拒绝。

非居民个人取得工资、薪金所得，劳务报酬所得，稿酬所得和特许权使用费所得，有扣缴义务人的，由扣缴义务人按月或者按次代扣代缴税款，不办理汇算清缴。

第十二条 纳税人取得经营所得，按年计算个人所得税，由纳税人在月度或者季度终了后十五日内向税务机关报送纳税申报表，并预缴税款；在取得所得的次年三月三十一日前办理汇算清缴。

纳税人取得利息、股息、红利所得，财产租赁所得，财产转让所得和偶然所得，按月或者按次计算个人所得税，有扣缴义务人的，由扣缴义务人按月或者按次代扣代缴税款。

第十三条 纳税人取得应税所得没有扣缴义务人的，应当在取得所得的次月十五日内向税务机关报送纳税申报表，并缴纳税款。

纳税人取得应税所得，扣缴义务人未扣缴税款的，纳税人应当在取得所得的次年六月三十日前，缴纳税款；税务机关通知限期缴纳的，纳税人应当按照期限缴纳税款。

居民个人从中国境外取得所得的，应当在取得所得的次年三月一日至六月三十日内申报纳税。

非居民个人在中国境内从两处以上取得工资、薪金所得的，应当在取得所得的次月十五日内申报纳税。

纳税人因移居境外注销中国户籍的，应当在注销中国户籍前办理税款清算。

第十四条 扣缴义务人每月或者每次预扣、代扣的税款，应当在次月十五日内缴入国库，并向税务机关报送扣缴个人所得税申报表。

纳税人办理汇算清缴退税或者扣缴义务人为纳税人办理汇算清缴退税的，税务机关审核后，按照国库管理的有关规定办理退税。

第十五条 公安、人民银行、金融监督管理等相关部门应当协助税务机关确认纳税人的身份、金融账户信息。教育、卫生、医疗保障、民政、人力资源社会保障、住房城乡建设、公安、人民银行、金融监督管理等相关部门应当向税务机关提供纳税人子女教育、继续教育、大病医疗、住房贷款利息、住房租金、赡养老人等专项附加扣除信息。

个人转让不动产的，税务机关应当根据不动产登记等相关信息核验应缴的个人所得税，登记机构办理转移登记时，应当查验与该不动产转让相关的个人所得税的完税凭证。个人转让股权办理变更登记的，市场主体登记机关应当查验与该股权交易相关的个人所得税的完税凭证。

有关部门依法将纳税人、扣缴义务人遵守本法的情况纳入信用信息系统，并实施联合激励或者惩戒。

第十六条 各项所得的计算，以人民币为单位。所得为人民币以外的货币的，按照人民币汇率中间价折合成人民币缴纳税款。

第十七条 对扣缴义务人按照所扣缴的税款，付给百分之二的手续费。

第十八条 对储蓄存款利息所得开征、减征、停征个人所得税及其具体办法，由国务院规定，并报全国人民代表大会常务委员会备案。

第十九条 纳税人、扣缴义务人和税务机关及其工作人员违反本法规定的，依照《中华人民共和国税收征收管理法》和有关法律法规的规定追究法律责任。

第二十条 个人所得税的征收管理，依照本法和《中华人民共和国税收征收管理法》的规定执行。

第二十一条 国务院根据本法制定实施条例。

第二十二条 本法自公布之日起施行。

附表：

个人所得税税率表一（综合所得适用）

级数	全年应纳税所得额	税率	速算扣除数
1	不超过 36 000 元的	3%	0
2	超过 36 000 元至 144 000 元的部分	10%	2 520
3	超过 144 000 元至 300 000 元的部分	20%	16 920
4	超过 300 000 元至 420 000 元的部分	25%	31 920
5	超过 420 000 元至 660 000 元的部分	30%	52 920
6	超过 660 000 元至 960 000 元的部分	35%	85 920
7	超过 960 000 元的部分	45%	181 920

注 1：本表所称全年应纳税所得额是指依照本法第六条的规定，居民个人取得综合所得以每一纳税年度收入额减除费用六万元以及专项扣除、专项附加扣除和依法确定的其他扣除后的余额。

注 2：非居民个人取得工资、薪金所得，劳务报酬所得，稿酬所得和特许权使用费所得，依照本表按月换算后计算应纳税额。

个人所得税税率表二（经营所得适用）

级数	全年应纳税所得额	税率
1	不超过 30 000 元的	5%
2	超过 30 000 元至 90 000 元的部分	10%
3	超过 90 000 元至 300 000 元的部分	20%
4	超过 300 000 元至 500 000 元的部分	30%
5	超过 500 000 元的部分	35%

注：本表所称全年应纳税所得额是指依照本法第六条的规定，以每一纳税年度的收入总额减除成本、费用以及损失后的余额。

2. 中华人民共和国个人所得税法实施条例（2018 年修订）

（1994 年 1 月 28 日中华人民共和国国务院令第 142 号发布　根据 2005 年 12 月 19 日《国务院关于修改〈中华人民共和国个人所得税法实施条例〉的决定》第一次修订　根据 2008 年 2 月 18 日《国务院关于修改〈中华人民共和国个人所得税法实施条例〉的决定》第二次修订　根据 2011 年 7 月 19 日《国务院关于修改〈中华人民共和国个人所得税法实施条例〉的决定》第三次修订　2018 年 12 月 18 日中华人民共和国国务院令第 707 号第四次修订）

第一条　根据《中华人民共和国个人所得税法》(以下简称个人所得税法)，制定本条例。

第二条　个人所得税法所称在中国境内有住所，是指因户籍、家庭、经济利益关系而在中国境内习惯性居住；所称从中国境内和境外取得的所得，分别是指来源于中国境内的所得和来源于中国境外的所得。

第三条　除国务院财政、税务主管部门另有规定外，下列所得，不论支付地点是否在中国境内，均为来源于中国境内的所得：

（一）因任职、受雇、履约等在中国境内提供劳务取得的所得；

（二）将财产出租给承租人在中国境内使用而取得的所得；

（三）许可各种特许权在中国境内使用而取得的所得；

（四）转让中国境内的不动产等财产或者在中国境内转让其他财产取得的所得；

（五）从中国境内企业、事业单位、其他组织以及居民个人取得的利息、股息、红利所得。

第四条 在中国境内无住所的个人，在中国境内居住累计满183天的年度连续不满六年的，经向主管税务机关备案，其来源于中国境外且由境外单位或者个人支付的所得，免予缴纳个人所得税；在中国境内居住累计满183天的任一年度中有一次离境超过30天的，其在中国境内居住累计满183天的年度的连续年限重新起算。

第五条 在中国境内无住所的个人，在一个纳税年度内在中国境内居住累计不超过90天的，其来源于中国境内的所得，由境外雇主支付并且不由该雇主在中国境内的机构、场所负担的部分，免予缴纳个人所得税。

第六条 个人所得税法规定的各项个人所得的范围：

（一）工资、薪金所得，是指个人因任职或者受雇取得的工资、薪金、奖金、年终加薪、劳动分红、津贴、补贴以及与任职或者受雇有关的其他所得。

（二）劳务报酬所得，是指个人从事劳务取得的所得，包括从事设计、装潢、安装、制图、化验、测试、医疗、法律、会计、咨询、讲学、翻译、审稿、书画、雕刻、影视、录音、录像、演出、表演、广告、展览、技术服务、介绍服务、经纪服务、代办服务以及其他劳务取得的所得。

（三）稿酬所得，是指个人因其作品以图书、报刊等形式出版、发表而取得的所得。

（四）特许权使用费所得，是指个人提供专利权、商标权、著作权、非专利技术以及其他特许权的使用权取得的所得；提供著作权的使用权取得的所得，不包括稿酬所得。

（五）经营所得，是指：

1. 个体工商户从事生产、经营活动取得的所得，个人独资企业投资人、合伙企业的个人合伙人来源于境内注册的个人独资企业、合伙企业生产、经营的所得；

2. 个人依法从事办学、医疗、咨询以及其他有偿服务活动取得的所得；

3. 个人对企业、事业单位承包经营、承租经营以及转包、转租取得的所得；

4. 个人从事其他生产、经营活动取得的所得。

（六）利息、股息、红利所得，是指个人拥有债权、股权等而取得的利息、股息、红利所得。

（七）财产租赁所得，是指个人出租不动产、机器设备、车船以及其他财产取得的所得。

（八）财产转让所得，是指个人转让有价证券、股权、合伙企业中的财产份额、不动产、机器设备、车船以及其他财产取得的所得。

（九）偶然所得，是指个人得奖、中奖、中彩以及其他偶然性质的所得。

个人取得的所得，难以界定应纳税所得项目的，由国务院税务主管部门确定。

第七条 对股票转让所得征收个人所得税的办法，由国务院另行规定，并报全国人民代表大会常务委员会备案。

第八条 个人所得的形式，包括现金、实物、有价证券和其他形式的经济利益；所得为实物的，应当按照取得的凭证上所注明的价格计算应纳税所得额，无凭证的实物或者凭证上所注明的价格明显偏低的，参照市场价格核定应纳税所得额；所得为有价证券的，根据票面价格和市场价格核定应纳税所得额；所得为其他形式的经济利益的，参照市场价格核定应纳税所得额。

第九条 个人所得税法第四条第一款第二项所称国债利息，是指个人持有中华人民共和国财政部发行的债券而取得的利息；所称国家发行的金融债券利息，是指个人持有经国务院批准发行的金融债券而取得的利息。

第十条 个人所得税法第四条第一款第三项所称按照国家统一规定发给的补贴、津贴，是指按照国务院规定发给的政府特殊津贴、院士津贴，以及国务院规定免予缴纳个人所得税的其他补贴、津贴。

第十一条 个人所得税法第四条第一款第四项所称福利费，是指根据国家有关规定，从企业、事业单位、国家机关、社会组织提留的福利费或者工会经费中支付给个人的生活补助费；所称救济金，是指各级人民政府民政部门支付给个人的生活困难补助费。

第十二条 个人所得税法第四条第一款第八项所称依照有关法律规定应予免税的各国驻华使馆、领事馆的外交代表、领事官员和其他人员的所得，是指依照《中华人民共和国外交特权与豁免条例》和《中华人民共和国领事特权与豁免条例》规定免税的所得。

第十三条 个人所得税法第六条第一款第一项所称依法确定的其他扣除，包括个人缴付符合国家规定的企业年金、职业年金，个人购买符合国家规定的商业健康保险、税收递延型商业养老保险的支出，以及国务院规定可以扣除的其他项目。

专项扣除、专项附加扣除和依法确定的其他扣除，以居民个人一个纳税年度的应纳税所得额为限额；一个纳税年度扣除不完的，不结转以后年度扣除。

第十四条 个人所得税法第六条第一款第二项、第四项、第六项所称每次，分别按照下列方法确定：

（一）劳务报酬所得、稿酬所得、特许权使用费所得，属于一次性收入的，以取得该项收入为一次；属于同一项目连续性收入的，以一个月内取得的收入为一次。

（二）财产租赁所得，以一个月内取得的收入为一次。

（三）利息、股息、红利所得，以支付利息、股息、红利时取得的收入为一次。

（四）偶然所得，以每次取得该项收入为一次。

第十五条 个人所得税法第六条第一款第三项所称成本、费用，是指生产、经营活动中发生的各项直接支出和分配计入成本的间接费用以及销售费用、管理费用、财务费用；所称损失，是指生产、经营活动中发生的固定资产和存货的盘亏、毁损、报废损失，转让财产损失，坏账损失，自然灾害等不可抗力因素造成的损失以及其他损失。

取得经营所得的个人，没有综合所得的，计算其每一纳税年度的应纳税所得额时，应当减除费用6万元、专项扣除、专项附加扣除以及依法确定的其他扣除。专项附加扣除在办理汇算清缴时减除。

从事生产、经营活动，未提供完整、准确的纳税资料，不能正确计算应纳税所得额的，由主管税务机关核定应纳税所得额或者应纳税额。

第十六条 个人所得税法第六条第一款第五项规定的财产原值，按照下列方法确定：

（一）有价证券，为买入价以及买入时按照规定交纳的有关费用；

（二）建筑物，为建造费或者购进价格以及其他有关费用；

（三）土地使用权，为取得土地使用权所支付的金额、开发土地的费用以及其他有关费用；

（四）机器设备、车船，为购进价格、运输费、安装费以及其他有关费用。

其他财产，参照前款规定的方法确定财产原值。

纳税人未提供完整、准确的财产原值凭证，不能按照本条第一款规定的方法确定财产原值的，由主管税务机关核定财产原值。

个人所得税法第六条第一款第五项所称合理费用，是指卖出财产时按照规定支付的有关税费。

第十七条 财产转让所得，按照一次转让财产的收入额减除财产原值和合理费用后的余额计算纳税。

第十八条 两个以上的个人共同取得同一项目收入的，应当对每个人取得的收入分别按照个人所得税法的规定计算纳税。

第十九条 个人所得税法第六条第三款所称个人将其所得对教育、扶贫、济困等公益慈善事业进行捐赠，是指个人将其所得通过中国境内的公益性社会组织、国家机关向教育、扶贫、济困等公益慈善事业的捐赠；所称应纳税所得额，是指计算扣除捐赠额之前的应纳税所得额。

第二十条 居民个人从中国境内和境外取得的综合所得、经营所得，应当分别合并计算应纳税额；从中国境内和境外取得的其他所得，应当分别单独计算应纳税额。

第二十一条 个人所得税法第七条所称已在境外缴纳的个人所得税税额，是指居民个人来源于中国境外的所得，依照该所得来源国家（地区）的法律应当缴纳并且实际已经缴纳的所得税税额。

个人所得税法第七条所称纳税人境外所得依照本法规定计算的应纳税额，是居民个人抵免已在境外缴纳的综合所得、经营所得以及其他所得的所得税税额的限额（以下简称抵免限额）。除国务院财政、税务主管部门另有规定外，来源于中国境外一个国家（地区）的综合所得抵免限额、经营所得抵免限额以及其他所得抵免限额之和，为来源于该国家（地区）所得的抵免限额。

居民个人在中国境外一个国家（地区）实际已经缴纳的个人所得税税额，低于依照前款规定计算出的来源于该国家（地区）所得的抵免限额的，应当在中国缴纳差额部分的税款；超过来源于该国家（地区）所得的抵免限额的，其超过部分不得在本纳税年度的应纳税额中抵免，但是可以在以后纳税年度来源于该国家（地区）所得的抵免限额的余额中补扣。补扣期限最长不得超过五年。

第二十二条 居民个人申请抵免已在境外缴纳的个人所得税税额，应当提供境外税务机关出具的税款所属年度的有关纳税凭证。

第二十三条 个人所得税法第八条第二款规定的利息，应当按照税款所属纳税申报期最后一日中国人民银行公布的与补税期间同期的人民币贷款基准利率计算，自税款纳税申报期满次日起至补缴税款期限届满之日止按日加收。纳税人在补缴税款期限届满前补缴税款的，利息加收至补缴税款之日。

第二十四条 扣缴义务人向个人支付应税款项时，应当依照个人所得税法规定预扣或者代扣税款，按时缴库，并专项记载备查。

前款所称支付，包括现金支付、汇拨支付、转账支付和以有价证券、实物以及其他形式的支付。

第二十五条 取得综合所得需要办理汇算清缴的情形包括：

（一）从两处以上取得综合所得，且综合所得年收入额减除专项扣除的余额超过6万元；

（二）取得劳务报酬所得、稿酬所得、特许权使用费所得中一项或者多项所得，且综合所得年收入额减除专项扣除的余额超过6万元；

（三）纳税年度内预缴税额低于应纳税额；

（四）纳税人申请退税。

纳税人申请退税，应当提供其在中国境内开设的银行账户，并在汇算清缴地就地办理税款退库。

汇算清缴的具体办法由国务院税务主管部门制定。

第二十六条 个人所得税法第十条第二款所称全员全额扣缴申报，是指扣缴义务人在代扣税款的次月十五日内，向主管税务机关报送其支付所得的所有个人的有关信息、支付所得数额、扣除事项和数额、扣缴税款的具体数额和总额以及其他相关涉税信息资料。

第二十七条 纳税人办理纳税申报的地点以及其他有关事项的具体办法，由国务院税务主管部门制定。

第二十八条 居民个人取得工资、薪金所得时，可以向扣缴义务人提供专项附加扣除有关信息，由扣缴义务人扣缴税款时减除专项附加扣除。纳税人同时从两处以上取得工资、薪金所得，并由扣缴义务人减除专项附加扣除的，对同一专项附加扣除项目，在一个纳税年度内只能选择从一处取得的所得中减除。

居民个人取得劳务报酬所得、稿酬所得、特许权使用费所得，应当在汇算清缴时向税务机关提供有关信息，减除专项附加扣除。

第二十九条 纳税人可以委托扣缴义务人或者其他单位和个人办理汇算清缴。

第三十条 扣缴义务人应当按照纳税人提供的信息计算办理扣缴申报，不得擅自更改纳税人提供的信息。

纳税人发现扣缴义务人提供或者扣缴申报的个人信息、所得、扣缴税款等与实际情况不符的，有权要求扣缴义务人修改。扣缴义务人拒绝修改的，纳税人应当报告税务机关，税务机关应当及时处理。

纳税人、扣缴义务人应当按照规定保存与专项附加扣除相关的资料。税务机关可以对纳税人提供的专项附加扣除信息进行抽查，具体办法由国务院税务主管部门另行规定。税务机关发现纳税人提供虚假信息的，应当责令改正并通知扣缴义务人；情节严重的，有关部门应当依法予以处理，纳入信用信息系统并实施联合惩戒。

第三十一条 纳税人申请退税时提供的汇算清缴信息有错误的，税务机关应当告知其更正；纳税人更正的，税务机关应当及时办理退税。

扣缴义务人未将扣缴的税款解缴入库的，不影响纳税人按照规定申请退税，税务机关应当凭纳税人提供的有关资料办理退税。

第三十二条 所得为人民币以外货币的，按照办理纳税申报或者扣缴申报的上一月最后一日人民币汇率中间价，折合成人民币计算应纳税所得额。年度终了后办理汇算清缴的，对已经按月、按季或者按次预缴税款的人民币以外货币所得，不再重新折算；对应当补缴税款的所得部分，按照上一纳税年度最后一日人民币汇率中间价，折合成人民币计算应纳税所得额。

第三十三条 税务机关按照个人所得税法第十七条的规定付给扣缴义务人手续费，应当填开退还书；扣缴义务人凭退还书，按照国库管理有关规定办理退库手续。

第三十四条 个人所得税纳税申报表、扣缴个人所得税报告表和个人所得税完税凭证式样，由国务院税务主管部门统一制定。

第三十五条 军队人员个人所得税征收事宜，按照有关规定执行。

第三十六条 本条例自2019年1月1日起施行。

第九章 税收违法查处相关法规

1. 税务稽查案件办理程序规定（2021年颁布）

（国家税务总局令第52号）

第一章 总 则

第一条 为了贯彻落实中共中央办公厅、国务院办公厅印发的《关于进一步深化税收征管改革的意见》，保障税收法律、行政法规的贯彻实施，规范税务稽查案件办理程序，强化监督制约机制，保护纳税人、扣缴义务人和其他涉税当事人合法权益，根据《中华人民共和国税收征收管理法》（以下简称税收征管法）、《中华人民共和国税收征收管理法实施细则》（以下简称税收征管法实施细则）等法律、行政法规，制定本规定。

第二条 稽查局办理税务稽查案件适用本规定。

第三条 办理税务稽查案件应当以事实为根据，以法律为准绳，坚持公平、公正、公开、效率的原则。

第四条 税务稽查由稽查局依法实施。稽查局主要职责是依法对纳税人、扣缴义务人和其他涉税当事人履行纳税义务、扣缴义务情况及涉税事项进行检查处理，以及围绕检查处理开展的其他相关工作。稽查局具体职责由国家税务总局依照税收征管法、税收征管法实施细则和国家有关规定确定。

第五条 稽查局办理税务稽查案件时，实行选案、检查、审理、执行分工制约原则。

第六条 稽查局应当在税务局向社会公告的范围内实施税务稽查。上级税务机关可以根据案件办理的需要指定管辖。

税收法律、行政法规和国家税务总局规章对税务稽查管辖另有规定的，从其规定。

第七条 税务稽查管辖有争议的，由争议各方本着有利于案件办理的原则逐级协商解决；不能协商一致的，报请共同的上级税务机关决定。

第八条 税务稽查人员具有税收征管法实施细则规定回避情形的，应当回避。

被查对象申请税务稽查人员回避或者税务稽查人员自行申请回避的，由稽查局局长依法决定是否回避。稽查局局长发现税务稽查人员具有规定回避情形的，应当要求其回避。稽查局局长的回避，由税务局局长依法审查决定。

第九条 税务稽查人员对实施税务稽查过程中知悉的国家秘密、商业秘密或者个人隐私、个人信息，应当依法予以保密。

纳税人、扣缴义务人和其他涉税当事人的税收违法行为不属于保密范围。

第十条 税务稽查人员应当遵守工作纪律，恪守职业道德，不得有下列行为：

（一）违反法定程序、超越权限行使职权；

（二）利用职权为自己或者他人牟取利益；

（三）玩忽职守，不履行法定义务；

（四）泄露国家秘密、工作秘密，向被查对象通风报信、泄露案情；

（五）弄虚作假，故意夸大或者隐瞒案情；

（六）接受被查对象的请客送礼等影响公正执行公务的行为；

（七）其他违法违纪行为。

税务稽查人员在执法办案中滥用职权、玩忽职守、徇私舞弊的，依照有关规定严肃处理；涉嫌犯罪的，依法移送司法机关处理。

第十一条 税务稽查案件办理应当通过文字、音像等形式，对案件办理的启动、调查取证、审核、决定、送达、执行等进行全过程记录。

第二章 选 案

第十二条 稽查局应当加强稽查案源管理，全面收集整理案源信息，合理、准确地选择待查对象。案源管理依照国家税务总局有关规定执行。

第十三条 待查对象确定后，经稽查局局长批准实施立案检查。

必要时，依照法律法规的规定，稽查局可以在立案前进行检查。

第十四条 稽查局应当统筹安排检查工作，严格控制对纳税人、扣缴义务人的检查次数。

第三章 检　　查

第十五条 检查前，稽查局应当告知被查对象检查时间、需要准备的资料等，但预先通知有碍检查的除外。

检查应当由两名以上具有执法资格的检查人员共同实施，并向被查对象出示税务检查证件、出示或者送达税务检查通知书，告知其权利和义务。

第十六条 检查应当依照法定权限和程序，采取实地检查、调取账簿资料、询问、查询存款账户或者储蓄存款、异地协查等方法。

对采用电子信息系统进行管理和核算的被查对象，检查人员可以要求其打开该电子信息系统，或者提供与原始电子数据、电子信息系统技术资料一致的复制件。被查对象拒不打开或者拒不提供的，经稽查局局长批准，可以采用适当的技术手段对该电子信息系统进行直接检查，或者提取、复制电子数据进行检查，但所采用的技术手段不得破坏该电子信息系统原始电子数据，或者影响该电子信息系统正常运行。

第十七条 检查应当依照法定权限和程序收集证据材料。收集的证据必须经查证属实，并与证明事项相关联。

不得以下列方式收集、获取证据材料：

（一）严重违反法定程序收集；

（二）以违反法律强制性规定的手段获取且侵害他人合法权益；

（三）以利诱、欺诈、胁迫、暴力等手段获取。

第十八条 调取账簿、记账凭证、报表和其他有关资料时，应当向被查对象出具调取账簿资料通知书，并填写调取账簿资料清单交其核对后签章确认。

调取纳税人、扣缴义务人以前会计年度的账簿、记账凭证、报表和其他有关资料的，应当经县以上税务局局长批准，并在 3 个月内完整退还；调取纳税人、扣缴义务人当年的账簿、记账凭证、报表和其他有关资料的，应当经设区的市、自治州以上税务局局长批准，并在 30 日内退还。

退还账簿资料时，应当由被查对象核对调取账簿资料清单，并签章确认。

第十九条 需要提取证据材料原件的，应当向当事人出具提取证据专用收据，由当事人核对后签章确认。对需要退还的证据材料原件，检查结束后应当及时退还，并履行相关签收手续。需要将已开具的纸质发票调出查验时，应当向被查验的单位或者个人开具发票换票证；需要将空白纸质发票调出查验时，应当向被查验的单位或者个人开具调验空白发票收据。经查无问题的，应当及时退还，并履行相关签收手续。

提取证据材料复制件的，应当由当事人或者原件保存单位（个人）在复制件上注明“与原件核对无误”及原件存放地点，并签章。

第二十条 询问应当由两名以上检查人员实施。除在被查对象生产、经营、办公场所询问外，应当向被询问人送达询问通知书。

询问时应当告知被询问人有关权利义务。询问笔录应当交被询问人核对或者向其宣读；询问笔录有修改的，应当由被询问人在改动处捺指印；核对无误后，由被询问人在尾页结束处写明“以上笔录我看过（或者向我宣读过），与我说的相符”，并逐页签章、捺指印。被询问人拒绝在询问笔录上签章、捺指印的，检查人员应当在笔录上注明。

第二十一条 当事人、证人可以采取书面或者口头方式陈述或者提供证言。当事人、证人口头陈述或者提供证言的，检查人员应当以笔录、录音、录像等形式进行记录。笔录可以手写或者使用计算机记录并打印，由当事人或者证人逐页签章、捺指印。

当事人、证人口头提出变更陈述或者证言的，检查人员应当就变更部分重新制作笔录，注明原因，由当事人或者证人逐页签章、捺指印。当事人、证人变更书面陈述或者证言的，变更前的笔录不予退回。

第二十二条 制作录音、录像等视听资料的，应当注明制作方法、制作时间、制作人和证明对象等内容。

调取视听资料时，应当调取有关资料的原始载体；难以调取原始载体的，可以调取复制件，但应当说明复制方法、人员、时间和原件存放处等事项。

对声音资料，应当附有该声音内容的文字记录；对图像资料，应当附有必要的文字说明。

第二十三条 以电子数据的内容证明案件事实的，检查人员可以要求当事人将电子数据打印成纸质资料，在纸质资料上注明数据出处、打印场所、打印时间或者提供时间，注明“与电子数据核对无误”，并由当事人签章。

需要以有形载体形式固定电子数据的，检查人员应当与提供电子数据的个人、单位的法定代表人或者财务负责人或者经单位授权的其他人员一起将电子数据复制到存储介质上并封存，同时在封存包装物上注明制作方法、制作时间、制作人、文件格式及大小等，注明“与原始载体记载的电子数据核对无误”，并由电子数据提供人签章。

收集、提取电子数据，检查人员应当制作现场笔录，注明电子数据的来源、事由、证明目的或者对象，提取时间、地点、方法、过程，原始存储介质的存放地点以及对电子数据存储介质的签封情况等。进行数据压缩的，应当在笔录中注明压缩方法和完整性校验值。

第二十四条 检查人员实地调查取证时，可以制作现场笔录、勘验笔录，对实地调查取证情况予以记录。

制作现场笔录、勘验笔录，应当载明时间、地点和事件等内容，并由检查人员签名和当事人签章。

当事人经通知不到场或者拒绝在现场笔录、勘验笔录上签章的，检查人员应当在笔录上注明原因；如有其他人员在场，可以由其签章证明。

第二十五条 检查人员异地调查取证的，当地税务机关应当予以协助；发函委托相关稽查局调查取证的，必要时可以派人参与受托地稽查局的调查取证，受托地稽查局应当根据协查请求，依照法定权限和程序调查。

需要取得境外资料的，稽查局可以提请国际税收管理部门依照有关规定程序获取。

第二十六条 查询从事生产、经营的纳税人、扣缴义务人存款账户，应当经县以上税务局局长批准，凭检查存款账户许可证明向相关银行或者其他金融机构查询。

查询案件涉嫌人员储蓄存款的，应当经设区的市、自治州以上税务局局长批准，凭检查存款账户许可证明向相关银行或者其他金融机构查询。

第二十七条 被查对象有下列情形之一的，依照税收征管法和税收征管法实施细则有关逃避、拒绝或者以其他方式阻挠税务检查的规定处理：

（一）提供虚假资料，不如实反映情况，或者拒绝提供有关资料的；

（二）拒绝或者阻止税务机关记录、录音、录像、照相和复制与案件有关的情况和资料的；

（三）在检查期间转移、隐匿、销毁有关资料的；

（四）有不依法接受税务检查的其他情形的。

第二十八条 税务机关有根据认为从事生产、经营的纳税人有逃避纳税义务行为，可以在规定的纳税期之前，责令限期缴纳应纳税款；在限期内发现纳税人有明显的转移、隐匿其应纳税的商品、货物以及其他财产或者应纳税收入迹象的，可以责成纳税人提供纳税担保。如果纳税人不能提供纳税担保，经县以上税务局局长批准，可以依法采取税收强制措施。

检查从事生产、经营的纳税人以前纳税期的纳税情况时，发现纳税人有逃避纳税义务行为，并有明显的转移、隐匿其应纳税的商品、货物以及其他财产或者应纳税收入迹象的，经县以上税务局局长批准，可以依法采取税收强制措施。

第二十九条 稽查局采取税收强制措施时，应当向纳税人、扣缴义务人、纳税担保人交付税收强制措施决定书，告知其采取税收强制措施的内容、理由、依据以及依法享有的权利、救济途径，并履行法律、法规规定的其他程序。

采取冻结纳税人在开户银行或者其他金融机构的存款措施时，应当向纳税人开户银行或者其他金融机构交付冻结存款通知书，冻结其相当于应纳税款的存款；并于作出冻结决定之日起3个工作日内，向纳税人交付冻结决定书。

采取查封、扣押商品、货物或者其他财产措施时，应当向纳税人、扣缴义务人、纳税担保人当场交付查封、扣押决定书，填写查封商品、货物或者其他财产清单或者出具扣押商品、货物或者其他财产专用收据，由当事人核对后签章。查封清单、扣押收据一式二份，由当事人和稽查局分别保存。

采取查封、扣押有产权证件的动产或者不动产措施时，应当依法向有关单位送达税务协助执行通知书，通知其在查封、扣押期间不再办理该动产或者不动产的过户手续。

第三十条 按照本规定第二十八条第二款采取查封、扣押措施的，期限一般不得超过6个月；重大案件有下列情形之一，需要延长期限的，应当报国家税务总局批准：

（一）案情复杂，在查封、扣押期限内确实难以查明案件事实的；

（二）被查对象转移、隐匿、销毁账簿、记账凭证或者其他证据材料的；

（三）被查对象拒不提供相关情况或者以其他方式拒绝、阻挠检查的；

（四）解除查封、扣押措施可能使纳税人转移、隐匿、损毁或者违法处置财产，从而导致税款无法追缴的。

除前款规定情形外采取查封、扣押、冻结措施的，期限不得超过30日；情况复杂的，经县以上税务局局长批准，可以延长，但是延长期限不得超过30日。

第三十一条 有下列情形之一的，应当依法及时解除税收强制措施：

（一）纳税人已按履行期限缴纳税款、扣缴义务人已按履行期限解缴税款、纳税担保人已按履行期限缴纳所担保税款的；

（二）税收强制措施被复议机关决定撤销的；

（三）税收强制措施被人民法院判决撤销的；

（四）其他法定应当解除税收强制措施的。

第三十二条 解除税收强制措施时，应当向纳税人、扣缴义务人、纳税担保人送达解除税收强制措施决定书，告知其解除税收强制措施的时间、内容和依据，并通知其在规定时间内办理解除税收强制措施的有关事宜：

（一）采取冻结存款措施的，应当向冻结存款的纳税人开户银行或者其他金融机构送达解除冻结存款通知书，解除冻结；

（二）采取查封商品、货物或者其他财产措施的，应当解除查封并收回查封商品、货物或者其他财产清单；

（三）采取扣押商品、货物或者其他财产措施的，应当予以返还并收回扣押商品、货物或者其他财产专用收据。

税收强制措施涉及协助执行单位的，应当向协助执行单位送达税务协助执行通知书，通知解除税收强制措施相关事项。

第三十三条 有下列情形之一，致使检查暂时无法进行的，经稽查局局长批准后，中止检查：

（一）当事人被有关机关依法限制人身自由的；

（二）账簿、记账凭证及有关资料被其他国家机关依法调取且尚未归还的；

（三）与税收违法行为直接相关的事实需要人民法院或者其他国家机关确认的；

（四）法律、行政法规或者国家税务总局规定的其他可以中止检查的。

中止检查的情形消失，经稽查局局长批准后，恢复检查。

第三十四条 有下列情形之一，致使检查确实无法进行的，经稽查局局长批准后，终结检查：

（一）被查对象死亡或者被依法宣告死亡或者依法注销，且有证据表明无财产可抵缴税款或者无法定税收义务承担主体的；

（二）被查对象税收违法行为均已超过法定追究期限的；

（三）法律、行政法规或者国家税务总局规定的其他可以终结检查的。

第三十五条 检查结束前，检查人员可以将发现的税收违法事实和依据告知被查对象。

被查对象对违法事实和依据有异议的，应当在限期内提供说明及证据材料。被查对象口头说明的，检查人员应当制作笔录，由当事人签章。

第四章 审 理

第三十六条 检查结束后，稽查局应当对案件进行审理。符合重大税务案件标准的，稽查局审理后提请税务局重大税务案件审理委员会审理。

重大税务案件审理依照国家税务总局有关规定执行。

第三十七条 案件审理应当着重审核以下内容：

（一）执法主体是否正确；

（二）被查对象是否准确；

（三）税收违法事实是否清楚，证据是否充分，数据是否准确，资料是否齐全；

（四）适用法律、行政法规、规章及其他规范性文件是否适当，定性是否正确；

（五）是否符合法定程序；

（六）是否超越或者滥用职权；

（七）税务处理、处罚建议是否适当；

（八）其他应当审核确认的事项或者问题。

第三十八 条有下列情形之一的，应当补正或者补充调查：

（一）被查对象认定错误的；

（二）税收违法事实不清、证据不足的；

（三）不符合法定程序的；

（四）税务文书不规范、不完整的；

（五）其他需要补正或者补充调查的。

第三十九条 拟对被查对象或者其他涉税当事人作出税务行政处罚的，应当向其送达税务行政处罚事项告知书，告知其依法享有陈述、申辩及要求听证的权利。税务行政处罚事项告知书应当包括以下内容：

（一）被查对象或者其他涉税当事人姓名或者名称、有效身份证件号码或者统一社会信用代码、地址。没有统一社会信用代码的，以税务机关赋予的纳税人识别号代替；

（二）认定的税收违法事实和性质；

（三）适用的法律、行政法规、规章及其他规范性文件；

（四）拟作出的税务行政处罚；

（五）当事人依法享有的权利；

（六）告知书的文号、制作日期、税务机关名称及印章；

（七）其他相关事项。

第四十条 被查对象或者其他涉税当事人可以书面或者口头提出陈述、申辩意见。对当事人口头提出陈述、申辩意见，应当制作陈述申辩笔录，如实记录，由陈述人、申辩人签章。

应当充分听取当事人的陈述、申辩意见；经复核，当事人提出的事实、理由或者证据成立的，应当采纳。

第四十一条 被查对象或者其他涉税当事人按照法律、法规、规章要求听证的，应当依法组织听证。

听证依照国家税务总局有关规定执行。

第四十二条 经审理，区分下列情形分别作出处理：

（一）有税收违法行为，应当作出税务处理决定的，制作税务处理决定书；

（二）有税收违法行为，应当作出税务行政处罚决定的，制作税务行政处罚决定书；

（三）税收违法行为轻微，依法可以不予税务行政处罚的，制作不予税务行政处罚决定书；

（四）没有税收违法行为的，制作税务稽查结论。

税务处理决定书、税务行政处罚决定书、不予税务行政处罚决定书、税务稽查结论引用的法律、行政法规、规章及其他规范性文件，应当注明文件全称、文号和有关条款。

第四十三条 税务处理决定书应当包括以下主要内容：

（一）被查对象姓名或者名称、有效身份证件号码或者统一社会信用代码、地址。没有统一社会信用代码的，以税务机关赋予的纳税人识别号代替；

（二）检查范围和内容；

（三）税收违法事实及所属期间；

（四）处理决定及依据；

（五）税款金额、缴纳期限及地点；

（六）税款滞纳时间、滞纳金计算方法、缴纳期限及地点；

（七）被查对象不按期履行处理决定应当承担的责任；

（八）申请行政复议或者提起行政诉讼的途径和期限；

（九）处理决定书的文号、制作日期、税务机关名称及印章。

第四十四条 税务行政处罚决定书应当包括以下主要内容：

（一）被查对象或者其他涉税当事人姓名或者名称、有效身份证件号码或者统一社会信用代码、地址。没有统一社会信用代码的，以税务机关赋予的纳税人识别号代替；

（二）检查范围和内容；

（三）税收违法事实、证据及所属期间；

（四）行政处罚种类和依据；

（五）行政处罚履行方式、期限和地点；

（六）当事人不按期履行行政处罚决定应当承担的责任；

（七）申请行政复议或者提起行政诉讼的途径和期限；

（八）行政处罚决定书的文号、制作日期、税务机关名称及印章。

税务行政处罚决定应当依法公开。公开的行政处罚决定被依法变更、撤销、确认违法或者确认无效的，应当在3个工作日内撤回原行政处罚决定信息并公开说明理由。

第四十五条 不予税务行政处罚决定书应当包括以下主要内容：

（一）被查对象或者其他涉税当事人姓名或者名称、有效身份证件号码或者统一社会信用代码、地址。没有统一社会信用代码的，以税务机关赋予的纳税人识别号代替；

（二）检查范围和内容；

（三）税收违法事实及所属期间；

（四）不予税务行政处罚的理由及依据；

（五）申请行政复议或者提起行政诉讼的途径和期限；

（六）不予行政处罚决定书的文号、制作日期、税务机关名称及印章。

第四十六条 税务稽查结论应当包括以下主要内容：

（一）被查对象姓名或者名称、有效身份证件号码或者统一社会信用代码、地址。没有统一社会信用代码的，以税务机关赋予的纳税人识别号代替；

（二）检查范围和内容；

（三）检查时间和检查所属期间；

（四）检查结论；

（五）结论的文号、制作日期、税务机关名称及印章。

第四十七条 稽查局应当自立案之日起90日内作出行政处理、处罚决定或者无税收违法行为结论。案情复杂需要延期的，经税务局局长批准，可以延长不超过90日；特殊情况或者发生不可抗力需要继续延期的，应当经上一级税务局分管副局长批准，并确定合理的延长期限。但下列时间不计算在内：

（一）中止检查的时间；

（二）请示上级机关或者征求有权机关意见的时间；

（三）提请重大税务案件审理的时间；

（四）因其他方式无法送达，公告送达文书的时间；

（五）组织听证的时间；

（六）纳税人、扣缴义务人超期提供资料的时间；

（七）移送司法机关后，税务机关需根据司法文书决定是否处罚的案件，从司法机关接受移送到司法文书生效的时间。

第四十八条 税收违法行为涉嫌犯罪的，填制涉嫌犯罪案件移送书，经税务局局长批准后，依法移送公安机关，并附送以下资料：

（一）涉嫌犯罪案件情况的调查报告；

（二）涉嫌犯罪的主要证据材料复制件；

（三）其他有关涉嫌犯罪的材料。

第五章 执　　行

第四十九条 稽查局应当依法及时送达税务处理决定书、税务行政处罚决定书、不予税务行政处罚决定书、税务稽查结论等税务文书。

第五十条 具有下列情形之一的，经县以上税务局局长批准，稽查局可以依法强制执行，或者依法申请人民法院强制执行：

（一）纳税人、扣缴义务人未按照规定的期限缴纳或者解缴税款、滞纳金，责令限期缴纳逾期仍未缴纳的；

（二）经稽查局确认的纳税担保人未按照规定的期限缴纳所担保的税款、滞纳金，责令限期缴纳逾期仍未缴纳的；

（三）当事人对处罚决定逾期不申请行政复议也不向人民法院起诉、又不履行的；

（四）其他可以依法强制执行的。

第五十一条 当事人确有经济困难，需要延期或者分期缴纳罚款的，可向稽查局提出申请，经税务局局长批准后，可以暂缓或者分期缴纳。

第五十二条 作出强制执行决定前，应当制作并送达催告文书，催告当事人履行义务，听取当事人陈述、申辩意见。经催告，当事人逾期仍不履行行政决定，且无正当理由的，经县以上税务局局长批准，实施强制执行。

实施强制执行时，应当向被执行人送达强制执行决定书，告知其实施强制执行的内容、理由及依据，并告知其享有依法申请行政复议或者提起行政诉讼的权利。

催告期间，对有证据证明有转移或者隐匿财物迹象的，可以作出立即强制执行决定。

第五十三条 稽查局采取从被执行人开户银行或者其他金融机构的存款中扣缴税款、

滞纳金、罚款措施时，应当向被执行人开户银行或者其他金融机构送达扣缴税收款项通知书，依法扣缴税款、滞纳金、罚款，并及时将有关凭证送达被执行人。

第五十四条 拍卖、变卖被执行人商品、货物或者其他财产，以拍卖、变卖所得抵缴税款、滞纳金、罚款的，在拍卖、变卖前应当依法进行查封、扣押。

稽查局拍卖、变卖被执行人商品、货物或者其他财产前，应当制作拍卖/变卖抵税财物决定书，经县以上税务局局长批准后送达被执行人，予以拍卖或者变卖。

拍卖或者变卖实现后，应当在结算并收取价款后3个工作日内，办理税款、滞纳金、罚款的入库手续，并制作拍卖/变卖结果通知书，附拍卖/变卖查封、扣押的商品、货物或者其他财产清单，经稽查局局长审核后，送达被执行人。

以拍卖或者变卖所得抵缴税款、滞纳金、罚款和拍卖、变卖等费用后，尚有剩余的财产或者无法进行拍卖、变卖的财产的，应当制作返还商品、货物或者其他财产通知书，附返还商品、货物或者其他财产清单，送达被执行人，并自办理税款、滞纳金、罚款入库手续之日起3个工作日内退还被执行人。

第五十五条 执行过程中发现涉嫌犯罪的，依照本规定第四十八条处理。

第五十六条 执行过程中发现有下列情形之一的，经稽查局局长批准后，中止执行：

（一）当事人死亡或者被依法宣告死亡，尚未确定可执行财产的；

（二）当事人进入破产清算程序尚未终结的；

（三）可执行财产被司法机关或者其他国家机关依法查封、扣押、冻结，致使执行暂时无法进行的；

（四）可供执行的标的物需要人民法院或者仲裁机构确定权属的；

（五）法律、行政法规和国家税务总局规定其他可以中止执行的。

中止执行情形消失后，经稽查局局长批准，恢复执行。

第五十七条 当事人确无财产可供抵缴税款、滞纳金、罚款或者依照破产清算程序确实无法清缴税款、滞纳金、罚款，或者有其他法定终结执行情形的，经税务局局长批准后，终结执行。

第五十八条 税务处理决定书、税务行政处罚决定书等决定性文书送达后，有下列情形之一的，稽查局可以依法重新作出：

（一）决定性文书被人民法院判决撤销的；

（二）决定性文书被行政复议机关决定撤销的；

（三）税务机关认为需要变更或者撤销原决定性文书的；

（四）其他依法需要变更或者撤销原决定性文书的。

第六章 附 则

第五十九条 本规定相关税务文书的式样，由国家税务总局规定。

第六十条 本规定所称签章，区分以下情况确定：

（一）属于法人或者其他组织的，由相关人员签名，加盖单位印章并注明日期；

（二）属于个人的，由个人签名并注明日期。

本规定所称“以上”“日内”，均含本数。

第六十一条 本规定自2021年8月11日起施行。《税务稽查工作规程》（国税发〔2009〕157号印发，国家税务总局公告2018年第31号修改）同时废止。

2. 重大税务案件审理办法（2021 年修订）

（2014 年 12 月 2 日国家税务总局令第 34 号公布　根据 2021 年 6 月 7 日国家税务总局令第 51 号修正）

第一章　总　则

第一条　为贯彻落实中共中央办公厅、国务院办公厅印发的《关于进一步深化税收征管改革的意见》，推进税务机关科学民主决策，强化内部权力制约，优化税务执法方式，严格规范执法行为，推进科学精确执法，保护纳税人缴费人等税务行政相对人合法权益，根据《中华人民共和国行政处罚法》《中华人民共和国税收征收管理法》，制定本办法。

第二条　省以下各级税务局开展重大税务案件审理工作适用本办法。

第三条　重大税务案件审理应当以事实为根据、以法律为准绳，遵循合法、合理、公平、公正、效率的原则，注重法律效果和社会效果相统一。

第四条　参与重大税务案件审理的人员应当严格遵守国家保密规定和工作纪律，依法为纳税人缴费人等税务行政相对人的商业秘密、个人隐私和个人信息保密。

第二章　审理机构和职责

第五条　省以下各级税务局设立重大税务案件审理委员会（以下简称审理委员会）。

审理委员会由主任、副主任和成员单位组成，实行主任负责制。

审理委员会主任由税务局局长担任，副主任由税务局其他领导担任。审理委员会成员单位包括政策法规、税政业务、纳税服务、征管科技、大企业税收管理、税务稽查、督察内审部门。各级税务局可以根据实际需要，增加其他与案件审理有关的部门作为成员单位。

第六条　审理委员会履行下列职责：

（一）拟定本机关审理委员会工作规程、议事规则等制度；

（二）审理重大税务案件；

（三）指导监督下级税务局重大税务案件审理工作。

第七条　审理委员会下设办公室，办公室设在政策法规部门，办公室主任由政策法规部门负责人兼任。

第八条审理委员会办公室履行下列职责：

（一）组织实施重大税务案件审理工作；

（二）提出初审意见；

（三）制作审理会议纪要和审理意见书；

（四）办理重大税务案件审理工作的统计、报告、案卷归档；

（五）承担审理委员会交办的其他工作。

第九条　审理委员会成员单位根据部门职责参加案件审理，提出审理意见。

稽查局负责提交重大税务案件证据材料、拟作税务处理处罚意见、举行听证。

稽查局对其提交的案件材料的真实性、合法性、准确性负责。

第十条　参与重大税务案件审理的人员有法律法规规定的回避情形的，应当回避。

重大税务案件审理参与人员的回避，由其所在部门的负责人决定；审理委员会成员单位负责人的回避，由审理委员会主任或其授权的副主任决定。

第三章　审 理 范 围

第十一条　本办法所称重大税务案件包括：

（一）重大税务行政处罚案件，具体标准由各省、自治区、直辖市和计划单列市税务局根据本地情况自行制定，报国家税务总局备案；

（二）根据《重大税收违法案件督办管理暂行办法》督办的案件；

（三）应监察、司法机关要求出具认定意见的案件；

（四）拟移送公安机关处理的案件；

（五）审理委员会成员单位认为案情重大、复杂，需要审理的案件；

（六）其他需要审理委员会审理的案件。

有下列情形之一的案件，不属于重大税务案件审理范围：

（一）公安机关已就税收违法行为立案的；

（二）公安机关尚未就税收违法行为立案，但被查对象为走逃（失联）企业，并且涉嫌犯罪的；

（三）国家税务总局规定的其他情形。

第十二条 本办法第十一条第一款第三项规定的案件经审理委员会审理后，应当将拟处理意见报上一级税务局审理委员会备案。备案5日后可以作出决定。

第十三条 稽查局应当在每季度终了后5日内将稽查案件审理情况备案表送审理委员会办公室备案。

第四章 提请和受理

第十四条 稽查局应当在内部审理程序终结后5日内，将重大税务案件提请审理委员会审理。

当事人按照法律、法规、规章有关规定要求听证的，由稽查局组织听证。

第十五条 稽查局提请审理委员会审理案件，应当提交以下案件材料：

（一）重大税务案件审理案卷交接单；

（二）重大税务案件审理提请书；

（三）税务稽查报告；

（四）税务稽查审理报告；

（五）听证材料；

（六）相关证据材料。

重大税务案件审理提请书应当写明拟处理意见，所认定的案件事实应当标明证据指向。证据材料应当制作证据目录。

稽查局应当完整移交证据目录所列全部证据材料，不能当场移交的应当注明存放地点。

第十六条 审理委员会办公室收到稽查局提请审理的案件材料后，应当在重大税务案件审理案卷交接单上注明接收部门和收到日期，并由接收人签名。

对于证据目录中列举的不能当场移交的证据材料，必要时，接收人在签收前可以到证据存放地点现场查验。

第十七条 审理委员会办公室收到稽查局提请审理的案件材料后，应当在5日内进行审核。

根据审核结果，审理委员会办公室提出处理意见，报审理委员会主任或其授权的副主任批准：

（一）提请审理的案件属于本办法规定的审理范围，提交了本办法第十五条规定的材料的，建议受理；

（二）提请审理的案件属于本办法规定的审理范围，但未按照本办法第十五条的规定提交相关材料的，建议补正材料；

（三）提请审理的案件不属于本办法规定的审理范围的，建议不予受理。

第五章 审 理 程 序

第一节 一 般 规 定

第十八条 重大税务案件应当自批准受理之日起 30 日内作出审理决定，不能在规定期限内作出审理决定的，经审理委员会主任或其授权的副主任批准，可以适当延长，但延长期限最多不超过 15 日。

补充调查、请示上级机关或征求有权机关意见、拟处理意见报上一级税务局审理委员会备案的时间不计入审理期限。

第十九条 审理委员会审理重大税务案件，应当重点审查：

（一）案件事实是否清楚；

（二）证据是否充分、确凿；

（三）执法程序是否合法；

（四）适用法律是否正确；

（五）案件定性是否准确；

（六）拟处理意见是否合法适当。

第二十条 审理委员会成员单位应当认真履行职责，根据本办法第十九条的规定提出审理意见，所出具的审理意见应当详细阐述理由、列明法律依据。

审理委员会成员单位审理案件，可以到审理委员会办公室或证据存放地查阅案卷材料，向稽查局了解案件有关情况。

第二十一条 重大税务案件审理采取书面审理和会议审理相结合的方式。

第二节 书 面 审 理

第二十二条 审理委员会办公室自批准受理重大税务案件之日起 5 日内，将重大税务案件审理提请书及必要的案件材料分送审理委员会成员单位。

第二十三条 审理委员会成员单位自收到审理委员会办公室分送的案件材料之日起 10 日内，提出书面审理意见送审理委员会办公室。

第二十四条 审理委员会成员单位认为案件事实不清、证据不足，需要补充调查的，应当在书面审理意见中列明需要补充调查的问题并说明理由。

审理委员会办公室应当召集提请补充调查的成员单位和稽查局进行协调，确需补充调查的，由审理委员会办公室报审理委员会主任或其授权的副主任批准，将案件材料退回稽查局补充调查。

第二十五条 稽查局补充调查不应超过 30 日，有特殊情况的，经稽查局局长批准可以适当延长，但延长期限最多不超过 30 日。

稽查局完成补充调查后，应当按照本办法第十五条、第十六条的规定重新提交案件材料、办理交接手续。

稽查局不能在规定期限内完成补充调查的，或者补充调查后仍然事实不清、证据不足的，由审理委员会办公室报请审理委员会主任或其授权的副主任批准，终止审理。

第二十六条 审理过程中，稽查局发现本办法第十一条第二款规定情形的，书面告知审理委员会办公室。审理委员会办公室报请审理委员会主任或其授权的副主任批准，可以终止审理。第二十七条 审理委员会成员单位认为案件事实清楚、证据确凿，但法律依据不明确或者需要处理的相关事项超出本机关权限的，按规定程序请示上级税务机关或者征求有权机关意见。

第二十八条 审理委员会成员单位书面审理意见一致，或者经审理委员会办公室协调后达成一致意见的，由审理委员会办公室起草审理意见书，报审理委员会主任批准。

第三节 会议审理

第二十九条 审理委员会成员单位书面审理意见存在较大分歧，经审理委员会办公室协调仍不能达成一致意见的，由审理委员会办公室向审理委员会主任或其授权的副主任报告，提请审理委员会会议审理。

第三十条 审理委员会办公室提请会议审理的报告，应当说明成员单位意见分歧、审理委员会办公室协调情况和初审意见。

审理委员会办公室应当将会议审理时间和地点提前通知审理委员会主任、副主任和成员单位，并分送案件材料。

第三十一条 成员单位应当派员参加会议，三分之二以上成员单位到会方可开会。审理委员会办公室以及其他与案件相关的成员单位应当出席会议。

案件调查人员、审理委员会办公室承办人员应当列席会议。必要时，审理委员会可要求调查对象所在地主管税务机关参加会议。

第三十二条 审理委员会会议由审理委员会主任或其授权的副主任主持。首先由稽查局汇报案情及拟处理意见。审理委员会办公室汇报初审意见后，各成员单位发表意见并陈述理由。

审理委员会办公室应当做好会议记录。

第三十三条 经审理委员会会议审理，根据不同情况，作出以下处理：

（一）案件事实清楚、证据确凿、程序合法、法律依据明确的，依法确定审理意见；

（二）案件事实不清、证据不足的，由稽查局对案件重新调查；

（三）案件执法程序违法的，由稽查局对案件重新处理；

（四）案件适用法律依据不明确，或者需要处理的有关事项超出本机关权限的，按规定程序请示上级机关或征求有权机关的意见。

第三十四条 审理委员会办公室根据会议审理情况制作审理纪要和审理意见书。

审理纪要由审理委员会主任或其授权的副主任签发。会议参加人员有保留意见或者特殊声明的，应当在审理纪要中载明。

审理意见书由审理委员会主任签发。

第六章 执行和监督

第三十五条 稽查局应当按照重大税务案件审理意见书制作税务处理处罚决定等相关文书，加盖稽查局印章后送达执行。

文书送达后 5 日内，由稽查局送审理委员会办公室备案。

第三十六条 重大税务案件审理程序终结后，审理委员会办公室应当将相关证据材料退回稽查局。

第三十七条 各级税务局督察内审部门应当加强对重大税务案件审理工作的监督。

第三十八条 审理委员会办公室应当加强重大税务案件审理案卷的归档管理，按照受理案件的顺序统一编号，做到一案一卷、资料齐全、卷面整洁、装订整齐。

需要归档的重大税务案件审理案卷包括税务稽查报告、税务稽查审理报告以及有关文书。

第三十九条 各省、自治区、直辖市和计划单列市税务局应当于每年 1 月 31 日之前，将本辖区上年度重大税务案件审理工作开展情况和重大税务案件审理统计表报送国家税务总局。

第七章 附 则

第四十条 各级税务局办理的其他案件，需要移送审理委员会审理的，参照本办法执行。特别纳税调整案件按照有关规定执行。

第四十一条 各级税务局在重大税务案件审理工作中可以使用重大税务案件审理专用章。

第四十二条 本办法规定期限的最后一日为法定休假日的，以休假日期满的次日为期限的最后一日；在期限内有连续3日以上法定休假日的，按休假日天数顺延。

本办法有关“5日”的规定指工作日，不包括法定休假日。

第四十三条 各级税务局应当按照国家税务总局的规划和要求，积极推动重大税务案件审理信息化建设。

第四十四条 各级税务局应当加大对重大税务案件审理工作的基础投入，保障审理人员和经费，配备办案所需的录音录像、文字处理、通讯等设备，推进重大税务案件审理规范化建设。

第四十五条 各省、自治区、直辖市和计划单列市税务局可以依照本办法制定具体实施办法。

第四十六条 本办法自2015年2月1日起施行。《国家税务总局关于印发〈重大税务案件审理办法（试行）〉的通知》（国税发〔2001〕21号）同时废止。

3. 重大税收违法失信主体信息公布管理办法（2021年颁布）

（国家税务总局令第54号）

第一章 总 则

第一条 为了贯彻落实中共中央办公厅、国务院办公厅印发的《关于进一步深化税收征管改革的意见》，维护正常税收征收管理秩序，惩戒重大税收违法失信行为，保障税务行政相对人合法权益，促进依法诚信纳税，推进社会信用体系建设，根据《中华人民共和国税收征收管理法》《优化营商环境条例》等相关法律法规，制定本办法。

第二条 税务机关依照本办法的规定，确定重大税收违法失信主体，向社会公布失信信息，并将信息通报相关部门实施监管和联合惩戒。

第三条 重大税收违法失信主体信息公布管理应当遵循依法行政、公平公正、统一规范、审慎适当的原则。

第四条 各级税务机关应当依法保护税务行政相对人合法权益，对重大税收违法失信主体信息公布管理工作中知悉的国家秘密、商业秘密或者个人隐私、个人信息，应当依法予以保密。

第五条 税务机关工作人员在重大税收违法失信主体信息公布管理工作中，滥用职权、玩忽职守、徇私舞弊的，依照有关规定严肃处理；涉嫌犯罪的，依法移送司法机关。

第二章 失信主体的确定

第六条 本办法所称“重大税收违法失信主体”（以下简称失信主体）是指有下列情形之一的纳税人、扣缴义务人或者其他涉税当事人（以下简称当事人）：

（一）伪造、变造、隐匿、擅自销毁账簿、记账凭证，或者在账簿上多列支出或者不列、少列收入，或者经税务机关通知申报而拒不申报或者进行虚假的纳税申报，不缴或者少缴应纳税款 100 万元以上，且任一年度不缴或者少缴应纳税款占当年各税种应纳税总额 10% 以上的，或者采取前述手段，不缴或者少缴已扣、已收税款，数额在 100 万元以上的；

（二）欠缴应纳税款，采取转移或者隐匿财产的手段，妨碍税务机关追缴欠缴的税款，欠缴税款金额 100 万元以上的；

（三）骗取国家出口退税款的；

（四）以暴力、威胁方法拒不缴纳税款的；

（五）虚开增值税专用发票或者虚开用于骗取出口退税、抵扣税款的其他发票的；

（六）虚开增值税普通发票 100 份以上或者金额 400 万元以上的；

（七）私自印制、伪造、变造发票，非法制造发票防伪专用品，伪造发票监制章的；

（八）具有偷税、逃避追缴欠税、骗取出口退税、抗税、虚开发票等行为，在稽查案件执行完毕前，不履行税收义务并脱离税务机关监管，经税务机关检查确认走逃（失联）的；

（九）为纳税人、扣缴义务人非法提供银行账户、发票、证明或者其他方便，导致未缴、少缴税款 100 万元以上或者骗取国家出口退税款的；

（十）税务代理人违反税收法律、行政法规造成纳税人未缴或者少缴税款 100 万元以上的；

（十一）其他性质恶劣、情节严重、社会危害性较大的税收违法行为。

第七条 税务机关对当事人依法作出《税务行政处罚决定书》，当事人在法定期限内未申请行政复议、未提起行政诉讼，或者申请行政复议，行政复议机关作出行政复议决定后，在法定期限内未提起行政诉讼，或者人民法院对税务行政处罚决定或行政复议决定作出生效判决、裁定后，有本办法第六条规定情形之一的，税务机关确定其为失信主体。

对移送公安机关的当事人，税务机关在移送时已依法作出《税务处理决定书》，未作出《税务行政处罚决定书》的，当事人在法定期限内未申请行政复议、未提起行政诉讼，或者申请行政复议，行政复议机关作出行政复议决定后，在法定期限内未提起行政诉讼，或者人民法院对税务处理决定或行政复议决定作出生效判决、裁定后，有本办法第六条规定情形之一的，税务机关确定其为失信主体。

第八条 税务机关应当在作出确定失信主体决定前向当事人送达告知文书，告知其依法享有陈述、申辩的权利。告知文书应当包括以下内容：

（一）当事人姓名或者名称、有效身份证件号码或者统一社会信用代码、地址。没有统一社会信用代码的，以税务机关赋予的纳税人识别号代替；

（二）拟确定为失信主体的事由、依据；

（三）拟向社会公布的失信信息；

（四）拟通知相关部门采取失信惩戒措施提示；

（五）当事人依法享有的相关权利；

（六）其他相关事项。

对纳入纳税信用评价范围的当事人，还应当告知其拟适用 D 级纳税人管理措施。

第九条 当事人在税务机关告知后 5 日内，可以书面或者口头提出陈述、申辩意见。当事人口头提出陈述、申辩意见的，税务机关应当制作陈述申辩笔录，并由当事人签章。

税务机关应当充分听取当事人陈述、申辩意见，对当事人提出的事实、理由和证据进行复核。当事人提出的事实、理由或者证据成立的，应当采纳。

第十条 经设区的市、自治州以上税务局局长或者其授权的税务局领导批准，税务机关在本办法第七条规定的申请行政复议或提起行政诉讼期限届满，或者行政复议决定、人民法院判决或裁定生效后，于 30 日内制作失信主体确定文书，并依法送达当事人。失信主体确定文书应当包括以下内容：

（一）当事人姓名或者名称、有效身份证件号码或者统一社会信用代码、地址。没有统一社会信用代码的，以税务机关赋予的纳税人识别号代替；

（二）确定为失信主体的事由、依据；

（三）向社会公布的失信信息提示；

（四）相关部门采取失信惩戒措施提示；

（五）当事人依法享有的相关权利；

（六）其他相关事项。

对纳入纳税信用评价范围的当事人，还应当包括适用D级纳税人管理措施提示。

本条第一款规定的时限不包括因其他方式无法送达，公告送达告知文书和确定文书的时间。

第三章 信息公布

第十一条 税务机关应当在失信主体确定文书送达后的次月15日内，向社会公布下列信息：

（一）失信主体基本情况；

（二）失信主体的主要税收违法事实；

（三）税务处理、税务行政处罚决定及法律依据；

（四）确定失信主体的税务机关；

（五）法律、行政法规规定应当公布的其他信息。

对依法确定为国家秘密的信息，法律、行政法规禁止公开的信息，以及公开后可能危及国家安全、公共安全、经济安全、社会稳定的信息，税务机关不予公开。

第十二条 税务机关按照本办法第十一条第一款第一项规定向社会公布失信主体基本情况。失信主体为法人或者其他组织的，公布其名称、统一社会信用代码（纳税人识别号）、注册地址以及违法行为发生时的法定代表人、负责人或者经人民法院生效裁判确定的实际责任人的姓名、性别及身份证件号码（隐去出生年、月、日号码段）；失信主体为自然人的，公布其姓名、性别、身份证件号码（隐去出生年、月、日号码段）。

经人民法院生效裁判确定的实际责任人，与违法行为发生时的法定代表人或者负责人不一致的，除有证据证明法定代表人或者负责人有涉案行为外，税务机关只向社会公布实际责任人信息。

第十三条 税务机关应当通过国家税务总局各省、自治区、直辖市、计划单列市税务局网站向社会公布失信主体信息，根据本地区实际情况，也可以通过税务机关公告栏、报纸、广播、电视、网络媒体等途径以及新闻发布会等形式向社会公布。

国家税务总局归集各地税务机关确定的失信主体信息，并提供至“信用中国”网站进行公开。

第十四条 属于本办法第六条第一项、第二项规定情形的失信主体，在失信信息公布前按照《税务处理决定书》《税务行政处罚决定书》缴清税款、滞纳金和罚款的，经税务机关确认，不向社会公布其相关信息。

属于本办法第六条第八项规定情形的失信主体，具有偷税、逃避追缴欠税行为的，按照前款规定处理。

第十五条 税务机关对按本办法规定确定的失信主体，纳入纳税信用评价范围的，按照纳税信用管理规定，将其纳税信用级别判为D级，适用相应的D级纳税人管理措施。

第十六条 对按本办法第十一条第一款规定向社会公布信息的失信主体，税务机关将失信信息提供给相关部门，由相关部门依法依规采取失信惩戒措施。

第十七条 失信主体信息自公布之日起满3年的，税务机关在5日内停止信息公布。

第四章 提前停止公布

第十八条 失信信息公布期间，符合下列条件之一的，失信主体或者其破产管理人可以向作出确定失信主体决定的税务机关申请提前停止公布失信信息：

（一）按照《税务处理决定书》《税务行政处罚决定书》缴清（退）税款、滞纳金、罚款，且失信主体失信信息公布满六个月的；

（二）失信主体破产，人民法院出具批准重整计划或认可和解协议的裁定书，税务机关依法受偿的；

（三）在发生重大自然灾害、公共卫生、社会安全等突发事件期间，因参与应急抢险救灾、疫情防控、重大项目建设或者履行社会责任作出突出贡献的。

第十九条 按本办法第十八条第一项规定申请提前停止公布的，申请人应当提交停止公布失信信息申请表、诚信纳税承诺书。

按本办法第十八条第二项规定申请提前停止公布的，申请人应当提交停止公布失信信息申请表，人民法院出具的批准重整计划或认可和解协议的裁定书。

按本办法第十八条第三项规定申请提前停止公布的，申请人应当提交停止公布失信信息申请表、诚信纳税承诺书以及省、自治区、直辖市、计划单列市人民政府出具的有关材料。

第二十条 税务机关应当自收到申请之日起2日内作出是否受理的决定。申请材料齐全、符合法定形式的，应当予以受理，并告知申请人。不予受理的，应当告知申请人，并说明理由。

第二十一条 受理申请后，税务机关应当及时审核。符合本办法第十八条第一项规定条件的，经设区的市、自治州以上税务局局长或者其授权的税务局领导批准，准予提前停止公布；符合本办法第十八条第二项、第三项规定条件的，经省、自治区、直辖市、计划单列市税务局局长或者其授权的税务局领导批准，准予提前停止公布。

税务机关应当自受理之日起15日内作出是否予以提前停止公布的决定，并告知申请人。对不予提前停止公布的，应当说明理由。

第二十二条 失信主体有下列情形之一的，不予提前停止公布：

（一）被确定为失信主体后，因发生偷税、逃避追缴欠税、骗取出口退税、抗税、虚开发票等税收违法行为受到税务处理或者行政处罚的；

（二）五年内被确定为失信主体两次以上的。

申请人按本办法第十八条第二项规定申请提前停止公布的，不受前款规定限制。

第二十三条 税务机关作出准予提前停止公布决定的，应当在5日内停止信息公布。

第二十四条 税务机关可以组织申请提前停止公布的失信主体法定代表人、财务负责人等参加信用培训，开展依法诚信纳税教育。信用培训不得收取任何费用。

第五章 附　　则

第二十五条 本办法规定的期间以日计算的，是指工作日，不含法定休假日；期间以年、月计算的，到期月的对应日为期间的最后一日；没有对应日的，月末日为期间的最后一日。期间开始的当日不计算在期间内。

本办法所称“以上、日内”，包含本数（级）。

第二十六条 国家税务总局各省、自治区、直辖市、计划单列市税务局可以依照本办法制定具体实施办法。

第二十七条 本办法自2022年2月1日起施行。《国家税务总局关于发布〈重大税收违法失信案件信息公布办法〉的公告》（2018年第54号）同时废止。

第十章 上市公司通用性会计法规

1. 中华人民共和国证券法（2019年修订）

（中华人民共和国主席令第三十七号）

（1998年12月29日第九届全国人民代表大会常务委员会第六次会议通过 根据2004年8月28日第十届全国人民代表大会常务委员会第十一次会议《关于修改〈中华人民共和国证券法〉的决定》第一次修正 2005年10月27日第十届全国人民代表大会常务委员会第十八次会议第一次修订 根据2013年6月29日第十二届全国人民代表大会常务委员会第三次会议《关于修改〈中华人民共和国文物保护法〉等十二部法律的决定》第二次修正 根据2014年8月31日第十二届全国人民代表大会常务委员会第十次会议《关于修改〈中华人民共和国保险法〉等五部法律的决定》第三次修正 2019年12月28日第十三届全国人民代表大会常务委员会第十五次会议第二次修订）

第一章 总 则

第一条 为了规范证券发行和交易行为，保护投资者的合法权益，维护社会经济秩序和社会公共利益，促进社会主义市场经济的发展，制定本法。

第二条 在中华人民共和国境内，股票、公司债券、存托凭证和国务院依法认定的其他证券的发行和交易，适用本法；本法未规定的，适用《中华人民共和国公司法》和其他法律、行政法规的规定。

政府债券、证券投资基金份额的上市交易，适用本法；其他法律、行政法规另有规定的，适用其规定。

资产支持证券、资产管理产品发行、交易的管理办法，由国务院依照本法的原则规定。

在中华人民共和国境外的证券发行和交易活动，扰乱中华人民共和国境内市场秩序，损害境内投资者合法权益的，依照本法有关规定处理并追究法律责任。

第三条 证券的发行、交易活动，必须遵循公开、公平、公正的原则。

第四条 证券发行、交易活动的当事人具有平等的法律地位，应当遵守自愿、有偿、诚实信用的原则。

第五条 证券的发行、交易活动，必须遵守法律、行政法规；禁止欺诈、内幕交易和操纵证券市场的行为。

第六条 证券业和银行业、信托业、保险业实行分业经营、分业管理，证券公司与银行、信托、保险业务机构分别设立。国家另有规定的除外。

第七条 国务院证券监督管理机构依法对全国证券市场实行集中统一监督管理。

国务院证券监督管理机构根据需要可以设立派出机构，按照授权履行监督管理职责。

第八条 国家审计机关依法对证券交易场所、证券公司、证券登记结算机构、证券监督管理机构进行审计监督。

第二章 证券发行

第九条 公开发行证券，必须符合法律、行政法规规定的条件，并依法报经国务院证券监督管理机构或者国务院授权的部门注册。未经依法注册，任何单位和个人不得公开发行证券。证券发行注册制的具体范围、实施步骤，由国务院规定。

有下列情形之一的，为公开发行：

（一）向不特定对象发行证券；

（二）向特定对象发行证券累计超过二百人，但依法实施员工持股计划的员工人数不计算在内；

（三）法律、行政法规规定的其他发行行为。

非公开发行证券，不得采用广告、公开劝诱和变相公开方式。

第十条 发行人申请公开发行股票、可转换为股票的公司债券，依法采取承销方式的，或者公开发行法律、行政法规规定实行保荐制度的其他证券的，应当聘请证券公司担任保荐人。

保荐人应当遵守业务规则和行业规范，诚实守信，勤勉尽责，对发行人的申请文件和信息披露资料进行审慎核查，督导发行人规范运作。

保荐人的管理办法由国务院证券监督管理机构规定。

第十一条 设立股份有限公司公开发行股票，应当符合《中华人民共和国公司法》规定的条件和经国务院批准的国务院证券监督管理机构规定的其他条件，向国务院证券监督管理机构报送募股申请和下列文件：

（一）公司章程；

（二）发起人协议；

（三）发起人姓名或者名称，发起人认购的股份数、出资种类及验资证明；

（四）招股说明书；

（五）代收股款银行的名称及地址；

（六）承销机构名称及有关的协议。

依照本法规定聘请保荐人的，还应当报送保荐人出具的发行保荐书。

法律、行政法规规定设立公司必须报经批准的，还应当提交相应的批准文件。

第十二条 公司首次公开发行新股，应当符合下列条件：

（一）具备健全且运行良好的组织机构；

（二）具有持续经营能力；

（三）最近三年财务会计报告被出具无保留意见审计报告；

（四）发行人及其控股股东、实际控制人最近三年不存在贪污、贿赂、侵占财产、挪用财产或者破坏社会主义市场经济秩序的刑事犯罪；

（五）经国务院批准的国务院证券监督管理机构规定的其他条件。

上市公司发行新股，应当符合经国务院批准的国务院证券监督管理机构规定的条件，具体管理办法由国务院证券监督管理机构规定。

公开发行存托凭证的，应当符合首次公开发行新股的条件以及国务院证券监督管理机构规定的其他条件。

第十三条 公司公开发行新股，应当报送募股申请和下列文件：

（一）公司营业执照；

（二）公司章程；

（三）股东大会决议；

（四）招股说明书或者其他公开发行募集文件；

（五）财务会计报告；

（六）代收股款银行的名称及地址。

依照本法规定聘请保荐人的，还应当报送保荐人出具的发行保荐书。依照本法规定实行承销的，还应当报送承销机构名称及有关的协议。

第十四条 公司对公开发行股票所募集资金，必须按照招股说明书或者其他公开发行募集文件所列资金用途使用；改变资金用途，必须经股东大会作出决议。擅自改变用途，未作纠正的，或者未经股东大会认可的，不得公开发行新股。

第十五条 公开发行公司债券，应当符合下列条件：

（一）具备健全且运行良好的组织机构；

（二）最近三年平均可分配利润足以支付公司债券一年的利息；

（三）国务院规定的其他条件。

公开发行公司债券筹集的资金，必须按照公司债券募集办法所列资金用途使用；改变资金用途，必须经债券持有人会议作出决议。公开发行公司债券筹集的资金，不得用于弥补亏损和非生产性支出。

上市公司发行可转换为股票的公司债券，除应当符合第一款规定的条件外，还应当遵守本法第十二条第二款的规定。但是，按照公司债券募集办法，上市公司通过收购本公司股份的方式进行公司债券转换的除外。

第十六条 申请公开发行公司债券，应当向国务院授权的部门或者国务院证券监督管理机构报送下列文件：

（一）公司营业执照；

（二）公司章程；

（三）公司债券募集办法；

（四）国务院授权的部门或者国务院证券监督管理机构规定的其他文件。

依照本法规定聘请保荐人的，还应当报送保荐人出具的发行保荐书。

第十七条 有下列情形之一的，不得再次公开发行公司债券：

（一）对已公开发行的公司债券或者其他债务有违约或者延迟支付本息的事实，仍处于继续状态；

（二）违反本法规定，改变公开发行公司债券所募资金的用途。

第十八条 发行人依法申请公开发行证券所报送的申请文件的格式、报送方式，由依法负责注册的机构或者部门规定。

第十九条 发行人报送的证券发行申请文件，应当充分披露投资者作出价值判断和投资决策所必需的信息，内容应当真实、准确、完整。

为证券发行出具有关文件的证券服务机构和人员，必须严格履行法定职责，保证所出具文件的真实性、准确性和完整性。

第二十条 发行人申请首次公开发行股票的，在提交申请文件后，应当按照国务院证券监督管理机构的规定预先披露有关申请文件。

第二十一条 国务院证券监督管理机构或者国务院授权的部门依照法定条件负责证券发行申请的注册。证券公开发行注册的具体办法由国务院规定。

按照国务院的规定，证券交易所等可以审核公开发行证券申请，判断发行人是否符合发行条件、信息披露要求，督促发行人完善信息披露内容。

依照前两款规定参与证券发行申请注册的人员，不得与发行申请人有利害关系，不得直接或者间接接受发行申请人的馈赠，不得持有所注册的发行申请的证券，不得私下与发行申请人进行接触。

第二十二条 国务院证券监督管理机构或者国务院授权的部门应当自受理证券发行申请文件之日起三个月内，依照法定条件和法定程序作出予以注册或者不予注册的决定，发行人根据要求补充、修改发行申请文件的时间不计算在内。不予注册的，应当说明理由。

第二十三条 证券发行申请经注册后，发行人应当依照法律、行政法规的规定，在证券公开发行前公告公开发行募集文件，并将该文件置备于指定场所供公众查阅。

发行证券的信息依法公开前，任何知情人不得公开或者泄露该信息。

发行人不得在公告公开发行募集文件前发行证券。

第二十四条　国务院证券监督管理机构或者国务院授权的部门对已作出的证券发行注册的决定，发现不符合法定条件或者法定程序，尚未发行证券的，应当予以撤销，停止发行。已经发行尚未上市的，撤销发行注册决定，发行人应当按照发行价并加算银行同期存款利息返还证券持有人；发行人的控股股东、实际控制人以及保荐人，应当与发行人承担连带责任，但是能够证明自己没有过错的除外。

股票的发行人在招股说明书等证券发行文件中隐瞒重要事实或者编造重大虚假内容，已经发行并上市的，国务院证券监督管理机构可以责令发行人回购证券，或者责令负有责任的控股股东、实际控制人买回证券。

第二十五条　股票依法发行后，发行人经营与收益的变化，由发行人自行负责；由此变化引致的投资风险，由投资者自行负责。

第二十六条　发行人向不特定对象发行的证券，法律、行政法规规定应当由证券公司承销的，发行人应当同证券公司签订承销协议。证券承销业务采取代销或者包销方式。

证券代销是指证券公司代发行人发售证券，在承销期结束时，将未售出的证券全部退还给发行人的承销方式。

证券包销是指证券公司将发行人的证券按照协议全部购入或者在承销期结束时将售后剩余证券全部自行购入的承销方式。

第二十七条　公开发行证券的发行人有权依法自主选择承销的证券公司。

第二十八条　证券公司承销证券，应当同发行人签订代销或者包销协议，载明下列事项：

（一）当事人的名称、住所及法定代表人姓名；

（二）代销、包销证券的种类、数量、金额及发行价格；

（三）代销、包销的期限及起止日期；

（四）代销、包销的付款方式及日期；

（五）代销、包销的费用和结算办法；

（六）违约责任；

（七）国务院证券监督管理机构规定的其他事项。

第二十九条　证券公司承销证券，应当对公开发行募集文件的真实性、准确性、完整性进行核查。发现有虚假记载、误导性陈述或者重大遗漏的，不得进行销售活动；已经销售的，必须立即停止销售活动，并采取纠正措施。

证券公司承销证券，不得有下列行为：

（一）进行虚假的或者误导投资者的广告宣传或者其他宣传推介活动；

（二）以不正当竞争手段招揽承销业务；

（三）其他违反证券承销业务规定的行为。

证券公司有前款所列行为，给其他证券承销机构或者投资者造成损失的，应当依法承担赔偿责任。

第三十条　向不特定对象发行证券聘请承销团承销的，承销团应当由主承销和参与承销的证券公司组成。

第三十一条　证券的代销、包销期限最长不得超过九十日。

证券公司在代销、包销期内，对所代销、包销的证券应当保证先行出售给认购人，证券公司不得为本公司预留所代销的证券和预先购入并留存所包销的证券。

第三十二条　股票发行采取溢价发行的，其发行价格由发行人与承销的证券公司协商确定。

第三十三条 股票发行采用代销方式，代销期限届满，向投资者出售的股票数量未达到拟公开发行股票数量百分之七十的，为发行失败。发行人应当按照发行价并加算银行同期存款利息返还股票认购人。

第三十四条 公开发行股票，代销、包销期限届满，发行人应当在规定的期限内将股票发行情况报国务院证券监督管理机构备案。

第三章 证券交易

第一节 一般规定

第三十五条 证券交易当事人依法买卖的证券，必须是依法发行并交付的证券。

非依法发行的证券，不得买卖。

第三十六条 依法发行的证券，《中华人民共和国公司法》和其他法律对其转让期限有限制性规定的，在限定的期限内不得转让。

上市公司持有百分之五以上股份的股东、实际控制人、董事、监事、高级管理人员，以及其他持有发行人首次公开发行前发行的股份或者上市公司向特定对象发行的股份的股东，转让其持有的本公司股份的，不得违反法律、行政法规和国务院证券监督管理机构关于持有期限、卖出时间、卖出数量、卖出方式、信息披露等规定，并应当遵守证券交易所的业务规则。

第三十七条 公开发行的证券，应当在依法设立的证券交易所上市交易或者在国务院批准的其他全国性证券交易场所交易。

非公开发行的证券，可以在证券交易所、国务院批准的其他全国性证券交易场所、按照国务院规定设立的区域性股权市场转让。

第三十八条 证券在证券交易所上市交易，应当采用公开的集中交易方式或者国务院证券监督管理机构批准的其他方式。

第三十九条 证券交易当事人买卖的证券可以采用纸面形式或者国务院证券监督管理机构规定的其他形式。

第四十条 证券交易场所、证券公司和证券登记结算机构的从业人员，证券监督管理机构的工作人员以及法律、行政法规规定禁止参与股票交易的其他人员，在任期或者法定限期内，不得直接或者以化名、借他人名义持有、买卖股票或者其他具有股权性质的证券，也不得收受他人赠送的股票或者其他具有股权性质的证券。

任何人在成为前款所列人员时，其原已持有的股票或者其他具有股权性质的证券，必须依法转让。

实施股权激励计划或者员工持股计划的证券公司的从业人员，可以按照国务院证券监督管理机构的规定持有、卖出本公司股票或者其他具有股权性质的证券。

第四十一条 证券交易场所、证券公司、证券登记结算机构、证券服务机构及其工作人员应当依法为投资者的信息保密，不得非法买卖、提供或者公开投资者的信息。

证券交易场所、证券公司、证券登记结算机构、证券服务机构及其工作人员不得泄露所知悉的商业秘密。

第四十二条 为证券发行出具审计报告或者法律意见书等文件的证券服务机构和人员，在该证券承销期内和期满后六个月内，不得买卖该证券。

除前款规定外，为发行人及其控股股东、实际控制人，或者收购人、重大资产交易方出具审计报告或者法律意见书等文件的证券服务机构和人员，自接受委托之日起至上述文件公开后五日内，不得买卖该证券。实际开展上述有关工作之日早于接受委托之日的，自实际开展上述有关工作之日起至上述文件公开后五日内，不得买卖该证券。

第四十三条 证券交易的收费必须合理，并公开收费项目、收费标准和管理办法。

第四十四条 上市公司、股票在国务院批准的其他全国性证券交易场所交易的公司持有百分之五以上股份的股东、董事、监事、高级管理人员，将其持有的该公司的股票或者其他具有股权性质的证券在买入后六个月内卖出，或者在卖出后六个月内又买入，由此所得收益归该公司所有，公司董事会应当收回其所得收益。但是，证券公司因购入包销售后剩余股票而持有百分之五以上股份，以及有国务院证券监督管理机构规定的其他情形的除外。

前款所称董事、监事、高级管理人员、自然人股东持有的股票或者其他具有股权性质的证券，包括其配偶、父母、子女持有的及利用他人账户持有的股票或者其他具有股权性质的证券。

公司董事会不按照第一款规定执行的，股东有权要求董事会在三十日内执行。公司董事会未在上述期限内执行的，股东有权为了公司的利益以自己的名义直接向人民法院提起诉讼。

公司董事会不按照第一款的规定执行的，负有责任的董事依法承担连带责任。

第四十五条 通过计算机程序自动生成或者下达交易指令进行程序化交易的，应当符合国务院证券监督管理机构的规定，并向证券交易所报告，不得影响证券交易所系统安全或者正常交易秩序。

第二节 证券上市

第四十六条 申请证券上市交易，应当向证券交易所提出申请，由证券交易所依法审核同意，并由双方签订上市协议。

证券交易所根据国务院授权的部门的决定安排政府债券上市交易。

第四十七条 申请证券上市交易，应当符合证券交易所上市规则规定的上市条件。

证券交易所上市规则规定的上市条件，应当对发行人的经营年限、财务状况、最低公开发行比例和公司治理、诚信记录等提出要求。

第四十八条 上市交易的证券，有证券交易所规定的终止上市情形的，由证券交易所按照业务规则终止其上市交易。

证券交易所决定终止证券上市交易的，应当及时公告，并报国务院证券监督管理机构备案。

第四十九条 对证券交易所作出的不予上市交易、终止上市交易决定不服的，可以向证券交易所设立的复核机构申请复核。

第三节 禁止的交易行为

第五十条 禁止证券交易内幕信息的知情人和非法获取内幕信息的人利用内幕信息从事证券交易活动。

第五十一条 证券交易内幕信息的知情人包括：

（一）发行人及其董事、监事、高级管理人员；

（二）持有公司百分之五以上股份的股东及其董事、监事、高级管理人员，公司的实际控制人及其董事、监事、高级管理人员；

（三）发行人控股或者实际控制的公司及其董事、监事、高级管理人员；

（四）由于所任公司职务或者因与公司业务往来可以获取公司有关内幕信息的人员；

（五）上市公司收购人或者重大资产交易方及其控股股东、实际控制人、董事、监事和高级管理人员；

（六）因职务、工作可以获取内幕信息的证券交易场所、证券公司、证券登记结算机构、证券服务机构的有关人员；

（七）因职责、工作可以获取内幕信息的证券监督管理机构工作人员；

（八）因法定职责对证券的发行、交易或者对上市公司及其收购、重大资产交易进行管理可以获取内幕信息的有关主管部门、监管机构的工作人员；

（九）国务院证券监督管理机构规定的可以获取内幕信息的其他人员。

第五十二条 证券交易活动中，涉及发行人的经营、财务或者对该发行人证券的市场价格有重大影响的尚未公开的信息，为内幕信息。

本法第八十条第二款、第八十一条第二款所列重大事件属于内幕信息。

第五十三条 证券交易内幕信息的知情人和非法获取内幕信息的人，在内幕信息公开前，不得买卖该公司的证券，或者泄露该信息，或者建议他人买卖该证券。

持有或者通过协议、其他安排与他人共同持有公司百分之五以上股份的自然人、法人、非法人组织收购上市公司的股份，本法另有规定的，适用其规定。

内幕交易行为给投资者造成损失的，应当依法承担赔偿责任。

第五十四条 禁止证券交易场所、证券公司、证券登记结算机构、证券服务机构和其他金融机构的从业人员、有关监管部门或者行业协会的工作人员，利用因职务便利获取的内幕信息以外的其他未公开的信息，违反规定，从事与该信息相关的证券交易活动，或者明示、暗示他人从事相关交易活动。

利用未公开信息进行交易给投资者造成损失的，应当依法承担赔偿责任。

第五十五条 禁止任何人以下列手段操纵证券市场，影响或者意图影响证券交易价格或者证券交易量：

（一）单独或者通过合谋，集中资金优势、持股优势或者利用信息优势联合或者连续买卖；

（二）与他人串通，以事先约定的时间、价格和方式相互进行证券交易；

（三）在自己实际控制的账户之间进行证券交易；

（四）不以成交为目的，频繁或者大量申报并撤销申报；

（五）利用虚假或者不确定的重大信息，诱导投资者进行证券交易；

（六）对证券、发行人公开作出评价、预测或者投资建议，并进行反向证券交易；

（七）利用在其他相关市场的活动操纵证券市场；

（八）操纵证券市场的其他手段。

操纵证券市场行为给投资者造成损失的，应当依法承担赔偿责任。

第五十六条 禁止任何单位和个人编造、传播虚假信息或者误导性信息，扰乱证券市场。

禁止证券交易场所、证券公司、证券登记结算机构、证券服务机构及其从业人员，证券业协会、证券监督管理机构及其工作人员，在证券交易活动中作出虚假陈述或者信息误导。

各种传播媒介传播证券市场信息必须真实、客观，禁止误导。传播媒介及其从事证券市场信息报道的工作人员不得从事与其工作职责发生利益冲突的证券买卖。

编造、传播虚假信息或者误导性信息，扰乱证券市场，给投资者造成损失的，应当依法承担赔偿责任。

第五十七条 禁止证券公司及其从业人员从事下列损害客户利益的行为：

（一）违背客户的委托为其买卖证券；

（二）不在规定时间内向客户提供交易的确认文件；

（三）未经客户的委托，擅自为客户买卖证券，或者假借客户的名义买卖证券；

（四）为牟取佣金收入，诱使客户进行不必要的证券买卖；

（五）其他违背客户真实意思表示，损害客户利益的行为。

违反前款规定给客户造成损失的，应当依法承担赔偿责任。

第五十八条 任何单位和个人不得违反规定，出借自己的证券账户或者借用他人的证券账户从事证券交易。

第五十九条 依法拓宽资金入市渠道，禁止资金违规流入股市。

禁止投资者违规利用财政资金、银行信贷资金买卖证券。

第六十条 国有独资企业、国有独资公司、国有资本控股公司买卖上市交易的股票，必须遵守国家有关规定。

第六十一条 证券交易场所、证券公司、证券登记结算机构、证券服务机构及其从业人员对证券交易中发现的禁止的交易行为，应当及时向证券监督管理机构报告。

第四章 上市公司的收购

第六十二条 投资者可以采取要约收购、协议收购及其他合法方式收购上市公司。

第六十三条 通过证券交易所的证券交易，投资者持有或者通过协议、其他安排与他人共同持有一个上市公司已发行的有表决权股份达到百分之五时，应当在该事实发生之日起三日内，向国务院证券监督管理机构、证券交易所作出书面报告，通知该上市公司，并予公告，在上述期限内不得再行买卖该上市公司的股票，但国务院证券监督管理机构规定的情形除外。

投资者持有或者通过协议、其他安排与他人共同持有一个上市公司已发行的有表决权股份达到百分之五后，其所持该上市公司已发行的有表决权股份比例每增加或者减少百分之五，应当依照前款规定进行报告和公告，在该事实发生之日起至公告后三日内，不得再行买卖该上市公司的股票，但国务院证券监督管理机构规定的情形除外。

投资者持有或者通过协议、其他安排与他人共同持有一个上市公司已发行的有表决权股份达到百分之五后，其所持该上市公司已发行的有表决权股份比例每增加或者减少百分之一，应当在该事实发生的次日通知该上市公司，并予公告。

违反第一款、第二款规定买入上市公司有表决权的股份的，在买入后的三十六个月内，对该超过规定比例部分的股份不得行使表决权。

第六十四条 依照前条规定所作的公告，应当包括下列内容：

（一）持股人的名称、住所；

（二）持有的股票的名称、数额；

（三）持股达到法定比例或者持股增减变化达到法定比例的日期、增持股份的资金来源；

（四）在上市公司中拥有表决权的股份变动的时间及方式。

第六十五条 通过证券交易所的证券交易，投资者持有或者通过协议、其他安排与他人共同持有一个上市公司已发行的有表决权股份达到百分之三十时，继续进行收购的，应当依法向该上市公司所有股东发出收购上市公司全部或者部分股份的要约。

收购上市公司部分股份的要约应当约定，被收购公司股东承诺出售的股份数额超过预定收购的股份数额的，收购人按比例进行收购。

第六十六条 依照前条规定发出收购要约，收购人必须公告上市公司收购报告书，并载明下列事项：

（一）收购人的名称、住所；

（二）收购人关于收购的决定；

（三）被收购的上市公司名称；

（四）收购目的；

（五）收购股份的详细名称和预定收购的股份数额；

（六）收购期限、收购价格；

（七）收购所需资金额及资金保证；

（八）公告上市公司收购报告书时持有被收购公司股份数占该公司已发行的股份总数的比例。

第六十七条 收购要约约定的收购期限不得少于三十日，并不得超过六十日。

第六十八条 在收购要约确定的承诺期限内，收购人不得撤销其收购要约。收购人需要变更收购要约的，应当及时公告，载明具体变更事项，且不得存在下列情形：

（一）降低收购价格；

（二）减少预定收购股份数额；

（三）缩短收购期限；

（四）国务院证券监督管理机构规定的其他情形。

第六十九条 收购要约提出的各项收购条件，适用于被收购公司的所有股东。

上市公司发行不同种类股份的，收购人可以针对不同种类股份提出不同的收购条件。

第七十条 采取要约收购方式的，收购人在收购期限内，不得卖出被收购公司的股票，也不得采取要约规定以外的形式和超出要约的条件买入被收购公司的股票。

第七十一条 采取协议收购方式的，收购人可以依照法律、行政法规的规定同被收购公司的股东以协议方式进行股份转让。

以协议方式收购上市公司时，达成协议后，收购人必须在三日内将该收购协议向国务院证券监督管理机构及证券交易所作出书面报告，并予公告。

在公告前不得履行收购协议。

第七十二条 采取协议收购方式的，协议双方可以临时委托证券登记结算机构保管协议转让的股票，并将资金存放于指定的银行。

第七十三条 采取协议收购方式的，收购人收购或者通过协议、其他安排与他人共同收购一个上市公司已发行的有表决权股份达到百分之三十时，继续进行收购的，应当依法向该上市公司所有股东发出收购上市公司全部或者部分股份的要约。但是，按照国务院证券监督管理机构的规定免除发出要约的除外。

收购人依照前款规定以要约方式收购上市公司股份，应当遵守本法第六十五条第二款、第六十六条至第七十条的规定。

第七十四条 收购期限届满，被收购公司股权分布不符合证券交易所规定的上市交易要求的，该上市公司的股票应当由证券交易所依法终止上市交易；其余仍持有被收购公司股票的股东，有权向收购人以收购要约的同等条件出售其股票，收购人应当收购。

收购行为完成后，被收购公司不再具备股份有限公司条件的，应当依法变更企业形式。

第七十五条 在上市公司收购中，收购人持有的被收购的上市公司的股票，在收购行为完成后的十八个月内不得转让。

第七十六条 收购行为完成后，收购人与被收购公司合并，并将该公司解散的，被解散公司的原有股票由收购人依法更换。

收购行为完成后，收购人应当在十五日内将收购情况报告国务院证券监督管理机构和证券交易所，并予公告。

第七十七条 国务院证券监督管理机构依照本法制定上市公司收购的具体办法。

上市公司分立或者被其他公司合并，应当向国务院证券监督管理机构报告，并予公告。

第五章 信息披露

第七十八条 发行人及法律、行政法规和国务院证券监督管理机构规定的其他信息披露义务人，应当及时依法履行信息披露义务。

信息披露义务人披露的信息，应当真实、准确、完整，简明清晰，通俗易懂，不得有虚假记载、误导性陈述或者重大遗漏。

证券同时在境内境外公开发行、交易的，其信息披露义务人在境外披露的信息，应当在境内同时披露。

第七十九条 上市公司、公司债券上市交易的公司、股票在国务院批准的其他全国性证券交易场所交易的公司，应当按照国务院证券监督管理机构和证券交易场所规定的内容和格式编制定期报告，并按照以下规定报送和公告：

（一）在每一会计年度结束之日起四个月内，报送并公告年度报告，其中的年度财务会计报告应当经符合本法规定的会计师事务所审计；

（二）在每一会计年度的上半年结束之日起二个月内，报送并公告中期报告。

第八十条 发生可能对上市公司、股票在国务院批准的其他全国性证券交易场所交易的公司的股票交易价格产生较大影响的重大事件，投资者尚未得知时，公司应当立即将有关该重大事件的情况向国务院证券监督管理机构和证券交易场所报送临时报告，并予公告，说明事件的起因、目前的状态和可能产生的法律后果。

前款所称重大事件包括：

（一）公司的经营方针和经营范围的重大变化；

（二）公司的重大投资行为，公司在一年内购买、出售重大资产超过公司资产总额百分之三十，或者公司营业用主要资产的抵押、质押、出售或者报废一次超过该资产的百分之三十；

（三）公司订立重要合同、提供重大担保或者从事关联交易，可能对公司的资产、负债、权益和经营成果产生重要影响；

（四）公司发生重大债务和未能清偿到期重大债务的违约情况；

（五）公司发生重大亏损或者重大损失；

（六）公司生产经营的外部条件发生的重大变化；

（七）公司的董事、三分之一以上监事或者经理发生变动，董事长或者经理无法履行职责；

（八）持有公司百分之五以上股份的股东或者实际控制人持有股份或者控制公司的情况发生较大变化，公司的实际控制人及其控制的其他企业从事与公司相同或者相似业务的情况发生较大变化；

（九）公司分配股利、增资的计划，公司股权结构的重要变化，公司减资、合并、分立、解散及申请破产的决定，或者依法进入破产程序、被责令关闭；

（十）涉及公司的重大诉讼、仲裁，股东大会、董事会决议被依法撤销或者宣告无效；

（十一）公司涉嫌犯罪被依法立案调查，公司的控股股东、实际控制人、董事、监事、高级管理人员涉嫌犯罪被依法采取强制措施；

（十二）国务院证券监督管理机构规定的其他事项。

公司的控股股东或者实际控制人对重大事件的发生、进展产生较大影响的，应当及时将其知悉的有关情况书面告知公司，并配合公司履行信息披露义务。

第八十一条 发生可能对上市交易公司债券的交易价格产生较大影响的重大事件，投资者尚未得知时，公司应当立即将有关该重大事件的情况向国务院证券监督管理机构和证券交易场所报送临时报告，并予公告，说明事件的起因、目前的状态和可能产生的法律后果。

前款所称重大事件包括：

（一）公司股权结构或者生产经营状况发生重大变化；

（二）公司债券信用评级发生变化；

（三）公司重大资产抵押、质押、出售、转让、报废；

（四）公司发生未能清偿到期债务的情况；

（五）公司新增借款或者对外提供担保超过上年末净资产的百分之二十；

（六）公司放弃债权或者财产超过上年末净资产的百分之十；

（七）公司发生超过上年末净资产百分之十的重大损失；

（八）公司分配股利，作出减资、合并、分立、解散及申请破产的决定，或者依法进入破产程序、被责令关闭；

（九）涉及公司的重大诉讼、仲裁；

（十）公司涉嫌犯罪被依法立案调查，公司的控股股东、实际控制人、董事、监事、高级管理人员涉嫌犯罪被依法采取强制措施；

（十一）国务院证券监督管理机构规定的其他事项。

第八十二条 发行人的董事、高级管理人员应当对证券发行文件和定期报告签署书面确认意见。

发行人的监事会应当对董事会编制的证券发行文件和定期报告进行审核并提出书面审核意见。监事应当签署书面确认意见。

发行人的董事、监事和高级管理人员应当保证发行人及时、公平地披露信息，所披露的信息真实、准确、完整。

董事、监事和高级管理人员无法保证证券发行文件和定期报告内容的真实性、准确性、完整性或者有异议的，应当在书面确认意见中发表意见并陈述理由，发行人应当披露。发行人不予披露的，董事、监事和高级管理人员可以直接申请披露。

第八十三条 信息披露义务人披露的信息应当同时向所有投资者披露，不得提前向任何单位和个人泄露。但是，法律、行政法规另有规定的除外。

任何单位和个人不得非法要求信息披露义务人提供依法需要披露但尚未披露的信息。任何单位和个人提前获知的前述信息，在依法披露前应当保密。

第八十四条 除依法需要披露的信息之外，信息披露义务人可以自愿披露与投资者作出价值判断和投资决策有关的信息，但不得与依法披露的信息相冲突，不得误导投资者。

发行人及其控股股东、实际控制人、董事、监事、高级管理人员等作出公开承诺的，应当披露。不履行承诺给投资者造成损失的，应当依法承担赔偿责任。

第八十五条 信息披露义务人未按照规定披露信息，或者公告的证券发行文件、定期报告、临时报告及其他信息披露资料存在虚假记载、误导性陈述或者重大遗漏，致使投资者在证券交易中遭受损失的，信息披露义务人应当承担赔偿责任；发行人的控股股东、实际控制人、董事、监事、高级管理人员和其他直接责任人员以及保荐人、承销的证券公司及其直接责任人员，应当与发行人承担连带赔偿责任，但是能够证明自己没有过错的除外。

第八十六条 依法披露的信息，应当在证券交易场所的网站和符合国务院证券监督管理机构规定条件的媒体发布，同时将其置备于公司住所、证券交易场所，供社会公众查阅。

第八十七条 国务院证券监督管理机构对信息披露义务人的信息披露行为进行监督管理。

证券交易场所应当对其组织交易的证券的信息披露义务人的信息披露行为进行监督，督促其依法及时、准确地披露信息。

第六章 投资者保护

第八十八条 证券公司向投资者销售证券、提供服务时，应当按照规定充分了解投资者的基本情况、财产状况、金融资产状况、投资知识和经验、专业能力等相关信息；如实说明证券、服务的重要内容，充分揭示投资风险；销售、提供与投资者上述状况相匹配的证券、服务。

投资者在购买证券或者接受服务时，应当按照证券公司明示的要求提供前款所列真实信息。拒绝提供或者未按照要求提供信息的，证券公司应当告知其后果，并按照规定拒绝向其销售证券、提供服务。

证券公司违反第一款规定导致投资者损失的，应当承担相应的赔偿责任。

第八十九条 根据财产状况、金融资产状况、投资知识和经验、专业能力等因素，投资者可以分为普通投资者和专业投资者。专业投资者的标准由国务院证券监督管理机构规定。

普通投资者与证券公司发生纠纷的，证券公司应当证明其行为符合法律、行政法规以及国务院证券监督管理机构的规定，不存在误导、欺诈等情形。证券公司不能证明的，应当承担相应的赔偿责任。

第九十条 上市公司董事会、独立董事、持有百分之一以上有表决权股份的股东或者依照法律、行政法规或者国务院证券监督管理机构的规定设立的投资者保护机构（以下简称投资者保护机构），可以作为征集人，自行或者委托证券公司、证券服务机构，公开请求上市公司股东委托其代为出席股东大会，并代为行使提案权、表决权等股东权利。

依照前款规定征集股东权利的，征集人应当披露征集文件，上市公司应当予以配合。

禁止以有偿或者变相有偿的方式公开征集股东权利。

公开征集股东权利违反法律、行政法规或者国务院证券监督管理机构有关规定，导致上市公司或者其股东遭受损失的，应当依法承担赔偿责任。

第九十一条 上市公司应当在章程中明确分配现金股利的具体安排和决策程序，依法保障股东的资产收益权。

上市公司当年税后利润，在弥补亏损及提取法定公积金后有盈余的，应当按照公司章程的规定分配现金股利。

第九十二条 公开发行公司债券的，应当设立债券持有人会议，并应当在募集说明书中说明债券持有人会议的召集程序、会议规则和其他重要事项。

公开发行公司债券的，发行人应当为债券持有人聘请债券受托管理人，并订立债券受托管理协议。受托管理人应当由本次发行的承销机构或者其他经国务院证券监督管理机构认可的机构担任，债券持有人会议可以决议变更债券受托管理人。债券受托管理人应当勤勉尽责，公正履行受托管理职责，不得损害债券持有人利益。

债券发行人未能按期兑付债券本息的，债券受托管理人可以接受全部或者部分债券持有人的委托，以自己名义代表债券持有人提起、参加民事诉讼或者清算程序。

第九十三条 发行人因欺诈发行、虚假陈述或者其他重大违法行为给投资者造成损失的，发行人的控股股东、实际控制人、相关的证券公司可以委托投资者保护机构，就赔偿事宜与受到损失的投资者达成协议，予以先行赔付。先行赔付后，可以依法向发行人以及其他连带责任人追偿。

第九十四条 投资者与发行人、证券公司等发生纠纷的，双方可以向投资者保护机构申请调解。普通投资者与证券公司发生证券业务纠纷，普通投资者提出调解请求的，证券公司不得拒绝。

投资者保护机构对损害投资者利益的行为，可以依法支持投资者向人民法院提起诉讼。

发行人的董事、监事、高级管理人员执行公司职务时违反法律、行政法规或者公司章程的规定给公司造成损失，发行人的控股股东、实际控制人等侵犯公司合法权益给公司造成损失，投资者保护机构持有该公司股份的，可以为公司的利益以自己的名义向人民法院提起诉讼，持股比例和持股期限不受《中华人民共和国公司法》规定的限制。

第九十五条 投资者提起虚假陈述等证券民事赔偿诉讼时，诉讼标的是同一种类，且当事人一方人数众多的，可以依法推选代表人进行诉讼。

对按照前款规定提起的诉讼，可能存在有相同诉讼请求的其他众多投资者的，人民法院可以发出公告，说明该诉讼请求的案件情况，通知投资者在一定期间向人民法院登记。人民法院作出的判决、裁定，对参加登记的投资者发生效力。

投资者保护机构受五十名以上投资者委托，可以作为代表人参加诉讼，并为经证券登记结算机构确认的权利人依照前款规定向人民法院登记，但投资者明确表示不愿意参加该诉讼的除外。

第七章 证券交易场所

第九十六条 证券交易所、国务院批准的其他全国性证券交易场所为证券集中交易提供场所和设施，组织和监督证券交易，实行自律管理，依法登记，取得法人资格。

证券交易所、国务院批准的其他全国性证券交易场所的设立、变更和解散由国务院决定。

国务院批准的其他全国性证券交易场所的组织机构、管理办法等，由国务院规定。

第九十七条 证券交易所、国务院批准的其他全国性证券交易场所可以根据证券品种、行业特点、公司规模等因素设立不同的市场层次。

第九十八条 按照国务院规定设立的区域性股权市场为非公开发行证券的发行、转让提供场所和设施，具体管理办法由国务院规定。

第九十九条 证券交易所履行自律管理职能，应当遵守社会公共利益优先原则，维护市场的公平、有序、透明。

设立证券交易所必须制定章程。证券交易所章程的制定和修改，必须经国务院证券监督管理机构批准。

第一百条 证券交易所必须在其名称中标明证券交易所字样。其他任何单位或者个人不得使用证券交易所或者近似的名称。

第一百零一条 证券交易所可以自行支配的各项费用收入，应当首先用于保证其证券交易场所和设施的正常运行并逐步改善。

实行会员制的证券交易所的财产积累归会员所有，其权益由会员共同享有，在其存续期间，不得将其财产积累分配给会员。

第一百零二条 实行会员制的证券交易所设理事会、监事会。

证券交易所设总经理一人，由国务院证券监督管理机构任免。

第一百零三条 有《中华人民共和国公司法》第一百四十六条规定的情形或者下列情形之一的，不得担任证券交易所的负责人：

（一）因违法行为或者违纪行为被解除职务的证券交易场所、证券登记结算机构的负责人或者证券公司的董事、监事、高级管理人员，自被解除职务之日起未逾五年；

（二）因违法行为或者违纪行为被吊销执业证书或者被取消资格的律师、注册会计师或者其他证券服务机构的专业人员，自被吊销执业证书或者被取消资格之日起未逾五年。

第一百零四条 因违法行为或者违纪行为被开除的证券交易场所、证券公司、证券登记结算机构、证券服务机构的从业人员和被开除的国家机关工作人员，不得招聘为证券交易所的从业人员。

第一百零五条 进入实行会员制的证券交易所参与集中交易的，必须是证券交易所的会员。证券交易所不得允许非会员直接参与股票的集中交易。

第一百零六条 投资者应当与证券公司签订证券交易委托协议，并在证券公司实名开立账户，以书面、电话、自助终端、网络等方式，委托该证券公司代其买卖证券。

第一百零七条 证券公司为投资者开立账户，应当按照规定对投资者提供的身份信息进行核对。

证券公司不得将投资者的账户提供给他人使用。

投资者应当使用实名开立的账户进行交易。

第一百零八条 证券公司根据投资者的委托，按照证券交易规则提出交易申报，参与证券交易所场内的集中交易，并根据成交结果承担相应的清算交收责任。证券登记结算机构根据成交结果，按照清算交收规则，与证券公司进行证券和资金的清算交收，并为证券公司客户办理证券的登记过户手续。

第一百零九条 证券交易所应当为组织公平的集中交易提供保障，实时公布证券交易即时行情，并按交易日制作证券市场行情表，予以公布。

证券交易即时行情的权益由证券交易所依法享有。未经证券交易所许可，任何单位和个人不得发布证券交易即时行情。

第一百一十条 上市公司可以向证券交易所申请其上市交易股票的停牌或者复牌，但不得滥用停牌或者复牌损害投资者的合法权益。

证券交易所可以按照业务规则的规定，决定上市交易股票的停牌或者复牌。

第一百一十一条 因不可抗力、意外事件、重大技术故障、重大人为差错等突发性事件而影响证券交易正常进行时，为维护证券交易正常秩序和市场公平，证券交易所可以按照业务规则采取技术性停牌、临时停市等处置措施，并应当及时向国务院证券监督管理机构报告。

因前款规定的突发性事件导致证券交易结果出现重大异常，按交易结果进行交收将对证券交易正常秩序和市场公平造成重大影响的，证券交易所按照业务规则可以采取取消交易、通知证券登记结算机构暂缓交收等措施，并应当及时向国务院证券监督管理机构报告并公告。

证券交易所对其依照本条规定采取措施造成的损失，不承担民事赔偿责任，但存在重大过错的除外。

第一百一十二条 证券交易所对证券交易实行实时监控，并按照国务院证券监督管理机构的要求，对异常的交易情况提出报告。

证券交易所根据需要，可以按照业务规则对出现重大异常交易情况的证券账户的投资者限制交易，并及时报告国务院证券监督管理机构。

第一百一十三条 证券交易所应当加强对证券交易的风险监测，出现重大异常波动的，证券交易所可以按照业务规则采取限制交易、强制停牌等处置措施，并向国务院证券监督管理机构报告；严重影响证券市场稳定的，证券交易所可以按照业务规则采取临时停市等处置措施并公告。

证券交易所对其依照本条规定采取措施造成的损失，不承担民事赔偿责任，但存在重大过错的除外。

第一百一十四条 证券交易所应当从其收取的交易费用和会员费、席位费中提取一定比例的金额设立风险基金。风险基金由证券交易所理事会管理。

风险基金提取的具体比例和使用办法，由国务院证券监督管理机构会同国务院财政部门规定。

证券交易所应当将收存的风险基金存入开户银行专门账户，不得擅自使用。

第一百一十五条 证券交易所依照法律、行政法规和国务院证券监督管理机构的规定，制定上市规则、交易规则、会员管理规则和其他有关业务规则，并报国务院证券监督管理机构批准。

在证券交易所从事证券交易，应当遵守证券交易所依法制定的业务规则。违反业务规则的，由证券交易所给予纪律处分或者采取其他自律管理措施。

第一百一十六条 证券交易所的负责人和其他从业人员执行与证券交易有关的职务时，与其本人或者其亲属有利害关系的，应当回避。

第一百一十七条 按照依法制定的交易规则进行的交易，不得改变其交易结果，但本法第一百一十一条第二款规定的除外。对交易中违规交易者应负的民事责任不得免除；在违规交易中所获利益，依照有关规定处理。

第八章 证券公司

第一百一十八条 设立证券公司，应当具备下列条件，并经国务院证券监督管理机构批准：

（一）有符合法律、行政法规规定的公司章程；

（二）主要股东及公司的实际控制人具有良好的财务状况和诚信记录，最近三年无重大违法违规记录；

（三）有符合本法规定的公司注册资本；

（四）董事、监事、高级管理人员、从业人员符合本法规定的条件；

（五）有完善的风险管理与内部控制制度；

（六）有合格的经营场所、业务设施和信息技术系统；

（七）法律、行政法规和经国务院批准的国务院证券监督管理机构规定的其他条件。

未经国务院证券监督管理机构批准，任何单位和个人不得以证券公司名义开展证券业务活动。

第一百一十九条 国务院证券监督管理机构应当自受理证券公司设立申请之日起六个月内，依照法定条件和法定程序并根据审慎监管原则进行审查，作出批准或者不予批准的决定，并通知申请人；不予批准的，应当说明理由。

证券公司设立申请获得批准的，申请人应当在规定的期限内向公司登记机关申请设立登记，领取营业执照。

证券公司应当自领取营业执照之日起十五日内，向国务院证券监督管理机构申请经营证券业务许可证。未取得经营证券业务许可证，证券公司不得经营证券业务。

第一百二十条 经国务院证券监督管理机构核准，取得经营证券业务许可证，证券公司可以经营下列部分或者全部证券业务：

（一）证券经纪；

（二）证券投资咨询；

（三）与证券交易、证券投资活动有关的财务顾问；

（四）证券承销与保荐；

（五）证券融资融券；

（六）证券做市交易；

（七）证券自营；

（八）其他证券业务。

国务院证券监督管理机构应当自受理前款规定事项申请之日起三个月内，依照法定条件和程序进行审查，作出核准或者不予核准的决定，并通知申请人；不予核准的，应当说明理由。

证券公司经营证券资产管理业务的，应当符合《中华人民共和国证券投资基金法》等法律、行政法规的规定。

除证券公司外，任何单位和个人不得从事证券承销、证券保荐、证券经纪和证券融资融券业务。

证券公司从事证券融资融券业务，应当采取措施，严格防范和控制风险，不得违反规定向客户出借资金或者证券。

第一百二十一条 证券公司经营本法第一百二十条第一款第（一）项至第（三）项业务的，注册资本最低限额为人民币五千万元；经营第（四）项至第（八）项业务之一的，注册资本最低限额为人民币一亿元；经营第（四）项至第（八）项业务中两项以上的，注册资本最低限额为人民币五亿元。证券公司的注册资本应当是实缴资本。

国务院证券监督管理机构根据审慎监管原则和各项业务的风险程度，可以调整注册资本最低限额，但不得少于前款规定的限额。

第一百二十二条 证券公司变更证券业务范围，变更主要股东或者公司的实际控制人，合并、分立、停业、解散、破产，应当经国务院证券监督管理机构核准。

第一百二十三条 国务院证券监督管理机构应当对证券公司净资本和其他风险控制指标作出规定。

证券公司除依照规定为其客户提供融资融券外，不得为其股东或者股东的关联人提供融资或者担保。

第一百二十四条 证券公司的董事、监事、高级管理人员，应当正直诚实、品行良好，熟悉证券法律、行政法规，具有履行职责所需的经营管理能力。证券公司任免董事、监事、高级管理人员，应当报国务院证券监督管理机构备案。

有《中华人民共和国公司法》第一百四十六条规定的情形或者下列情形之一的，不得担任证券公司的董事、监事、高级管理人员：

（一）因违法行为或者违纪行为被解除职务的证券交易场所、证券登记结算机构的负责人或者证券公司的董事、监事、高级管理人员，自被解除职务之日起未逾五年；

（二）因违法行为或者违纪行为被吊销执业证书或者被取消资格的律师、注册会计师或者其他证券服务机构的专业人员，自被吊销执业证书或者被取消资格之日起未逾五年。

第一百二十五条 证券公司从事证券业务的人员应当品行良好，具备从事证券业务所需的专业能力。

因违法行为或者违纪行为被开除的证券交易场所、证券公司、证券登记结算机构、证券服务机构的从业人员和被开除的国家机关工作人员，不得招聘为证券公司的从业人员。

国家机关工作人员和法律、行政法规规定的禁止在公司中兼职的其他人员，不得在证券公司中兼任职务。

第一百二十六条 国家设立证券投资者保护基金。证券投资者保护基金由证券公司缴纳的资金及其他依法筹集的资金组成，其规模以及筹集、管理和使用的具体办法由国务院规定。

第一百二十七条 证券公司从每年的业务收入中提取交易风险准备金，用于弥补证券经营的损失，其提取的具体比例由国务院证券监督管理机构会同国务院财政部门规定。

第一百二十八条 证券公司应当建立健全内部控制制度，采取有效隔离措施，防范公司与客户之间、不同客户之间的利益冲突。

证券公司必须将其证券经纪业务、证券承销业务、证券自营业务、证券做市业务和证券资产管理业务分开办理，不得混合操作。

第一百二十九条 证券公司的自营业务必须以自己的名义进行，不得假借他人名义或者以个人名义进行。

证券公司的自营业务必须使用自有资金和依法筹集的资金。

证券公司不得将其自营账户借给他人使用。

第一百三十条 证券公司应当依法审慎经营，勤勉尽责，诚实守信。

证券公司的业务活动，应当与其治理结构、内部控制、合规管理、风险管理以及风险控制指标、从业人员构成等情况相适应，符合审慎监管和保护投资者合法权益的要求。

证券公司依法享有自主经营的权利，其合法经营不受干涉。

第一百三十一条 证券公司客户的交易结算资金应当存放在商业银行，以每个客户的名义单独立户管理。

证券公司不得将客户的交易结算资金和证券归入其自有财产。禁止任何单位或者个人以任何形式挪用客户的交易结算资金和证券。证券公司破产或者清算时，客户的交易结算资金和证券不属于其破产财产或者清算财产。非因客户本身的债务或者法律规定的其他情形，不得查封、冻结、扣划或者强制执行客户的交易结算资金和证券。

第一百三十二条 证券公司办理经纪业务，应当置备统一制定的证券买卖委托书，供委托人使用。采取其他委托方式的，必须作出委托记录。

客户的证券买卖委托，不论是否成交，其委托记录应当按照规定的期限，保存于证券公司。

第一百三十三条 证券公司接受证券买卖的委托，应当根据委托书载明的证券名称、买卖数量、出价方式、价格幅度等，按照交易规则代理买卖证券，如实进行交易记录；买卖成交后，应当按照规定制作买卖成交报告单交付客户。

证券交易中确认交易行为及其交易结果的对账单必须真实，保证账面证券余额与实际持有的证券相一致。

第一百三十四条 证券公司办理经纪业务，不得接受客户的全权委托而决定证券买卖、选择证券种类、决定买卖数量或者买卖价格。

证券公司不得允许他人以证券公司的名义直接参与证券的集中交易。

第一百三十五条 证券公司不得对客户证券买卖的收益或者赔偿证券买卖的损失作出承诺。

第一百三十六条 证券公司的从业人员在证券交易活动中，执行所属的证券公司的指令或者利用职务违反交易规则的，由所属的证券公司承担全部责任。

证券公司的从业人员不得私下接受客户委托买卖证券。

第一百三十七条 证券公司应当建立客户信息查询制度，确保客户能够查询其账户信息、委托记录、交易记录以及其他与接受服务或者购买产品有关的重要信息。

证券公司应当妥善保存客户开户资料、委托记录、交易记录和与内部管理、业务经营有关的各项信息，任何人不得隐匿、伪造、篡改或者毁损。上述信息的保存期限不得少于二十年。

第一百三十八条 证券公司应当按照规定向国务院证券监督管理机构报送业务、财务等经营管理信息和资料。

国务院证券监督管理机构有权要求证券公司及其主要股东、实际控制人在指定的期限内提供有关信息、资料。

证券公司及其主要股东、实际控制人向国务院证券监督管理机构报送或者提供的信息、资料，必须真实、准确、完整。

第一百三十九条 国务院证券监督管理机构认为有必要时，可以委托会计师事务所、资产评估机构对证券公司的财务状况、内部控制状况、资产价值进行审计或者评估。具体办法由国务院证券监督管理机构会同有关主管部门制定。

第一百四十条 证券公司的治理结构、合规管理、风险控制指标不符合规定的，国务院证券监督管理机构应当责令其限期改正；逾期未改正，或者其行为严重危及该证券公司的稳健运行、损害客户合法权益的，国务院证券监督管理机构可以区别情形，对其采取下列措施：

（一）限制业务活动，责令暂停部分业务，停止核准新业务；

（二）限制分配红利，限制向董事、监事、高级管理人员支付报酬、提供福利；

（三）限制转让财产或者在财产上设定其他权利；

（四）责令更换董事、监事、高级管理人员或者限制其权利；

（五）撤销有关业务许可；

（六）认定负有责任的董事、监事、高级管理人员为不适当人选；

（七）责令负有责任的股东转让股权，限制负有责任的股东行使股东权利。

证券公司整改后，应当向国务院证券监督管理机构提交报告。国务院证券监督管理机构经验收，治理结构、合规管理、风险控制指标符合规定的，应当自验收完毕之日起三日内解除对其采取的前款规定的有关限制措施。

第一百四十一条　证券公司的股东有虚假出资、抽逃出资行为的，国务院证券监督管理机构应当责令其限期改正，并可责令其转让所持证券公司的股权。

在前款规定的股东按照要求改正违法行为、转让所持证券公司的股权前，国务院证券监督管理机构可以限制其股东权利。

第一百四十二条　证券公司的董事、监事、高级管理人员未能勤勉尽责，致使证券公司存在重大违法违规行为或者重大风险的，国务院证券监督管理机构可以责令证券公司予以更换。

第一百四十三条　证券公司违法经营或者出现重大风险，严重危害证券市场秩序、损害投资者利益的，国务院证券监督管理机构可以对该证券公司采取责令停业整顿、指定其他机构托管、接管或者撤销等监管措施。

第一百四十四条　在证券公司被责令停业整顿、被依法指定托管、接管或者清算期间，或者出现重大风险时，经国务院证券监督管理机构批准，可以对该证券公司直接负责的董事、监事、高级管理人员和其他直接责任人员采取以下措施：

（一）通知出境入境管理机关依法阻止其出境；

（二）申请司法机关禁止其转移、转让或者以其他方式处分财产，或者在财产上设定其他权利。

第九章　证券登记结算机构

第一百四十五条　证券登记结算机构为证券交易提供集中登记、存管与结算服务，不以营利为目的，依法登记，取得法人资格。

设立证券登记结算机构必须经国务院证券监督管理机构批准。

第一百四十六条　设立证券登记结算机构，应当具备下列条件：

（一）自有资金不少于人民币二亿元；

（二）具有证券登记、存管和结算服务所必须的场所和设施；

（三）国务院证券监督管理机构规定的其他条件。

证券登记结算机构的名称中应当标明证券登记结算字样。

第一百四十七条　证券登记结算机构履行下列职能：

（一）证券账户、结算账户的设立；

（二）证券的存管和过户；

（三）证券持有人名册登记；

（四）证券交易的清算和交收；

（五）受发行人的委托派发证券权益；

（六）办理与上述业务有关的查询、信息服务；

（七）国务院证券监督管理机构批准的其他业务。

第一百四十八条　在证券交易所和国务院批准的其他全国性证券交易场所交易的证券的登记结算，应当采取全国集中统一的运营方式。

前款规定以外的证券，其登记、结算可以委托证券登记结算机构或者其他依法从事证券登记、结算业务的机构办理。

第一百四十九条　证券登记结算机构应当依法制定章程和业务规则，并经国务院证券监督管理机构批准。证券登记结算业务参与人应当遵守证券登记结算机构制定的业务规则。

第一百五十条 在证券交易所或者国务院批准的其他全国性证券交易场所交易的证券，应当全部存管在证券登记结算机构。

证券登记结算机构不得挪用客户的证券。

第一百五十一条 证券登记结算机构应当向证券发行人提供证券持有人名册及有关资料。

证券登记结算机构应当根据证券登记结算的结果，确认证券持有人持有证券的事实，提供证券持有人登记资料。

证券登记结算机构应当保证证券持有人名册和登记过户记录真实、准确、完整，不得隐匿、伪造、篡改或者毁损。

第一百五十二条 证券登记结算机构应当采取下列措施保证业务的正常进行：

（一）具有必备的服务设备和完善的数据安全保护措施；

（二）建立完善的业务、财务和安全防范等管理制度；

（三）建立完善的风险管理系统。

第一百五十三条 证券登记结算机构应当妥善保存登记、存管和结算的原始凭证及有关文件和资料。其保存期限不得少于二十年。

第一百五十四条 证券登记结算机构应当设立证券结算风险基金，用于垫付或者弥补因违约交收、技术故障、操作失误、不可抗力造成的证券登记结算机构的损失。

证券结算风险基金从证券登记结算机构的业务收入和收益中提取，并可以由结算参与人按照证券交易业务量的一定比例缴纳。

证券结算风险基金的筹集、管理办法，由国务院证券监督管理机构会同国务院财政部门规定。

第一百五十五条 证券结算风险基金应当存入指定银行的专门账户，实行专项管理。

证券登记结算机构以证券结算风险基金赔偿后，应当向有关责任人追偿。

第一百五十六条 证券登记结算机构申请解散，应当经国务院证券监督管理机构批准。

第一百五十七条 投资者委托证券公司进行证券交易，应当通过证券公司申请在证券登记结算机构开立证券账户。证券登记结算机构应当按照规定为投资者开立证券账户。

投资者申请开立账户，应当持有证明中华人民共和国公民、法人、合伙企业身份的合法证件。国家另有规定的除外。

第一百五十八条 证券登记结算机构作为中央对手方提供证券结算服务的，是结算参与人共同的清算交收对手，进行净额结算，为证券交易提供集中履约保障。

证券登记结算机构为证券交易提供净额结算服务时，应当要求结算参与人按照货银对付的原则，足额交付证券和资金，并提供交收担保。

在交收完成之前，任何人不得动用用于交收的证券、资金和担保物。

结算参与人未按时履行交收义务的，证券登记结算机构有权按照业务规则处理前款所述财产。

第一百五十九条 证券登记结算机构按照业务规则收取的各类结算资金和证券，必须存放于专门的清算交收账户，只能按业务规则用于已成交的证券交易的清算交收，不得被强制执行。

第十章 证券服务机构

第一百六十条 会计师事务所、律师事务所以及从事证券投资咨询、资产评估、资信评级、财务顾问、信息技术系统服务的证券服务机构，应当勤勉尽责、恪尽职守，按照相关业务规则为证券的交易及相关活动提供服务。

从事证券投资咨询服务业务，应当经国务院证券监督管理机构核准；未经核准，不得为证券的交易及相关活动提供服务。从事其他证券服务业务，应当报国务院证券监督管理机构和国务院有关主管部门备案。

第一百六十一条 证券投资咨询机构及其从业人员从事证券服务业务不得有下列行为：

（一）代理委托人从事证券投资；

（二）与委托人约定分享证券投资收益或者分担证券投资损失；

（三）买卖本证券投资咨询机构提供服务的证券；

（四）法律、行政法规禁止的其他行为。

有前款所列行为之一，给投资者造成损失的，应当依法承担赔偿责任。

第一百六十二条 证券服务机构应当妥善保存客户委托文件、核查和验证资料、工作底稿以及与质量控制、内部管理、业务经营有关的信息和资料，任何人不得泄露、隐匿、伪造、篡改或者毁损。上述信息和资料的保存期限不得少于十年，自业务委托结束之日起算。

第一百六十三条 证券服务机构为证券的发行、上市、交易等证券业务活动制作、出具审计报告及其他鉴证报告、资产评估报告、财务顾问报告、资信评级报告或者法律意见书等文件，应当勤勉尽责，对所依据的文件资料内容的真实性、准确性、完整性进行核查和验证。其制作、出具的文件有虚假记载、误导性陈述或者重大遗漏，给他人造成损失的，应当与委托人承担连带赔偿责任，但是能够证明自己没有过错的除外。

第十一章 证券业协会

第一百六十四条 证券业协会是证券业的自律性组织，是社会团体法人。

证券公司应当加入证券业协会。

证券业协会的权力机构为全体会员组成的会员大会。

第一百六十五条 证券业协会章程由会员大会制定，并报国务院证券监督管理机构备案。

第一百六十六条 证券业协会履行下列职责：

（一）教育和组织会员及其从业人员遵守证券法律、行政法规，组织开展证券行业诚信建设，督促证券行业履行社会责任；

（二）依法维护会员的合法权益，向证券监督管理机构反映会员的建议和要求；

（三）督促会员开展投资者教育和保护活动，维护投资者合法权益；

（四）制定和实施证券行业自律规则，监督、检查会员及其从业人员行为，对违反法律、行政法规、自律规则或者协会章程的，按照规定给予纪律处分或者实施其他自律管理措施；

（五）制定证券行业业务规范，组织从业人员的业务培训；

（六）组织会员就证券行业的发展、运作及有关内容进行研究，收集整理、发布证券相关信息，提供会员服务，组织行业交流，引导行业创新发展；

（七）对会员之间、会员与客户之间发生的证券业务纠纷进行调解；

（八）证券业协会章程规定的其他职责。

第一百六十七条 证券业协会设理事会。理事会成员依章程的规定由选举产生。

第十二章 证券监督管理机构

第一百六十八条 国务院证券监督管理机构依法对证券市场实行监督管理，维护证券市场公开、公平、公正，防范系统性风险，维护投资者合法权益，促进证券市场健康发展。

第一百六十九条 国务院证券监督管理机构在对证券市场实施监督管理中履行下列职责：

（一）依法制定有关证券市场监督管理的规章、规则，并依法进行审批、核准、注册，办理备案；

（二）依法对证券的发行、上市、交易、登记、存管、结算等行为，进行监督管理；

（三）依法对证券发行人、证券公司、证券服务机构、证券交易场所、证券登记结算机构的证券业务活动，进行监督管理；

（四）依法制定从事证券业务人员的行为准则，并监督实施；

（五）依法监督检查证券发行、上市、交易的信息披露；

（六）依法对证券业协会的自律管理活动进行指导和监督；

（七）依法监测并防范、处置证券市场风险；

（八）依法开展投资者教育；

（九）依法对证券违法行为进行查处；

（十）法律、行政法规规定的其他职责。

第一百七十条 国务院证券监督管理机构依法履行职责，有权采取下列措施：

（一）对证券发行人、证券公司、证券服务机构、证券交易场所、证券登记结算机构进行现场检查；

（二）进入涉嫌违法行为发生场所调查取证；

（三）询问当事人和与被调查事件有关的单位和个人，要求其对与被调查事件有关的事项作出说明；或者要求其按照指定的方式报送与被调查事件有关的文件和资料；

（四）查阅、复制与被调查事件有关的财产权登记、通讯记录等文件和资料；

（五）查阅、复制当事人和与被调查事件有关的单位和个人的证券交易记录、登记过户记录、财务会计资料及其他相关文件和资料；对可能被转移、隐匿或者毁损的文件和资料，可以予以封存、扣押；

（六）查询当事人和与被调查事件有关的单位和个人的资金账户、证券账户、银行账户以及其他具有支付、托管、结算等功能的账户信息，可以对有关文件和资料进行复制；对有证据证明已经或者可能转移或者隐匿违法资金、证券等涉案财产或者隐匿、伪造、毁损重要证据的，经国务院证券监督管理机构主要负责人或者其授权的其他负责人批准，可以冻结或者查封，期限为六个月；因特殊原因需要延长的，每次延长期限不得超过三个月，冻结、查封期限最长不得超过二年；

（七）在调查操纵证券市场、内幕交易等重大证券违法行为时，经国务院证券监督管理机构主要负责人或者其授权的其他负责人批准，可以限制被调查的当事人的证券买卖，但限制的期限不得超过三个月；案情复杂的，可以延长三个月；

（八）通知出境入境管理机关依法阻止涉嫌违法人员、涉嫌违法单位的主管人员和其他直接责任人员出境。

为防范证券市场风险，维护市场秩序，国务院证券监督管理机构可以采取责令改正、监管谈话、出具警示函等措施。

第一百七十一条 国务院证券监督管理机构对涉嫌证券违法的单位或者个人进行调查期间，被调查的当事人书面申请，承诺在国务院证券监督管理机构认可的期限内纠正涉嫌违法行为，赔偿有关投资者损失，消除损害或者不良影响的，国务院证券监督管理机构可以决定中止调查。被调查的当事人履行承诺的，国务院证券监督管理机构可以决定终止调查；被调查的当事人未履行承诺或者有国务院规定的其他情形的，应当恢复调查。具体办法由国务院规定。

国务院证券监督管理机构决定中止或者终止调查的，应当按照规定公开相关信息。

第一百七十二条 国务院证券监督管理机构依法履行职责，进行监督检查或者调查，其监督检查、调查的人员不得少于二人，并应当出示合法证件和监督检查、调查通知书或者其他执法文书。监督检查、调查的人员少于二人或者未出示合法证件和监督检查、调查通知书或者其他执法文书的，被检查、调查的单位和个人有权拒绝。

第一百七十三条 国务院证券监督管理机构依法履行职责，被检查、调查的单位和个人应当配合，如实提供有关文件和资料，不得拒绝、阻碍和隐瞒。

第一百七十四条 国务院证券监督管理机构制定的规章、规则和监督管理工作制度应当依法公开。

国务院证券监督管理机构依据调查结果，对证券违法行为作出的处罚决定，应当公开。

第一百七十五条 国务院证券监督管理机构应当与国务院其他金融监督管理机构建立监督管理信息共享机制。

国务院证券监督管理机构依法履行职责，进行监督检查或者调查时，有关部门应当予以配合。

第一百七十六条 对涉嫌证券违法、违规行为，任何单位和个人有权向国务院证券监督管理机构举报。

对涉嫌重大违法、违规行为的实名举报线索经查证属实的，国务院证券监督管理机构按照规定给予举报人奖励。

国务院证券监督管理机构应当对举报人的身份信息保密。

第一百七十七条 国务院证券监督管理机构可以和其他国家或者地区的证券监督管理机构建立监督管理合作机制，实施跨境监督管理。

境外证券监督管理机构不得在中华人民共和国境内直接进行调查取证等活动。未经国务院证券监督管理机构和国务院有关主管部门同意，任何单位和个人不得擅自向境外提供与证券业务活动有关的文件和资料。

第一百七十八条 国务院证券监督管理机构依法履行职责，发现证券违法行为涉嫌犯罪的，应当依法将案件移送司法机关处理；发现公职人员涉嫌职务违法或者职务犯罪的，应当依法移送监察机关处理。

第一百七十九条 国务院证券监督管理机构工作人员必须忠于职守、依法办事、公正廉洁，不得利用职务便利牟取不正当利益，不得泄露所知悉的有关单位和个人的商业秘密。

国务院证券监督管理机构工作人员在任职期间，或者离职后在《中华人民共和国公务员法》规定的期限内，不得到与原工作业务直接相关的企业或者其他营利性组织任职，不得从事与原工作业务直接相关的营利性活动。

第十三章 法律责任

第一百八十条 违反本法第九条的规定，擅自公开或者变相公开发行证券的，责令停止发行，退还所募资金并加算银行同期存款利息，处以非法所募资金金额百分之五以上百分之五十以下的罚款；对擅自公开或者变相公开发行证券设立的公司，由依法履行监督管理职责的机构或者部门会同县级以上地方人民政府予以取缔。对直接负责的主管人员和其他直接责任人员给予警告，并处以五十万元以上五百万元以下的罚款。

第一百八十一条 发行人在其公告的证券发行文件中隐瞒重要事实或者编造重大虚假内容，尚未发行证券的，处以二百万元以上二千万元以下的罚款；已经发行证券的，处以非法所募资金金额百分之十以上一倍以下的罚款。对直接负责的主管人员和其他直接责任人员，处以一百万元以上一千万元以下的罚款。

发行人的控股股东、实际控制人组织、指使从事前款违法行为的，没收违法所得，并处以违法所得百分之十以上一倍以下的罚款；没有违法所得或者违法所得不足二千万元的，处以二百万元以上二千万元以下的罚款。对直接负责的主管人员和其他直接责任人员，处以一百万元以上一千万元以下的罚款。

第一百八十二条 保荐人出具有虚假记载、误导性陈述或者重大遗漏的保荐书，或者不履行其他法定职责的，责令改正，给予警告，没收业务收入，并处以业务收入一倍以上十倍以下的罚款；没有业务收入或者业务收入不足一百万元的，处以一百万元以上一千万元以下的罚款；情节严重的，并处暂停或者撤销保荐业务许可。对直接负责的主管人员和其他直接责任人员给予警告，并处以五十万元以上五百万元以下的罚款。

第一百八十三条 证券公司承销或者销售擅自公开发行或者变相公开发行的证券的，责令停止承销或者销售，没收违法所得，并处以违法所得一倍以上十倍以下的罚款；没有违法所得或者违法所得不足一百万元的，处以一百万元以上一千万元以下的罚款；情节严重的，并处暂停或者撤销相关业务许可。给投资者造成损失的，应当与发行人承担连带赔偿责任。对直接负责的主管人员和其他直接责任人员给予警告，并处以五十万元以上五百万元以下的罚款。

第一百八十四条 证券公司承销证券违反本法第二十九条规定的，责令改正，给予警告，没收违法所得，可以并处五十万元以上五百万元以下的罚款；情节严重的，暂停或者撤销相关业务许可。对直接负责的主管人员和其他直接责任人员给予警告，可以并处二十万元以上二百万元以下的罚款；情节严重的，并处以五十万元以上五百万元以下的罚款。

第一百八十五条 发行人违反本法第十四条、第十五条的规定擅自改变公开发行证券所募集资金的用途的，责令改正，处以五十万元以上五百万元以下的罚款；对直接负责的主管人员和其他直接责任人员给予警告，并处以十万元以上一百万元以下的罚款。

发行人的控股股东、实际控制人从事或者组织、指使从事前款违法行为的，给予警告，并处以五十万元以上五百万元以下的罚款；对直接负责的主管人员和其他直接责任人员，处以十万元以上一百万元以下的罚款。

第一百八十六条 违反本法第三十六条的规定，在限制转让期内转让证券，或者转让股票不符合法律、行政法规和国务院证券监督管理机构规定的，责令改正，给予警告，没收违法所得，并处以买卖证券等值以下的罚款。

第一百八十七条 法律、行政法规规定禁止参与股票交易的人员，违反本法第四十条的规定，直接或者以化名、借他人名义持有、买卖股票或者其他具有股权性质的证券的，责令依法处理非法持有的股票、其他具有股权性质的证券，没收违法所得，并处以买卖证券等值以下的罚款；属于国家工作人员的，还应当依法给予处分。

第一百八十八条 证券服务机构及其从业人员，违反本法第四十二条的规定买卖证券的，责令依法处理非法持有的证券，没收违法所得，并处以买卖证券等值以下的罚款。

第一百八十九条 上市公司、股票在国务院批准的其他全国性证券交易场所交易的公司的董事、监事、高级管理人员、持有该公司百分之五以上股份的股东，违反本法第四十四条的规定，买卖该公司股票或者其他具有股权性质的证券的，给予警告，并处以十万元以上一百万元以下的罚款。

第一百九十条 违反本法第四十五条的规定，采取程序化交易影响证券交易所系统安全或者正常交易秩序的，责令改正，并处以五十万元以上五百万元以下的罚款。对直接负责的主管人员和其他直接责任人员给予警告，并处以十万元以上一百万元以下的罚款。

第一百九十一条 证券交易内幕信息的知情人或者非法获取内幕信息的人违反本法第五十三条的规定从事内幕交易的，责令依法处理非法持有的证券，没收违法所得，并处以违法所得一倍以上十倍以下的罚款；没有违法所得或者违法所得不足五十万元的，处以五十万元以上五百万元以下的罚款。单位从事内幕交易的，还应当对直接负责的主管人员和其他直接责任人员给予警告，并处以二十万元以上二百万元以下的罚款。国务院证券监督管理机构工作人员从事内幕交易的，从重处罚。

违反本法第五十四条的规定，利用未公开信息进行交易的，依照前款的规定处罚。

第一百九十二条 违反本法第五十五条的规定，操纵证券市场的，责令依法处理其非法持有的证券，没收违法所得，并处以违法所得一倍以上十倍以下的罚款；没有违法所得或者违法所得不足一百万元的，处以一百万元以上一千万元以下的罚款。单位操纵证券市场的，还应当对直接负责的主管人员和其他直接责任人员给予警告，并处以五十万元以上五百万元以下的罚款。

第一百九十三条　违反本法第五十六条第一款、第三款的规定，编造、传播虚假信息或者误导性信息，扰乱证券市场的，没收违法所得，并处以违法所得一倍以上十倍以下的罚款；没有违法所得或者违法所得不足二十万元的，处以二十万元以上二百万元以下的罚款。

违反本法第五十六条第二款的规定，在证券交易活动中作出虚假陈述或者信息误导的，责令改正，处以二十万元以上二百万元以下的罚款；属于国家工作人员的，还应当依法给予处分。

传播媒介及其从事证券市场信息报道的工作人员违反本法第五十六条第三款的规定，从事与其工作职责发生利益冲突的证券买卖的，没收违法所得，并处以买卖证券等值以下的罚款。

第一百九十四条　证券公司及其从业人员违反本法第五十七条的规定，有损害客户利益的行为的，给予警告，没收违法所得，并处以违法所得一倍以上十倍以下的罚款；没有违法所得或者违法所得不足十万元的，处以十万元以上一百万元以下的罚款；情节严重的，暂停或者撤销相关业务许可。

第一百九十五条　违反本法第五十八条的规定，出借自己的证券账户或者借用他人的证券账户从事证券交易的，责令改正，给予警告，可以处五十万元以下的罚款。

第一百九十六条　收购人未按照本法规定履行上市公司收购的公告、发出收购要约义务的，责令改正，给予警告，并处以五十万元以上五百万元以下的罚款。对直接负责的主管人员和其他直接责任人员给予警告，并处以二十万元以上二百万元以下的罚款。

收购人及其控股股东、实际控制人利用上市公司收购，给被收购公司及其股东造成损失的，应当依法承担赔偿责任。

第一百九十七条　信息披露义务人未按照本法规定报送有关报告或者履行信息披露义务的，责令改正，给予警告，并处以五十万元以上五百万元以下的罚款；对直接负责的主管人员和其他直接责任人员给予警告，并处以二十万元以上二百万元以下的罚款。发行人的控股股东、实际控制人组织、指使从事上述违法行为，或者隐瞒相关事项导致发生上述情形的，处以五十万元以上五百万元以下的罚款；对直接负责的主管人员和其他直接责任人员，处以二十万元以上二百万元以下的罚款。

信息披露义务人报送的报告或者披露的信息有虚假记载、误导性陈述或者重大遗漏的，责令改正，给予警告，并处以一百万元以上一千万元以下的罚款；对直接负责的主管人员和其他直接责任人员给予警告，并处以五十万元以上五百万元以下的罚款。发行人的控股股东、实际控制人组织、指使从事上述违法行为，或者隐瞒相关事项导致发生上述情形的，处以一百万元以上一千万元以下的罚款；对直接负责的主管人员和其他直接责任人员，处以五十万元以上五百万元以下的罚款。

第一百九十八条　证券公司违反本法第八十八条的规定未履行或者未按照规定履行投资者适当性管理义务的，责令改正，给予警告，并处以十万元以上一百万元以下的罚款。对直接负责的主管人员和其他直接责任人员给予警告，并处以二十万元以下的罚款。

第一百九十九条　违反本法第九十条的规定征集股东权利的，责令改正，给予警告，可以处五十万元以下的罚款。

第二百条　非法开设证券交易场所的，由县级以上人民政府予以取缔，没收违法所得，并处以违法所得一倍以上十倍以下的罚款；没有违法所得或者违法所得不足一百万元的，处以一百万元以上一千万元以下的罚款。对直接负责的主管人员和其他直接责任人员给予警告，并处以二十万元以上二百万元以下的罚款。

证券交易所违反本法第一百零五条的规定，允许非会员直接参与股票的集中交易的，责令改正，可以并处五十万元以下的罚款。

第二百零一条 证券公司违反本法第一百零七条第一款的规定，未对投资者开立账户提供的身份信息进行核对的，责令改正，给予警告，并处以五万元以上五十万元以下的罚款。对直接负责的主管人员和其他直接责任人员给予警告，并处以十万元以下的罚款。

证券公司违反本法第一百零七条第二款的规定，将投资者的账户提供给他人使用的，责令改正，给予警告，并处以十万元以上一百万元以下的罚款。对直接负责的主管人员和其他直接责任人员给予警告，并处以二十万元以下的罚款。

第二百零二条 违反本法第一百一十八条、第一百二十条第一款、第四款的规定，擅自设立证券公司、非法经营证券业务或者未经批准以证券公司名义开展证券业务活动的，责令改正，没收违法所得，并处以违法所得一倍以上十倍以下的罚款；没有违法所得或者违法所得不足一百万元的，处以一百万元以上一千万元以下的罚款。对直接负责的主管人员和其他直接责任人员给予警告，并处以二十万元以上二百万元以下的罚款。对擅自设立的证券公司，由国务院证券监督管理机构予以取缔。

证券公司违反本法第一百二十条第五款规定提供证券融资融券服务的，没收违法所得，并处以融资融券等值以下的罚款；情节严重的，禁止其在一定期限内从事证券融资融券业务。对直接负责的主管人员和其他直接责任人员给予警告，并处以二十万元以上二百万元以下的罚款。

第二百零三条 提交虚假证明文件或者采取其他欺诈手段骗取证券公司设立许可、业务许可或者重大事项变更核准的，撤销相关许可，并处以一百万元以上一千万元以下的罚款。对直接负责的主管人员和其他直接责任人员给予警告，并处以二十万元以上二百万元以下的罚款。

第二百零四条 证券公司违反本法第一百二十二条的规定，未经核准变更证券业务范围，变更主要股东或者公司的实际控制人，合并、分立、停业、解散、破产的，责令改正，给予警告，没收违法所得，并处以违法所得一倍以上十倍以下的罚款；没有违法所得或者违法所得不足五十万元的，处以五十万元以上五百万元以下的罚款；情节严重的，并处撤销相关业务许可。对直接负责的主管人员和其他直接责任人员给予警告，并处以二十万元以上二百万元以下的罚款。

第二百零五条 证券公司违反本法第一百二十三条第二款的规定，为其股东或者股东的关联人提供融资或者担保的，责令改正，给予警告，并处以五十万元以上五百万元以下的罚款。对直接负责的主管人员和其他直接责任人员给予警告，并处以十万元以上一百万元以下的罚款。股东有过错的，在按照要求改正前，国务院证券监督管理机构可以限制其股东权利；拒不改正的，可以责令其转让所持证券公司股权。

第二百零六条 证券公司违反本法第一百二十八条的规定，未采取有效隔离措施防范利益冲突，或者未分开办理相关业务、混合操作的，责令改正，给予警告，没收违法所得，并处以违法所得一倍以上十倍以下的罚款；没有违法所得或者违法所得不足五十万元的，处以五十万元以上五百万元以下的罚款；情节严重的，并处撤销相关业务许可。对直接负责的主管人员和其他直接责任人员给予警告，并处以二十万元以上二百万元以下的罚款。

第二百零七条 证券公司违反本法第一百二十九条的规定从事证券自营业务的，责令改正，给予警告，没收违法所得，并处以违法所得一倍以上十倍以下的罚款；没有违法所得或者违法所得不足五十万元的，处以五十万元以上五百万元以下的罚款；情节严重的，并处撤销相关业务许可或者责令关闭。对直接负责的主管人员和其他直接责任人员给予警告，并处以二十万元以上二百万元以下的罚款。

第二百零八条 违反本法第一百三十一条的规定，将客户的资金和证券归入自有财产，或者挪用客户的资金和证券的，责令改正，给予警告，没收违法所得，并处以违法所得一倍以上十倍以下的罚款；没有违法所得或者违法所得不足一百万元的，处以一百万元以上一千万元以下的罚款；情节严重的，并处撤销相关业务许可或者责令关闭。对直接负责的主管人员和其他直接责任人员给予警告，并处以五十万元以上五百万元以下的罚款。

第二百零九条 证券公司违反本法第一百三十四条第一款的规定接受客户的全权委托买卖证券的，或者违反本法第一百三十五条的规定对客户的收益或者赔偿客户的损失作出承诺的，责令改正，给予警告，没收违法所得，并处以违法所得一倍以上十倍以下的罚款；没有违法所得或者违法所得不足五十万元的，处以五十万元以上五百万元以下的罚款；情节严重的，并处撤销相关业务许可。对直接负责的主管人员和其他直接责任人员给予警告，并处以二十万元以上二百万元以下的罚款。

证券公司违反本法第一百三十四条第二款的规定，允许他人以证券公司的名义直接参与证券的集中交易的，责令改正，可以并处五十万元以下的罚款。

第二百一十条 证券公司的从业人员违反本法第一百三十六条的规定，私下接受客户委托买卖证券的，责令改正，给予警告，没收违法所得，并处以违法所得一倍以上十倍以下的罚款；没有违法所得的，处以五十万元以下的罚款。

第二百一十一条 证券公司及其主要股东、实际控制人违反本法第一百三十八条的规定，未报送、提供信息和资料，或者报送、提供的信息和资料有虚假记载、误导性陈述或者重大遗漏的，责令改正，给予警告，并处以一百万元以下的罚款；情节严重的，并处撤销相关业务许可。对直接负责的主管人员和其他直接责任人员，给予警告，并处以五十万元以下的罚款。

第二百一十二条 违反本法第一百四十五条的规定，擅自设立证券登记结算机构的，由国务院证券监督管理机构予以取缔，没收违法所得，并处以违法所得一倍以上十倍以下的罚款；没有违法所得或者违法所得不足五十万元的，处以五十万元以上五百万元以下的罚款。对直接负责的主管人员和其他直接责任人员给予警告，并处以二十万元以上二百万元以下的罚款。

第二百一十三条 证券投资咨询机构违反本法第一百六十条第二款的规定擅自从事证券服务业务，或者从事证券服务业务有本法第一百六十一条规定行为的，责令改正，没收违法所得，并处以违法所得一倍以上十倍以下的罚款；没有违法所得或者违法所得不足五十万元的，处以五十万元以上五百万元以下的罚款。对直接负责的主管人员和其他直接责任人员，给予警告，并处以二十万元以上二百万元以下的罚款。

会计师事务所、律师事务所以及从事资产评估、资信评级、财务顾问、信息技术系统服务的机构违反本法第一百六十条第二款的规定，从事证券服务业务未报备案的，责令改正，可以处二十万元以下的罚款。

证券服务机构违反本法第一百六十三条的规定，未勤勉尽责，所制作、出具的文件有虚假记载、误导性陈述或者重大遗漏的，责令改正，没收业务收入，并处以业务收入一倍以上十倍以下的罚款，没有业务收入或者业务收入不足五十万元的，处以五十万元以上五百万元以下的罚款；情节严重的，并处暂停或者禁止从事证券服务业务。对直接负责的主管人员和其他直接责任人员给予警告，并处以二十万元以上二百万元以下的罚款。

第二百一十四条 发行人、证券登记结算机构、证券公司、证券服务机构未按照规定保存有关文件和资料的，责令改正，给予警告，并处以十万元以上一百万元以下的罚款；泄露、隐匿、伪造、篡改或者毁损有关文件和资料的，给予警告，并处以二十万元以上二百万元以下的罚款；情节严重的，处以五十万元以上五百万元以下的罚款，并处暂停、撤销相关业务许可或者禁止从事相关业务。对直接负责的主管人员和其他直接责任人员给予警告，并处以十万元以上一百万元以下的罚款。

第二百一十五条 国务院证券监督管理机构依法将有关市场主体遵守本法的情况纳入证券市场诚信档案。

第二百一十六条 国务院证券监督管理机构或者国务院授权的部门有下列情形之一的，对直接负责的主管人员和其他直接责任人员，依法给予处分：

（一）对不符合本法规定的发行证券、设立证券公司等申请予以核准、注册、批准的；

（二）违反本法规定采取现场检查、调查取证、查询、冻结或者查封等措施的；

（三）违反本法规定对有关机构和人员采取监督管理措施的；

（四）违反本法规定对有关机构和人员实施行政处罚的；

（五）其他不依法履行职责的行为。

第二百一十七条 国务院证券监督管理机构或者国务院授权的部门的工作人员，不履行本法规定的职责，滥用职权、玩忽职守，利用职务便利牟取不正当利益，或者泄露所知悉的有关单位和个人的商业秘密的，依法追究法律责任。

第二百一十八条 拒绝、阻碍证券监督管理机构及其工作人员依法行使监督检查、调查职权，由证券监督管理机构责令改正，处以十万元以上一百万元以下的罚款，并由公安机关依法给予治安管理处罚。

第二百一十九条 违反本法规定，构成犯罪的，依法追究刑事责任。

第二百二十条 违反本法规定，应当承担民事赔偿责任和缴纳罚款、罚金、违法所得，违法行为人的财产不足以支付的，优先用于承担民事赔偿责任。

第二百二十一条 违反法律、行政法规或者国务院证券监督管理机构的有关规定，情节严重的，国务院证券监督管理机构可以对有关责任人员采取证券市场禁入的措施。

前款所称证券市场禁入，是指在一定期限内直至终身不得从事证券业务、证券服务业务，不得担任证券发行人的董事、监事、高级管理人员，或者一定期限内不得在证券交易所、国务院批准的其他全国性证券交易场所交易证券的制度。

第二百二十二条 依照本法收缴的罚款和没收的违法所得，全部上缴国库。

第二百二十三条 当事人对证券监督管理机构或者国务院授权的部门的处罚决定不服的，可以依法申请行政复议，或者依法直接向人民法院提起诉讼。

第十四章 附 则

第二百二十四条 境内企业直接或者间接到境外发行证券或者将其证券在境外上市交易，应当符合国务院的有关规定。

第二百二十五条 境内公司股票以外币认购和交易的，具体办法由国务院另行规定。

第二百二十六条 本法自 2020 年 3 月 1 日起施行。

2. 上市公司章程指引（2022 年修订）

（中国证券监督管理委员会公告 2022 年第 2 号）

第一章 总 则

第一条 为维护公司、股东和债权人的合法权益，规范公司的组织和行为，根据《中华人民共和国公司法》（以下简称《公司法》）、《中华人民共和国证券法》（以下简称《证券法》）和其他有关规定，制订本章程。

第二条 公司系依照【法规名称】和其他有关规定成立的股份有限公司（以下简称公司）。

公司【设立方式】设立；在【公司登记机关所在地名】市场监督管理局注册登记，取得营业执照，营业执照号【营业执照号码】。

注释：依法律、行政法规规定，公司设立必须报经批准的，应当说明批准机关和批准文件名称。

第三条　公司于【批/核准/注册日期】经【批/核准/注册机关全称】批/核准，首次向社会公众发行人民币普通股【股份数额】股，于【上市日期】在【证券交易所全称】上市。公司于【批/核准/注册日期】经【批/核准/注册机关全称】批/核准，发行优先股【股份数额】股，于【上市日期】在【证券交易所全称】上市。公司向境外投资人发行的以外币认购并且在境内上市的境内上市外资股为【股份数额】，于【上市日期】在【证券交易所全称】上市。

注释：本指引所称优先股，是指依照《公司法》，在一般规定的普通种类股份之外，另行规定的其他种类股份，其股份持有人优先于普通股股东分配公司利润和剩余财产，但参与公司决策管理等权利受到限制。没有发行（或拟发行）优先股或者境内上市外资股的公司，无需就本条有关优先股或者境内上市外资股的内容作出说明。以下同。

第四条　公司注册名称：【中文全称】【英文全称】。

第五条　公司住所：【公司住所地址全称，邮政编码】。

第六条　公司注册资本为人民币【注册资本数额】元。

注释：公司因增加或者减少注册资本而导致注册资本总额变更的，可以在股东大会通过同意增加或减少注册资本的决议后，再就因此而需要修改公司章程的事项通过一项决议，并说明授权董事会具体办理注册资本的变更登记手续。

第七条　公司营业期限为【年数】或者【公司为永久存续的股份有限公司】。

第八条　【董事长或经理】为公司的法定代表人。

第九条　公司全部资产分为等额股份，股东以其认购的股份为限对公司承担责任，公司以其全部资产对公司的债务承担责任。

第十条　本公司章程自生效之日起，即成为规范公司的组织与行为、公司与股东、股东与股东之间权利义务关系的具有法律约束力的文件，对公司、股东、董事、监事、高级管理人员具有法律约束力的文件。依据本章程，股东可以起诉股东，股东可以起诉公司董事、监事、经理和其他高级管理人员，股东可以起诉公司，公司可以起诉股东、董事、监事、经理和其他高级管理人员。

第十一条　本章程所称其他高级管理人员是指公司的副经理、董事会秘书、财务负责人。

注释：公司可以根据实际情况，在章程中确定属于公司高级管理人员的人员。

第十二条　公司根据中国共产党章程的规定，设立共产党组织、开展党的活动。公司为党组织的活动提供必要条件。

第二章　经营宗旨和范围

第十三条　公司的经营宗旨：【宗旨内容】。

第十四条　经依法登记，公司的经营范围：【经营范围内容】。

注释：公司的经营范围中属于法律、行政法规规定须经批准的项目，应当依法经过批准。

第三章　股　份

第一节　股 份 发 行

第十五条　公司的股份采取股票的形式。

第十六条 公司股份的发行，实行公开、公平、公正的原则，同种类的每一股份应当具有同等权利。

存在特别表决权股份的公司，应当在公司章程中规定特别表决权股份的持有人资格、特别表决权股份拥有的表决权数量与普通股份拥有的表决权数量的比例安排、持有人所持特别表决权股份能够参与表决的股东大会事项范围、特别表决权股份锁定安排及转让限制、特别表决权股份与普通股份的转换情形等事项。公司章程有关上述事项的规定，应当符合交易所的有关规定。

同次发行的同种类股票，每股的发行条件和价格应当相同；任何单位或者个人所认购的股份，每股应当支付相同价额。

注释：发行优先股的公司，应当在章程中明确以下事项：（1）优先股股息率采用固定股息率或浮动股息率，并相应明确固定股息率水平或浮动股息率的计算方法；（2）公司在有可分配税后利润的情况下是否必须分配利润；（3）如果公司因本会计年度可分配利润不足而未向优先股股东足额派发股息，差额部分是否累积到下一会计年度；（4）优先股股东按照约定的股息率分配股息后，是否有权同普通股股东一起参加剩余利润分配，以及参与剩余利润分配的比例、条件等事项；（5）其他涉及优先股股东参与公司利润分配的事项；（6）除利润分配和剩余财产分配外，优先股是否在其他条款上具有不同的设置；（7）优先股表决权恢复时，每股优先股股份享有表决权的具体计算方法。

其中，公开发行优先股的，应当在公司章程中明确：（1）采取固定股息率；（2）在有可分配税后利润的情况下必须向优先股股东分配股息；（3）未向优先股股东足额派发股息的差额部分应当累积到下一会计年度；（4）优先股股东按照约定的股息率分配股息后，不再同普通股股东一起参加剩余利润分配。商业银行发行优先股补充资本的，可就第（2）项和第（3）项事项另作规定。

第十七条 公司发行的股票，以人民币标明面值。

第十八条 公司发行的股份，在【证券登记机构名称】集中存管。

第十九条 公司发起人为【各发起人姓名或者名称】、认购的股份数分别为【股份数量】、出资方式和出资时间为【具体方式和时间】。

注释：已成立一年或一年以上的公司，发起人已将所持股份转让的，无需填入发起人的持股数额。

第二十条 公司股份总数为【股份数额】，公司的股本结构为：普通股【数额】股，其他种类股【数额】股。

注释：公司发行优先股等其他种类股份的，应作出说明。

第二十一条 公司或公司的子公司（包括公司的附属企业）不得以赠与、垫资、担保、补偿或贷款等形式，对购买或者拟购买公司股份的人提供任何资助。

第二节 股份增减和回购

第二十二条 公司根据经营和发展的需要，依照法律、法规的规定，经股东大会分别作出决议，可以采用下列方式增加资本：

（一）公开发行股份；

（二）非公开发行股份；

（三）向现有股东派送红股；

（四）以公积金转增股本；

（五）法律、行政法规规定以及中国证券监督管理委员会（以下简称中国证监会）批准的其他方式。

注释：发行优先股的公司，应当在章程中对发行优先股的以下事项作出规定：公司已发行的优先股不得超过公司普通股股份总数的百分之五十，且筹资金额不得超过发行前净资产的百分之五十，已回购、转换的优先股不纳入计算。

公司不得发行可转换为普通股的优先股。但商业银行可以根据商业银行资本监管规定，非公开发行触发事件发生时强制转换为普通股的优先股，并遵守有关规定。

发行可转换公司债券的公司，还应当在章程中对可转换公司债券的发行、转股程序和安排以及转股所导致的公司股本变更等事项作出具体规定。

第二十三条　公司可以减少注册资本。公司减少注册资本，应当按照《公司法》以及其他有关规定和本章程规定的程序办理。

第二十四条　公司不得收购本公司股份。但是，有下列情形之一的除外：

（一）减少公司注册资本；

（二）与持有本公司股份的其他公司合并；

（三）将股份用于员工持股计划或者股权激励；

（四）股东因对股东大会作出的公司合并、分立决议持异议，要求公司收购其股份；

（五）将股份用于转换公司发行的可转换为股票的公司债券；

（六）公司为维护公司价值及股东权益所必需。

注释：发行优先股的公司，还应当在公司章程中对回购优先股的选择权由发行人或股东行使、回购的条件、价格和比例等作出具体规定。发行人按章程规定要求回购优先股的，必须完全支付所欠股息，但商业银行发行优先股补充资本的除外。

第二十五条　公司收购本公司股份，可以通过公开的集中交易方式，或者法律、行政法规和中国证监会认可的其他方式进行。

公司因本章程第二十四条第一款第（三）项、第（五）项、第（六）项规定的情形收购本公司股份的，应当通过公开的集中交易方式进行。

第二十六条　公司因本章程第二十四条第一款第（一）项、第（二）项规定的情形收购本公司股份的，应当经股东大会决议；公司因本章程第二十四条第一款第（三）项、第（五）项、第（六）项规定的情形收购本公司股份的，可以依照本章程的规定或者股东大会的授权，经三分之二以上董事出席的董事会会议决议。

公司依照本章程第二十四条第一款规定收购本公司股份后，属于第（一）项情形的，应当自收购之日起十日内注销；属于第（二）项、第（四）项情形的，应当在六个月内转让或者注销；属于第（三）项、第（五）项、第（六）项情形的，公司合计持有的本公司股份数不得超过本公司已发行股份总额的百分之十，并应当在三年内转让或者注销。

注释：公司按本条规定回购优先股后，应当相应减记发行在外的优先股股份总数。

第三节　股 份 转 让

第二十七条　公司的股份可以依法转让。

第二十八条　公司不接受本公司的股票作为质押权的标的。

第二十九条　发起人持有的本公司股份，自公司成立之日起一年内不得转让。公司公开发行股份前已发行的股份，自公司股票在证券交易所上市交易之日起一年内不得转让。

公司董事、监事、高级管理人员应当向公司申报所持有的本公司的股份（含优先股股份）及其变动情况，在任职期间每年转让的股份不得超过其所持有本公司同一种类股份总数的百分之二十五；所持本公司股份自公司股票上市交易之日起一年内不得转让。上述人员离职后半年内，不得转让其所持有的本公司股份。

注释：若公司章程对公司董事、监事、高级管理人员转让其所持有的本公司股份（含优先股股份）作出其他限制性规定的，应当进行说明。

第三十条　公司持有百分之五以上股份的股东、董事、监事、高级管理人员，将其持有的本公司股票或者其他具有股权性质的证券在买入后六个月内卖出，或者在卖出后六个月内又买入，由此所得收益归本公司所有，本公司董事会将收回其所得收益。但是，证券公司因购入包销售后剩余股票而持有百分之五以上股份的，以及有中国证监会规定的其他情形的除外。

前款所称董事、监事、高级管理人员、自然人股东持有的股票或者其他具有股权性质的证券，包括其配偶、父母、子女持有的及利用他人账户持有的股票或者其他具有股权性质的证券。

公司董事会不按照本条第一款规定执行的，股东有权要求董事会在三十日内执行。公司董事会未在上述期限内执行的，股东有权为了公司的利益以自己的名义直接向人民法院提起诉讼。

公司董事会不按照本条第一款的规定执行的，负有责任的董事依法承担连带责任。

第四章 股东和股东大会

第一节 股 东

第三十一条 公司依据证券登记机构提供的凭证建立股东名册，股东名册是证明股东持有公司股份的充分证据。股东按其所持有股份的种类享有权利，承担义务；持有同一种类股份的股东，享有同等权利，承担同种义务。

注释：公司应当与证券登记机构签订股份保管协议，定期查询主要股东资料以及主要股东的持股变更（包括股权的出质）情况，及时掌握公司的股权结构。

第三十二条 公司召开股东大会、分配股利、清算及从事其他需要确认股东身份的行为时，由董事会或股东大会召集人确定股权登记日，股权登记日收市后登记在册的股东为享有相关权益的股东。

第三十三条 公司股东享有下列权利：

（一）依照其所持有的股份份额获得股利和其他形式的利益分配；

（二）依法请求、召集、主持、参加或者委派股东代理人参加股东大会，并行使相应的表决权；

（三）对公司的经营进行监督，提出建议或者质询；

（四）依照法律、行政法规及本章程的规定转让、赠与或质押其所持有的股份；

（五）查阅本章程、股东名册、公司债券存根、股东大会会议记录、董事会会议决议、监事会会议决议、财务会计报告；

（六）公司终止或者清算时，按其所持有的股份份额参加公司剩余财产的分配；

（七）对股东大会作出的公司合并、分立决议持异议的股东，要求公司收购其股份；

（八）法律、行政法规、部门规章或本章程规定的其他权利。注释：发行优先股的公司，应当在章程中明确优先股股东不

出席股东大会会议，所持股份没有表决权，但以下情况除外：（1）修改公司章程中与优先股相关的内容；（2）一次或累计减少公司注册资本超过百分之十；（3）公司合并、分立、解散或变更公司形式；（4）发行优先股；（5）公司章程规定的其他情形。

发行优先股的公司，还应当在章程中明确规定：公司累计三个会计年度或者连续两个会计年度未按约定支付优先股股息的，优先股股东有权出席股东大会，每股优先股股份享有公司章程规定的表决权。对于股息可以累积到下一会计年度的优先股，表决权恢复直至公司全额支付所欠股息。对于股息不可累积的优先股，表决权恢复直至公司全额支付当年股息。公司章程可以规定优先股表决权恢复的其他情形。

第三十四条 股东提出查阅前条所述有关信息或者索取资料的，应当向公司提供证明

其持有公司股份的种类以及持股数量的书面文件，公司经核实股东身份后按照股东的要求予以提供。

第三十五条 公司股东大会、董事会决议内容违反法律、行政法规的，股东有权请求人民法院认定无效。股东大会、董事会的会议召集程序、表决方式违反法律、行政法规或者本章程，或者决议内容违反本章程的，股东有权自决议作出之日起六十日内，请求人民法院撤销。

第三十六条 董事、高级管理人员执行公司职务时违反法律、行政法规或者本章程的规定，给公司造成损失的，连续一百八十日以上单独或合并持有公司百分之一以上股份的股东有权书面请求监事会向人民法院提起诉讼；监事会执行公司职务时违反法律、行政法规或者本章程的规定，给公司造成损失的，股东可以书面请求董事会向人民法院提起诉讼。

监事会、董事会收到前款规定的股东书面请求后拒绝提起诉讼，或者自收到请求之日起三十日内未提起诉讼，或者情况紧急、不立即提起诉讼将会使公司利益受到难以弥补的损害的，前款规定的股东有权为了公司的利益以自己的名义直接向人民法院提起诉讼。

他人侵犯公司合法权益，给公司造成损失的，本条第一款规定的股东可以依照前两款的规定向人民法院提起诉讼。

第三十七条 董事、高级管理人员违反法律、行政法规或者本章程的规定，损害股东利益的，股东可以向人民法院提起诉讼。

第三十八条 公司股东承担下列义务：

（一）遵守法律、行政法规和本章程；

（二）依其所认购的股份和入股方式缴纳股金；

（三）除法律、法规规定的情形外，不得退股；

（四）不得滥用股东权利损害公司或者其他股东的利益；不得滥用公司法人独立地位和股东有限责任损害公司债权人的利益；

（五）法律、行政法规及本章程规定应当承担的其他义务。公司股东滥用股东权利给公司或者其他股东造成损失的，应当依法承担赔偿责任。公司股东滥用公司法人独立地位和股东有限责任，逃避债务，严重损害公司债权人利益的，应当对公司债务承担连带责任。

第三十九条 持有公司百分之五以上有表决权股份的股东，将其持有的股份进行质押的，应当自该事实发生当日，向公司作出书面报告。

第四十条 公司的控股股东、实际控制人不得利用其关联关系损害公司利益。违反规定给公司造成损失的，应当承担赔偿责任。

公司控股股东及实际控制人对公司和公司社会公众股股东负有诚信义务。控股股东应严格依法行使出资人的权利，控股股东不得利用利润分配、资产重组、对外投资、资金占用、借款担保等方式损害公司和社会公众股股东的合法权益，不得利用其控制地位损害公司和社会公众股股东的利益。

第二节 股东大会的一般规定

第四十一条 股东大会是公司的权力机构，依法行使下列职权：

（一）决定公司的经营方针和投资计划；

（二）选举和更换非由职工代表担任的董事、监事，决定有关董事、监事的报酬事项；

（三）审议批准董事会的报告；

（四）审议批准监事会报告；

（五）审议批准公司的年度财务预算方案、决算方案；

（六）审议批准公司的利润分配方案和弥补亏损方案；

（七）对公司增加或者减少注册资本作出决议；

（八）对发行公司债券作出决议；

（九）对公司合并、分立、解散、清算或者变更公司形式作出决议；

（十）修改本章程；

（十一）对公司聘用、解聘会计师事务所作出决议；

（十二）审议批准第四十二条规定的担保事项；

（十三）审议公司在一年内购买、出售重大资产超过公司最近一期经审计总资产百分之三十的事项；

（十四）审议批准变更募集资金用途事项；

（十五）审议股权激励计划和员工持股计划；

（十六）审议法律、行政法规、部门规章或本章程规定应当由股东大会决定的其他事项。

注释：上述股东大会的职权不得通过授权的形式由董事会或其他机构和个人代为行使。

第四十二条 公司下列对外担保行为，须经股东大会审议通过。

（一）本公司及本公司控股子公司的对外担保总额，超过最近一期经审计净资产的百分之五十以后提供的任何担保；

（二）公司的对外担保总额，超过最近一期经审计总资产的百分之三十以后提供的任何担保；

（三）公司在一年内担保金额超过公司最近一期经审计总资产百分之三十的担保；

（四）为资产负债率超过百分之七十的担保对象提供的担保；

（五）单笔担保额超过最近一期经审计净资产百分之十的担保；

（六）对股东、实际控制人及其关联方提供的担保。

公司应当在章程中规定股东大会、董事会审批对外担保的权限和违反审批权限、审议程序的责任追究制度。

第四十三条 股东大会分为年度股东大会和临时股东大会。年度股东大会每年召开一次，应当于上一会计年度结束后的六个月内举行。

第四十四条 有下列情形之一的，公司在事实发生之日起两个月以内召开临时股东大会：

（一）董事人数不足《公司法》规定人数或者本章程所定人数的三分之二时；

（二）公司未弥补的亏损达实收股本总额三分之一时；

（三）单独或者合计持有公司百分之十以上股份的股东请求时；

（四）董事会认为必要时；

（五）监事会提议召开时；

（六）法律、行政法规、部门规章或本章程规定的其他情形。注释：公司应当在章程中确定本条第（一）项的具体人数。

计算本条第（三）项所称持股比例时，仅计算普通股和表决权恢复的优先股。

第四十五条 本公司召开股东大会的地点为：【具体地点】。股东大会将设置会场，以现场会议形式召开。公司还将提供网络投票的方式为股东参加股东大会提供便利。股东通过上述方式参加股东大会的，视为出席。

注释：公司章程可以规定召开股东大会的地点为公司住所地或其他明确地点。现场会议时间、地点的选择应当便于股东参加。发出股东大会通知后，无正当理由，股东大会现场会议召开地点不得变更。确需变更的，召集人应当在现场会议召开日前至少两个工作日公告并说明原因。

第四十六条 本公司召开股东大会时将聘请律师对以下问题出具法律意见并公告：

（一）会议的召集、召开程序是否符合法律、行政法规、本章程；

（二）出席会议人员的资格、召集人资格是否合法有效；

（三）会议的表决程序、表决结果是否合法有效；

（四）应本公司要求对其他有关问题出具的法律意见。

第三节 股东大会的召集

第四十七条 独立董事有权向董事会提议召开临时股东大会。对独立董事要求召开临时股东大会的提议，董事会应当根据法律、行政法规和本章程的规定，在收到提议后十日内提出同意或不同意召开临时股东大会的书面反馈意见。董事会同意召开临时股东大会的，将在作出董事会决议后的五日内发出召开股东大会的通知；董事会不同意召开临时股东大会的，将说明理由并公告。

第四十八条 监事会有权向董事会提议召开临时股东大会，

并应当以书面形式向董事会提出。董事会应当根据法律、行政法规和本章程的规定，在收到提案后十日内提出同意或不同意召开临时股东大会的书面反馈意见。

董事会同意召开临时股东大会的，将在作出董事会决议后的五日内发出召开股东大会的通知，通知中对原提议的变更，应征得监事会的同意。

董事会不同意召开临时股东大会，或者在收到提案后十日内未作出反馈的，视为董事会不能履行或者不履行召集股东大会会议职责，监事会可以自行召集和主持。

第四十九条 单独或者合计持有公司百分之十以上股份的股东有权向董事会请求召开临时股东大会，并应当以书面形式向董事会提出。董事会应当根据法律、行政法规和本章程的规定，在收到请求后十日内提出同意或不同意召开临时股东大会的书面反馈意见。

董事会同意召开临时股东大会的，应当在作出董事会决议后的五日内发出召开股东大会的通知，通知中对原请求的变更，应当征得相关股东的同意。

董事会不同意召开临时股东大会，或者在收到请求后十日内未作出反馈的，单独或者合计持有公司百分之十以上股份的股东有权向监事会提议召开临时股东大会，并应当以书面形式向监事会提出请求。

监事会同意召开临时股东大会的，应在收到请求五日内发出召开股东大会的通知，通知中对原请求的变更，应当征得相关股东的同意。

监事会未在规定期限内发出股东大会通知的，视为监事会不召集和主持股东大会，连续九十日以上单独或者合计持有公司百分之十以上股份的股东可以自行召集和主持。

注释：计算本条所称持股比例时，仅计算普通股和表决权恢复的优先股。

第五十条 监事会或股东决定自行召集股东大会的，须书面通知董事会，同时向证券交易所备案。

在股东大会决议公告前，召集股东持股比例不得低于百分之十。

监事会或召集股东应在发出股东大会通知及股东大会决议公告时，向证券交易所提交有关证明材料。

注释：计算本条所称持股比例时，仅计算普通股和表决权恢复的优先股。

第五十一条 对于监事会或股东自行召集的股东大会，董事会和董事会秘书将予配合。董事会将提供股权登记日的股东名册。

第五十二条 监事会或股东自行召集的股东大会，会议所必需的费用由本公司承担。

第四节 股东大会的提案与通知

第五十三条 提案的内容应当属于股东大会职权范围，有明确议题和具体决议事项，并且符合法律、行政法规和本章程的有关规定。

第五十四条 公司召开股东大会，董事会、监事会以及单独或者合并持有公司百分之三以上股份的股东，有权向公司提出提案。

单独或者合计持有公司百分之三以上股份的股东，可以在股东大会召开十日前提出临时提案并书面提交召集人。召集人应当在收到提案后两日内发出股东大会补充通知，公告临时提案的内容。

除前款规定的情形外，召集人在发出股东大会通知公告后，不得修改股东大会通知中已列明的提案或增加新的提案。股东大会通知中未列明或不符合本章程第五十三条规定的提案，股东大会不得进行表决并作出决议。注释：计算本条所称持股比例时，仅计算普通股和表决权恢复的优先股。

第五十五条 召集人将在年度股东大会召开二十日前以公告方式通知各股东，临时股东大会将于会议召开十五日前以公告方式通知各股东。注释：公司在计算起始期限时，不应当包括会议召开当日。

公司可以根据实际情况，决定是否在章程中规定催告程序。

第五十六条 股东大会的通知包括以下内容：

（一）会议的时间、地点和会议期限；

（二）提交会议审议的事项和提案；

（三）以明显的文字说明：全体普通股股东（含表决权恢复的优先股股东）均有权出席股东大会，并可以书面委托代理人出席会议和参加表决，该股东代理人不必是公司的股东；

（四）有权出席股东大会股东的股权登记日；

（五）会务常设联系人姓名，电话号码；

（六）网络或其他方式的表决时间及表决程序。

注释：1. 股东大会通知和补充通知中应当充分、完整披露所有提案的全部具体内容。拟讨论的事项需要独立董事发表意见的，发布股东大会通知或补充通知时将同时披露独立董事的意见及理由。

2. 股东大会网络或其他方式投票的开始时间，不得早于现场股东大会召开前一日下午3:00，并不得迟于现场股东大会召开当日上午9:30，其结束时间不得早于现场股东大会结束当日下午3:00。

3. 股权登记日与会议日期之间的间隔应当不多于七个工作日。股权登记日一旦确认，不得变更。

第五十七条 股东大会拟讨论董事、监事选举事项的，股东大会通知中将充分披露董事、监事候选人的详细资料，至少包括以下内容：

（一）教育背景、工作经历、兼职等个人情况；

（二）与本公司或本公司的控股股东及实际控制人是否存在关联关系；

（三）披露持有本公司股份数量；

（四）是否受过中国证监会及其他有关部门的处罚和证券交易所惩戒。

除采取累积投票制选举董事、监事外，每位董事、监事候选人应当以单项提案提出。

第五十八条 发出股东大会通知后，无正当理由，股东大会不应延期或取消，股东大会通知中列明的提案不应取消。一旦出现延期或取消的情形，召集人应当在原定召开日前至少两个工作日公告并说明原因。

第五节 股东大会的召开

第五十九条 本公司董事会和其他召集人将采取必要措施，保证股东大会的正常秩序。对于干扰股东大会、寻衅滋事和侵犯股东合法权益的行为，将采取措施加以制止并及时报告有关部门查处。

第六十条 股权登记日登记在册的所有普通股股东（含表决权恢复的优先股股东）或其代理人，均有权出席股东大会。并依照有关法律、法规及本章程行使表决权。

股东可以亲自出席股东大会，也可以委托代理人代为出席和表决。

第六十一条 个人股东亲自出席会议的，应出示本人身份证或其他能够表明其身份的有效证件或证明、股票账户卡；委托代理他人出席会议的，应出示本人有效身份证件、股东授权委托书。

法人股东应由法定代表人或者法定代表人委托的代理人出席会议。法定代表人出席会议的，应出示本人身份证、能证明其具有法定代表人资格的有效证明；委托代理人出席会议的，代理人应出示本人身份证、法人股东单位的法定代表人依法出具的书面授权委托书。

第六十二条 股东出具的委托他人出席股东大会的授权委托书应当载明下列内容：

（一）代理人的姓名；

（二）是否具有表决权；

（三）分别对列入股东大会议程的每一审议事项投赞成、反对或弃权票的指示；

（四）委托书签发日期和有效期限；

（五）委托人签名（或盖章）。委托人为法人股东的，应加盖法人单位印章。

第六十三条 委托书应当注明如果股东不作具体指示，股东代理人是否可以按自己的意思表决。

第六十四条 代理投票授权委托书由委托人授权他人签署的，授权签署的授权书或者其他授权文件应当经过公证。经公证的授权书或者其他授权文件，和投票代理委托书均需备置于公司住所或者召集会议的通知中指定的其他地方。

委托人为法人的，由其法定代表人或者董事会、其他决策机构决议授权的人作为代表出席公司的股东大会。

第六十五条 出席会议人员的会议登记册由公司负责制作。会议登记册载明参加会议人员姓名（或单位名称）、身份证号码、住所地址、持有或者代表有表决权的股份数额、被代理人姓名（或单位名称）等事项。

第六十六条 召集人和公司聘请的律师将依据证券登记结算机构提供的股东名册共同对股东资格的合法性进行验证，并登记股东姓名（或名称）及其所持有表决权的股份数。在会议主持人宣布现场出席会议的股东和代理人人数及所持有表决权的股份总数之前，会议登记应当终止。

第六十七条 股东大会召开时，本公司全体董事、监事和董事会秘书应当出席会议，经理和其他高级管理人员应当列席会议。

第六十八条 股东大会由董事长主持。董事长不能履行职务或不履行职务时，由副董事长（公司有两位或两位以上副董事长的，由半数以上董事共同推举的副董事长主持）主持，副董事长不能履行职务或者不履行职务时，由半数以上董事共同推举的一名董事主持。

监事会自行召集的股东大会，由监事会主席主持。监事会主席不能履行职务或不履行职务时，由监事会副主席主持，监事会副主席不能履行职务或者不履行职务时，由半数以上监事共同推举的一名监事主持。

股东自行召集的股东大会，由召集人推举代表主持。

召开股东大会时，会议主持人违反议事规则使股东大会无法继续进行的，经现场出席股东大会有表决权过半数的股东同意，股东大会可推举一人担任会议主持人，继续开会。

第六十九条 公司制定股东大会议事规则，详细规定股东大会的召开和表决程序，包括通知、登记、提案的审议、投票、计票、表决结果的宣布、会议决议的形成、会议记录及其签署、公告等内容，以及股东大会对董事会的授权原则，授权内容应明确具体。股东大会议事规则应作为章程的附件，由董事会拟定，股东大会批准。

第七十条 在年度股东大会上，董事会、监事会应当就其过去一年的工作向股东大会作出报告。每名独立董事也应作出述职报告。

第七十一条 董事、监事、高级管理人员在股东大会上就股东的质询和建议作出解释和说明。

第七十二条 会议主持人应当在表决前宣布现场出席会议的股东和代理人人数及所持有表决权的股份总数，现场出席会议的股东和代理人人数及所持有表决权的股份总数以会议登记为准。

第七十三条 股东大会应有会议记录，由董事会秘书负责。

会议记录记载以下内容：

（一）会议时间、地点、议程和召集人姓名或名称；

（二）会议主持人以及出席或列席会议的董事、监事、经理和其他高级管理人员姓名；

（三）出席会议的股东和代理人人数、所持有表决权的股份总数及占公司股份总数的比例；

（四）对每一提案的审议经过、发言要点和表决结果；

（五）股东的质询意见或建议以及相应的答复或说明；

（六）律师及计票人、监票人姓名；

（七）本章程规定应当载入会议记录的其他内容。注释：既发行内资股又发行境内上市外资股的公司，会议记录的内容还应当包括：（1）出席股东大会的内资股股东（包括股东代理人）和境内上市外资股股东（包括股东代理人）所持有表决权的股份数，各占公司总股份的比例；（2）在记载表决结果时，还应当记载内资股股东和境内上市外资股股东对每一决议事项的表决情况。

未完成股权分置改革的公司，会议记录还应该包括：

（1）出席股东大会的流通股股东（包括股东代理人）和非流通股股东（包括股东代理人）所持有表决权的股份数，各占公司总股份的比例；

（2）在记载表决结果时，还应当记载流通股股东和非流通股股东对每一决议事项的表决情况。

公司应当根据实际情况，在章程中规定股东大会会议记录需要记载的其他内容。

第七十四条 召集人应当保证会议记录内容真实、准确和完整。出席会议的董事、监事、董事会秘书、召集人或其代表、会议主持人应当在会议记录上签名。会议记录应当与现场出席股东的签名册及代理出席的委托书、网络及其他方式表决情况的有效资料一并保存，保存期限不少于十年。

注释：公司应当根据具体情况，在章程中规定股东大会会议记录的保管期限。

第七十五条 召集人应当保证股东大会连续举行，直至形成最终决议。因不可抗力等特殊原因导致股东大会中止或不能作出决议的，应采取必要措施尽快恢复召开股东大会或直接终止本次股东大会，并及时公告。同时，召集人应向公司所在地中国证监会派出机构及证券交易所报告。

第六节 股东大会的表决和决议

第七十六条 股东大会决议分为普通决议和特别决议。股东大会作出普通决议，应当由出席股东大会的股东（包括股东代理人）所持表决权的过半数通过。股东大会作出特别决议，应当由出席股东大会的股东（包括股东代理人）所持表决权的三分之二以上通过。

第七十七条 下列事项由股东大会以普通决议通过：

（一）董事会和监事会的工作报告；

（二）董事会拟定的利润分配方案和弥补亏损方案；

（三）董事会和监事会成员的任免及其报酬和支付方法；

（四）公司年度预算方案、决算方案；

（五）公司年度报告；

（六）除法律、行政法规规定或者本章程规定应当以特别决议通过以外的其他事项。

第七十八条 下列事项由股东大会以特别决议通过：

（一）公司增加或者减少注册资本；

（二）公司的分立、分拆、合并、解散和清算；

（三）本章程的修改；

（四）公司在一年内购买、出售重大资产或者担保金额超过公司最近一期经审计总资产百分之三十的；

（五）股权激励计划；

（六）法律、行政法规或本章程规定的，以及股东大会以普通决议认定会对公司产生重大影响的、需要以特别决议通过的其他事项。

注释：股东大会就以下事项作出特别决议，除须经出席会议的普通股股东（含表决权恢复的优先股股东，包括股东代理人）所持表决权的三分之二以上通过之外，还须经出席会议的优先股股东（不含表决权恢复的优先股股东，包括股东代理人）所持表决权的三分之二以上通过：（1）修改公司章程中与优先股相关的内容；（2）一次或累计减少公司注册资本超过百分之十；（3）公司合并、分立、解散或变更公司形式；（4）发行优先股；（5）公司章程规定的其他情形。

第七十九条 股东（包括股东代理人）以其所代表的有表决权的股份数额行使表决权，每一股份享有一票表决权。

股东大会审议影响中小投资者利益的重大事项时，对中小投资者表决应当单独计票。单独计票结果应当及时公开披露。

公司持有的本公司股份没有表决权，且该部分股份不计入出席股东大会有表决权的股份总数。

股东买入公司有表决权的股份违反《证券法》第六十三条第一款、第二款规定的，该超过规定比例部分的股份在买入后的三十六个月内不得行使表决权，且不计入出席股东大会有表决权的股份总数。

公司董事会、独立董事、持有百分之一以上有表决权股份的股东或者依照法律、行政法规或者中国证监会的规定设立的投资者保护机构可以公开征集股东投票权。征集股东投票权应当向被征集人充分披露具体投票意向等信息。禁止以有偿或者变相有偿的方式征集股东投票权。除法定条件外，公司不得对征集投票权提出最低持股比例限制。

注释：若公司有发行在外的其他股份，应当说明是否享有表决权。优先股表决权恢复的，应当根据章程规定的具体计算方法确定每股优先股股份享有的表决权。

第八十条 股东大会审议有关关联交易事项时，关联股东不应当参与投票表决，其所代表的有表决权的股份数不计入有效表决总数；股东大会决议的公告应当充分披露非关联股东的表决情况。

注释：公司应当根据具体情况，在章程中制订有关联关系股东的回避和表决程序。

第八十一条 除公司处于危机等特殊情况外，非经股东大会以特别决议批准，公司将不与董事、经理和其它高级管理人员以外的人订立将公司全部或者重要业务的管理交予该人负责的合同。

第八十二条 董事、监事候选人名单以提案的方式提请股东大会表决。

股东大会就选举董事、监事进行表决时，根据本章程的规定或者股东大会的决议，可以实行累积投票制。

前款所称累积投票制是指股东大会选举董事或者监事时，每一股份拥有与应选董事或者监事人数相同的表决权，股东拥有的表决权可以集中使用。董事会应当向股东公告候选董事、监事的简历和基本情况。

注释：

1. 公司应当在章程中规定董事、监事提名的方式和程序，以及累积投票制的相关事宜。

2. 单一股东及其一致行动人拥有权益的股份比例在百分之三十及以上的公司，应当采用累积投票制，并在公司章程中规定实施细则。

第八十三条 除累积投票制外，股东大会将对所有提案进行逐项表决，对同一事项有不同提案的，将按提案提出的时间顺序进行表决。除因不可抗力等特殊原因导致股东大会中止或不能作出决议外，股东大会将不会对提案进行搁置或不予表决。

第八十四条 股东大会审议提案时，不会对提案进行修改，否则，有关变更应当被视为一个新的提案，不能在本次股东大会上进行表决。

第八十五条 同一表决权只能选择现场、网络或其他表决方式中的一种。同一表决权出现重复表决的以第一次投票结果为准。

第八十六条 股东大会采取记名方式投票表决。

第八十七条 股东大会对提案进行表决前，应当推举两名股东代表参加计票和监票。审议事项与股东有关联关系的，相关股东及代理人不得参加计票、监票。股东大会对提案进行表决时，应当由律师、股东代表与监事代表共同负责计票、监票，并当场公布表决结果，决议的表决结果载入会议记录。

通过网络或其他方式投票的公司股东或其代理人，有权通过相应的投票系统查验自己的投票结果。

第八十八条 股东大会现场结束时间不得早于网络或其他方式，会议主持人应当宣布每一提案的表决情况和结果，并根据表决结果宣布提案是否通过。

在正式公布表决结果前，股东大会现场、网络及其他表决方式中所涉及的公司、计票人、监票人、主要股东、网络服务方等相关各方对表决情况均负有保密义务。

第八十九条 出席股东大会的股东，应当对提交表决的提案发表以下意见之一：同意、反对或弃权。证券登记结算机构作为内地与香港股票市场交易互联互通机制股票的名义持有人，按照实际持有人意思表示进行申报的除外。

未填、错填、字迹无法辨认的表决票、未投的表决票均视为投票人放弃表决权利，其所持股份数的表决结果应计为“弃权”。

第九十条 会议主持人如果对提交表决的决议结果有任何怀疑，可以对所投票数组织点票；如果会议主持人未进行点票，出席会议的股东或者股东代理人对会议主持人宣布结果有异议的，有权在宣布表决结果后立即要求点票，会议主持人应当立即组织点票。

第九十一条 股东大会决议应当及时公告，公告中应列明出席会议的股东和代理人人数、所持有表决权的股份总数及占公司有表决权股份总数的比例、表决方式、每项提案的表决结果和通过的各项决议的详细内容。

注释：发行境内上市外资股的公司，应当对内资股股东和外资股股东出席会议及表决情况分别统计并公告。

第九十二条 提案未获通过，或者本次股东大会变更前次股东大会决议的，应当在股东大会决议公告中作特别提示。

第九十三条 股东大会通过有关董事、监事选举提案的，新任董事、监事就任时间在【就任时间】。

注释：新任董事、监事就任时间确认方式应在公司章程中予以明确。

第九十四条 股东大会通过有关派现、送股或资本公积转增股本提案的，公司将在股东大会结束后两个月内实施具体方案。

第五章 董 事 会

第一节 董 事

第九十五条 公司董事为自然人，有下列情形之一的，不能担任公司的董事：

（一）无民事行为能力或者限制民事行为能力；

（二）因贪污、贿赂、侵占财产、挪用财产或者破坏社会主义市场经济秩序，被判处刑罚，执行期满未逾五年，或者因犯罪被剥夺政治权利，执行期满未逾五年；

（三）担任破产清算的公司、企业的董事或者厂长、经理，对该公司、企业的破产负有个人责任的，自该公司、企业破产清算完结之日起未逾三年；

（四）担任因违法被吊销营业执照、责令关闭的公司、企业的法定代表人，并负有个人责任的，自该公司、企业被吊销营业执照之日起未逾三年；

（五）个人所负数额较大的债务到期未清偿；

（六）被中国证监会采取证券市场禁入措施，期限未满的；

（七）法律、行政法规或部门规章规定的其他内容。违反本条规定选举、委派董事的，该选举、委派或者聘任无效。董事在任职期间出现本条情形的，公司解除其职务。

第九十六条 董事由股东大会选举或者更换，并可在任期届满前由股东大会解除其职务。董事任期【年数】，任期届满可连选连任。

董事任期从就任之日起计算，至本届董事会任期届满时为止。董事任期届满未及时改选，在改选出的董事就任前，原董事仍应当依照法律、行政法规、部门规章和本章程的规定，履行董事职务。

董事可以由经理或者其他高级管理人员兼任，但兼任经理或者其他高级管理人员职务的董事以及由职工代表担任的董事，总计不得超过公司董事总数的二分之一。

注释：公司章程应规定规范、透明的董事选聘程序。董事会成员中可以有公司职工代表，公司章程应明确本公司董事会是否可以由职工代表担任董事，以及职工代表担任董事的名额。董事会中的职工代表由公司职工通过职工代表大会、职工大会或者其他形式民主选举产生后，直接进入董事会。

第九十七条 董事应当遵守法律、行政法规和本章程，对公司负有下列忠实义务：

（一）不得利用职权收受贿赂或者其他非法收入，不得侵占公司的财产；

（二）不得挪用公司资金；

（三）不得将公司资产或者资金以其个人名义或者其他个人名义开立账户存储；

（四）不得违反本章程的规定，未经股东大会或董事会同意，将公司资金借贷给他人或者以公司财产为他人提供担保；

（五）不得违反本章程的规定或未经股东大会同意，与本公司订立合同或者进行交易；

（六）未经股东大会同意，不得利用职务便利，为自己或他人谋取本应属于公司的商业机会，自营或者为他人经营与本公司同类的业务；

（七）不得接受与公司交易的佣金归为己有；

（八）不得擅自披露公司秘密；

（九）不得利用其关联关系损害公司利益；

（十）法律、行政法规、部门规章及本章程规定的其他忠实义务。

董事违反本条规定所得的收入，应当归公司所有；给公司造成损失的，应当承担赔偿责任。

注释：除以上各项义务要求外，公司可以根据具体情况，在章程中增加对本公司董事其他义务的要求。

第九十八条 董事应当遵守法律、行政法规和本章程，对公司负有下列勤勉义务：

（一）应谨慎、认真、勤勉地行使公司赋予的权利，以保证公司的商业行为符合国家法律、行政法规以及国家各项经济政策的要求，商业活动不超过营业执照规定的业务范围；

（二）应公平对待所有股东；

（三）及时了解公司业务经营管理状况；

（四）应当对公司定期报告签署书面确认意见。保证公司所披露的信息真实、准确、完整；

（五）应当如实向监事会提供有关情况和资料，不得妨碍监事会或者监事行使职权；

（六）法律、行政法规、部门规章及本章程规定的其他勤勉义务。

注释：公司可以根据具体情况，在章程中增加对本公司董事勤勉义务的要求。

第九十九条 董事连续两次未能亲自出席，也不委托其他董事出席董事会会议，视为不能履行职责，董事会应当建议股东大会予以撤换。

第一百条 董事可以在任期届满以前提出辞职。董事辞职应向董事会提交书面辞职报告。董事会将在两日内披露有关情况。如因董事的辞职导致公司董事会低于法定最低人数时，在改选出的董事就任前，原董事仍应当依照法律、行政法规、部门规章和本章程规定，履行董事职务。

除前款所列情形外，董事辞职自辞职报告送达董事会时生效。

第一百零一条 董事辞职生效或者任期届满，应向董事会办妥所有移交手续，其对公司和股东承担的忠实义务，在任期结束后并不当然解除，在本章程规定的合理期限内仍然有效。注释：公司章程应规定董事辞职生效或者任期届满后承担忠实义务的具体期限。

第一百零二条 未经本章程规定或者董事会的合法授权，任何董事不得以个人名义代表公司或者董事会行事。董事以其个人名义行事时，在第三方会合理地认为该董事在代表公司或者董事会行事的情况下，该董事应当事先声明其立场和身份。

第一百零三条 董事执行公司职务时违反法律、行政法规、部门规章或本章程的规定，给公司造成损失的，应当承担赔偿责任。

第一百零四条 独立董事应按照法律、行政法规、中国证监会和证券交易所的有关规定执行。

第二节 董 事 会

第一百零五条 公司设董事会，对股东大会负责。

第一百零六条 董事会由【人数】名董事组成，设董事长一人，副董事长【人数】人。

注释：公司应当在章程中确定董事会人数。

第一百零七条 董事会行使下列职权：

（一）召集股东大会，并向股东大会报告工作；

（二）执行股东大会的决议；

（三）决定公司的经营计划和投资方案；

（四）制订公司的年度财务预算方案、决算方案；

（五）制订公司的利润分配方案和弥补亏损方案；

（六）制订公司增加或者减少注册资本、发行债券或其他证券及上市方案；

（七）拟订公司重大收购、收购本公司股票或者合并、分立、解散及变更公司形式的方案；

（八）在股东大会授权范围内，决定公司对外投资、收购出售资产、资产抵押、对外担保事项、委托理财、关联交易、对外捐赠等事项；

（九）决定公司内部管理机构的设置；

（十）决定聘任或者解聘公司经理、董事会秘书及其他高级管理人员，并决定其报酬事项和奖惩事项；根据经理的提名，决定聘任或者解聘公司副经理、财务负责人等高级管理人员，并决定其报酬事项和奖惩事项；

（十一）制订公司的基本管理制度；

（十二）制订本章程的修改方案；

（十三）管理公司信息披露事项；

（十四）向股东大会提请聘请或更换为公司审计的会计师事务所；

（十五）听取公司经理的工作汇报并检查经理的工作；

（十六）法律、行政法规、部门规章或本章程授予的其他职权。

公司董事会设立【审计委员会】，并根据需要设立【战略】、【提名】、【薪酬与考核】等相关专门委员会。专门委员会对董事会负责，依照本章程和董事会授权履行职责，提案应当提交董事会审议决定。专门委员会成员全部由董事组成，其中【审计委员会】、【提名委员会】、【薪酬与考核委员会】中独立董事占多数并担任召集人，【审计委员会】的召集人为会计专业人士。董事会负责制定专门委员会工作规程，规范专门委员会的运作。

注释：公司股东大会可以授权公司董事会按照公司章程的约定向优先股股东支付股息。

超过股东大会授权范围的事项，应当提交股东大会审议。

第一百零八条 公司董事会应当就注册会计师对公司财务报告出具的非标准审计意见向股东大会作出说明。

第一百零九条 董事会制定董事会议事规则，以确保董事会落实股东大会决议，提高工作效率，保证科学决策。

注释：该规则规定董事会的召开和表决程序，董事会议事规则应列入公司章程或作为章程的附件，由董事会拟定，股东大会批准。

第一百一十条 董事会应当确定对外投资、收购出售资产、资产抵押、对外担保事项、委托理财、关联交易、对外捐赠等权限，建立严格的审查和决策程序；重大投资项目应当组织有关专家、专业人员进行评审，并报股东大会批准。

注释：公司董事会应当根据相关的法律、法规及公司实际情况，在章程中确定符合公司具体要求的权限范围，以及涉及资金占公司资产的具体比例。

第一百一十一条 董事会设董事长一人，可以设副董事长。董事长和副董事长由董事会以全体董事的过半数选举产生。

第一百一十二条 董事长行使下列职权：

（一）主持股东大会和召集、主持董事会会议；

（二）督促、检查董事会决议的执行；

（三）董事会授予的其他职权。注释：董事会应谨慎授予董事长职权，例行或长期授权须在章程中明确规定。

第一百一十三条 公司副董事长协助董事长工作，董事长不能履行职务或者不履行职务的，由副董事长履行职务（公司有两位或两位以上副董事长的，由半数以上董事共同推举的副董事长履行职务）；副董事长不能履行职务或者不履行职务的，由半数以上董事共同推举一名董事履行职务。

第一百一十四条 董事会每年至少召开两次会议，由董事长召集，于会议召开十日以前书面通知全体董事和监事。

第一百一十五条 代表十分之一以上表决权的股东、三分之一以上董事或者监事会，可以提议召开董事会临时会议。董事长应当自接到提议后十日内，召集和主持董事会会议。

第一百一十六条 董事会召开临时董事会会议的通知方式为：【具体通知方式】；通知时限为：【具体通知时限】。

第一百一十七条 董事会会议通知包括以下内容：

（一）会议日期和地点；

（二）会议期限；

（三）事由及议题；

（四）发出通知的日期。

第一百一十八条 董事会会议应有过半数的董事出席方可举行。董事会作出决议，必须经全体董事的过半数通过。

董事会决议的表决，实行一人一票。

第一百一十九条 董事与董事会会议决议事项所涉及的企业有关联关系的，不得对该项决议行使表决权，也不得代理其他董事行使表决权。该董事会会议由过半数的无关联关系董事出席即可举行，董事会会议所作决议须经无关联关系董事过半数通过。出席董事会的无关联董事人数不足三人的，应将该事项提交股东大会审议。

第一百二十条 董事会决议表决方式为：【具体表决方式】。董事会临时会议在保障董事充分表达意见的前提下，可以用【其他方式】进行并作出决议，并由参会董事签字。注释：此项为选择性条款，公司可自行决定是否在其章程中予以采纳。

第一百二十一条 董事会会议，应由董事本人出席；董事因故不能出席，可以书面委托其他董事代为出席，委托书中应载明代理人的姓名，代理事项、授权范围和有效期限，并由委托人签名或盖章。代为出席会议的董事应当在授权范围内行使董事的权利。董事未出席董事会会议，亦未委托代表出席的，视为放弃在该次会议上的投票权。

第一百二十二条 董事会应当对会议所议事项的决定做成会议记录，出席会议的董事应当在会议记录上签名。

董事会会议记录作为公司档案保存，保存期限不少于十年。注释：公司应当根据具体情况，在章程中规定会议记录的保管期限。

第一百二十三条 董事会会议记录包括以下内容：

（一）会议召开的日期、地点和召集人姓名；

（二）出席董事的姓名以及受他人委托出席董事会的董事（代理人）姓名；

（三）会议议程；

（四）董事发言要点；

（五）每一决议事项的表决方式和结果（表决结果应载明赞成、反对或弃权的票数）。

第六章 经理及其他高级管理人员

第一百二十四条 公司设经理一名，由董事会聘任或解聘。

公司设副经理【人数】名，由董事会聘任或解聘。

公司经理、副经理、财务负责人、董事会秘书和【职务】为公司高级管理人员。

注释：公司可以根据具体情况，在章程中规定属于公司高级管理人员的其他人选。

第一百二十五条 本章程第九十五条关于不得担任董事的情形、同时适用于高级管理人员。

本章程第九十七条关于董事的忠实义务和第九十八条第（四）项、第（五）项、第（六）项关于勤勉义务的规定，同时适用于高级管理人员。

第一百二十六条 在公司控股股东单位担任除董事、监事以外其他行政职务的人员，不得担任公司的高级管理人员。

公司高级管理人员仅在公司领薪，不由控股股东代发薪水。

第一百二十七条 经理每届任期【年数】年，经理连聘可以连任。

第一百二十八条 经理对董事会负责，行使下列职权：

（一）主持公司的生产经营管理工作，组织实施董事会决议，并向董事会报告工作；

（二）组织实施公司年度经营计划和投资方案；

（三）拟订公司内部管理机构设置方案；

（四）拟订公司的基本管理制度；

（五）制定公司的具体规章；

（六）提请董事会聘任或者解聘公司副经理、财务负责人；

（七）决定聘任或者解聘除应由董事会决定聘任或者解聘以外的负责管理人员；

（八）本章程或董事会授予的其他职权。经理列席董事会会议。注释：公司应当根据自身情况，在章程中制订符合公司实际要求的经理的职权和具体实施办法。

第一百二十九条　经理应制订经理工作细则，报董事会批准后实施。

第一百三十条　经理工作细则包括下列内容：

（一）经理会议召开的条件、程序和参加的人员；

（二）经理及其他高级管理人员各自具体的职责及其分工；

（三）公司资金、资产运用，签订重大合同的权限，以及向董事会、监事会的报告制度；

（四）董事会认为必要的其他事项。

第一百三十一条　经理可以在任期届满以前提出辞职。有关经理辞职的具体程序和办法由经理与公司之间的劳务合同规定。第一百三十二条　公司根据自身情况，在章程中应当规定副经理的任免程序、副经理与经理的关系，并可以规定副经理的职权。

第一百三十三条　公司设董事会秘书，负责公司股东大会和董事会会议的筹备、文件保管以及公司股东资料管理，办理信息披露事务等事宜。

董事会秘书应遵守法律、行政法规、部门规章及本章程的有关规定。

第一百三十四条　高级管理人员执行公司职务时违反法律、行政法规、部门规章或本章程的规定，给公司造成损失的，应当承担赔偿责任。

第一百三十五条　公司高级管理人员应当忠实履行职务，维护公司和全体股东的最大利益。公司高级管理人员因未能忠实履行职务或违背诚信义务，给公司和社会公众股股东的利益造成损害的，应当依法承担赔偿责任。

第七章　监　事　会

第一节　监　　事

第一百三十六条　本章程第九十五条关于不得担任董事的情形，同时适用于监事。

董事、经理和其他高级管理人员不得兼任监事。

第一百三十七条　监事应当遵守法律、行政法规和本章程，对公司负有忠实义务和勤勉义务，不得利用职权收受贿赂或者其他非法收入，不得侵占公司的财产。

第一百三十八条　监事的任期每届为三年。监事任期届满，连选可以连任。

第一百三十九条　监事任期届满未及时改选，或者监事在任期内辞职导致监事会成员低于法定人数的，在改选出的监事就任前，原监事仍应当依照法律、行政法规和本章程的规定，履行监事职务。

第一百四十条　监事应当保证公司披露的信息真实、准确、完整，并对定期报告签署书面确认意见。

第一百四十一条　监事可以列席董事会会议，并对董事会决议事项提出质询或者建议。

第一百四十二条　监事不得利用其关联关系损害公司利益，若给公司造成损失的，应当承担赔偿责任。

第一百四十三条　监事执行公司职务时违反法律、行政法规、部门规章或本章程的规定，给公司造成损失的，应当承担赔偿责任。

第二节 监 事 会

第一百四十四条 公司设监事会。监事会由【人数】名监事组成，监事会设主席一人，可以设副主席。监事会主席和副主席由全体监事过半数选举产生。监事会主席召集和主持监事会会议；监事会主席不能履行职务或者不履行职务的，由监事会副主席召集和主持监事会会议；监事会副主席不能履行职务或者不履行职务的，由半数以上监事共同推举一名监事召集和主持监事会会议。

监事会应当包括股东代表和适当比例的公司职工代表，其中职工代表的比例不低于三分之一。监事会中的职工代表由公司职工通过职工代表大会、职工大会或者其他形式民主选举产生。

监事会成员不得少于三人。公司章程应规定职工代表在监事会中的具体比例。

第一百四十五条 监事会行使下列职权：

（一）应当对董事会编制的公司定期报告进行审核并提出书面审核意见；

（二）检查公司财务；

（三）对董事、高级管理人员执行公司职务的行为进行监督，对违反法律、行政法规、本章程或者股东大会决议的董事、高级管理人员提出罢免的建议；

（四）当董事、高级管理人员的行为损害公司的利益时，要求董事、高级管理人员予以纠正；

（五）提议召开临时股东大会，在董事会不履行《公司法》规定的召集和主持股东大会职责时召集和主持股东大会；

（六）向股东大会提出提案；

（七）依照《公司法》第一百五十一条的规定，对董事、高级管理人员提起诉讼；

（八）发现公司经营情况异常，可以进行调查；必要时，可以聘请会计师事务所、律师事务所等专业机构协助其工作，费用由公司承担。

注释：公司章程可以规定监事的其他职权。

第一百四十六条 监事会每六个月至少召开一次会议。监事可以提议召开临时监事会会议。

监事会决议应当经半数以上监事通过。

第一百四十七条 监事会制定监事会议事规则，明确监事会的议事方式和表决程序，以确保监事会的工作效率和科学决策。注释：监事会议事规则规定监事会的召开和表决程序。监事会议事规则应列入公司章程或作为章程的附件，由监事会拟定，股东大会批准。

第一百四十八条 监事会应当将所议事项的决定做成会议记录，出席会议的监事应当在会议记录上签名。

监事有权要求在记录上对其在会议上的发言作出某种说明性记载。监事会会议记录作为公司档案至少保存十年。

注释：公司应当根据具体情况，在章程中规定会议记录的保管期限。

第一百四十九条 监事会会议通知包括以下内容：

（一）举行会议的日期、地点和会议期限；

（二）事由及议题；

（三）发出通知的日期。

第八章 财务会计制度、利润分配和审计

第一节 财务会计制度

第一百五十条 公司依照法律、行政法规和国家有关部门的规定，制定公司的财务会

计制度。

第一百五十一条 公司在每一会计年度结束之日起四个月内向中国证监会和证券交易所报送并披露年度报告，在每一会计年度上半年结束之日起两个月内向中国证监会派出机构和证券交易所报送并披露中期报告。

上述年度报告、中期报告按照有关法律、行政法规、中国证监会及证券交易所的规定进行编制。

第一百五十二条 公司除法定的会计账簿外，将不另立会计账簿。公司的资产，不以任何个人名义开立账户存储。

第一百五十三条 公司分配当年税后利润时，应当提取利润的百分之十列入公司法定公积金。公司法定公积金累计额为公司注册资本的百分之五十以上的，可以不再提取。

公司的法定公积金不足以弥补以前年度亏损的，在依照前款规定提取法定公积金之前，应当先用当年利润弥补亏损。

公司从税后利润中提取法定公积金后，经股东大会决议，还可以从税后利润中提取任意公积金。公司弥补亏损和提取公积金后所余税后利润，按照股东持有的股份比例分配，但本章程规定不按持股比例分配的除外。股东大会违反前款规定，在公司弥补亏损和提取法定公积金之前向股东分配利润的，股东必须将违反规定分配的利润退还公司。

公司持有的本公司股份不参与分配利润。

公司应当在公司章程中明确现金分红相对于股票股利在利润分配方式中的优先顺序，并载明以下内容：

（一）公司董事会、股东大会对利润分配尤其是现金分红事项的决策程序和机制，对既定利润分配政策尤其是现金分红政策作出调整的具体条件、决策程序和机制，以及为充分听取独立董事和中小股东意见所采取的措施。

（二）公司的利润分配政策尤其是现金分红政策的具体内容，利润分配的形式，利润分配尤其是现金分红的期间间隔，现金分红的具体条件，发放股票股利的条件，各期现金分红最低金额或比例（如有）等。

注释：公司应当以现金的形式向优先股股东支付股息，在完全支付约定的股息之前，不得向普通股股东分配利润。

第一百五十四条 公司的公积金用于弥补公司的亏损、扩大公司生产经营或者转为增加公司资本。但是，资本公积金将不用于弥补公司的亏损。

法定公积金转为资本时，所留存的该项公积金将不少于转增前公司注册资本的百分之二十五。

第一百五十五条 公司股东大会对利润分配方案作出决议后，公司董事会须在股东大会召开后两个月内完成股利（或股份）的派发事项。

第一百五十六条 公司利润分配政策为【具体政策】。

注释：发行境内上市外资股的公司应当按照《境内上市外资股规定实施细则》中的有关规定补充本节的内容。

第二节 内部审计

第一百五十七条 公司实行内部审计制度，配备专职审计人员，对公司财务收支和经济活动进行内部审计监督。

第一百五十八条 公司内部审计制度和审计人员的职责，应当经董事会批准后实施。审计负责人向董事会负责并报告工作。

第三节 会计师事务所的聘任

第一百五十九条 公司聘用符合《证券法》规定的会计师事务所进行会计报表审计、

净资产验证及其他相关的咨询服务等业务，聘期一年，可以续聘。

第一百六十条 公司聘用会计师事务所必须由股东大会决定，董事会不得在股东大会决定前委任会计师事务所。

第一百六十一条 公司保证向聘用的会计师事务所提供真实、完整的会计凭证、会计账簿、财务会计报告及其他会计资料，不得拒绝、隐匿、谎报。

第一百六十二条 会计师事务所的审计费用由股东大会决定。

第一百六十三条 公司解聘或者不再续聘会计师事务所时，提前【天数】天事先通知会计师事务所，公司股东大会就解聘会计师事务所进行表决时，允许会计师事务所陈述意见。

会计师事务所提出辞聘的，应当向股东大会说明公司有无不当情形。

第九章 通知和公告

第一节 通 知

第一百六十四条 公司的通知以下列形式发出：

（一）以专人送出；

（二）以邮件方式送出；

（三）以公告方式进行；

（四）本章程规定的其他形式。

第一百六十五条 公司发出的通知，以公告方式进行的，一经公告，视为所有相关人员收到通知。

第一百六十六条 公司召开股东大会的会议通知，以【具体通知方式】进行。

第一百六十七条 公司召开董事会的会议通知，以【具体通知方式】进行。

第一百六十八条 公司召开监事会的会议通知，以【具体通知方式】进行。

注释：公司应当根据实际情况，在章程中确定公司各种会议的具体通知方式。

第一百六十九条 公司通知以专人送出的，由被送达人在送达回执上签名（或盖章），被送达人签收日期为送达日期；公司通知以邮件送出的，自交付邮局之日起第【天数】个工作日为送达日期；公司通知以公告方式送出的，第一次公告刊登日为送达日期。

第一百七十条 因意外遗漏未向某有权得到通知的人送出会议通知或者该等人没有收到会议通知，会议及会议作出的决议并不因此无效。

第二节 公 告

第一百七十一条 公司指定【媒体名称】为刊登公司公告和其他需要披露信息的媒体。

注释：公司应当在符合中国证监会规定条件的媒体范围内确定公司披露信息的媒体。

第十章 合并、分立、增资、减资、解散和清算

第一节 合并、分立、增资和减资

第一百七十二条 公司合并可以采取吸收合并或者新设合并。

一个公司吸收其他公司为吸收合并，被吸收的公司解散。两个以上公司合并设立一个新的公司为新设合并，合并各方解散。

第一百七十三条 公司合并，应当由合并各方签订合并协议，并编制资产负债表及财产清单。公司应当自作出合并决议之日起十日内通知债权人，并于三十日内在【报纸名称】上公告。债权人自接到通知书之日起三十日内，未接到通知书的自公告之日起四十五日内，可以要求公司清偿债务或者提供相应的担保。

第一百七十四条　公司合并时，合并各方的债权、债务，由合并后存续的公司或者新设的公司承继。

第一百七十五条　公司分立，其财产作相应的分割。公司分立，应当编制资产负债表及财产清单。公司应当自作出分立决议之日起十日内通知债权人，并于三十日内在【报纸名称】上公告。

第一百七十六条　公司分立前的债务由分立后的公司承担连带责任。但是，公司在分立前与债权人就债务清偿达成的书面协议另有约定的除外。

第一百七十七条　公司需要减少注册资本时，必须编制资产负债表及财产清单。

公司应当自作出减少注册资本决议之日起十日内通知债权人，并于三十日内在【报纸名称】上公告。债权人自接到通知书之日起三十日内，未接到通知书的自公告之日起四十五日内，有权要求公司清偿债务或者提供相应的担保。

公司减资后的注册资本将不低于法定的最低限额。

第一百七十八条　公司合并或者分立，登记事项发生变更的，应当依法向公司登记机关办理变更登记；公司解散的，应当依法办理公司注销登记；设立新公司的，应当依法办理公司设立登记。

公司增加或者减少注册资本，应当依法向公司登记机关办理变更登记。

第二节　解散和清算

第一百七十九条　公司因下列原因解散：

（一）本章程规定的营业期限届满或者本章程规定的其他解散事由出现；

（二）股东大会决议解散；

（三）因公司合并或者分立需要解散；

（四）依法被吊销营业执照、责令关闭或者被撤销；

（五）公司经营管理发生严重困难，继续存续会使股东利益受到重大损失，通过其他途径不能解决的，持有公司全部股东表决权百分之十以上的股东，可以请求人民法院解散公司。

第一百八十条　公司有本章程第一百七十九条第（一）项情形的，可以通过修改本章程而存续。

依照前款规定修改本章程，须经出席股东大会会议的股东所持表决权的三分之二以上通过。

第一百八十一条　公司因本章程第一百七十九条第（一）项、第（二）项、第（四）项、第（五）项规定而解散的，应当在解散事由出现之日起十五日内成立清算组，开始清算。清算组由董事或者股东大会确定的人员组成。逾期不成立清算组进行清算的，债权人可以申请人民法院指定有关人员组成清算组进行清算。

第一百八十二条　清算组在清算期间行使下列职权：

（一）清理公司财产，分别编制资产负债表和财产清单；

（二）通知、公告债权人；

（三）处理与清算有关的公司未了结的业务；

（四）清缴所欠税款以及清算过程中产生的税款；

（五）清理债权、债务；

（六）处理公司清偿债务后的剩余财产；

（七）代表公司参与民事诉讼活动。

第一百八十三条　清算组应当自成立之日起十日内通知债权人，并于六十日内在【报纸名称】上公告。债权人应当自接到通知书之日起三十日内，未接到通知书的自公告之日起四十五日内，向清算组申报其债权。

债权人申报债权，应当说明债权的有关事项，并提供证明材料。清算组应当对债权进行登记。

在申报债权期间，清算组不得对债权人进行清偿。

第一百八十四条 清算组在清理公司财产、编制资产负债表和财产清单后，应当制定清算方案，并报股东大会或者人民法院确认。

公司财产在分别支付清算费用、职工的工资、社会保险费用和法定补偿金，缴纳所欠税款，清偿公司债务后的剩余财产，公司按照股东持有的股份比例分配。清算期间，公司存续，但不能开展与清算无关的经营活动。公司财产在未按前款规定清偿前，将不会分配给股东。

注释：已发行优先股的公司因解散、破产等原因进行清算时，公司财产在按照公司法和破产法有关规定进行清偿后的剩余财产，应当优先向优先股股东支付未派发的股息和公司章程约定的清算金额，不足以全额支付的，按照优先股股东持股比例分配。

第一百八十五条 清算组在清理公司财产、编制资产负债表和财产清单后，发现公司财产不足清偿债务的，应当依法向人民法院申请宣告破产。公司经人民法院裁定宣告破产后，清算组应当将清算事务移交给人民法院。

第一百八十六条 公司清算结束后，清算组应当制作清算报告，报股东大会或者人民法院确认，并报送公司登记机关，申请注销公司登记，公告公司终止。

第一百八十七条 清算组成员应当忠于职守，依法履行清算义务。

清算组成员不得利用职权收受贿赂或者其他非法收入，不得侵占公司财产。

清算组成员因故意或者重大过失给公司或者债权人造成损失的，应当承担赔偿责任。

第一百八十八条 公司被依法宣告破产的，依照有关企业破产的法律实施破产清算。

第十一章 修改章程

第一百八十九条 有下列情形之一的，公司应当修改章程：

（一）《公司法》或有关法律、行政法规修改后，章程规定的事项与修改后的法律、行政法规的规定相抵触；

（二）公司的情况发生变化，与章程记载的事项不一致；

（三）股东大会决定修改章程。

第一百九十条 股东大会决议通过的章程修改事项应经主管机关审批的，须报主管机关批准；涉及公司登记事项的，依法办理变更登记。

第一百九十一条 董事会依照股东大会修改章程的决议和有关主管机关的审批意见修改本章程。

第一百九十二条 章程修改事项属于法律、法规要求披露的信息，按规定予以公告。

第十二章 附 则

第一百九十三条 释义：

（一）控股股东，是指其持有的普通股（含表决权恢复的优先股）占公司股本总额百分之五十以上的股东；持有股份的比例虽然不足百分之五十，但依其持有的股份所享有的表决权已足以对股东大会的决议产生重大影响的股东。

（二）实际控制人，是指虽不是公司的股东，但通过投资关系、协议或者其他安排，能够实际支配公司行为的人。

（三）关联关系，是指公司控股股东、实际控制人、董事、监事、高级管理人员与其直接或者间接控制的企业之间的关系，以及可能导致公司利益转移的其他关系。但是，国家控股的企业之间不仅因为同受国家控股而具有关联关系。

第一百九十四条 董事会可依照章程的规定，制订章程细则。章程细则不得与章程的规定相抵触。

第一百九十五条 本章程以中文书写，其他任何语种或不同版本的章程与本章程有歧义时，以在【公司登记机关全称】最近一次核准登记后的中文版章程为准。

第一百九十六条 本章程所称“以上”“以内”“以下”，都含本数；“以外”“低于”“多于”不含本数。

第一百九十七条 本章程由公司董事会负责解释。

第一百九十八条 本章程附件包括股东大会议事规则、董事会议事规则和监事会议事规则。

第一百九十九条 国家对优先股另有规定的，从其规定。

第二百条 本章程指引自公布之日起施行。2019 年 4 月 17 日施行的《上市公司章程指引》（证监会公告〔2019〕10 号）同时废止。

3. 上市公司股东大会规则（2022 年修订）

（中国证券监督管理委员会公告〔2022〕13 号）

现公布《上市公司股东大会规则（2022 年修订）》，自公布之日起施行。

中国证监会

2022 年 1 月 5 日

附件 1. 上市公司股东大会规则（2022 年修订）

附件 2.《上市公司股东大会规则》修订说明

附件 1:

上市公司股东大会规则（2022 年修订）

第一章 总 则

第一条 为规范上市公司行为，保证股东大会依法行使职权，根据《中华人民共和国公司法》（以下简称《公司法》）、《中华人民共和国证券法》（以下简称《证券法》）的规定，制定本规则。

第二条 上市公司应当严格按照法律、行政法规、本规则及公司章程的相关规定召开股东大会，保证股东能够依法行使权利。

公司董事会应当切实履行职责，认真、按时组织股东大会。公司全体董事应当勤勉尽责，确保股东大会正常召开和依法行使职权。

第三条 股东大会应当在《公司法》和公司章程规定的范围内行使职权。

第四条 股东大会分为年度股东大会和临时股东大会。年度股东大会每年召开一次，应当于上一会计年度结束后的六个月内举行。临时股东大会不定期召开，出现《公司法》第一百条规定的应当召开临时股东大会的情形时，临时股东大会应当在二个月内召开。

公司在上述期限内不能召开股东大会的，应当报告公司所在地中国证券监督管理委员会（以下简称中国证监会）派出机构和公司股票挂牌交易的证券交易所（以下简称证券交易所），说明原因并公告。

第五条 公司召开股东大会，应当聘请律师对以下问题出具法律意见并公告：

（一）会议的召集、召开程序是否符合法律、行政法规、本规则和公司章程的规定；

（二）出席会议人员的资格、召集人资格是否合法有效；

（三）会议的表决程序、表决结果是否合法有效；

（四）应公司要求对其他有关问题出具的法律意见。

第二章 股东大会的召集

第六条 董事会应当在本规则第四条规定的期限内按时召集股东大会。

第七条 独立董事有权向董事会提议召开临时股东大会。对独立董事要求召开临时股东大会的提议，董事会应当根据法律、行政法规和公司章程的规定，在收到提议后十日内提出同意或不同意召开临时股东大会的书面反馈意见。

董事会同意召开临时股东大会的，应当在作出董事会决议后的五日内发出召开股东大会的通知；董事会不同意召开临时股东大会的，应当说明理由并公告。

第八条 监事会有权向董事会提议召开临时股东大会，并应当以书面形式向董事会提出。董事会应当根据法律、行政法规和公司章程的规定，在收到提议后十日内提出同意或不同意召开临时股东大会的书面反馈意见。

董事会同意召开临时股东大会的，应当在作出董事会决议后的五日内发出召开股东大会的通知，通知中对原提议的变更，应当征得监事会的同意。

董事会不同意召开临时股东大会，或者在收到提议后十日内未作出书面反馈的，视为董事会不能履行或者不履行召集股东大会会议职责，监事会可以自行召集和主持。

第九条 单独或者合计持有公司百分之十以上股份的普通股股东（含表决权恢复的优先股股东）有权向董事会请求召开临时股东大会，并应当以书面形式向董事会提出。董事会应当根据法律、行政法规和公司章程的规定，在收到请求后十日内提出同意或不同意召开临时股东大会的书面反馈意见。

董事会同意召开临时股东大会的，应当在作出董事会决议后的五日内发出召开股东大会的通知，通知中对原请求的变更，应当征得相关股东的同意。

董事会不同意召开临时股东大会，或者在收到请求后十日内未作出反馈的，单独或者合计持有公司百分之十以上股份的普通股股东（含表决权恢复的优先股股东）有权向监事会提议召开临时股东大会，并应当以书面形式向监事会提出请求。

监事会同意召开临时股东大会的，应在收到请求五日内发出召开股东大会的通知，通知中对原请求的变更，应当征得相关股东的同意。

监事会未在规定期限内发出股东大会通知的，视为监事会不召集和主持股东大会，连续九十日以上单独或者合计持有公司百分之十以上股份的普通股股东（含表决权恢复的优先股股东）可以自行召集和主持。

第十条 监事会或股东决定自行召集股东大会的，应当书面通知董事会，同时向证券交易所备案。

在股东大会决议公告前，召集普通股股东（含表决权恢复的优先股股东）持股比例不得低于百分之十。

监事会和召集股东应在发出股东大会通知及发布股东大会决议公告时，向证券交易所提交有关证明材料。

第十一条 对于监事会或股东自行召集的股东大会，董事会和董事会秘书应予配合。

董事会应当提供股权登记日的股东名册。董事会未提供股东名册的，召集人可以持召集股东大会通知的相关公告，向证券登记结算机构申请获取。召集人所获取的股东名册不得用于除召开股东大会以外的其他用途。

第十二条　监事会或股东自行召集的股东大会，会议所必需的费用由公司承担。

第三章　股东大会的提案与通知

第十三条　提案的内容应当属于股东大会职权范围，有明确议题和具体决议事项，并且符合法律、行政法规和公司章程的有关规定。

第十四条　单独或者合计持有公司百分之三以上股份的普通股股东（含表决权恢复的优先股股东），可以在股东大会召开十日前提出临时提案并书面提交召集人。召集人应当在收到提案后二日内发出股东大会补充通知，公告临时提案的内容。

除前款规定外，召集人在发出股东大会通知后，不得修改股东大会通知中已列明的提案或增加新的提案。

股东大会通知中未列明或不符合本规则第十三条规定的提案，股东大会不得进行表决并作出决议。

第十五条　召集人应当在年度股东大会召开二十日前以公告方式通知各普通股股东（含表决权恢复的优先股股东），临时股东大会应当于会议召开十五日前以公告方式通知各普通股股东（含表决权恢复的优先股股东）。

第十六条　股东大会通知和补充通知中应当充分、完整披露所有提案的具体内容，以及为使股东对拟讨论的事项作出合理判断所需的全部资料或解释。拟讨论的事项需要独立董事发表意见的，发出股东大会通知或补充通知时应当同时披露独立董事的意见及理由。

第十七条　股东大会拟讨论董事、监事选举事项的，股东大会通知中应当充分披露董事、监事候选人的详细资料，至少包括以下内容：

（一）教育背景、工作经历、兼职等个人情况；

（二）与公司或其控股股东及实际控制人是否存在关联关系；

（三）披露持有上市公司股份数量；

（四）是否受过中国证监会及其他有关部门的处罚和证券交易所惩戒。

除采取累积投票制选举董事、监事外，每位董事、监事候选人应当以单项提案提出。

第十八条　股东大会通知中应当列明会议时间、地点，并确定股权登记日。股权登记日与会议日期之间的间隔应当不多于七个工作日。股权登记日一旦确认，不得变更。

第十九条　发出股东大会通知后，无正当理由，股东大会不得延期或取消，股东大会通知中列明的提案不得取消。一旦出现延期或取消的情形，召集人应当在原定召开日前至少二个工作日公告并说明原因。

第四章　股东大会的召开

第二十条　公司应当在公司住所地或公司章程规定的地点召开股东大会。

股东大会应当设置会场，以现场会议形式召开，并应当按照法律、行政法规、中国证监会或公司章程的规定，采用安全、经济、便捷的网络和其他方式为股东参加股东大会提供便利。股东通过上述方式参加股东大会的，视为出席。

股东可以亲自出席股东大会并行使表决权，也可以委托他人代为出席和在授权范围内行使表决权。

第二十一条　公司应当在股东大会通知中明确载明网络或其他方式的表决时间以及表决程序。

股东大会网络或其他方式投票的开始时间，不得早于现场股东大会召开前一日下午3:00，并不得迟于现场股东大会召开当日上午 9:30，其结束时间不得早于现场股东大会结束当日下午 3:00。

第二十二条 董事会和其他召集人应当采取必要措施，保证股东大会的正常秩序。对于干扰股东大会、寻衅滋事和侵犯股东合法权益的行为，应当采取措施加以制止并及时报告有关部门查处。

第二十三条 股权登记日登记在册的所有普通股股东（含表决权恢复的优先股股东）或其代理人，均有权出席股东大会，公司和召集人不得以任何理由拒绝。

优先股股东不出席股东大会会议，所持股份没有表决权，但出现以下情况之一的，公司召开股东大会会议应当通知优先股股东，并遵循《公司法》及公司章程通知普通股股东的规定程序。优先股股东出席股东大会会议时，有权与普通股股东分类表决，其所持每一优先股有一表决权，但公司持有的本公司优先股没有表决权：

（一）修改公司章程中与优先股相关的内容；

（二）一次或累计减少公司注册资本超过百分之十；

（三）公司合并、分立、解散或变更公司形式；

（四）发行优先股；

（五）公司章程规定的其他情形。

上述事项的决议，除须经出席会议的普通股股东（含表决权恢复的优先股股东）所持表决权的三分之二以上通过之外，还须经出席会议的优先股股东（不含表决权恢复的优先股股东）所持表决权的三分之二以上通过。

第二十四条 股东应当持股票账户卡、身份证或其他能够表明其身份的有效证件或证明出席股东大会。代理人还应当提交股东授权委托书和个人有效身份证件。

第二十五条 召集人和律师应当依据证券登记结算机构提供的股东名册共同对股东资格的合法性进行验证，并登记股东姓名或名称及其所持有表决权的股份数。在会议主持人宣布现场出席会议的股东和代理人人数及所持有表决权的股份总数之前，会议登记应当终止。

第二十六条 公司召开股东大会，全体董事、监事和董事会秘书应当出席会议，经理和其他高级管理人员应当列席会议。

第二十七条 股东大会由董事长主持。董事长不能履行职务或不履行职务时，由副董事长主持；副董事长不能履行职务或者不履行职务时，由半数以上董事共同推举的一名董事主持。

监事会自行召集的股东大会，由监事会主席主持。监事会主席不能履行职务或不履行职务时，由监事会副主席主持；监事会副主席不能履行职务或者不履行职务时，由半数以上监事共同推举的一名监事主持。

股东自行召集的股东大会，由召集人推举代表主持。

公司应当制定股东大会议事规则。召开股东大会时，会议主持人违反议事规则使股东大会无法继续进行的，经现场出席股东大会有表决权过半数的股东同意，股东大会可推举一人担任会议主持人，继续开会。

第二十八条 在年度股东大会上，董事会、监事会应当就其过去一年的工作向股东大会作出报告，每名独立董事也应作出述职报告。

第二十九条 董事、监事、高级管理人员在股东大会上应就股东的质询作出解释和说明。

第三十条 会议主持人应当在表决前宣布现场出席会议的股东和代理人人数及所持有表决权的股份总数，现场出席会议的股东和代理人人数及所持有表决权的股份总数以会议登记为准。

第三十一条 股东与股东大会拟审议事项有关联关系时，应当回避表决，其所持有表决权的股份不计入出席股东大会有表决权的股份总数。

股东大会审议影响中小投资者利益的重大事项时，对中小投资者的表决应当单独计票。单独计票结果应当及时公开披露。

公司持有自己的股份没有表决权，且该部分股份不计入出席股东大会有表决权的股份总数。

股东买入公司有表决权的股份违反《证券法》第六十三条第一款、第二款规定的，该超过规定比例部分的股份在买入后的三十六个月内不得行使表决权，且不计入出席股东大会有表决权的股份总数。

公司董事会、独立董事、持有百分之一以上有表决权股份的股东或者依照法律、行政法规或者中国证监会的规定设立的投资者保护机构可以公开征集股东投票权。征集股东投票权应当向被征集人充分披露具体投票意向等信息。禁止以有偿或者变相有偿的方式征集股东投票权。除法定条件外，公司不得对征集投票权提出最低持股比例限制。

第三十二条 股东大会就选举董事、监事进行表决时，根据公司章程的规定或者股东大会的决议，可以实行累积投票制。单一股东及其一致行动人拥有权益的股份比例在百分之三十及以上的上市公司，应当采用累积投票制。

前款所称累积投票制是指股东大会选举董事或者监事时，每一普通股（含表决权恢复的优先股）股份拥有与应选董事或者监事人数相同的表决权，股东拥有的表决权可以集中使用。

第三十三条 除累积投票制外，股东大会对所有提案应当逐项表决。对同一事项有不同提案的，应当按提案提出的时间顺序进行表决。除因不可抗力等特殊原因导致股东大会中止或不能作出决议外，股东大会不得对提案进行搁置或不予表决。

股东大会就发行优先股进行审议，应当就下列事项逐项进行表决：

（一）本次发行优先股的种类和数量；

（二）发行方式、发行对象及向原股东配售的安排；

（三）票面金额、发行价格或定价区间及其确定原则；

（四）优先股股东参与分配利润的方式，包括：股息率及其确定原则、股息发放的条件、股息支付方式、股息是否累积、是否可以参与剩余利润分配等；

（五）回购条款，包括回购的条件、期间、价格及其确定原则、回购选择权的行使主体等（如有）；

（六）募集资金用途；

（七）公司与相应发行对象签订的附条件生效的股份认购合同；

（八）决议的有效期；

（九）公司章程关于优先股股东和普通股股东利润分配政策相关条款的修订方案；

（十）对董事会办理本次发行具体事宜的授权；

（十一）其他事项。

第三十四条 股东大会审议提案时，不得对提案进行修改，否则，有关变更应当被视为一个新的提案，不得在本次股东大会上进行表决。

第三十五条 同一表决权只能选择现场、网络或其他表决方式中的一种。同一表决权出现重复表决的以第一次投票结果为准。

第三十六条 出席股东大会的股东，应当对提交表决的提案发表以下意见之一：同意、反对或弃权。证券登记结算机构作为内地与香港股票市场交易互联互通机制股票的名义持有人，按照实际持有人意思表示进行申报的除外。

未填、错填、字迹无法辨认的表决票或未投的表决票均视为投票人放弃表决权利，其所持股份数的表决结果应计为“弃权”。

第三十七条 股东大会对提案进行表决前，应当推举二名股东代表参加计票和监票。

审议事项与股东有关联关系的，相关股东及代理人不得参加计票、监票。

股东大会对提案进行表决时，应当由律师、股东代表与监事代表共同负责计票、监票。

通过网络或其他方式投票的公司股东或其代理人，有权通过相应的投票系统查验自己的投票结果。

第三十八条 股东大会会议现场结束时间不得早于网络或其他方式，会议主持人应当在会议现场宣布每一提案的表决情况和结果，并根据表决结果宣布提案是否通过。在正式公布表决结果前，股东大会现场、网络及其他表决方式中所涉及的公司、计票人、监票人、主要股东、网络服务方等相关各方对表决情况均负有保密义务。

第三十九条 股东大会决议应当及时公告，公告中应列明出席会议的股东和代理人人数、所持有表决权的股份总数及占公司有表决权股份总数的比例、表决方式、每项提案的表决结果和通过的各项决议的详细内容。

发行优先股的公司就本规则第二十三条第二款所列情形进行表决的，应当对普通股股东（含表决权恢复的优先股股东）和优先股股东（不含表决权恢复的优先股股东）出席会议及表决的情况分别统计并公告。

发行境内上市外资股的公司，应当对内资股股东和外资股股东出席会议及表决情况分别统计并公告。

第四十条 提案未获通过，或者本次股东大会变更前次股东大会决议的，应当在股东大会决议公告中作特别提示。

第四十一条 股东大会会议记录由董事会秘书负责，会议记录应记载以下内容：

（一）会议时间、地点、议程和召集人姓名或名称；

（二）会议主持人以及出席或列席会议的董事、监事、董事会秘书、经理和其他高级管理人员姓名；

（三）出席会议的股东和代理人人数、所持有表决权的股份总数及占公司股份总数的比例；

（四）对每一提案的审议经过、发言要点和表决结果；

（五）股东的质询意见或建议以及相应的答复或说明；

（六）律师及计票人、监票人姓名；

（七）公司章程规定应当载入会议记录的其他内容。

出席会议的董事、监事、董事会秘书、召集人或其代表、会议主持人应当在会议记录上签名，并保证会议记录内容真实、准确和完整。会议记录应当与现场出席股东的签名册及代理出席的委托书、网络及其他方式表决情况的有效资料一并保存，保存期限不少于十年。

第四十二条 召集人应当保证股东大会连续举行，直至形成最终决议。因不可抗力等特殊原因导致股东大会中止或不能作出决议的，应采取必要措施尽快恢复召开股东大会或直接终止本次股东大会，并及时公告。同时，召集人应向公司所在地中国证监会派出机构及证券交易所报告。

第四十三条 股东大会通过有关董事、监事选举提案的，新任董事、监事按公司章程的规定就任。

第四十四条 股东大会通过有关派现、送股或资本公积转增股本提案的，公司应当在股东大会结束后二个月内实施具体方案。

第四十五条 公司以减少注册资本为目的回购普通股公开发行优先股，以及以非公开发行优先股为支付手段向公司特定股东回购普通股的，股东大会就回购普通股作出决议，应当经出席会议的普通股股东（含表决权恢复的优先股股东）所持表决权的三分之二以上通过。

公司应当在股东大会作出回购普通股决议后的次日公告该决议。

第四十六条 公司股东大会决议内容违反法律、行政法规的无效。

公司控股股东、实际控制人不得限制或者阻挠中小投资者依法行使投票权，不得损害公司和中小投资者的合法权益。

股东大会的会议召集程序、表决方式违反法律、行政法规或者公司章程，或者决议内容违反公司章程的，股东可以自决议作出之日起六十日内，请求人民法院撤销。

第五章　监 管 措 施

第四十七条　在本规则规定期限内，上市公司无正当理由不召开股东大会的，证券交易所有权对该公司挂牌交易的股票及衍生品种予以停牌，并要求董事会作出解释并公告。

第四十八条　股东大会的召集、召开和相关信息披露不符合法律、行政法规、本规则和公司章程要求的，中国证监会及其派出机构有权责令公司或相关责任人限期改正，并由证券交易所采取相关监管措施或予以纪律处分。

第四十九条　董事、监事或董事会秘书违反法律、行政法规、本规则和公司章程的规定，不切实履行职责的，中国证监会及其派出机构有权责令其改正，并由证券交易所采取相关监管措施或予以纪律处分；对于情节严重或不予改正的，中国证监会可对相关人员实施证券市场禁入。

第六章　附　　则

第五十条　上市公司制定或修改章程应依照本规则列明股东大会有关条款。

第五十一条　对发行外资股的公司的股东大会，相关法律、行政法规或文件另有规定的，从其规定。

第五十二条　本规则所称公告、通知或股东大会补充通知，是指在符合中国证监会规定条件的媒体和证券交易所网站上公布有关信息披露内容。

第五十三条　本规则所称“以上”“内”，含本数；“过”“低于”“多于”，不含本数。

第五十四条　本规则自公布之日起施行。2016 年 9 月 30 日施行的《上市公司股东大会规则（2016 年修订）》（证监会公告〔2016〕22 号）同时废止。

附件 2：

《上市公司股东大会规则》修订说明

为深入贯彻国务院金融委“建制度、不干预、零容忍”的工作要求，结合监管实践需要，中国证监会组织开展上市公司监管法规体系整合工作，推进完善基础性制度，形成体例科学、层次分明、规范合理且协调一致的上市公司监管法规体系，提升市场规则的友好度，方便市场主体查找使用。现将《上市公司股东大会规则》（以下简称《股东大会规则》）修订情况说明如下：

一、修订背景

现行《股东大会规则》是 2016 年修订的。本次修订主要解决以下两个方面问题：一是落实修订后的《证券法》要求。新《证券法》增加了股东违规买入股份对应表决权的行使限制，需在《股东大会规则》中进一步落实。二是吸纳散落别处的相关规定，《股东大会规则》吸纳《关于加强社会公众股股东权益保护的若干规定》（以下简称《股东权益保护规定》）的相关内容。

二、主要修订内容

一是根据上位法新规定调整相关表述。第三十一条新增“股东买入公司有表决权的股份违反《证券法》第六十三条第一款、第二款规定的，该超过规定比例部分的股份在买入后的三十六个月内不得行使表决权，且不计入出席股东大会有表决权的股份总数”的内容；第五十二条修改关于披露媒体的表述。

二是完善部分条文内容。第二十一条删除列举召开股东大会的方式，进一步明确上市公司须以现场与网络相结合的方式召开股东大会。

三是吸纳散落别处的规则内容。第三十二条新增“单一股东及其一致行动人拥有权益的股份比例在百分之三十及以上的上市公司，应当采用累积投票制”的规定，吸纳《股东权益保护规定》第五点第（三）项关于累积投票制的内容；新增第五十条“上市公司制定或修改章程应依照本规则列明股东大会有关条款”作为附则，吸纳《股东权益保护规定》第一点第（五）项关于上市公司制定章程不得与《股东大会规则》冲突的规定。

4. 上市公司股份回购规则（2022 年颁布）

（中国证券监督管理委员会公告〔2022〕4 号）

现公布《上市公司股份回购规则》，自公布之日起施行。

附件

1. 上市公司股份回购规则

2.《上市公司股份回购规则》起草说明

中国证监会

2022 年 1 月 5 日

上市公司股份回购规则

第一章 总 则

第一条 为规范上市公司股份回购行为，依据《中华人民共和国公司法》（以下简称《公司法》）、《中华人民共和国证券法》（以下简称《证券法》）等法律、行政法规，制定本规则。

第二条 本规则所称上市公司回购股份，是指上市公司因下列情形之一收购本公司股份的行为：

（一）减少公司注册资本；

（二）将股份用于员工持股计划或者股权激励；

（三）将股份用于转换上市公司发行的可转换为股票的公司债券；

（四）为维护公司价值及股东权益所必需。前款第（四）项所指情形，应当符合以下条件之一：

（一）公司股票收盘价格低于最近一期每股净资产；

（二）连续二十个交易日内公司股票收盘价格跌幅累计达到百分之三十；

（三）中国证监会规定的其他条件。

第三条　上市公司回购股份，应当有利于公司的可持续发展，不得损害股东和债权人的合法权益。

上市公司的董事、监事和高级管理人员在回购股份中应当忠诚守信，勤勉尽责。

第四条　上市公司回购股份，应当依据本规则和证券交易所的规定履行决策程序和信息披露义务。

上市公司及其董事、监事、高级管理人员应当保证所披露的信息真实、准确、完整，无虚假记载、误导性陈述或重大遗漏。

第五条　上市公司回购股份，可以结合实际，自主决定聘请财务顾问、律师事务所、会计师事务所等证券服务机构出具专业意见，并与回购股份方案一并披露。前款规定的证券服务机构及人员应当诚实守信，勤勉尽责，对回购股份相关事宜进行尽职调查，并保证其出具的文件真实、准确、完整。

第六条　任何人不得利用上市公司回购股份从事内幕交易、操纵市场和证券欺诈等违法违规活动。

第二章　一 般 规 定

第七条　上市公司回购股份应当同时符合以下条件：

（一）公司股票上市已满一年；

（二）公司最近一年无重大违法行为；

（三）回购股份后，上市公司具备持续经营能力和债务履行能力；

（四）回购股份后，上市公司的股权分布原则上应当符合上市条件；公司拟通过回购股份终止其股票上市交易的，应当符合证券交易所的相关规定；

（五）中国证监会、证券交易所规定的其他条件。

上市公司因本规则第二条第一款第（四）项回购股份并减少注册资本的，不适用前款第（一）项。

第八条　上市公司回购股份可以采取以下方式之一进行：

（一）集中竞价交易方式；

（二）要约方式；

（三）中国证监会认可的其他方式。上市公司因本规则第二条第一款第（二）项、第（三）项、第（四）项规定的情形回购股份的，应当通过本条第一款第（一）项、第（二）项规定的方式进行。

上市公司采用要约方式回购股份的，参照《上市公司收购管理办法》关于要约收购的规定执行。

第九条　上市公司因本规则第二条第一款第（一）项、第（二）项、第（三）项规定的情形回购股份的，回购期限自董事会或者股东大会审议通过最终回购股份方案之日起不超过十二个月。

上市公司因本规则第二条第一款第（四）项规定的情形回购股份的，回购期限自董事会或者股东大会审议通过最终回购股份方案之日起不超过三个月。

第十条　上市公司用于回购的资金来源必须合法合规。

第十一条　上市公司实施回购方案前，应当在证券登记结算机构开立由证券交易所监控的回购专用账户；该账户仅可用于存放已回购的股份。

上市公司回购的股份自过户至上市公司回购专用账户之日起即失去其权利，不享有股东大会表决权、利润分配、公积金转增股本、认购新股和可转换公司债券等权利，不得质押和出借。

上市公司在计算相关指标时，应当从总股本中扣减已回购的股份数量。

第十二条 上市公司在回购期间不得实施股份发行行为，但依照有关规定实施优先股发行行为的除外。

第十三条 上市公司相关股东、董事、监事、高级管理人员在上市公司回购股份期间减持股份的，应当符合中国证监会、证券交易所关于股份减持的相关规定。

第十四条 因上市公司回购股份，导致投资者持有或者通过协议、其他安排与他人共同持有该公司已发行的有表决权股份超过百分之三十的，投资者可以免于发出要约。

第十五条 上市公司因本规则第二条第一款第（一）项规定情形回购股份的，应当在自回购之日起十日内注销；因第（二）项、第（三）项、第（四）项规定情形回购股份的，公司合计持有的本公司股份数不得超过本公司已发行股份总额的百分之十，并应当在三年内按照依法披露的用途进行转让，未按照披露用途转让的，应当在三年期限届满前注销。

上市公司因本规则第二条第一款第（四）项规定情形回购股份的，可以按照证券交易所规定的条件和程序，在履行预披露义务后，通过集中竞价交易方式出售。

第十六条 上市公司以现金为对价，采用要约方式、集中竞价方式回购股份的，视同上市公司现金分红，纳入现金分红的相关比例计算。

第十七条 股东大会授权董事会实施股份回购的，可以依法一并授权董事会实施再融资。上市公司实施股份回购的，可以同时申请发行可转换公司债券，募集时间由上市公司按照有关规定予以确定。

第三章 回购程序和信息披露

第十八条 上市公司因本规则第二条第一款第（一）项规定情形回购股份的，应当由董事会依法作出决议，并提交股东大会审议，经出席会议的股东所持表决权的三分之二以上通过；因第（二）项、第（三）项、第（四）项规定情形回购股份的，可以依照公司章程的规定或者股东大会的授权，经三分之二以上董事出席的董事会会议决议。

上市公司股东大会对董事会作出授权的，应当在决议中明确授权实施股份回购的具体情形和授权期限等内容。

第十九条 根据法律法规及公司章程等享有董事会、股东大会提案权的回购提议人向上市公司董事会提议回购股份的，应当遵守证券交易所的规定。

第二十条 上市公司应当在董事会作出回购股份决议后两个交易日内，按照交易所的规定至少披露下列文件：

（一）董事会决议及独立董事的意见；

（二）回购股份方案。回购股份方案须经股东大会决议的，上市公司应当及时发布召开股东大会的通知。

第二十一条 上市公司独立董事应当在充分了解相关信息的基础上，按照证券交易所的规定就回购股份事宜发表独立意见。

第二十二条 回购股份方案至少应当包括以下内容：

（一）回购股份的目的、方式、价格区间；

（二）拟回购股份的种类、用途、数量及占公司总股本的比例；

（三）拟用于回购的资金总额及资金来源；

（四）回购股份的实施期限；

（五）预计回购后公司股权结构的变动情况；

（六）管理层对本次回购股份对公司经营、财务及未来发展影响的分析；

（七）上市公司董事、监事、高级管理人员在董事会作出回购股份决议前六个月是否存在买卖上市公司股票的行为，是否存在单独或者与他人联合进行内幕交易及市场操纵的说明；

（八）证券交易所规定的其他事项。以要约方式回购股份的， 还应当披露股东预受要约的方式和程序、股东撤回预受要约的方式和程序，以及股东委托办理要约回购中相关股份预受、撤回、结算、过户登记等事宜的证券公司名称及其通讯方式。

第二十三条 上市公司应当在披露回购股份方案后五个交易日内，披露董事会公告回购股份决议的前一个交易日登记在册的前十大股东和前十大无限售条件股东的名称及持股数量、比例。

回购方案需经股东大会决议的，上市公司应当在股东大会召开前三日，披露股东大会的股权登记日登记在册的前十大股东和前十大无限售条件股东的名称及持股数量、比例。

第二十四条 上市公司股东大会审议回购股份方案的，应当对回购股份方案披露的事项逐项进行表决。

第二十五条 上市公司应当在董事会或者股东大会审议通过最终回购股份方案后及时披露回购报告书。

回购报告书至少应当包括本规则第二十二条回购股份方案所列事项及其他应说明的事项。

第二十六条 上市公司回购股份后拟予以注销的，应当在股东大会作出回购股份的决议后，依照《公司法》有关规定通知债权人。

第二十七条 未经法定或章程规定的程序授权或审议，上市公司、大股东不得对外发布回购股份的有关信息。

第二十八条 上市公司回购股份方案披露后，非因充分正当事由不得变更或者终止。确需变更或终止的，应当符合中国证监会、证券交易所的相关规定，并履行相应的决策程序。

上市公司回购股份用于注销的，不得变更为其他用途。

第四章 以集中竞价交易方式回购股份的特殊规定

第二十九条 上市公司以集中竞价交易方式回购股份的，应当符合证券交易所的规定，交易申报应当符合下列要求：

（一）申报价格不得为公司股票当日交易涨幅限制的价格；

（二）不得在交易所开盘集合竞价、收盘前半小时内及股票价格无涨跌幅限制的交易日内进行股份回购的委托。

第三十条 上市公司以集中竞价交易方式回购股份的，在下列期间不得实施：

（一）上市公司年度报告、半年度报告、季度报告、业绩预告或业绩快报公告前十个交易日内；

（二）自可能对本公司股票交易价格产生重大影响的重大事项发生之日或者在决策过程中至依法披露之日内；

（三）中国证监会规定的其他情形。上市公司因本规则第二条第一款第（四）项规定的情形回购股份并减少注册资本的，不适用前款规定。

第三十一条 上市公司以集中竞价交易方式回购股份的，应当按照以下规定履行公告义务：

（一）上市公司应当在首次回购股份事实发生的次日予以公告；

（二）上市公司回购股份占上市公司总股本的比例每增加百分之一的，应当自该事实发生之日起三日内予以公告；

（三）在回购股份期间，上市公司应当在每个月的前三个交易日内，公告截止上月末的回购进展情况，包括已回购股份总额、购买的最高价和最低价、支付的总金额；

（四）上市公司在回购期间应当在定期报告中公告回购进展情况，包括已回购股份的数量和比例、购买的最高价和最低价、支付的总金额；

（五）上市公司在回购股份方案规定的回购实施期限过半时，仍未实施回购的，董事会应当公告未能实施回购的原因和后续回购安排；

（六）回购期届满或者回购方案已实施完毕的，上市公司应当停止回购行为，并在二个交易日内公告回购股份情况以及公司股份变动报告，包括已回购股份总额、购买的最高价和最低价以及支付的总金额等内容。

第五章 以要约方式回购股份的特殊规定

第三十二条 上市公司以要约方式回购股份的，要约价格不得低于回购股份方案公告日前三十个交易日该种股票每日加权平均价的算术平均值。

第三十三条 上市公司以要约方式回购股份的，应当在公告回购报告书的同时，将回购所需资金全额存放于证券登记结算机构指定的银行账户。

第三十四条 上市公司以要约方式回购股份，股东预受要约的股份数量超出预定回购的股份数量的，上市公司应当按照相同比例回购股东预受的股份；股东预受要约的股份数量不足预定回购的股份数量的，上市公司应当全部回购股东预受的股份。

第三十五条 上市公司以要约方式回购境内上市外资股的，还应当符合证券交易所和证券登记结算机构业务规则的有关规定。

第六章 监管措施和法律责任

第三十六条 上市公司及相关方违反本规则，或者未按照回购股份报告书约定实施回购的，中国证监会可以采取责令改正、出具警示函等监管措施。

第三十七条 在股份回购信息公开前，该信息的知情人和非法获取该信息的人，买卖该公司的证券，或者泄露该信息，或者建议他人买卖该证券的，中国证监会依照《证券法》第一百九十一条进行处罚。

第三十八条 利用上市公司股份回购，有《证券法》第五十五条禁止行为的，中国证监会依照《证券法》第一百九十二条进行处罚。

第三十九条 上市公司未按照本规则以及证券交易所规定披露回购信息的，中国证监会、证券交易所可以要求其补充披露、暂停或者终止回购股份活动。

第四十条 上市公司未按照本规则以及证券交易所规定披露回购股份的相关信息，或者所披露的信息存在虚假记载、误导性陈述或者重大遗漏的，中国证监会依照《证券法》第一百九十七条予以处罚。

第四十一条 为上市公司回购股份出具专业文件的证券服务机构及其从业人员未履行诚实守信、勤勉尽责义务，违反行业规范、业务规则的，由中国证监会责令改正，并可以采取监管谈话、出具警示函等监管措施。

前款规定的证券服务机构及其从业人员所制作、出具的文件存在虚假记载、误导性陈述或者重大遗漏的，依照《证券法》第二百一十三条予以处罚；情节严重的，可以采取市场禁入的措施。

第七章 附 则

第四十二条 本规则自公布之日起施行。2005 年 6 月 16 日施行的《上市公司回购社会公众股份管理办法（试行）》（证监发〔2005〕51 号）、2008 年 10 月 9 日施行的《关于上市公司以集中竞价交易方式回购股份的补充规定》（证监会公告〔2008〕39 号）、2018 年 11 月 20 日施行的《关于认真学习贯彻〈全国人民代表大会常务委员会关于修改《中华人民共和国公司法》的决定〉的通知》（证监会公告〔2018〕37 号）同时废止。

《上市公司股份回购规则》起草说明

为深入贯彻国务院金融委“建制度、不干预、零容忍”的工作要求，结合监管实践需要，中国证监会组织开展上市公司监管法规体系整合工作，推进完善基础性制度，形成体例科学、层次分明、规范合理且协调一致的上市公司监管法规体系，提升市场规则的友好度，方便市场主体查找使用。据此，我们对《上市公司回购社会公众股份管理办法（试行）》（证监发〔2005〕51号）、《关于上市公司以集中竞价交易方式回购股份的补充规定》（证监会公告〔2008〕39号）、《关于认真学习贯彻〈全国人民代表大会常务委员会关于修改《中华人民共和国公司法》的决定〉的通知》（证监会公告〔2018〕37号）进行了修订、整合，同时吸收了《关于鼓励上市公司兼并重组、现金分红及回购股份的通知》（证监发〔2015〕61号）、《关于支持上市公司回购股份的意见》（证监会公告〔2018〕35号）有关回购方面的政策内容，形成了《上市公司股份回购规则》（以下简称《回购规则》）。现将有关情况说明如下。

一、起草背景

股份回购是公司收购本公司发行在外股份的行为，是国际通行的公司回报投资者、优化治理结构、稳定股价的重要手段，是资本市场一项基础性制度安排。2018年10月，《公司法》对股份回购进行了专项修改，适当完善了允许股份回购的情形，适当简化了股份回购的决策程序，补充了上市公司股份回购的规范要求。

修法后，证监会在《上市公司回购社会公众股份管理办法（试行）》的基础上先后发布了《关于支持上市公司回购股份的意见》《关于认真学习贯彻〈全国人民代表大会常务委员会关于修改《中华人民共和国公司法》的决定〉的通知》，做出相应衔接安排。上市公司回购积极性明显上升，近三年一批优质、龙头、标杆公司依法依规开展回购，形成了良好市场效应。

但是，目前关于回购的规定比较分散，涉及多份规范性文件，且部分规则出台时间较早，规则与规则之间存在不协调、不匹配、不一致的问题，给市场理解和使用带来不便，一定程度上影响了规则的执行。因此，我们对相关规则进行了归并整合和修改完善，增进各方对规则的认识、理解，以更好地指导实践，有效回应市场需求。

二、主要内容

鉴于证监发〔2005〕51号文关于回购的规定框架体系比较完整，因此，本次整合以此为基础，充分吸纳其他规则内容进行修改完善。整合后的《回购规则》共七章四十二条，涉及回购条件、方式、实施期限，回购程序和信息披露等重要方面，并对“以集中竞价交易方式回购股份”和“以要约方式回购股份”提出具体要求。

一是明确适用范围。依据《公司法》第一百四十二条，在减少公司注册资本外，增加“将股份用于员工持股计划或者股权激励”“将股份用于转换上市公司发行的可转换为股票的公司债券”“上市公司为维护公司价值及股东权益所必需”等三种回购适用情形，同时考虑到“与持有本公司股份的其他公司合并”以及“股东因对股东大会作出的公司合并、分立决议持异议，　要求公司收购其股份”两种回购情形主要适用其他规则，未纳入《回购规则》适用范围。

二是调整监管要求。根据实际，删除了证监发〔2005〕51号文中关于股份回购备案的要求。根据《公司法》修改的情况，调整、简化了回购决策程序，对回购程序区分董事会决定和股东大会决定做了差异化设定。此外，还吸收了其他政策文件中关于现金回购视为分红、支持回购股份后申请再融资、为维护公司价值及股东权益进行回购时豁免部分限制条件等内容。

三是强化监管执法。为防止回购过程中可能引发的内幕交易、市场操纵、利益输送以及滥用回购等问题，《回购规则》参照目前的规定和实践做法，对回购股份的信息披露、回购总量、回购方式、回购程序、回购时间等做出具体规定；对回购股份管理和转让做出针对性制度安排；明确了回购期间相关主体发生内幕交易、操纵市场、虚假陈述的法律责任。

5. 上市公司分拆规则（试行）（2022年颁布）

（中国证券监督管理委员会公告〔2022〕5号）

现公布《上市公司分拆规则（试行）》，自公布之日起施行。

附件

1. 上市公司分拆规则（试行）

2.《上市公司分拆规则（试行）》起草说明

中国证监会

2022年1月5日

上市公司分拆规则（试行）

第一条 为规范上市公司分拆所属子公司在境内外独立上市行为，保护上市公司和投资者的合法权益，根据《中华人民共和国公司法》《中华人民共和国证券法》（以下简称《证券法》）等法律、行政法规，制定本规则。

第二条 本规则所称上市公司分拆，是指上市公司将部分业务或资产，以其直接或间接控制的子公司（以下简称所属子公司）的形式，在境内或境外证券市场首次公开发行股票并上市或者实现重组上市的行为。

第三条 上市公司分拆，应当同时符合以下条件：

（一）上市公司股票境内上市已满三年。

（二）上市公司最近三个会计年度连续盈利。

（三）上市公司最近三个会计年度扣除按权益享有的拟分拆所属子公司的净利润后，归属于上市公司股东的净利润累计不低于人民币六亿元（本规则所涉净利润计算，以扣除非经常性损益前后孰低值为依据）。

（四）上市公司最近一个会计年度合并报表中按权益享有的拟分拆所属子公司的净利润不得超过归属于上市公司股东的净利润的百分之五十；上市公司最近一个会计年度合并报表中按权益享有的拟分拆所属子公司的净资产不得超过归属于上市公司股东的净资产的百分之三十。

第四条 上市公司存在以下情形之一的，不得分拆：

（一）资金、资产被控股股东、实际控制人及其关联方占用或者上市公司权益被控股股东、实际控制人及其关联方严重损害。

（二）上市公司或其控股股东、实际控制人最近三十六个月内受到过中国证券监督管理委员会（以下简称中国证监会）的行政处罚。

（三）上市公司或其控股股东、实际控制人最近十二个月内受到过证券交易所的公开谴责。

（四）上市公司最近一年或一期财务会计报告被注册会计师出具保留意见、否定意见或者无法表示意见的审计报告。

（五）上市公司董事、高级管理人员及其关联方持有拟分拆所属子公司股份，合计超过所属子公司分拆上市前总股本的百分之十，但董事、高级管理人员及其关联方通过该上市公司间接持有的除外。

第五条 上市公司所属子公司存在以下情形之一的，上市公司不得分拆：

（一）主要业务或资产是上市公司最近三个会计年度内发行股份及募集资金投向的，但子公司最近三个会计年度使用募集资金合计不超过子公司净资产百分之十的除外。

（二）主要业务或资产是上市公司最近三个会计年度内通过重大资产重组购买的。

（三）主要业务或资产是上市公司首次公开发行股票并上市时的主要业务或资产。

（四）主要从事金融业务的。

（五）子公司董事、高级管理人员及其关联方持有拟分拆所属子公司股份，合计超过该子公司分拆上市前总股本的百分之三十，但董事、高级管理人员及其关联方通过该上市公司间接持有的除外。

前款第（一）项所称募集资金投向包括上市公司向子公司出资或者提供借款，并以子公司实际收到募集资金作为判断标准。上市公司向子公司提供借款的，子公司使用募集资金金额，可以按照每笔借款使用时间长短加权平均计算。

第六条 上市公司分拆，应当就以下事项作出充分说明并披露：

（一）有利于上市公司突出主业、增强独立性。

（二）本次分拆后，上市公司与拟分拆所属子公司均符合中

国证监会、证券交易所关于同业竞争、关联交易的监管要求；分拆到境外上市的，上市公司与拟分拆所属子公司不存在同业竞争。

（三）本次分拆后，上市公司与拟分拆所属子公司的资产、财务、机构方面相互独立，高级管理人员、财务人员不存在交叉任职。

（四）本次分拆后，上市公司与拟分拆所属子公司在独立性方面不存在其他严重缺陷。

第七条 上市公司分拆，应当参照中国证监会、证券交易所关于上市公司重大资产重组的有关规定，充分披露对投资者投资决策和上市公司证券及其衍生品种交易价格可能产生较大影响的所有信息，包括但不限于：分拆的目的、商业合理性、必要性、可行性；分拆对各方股东特别是中小股东、债权人和其他利益相关方的影响；分拆预计和实际的进展过程、各阶段可能面临的相关风险，以及应对风险的具体措施、方案等。

第八条 上市公司分拆，应当由董事会依法作出决议，并提交股东大会批准。

上市公司董事会应当就所属子公司分拆是否符合相关法律法规和本规则、是否有利于维护股东和债权人合法权益，上市公司分拆后能否保持独立性及持续经营能力，分拆形成的新公司是否具备相应的规范运作能力等作出决议。

第九条 上市公司股东大会应当就董事会提案中有关所属子公司分拆是否有利于维护股东和债权人合法权益、上市公司分拆后能否保持独立性及持续经营能力等进行逐项审议并表决。

上市公司股东大会就分拆事项作出决议，必须经出席会议的股东所持表决权的三分之二以上通过，且须经出席会议的中小股东所持表决权的三分之二以上通过。

上市公司董事、高级管理人员在拟分拆所属子公司安排持股计划的，该事项应当由独立董事发表独立意见，作为独立议案提交股东大会表决，并须经出席会议的中小股东所持表

决权的半数以上通过。

第十条 上市公司分拆的，应当聘请符合《证券法》规定的独立财务顾问、律师事务所、会计师事务所等证券服务机构就分拆事项出具意见。

独立财务顾问应当具有保荐业务资格，就上市公司分拆是否符合本规则、上市公司披露的相关信息是否存在虚假记载、误导性陈述或者重大遗漏等，进行尽职调查、审慎核查，出具核查意见，并予以公告。

第十一条 所属子公司上市当年剩余时间及其后一个完整会计年度，独立财务顾问应当持续督导上市公司维持独立上市地位，并承担下列工作：

（一）持续关注上市公司核心资产与业务的独立经营状况、持续经营能力等情况。

（二）针对所属子公司发生的对上市公司权益有重要影响的资产、财务状况变化，以及其他可能对上市公司股票价格产生较大影响的重要信息，督导上市公司依法履行信息披露义务。

持续督导工作结束后，自上市公司年报披露之日起十个工作日内出具持续督导意见，并予以公告。

第十二条 上市公司分拆，涉及境内首次公开发行股票并上市的，应当遵守中国证监会、证券交易所关于证券发行上市、保荐、承销等相关规定；涉及重组上市的，应当遵守中国证监会、证券交易所关于上市公司重大资产重组的规定。上市公司分拆，涉及境外上市的，应当符合中国证监会关于境外发行上市的有关规定。

第十三条 上市公司及相关方未按照本规则及其他相关规定披露分拆信息，或者所披露的信息存在虚假记载、误导性陈述或者重大遗漏的，中国证监会依照《证券法》第一百九十七条处罚。

第十四条 上市公司及相关各方利用分拆从事内幕交易、操纵市场等证券违法行为的，中国证监会依照《证券法》予以处罚。

第十五条 本规则自公布之日起施行。2019 年 12 月 12 日施行的《上市公司分拆所属子公司境内上市试点若干规定》（证监会公告〔2019〕27 号）、2004 年 7 月 21 日施行的《关于规范境内上市公司所属企业到境外上市有关问题的通知》（证监发〔2004〕67 号）同时废止。

《上市公司分拆规则（试行）》起草说明

为深入贯彻国务院金融委“建制度、不干预、零容忍”的工作要求，结合监管实践需要，中国证监会组织开展上市公司监管法规体系整合工作，推进完善基础性制度，形成体例科学、层次分明、规范合理且协调一致的上市公司监管法规体系，提升市场规则的友好度，方便市场主体查找使用。据此，中国证监会对《上市公司分拆所属子公司境内上市试点若干规定》（证监会公告〔2019〕27 号，以下简称《境内分拆规定》）和《关于规范境内上市公司所属企业到境外上市有关问题的通知》（证监发〔2004〕67 号，以下简称《境外分拆通知》）进行了修改、整合，形成一项规则，名称为《上市公司分拆规则（试行）》（以下简称《分拆规则》）。

一、起草背景

2004 年，证监会制定发布《境外分拆通知》，允许满足一定条件的 A 股上市公司分拆所属子公司到境外上市，这对于上市公司拓宽融资渠道、优化资源配置、做优做强产生积极影响。2019 年，为适应资本市场发展的需要，证监会制定发布了《境内分拆规定》，开展上市公司分拆到境内上市试点。从试点情况看，市场运行总体平稳，部分上市公司披露分拆方案，稳步推进实施。

考虑到分拆到境外上市与分拆到境内上市，对上市公司的影响类似，《境内分拆规定》亦是在充分借鉴《境外分拆通知》基础上形成的，并做了系统优化，两者机理同源、一脉相承、规范目标一致，因此，对两项规则进行整合没有法理冲突和障碍。同时，针对两项规则适用过程中市场反映的实践操作问题，证监会以整合为契机，结合市场发展实际一并做了明确。

二、主要内容

《分拆规则》整合了《境内分拆规定》和《境外分拆通知》，条文形式有所调整，但内容和框架与两项规则基本一致，仍然围绕分拆条件、分拆的实施程序和信息披露、中介机构核查把关等方面做出具体规定，主要修订包括：

一是统一境内外监管要求。《分拆规则》统一了境内外分拆监管要求，与现行《境内分拆规定》尽量保持一致，体现最新监管精神。对境外分拆而言，条件方面略有增加，程序方面更加严格，披露方面明确比照上市公司重大资产重组的相关规定办理。

二是明确和完善分拆条件。针对市场反映的问题，明确“拟分拆所属子公司最近三个会计年度使用募集资金”的方式及起算期间，“最近三个会计年度使用募集资金合计不超过其净资产百分之十”的计算标准，董事、高管持有拟分拆子公司股份不超过一定数量的认定依据等。此外，为促进上市公司聚焦原有主业发展，《分拆规则》进一步明确子公司主要业务或资产若属于上市公司首次公开发行股票并上市时主要业务或资产的，不得分拆该子公司上市。

三是调整监管职责的规定形式。考虑到“证券交易所逐步完善有关业务规则”“证券交易所、证监局出具监管意见”等属于监管内部授权、分工事项，《分拆规则》删除了相关内容，证监会将通过其他形式予以考虑和明确，实践做法与目前不会有大的变化，以保障分拆的持续有效监管。

为实现新旧规则有效衔接、平稳过渡，在适用时效上，《分拆规则》自发布之日起实施。规则实施前，上市公司分拆方案已经股东大会审议通过的，按照原规则执行；其他按照新规则执行。

6. 上市公司股票停复牌规则（2022 年颁布）

（中国证券监督管理委员会公告〔2022〕7 号）

现公布《上市公司股票停复牌规则》，自公布之日起施行。

中国证监会

2022 年 1 月 5 日

附件

1. 上市公司股票停复牌规则
2.《上市公司股票停复牌规则》修订说明

上市公司股票停复牌规则

第一条 为促进上市公司规范治理、提升质量，确保上市公司股票停复牌信息披露及时、公平，维护市场交易秩序，保护广大中小投资者合法权益，促进资本市场持续稳定健康发展，根据《中华人民共和国公司法》《中华人民共和国证券法》等有关规定，制定本规则。

第二条 上市公司应当审慎停牌，以不停牌为原则、停牌为例外，短期停牌为原则、长期停牌为例外，间断性停牌为原则、连续性停牌为例外，不得随意停牌或者无故拖延复牌时间，并应采取有效措施防止出现长期停牌等情况。

第三条 上市公司发生重大事项，持续时间较长的，应当按照及时披露的原则，分阶段披露有关事项进展的具体情况。上市公司不应以相关事项结果尚不确定为由随意申请股票停牌。

第四条 上市公司及其股东、实际控制人，董事、监事、高级管理人员和其他交易各方，以及提供服务的证券公司、证券服务机构等相关主体，在筹划、实施可能对公司股票交易价格产生较大影响的重大事项过程中，应当切实履行法定保密义务，建立健全保密制度，做好信息管理和内幕信息知情人登记工作。不得以申请上市公司股票停牌代替相关各方的保密义务。

第五条 证券交易所应当明确上市公司可以申请股票停牌的重大事项类型，并根据不同类型的重大事项，对停牌期限、决策程序、信息披露要求等作出差异化安排。

第六条 证券交易所应当明确各类型重大事项停牌的最长期限。上市公司股票超过规定期限仍不复牌的，原则上应当强制其股票复牌。

上市公司破产重整期间原则上股票不停牌。证券交易所应当明确破产重整期间的分阶段信息披露要求，并可以根据市场实际情况，对破产重整期间股票停牌作出细化安排。

中国证券监督管理委员会（以下简称中国证监会）并购重组委审核上市公司重大资产重组申请的，上市公司股票在并购重组委工作会议召开当天应当停牌。

第七条 上市公司申请其股票停复牌，应当符合证券交易所规定的条件和程序。

证券交易所应当明确上市公司申请股票停牌的自律管理要求，采取形式审核和实质审核相结合的方式，关注上市公司是否具备充足的停牌理由。证券交易所认为不符合规定事由或者不宜停牌的，应当拒绝上市公司股票停牌申请。

证券市场交易出现极端异常情况，为维护市场交易的连续性，证券交易所可以根据市场实际情况，暂停办理上市公司股票停牌申请。

第八条 上市公司应当审慎办理股票停牌、延期复牌等事项；确需长期停牌的，应当按照证券交易所规定履行程序。

第九条 上市公司因筹划重大事项提出股票停牌申请的，应当根据证券交易所的规定，披露重大事项类型、交易标的名称、交易对手方、中介机构情况、停牌期限、预计复牌时间等信息。信息披露内容应当明确、具体，不得含糊、笼统。

第十条 上市公司股票被证券交易所实施强制停牌或者复牌，应当按照证券交易所的规定公开披露。

第十一条 上市公司股票停牌期间，停牌相关事项出现证券交易所规定的情形，或者出现重大进展或变化的，上市公司应当按照证券交易所的规定及时、分阶段披露有关情况。

上市公司应当按照证券交易所规定，遵守重组预案、草案分阶段披露规定，强化重大资产重组预案披露，在达到预案披露标准时予以披露并复牌。

第十二条 证券交易所应当完善有关上市公司股票停复牌的自律规则，对停牌原则、类型、期限、程序、信息披露等作出具体规定，并根据实施情况及时调整补充，做好自律管理服务工作。

第十三条 证券交易所应当建立股票停牌时间与成分股指数剔除挂钩机制和停牌信息公示制度，并定期向市场公告上市公司股票停牌频次、时长排序情况，督促上市公司采取措施减少股票停牌。

第十四条 对违反证券交易所规则随意停牌、拖延复牌时间，或者不履行相应程序和信息披露义务等行为，证券交易所应当采取相应的自律管理措施，对涉嫌违反法律、行政法规及中国证监会规定的行为，及时报中国证监会处理。

第十五条 上市公司不得滥用停牌或者复牌损害投资者的合法权益，违反相关规定的，中国证监会依法查处，追究违法违规主体的法律责任。

第十六条 本规则自公布之日起施行。2018 年 11 月 6 日施行的《关于完善上市公司股票停复牌制度的指导意见》（证监会公告〔2018〕34 号）同时废止。

《上市公司股票停复牌规则》修订说明

为深入贯彻国务院金融委“建制度、不干预、零容忍”的工作要求，结合监管实践需要，中国证监会组织开展上市公司监管法规体系整合工作，推进完善基础性制度，形成体例科学、层次分明、规范合理且协调一致的上市公司监管法规体系，提升市场规则的友好度，方便市场主体查找使用。现将《上市公司股票停复牌规则》修订情况说明如下：

一、修订背景

证监会现行停复牌法规为《关于完善上市公司股票停复牌制度的指导意见》（证监会公告〔2018〕34 号，以下简称《指导意见》），对停复牌的基本原则、健全股票停复牌制度、强化停复牌信息披露要求、切实加强证券交易所一线监管职责及做好相关配套工作等内容进行全面规定。

本次法规整合不对《指导意见》的内容进行实质改动，仅将名称改为《上市公司股票停复牌规则》，规范文字表述，统一格式体例。

二、主要修订内容

一是规范文字表述，统一格式体例。将规则名称改为《上市公司股票停复牌规则》，行文方式由政策指导性文件修改为规范的法律文件表述，删除原规则章节名，统一编号后形成 15 条规则。二是落实上位法要求，根据《证券法》第 110 条规定，明确上市公司不得滥用停牌或复牌损害投资者合法权益。此外，结合交易所监管实践，为避免造成市场扰动，删除上市公司停复牌申请被交易所拒绝时的披露要求。上市公司如发生应当披露的重大事项，仍需按照分阶段披露原则及时履行信息披露义务。

7. 创业板首次公开发行股票注册管理办法（试行）（2020 年修订）

（证监会令第 167 号）

第一章 总 则

第一条 为规范在深圳证券交易所创业板试点注册制首次公开发行股票相关活动，促进成长型创新创业企业的发展，保护投资者合法权益和社会公共利益，根据《中华人民共和国证券法》《国务院办公厅关于贯彻实施修订后的证券法有关工作的通知》《国务院办公厅转发证监会关于开展创新企业境内发行股票或存托凭证试点若干意见的通知》(以下简称《若干意见》)及相关法律法规，制定本办法。

第二条 在中华人民共和国境内首次公开发行并在深圳证券交易所创业板（以下简称创业板）上市的股票的发行注册，适用本办法。

第三条 发行人申请首次公开发行股票并在创业板上市，应当符合创业板定位。

创业板深入贯彻创新驱动发展战略，适应发展更多依靠创新、创造、创意的大趋势，主要服务成长型创新创业企业，支持传统产业与新技术、新产业、新业态、新模式深度融合。

第四条 中国证券监督管理委员会（以下简称中国证监会）加强对审核注册工作的统筹指导，统一审核理念，统一审核标准，定期检查深圳证券交易所（以下简称交易所）审核标准、制度的执行情况。

第五条 首次公开发行股票并在创业板上市，应当符合发行条件、上市条件以及相关信息披露要求，依法经交易所发行上市审核，并报中国证监会注册。

第六条 发行人应当诚实守信，依法充分披露投资者作出价值判断和投资决策所必需的信息，所披露信息必须真实、准确、完整，简明清晰、通俗易懂，不得有虚假记载、误导性陈述或者重大遗漏。

发行人应当按保荐人、证券服务机构要求，依法向其提供真实、准确、完整的财务会计资料和其他资料，配合相关机构开展尽职调查和其他相关工作。

发行人的控股股东、实际控制人、董事、监事、高级管理人员应当配合相关机构开展尽职调查和其他相关工作，不得要求或者协助发行人隐瞒应当提供的资料或者应当披露的信息。

第七条 保荐人应当诚实守信，勤勉尽责，按照依法制定的业务规则和行业自律规范的要求，充分了解发行人经营情况和风险，对注册申请文件和信息披露资料进行全面核查验证，对发行人是否符合发行条件、上市条件独立作出专业判断，审慎作出推荐决定，并对招股说明书及其所出具的相关文件的真实性、准确性、完整性负责。

第八条 证券服务机构应当严格遵守法律法规、中国证监会制定的监管规则、业务规则和本行业公认的业务标准和道德规范，建立并保持有效的质量控制体系，保护投资者合法权益，审慎履行职责，作出专业判断与认定，并对招股说明书或者其他信息披露文件中与其专业职责有关的内容及其所出具的文件的真实性、准确性、完整性负责。

证券服务机构及其相关执业人员应当对与本专业相关的业务事项履行特别注意义务，对其他业务事项履行普通注意义务，并承担相应法律责任。

证券服务机构及其执业人员从事证券服务应当配合中国证监会的监督管理，在规定的期限内提供、报送或披露相关资料、信息，并保证其提供、报送或披露的资料、信息真实、准确、完整，不得有虚假记载、误导性陈述或者重大遗漏。

证券服务机构应当妥善保存客户委托文件、核查和验证资料、工作底稿以及与质量控制、内部管理、业务经营有关的信息和资料。

第九条对发行人首次公开发行股票申请予以注册，不表明中国证监会和交易所对该股票的投资价值或者投资者的收益作出实质性判断或者保证，也不表明中国证监会和交易所对注册申请文件的真实性、准确性、完整性作出保证。

第二章 发行条件

第十条 发行人是依法设立且持续经营三年以上的股份有限公司，具备健全且运行良好的组织机构，相关机构和人员能够依法履行职责。

有限责任公司按原账面净资产值折股整体变更为股份有限公司的，持续经营时间可以从有限责任公司成立之日起计算。

第十一条 发行人会计基础工作规范，财务报表的编制和披露符合企业会计准则和相关信息披露规则的规定，在所有重大方面公允地反映了发行人的财务状况、经营成果和现金流量，最近三年财务会计报告由注册会计师出具无保留意见的审计报告。发行人内部控制制度健全且被有效执行，能够合理保证公司运行效率、合法合规和财务报告的可靠性，并由注册会计师出具无保留结论的内部控制鉴证报告。

第十二条 发行人业务完整，具有直接面向市场独立持续经营的能力：

（一）资产完整，业务及人员、财务、机构独立，与控股股东、实际控制人及其控制的其他企业间不存在对发行人构成重大不利影响的同业竞争，不存在严重影响独立性或者显失公平的关联交易；

（二）主营业务、控制权和管理团队稳定，最近二年内主营业务和董事、高级管理人员均没有发生重大不利变化；控股股东和受控股股东、实际控制人支配的股东所持发行人的股份权属清晰，最近二年实际控制人没有发生变更，不存在导致控制权可能变更的重大权属纠纷；

（三）不存在涉及主要资产、核心技术、商标等的重大权属纠纷，重大偿债风险，重大担保、诉讼、仲裁等或有事项，经营环境已经或者将要发生重大变化等对持续经营有重大不利影响的事项。

第十三条 发行人生产经营符合法律、行政法规的规定，符合国家产业政策。

最近三年内，发行人及其控股股东、实际控制人不存在贪污、贿赂、侵占财产、挪用财产或者破坏社会主义市场经济秩序的刑事犯罪，不存在欺诈发行、重大信息披露违法或者其他涉及国家安全、公共安全、生态安全、生产安全、公众健康安全等领域的重大违法行为。

董事、监事和高级管理人员不存在最近三年内受到中国证监会行政处罚，或者因涉嫌犯罪正在被司法机关立案侦查或者涉嫌违法违规正在被中国证监会立案调查且尚未有明确结论意见等情形。

第三章 注册程序

第十四条 发行人董事会应当依法就本次发行股票的具体方案、本次募集资金使用的可行性及其他必须明确的事项作出决议，并提请股东大会批准。

第十五条 发行人股东大会应当就本次发行股票作出决议，决议至少应当包括下列事项：

（一）本次公开发行股票的种类和数量；

（二）发行对象；

（三）定价方式；

（四）募集资金用途；

（五）发行前滚存利润的分配方案；

（六）决议的有效期；

（七）对董事会办理本次发行具体事宜的授权；

（八）其他必须明确的事项。

第十六条 发行人申请首次公开发行股票并在创业板上市，应当按照中国证监会有关规定制作注册申请文件，依法由保荐人保荐并向交易所申报。

交易所收到注册申请文件后，五个工作日内作出是否受理的决定。

第十七条 注册申请文件受理后，未经中国证监会或者交易所同意，不得改动。

发生重大事项的，发行人、保荐人、证券服务机构应当及时向交易所报告，并按要求更新注册申请文件和信息披露资料。

第十八条 交易所设立独立的审核部门，负责审核发行人公开发行并上市申请；设立行业咨询专家库，负责为创业板建设和发行上市审核提供专业咨询和政策建议；设立创业板上市委员会，负责对审核部门出具的审核报告和发行人的申请文件提出审议意见。

交易所主要通过向发行人提出审核问询、发行人回答问题方式开展审核工作，判断发行人是否符合发行条件、上市条件和信息披露要求。

第十九条 交易所按照规定的条件和程序，形成发行人是否符合发行条件和信息披露要求的审核意见。认为发行人符合发行条件和信息披露要求的，将审核意见、发行人注册申请文件及相关审核资料报中国证监会注册；认为发行人不符合发行条件或者信息披露要求的，作出终止发行上市审核决定。

第二十条 交易所应当自受理注册申请文件之日起在规定的时限内形成审核意见。发行人根据要求补充、修改注册申请文件，或者交易所按照规定对发行人实施现场检查，要求保荐人、证券服务机构对有关事项进行专项核查，并要求发行人补充、修改申请文件的时间不计算在内。

第二十一条 交易所应当提高审核工作透明度，接受社会监督，公开下列事项：

（一）发行上市审核标准和程序等发行上市审核业务规则和相关业务细则；

（二）在审企业名单、企业基本情况及审核工作进度；

（三）发行上市审核问询及回复情况，但涉及国家秘密或者发行人商业秘密的除外；

（四）上市委员会会议的时间、参会委员名单、审议的发行人名单、审议结果及现场问询问题；

（五）对股票公开发行并上市相关主体采取的自律监管措施或者纪律处分；

（六）交易所规定的其他事项。

第二十二条 中国证监会依法履行发行注册程序，发行注册主要关注交易所发行上市审核内容有无遗漏，审核程序是否符合规定，以及发行人在发行条件和信息披露要求的重大方面是否符合相关规定。中国证监会认为存在需要进一步说明或者落实事项的，可以要求交易所进一步问询。

中国证监会认为交易所对影响发行条件的重大事项未予关注或者交易所的审核意见依据明显不充分的，可以退回交易所补充审核。交易所补充审核后，认为发行人符合发行条件和信息披露要求的，重新向中国证监会报送审核意见及相关资料，本办法第二十三条规定的注册期限重新计算。

第二十三条 中国证监会在二十个工作日内对发行人的注册申请作出予以注册或者不予注册的决定。发行人根据要求补充、修改注册申请文件，或者中国证监会要求交易所进一步问询，要求保荐人、证券服务机构等对有关事项进行核查，对发行人现场检查，并要求发行人补充、修改申请文件的时间不计算在内。

第二十四条 中国证监会的予以注册决定，自作出之日起一年内有效，发行人应当在注册决定有效期内发行股票，发行时点由发行人自主选择。

第二十五条 中国证监会作出予以注册决定后、发行人股票上市交易前，发行人应当及时更新信息披露文件内容，财务报表已过有效期的，发行人应当补充财务会计报告等文件；保荐人以及证券服务机构应当持续履行尽职调查职责；发生重大事项的，发行人、保荐人应当及时向交易所报告。

交易所应当对上述事项及时处理，发现发行人存在重大事项影响发行条件、上市条件的，应当出具明确意见并及时向中国证监会报告。

第二十六条 中国证监会作出予以注册决定后、发行人股票上市交易前，发现可能影响本次发行的重大事项的，中国证监会可以要求发行人暂缓发行、上市；相关重大事项导致发行人不符合发行条件的，应当撤销注册。中国证监会撤销注册后，股票尚未发行的，发行人应当停止发行；股票已经发行尚未上市的，发行人应当按照发行价并加算银行同期存款利息返还股票持有人。

第二十七条 交易所认为发行人不符合发行条件或者信息披露要求，作出终止发行上市审核决定，或者中国证监会作出不予注册决定的，自决定作出之日起六个月后，发行人可以再次提出公开发行股票并上市申请。

第二十八条 中国证监会应当按规定公开股票发行注册行政许可事项相关的监管信息。

第二十九条 存在下列情形之一的，发行人、保荐人应当及时书面报告交易所或者中国证监会，交易所或者中国证监会应当中止相应发行上市审核程序或者发行注册程序：

（一）相关主体涉嫌违反本办法第十三条第二款规定，被立案调查或者被司法机关侦查，尚未结案；

（二）发行人的保荐人以及律师事务所、会计师事务所等证券服务机构因首次公开发行股票、上市公司证券发行、并购重组业务涉嫌违法违规，或者其他业务涉嫌违法违规且对市场有重大影响，正在被中国证监会立案调查，或者正在被司法机关侦查，尚未结案；

（三）发行人的签字保荐代表人以及签字律师、签字会计师等证券服务机构签字人员因首次公开发行股票、上市公司证券发行、并购重组业务涉嫌违法违规，或者其他业务涉嫌违法违规且对市场有重大影响，正在被中国证监会立案调查，或者正在被司法机关侦查，尚未结案；

（四）发行人的保荐人以及律师事务所、会计师事务所等证券服务机构被中国证监会依法采取限制业务活动、责令停业整顿、指定其他机构托管、接管等措施，或者被交易所实施一定期限内不接受其出具的相关文件的纪律处分，尚未解除；

（五）发行人的签字保荐代表人、签字律师、签字会计师等中介机构签字人员被中国证监会依法采取认定为不适当人选等监管措施或者证券市场禁入的措施，或者被交易所实施一定期限内不接受其出具的相关文件的纪律处分，尚未解除；

（六）发行人及保荐人主动要求中止发行上市审核程序或者发行注册程序，理由正当且经交易所或者中国证监会同意；

（七）发行人注册申请文件中记载的财务资料已过有效期，需要补充提交；

（八）中国证监会规定的其他情形。

前款所列情形消失后，发行人可以提交恢复申请；因前款第（二）（三）项规定情形中止的，保荐人以及律师事务所、会计师事务所等证券服务机构按照有关规定履行复核程序后，发行人也可以提交恢复申请。交易所或者中国证监会按照规定恢复发行上市审核程序或者发行注册程序。

第三十条 存在下列情形之一的，交易所或者中国证监会应当终止相应发行上市审核程序或者发行注册程序，并向发行人说明理由：

（一）发行人撤回注册申请或者保荐人撤销保荐；

（二）发行人未在要求的期限内对注册申请文件作出解释说明或者补充、修改；

（三）注册申请文件存在虚假记载、误导性陈述或者重大遗漏；

（四）发行人阻碍或者拒绝中国证监会、交易所依法对发行人实施检查、核查；

（五）发行人及其关联方以不正当手段严重干扰发行上市审核或者发行注册工作；

（六）发行人法人资格终止；

（七）注册申请文件内容存在重大缺陷，严重影响投资者理解和发行上市审核或者发行注册工作；

（八）发行人注册申请文件中记载的财务资料已过有效期且逾期三个月未更新；

（九）发行人发行上市审核程序中止超过交易所规定的时限或者发行注册程序中止超过三个月仍未恢复；

（十）交易所认为发行人不符合发行条件或者信息披露要求；

（十一）中国证监会规定的其他情形。

第三十一条 中国证监会和交易所可以对发行人进行现场检查，可以要求保荐人、证券服务机构对有关事项进行专项核查并出具意见。

中国证监会和交易所应当建立健全信息披露质量现场检查以及对保荐业务、发行承销业务的常态化检查制度。

第三十二条 中国证监会与交易所建立全流程电子化审核注册系统，实现电子化受理、审核，发行注册各环节实时信息共享，并依法向社会公开相关信息。

第四章 信息披露

第三十三条 发行人申请首次公开发行股票并在创业板上市，应当按照中国证监会制定的信息披露规则，编制并披露招股说明书，保证相关信息真实、准确、完整。信息披露内容应当简明清晰，通俗易懂，不得有虚假记载、误导性陈述或者重大遗漏。

中国证监会制定的信息披露规则是信息披露的最低要求。不论上述规则是否有明确规定，凡是投资者作出价值判断和投资决策所必需的信息，发行人均应当充分披露，内容应当真实、准确、完整。

第三十四条 中国证监会依法制定招股说明书内容与格式准则、编报规则等信息披露规则，对相关信息披露文件的内容、格式、编制要求、披露形式等作出规定。

交易所可以依据中国证监会部门规章和规范性文件，制定信息披露细则或指引，在中国证监会确定的信息披露内容范围内，对信息披露提出细化和补充要求，报中国证监会批准后实施。

第三十五条 发行人及其董事、监事、高级管理人员应当在招股说明书上签字、盖章，保证招股说明书的内容真实、准确、完整，不存在虚假记载、误导性陈述或者重大遗漏，按照诚信原则履行承诺，并声明承担相应法律责任。

发行人控股股东、实际控制人应当在招股说明书上签字、盖章，确认招股说明书的内容真实、准确、完整，不存在虚假记载、误导性陈述或者重大遗漏，按照诚信原则履行承诺，并声明承担相应法律责任。

第三十六条 保荐人及其保荐代表人应当在招股说明书上签字、盖章，确认招股说明书的内容真实、准确、完整，不存在虚假记载、误导性陈述或者重大遗漏，并声明承担相应的法律责任。

第三十七条 为证券发行出具专项文件的律师、注册会计师、资产评估人员、资信评级人员以及其所在机构，应当在招股说明书上签字、盖章，确认对发行人信息披露文件引用其出具的专业意见无异议，信息披露文件不因引用其出具的专业意见而出现虚假记载、误导性陈述或者重大遗漏，并声明承担相应的法律责任。

第三十八条 发行人应当以投资者需求为导向，结合所属行业的特点和发展趋势，充分披露自身的创新、创造、创意特征，针对性披露科技创新、模式创新或者业态创新情况，以及对新旧产业融合的促进作用，充分披露业务模式、公司治理、发展战略、经营政策、会计政策、财务状况分析等信息。

第三十九条 发行人应当以投资者需求为导向，精准清晰充分地披露可能对公司经营业绩、核心竞争力、业务稳定性以及未来发展产生重大不利影响的各种风险因素。

第四十条 发行人尚未盈利的，应当充分披露尚未盈利的成因，以及对公司现金流、业务拓展、人才吸引、团队稳定性、研发投入、战略性投入、生产经营可持续性等方面的影响。

第四十一条 发行人应当披露募集资金的投向和使用管理制度，披露募集资金对发行人主营业务发展的贡献、未来经营战略的影响以及发行人业务创新、创造、创意性的支持作用。

第四十二条 符合相关规定、存在特别表决权股份的企业申请首次公开发行股票并在创业板上市的，发行人应当在招股说明书等公开发行文件中，披露并特别提示差异化表决安排的主要内容、相关风险和对公司治理的影响，以及依法落实保护投资者合法权益的各项措施。

保荐人和发行人律师应当就公司章程规定的特别表决权股份的持有人资格、特别表决权股份拥有的表决权数量与普通股份拥有的表决权数量的比例安排、持有人所持特别表决权股份能够参与表决的股东大会事项范围、特别表决权股份锁定安排以及转让限制等事项是否符合有关规定发表专业意见。

第四十三条 发行人应当在招股说明书中披露公开发行股份前已发行股份的锁定期安排，特别是尚未盈利情况下发行人控股股东、实际控制人、董事、监事、高级管理人员股份的锁定期安排。

保荐人和发行人律师应当就前款事项是否符合有关规定发表专业意见。

第四十四条 招股说明书的有效期为六个月，自公开发行前最后一次签署之日起算。招股说明书引用经审计的财务报表在其最近一期截止日后六个月内有效，特殊情况下发行人可申请适当延长，但至多不超过三个月。财务报表应当以年度末、半年度末或者季度末为截止日。

第四十五条 交易所受理注册申请文件后，发行人应当按规定，将招股说明书、发行保荐书、上市保荐书、审计报告和法律意见书等文件在交易所网站预先披露。

第四十六条 预先披露的招股说明书及其他注册申请文件不能含有价格信息，发行人不得据此发行股票。

发行人应当在预先披露的招股说明书显要位置作如下声明："本公司的发行申请尚需经交易所和中国证监会履行相应程序。本招股说明书不具有据以发行股票的法律效力，仅供预先披露之用。投资者应当以正式公告的招股说明书作为投资决定的依据。"

第四十七条 交易所认为发行人符合发行条件和信息披露要求，将发行人注册申请文件报送中国证监会时，招股说明书、发行保荐书、上市保荐书、审计报告和法律意见书等文件应当同步在交易所网站和中国证监会网站公开。

第四十八条 发行人在发行股票前应当在交易所网站和符合中国证监会规定条件的网站全文刊登招股说明书，同时在符合中国证监会规定条件的报刊刊登提示性公告，告知投资者网上刊登的地址及获取文件的途径。

发行人可以将招股说明书以及有关附件刊登于其他网站，但披露内容应当完全一致，且不得早于在交易所网站、符合中国证监会规定条件的网站的披露时间。

保荐人出具的发行保荐书、证券服务机构出具的文件以及其他与发行有关的重要文件应当作为招股说明书的附件。

第五章 发行承销的特别规定

第四十九条 首次公开发行股票并在创业板上市的发行与承销行为，适用《证券发行与承销管理办法》，本办法和《创业板首次公开发行证券发行与承销特别规定》另有规定的除外。

第五十条 交易所应当根据《证券发行与承销管理办法》、本办法以及中国证监会相关规定制定创业板股票发行承销业务规则，并报中国证监会批准。

创业板首次公开发行股票的定价方式、投资者报价要求、最高报价剔除比例、发行价格确定、网下初始配售比例、网下优先配售比例、网上网下回拨机制、网下分类配售安排、网下配售锁定安排、战略配售、超额配售选择权等事项，应当同时遵守交易所相关规定。

第五十一条 首次公开发行股票采用询价方式的，应当向证券公司、基金管理公司、信托公司、财务公司、保险公司、合格境外机构投资者和私募基金管理人等专业机构投资者（以下统称网下投资者）询价。网下投资者参与询价，应当向中国证券业协会注册，并接受自律管理。

发行人和主承销商可以在符合中国证监会相关规定和证券交易所、中国证券业协会自律规则前提下，协商设置参与询价的网下投资者具体条件，并在发行公告中预先披露。

第五十二条 战略投资者在承诺的持有期限内，可以按规定向证券金融公司借出获得配售的股票。借出期限届满后，证券金融公司应当将借入的股票返还给战略投资者。

第五十三条 保荐人的相关子公司或者保荐人所属证券公司的相关子公司参与发行人股票配售的具体规则由交易所另行规定。

第五十四条 中国证监会作出予以注册的决定后，发行人与主承销商应当及时向交易所报备发行与承销方案。交易所在五个工作日内无异议的，发行人与主承销商可以依法刊登招股意向书，启动发行工作。

第五十五条 交易所对证券发行承销过程实施监管。发行承销涉嫌违法违规或者存在异常情形的，中国证监会可以要求交易所进行调查处理，或者直接责令发行人和承销商暂停或者中止发行。

第六章 监督管理和法律责任

第五十六条 中国证监会负责建立健全以信息披露为中心的注册制规则体系，制定股票发行注册并上市的规章规则，依法批准交易所制定的有关业务规则，并监督相关业务规则执行情况。

第五十七条 中国证监会建立对交易所发行上市审核工作和发行承销过程监管的监督机制，持续关注交易所审核情况和发行承销过程监管情况。

第五十八条 中国证监会对交易所发行上市审核和发行承销过程监管等相关工作进行年度例行检查，在检查过程中，可以调阅审核工作文件，列席相关审核会议。

中国证监会定期或者不定期按一定比例对交易所发行上市审核和发行承销过程监管等相关工作进行抽查。

对于中国证监会在检查和抽查等监督过程中发现的问题，交易所应当整改。

第五十九条 中国证监会建立对发行上市监管全流程的权力运行监督制约机制，对发行上市审核程序和发行注册程序相关内控制度运行情况进行督导督察，对廉政纪律执行情况和相关人员的履职尽责情况进行监督监察。

第六十条 交易所应当建立内部防火墙制度，发行上市审核部门、发行承销监管部门与其他部门隔离运行。参与发行上市审核的人员，不得与发行人及其控股股东、实际控制人、相关保荐人、证券服务机构有利害关系，不得直接或者间接与发行人、保荐人、证券服务机构有利益往来，不得持有发行人股票，不得私下与发行人接触。

第六十一条 交易所应当建立定期报告制度，及时总结发行上市审核和发行承销监管的工作情况，并报告中国证监会。

第六十二条 交易所发行上市审核工作违反本办法规定，有下列情形之一的，由中国证监会责令改正；情节严重的，追究直接责任人员相关责任：

（一）未按审核标准开展发行上市审核工作；

（二）未按审核程序开展发行上市审核工作；

（三）不配合中国证监会对发行上市审核工作和发行承销监管工作的检查、抽查，或者不按中国证监会的整改要求进行整改。

第六十三条 发行人在证券发行文件中隐瞒重要事实或者

编造重大虚假内容的，中国证监会采取五年内不接受发行人公开发行证券相关文件的监管措施；对相关责任人员，视情节轻重，采取认定为不适当人选的监管措施，或者采取证券市场禁入的措施。

第六十四条 发行人存在本办法第三十条第（三）项、第（四）项、第（五）项规定的情形，重大事项未报告、未披露，或者发行人及其董事、监事、高级管理人员、控股股东、实际控制人的签字、盖章系伪造或者变造的，中国证监会采取三年至五年内不接受发行人公开发行证券相关文件的监管措施。

第六十五条 发行人的控股股东、实际控制人违反本办法规定，致使发行人所报送的注册申请文件和披露的信息存在虚假记载、误导性陈述或者重大遗漏，或者组织、指使发行人进行财务造假、利润操纵或者在证券发行文件中隐瞒重要事实或编造重大虚假内容的，中国证监会视情节轻重，对相关单位和责任人员

采取一年到五年内不接受相关单位及其控制的下属单位公开发行证券相关文件，对责任人员采取认定为不适当人选等监管措施，或者采取证券市场禁入的措施。

发行人的董事、监事和高级管理人员违反本办法规定，致使发行人所报送的注册申请文件和披露的信息存在虚假记载、误导性陈述或者重大遗漏的，中国证监会视情节轻重，对责任人员采取认定为不适当人选等监管措施，或者采取证券市场禁入的措施。

第六十六条 保荐人未勤勉尽责，致使发行人信息披露资料存在虚假记载、误导性陈述或者重大遗漏的，中国证监会视情节轻重，采取暂停保荐人业务资格一年到三年，或者责令保荐人更换相关负责人的监管措施；情节严重的，撤销保荐人业务资格，并对相关责任人员采取证券市场禁入的措施。保荐代表人未勤勉尽责，致使发行人信息披露资料存在虚假记载、误导性陈述或者重大遗漏的，按规定认定为不适当人选。证券服务机构未勤勉尽责，致使发行人信息披露资料中与其职责有关的内容及其所出具的文件存在虚假记载、误导性陈述或者重大遗漏的，中国证监会视情节轻重，采取三个月至三年不接受相关单位及其责任人员出具的发行证券专项文件的监管措施；情节严重的，对证券服务机构相关责任人员采取证券市场禁入的措施。

第六十七条 保荐人存在下列情形之一的，中国证监会视情节轻重，采取暂停保荐人业务资格三个月至三年的监管措施；情节特别严重的，撤销其业务资格：

（一）伪造或者变造签字、盖章；

（二）重大事项未报告、未披露；

（三）以不正当手段干扰审核注册工作；

（四）不履行其他法定职责。保荐代表人存在前款规定情形的，中国证监会视情节轻重，三个月至三年不受理其具体负责的推荐；情节严重的，认定为不适当人选。

证券服务机构及其相关人员存在第一款规定情形的，中国证监会视情节轻重，采取三个月至三年不接受相关单位及其责任人员出具的发行证券专项文件的监管措施。

第六十八条 保荐人、证券服务机构存在以下情形之一的，中国证监会视情节轻重，采取责令改正、监管谈话、出具警示函、一年内不接受相关单位及其责任人员出具的与注册申请有关的文件等监管措施；情节严重的，可以同时采取三个月到一年内不接受相关单位及其责任人员出具的发行证券专项文件的监管措施：

（一）制作或者出具的文件不齐备或者不符合要求；

（二）擅自改动注册申请文件、信息披露资料或者其他已提交文件；

（三）注册申请文件或者信息披露资料存在相互矛盾或者同一事实表述不一致且有实质性差异；

（四）文件披露的内容表述不清，逻辑混乱，严重影响投资者理解；

（五）未及时报告或者未及时披露重大事项。发行人存在前款规定情形的，中国证监会视情节轻重，采取责令改正、监管谈话、出具警示函、六个月至一年内不接受发行人公开发行证券相关文件的监管措施。

第六十九条 发行人披露盈利预测，利润实现数如未达到盈利预测的百分之八十的，除因不可抗力外，其法定代表人、财务负责人应当在股东大会以及交易所网站、符合中国证监会规定条件的媒体上公开作出解释并道歉；中国证监会可以对法定代表人处以警告。

利润实现数未达到盈利预测的百分之五十的，除因不可抗力外，中国证监会在三年内不受理该公司的公开发行证券申请。

注册会计师为上述盈利预测出具审核报告的过程中未勤勉尽责的，中国证监会视情节轻重，对相关机构和责任人员采取监管谈话等监管措施；情节严重的，给予警告等行政处罚。

第七十条 发行人及其控股股东和实际控制人、董事、监事、高级管理人员，保荐人、承销商、证券服务机构及其相关执业人员，在股票公开发行并上市相关的活动中存在其他违反本办法规定行为的，中国证监会视情节轻重，采取责令改正、监管谈话、出具警示函、责令公开说明、责令定期报告、认定为不适当人选、暂不受理与行政许可有关的文件等监管措施，或者采取证券市场禁入的措施。

第七十一条 发行人及其控股股东、实际控制人、保荐人、证券服务机构及其相关人员违反《中华人民共和国证券法》依法应予以行政处罚的，中国证监会将依法予以处罚。涉嫌犯罪的，依法移送司法机关，追究其刑事责任。

第七十二条 交易所负责对发行人及其控股股东、实际控制人、保荐人、承销商、证券服务机构等进行自律监管。

中国证券业协会负责制定保荐业务、发行承销自律监管规则，对保荐人、承销商、保荐代表人、网下投资者进行自律监管。

交易所和中国证券业协会应当对发行上市过程中违反自律监管规则的行为采取自律监管措施或者给予纪律处分。

第七十三条 中国证监会将遵守本办法的情况记入证券市场诚信档案，会同有关部门加强信息共享，依法实施守信激励与失信惩戒。

第七章 附 则

第七十四条 符合《若干意见》等规定的红筹企业，申请首次公开发行股票并在创业板上市，应当同时符合本办法的规定，但公司形式可以适用其注册地法律规定；申请发行存托凭证并在创业板上市的，发行上市审核注册程序适用本办法的规定。前款规定的红筹企业在创业板发行上市，适用《若干意见》“营业收入快速增长，拥有自主研发、国际领先技术，同行业竞争中处于相对优势地位”的具体标准由交易所制定，并报中国证监会批准。

第七十五条 本办法自公布之日起施行。《首次公开发行股票并在创业板上市管理办法》（证监会令第 142 号）同时废止。

8. 创业板上市公司证券发行注册管理办法（试行）（2020 年修订）

（证监会令第 168 号）

第一章 总 则

第一条 为了规范创业板上市公司（以下简称上市公司）证券发行行为，保护投资者合法权益和社会公共利益，根据《中华人民共和国证券法》（以下简称《证券法》）《国务院办公厅关于贯彻实施修订后的证券法有关工作的通知》《国务院办公厅转发证监会关于开展创新企业境内发行股票或存托凭证试点若干意见的通知》（以下简称《若干意见》）及相关法律法规，制定本办法。

第二条 上市公司申请在境内发行证券，适用本办法。本办法所称证券，指下列证券品种：

（一）股票；

（二）可转换公司债券（以下简称可转债）；

（三）存托凭证；

（四）中国证券监督管理委员会（以下简称中国证监会）认可的其他品种。

前款所称可转债，是指上市公司依法发行、在一定期间内依据约定的条件可以转换成股份的公司债券。

第三条 上市公司发行证券，可以向不特定对象发行，也可以向特定对象发行。

向不特定对象发行证券包括上市公司向原股东配售股份（以下简称配股）、向不特定对象募集股份（以下简称增发）和向不特定对象发行可转债。

向特定对象发行证券包括上市公司向特定对象发行股票、向特定对象发行可转债。

第四条 上市公司发行证券的，应当符合《证券法》和本办法规定的发行条件和相关信息披露要求，依法经深圳证券交易所（以下简称交易所）发行上市审核并报中国证监会注册，但因依法实行股权激励、公积金转为增加公司资本、分配股票股利的除外。

第五条 上市公司应当诚实守信，依法充分披露投资者作出价值判断和投资决策所必需的信息，所披露信息必须真实、准确、完整，简明清晰、通俗易懂，不得有虚假记载、误导性陈述或者重大遗漏。

上市公司应当按照保荐人、证券服务机构要求，依法向其提供真实、准确、完整的财务会计资料和其他资料，配合相关机构开展尽职调查和其他相关工作。

上市公司控股股东、实际控制人、董事、监事、高级管理人员应当配合相关机构开展尽职调查和其他相关工作，不得要求或者协助上市公司隐瞒应当提供的资料或者应当披露的信息。

第六条 保荐人应当诚实守信，勤勉尽责，按照依法制定的业务规则和行业自律规范的要求，充分了解上市公司经营情况和风险，对注册申请文件和信息披露资料进行全面核查验证，对上市公司是否符合发行条件独立作出专业判断，审慎作出推荐决定，并对募集说明书或者其他信息披露文件及其所出具的相关文件的真实性、准确性、完整性负责。

第七条 证券服务机构应当严格遵守法律法规、中国证监会制定的监管规则、业务规则和本行业公认的业务标准和道德规范，建立并保持有效的质量控制体系，保护投资者合法权益，审慎履行职责，作出专业判断与认定，并对募集说明书或者其他信息披露文件中与其专业职责有关的内容及其所出具的文件的真实性、准确性、完整性负责。

证券服务机构及其相关执业人员应当对与本专业相关的业务事项履行特别注意义务，对其他业务事项履行普通注意义务，并承担相应法律责任。

证券服务机构及其执业人员从事证券服务业务应当配合中国证监会的监督管理，在规定的期限内提供、报送或披露相关资料、信息，并保证其提供、报送或披露的资料、信息真实、准确、完整，不得有虚假记载、误导性陈述或者重大遗漏。

证券服务机构应当妥善保存客户委托文件、核查和验证资料、工作底稿以及与质量控制、内部管理、业务经营有关的信息和资料。

第八条 对上市公司发行证券申请予以注册，不表明中国证监会和交易所对该证券的投资价值或者投资者的收益作出实质性判断或者保证，也不表明中国证监会和交易所对申请文件的真实性、准确性、完整性作出保证。

第二章 发行条件

第一节 发行股票

第九条 上市公司向不特定对象发行股票，应当符合下列规定：

（一）具备健全且运行良好的组织机构；

（二）现任董事、监事和高级管理人员符合法律、行政法规规定的任职要求；

（三）具有完整的业务体系和直接面向市场独立经营的能力，不存在对持续经营有重大不利影响的情形；

（四）会计基础工作规范，内部控制制度健全且有效执行，财务报表的编制和披露符合企业会计准则和相关信息披露规则的规定，在所有重大方面公允反映了上市公司的财务状况、经营成果和现金流量，最近三年财务会计报告被出具无保留意见审计报告；

（五）最近二年盈利，净利润以扣除非经常性损益前后孰低者为计算依据；

（六）除金融类企业外，最近一期末不存在金额较大的财务性投资。

第十条 上市公司存在下列情形之一的，不得向不特定对象发行股票：

（一）擅自改变前次募集资金用途未作纠正，或者未经股东大会认可；

（二）上市公司及其现任董事、监事和高级管理人员最近三年受到中国证监会行政处罚，或者最近一年受到证券交易所公开谴责，或者因涉嫌犯罪正在被司法机关立案侦查或者涉嫌违法违规正在被中国证监会立案调查；

（三）上市公司及其控股股东、实际控制人最近一年存在未履行向投资者作出的公开承诺的情形；

（四）上市公司及其控股股东、实际控制人最近三年存在贪污、贿赂、侵占财产、挪用财产或者破坏社会主义市场经济秩序的刑事犯罪，或者存在严重损害上市公司利益、投资者合法权益、社会公共利益的重大违法行为。

第十一条 上市公司存在下列情形之一的，不得向特定对象发行股票：

（一）擅自改变前次募集资金用途未作纠正，或者未经股东大会认可；

（二）最近一年财务报表的编制和披露在重大方面不符合企业会计准则或者相关信息披露规则的规定；最近一年财务会计报告被出具否定意见或者无法表示意见的审计报告；最近一年财务会计报告被出具保留意见的审计报告，且保留意见所涉及事项对

上市公司的重大不利影响尚未消除。本次发行涉及重大资产重组的除外；

（三）现任董事、监事和高级管理人员最近三年受到中国证监会行政处罚，或者最近一年受到证券交易所公开谴责；

（四）上市公司及其现任董事、监事和高级管理人员因涉嫌犯罪正在被司法机关立案侦查或者涉嫌违法违规正在被中国证监会立案调查；

（五）控股股东、实际控制人最近三年存在严重损害上市公司利益或者投资者合法权益的重大违法行为；

（六）最近三年存在严重损害投资者合法权益或者社会公共利益的重大违法行为。

第十二条 上市公司发行股票，募集资金使用应当符合下列规定：

（一）符合国家产业政策和有关环境保护、土地管理等法律、行政法规规定；

（二）除金融类企业外，本次募集资金使用不得为持有财务性投资，不得直接或者间接投资于以买卖有价证券为主要业务的公司；

（三）募集资金项目实施后，不会与控股股东、实际控制人及其控制的其他企业新增构成重大不利影响的同业竞争、显失公平的关联交易，或者严重影响公司生产经营的独立性。

第二节 发行可转债

第十三条 上市公司发行可转债，应当符合下列规定：

（一）具备健全且运行良好的组织机构；

（二）最近三年平均可分配利润足以支付公司债券一年的利息；

（三）具有合理的资产负债结构和正常的现金流量。除前款规定条件外，上市公司向不特定对象发行可转债，还应当遵守本办法第九条第（二）项至第（六）项、第十条的规定；向特定对象发行可转债，还应当遵守本办法第十一条的规定。但是，按照公司债券募集办法，上市公司通过收购本公司股份的方式进行公司债券转换的除外。

第十四条 上市公司存在下列情形之一的，不得发行可转债：

（一）对已公开发行的公司债券或者其他债务有违约或者延迟支付本息的事实，仍处于继续状态；

（二）违反《证券法》规定，改变公开发行公司债券所募资金用途。

第十五条 上市公司发行可转债，募集资金除不得用于弥补亏损和非生产性支出外，还应当遵守本办法第十二条的规定。

第三章 发行程序

第十六条 上市公司申请发行证券，董事会应当依法就下列事项作出决议，并提请股东大会批准：

（一）本次证券发行的方案；

（二）本次发行方案的论证分析报告；

（三）本次募集资金使用的可行性报告；

（四）其他必须明确的事项。上市公司董事会拟引入战略投资者的，应当将引入战略投资者的事项作为单独议案，就每名战略投资者单独审议，并提交股东大会批准。

董事会依照前二款作出决议，董事会决议日与首次公开发行股票上市日的时间间隔不得少于六个月。

第十七条 董事会在编制本次发行方案的论证分析报告时，应当结合上市公司所处行业和发展阶段、融资规划、财务状况、资金需求等情况进行论证分析，独立董事应当发表专项意见。论证分析报告至少应当包括下列内容：

（一）本次发行证券及其品种选择的必要性；

（二）本次发行对象的选择范围、数量和标准的适当性；

（三）本次发行定价的原则、依据、方法和程序的合理性；

（四）本次发行方式的可行性；

（五）本次发行方案的公平性、合理性；

（六）本次发行对原股东权益或者即期回报摊薄的影响以及填补的具体措施。

第十八条 股东大会就发行证券作出的决定，至少应当包括下列事项：

（一）本次发行证券的种类和数量；

（二）发行方式、、发行对象及向原股东配售的安排；

（三）定价方式或者价格区间；

（四）募集资金用途；

（五）决议的有效期；

（六）对董事会办理本次发行具体事宜的授权；

（七）其他必须明确的事项。

第十九条 股东大会就发行可转债作出的决定，至少应当包括下列事项：

（一）本办法第十八条规定的事项；

（二）债券利率；

（三）债券期限；

（四）赎回条款；

（五）回售条款；

（六）还本付息的期限和方式；

（七）转股期；

（八）转股价格的确定和修正。

第二十条 股东大会就发行证券事项作出决议，必须经出席会议的股东所持表决权的三分之二以上通过，中小投资者表决情况应当单独计票。向本公司特定的股东及其关联人发行证券的，股东大会就发行方案进行表决时，关联股东应当回避。股东大会对引入战略投资者议案作出决议的，应当就每名战略投资者单独表决。

上市公司就发行证券事项召开股东大会，应当提供网络投票方式，公司还可以通过其他方式为股东参加股东大会提供便利。

第二十一条 上市公司年度股东大会可以根据公司章程的规定，授权董事会决定向特定对象发行融资总额不超过人民币三亿元且不超过最近一年末净资产百分之二十的股票，该项授权在下一年度股东大会召开日失效。上市公司年度股东大会给予董事会前款授权的，应当就本办法第十八条规定的事项通过相关决定。

第二十二条 上市公司申请发行证券，应当按照中国证监会有关规定制作注册申请文件，依法由保荐人保荐并向交易所申报。

交易所收到注册申请文件后，五个工作日内作出是否受理的决定。

第二十三条 申请文件受理后，未经中国证监会或者交易所同意，不得改动。

发生重大事项的，上市公司、保荐人、证券服务机构应当及时向交易所报告，并按要求更新申请文件和信息披露资料。

第二十四条 交易所审核部门负责审核上市公司证券发行上市申请；创业板上市委员会负责对上市公司向不特定对象发行证券的申请文件和审核部门出具的审核报告提出审议意见。

交易所主要通过向上市公司提出审核问询、上市公司回答问题方式开展审核工作，判断上市公司发行申请是否符合发行条件和信息披露要求。

第二十五条 上市公司应当向交易所报送审核问询回复的相关文件，并以临时公告的形式披露交易所审核问询回复意见。

第二十六条 交易所按照规定的条件和程序，形成上市公司是否符合发行条件和信息披露要求的审核意见，认为上市公司符合发行条件和信息披露要求的，将审核意见、上市公司注册申请文件及相关审核资料报中国证监会注册；认为上市公司不符合发行条件或者信息披露要求的，作出终止发行上市审核决定。

第二十七条 交易所应当自受理注册申请文件之日起二个月内形成审核意见，但本办法另有规定的除外。

上市公司根据要求补充、修改申请文件，或者交易所按照规定对上市公司实施现场检查，要求保荐人、证券服务机构对有关事项进行专项核查，并要求上市公司补充、修改申请文件的时间不计算在内。

第二十八条 符合相关规定的上市公司按照本办法第二十一条规定申请向特定对象发行股票的，适用简易程序。

第二十九条 交易所采用简易程序的，应当在收到注册申请文件后，二个工作日内作出是否受理的决定，自受理之日起三个工作日内完成审核并形成上市公司是否符合发行条件和信息披露要求的审核意见。

交易所应当制定简易程序的业务规则，并报中国证监会批准。

第三十条 中国证监会依法履行发行注册程序，主要关注交易所发行上市审核内容有无遗漏，审核程序是否符合规定，以及上市公司在发行条件和信息披露要求的重大方面是否符合相关规定。中国证监会认为存在需要进一步说明或者落实事项的，可以要求交易所进一步问询。

中国证监会认为交易所对影响发行条件的重大事项未予关注或者交易所的审核意见依据明显不充分的，可以退回交易所补充审核。交易所补充审核后，认为上市公司符合发行条件和信息披露要求的，重新向中国证监会报送审核意见及相关资料，本办法第三十一条规定的注册期限重新计算。

第三十一条 中国证监会在十五个工作日内对上市公司的注册申请作出予以注册或者不予注册的决定。

上市公司根据要求补充、修改注册申请文件，或者中国证监会要求交易所进一步问询，要求保荐人、证券服务机构等对有关事项进行核查，对上市公司现场检查，并要求上市公司补充、修改申请文件的时间不计算在内。

中国证监会收到交易所依照本办法第二十九条规定报送的审核意见、上市公司注册申请文件及相关审核资料后，三个工作日内作出予以注册或者不予注册的决定。

第三十二条 中国证监会的予以注册决定，自作出之日起一年内有效，上市公司应当在注册决定有效期内发行证券，发行时点由上市公司自主选择。

适用简易程序的，应当在中国证监会作出予以注册决定后十个工作日内完成发行缴款，未完成的，本次发行批文失效。

第三十三条 中国证监会作出予以注册决定后、上市公司证券上市交易前，上市公司应当及时更新信息披露文件；保荐人以及证券服务机构应当持续履行尽职调查职责；发生重大事项的，上市公司、保荐人应当及时向交易所报告。

交易所应当对上述事项及时处理，发现上市公司存在重大事项影响发行条件的，应当出具明确意见并及时向中国证监会报告。

第三十四条 中国证监会作出予以注册决定后、上市公司证券上市交易前，发现可能影响本次发行的重大事项的，中国证监会可以要求上市公司暂缓发行、上市；相关重大事项导致上市公司不符合发行条件的，应当撤销注册。

中国证监会撤销注册后，证券尚未发行的，上市公司应当停止发行；证券已经发行尚未上市的，上市公司应当按照发行价并加算银行同期存款利息返还证券持有人。

第三十五条 交易所认为上市公司不符合发行条件或者信息披露要求，作出终止发行上市审核决定，或者中国证监会作出不予注册决定的，自决定作出之日起六个月后，上市公司可以再次提出证券发行申请。

第三十六条 上市公司证券发行上市审核或者注册程序的中止、终止等情形参照适用《创业板首次公开发行股票注册管理办法（试行）》的相关规定。

第三十七条 中国证监会和交易所可以对上市公司进行现场检查，或者要求保荐人、证券服务机构对有关事项进行专项核查并出具意见。

第四章 信息披露

第三十八条 上市公司发行证券，应当以投资者决策需求为导向，按照中国证监会制定的信息披露规则，编制募集说明书或者其他信息披露文件，依法履行信息披露义务，保证相关信息真实、准确、完整。信息披露内容应当简明清晰，通俗易懂，不得有虚假记载、误导性陈述或者重大遗漏。

中国证监会制定的信息披露规则是信息披露的最低要求。不论上述规则是否有明确规定，凡是投资者作出价值判断和投资决策所必需的信息，上市公司均应当充分披露，内容应当真实、准确、完整。

第三十九条 中国证监会依法制定募集说明书或者其他证券发行信息披露文件内容与格式准则、编报规则等信息披露规则，对申请文件和信息披露资料的内容、格式、编制要求、披露形式等作出规定。

交易所可以依据中国证监会部门规章和规范性文件，制定信息披露细则或者指引，在中国证监会确定的信息披露内容范围内，对信息披露提出细化和补充要求，报中国证监会批准后实施。

第四十条 上市公司应当在募集说明书或者其他证券发行信息披露文件中，以投资者需求为导向，有针对性地披露业务模式、公司治理、发展战略、经营政策、会计政策、财务状况分析等信息，并充分揭示可能对公司核心竞争力、经营稳定性以及未来发展产生重大不利影响的风险因素。

第四十一条 证券发行议案经董事会表决通过后，应当在二个工作日内披露，并及时公告召开股东大会的通知。

使用募集资金收购资产或者股权的，应当在公告召开股东大会通知的同时，披露该资产或者股权的基本情况、交易价格、定价依据以及是否与公司股东或者其他关联人存在利害关系。

第四十二条 股东大会通过本次发行议案之日起二个工作日内，上市公司应当披露股东大会决议公告。

第四十三条 上市公司提出发行申请后，出现下列情形之一的，应当在次一个工作日予以公告：

（一）收到交易所不予受理或者终止发行上市审核决定；

（二）收到中国证监会终止发行注册决定；

（三）收到中国证监会予以注册或者不予注册的决定；

（四）上市公司撤回证券发行申请。

第四十四条 上市公司及其董事、监事、高级管理人员应当在募集说明书或者其他证券发行信息披露文件上签字、盖章，保证信息披露内容真实、准确、完整，不存在虚假记载、误导性陈述或者重大遗漏，按照诚信原则履行承诺，并声明承担相应的法律责任。

上市公司控股股东、实际控制人应当在募集说明书或者其他证券发行信息披露文件上签字、盖章，确认信息披露内容真实、准确、完整，不存在虚假记载、误导性陈述或者重大遗漏，按照诚信原则履行承诺，并声明承担相应法律责任。

第四十五条 保荐人及其保荐代表人应当在募集说明书或者其他证券发行信息披露文件上签字、盖章，确认信息披露内容真实、准确、完整，不存在虚假记载、误导性陈述或者重大遗漏，并声明承担相应的法律责任。

第四十六条 为证券发行出具专项文件的律师、注册会计师、资产评估人员、资信评级人员及其所在机构，应当在募集说明书或者其他证券发行信息披露文件上签字、盖章，确认对上市公司信息披露文件引用其出具的专业意见无异议，信息披露文件不因引用其出具的专业意见而出现虚假记载、误导性陈述或者重大遗漏，并声明承担相应的法律责任。

第四十七条 募集说明书等证券发行信息披露文件所引用的审计报告、盈利预测审核报告、资产评估报告、资信评级报告，应当由符合规定的证券服务机构出具，并由至少二名有执业资格的人员签署。

募集说明书或者其他证券发行信息披露文件所引用的法律意见书，应当由律师事务所出具，并由至少二名经办律师签署。

第四十八条 募集说明书自最后签署之日起六个月内有效。

募集说明书或者其他证券发行信息披露文件不得使用超过有效期的资产评估报告或者资信评级报告。

第四十九条 向不特定对象发行证券申请经注册后，上市公司应当在证券发行前二至五个工作日内将公司募集说明书刊登在交易所网站和符合中国证监会规定条件的网站，供公众查阅。

第五十条 向特定对象发行证券申请经注册后，上市公司应当在证券发行前将公司募集文件刊登在交易所网站和符合中国证监会规定条件的网站，供公众查阅。

向特定对象发行证券的，上市公司应当在证券发行后的二个工作日内，将发行情况报告书刊登在交易所网站和符合中国证监会规定条件的网站，供公众查阅。

第五十一条 上市公司可以将募集说明书或者其他证券发行信息披露文件、发行情况报告书刊登于其他网站，但不得早于按照本办法第四十九条、第五十条规定披露信息的时间。

第五章 发行承销的特别规定

第五十二条 上市公司证券发行与承销行为，适用《证券发行与承销管理办法》（以下简称《承销办法》），但本办法另有规定的除外。

交易所可以根据《承销办法》和本办法制定上市公司证券发行承销业务规则，并报中国证监会批准。

第五十三条 上市公司配股的，拟配售股份数量不超过本次配售前股本总额的百分之五十，并应当采用代销方式发行。

控股股东应当在股东大会召开前公开承诺认配股份的数量。控股股东不履行认配股份的承诺，或者代销期限届满，原股东认购股票的数量未达到拟配售数量百分之七十的，上市公司应当按照发行价并加算银行同期存款利息返还已经认购的股东。

第五十四条 上市公司增发的，发行价格应当不低于公告招股意向书前二十个交易日或者前一个交易日公司股票均价。

第五十五条 上市公司向特定对象发行证券，发行对象应当符合股东大会决议规定的条件，且每次发行对象不超过三十五名。

第五十六条 上市公司向特定对象发行股票，发行价格应当不低于定价基准日前二十个交易日公司股票均价的百分之八十。

前款所称“定价基准日”，是指计算发行底价的基准日。

第五十七条 向特定对象发行股票的定价基准日为发行期首日。上市公司应当以不低于发行底价的价格发行股票。

上市公司董事会决议提前确定全部发行对象，且发行对象属于下列情形之一的，定价基准日可以为关于本次发行股票的董事会决议公告日、股东大会决议公告日或者发行期首日：

（一）上市公司的控股股东、实际控制人或者其控制的关联人；

（二）通过认购本次发行的股票取得上市公司实际控制权的投资者；

（三）董事会拟引入的境内外战略投资者。

第五十八条 向特定对象发行股票发行对象属于本办法第五十七条第二款规定以外的情形的，上市公司应当以竞价方式确定发行价格和发行对象。

董事会决议确定部分发行对象的，确定的发行对象不得参与竞价，且应当接受竞价结果，并明确在通过竞价方式未能产生发行价格的情况下，是否继续参与认购、价格确定原则及认购数量。

第五十九条 向特定对象发行的股票，自发行结束之日起六个月内不得转让。发行对象属于本办法第五十七条第二款规定情形的，其认购的股票自发行结束之日起十八个月内不得转让。

第六十条 向特定对象发行股票的定价基准日为本次发行股票的董事会决议公告日或者股东大会决议公告日的，向特定对象发行股票的董事会决议公告后，出现下列情况需要重新召开董事会的，应当由董事会重新确定本次发行的定价基准日：

（一）本次发行股票股东大会决议的有效期已过；

（二）本次发行方案发生重大变化；

（三）其他对本次发行定价具有重大影响的事项。

第六十一条 可转债应当具有期限、面值、利率、评级、债券持有人权利、转股价格及调整原则、赎回及回售、转股价格向下修正等要素。

向不特定对象发行的可转债利率由上市公司与主承销商依法协商确定。

向特定对象发行的可转债应当采用竞价方式确定利率和发行对象。

第六十二条 可转债自发行结束之日起六个月后方可转换为公司股票，转股期限由公司根据可转债的存续期限及公司财务状况确定。

债券持有人对转股或者不转股有选择权，并于转股的次日成为上市公司股东。

第六十三条 向特定对象发行的可转债不得采用公开的集中交易方式转让。

向特定对象发行的可转债转股的，所转股票自可转债发行结束之日起十八个月内不得转让。

第六十四条 向不特定对象发行可转债的转股价格应当不低于募集说明书公告日前二十个交易日上市公司股票交易均价和前一个交易日均价。

向特定对象发行可转债的转股价格应当不低于认购邀请书发出前二十个交易日上市公司股票交易均价和前一个交易日的均价，且不得向下修正。

第六十五条 上市公司发行证券，应当由证券公司承销。上市公司董事会决议提前确定全部发行对象的，可以由上市公司自行销售。

第六十六条 向特定对象发行证券，上市公司及其控股股东、实际控制人、主要股东不得向发行对象做出保底保收益或者变相保底保收益承诺，也不得直接或者通过利益相关方向发行对象提供财务资助或者其他补偿。

第六十七条 上市公司发行证券采用竞价方式的，认购邀请书内容、认购邀请书发送对象范围、发行价格及发行对象的确定原则等应当符合中国证监会及交易所相关规定，上市公司和主承销商的控股股东、实际控制人、董事、监事、高级管理人员及其控制或者施加重大影响的关联方不得参与竞价。

第六十八条　网下投资者应当结合行业监管要求、资产规模等合理确定申购金额，不得超资产规模申购，承销商可以认定超资产规模的申购为无效申购。

第六十九条　上市公司向不特定对象发行证券的，投资者弃购数量占发行总数比例较大的，上市公司和主承销商可以将投资者弃购部分向网下投资者二次配售。比例较大的标准由交易所规定。

第七十条　上市公司和主承销商可以在符合中国证监会和交易所相关规定前提下约定中止发行的情形。

第七十一条　交易所对证券发行承销过程实施监管。发行承销涉嫌违法违规或者存在异常情形的，中国证监会可以要求交易所对相关事项进行调查处理，或者直接责令上市公司和承销商暂停或者中止发行。

第六章　监督管理和法律责任

第七十二条　中国证监会依法批准交易所制定的创业板上市公司证券发行上市的审核标准、审核程序、信息披露、发行承销等方面的制度规则，指导交易所制定与发行上市审核相关的其他业务规则。

第七十三条　中国证监会建立对交易所发行上市审核工作和发行承销过程监管的监督机制，持续关注交易所审核情况和发行承销过程监管情况，发现交易所自律监管措施或者纪律处分失当的，可以责令交易所改正。

第七十四条　中国证监会对交易所发行上市审核和发行承销过程监管等相关工作进行年度例行检查。在检查过程中，可以调阅审核工作文件，列席相关审核会议。

中国证监会定期或者不定期按一定比例对交易所发行上市审核和发行承销过程监管等相关工作进行抽查。

对于中国证监会在检查和抽查等监督过程中发现的问题，交易所应当整改。

第七十五条　交易所发行上市审核工作违反本办法规定，

有下列情形之一的，由中国证监会责令改正；情节严重的，追究直接责任人员相关责任：

（一）未按审核标准开展发行上市审核工作；

（二）未按审核程序开展发行上市审核工作；

（三）不配合中国证监会对发行上市审核工作和发行承销监管工作的检查、抽查，或者不按中国证监会的整改要求进行整改。

第七十六条　上市公司在证券发行文件中隐瞒重要事实或者编造重大虚假内容的，中国证监会采取五年内不接受上市公司发行证券相关文件的监管措施。对相关责任人员，视情节轻重，采取认定为不适当人选的监管措施，或者采取证券市场禁入的措施。

第七十七条　存在下列情形之一的，中国证监会采取三年至五年内不接受上市公司发行证券相关文件的监管措施：

（一）申请文件存在虚假记载、误导性陈述或者重大遗漏；

（二）上市公司阻碍或者拒绝中国证监会、交易所依法对其实施检查、核查；

（三）上市公司及其关联方以不正当手段严重干扰发行上市审核或者发行注册工作；

（四）重大事项未报告、未披露；

（五）上市公司及其董事、监事、高级管理人员、控股股东、实际控制人的签名、盖章系伪造或者变造。

第七十八条　上市公司控股股东、实际控制人违反本办法的规定，致使上市公司所报送的申请文件和披露的信息存在虚假记载、误导性陈述或者重大遗漏，或者组织、指使上市公司进行财务造假、利润操纵或者在证券发行文件中隐瞒重要事实或者编造重大虚假内容的，中国证监会视情节轻重，对相关单位和责任人员采取一年到五年内不接受相关单位及其控制的下属单位发行证券相关文件，对责任人员采取认定为不适当人选等监管措施，或者采取证券市场禁入的措施。

上市公司董事、监事和高级管理人员违反本办法规定，致使上市公司所报送的申请文件和披露的信息存在虚假记载、误导性陈述或者重大遗漏的，中国证监会视情节轻重，对责任人员采取认定为不适当人选等监管措施，或者采取证券市场禁入的措施。

第七十九条 保荐人未勤勉尽责，致使上市公司信息披露资料存在虚假记载、误导性陈述或者重大遗漏的，中国证监会视情节轻重，采取暂停保荐人业务资格一年至三年，责令保荐人更换相关负责人的监管措施；情节严重的，撤销保荐人业务资格，对相关责任人员采取证券市场禁入的措施。

保荐代表人未勤勉尽责，致使上市公司信息披露资料存在虚假记载、误导性陈述或者重大遗漏的，按规定认定为不适当人选。

证券服务机构未勤勉尽责，致使上市公司信息披露资料中与其职责有关的内容及其所出具的文件存在虚假记载、误导性陈述或者重大遗漏的，中国证监会视情节轻重，采取三个月至三年内不接受相关单位及其责任人员出具的发行证券专项文件的监管措施；情节严重的，对证券服务机构相关责任人员采取证券市场禁入的措施。

第八十条 保荐人存在下列情形之一的，中国证监会视情节轻重，采取暂停保荐人业务资格三个月至三年的监管措施；情节特别严重的，撤销其业务资格：

（一）伪造或者变造签字、盖章；

（二）重大事项未报告或者未披露；

（三）以不正当手段干扰审核注册工作；

（四）不履行其他法定职责。保荐代表人存在前款规定情形的，视情节轻重，按规定三个月至三年不受理相关保荐代表人具体负责的推荐；情节特别严重的，按规定认定为不适当人选。

证券服务机构及其相关人员存在第一款规定情形的，中国证监会视情节轻重，采取三个月至三年内不接受相关单位及其责任人员出具的发行证券专项文件的监管措施。

第八十一条 保荐人、证券服务机构及其责任人员存在下列情形之一的，中国证监会视情节轻重，采取责令改正、监管谈话、出具警示函、一年内不接受相关单位及其责任人员出具的与注册申请有关的文件等监管措施；情节严重的，可以同时采取三个月至一年内不接受相关单位及其责任人员出具的发行证券专项文件的监管措施：

（一）制作或者出具的文件不齐备或者不符合要求；

（二）擅自改动申请文件、信息披露资料或者其他已提交文件；

（三）申请文件或者信息披露资料存在相互矛盾或者同一事实表述不一致且有实质性差异；

（四）文件披露的内容表述不清，逻辑混乱，严重影响阅读理解；

（五）对重大事项未及时报告或者未及时披露。上市公司存在前款规定情形的，中国证监会视情节轻重，采取责令改正、监管谈话、出具警示函、六个月至一年内不接受上市公司发行证券相关文件的监管措施。

第八十二条 按照本办法第二十八条申请注册的，交易所和中国证监会发现上市公司或者相关中介机构及其责任人员存在相关违法违规行为的，中国证监会按照本章规定从重处罚，并采取三年至五年内不接受上市公司和保荐人该类发行证券相关文件的监管措施。

第八十三条 上市公司披露盈利预测，利润实现数如未达到盈利预测的百分之八十的，除因不可抗力外，其法定代表人、财务负责人应当在股东大会以及交易所网站、符合中国证监会规定条件的媒体上公开作出解释并道歉；中国证监会可以对法定代表人处以警告。

利润实现数未达到盈利预测百分之五十的，除因不可抗力外，中国证监会在三年内不接受上市公司发行证券相关文件。

注册会计师为上述盈利预测出具审核报告的过程中未勤勉尽责的，中国证监会视情节轻重，对相关机构和责任人员采取监管谈话等监管措施；情节严重的，给予警告等行政处罚。

第八十四条 参与认购的投资者擅自转让限售期限未满的证券的，中国证监会可以责令改正；情节严重的，十二个月内不得作为特定对象认购证券。

第八十五条 相关主体违反本办法第六十六条规定的，中国证监会视情节轻重，采取责令改正、监管谈话、出具警示函、认定为不适当人选、一年至三年内不接受发行证券相关文件的监管措施，以及市场禁入的措施；保荐人、证券服务机构未勤勉尽责的，中国证监会还可以采取一年至三年内不接受相关单位及其责任人员出具的与注册申请有关的文件等监管措施。

第八十六条 上市公司及其控股股东和实际控制人、董事、监事、高级管理人员，保荐人、承销商、证券服务机构及其相关执业人员、参与认购的投资者，在证券发行并上市相关的活动中存在其他违反本办法规定行为的，中国证监会视情节轻重，采取责令改正、监管谈话、出具警示函、责令公开说明、责令定期报告、认定为不适当人选、暂不受理与行政许可有关的文件等监管措施，或者采取证券市场禁入的措施。

第八十七条 上市公司及其控股股东、实际控制人、保荐人、证券服务机构及其相关人员违反《证券法》依法应予以行政处罚的，中国证监会依法予以处罚；涉嫌犯罪的，依法移送司法机关，追究其刑事责任。

第七章 附 则

第八十八条 本办法所称战略投资者，是指符合下列情形之一，且具有同行业或者相关行业较强的重要战略性资源，与上市公司谋求双方协调互补的长期共同战略利益，愿意长期持有上市公司较大比例股份，愿意并且有能力认真履行相应职责，委派董事实际参与公司治理，提升上市公司治理水平，帮助上市公司显著提高公司质量和内在价值，具有良好诚信记录，最近三年未受到中国证监会行政处罚或者被追究刑事责任的投资者：

（一）能够给上市公司带来国际国内领先的核心技术资源，显著增强上市公司的核心竞争力和创新能力，带动上市公司的产业技术升级，显著提升上市公司的盈利能力；

（二）能够给上市公司带来国际国内领先的市场、渠道、品牌等战略性资源，大幅促进上市公司市场拓展，推动实现上市公司销售业绩大幅提升。

境外战略投资者应当同时遵守国家的相关规定。

第八十九条 符合《若干意见》等规定的红筹企业，首次公开发行股票并在创业板上市后，发行股票还应当符合本办法的规定。

符合《若干意见》等规定的红筹企业，首次公开发行存托凭证并在创业板上市后，发行以红筹企业新增证券为基础证券的存托凭证，适用《证券法》《若干意见》以及本办法关于上市公司发行股票的规定，本办法没有规定的，适用中国证监会关于存托凭证的有关规定。

发行存托凭证的红筹企业境外基础股票配股时，相关方案安排应当确保存托凭证持有人实际享有权益与境外基础股票持有人权益相当。

第九十条 上市公司发行优先股、向员工发行证券用于激励的办法，由中国证监会另行规定。

第九十一条 上市公司向特定对象发行股票将导致上市公司控制权发生变化的，还应当符合中国证监会的其他规定。

第九十二条 依据本办法通过向特定对象发行股票取得的上市公司股份，其减持不适用《上市公司股东、董监高减持股份的若干规定》的有关规定。

第九十三条 本办法自公布之日起施行。《创业板上市公司证券发行管理暂行办法》（证监会令第 164 号）同时废止。

9. 关于修改《创业板上市公司证券发行管理暂行办法》的决定（2020 年颁布）

（中国证券监督管理委员会令第 164 号）

一、第九条修改为："上市公司发行证券，应当符合《证券法》规定的条件，并且符合以下规定：

"（一）最近二年盈利，净利润以扣除非经常性损益前后孰低者为计算依据；但上市公司非公开发行股票的除外；

"（二）会计基础工作规范，经营成果真实。内部控制制度健全且被有效执行，能够合理保证公司财务报告的可靠性、生产经营的合法性，以及营运的效率与效果；

"（三）最近二年按照上市公司章程的规定实施现金分红；

"（四）最近三年及一期财务报表未被注册会计师出具否定意见或者无法表示意见的审计报告；被注册会计师出具保留意见或者带强调事项段的无保留意见审计报告的，所涉及的事项对上市公司无重大不利影响或者在发行前重大不利影响已经消除；

"（五）上市公司与控股股东或者实际控制人的人员、资产、财务分开，机构、业务独立，能够自主经营管理。上市公司最近十二个月内不存在违规对外提供担保或者资金被上市公司控股股东、实际控制人及其控制的其他企业以借款、代偿债务、代垫款项或者其他方式占用的情形。"

二、删除第十一条第（一）项。

三、第十五条修改为："非公开发行股票的特定对象应当符合下列规定：

"（一）特定对象符合股东大会决议规定的条件；

"（二）发行对象不超过三十五名。

"发行对象为境外战略投资者的，应当遵守国家的相关规定。"

四、第十六条修改为："上市公司非公开发行股票，应当符合下列规定：

"（一）发行价格不低于定价基准日前二十个交易日公司股票均价的百分之八十；

"（二）本次发行的股份自发行结束之日起，六个月内不得转让；控股股东、实际控制人及其控制的企业认购的股份，十八个月内不得转让；

"（三）本次发行将导致上市公司控制权发生变化的，还应当符合中国证监会的其他规定。"

五、删除第十七条。

六、第三十二条改为三十一条，修改为："股东大会就发行可转换公司债券作出的决定，应当至少包括下列事项：

"（一）本办法第三十条规定的事项；

"（二）债券利率；

"（三）债券期限；

"（四）回售条款；

"（五）还本付息的期限和方式；

“（六）转股期；

“（七）转股价格的确定和修正。”

七、第三十四条改为第三十三条，修改为：“上市公司年度股东大会可以根据公司章程的规定，授权董事会决定非公开发行融资总额不超过最近一年末净资产百分之十的股票，该项授权在下一年度股东大会召开日失效。

上市公司年度股东大会给予董事会前款授权的，应当按照本办法第三十条的规定通过相关决议，作为董事会行使授权的前提条件。”

八、第三十五条改为第三十四条，修改为：“上市公司申请发行证券，应当由保荐人保荐，但是根据本办法第三十六条规定适用简易程序且根据本办法第三十九条规定采取自行销售的除外。

保荐人或者上市公司应当按照中国证监会的有关规定编制和报送发行申请文件。”

九、第三十六条改为第三十五条，修改为：“中国证监会依照下列程序审核发行证券的申请：

“（一）收到申请文件后，五个工作日内决定是否受理；

“（二）中国证监会受理后，对申请文件进行初审；

“（三）发行审核委员会审核申请文件；

“（四）中国证监会作出核准或者不予核准的决定。”

十、第三十八条改为第三十七条，修改为：“上市公司应当自中国证监会核准之日起十二个月内发行证券。超过十二个月未发行的，核准文件失效，须重新经中国证监会核准后方可发行。”

十一、第五十二条改为第五十一条，修改为：“上市公司可以将公开发行证券募集说明书、发行情况报告书刊登于其他网站，但不得早于按照本办法第四十九条、第五十条规定披露信息的时间。”

十二、第五十九条改为第五十八条，修改为：“上市公司违反本办法第十一条第（二）项、第（三）项规定的，中国证监会可以责令改正；情节严重的，自确认之日起三十六个月内不受理该公司的发行证券申请。”

十三、第六十二条改为第六十一条，修改为：“保荐人以不正当手段干扰中国证监会及其发行审核委员会审核工作的，保荐人或其相关签名人员的签名、盖章系伪造或变造的，或者不履行其他法定职责的，依照《证券法》和保荐制度的有关规定处理。”

十四、第六十五条改为第六十四条，修改为：“上市公司在非公开发行新股时，违反本办法第三十九条规定的，中国证监会可以责令改正；情节严重的，自确认之日起三十六个月内不受理该上市公司的发行证券申请。”

十五、增加一条，作为第六十七条：“依据本办法通过非公开发行股票取得的上市公司股份，其减持不适用《上市公司股东、董监高减持股份的若干规定》的有关规定。”

本决定自2020年2月14日起施行。

《创业板上市公司证券发行管理暂行办法》根据本决定作相应修改，并对条文顺序作相应调整，重新公布。

创业板上市公司证券发行管理暂行办法

（2014年2月11日中国证券监督管理委员会第26次主席办公会议审议通过　根据2020年2月14日中国证券监督管理委员会《关于修改〈创业板上市公司证券发行管理暂行办法〉的决定》修正）

第一章 总 则

第一条 为了规范创业板上市公司（以下简称上市公司）证券发行行为，保护投资者的合法权益和社会公共利益，根据《证券法》《公司法》制定本办法。

第二条 上市公司申请在境内发行证券，适用本办法。本办法所称证券，指下列证券品种：

（一）股票；

（二）可转换公司债券；

（三）中国证券监督管理委员会（以下简称“中国证监会”）认可的其他品种。

第三条 上市公司发行证券，可以向不特定对象公开发行，也可以向特定对象非公开发行。

第四条 上市公司发行证券，必须真实、准确、完整、及时、公平地披露或者提供信息，不得有虚假记载、误导性陈述或者重大遗漏。

上市公司作为信息披露第一责任人，应当及时向保荐人、证券服务机构提供真实、准确、完整的财务会计资料和其他资料，全面配合保荐人、证券服务机构开展尽职调查。

第五条保荐人应当严格履行法定职责，遵守业务规则和行业规范，对保荐的上市公司的申请文件和证券服务机构出具的专业意见进行审慎核查，督导上市公司规范运作，对上市公司是否具备持续盈利能力、是否符合发行条件作出专业判断，并确保所出具的发行保荐书和上市公司的申请文件真实、准确、完整、及时。

第六条 为证券发行出具文件的证券服务机构和人员，应当严格履行法定职责，遵照本行业的业务标准和执业规范，对上市公司的相关业务资料进行核查和验证，确保所出具的专业文件真实、准确、完整、及时。

第七条 上市公司应当建立投资者保护机制，优化投资回报机制，保障投资者的知情权和参与权等权利，切实保护投资者特别是中小投资者的合法权益。

第八条 中国证监会对上市公司证券发行的核准，不表明其对该证券的投资价值或者投资者的收益作出实质性判断或者保证。投资者应当自主判断上市公司的投资价值并作出投资决策，自行承担因上市公司经营与收益的变化引致的投资风险。

第二章 发行证券的条件

第一节 一般规定

第九条 上市公司发行证券，应当符合《证券法》规定的条件，并且符合以下规定：

（一）最近二年盈利，净利润以扣除非经常性损益前后孰低者为计算依据；但上市公司非公开发行股票的除外；

（二）会计基础工作规范，经营成果真实。内部控制制度健全且被有效执行，能够合理保证公司财务报告的可靠性、生产经营的合法性，以及营运的效率与效果；

（三）最近二年按照上市公司章程的规定实施现金分红；

（四）最近三年及一期财务报表未被注册会计师出具否定意见或者无法表示意见的审计报告；被注册会计师出具保留意见或者带强调事项段的无保留意见审计报告的，所涉及的事项对上市公司无重大不利影响或者在发行前重大不利影响已经消除；

（五）上市公司与控股股东或者实际控制人的人员、资产、财务分开，机构、业务独立，能够自主经营管理。上市公司最近十二个月内不存在违规对外提供担保或者资金被上市公司控股股东、实际控制人及其控制的其他企业以借款、代偿债务、代垫款项或者其他方式占用的情形。

第十条 上市公司存在下列情形之一的，不得发行证券：

（一）本次发行申请文件有虚假记载、误导性陈述或者重大遗漏；

（二）最近十二个月内未履行向投资者作出的公开承诺；

（三）最近三十六个月内因违反法律、行政法规、规章受到行政处罚且情节严重，或者受到刑事处罚，或者因违反证券法律、行政法规、规章受到中国证监会的行政处罚；最近十二个月内受到证券交易所的公开谴责；因涉嫌犯罪被司法机关立案侦查或者涉嫌违法违规被中国证监会立案调查；

（四）上市公司控股股东或者实际控制人最近十二个月内因违反证券法律、行政法规、规章，受到中国证监会的行政处罚，或者受到刑事处罚；

（五）现任董事、监事和高级管理人员存在违反《公司法》第一百四十七条、第一百四十八条规定的行为，或者最近三十六个月内受到中国证监会的行政处罚、最近十二个月内受到证券交易所的公开谴责；因涉嫌犯罪被司法机关立案侦查或者涉嫌违法违规被中国证监会立案调查；

（六）严重损害投资者的合法权益和社会公共利益的其他情形。

第十一条 上市公司募集资金使用应当符合下列规定：

（一）本次募集资金用途符合国家产业政策和法律、行政法规的规定；

（二）除金融类企业外，本次募集资金使用不得为持有交易性金融资产和可供出售的金融资产、借予他人、委托理财等财务性投资，不得直接或者间接投资于以买卖有价证券为主要业务的公司；

（三）本次募集资金投资实施后，不会与控股股东、实际控制人产生同业竞争或者影响公司生产经营的独立性。

第二节 公开发行股票

第十二条 向原股东配售股份（以下简称配股），除符合本章第一节规定外，还应当符合下列规定：

（一）拟配售股份数量不超过本次配售股份前股本总额的百分之三十；

（二）控股股东应当在股东大会召开前公开承诺认配股份的数量；

（三）采用《证券法》规定的代销方式发行。控股股东不履行认配股份的承诺，或者代销期限届满，原股东认购股票的数量未达到拟配售数量百分之七十的，上市公司应当按照发行价并加算银行同期存款利息返还已经认购的股东。

第十三条 向不特定对象公开募集股份（以下简称增发），除符合本章第一节规定外，还应当符合下列规定：

（一）除金融类企业外，最近一期末不存在持有金额较大的交易性金融资产和可供出售的金融资产、借予他人款项、委托理财等财务性投资的情形；

（二）发行价格不低于公告招股意向书前二十个交易日或者前一个交易日公司股票均价。

第三节 非公开发行股票

第十四条 上市公司非公开发行股票除符合本章第一节规定外，还应当符合本节的规定。

前款所称非公开发行股票，是指上市公司采用非公开方式，向特定对象发行股票的行为。

第十五条 非公开发行股票的特定对象应当符合下列规定：

（一）特定对象符合股东大会决议规定的条件；

（二）发行对象不超过三十五名。发行对象为境外战略投资者的，应当遵守国家的相关规定。

第十六条 上市公司非公开发行股票，应当符合下列规定：

（一）发行价格不低于定价基准日前二十个交易日公司股票均价的百分之八十；

（二）本次发行的股份自发行结束之日起，六个月内不得转让；控股股东、实际控制人及其控制的企业认购的股份，十八个月内不得转让；

（三）本次发行将导致上市公司控制权发生变化的，还应当符合中国证监会的其他规定。

第四节 发行可转换公司债券

第十七条 公开发行可转换公司债券的上市公司，除应当符合《证券法》规定的条件外，还应当符合本章第一节和本节的规定。

前款所称可转换公司债券，是指上市公司依法发行、在一定期间内依据约定的条件可以转换成股份的公司债券。

第十八条 可转换公司债券的期限最短为一年。

第十九条 可转换公司债券每张面值一百元。可转换公司债券的利率由上市公司与主承销商协商确定，但必须符合国家的有关规定。

第二十条 公开发行可转换公司债券，应当委托具有资格的资信评级机构进行信用评级和跟踪评级。

资信评级机构每年至少公告一次跟踪评级报告。

第二十一条 上市公司应当在可转换公司债券期满后五个工作日内办理完毕偿还债券余额本息的事项。

第二十二条 公开发行可转换公司债券，应当约定保护债券持有人权利的办法，以及债券持有人会议的权利、程序和决议生效条件。

存在下列事项之一的，应当召开债券持有人会议：

（一）拟变更募集说明书的约定；

（二）上市公司不能按期支付本息；

（三）上市公司减资、合并、分立、解散或者申请破产；

（四）保证人或者担保物发生重大变化；

（五）其他影响债券持有人重大权益的事项。

第二十三条 可转换公司债券自发行结束之日起六个月后方可转换为公司股票，转股期限由公司根据可转换公司债券的存续期限及公司财务状况确定。债券持有人对转换股票或者不转换股票有选择权，并于转股的次日成为上市公司股东。

第二十四条 转股价格应当不低于募集说明书公告日前二十个交易日和前一个交易日公司股票均价。

前款所称转股价格，是指募集说明书事先约定的可转换公司债券转换为每股股份所支付的价格。

第二十五条 募集说明书可以约定赎回条款，规定上市公司可以按事先约定的条件和价格赎回尚未转股的可转换公司债券。

第二十六条 募集说明书可以约定回售条款，规定债券持有人可以按事先约定的条件和价格将所持债券回售给上市公司。

募集说明书应当约定，上市公司改变公告的募集资金用途的，赋予债券持有人一次回售的权利。

第二十七条 募集说明书应当约定转股价格调整的原则及方式。发行可转换公司债券后，因配股、送股、派息、分立及其他原因引起上市公司股份变动的，应当同时调整转股价格。

第二十八条 募集说明书约定转股价格向下修正条款的，应当同时约定：

（一）转股价格修正方案须提交公司股东大会表决，且须经出席会议的股东所持表决权的三分之二以上同意。股东大会进行表决时，持有公司可转换债券的股东应当回避；

（二）修正后的转股价格不低于前项规定的股东大会召开日前二十个交易日和前一个交易日公司股票均价。

第三章 发行程序

第二十九条 上市公司申请发行证券，董事会应当依法就下列事项作出决议，并提请股东大会批准：

（一）本次证券发行的方案；

（二）本次发行方案的论证分析报告；

（三）本次募集资金使用的可行性报告；

（四）其他必须明确的事项。董事会在编制本次发行方案的论证分析报告时，应当结合上市公司所处行业和发展阶段、融资规划、财务状况、资金需求等情况进行论证分析，独立董事应当发表专项意见。论证分析报告至少包括下列内容：

（一）本次发行证券及其品种选择的必要性；

（二）本次发行对象的选择范围、数量和标准的适当性；

（三）本次发行定价的原则、依据、方法和程序的合理性；

（四）本次发行方式的可行性；

（五）本次发行方案的公平性、合理性；

（六）本次发行对原股东权益或者即期回报摊薄的影响以及填补的具体措施。

第三十条 股东大会就发行股票作出的决定，应当至少包括下列事项：

（一）本次发行证券的种类和数量；

（二）发行方式、发行对象及向原股东配售的安排；

（三）定价方式或者价格区间；

（四）募集资金用途；

（五）决议的有效期；

（六）对董事会办理本次发行具体事宜的授权；

（七）其他必须明确的事项。

第三十一条 股东大会就发行可转换公司债券作出的决定，应当至少包括下列事项：

（一）本办法第三十条规定的事项；

（二）债券利率；

（三）债券期限；

（四）回售条款；

（五）还本付息的期限和方式；

（六）转股期；

（七）转股价格的确定和修正。

第三十二条 股东大会就发行证券事项作出决议，必须经出席会议的股东所持表决权的三分之二以上通过，中小投资者表决情况应当单独计票。向本公司特定的股东及其关联人发行证券的，股东大会就发行方案进行表决时，关联股东应当回避。

上市公司就发行证券事项召开股东大会，应当提供网络投票的方式，公司还可以通过其他方式为股东参加股东大会提供便利。

第三十三条 上市公司年度股东大会可以根据公司章程的规定，授权董事会决定非公开发行融资总额不超过最近一年末净资产百分之十的股票，该项授权在下一年度股东大会召开日失效。上市公司年度股东大会给予董事会前款授权的，应当按照本办法第三十条的规定通过相关决议，作为董事会行使授权的前提条件。

第三十四条 上市公司申请发行证券，应当由保荐人保荐，但是根据本办法第三十六条规定适用简易程序且根据本办法第三十九条规定采取自行销售的除外。

保荐人或者上市公司应当按照中国证监会的有关规定编制和报送发行申请文件。

第三十五条 中国证监会依照下列程序审核发行证券的申请：

（一）收到申请文件后，五个工作日内决定是否受理；

（二）中国证监会受理后，对申请文件进行初审；

（三）发行审核委员会审核申请文件；

（四）中国证监会作出核准或者不予核准的决定。

第三十六条 上市公司申请非公开发行股票融资额不超过人民币五千万元且不超过最近一年末净资产百分之十的，中国证监会适用简易程序，但是最近十二个月内上市公司非公开发行股票的融资总额超过最近一年末净资产百分之十的除外。

前款规定的简易程序，中国证监会自受理之日起十五个工作日内作出核准或者不予核准决定。

第三十七条 上市公司应当自中国证监会核准之日起十二个月内发行证券。超过十二个月未发行的，核准文件失效，须重新经中国证监会核准后方可发行。

第三十八条 上市公司发行证券前发生重大事项的，应当暂缓发行，并及时报告中国证监会。该事项对本次发行条件构成重大影响的，发行证券的申请应当重新经中国证监会核准。

第三十九条 上市公司公开发行证券，应当由证券公司承销。非公开发行股票符合以下情形之一的，可以由上市公司自行销售：

（一）发行对象为原前十名股东；

（二）发行对象为上市公司控股股东、实际控制人或者其控制的关联方；

（三）发行对象为上市公司董事、监事、高级管理人员或者员工；

（四）董事会审议相关议案时已经确定的境内外战略投资者或者其他发行对象；

（五）中国证监会认定的其他情形。上市公司自行销售的，应当在董事会决议中确定发行对象，且不得采用竞价方式确定发行价格。

第四十条 证券发行申请未获核准的上市公司，自中国证监会作出不予核准的决定之日起六个月后，可以再次提出证券发行申请。

第四章 信息披露

第四十一条 上市公司发行证券，应当以投资者决策需求为导向，按照中国证监会规定的程序、内容和格式，编制公开发行证券募集说明书或者其他信息披露文件，依法履行信息披露义务。

第四十二条 上市公司应当保证投资者及时、充分、公平地获得法定披露的信息，信息披露文件使用的文字应当简洁、平实、浅白、易懂，便于中小投资者阅读。中国证监会规定的内容是信息披露的最低要求，凡对投资者投资决策有重大影响的信息，上市公司均应当充分披露。

第四十三条 证券发行议案经董事会表决通过后，应当在二个工作日内报告证券交易所，公告召开股东大会的通知。

使用募集资金收购资产或者股权的，应当在公告召开股东大会通知的同时，披露该资产或者股权的基本情况、交易价格、定价依据以及是否与公司股东或者其他关联人存在利害关系。

第四十四条 股东大会通过本次发行议案之日起二个工作日内，上市公司应当披露股东大会决议公告。股东大会决议公告中应当包括中小投资者单独计票结果。

第四十五条　上市公司提出发行申请后，出现下列情形之一的，应当在次一工作日予以公告：

（一）收到中国证监会不予受理或者终止审查决定；

（二）收到中国证监会不予核准或者予以核准决定；

（三）上市公司撤回证券发行申请。

第四十六条　上市公司全体董事、监事、高级管理人员应当在公开发行证券募集说明书等证券发行信息披露文件上签字，保证不存在虚假记载、误导性陈述或者重大遗漏，并声明承担个别和连带的法律责任。

保荐人及保荐代表人应当声明对其保荐的上市公司公开发行证券募集说明书等证券发行信息披露文件的真实性、准确性、完整性和及时性承担责任。

为证券发行出具文件的证券服务机构和人员应当声明对所出具文件的真实性、准确性、完整性和及时性承担责任。

第四十七条　公开发行证券募集说明书等证券发行信息披露文件所引用的审计报告、盈利预测审核报告、资产评估报告、资信评级报告，应当由有资格的证券服务机构出具，并由至少二名有从业资格的人员签署。

公开发行证券募集说明书等证券发行信息披露文件所引用的法律意见书，应当由律师事务所出具，并由至少二名经办律师签署。

第四十八条　公开发行证券募集说明书自最后签署之日起六个月内有效。

公开发行证券募集说明书等证券发行信息披露文件不得使用超过有效期的资产评估报告或者资信评级报告。

第四十九条　上市公司在公开发行证券前的二至五个工作日内，应当将经中国证监会核准的公司发行证券募集说明书刊登在中国证监会指定的互联网网站，并置备于中国证监会指定的场所，供公众查阅。

第五十条　上市公司在非公开发行证券后的二个工作日内，应当将发行情况报告书刊登在中国证监会指定的互联网网站，并置备于中国证监会指定的场所，供公众查阅。

第五十一条　上市公司可以将公开发行证券募集说明书、发行情况报告书刊登于其他网站，但不得早于按照本办法第四十九条、第五十条规定披露信息的时间。

第五章　监管和处罚

第五十二条　上市公司违反本办法规定，中国证监会可以责令改正；对其直接负责的主管人员和其他直接责任人员，可以采取监管谈话、认定为不适当人选等监管措施，记入诚信档案并公布。

第五十三条　上市公司及其直接负责的主管人员和其他直接责任人员违反法律、行政法规或者本办法规定，依法应当予以行政处罚的，依照有关规定进行处罚；涉嫌犯罪的，依法移送司法机关，追究其刑事责任。

第五十四条　自申请文件受理之日起，上市公司及其控股股东、实际控制人、董事、监事、高级管理人员以及保荐人、证券服务机构及相关人员即对申请文件的真实性、准确性、完整性、及时性承担相应的法律责任。上市公司报送的申请文件中记载的信息自相矛盾或者就同一事实前后存在不同表述且有实质性差异的，中国证监会将中止审查并自确认之日起十二个月内不受理相关保荐代表人推荐的发行申请。

第五十五条　上市公司报送的申请文件中有虚假记载、误导性陈述或者重大遗漏的，中国证监会将终止审查并自确认之日起三十六个月内不受理该上市公司的发行证券申请，并依照《证券法》的有关规定进行处罚；致使投资者在证券交易中遭受损失的，应当依法承担赔偿责任。

第五十六条 上市公司在发行证券决策、申请、发行过程中，非法向他人提供尚未依法公开披露信息的，中国证监会可以对其直接负责的主管人员和其他直接责任人员采取监管谈话、认定为不适当人选等监管措施，并依照《证券法》的有关规定进行处罚或者追究相关责任。

第五十七条 上市公司披露盈利预测，利润实现数如未达到盈利预测的百分之八十的，除因不可抗力外，其法定代表人、财务负责人应当在股东大会及中国证监会指定网站、报刊上公开作出解释并道歉；情节严重的，中国证监会给予警告等行政处罚。

利润实现数未达到盈利预测的百分之五十的，除因不可抗力外，中国证监会还可以自确认之日起三十六个月内不受理该上市公司的发行证券申请。

注册会计师为上述盈利预测出具审核报告的过程中未勤勉尽责的，中国证监会将视情节轻重，对相关机构和责任人员采取监管谈话等监管措施，记入诚信档案并公布；情节严重的，给予警告等行政处罚。

第五十八条 上市公司违反本办法第十一条第（二）项、第（三）项规定的，中国证监会可以责令改正；情节严重的，自确认之日起三十六个月内不受理该公司的发行证券申请。

第五十九条 上市公司及其董事、高级管理人员以及上市公司控股股东、实际控制人及其控制的关联方违反所作出的与上市公司证券发行相关的约定或者承诺的，中国证监会可以对其采取监管谈话、责令公开说明、责令改正、认定为不适当人选等监管措施。

上市公司控股股东或者实际控制人最近十二个月内未履行持股意向等公开承诺的，不得参与本上市公司发行证券认购。

第六十条 保荐人出具有虚假记载、误导性陈述或者重大遗漏的发行保荐书的，中国证监会可以责令改正，并依照《证券法》和保荐制度的有关规定进行处理；致使投资者遭受损失的，应当依法承担赔偿责任。

第六十一条 保荐人以不正当手段干扰中国证监会及其发行审核委员会审核工作的，保荐人或其相关签名人员的签名、盖章系伪造或变造的，或者不履行其他法定职责的，依照《证券法》和保荐制度的有关规定处理。

第六十二条 为证券发行出具审计报告、法律意见、资产评估报告、资信评级报告及其他专项文件的证券服务机构和人员，在其出具的专项文件中存在虚假记载、误导性陈述或者重大遗漏，中国证监会自确认之日起十二个月内不接受相关机构出具的证券发行专项文件，三十六个月内不接受相关人员出具的证券发行专项文件；致使投资者遭受损失的，应当依法承担赔偿责任。

第六十三条 承销机构在承销非公开发行的证券时，将证券配售给不符合本办法第十五条规定的对象的，中国证监会可以责令改正；情节严重的，自确认之日起三十六个月内不接受其参与证券承销。

第六十四条 上市公司在非公开发行新股时，违反本办法第三十九条规定的，中国证监会可以责令改正；情节严重的，自确认之日起三十六个月内不受理该上市公司的发行证券申请。

第六十五条 本办法规定的特定对象违反规定，擅自转让限售期限未满的股票的，中国证监会可以责令改正；情节严重的，自确认之日起十二个月内不得作为特定对象认购证券。

第六章 附 则

第六十六条 上市公司向员工发行证券用于激励的办法、上市公司发行优先股的办法法律法规另有规定的，适用其规定。

第六十七条 依据本办法通过非公开发行股票取得的上市公司股份，其减持不适用《上市公司股东、董监高减持股份的若干规定》的有关规定。

第六十八条 本办法自公布之日起施行。

10. 创业板上市公司持续监管办法（试行）（2020 年颁布）

（证监会令第 169 号）

第一条 为了规范企业股票、存托凭证及其衍生品种在深圳证券交易所（以下简称交易所）创业板上市后相关各方的行为，支持引导企业更好地发展，保护投资者合法权益，根据《中华人民共和国证券法》（以下简称《证券法》）、《中华人民共和国公司法》《国务院办公厅转发证监会关于开展创新企业境内发行股票或存托凭证试点若干意见的通知》以及相关法律法规，制定本办法。

第二条 中国证券监督管理委员会（以下简称中国证监会）根据《证券法》等法律法规、本办法和中国证监会其他相关规定，对创业板上市公司（以下简称上市公司）及相关主体进行监督管理。

中国证监会其他相关规定与本办法规定不一致的，适用本办法。

第三条 交易所根据《证券交易所管理办法》、本办法等有关规定，建立以股票上市规则为中心的创业板持续监管规则体系，在持续信息披露、股份减持、并购重组、股权激励、退市等方面制定具体实施规则。上市公司应当遵守交易所持续监管实施规则。

第四条 上市公司应当保持健全、有效、透明的治理体系和监督机制，保证股东大会、董事会、监事会规范运作，督促董事、监事和高级管理人员履行忠实、勤勉义务，保障全体股东合法权利，积极履行社会责任，保护利益相关者的基本权益。

第五条 上市公司控股股东、实际控制人应当诚实守信，规范行使权利，严格履行承诺，维持公司独立性，维护公司和全体股东的共同利益。

第六条 上市公司应当积极回报股东，根据自身条件和发展阶段，制定并执行现金分红、股份回购等股东回报政策。

第七条 上市公司设置表决权差异安排的，应当在公司章程中规定特别表决权股份的持有人资格、特别表决权股份拥有的表决权数量与普通股份拥有的表决权数量的比例安排、持有人所持特别表决权股份能够参与表决的股东大会事项范围、特别表决权股份锁定安排及转让限制、特别表决权股份与普通股份的转换情形等事项。公司章程有关上述事项的规定，应当符合交易所的有关规定。

上市公司应当在定期报告中持续披露特别表决权安排的情况；特别表决权安排发生重大变化的，应当及时披露。

交易所应当对存在特别表决权股份公司的上市条件、表决权差异的设置、存续、调整、信息披露和投资者保护事项制定有关规定。

第八条 上市公司的控股股东、实际控制人应当配合上市公司履行信息披露义务，不得要求或者协助上市公司隐瞒应当披露的信息。

第九条 上市公司筹划的重大事项存在较大不确定性，立即披露可能会损害公司利益或者误导投资者，且有关内幕信息知情人已书面承诺保密的，上市公司可以暂不披露，但最迟应当在该重大事项形成最终决议、签署最终协议或者交易确定能够达成时对外披露；已经泄密或者确实难以保密的，上市公司应当立即披露该信息。

第十条 上市公司应当结合所属行业的特点，充分披露行业经营信息，尤其是针对性披露技术、产业、业态、模式等能够反映行业竞争力的信息，便于投资者合理决策。

第十一条 上市公司应当充分披露可能对公司核心竞争力、经营活动和未来发展产生重大不利影响的风险因素。

上市公司尚未盈利的，应当充分披露尚未盈利的成因，以及对公司现金流、业务拓展、人才吸引、团队稳定性、研发投入、战略性投入、生产经营可持续性等方面的影响。

第十二条 除依法需要披露的信息之外，上市公司和相关信息披露义务人可以自愿披露与投资者作出价值判断和投资决策有关的信息，但不得与依法披露的信息相冲突，不得误导投资者。

上市公司自愿披露的信息应当真实、准确、完整，简明清晰，通俗易懂，上市公司不得利用该等信息不当影响公司股票价格，并应当按照同一标准披露后续类似信息。

第十三条 上市公司和相关信息披露义务人确有需要的，可以在非交易时段对外发布重大信息，但应当在下一交易时段开始前披露相关公告，不得以新闻发布或者答记者问等形式代替信息披露。

第十四条 上市公司和相关信息披露义务人适用中国证监会、交易所相关信息披露规定，可能导致其难以反映经营活动的实际情况、难以符合行业监管要求或者公司注册地有关规定的，可以依照相关规定暂缓适用或者免于适用，但是应当充分说明原因和替代方案。中国证监会、交易所认为依法不应当调整适用的，上市公司和相关信息披露义务人应当执行相关规定。

第十五条 股份锁定期届满后，上市公司控股股东、实际控制人、董事、监事、高级管理人员及其他股东减持首次公开发行前已发行的股份（以下简称首发前股份）以及上市公司向特定对象发行的股份，应当遵守交易所有关减持方式、程序、价格、比例以及后续转让等事项的规定。

第十六条 上市时未盈利的上市公司，其控股股东、实际控制人、董事、监事、高级管理人员所持首发前股份的锁定期应当适当延长，具体期限由交易所规定。

第十七条 上市公司存在重大违法情形，触及重大违法强制退市标准的，控股股东、实际控制人、董事、监事、高级管理人员应当遵守交易所相关股份转让的规定。

第十八条 上市公司实施重大资产重组或者发行股份购买资产的，标的资产所属行业应当符合创业板定位，或者与上市公司处于同行业或者上下游。

第十九条 上市公司并购重组，涉及发行股票的，由交易所审核通过后报中国证监会注册。

中国证监会收到交易所报送的审核意见等相关文件后，在五个工作日内对上市公司注册申请作出予以注册或者不予注册的决定，按规定应当扣除的时间不计算在本款规定的时限内。

第二十条 上市公司实施重大资产重组的标准，按照《上市公司重大资产重组管理办法》（以下简称《重组办法》）第十二条予以认定，但其中营业收入指标执行下列标准：购买、出售的资产在最近一个会计年度所产生的营业收入占上市公司同期经审计的合并财务会计报告营业收入的比例达到百分之五十以上，且超过五千万元人民币。上市公司实施重大资产重组，构成《重组办法》第十三条规定的交易情形的，置入资产的具体条件由交易所制定。

第二十一条 上市公司发行股份购买资产的，发行股份的价格不得低于市场参考价的百分之八十。市场参考价为本次发行股份购买资产的董事会决议公告日前二十个交易日、六十个交易日或者一百二十个交易日的公司股票交易均价之一。

第二十二条　实施重大资产重组或者发行股份购买资产的上市公司为创新试点红筹企业，或者上市公司拟购买资产涉及创新试点红筹企业的，在计算重大资产重组认定标准等监管指标时，应当采用根据中国企业会计准则编制或者调整的财务数据。

上市公司中的创新试点红筹企业实施重大资产重组或者发行股份购买资产，可以按照境外注册地法律法规和公司章程履行内部决策程序，并及时披露重组报告书、独立财务顾问报告、法律意见书以及重组涉及的审计报告、资产评估报告或者估值报告。第二十三条交易所应当制定符合上市公司特点的并购重组具体实施标准和规则，报中国证监会批准，并依法对信息披露、中介机构督导等进行自律管理。

第二十四条　上市公司发行优先股、定向可转债、定向权证、存托凭证购买资产或者与其他公司合并的，参照适用本办法；本办法没有规定的，适用《重组办法》等有关规定。

第二十五条　上市公司以本公司股票为标的实施股权激励的，应当设置合理的考核指标，有利于公司持续发展。

第二十六条　单独或者合计持有上市公司百分之五以上股份的股东或者实际控制人及其配偶、父母、子女，作为上市公司董事、高级管理人员、核心技术人员或者核心业务人员的，可以成为激励对象。

上市公司应当充分说明上述人员成为激励对象的必要性、合理性。

第二十七条　上市公司授予激励对象的限制性股票，包括符合股权激励计划授予条件的激励对象在满足相应条件后分次获得并登记的本公司股票。

限制性股票的授予和登记，应当遵守交易所和证券登记结算机构的有关规定。

第二十八条　上市公司授予激励对象限制性股票的价格低于市场参考价百分之五十的，应当符合交易所有关规定，并应当说明定价依据及定价方式。

出现前款规定情形的，上市公司应当聘请独立财务顾问，对股权激励计划的可行性、相关定价依据和定价方法的合理性、是否有利于公司持续发展、是否损害股东利益等发表意见。

第二十九条　上市公司全部在有效期内的股权激励计划所涉及的标的股票总数，累计不得超过公司总股本的百分之二十。

第三十条　上市公司应当建立完善募集资金管理使用制度，按照交易所业务规则持续披露募集资金使用情况。

第三十一条　上市公司控股股东、实际控制人质押公司股份的，应当合理使用融入资金，维持公司控制权和生产经营稳定，不得侵害公司利益或者向公司转移风险，并依据中国证监会、交易所的规定履行信息披露义务。

第三十二条　上市公司及其股东、实际控制人、董事、监事、高级管理人员、其他信息披露义务人、内幕信息知情人等相关主体违反本办法的，中国证监会根据《证券法》等法律法规和中国证监会其他有关规定，依法追究其法律责任。

第三十三条　中国证监会将遵守本办法的情况记入证券市场诚信档案，会同有关部门加强信息共享，依法依规实施守信激励与失信惩戒。

第三十四条　上市公司根据自身定位和发展需要，可以申请转板至其他板块上市。具体规则另行制定。

第三十五条　本办法自公布之日起施行。

11. 科创板首次公开发行股票注册管理办法（试行）（2020年颁布）

（中国证券监督管理委员会令第174号）

第一章 总 则

第一条 为规范在上海证券交易所科创板试点注册制首次公开发行股票相关活动，保护投资者合法权益和社会公共利益，根据《中华人民共和国证券法》《中华人民共和国公司法》《全国人民代表大会常务委员会关于授权国务院在实施股票发行注册制改革中调整适用〈中华人民共和国证券法〉有关规定的决定》《全国人民代表大会常务委员会关于延长授权国务院在实施股票发行注册制改革中调整适用〈中华人民共和国证券法〉有关规定期限的决定》《关于在上海证券交易所设立科创板并试点注册制的实施意见》及相关法律法规，制定本办法。

第二条 在中华人民共和国境内首次公开发行股票并在上海证券交易所科创板（以下简称科创板）上市，适用本办法。

第三条 发行人申请首次公开发行股票并在科创板上市，应当符合科创板定位，面向世界科技前沿、面向经济主战场、面向国家重大需求。优先支持符合国家战略，拥有关键核心技术，科技创新能力突出，主要依靠核心技术开展生产经营，具有稳定的商业模式，市场认可度高，社会形象良好，具有较强成长性的企业。

第四条 首次公开发行股票并在科创板上市，应当符合发行条件、上市条件以及相关信息披露要求，依法经上海证券交易所（以下简称交易所）发行上市审核并报经中国证券监督管理委员会（以下简称中国证监会）履行发行注册程序。

第五条 发行人作为信息披露第一责任人，应当诚实守信，依法充分披露投资者作出价值判断和投资决策所必需的信息，所披露信息必须真实、准确、完整，不得有虚假记载、误导性陈述或者重大遗漏。

发行人应当为保荐人、证券服务机构及时提供真实、准确、完整的财务会计资料和其他资料，全面配合相关机构开展尽职调查和其他相关工作。

发行人的控股股东、实际控制人应当全面配合相关机构开展尽职调查和其他相关工作，不得要求或者协助发行人隐瞒应当披露的信息。

第六条 保荐人应当诚实守信，勤勉尽责，按照依法制定的业务规则和行业自律规范的要求，充分了解发行人经营情况和风险，对注册申请文件和信息披露资料进行全面核查验证，对发行人是否符合发行条件、上市条件独立作出专业判断，审慎作出推荐决定，并对招股说明书及其所出具的相关文件的真实性、准确性、完整性负责。

第七条 证券服务机构应当严格按照依法制定的业务规则和行业自律规范，审慎履行职责，作出专业判断与认定，并对招股说明书中与其专业职责有关的内容及其所出具的文件的真实性、准确性、完整性负责。

证券服务机构及其相关执业人员应当对与本专业相关的业务事项履行特别注意义务，对其他业务事项履行普通注意义务，并承担相应法律责任。

第八条 同意发行人首次公开发行股票注册，不表明中国证监会和交易所对该股票的投资价值或者投资者的收益作出实质性判断或者保证，也不表明中国证监会和交易所对注册申请文件的真实性、准确性、完整性作出保证。

第九条 股票依法发行后，因发行人经营与收益的变化引致的投资风险，由投资者自行负责。

第二章 发行条件

第十条 发行人是依法设立且持续经营3年以上的股份有限公司，具备健全且运行良好的组织机构，相关机构和人员能够依法履行职责。

有限责任公司按原账面净资产值折股整体变更为股份有限公司的，持续经营时间可以从有限责任公司成立之日起计算。

第十一条 发行人会计基础工作规范，财务报表的编制和披露符合企业会计准则和相关信息披露规则的规定，在所有重大方面公允地反映了发行人的财务状况、经营成果和现金流量，并由注册会计师出具标准无保留意见的审计报告。

发行人内部控制制度健全且被有效执行，能够合理保证公司运行效率、合法合规和财务报告的可靠性，并由注册会计师出具无保留结论的内部控制鉴证报告。

第十二条 发行人业务完整，具有直接面向市场独立持续经营的能力：

（一）资产完整，业务及人员、财务、机构独立，与控股股东、实际控制人及其控制的其他企业间不存在对发行人构成重大不利影响的同业竞争，不存在严重影响独立性或者显失公平的关联交易。

（二）发行人主营业务、控制权、管理团队和核心技术人员稳定，最近2年内主营业务和董事、高级管理人员及核心技术人员均没有发生重大不利变化；控股股东和受控股股东、实际控制人支配的股东所持发行人的股份权属清晰，最近2年实际控制人没有发生变更，不存在导致控制权可能变更的重大权属纠纷。

（三）发行人不存在主要资产、核心技术、商标等的重大权属纠纷，重大偿债风险，重大担保、诉讼、仲裁等或有事项，经营环境已经或者将要发生重大变化等对持续经营有重大不利影响的事项。

第十三条 发行人生产经营符合法律、行政法规的规定，符合国家产业政策。

最近3年内，发行人及其控股股东、实际控制人不存在贪污、贿赂、侵占财产、挪用财产或者破坏社会主义市场经济秩序的刑事犯罪，不存在欺诈发行、重大信息披露违法或者其他涉及国家安全、公共安全、生态安全、生产安全、公众健康安全等领域的重大违法行为。

董事、监事和高级管理人员不存在最近3年内受到中国证监会行政处罚，或者因涉嫌犯罪被司法机关立案侦查或者涉嫌违法违规被中国证监会立案调查，尚未有明确结论意见等情形。

第三章 注册程序

第十四条 发行人董事会应当依法就本次股票发行的具体方案、本次募集资金使用的可行性及其他必须明确的事项作出决议，并提请股东大会批准。

第十五条 发行人股东大会就本次发行股票作出的决议，至少应当包括下列事项：

（一）本次公开发行股票的种类和数量；

（二）发行对象；

（三）定价方式；

（四）募集资金用途；

（五）发行前滚存利润的分配方案；

（六）决议的有效期；

（七）对董事会办理本次发行具体事宜的授权；

（八）其他必须明确的事项。

第十六条 发行人申请首次公开发行股票并在科创板上市，应当按照中国证监会有关规定制作注册申请文件，由保荐人保荐并向交易所申报。

交易所收到注册申请文件后，5个工作日内作出是否受理的决定。

第十七条 自注册申请文件受理之日起，发行人及其控股股东、实际控制人、董事、监事、高级管理人员，以及与本次股票公开发行并上市相关的保荐人、证券服务机构及相关责任人员，即承担相应法律责任。

第十八条 注册申请文件受理后，未经中国证监会或者交易所同意，不得改动。

发生重大事项的，发行人、保荐人、证券服务机构应当及时向交易所报告，并按要求更新注册申请文件和信息披露资料。

第十九条 交易所设立独立的审核部门，负责审核发行人公开发行并上市申请；设立科技创新咨询委员会，负责为科创板建设和发行上市审核提供专业咨询和政策建议；设立科创板股票上市委员会，负责对审核部门出具的审核报告和发行人的申请文件提出审议意见。

交易所主要通过向发行人提出审核问询、发行人回答问题方式开展审核工作，基于科创板定位，判断发行人是否符合发行条件、上市条件和信息披露要求。

第二十条 交易所按照规定的条件和程序，作出同意或者不同意发行人股票公开发行并上市的审核意见。同意发行人股票公开发行并上市的，将审核意见、发行人注册申请文件及相关审核资料报送中国证监会履行发行注册程序。不同意发行人股票公开发行并上市的，作出终止发行上市审核决定。

第二十一条 交易所应当自受理注册申请文件之日起3个月内形成审核意见。发行人根据要求补充、修改注册申请文件，以及交易所按照规定对发行人实施现场检查，或者要求保荐人、证券服务机构对有关事项进行专项核查的时间不计算在内。

第二十二条 交易所应当提高审核工作透明度，接受社会监督，公开下列事项：

（一）发行上市审核标准和程序等发行上市审核业务规则，以及相关监管问答；

（二）在审企业名单、企业基本情况及审核工作进度；

（三）发行上市审核问询及回复情况，但涉及国家秘密或者发行人商业秘密的除外；

（四）上市委员会会议的时间、参会委员名单、审议的发行人名单、审议结果及现场问询问题；

（五）对股票公开发行并上市相关主体采取的自律监管措施或者纪律处分；

（六）交易所规定的其他事项。

第二十三条 中国证监会收到交易所报送的审核意见、发行人注册申请文件及相关审核资料后，履行发行注册程序。发行注册主要关注交易所发行上市审核内容有无遗漏，审核程序是否符合规定，以及发行人在发行条件和信息披露要求的重大方面是否符合相关规定。中国证监会认为存在需要进一步说明或者落实事项的，可以要求交易所进一步问询。

中国证监会认为交易所对影响发行条件的重大事项未予关注或者交易所的审核意见依据明显不充分的，可以退回交易所补充审核。交易所补充审核后，同意发行人股票公开发行并上市的，重新向中国证监会报送审核意见及相关资料，本办法第二十四条规定的注册期限重新计算。

第二十四条 中国证监会在20个工作日内对发行人的注册申请作出同意注册或者不予注册的决定。发行人根据要求补充、修改注册申请文件，中国证监会要求交易所进一步问询，以及中国证监会要求保荐人、证券服务机构等对有关事项进行核查的时间不计算在内。

第二十五条 中国证监会同意注册的决定自作出之日起1年内有效，发行人应当在注册决定有效期内发行股票，发行时点由发行人自主选择。

第二十六条 中国证监会作出注册决定后、发行人股票上市交易前，发行人应当及时更新信息披露文件内容，财务报表过期的，发行人应当补充财务会计报告等文件；保荐人及证券服务机构应当持续履行尽职调查职责；发生重大事项的，发行人、保荐人应当及时向交易所报告。

交易所应当对上述事项及时处理，发现发行人存在重大事项影响发行条件、上市条件的，应当出具明确意见并及时向中国证监会报告。

第二十七条 中国证监会作出注册决定后、发行人股票上市交易前，发现可能影响本次发行的重大事项的，中国证监会可以要求发行人暂缓或者暂停发行、上市；相关重大事项导致发行人不符合发行条件的，可以撤销注册。

中国证监会撤销注册后，股票尚未发行的，发行人应当停止发行；股票已经发行尚未上市的，发行人应当按照发行价并加算银行同期存款利息返还股票持有人。

第二十八条 交易所因不同意发行人股票公开发行并上市，作出终止发行上市审核决定，或者中国证监会作出不予注册决定的，自决定作出之日起6个月后，发行人可以再次提出公开发行股票并上市申请。

第二十九条 中国证监会应当按规定公开股票发行注册行政许可事项相关的监管信息。

第三十条 存在下列情形之一的，发行人、保荐人应当及时书面报告交易所或者中国证监会，交易所或者中国证监会应当中止相应发行上市审核程序或者发行注册程序：

（一）相关主体涉嫌违反本办法第十三条第二款规定，被立案调查或者被司法机关侦查，尚未结案；

（二）发行人的保荐人，以及律师事务所、会计师事务所等证券服务机构因首次公开发行股票、上市公司证券发行、并购重组业务涉嫌违法违规，或者其他业务涉嫌违法违规且对市场有重大影响被中国证监会立案调查，或者被司法机关侦查，尚未结案；

（三）发行人的签字保荐代表人，以及签字律师、签字会计师等证券服务机构签字人员因首次公开发行股票、上市公司证券发行、并购重组业务涉嫌违法违规，或者其他业务涉嫌违法违规且对市场有重大影响被中国证监会立案调查，或者被司法机关侦查，尚未结案；

（四）发行人的保荐人，以及律师事务所、会计师事务所等证券服务机构被中国证监会依法采取限制业务活动、责令停业整顿、指定其他机构托管、接管等监管措施，或者被交易所实施一定期限内不接受其出具的相关文件的纪律处分，尚未解除；

（五）发行人的签字保荐代表人、签字律师、签字会计师等中介机构签字人员被中国证监会依法采取限制证券从业资格等监管措施或者证券市场禁入的措施，或者被交易所实施一定期限内不接受其出具的相关文件的纪律处分，尚未解除；

（六）发行人及保荐人主动要求中止发行上市审核程序或者发行注册程序，理由正当且经交易所或者中国证监会批准；

（七）发行人注册申请文件中记载的财务资料已过有效期，需要补充提交；

（八）中国证监会规定的其他情形。前款所列情形消失后，发行人可以提交恢复申请；因前款第（二）（三）项规定情形中止的，保荐人以及律师事务所、会计师事务所等证券服务机构按照有关规定履行复核程序后，发行人也可以提交恢复申请。交易所或者中国证监会按照有关规定恢复发行上市审核程序或者发行注册程序。

第三十一条 存在下列情形之一的，交易所或者中国证监会应当终止相应发行上市审核程序或者发行注册程序，并向发行人说明理由：

（一）发行人撤回注册申请文件或者保荐人撤销保荐；

（二）发行人未在要求的期限内对注册申请文件作出解释说明或者补充、修改；

（三）注册申请文件存在虚假记载、误导性陈述或者重大遗漏；

（四）发行人阻碍或者拒绝中国证监会、交易所依法对发行人实施检查、核查；

（五）发行人及其关联方以不正当手段严重干扰发行上市审核或者发行注册工作；

（六）发行人法人资格终止；

（七）注册申请文件内容存在重大缺陷，严重影响投资者理解和发行上市审核或者发行注册工作；

（八）发行人注册申请文件中记载的财务资料已过有效期且逾期3个月未更新；

（九）发行人中止发行上市审核程序超过交易所规定的时限或者中止发行注册程序超过3个月仍未恢复；

（十）交易所不同意发行人公开发行股票并上市；

（十一）中国证监会规定的其他情形。

第三十二条 中国证监会和交易所可以对发行人进行现场检查，可以要求保荐人、证券服务机构对有关事项进行专项核查并出具意见。

中国证监会和交易所应当建立健全信息披露质量现场检查制度，以及对保荐业务、发行承销业务的常态化检查制度，具体制度另行规定。

第三十三条 中国证监会与交易所建立全流程电子化审核注册系统，实现电子化受理、审核，以及发行注册各环节实时信息共享，并满足依法向社会公开相关信息的需要。

第四章 信息披露

第三十四条 发行人申请首次公开发行股票并在科创板上市，应当按照中国证监会制定的信息披露规则，编制并披露招股说明书，保证相关信息真实、准确、完整。信息披露内容应当简明易懂，语言应当浅白平实，以便投资者阅读、理解。

中国证监会制定的信息披露规则是信息披露的最低要求。不论上述规则是否有明确规定，凡是对投资者作出价值判断和投资决策有重大影响的信息，发行人均应当予以披露。

第三十五条 中国证监会依法制定招股说明书内容与格式准则、编报规则，对注册申请文件和信息披露资料的内容、格式、编制要求、披露形式等作出规定。

交易所可以依据中国证监会部门规章和规范性文件，制定信息披露细则或者指引，在中国证监会确定的信息披露内容范围内，对信息披露提出细化和补充要求，报中国证监会批准后实施。

第三十六条 发行人及其董事、监事、高级管理人员应当在招股说明书上签字、盖章，保证招股说明书的内容真实、准确、完整，不存在虚假记载、误导性陈述或者重大遗漏，并声明承担相应法律责任。

发行人控股股东、实际控制人应当在招股说明书上签字、盖章，确认招股说明书的内容真实、准确、完整，不存在虚假记载、误导性陈述或者重大遗漏，并声明承担相应法律责任。

第三十七条 保荐人及其保荐代表人应当在招股说明书上签字、盖章，确认招股说明书的内容真实、准确、完整，不存在虚假记载、误导性陈述或者重大遗漏，并声明承担相应的法律责任。

第三十八条 为证券发行出具专项文件的律师、注册会计师、资产评估人员、资信评级人员及其所在机构，应当在招股说明书上签字、盖章，确认对发行人信息披露文件引用其出具的专业意见无异议，信息披露文件不因引用其出具的专业意见而出现虚假记载、误导性陈述或者重大遗漏，并声明承担相应的法律责任。

第三十九条 发行人应当根据自身特点，有针对性地披露行业特点、业务模式、公司治理、发展战略、经营政策、会计政策，充分披露科研水平、科研人员、科研资金投入等相关信息，并充分揭示可能对公司核心竞争力、经营稳定性以及未来发展产生重大不利影响的风险因素。

发行人尚未盈利的，应当充分披露尚未盈利的成因，以及对公司现金流、业务拓展、人才吸引、团队稳定性、研发投入、战略性投入、生产经营可持续性等方面的影响。

第四十条　发行人应当披露其募集资金使用管理制度，以及募集资金重点投向科技创新领域的具体安排。

第四十一条　存在特别表决权股份的境内科技创新企业申请首次公开发行股票并在科创板上市的，发行人应当在招股说明书等公开发行文件中，披露并特别提示差异化表决安排的主要内容、相关风险和对公司治理的影响，以及依法落实保护投资者合法权益的各项措施。

保荐人和发行人律师应当就公司章程规定的特别表决权股份的持有人资格、特别表决权股份拥有的表决权数量与普通股份拥有的表决权数量的比例安排、持有人所持特别表决权股份能够参与表决的股东大会事项范围、特别表决权股份锁定安排及转让限制等事项是否符合有关规定发表专业意见。

第四十二条　发行人应当在招股说明书中披露公开发行股份前已发行股份的锁定期安排，特别是核心技术人员股份的锁定期安排以及尚未盈利情况下发行人控股股东、实际控制人、董事、监事、高级管理人员股份的锁定期安排。

保荐人和发行人律师应当就前款事项是否符合有关规定发表专业意见。

第四十三条　招股说明书的有效期为6个月，自公开发行前最后一次签署之日起计算。

招股说明书引用经审计的财务报表在其最近一期截止日后6个月内有效，特殊情况下发行人可申请适当延长，但至多不超过1个月。财务报表应当以年度末、半年度末或者季度末为截止日。

第四十四条　交易所受理注册申请文件后，发行人应当按交易所规定，将招股说明书、发行保荐书、上市保荐书、审计报告和法律意见书等文件在交易所网站预先披露。

第四十五条　预先披露的招股说明书及其他注册申请文件不能含有价格信息，发行人不得据此发行股票。

发行人应当在预先披露的招股说明书显要位置作如下声明：“本公司的发行申请尚需经上海证券交易所和中国证监会履行相应程序。本招股说明书不具有据以发行股票的法律效力，仅供预先披露之用。投资者应当以正式公告的招股说明书作为投资决定的依据。”

第四十六条　交易所审核同意后，将发行人注册申请文件报送中国证监会时，招股说明书、发行保荐书、上市保荐书、审计报告和法律意见书等文件应在交易所网站和中国证监会网站公开。

第四十七条　发行人股票发行前应当在交易所网站和中国证监会指定网站全文刊登招股说明书，同时在中国证监会指定报刊刊登提示性公告，告知投资者网上刊登的地址及获取文件的途径。

发行人可以将招股说明书以及有关附件刊登于其他报刊和网站，但披露内容应当完全一致，且不得早于在交易所网站、中国证监会指定报刊和网站的披露时间。

第四十八条　保荐人出具的发行保荐书、证券服务机构出具的文件及其他与发行有关的重要文件应当作为招股说明书的附件，在交易所网站和中国证监会指定的网站披露，以备投资者查阅。

第五章　发行与承销的特别规定

第四十九条　首次公开发行股票并在科创板上市的发行与承销行为，适用《证券发行与承销管理办法》，本办法另有规定的除外。

第五十条　首次公开发行股票，应当向经中国证券业协会注册的证券公司、基金管理公司、信托公司、财务公司、保险公司、合格境外机构投资者和私募基金管理人等专业机构投资者（以下统称网下投资者）询价确定股票发行价格。

发行人和主承销商可以根据自律规则，设置网下投资者的具体条件，并在发行公告中预先披露。

第五十一条 网下投资者可以按照管理的不同配售对象账户分别申报价格，每个报价应当包含配售对象信息、每股价格和该价格对应的拟申购股数。

首次公开发行股票价格（或者发行价格区间）确定后，提供有效报价的网下投资者方可参与新股申购。

第五十二条 交易所应当根据《证券发行与承销管理办法》和本办法制定科创板股票发行承销业务规则。

投资者报价要求、最高报价剔除比例、网下初始配售比例、网下优先配售比例、网下网上回拨机制、网下分类配售安排、战略配售、超额配售选择权等事项适用交易所相关规定。

《证券发行与承销管理办法》规定的战略投资者在承诺的持有期限内，可以按规定向证券金融公司借出获得配售的股票。借出期限届满后，证券金融公司应当将借入的股票返还给战略投资者。

第五十三条 保荐人的相关子公司或者保荐人所属证券公司的相关子公司参与发行人股票配售的具体规则由交易所另行规定。

第五十四条 获中国证监会同意注册后，发行人与主承销商应当及时向交易所报备发行与承销方案。交易所5个工作日内无异议的，发行人与主承销商可依法刊登招股意向书，启动发行工作。

第五十五条 交易所对证券发行承销过程实施监管。发行承销涉嫌违法违规或者存在异常情形的，中国证监会可以要求交易所对相关事项进行调查处理，或者直接责令发行人和承销商暂停或者中止发行。

第六章 发行上市保荐的特别规定

第五十六条 首次公开发行股票并在科创板上市保荐业务，适用《证券发行上市保荐业务管理办法》，本办法另有规定的除外。

第五十七条 保荐人应当根据科创板企业特点和注册制要求对科创板保荐工作内部控制做出合理安排，有效控制风险，切实提高执业质量。

第五十八条 保荐人应当按照中国证监会和交易所的规定制作、报送和披露发行保荐书、上市保荐书、回复意见及其他发行上市相关文件，遵守交易所和中国证监会的发行上市审核及发行注册程序，配合交易所和中国证监会的发行上市审核及发行注册工作，并承担相应工作。

第五十九条 首次公开发行股票并在科创板上市的，持续督导的期间为证券上市当年剩余时间及其后3个完整会计年度。

交易所可以对保荐人持续督导内容、履责要求、发行人通知报告事项等作出规定。

第七章 监督管理和法律责任

第六十条 中国证监会负责建立健全以信息披露为中心的注册制规则体系，制定股票发行注册并上市的规章规则，依法批准交易所制定的上市条件、审核标准、审核程序、上市委员会制度、信息披露、保荐、发行承销等方面的制度规则，指导交易所制定与发行上市审核相关的其他业务规则。

第六十一条 中国证监会建立对交易所发行上市审核工作和发行承销过程监管的监督

机制，持续关注交易所审核情况和发行承销过程监管情况；发现交易所自律监管措施或者纪律处分失当的，可以责令交易所改正。

第六十二条　中国证监会对交易所发行上市审核和发行承销过程监管等相关工作进行年度例行检查。在检查过程中，可以调阅审核工作文件，列席相关审核会议。

中国证监会定期或者不定期按一定比例对交易所发行上市审核和发行承销过程监管等相关工作进行抽查。

中国证监会在检查和抽查过程中发现问题的，交易所应当整改。

第六十三条　中国证监会建立对发行上市监管全流程的权力运行监督制约机制，对发行上市审核程序和发行注册程序相关内控制度运行情况进行督导督察，对廉政纪律执行情况和相关人员的履职尽责情况进行监督监察。

第六十四条　交易所应当建立内部防火墙制度，发行上市审核部门、发行承销监管部门与其他部门隔离运行。参与发行上市审核的人员，不得与发行人及其控股股东、实际控制人、相关保荐人、证券服务机构有利害关系，不得直接或者间接与发行人、保荐人、证券服务机构有利益往来，不得持有发行人股票，不得私下与发行人接触。

第六十五条　交易所应当建立定期报告制度，及时总结发行上市审核和发行承销监管的工作情况，并报告中国证监会。

第六十六条　交易所发行上市审核工作违反本办法规定，有下列情形之一的，由中国证监会责令改正；情节严重的，追究直接责任人员相关责任：

（一）未按审核标准开展发行上市审核工作；

（二）未按审核程序开展发行上市审核工作；

（三）不配合中国证监会对发行上市审核工作和发行承销监管工作的检查、抽查，或者不按中国证监会的整改要求进行整改。

第六十七条　发行人不符合发行上市条件，以欺骗手段骗取发行注册的，中国证监会将自确认之日起采取 5 年内不接受发行人公开发行证券相关文件的监管措施。对相关责任人员，视情节轻重，采取认定为不适当人选的监管措施，或者采取证券市场禁入的措施。

第六十八条　对发行人存在本办法第六十七条规定的行为并已经发行上市的，可以依照有关规定责令上市公司及其控股股东、实际控制人在一定期间从投资者手中购回本次公开发行的股票。

第六十九条　发行人存在本办法第三十一条第（三）项、第（四）项、第（五）项规定的情形，重大事项未报告、未披露，或者发行人及其董事、监事、高级管理人员、控股股东、实际控制人的签字、盖章系伪造或者变造的，中国证监会将自确认之日起采取 3 年至 5 年内不接受发行人公开发行证券相关文件的监管措施。

第七十条　发行人的控股股东、实际控制人违反本办法规定，致使发行人所报送的注册申请文件和披露的信息存在虚假记载、误导性陈述或者重大遗漏，或者纵容、指使、协助发行人进行财务造假、利润操纵或者有意隐瞒其他重要信息等骗取发行注册行为的，中国证监会可以视情节轻重，对相关单位和责任人员自确认之日起采取 1 年到 5 年内不接受相关单位及其控制的下属单位公开发行证券相关文件，对责任人员采取认定为不适当人选等监管措施，或者采取证券市场禁入的措施。

发行人的董事、监事和高级管理人员违反本办法规定，致使发行人所报送的注册申请文件和披露的信息存在虚假记载、误导性陈述或者重大遗漏的，中国证监会可以视情节轻重，对责任人员采取认定为不适当人选等监管措施，或者采取证券市场禁入的措施。

第七十一条　保荐人未勤勉尽责，致使发行人信息披露资料存在虚假记载、误导性陈述或者重大遗漏的，中国证监会将视情节轻重，自确认之日起采取暂停保荐人业务资格 1 年到 3 年，责令保荐人更换相关负责人的监管措施；情节严重的，撤销保荐人业务资格，对相关责任人员采取证券市场禁入的措施。

保荐代表人未勤勉尽责，致使发行人信息披露资料存在虚假记载、误导性陈述或者重大遗漏的，按规定撤销保荐代表人资格。

证券服务机构未勤勉尽责，致使发行人信息披露资料中与其职责有关的内容及其所出具的文件存在虚假记载、误导性陈述或者重大遗漏的，中国证监会可以视情节轻重，自确认之日起采取 3 个月至 3 年不接受相关单位及其责任人员出具的发行证券专项文件的监管措施；情节严重的，对证券服务机构相关责任人员采取证券市场禁入的措施。

第七十二条 保荐人存在下列情形的，中国证监会可以视情节轻重，自确认之日起采取暂停保荐人业务资格 3 个月至 3 年的监管措施；情节特别严重的，撤销其业务资格：

（一）伪造或者变造签字、盖章；

（二）重大事项未报告、未披露；

（三）以不正当手段干扰审核注册工作；

（四）不履行其他法定职责。保荐代表人存在前款规定情形的，视情节轻重，按规定暂停保荐代表人资格 3 个月至 3 年；情节严重的，按规定撤销保荐代表人资格。

证券服务机构及其相关人员存在第一款规定情形的，中国证监会可以视情节轻重，自确认之日起，采取 3 个月至 3 年不接受相关单位及其责任人员出具的发行证券专项文件的监管措施。

第七十三条 发行人公开发行证券上市当年即亏损的，中国证监会自确认之日起暂停保荐人的保荐人资格 3 个月，撤销相关人员的保荐代表人资格，尚未盈利的企业或者已在证券发行募集文件中充分分析并揭示相关风险的除外。

第七十四条 保荐人、证券服务机构存在以下情形的，中国证监会可以视情节轻重，采取责令改正、监管谈话、出具警示函、1 年内不接受相关单位及其责任人员出具的与注册申请有关的文件等监管措施；情节严重的，可以同时采取 3 个月到 1 年内不接受相关单位及其责任人员出具的发行证券专项文件的监管措施：

（一）制作或者出具的文件不齐备或者不符合要求；

（二）擅自改动注册申请文件、信息披露资料或者其他已提交文件；

（三）注册申请文件或者信息披露资料存在相互矛盾或者同一事实表述不一致且有实质性差异；

（四）文件披露的内容表述不清，逻辑混乱，严重影响投资者理解；

（五）未及时报告或者未及时披露重大事项。发行人存在前款规定情形的，中国证监会可视情节轻重，采取责令改正、监管谈话、出具警示函、6 个月至 1 年内不接受发行人公开发行证券相关文件的监管措施。

第七十五条 发行人披露盈利预测的，利润实现数如未达到盈利预测的 80%，除因不可抗力外，其法定代表人、财务负责人应当在股东大会及中国证监会指定报刊上公开作出解释并道歉；中国证监会可以对法定代表人处以警告。

利润实现数未达到盈利预测的 50% 的，除因不可抗力外，中国证监会在 3 年内不受理该公司的公开发行证券申请。

注册会计师为上述盈利预测出具审核报告的过程中未勤勉尽责的，中国证监会将视情节轻重，对相关机构和责任人员采取监管谈话等监管措施，记入诚信档案并公布；情节严重的，给予警告等行政处罚。

第七十六条 发行人及其控股股东和实际控制人、董事、监事、高级管理人员，保荐人、承销商、证券服务机构及其相关执业人员，在股票公开发行并上市相关的活动中存在其他违反本办法规定行为的，中国证监会可以视情节轻重，采取责令改正、监管谈话、出具警示函、责令公开说明、责令参加培训、责令定期报告、认定为不适当人选、暂不受理与行政许可有关的文件等监管措施，或者采取证券市场禁入的措施。

第七十七条 发行人及其控股股东、实际控制人、保荐人、证券服务机构及其相关人员违反《中华人民共和国证券法》依法应予以行政处罚的，中国证监会将依法予以处罚；对欺诈发行、虚假陈述负有责任的发行人、保荐人、会计师事务所、律师事务所、资产评估机构及其责任人员依法从重处罚。涉嫌犯罪的，依法移送司法机关，追究其刑事责任。

第七十八条 交易所负责对发行人及其控股股东、实际控制人、保荐人、承销商、证券服务机构等进行自律监管。

中国证券业协会负责制定保荐业务、发行承销自律监管规则，对保荐人、承销商、保荐代表人、网下投资者进行自律监管。

交易所和中国证券业协会应当对发行上市过程中违反自律监管规则的行为采取自律监管措施或者给予纪律处分。

第七十九条 中国证监会会同有关部门，加强对发行人等相关市场主体的监管信息共享，完善失信联合惩戒机制。

第八章 附 则

第八十条 符合《国务院办公厅转发证监会关于开展创新企业境内发行股票或存托凭证试点若干意见的通知》（国办发〔2018〕21号，以下简称《若干意见》）等规定的红筹企业，申请首次公开发行股票并在科创板上市，还应当符合本办法相关规定，但公司形式可适用其注册地法律规定；申请发行存托凭证并在科创板上市的，适用本办法关于发行上市审核注册程序的规定。

前款规定的红筹企业在科创板发行上市，适用《若干意见》“营业收入快速增长，拥有自主研发、国际领先技术，同行业竞争中处于相对优势地位”的具体标准，由交易所制定具体规则，并报中国证监会批准。

第八十一条 本办法自公布之日起施行。

12. 科创板上市公司证券发行注册管理办法（试行）（2020年颁布）

（中国证券监督管理委员会令第171号）

第一章 总 则

第一条 为了规范科创板上市公司（以下简称上市公司）证券发行行为，保护投资者合法权益和社会公共利益，根据《中华人民共和国证券法》（以下简称《证券法》）《国务院办公厅关于贯彻实施修订后的证券法有关工作的通知》《关于在上海证券交易所设立科创板并试点注册制的实施意见》《国务院办公厅转发证监会关于开展创新企业境内发行股票或存托凭证试点若干意见的通知》（以下简称《若干意见》）及相关法律法规，制定本办法。

第二条 上市公司申请在境内发行证券，适用本办法。本办法所称证券，指下列证券品种：

（一）股票；

（二）可转换公司债券（以下简称可转债）；

（三）存托凭证；

（四）中国证券监督管理委员会（以下简称中国证监会）认可的其他品种。

前款所称可转债，是指上市公司依法发行、在一定期间内依据约定的条件可以转换成股份的公司债券。

第三条 上市公司发行证券，可以向不特定对象发行，也可以向特定对象发行。向不特定对象发行证券包括上市公司向原股东配售股份（以下简称配股）、向不特定对象募集股份（以下简称增发）和向不特定对象发行可转债。

向特定对象发行证券包括上市公司向特定对象发行股票、向特定对象发行可转债。

第四条 上市公司发行证券的，应当符合《证券法》和本办法规定的发行条件和相关信息披露要求，依法经上海证券交易所（以下简称交易所）发行上市审核并报经中国证监会注册，但因依法实行股权激励、公积金转为增加公司资本、分配股票股利的除外。

第五条 上市公司应当诚实守信，依法充分披露投资者作出价值判断和投资决策所必需的信息，所披露信息必须真实、准确、完整，简明清晰、通俗易懂，不得有虚假记载、误导性陈述或者重大遗漏。

上市公司应当按照保荐人、证券服务机构要求，依法向其提供真实、准确、完整的财务会计资料和其他资料，配合相关机构开展尽职调查和其他相关工作。

上市公司控股股东、实际控制人、董事、监事、高级管理人员应当配合相关机构开展尽职调查和其他相关工作，不得要求或者协助上市公司隐瞒应当提供的资料或者应当披露的信息。

第六条 保荐人应当诚实守信，勤勉尽责，按照依法制定的业务规则和行业自律规范的要求，充分了解上市公司经营情况和风险，对注册申请文件和信息披露资料进行全面核查验证，对上市公司是否符合发行条件独立作出专业判断，审慎作出推荐决定，并对募集说明书或者其他信息披露文件及其所出具的相关文件的真实性、准确性、完整性负责。

第七条 证券服务机构应当严格遵守法律法规、中国证监会制定的监管规则、业务规则和本行业公认的业务标准和道德规范，建立并保持有效的质量控制体系，保护投资者合法权益，审慎履行职责，作出专业判断与认定，并对募集说明书或者其他信息披露文件中与其专业职责有关的内容及其所出具的文件的真实性、准确性、完整性负责。

证券服务机构及其相关执业人员应当对与本专业相关的业务事项履行特别注意义务，对其他业务事项履行普通注意义务，并承担相应法律责任。

证券服务机构及其执业人员从事证券服务业务应当配合中国证监会的监督管理，在规定的期限内提供、报送或披露相关资料、信息，并保证其提供、报送或披露的资料、信息真实、准确、完整，不得有虚假记载、误导性陈述或者重大遗漏。

证券服务机构应当妥善保存客户委托文件、核查和验证资料、工作底稿以及与质量控制、内部管理、业务经营有关的信息和资料。

第八条 对上市公司发行证券申请予以注册，不表明中国证监会和交易所对该证券的投资价值或者投资者的收益作出实质性判断或者保证，也不表明中国证监会和交易所对申请文件的真实性、准确性、完整性作出保证。

第二章 发行条件

第一节 发行股票

第九条 上市公司向不特定对象发行股票，应当符合下列规定：

（一）具备健全且运行良好的组织机构；

（二）现任董事、监事和高级管理人员具备法律、行政法规规定的任职要求；

（三）具有完整的业务体系和直接面向市场独立经营的能力，不存在对持续经营有重大不利影响的情形；

（四）会计基础工作规范，内部控制制度健全且有效执行，财务报表的编制和披露符合企业会计准则和相关信息披露规则的规定，在所有重大方面公允反映了上市公司的财务状况、经营成果和现金流量，最近三年财务会计报告被出具无保留意见审计报告；

（五）除金融类企业外，最近一期末不存在金额较大的财务性投资。

第十条 上市公司存在下列情形之一的，不得向不特定对象发行股票：

（一）擅自改变前次募集资金用途未作纠正，或者未经股东大会认可；

（二）上市公司及其现任董事、监事和高级管理人员最近三年受到中国证监会行政处罚，或者最近一年受到证券交易所公开谴责，或者因涉嫌犯罪正被司法机关立案侦查或者涉嫌违法违规正在被中国证监会立案调查；

（三）上市公司及其控股股东、实际控制人最近一年存在未履行向投资者作出的公开承诺的情形；

（四）上市公司及其控股股东、实际控制人最近三年存在贪污、贿赂、侵占财产、挪用财产或者破坏社会主义市场经济秩序的刑事犯罪，或者存在严重损害上市公司利益、投资者合法权益、社会公共利益的重大违法行为。

第十一条 上市公司存在下列情形之一的，不得向特定对象发行股票：

（一）擅自改变前次募集资金用途未作纠正，或者未经股东大会认可；

（二）最近一年财务报表的编制和披露在重大方面不符合企业会计准则或者相关信息披露规则的规定；最近一年财务会计报告被出具否定意见或者无法表示意见的审计报告；最近一年财务会计报告被出具保留意见的审计报告，且保留意见所涉及事项对上市公司的重大不利影响尚未消除。本次发行涉及重大资产重组的除外；

（三）现任董事、监事和高级管理人员最近三年受到中国证监会行政处罚，或者最近一年受到证券交易所公开谴责；

（四）上市公司及其现任董事、监事和高级管理人员因涉嫌犯罪正在被司法机关立案侦查或者涉嫌违法违规正被中国证监会立案调查；

（五）控股股东、实际控制人最近三年存在严重损害上市公司利益或者投资者合法权益的重大违法行为；

（六）最近三年存在严重损害投资者合法权益或者社会公共利益的重大违法行为。

第十二条 上市公司发行股票，募集资金使用应当符合下列规定：

（一）应当投资于科技创新领域的业务；

（二）符合国家产业政策和有关环境保护、土地管理等法律、行政法规规定；

（三）募集资金项目实施后，不会与控股股东、实际控制人及其控制的其他企业新增构成重大不利影响的同业竞争、显失公平的关联交易，或者严重影响公司生产经营的独立性。

第二节 发行可转债

第十三条 上市公司发行可转债，应当符合下列规定：

（一）具备健全且运行良好的组织机构；

（二）最近三年平均可分配利润足以支付公司债券一年的利息；

（三）具有合理的资产负债结构和正常的现金流量。除前款规定条件外，上市公司向不特定对象发行可转债，还应当遵守本办法第九条第（二）项至第（五）项、第十条的规定；向特定对象发行可转债，还应当遵守本办法第十一条的规定。但是，按照公司债券募集办法，上市公司通过收购本公司股份的方式进行公司债券转换的除外。

第十四条 上市公司存在下列情形之一的，不得发行可转债：

（一）对已公开发行的公司债券或者其他债务有违约或者延迟支付本息的事实，仍处于继续状态；

（二）违反《证券法》规定，改变公开发行公司债券所募资金用途。

第十五条 上市公司发行可转债，募集资金除不得用于弥补亏损和非生产性支出外，还应当遵守本办法第十二条的规定。

第三章 发行程序

第十六条 上市公司申请发行证券，董事会应当依法就下列事项作出决议，并提请股东大会批准：

（一）本次证券发行的方案；

（二）本次发行方案的论证分析报告；

（三）本次募集资金使用的可行性报告；

（四）其他必须明确的事项。上市公司董事会拟引入战略投资者的，应当将引入战略投资者的事项作为单独议案，就每名战略投资者单独审议，并提交股东大会批准。

董事会依照前二款作出决议，董事会决议日与首次公开发行股票上市日的时间间隔不得少于六个月。

第十七条 董事会在编制本次发行方案的论证分析报告时，应当结合上市公司所处行业和发展阶段、融资规划、财务状况、资金需求等情况进行论证分析，独立董事应当发表专项意见。论证分析报告至少应当包括下列内容：

（一）本次发行证券及其品种选择的必要性；

（二）本次发行对象的选择范围、数量和标准的适当性；

（三）本次发行定价的原则、依据、方法和程序的合理性；

（四）本次发行方式的可行性；

（五）本次发行方案的公平性、合理性；

（六）本次发行对原股东权益或者即期回报摊薄的影响以及填补的具体措施。

第十八条 股东大会就发行证券作出的决定，至少应当包括下列事项：

（一）本次发行证券的种类和数量；

（二）发行方式、发行对象及向原股东配售的安排；

（三）定价方式或者价格区间；

（四）募集资金用途；

（五）决议的有效期；

（六）对董事会办理本次发行具体事宜的授权；

（七）其他必须明确的事项。

第十九条 股东大会就发行可转债作出的决定，至少应当包括下列事项：

（一）本办法第十八条规定的事项；

（二）债券利率；

（三）债券期限；

（四）赎回条款；

（五）回售条款；

（六）还本付息的期限和方式；

（七）转股期；

（八）转股价格的确定和修正。

第二十条 股东大会就发行证券事项作出决议，必须经出席会议的股东所持表决权的三分之二以上通过，中小投资者表决情况应当单独计票。向本公司特定的股东及其关联人发行证券的，股东大会就发行方案进行表决时，关联股东应当回避。股东大会对引入战略投资者议案作出决议的，应当就每名战略投资者单独表决。

上市公司就发行证券事项召开股东大会，应当提供网络投票方式，公司还可以通过其他方式为股东参加股东大会提供便利。

第二十一条 上市公司年度股东大会可以根据公司章程的规定，授权董事会决定向特定对象发行融资总额不超过人民币三亿元且不超过最近一年末净资产百分之二十的股票，该项授权在下一年度股东大会召开日失效。上市公司年度股东大会给予董事会前款授权的，应当就本办法第十八条规定的事项通过相关决定。

第二十二条 上市公司申请发行证券，应当按照中国证监会有关规定制作注册申请文件，依法由保荐人保荐并向交易所申报。

交易所收到注册申请文件后，五个工作日内作出是否受理的决定。

第二十三条 申请文件受理后，未经中国证监会或者交易所同意，不得改动。

发生重大事项的，上市公司、保荐人、证券服务机构应当及时向交易所报告，并按要求更新申请文件和信息披露资料。

第二十四条 交易所审核部门负责审核上市公司证券发行上市申请；科创板上市委员会负责对上市公司向不特定对象发行证券的申请文件和审核部门出具的审核报告提出审议意见。

交易所主要通过向上市公司提出审核问询、上市公司回答问题方式开展审核工作，判断上市公司发行申请是否符合发行条件和信息披露要求。

第二十五条 上市公司应当向交易所报送审核问询回复的相关文件，并以临时公告的形式披露交易所审核问询回复意见。

第二十六条 交易所按照规定的条件和程序，形成上市公司是否符合发行条件和信息披露要求的审核意见，认为上市公司符合发行条件和信息披露要求的，将审核意见、上市公司注册申请文件及相关审核资料报中国证监会注册；认为上市公司不符合发行条件或者信息披露要求的，作出终止发行上市审核决定。

第二十七条 交易所应当自受理注册申请文件之日起二个月内形成审核意见，但本办法另有规定的除外。

上市公司根据要求补充、修改申请文件，或者交易所按照规定对上市公司实施现场检查，要求保荐人、证券服务机构对有关事项进行专项核查，并要求上市公司补充、修改申请文件的时间不计算在内。

第二十八条 符合相关规定的上市公司按照本办法第二十一条规定申请向特定对象发行股票的，适用简易程序。

第二十九条 交易所采用简易程序的，应当在收到注册申请文件后，二个工作日内作出是否受理的决定，自受理之日起三个工作日内完成审核并形成上市公司是否符合发行条件和信息披露要求的审核意见。

交易所应当制定简易程序的业务规则，并报中国证监会批准。

第三十条 中国证监会依法履行发行注册程序，主要关注交易所发行上市审核内容有无遗漏，审核程序是否符合规定，以及上市公司在发行条件和信息披露要求的重大方面是否符合相关规定。中国证监会认为存在需要进一步说明或者落实事项的，可以要求交易所进一步问询。

中国证监会认为交易所对影响发行条件的重大事项未予关注或者交易所的审核意见依据明显不充分的，可以退回交易所补充审核。交易所补充审核后，认为上市公司符合发行条件和信息披露要求的，重新向中国证监会报送审核意见及相关资料，本办法第三十一条规定的注册期限重新计算。

第三十一条 中国证监会在十五个工作日内对上市公司的注册申请作出予以注册或者不予注册的决定。

上市公司根据要求补充、修改注册申请文件，或者中国证监会要求交易所进一步问询，要求保荐人、证券服务机构等对有关事项进行核查，对上市公司现场检查，并要求上市公司补充、修改申请文件的时间不计算在内。

中国证监会收到交易所依照本办法第二十九条规定报送的审核意见、上市公司注册申请文件及相关审核资料后，三个工作日内作出予以注册或者不予注册的决定。

第三十二条 中国证监会的予以注册决定，自作出之日起一年内有效，上市公司应当在注册决定有效期内发行证券，发行时点由上市公司自主选择。

适用简易程序的，应当在中国证监会作出予以注册决定后十个工作日内完成发行缴款，未完成的，本次发行批文失效。

第三十三条 中国证监会作出予以注册决定后、上市公司证券上市交易前，上市公司应当及时更新信息披露文件；保荐人以及证券服务机构应当持续履行尽职调查职责；发生重大事项的，上市公司、保荐人应当及时向交易所报告。

交易所应当对上述事项及时处理，发现上市公司存在重大事项影响发行条件的，应当出具明确意见并及时向中国证监会报告。

第三十四条 中国证监会作出予以注册决定后、上市公司证券上市交易前，发现可能影响本次发行的重大事项的，中国证监会可以要求上市公司暂缓发行、上市；相关重大事项导致上市公司不符合发行条件的，应当撤销注册。中国证监会撤销注册后，证券尚未发行的，上市公司应当停止发行；证券已经发行尚未上市的，上市公司应当按照发行价并加算银行同期存款利息返还证券持有人。

第三十五条 交易所认为上市公司不符合发行条件或者信息披露要求，作出终止发行上市审核决定，或者中国证监会作出不予注册决定的，自决定作出之日起六个月后，上市公司可以再次提出证券发行申请。

第三十六条 上市公司证券发行上市审核或者注册程序的中止、终止等情形参照适用《科创板首次公开发行股票注册管理办法（试行）》的相关规定。

第三十七条 中国证监会和交易所可以对上市公司进行现场检查，或者要求保荐人、证券服务机构对有关事项进行专项核查并出具意见。

第四章 信息披露

第三十八条 上市公司发行证券，应当以投资者决策需求为导向，按照中国证监会制定的信息披露规则，编制募集说明书或者其他信息披露文件，依法履行信息披露义务，保证相关信息真实、准确、完整。信息披露内容应当简明清晰，通俗易懂，不得有虚假记载、误导性陈述或者重大遗漏。中国证监会制定的信息披露规则是信息披露的最低要求。不论上述规则是否有明确规定，凡是投资者作出价值判断和投资决策所必需的信息，上市公司均应当充分披露，内容应当真实、准确、完整。

第三十九条 中国证监会依法制定募集说明书或者其他证券发行信息披露文件内容与格式准则、编报规则等信息披露规则，对申请文件和信息披露资料的内容、格式、编制要求、披露形式等作出规定。

交易所可以依据中国证监会部门规章和规范性文件，制定信息披露细则或者指引，在中国证监会确定的信息披露内容范围内，对信息披露提出细化和补充要求，报中国证监会批准后实施。

第四十条 上市公司应当在募集说明书或者其他证券发行信息披露文件中，以投资者需求为导向，有针对性地披露行业特点、业务模式、公司治理、发展战略、经营政策、会计政策，充分披露科研水平、科研人员、科研资金投入等相关信息，并充分揭示可能对公司核心竞争力、经营稳定性以及未来发展产生重大不利影响的风险因素。

第四十一条 证券发行议案经董事会表决通过后，应当在二个工作日内披露，并及时公告召开股东大会的通知。

使用募集资金收购资产或者股权的，应当在公告召开股东大会通知的同时，披露该资产或者股权的基本情况、交易价格、定价依据以及是否与公司股东或者其他关联人存在利害关系。

第四十二条 股东大会通过本次发行议案之日起二个工作日内，上市公司应当披露股东大会决议公告。

第四十三条 上市公司提出发行申请后，出现下列情形之一的，应当在次一个工作日予以公告：

（一）收到交易所不予受理或者终止发行上市审核决定；

（二）收到中国证监会终止发行注册决定；

（三）收到中国证监会予以注册或者不予注册的决定；

（四）上市公司撤回证券发行申请。

第四十四条 上市公司及其董事、监事、高级管理人员应当在募集说明书或者其他证券发行信息披露文件上签字、盖章，保证信息披露内容真实、准确、完整，不存在虚假记载、误导性陈述或者重大遗漏，按照诚信原则履行承诺，并声明承担相应的法律责任。

上市公司控股股东、实际控制人应当在募集说明书或者其他证券发行信息披露文件上签字、盖章，确认信息披露内容真实、准确、完整，不存在虚假记载、误导性陈述或者重大遗漏，按照诚信原则履行承诺，并声明承担相应法律责任。

第四十五条 保荐人及其保荐代表人应当在募集说明书或者其他证券发行信息披露文件上签字、盖章，确认信息披露内容真实、准确、完整，不存在虚假记载、误导性陈述或者重大遗漏，并声明承担相应的法律责任。

第四十六条 为证券发行出具专项文件的律师、注册会计师、资产评估人员、资信评级人员及其所在机构，应当在募集说明书或者其他证券发行信息披露文件上签字、盖章，确认对上市公司信息披露文件引用其出具的专业意见无异议，信息披露文件不因引用其出具的专业意见而出现虚假记载、误导性陈述或者重大遗漏，并声明承担相应的法律责任。

第四十七条 募集说明书等证券发行信息披露文件所引用的审计报告、盈利预测审核报告、资产评估报告、资信评级报告，应当由符合规定的证券服务机构出具，并由至少二名有执业资格的人员签署。

募集说明书或者其他证券发行信息披露文件所引用的法律意见书，应当由律师事务所出具，并由至少二名经办律师签署。

第四十八条 募集说明书自最后签署之日起六个月内有效。募集说明书或者其他证券发行信息披露文件不得使用超过有效期的资产评估报告或者资信评级报告。

第四十九条 向不特定对象发行证券申请经注册后，上市公司应当在证券发行前二至五个工作日内将公司募集说明书刊登在交易所网站和符合中国证监会规定条件的网站，供公众查阅。

第五十条 向特定对象发行证券申请经注册后，上市公司应当在证券发行前将公司募集文件刊登在交易所网站和符合中国证监会规定条件的网站，供公众查阅。

向特定对象发行证券的，上市公司应当在证券发行后的二个工作日内，将发行情况报告书刊登在交易所网站和符合中国证监会规定条件的网站，供公众查阅。

第五十一条 上市公司可以将募集说明书或者其他证券发行信息披露文件、发行情况报告书刊登于其他网站，但不得早于按照本办法第四十九条、第五十条规定披露信息的时间。

第五章 发行承销的特别规定

第五十二条 上市公司证券发行与承销行为，适用《证券发行与承销管理办法》（以下简称《承销办法》），但本办法另有规定的除外。

交易所可以根据《承销办法》和本办法制定上市公司证券发行承销业务规则，并报中国证监会批准。

第五十三条 上市公司配股的，拟配售股份数量不超过本次配售前股本总额的百分之五十，并应当采用代销方式发行。

控股股东应当在股东大会召开前公开承诺认配股份的数量。控股股东不履行认配股份的承诺，或者代销期限届满，原股东认购股票的数量未达到拟配售数量百分之七十的，上市公司应当按照发行价并加算银行同期存款利息返还已经认购的股东。

第五十四条 上市公司增发的，发行价格应当不低于公告招股意向书前二十个交易日或者前一个交易日公司股票均价。

第五十五条 上市公司向特定对象发行证券，发行对象应当符合股东大会决议规定的条件，且每次发行对象不超过三十五名。

第五十六条 上市公司向特定对象发行股票，发行价格应当不低于定价基准日前二十个交易日公司股票均价的百分之八十。

前款所称"定价基准日"，是指计算发行底价的基准日。

第五十七条 向特定对象发行股票的定价基准日为发行期首日。上市公司应当以不低于发行底价的价格发行股票。

上市公司董事会决议提前确定全部发行对象，且发行对象属于下列情形之一的，定价基准日可以为关于本次发行股票的董事会决议公告日、股东大会决议公告日或者发行期首日：

（一）上市公司的控股股东、实际控制人或者其控制的关联人；

（二）通过认购本次发行的股票取得上市公司实际控制权的投资者；

（三）董事会拟引入的境内外战略投资者。

第五十八条 向特定对象发行股票发行对象属于本办法第五十七条第二款规定以外的情形的，上市公司应当以竞价方式确定发行价格和发行对象。

董事会决议确定部分发行对象的，确定的发行对象不得参与竞价，且应当接受竞价结果，并明确在通过竞价方式未能产生发行价格的情况下，是否继续参与认购、价格确定原则及认购数量。

第五十九条 向特定对象发行的股票，自发行结束之日起六个月内不得转让。发行对象属于本办法第五十七条第二款规定情形的，其认购的股票自发行结束之日起十八个月内不得转让。

第六十条 向特定对象发行股票的定价基准日为本次发行股票的董事会决议公告日或者股东大会决议公告日的，向特定对象发行股票的董事会决议公告后，出现下列情况需要重新召开董事会的，应当由董事会重新确定本次发行的定价基准日：

（一）本次发行股票股东大会决议的有效期已过；

（二）本次发行方案发生重大变化；

（三）其他对本次发行定价具有重大影响的事项。

第六十一条 可转债应当具有期限、面值、利率、评级、债券持有人权利、转股价格及调整原则、赎回及回售、转股价格向下修正等要素。

向不特定对象发行的可转债利率由上市公司与主承销商依法协商确定。

向特定对象发行的可转债应当采用竞价方式确定利率和发行对象。

第六十二条　可转债自发行结束之日起六个月后方可转换为公司股票，转股期限由公司根据可转债的存续期限及公司财务状况确定。

债券持有人对转股或者不转股有选择权，并于转股的次日成为上市公司股东。

第六十三条　向特定对象发行的可转债不得采用公开的集中交易方式转让。

向特定对象发行的可转债转股的，所转股票自可转债发行结束之日起十八个月内不得转让。

第六十四条　向不特定对象发行可转债的转股价格应当不低于募集说明书公告日前二十个交易日上市公司股票交易均价和前一个交易日均价。

向特定对象发行可转债的转股价格应当不低于认购邀请书发出前二十个交易日上市公司股票交易均价和前一个交易日的均价，且不得向下修正。

第六十五条　上市公司发行证券，应当由证券公司承销。上市公司董事会决议提前确定全部发行对象的，可以由上市公司自行销售。

第六十六条　向特定对象发行证券，上市公司及其控股股东、实际控制人、主要股东不得向发行对象做出保底保收益或者变相保底保收益承诺，也不得直接或者通过利益相关方向发行对象提供财务资助或者其他补偿。

第六十七条　上市公司发行证券采用竞价方式的，认购邀请书内容、认购邀请书发送对象范围、发行价格及发行对象的确定原则等应当符合中国证监会及交易所相关规定，上市公司和主承销商的控股股东、实际控制人、董事、监事、高级管理人员及其控制或者施加重大影响的关联方不得参与竞价。

第六十八条　网下投资者应当结合行业监管要求、资产规模等合理确定申购金额，不得超资产规模申购，承销商可以认定超资产规模的申购为无效申购。

第六十九条　上市公司向不特定对象发行证券的，投资者弃购数量占发行总数比例较大的，上市公司和主承销商可以将投资者弃购部分向网下投资者二次配售。比例较大的标准由交易所规定。

第七十条　上市公司和主承销商可以在符合中国证监会和交易所相关规定前提下约定中止发行的情形。

第七十一条　交易所对证券发行承销过程实施监管。发行承销涉嫌违法违规或者存在异常情形的，中国证监会可以要求交易所对相关事项进行调查处理，或者直接责令上市公司和承销商暂停或者中止发行。

第六章　监督管理和法律责任

第七十二条　中国证监会依法批准交易所制定的科创板上市公司证券发行上市的审核标准、审核程序、信息披露、发行承销等方面的制度规则，指导交易所制定与发行上市审核相关的其他业务规则。

第七十三条　中国证监会建立对交易所发行上市审核工作和发行承销过程监管的监督机制，持续关注交易所审核情况和发行承销过程监管情况，发现交易所自律监管措施或者纪律处分失当的，可以责令交易所改正。

第七十四条　中国证监会对交易所发行上市审核和发行承销过程监管等相关工作进行年度例行检查。在检查过程中，可以调阅审核工作文件，列席相关审核会议。

中国证监会定期或者不定期按一定比例对交易所发行上市审核和发行承销过程监管等相关工作进行抽查。

对于中国证监会在检查和抽查等监督过程中发现的问题，交易所应当整改。

第七十五条 交易所发行上市审核工作违反本办法规定，有下列情形之一的，由中国证监会责令改正；情节严重的，追究直接责任人员相关责任：

（一）未按审核标准开展发行上市审核工作；

（二）未按审核程序开展发行上市审核工作；

（三）不配合中国证监会对发行上市审核工作和发行承销监管工作的检查、抽查，或者不按中国证监会的整改要求进行整改。

第七十六条 上市公司在证券发行文件中隐瞒重要事实或者编造重大虚假内容的，中国证监会采取五年内不接受上市公司发行证券相关文件的监管措施。对相关责任人员，视情节轻重，采取认定为不适当人选的监管措施，或者采取证券市场禁入的措施。

第七十七条 存在下列情形之一的，中国证监会采取三年至五年内不接受上市公司发行证券相关文件的监管措施：

（一）申请文件存在虚假记载、误导性陈述或者重大遗漏；

（二）上市公司阻碍或者拒绝中国证监会、交易所依法对其实施检查、核查；

（三）上市公司及其关联方以不正当手段严重干扰发行上市审核或者发行注册工作；

（四）重大事项未报告、未披露；

（五）上市公司及其董事、监事、高级管理人员、控股股东、实际控制人的签名、盖章系伪造或者变造。

第七十八条 上市公司控股股东、实际控制人违反本办法的规定，致使上市公司所报送的申请文件和披露的信息存在虚假记载、误导性陈述或者重大遗漏，或者组织、指使上市公司进行财务造假、利润操纵或者在证券发行文件中隐瞒重要事实或者编造重大虚假内容的，中国证监会视情节轻重，对相关单位和责任人员采取一年到五年内不接受相关单位及其控制的下属单位发行证券相关文件，对责任人员采取认定为不适当人选等监管措施，或者采取证券市场禁入的措施。

上市公司董事、监事和高级管理人员违反本办法规定，致使上市公司所报送的申请文件和披露的信息存在虚假记载、误导性陈述或者重大遗漏的，中国证监会视情节轻重，对责任人员采取认定为不适当人选等监管措施，或者采取证券市场禁入的措施。

第七十九条 保荐人未勤勉尽责，致使上市公司信息披露资料存在虚假记载、误导性陈述或者重大遗漏的，中国证监会视情节轻重，采取暂停保荐人业务资格一年至三年，责令保荐人更换相关负责人的监管措施；情节严重的，撤销保荐人业务资格，对相关责任人员采取证券市场禁入的措施。保荐代表人未勤勉尽责，致使上市公司信息披露资料存在虚假记载、误导性陈述或者重大遗漏的，按规定认定为不适当人选。证券服务机构未勤勉尽责，致使上市公司信息披露资料中与其职责有关的内容及其所出具的文件存在虚假记载、误导性陈述或者重大遗漏的，中国证监会视情节轻重，采取三个月至三年内不接受相关单位及其责任人员出具的发行证券专项文件的监管措施；情节严重的，对证券服务机构相关责任人员采取证券市场禁入的措施。

第八十条 保荐人存在下列情形之一的，中国证监会视情节轻重，采取暂停保荐人业务资格三个月至三年的监管措施；情节特别严重的，撤销其业务资格：

（一）伪造或者变造签字、盖章；

（二）重大事项未报告或者未披露；

（三）以不正当手段干扰审核注册工作；

（四）不履行其他法定职责。保荐代表人存在前款规定情形的，视情节轻重，按规定三个月至三年不受理相关保荐代表人具体负责的推荐；情节特别严重的，按规定认定为不适当人选。

证券服务机构及其相关人员存在第一款规定情形的，中国证监会视情节轻重，采取三个月至三年内不接受相关单位及其责任人员出具的发行证券专项文件的监管措施。

第八十一条　保荐人、证券服务机构及其责任人员存在下列情形之一的，中国证监会视情节轻重，采取责令改正、监管谈话、出具警示函、一年内不接受相关单位及其责任人员出具的与注册申请有关的文件等监管措施；情节严重的，可以同时采取三个月至一年内不接受相关单位及其责任人员出具的发行证券专项文件的监管措施：

（一）制作或者出具的文件不齐备或者不符合要求；

（二）擅自改动申请文件、信息披露资料或者其他已提交文件；

（三）申请文件或者信息披露资料存在相互矛盾或者同一事实表述不一致且有实质性差异；

（四）文件披露的内容表述不清，逻辑混乱，严重影响阅读理解；

（五）对重大事项未及时报告或者未及时披露。上市公司存在前款规定情形的，中国证监会视情节轻重，采取责令改正、监管谈话、出具警示函、六个月至一年内不接受上市公司发行证券相关文件的监管措施。

第八十二条　按照本办法第二十八条申请注册的，交易所和中国证监会发现上市公司或者相关中介机构及其责任人员存在相关违法违规行为的，中国证监会按照本章规定从重处罚，并采取三年至五年内不接受上市公司和保荐人该类发行证券相关文件的监管措施。

第八十三条　上市公司披露盈利预测的，利润实现数如未达到盈利预测的百分之八十，除因不可抗力外，其法定代表人、财务负责人应当在股东大会以及证券交易所网站、符合中国证监会规定条件的媒体上公开作出解释并道歉；中国证监会可以对法定代表人处以警告。

利润实现数未达到盈利预测百分之五十的，除因不可抗力外，中国证监会在三年内不接受上市公司发行证券相关文件。

注册会计师为上述盈利预测出具审核报告的过程中未勤勉尽责的，中国证监会视情节轻重，对相关机构和责任人员采取监管谈话等监管措施；情节严重的，给予警告等行政处罚。

第八十四条　参与认购的投资者擅自转让限售期限未满的证券的，中国证监会可以责令改正；情节严重的，十二个月内不得作为特定对象认购证券。

第八十五条　相关主体违反本办法第六十六条规定的，中国证监会视情节轻重，采取责令改正、监管谈话、出具警示函、认定为不适当人选、一年至三年内不接受发行证券相关文件的监管措施，以及市场禁入的措施；保荐人、证券服务机构未勤勉尽责的，中国证监会还可以采取一年至三年内不接受相关单位及其责任人员出具的与注册申请有关的文件等监管措施。

第八十六条　上市公司及其控股股东和实际控制人、董事、监事、高级管理人员，保荐人、承销商、证券服务机构及其相关执业人员、参与认购的投资者，在证券发行并上市相关的活动中存在其他违反本办法规定行为的，中国证监会视情节轻重，采取责令改正、监管谈话、出具警示函、责令公开说明、责令定期报告、认定为不适当人选、暂不受理与行政许可有关的文件等监管措施，或者采取证券市场禁入的措施。

第八十七条　上市公司及其控股股东、实际控制人、保荐人、证券服务机构及其相关执业人员违反《证券法》依法应予以行政处罚的，中国证监会依法予以处罚；涉嫌犯罪的，依法移送司法机关，追究其刑事责任。

第七章　附　　则

第八十八条　本办法所称战略投资者，是指符合下列情形之一，且具有同行业或者相关行业较强的重要战略性资源，与上市公司谋求双方协调互补的长期共同战略利益，愿意长期持有上市公司较大比例股份，愿意并且有能力认真履行相应职责，委派董事实际参与公司治理，提升上市公司治理水平，帮助上市公司显著提高公司质量和内在价值，具有良好诚信记录，最近三年未受到中国证监会行政处罚或者被追究刑事责任的投资者：

（一）能够给上市公司带来国际国内领先的核心技术资源，显著增强上市公司的核心竞争力和创新能力，带动上市公司的产业技术升级，显著提升上市公司的盈利能力；

（二）能够给上市公司带来国际国内领先的市场、渠道、品牌等战略性资源，大幅促进上市公司市场拓展，推动实现上市公司销售业绩大幅提升。

境外战略投资者应当同时遵守国家的相关规定。

第八十九条 符合《若干意见》等规定的红筹企业，首次公开发行股票并在科创板上市后，发行股票还应当符合本办法的规定。

符合《若干意见》等规定的红筹企业，首次公开发行存托凭证并在科创板上市后，发行以红筹企业新增证券为基础证券的存托凭证，适用《证券法》《若干意见》以及本办法关于上市公司发行股票的规定，本办法没有规定的，适用中国证监会关于存托凭证的有关规定。

发行存托凭证的红筹企业境外基础股票配股时，相关方案安排应确保存托凭证持有人实际享有权益与境外基础股票持有人权益相当。

第九十条 上市公司发行优先股、向员工发行证券用于激励的办法，由中国证监会另行规定。

第九十一条 上市公司向特定对象发行股票将导致上市公司控制权发生变化的，还应当符合中国证监会的其他规定。

第九十二条 依据本办法通过向特定对象发行股票取得的上市公司股份，其减持不适用《上市公司股东、董监高减持股份的若干规定》的有关规定。

第九十三条 本办法自公布之日起施行。

13. 证券投资基金托管业务管理办法（2020 年颁布）

（中国证券监督管理委员会令第 172 号）

第一章 总 则

第一条 为了规范证券投资基金托管业务，维护证券投资基金托管业务竞争秩序，保护基金份额持有人及相关当事人合法权益，促进证券投资基金健康发展，根据《证券法》《证券投资基金法》《银行业监督管理法》及其他相关法律、行政法规，制定本办法。

第二条 本办法所称证券投资基金（以下简称基金）托管，是指由依法设立并取得基金托管资格的商业银行或者其他金融机构担任托管人，按照法律法规的规定及基金合同的约定，对基金履行安全保管基金财产、办理清算交割、复核审查净值信息、开展投资监督、召集基金份额持有人大会等职责的行为。

第三条 商业银行及其他金融机构从事基金托管业务，应当经中国证券监督管理委员会（以下简称中国证监会）核准，依法取得基金托管资格。

未取得基金托管资格的机构，不得从事基金托管业务。

第四条 基金托管人应当遵守法律法规的规定以及基金合同和基金托管协议的约定，恪守职业道德和行为规范，诚实信用、谨慎勤勉，为基金份额持有人利益履行基金托管职责。

第五条 基金托管人的基金托管部门高级管理人员和其他从业人员应当忠实、勤勉地履行职责，不得从事损害基金财产和基金份额持有人利益的证券交易及其他活动。

第六条 中国证监会、中国银行保险监督管理委员会（以下简称中国银保监会）依照法律法规和审慎监管原则，对基金托管人及其基金托管业务活动实施监督管理。

第七条　中国证券投资基金业协会依据法律法规和自律规则，对基金托管人及其基金托管业务活动进行自律管理。

第二章　基金托管机构

第八条　申请基金托管资格的商业银行及其他金融机构（以下简称申请人），应当具备下列条件：

（一）净资产不低于200亿元人民币，风险控制指标符合监管部门的有关规定；

（二）设有专门的基金托管部门，部门设置能够保证托管业务运营的完整与独立；

（三）基金托管部门拟任高级管理人员符合法定条件，取得基金从业资格的人员不低于该部门员工人数的1/2；拟从事基金清算、核算、投资监督、信息披露、内部稽核监控等业务的执业人员不少于8人，并具有基金从业资格，其中，核算、监督等核心业务岗位人员应当具备2年以上托管业务从业经验；

（四）有安全保管基金财产、确保基金财产完整与独立的条件；

（五）有安全高效的清算、交割系统；

（六）基金托管部门有满足营业需要的固定场所、配备独立的安全监控系统；

（七）基金托管部门配备独立的托管业务技术系统，包括网络系统、应用系统、安全防护系统、数据备份系统；

（八）有完善的内部稽核监控制度和风险控制制度；

（九）最近3年无重大违法违规记录；

（十）法律、行政法规规定的和经国务院批准的中国证监会规定的其他条件。

外国银行分行申请基金托管资格，净资产等财务指标可按境外总行计算；其境外总行应当具有完善的内部控制机制，具备良好的国际声誉和经营业绩，近3年基金托管业务规模、收入、利润、市场占有率等指标居于国际前列，近3年长期信用均保持在高水平；所在国家或者地区具有完善的证券法律和监管制度，相关金融监管机构已与中国证监会或者中国证监会认可的机构签订证券监管合作谅解备忘录，并保持着有效的监管合作关系。

第九条　申请人应当具有健全的清算、交割业务制度，清算、交割系统应当符合下列规定：

（一）系统内证券交易结算资金及时汇划到账；

（二）从交易所、证券登记结算机构等相关机构安全接收交易结算数据；

（三）与基金管理人、基金注册登记机构、证券登记结算机构等相关业务机构的系统安全对接；

（四）依法执行基金管理人的投资指令，及时办理清算、交割事宜。

第十条　申请人的基金托管营业场所、安全防范设施、与基金托管业务有关的其他设施和相关制度，应当符合下列规定：

（一）基金托管部门的营业场所相对独立，配备门禁系统；

（二）能够接触基金交易数据的业务岗位有单独的办公场所，无关人员不得随意进入；

（三）有完善的基金交易数据保密制度；

（四）有安全的基金托管业务数据备份系统；

（五）有基金托管业务的应急处理方案，具备应急处理能力。

第十一条　申请人应当向中国证监会报送下列申请材料：

（一）申请书；

（二）符合《证券法》规定的会计师事务所出具的审计报告，风险控制指标最近1年持续符合监管部门有关规定的说明；

（三）设立专门基金托管部门的证明文件，确保部门业务运营完整与独立的说明和承诺；

（四）内部机构设置和岗位职责规定；

（五）基金托管部门拟任高级管理人员任职材料；

（六）关于安全保管基金财产有关条件的报告；

（七）相关业务规章制度，包括业务管理、操作规程、基金会计核算、基金清算、信息披露、内部稽核监控、内控与风险管理、信息系统管理、从业人员管理、保密与档案管理、重大可疑情况报告、应急处理及其他履行基金托管人职责所需的规章制度；

（八）开办基金托管业务的商业计划书；

（九）中国证监会规定的其他材料。申请人为外国银行分行的，还应当报送其总行的下列材料：

（一）具有良好的国际声誉和经营业绩，近 3 年基金托管业务规模、收入、利润、市场占有率等指标居于国际前列以及近 3 年长期信用情况的证明文件；

（二）对该分行开展基金托管业务建立相应流动性支持机制的说明；

（三）与该分行之间系统隔离、访问控制、信息隔离等安全保障制度及措施，以及规范数据跨境流动管理的说明文件。

第十二条 中国证监会应当自收到申请材料之日起 5 个工作日内作出是否受理的决定。申请材料齐全、符合法定形式的，向申请人出具受理凭证；申请材料不齐全或者不符合法定形式的，应当一次告知申请人需要补正的全部内容。

第十三条 中国证监会应当自受理申请材料之日起 20 个工作日内作出行政许可决定。作出不予核准决定的，应当说明理由并告知申请人，行政许可程序终止。

第十四条 取得基金托管资格的商业银行及其他金融机构为基金托管人。基金托管人应当及时办理基金托管部门高级管理人员的任职手续。

基金托管人应当按照《证券投资基金法》及本办法等规定要求，完成基金托管业务的筹备工作，通过中国证监会及其派出机构的现场检查验收，并在完成工商变更登记后，向中国证监会申领《经营证券期货业务许可证》。在取得《经营证券期货业务许可证》前，不得对外开展基金托管业务。基金托管人开展基金托管业务的，应当持续符合本办法第八条第一款第（一）至第（八）项、第九条、第十条规定的条件。在申请募集基金时，拟任基金托管人应不存在因与托管业务相关的重大违法违规行为、严重失信行为正在被监管机构立案调查、司法机关立案侦查，或者处于整改期间的情形。

第三章 托管职责的履行

第十五条 基金托管人在与基金管理人订立基金合同、基金招募说明书、基金托管协议等法律文件前，应当从保护基金份额持有人角度，对涉及投资范围与投资限制、基金费用、收益分配、会计估值、信息披露等方面的条款进行评估，确保相关约定合规清晰、风险揭示充分、会计估值科学公允。在基金托管协议中，还应当对基金托管人与基金管理人之间的业务监督与协作等职责进行详细约定。

第十六条 外国银行分行的民事责任由总行承担。外国银行分行作为基金托管人的，应当在基金合同、基金招募说明书、基金托管协议等法律文件中约定其总行履行的各项义务，包括外国银行分行开展基金托管业务发生重大风险或损害基金持有人利益时应当按照中国法律承担相应的民事责任等。

外国银行总行应当根据分行托管规模，建立相应的流动性支持机制。

第十七条 基金托管人应当安全保管基金财产，按照相关规定和基金托管协议约定履行下列职责：

（一）为所托管的不同基金财产分别设置资金账户、证券账户等投资交易必需的相关账户，确保基金财产的独立与完整；

（二）建立与基金管理人的对账机制，定期核对资金头寸、证券账目、净值信息等数据，及时核查认购与申购资金的到账、赎回资金的支付以及投资资金的支付与到账情况，并对基金的会计凭证、交易记录、合同协议等重要文件档案保存 20 年以上；

（三）对基金财产投资信息和相关资料负保密义务，除法律、行政法规和其他有关规定、监管机构及审计要求外，不得向任何机构或者个人泄露相关信息和资料。

非银行金融机构开展基金托管业务，应当为其托管的基金选定具有基金托管资格的商业银行作为资金存管银行，并开立托管资金专门账户，用于托管基金现金资产的归集、存放与支付，该账户不得存放其他性质资金。

第十八条　基金托管人承担市场结算参与人职责的，应当建立健全结算风险防控制度和监测系统，动态评估不同产品和业务的结算风险，持续督促基金管理人采取措施防范风险。

基金托管人与基金管理人应当签订结算协议或者在基金托管协议中约定结算条款，明确双方在基金清算交收及相关风险控制方面的职责。基金清算交收过程中，出现基金财产中资金或证券不足以交收的，基金托管人应当及时通知基金管理人，督促基金管理人积极采取措施、最大程度控制违约交收风险与相关损失，并报告中国证监会。

第十九条　基金托管人与基金管理人应当按照《企业会计准则》及中国证监会的有关规定进行估值核算，对各类金融工具的估值方法予以定期评估。基金托管人发现基金份额净值计价出现错误的，应当提示基金管理人立即纠正，并采取合理措施防止损失进一步扩大。基金托管人发现基金份额净值计价出现重大错误或者估值出现重大偏离的，应当提示基金管理人依法履行披露和报告义务。

第二十条　基金托管人应当按照法律法规的规定以及基金合同的约定办理与基金托管业务有关的信息披露事项，包括但不限于：披露基金托管协议，对基金定期报告等信息披露文件中有关基金财务报告等信息及时进行复核审查并出具意见，在基金年度报告和中期报告中出具托管人报告，就基金托管部门负责人变动等重大事项发布临时公告。

第二十一条　基金托管人应当根据基金合同及托管协议约定，制定基金投资监督标准与监督流程，对基金合同生效之后所托管基金的投资范围、投资比例、投资风格、投资限制、关联方交易等进行严格监督，及时提示基金管理人违规风险。

当发现基金管理人发出但未执行的投资指令或者已经生效的投资指令违反法律、行政法规和其他有关规定，或者基金合同约定，应当依法履行通知基金管理人等程序，并及时报告中国证监会，持续跟进基金管理人的后续处理，督促基金管理人依法履行披露义务。基金管理人的上述违规失信行为给基金财产或者基金份额持有人造成损害的，基金托管人应当督促基金管理人及时予以赔偿。

第二十二条　基金托管人应当对所托管基金履行法律法规、基金合同有关收益分配约定情况进行定期复核，发现基金收益分配有违规失信行为的，应当及时通知基金管理人，并报告中国证监会。

第二十三条　对于转换基金运作方式、更换基金管理人等需召开基金份额持有人大会审议的事项，基金托管人应当积极配合基金管理人召集基金份额持有人大会；基金管理人未按规定召集或者不能召集的，基金托管人应当按照规定召集基金份额持有人大会，并依法履行对外披露与报告义务。第二十四条　基金托管人在取得基金托管资格后，不得长期不开展基金托管业务；在从事基金托管业务过程中，不得进行不正当竞争，不得利用非法手段垄断市场，不得违反基金托管协议约定将部分或者全部托管的基金财产委托他人托管。

第二十五条 基金托管人应当按照市场化原则，综合考虑基金托管规模、产品类别、服务内容、业务处理难易程度等因素，与基金管理人协商确定基金托管费用的计算方式和方法。

基金托管费用的计提方式和计算方法应当在基金合同、托管协议、基金招募说明书中明确列示。

第四章 托管业务内部控制

第二十六条 基金托管人应当按照相关法律法规，针对基金托管业务建立科学合理、控制严密、运行高效的内部控制体系，保持托管业务内部控制制度健全、执行有效。

基金托管人应当加强对基金托管相关准入管理、业务活动、信息系统和人员考核等方面的集中统一管理，不得以承包、转委托等方式开展基金托管业务。

基金托管人应当每年聘请符合《证券法》规定的会计师事务所，或者由托管人内部审计部门组织，针对基金托管法定业务和增值业务的内部控制制度建设与实施情况，开展相关审查与评估，出具评估报告。

第二十七条 基金托管人应当将所托管的基金财产与其固有财产及其受托管理的各类财产严格分开保管，不得将所托管的基金财产归入其固有财产或其受托管理的各类财产，切实保障基金财产的完整和独立。

基金托管人应当建立严格的隔离墙制度，确保托管业务与本机构其他业务保持独立，隔离业务风险，切实防范利益冲突和利益输送。

第二十八条 基金托管人应当完善安全保障措施，保护基金业务数据及投资者信息安全，防范信息泄露与损毁。除法律法规和中国证监会另有规定外，基金托管人不得以任何方式向其他机构、个人提供基金业务数据及投资者信息。

第二十九条 基金托管人应当建立突发事件处理预案制度，对发生严重影响基金份额持有人利益、可能引发系统性风险或者严重影响社会稳定的突发事件，按照预案妥善处理。

第三十条 基金托管人应当健全从业人员管理制度，完善信息管理及保密制度，加强对基金托管部门从业人员执业行为及投资基金等相关活动的管理。

基金托管部门的从业人员不得利用未公开信息为自己或者他人谋取利益。

第三十一条 基金托管人应当根据托管业务发展及其风险控制的需要，不断完善托管业务信息技术系统，配置足够的托管业务人员，规范岗位职责，加强职业培训，保证托管服务质量。

第三十二条 基金托管人根据业务发展的需要，按照法律法规规定和基金托管协议约定委托符合条件的境外资产托管人开展境外资产托管业务的，应当对境外资产托管人进行尽职调查，制定遴选标准与程序，健全相关的业务风险管理和应急处理制度，加强对境外资产托管人的监督与约束。

第三十三条 基金托管人在法定托管职责之外依法开展基金服务外包等增值业务的，应当设立专门的团队与业务系统，与原有基金托管业务团队之间建立必要的业务隔离，有效防范潜在的利益冲突。

第五章 监督管理与法律责任

第三十四条 商业银行作为托管人的，中国证监会和中国银保监会依法通过非现场监管和现场检查等方式，对商业银行开展基金托管业务实施日常监管。商业银行开展基金托管业务违反法律法规和相关规定的，中国证监会和中国银保监会可依照相关法律法规采取监管措施。中国证监会和中国银保监会对商业银行开展基金托管业务加强信息共享和监管协作。

第三十五条 申请人在申请基金托管资格时，隐瞒有关情况或者提供虚假申请材料的，中国证监会不予受理或者不予核准，并给予警告；申请人在 3 年内不得再次申请基金托管资格。

申请人以欺骗、贿赂等不正当手段取得基金托管资格的，中国证监会可商中国银保监会取消基金托管资格，给予警告、罚款；中国银保监会可以区别不同情形，责令申请人对直接负责的主管人员和其他直接责任人员给予纪律处分，或者对其给予警告、罚款，或者禁止其一定期限直至终身从事银行业工作；申请人在 3 年内不得再次申请基金托管资格；涉嫌犯罪的依法移送司法机关，追究刑事责任。

第三十六条　未取得基金托管资格擅自从事基金托管业务的，责令停止，没收违法所得，并处违法所得 1 倍以上 5 倍以下罚款；没有违法所得或者违法所得不足 100 万元的，并处 10 万元以上 100 万元以下罚款；对直接负责的主管人员和其他直接责任人员给予警告，并处 3 万元以上 30 万元以下罚款。

第三十七条　基金托管人应当根据中国证监会的要求，履行下列信息报送义务：

（一）基金投资运作监督报告；

（二）基金托管业务运营情况报告；

（三）基金托管业务内部控制年度评估报告；

（四）中国证监会根据审慎监管原则要求报送的其他材料。

第三十八条　当基金托管人发生下列情形之一的，应当自发生之日起 5 日内向中国证监会报告：

（一）基金托管部门的设置发生重大变更；

（二）托管人或者其基金托管部门的名称、住所发生变更；

（三）基金托管部门的高级管理人员发生变更；

（四）托管人及基金托管部门的高级管理人员受到刑事、行政处罚，或者被监管机构、司法机关调查；

（五）涉及托管业务的重大诉讼或者仲裁；

（六）与基金托管业务相关的其他重大事项。第三十九条　中国证监会可以根据日常监管情况，对基金托管人的基金托管部门进行现场检查，并采取下列措施：

（一）要求提供与检查事项有关的文件、会议记录、报表、凭证和其他资料，查阅、复制与检查事项有关的文件；

（二）询问相关工作人员，要求其对有关检查事项做出说明；

（三）检查基金托管业务系统；

（四）中国证监会规定的其他措施。中国证监会进行现场检查后，应当向被检查的基金托管人出具检查结论。基金托管人及有关人员应当配合中国证监会进行检查，不得以任何理由拒绝、拖延提供有关材料，或者提供不真实、不准确、不完整的资料。

第四十条　基金托管人及相关人员违反本办法规定，中国证监会及其派出机构可以采取责令改正、监管谈话、出具警示函、责令定期报告、暂不受理与行政许可有关的文件等行政监管措施；对直接负责的主管人员和其他直接责任人员，可以采取监管谈话、出具警示函、责令参加培训、认定为不适当人选等行政监管措施。基金托管人违反本办法规定构成不满足《证券投资基金法》规定的准入条件，或者未能勤勉尽责、履行法定职责时存在重大失误等情形的，依照《证券投资基金法》第三十九条采取行政监管措施。

第四十一条　对有下列情形之一的基金托管人，中国证监会可商中国银保监会依法取消其基金托管资格，依法给予罚款；对直接负责的主管人员和其他直接责任人员，中国证监会依法给予罚款，可以并处暂停或者撤销基金从业资格，中国银保监会可以并处禁止一定期限直至终身从事银行业工作：

（一）未能在规定时间内通过整改验收的；

（二）违反法律法规，情节严重的；

（三）法律法规规定的其他情形。

第六章 附 则

第四十二条 本办法适用于境内商业银行及依法设立的其他金融机构。香港特别行政区、澳门特别行政区和台湾地区的银行在内地设立的分行，参照适用本办法。

第四十三条 本办法自公布之日起施行。2013 年公布的《证券投资基金托管业务管理办法》（证监会令第 92 号）、《非银行金融机构开展证券投资基金托管业务暂行规定》（证监会公告〔2013〕15 号）同时废止。

14. 深圳证券交易所债券交易实施细则（2020 年修订）

关于修订《深圳证券交易所债券交易实施细则》债券分期偿还相关条款的通知

（深证上〔2020〕173 号）

各市场参与人：

为提高市场运作效率，防控操作风险，适应债券分期偿还业务发展，深圳证券交易所（以下简称本所）决定对公开发行且在本所上市的债券（上市公司可转换公司债暂不适用）分期偿还业务采取“新老划断”方式，即在业务规则实施日前已触发过分期偿还业务的债券将沿用分期偿还减少持仓的方式处理，实施日后首次触发分期偿还的债券将采用减少面值的方式处理。

为适应上述业务的安排，本所按照证监会统一部署对《深圳证券交易所债券交易实施细则》进行修订，新增“第五章债券分期偿还”，明确“债券分期偿还采取减少面值的方式办理，本所可根据市场情况采取减少持仓或者其他方式办理”，并规定减少面值、减少持仓方式下对债券面值、除权参考价等具体安排。同时在第七条、第八条条款后增加“本所另有规定的除外”的条款，与新增的债券分期偿还条款相衔接。（详见附件《深圳证券交易所债券交易实施细则》）

本通知自 2020 年 3 月 23 日起施行。本所发布的《关于修改〈深圳证券交易所债券交易实施细则〉第五条第一款、第三款和第三十一条的通知》（深证会〔2019〕40 号）同时废止。请各会员单位、市场参与人等做好相关业务与技术准备。

特此通知

附件：深圳证券交易所债券交易实施细则（2020 年修订）。

深圳证券交易所

2020 年 3 月 13 日

附件

深圳证券交易所债券交易实施细则

第一章　总　　则

第一条　为了规范深圳证券交易所（以下简称本所）债券市场交易行为，保护投资者合法权益，根据《深圳证券交易所交易规则》（以下简称《交易规则》）、《深圳证券交易所公司债券上市规则（2018 年修订）》和《深圳证券交易所会员管理规则》（以下简称《会员管理规则》）等规定，制定本细则。

第二条　公开发行且在本所上市债券的现券交易、回购交易适用本细则。本细则未作规定的，适用《交易规则》及本所其他有关业务规则。

第三条　本细则所称债券回购交易，是指采用标准券方式的质押式回购交易，债券质押式协议回购等交易方式由本所另行规定。

第二章　交易品种、方式与时间

第四条　国债、地方政府债券、企业债券、公司债券、可转换公司债券、分离交易的可转换公司债券、可交换公司债券及本所认可的其他债券品种，可以进行现券和回购交易。

第五条　债券现券交易可以采用竞价交易、大宗交易等方式。

债券回购交易可以采用竞价交易及本所规定的其他方式。

债券现券采用竞价交易方式的，每个交易日 9:15 至 9:25 为开盘集合竞价时间，9:30 至 11:30、13:00 至 14:57 为连续竞价时间，14:57 至 15:00 为收盘集合竞价时间。债券回购交易采用竞价交易方式的，每个交易日 9:15 至 9:25 为开盘集合竞价时间，9:30 至 11:30、13:00 至 15:27 为连续竞价时间，15:27 至 15:30 为收盘集合竞价时间。

债券采用协议大宗交易方式的，本所交易时间为每个交易日 9:15 至 11:30、13:00 至 15:30。

债券采用盘后定价大宗交易方式的，本所交易时间为每个交易日 15:05 至 15:30。

第六条　债券现券交易实行当日回转交易，当日买入债券当日可以卖出。

第三章　债券现券交易

第一节　一般规定

第七条　债券以人民币 100 元面值为 1 张。本所另有规定的除外。

第八条　债券现券交易的计价单位为“每百元面值的价格”。本所另有规定的除外。

第九条　债券现券交易的申报价格最小变动单位为 0.001 元。

第十条　国债、地方政府债券、企业债券、公司债券、分离交易的可转换公司债券现券交易采用净价交易的方式，可转换公司债券、可交换公司债券现券交易采用全价交易的方式。

净价交易，是指买卖债券时以不含有应计利息的价格申报并成交。

全价交易，是指买卖债券时以含有应计利息的价格申报并成交。

第二节　应计利息

第十一条　债券现券交易采用净价交易方式的，结算价格为成交价格与应计利息金额之和；债券现券交易采用全价交易方式的，结算价格为成交价格。

第十二条 附息式债券应计利息金额的计算公式为：

应计利息金额＝债券面值 × 计息天数 × 票面利率 /365 天

计息天数，是指本次付息起息日至交易日（包括交易日）期间的自然日天数（闰年的 2 月 29 日不计入）；

票面利率，是指固定利率型债券发行的票面利率、浮动利率型债券本付息期的计息利率。

第十三条 贴现式国债应计利息金额的计算公式为：

应计利息金额＝（到期兑付额－发行价格）× 计息天数 / 债券存续天数

计息天数，是指本次付息起息日至交易日（包括交易日）期间的自然日天数（闰年的 2 月 29 日计入）；

债券存续天数，是指债券起息日至到期日（不含到期日）期间的自然日天数。

第十四条 每笔债券现券交易的应计利息金额计算结果按照四舍五入原则取至0.01元。

第三节 债券现券竞价交易

第十五条 债券现券竞价交易采用限价申报的方式进行申报。

债券现券竞价交易的申报指令应当包括证券账户号码、证券代码、交易单元代码、证券营业部识别码、买卖方向、数量、价格等内容。

第十六条 通过竞价交易买入债券以 10 张或其整数倍进行申报。卖出债券时，余额不足 10 张部分，应当一次性申报卖出。

第十七条 债券现券竞价交易单笔申报最大数量不得超过 100 万张。

第十八条 债券现券竞价交易不实行价格涨跌幅限制。

第十九条 债券上市首日开盘集合竞价的有效竞价范围为发行价的上下 30%，连续竞价、收盘集合竞价的有效竞价范围为最近成交价的上下 10%；非上市首日开盘集合竞价的有效竞价范围为前收盘价的上下 10%，连续竞价、收盘集合竞价的有效竞价范围为最近成交价的上下 10%。

第四节 债券现券大宗交易

第二十条 债券交易单笔买卖交易数量不低于 5 千张，或者交易金额不低于 50 万元人民币，可以采用大宗交易方式。

第二十一条 本所接受下列类型的债券协议大宗交易申报：

（一）意向申报；

（二）定价申报；

（三）成交申报。

当天全天停牌、处于临时停牌期间或停牌至收市的债券，本所不接受其协议大宗交易申报。

第二十二条 意向申报指令应当包括证券账户号码、证券代码、买卖方向和本方交易单元代码等内容。

意向申报不承担成交义务，意向申报指令可以撤销。

第二十三条 定价申报指令应当包括证券账户号码、证券代码、买卖方向、价格、数量和本方交易单元代码等内容。

市场所有参与者可以提交成交申报，按指定的价格与定价申报全部或部分成交，本所按时间优先顺序进行成交确认。

定价申报的未成交部分可以撤销。定价申报每笔成交的数量或交易金额，应当满足大宗交易最低限额的要求。

第二十四条 成交申报指令包括证券账户号码、证券代码、买卖方向、价格、数量、对手方交易单元代码、约定号等内容。

成交申报要求明确指定价格和数量。

本所对约定号、证券代码、买卖方向、价格、数量等各项要素均匹配的成交申报进行成交确认。未匹配的成交申报可以撤销。

第二十五条 债券协议大宗交易申报价格范围为前收盘价的上下30%。

第二十六条 盘后定价大宗交易的申报指令应当包括证券账户号码、证券代码、交易单元代码、证券营业部识别码、买卖方向、数量、价格类型等内容。

盘后定价大宗交易的价格类型包括：

（一）证券当日收盘价；

（二）证券当日成交量加权平均价格。

在接受申报的时间内，未成交申报可以撤销。

当天全天停牌或停牌至收市的债券，本所不接受其盘后定价大宗交易申报。

第四章 债券回购交易

第一节 一般规定

第二十七条 债券质押式回购交易，是指债券持有人在将债券质押并将相应债券以标准券折算率计算出的标准券数量为融资额度向交易对手方进行质押融资的同时，交易双方约定在回购期满后返还资金和解除质押的交易。其中，质押债券取得资金的交易参与人为“融资方”；其对手方为“融券方”。

标准券，是指可用于回购质押的债券品种按标准券折算率折算形成的、可用于融资的额度。标准券折算率，是指各债券现券品种所能折成的标准券金额与债券面值之比。

第二十八条 可用于回购质押的债券品种及标准券折算率的具体规定，由本所指定登记结算机构制定。

本所通过交易系统或网站转发本所指定登记结算机构公布的可用于回购质押的债券品种及标准券折算率。

第二十九条 债券回购交易的融资方应当在回购申报前，通过本所交易系统向本所指定登记结算机构申报提交相应的可用于回购质押的债券品种作为质押券。

第三十条 在质押期间，不得对质押券进行申报卖出或另作他用。

第三十一条 本所接受债券质押、解除质押申报的时间为每个交易日9:15至11:30、13:00至15:30。

第三十二条 当日买入的债券，当日可申报作为质押券；当日提交的质押券，在确认质押成功后，当日可用于相应的债券回购交易。

第三十三条 质押券对应的标准券数量有剩余的，可以通过本所交易系统申报解除相应债券的质押。当日申报解除质押的债券，当日可以通过竞价交易或者大宗交易方式卖出。

第三十四条 本所债券回购品种按回购期限可分为1日、2日、3日、4日、7日、14日、28日、91日和182日。

根据市场需要，本所可以调整债券回购的品种。

第三十五条 债券回购交易以100元标准券为1张。

第三十六条 债券回购交易的计价单位为“每百元资金到期年收益”。

第三十七条 债券回购交易的申报价格最小变动单位为0.001元。

第三十八条 债券回购交易申报中，融资方按“买入”方向进行申报，融券方按“卖出”方向进行申报。

第三十九条 债券回购交易实行“一次成交、两次结算”。

债券回购交易初次结算的结算价格为100元。回购到期二次结算的结算价格为购回价，购回价等于每百元资金的本金和利息之和，其计算公式为：

购回价＝100元＋每百元资金到期年收益×实际占款天数/365（天）

实际占款天数，是指当次回购交易的首次交收日（含）至到期交收日（不含）的实际天数，按自然日计算，以天为单位。

第四十条 每笔债券回购交易到期购回金额的计算公式为：

到期购回金额＝成交数量×购回价

到期购回金额的计算结果按照四舍五入原则取至0.01元。

第四十一条 债券回购交易的期限自成交次日起按自然日计算。到期日为非交易日的，顺延至下一个交易日。

第四十二条 债券回购交易的融资方，应在回购期内保持质押券对应的标准券足额。

因标准券折算率调整等导致标准券余额不足的，融资方应当按照本所指定登记结算机构的有关规定予以补足。

第四十三条 债券回购交易到期当日，融资方可以将相应标准券继续用于债券回购交易，也可以申报解除相应债券的质押并卖出。

第二节 债券回购竞价交易

第四十四条 债券回购竞价交易采用限价申报的方式进行申报。

债券回购竞价交易的申报指令应当包括证券账户号码、证券代码、交易单元代码、证券营业部识别码、买卖方向、数量、价格等内容。

第四十五条 通过竞价交易买入、卖出债券回购以10张或其整数倍进行申报。

第四十六条 债券回购竞价交易单笔申报最大数量不得超过100万张。

第四十七条 债券回购竞价交易不实行价格涨跌幅限制。

第四十八条 债券回购非上市首日开盘集合竞价的有效竞价范围为前收盘价的上下100%，连续竞价、收盘集合竞价的有效竞价范围为最近成交价的上下100%。债券回购上市首日的有效竞价范围设置，由本所另行规定。

第五章 债券分期偿还

第四十九条 债券分期偿还采取减少面值的方式办理。

本所可根据市场情况采取减少持仓或者其他方式办理。

第五十条 采取减少面值方式的，按照下列规定办理：

（一）债券持仓数量保持不变，债券面值根据已偿还比例相应减少。面值计算公式为：减少后1张债券的面值＝100元×未偿还比例；

（二）债券交易的计价单位为“减少后1张债券面值的价格”；

（三）本所在权益登记日次一交易日作除权处理。除权参考价格的计算公式为：除权参考价格＝前收盘价格－100元×本次偿还比例。债券发行人认为有必要调整上述公式的，可以向本所提出调整申请并说明理由。经本所同意的，债券发行人应当向市场公布该次除权适用的除权参考价格计算公式。

第五十一条 采取减少持仓方式的，债券面值保持不变，债券持仓数量根据已偿还比例相应减少。由此计算的减少数量不为整数时，本次按照向下取整的原则予以偿还，剩余未偿还部分按募集说明书约定存续并享有相应权益。

第五十二条 以其他方式办理债券分期偿还的，具体事项由本所另行规定。

第六章 交易信息披露

第五十三条 本所每个交易日发布债券竞价交易即时行情、债券指数等交易信息。

第五十四条 开盘、收盘集合竞价期间，债券竞价交易的即时行情内容包括：证券代码、证券简称、集合竞价参考价、匹配量和未匹配量等。

第五十五条 连续竞价期间，债券竞价交易的即时行情内容包括：证券代码、证券简称、前收盘价、最近成交价、当日最高价、当日最低价、当日累计成交数量、当日累计成交金额、实时最高五个价位买入申报价和数量、实时最低五个价位卖出申报价和数量等。

第五十六条 本所在交易时间内通过交易系统或交易所网站等即时公布以下交易信息：

（一）债券协议大宗交易的报价信息。发布的报价信息包括：证券代码、证券简称、申报类型、买卖方向、数量、价格等；

（二）债券协议大宗交易的成交信息。发布的成交信息包括：证券代码、证券简称、当日最新价、当日最高价、当日最低价、总成交数量、总成交金额、总成交笔数等；

（三）债券盘后定价大宗交易的交易信息，内容包括：证券代码、证券简称、价格、当日累计成交数量、当日累计成交金额以及实时买入或卖出的申报数量等。

第五十七条 本所在每个交易日结束后，通过交易所网站公布以下交易信息：

（一）债券协议大宗交易每笔成交信息。发布的成交信息包括：证券代码、证券简称、成交量、成交价格以及买卖双方所在会员证券营业部或交易单元的名称；

（二）单只债券盘后定价大宗交易的累计成交量、累计成交金额，及该证券当日买入、卖出金额最大五家会员证券营业部或交易单元的名称和各自的买入、卖出金额；

（三）单只债券大宗交易的累计成交量、累计成交金额，及该证券当日买入、卖出金额最大五家会员证券营业部或交易单元的名称和各自的买入、卖出金额。

第五十八条 债券大宗交易不纳入本所指数的计算，成交量在每个交易日结束后计入该债券成交总量。

第五十九条 债券交易信息披露涉及机构专用交易单元的，公布名称为“机构专用”。

第七章 监督管理

第六十条 会员应当充分了解和评估客户对债券产品的认知水平和风险承受能力，建立完备的客户管理和服务制度，切实履行投资者适当性管理职责。

第六十一条 会员应当建立完备的债券回购风险控制机制，对客户参与债券回购交易的标准券使用情况、回购放大倍数、交易情况等进行监控，防范债券回购交易风险。

第六十二条 会员应当按照本所的要求，对客户参与债券交易进行监控，及时向本所报告其客户的异常交易行为、风险事件。

第六十三条 会员违反本细则的，本所依据《会员管理规则》等相关规定采取监管措施、给予纪律处分。拥有或租用本所交易单元的机构违反本细则的，本所参照《会员管理规则》等相关规定予以处理。

第八章 附 则

第六十四条 债券交易的登记、存管和结算，由本所指定的证券登记结算机构按照相关规则办理。

第六十五条 债券交易的收费标准、收费方式，按照本所相关规定执行。

第六十六条 本细则由本所负责解释。

第六十七条 本细则自2020年3月23日起施行。本所发布的《关于修改〈深圳证券交易所债券交易实施细则〉第五条第一款、第三款和第三十一条的通知》（深证会〔2019〕

40号）同时废止。

15. 可转换公司债券管理办法（2020年颁布）

（中国证券监督管理委员会令第178号）

第一条 为了规范可转换公司债券（以下简称可转债）的交易行为，保护投资者合法权益，维护市场秩序和社会公共利益，根据《证券法》《公司法》等法律法规，制定本办法。

第二条 可转债在证券交易所或者国务院批准的其他全国性证券交易场所（以下简称证券交易场所）的交易、转让、信息披露、转股、赎回与回售等相关活动，适用本办法。

本办法所称可转债，是指公司依法发行、在一定期间内依据约定的条件可以转换成本公司股票的公司债券，属于《证券法》规定的具有股权性质的证券。

第三条 向不特定对象发行的可转债应当在依法设立的证券交易所上市交易或者在国务院批准的其他全国性证券交易场所交易。

证券交易场所应当根据可转债的风险和特点，完善交易规则，防范和抑制过度投机。

进行可转债程序化交易的，应当符合中国证监会的规定，并向证券交易所报告，不得影响证券交易所系统安全或者正常交易秩序。

第四条 发行人向特定对象发行的可转债不得采用公开的集中交易方式转让。

上市公司向特定对象发行的可转债转股的，所转换股票自可转债发行结束之日起十八个月内不得转让。

第五条 证券交易场所应当根据可转债的特点及正股所属板块的投资者适当性要求，制定相应的投资者适当性管理规则。

证券公司应当充分了解客户，对客户是否符合可转债投资者适当性要求进行核查和评估，不得接受不符合适当性要求的客户参与可转债交易。证券公司应当引导客户理性、规范地参与可转债交易。

第六条 证券交易场所应当加强对可转债的风险监测，建立跨正股与可转债的监测机制，并根据可转债的特点制定针对性的监测指标。

可转债交易出现异常波动时，证券交易场所可以根据业务规则要求发行人进行核查、披露异常波动公告，向市场充分提示风险，也可以根据业务规则采取临时停牌等处置措施。

第七条 发生可能对可转债的交易转让价格产生较大影响的重大事件，投资者尚未得知时，发行人应当立即将有关该重大事件的情况向中国证监会和证券交易场所报送临时报告，并予公告，说明事件的起因、目前的状态和可能产生的法律后果。

前款所称重大事件包括：

（一）《证券法》第八十条第二款、第八十一条第二款规定的重大事件；

（二）因配股、增发、送股、派息、分立、减资及其他原因引起发行人股份变动，需要调整转股价格，或者依据募集说明书约定的转股价格向下修正条款修正转股价格；

（三）募集说明书约定的赎回条件触发，发行人决定赎回或者不赎回；

（四）可转债转换为股票的数额累计达到可转债开始转股前公司已发行股票总额的百分之十；

（五）未转换的可转债总额少于三千万元；

（六）可转债担保人发生重大资产变动、重大诉讼、合并、分立等情况；

（七）中国证监会规定的其他事项。

第八条 可转债自发行结束之日起不少于六个月后方可转换为公司股票，转股期限由公司根据可转债的存续期限及公司财务状况确定。

可转债持有人对转股或者不转股有选择权，并于转股的次日成为发行人股东。

第九条　上市公司向不特定对象发行可转债的转股价格应当不低于募集说明书公告日前二十个交易日发行人股票交易均价和前一个交易日均价，且不得向上修正。

上市公司向特定对象发行可转债的转股价格应当不低于认购邀请书发出前二十个交易日发行人股票交易均价和前一个交易日均价，且不得向下修正。

第十条　募集说明书应当约定转股价格调整的原则及方式。

发行可转债后，因配股、增发、送股、派息、分立、减资及其他原因引起发行人股份变动的，应当同时调整转股价格。上市公司可转债募集说明书约定转股价格向下修正条款的，应当同时约定：

（一）转股价格修正方案须提交发行人股东大会表决，且须经出席会议的股东所持表决权的三分之二以上同意，持有发行人可转债的股东应当回避；

（二）修正后的转股价格不低于前项通过修正方案的股东大会召开日前二十个交易日该发行人股票交易均价和前一个交易日均价。

第十一条　募集说明书可以约定赎回条款，规定发行人可按事先约定的条件和价格赎回尚未转股的可转债。

募集说明书可以约定回售条款，规定可转债持有人可按事先约定的条件和价格将所持可转债回售给发行人。募集说明书应当约定，发行人改变募集资金用途的，赋予可转债持有人一次回售的权利。

第十二条　发行人在决定是否行使赎回权或者对转股价格进行调整、修正时，应当遵守诚实信用的原则，不得误导投资者或者损害投资者的合法权益。保荐人应当在持续督导期内对上述行为予以监督。

第十三条　在可转债存续期内，发行人应当持续关注赎回条件是否满足，预计可能满足赎回条件的，应当在赎回条件满足的五个交易日前及时披露，向市场充分提示风险。

第十四条　发行人应当在赎回条件满足后及时披露，明确说明是否行使赎回权。

发行人决定行使赎回权的，应当披露赎回公告，明确赎回的期间、程序、价格等内容，并在赎回期结束后披露赎回结果公告。

发行人决定不行使赎回权的，在证券交易场所规定的期限内不得再次行使赎回权。

发行人决定行使或者不行使赎回权的，还应当充分披露其实际控制人、控股股东、持股百分之五以上的股东、董事、监事、高级管理人员在赎回条件满足前的六个月内交易该可转债的情况，上述主体应当予以配合。

第十五条　发行人应当在回售条件满足后披露回售公告，明确回售的期间、程序、价格等内容，并在回售期结束后披露回售结果公告。

第十六条　向不特定对象发行可转债的，发行人应当为可转债持有人聘请受托管理人，并订立可转债受托管理协议。向特定对象发行可转债的，发行人应当在募集说明书中约定可转债受托管理事项。

可转债受托管理人应当按照《公司债券发行与交易管理办法》的规定以及可转债受托管理协议的约定履行受托管理职责。

第十七条　募集说明书应当约定可转债持有人会议规则。可转债持有人会议规则应当公平、合理。

可转债持有人会议规则应当明确可转债持有人通过可转债持有人会议行使权利的范围，可转债持有人会议的召集、通知、决策机制和其他重要事项。

可转债持有人会议按照本办法的规定及会议规则的程序要求所形成的决议对全体可转债持有人具有约束力。

第十八条 可转债受托管理人应当按照《公司债券发行与交易管理办法》规定或者有关约定及时召集可转债持有人会议。在可转债受托管理人应当召集而未召集可转债持有人会议时，单独或合计持有本期可转债总额百分之十以上的持有人有权自行召集可转债持有人会议。

第十九条 发行人应当在募集说明书中约定构成可转债违约的情形、违约责任及其承担方式以及可转债发生违约后的诉讼、仲裁或其他争议解决机制。

第二十条 违反本办法规定的，中国证监会可以对当事人采取责令改正、监管谈话、出具警示函以及中国证监会规定的相关监管措施；依法应予行政处罚的，依照《证券法》《公司法》等法律法规和中国证监会的有关规定进行处罚；情节严重的，对有关责任人员采取证券市场禁入措施；涉嫌犯罪的，依法移送司法机关，追究其刑事责任。

第二十一条 可转债的发行活动，适用中国证监会有关发行的相关规定。

在并购重组活动中发行的可转债适用本办法，其重组报告书、财务顾问适用本办法关于募集说明书、保荐人的要求；中国证监会另有规定的，从其规定。

第二十二条 对于本办法施行日以前已经核准注册发行或者尚未核准注册但发行申请已被受理的可转债，其募集说明书、重组报告书的内容要求按照本办法施行日以前的规则执行。

第二十三条 本办法自2021年1月31日起施行。

第十一章 企业内部控制相关法规

1. 企业内部控制基本规范（2008年颁布）

（财会〔2008〕7号）

第一章 总 则

第一条 为了加强和规范企业内部控制，提高企业经营管理水平和风险防范能力，促进企业可持续发展，维护社会主义市场经济秩序和社会公众利益，根据《中华人民共和国公司法》《中华人民共和国证券法》《中华人民共和国会计法》和其他有关法律法规，制定本规范。

第二条 本规范适用于中华人民共和国境内设立的大中型企业。

小企业和其他单位可以参照本规范建立与实施内部控制。

大中型企业和小企业的划分标准根据国家有关规定执行。

第三条 本规范所称内部控制，是由企业董事会、监事会、经理层和全体员工实施的、旨在实现控制目标的过程。

内部控制的目标是合理保证企业经营管理合法合规、资产安全、财务报告及相关信息真实完整，提高经营效率和效果，促进企业实现发展战略。

第四条 企业建立与实施内部控制，应当遵循下列原则：

（一）全面性原则。内部控制应当贯穿决策、执行和监督全过程，覆盖企业及其所属单位的各种业务和事项。

（二）重要性原则。内部控制应当在全面控制的基础上，关注重要业务事项和高风险领域。

（三）制衡性原则。内部控制应当在治理结构、机构设置及权责分配、业务流程等方面形成相互制约、相互监督，同时兼顾运营效率。

（四）适应性原则。内部控制应当与企业经营规模、业务范围、竞争状况和风险水平等相适应，并随着情况的变化及时加以调整。

（五）成本效益原则。内部控制应当权衡实施成本与预期效益，以适当的成本实现有效控制。

第五条　企业建立与实施有效的内部控制，应当包括下列要素：

（一）内部环境。内部环境是企业实施内部控制的基础，一般包括治理结构、机构设置及权责分配、内部审计、人力资源政策、企业文化等。

（二）风险评估。风险评估是企业及时识别、系统分析经营活动中与实现内部控制目标相关的风险，合理确定风险应对策略。

（三）控制活动。控制活动是企业根据风险评估结果，采用相应的控制措施，将风险控制在可承受度之内。

（四）信息与沟通。信息与沟通是企业及时、准确地收集、传递与内部控制相关的信息，确保信息在企业内部、企业与外部之间进行有效沟通。

（五）内部监督。内部监督是企业对内部控制建立与实施情况进行监督检查，评价内部控制的有效性，发现内部控制缺陷，应当及时加以改进。

第六条　企业应当根据有关法律法规、本规范及其配套办法，制定本企业的内部控制制度并组织实施。

第七条　企业应当运用信息技术加强内部控制，建立与经营管理相适应的信息系统，促进内部控制流程与信息系统的有机结合，实现对业务和事项的自动控制，减少或消除人为操纵因素。

第八条　企业应当建立内部控制实施的激励约束机制，将各责任单位和全体员工实施内部控制的情况纳入绩效考评体系，促进内部控制的有效实施。

第九条　国务院有关部门可以根据法律法规、本规范及其配套办法，明确贯彻实施本规范的具体要求，对企业建立与实施内部控制的情况进行监督检查。

第十条　接受企业委托从事内部控制审计的会计师事务所，应当根据本规范及其配套办法和相关执业准则，对企业内部控制的有效性进行审计，出具审计报告。会计师事务所及其签字的从业人员应当对发表的内部控制审计意见负责。

为企业内部控制提供咨询的会计师事务所，不得同时为同一企业提供内部控制审计服务。

第二章　内部环境

第十一条　企业应当根据国家有关法律法规和企业章程，建立规范的公司治理结构和议事规则，明确决策、执行、监督等方面的职责权限，形成科学有效的职责分工和制衡机制。

股东（大）会享有法律法规和企业章程规定的合法权利，依法行使企业经营方针、筹资、投资、利润分配等重大事项的表决权。

董事会对股东（大）会负责，依法行使企业的经营决策权。

监事会对股东（大）会负责，监督企业董事、经理和其他高级管理人员依法履行职责。

经理层负责组织实施股东（大）会、董事会决议事项，主持企业的生产经营管理工作。

第十二条　董事会负责内部控制的建立健全和有效实施。监事会对董事会建立与实施内部控制进行监督。经理层负责组织领导企业内部控制的日常运行。

企业应当成立专门机构或者指定适当的机构具体负责组织协调内部控制的建立实施及

日常工作。

第十三条 企业应当在董事会下设立审计委员会。审计委员会负责审查企业内部控制，监督内部控制的有效实施和内部控制自我评价情况，协调内部控制审计及其他相关事宜等。

审计委员会负责人应当具备相应的独立性、良好的职业操守和专业胜任能力。

第十四条 企业应当结合业务特点和内部控制要求设置内部机构，明确职责权限，将权利与责任落实到各责任单位。

企业应当通过编制内部管理手册，使全体员工掌握内部机构设置、岗位职责、业务流程等情况，明确权责分配，正确行使职权。

第十五条 企业应当加强内部审计工作，保证内部审计机构设置、人员配备和工作的独立性。

内部审计机构应当结合内部审计监督，对内部控制的有效性进行监督检查。内部审计机构对监督检查中发现的内部控制缺陷，应当按照企业内部审计工作程序进行报告；对监督检查中发现的内部控制重大缺陷，有权直接向董事会及其审计委员会、监事会报告。

第十六条 企业应当制定和实施有利于企业可持续发展的人力资源政策。人力资源政策应当包括下列内容：

（一）员工的聘用、培训、辞退与辞职。

（二）员工的薪酬、考核、晋升与奖惩。

（三）关键岗位员工的强制休假制度和定期岗位轮换制度。

（四）掌握国家秘密或重要商业秘密的员工离岗的限制性规定。

（五）有关人力资源管理的其他政策。

第十七条 企业应当将职业道德修养和专业胜任能力作为选拔和聘用员工的重要标准，切实加强员工培训和继续教育，不断提升员工素质。

第十八条 企业应当加强文化建设，培育积极向上的价值观和社会责任感，倡导诚实守信、爱岗敬业、开拓创新和团队协作精神，树立现代管理理念，强化风险意识。

董事、监事、经理及其他高级管理人员应当在企业文化建设中发挥主导作用。

企业员工应当遵守员工行为守则，认真履行岗位职责。

第十九条 企业应当加强法制教育，增强董事、监事、经理及其他高级管理人员和员工的法制观念，严格依法决策、依法办事、依法监督，建立健全法律顾问制度和重大法律纠纷案件备案制度。

第三章 风险评估

第二十条 企业应当根据设定的控制目标，全面系统持续地收集相关信息，结合实际情况，及时进行风险评估。

第二十一条 企业开展风险评估，应当准确识别与实现控制目标相关的内部风险和外部风险，确定相应的风险承受度。

风险承受度是企业能够承担的风险限度，包括整体风险承受能力和业务层面的可接受风险水平。

第二十二条 企业识别内部风险，应当关注下列因素：

（一）董事、监事、经理及其他高级管理人员的职业操守、员工专业胜任能力等人力资源因素。

（二）组织机构、经营方式、资产管理、业务流程等管理因素。

（三）研究开发、技术投入、信息技术运用等自主创新因素。

（四）财务状况、经营成果、现金流量等财务因素。

（五）营运安全、员工健康、环境保护等安全环保因素。

（六）其他有关内部风险因素。

第二十三条 企业识别外部风险，应当关注下列因素：

（一）经济形势、产业政策、融资环境、市场竞争、资源供给等经济因素。

（二）法律法规、监管要求等法律因素。

（三）安全稳定、文化传统、社会信用、教育水平、消费者行为等社会因素。

（四）技术进步、工艺改进等科学技术因素。

（五）自然灾害、环境状况等自然环境因素。

（六）其他有关外部风险因素。

第二十四条 企业应当采用定性与定量相结合的方法，按照风险发生的可能性及其影响程度等，对识别的风险进行分析和排序，确定关注重点和优先控制的风险。

企业进行风险分析，应当充分吸收专业人员，组成风险分析团队，按照严格规范的程序开展工作，确保风险分析结果的准确性。

第二十五条 企业应当根据风险分析的结果，结合风险承受度，权衡风险与收益，确定风险应对策略。

企业应当合理分析、准确掌握董事、经理及其他高级管理人员、关键岗位员工的风险偏好，采取适当的控制措施，避免因个人风险偏好给企业经营带来重大损失。

第二十六条 企业应当综合运用风险规避、风险降低、风险分担和风险承受等风险应对策略，实现对风险的有效控制。

风险规避是企业对超出风险承受度的风险，通过放弃或者停止与该风险相关的业务活动以避免和减轻损失的策略。

风险降低是企业在权衡成本效益之后，准备采取适当的控制措施降低风险或者减轻损失，将风险控制在风险承受度之内的策略。

风险分担是企业准备借助他人力量，采取业务分包、购买保险等方式和适当的控制措施，将风险控制在风险承受度之内的策略。

风险承受是企业对风险承受度之内的风险，在权衡成本效益之后，不准备采取控制措施降低风险或者减轻损失的策略。

第二十七条 企业应当结合不同发展阶段和业务拓展情况，持续收集与风险变化相关的信息，进行风险识别和风险分析，及时调整风险应对策略。

第四章 控制活动

第二十八条 企业应当结合风险评估结果，通过手工控制与自动控制、预防性控制与发现性控制相结合的方法，运用相应的控制措施，将风险控制在可承受度之内。

控制措施一般包括：不相容职务分离控制、授权审批控制、会计系统控制、财产保护控制、预算控制、运营分析控制和绩效考评控制等。

第二十九条 不相容职务分离控制要求企业全面系统地分析、梳理业务流程中所涉及的不相容职务，实施相应的分离措施，形成各司其职、各负其责、相互制约的工作机制。

第三十条 授权审批控制要求企业根据常规授权和特别授权的规定，明确各岗位办理业务和事项的权限范围、审批程序和相应责任。

企业应当编制常规授权的权限指引，规范特别授权的范围、权限、程序和责任，严格控制特别授权。常规授权是指企业在日常经营管理活动中按照既定的职责和程序进行的授权。特别授权是指企业在特殊情况、特定条件下进行的授权。

企业各级管理人员应当在授权范围内行使职权和承担责任。

企业对于重大的业务和事项，应当实行集体决策审批或者联签制度，任何个人不得单独进行决策或者擅自改变集体决策。

第三十一条 会计系统控制要求企业严格执行国家统一的会计准则制度，加强会计基础工作，明确会计凭证、会计账簿和财务会计报告的处理程序，保证会计资料真实完整。

企业应当依法设置会计机构，配备会计从业人员。从事会计工作的人员，必须取得会计从业资格证书。会计机构负责人应当具备会计师以上专业技术职务资格。

大中型企业应当设置总会计师。设置总会计师的企业，不得设置与其职权重叠的副职。

第三十二条 财产保护控制要求企业建立财产日常管理制度和定期清查制度，采取财产记录、实物保管、定期盘点、账实核对等措施，确保财产安全。

企业应当严格限制未经授权的人员接触和处置财产。

第三十三条 预算控制要求企业实施全面预算管理制度，明确各责任单位在预算管理中的职责权限，规范预算的编制、审定、下达和执行程序，强化预算约束。

第三十四条 运营分析控制要求企业建立运营情况分析制度，经理层应当综合运用生产、购销、投资、筹资、财务等方面的信息，通过因素分析、对比分析、趋势分析等方法，定期开展运营情况分析，发现存在的问题，及时查明原因并加以改进。

第三十五条 绩效考评控制要求企业建立和实施绩效考评制度，科学设置考核指标体系，对企业内部各责任单位和全体员工的业绩进行定期考核和客观评价，将考评结果作为确定员工薪酬以及职务晋升、评优、降级、调岗、辞退等的依据。

第三十六条 企业应当根据内部控制目标，结合风险应对策略，综合运用控制措施，对各种业务和事项实施有效控制。

第三十七条 企业应当建立重大风险预警机制和突发事件应急处理机制，明确风险预警标准，对可能发生的重大风险或突发事件，制定应急预案、明确责任人员、规范处置程序，确保突发事件得到及时妥善处理。

第五章 信息与沟通

第三十八条 企业应当建立信息与沟通制度，明确内部控制相关信息的收集、处理和传递程序，确保信息及时沟通，促进内部控制有效运行。

第三十九条 企业应当对收集的各种内部信息和外部信息进行合理筛选、核对、整合，提高信息的有用性。

企业可以通过财务会计资料、经营管理资料、调研报告、专项信息、内部刊物、办公网络等渠道，获取内部信息。

企业可以通过行业协会组织、社会中介机构、业务往来单位、市场调查、来信来访、网络媒体以及有关监管部门等渠道，获取外部信息。

第四十条 企业应当将内部控制相关信息在企业内部各管理级次、责任单位、业务环节之间，以及企业与外部投资者、债权人、客户、供应商、中介机构和监管部门等有关方面之间进行沟通和反馈。信息沟通过程中发现的问题，应当及时报告并加以解决。

重要信息应当及时传递给董事会、监事会和经理层。

第四十一条 企业应当利用信息技术促进信息的集成与共享，充分发挥信息技术在信息与沟通中的作用。

企业应当加强对信息系统开发与维护、访问与变更、数据输入与输出、文件储存与保管、网络安全等方面的控制，保证信息系统安全稳定运行。

第四十二条 企业应当建立反舞弊机制，坚持惩防并举、重在预防的原则，明确反舞弊工作的重点领域、关键环节和有关机构在反舞弊工作中的职责权限，规范舞弊案件的举报、调查、处理、报告和补救程序。

企业至少应当将下列情形作为反舞弊工作的重点：

（一）未经授权或者采取其他不法方式侵占、挪用企业资产，牟取不当利益。

（二）在财务会计报告和信息披露等方面存在的虚假记载、误导性陈述或者重大遗漏等。

（三）董事、监事、经理及其他高级管理人员滥用职权。

（四）相关机构或人员串通舞弊。

第四十三条　企业应当建立举报投诉制度和举报人保护制度，设置举报专线，明确举报投诉处理程序、办理时限和办结要求，确保举报、投诉成为企业有效掌握信息的重要途径。

举报投诉制度和举报人保护制度应当及时传达至全体员工。

第六章　内部监督

第四十四条　企业应当根据本规范及其配套办法，制定内部控制监督制度，明确内部审计机构（或经授权的其他监督机构）和其他内部机构在内部监督中的职责权限，规范内部监督的程序、方法和要求。

内部监督分为日常监督和专项监督。日常监督是指企业对建立与实施内部控制的情况进行常规、持续的监督检查；专项监督是指在企业发展战略、组织结构、经营活动、业务流程、关键岗位员工等发生较大调整或变化的情况下，对内部控制的某一或者某些方面进行有针对性的监督检查。

专项监督的范围和频率应当根据风险评估结果以及日常监督的有效性等予以确定。

第四十五条　企业应当制定内部控制缺陷认定标准，对监督过程中发现的内部控制缺陷，应当分析缺陷的性质和产生的原因，提出整改方案，采取适当的形式及时向董事会、监事会或者经理层报告。

内部控制缺陷包括设计缺陷和运行缺陷。企业应当跟踪内部控制缺陷整改情况，并就内部监督中发现的重大缺陷，追究相关责任单位或者责任人的责任。

第四十六条　企业应当结合内部监督情况，定期对内部控制的有效性进行自我评价，出具内部控制自我评价报告。

内部控制自我评价的方式、范围、程序和频率，由企业根据经营业务调整、经营环境变化、业务发展状况、实际风险水平等自行确定。

国家有关法律法规另有规定的，从其规定。

第四十七条　企业应当以书面或者其他适当的形式，妥善保存内部控制建立与实施过程中的相关记录或者资料，确保内部控制建立与实施过程的可验证性。

第七章　附　则

第四十八条　本规范由财政部会同国务院其他有关部门解释。

第四十九条　本规范的配套办法由财政部会同国务院其他有关部门另行制定。

第五十条　本规范自2009年7月1日起实施。

2. 企业内部控制应用指引第1号——组织架构（2010年颁布）

（财会〔2010〕11号）

第一章　总　则

第一条　为了促进企业实现发展战略，优化治理结构、管理体制和运行机制，建立现代企业制度，根据《中华人民共和国公司法》等有关法律法规和《企业内部控制基本规范》，制定本指引。

第二条 本指引所称组织架构，是指企业按照国家有关法律法规、股东（大）会决议和企业章程，结合本企业实际，明确股东（大）会、董事会、监事会、经理层和企业内部各层级机构设置、职责权限、人员编制、工作程序和相关要求的制度安排。

第三条 企业至少应当关注组织架构设计与运行中的下列风险：

（一）治理结构形同虚设，缺乏科学决策、良性运行机制和执行力，可能导致企业经营失败，难以实现发展战略。

（二）内部机构设计不科学，权责分配不合理，可能导致机构重叠、职能交叉或缺失、推诿扯皮，运行效率低下。

第二章　组织架构的设计

第四条 企业应当根据国家有关法律法规的规定，明确董事会、监事会和经理层的职责权限、任职条件、议事规则和工作程序，确保决策、执行和监督相互分离，形成制衡。

董事会对股东（大）会负责，依法行使企业的经营决策权。可按照股东（大）会的有关决议，设立战略、审计、提名、薪酬与考核等专门委员会，明确各专门委员会的职责权限、任职资格、议事规则和工作程序，为董事会科学决策提供支持。

监事会对股东（大）会负责，监督企业董事、经理和其他高级管理人员依法履行职责。

经理层对董事会负责，主持企业的生产经营管理工作。经理和其他高级管理人员的职责分工应当明确。

董事会、监事会和经理层的产生程序应当合法合规，其人员构成、知识结构、能力素质应当满足履行职责的要求。

第五条 企业的重大决策、重大事项、重要人事任免及大额资金支付业务等，应当按照规定的权限和程序实行集体决策审批或者联签制度。任何个人不得单独进行决策或者擅自改变集体决策意见。

重大决策、重大事项、重要人事任免及大额资金支付业务的具体标准由企业自行确定。

第六条 企业应当按照科学、精简、高效、透明、制衡的原则，综合考虑企业性质、发展战略、文化理念和管理要求等因素，合理设置内部职能机构，明确各机构的职责权限，避免职能交叉、缺失或权责过于集中，形成各司其职、各负其责、相互制约、相互协调的工作机制。

第七条 企业应当对各机构的职能进行科学合理的分解，确定具体岗位的名称、职责和工作要求等，明确各个岗位的权限和相互关系。

企业在确定职权和岗位分工过程中，应当体现不相容职务相互分离的要求。不相容职务通常包括：可行性研究与决策审批；决策审批与执行；执行与监督检查等。

第八条 企业应当制定组织结构图、业务流程图、岗（职）位说明书和权限指引等内部管理制度或相关文件，使员工了解和掌握组织架构设计及权责分配情况，正确履行职责。

第三章　组织架构的运行

第九条 企业应当根据组织架构的设计规范，对现有治理结构和内部机构设置进行全面梳理，确保本企业治理结构、内部机构设置和运行机制等符合现代企业制度要求。

企业梳理治理结构，应当重点关注董事、监事、经理及其他高级管理人员的任职资格和履职情况，以及董事会、监事会和经理层的运行效果。治理结构存在问题的，应当采取有效措施加以改进。

企业梳理内部机构设置，应当重点关注内部机构设置的合理性和运行的高效性等。内部机构设置和运行中存在职能交叉、缺失或运行效率低下的，应当及时解决。

第十条 企业拥有子公司的，应当建立科学的投资管控制度，通过合法有效的形式履行出资人职责、维护出资人权益，重点关注子公司特别是异地、境外子公司的发展战略、年度财务预决算、重大投融资、重大担保、大额资金使用、主要资产处置、重要人事任免、内部控制体系建设等重要事项。

第十一条 企业应当定期对组织架构设计与运行的效率和效果进行全面评估，发现组织架构设计与运行中存在缺陷的，应当进行优化调整。

企业组织架构调整应当充分听取董事、监事、高级管理人员和其他员工的意见，按照规定的权限和程序进行决策审批。

3. 企业内部控制应用指引第 2 号——发展战略（2010 年颁布）

（财会〔2010〕11 号）

第一章 总 则

第一条 为了促进企业增强核心竞争力和可持续发展能力，根据有关法律法规和《企业内部控制基本规范》，制定本指引。

第二条 本指引所称发展战略，是指企业在对现实状况和未来趋势进行综合分析和科学预测的基础上，制定并实施的长远发展目标与战略规划。

第三条 企业制定与实施发展战略至少应当关注下列风险：

（一）缺乏明确的发展战略或发展战略实施不到位，可能导致企业盲目发展，难以形成竞争优势，丧失发展机遇和动力。

（二）发展战略过于激进，脱离企业实际能力或偏离主业，可能导致企业过度扩张，甚至经营失败。

（三）发展战略因主观原因频繁变动，可能导致资源浪费，甚至危及企业的生存和持续发展。

第二章 发展战略的制定

第四条 企业应当在充分调查研究、科学分析预测和广泛征求意见的基础上制定发展目标。企业在制定发展目标过程中，应当综合考虑宏观经济政策、国内外市场需求变化、技术发展趋势、行业及竞争对手状况、可利用资源水平和自身优势与劣势等影响因素。

第五条 企业应当根据发展目标制定战略规划。战略规划应当明确发展的阶段性和发展程度，确定每个发展阶段的具体目标、工作任务和实施路径。

第六条 企业应当在董事会下设立战略委员会，或指定相关机构负责发展战略管理工作，履行相应职责。企业应当明确战略委员会的职责和议事规则，对战略委员会会议的召开程序、表决方式、提案审议、保密要求和会议记录等作出规定，确保议事过程规范透明、决策程序科学民主。战略委员会应当组织有关部门对发展目标和战略规划进行可行性研究和科学论证，形成发展战略建议方案；必要时，可借助中介机构和外部专家的力量为其履行职责提供专业咨询意见。战略委员会成员应当具有较强的综合素质和实践经验，其任职资格和选任程序应当符合有关法律法规和企业章程的规定。

第七条 董事会应当严格审议战略委员会提交的发展战略方案，重点关注其全局性、长期性和可行性。董事会在审议方案中如果发现重大问题，应当责成战略委员会对方案作出调整。企业的发展战略方案经董事会审议通过后，报经股东（大）会批准实施。

第三章　发展战略的实施

第八条　企业应当根据发展战略，制定年度工作计划，编制全面预算，将年度目标分解、落实；同时完善发展战略管理制度，确保发展战略有效实施。

第九条　企业应当重视发展战略的宣传工作，通过内部各层级会议和教育培训等有效方式，将发展战略及其分解落实情况传递到内部各管理层级和全体员工。

第十条　战略委员会应当加强对发展战略实施情况的监控，定期收集和分析相关信息，对于明显偏离发展战略的情况，应当及时报告。

第十一条　由于经济形势、产业政策、技术进步、行业状况以及不可抗力等因素发生重大变化，确需对发展战略作出调整的，应当按照规定权限和程序调整发展战略。

4. 企业内部控制应用指引第 3 号——人力资源（2010 年颁布）

（财会〔2010〕11 号）

第一章　总　　则

第一条　为了促进企业加强人力资源建设，充分发挥人力资源对实现企业发展战略的重要作用，根据有关法律法规和《企业内部控制基本规范》，制定本指引。

第二条　本指引所称人力资源，是指企业组织生产经营活动而录（任）用的各种人员，包括董事、监事、高级管理人员和全体员工。

第三条　企业人力资源管理至少应当关注下列风险：

（一）人力资源缺乏或过剩、结构不合理、开发机制不健全，可能导致企业发展战略难以实现。

（二）人力资源激励约束制度不合理、关键岗位人员管理不完善，可能导致人才流失、经营效率低下或关键技术、商业秘密和国家机密泄露。

（三）人力资源退出机制不当，可能导致法律诉讼或企业声誉受损。

第四条　企业应当重视人力资源建设，根据发展战略，结合人力资源现状和未来需求预测，建立人力资源发展目标，制定人力资源总体规划和能力框架体系，优化人力资源整体布局，明确人力资源的引进、开发、使用、培养、考核、激励、退出等管理要求，实现人力资源的合理配置，全面提升企业核心竞争力。

第二章　人力资源的引进与开发

第五条　企业应当根据人力资源总体规划，结合生产经营实际需要，制定年度人力资源需求计划，完善人力资源引进制度，规范工作流程，按照计划、制度和程序组织人力资源引进工作。

第六条　企业应当根据人力资源能力框架要求，明确各岗位的职责权限、任职条件和工作要求，遵循德才兼备、以德为先和公开、公平、公正的原则，通过公开招聘、竞争上岗等多种方式选聘优秀人才，重点关注选聘对象的价值取向和责任意识。

企业选拔高级管理人员和聘用中层及以下员工，应当切实做到因事设岗、以岗选人，避免因人设事或设岗，确保选聘人员能够胜任岗位职责要求。

企业选聘人员应当实行岗位回避制度。

第七条　企业确定选聘人员后，应当依法签订劳动合同，建立劳动用工关系。

企业对于在产品技术、市场、管理等方面掌握或涉及关键技术、知识产权、商业秘密或国家机密的工作岗位，应当与该岗位员工签订有关岗位保密协议，明确保密义务。

第八条　企业应当建立选聘人员试用期和岗前培训制度，对试用人员进行严格考察，促进选聘员工全面了解岗位职责，掌握岗位基本技能，适应工作要求。试用期满考核合格后，方可正式上岗；试用期满考核不合格者，应当及时解除劳动关系。

第九条　企业应当重视人力资源开发工作，建立员工培训长效机制，营造尊重知识、尊重人才和关心员工职业发展的文化氛围，加强后备人才队伍建设，促进全体员工的知识、技能持续更新，不断提升员工的服务效能。

第三章　人力资源的使用与退出

第十条　企业应当建立和完善人力资源的激励约束机制，设置科学的业绩考核指标体系，对各级管理人员和全体员工进行严格考核与评价，以此作为确定员工薪酬、职级调整和解除劳动合同等的重要依据，确保员工队伍处于持续优化状态。

第十一条　企业应当制定与业绩考核挂钩的薪酬制度，切实做到薪酬安排与员工贡献相协调，体现效率优先，兼顾公平。

第十二条　企业应当制定各级管理人员和关键岗位员工定期轮岗制度，明确轮岗范围、轮岗周期、轮岗方式等，形成相关岗位员工的有序持续流动，全面提升员工素质。

第十三条　企业应当按照有关法律法规规定，结合企业实际，建立健全员工退出（辞职、解除劳动合同、退休等）机制，明确退出的条件和程序，确保员工退出机制得到有效实施。

企业对考核不能胜任岗位要求的员工，应当及时暂停其工作，安排再培训，或调整工作岗位，安排转岗培训；仍不能满足岗位职责要求的，应当按照规定的权限和程序解除劳动合同。

企业应当与退出员工依法约定保守关键技术、商业秘密、国家机密和竞业限制的期限，确保知识产权、商业秘密和国家机密的安全。

企业关键岗位人员离职前，应当根据有关法律法规的规定进行工作交接或离任审计。

第十四条　企业应当定期对年度人力资源计划执行情况进行评估，总结人力资源管理经验，分析存在的主要缺陷和不足，完善人力资源政策，促进企业整体团队充满生机和活力。

5. 企业内部控制应用指引第 4 号——社会责任（2010 年颁布）

（财会〔2010〕11 号）

第一章　总　　则

第一条　为了促进企业履行社会责任，实现企业与社会的协调发展，根据国家有关法律法规和《企业内部控制基本规范》，制定本指引。

第二条　本指引所称社会责任，是指企业在经营发展过程中应当履行的社会职责和义务，主要包括安全生产、产品质量（含服务，下同）、环境保护、资源节约、促进就业、员工权益保护等。

第三条　企业至少应当关注在履行社会责任方面的下列风险：

（一）安全生产措施不到位，责任不落实，可能导致企业发生安全事故。

（二）产品质量低劣，侵害消费者利益，可能导致企业巨额赔偿、形象受损，甚至破产。

（三）环境保护投入不足，资源耗费大，造成环境污染或资源枯竭，可能导致企业巨额赔偿、缺乏发展后劲，甚至停业。

（四）促进就业和员工权益保护不够，可能导致员工积极性受挫，影响企业发展和社会稳定。

第四条 企业应当重视履行社会责任，切实做到经济效益与社会效益、短期利益与长远利益、自身发展与社会发展相互协调，实现企业与员工、企业与社会、企业与环境的健康和谐发展。

第二章 安全生产

第五条 企业应当根据国家有关安全生产的规定，结合本企业实际情况，建立严格的安全生产管理体系、操作规范和应急预案，强化安全生产责任追究制度，切实做到安全生产。

企业应当设立安全管理部门和安全监督机构，负责企业安全生产的日常监督管理工作。

第六条 企业应当重视安全生产投入，在人力、物力、资金、技术等方面提供必要的保障，健全检查监督机制，确保各项安全措施落实到位，不得随意降低保障标准和要求。

第七条 企业应当贯彻预防为主的原则，采用多种形式增强员工安全意识，重视岗位培训，对于特殊岗位实行资格认证制度。

企业应当加强生产设备的经常性维护管理，及时排除安全隐患。

第八条 企业如果发生生产安全事故，应当按照安全生产管理制度妥善处理，排除故障，减轻损失，追究责任。

重大生产安全事故应当启动应急预案，同时按照国家有关规定及时报告，严禁迟报、谎报和瞒报。

第三章 产品质量

第九条 企业应当根据国家和行业相关产品质量的要求，从事生产经营活动，切实提高产品质量和服务水平，努力为社会提供优质安全健康的产品和服务，最大限度地满足消费者的需求，对社会和公众负责，接受社会监督，承担社会责任。

第十条 企业应当规范生产流程，建立严格的产品质量控制和检验制度，严把质量关，禁止缺乏质量保障、危害人民生命健康的产品流向社会。

第十一条 企业应当加强产品的售后服务。售后发现存在严重质量缺陷、隐患的产品，应当及时召回或采取其他有效措施，最大限度地降低或消除缺陷、隐患产品的社会危害。

企业应当妥善处理消费者提出的投诉和建议，切实保护消费者权益。

第四章 环境保护与资源节约

第十二条 企业应当按照国家有关环境保护与资源节约的规定，结合本企业实际情况，建立环境保护与资源节约制度，认真落实节能减排责任，积极开发和使用节能产品，发展循环经济，降低污染物排放，提高资源综合利用效率。

企业应当通过宣传教育等有效形式，不断提高员工的环境保护和资源节约意识。

第十三条 企业应当重视生态保护，加大对环保工作的人力、物力、财力的投入和技术支持，不断改进工艺流程，降低能耗和污染物排放水平，实现清洁生产。

企业应当加强对废气、废水、废渣的综合治理，建立废料回收和循环利用制度。

第十四条 企业应当重视资源节约和资源保护，着力开发利用可再生资源，防止对不可再生资源进行掠夺性或毁灭性开发。

企业应当重视国家产业结构相关政策，特别关注产业结构调整的发展要求，加快高新技术开发和传统产业改造，切实转变发展方式，实现低投入、低消耗、低排放和高效率。

第十五条 企业应当建立环境保护和资源节约的监控制度，定期开展监督检查，发现问题，及时采取措施予以纠正。污染物排放超过国家有关规定的，企业应当承担治理或相关法律责任。

发生紧急、重大环境污染事件时，应当启动应急机制，及时报告和处理，并依法追究相关责任人的责任。

第五章　促进就业与员工权益保护

第十六条　企业应当依法保护员工的合法权益，贯彻人力资源政策，保护员工依法享有劳动权利和履行劳动义务，保持工作岗位相对稳定，积极促进充分就业，切实履行社会责任。

企业应当避免在正常经营情况下批量辞退员工，增加社会负担。

第十七条　企业应当与员工签订并履行劳动合同，遵循按劳分配、同工同酬的原则，建立科学的员工薪酬制度和激励机制，不得克扣或无故拖欠员工薪酬。

企业应当建立高级管理人员与员工薪酬的正常增长机制，切实保持合理水平，维护社会公平。

第十八条　企业应当及时办理员工社会保险，足额缴纳社会保险费，保障员工依法享受社会保险待遇。

企业应当按照有关规定做好健康管理工作，预防、控制和消除职业危害；按期对员工进行非职业性健康监护，对从事有职业危害作业的员工进行职业性健康监护。

企业应当遵守法定的劳动时间和休息休假制度，确保员工的休息休假权利。

第十九条　企业应当加强职工代表大会和工会组织建设，维护员工合法权益，积极开展员工职业教育培训，创造平等发展机会。

企业应当尊重员工人格，维护员工尊严，杜绝性别、民族、宗教、年龄等各种歧视，保障员工身心健康。

第二十条　企业应当按照产学研用相结合的社会需求，积极创建实习基地，大力支持社会有关方面培养、锻炼社会需要的应用型人才。

第二十一条　企业应当积极履行社会公益方面的责任和义务，关心帮助社会弱势群体，支持慈善事业。

6. 企业内部控制应用指引第 5 号——企业文化（2010 年颁布）

（财会〔2010〕11 号）

第一章　总　　则

第一条　为了加强企业文化建设，发挥企业文化在企业发展中的重要作用，根据《企业内部控制基本规范》，制定本指引。

第二条　本指引所称企业文化，是指企业在生产经营实践中逐步形成的、为整体团队所认同并遵守的价值观、经营理念和企业精神，以及在此基础上形成的行为规范的总称。

第三条　加强企业文化建设至少应当关注下列风险：

（一）缺乏积极向上的企业文化，可能导致员工丧失对企业的信心和认同感，企业缺乏凝聚力和竞争力。

（二）缺乏开拓创新、团队协作和风险意识，可能导致企业发展目标难以实现，影响可持续发展。

（三）缺乏诚实守信的经营理念，可能导致舞弊事件的发生，造成企业损失，影响企业信誉。

（四）忽视企业间的文化差异和理念冲突，可能导致并购重组失败。

第二章　企业文化的建设

第四条　企业应当采取切实有效的措施，积极培育具有自身特色的企业文化，引导和规范员工行为，打造以主业为核心的企业品牌，形成整体团队的向心力，促进企业长远发展。

第五条 企业应当培育体现企业特色的发展愿景、积极向上的价值观、诚实守信的经营理念、履行社会责任和开拓创新的企业精神，以及团队协作和风险防范意识。

企业应当重视并购重组后的企业文化建设，平等对待被并购方的员工，促进并购双方的文化融合。

第六条 企业应当根据发展战略和实际情况，总结优良传统，挖掘文化底蕴，提炼核心价值，确定文化建设的目标和内容，形成企业文化规范，使其构成员工行为守则的重要组成部分。

第七条 董事、监事、经理和其他高级管理人员应当在企业文化建设中发挥主导和垂范作用，以自身的优秀品格和脚踏实地的工作作风，带动影响整个团队，共同营造积极向上的企业文化环境。

企业应当促进文化建设在内部各层级的有效沟通，加强企业文化的宣传贯彻，确保全体员工共同遵守。

第八条 企业文化建设应当融入生产经营全过程，切实做到文化建设与发展战略的有机结合，增强员工的责任感和使命感，规范员工行为方式，使员工自身价值在企业发展中得到充分体现。

企业应当加强对员工的文化教育和熏陶，全面提升员工的文化修养和内在素质。

第三章 企业文化的评估

第九条 企业应当建立企业文化评估制度，明确评估的内容、程序和方法，落实评估责任制，避免企业文化建设流于形式。

第十条 企业文化评估，应当重点关注董事、监事、经理和其他高级管理人员在企业文化建设中的责任履行情况、全体员工对企业核心价值观的认同感、企业经营管理行为与企业文化的一致性、企业品牌的社会影响力、参与企业并购重组各方文化的融合度，以及员工对企业未来发展的信心。

第十一条 企业应当重视企业文化的评估结果，巩固和发扬文化建设成果，针对评估过程中发现的问题，研究影响企业文化建设的不利因素，分析深层次的原因，及时采取措施加以改进。

7. 企业内部控制应用指引第 6 号——资金活动（2010 年颁布）

（财会〔2010〕11 号）

第一章 总 则

第一条 为了促进企业正常组织资金活动，防范和控制资金风险，保证资金安全，提高资金使用效益，根据有关法律法规和《企业内部控制基本规范》，制定本指引。

第二条 本指引所称资金活动，是指企业筹资、投资和资金营运等活动的总称。

第三条 企业资金活动至少应当关注下列风险：

（一）筹资决策不当，引发资本结构不合理或无效融资，可能导致企业筹资成本过高或债务危机。

（二）投资决策失误，引发盲目扩张或丧失发展机遇，可能导致资金链断裂或资金使用效益低下。

（三）资金调度不合理、营运不畅，可能导致企业陷入财务困境或资金冗余。

（四）资金活动管控不严，可能导致资金被挪用、侵占、抽逃或遭受欺诈。

第四条　企业应当根据自身发展战略，科学确定投融资目标和规划，完善严格的资金授权、批准、审验等相关管理制度，加强资金活动的集中归口管理，明确筹资、投资、营运等各环节的职责权限和岗位分离要求，定期或不定期检查和评价资金活动情况，落实责任追究制度，确保资金安全和有效运行。

企业财会部门负责资金活动的日常管理，参与投融资方案等可行性研究。总会计师或分管会计工作的负责人应当参与投融资决策过程。

企业有子公司的，应当采取合法有效措施，强化对子公司资金业务的统一监控。有条件的企业集团，应当探索财务公司、资金结算中心等资金集中管控模式。

第二章　筹　　资

第五条　企业应当根据筹资目标和规划，结合年度全面预算，拟订筹资方案，明确筹资用途、规模、结构和方式等相关内容，对筹资成本和潜在风险作出充分估计。

境外筹资还应考虑所在地的政治、经济、法律、市场等因素。

第六条　企业应当对筹资方案进行科学论证，不得依据未经论证的方案开展筹资活动。重大筹资方案应当形成可行性研究报告，全面反映风险评估情况。

企业可以根据实际需要，聘请具有相应资质的专业机构进行可行性研究。

第七条　企业应当对筹资方案进行严格审批，重点关注筹资用途的可行性和相应的偿债能力。重大筹资方案，应当按照规定的权限和程序实行集体决策或者联签制度。

筹资方案需经有关部门批准的，应当履行相应的报批程序。筹资方案发生重大变更的，应当重新进行可行性研究并履行相应审批程序。

第八条　企业应当根据批准的筹资方案，严格按照规定权限和程序筹集资金。银行借款或发行债券，应当重点关注利率风险、筹资成本、偿还能力以及流动性风险等；发行股票应当重点关注发行风险、市场风险、政策风险以及公司控制权风险等。

企业通过银行借款方式筹资的，应当与有关金融机构进行洽谈，明确借款规模、利率、期限、担保、还款安排、相关的权利义务和违约责任等内容。双方达成一致意见后签署借款合同，据此办理相关借款业务。

企业通过发行债券方式筹资的，应当合理选择债券种类，对还本付息方案作出系统安排，确保按期、足额偿还到期本金和利息。

企业通过发行股票方式筹资的，应当依照《中华人民共和国证券法》等有关法律法规和证券监管部门的规定，优化企业组织架构，进行业务整合，并选择具备相应资质的中介机构协助企业做好相关工作，确保符合股票发行条件和要求。

第九条　企业应当严格按照筹资方案确定的用途使用资金。筹资用于投资的，应当分别按照本指引第三章和《企业内部控制应用指引第 11 号——工程项目》规定，防范和控制资金使用的风险。

由于市场环境变化等确需改变资金用途的，应当履行相应的审批程序。严禁擅自改变资金用途。

第十条　企业应当加强债务偿还和股利支付环节的管理，对偿还本息和支付股利等作出适当安排。

企业应当按照筹资方案或合同约定的本金、利率、期限、汇率及币种，准确计算应付利息，与债权人核对无误后按期支付。

企业应当选择合理的股利分配政策，兼顾投资者近期和长远利益，避免分配过度或不足。股利分配方案应当经过股东（大）会批准，并按规定履行披露义务。

第十一条　企业应当加强筹资业务的会计系统控制，建立筹资业务的记录、凭证和账簿，按照国家统一会计准则制度，正确核算和监督资金筹集、本息偿还、股利支付等相关业务，妥善保管筹资合同或协议、收款凭证、入库凭证等资料，定期与资金提供方进行账务核对，确保筹资活动符合筹资方案的要求。

第三章 投 资

第十二条 企业应当根据投资目标和规划，合理安排资金投放结构，科学确定投资项目，拟订投资方案，重点关注投资项目的收益和风险。企业选择投资项目应当突出主业，谨慎从事股票投资或衍生金融产品等高风险投资。

境外投资还应考虑政治、经济、法律、市场等因素的影响。

企业采用并购方式进行投资的，应当严格控制并购风险，重点关注并购对象的隐性债务、承诺事项、可持续发展能力、员工状况及其与本企业治理层及管理层的关联关系，合理确定支付对价，确保实现并购目标。

第十三条 企业应当加强对投资方案的可行性研究，重点对投资目标、规模、方式、资金来源、风险与收益等作出客观评价。

企业根据实际需要，可以委托具备相应资质的专业机构进行可行性研究，提供独立的可行性研究报告。

第十四条 企业应当按照规定的权限和程序对投资项目进行决策审批，重点审查投资方案是否可行、投资项目是否符合国家产业政策及相关法律法规的规定，是否符合企业投资战略目标和规划、是否具有相应的资金能力、投入资金能否按时收回、预期收益能否实现，以及投资和并购风险是否可控等。重大投资项目，应当按照规定的权限和程序实行集体决策或者联签制度。

投资方案需经有关管理部门批准的，应当履行相应的报批程序。投资方案发生重大变更的，应当重新进行可行性研究并履行相应审批程序。

第十五条 企业应当根据批准的投资方案，与被投资方签订投资合同或协议，明确出资时间、金额、方式、双方权利义务和违约责任等内容，按规定的权限和程序审批后履行投资合同或协议。

企业应当指定专门机构或人员对投资项目进行跟踪管理，及时收集被投资方经审计的财务报告等相关资料，定期组织投资效益分析，关注被投资方的财务状况、经营成果、现金流量以及投资合同履行情况，发现异常情况，应当及时报告并妥善处理。

第十六条 企业应当加强对投资项目的会计系统控制，根据对被投资方的影响程度，合理确定投资会计政策，建立投资管理台账，详细记录投资对象、金额、持股比例、期限、收益等事项，妥善保管投资合同或协议、出资证明等资料。

企业财会部门对于被投资方出现财务状况恶化、市价当期大幅下跌等情形的，应当根据国家统一的会计准则制度规定，合理计提减值准备、确认减值损失。

第十七条 企业应当加强投资收回和处置环节的控制，对投资收回、转让、核销等决策和审批程序作出明确规定。

企业应当重视投资到期本金的回收。转让投资应当由相关机构或人员合理确定转让价格，报授权批准部门批准，必要时可委托具有相应资质的专门机构进行评估。核销投资应当取得不能收回投资的法律文书和相关证明文件。

企业对于到期无法收回的投资，应当建立责任追究制度。

第四章 营 运

第十八条 企业应当加强资金营运全过程的管理，统筹协调内部各机构在生产经营过程中的资金需求，切实做好资金在采购、生产、销售等各环节的综合平衡，全面提升资金营运效率。

第十九条　企业应当充分发挥全面预算管理在资金综合平衡中的作用，严格按照预算要求组织协调资金调度，确保资金及时收付，实现资金的合理占用和营运良性循环。

企业应当严禁资金的体外循环，切实防范资金营运中的风险。

第二十条　企业应当定期组织召开资金调度会或资金安全检查，对资金预算执行情况进行综合分析，发现异常情况，及时采取措施妥善处理，避免资金冗余或资金链断裂。

企业在营运过程中出现临时性资金短缺的，可以通过短期融资等方式获取资金。资金出现短期闲置的，在保证安全性和流动性的前提下，可以通过购买国债等多种方式，提高资金效益。

第二十一条　企业应当加强对营运资金的会计系统控制，严格规范资金的收支条件、程序和审批权限。

企业在生产经营及其他业务活动中取得的资金收入应当及时入账，不得账外设账，严禁收款不入账、设立“小金库”。

企业办理资金支付业务，应当明确支出款项的用途、金额、预算、限额、支付方式等内容，并附原始单据或相关证明，履行严格的授权审批程序后，方可安排资金支出。

企业办理资金收付业务，应当遵守现金和银行存款管理的有关规定，不得由一人办理货币资金全过程业务，严禁将办理资金支付业务的相关印章和票据集中一人保管。

8. 企业内部控制应用指引第 7 号——采购业务（2010 年颁布）

（财会〔2010〕11 号）

第一章　总　　则

第一条　为了促进企业合理采购，满足生产经营需要，规范采购行为，防范采购风险，根据有关法律法规和《企业内部控制基本规范》，制定本指引。

第二条　本指引所称采购，是指购买物资（或接受劳务）及支付款项等相关活动。

第三条　企业采购业务至少应当关注下列风险：

（一）采购计划安排不合理，市场变化趋势预测不准确，造成库存短缺或积压，可能导致企业生产停滞或资源浪费。

（二）供应商选择不当，采购方式不合理，招投标或定价机制不科学，授权审批不规范，可能导致采购物资质次价高，出现舞弊或遭受欺诈。

（三）采购验收不规范，付款审核不严，可能导致采购物资、资金损失或信用受损。

第四条　企业应当结合实际情况，全面梳理采购业务流程，完善采购业务相关管理制度，统筹安排采购计划，明确请购、审批、购买、验收、付款、采购后评估等环节的职责和审批权限，按照规定的审批权限和程序办理采购业务，建立价格监督机制，定期检查和评价采购过程中的薄弱环节，采取有效控制措施，确保物资采购满足企业生产经营需要。

第二章　购　　买

第五条　企业的采购业务应当集中，避免多头采购或分散采购，以提高采购业务效率，降低采购成本，堵塞管理漏洞。企业应当对办理采购业务的人员定期进行岗位轮换。重要和技术性较强的采购业务，应当组织相关专家进行论证，实行集体决策和审批。

企业除小额零星物资或服务外，不得安排同一机构办理采购业务全过程。

第六条　企业应当建立采购申请制度，依据购买物资或接受劳务的类型，确定归口管理部门，授予相应的请购权，明确相关部门或人员的职责权限及相应的请购和审批程序。

企业可以根据实际需要设置专门的请购部门，对需求部门提出的采购需求进行审核，并进行归类汇总，统筹安排企业的采购计划。

具有请购权的部门对于预算内采购项目，应当严格按照预算执行进度办理请购手续，并根据市场变化提出合理采购申请。对于超预算和预算外采购项目，应先履行预算调整程序，由具备相应审批权限的部门或人员审批后，再行办理请购手续。

第七条 企业应当建立科学的供应商评估和准入制度，确定合格供应商清单，与选定的供应商签订质量保证协议，建立供应商管理信息系统，对供应商提供物资或劳务的质量、价格、交货及时性、供货条件及其资信、经营状况等进行实时管理和综合评价，根据评价结果对供应商进行合理选择和调整。

企业可委托具有相应资质的中介机构对供应商进行资信调查。

第八条 企业应当根据市场情况和采购计划合理选择采购方式。大宗采购应当采用招标方式，合理确定招投标的范围、标准、实施程序和评标规则；一般物资或劳务等的采购可以采用询价或定向采购的方式并签订合同协议；小额零星物资或劳务等的采购可以采用直接购买等方式。

第九条 企业应当建立采购物资定价机制，采取协议采购、招标采购、谈判采购、询比价采购等多种方式合理确定采购价格，最大限度地减小市场变化对企业采购价格的影响。

大宗采购等应当采用招投标方式确定采购价格，其他商品或劳务的采购，应当根据市场行情制定最高采购限价，并对最高采购限价适时调整。

第十条 企业应当根据确定的供应商、采购方式、采购价格等情况拟订采购合同，准确描述合同条款，明确双方权利、义务和违约责任，按照规定权限签订采购合同。

企业应当根据生产建设进度和采购物资特性，选择合理的运输工具和运输方式，办理运输、投保等事宜。

第十一条 企业应当建立严格的采购验收制度，确定检验方式，由专门的验收机构或验收人员对采购项目的品种、规格、数量、质量等相关内容进行验收，出具验收证明。涉及大宗和新、特物资采购的，还应进行专业测试。

验收过程中发现的异常情况，负责验收的机构或人员应当立即向企业有权管理的相关机构报告，相关机构应当查明原因并及时处理。

第十二条 企业应当加强物资采购供应过程的管理，依据采购合同中确定的主要条款跟踪合同履行情况，对有可能影响生产或工程进度的异常情况，应出具书面报告并及时提出解决方案。

企业应当做好采购业务各环节的记录，实行全过程的采购登记制度或信息化管理，确保采购过程的可追溯性。

第三章 付　　款

第十三条 企业应当加强采购付款的管理，完善付款流程，明确付款审核人的责任和权力，严格审核采购预算、合同、相关单据凭证、审批程序等相关内容，审核无误后按照合同规定及时办理付款。

企业在付款过程中，应当严格审查采购发票的真实性、合法性和有效性。发现虚假发票的，应查明原因，及时报告处理。

企业应当重视采购付款的过程控制和跟踪管理，发现异常情况的，应当拒绝付款，避免出现资金损失和信用受损。

企业应当合理选择付款方式，并严格遵循合同规定，防范付款方式不当带来的法律风险，保证资金安全。

第十四条 企业应当加强预付账款和定金的管理。涉及大额或长期的预付款项，应当定期进行追踪核查，综合分析预付账款的期限、占用款项的合理性、不可收回风险等情况，发现有疑问的预付款项，应当及时采取措施。

第十五条 企业应当加强对购买、验收、付款业务的会计系统控制，详细记录供应商情况、请购申请、采购合同、采购通知、验收证明、入库凭证、商业票据、款项支付等情况，确保会计记录、采购记录与仓储记录核对一致。

企业应当指定专人通过函证等方式，定期与供应商核对应付账款、应付票据、预付账款等往来款项。

第十六条 企业应当建立退货管理制度，对退货条件、退货手续、货物出库、退货货款回收等作出明确规定，并在与供应商的合同中明确退货事宜，及时收回退货货款。涉及符合索赔条件的退货，应在索赔期内及时办理索赔。

9. 企业内部控制应用指引第 8 号——资产管理（2010 年颁布）

（财会〔2010〕11 号）

第一章 总 则

第一条 为了提高资产使用效能，保证资产安全，根据有关法律法规和《企业内部控制基本规范》，制定本指引。

第二条 本指引所称资产，是指企业拥有或控制的存货、固定资产和无形资产。

第三条 企业资产管理至少应当关注下列风险：

（一）存货积压或短缺，可能导致流动资金占用过量、存货价值贬损或生产中断。

（二）固定资产更新改造不够、使用效能低下、维护不当、产能过剩，可能导致企业缺乏竞争力、资产价值贬损、安全事故频发或资源浪费。

（三）无形资产缺乏核心技术、权属不清、技术落后、存在重大技术安全隐患，可能导致企业法律纠纷、缺乏可持续发展能力。

第四条 企业应当加强各项资产管理，全面梳理资产管理流程，及时发现资产管理中的薄弱环节，切实采取有效措施加以改进，并关注资产减值迹象，合理确认资产减值损失，不断提高企业资产管理水平。

企业应当重视和加强各项资产的投保工作，采用招标等方式确定保险人，降低资产损失风险，防范资产投保舞弊。

第二章 存 货

第五条 企业应当采用先进的存货管理技术和方法，规范存货管理流程，明确存货取得、验收入库、原料加工、仓储保管、领用发出、盘点处置等环节的管理要求，充分利用信息系统，强化会计、出入库等相关记录，确保存货管理全过程的风险得到有效控制。

第六条 企业应当建立存货管理岗位责任制，明确内部相关部门和岗位的职责权限，切实做到不相容岗位相互分离、制约和监督。

企业内部除存货管理、监督部门及仓储人员外，其他部门和人员接触存货，应当经过相关部门特别授权。

第七条 企业应当重视存货验收工作，规范存货验收程序和方法，对入库存货的数量、质量、技术规格等方面进行查验，验收无误方可入库。

外购存货的验收，应当重点关注合同、发票等原始单据与存货的数量、质量、规格等核对一致。涉及技术含量较高的货物，必要时可委托具有检验资质的机构或聘请外部专家协助验收。

自制存货的验收，应当重点关注产品质量，通过检验合格的半成品、产成品才能办理入库手续，不合格品应及时查明原因、落实责任、报告处理。

其他方式取得存货的验收，应当重点关注存货来源、质量状况、实际价值是否符合有关合同或协议的约定。

第八条 企业应当建立存货保管制度，定期对存货进行检查，重点关注下列事项：（一）存货在不同仓库之间流动时应当办理出入库手续。

（二）应当按仓储物资所要求的储存条件贮存，并健全防火、防洪、防盗、防潮、防病虫害和防变质等管理规范。

（三）加强生产现场的材料、周转材料、半成品等物资的管理，防止浪费、被盗和流失。

（四）对代管、代销、暂存、受托加工的存货，应单独存放和记录，避免与本单位存货混淆。

（五）结合企业实际情况，加强存货的保险投保，保证存货安全，合理降低存货意外损失风险。

第九条 企业应当明确存货发出和领用的审批权限，大批存货、贵重商品或危险品的发出应当实行特别授权。仓储部门应当根据经审批的销售（出库）通知单发出货物。

第十条 企业仓储部门应当详细记录存货入库、出库及库存情况，做到存货记录与实际库存相符，并定期与财会部门、存货管理部门进行核对。

第十一条 企业应当根据各种存货采购间隔期和当前库存，综合考虑企业生产经营计划、市场供求等因素，充分利用信息系统，合理确定存货采购日期和数量，确保存货处于最佳库存状态。

第十二条 企业应当建立存货盘点清查制度，结合本企业实际情况确定盘点周期、盘点流程等相关内容，核查存货数量，及时发现存货减值迹象。企业至少应当于每年年度终了开展全面盘点清查，盘点清查结果应当形成书面报告。

盘点清查中发现的存货盘盈、盘亏、毁损、闲置以及需要报废的存货，应当查明原因、落实并追究责任，按照规定权限批准后处置。

第三章 固定资产

第十三条 企业应当加强房屋建筑物、机器设备等各类固定资产的管理，重视固定资产维护和更新改造，不断提升固定资产的使用效能，积极促进固定资产处于良好运行状态。

第十四条 企业应当制定固定资产目录，对每项固定资产进行编号，按照单项资产建立固定资产卡片，详细记录各项固定资产的来源、验收、使用地点、责任单位和责任人、运转、维修、改造、折旧、盘点等相关内容。

企业应当严格执行固定资产日常维修和大修理计划，定期对固定资产进行维护保养，切实消除安全隐患。

企业应当强化对生产线等关键设备运转的监控，严格操作流程，实行岗前培训和岗位许可制度，确保设备安全运转。

第十五条 企业应当根据发展战略，充分利用国家有关自主创新政策，加大技改投入，不断促进固定资产技术升级，淘汰落后设备，切实做到保持本企业固定资产技术的先进性和企业发展的可持续性。

第十六条 企业应当严格执行固定资产投保政策，对应投保的固定资产项目按规定程序进行审批，及时办理投保手续。

第十七条 企业应当规范固定资产抵押管理，确定固定资产抵押程序和审批权限等。

企业将固定资产用作抵押的，应由相关部门提出申请，经企业授权部门或人员批准后，由资产管理部门办理抵押手续。

企业应当加强对接收的抵押资产的管理，编制专门的资产目录，合理评估抵押资产的价值。

第十八条 企业应当建立固定资产清查制度，至少每年进行全面清查。对固定资产清查中发现的问题，应当查明原因，追究责任，妥善处理。

企业应当加强固定资产处置的控制，关注固定资产处置中的关联交易和处置定价，防范资产流失。

第四章 无形资产

第十九条 企业应当加强对品牌、商标、专利、专有技术、土地使用权等无形资产的管理，分类制定无形资产管理办法，落实无形资产管理责任制，促进无形资产有效利用，充分发挥无形资产对提升企业核心竞争力的作用。

第二十条 企业应当全面梳理外购、自行开发以及其他方式取得的各类无形资产的权属关系，加强无形资产权益保护，防范侵权行为和法律风险。无形资产具有保密性质的，应当采取严格保密措施，严防泄露商业秘密。

企业购入或者以支付土地出让金等方式取得的土地使用权，应当取得土地使用权有效证明文件。

第二十一条 企业应当定期对专利、专有技术等无形资产的先进性进行评估，淘汰落后技术，加大研发投入，促进技术更新换代，不断提升自主创新能力，努力做到核心技术处于同行业领先水平。

第二十二条 企业应当重视品牌建设，加强商誉管理，通过提供高质量产品和优质服务等多种方式，不断打造和培育主业品牌，切实维护和提升企业品牌的社会认可度。

10. 企业内部控制应用指引第 9 号——销售业务（2010 年颁布）

（财会〔2010〕11 号）

第一章 总 则

第一条 为了促进企业销售稳定增长，扩大市场份额，规范销售行为，防范销售风险，根据有关法律法规和《企业内部控制基本规范》，制定本指引。

第二条 本指引所称销售，是指企业出售商品（或提供劳务）及收取款项等相关活动。

第三条 企业销售业务至少应当关注下列风险：（一）销售政策和策略不当，市场预测不准确，销售渠道管理不当等，可能导致销售不畅、库存积压、经营难以为继。

（二）客户信用管理不到位，结算方式选择不当，账款回收不力等，可能导致销售款项不能收回或遭受欺诈。

（三）销售过程存在舞弊行为，可能导致企业利益受损。

第四条 企业应当结合实际情况，全面梳理销售业务流程，完善销售业务相关管理制度，确定适当的销售政策和策略，明确销售、发货、收款等环节的职责和审批权限，按照规定的权限和程序办理销售业务，定期检查分析销售过程中的薄弱环节，采取有效控制措施，确保实现销售目标。

第二章 销 售

第五条 企业应当加强市场调查，合理确定定价机制和信用方式，根据市场变化及时调整销售策略，灵活运用销售折扣、销售折让、信用销售、代销和广告宣传等多种策略和营销方式，促进销售目标实现，不断提高市场占有率。

企业应当健全客户信用档案，关注重要客户资信变动情况，采取有效措施，防范信用风险。

企业对于境外客户和新开发客户，应当建立严格的信用保证制度。

第六条 企业在销售合同订立前，应当与客户进行业务洽谈、磋商或谈判，关注客户信用状况、销售定价、结算方式等相关内容。

重大的销售业务谈判应当吸收财会、法律等专业人员参加，并形成完整的书面记录。

销售合同应当明确双方的权利和义务，审批人员应当对销售合同草案进行严格审核。重要的销售合同，应当征询法律顾问或专家的意见。

第七条 企业销售部门应当按照经批准的销售合同开具相关销售通知。发货和仓储部门应当对销售通知进行审核，严格按照所列项目组织发货，确保货物的安全发运。企业应当加强销售退回管理，分析销售退回原因，及时妥善处理。

企业应当严格按照发票管理规定开具销售发票。严禁开具虚假发票。

第八条 企业应当做好销售业务各环节的记录，填制相应的凭证，设置销售台账，实行全过程的销售登记制度。

第九条 企业应当完善客户服务制度，加强客户服务和跟踪，提升客户满意度和忠诚度，不断改进产品质量和服务水平。

第三章 收 款

第十条 企业应当完善应收款项管理制度，严格考核，实行奖惩。

销售部门负责应收款项的催收，催收记录（包括往来函电）应妥善保存；财会部门负责办理资金结算并监督款项回收。

第十一条 企业应当加强商业票据管理，明确商业票据的受理范围，严格审查商业票据的真实性和合法性，防止票据欺诈。

企业应当关注商业票据的取得、贴现和背书，对已贴现但仍承担收款风险的票据以及逾期票据，应当进行追索监控和跟踪管理。

第十二条 企业应当加强对销售、发货、收款业务的会计系统控制，详细记录销售客户、销售合同、销售通知、发运凭证、商业票据、款项收回等情况，确保会计记录、销售记录与仓储记录核对一致。

企业应当指定专人通过函证等方式，定期与客户核对应收账款、应收票据、预收账款等往来款项。

企业应当加强应收款项坏账的管理。应收款项全部或部分无法收回的，应当查明原因，明确责任，并严格履行审批程序，按照国家统一的会计准则制度进行处理。

11. 企业内部控制应用指引第 10 号——研究与开发（2010 年颁布）

（财会〔2010〕11 号）

第一章 总 则

第一条 为了促进企业自主创新，增强核心竞争力，有效控制研发风险，实现发展战略，根据有关法律法规和《企业内部控制基本规范》，制定本指引。

第二条 本指引所称研究与开发，是指企业为获取新产品、新技术、新工艺等所开展的各种研发活动。

第三条 企业开展研发活动至少应当关注下列风险：

（一）研究项目未经科学论证或论证不充分，可能导致创新不足或资源浪费。

（二）研发人员配备不合理或研发过程管理不善，可能导致研发成本过高、舞弊或研发失败。

（三）研究成果转化应用不足、保护措施不力，可能导致企业利益受损。

第四条 企业应当重视研发工作，根据发展战略，结合市场开拓和技术进步要求，科学制定研发计划，强化研发全过程管理，规范研发行为，促进研发成果的转化和有效利用，不断提升企业自主创新能力。

第二章 立项与研究

第五条 企业应当根据实际需要，结合研发计划，提出研究项目立项申请，开展可行性研究，编制可行性研究报告。

企业可以组织独立于申请及立项审批之外的专业机构和人员进行评估论证，出具评估意见。

第六条 研究项目应当按照规定的权限和程序进行审批，重大研究项目应当报经董事会或类似权力机构集体审议决策。审批过程中，应当重点关注研究项目促进企业发展的必要性、技术的先进性以及成果转化的可行性。

第七条 企业应当加强对研究过程的管理，合理配备专业人员，严格落实岗位责任制，确保研究过程高效、可控。

企业应当跟踪检查研究项目进展情况，评估各阶段研究成果，提供足够的经费支持，确保项目按期、保质完成，有效规避研究失败风险。

企业研究项目委托外单位承担的，应当采用招标、协议等适当方式确定受托单位，签订外包合同，约定研究成果的产权归属、研究进度和质量标准等相关内容。

第八条 企业与其他单位合作进行研究的，应当对合作单位进行尽职调查，签订书面合作研究合同，明确双方投资、分工、权利义务、研究成果产权归属等。

第九条 企业应当建立和完善研究成果验收制度，组织专业人员对研究成果进行独立评审和验收。

企业对于通过验收的研究成果，可以委托相关机构进行审查，确认是否申请专利或作为非专利技术、商业秘密等进行管理。企业对于需要申请专利的研究成果，应当及时办理有关专利申请手续。

第十条 企业应当建立严格的核心研究人员管理制度，明确界定核心研究人员范围和名册清单，签署符合国家有关法律法规要求的保密协议。

企业与核心研究人员签订劳动合同时，应当特别约定研究成果归属、离职条件、离职移交程序、离职后保密义务、离职后竞业限制年限及违约责任等内容。

第三章 开发与保护

第十一条 企业应当加强研究成果的开发，形成科研、生产、市场一体化的自主创新机制，促进研究成果转化。

研究成果的开发应当分步推进，通过试生产充分验证产品性能，在获得市场认可后方可进行批量生产。

第十二条 企业应当建立研究成果保护制度，加强对专利权、非专利技术、商业秘密及研发过程中形成的各类涉密图纸、程序、资料的管理，严格按照制度规定借阅和使用。禁止无关人员接触研究成果。

第十三条 企业应当建立研发活动评估制度，加强对立项与研究、开发与保护等过程的全面评估，认真总结研发管理经验，分析存在的薄弱环节，完善相关制度和办法，不断改进和提升研发活动的管理水平。

12. 企业内部控制应用指引第 11 号——工程项目（2010 年颁布）

（财会〔2010〕11 号）

第一章 总 则

第一条 为了加强工程项目管理，提高工程质量，保证工程进度，控制工程成本，防范商业贿赂等舞弊行为，根据有关法律法规和《企业内部控制基本规范》，制定本指引。

第二条 本指引所称工程项目，是指企业自行或者委托其他单位所进行的建造、安装工程。

第三条 企业工程项目至少应当关注下列风险：

（一）立项缺乏可行性研究或者可行性研究流于形式，决策不当，盲目上马，可能导致难以实现预期效益或项目失败。

（二）项目招标暗箱操作，存在商业贿赂，可能导致中标人实质上难以承担工程项目、中标价格失实及相关人员涉案。

（三）工程造价信息不对称，技术方案不落实，概预算脱离实际，可能导致项目投资失控。

（四）工程物资质次价高，工程监理不到位，项目资金不落实，可能导致工程质量低劣，进度延迟或中断。

（五）竣工验收不规范，最终把关不严，可能导致工程交付使用后存在重大隐患。

第四条 企业应当建立和完善工程项目各项管理制度，全面梳理各个环节可能存在的风险点，规范工程立项、招标、造价、建设、验收等环节的工作流程，明确相关部门和岗位的职责权限，做到可行性研究与决策、概预算编制与审核、项目实施与价款支付、竣工决算与审计等不相容职务相互分离，强化工程建设全过程的监控，确保工程项目的质量、进度和资金安全。

第二章 工程立项

第五条 企业应当指定专门机构归口管理工程项目，根据发展战略和年度投资计划，提出项目建议书，开展可行性研究，编制可行性研究报告。

项目建议书的主要内容包括：项目的必要性和依据、产品方案、拟建规模、建设地点、投资估算、资金筹措、项目进度安排、经济效果和社会效益的估计、环境影响的初步评价等。

可行性研究报告的内容主要包括：项目概况，项目建设的必要性，市场预测，项目建设选址及建设条件论证，建设规模和建设内容，项目外部配套建设，环境保护，劳动保护与卫生防疫，消防、节能、节水，总投资及资金来源，经济、社会效益，项目建设周期及进度安排，招投标法规定的相关内容等。

企业可以委托具有相应资质的专业机构开展可行性研究，并按照有关要求形成可行性研究报告。

第六条 企业应当组织规划、工程、技术、财会、法律等部门的专家对项目建议书和可行性研究报告进行充分论证和评审，出具评审意见，作为项目决策的重要依据。

在项目评审过程中，应当重点关注项目投资方案、投资规模、资金筹措、生产规模、投资效益、布局选址、技术、安全、设备、环境保护等方面，核实相关资料的来源和取得途径是否真实、可靠和完整。

企业可以委托具有相应资质的专业机构对可行性研究报告进行评审，出具评审意见。从事项目可行性研究的专业机构不得再从事可行性研究报告的评审。

第七条 企业应当按照规定的权限和程序对工程项目进行决策，决策过程应有完整的书面记录。重大工程项目的立项，应当报经董事会或类似权力机构集体审议批准。总会计师或分管会计工作的负责人应当参与项目决策。

任何个人不得单独决策或者擅自改变集体决策意见。工程项目决策失误应当实行责任追究制度。

第八条 企业应当在工程项目立项后、正式施工前，依法取得建设用地、城市规划、环境保护、安全、施工等方面的许可。

第三章 工程招标

第九条 企业的工程项目一般应当采用公开招标的方式，择优选择具有相应资质的承包单位和监理单位。

在选择承包单位时，企业可以将工程的勘察、设计、施工、设备采购一并发包给一个项目总承包单位，也可以将其中的一项或者多项发包给一个工程总承包单位，但不得违背工程施工组织设计和招标设计计划，将应由一个承包单位完成的工程肢解为若干部分发包给几个承包单位。

企业应当依照国家招投标法的规定，遵循公开、公正、平等竞争的原则，发布招标公告，提供载有招标工程的主要技术要求、主要合同条款、评标的标准和方法，以及开标、评标、定标的程序等内容的招标文件。

企业可以根据项目特点决定是否编制标底。需要编制标底的，标底编制过程和标底应当严格保密。

在确定中标人前，企业不得与投标人就投标价格、投标方案等实质性内容进行谈判。

第十条 企业应当依法组织工程招标的开标、评标和定标，并接受有关部门的监督。

第十一条 企业应当依法组建评标委员会。评标委员会由企业的代表和有关技术、经济方面的专家组成。评标委员会应当客观、公正地履行职务、遵守职业道德，对所提出的评审意见承担责任。

企业应当采取必要的措施，保证评标在严格保密的情况下进行。

评标委员会应当按照招标文件确定的标准和方法，对投标文件进行评审和比较，择优选择中标候选人。

第十二条 评标委员会成员和参与评标的有关工作人员不得透露对投标文件的评审和比较、中标候选人的推荐情况以及与评标有关的其他情况，不得私下接触投标人，不得收受投标人的财物或者其他好处。

第十三条 企业应当按照规定的权限和程序从中标候选人中确定中标人，及时向中标人发出中标通知书，在规定的期限内与中标人订立书面合同，明确双方的权利、义务和违约责任。

企业和中标人不得再行订立背离合同实质性内容的其他协议。

第四章 工程造价

第十四条 企业应当加强工程造价管理，明确初步设计概算和施工图预算的编制方法，按照规定的权限和程序进行审核批准，确保概预算科学合理。

企业可以委托具备相应资质的中介机构开展工程造价咨询工作。

第十五条 企业应当向招标确定的设计单位提供详细的设计要求和基础资料，进行有效的技术、经济交流。

初步设计应当在技术、经济交流的基础上，采用先进的设计管理实务技术，进行多方案比选。

施工图设计深度及图纸交付进度应当符合项目要求，防止因设计深度不足、设计缺陷，造成施工组织、工期、工程质量、投资失控以及生产运行成本过高等问题。

第十六条 企业应当建立设计变更管理制度。设计单位应当提供全面、及时的现场服务。因过失造成设计变更的，应当实行责任追究制度。

第十七条 企业应当组织工程、技术、财会等部门的相关专业人员或委托具有相应资质的中介机构对编制的概预算进行审核，重点审查编制依据、项目内容、工程量的计算、定额套用等是否真实、完整和准确。

工程项目概预算按照规定的权限和程序审核批准后执行。

第五章 工程建设

第十八条 企业应当加强对工程建设过程的监控，实行严格的概预算管理，切实做到及时备料，科学施工，保障资金，落实责任，确保工程项目达到设计要求。

第十九条 按照合同约定，企业自行采购工程物资的，应当按照《企业内部控制应用指引第 7 号——采购业务》等相关指引的规定，编织工程物资采购、验收和付款；由承包单位采购工程物资的，企业应当加强监督，确保工程物资采购符合设计标准和合同要求。严禁不合格工程物资投入工程项目建设。

重大设备和大宗材料的采购应当根据有关招标采购的规定执行。

第二十条 企业应当实行严格的工程监理制度，委托经过招标确定的监理单位进行监理。工程监理单位应当依照国家法律法规及相关技术标准、设计文件和工程承包合同，对承包单位在施工质量、工期、进度、安全和资金使用等方面实施监督。

工程监理人员应当具备良好的职业操守，客观公正地执行监理任务，发现工程施工不符合设计要求、施工技术标准和合同约定的，应当要求承包单位改正；发现工程设计不符合建筑工程质量标准或者合同约定的质量要求的，应当报告企业要求设计单位改正。

未经工程监理人员签字，工程物资不得在工程上使用或者安装，不得进行下一道工序施工，不得拨付工程价款，不得进行竣工验收。

第二十一条 企业财会部门应当加强与承包单位的沟通，准确掌握工程进度，根据合同约定，按照规定的审批权限和程序办理工程价款结算，不得无故拖欠。

第二十二条 企业应当严格控制工程变更，确需变更的，应当按照规定的权限和程序进行审批。

重大的项目变更应当按照项目决策和概预算控制的有关程序和要求重新履行审批手续。

因工程变更等原因造成价款支付方式及金额发生变动的，应当提供完整的书面文件和其他相关资料，并对工程变更价款的支付进行严格审核。

第六章 工程验收

第二十三条 企业收到承包单位的工程竣工报告后，应当及时编制竣工决算，开展竣工决算审计，组织设计、施工、监理等有关单位进行竣工验收。

第二十四条 企业应当组织审核竣工决算，重点审查决算依据是否完备，相关文件资料是否齐全，竣工清理是否完成，决算编制是否正确。

企业应当加强竣工决算审计，未实施竣工决算审计的工程项目，不得办理竣工验收手续。

第二十五条　企业应当及时组织工程项目竣工验收。交付竣工验收的工程项目，应当符合规定的质量标准，有完整的工程技术经济资料，并具备国家规定的其他竣工条件。

验收合格的工程项目，应当编制交付使用财产清单，及时办理交付使用手续。

第二十六条　企业应当按照国家有关档案管理的规定，及时收集、整理工程建设各环节的文件资料，建立完整的工程项目档案。

第二十七条　企业应当建立完工项目后评估制度，重点评价工程项目预期目标的实现情况和项目投资效益等，并以此作为绩效考核和责任追究的依据。

13. 企业内部控制应用指引第 12 号——担保业务（2010 年颁布）

（财会〔2010〕11 号）

第一章　总　　则

第一条　为了加强企业担保业务管理，防范担保业务风险，根据《中华人民共和国担保法》等有关法律法规和《企业内部控制基本规范》，制定本指引。

第二条　本指引所称担保，是指企业作为担保人按照公平、自愿、互利的原则与债权人约定，当债务人不履行债务时，依照法律规定和合同协议承担相应法律责任的行为。

第三条　企业办理担保业务至少应当关注下列风险：

（一）对担保申请人的资信状况调查不深，审批不严或越权审批，可能导致企业担保决策失误或遭受欺诈。

（二）对被担保人出现财务困难或经营陷入困境等状况监控不力，应对措施不当，可能导致企业承担法律责任。

（三）担保过程中存在舞弊行为，可能导致经办审批等相关人员涉案或企业利益受损。

第四条　企业应当依法制定和完善担保业务政策及相关管理制度，明确担保的对象、范围、方式、条件、程序、担保限额和禁止担保等事项，规范调查评估、审核批准、担保执行等环节的工作流程，按照政策、制度、流程办理担保业务，定期检查担保政策的执行情况及效果，切实防范担保业务风险。

第二章　调查评估与审批

第五条　企业应当指定相关部门负责办理担保业务，对担保申请人进行资信调查和风险评估，评估结果应出具书面报告。企业也可委托中介机构对担保业务进行资信调查和风险评估工作。

企业在对担保申请人进行资信调查和风险评估时，应当重点关注以下事项：

（一）担保业务是否符合国家法律法规和本企业担保政策等相关要求。

（二）担保申请人的资信状况，一般包括：基本情况、资产质量、经营情况、偿债能力、盈利水平、信用程度、行业前景等。

（三）担保申请人用于担保和第三方担保的资产状况及其权利归属。

（四）企业要求担保申请人提供反担保的，还应当对与反担保有关的资产状况进行评估。

第六条　企业对担保申请人出现以下情形之一的，不得提供担保：

（一）担保项目不符合国家法律法规和本企业担保政策的。

（二）已进入重组、托管、兼并或破产清算程序的。

（三）财务状况恶化、资不抵债、管理混乱、经营风险较大的。

（四）与其他企业存在较大经济纠纷，面临法律诉讼且可能承担较大赔偿责任的。

（五）与本企业已经发生过担保纠纷且仍未妥善解决的，或不能及时足额交纳担保费用的。

第七条 企业应当建立担保授权和审批制度，规定担保业务的授权批准方式、权限、程序、责任和相关控制措施，在授权范围内进行审批，不得超越权限审批。重大担保业务，应当报经董事会或类似权力机构批准。

经办人员应当在职责范围内，按照审批人员的批准意见办理担保业务。对于审批人超越权限审批的担保业务，经办人员应当拒绝办理。

第八条 企业应当采取合法有效的措施加强对子公司担保业务的统一监控。企业内设机构未经授权不得办理担保业务。

企业为关联方提供担保的，与关联方存在经济利益或近亲属关系的有关人员在评估与审批环节应当回避。

对境外企业进行担保的，应当遵守外汇管理规定，并关注被担保人所在国家的政治、经济、法律等因素。

第九条 被担保人要求变更担保事项的，企业应当重新履行调查评估与审批程序。

第三章 执行与监控

第十条 企业应当根据审核批准的担保业务订立担保合同。担保合同应明确被担保人的权利、义务、违约责任等相关内容，并要求被担保人定期提供财务报告与有关资料，及时通报担保事项的实施情况。

担保申请人同时向多方申请担保的，企业应当在担保合同中明确约定本企业的担保份额和相应的责任。

第十一条 企业担保经办部门应当加强担保合同的日常管理，定期监测被担保人的经营情况和财务状况，对被担保人进行跟踪和监督，了解担保项目的执行、资金的使用、贷款的归还、财务运行及风险等情况，确保担保合同有效履行。

担保合同履行过程中，如果被担保人出现异常情况，应当及时报告，妥善处理。

对于被担保人未按有法律效力的合同条款偿付债务或履行相关合同项下的义务的，企业应当按照担保合同履行义务，同时主张对被担保人的追索权。

第十二条 企业应当加强对担保业务的会计系统控制，及时足额收取担保费用，建立担保事项台账，详细记录担保对象、金额、期限、用于抵押和质押的物品或权利以及其他有关事项。

企业财会部门应当及时收集、分析被担保人担保期内经审计的财务报告等相关资料，持续关注被担保人的财务状况、经营成果、现金流量以及担保合同的履行情况，积极配合担保经办部门防范担保业务风险。

对于被担保人出现财务状况恶化、资不抵债、破产清算等情形的，企业应当根据国家统一的会计准则制度规定，合理确认预计负债和损失。

第十三条 企业应当加强对反担保财产的管理，妥善保管被担保人用于反担保的权利凭证，定期核实财产的存续状况和价值，发现问题及时处理，确保反担保财产安全完整。

第十四条 企业应当建立担保业务责任追究制度，对在担保中出现重大决策失误、未履行集体审批程序或不按规定管理担保业务的部门及人员，应当严格追究相应的责任。

第十五条 企业应当在担保合同到期时，全面清查用于担保的财产、权利凭证，按照合同约定及时终止担保关系。

企业应当妥善保管担保合同、与担保合同相关的主合同、反担保函或反担保合同，以及抵押、质押的权利凭证和有关原始资料，切实做到担保业务档案完整无缺。

14. 企业内部控制应用指引第 13 号——业务外包（2010 年颁布）

（财会〔2010〕11 号）

第一章 总 则

第一条 为了加强业务外包管理，规范业务外包行为，防范业务外包风险，根据有关法律法规和《企业内部控制基本规范》，制定本指引。

第二条 本指引所称业务外包，是指企业利用专业化分工优势，将日常经营中的部分业务委托给本企业以外的专业服务机构或其他经济组织（以下简称承包方）完成的经营行为。

本指引不涉及工程项目外包。

第三条 企业应当对外包业务实施分类管理，通常划分为重大外包业务和一般外包业务。重大外包业务是指对企业生产经营有重大影响的外包业务。

外包业务通常包括：研发、资信调查、可行性研究、委托加工、物业管理、客户服务、IT 服务等。

第四条 企业的业务外包至少应当关注下列风险：

（一）外包范围和价格确定不合理，承包方选择不当，可能导致企业遭受损失。

（二）业务外包监控不严、服务质量低劣，可能导致企业难以发挥业务外包的优势。

（三）业务外包存在商业贿赂等舞弊行为，可能导致企业相关人员涉案。

第五条 企业应当建立和完善业务外包管理制度，规定业务外包的范围、方式、条件、程序和实施等相关内容，明确相关部门和岗位的职责权限，强化业务外包全过程的监控，防范外包风险，充分发挥业务外包的优势。

企业应当权衡利弊，避免核心业务外包。

第二章 承包方选择

第六条 企业应当根据年度生产经营计划和业务外包管理制度，结合确定的业务外包范围，拟定实施方案，按照规定的权限和程序审核批准。

总会计师或分管会计工作的负责人应当参与重大业务外包的决策。

重大业务外包方案应当提交董事会或类似权力机构审批。

第七条 企业应当按照批准的业务外包实施方案选择承包方。承包方至少应当具备下列条件：

（一）承包方是依法成立和合法经营的专业服务机构或其他经济组织，具有相应的经营范围和固定的办公场所。

（二）承包方应当具备相应的专业资质，其从业人员符合岗位要求和任职条件，并具有相应的专业技术资格。

（三）承包方的技术及经验水平符合本企业业务外包的要求。

第八条 企业应当综合考虑内外部因素，合理确定外包价格，严格控制业务外包成本，切实做到符合成本效益原则。

第九条 企业应当引入竞争机制，遵循公开、公平、公正的原则，采用适当方式，择优选择外包业务的承包方。采用招标方式选择承包方的，应当符合招投标法的相关规定。

企业及相关人员在选择承包方的过程中，不得收受贿赂、回扣或者索取其他好处。承包方及其工作人员不得利用向企业及其工作人员行贿、提供回扣或者给予其他好处等不正当手段承揽业务。

第十条 企业应当按照规定的权限和程序从候选承包方中确定最终承包方，并签订业务外包合同。业务外包合同内容主要包括：外包业务的内容和范围，双方权利和义务，服务和质量标准，保密事项，费用结算标准和违约责任等事项。

第十一条 企业外包业务需要保密的，应当在业务外包合同或者另行签订的保密协议中明确规定承包方的保密义务和责任，要求承包方向其从业人员提示保密要求和应承担的责任。

第三章 业务外包实施

第十二条 企业应当加强业务外包实施的管理，严格按照业务外包制度、工作流程和相关要求，组织开展业务外包，并采取有效的控制措施，确保承包方严格履行业务外包合同。

第十三条 企业应当做好与承包方的对接工作，加强与承包方的沟通与协调，及时搜集相关信息，发现和解决外包业务日常管理中存在的问题。

对于重大业务外包，企业应当密切关注承包方的履约能力，建立相应的应急机制，避免业务外包失败造成本企业生产经营活动中断。

第十四条 企业应当根据国家统一的会计准则制度，加强对外包业务的核算与监督，做好业务外包费用结算工作。

第十五条 企业应当对承包方的履约能力进行持续评估，有确凿证据表明承包方存在重大违约行为，导致业务外包合同无法履行的，应当及时终止合同。

承包方违约并造成企业损失的，企业应当按照合同对承包方进行索赔，并追究责任人责任。

第十六条 业务外包合同执行完成后需要验收的，企业应当组织相关部门或人员对完成的业务外包合同进行验收，出具验收证明。

验收过程中发现异常情况，应当立即报告，查明原因，及时处理。

15. 企业内部控制应用指引第 14 号——财务报告（2010 年颁布）

（财会〔2010〕11 号）

第一章 总 则

第一条 为了规范企业报告，保证报告的真实、完整，根据《中华人民共和国会计法》等有关法律法规和《企业内部控制基本规范》，制定本指引。

第二条 本指引所称报告，是指反映企业某一特定日期状况和某一会计期间经营成果、现金流量的文件。

第三条 企业编制、对外提供和分析利用报告，至少应当关注下列风险：

（一）编制报告违反会计法律法规和国家统一的会计准则制度，可能导致企业承担法律责任和声誉受损。

（二）提供虚假报告，误导报告使用者，造成决策失误，干扰市场秩序。

（三）不能有效利用报告，难以及时发现企业经营管理中存在的问题，可能导致企业和经营风险失控。

第四条　企业应当严格执行会计法律法规和国家统一的会计准则制度，加强对报告编制、对外提供和分析利用全过程的管理，明确相关工作流程和要求，落实责任制，确保报告合法合规、真实完整和有效利用。总会计师或分管会计工作的负责人负责组织领导报告的编制、对外提供和分析利用等相关工作。企业负责人对报告的真实性、完整性负责。

第二章　报告的编制

第五条　企业编制报告，应当重点关注会计政策和会计估计，对报告产生重大影响的交易和事项的处理应当按照规定的权限和程序进行审批。企业在编制年度报告前，应当进行必要的资产清查、减值测试和债权债务核实。

第六条　企业应当按照国家统一的会计准则制度规定，根据登记完整、核对无误的会计账簿记录和其他有关资料编制报告，做到内容完整、数字真实、计算准确，不得漏报或者随意进行取舍。

第七条　企业报告列示的资产、负债、所有者权益金额应当真实可靠。各项资产计价方法不得随意变更，如有减值，应当合理计提减值准备，严禁虚增或虚减资产。各项负债应当反映企业的现时义务，不得提前、推迟或不确认负债，严禁虚增或虚减负债。所有者权益应当反映企业资产扣除负债后由所有者享有的剩余权益，由实收资本、资本公积、留存收益等构成。企业应当做好所有者权益保值增值工作，严禁虚假出资、抽逃出资、资本不实。

第八条　企业报告应当如实列示当期收入、费用和利润。各项收入的确认应当遵循规定的标准，不得虚列或者隐瞒收入，推迟或提前确认收入。各项费用、成本的确认应当符合规定，不得随意改变费用、成本的确认标准或计量方法，虚列、多列、不列或者少列费用、成本。利润由收入减去费用后的净额、直接计入当期利润的利得和损失等构成。不得随意调整利润的计算、分配方法，编造虚假利润。

第九条　企业报告列示的各种现金流量由经营活动、投资活动和筹资活动的现金流量构成，应当按照规定划清各类交易和事项的现金流量的界限。

第十条　附注是报告的重要组成部分，对反映企业状况、经营成果、现金流量的报表中需要说明的事项，作出真实、完整、清晰的说明。企业应当按照国家统一的会计准则制度编制附注。

第十一条　企业集团应当编制合并报表，明确合并报表的合并范围和合并方法，如实反映企业集团的状况、经营成果和现金流量。

第十二条　企业编制报告，应当充分利用信息技术，提高工作效率和工作质量，减少或避免编制差错和人为调整因素。

第三章　报告的对外提供

第十三条　企业应当依照法律法规和国家统一的会计准则制度的规定，及时对外提供报告。

第十四条　企业报告编制完成后，应当装订成册，加盖公章，由企业负责人、总会计师或分管会计工作的负责人、财会部门负责人签名并盖章。

第十五条　报告须经注册会计师审计的，注册会计师及其所在的事务所出具的审计报告，应当随同报告一并提供。企业对外提供的报告应当及时整理归档，并按有关规定妥善保存。

第四章　报告的分析利用

第十六条　企业应当重视报告分析工作，定期召开分析会议，充分利用报告反映的综合信息，全面分析企业的经营管理状况和存在的问题，不断提高经营管理水平。企业分析会议应吸收有关部门负责人参加。总会计师或分管会计工作的负责人应当在分析和利用工作中发挥主导作用。

第十七条 企业应当分析企业的资产分布、负债水平和所有者权益结构，通过资产负债率、流动比率、资产周转率等指标分析企业的偿债能力和营运能力；分析企业净资产的增减变化，了解和掌握企业规模和净资产的不断变化过程。

第十八条 企业应当分析各项收入、费用的构成及其增减变动情况，通过净资产收益率、每股收益等指标，分析企业的盈利能力和发展能力，了解和掌握当期利润增减变化的原因和未来发展趋势。

第十九条 企业应当分析经营活动、投资活动、筹资活动现金流量的运转情况，重点关注现金流量能否保证生产经营过程的正常运行，防止现金短缺或闲置。

第二十条 企业定期的分析应当形成分析报告，构成内部报告的组成部分。分析报告结果应当及时传递给企业内部有关管理层级，充分发挥报告在企业生产经营管理中的重要作用。

16. 企业内部控制应用指引第 15 号——全面预算（2010 年颁布）

（财会〔2010〕11 号）

第一章 总 则

第一条 为了促进企业实现发展战略，发挥全面预算管理作用，根据有关法律法规和《企业内部控制基本规范》，制定本指引。

第二条 本指引所称全面预算，是指企业对一定期间经营活动、投资活动、财务活动等作出的预算安排。

第三条 企业实行全面预算管理，至少应当关注下列风险：

（一）不编制预算或预算不健全，可能导致企业经营缺乏约束或盲目经营。

（二）预算目标不合理、编制不科学，可能导致企业资源浪费或发展战略难以实现。

（三）预算缺乏刚性、执行不力、考核不严，可能导致预算管理流于形式。

第四条 企业应当加强全面预算工作的组织领导，明确预算管理体制以及各预算执行单位的职责权限、授权批准程序和工作协调机制。

企业应当设立预算管理委员会履行全面预算管理职责，其成员由企业负责人及内部相关部门负责人组成。

预算管理委员会主要负责拟定预算目标和预算政策，制定预算管理的具体措施和办法，组织编制、平衡预算草案，下达经批准的预算，协调解决预算编制和执行中的问题，考核预算执行情况，督促完成预算目标。预算管理委员会下设预算管理工作机构，由其履行日常管理职责。预算管理工作机构一般设在财会部门。

总会计师或分管会计工作的负责人应当协助企业负责人负责企业全面预算管理工作的组织领导。

第二章 预算编制

第五条 企业应当建立和完善预算编制工作制度，明确编制依据、编制程序、编制方法等内容，确保预算编制依据合理、程序适当、方法科学，避免预算指标过高或过低。

企业应当在预算年度开始前完成全面预算草案的编制工作。

第六条　企业应当根据发展战略和年度生产经营计划，综合考虑预算期内经济政策、市场环境等因素，按照上下结合、分级编制、逐级汇总的程序，编制年度全面预算。

企业可以选择或综合运用固定预算、弹性预算、滚动预算等方法编制预算。

第七条　企业预算管理委员会应当对预算管理工作机构在综合平衡基础上提交的预算方案进行研究论证，从企业发展全局角度提出建议，形成全面预算草案，并提交董事会。

第八条　企业董事会审核全面预算草案，应当重点关注预算科学性和可行性，确保全面预算与企业发展战略、年度生产经营计划相协调。

企业全面预算应当按照相关法律法规及企业章程的规定报经审议批准。批准后，应当以文件形式下达执行。

第三章　预算执行

第九条　企业应当加强对预算执行的管理，明确预算指标分解方式、预算执行审批权限和要求、预算执行情况报告等，落实预算执行责任制，确保预算刚性，严格预算执行。

第十条　企业全面预算一经批准下达，各预算执行单位应当认真组织实施，将预算指标层层分解，从横向和纵向落实到内部各部门、各环节和各岗位，形成全方位的预算执行责任体系。

企业应当以年度预算作为组织、协调各项生产经营活动的基本依据，将年度预算细分为季度、月度预算，通过实施分期预算控制，实现年度预算目标。

第十一条　企业应当根据全面预算管理要求，组织各项生产经营活动和投融资活动，严格预算执行和控制。

企业应当加强资金收付业务的预算控制，及时组织资金收入，严格控制资金支付，调节资金收付平衡，防范支付风险。对于超预算或预算外的资金支付，应当实行严格的审批制度。

企业办理采购与付款、销售与收款、成本费用、工程项目、对外投融资、研究与开发、信息系统、人力资源、安全环保、资产购置与维护等业务和事项，均应符合预算要求。涉及生产过程和成本费用的，还应执行相关计划、定额、定率标准。

对于工程项目、对外投融资等重大预算项目，企业应当密切跟踪其实施进度和完成情况，实行严格监控。

第十二条　企业预算管理工作机构应当加强与各预算执行单位的沟通，运用财务信息和其他相关资料监控预算执行情况，采用恰当方式及时向决策机构和各预算执行单位报告、反馈预算执行进度、执行差异及其对预算目标的影响，促进企业全面预算目标的实现。

第十三条　企业预算管理工作机构和各预算执行单位应当建立预算执行情况分析制度，定期召开预算执行分析会议，通报预算执行情况，研究、解决预算执行中存在的问题，提出改进措施。

企业分析预算执行情况，应当充分收集有关财务、业务、市场、技术、政策、法律等方面的信息资料，根据不同情况分别采用比率分析、比较分析、因素分析等方法，从定量与定性两个层面充分反映预算执行单位的现状、发展趋势及其存在的潜力。

第十四条　企业批准下达的预算应当保持稳定，不得随意调整。由于市场环境、国家政策或不可抗力等客观因素，导致预算执行发生重大差异确需调整预算的，应当履行严格的审批程序。

第四章　预算考核

第十五条　企业应当建立严格的预算执行考核制度，对各预算执行单位和个人进行考核，切实做到有奖有惩、奖惩分明。

第十六条 企业预算管理委员会应当定期组织预算执行情况考核，将各预算执行单位负责人签字上报的预算执行报告和已掌握的动态监控信息进行核对，确认各执行单位预算完成情况。必要时，实行预算执行情况内部审计制度。第十七条 企业预算执行情况考核工作，应当坚持公开、公平、公正的原则，考核过程及结果应有完整的记录。

17. 企业内部控制应用指引第 16 号——合同管理（2010 年颁布）

（财会〔2010〕11 号）

第一章 总 则

第一条 为了促进企业加强合同管理，维护企业合法权益，根据《中华人民共和国合同法》等有关法律法规和《企业内部控制基本规范》，制定本指引。

第二条 本指引所称合同，是指企业与自然人、法人及其他组织等平等主体之间设立、变更、终止民事权利义务关系的协议。

企业与职工签订的劳动合同，不适用本指引。

第三条 企业合同管理至少应当关注下列风险：

（一）未订立合同、未经授权对外订立合同、合同对方主体资格未达要求、合同内容存在重大疏漏和欺诈，可能导致企业合法权益受到侵害。

（二）合同未全面履行或监控不当，可能导致企业诉讼失败、经济利益受损。

（三）合同纠纷处理不当，可能损害企业利益、信誉和形象。

第四条 企业应当加强合同管理，确定合同归口管理部门，明确合同拟定、审批、执行等环节的程序和要求，定期检查和评价合同管理中的薄弱环节，采取相应控制措施，促进合同有效履行，切实维护企业的合法权益。

第二章 合同的订立

第五条 企业对外发生经济行为，除即时结清方式外，应当订立书面合同。合同订立前，应当充分了解合同对方的主体资格、信用状况等有关内容，确保对方当事人具备履约能力。

对于影响重大、涉及较高专业技术或法律关系复杂的合同，应当组织法律、技术、财会等专业人员参与谈判，必要时可聘请外部专家参与相关工作。

谈判过程中的重要事项和参与谈判人员的主要意见，应当予以记录并妥善保存。

第六条 企业应当根据协商、谈判等的结果，拟订合同文本，按照自愿、公平原则，明确双方的权利义务和违约责任，做到条款内容完整，表述严谨准确，相关手续齐备，避免出现重大疏漏。

合同文本一般由业务承办部门起草、法律部门审核。重大合同或法律关系复杂的特殊合同应当由法律部门参与起草。国家或行业有合同示范文本的，可以优先选用，但对涉及权利义务关系的条款应当进行认真审查，并根据实际情况进行适当修改。

合同文本须报经国家有关主管部门审查或备案的，应当履行相应程序。

第七条 企业应当对合同文本进行严格审核，重点关注合同的主体、内容和形式是否合法，合同内容是否符合企业的经济利益，对方当事人是否具有履约能力，合同权利和义务、违约责任和争议解决条款是否明确等。

企业对影响重大或法律关系复杂的合同文本，应当组织内部相关部门进行审核。相关部门提出不同意见的，应当认真分析研究，慎重对待，并准确无误地加以记录；必要时应对合同条款作出修改。内部相关部门应当认真履行职责。

第八条　企业应当按照规定的权限和程序与对方当事人签署合同。正式对外订立的合同，应当由企业法定代表人或由其授权的代理人签名或加盖有关印章。授权签署合同的，应当签署授权委托书。

属于上级管理权限的合同，下级单位不得签署。下级单位认为确有需要签署涉及上级管理权限的合同，应当提出申请，并经上级合同管理机构批准后办理。上级单位应当加强对下级单位合同订立、履行情况的监督检查。

第九条　企业应当建立合同专用章保管制度。合同经编号、审批及企业法定代表人或由其授权的代理人签署后，方可加盖合同专用章。

第十条　企业应当加强合同信息安全保密工作，未经批准，不得以任何形式泄露合同订立与履行过程中涉及的商业秘密或国家机密。

第三章　合同的履行

第十一条　企业应当遵循诚实信用原则严格履行合同，对合同履行实施有效监控，强化对合同履行情况及效果的检查、分析和验收，确保合同全面有效履行。

合同生效后，企业就质量、价款、履行地点等内容与合同对方没有约定或者约定不明确的，可以协议补充；不能达成补充协议的，按照国家相关法律法规、合同有关条款或者交易习惯确定。

第十二条　在合同履行过程中发现有显失公平、条款有误或对方有欺诈行为等情形，或因政策调整、市场变化等客观因素，已经或可能导致企业利益受损，应当按规定程序及时报告，并经双方协商一致，按照规定权限和程序办理合同变更或解除事宜。

第十三条　企业应当加强合同纠纷管理，在履行合同过程中发生纠纷的，应当依据国家相关法律法规，在规定时效内与对方当事人协商并按规定权限和程序及时报告。

合同纠纷经协商一致的，双方应当签订书面协议。合同纠纷经协商无法解决的，应当根据合同约定选择仲裁或诉讼方式解决。

企业内部授权处理合同纠纷的，应当签署授权委托书。纠纷处理过程中，未经授权批准，相关经办人员不得向对方当事人作出实质性答复或承诺。

第十四条　企业财会部门应当根据合同条款审核后办理结算业务。未按合同条款履约的，或应签订书面合同而未签订的，财会部门有权拒绝付款，并及时向企业有关负责人报告。

第十五条　合同管理部门应当加强合同登记管理，充分利用信息化手段，定期对合同进行统计、分类和归档，详细登记合同的订立、履行和变更等情况，实行合同的全过程封闭管理。

第十六条　企业应当建立合同履行情况评估制度，至少于每年年末对合同履行的总体情况和重大合同履行的具体情况进行分析评估，对分析评估中发现合同履行中存在的不足，应当及时加以改进。

企业应当健全合同管理考核与责任追究制度。对合同订立、履行过程中出现的违法违规行为，应当追究有关机构或人员的责任。

18. 企业内部控制应用指引第 17 号——内部信息传递（2010 年颁布）

（财会〔2010〕11 号）

第一章 总 则

第一条 为了促进企业生产经营管理信息在内部各管理层级之间的有效沟通和充分利用，根据《企业内部控制基本规范》，制定本指引。

第二条 本指引所称内部信息传递，是指企业内部各管理层级之间通过内部报告形式传递生产经营管理信息的过程。

第三条 企业内部信息传递至少应当关注下列风险：

（一）内部报告系统缺失、功能不健全、内容不完整，可能影响生产经营有序运行。

（二）内部信息传递不通畅、不及时，可能导致决策失误、相关政策措施难以落实。

（三）内部信息传递中泄露商业秘密，可能削弱企业核心竞争力。

第四条 企业应当加强内部报告管理，全面梳理内部信息传递过程中的薄弱环节，建立科学的内部信息传递机制，明确内部信息传递的内容、保密要求及密级分类、传递方式、传递范围以及各管理层级的职责权限等，促进内部报告的有效利用，充分发挥内部报告的作用。

第二章 内部报告的形成

第五条 企业应当根据发展战略、风险控制和业绩考核要求，科学规范不同级次内部报告的指标体系，采用经营快报等多种形式，全面反映与企业生产经营管理相关的各种内外部信息。

内部报告指标体系的设计应当与全面预算管理相结合，并随着环境和业务的变化不断进行修订和完善。设计内部报告指标体系时，应当关注企业成本费用预算的执行情况。

内部报告应当简洁明了、通俗易懂、传递及时，便于企业各管理层级和全体员工掌握相关信息，正确履行职责。

第六条 企业应当制定严密的内部报告流程，充分利用信息技术，强化内部报告信息集成和共享，将内部报告纳入企业统一信息平台，构建科学的内部报告网络体系。

企业内部各管理层级均应当指定专人负责内部报告工作，重要信息应及时上报，并可以直接报告高级管理人员。

企业应当建立内部报告审核制度，确保内部报告信息质量。

第七条 企业应当关注市场环境、政策变化等外部信息对企业生产经营管理的影响，广泛收集、分析、整理外部信息，并通过内部报告传递到企业内部相关管理层级，以便采取应对策略。

第八条 企业应当拓宽内部报告渠道，通过落实奖励措施等多种有效方式，广泛收集合理化建议。

企业应当重视和加强反舞弊机制建设，通过设立员工信箱、投诉热线等方式，鼓励员工及企业利益相关方举报和投诉企业内部的违法违规、舞弊和其他有损企业形象的行为。

第三章 内部报告的使用

第九条 企业各级管理人员应当充分利用内部报告管理和指导企业的生产经营活动，

及时反映全面预算执行情况，协调企业内部相关部门和各单位的运营进度，严格绩效考核和责任追究，确保企业实现发展目标。

第十条 企业应当有效利用内部报告进行风险评估，准确识别和系统分析企业生产经营活动中的内外部风险，确定风险应对策略，实现对风险的有效控制。

企业对于内部报告反映出的问题应当及时解决；涉及突出问题和重大风险的，应当启动应急预案。

第十一条 企业应当制定严格的内部报告保密制度，明确保密内容、保密措施、密级程度和传递范围，防止泄露商业秘密。

第十二条 企业应当建立内部报告的评估制度，定期对内部报告的形成和使用进行全面评估，重点关注内部报告的及时性、安全性和有效性。

19. 企业内部控制应用指引第 18 号——信息系统（2010 年颁布）

（财会〔2010〕11 号）

第一章 总 则

第一条 为了促进企业有效实施内部控制，提高企业现代化管理水平，减少人为因素，根据有关法律法规和《企业内部控制基本规范》，制定本指引。

第二条 本指引所称信息系统，是指企业利用计算机和通信技术，对内部控制进行集成、转化和提升所形成的信息化管理平台。

第三条 企业利用信息系统实施内部控制至少应当关注下列风险：

（一）信息系统缺乏或规划不合理，可能造成信息孤岛或重复建设，导致企业经营管理效率低下。

（二）系统开发不符合内部控制要求，授权管理不当，可能导致无法利用信息技术实施有效控制。

（三）系统运行维护和安全措施不到位，可能导致信息泄漏或损，系统无法正常运行。

第四条 企业应当重视信息系统在内部控制中的作用，根据内部控制要求，结合组织架构、业务范围、地域分布、技术能力等因素，制定信息系统建设整体规划，加大投入力度，有序组织信息系统开发、运行与维护，优化管理流程，防范经营风险，全面提升企业现代化管理水平。

企业应当指定专门机构对信息系统建设实施归口管理，明确相关位的职责权限，建立有效工作机制。企业可委托专业机构从事信息系统的开发、运行和维护工作。

企业负责人对信息系统建设工作负责。

第二章 信息系统的开发

第五条 企业应当根据信息系统建设整体规划提出项目建设方案，明确建设目标、人员配备、职责分工、经费保障和进度安排等相关内容，按照规定的权限和程序审批后实施。

企业信息系统归口管理部门应当组织内部各单位提出开发需求和关键控制点，规范开发流程，明确系统设计、编程、安装调试、验收、上线等全过程的管理要求，严格按照建设方案、开发流程和相关要求组织开发工作。

企业开发信息系统，可以采取自行开发、外购调试、业务外包等方式。选定外购调试或业务外包方式的，应当采用公开招标等形式择优确定供应商或开发单位。

第六条 企业开发信息系统，应当将生产经营管理业务流程、关键控制点和处理规则嵌入系统程序，实现手工环境下难以实现的控制功能。

企业在系统开发过程中，应当按照不同业务的控制要求，通过信息系统中的权限管理功能控制用户的操作权限，避免将不相容职责的处理权限授予同一用户。

企业应当针对不同数据的输入方式，考虑对进入系统数据的检查和校验功能。对于必需的后台操作，应当加强管理，建立规范的流程制度，对操作情况进行监控或者审计。

企业应当在信息系统中设置操作日志功能，确保操作的可审计性。对异常的或者违背内部控制要求的交易和数据，应当设计由系统自动报告并设置跟踪处理机制。

第七条 企业信息系统归口管理部门应当加强信息系统开发全过程的跟踪管理，组织开发单位与内部各单位的日常沟通和协调，督促开发单位按照建设方案、计划进度和质量要求完成编程工作，对配备的硬件设备和系统软件进行检查验收，组织系统上线运行等。

第八条 企业应当组织独立于开发单位的专业机构对开发完成的信息系统进行验收测试，确保在功能、性能、控制要求和安全性等方面符合开发需求。

第九条 企业应当切实做好信息系统上线的各项准备工作，培训业务操作和系统管理人员，制定科学的上线计划和新旧系统转换方案，考虑应急预案，确保新旧系统顺利切换和平稳衔接。系统上线涉及数据迁移的，还应制定详细的数据迁移计划。

第三章 信息系统的运行与维护

第十条 企业应当加强信息系统运行与维护的管理，制定信息系统工作程序、信息管理制度以及各模块子系统的具体操作规范，及时跟踪、发现和解决系统运行中存在的问题，确保信息系统按照规定的程序、制度和操作规范持续稳定运行。

企业应当建立信息系统变更管理流程，信息系统变更应当严格遵照管理流程进行操作。信息系统操作人员不得擅自进行系统软件的删除、修改等操作；不得擅自升级、改变系统软件版本；不得擅自改变软件系统环境配置。

第十一条 企业应当根据业务性质、重要性程度、涉密情况等确定信息系统的安全等级，建立不同等级信息的授权使用制度，采用相应技术手段保证信息系统运行安全有序。

企业应当建立信息系统安全保密和泄密责任追究制度。委托专业机构进行系统运行与维护管理的，应当审查该机构的资质，并与其签订服务合同和保密协议。

企业应当采取安装安全软件等措施防范信息系统受到病毒等恶意软件的感染和破坏。

第十二条 企业应当建立用户管理制度，加强对重要业务系统的访问权限管理，定期审阅系统账号，避免授权不当或存在非授权账号，禁止不相容职务用户账号的交叉操作。

第十三条 企业应当综合利用防火墙、路由器等网络设备，漏洞扫描、入侵检测等软件技术以及远程访问安全策略等手段，加强网络安全，防范来自网络的攻击和非法侵入。

企业对于通过网络传输的涉密或关键数据，应当采取加密措施，确保信息传递的保密性、准确性和完整性。

第十四条 企业应当建立系统数据定期备份制度，明确备份范围、频度、方法、责任人、存放地点、有效性检查等内容。

第十五条 企业应当加强服务器等关键信息设备的管理，建立良好的物理环境，指定专人负责检查，及时处理异常情况。未经授权，任何人不得接触关键信息设备。

20. 企业内部控制评价指引（2010 年颁布）

（财会〔2010〕11 号）

第一章 总 则

第一条 为了促进企业全面评价内部控制的设计与运行情况，规范内部控制评价程序和评价报告，揭示和防范风险，根据有关法律法规和《企业内部控制基本规范》，制定本指引。

第二条 本指引所称内部控制评价，是指企业董事会或类似权力机构对内部控制的有效性进行全面评价、形成评价结论、出具评价报告的过程。

第三条 企业实施内部控制评价至少应当遵循下列原则：

（一）全面性原则。评价工作应当包括内部控制的设计与运行，涵盖企业及其所属单位的各种业务和事项。

（二）重要性原则。评价工作应当在全面评价的基础上，关注重要业务单位、重大业务事项和高风险领域。

（三）客观性原则。评价工作应当准确地揭示经营管理的风险状况，如实反映内部控制设计与运行的有效性。

第四条 企业应当根据本评价指引，结合内部控制设计与运行的实际情况，制定具体的内部控制评价办法，规定评价的原则、内容、程序、方法和报告形式等，明确相关机构或岗位的职责权限，落实责任制，按照规定的办法、程序和要求，有序开展内部控制评价工作。企业董事会应当对内部控制评价报告的真实性负责。

第二章 内部控制评价的内容

第五条 企业应当根据《企业内部控制基本规范》、应用指引以及本企业的内部控制制度，围绕内部环境、风险评估、控制活动、信息与沟通、内部监督等要素，确定内部控制评价的具体内容，对内部控制设计与运行情况进行全面评价。

第六条 企业组织开展内部环境评价，应当以组织架构、发展战略、人力资源、企业文化、社会责任等应用指引为依据，结合本企业的内部控制制度，对内部环境的设计及实际运行情况进行认定和评价。

第七条 企业组织开展风险评估机制评价，应当以《企业内部控制基本规范》有关风险评估的要求，以及各项应用指引中所列主要风险为依据，结合本企业的内部控制制度，对日常经营管理过程中的风险识别、风险分析、应对策略等进行认定和评价。

第八条 企业组织开展控制活动评价，应当以《企业内部控制基本规范》和各项应用指引中的控制措施为依据，结合本企业的内部控制制度，对相关控制措施的设计和运行情况进行认定和评价。

第九条 企业组织开展信息与沟通评价，应当以内部信息传递、财务报告、信息系统等相关应用指引为依据，结合本企业的内部控制制度，对信息收集、处理和传递的及时性、反舞弊机制的健全性、财务报告的真实性、信息系统的安全性，以及利用信息系统实施内部控制的有效性等进行认定和评价。

第十条 企业组织开展内部监督评价，应当以《企业内部控制基本规范》有关内部监督的要求，以及各项应用指引中有关日常管控的规定为依据，结合本企业的内部控制制度，对内部监督机制的有效性进行认定和评价，重点关注监事会、审计委员会、内部审计机构等是否在内部控制设计和运行中有效发挥监督作用。

第十一条 内部控制评价工作应当形成工作底稿，详细记录企业执行评价工作的内容，包括评价要素、主要风险点、采取的控制措施、有关证据资料以及认定结果等。评价工作底稿应当设计合理、证据充分、简便易行、便于操作。

第三章 内部控制评价的程序

第十二条 企业应当按照内部控制评价办法规定的程序，有序开展内部控制评价工作。内部控制评价程序一般包括：制定评价工作方案、组成评价工作组、实施现场测试、认定控制缺陷、汇总评价结果、编报评价报告等环节。企业可以授权内部审计部门或专门机构（以下简称内部控制评价部门）负责内部控制评价的具体组织实施工作。

第十三条 企业内部控制评价部门应当拟订评价工作方案，明确评价范围、工作任务、人员组织、进度安排和费用预算等相关内容，报经董事会或其授权机构审批后实施。

第十四条 企业内部控制评价部门应当根据经批准的评价方案，组成内部控制评价工作组，具体实施内部控制评价工作。评价工作组应当吸收企业内部相关机构熟悉情况的业务骨干参加。评价工作组成员对本部门的内部控制评价工作应当实行回避制度。企业可以委托中介机构实施内部控制评价。为企业提供内部控制审计服务的会计师事务所，不得同时为同一企业提供内部控制评价服务。

第十五条 内部控制评价工作组应当对被评价单位进行现场测试，综合运用个别访谈、调查问卷、专题讨论、穿行测试、实地查验、抽样和比较分析等方法，充分收集被评价单位内部控制设计和运行是否有效的证据，按照评价的具体内容，如实填写评价工作底稿，研究分析内部控制缺陷。

第四章 内部控制缺陷的认定

第十六条 内部控制缺陷包括设计缺陷和运行缺陷。企业对内部控制缺陷的认定，应当以日常监督和专项监督为基础，结合年度内部控制评价，由内部控制评价部门进行综合分析后提出认定意见，按照规定的权限和程序进行审核后予以最终认定。

第十七条 企业在日常监督、专项监督和年度评价工作中，应当充分发挥内部控制评价工作组的作用。内部控制评价工作组应当根据现场测试获取的证据，对内部控制缺陷进行初步认定，并按其影响程度分为重大缺陷、重要缺陷和一般缺陷。重大缺陷，是指一个或多个控制缺陷的组合，可能导致企业严重偏离控制目标。重要缺陷，是指一个或多个控制缺陷的组合，其严重程度和经济后果低于重大缺陷，但仍有可能导致企业偏离控制目标。一般缺陷，是指除重大缺陷、重要缺陷之外的其他缺陷。重大缺陷、重要缺陷和一般缺陷的具体认定标准，由企业根据上述要求自行确定。

第十八条 企业内部控制评价工作组应当建立评价质量交叉复核制度，评价工作组负责人应当对评价工作底稿进行严格审核，并对所认定的评价结果签字确认后，提交企业内部控制评价部门。

第十九条 企业内部控制评价部门应当编制内部控制缺陷认定汇总表，结合日常监督和专项监督发现的内部控制缺陷及其持续改进情况，对内部控制缺陷及其成因、表现形式和影响程度进行综合分析和全面复核，提出认定意见，并以适当的形式向董事会、监事会或者经理层报告。重大缺陷应当由董事会予以最终认定。企业对于认定的重大缺陷，应当及时采取应对策略，切实将风险控制在可承受度之内，并追究有关部门或相关人员的责任。

第五章 内部控制评价报告

第二十条 企业应当根据《企业内部控制基本规范》、应用指引和本指引，设计内部控制评价报告的种类、格式和内容，明确内部控制评价报告编制程序和要求，按照规定的权限报经批准后对外报出。

第二十一条 内部控制评价报告应当分别内部环境、风险评估、控制活动、信息与沟通、内部监督等要素进行设计，对内部控制评价过程、内部控制缺陷认定及整改情况、内部控制有效性的结论等相关内容作出披露。

第二十二条 内部控制评价报告至少应当披露下列内容：

（一）董事会对内部控制报告真实性的声明。

（二）内部控制评价工作的总体情况。

（三）内部控制评价的依据。

（四）内部控制评价的范围。

（五）内部控制评价的程序和方法。

（六）内部控制缺陷及其认定情况。

（七）内部控制缺陷的整改情况及重大缺陷拟采取的整改措施。

（八）内部控制有效性的结论。

第二十三条 企业应当根据年度内部控制评价结果，结合内部控制评价工作底稿和内部控制缺陷汇总表等资料，按照规定的程序和要求，及时编制内部控制评价报告。

第二十四条 内部控制评价报告应当报经董事会或类似权力机构批准后对外披露或报送相关部门。企业内部控制评价部门应当关注自内部控制评价报告基准日至内部控制评价报告发出日之间是否发生影响内部控制有效性的因素，并根据其性质和影响程度对评价结论进行相应调整。

第二十五条 企业内部控制审计报告应当与内部控制评价报告同时对外披露或报送。

第二十六条 企业应当以 12 月 31 日作为年度内部控制评价报告的基准日。内部控制评价报告应于基准日后 4 个月内报出。

第二十七条 企业应当建立内部控制评价工作档案管理制度。内部控制评价的有关文件资料、工作底稿和证明材料等应当妥善保管。

21. 企业内部控制审计指引（2010 年颁布）

（财会〔2010〕11 号）

第一章 总 则

第一条 为了规范注册会计师执行企业内部控制审计业务，明确工作要求，保证执业质量，根据《企业内部控制基本规范》《中国注册会计师鉴证业务基本准则》及相关执业准则，制定本指引。

第二条 本指引所称内部控制审计，是指会计师事务所接受委托，对特定基准日内部控制设计与运行的有效性进行审计。

第三条 建立健全和有效实施内部控制，评价内部控制的有效性是企业董事会的责任。按照本指引的要求，在实施审计工作的基础上对内部控制的有效性发表审计意见，是注册会计师的责任。

第四条 注册会计师执行内部控制审计工作，应当获取充分、适当的证据，为发表内部控制审计意见提供合理保证。

注册会计师应当对财务报告内部控制的有效性发表审计意见，并对内部控制审计过程中注意到的非财务报告内部控制的重大缺陷，在内部控制审计报告中增加“非财务报告内部控制重大缺陷描述段”予以披露。

第五条 注册会计师可以单独进行内部控制审计，也可将内部控制审计与财务报表审计整合进行（以下简称整合审计）。

在整合审计中，注册会计师应当对内部控制设计与运行的有效性进行测试，以同时实现下列目标：

（一）获取充分、适当的证据，支持其在内部控制审计中对内部控制有效性发表的意见。

（二）获取充分、适当的证据，支持其在财务报表审计中对控制风险的评估结果。

第二章 计划审计工作

第六条 注册会计师应当恰当地计划内部控制审计工作，配备具有专业胜任能力的项目组，并对助理人员进行适当的督导。

第七条 在计划审计工作时，注册会计师应当评价下列事项对内部控制、财务报表以及审计工作的影响：

（一）与企业相关的风险。

（二）相关法律法规和行业概况。

（三）企业组织结构、经营特点和资本结构等相关重要事项。

（四）企业内部控制最近发生变化的程度。

（五）与企业沟通过的内部控制缺陷。

（六）重要性、风险等与确定内部控制重大缺陷相关的因素。

（七）对内部控制有效性的初步判断。

（八）可获取的、与内部控制有效性相关的证据的类型和范围。

第八条 注册会计师应当以风险评估为基础，选择拟测试的控制，确定测试所需收集的证据。

内部控制的特定领域存在重大缺陷的风险越高，给予该领域的审计关注就越多。

第九条 注册会计师应当对企业内部控制自我评价工作进行评估，判断是否利用企业内部审计人员、内部控制评价人员和其他相关人员的工作以及可利用的程度，相应减少可能本应由注册会计师执行的工作。

注册会计师利用企业内部审计人员、内部控制评价人员和其他相关人员的工作，应当对其专业胜任能力和客观性进行充分评价。

与某项控制相关的风险越高，可利用程度就越低，注册会计师应当更多地对该项控制亲自进行测试。

注册会计师应当对发表的审计意见独立承担责任，其责任不因为利用企业内部审计人员、内部控制评价人员和其他相关人员的工作而减轻。

第三章 实施审计工作

第十条 注册会计师应当按照自上而下的方法实施审计工作。自上而下的方法是注册会计师识别风险、选择拟测试控制的基本思路。注册会计师在实施审计工作时，可以将企业层面控制和业务层面控制的测试结合进行。

第十一条 注册会计师测试企业层面控制，应当把握重要性原则，至少应当关注：

（一）与内部环境相关的控制。

（二）针对董事会、经理层凌驾于控制之上的风险而设计的控制。

（三）企业的风险评估过程。

（四）对内部信息传递和财务报告流程的控制。

（五）对控制有效性的内部监督和自我评价。

第十二条 注册会计师测试业务层面控制，应当把握重要性原则，结合企业实际、企业内部控制各项应用指引的要求和企业层面控制的测试情况，重点对企业生产经营活动中的重要业务与事项的控制进行测试。

注册会计师应当关注信息系统对内部控制及风险评估的影响。

第十三条 注册会计师在测试企业层面控制和业务层面控制时，应当评价内部控制是否足以应对舞弊风险。

第十四条 注册会计师应当测试内部控制设计与运行的有效性。

如果某项控制由拥有必要授权和专业胜任能力的人员按照规定的程序与要求执行，能够实现控制目标，表明该项控制的设计是有效的。

如果某项控制正在按照设计运行，执行人员拥有必要授权和专业胜任能力，能够实现控制目标，表明该项控制的运行是有效的。

第十五条 注册会计师应当根据与内部控制相关的风险，确定拟实施审计程序的性质、时间安排和范围，获取充分、适当的证据。与内部控制相关的风险越高，注册会计师需要获取的证据应越多。

第十六条 注册会计师在测试控制设计与运行的有效性时，应当综合运用询问适当人员、观察经营活动、检查相关文件、穿行测试和重新执行等方法。

询问本身并不足以提供充分、适当的证据。

第十七条 注册会计师在确定测试的时间安排时，应当在下列两个因素之间作出平衡，以获取充分、适当的证据：

（一）尽量在接近企业内部控制自我评价基准日实施测试。

（二）实施的测试需要涵盖足够长的期间。

第十八条 注册会计师对于内部控制运行偏离设计的情况（即控制偏差），应当确定该偏差对相关风险评估、需要获取的证据以及控制运行有效性结论的影响。

第十九条 在连续审计中，注册会计师在确定测试的性质、时间安排和范围时，应当考虑以前年度执行内部控制审计时了解的情况。

第四章 评价控制缺陷

第二十条 内部控制缺陷按其成因分为设计缺陷和运行缺陷，按其影响程度分为重大缺陷、重要缺陷和一般缺陷。

注册会计师应当评价其识别的各项内部控制缺陷的严重程度，以确定这些缺陷单独或组合起来，是否构成重大缺陷。

第二十一条 在确定一项内部控制缺陷或多项内部控制缺陷的组合是否构成重大缺陷时，注册会计师应当评价补偿性控制（替代性控制）的影响。企业执行的补偿性控制应当具有同样的效果。

第二十二条 表明内部控制可能存在重大缺陷的迹象，主要包括：

（一）注册会计师发现董事、监事和高级管理人员舞弊。

（二）企业更正已经公布的财务报表。

（三）注册会计师发现当期财务报表存在重大错报，而内部控制在运行过程中未能发现该错报。

（四）企业审计委员会和内部审计机构对内部控制的监督无效。

第五章 完成审计工作

第二十三条 注册会计师完成审计工作后，应当取得经企业签署的书面声明。书面声明应当包括下列内容：

（一）企业董事会认可其对建立健全和有效实施内部控制负责。

（二）企业已对内部控制的有效性作出自我评价，并说明评价时采用的标准以及得出的结论。

（三）企业没有利用注册会计师执行的审计程序及其结果作为自我评价的基础。

（四）企业已向注册会计师披露识别出的所有内部控制缺陷，并单独披露其中的重大缺陷和重要缺陷。

（五）企业对于注册会计师在以前年度审计中识别的重大缺陷和重要缺陷，是否已经采取措施予以解决。

（六）企业在内部控制自我评价基准日后，内部控制是否发生重大变化，或者存在对内部控制具有重要影响的其他因素。

第二十四条 企业如果拒绝提供或以其他不当理由回避书面声明，注册会计师应当将其视为审计范围受到限制，解除业务约定或出具无法表示意见的内部控制审计报告。

第二十五条 注册会计师应当与企业沟通审计过程中识别的所有控制缺陷。对于其中的重大缺陷和重要缺陷，应当以书面形式与董事会和经理层沟通。

注册会计师认为审计委员会和内部审计机构对内部控制的监督无效的，应当就此以书面形式直接与董事会和经理层沟通。

书面沟通应当在注册会计师出具内部控制审计报告之前进行。

第二十六条 注册会计师应当对获取的证据进行评价，形成对内部控制有效性的意见。

第六章 出具审计报告

第二十七条 注册会计师在完成内部控制审计工作后，应当出具内部控制审计报告。标准内部控制审计报告应当包括下列要素：

（一）标题。

（二）收件人。

（三）引言段。

（四）企业对内部控制的责任段。

（五）注册会计师的责任段。

（六）内部控制固有局限性的说明段。

（七）财务报告内部控制审计意见段。

（八）非财务报告内部控制重大缺陷描述段。

（九）注册会计师的签名和盖章。

（十）会计师事务所的名称、地址及盖章。

（十一）报告日期。

第二十八条 符合下列所有条件的，注册会计师应当对财务报告内部控制出具无保留意见的内部控制审计报告：

（一）企业按照《企业内部控制基本规范》《企业内部控制应用指引》《企业内部控制评价指引》以及企业自身内部控制制度的要求，在所有重大方面保持了有效的内部控制。

（二）注册会计师已经按照《企业内部控制审计指引》的要求计划和实施审计工作，在审计过程中未受到限制。

第二十九条 注册会计师认为财务报告内部控制虽不存在重大缺陷，但仍有一项或者多项重大事项需要提请内部控制审计报告使用者注意的，应当在内部控制审计报告中增加强调事项段予以说明。

注册会计师应当在强调事项段中指明，该段内容仅用于提醒内部控制审计报告使用者关注，并不影响对财务报告内部控制发表的审计意见。

第三十条　注册会计师认为财务报告内部控制存在一项或多项重大缺陷的，除非审计范围受到限制，应当对财务报告内部控制发表否定意见。

注册会计师出具否定意见的内部控制审计报告，还应当包括下列内容：

（一）重大缺陷的定义。

（二）重大缺陷的性质及其对财务报告内部控制的影响程度。

第三十一条　注册会计师审计范围受到限制的，应当解除业务约定或出具无法表示意见的内部控制审计报告，并就审计范围受到限制的情况，以书面形式与董事会进行沟通。

注册会计师在出具无法表示意见的内部控制审计报告时，应当在内部控制审计报告中指明审计范围受到限制，无法对内部控制的有效性发表意见。

注册会计师在已执行的有限程序中发现财务报告内部控制存在重大缺陷的，应当在内部控制审计报告中对重大缺陷作出详细说明。

第三十二条　注册会计师对在审计过程中注意到的非财务报告内部控制缺陷，应当区别具体情况予以处理：

（一）注册会计师认为非财务报告内部控制缺陷为一般缺陷的，应当与企业进行沟通，提醒企业加以改进，但无需在内部控制审计报告中说明。

（二）注册会计师认为非财务报告内部控制缺陷为重要缺陷的，应当以书面形式与企业董事会和经理层沟通，提醒企业加以改进，但无需在内部控制审计报告中说明。

（三）注册会计师认为非财务报告内部控制缺陷为重大缺陷的，应当以书面形式与企业董事会和经理层沟通，提醒企业加以改进；同时应当在内部控制审计报告中增加非财务报告内部控制重大缺陷描述段，对重大缺陷的性质及其对实现相关控制目标的影响程度进行披露，提示内部控制审计报告使用者注意相关风险。

第三十三条　在企业内部控制自我评价基准日并不存在、但在该基准日之后至审计报告日之前（以下简称期后期间）内部控制可能发生变化，或出现其他可能对内部控制产生重要影响的因素。注册会计师应当询问是否存在这类变化或影响因素，并获取企业关于这些情况的书面声明。

注册会计师知悉对企业内部控制自我评价基准日内部控制有效性有重大负面影响的期后事项的，应当对财务报告内部控制发表否定意见。

注册会计师不能确定期后事项对内部控制有效性的影响程度的，应当出具无法表示意见的内部控制审计报告。

第七章　记录审计工作

第三十四条　注册会计师应当按照《中国注册会计师审计准则第 1131 号——审计工作底稿》的规定，编制内部控制审计工作底稿，完整记录审计工作情况。

第三十五条　注册会计师应当在审计工作底稿中记录下列内容：

（一）内部控制审计计划及重大修改情况。

（二）相关风险评估和选择拟测试的内部控制的主要过程及结果。

（三）测试内部控制设计与运行有效性的程序及结果。

（四）对识别的控制缺陷的评价。

（五）形成的审计结论和意见。

（六）其他重要事项。

附录：内部控制审计报告的参考格式（略）

22. 关于进一步深化法治央企建设的意见（2021 年颁布）

（国资发法规〔2018〕106 号）

为深入学习贯彻习近平法治思想，认真落实全面依法治国战略部署，持续深化法治央企建设，更好发挥法治工作对“十四五”时期中央企业改革发展的支撑保障作用，根据《法治中国建设规划（2020—2025 年）》《法治社会建设实施纲要（2020—2025 年）》等文件精神，现就进一步做好中央企业法治工作提出如下意见：

一、总体要求

（一）指导思想。坚持以习近平新时代中国特色社会主义思想为指导，认真落实习近平法治思想，深入贯彻党的十九大和十九届二中、三中、四中、五中全会精神，按照中央全面依法治国工作会议部署，立足新发展阶段，贯彻新发展理念，构建新发展格局，紧紧围绕国企改革三年行动和中央企业“十四五”发展规划，着力健全领导责任体系、依法治理体系、规章制度体系、合规管理体系、工作组织体系，持续提升法治工作引领支撑能力、风险管控能力、涉外保障能力、主动维权能力和数字化管理能力，不断深化治理完善、经营合规、管理规范、守法诚信的法治央企建设，为加快建设世界一流企业筑牢坚实法治基础。

（二）基本原则。

——坚持融入中心、服务大局。以服务国企改革三年行动和中央企业“十四五”发展规划为目标，牢固树立全局意识和系统观念，法治工作全面融入完善中国特色现代企业制度、深化混合所有制改革、科技创新、国际化经营等重点任务，充分发挥支撑保障作用。

——坚持完善制度、夯基固本。以强化制度建设为基础，坚持尊法、学法、守法、用法，将行之有效的经验做法，及时转化为企业规章制度，嵌入业务流程，加强制度执行情况监督检查，强化制度刚性约束。

——坚持突出重点、全面深化。以落实法治建设第一责任人职责、完善总法律顾问制度、健全法律风险防范机制、强化合规管理为重点，坚持问题导向，在做深做细做实上下更大功夫，真正发挥强管理、促经营、防风险、创价值作用。

——坚持勇于创新、拓展升级。以适应市场化、法治化、国际化发展需要为方向，结合实际拓宽法治工作领域，探索优化法务管理职能，创新工作方式，加快提升信息化、数字化、智能化水平。

（三）总体目标。“十四五”时期，中央企业法治理念更加强化、治理机制更加完善、制度体系更加优化、组织机构更加健全、管理方式更加科学、作用发挥更加有效，法治建设取得更大进展，部分企业率先达到世界一流水平，为企业深化改革、高质量发展提供更加有力的支撑保障。

二、着力健全法治工作体系

（四）着力健全领导责任体系。坚持企业党委（党组）对依法治企工作的全面领导，不断完善党委（党组）定期专题学法、定期听取工作汇报、干部任前法治谈话、述职必述法等制度，切实发挥党委（党组）把方向、管大局、促落实作用。强化董事会定战略、作决策、防风险职能，明确专门委员会推进法治建设职责，把法治建设纳入整体工作统筹谋划，将进展情况作为年度工作报告的重要内容。健全中央企业主要负责人履行推进法治建设第一责任人职责工作机制，党委（党组）书记、董事长、总经理各司其职，对重点问题亲自研究、部署协调、推动解决。将第一责任人职责要求向子企业延伸，把落实情况纳入领导人员综合考核评价体系，将法治素养和依法履职情况作为考察使用干部的重要内容。

（五）着力健全依法治理体系。高度重视章程在公司治理中的统领地位，切实发挥总法律顾问和法务管理机构专业审核把关作用，科学配置各治理主体权利、义务和责任，明晰履职程序和要求，保障章程依法制定、依法实施。多元投资主体企业严格依据法律法规、国有资产监管规定和公司章程，明确股东权利义务、股东会定位与职权，规范议事决策方式和程序，完善运作制度机制，强化决议执行和监督，切实维护股东合法权益。优化董事会知识结构，通过选聘法律专业背景人员担任董事、加强法律培训等方式，提升董事会依法决策水平。落实总法律顾问列席党委（党组）会、董事会参与研究讨论或审议涉及法律合规相关议题，参加总经理办公会等重要决策会议制度，将合法合规性审查和重大风险评估作为重大决策事项必经前置程序。依法对子企业规范行使股东权，认真研究制定子企业章程，严格按照公司治理结构，通过股东（大）会决议、派出董事监事、推荐高级管理人员等方式行权履职，切实防范公司人格混同等风险。

（六）着力健全规章制度体系。明确法务管理机构归口管理职责，健全规章制度制定、执行、评估、改进等工作机制，加强法律审核把关，强化对制度的全生命周期管理。根据适用范围、重要程度、管理幅度等，构建分层分类的制度体系框架，确保结构清晰、内容完整，相互衔接、有效协同，切实提高科学性和系统性。定期开展制度梳理，编制立改废计划，完善重点改革任务配套制度，及时修订重要领域管理规范，不断增强针对性和实效性。加强对规章制度的宣贯培训，定期对执行情况开展监督检查和综合评价，增强制度刚性约束，推动制度有效落实。

（七）着力健全合规管理体系。持续完善合规管理工作机制，健全企业主要负责人领导、总法律顾问牵头、法务管理机构归口、相关部门协同联动的合规管理体系。发挥法务管理机构统筹协调、组织推动、督促落实作用，加强合规制度建设，开展合规审查与考核，保障体系有效运行。强化业务部门、经营单位和项目一线主体责任，通过设置兼职合规管理员、将合规要求嵌入岗位职责和业务流程、抓好重点领域合规管理等措施，有效防范、及时处置合规风险。探索构建法律、合规、内控、风险管理协同运作机制，加强统筹协调，提高管理效能。推动合规要求向各级子企业延伸，加大基层单位特别是涉外机构合规管理力度，到 2025 年中央企业基本建立全面覆盖、有效运行的合规管理体系。

（八）着力健全工作组织体系。加大企业法律专业领导干部培养选拔力度，在市场化国际化程度较高、法律服务需求大的国有大型骨干企业，推进符合条件的具有法律教育背景或法律职业资格的专业人才进入领导班子。持续完善总法律顾问制度，2022 年中央企业及其重要子企业全面写入章程，明确高级管理人员定位，由董事会聘任，领导法务管理机构开展工作。坚持总法律顾问专职化、专业化方向，直接向企业主要负责人负责，2025 年中央企业及其重要子企业全面配备到位，具有法律教育背景或法律职业资格的比例达到 80%。加强法务管理机构建设，中央企业及其重要子企业原则上独立设置，充实专业力量，配备与企业规模和需求相适应的法治工作队伍。健全法务管理职能，持续完善合同管理、案件管理、普法宣传等职能，积极拓展制度管理、合规管理等业务领域。加强队伍建设，拓宽法务人员职业发展通道，完善高素质法治人才市场化选聘、管理和薪酬制度，采取有效激励方式充分调动积极性、主动性。

三、全面提升依法治企能力

（九）着力提升引领支撑能力。坚持运用法治思维和法治方式深化改革、推动发展，紧盯国企改革三年行动、中央企业“十四五”发展规划重点工作，深入分析对企业提出的新任务新要求，提前研究可能出现的法律合规问题，及时制定应对方案和防范措施。法务人员全程参与混合所有制改革、投资并购等重大项目，加强法律审核把关，坚持依法依规操作，严控法律合规风险。加强对民法典等法律法规的学习研究，深入分析对企业生产经营、业务模式可能产生的影响，推动从健全制度、强化管理等方面及时作出调整。结合企业、行业实际，对相关立法研究提出完善建议，为改革发展创造良好政策环境。

（十）着力提升风险管控能力。持续巩固规章制度、经济合同、重要决策法律审核制度，在确保100%审核率的同时，通过跟进采纳情况、完善后评估机制，反向查找工作不足，持续提升审核质量。常态化开展风险隐患排查处置，针对共性风险通过提示函、案件通报、法律建议书等形式及时开展预警，有效防范化解。加强知识产权管理，完善专利、商标、商号、商业秘密等保护制度，坚决打击侵权行为，切实维护企业无形资产安全和合法权益。严格落实重大法律合规风险事件报告制度，中央企业发生重大法律合规风险事件，应当及时向国资委报告。

（十一）着力提升涉外保障能力。加强涉外法律合规风险防范，健全工作机制，推动在境外投资经营规模较大、风险较高的重点企业、区域或项目设置专门机构，配备专职法务人员，具备条件的设立总法律顾问。完善涉外重大项目和重要业务法务人员全程参与制度，形成事前审核把关、事中跟踪控制、事后监督评估的管理闭环。深入研究、掌握运用所在国法律，加强国际规则学习研究，密切关注高风险国家和地区法律法规与政策变化，提前做好预案，切实防范风险。重视涉外法治人才培养，强化顶层设计，健全市场化选聘和激励制度，形成重视人才、吸引人才、留住人才的良好机制。

（十二）着力提升主动维权能力。加大法律纠纷案件处置力度，综合运用诉讼、仲裁、调解等多种手段妥善解决，探索建立集团内部纠纷调解机制。加强积案清理，健全激励机制，力争2025年中央企业历史遗留重大法律纠纷案件得到妥善解决。深化案件管理“压存控增、提质创效”专项工作，加强典型案件分析，及时发现管理问题，堵塞管理漏洞，推动“以案促管、以管创效”。严格落实案件报告制度，中央企业发生重大法律纠纷案件应当及时报告，按时报送年度法律纠纷案件综合分析报告。

（十三）着力提升数字化管理能力。运用区块链、大数据、云计算、人工智能等新一代信息技术，推动法务管理从信息化向数字化升级，探索智能化应用场景，有效提高管理效能。深化合同管理、案件管理、合规管理等重点领域信息化、数字化建设，将法律审核嵌入重大决策、重要业务管理流程，通过大数据等手段，实现法律合规风险在线识别、分析、评估、防控。推动法务管理系统向各级子企业和重要项目延伸，2025年实现上下贯通、全面覆盖。推动法务管理系统与财务、产权、投资等系统的互联互通，做好与国资国企在线监管系统的对接，促进业务数据相互融合、风险防范共同响应。

四、保障任务顺利完成

（十四）加强组织领导。充分发挥法治建设领导机构作用，将法治工作纳入中央企业“十四五”发展规划和年度计划统筹谋划、同步推进，加强部门协同，强化人员、资金等保障，形成工作合力。制定本企业未来五年法治建设实施方案，与“十四五”规划相衔接，提出目标任务，明确责任分工，细化工作措施。建立法治工作专项考评制度，将法治建设成效纳入对子企业考核体系。统筹推进法治工作与违规经营投资责任追究等监督工作，完善内部协同机制，提高责任追究体系效能。加大问责力度，对未经法律审核或未采纳正确法律意见、违法违规经营投资决策造成损失或其他严重不良后果的，严肃追究责任。

（十五）持续深化对标。综合分析国际大企业优秀实践，研究归纳世界一流企业法务管理基本要素和具体指标。立足行业特点、发展阶段、管理基础等实际，有针对性地制定对标举措，确保目标量化、任务明确、措施有力。将法务管理对标工作纳入本企业对标世界一流管理提升行动。国资委创建世界一流示范企业和国有资本投资、运营公司要充分发挥引领作用，率先在法治工作上达到世界一流水平。其他中央企业要全面开展对标，努力补齐短板，加快提升依法合规经营管理水平。

（十六）强化指导交流。国资委将根据企业法治建设实施方案，定期组织调研督导，深入了解落实情况，推动解决难点问题。完善法治讲堂、协作组等学习交流机制，聚焦重点难点，创新方式方法，增强交流实效。中央企业要进一步加强对子企业法治建设的督促指导，通过加大考核力度、细化工作要求、定期开展调研等方式，层层传导压力，确保目标任务在子企业真正落实到位。

（十七）厚植法治文化。深入学习宣传习近平法治思想，将培育法治文化作为法治建设的基础工程，使依法合规、守法诚信成为全体员工的自觉行为和基本准则。落实“八五”普法要求，进一步推进法治宣传教育制度化、常态化、多样化，将法治学习作为干部职工入职学习、职业培训、继续教育的必修课，广泛宣传与企业经营管理和职工切身利益密切相关的法律法规。总结法治建设典型做法、成功经验和进展成果，通过开展选树典型、评比表彰、集中宣传等形式，营造学习先进、争当先进、赶超先进的良好氛围。

地方国有资产监督管理机构参照本意见，积极推进所出资企业法治建设。

第三编

行政事业单位法规汇编

第十二章　政府综合财务报告相关法规

政府财务报告编制办法（试行）（2019 年修订）

（财库〔2019〕56 号）

第一章　总　　则

第一条　为规范权责发生制政府财务报告编制工作，确保政府财务报告真实、准确、完整、规范，根据《中华人民共和国预算法》《中华人民共和国会计法》《国务院关于批转财政部权责发生制政府综合财务报告制度改革方案的通知》（国发〔2014〕63 号）、政府会计准则制度等规定，制定本办法。

第二条　本办法适用于各级政府、各部门、各单位。

第三条　政府财务报告以权责发生制为基础编制，包括政府部门财务报告和政府综合财务报告。

政府部门财务报告由政府部门编制，主要反映本部门财务状况、运行情况等，为加强政府部门资产负债管理、预算管理、绩效管理等提供信息支撑。

政府综合财务报告由政府财政部门编制，包括本级政府综合财务报告和行政区政府综合财务报告，分别反映本级政府整体和行政区政府整体财务状况、运行情况和财政中长期可持续性等，可作为考核地方政府绩效、开展地方政府信用评级、评估预警地方政府债务风险、编制全国和地方资产负债表以及制定财政中长期规划和其他相关规划的重要依据。

本办法所称本级政府整体财务状况、运行情况，是指将政府财政、各部门和其他被合并主体的财务报表进行合并，以合并结果反映的财务状况和运行情况。行政区政府整体财务状况、运行情况是指将本级政府和所辖各级政府的财务报表进行合并，以合并结果反映的财务状况和运行情况。

第二章　政府财务报告主要内容

第一节　政府部门财务报告主要内容

第四条　政府部门财务报告应当包括财务报表和财务分析。财务报表包括会计报表和报表附注。

第五条　会计报表主要包括资产负债表和收入费用表等。

资产负债表重点反映政府部门年末财务状况。资产负债表应当按照资产、负债和净资产分类分项列示。其中，资产应当按照流动性分类分项列示，包括流动资产、非流动资产等；负债应当按照流动性分类分项列示，包括流动负债、非流动负债等。

收入费用表重点反映政府部门年度运行情况。收入费用表应当按照收入、费用和盈余分类分项列示。

第六条　报表附注重点对财务报表作进一步解释说明，一般应当按照下列顺序披露：

（一）会计报表编制基础；

（二）遵循相关制度规定的声明；

（三）合并范围；

（四）重要会计政策与会计估计变更情况；
（五）会计报表重要项目明细信息及说明；
（六）需要说明的其他事项。

第七条 政府部门财务分析主要包括财务状况分析、运行情况分析、财务管理情况等。

第二节 政府综合财务报告主要内容

第八条 政府综合财务报告应当包括财务报表、财政经济分析和财政财务管理情况等。财务报表包括会计报表和报表附注。

第九条 会计报表主要包括资产负债表和收入费用表等。

资产负债表重点反映政府整体年末财务状况。资产负债表应当按照资产、负债和净资产分类分项列示。其中，资产应当按照流动性分类分项列示，包括流动资产、非流动资产等；负债应当按照流动性分类分项列示，包括流动负债、非流动负债等。

收入费用表重点反映政府整体年度运行情况。收入费用表应当按照收入、费用和盈余分类分项列示。

第十条 报表附注重点对会计报表作进一步解释说明，一般应当按照下列顺序披露：
（一）会计报表编制基础；
（二）遵循相关制度规定的声明；
（三）会计报表包含的主体范围；
（四）重要会计政策与会计估计变更情况；
（五）会计报表重要项目明细信息及说明；
（六）需要说明的其他事项。

第十一条 政府财政经济分析应当包括财务状况分析、运行情况分析、财政中长期可持续性分析等。

政府财务状况分析主要包括：资产方面，重点分析政府资产的构成及分布，对于货币资金、长期投资、固定资产、在建工程、公共基础设施、政府储备物资、保障性住房等重要项目，分析各资产比重变化趋势以及对于政府偿债能力和公共服务能力的影响。负债方面，重点分析政府债务规模大小、债务结构以及发展趋势。通过政府资产负债率等指标，分析政府当期债务风险情况。

政府运行情况分析主要包括：收入方面，重点分析政府收入规模、结构及来源分布、重点收入项目的比重及变化趋势，特别是宏观经济运行、相关行业发展、税收政策、非税收入政策等对政府收入变动的影响。费用方面，重点按照经济分类分析政府费用规模及构成、重点费用项目的比重及变化趋势，特别是政府投融资情况对政府费用变动的影响。通过收入费用率等指标，分析政府运行效率。

财政中长期可持续性分析主要包括：基于当前政府财政财务状况和运行情况，结合本地区经济形势、重点产业发展趋势、财政体制、财税政策、社会保障政策、相关负债占GDP比重等，预测财政收支缺口，全面分析政府未来中长期收入支出等变化趋势。

第十二条 政府财政财务管理情况，主要反映政府财政财务管理的政策要求、主要措施和取得成效等。

第三章 政府财务报告编制

第十三条 政府财务报告内容应当符合政府会计准则制度等规定。

对于政府会计准则制度尚未作出规定的经济业务或事项，编制政府财务报告应当按照权责发生制原则和相关报告标准规定执行。

第十四条　政府财务报告按公历年度编制，即每年 1 月 1 日至 12 月 31 日。

第十五条　政府财务报告应当以人民币作为报告币种。

第十六条　政府财务报告应当以经核对无误的会计账簿数据为基础编制。

第十七条　政府财务报告格式应当符合财政部统一规定。

第一节　政府部门财务报告编制

第十八条　政府部门财务报告由本部门所属单位按照财务管理关系逐级编制。

第十九条　政府各部门应当严格按照相关财政财务管理制度以及会计制度规定，全面清查核实单位的资产负债，做到账实相符、账证相符、账账相符、账表相符。对代表政府管理的资产，应全面清查核实，完善基础资料，全面、准确、真实、完整地反映。

第二十条　政府各部门应当对所属各单位财务报表进行合并编制本部门财务报表。

编制合并财务报表时，对部门内部单位之间发生的经济业务或事项应当经过确认后抵销，并编制抵销分录，在此基础上分项生成合并财务报表项目。

第二十一条　政府部门财务报表之间、财务报表各项目之间，凡有对应关系的数字，应当相互一致；报表中本期与上期有关的数字应当衔接。

第二十二条　政府部门财务分析应当基于财务报表所反映的信息，结合政府部门职能，重点分析资产状况、债务风险、收入费用、预算管理和绩效管理等方面。

第二节　政府综合财务报告编制

第二十三条　政府财政部门应当以财政总预算会计报表、部门财务报表、土地储备资金财务报表、物资储备资金会计报表等为基础编制政府综合财务报表。

第二十四条　政府财政部门应当严格按照相关财政管理制度以及会计制度规定，全面清查核实相关资产负债等，做到账实相符、账证相符、账账相符、账表相符。

会计账簿相关数据不符合权责发生制原则的，应当按照相关报告标准进行调整，并编制调整分录。数据调整应当符合重要性原则。

第二十五条　政府财政部门应当对本级财政总预算会计报表、部门财务报表、土地储备资金财务报表、物资储备资金会计报表等进行合并，编制本级政府综合财务报表。对于未在财政总预算会计报表中反映的政府股权投资、投资收益等，暂按权益法从国有企业财务会计决算报表中取得相关数据纳入政府综合财务报表。

编制本级政府综合财务报表时，应对上述被合并报表之间经济业务或事项进行确认后抵销，并编制抵销分录，在此基础上分项生成合并财务报表项目。

县级以上政府财政部门要合并本级政府综合财务报表和下级政府综合财务报表，编制本行政区政府综合财务报表。

第二十六条　政府综合财务报表之间、财务报表各项目之间，凡有对应关系的数字，应当相互一致；报表中本期与上期有关的数字应当衔接。

第二十七条　政府财政经济分析应当基于财务报表所反映的信息，结合经济形势状况和趋势、财政管理政策措施，对政府整体财务状况、运行情况以及财政中长期可持续性进行综合性分析。

第四章　政府财务报告报送

第二十八条　政府各单位应当按照财务管理关系，按规定内容和时限采取自下而上方式逐级报送财务报告。

第二十九条　政府部门财务报告应当按规定内容和时限报送同级政府财政部门。

第三十条　县级以上地方政府财政部门应当按规定内容和时限，将本级政府综合财务报告以及本行政区政府综合财务报告报送上级政府财政部门。

第五章　政府财务报告数据质量审核

第三十一条　政府财务报告数据质量审核重点是报告的真实性、准确性、完整性和规范性，具体包括：

（一）真实性：报表数据与会计账簿数据是否相符，是否有漏报、虚报和瞒报等现象；

（二）准确性：财务报表表内、表间勾稽关系是否衔接，抵销调整事项是否合理、准确，纸质数据与电子数据是否保持一致；

（三）完整性：是否涵盖所有报告主体和事项，报告内容是否完整；

（四）规范性：会计报表、报表附注、分析说明的格式等是否符合政府财务报告编制制度规定。

第三十二条　政府各部门、各单位应当对本部门、本单位财务报告真实性、准确性、完整性、规范性进行初审并负责。政府财政部门应当对部门财务报告的准确性、完整性、规范性进行复审。

各级政府财政部门应当对本级政府综合财务报告真实性、准确性、完整性、规范性进行初审并负责。上级财政部门应当对下级政府综合财务报告的准确性、完整性、规范性进行复审。

第三十三条　政府财务报告的审核包括自行审核、集中会审、委托审核等多种形式。

（一）自行审核：各单位在报送财务报告前自行将本单位纸质报表、电子数据以及相关资料，按规定的审核内容进行逐项审核；

（二）集中会审：各地区、各部门组织专门力量对本地区、本部门所属单位编制的财务报告纸质报表、电子数据以及相关资料，按照财政部门的标准及要求集中进行审核；

（三）委托审核：各地区、各部门在遵循有关法律法规的前提下，可委托中介机构对本地区、本部门所属单位编制的财务报告纸质报表、电子数据以及相关资料进行审核。

第三十四条　各地区、各部门应当认真做好财务报告审核工作，凡发现报告编制不符合规定，存在漏报、重报、虚报、瞒报、错报以及相关数据不衔接等错误和问题，应当要求有关单位立即纠正，并限期重新报送。

第三十五条　政府财务报告审核应当依据政府会计准则制度和政府财务报告编制制度等规定，采取人工审核和计算机审核相结合方式进行。人工审核侧重于财务报告完整性、规范性等方面；计算机审核侧重于财务报告数据准确性及勾稽关系等方面。

第三十六条　政府财务报告数据质量监督检查采取随机抽取与定向选择相结合的方式，对政府财务报告存在明显质量问题和以往年份监督检查不合格的单位进行重点核查。

第六章　政府财务报告数据资料管理

第三十七条　政府财务报告数据资料包括以各种介质存放的政府财务报告及相关工作底稿等。

第三十八条　各部门、各单位应当按照会计档案管理相关规定，对部门财务报告数据资料进行归类整理、建档建库，并从计算机中传出备份保存。

各级政府财政部门应当按照会计档案管理相关规定对政府综合财务报告数据资料进行归类整理、建档建库，并从计算机中传出备份保存。

第三十九条　政府财务报告数据资料涉及国家秘密的，应当严格实行密级管理。

第七章　职 责 分 工

第四十条　财政部是政府财务报告编制管理工作的主管部门。其职责主要是：

（一）制定政府财务报告编制的制度办法；

（二）制定全国统一的政府财务报告报表体系，明确报表格式要求和填报口径，组织和指导全国政府财务报告编制及软件使用的布置与培训；

（三）组织和指导全国政府财务报告的收集、审核、合并汇总和报送工作；

（四）组织和指导全国政府财务报告数据的分析利用；

（五）组织和指导全国政府财务报告数据质量监督检查；

（六）建立和管理全国政府财务报告数据库；

（七）审核中央政府各部门财务报告，合并编制中央政府综合财务报告；

（八）审核省本级和全省政府综合财务报告，合并汇总编制全国政府综合财务报告。

第四十一条 地方各级财政部门负责组织实施本地区政府财务报告的编制管理工作。其职责主要是：

（一）组织和指导本地区政府财务报告编制及软件使用的布置与培训；

（二）组织和指导本地区政府财务报告的收集、审核、合并汇总和报送工作；

（三）组织和指导本地区政府财务报告数据的分析利用；

（四）组织和指导本地区政府财务报告数据质量监督检查；

（五）建立和管理本地区政府财务报告数据库；

（六）审核本级政府各部门财务报告，合并编制本级政府综合财务报告；

（七）审核下级政府综合财务报告，合并汇总编制本行政区政府综合财务报告。

第四十二条 各部门负责组织实施本部门财务报告的编制管理工作，其职责主要是：

（一）组织本部门所属单位财务报告编制及软件使用的布置与培训；

（二）组织和指导本部门所属单位财务报告的收集、审核、合并汇总和报送工作；

（三）组织本部门财务报告数据的分析利用；

（四）组织本部门所属单位财务报告数据质量监督检查；

（五）建立和管理本部门所属单位财务报告数据库；

（六）审核本部门所属单位财务报告，合并编制本部门财务报告。

第八章 罚 则

第四十三条 编制部门或单位未按照政府会计准则制度和有关政策要求编报，导致政府财务报告内容不完整、信息披露不充分、数据信息质量较差的，责令重新编报，并予以通报批评。

第四十四条 政府财务报告编制工作中有弄虚作假、提供虚假财务信息，以及严重故意漏报、瞒报等行为的，按照《中华人民共和国预算法》《中华人民共和国会计法》《财政违法行为处罚处分条例》等有关法律法规予以处理。

第九章 附 则

第四十五条 本办法自 2020 年 1 月 1 日起施行，财政部于 2015 年印发的《政府财务报告编制办法（试行）》（财库〔2015〕212 号）同时废止。

第十三章　政府会计基本准则与具体准则

1. 政府会计准则——基本准则（2015 年颁布）

（中华人民共和国财政部令第 78 号）

第一章　总　　则

第一条　为了规范政府的会计核算，保证会计信息质量，根据《中华人民共和国会计法》《中华人民共和国预算法》和其他有关法律、行政法规，制定本准则。

第二条　本准则适用于各级政府、各部门、各单位（以下统称政府会计主体）。

前款所称各部门、各单位是指与本级政府财政部门直接或者间接发生预算拨款关系的国家机关、军队、政党组织、社会团体、事业单位和其他单位。

军队、已纳入企业财务管理体系的单位和执行《民间非营利组织会计制度》的社会团体，不适用本准则。

第三条　政府会计由预算会计和财务会计构成。

预算会计实行收付实现制，国务院另有规定的，依照其规定。

财务会计实行权责发生制。

第四条　政府会计具体准则及其应用指南、政府会计制度等，应当由财政部遵循本准则制定。

第五条　政府会计主体应当编制决算报告和财务报告。

决算报告的目标是向决算报告使用者提供与政府预算执行情况有关的信息，综合反映政府会计主体预算收支的年度执行结果，有助于决算报告使用者进行监督和管理，并为编制后续年度预算提供参考和依据。政府决算报告使用者包括各级人民代表大会及其常务委员会、各级政府及其有关部门、政府会计主体自身、社会公众和其他利益相关者。

财务报告的目标是向财务报告使用者提供与政府的财务状况、运行情况（含运行成本，下同）和现金流量等有关信息，反映政府会计主体公共受托责任履行情况，有助于财务报告使用者作出决策或者进行监督和管理。政府财务报告使用者包括各级人民代表大会常务委员会、债权人、各级政府及其有关部门、政府会计主体自身和其他利益相关者。

第六条　政府会计主体应当对其自身发生的经济业务或者事项进行会计核算。

第七条　政府会计核算应当以政府会计主体持续运行为前提。

第八条　政府会计核算应当划分会计期间，分期结算账目，按规定编制决算报告和财务报告。

会计期间至少分为年度和月度。会计年度、月度等会计期间的起讫日期采用公历日期。

第九条　政府会计核算应当以人民币作为记账本位币。发生外币业务时，应当将有关外币金额折算为人民币金额计量，同时登记外币金额。

第十条　政府会计核算应当采用借贷记账法记账。

第二章　政府会计信息质量要求

第十一条　政府会计主体应当以实际发生的经济业务或者事项为依据进行会计核算，如实反映各项会计要素的情况和结果，保证会计信息真实可靠。

第十二条 政府会计主体应当将发生的各项经济业务或者事项统一纳入会计核算，确保会计信息能够全面反映政府会计主体预算执行情况和财务状况、运行情况、现金流量等。

第十三条 政府会计主体提供的会计信息，应当与反映政府会计主体公共受托责任履行情况以及报告使用者决策或者监督、管理的需要相关，有助于报告使用者对政府会计主体过去、现在或者未来的情况作出评价或者预测。

第十四条 政府会计主体对已经发生的经济业务或者事项，应当及时进行会计核算，不得提前或者延后。

第十五条 政府会计主体提供的会计信息应当具有可比性。

同一政府会计主体不同时期发生的相同或者相似的经济业务或者事项，应当采用一致的会计政策，不得随意变更。确需变更的，应当将变更的内容、理由及其影响在附注中予以说明。

不同政府会计主体发生的相同或者相似的经济业务或者事项，应当采用一致的会计政策，确保政府会计信息口径一致，相互可比。

第十六条 政府会计主体提供的会计信息应当清晰明了，便于报告使用者理解和使用。

第十七条 政府会计主体应当按照经济业务或者事项的经济实质进行会计核算，不限于以经济业务或者事项的法律形式为依据。

第三章　政府预算会计要素

第十八条 政府预算会计要素包括预算收入、预算支出与预算结余。

第十九条 预算收入是指政府会计主体在预算年度内依法取得的并纳入预算管理的现金流入。

第二十条 预算收入一般在实际收到时予以确认，以实际收到的金额计量。

第二十一条 预算支出是指政府会计主体在预算年度内依法发生并纳入预算管理的现金流出。

第二十二条 预算支出一般在实际支付时予以确认，以实际支付的金额计量。

第二十三条 预算结余是指政府会计主体预算年度内预算收入扣除预算支出后的资金余额，以及历年滚存的资金余额。

第二十四条 预算结余包括结余资金和结转资金。

结余资金是指年度预算执行终了，预算收入实际完成数扣除预算支出和结转资金后剩余的资金。

结转资金是指预算安排项目的支出年终尚未执行完毕或者因故未执行，且下年需要按原用途继续使用的资金。

第二十五条 符合预算收入、预算支出和预算结余定义及其确认条件的项目应当列入政府决算报表。

第四章　政府财务会计要素

第二十六条 政府财务会计要素包括资产、负债、净资产、收入和费用。

第一节　资　　产

第二十七条 资产是指政府会计主体过去的经济业务或者事项形成的，由政府会计主体控制的，预期能够产生服务潜力或者带来经济利益流入的经济资源。

服务潜力是指政府会计主体利用资产提供公共产品和服务以履行政府职能的潜在能力。

经济利益流入表现为现金及现金等价物的流入，或者现金及现金等价物流出的减少。

第二十八条 政府会计主体的资产按照流动性，分为流动资产和非流动资产。

流动资产是指预计在1年内（含1年）耗用或者可以变现的资产，包括货币资金、短期投资、应收及预付款项、存货等。

非流动资产是指流动资产以外的资产，包括固定资产、在建工程、无形资产、长期投资、公共基础设施、政府储备资产、文物文化资产、保障性住房和自然资源资产等。

第二十九条 符合本准则第二十七条规定的资产定义的经济资源，在同时满足以下条件时，确认为资产：

（一）与该经济资源相关的服务潜力很可能实现或者经济利益很可能流入政府会计主体；

（二）该经济资源的成本或者价值能够可靠地计量。

第三十条 资产的计量属性主要包括历史成本、重置成本、现值、公允价值和名义金额。

在历史成本计量下，资产按照取得时支付的现金金额或者支付对价的公允价值计量。

在重置成本计量下，资产按照现在购买相同或者相似资产所需支付的现金金额计量。

在现值计量下，资产按照预计从其持续使用和最终处置中所产生的未来净现金流入量的折现金额计量。

在公允价值计量下，资产按照市场参与者在计量日发生的有序交易中，出售资产所能收到的价格计量。

无法采用上述计量属性的，采用名义金额（即人民币1元）计量。

第三十一条 政府会计主体在对资产进行计量时，一般应当采用历史成本。

采用重置成本、现值、公允价值计量的，应当保证所确定的资产金额能够持续、可靠计量。

第三十二条 符合资产定义和资产确认条件的项目，应当列入资产负债表。

第二节 负 债

第三十三条 负债是指政府会计主体过去的经济业务或者事项形成的，预期会导致经济资源流出政府会计主体的现时义务。

现时义务是指政府会计主体在现行条件下已承担的义务。未来发生的经济业务或者事项形成的义务不属于现时义务，不应当确认为负债。

第三十四条 政府会计主体的负债按照流动性，分为流动负债和非流动负债。

流动负债是指预计在1年内（含1年）偿还的负债，包括应付及预收款项、应付职工薪酬、应缴款项等。

非流动负债是指流动负债以外的负债，包括长期应付款、应付政府债券和政府依法担保形成的债务等。

第三十五条 符合本准则第三十三条规定的负债定义的义务，在同时满足以下条件时，确认为负债：

（一）履行该义务很可能导致含有服务潜力或者经济利益的经济资源流出政府会计主体；

（二）该义务的金额能够可靠地计量。

第三十六条 负债的计量属性主要包括历史成本、现值和公允价值。

在历史成本计量下，负债按照因承担现时义务而实际收到的款项或者资产的金额，或者承担现时义务的合同金额，或者按照为偿还负债预期需要支付的现金计量。

在现值计量下，负债按照预计期限内需要偿还的未来净现金流出量的折现金额计量。

在公允价值计量下，负债按照市场参与者在计量日发生的有序交易中，转移负债所需支付的价格计量。

第三十七条 政府会计主体在对负债进行计量时，一般应当采用历史成本。

采用现值、公允价值计量的，应当保证所确定的负债金额能够持续、可靠计量。

第三十八条 符合负债定义和负债确认条件的项目，应当列入资产负债表。

第三节　净　资　产

第三十九条　净资产是指政府会计主体资产扣除负债后的净额。

第四十条　净资产金额取决于资产和负债的计量。

第四十一条　净资产项目应当列入资产负债表。

第四节　收　　入

第四十二条　收入是指报告期内导致政府会计主体净资产增加的、含有服务潜力或者经济利益的经济资源的流入。

第四十三条　收入的确认应当同时满足以下条件：

（一）与收入相关的含有服务潜力或者经济利益的经济资源很可能流入政府会计主体；

（二）含有服务潜力或者经济利益的经济资源流入会导致政府会计主体资产增加或者负债减少；

（三）流入金额能够可靠地计量。

第四十四条　符合收入定义和收入确认条件的项目，应当列入收入费用表。

第五节　费　　用

第四十五条　费用是指报告期内导致政府会计主体净资产减少的、含有服务潜力或者经济利益的经济资源的流出。

第四十六条　费用的确认应当同时满足以下条件：

（一）与费用相关的含有服务潜力或者经济利益的经济资源很可能流出政府会计主体；

（二）含有服务潜力或者经济利益的经济资源流出会导致政府会计主体资产减少或者负债增加；

（三）流出金额能够可靠地计量。

第四十七条　符合费用定义和费用确认条件的项目，应当列入收入费用表。

第五章　政府决算报告和财务报告

第四十八条　政府决算报告是综合反映政府会计主体年度预算收支执行结果的文件。

政府决算报告应当包括决算报表和其他应当在决算报告中反映的相关信息和资料。

政府决算报告的具体内容及编制要求等，由财政部另行规定。

第四十九条　政府财务报告是反映政府会计主体某一特定日期的财务状况和某一会计期间的运行情况和现金流量等信息的文件。

政府财务报告应当包括财务报表和其他应当在财务报告中披露的相关信息和资料。

第五十条　政府财务报告包括政府综合财务报告和政府部门财务报告。

政府综合财务报告是指由政府财政部门编制的，反映各级政府整体财务状况、运行情况和财政中长期可持续性的报告。

政府部门财务报告是指政府各部门、各单位按规定编制的财务报告。

第五十一条　财务报表是对政府会计主体财务状况、运行情况和现金流量等信息的结构性表述。

财务报表包括会计报表和附注。

会计报表至少应当包括资产负债表、收入费用表和现金流量表。

政府会计主体应当根据相关规定编制合并财务报表。

第五十二条　资产负债表是反映政府会计主体在某一特定日期的财务状况的报表。

第五十三条　收入费用表是反映政府会计主体在一定会计期间运行情况的报表。

第五十四条 现金流量表是反映政府会计主体在一定会计期间现金及现金等价物流入和流出情况的报表。

第五十五条 附注是对在资产负债表、收入费用表、现金流量表等报表中列示项目所作的进一步说明，以及对未能在这些报表中列示项目的说明。

第五十六条 政府决算报告的编制主要以收付实现制为基础，以预算会计核算生成的数据为准。

政府财务报告的编制主要以权责发生制为基础，以财务会计核算生成的数据为准。

第六章 附 则

第五十七条 本准则所称会计核算，包括会计确认、计量、记录和报告各个环节，涵盖填制会计凭证、登记会计账簿、编制报告全过程。

第五十八条 本准则所称预算会计，是指以收付实现制为基础对政府会计主体预算执行过程中发生的全部收入和全部支出进行会计核算，主要反映和监督预算收支执行情况的会计。

第五十九条 本准则所称财务会计，是指以权责发生制为基础对政府会计主体发生的各项经济业务或者事项进行会计核算，主要反映和监督政府会计主体财务状况、运行情况和现金流量等的会计。

第六十条 本准则所称收付实现制，是指以现金的实际收付为标志来确定本期收入和支出的会计核算基础。凡在当期实际收到的现金收入和支出，均应作为当期的收入和支出；凡是不属于当期的现金收入和支出，均不应当作为当期的收入和支出。

第六十一条 本准则所称权责发生制，是指以取得收取款项的权利或支付款项的义务为标志来确定本期收入和费用的会计核算基础。凡是当期已经实现的收入和已经发生的或应当负担的费用，不论款项是否收付，都应当作为当期的收入和费用；凡是不属于当期的收入和费用，即使款项已在当期收付，也不应当作为当期的收入和费用。

第六十二条 本准则自 2017 年 1 月 1 日起施行。

2. 政府会计准则第 1 号——存货（2016 年颁布）

（财会〔2016〕12 号）

第一条 为了规范存货的确认、计量和相关信息的披露，根据《政府会计准则——基本准则》，制定本准则。

第二条 本准则所称存货，是指政府会计主体在开展业务活动及其他活动中为耗用或出售而储存的资产，如材料、产品、包装物和低值易耗品等，以及未达到固定资产标准的用具、装具、动植物等。

第三条 政府储备物资、收储土地等，适用其他相关政府会计准则。

第二章 存货的确认

第四条 存货同时满足下列条件的，应当予以确认：

（一）与该存货相关的服务潜力很可能实现或者经济利益很可能流入政府会计主体；

（二）该存货的成本或者价值能够可靠地计量。

第三章 存货的初始计量

第五条 存货在取得时应当按照成本进行初始计量。

第六条 政府会计主体购入的存货，其成本包括购买价款、相关税费、运输费、装卸费、保险费以及使得存货达到目前场所和状态所发生的归属于存货成本的其他支出。

第七条 政府会计主体自行加工的存货，其成本包括耗用的直接材料费用、发生的直接人工费用和按照一定方法分配的与存货加工有关的间接费用。

第八条 政府会计主体委托加工的存货，其成本包括委托加工前存货成本、委托加工的成本（如委托加工费以及按规定应计入委托加工存货成本的相关税费等）以及使存货达到目前场所和状态所发生的归属于存货成本的其他支出。

第九条 下列各项应当在发生时确认为当期费用，不计入存货成本：

（一）非正常消耗的直接材料、直接人工和间接费用。

（二）仓储费用（不包括在加工过程中为达到下一个加工阶段所必需的费用）。

（三）不能归属于使存货达到目前场所和状态所发生的其他支出。

第十条 政府会计主体通过置换取得的存货，其成本按照换出资产的评估价值，加上支付的补价或减去收到的补价，加上为换入存货发生的其他相关支出确定。

第十一条 政府会计主体接受捐赠的存货，其成本按照有关凭据注明的金额加上相关税费、运输费等确定；没有相关凭据可供取得，但按规定经过资产评估的，其成本按照评估价值加上相关税费、运输费等确定；没有相关凭据可供取得、也未经资产评估的，其成本比照同类或类似资产的市场价格加上相关税费、运输费等确定；没有相关凭据且未经资产评估、同类或类似资产的市场价格也无法可靠取得的，按照名义金额入账，相关税费、运输费等计入当期费用。

第十二条 政府会计主体无偿调入的存货，其成本按照调出方账面价值加上相关税费、运输费等确定。

第十三条 政府会计主体盘盈的存货，按规定经过资产评估的，其成本按照评估价值确定；未经资产评估的，其成本按照重置成本确定。

第四章 存货的后续计量

第十四条 政府会计主体应当根据实际情况采用先进先出法、加权平均法或者个别计价法确定发出存货的实际成本。计价方法一经确定，不得随意变更。对于性质和用途相似的存货，应当采用相同的成本计价方法确定发出存货的成本。对于不能替代使用的存货、为特定项目专门购入或加工的存货，通常采用个别计价法确定发出存货的成本。

第十五条 对于已发出的存货，应当将其成本结转为当期费用或者计入相关资产成本。按规定报经批准对外捐赠、无偿调出的存货，应当将其账面余额予以转销，对外捐赠、无偿调出中发生的归属于捐出方、调出方的相关费用应当计入当期费用。

第十六条 政府会计主体应当采用一次转销法或者五五摊销法对低值易耗品、包装物进行摊销，将其成本计入当期费用或者相关资产成本。

第十七条 对于发生的存货毁损，应当将存货账面余额转销计入当期费用，并将毁损存货处置收入扣除相关处置税费后的差额按规定作应缴款项处理（差额为净收益时）或计入当期费用（差额为净损失时）。

第十八条 存货盘亏造成的损失，按规定报经批准后应当计入当期费用。

第五章 存货的披露

第十九条 政府会计主体应当在附注中披露与存货有关的下列信息：

（一）各类存货的期初和期末账面余额。

（二）确定发出存货成本所采用的方法。

（三）以名义金额计量的存货名称、数量，以及以名义金额计量的理由。

（四）其他有关存货变动的重要信息。

第六章 附 则

第二十条 本准则自 2017 年 1 月 1 日起施行。

3. 政府会计准则第 2 号——投资（2016 年颁布）

（财会〔2016〕12 号）

第一章 总 则

第一条 为了规范投资的确认、计量和相关信息的披露，根据《政府会计准则——基本准则》，制定本准则。

第二条 本准则所称投资，是指政府会计主体按规定以货币资金、实物资产、无形资产等方式形成的债权或股权投资。

第三条 投资分为短期投资和长期投资。短期投资，是指政府会计主体取得的持有时间不超过 1 年（含 1 年）的投资。长期投资，是指政府会计主体取得的除短期投资以外的债权和股权性质的投资。

第四条 政府会计主体外币投资的折算，适用其他相关政府会计准则。

第二章 短期投资

第五条 短期投资在取得时，应当按照实际成本（包括购买价款和相关税费，下同）作为初始投资成本。实际支付价款中包含的已到付息期但尚未领取的利息，应当于收到时冲减短期投资成本。

第六条 短期投资持有期间的利息，应当于实际收到时确认为投资收益。

第七条 期末，短期投资应当按照账面余额计量。

第八条 政府会计主体按规定出售或到期收回短期投资，应当将收到的价款扣除短期投资账面余额和相关税费后的差额计入投资损益。

第三章 长期投资

第九条 长期投资分为长期债权投资和长期股权投资。

第一节 长期债权投资

第十条 长期债券投资在取得时，应当按照实际成本作为初始投资成本。实际支付价款中包含的已到付息期但尚未领取的债券利息，应当单独确认为应收利息，不计入长期债券投资初始投资成本。

第十一条 长期债券投资持有期间，应当按期以票面金额与票面利率计算确认利息收入。对于分期付息、一次还本的长期债券投资，应当将计算确定的应收未收利息确认为应收利息，计入投资收益；对于一次还本付息的长期债券投资，应当将计算确定的应收未收利息计入投资收益，并增加长期债券投资的账面余额。

第十二条 政府会计主体按规定出售或到期收回长期债券投资，应当将实际收到的价款扣除长期债券投资账面余额和相关税费后的差额计入投资损益。

第十三条 政府会计主体进行除债券以外的其他债权投资，参照长期债券投资进行会计处理。

第二节　长期股权投资

第十四条　长期股权投资在取得时，应当按照实际成本作为初始投资成本。

（一）以支付现金取得的长期股权投资，按照实际支付的全部价款（包括购买价款和相关税费）作为实际成本。实际支付价款中包含的已宣告但尚未发放的现金股利，应当单独确认为应收股利，不计入长期股权投资初始投资成本。

（二）以现金以外的其他资产置换取得的长期股权投资，其成本按照换出资产的评估价值加上支付的补价或减去收到的补价，加上换入长期股权投资发生的其他相关支出确定。

（三）接受捐赠的长期股权投资，其成本按照有关凭据注明的金额加上相关税费确定；没有相关凭据可供取得，但按规定经过资产评估的，其成本按照评估价值加上相关税费确定；没有相关凭据可供取得、也未经资产评估的，其成本比照同类或类似资产的市场价格加上相关税费确定。

（四）无偿调入的长期股权投资，其成本按照调出方账面价值加上相关税费确定。

第十五条　长期股权投资在持有期间，通常应当采用权益法进行核算。政府会计主体无权决定被投资单位的财务和经营政策或无权参与被投资单位的财务和经营政策决策的，应当采用成本法进行核算。成本法，是指投资按照投资成本计量的方法。权益法，是指投资最初以投资成本计量，以后根据政府会计主体在被投资单位所享有的所有者权益份额的变动对投资的账面余额进行调整的方法。

第十六条　在成本法下，长期股权投资的账面余额通常保持不变，但追加或收回投资时，应当相应调整其账面余额。长期股权投资持有期间，被投资单位宣告分派的现金股利或利润，政府会计主体应当按照宣告分派的现金股利或利润中属于政府会计主体应享有的份额确认为投资收益。

第十七条　采用权益法的，按照如下原则进行会计处理：

（一）政府会计主体取得长期股权投资后，对于被投资单位所有者权益的变动，应当按照下列规定进行处理：

1. 按照应享有或应分担的被投资单位实现的净损益的份额，确认为投资损益，同时调整长期股权投资的账面余额。

2. 按照被投资单位宣告分派的现金股利或利润计算应享有的份额，确认为应收股利，同时减少长期股权投资的账面余额。

3. 按照被投资单位除净损益和利润分配以外的所有者权益变动的份额，确认为净资产，同时调整长期股权投资的账面余额。

（二）政府会计主体确认被投资单位发生的净亏损，应当以长期股权投资的账面余额减记至零为限，政府会计主体负有承担额外损失义务的除外。被投资单位发生净亏损，但以后年度又实现净利润的，政府会计主体应当在其收益分享额弥补未确认的亏损分担额等后，恢复确认投资收益。

第十八条　政府会计主体因处置部分长期股权投资等原因无权再决定被投资单位的财务和经营政策或者参与被投资单位的财务和经营政策决策的，应当对处置后的剩余股权投资改按成本法核算，并以该剩余股权投资在权益法下的账面余额作为按照成本法核算的初始投资成本。其后，被投资单位宣告分派现金股利或利润时，属于已计入投资账面余额的部分，作为成本法下长期股权投资成本的收回，冲减长期股权投资的账面余额。政府会计主体因追加投资等原因对长期股权投资的核算从成本法改为权益法的，应当自有权决定被投资单位的财务和经营政策或者参与被投资单位的财务和经营政策决策时，按成本法下长期股权投资的账面余额加上追加投资的成本作为按照权益法核算的初始投资成本。

第十九条　政府会计主体按规定报经批准处置长期股权投资，应当冲减长期股权投资的账面余额，并按规定将处置价款扣除相关税费后的余额作应缴款项处理，或者按规定将处置价款扣除相关税费后的余额与长期股权投资账面余额的差额计入当期投资损益。采用权益法核算的长期股权投资，因被投资单位除净损益和利润分配以外的所有者权益变动而将应享有的份额计入净资产的，处置该项投资时，还应当将原计入净资产的相应部分转入当期投资损益。

第四章 投资的披露

第二十条 政府会计主体应当在附注中披露与投资有关的下列信息：

（一）短期投资的增减变动及期初、期末账面余额。

（二）各类长期债权投资和长期股权投资的增减变动及期初、期末账面余额。

（三）长期股权投资的投资对象及核算方法。

（四）当期发生的投资净损益，其中重大的投资净损益项目应当单独披露。

第五章 附 则

第二十一条 本准则自2017年1月1日起施行。

4. 政府会计准则第3号——固定资产（2016年颁布）

（财会〔2016〕12号）

第一章 总 则

第一条 为了规范固定资产的确认、计量和相关信息的披露，根据《政府会计准则——基本准则》，制定本准则。

第二条 本准则所称固定资产，是指政府会计主体为满足自身开展业务活动或其他活动需要而控制的，使用年限超过1年（不含1年）、单位价值在规定标准以上，并在使用过程中基本保持原有物质形态的资产，一般包括房屋及构筑物、专用设备、通用设备等。单位价值虽未达到规定标准，但是使用年限超过1年（不含1年）的大批同类物资，如图书、家具、用具、装具等，应当确认为固定资产。

第三条 公共基础设施、政府储备物资、保障性住房、自然资源资产等，适用其他相关政府会计准则。

第二章 固定资产的确认

第四条 固定资产同时满足下列条件的，应当予以确认：

（一）与该固定资产相关的服务潜力很可能实现或者经济利益很可能流入政府会计主体；

（二）该固定资产的成本或者价值能够可靠地计量。

第五条 通常情况下，购入、换入、接受捐赠、无偿调入不需安装的固定资产，在固定资产验收合格时确认；购入、换入、接受捐赠、无偿调入需要安装的固定资产，在固定资产安装完成交付使用时确认；自行建造、改建、扩建的固定资产，在建造完成交付使用时确认。

第六条 确认固定资产时，应当考虑以下情况：

（一）固定资产的各组成部分具有不同使用年限或者以不同方式为政府会计主体实现服务潜力或提供经济利益，适用不同折旧率或折旧方法且可以分别确定各自原价的，应当分别将各组成部分确认为单项固定资产。

（二）应用软件构成相关硬件不可缺少的组成部分的，应当将该软件的价值包括在所属的硬件价值中，一并确认为固定资产；不构成相关硬件不可缺少的组成部分的，应当将该软件确认为无形资产。

（三）购建房屋及构筑物时，不能分清购建成本中的房屋及构筑物部分与土地使用权部分的，应当全部确认为固定资产；能够分清购建成本中的房屋及构筑物部分与土地使用权部分的，应当将其中的房屋及构筑物部分确认为固定资产，将其中的土地使用权部分确认为无形资产。

第七条 固定资产在使用过程中发生的后续支出，符合本准则第四条规定的确认条件的，应当计入固定资产成本；不符合本准则第四条规定的确认条件的，应当在发生时计入当期费用或者相关资产成本。将发生的固定资产后续支出计入固定资产成本的，应当同时从固定资产账面价值中扣除被替换部分的账面价值。

第三章 固定资产的初始计量

第八条 固定资产在取得时应当按照成本进行初始计量。

第九条 政府会计主体外购的固定资产，其成本包括购买价款、相关税费以及固定资产交付使用前所发生的可归属于该项资产的运输费、装卸费、安装费和专业人员服务费等。以一笔款项购入多项没有单独标价的固定资产，应当按照各项固定资产同类或类似资产市场价格的比例对总成本进行分配，分别确定各项固定资产的成本。

第十条 政府会计主体自行建造的固定资产，其成本包括该项资产至交付使用前所发生的全部必要支出。在原有固定资产基础上进行改建、扩建、修缮后的固定资产，其成本按照原固定资产账面价值加上改建、扩建、修缮发生的支出，再扣除固定资产被替换部分的账面价值后的金额确定。为建造固定资产借入的专门借款的利息，属于建设期间发生的，计入在建工程成本；不属于建设期间发生的，计入当期费用。已交付使用但尚未办理竣工决算手续的固定资产，应当按照估计价值入账，待办理竣工决算后再按实际成本调整原来的暂估价值。

第十一条 政府会计主体通过置换取得的固定资产，其成本按照换出资产的评估价值加上支付的补价或减去收到的补价，加上换入固定资产发生的其他相关支出确定。

第十二条 政府会计主体接受捐赠的固定资产，其成本按照有关凭据注明的金额加上相关税费、运输费等确定；没有相关凭据可供取得，但按规定经过资产评估的，其成本按照评估价值加上相关税费、运输费等确定；没有相关凭据可供取得、也未经资产评估的，其成本比照同类或类似资产的市场价格加上相关税费、运输费等确定；没有相关凭据且未经资产评估、同类或类似资产的市场价格也无法可靠取得的，按照名义金额入账，相关税费、运输费等计入当期费用。 如受赠的系旧的固定资产，在确定其初始入账成本时应当考虑该项资产的新旧程度。

第十三条 政府会计主体无偿调入的固定资产，其成本按照调出方账面价值加上相关税费、运输费等确定。

第十四条 政府会计主体盘盈的固定资产，按规定经过资产评估的，其成本按照评估价值确定；未经资产评估的，其成本按照重置成本确定。

第十五条 政府会计主体融资租赁取得的固定资产，其成本按照其他相关政府会计准则确定。

第四章 固定资产的后续计量

第一节 固定资产的折旧

第十六条 政府会计主体应当对固定资产计提折旧，但本准则第十七条规定的固定资产除外。折旧，是指在固定资产的预计使用年限内，按照确定的方法对应计的折旧额进行系统分摊。固定资产应计的折旧额为其成本，计提固定资产折旧时不考虑预计净残值。政府会计主体应当对暂估入账的固定资产计提折旧，实际成本确定后不需调整原已计提的折旧额。

第十七条 下列各项固定资产不计提折旧：

（一）文物和陈列品；

（二）动植物；

（三）图书、档案；

（四）单独计价入账的土地；

（五）以名义金额计量的固定资产。

第十八条 政府会计主体应当根据相关规定以及固定资产的性质和使用情况，合理确定固定资产的使用年限。固定资产的使用年限一经确定，不得随意变更。政府会计主体确定固定资产使用年限，应当考虑下列因素：

（一）预计实现服务潜力或提供经济利益的期限；

（二）预计有形损耗和无形损耗；

（三）法律或者类似规定对资产使用的限制。

第十九条 政府会计主体一般应当采用年限平均法或者工作量法计提固定资产折旧。在确定固定资产的折旧方法时，应当考虑与固定资产相关的服务潜力或经济利益的预期实现方式。固定资产折旧方法一经确定，不得随意变更。

第二十条 固定资产应当按月计提折旧，并根据用途计入当期费用或者相关资产成本。

第二十一条 固定资产提足折旧后，无论能否继续使用，均不再计提折旧；提前报废的固定资产，也不再补提折旧。已提足折旧的固定资产，可以继续使用的，应当继续使用，规范实物管理。

第二十二条 固定资产因改建、扩建或修缮等原因而延长其使用年限的，应当按照重新确定的固定资产的成本以及重新确定的折旧年限计算折旧额。

第二节 固定资产的处置

第二十三条 政府会计主体按规定报经批准出售、转让固定资产或固定资产报废、毁损的，应当将固定资产账面价值转销计入当期费用，并将处置收入扣除相关处置税费后的差额按规定作应缴款项处理（差额为净收益时）或计入当期费用（差额为净损失时）。

第二十四条 政府会计主体按规定报经批准对外捐赠、无偿调出固定资产的，应当将固定资产的账面价值予以转销，对外捐赠、无偿调出中发生的归属于捐出方、调出方的相关费用应当计入当期费用。

第二十五条 政府会计主体按规定报经批准以固定资产对外投资的，应当将该固定资产的账面价值予以转销，并将固定资产在对外投资时的评估价值与其账面价值的差额计入当期收入或费用。

第二十六条 固定资产盘亏造成的损失，按规定报经批准后应当计入当期费用。

第五章 固定资产的披露

第二十七条 政府会计主体应当在附注中披露与固定资产有关的下列信息：

（一）固定资产的分类和折旧方法。

（二）各类固定资产的使用年限、折旧率。

（三）各类固定资产账面余额、累计折旧额、账面价值的期初、期末数及其本期变动情况。

（四）以名义金额计量的固定资产名称、数量，以及以名义金额计量的理由。

（五）已提足折旧的固定资产名称、数量等情况。

（六）接受捐赠、无偿调入的固定资产名称、数量等情况。

（七）出租、出借固定资产以及以固定资产投资的情况。

（八）固定资产对外捐赠、无偿调出、毁损等重要资产处置的情况。

（九）暂估入账的固定资产账面价值变动情况。

第六章　附　　则

第二十八条　本准则自 2017 年 1 月 1 日起施行。

5. 政府会计准则第 4 号——无形资产（2016 年颁布）

（财会〔2016〕12 号）

第一章　总　　则

第一条　为了规范无形资产的确认、计量和相关信息的披露，根据《政府会计准则——基本准则》，制定本准则。

第二条　本准则所称无形资产，是指政府会计主体控制的没有实物形态的可辨认非货币性资产，如专利权、商标权、著作权、土地使用权、非专利技术等。资产满足下列条件之一的，符合无形资产定义中的可辨认性标准：

（一）能够从政府会计主体中分离或者划分出来，并能单独或者与相关合同、资产或负债一起，用于出售、转移、授予许可、租赁或者交换。

（二）源自合同性权利或其他法定权利，无论这些权利是否可以从政府会计主体或其他权利和义务中转移或者分离。

第二章　无形资产的确认

第三条　无形资产同时满足下列条件的，应当予以确认：

（一）与该无形资产相关的服务潜力很可能实现或者经济利益很可能流入政府会计主体；

（二）该无形资产的成本或者价值能够可靠地计量。政府会计主体在判断无形资产的服务潜力或经济利益是否很可能实现或流入时，应当对无形资产在预计使用年限内可能存在的各种社会、经济、科技因素做出合理估计，并且应当有确凿的证据支持。

第四条　政府会计主体购入的不构成相关硬件不可缺少组成部分的软件，应当确认为无形资产。

第五条　政府会计主体自行研究开发项目的支出，应当区分研究阶段支出与开发阶段支出。研究是指为获取并理解新的科学或技术知识而进行的独创性的有计划调查。开发是指在进行生产或使用前，将研究成果或其他知识应用于某项计划或设计，以生产出新的或具有实质性改进的材料、装置、产品等。

第六条　政府会计主体自行研究开发项目研究阶段的支出，应当于发生时计入当期费用。政府会计主体自行研究开发项目开发阶段的支出，先按合理方法进行归集，如果最终形成无形资产的，应当确认为无形资产；如果最终未形成无形资产的，应当计入当期费用。政府会计主体自行研究开发项目尚未进入开发阶段，或者确实无法区分研究阶段支出和开发阶段支出，但按法律程序已申请取得无形资产的，应当将依法取得时发生的注册费、聘请律师费等费用确认为无形资产。

第七条　政府会计主体自创商誉及内部产生的品牌、报刊名等，不应确认为无形资产。

第八条　与无形资产有关的后续支出，符合本准则第三条规定的确认条件的，应当计入无形资产成本；不符合本准则第三条规定的确认条件的，应当在发生时计入当期费用或者相关资产成本。

第三章 无形资产的初始计量

第九条 无形资产在取得时应当按照成本进行初始计量。

第十条 政府会计主体外购的无形资产，其成本包括购买价款、相关税费以及可归属于该项资产达到预定用途前所发生的其他支出。政府会计主体委托软件公司开发的软件，视同外购无形资产确定其成本。

第十一条 政府会计主体自行开发的无形资产，其成本包括自该项目进入开发阶段后至达到预定用途前所发生的支出总额。

第十二条 政府会计主体通过置换取得的无形资产，其成本按照换出资产的评估价值加上支付的补价或减去收到的补价，加上换入无形资产发生的其他相关支出确定。

第十三条 政府会计主体接受捐赠的无形资产，其成本按照有关凭据注明的金额加上相关税费确定；没有相关凭据可供取得，但按规定经过资产评估的，其成本按照评估价值加上相关税费确定；没有相关凭据可供取得、也未经资产评估的，其成本比照同类或类似资产的市场价格加上相关税费确定；没有相关凭据且未经资产评估、同类或类似资产的市场价格也无法可靠取得的，按照名义金额入账，相关税费计入当期费用。确定接受捐赠无形资产的初始入账成本时，应当考虑该项资产尚可为政府会计主体带来服务潜力或经济利益的能力。

第十四条 政府会计主体无偿调入的无形资产，其成本按照调出方账面价值加上相关税费确定。

第四章 无形资产的后续计量

第一节 无形资产的摊销

第十五条 政府会计主体应当于取得或形成无形资产时合理确定其使用年限。无形资产的使用年限为有限的，应当估计该使用年限。无法预见无形资产为政府会计主体提供服务潜力或者带来经济利益期限的，应当视为使用年限不确定的无形资产。

第十六条 政府会计主体应当对使用年限有限的无形资产进行摊销，但已摊销完毕仍继续使用的无形资产和以名义金额计量的无形资产除外。摊销是指在无形资产使用年限内，按照确定的方法对应摊销金额进行系统分摊。

第十七条 对于使用年限有限的无形资产，政府会计主体应当按照以下原则确定无形资产的摊销年限：

（一）法律规定了有效年限的，按照法律规定的有效年限作为摊销年限；

（二）法律没有规定有效年限的，按照相关合同或单位申请书中的受益年限作为摊销年限；

（三）法律没有规定有效年限、相关合同或单位申请书也没有规定受益年限的，应当根据无形资产为政府会计主体带来服务潜力或经济利益的实际情况，预计其使用年限；

（四）非大批量购入、单价小于 1 000 元的无形资产，可以于购买的当期将其成本一次性全部转销。

第十八条 政府会计主体应当按月对使用年限有限的无形资产进行摊销，并根据用途计入当期费用或者相关资产成本。政府会计主体应当采用年限平均法或者工作量法对无形资产进行摊销，应摊销金额为其成本，不考虑预计残值。

第十九条 因发生后续支出而增加无形资产成本的，对于使用年限有限的无形资产，应当按照重新确定的无形资产成本以及重新确定的摊销年限计算摊销额。

第二十条 使用年限不确定的无形资产不应摊销。

第二节 无形资产的处置

第二十一条 政府会计主体按规定报经批准出售无形资产，应当将无形资产账面价值转销计入当期费用，并将处置收入大于相关处置税费后的差额按规定计入当期收入或者做应缴款项处理，将处置收入小于相关处置税费后的差额计入当期费用。

第二十二条 政府会计主体按规定报经批准对外捐赠、无偿调出无形资产的，应当将无形资产的账面价值予以转销，对外捐赠、无偿调出中发生的归属于捐出方、调出方的相关费用应当计入当期费用。

第二十三条 政府会计主体按规定报经批准以无形资产对外投资的，应当将该无形资产的账面价值予以转销，并将无形资产在对外投资时的评估价值与其账面价值的差额计入当期收入或费用。

第二十四条 无形资产预期不能为政府会计主体带来服务潜力或者经济利益的，应当在报经批准后将该无形资产的账面价值予以转销。

第五章 无形资产的披露

第二十五条 政府会计主体应当按照无形资产的类别在附注中披露与无形资产有关的下列信息：

（一）无形资产账面余额、累计摊销额、账面价值的期初、期末数及其本期变动情况。

（二）自行开发无形资产的名称、数量，以及账面余额和累计摊销额的变动情况。

（三）以名义金额计量的无形资产名称、数量，以及以名义金额计量的理由。

（四）接受捐赠、无偿调入无形资产的名称、数量等情况。

（五）使用年限有限的无形资产，其使用年限的估计情况；使用年限不确定的无形资产，其使用年限不确定的确定依据。

（六）无形资产出售、对外投资等重要资产处置的情况。

第六章 附 则

第二十六条 本准则自 2017 年 1 月 1 日起施行。

6. 政府会计准则第 5 号——公共基础设施（2017 年颁布）

（财会〔2017〕11 号）

第一章 总 则

第一条 为了规范公共基础设施的确认、计量和相关信息的披露，根据《政府会计准则——基本准则》，制定本准则。

第二条 本准则所称公共基础设施，是指政府会计主体为满足社会公共需求而控制的，同时具有以下特征的有形资产：

（一）是一个有形资产系统或网络的组成部分；

（二）具有特定用途；

（三）一般不可移动。

公共基础设施主要包括市政基础设施（如城市道路、桥梁、隧道、公交场站、路灯、广场、公园绿地、室外公共健身器材，以及环卫、排水、供水、供电、供气、供热、污水处理、垃圾处理系统等）、交通基础设施（如公路、航道、港口等）、水利基础设施（如大坝、堤防、水闸、泵站、渠道等）和其他公共基础设施。

第三条 下列各项适用于其他相关政府会计准则：

（一）独立于公共基础设施、不构成公共基础设施使用不可缺少组成部分的管理维护用房屋建筑物、设备、车辆等，适用《政府会计准则第 3 号——固定资产》。

（二）属于文物文化资产的公共基础设施，适用其他相关政府会计准则。

（三）采用政府和社会资本合作模式（即 PPP 模式）形成的公共基础设施的确认和初始计量，适用其他相关政府会计准则。

第二章 公共基础设施的确认

第四条 通常情况下，符合本准则第五条规定的公共基础设施，应当由按规定对其负有管理维护职责的政府会计主体予以确认。

多个政府会计主体共同管理维护的公共基础设施，应当由对该资产负有主要管理维护职责或者承担后续主要支出责任的政府会计主体予以确认。

分为多个组成部分由不同政府会计主体分别管理维护的公共基础设施，应当由各个政府会计主体分别对其负责管理维护的公共基础设施的相应部分予以确认。负有管理维护公共基础设施职责的政府会计主体通过政府购买服务方式委托企业或其他会计主体代为管理维护公共基础设施的，该公共基础设施应当由委托方予以确认。

第五条 公共基础设施同时满足下列条件的，应当予以确认：

（一）与该公共基础设施相关的服务潜力很可能实现或者经济利益很可能流入政府会计主体；

（二）该公共基础设施的成本或者价值能够可靠地计量。

第六条 通常情况下，对于自建或外购的公共基础设施，政府会计主体应当在该项公共基础设施验收合格并交付使用时确认；对于无偿调入、接受捐赠的公共基础设施，政府会计主体应当在开始承担该项公共基础设施管理维护职责时确认。

第七条 政府会计主体应当根据公共基础设施提供公共产品或服务的性质或功能特征对其进行分类确认。

公共基础设施的各组成部分具有不同使用年限或者以不同方式提供公共产品或服务，适用不同折旧率或折旧方法且可以分别确定各自原价的，应当分别将各组成部分确认为该类公共基础设施的一个单项公共设施。

第八条 政府会计主体在购建公共基础设施时，能够分清购建成本中的构筑物部分与土地使用权部分的，应当将其中的构筑物部分和土地使用权部分分别确认为公共基础设施；不能分清购建成本中的构筑物部分与土地使用权部分的，应当整体确认为公共基础设施。

第九条 公共基础设施在使用过程中发生的后续支出，符合本准则第五条规定的确认条件的，应当计入公共基础设施成本；不符合本准则第五条规定的确认条件的，应当在发生时计入当期费用。

通常情况下，为增加公共基础设施使用效能或延长其使用年限而发生的改建、扩建等后续支出，应当计入公共基础设施成本；为维护公共基础设施的正常使用而发生的日常维修、养护等后续支出，应当计入当期费用。

第三章 公共基础设施的初始计量

第十条 公共基础设施在取得时应当按照成本进行初始计量。

第十一条 政府会计主体自行建造的公共基础设施，其成本包括完成批准的建设内容所发生的全部必要支出，包括建筑安装工程投资支出、设备投资支出、待摊投资支出和其他投资支出。

在原有公共基础设施基础上进行改建、扩建等建造活动后的公共基础设施，其成本按照原公共基础设施账面价值加上改建、扩建等建造活动发生的支出，再扣除公共基础设施被替换部分的账面价值后的金额确定。

为建造公共基础设施借入的专门借款的利息，属于建设期间发生的，计入该公共基础设施在建工程成本；不属于建设期间发生的，计入当期费用。

已交付使用但尚未办理竣工决算手续的公共基础设施，应当按照估计价值入账，待办理竣工决算后再按照实际成本调整原来的暂估价值。

第十二条　政府会计主体接受其他会计主体无偿调入的公共基础设施，其成本按照该项公共基础设施在调出方的账面价值加上归属于调入方的相关费用确定。

第十三条　政府会计主体接受捐赠的公共基础设施，其成本按照有关凭据注明的金额加上相关费用确定；没有相关凭据可供取得，但按规定经过资产评估的，其成本按照评估价值加上相关费用确定；没有相关凭据可供取得、也未经资产评估的，其成本比照同类或类似资产的市场价格加上相关费用确定。如受赠的系旧的公共基础设施，在确定其初始入账成本时应当考虑该项资产的新旧程度。

第十四条　政府会计主体外购的公共基础设施，其成本包括购买价款、相关税费以及公共基础设施交付使用前所发生的可归属于该项资产的运输费、装卸费、安装费和专业人员服务费等。

第十五条　对于包括不同组成部分的公共基础设施，其只有总成本、没有单项组成部分成本的，政府会计主体可以按照各单项组成部分同类或类似资产的成本或市场价格比例对总成本进行分配，分别确定公共基础设施中各单项组成部分的成本。

第四章　公共基础设施的后续计量

第一节　公共基础设施的折旧或摊销

第十六条　政府会计主体应当对公共基础设施计提折旧，但政府会计主体持续进行良好的维护使得其性能得到永久维持的公共基础设施和确认为公共基础设施的单独计价入账的土地使用权除外。

公共基础设施应计提的折旧总额为其成本，计提公共基础设施折旧时不考虑预计净残值。

政府会计主体应当对暂估入账的公共基础设施计提折旧，实际成本确定后不需调整原已计提的折旧额。

第十七条　政府会计主体应当根据公共基础设施的性质和使用情况，合理确定公共基础设施的折旧年限。

政府会计主体确定公共基础设施折旧年限，应当考虑下列因素：

（一）设计使用年限或设计基准期；

（二）预计实现服务潜力或提供经济利益的期限；

（三）预计有形损耗和无形损耗；

（四）法律或者类似规定对资产使用的限制。

公共基础设施的折旧年限一经确定，不得随意变更，但符合本准则第二十条规定的除外。

对于政府会计主体接受无偿调入、捐赠的公共基础设施，应当考虑该项资产的新旧程度，按照其尚可使用的年限计提折旧。

第十八条　政府会计主体一般应当采用年限平均法或者工作量法计提公共基础设施折旧。

在确定公共基础设施的折旧方法时，应当考虑与公共基础设施相关的服务潜力或经济利益的预期实现方式。

公共基础设施折旧方法一经确定，不得随意变更。

第十九条 公共基础设施应当按月计提折旧，并计入当期费用。当月增加的公共基础设施，当月开始计提折旧；当月减少的公共基础设施，当月不再计提折旧。

第二十条 处于改建、扩建等建造活动期间的公共基础设施，应当暂停计提折旧。

因改建、扩建等原因而延长公共基础设施使用年限的，应当按照重新确定的公共基础设施的成本和重新确定的折旧年限计算折旧额，不需调整原已计提的折旧额。

第二十一条 公共基础设施提足折旧后，无论能否继续使用，均不再计提折旧；已提足折旧的公共基础设施，可以继续使用的，应当继续使用，并规范实物管理。

提前报废的公共基础设施，不再补提折旧。

第二十二条 对于确认为公共基础设施的单独计价入账的土地使用权，政府会计主体应当按照《政府会计准则第 4 号——无形资产》的相关规定进行摊销。

第二节 公共基础设施的处置

第二十三条 政府会计主体按规定报经批准无偿调出、对外捐赠公共基础设施的，应当将公共基础设施的账面价值予以转销，无偿调出、对外捐赠中发生的归属于调出方、捐出方的相关费用应当计入当期费用。

第二十四条 公共基础设施报废或遭受重大毁损的，政府会计主体应当在报经批准后将公共基础设施账面价值予以转销，并将报废、毁损过程中取得的残值变价收入扣除相关费用后的差额按规定做应缴款项处理（差额为净收益时）或计入当期费用（差额为净损失时）。

第五章 公共基础设施的披露

第二十五条 政府会计主体应当在附注中披露与公共基础设施有关的下列信息：

（一）公共基础设施的分类和折旧方法。

（二）各类公共基础设施的折旧年限及其确定依据。

（三）各类公共基础设施账面余额、累计折旧额（或摊销额）、账面价值的期初、期末数及其本期变动情况。

（四）各类公共基础设施的实物量。

（五）公共基础设施在建工程的期初、期末金额及其增减变动情况。

（六）确认为公共基础设施的单独计价入账的土地使用权的账面余额、累计摊销额及其变动情况。

（七）已提足折旧继续使用的公共基础设施的名称、数量等情况。

（八）暂估入账的公共基础设施账面价值变动情况。（九）无偿调入、接受捐赠的公共基础设施名称、数量等情况（包括未按照本准则第十二条和第十三条规定计量并确认入账的公共基础设施的具体情况）。

（十）公共基础设施对外捐赠、无偿调出、报废、重大毁损等处置情况。

（十一）公共基础设施年度维护费用和其他后续支出情况。

第六章 附 则

第二十六条 对于应当确认为公共基础设施、但已确认为固定资产的资产，政府会计主体应当在本准则首次执行日将该资产按其账面价值重分类为公共基础设施。

第二十七条 对于应当确认但尚未入账的存量公共基础设施，政府会计主体应当在本准则首次执行日按照以下原则确定其初始入账成本：

（一）可以取得相关原始凭据的，其成本按照有关原始凭据注明的金额减去应计提的累计折旧后的金额确定；

（二）没有相关凭据可供取得，但按规定经过资产评估的，其成本按照评估价值确定；

（三）没有相关凭据可供取得、也未经资产评估的，其成本按照重置成本确定。

本准则首次执行日以后，政府会计主体应当对存量公共基础设施按其在首次执行日确定的成本和剩余折旧年限计提折旧。

第二十八条　本准则自 2018 年 1 月 1 日起施行。

7. 政府会计准则第 6 号——政府储备物资（2017 年颁布）

（财会〔2017〕23 号）

第一章　总　　则

第一条　为了规范政府储备物资的确认、计量和相关信息的披露，根据《政府会计准则——基本准则》，制定本准则。

第二条　本准则所称政府储备物资，是指政府会计主体为满足实施国家安全与发展战略、进行抗灾救灾、应对公共突发事件等特定公共需求而控制的，同时具有下列特征的有形资产：

（一）在应对可能发生的特定事件或情形时动用；

（二）其购入、存储保管、更新（轮换）、动用等由政府及相关部门发布的专门管理制度规范。

政府储备物资包括战略及能源物资、抢险抗灾救灾物资、农产品、医药物资和其他重要商品物资，通常情况下由政府会计主体委托承储单位存储。

第三条　企业以及纳入企业财务管理体系的事业单位接受政府委托收储并按企业会计准则核算的储备物资，不适用本准则。

第四条　政府会计主体的存货，适用《政府会计准则第 1 号——存货》。

第二章　政府储备物资的确认

第五条　通常情况下，符合本准则第六条规定的政府储备物资，应当由按规定对其负有行政管理职责的政府会计主体予以确认。

本准则规定的行政管理职责主要指提出或拟定收储计划、更新（轮换）计划、动用方案等。

相关行政管理职责由不同政府会计主体行使的政府储备物资，由负责提出收储计划的政府会计主体予以确认。

对政府储备物资不负有行政管理职责但接受委托具体负责执行其存储保管等工作的政府会计主体，应当将受托代储的政府储备物资作为受托代理资产核算。

第六条　政府储备物资同时满足下列条件的，应当予以确认：

（一）与该政府储备物资相关的服务潜力很可能实现或者经济利益很可能流入政府会计主体；

（二）该政府储备物资的成本或者价值能够可靠地计量。

第三章　政府储备物资的初始计量

第七条　政府储备物资在取得时应当按照成本进行初始计量。

第八条　政府会计主体购入的政府储备物资，其成本包括购买价款和政府会计主体承担的相关税费、运输费、装卸费、保险费、检测费以及使政府储备物资达到目前场所和状态所发生的归属于政府储备物资成本的其他支出。

第九条 政府会计主体委托加工的政府储备物资，其成本包括委托加工前物料成本、委托加工的成本（如委托加工费以及按规定应计入委托加工政府储备物资成本的相关税费等）以及政府会计主体承担的使政府储备物资达到目前场所和状态所发生的归属于政府储备物资成本的其他支出。

第十条 政府会计主体接受捐赠的政府储备物资，其成本按照有关凭据注明的金额加上政府会计主体承担的相关税费、运输费等确定；没有相关凭据可供取得，但按规定经过资产评估的，其成本按照评估价值加上政府会计主体承担的相关税费、运输费等确定；没有相关凭据可供取得、也未经资产评估的，其成本比照同类或类似资产的市场价格加上政府会计主体承担的相关税费、运输费等确定。

第十一条 政府会计主体接受无偿调入的政府储备物资，其成本按照调出方账面价值加上归属于政府会计主体的相关税费、运输费等确定。

第十二条 下列各项不计入政府储备物资成本：

（一）仓储费用；

（二）日常维护费用；

（三）不能归属于使政府储备物资达到目前场所和状态所发生的其他支出。

第十三条 政府会计主体盘盈的政府储备物资，其成本按照有关凭据注明的金额确定；没有相关凭据，但按规定经过资产评估的，其成本按照评估价值确定；没有相关凭据、也未经资产评估的，其成本按照重置成本确定。

第四章 政府储备物资的后续计量

第十四条 政府会计主体应当根据实际情况采用先进先出法、加权平均法或者个别计价法确定政府储备物资发出的成本。计价方法一经确定，不得随意变更。

对于性质和用途相似的政府储备物资，政府会计主体应当采用相同的成本计价方法确定发出物资的成本。

对于不能替代使用的政府储备物资、为特定项目专门购入或加工的政府储备物资，政府会计主体通常应采用个别计价法确定发出物资的成本。

第十五条 因动用而发出无需收回的政府储备物资的，政府会计主体应当在发出物资时将其账面余额予以转销，计入当期费用。

第十六条 因动用而发出需要收回或者预期可能收回的政府储备物资的，政府会计主体应当在按规定的质量验收标准收回物资时，将未收回物资的账面余额予以转销，计入当期费用。

第十七条 因行政管理主体变动等原因而将政府储备物资调拨给其他主体的，政府会计主体应当在发出物资时将其账面余额予以转销。

第十八条 政府会计主体对外销售政府储备物资的，应当在发出物资时将其账面余额转销计入当期费用，并按规定确认相关销售收入或将销售取得的价款大于所承担的相关税费后的差额做应缴款项处理。

第十九条 政府会计主体采取销售采购方式对政府储备物资进行更新（轮换）的，应当将物资轮出视为物资销售，按照本准则第十八条规定处理；将物资轮入视为物资采购，按照本准则第八条规定处理。

第二十条 政府储备物资报废、毁损的，政府会计主体应当按规定报经批准后将报废、毁损的政府储备物资的账面余额予以转销，确认应收款项（确定追究相关赔偿责任的）或计入当期费用（因储存年限到期报废或非人为因素致使报废、毁损的）；同时，将报废、毁损过程中取得的残值变价收入扣除政府会计主体承担的相关费用后的差额按规定作应缴款项处理（差额为净收益时）或计入当期费用（差额为净损失时）。

第二十一条 政府储备物资盘亏的，政府会计主体应当按规定报经批准后将盘亏的政府储备物资的账面余额予以转销，确定追究相关赔偿责任的，确认应收款项；属于正常耗费或不可抗力因素造成的，计入当期费用。

第五章 政府储备物资的披露

第二十二条 政府会计主体应当在附注中披露与政府储备物资有关的下列信息：

（一）各类政府储备物资的期初和期末账面余额。

（二）因动用而发出需要收回或者预期可能收回，但期末尚未收回的政府储备物资的账面余额。

（三）确定发出政府储备物资成本所采用的方法。

（四）其他有关政府储备物资变动的重要信息。

第六章 附 则

第二十三条 对于应当确认为政府储备物资，但已确认为存货、固定资产等其他资产的，政府会计主体应当在本准则首次执行日将该资产按其账面余额重分类为政府储备物资。

第二十四条 对于应当确认但尚未入账的存量政府储备物资，政府会计主体应当在本准则首次执行日按照下列原则确定其初始入账成本：

（一）可以取得相关原始凭据的，其成本按照有关原始凭据注明的金额确定；

（二）没有相关凭据可供取得，但按规定经过资产评估的，其成本按照评估价值确定；

（三）没有相关凭据可供取得、也未经资产评估的，其成本按照重置成本确定。

第二十五条 本准则自2018年1月1日起施行。

8. 政府会计准则第7号——会计调整（2018年颁布）

（财会〔2018〕28号）

第一章 总 则

第一条 为了规范政府会计调整的确认、计量和相关信息的披露，根据《政府会计准则——基本准则》，制定本准则。

第二条 本准则所称会计调整，是指政府会计主体因按照法律、行政法规和政府会计准则制度的要求，或者在特定情况下对其原采用的会计政策、会计估计，以及发现的会计差错、发生的报告日后事项等所作的调整。

本准则所称会计政策，是指政府会计主体在会计核算时所遵循的特定原则、基础以及所采用的具体会计处理方法。特定原则，是指政府会计主体按照政府会计准则制度所制定的、适合于本政府会计主体的会计处理原则。具体会计处理方法，是指政府会计主体从政府会计准则制度规定的诸多可选择的会计处理方法中所选择的、适合于本政府会计主体的会计处理方法。

本准则所称会计估计，是指政府会计主体对结果不确定的经济业务或者事项以最近可利用的信息为基础所作的判断，如固定资产、无形资产的预计使用年限等。

本准则所称会计差错，是指政府会计主体在会计核算时，在确认、计量、记录、报告等方面出现的错误，通常包括计算或记录错误、应用会计政策错误、疏忽或曲解事实产生的错误、财务舞弊等。

本准则所称报告日后事项，是指自报告日（年度报告日通常为 12 月 31 日）至报告批准报出日之间发生的需要调整或说明的事项，包括调整事项和非调整事项两类。

第三条 政府会计主体应当根据本准则及相关政府会计准则制度的规定，结合自身实际情况，确定本政府会计主体具体的会计政策和会计估计，并履行本政府会计主体内部报批程序；法律、行政法规等规定应当报送有关方面批准或备案的，从其规定。

政府会计主体的会计政策和会计估计一经确定，不得随意变更。如需变更，应重新履行本条第一款的程序，并按本准则的规定处理。

第二章 会计政策及其变更

第四条 政府会计主体应当对相同或者相似的经济业务或者事项采用相同的会计政策进行会计处理。但是，其他政府会计准则制度另有规定的除外。

第五条 政府会计主体采用的会计政策，在每一会计期间和前后各期应当保持一致。但是，满足下列条件之一的，可以变更会计政策：

（一）法律、行政法规或者政府会计准则制度等要求变更。

（二）会计政策变更能够提供有关政府会计主体财务状况、运行情况等更可靠、更相关的会计信息。

第六条 下列各项不属于会计政策变更：

（一）本期发生的经济业务或者事项与以前相比具有本质差别而采用新的会计政策。

（二）对初次发生的或者不重要的经济业务或者事项采用新的会计政策。

第七条 政府会计主体应当按照政府会计准则制度规定对会计政策变更进行处理。政府会计准则制度对会计政策变更未作出规定的，通常情况下，政府会计主体应当采用追溯调整法进行处理。

追溯调整法，是指对某项经济业务或者事项变更会计政策时，视同该项经济业务或者事项初次发生时即采用变更后的会计政策，并以此对财务报表相关项目进行调整的方法。

第八条 采用追溯调整法时，政府会计主体应当将会计政策变更的累积影响调整最早前期有关净资产项目的期初余额，其他相关项目的期初数也应一并调整；涉及收入、费用等项目的，应当将会计政策变更的影响调整受影响期间的各个相关项目。

会计政策变更的累积影响，是指按照变更后的会计政策对以前各期追溯计算的最早前期各个受影响的净资产项目以及其他相关项目的期初应有金额与现有金额之间的差额；会计政策变更的影响，是指按照变更后的会计政策对以前各期追溯计算的各个受影响的项目变更后的金额与现有金额之间的差额。

第九条 政府会计主体按规定编制比较财务报表的，对于比较财务报表可比期间的会计政策变更影响，应当调整各该期间的收入或者费用以及其他相关项目，视同该政策在比较财务报表期间一直采用。对于比较财务报表可比期间以前的会计政策变更的累积影响，政府会计主体应当调整比较财务报表最早期间所涉及的期初净资产各项目，财务报表其他相关项目的期初数也应一并调整。

第十条 会计政策变更的影响或者累积影响不能合理确定的，政府会计主体应当采用未来适用法对会计政策变更进行处理。

未来适用法，是指将变更后的会计政策应用于变更当期及以后各期发生的经济业务或者事项，或者在会计估计变更当期和未来期间确认会计估计变更的影响的方法。

采用未来适用法时，政府会计主体不需要计算会计政策变更产生的影响或者累积影响，也无需调整财务报表相关项目的期初数和比较财务报表相关项目的金额。

第三章　会计估计变更

第十一条　政府会计主体据以进行估计的基础发生了变化，或者由于取得新信息、积累更多经验以及后来的发展变化，可能需要对会计估计进行修订。会计估计变更应以掌握的新情况、新进展等真实、可靠的信息为依据。

第十二条　政府会计主体应当对会计估计变更采用未来适用法处理。

会计估计变更时，政府会计主体不需要追溯计算前期产生的影响或者累积影响，但应当对变更当期和未来期间发生的经济业务或者事项采用新的会计估计进行处理。

会计估计变更仅影响变更当期的，其影响应当在变更当期予以确认；会计估计变更既影响变更当期又影响未来期间的，其影响应当在变更当期和未来期间分别予以确认。

第十三条　政府会计主体对某项变更难以区分为会计政策变更或者会计估计变更的，应当按照会计估计变更的处理方法进行处理。

第四章　会计差错更正

第十四条　政府会计主体在本报告期（以下简称本期）发现的会计差错，应当按照以下原则处理：

（一）本期发现的与本期相关的会计差错，应当调整本期报表（包括财务报表和预算会计报表，下同）相关项目。

（二）本期发现的与前期相关的重大会计差错，如影响收入、费用或者预算收支的，应当将其对收入、费用或者预算收支的影响或者累积影响调整发现当期期初的相关净资产项目或者预算结转结余，并调整其他相关项目的期初数；如不影响收入、费用或者预算收支的，应当调整发现当期相关项目的期初数。经上述调整后，视同该差错在差错发生的期间已经得到更正。

与前期相关的重大会计差错的影响或者累积影响不能合理确定的，政府会计主体可比照本条（三）的规定进行处理。

重大会计差错，是指政府会计主体发现的使本期编制的报表不再具有可靠性的会计差错，一般是指差错的性质比较严重或者差错的金额比较大。该差错会影响报表使用者对政府会计主体过去、现在或者未来的情况作出评价或者预测，则认为性质比较严重，如未遵循政府会计准则制度、财务舞弊等原因产生的差错。通常情况下，导致差错的经济业务或者事项对报表某一具体项目的影响或者累积影响金额占该类经济业务或者事项对报表同一项目的影响金额的10%及以上，则认为金额比较大。

政府会计主体滥用会计政策、会计估计及其变更，应当作为重大会计差错予以更正。

（三）本期发现的与前期相关的非重大会计差错，应当将其影响数调整相关项目的本期数。

第十五条　政府会计主体在报告日至报告批准报出日之间发现的报告期以前期间的重大会计差错，应当视同本期发现的与前期相关的重大会计差错，比照本准则第十四条（二）的规定进行处理。

政府会计主体在报告日至报告批准报出日之间发现的报告期间的会计差错及报告期以前期间的非重大会计差错，应当按照本准则第五章报告日后事项中的调整事项进行处理。

第十六条　政府会计主体按规定编制比较财务报表的，对于比较财务报表期间的重大会计差错，应当调整各该期间的收入或者费用以及其他相关项目；对于比较财务报表期间以前的重大会计差错，应当调整比较财务报表最早期间所涉及的各项净资产项目的期初余额，财务报表其他相关项目的金额也应一并调整。

对于比较财务报表期间和以前的非重大会计差错，以及影响或者累积影响不能合理确定的重大会计差错，应当调整相关项目的本期数。

第五章 报告日后事项

第十七条 报告日以后获得新的或者进一步的证据，有助于对报告日存在状况的有关金额作出重新估计，应当作为调整事项，据此对报告日的报表进行调整。调整事项包括已证实资产发生了减损、已确定获得或者支付的赔偿、财务舞弊或者差错等。

第十八条 报告日以后发生的调整事项，应当如同报告所属期间发生的事项一样进行会计处理，对报告日已编制的报表相关项目的期末数或者本期数作相应的调整，并对当期编制的报表相关项目的期初数或者上期数进行调整。

第十九条 报告日以后才发生或者存在的事项，不影响报告日的存在状况，但如不加以说明，将会影响报告使用者作出正确估计和决策，这类事项应当作为非调整事项，在财务报表附注中予以披露，如自然灾害导致的资产损失、外汇汇率发生重大变化等。

第六章 披 露

第二十条 政府会计主体应当在财务报表附注中披露如下信息：

（一）会计政策变更的内容和理由、会计政策变更的影响，以及影响或者累积影响不能合理确定的理由。

（二）会计估计变更的内容和理由、会计估计变更对当期和未来期间的影响数。

（三）重大会计差错的内容和重大会计差错的更正方法、金额，以及与前期相关的重大会计差错影响或者累积影响不能合理确定的理由。

（四）与报告日后事项有关的下列信息：

1. 财务报告的批准报出者和批准报出日。

2. 每项重要的报告日后非调整事项的内容，及其估计对政府会计主体财务状况、运行情况的影响；无法作出估计的，应当说明其原因。

第二十一条 政府会计主体在以后的会计期间，不需要重复披露在以前期间的财务报表附注中已披露的会计政策变更、会计估计变更和会计差错更正的信息。

第七章 附 则

第二十二条 财政总预算会计中涉及的会计调整事项，按照《财政总预算会计制度》和财政部其他相关规定处理。

行政事业单位预算会计涉及的会计调整事项，按照部门决算报告制度有关要求进行披露。

第二十三条 本准则自2019年1月1日起施行。

9. 政府会计准则第8号——负债（2018年颁布）

（财会〔2018〕31号）

第一章 总 则

第一条 为了规范负债的确认、计量和相关信息的披露，根据《政府会计准则——基本准则》，制定本准则。

第二条 本准则所称负债，是指政府会计主体过去的经济业务或者事项形成的，预期会导致经济资源流出政府会计主体的现时义务。

现时义务，是指政府会计主体在现行条件下已承担的义务。未来发生的经济业务或者事项形成的义务不属于现时义务，不应当确认为负债。

第三条 符合本准则第二条规定的负债定义的义务，在同时满足以下条件时，确认为负债：

（一）履行该义务很可能导致含有服务潜力或者经济利益的经济资源流出政府会计主体；

（二）该义务的金额能够可靠地计量。

第四条 政府会计主体的负债按照流动性，分为流动负债和非流动负债。

流动负债是指预计在1年内（含1年）偿还的负债，包括短期借款、应付短期政府债券、应付及预收款项、应缴款项等。

非流动负债是指流动负债以外的负债，包括长期借款、长期应付款、应付长期政府债券等。

第五条 政府会计主体的负债包括偿还时间与金额基本确定的负债和由或有事项形成的预计负债。

偿还时间与金额基本确定的负债按政府会计主体的业务性质及风险程度，分为融资活动形成的举借债务及其应付利息、运营活动形成的应付及预收款项和暂收性负债。

第六条 本准则规范政府会计主体负债的一般情况。其他政府会计准则对政府会计主体的特定负债做出专门规定的，从其规定。

第二章 举借债务

第七条 举借债务是指政府会计主体通过融资活动借入的债务，包括政府举借的债务以及其他政府会计主体借入的款项。

政府举借的债务包括政府发行的政府债券，向外国政府、国际经济组织等借入的款项，以及向上级政府借入转贷资金形成的借入转贷款。

其他政府会计主体借入的款项是指除政府以外的其他政府会计主体从银行或其他金融机构等借入的款项。

第八条 对于举借债务，政府会计主体应当在与债权人签订借款合同或协议并取得举借资金时确认为负债。

第九条 举借债务初始确认为负债时，应当按照实际发生额计量。

对于借入款项，初始确认为负债时应当按照借款本金计量；借款本金与取得的借款资金的差额应当计入当期费用。

对于发行的政府债券，初始确认为负债时应当按照债券本金计量；债券本金与发行价款的差额应当计入当期费用。

第十条 政府会计主体应当按照借款本金（或债券本金）和合同或协议约定的利率（或债券票面利率）按期计提举借债务的利息。

对于属于流动负债的举借债务以及属于非流动负债的分期付息、一次还本的举借债务，应当将计算确定的应付未付利息确认为流动负债，计入应付利息；对于其他举借债务，应当将计算确定的应付未付利息确认为非流动负债，计入相关非流动负债的账面余额。

第十一条 政府会计主体应当按照本准则第十二条、第十三条的规定，将因举借债务发生的借款费用分别计入工程成本或当期费用。

借款费用，是指政府会计主体因举借债务而发生的利息及其他相关费用，包括借款利息、辅助费用以及因外币借款而发生的汇兑差额等。其中，辅助费用是指政府会计主体在举借债务过程中发生的手续费、佣金等费用。

第十二条 政府以外的其他政府会计主体为购建固定资产等工程项目借入专门借款的，对于发生的专门借款费用，应当按照借款费用减去尚未动用的借款资金产生的利息收入后的金额，属于工程项目建设期间发生的，计入工程成本；不属于工程项目建设期间发生的，计入当期费用。

工程项目建设期间是指自工程项目开始建造起至交付使用时止的期间。

工程项目建设期间发生非正常中断且中断时间连续超过3个月（含3个月）的，政府会计主体应当将非正常中断期间的借款费用计入当期费用。如果中断是使工程项目达到交付使用所必需的程序，则中断期间所发生的借款费用仍应计入工程成本。

第十三条 政府会计主体因举借债务所发生的除本准则第十二条规定外的借款费用（包括政府举借的债务和其他政府会计主体的非专门借款所发生的借款费用），应当计入当期费用。

第十四条 政府会计主体应当在偿还举借债务本息时，冲减相关负债的账面余额。

第三章 应付及预收款项

第十五条 应付及预收款项，是指政府会计主体在运营活动中形成的应当支付而尚未支付的款项及预先收到但尚未实现收入的款项，包括应付职工薪酬、应付账款、预收款项、应交税费、应付国库集中支付结余和其他应付未付款项。

应付职工薪酬，是指政府会计主体为获得职工（含长期聘用人员）提供的服务而给予各种形式的报酬或因辞退等原因而给予职工补偿所形成的负债。职工薪酬包括工资、津贴补贴、奖金、社会保险费等。

应付账款，是指政府会计主体因取得资产、接受劳务、开展工程建设等而形成的负债。

预收款项，是指政府会计主体按照货物、服务合同或协议或者相关规定，向接受货物或服务的主体预先收款而形成的负债。

应交税费，是指政府会计主体因发生应税事项导致承担纳税义务而形成的负债。

应付国库集中支付结余，是指国库集中支付中，按照财政部门批复的部门预算，政府会计主体（政府财政）当年未支而需结转下一年度支付款项而形成的负债。

其他应付未付款项，是指政府会计主体因有关政策明确要求其承担支出责任等而形成的应付未付款项。

第十六条 除因辞退等原因给予职工的补偿外，政府会计主体应当在职工为其提供服务的会计期间，将应支付的职工薪酬确认为负债，除本条第二款规定外，计入当期费用。

政府会计主体应当根据职工提供服务的受益对象，将下列职工薪酬分情况处理：

（一）应由自制物品负担的职工薪酬，计入自制物品成本。

（二）应由工程项目负担的职工薪酬，比照本准则第十二条有关借款费用的处理原则计入工程成本或当期费用。

（三）应由自行研发项目负担的职工薪酬，在研究阶段发生的，计入当期费用；在开发阶段发生并且最终形成无形资产的，计入无形资产成本。

第十七条 政府会计主体按照有关规定为职工缴纳的医疗保险费、养老保险费、职业年金等社会保险费和住房公积金，应当在职工为其提供服务的会计期间，根据有关规定加以计算并确认为负债，具体按照本准则第十六条的规定处理。

第十八条 政府会计主体因辞退等原因给予职工的补偿，应当于相关补偿金额报经批准时确认为负债，并计入当期费用。

第十九条 对于应付账款，政府会计主体应当在取得资产、接受劳务，或外包工程完成规定进度时，按照应付未付款项的金额予以确认。

第二十条 对于预收款项，政府会计主体应当在收到预收款项时，按照实际收到款项的金额予以确认。

第二十一条 对于应交税费，政府会计主体应当在发生应税事项导致承担纳税义务时，按照税法等规定计算的应交税费金额予以确认。

第二十二条 对于应付国库集中支付结余，政府会计主体（政府财政）应当在年末，按照国库集中支付预算指标数大于国库资金实际支付数的差额予以确认。

第二十三条 对于其他应付未付款项，政府会计主体应当在有关政策已明确其承担支出责任，或者其他情况下相关义务满足负债的定义和确认条件时，按照确定应承担的负债金额予以确认。

第二十四条　政府会计主体应当在支付应付款项或将预收款项确认为收入时，冲减相关负债的账面余额。

第四章　暂收性负债

第二十五条　暂收性负债是指政府会计主体暂时收取，随后应做上缴、退回、转拨等处理的款项。暂收性负债主要包括应缴财政款和其他暂收款项。

应缴财政款，是指政府会计主体暂时收取、按规定应当上缴国库或财政专户的款项而形成的负债。

其他暂收款项，是指除应缴财政款以外的其他暂收性负债，包括政府会计主体暂时收取，随后应退还给其他方的押金或保证金、随后应转付给其他方的转拨款等款项。

第二十六条　对于应缴财政款，政府会计主体通常应当在实际收到相关款项时，按照相关规定计算确定的上缴金额予以确认。

第二十七条　对于其他暂收款项，政府会计主体应当在实际收到相关款项时，按照实际收到的金额予以确认。

第二十八条　政府会计主体应当在上缴应缴财政款、退还、转付其他暂收款项等时，冲减相关负债的账面余额。

第五章　预 计 负 债

第二十九条　政府会计主体应当将与或有事项相关且满足本准则第三条规定条件的现时义务确认为预计负债。

或有事项，是指由过去的经济业务或者事项形成的，其结果须由某些未来事项的发生或不发生才能决定的不确定事项。未来事项是否发生不在政府会计主体控制范围内。

政府会计主体常见的或有事项主要包括：未决诉讼或未决仲裁、对外国政府或国际经济组织的贷款担保、承诺（补贴、代偿）、自然灾害或公共事件的救助等。

第三十条　预计负债应当按照履行相关现时义务所需支出的最佳估计数进行初始计量。

所需支出存在一个连续范围，且该范围内各种结果发生的可能性相同的，最佳估计数应当按照该范围内的中间值确定。

在其他情形下，最佳估计数应当分别下列情况确定：

（一）或有事项涉及单个项目的，按照最可能发生金额确定。

（二）或有事项涉及多个项目的，按照各种可能结果及相关概率计算确定。

第三十一条　政府会计主体在确定最佳估计数时，一般应当综合考虑与或有事项有关的风险、不确定性等因素。

第三十二条　政府会计主体清偿预计负债所需支出预期全部或部分由第三方补偿的，补偿金额只有在基本确定能够收到时才能作为资产单独确认。确认的补偿金额不应当超过预计负债的账面余额。

第三十三条　政府会计主体应当在报告日对预计负债的账面余额进行复核。有确凿证据表明该账面余额不能真实反映当前最佳估计数的，应当按照当前最佳估计数对该账面余额进行调整。履行该预计负债的相关义务不是很可能导致经济资源流出政府会计主体时，应当将该预计负债的账面余额予以转销。

第三十四条　政府会计主体不应当将下列与或有事项相关的义务确认为负债，但应当按照本准则第三十六条规定对该类义务进行披露：

（一）过去的经济业务或者事项形成的潜在义务，其存在须通过未来不确定事项的发生或不发生予以证实，未来事项是否能发生不在政府会计主体控制范围内。潜在义务是指结果取决于不确定未来事项的可能义务。

（二）过去的经济业务或者事项形成的现时义务，履行该义务不是很可能导致经济资源流出政府会计主体或者该义务的金额不能可靠计量。

第六章 披　　露

第三十五条 政府会计主体应当在附注中披露与举借债务、应付及预收款项、暂收性负债和预计负债有关的下列信息：

（一）各类负债的债权人、偿还期限、期初余额和期末余额。

（二）逾期借款或者违约政府债券的债权人、借款（债券）金额、逾期时间、利率、逾期未偿还（违约）原因和预计还款时间等。

（三）借款的担保方、担保方式、抵押物等。

（四）预计负债的形成原因以及经济资源可能流出的时间、经济资源流出的时间和金额不确定的说明，预计负债有关的预期补偿金额和本期已确认的补偿金额。

第三十六条 政府会计主体应当在附注中披露本准则第三十四条规定的或有事项相关义务的下列信息：

（一）或有事项相关义务的种类及其形成原因。

（二）经济资源流出时间和金额不确定的说明。

（三）或有事项相关义务预计产生的财务影响，以及获得补偿的可能性；无法预计的，应当说明原因。

第七章 附　　则

第三十七条 本准则自 2019 年 1 月 1 日起施行。

10. 政府会计准则第 9 号——财务报表编制和列报（2018 年颁布）

（财会〔2018〕37 号）

第一章 总　　则

第一条 为了规范政府会计主体财务报表的编制和列报，根据《政府会计准则——基本准则》，制定本准则。

第二条 财务报表是对政府会计主体财务状况、运行情况和现金流量等信息的结构性表述。财务报表至少包括下列组成部分：

（一）资产负债表；

（二）收入费用表；

（三）附注。

政府会计主体可以根据实际情况自行选择编制现金流量表。

第三条 本准则适用于政府会计主体个别财务报表和合并财务报表。行政事业单位个别财务报表的编制和列报，还应遵循《政府会计制度——行政事业单位会计科目和报表》的规定；其他政府会计主体个别财务报表的编制和列报，还应遵循其他相关会计制度。

其他政府会计准则有特殊列报要求的，从其规定。

第二章 基本要求

第四条 政府会计主体应当以持续运行为前提，根据实际发生的经济业务或事项，按照政府会计准则制度的规定对相关会计要素进行确认和计量，在此基础上编制财务报表。政府会计主体不应以附注披露代替确认和计量，也不能通过充分披露相关会计政策而纠正不恰当的确认和计量。

如果按照政府会计准则制度规定披露的信息不足以让财务报表使用者了解特定经济业务或事项对政府会计主体财务状况和运行情况的影响时，政府会计主体还应当披露其他必要的相关信息。

第五条　除现金流量表以收付实现制为基础编制外，政府会计主体应当以权责发生制为基础编制财务报表。

第六条　财务报表项目的列报应当在各个会计期间保持一致，不得随意变更，但政府会计准则制度和财政部发布的其他有关规定（以下简称政府会计准则制度等）要求变更财务报表项目的除外。

第七条　性质或功能不同的项目，应当在财务报表中单独列报，但不具有重要性的项目除外。

性质或功能类似的项目，其所属类别具有重要性的，应当按其类别在财务报表中单独列报。

某些项目的重要性程度不足以在资产负债表、收入费用表等报表中单独列示，但对理解报表具有重要性的，应当在附注中单独披露。

第八条　财务报表某些项目的省略、错报等，能够合理预期将影响报表主要使用者据此作出决策的，该项目具有重要性。

重要性应当根据政府会计主体所处的具体环境，从项目的性质和金额两方面予以判断。关于各项目重要性的判断标准一经确定，不得随意变更。判断项目性质的重要性，应当考虑该项目在性质上是否显著影响政府会计主体的财务状况和运行情况等因素；判断项目金额的重要性，应当考虑该项目金额占资产总额、负债总额、净资产总额、收入总额、费用总额、盈余总额等直接相关项目金额的比重或所属报表单列项目金额的比重。

第九条　资产负债表中的资产和负债，应当分别按流动资产和非流动资产、流动负债和非流动负债列示。

第十条　财务报表中的资产项目和负债项目的金额、收入项目和费用项目的金额不得相互抵销，但其他政府会计准则制度另有规定的除外。

资产或负债项目按扣除备抵项目后的净额列示，不属于抵销。

第十一条　当期财务报表的列报，至少应当提供所有列报项目上一个可比会计期间的比较数据，以及与理解当期财务报表相关的说明，但其他政府会计准则制度等另有规定的除外。

第十二条　政府会计主体应当至少在财务报表的显著位置披露下列各项：

（一）编报主体的名称；

（二）报告日或财务报表涵盖的会计期间；

（三）人民币金额单位；

（四）财务报表是合并财务报表的，应当予以标明。

第十三条　政府会计主体至少应当按年编制财务报表。

年度财务报表涵盖的期间短于一年的，应当披露年度财务报表的涵盖期间、短于一年的原因以及报表数据不具可比性的事实。

第三章　合并财务报表

第十四条　合并财务报表，是指反映合并主体和其全部被合并主体形成的报告主体整体财务状况与运行情况的财务报表。

合并主体，是指有一个或一个以上被合并主体的政府会计主体。合并主体通常也是合并财务报表的编制主体。

被合并主体，是指符合本准则规定的纳入合并主体合并范围的会计主体。

合并财务报表至少包括下列组成部分：

（一）合并资产负债表；

（二）合并收入费用表；

（三）附注。

第十五条 合并财务报表按照合并级次分为部门（单位）合并财务报表、本级政府合并财务报表和行政区政府合并财务报表。

部门（单位）合并财务报表，是指以政府部门（单位）本级作为合并主体，将部门（单位）本级及其合并范围内全部被合并主体的财务报表进行合并后形成的，反映部门（单位）整体财务状况与运行情况的财务报表。部门（单位）合并财务报表是政府部门财务报告的主要组成部分。

本级政府合并财务报表，是指以本级政府财政作为合并主体，将本级政府财政及其合并范围内全部被合并主体的财务报表进行合并后形成的，反映本级政府整体财务状况与运行情况的财务报表。本级政府合并财务报表是本级政府综合财务报告的主要组成部分。

行政区政府合并财务报表，是指以行政区本级政府作为合并主体，将本行政区内各级政府的财务报表进行合并后形成的，反映本行政区政府整体财务状况与运行情况的财务报表。行政区政府合并财务报表是行政区政府财务报告的主要组成部分。

第十六条 部门（单位）合并财务报表由部门（单位）负责编制；本级政府合并财务报表由本级政府财政部门负责编制。

各级政府财政部门既负责编制本级政府合并财务报表，也负责编制本级政府所辖行政区政府合并财务报表。

第一节 合并程序

第十七条 合并财务报表应当以合并主体和其被合并主体的财务报表为基础，根据其他有关资料加以编制。

合并财务报表应当以权责发生制为基础编制。合并主体和其合并范围内被合并主体个别财务报表应当采用权责发生制基础编制，按规定未采用权责发生制基础编制的，应当先调整为权责发生制基础的财务报表，再由合并主体进行合并。

编制合并财务报表时，应当将合并主体和其全部被合并主体视为一个会计主体，遵循政府会计准则制度规定的统一的会计政策。合并范围内合并主体、被合并主体个别财务报表未遵循政府会计准则制度规定的统一会计政策的，应当先调整为遵循政府会计准则制度规定的统一会计政策的财务报表，再由合并主体进行合并。

第十八条 编制合并财务报表的程序主要包括：

（一）根据本准则第十七条规定，对需要进行调整的个别财务报表进行调整，以调整后的个别财务报表作为编制合并财务报表的基础；

（二）将合并主体和被合并主体个别财务报表中的资产、负债、净资产、收入和费用项目进行逐项合并；

（三）抵销合并主体和被合并主体之间、被合并主体相互之间发生的债权债务、收入费用等内部业务或事项对财务报表的影响。

第十九条 对于在报告期内因划转而纳入合并范围的被合并主体，合并主体应当将其报告期内的收入、费用项目金额包括在本期合并收入费用表的本期数中，合并资产负债表的期初数不作调整。

对于在报告期内因划转而不再纳入合并范围的被合并主体，其报告期内的收入、费用项目金额不包括在本期合并收入费用表的本期数中，合并资产负债表的期初数不作调整。

合并主体应当确保划转双方的会计处理协调一致，确保不重复、不遗漏，并在合并财务报表附注中对划转情况及其影响进行充分披露。

第二十条 在报告期内，被合并主体撤销的，其期初资产、负债和净资产项目金额应当包括在合并资产负债表的期初数中，其期初至撤销日的收入、费用项目金额应当包括在本期合并收入费用表的本期数中，其期初至撤销日的收入、费用项目金额所引起的净资产变动金额应当包括在合并资产负债表的期末数中。

第二十一条 在编制合并财务报表时，被合并主体除了应当向合并主体提供财务报表外，还应当提供下列有关资料：

（一）采用的与政府会计准则制度规定的统一的会计政策不一致的会计政策及其影响金额；

（二）其与合并主体、其他被合并主体之间发生的所有内部业务或事项的相关资料；

（三）编制合并财务报表所需要的其他资料。

第二节 部门（单位）合并财务报表

第二十二条 部门（单位）合并财务报表的合并范围一般应当以财政预算拨款关系为基础予以确定。有下级预算单位的部门（单位）为合并主体，其下级预算单位为被合并主体。合并主体应当将其全部被合并主体纳入合并财务报表的合并范围。

部门（单位）所属的企业不纳入部门（单位）合并财务报表的合并范围。

第二十三条 部门（单位）合并资产负债表应当以部门（单位）本级和其被合并主体符合本准则第十七条要求的个别资产负债表或合并资产负债表为基础，在抵销内部业务或事项对合并资产负债表的影响后，由部门（单位）本级合并编制。

编制部门（单位）合并资产负债表时，需要抵销的内部业务或事项包括：

（一）部门（单位）本级和其被合并主体之间、被合并主体相互之间的债权（含应收款项坏账准备，下同）、债务项目；

（二）部门（单位）本级和其被合并主体之间、被合并主体相互之间其他业务或事项对部门（单位）合并资产负债表的影响。

第二十四条 部门（单位）合并资产负债表中的资产类至少应当单独列示反映下列信息的项目：

（一）货币资金；

（二）短期投资；

（三）财政应返还额度；

（四）应收票据；

（五）应收账款净额；

（六）预付账款；

（七）应收股利；

（八）应收利息；

（九）其他应收款净额；

（十）存货；

（十一）待摊费用；

（十二）一年内到期的非流动资产；

（十三）长期股权投资；

（十四）长期债券投资；

（十五）固定资产净值；

（十六）工程物资；

（十七）在建工程；

（十八）无形资产净值；

（十九）研发支出；

（二十）公共基础设施净值；
（二十一）政府储备物资；
（二十二）文化文物资产；
（二十三）保障性住房净值；
（二十四）长期待摊费用；
（二十五）待处理财产损溢；
（二十六）受托代理资产。

第二十五条 部门（单位）合并资产负债表中的资产类应当包括流动资产、非流动资产的合计项目。

第二十六条 部门（单位）合并资产负债表中的负债类至少应当单独列示反映下列信息的项目：

（一）短期借款；
（二）应交增值税；
（三）其他应交税费；
（四）应缴财政款；
（五）应付职工薪酬；
（六）应付票据；
（七）应付账款；
（八）应付政府补贴款；
（九）应付利息；
（十）预收款项；
（十一）其他应付款；
（十二）预提费用；
（十三）一年内到期的非流动负债；
（十四）长期借款；
（十五）长期应付款；
（十六）预计负债；
（十七）受托代理负债。

第二十七条 部门（单位）合并资产负债表中的负债类应当包括流动负债、非流动负债和负债的合计项目。

第二十八条 部门（单位）合并资产负债表中的净资产类至少应当单独列示反映下列信息的项目：

（一）累计盈余；
（二）专用基金；
（三）权益法调整。

第二十九条 部门（单位）合并资产负债表中的净资产类应当包括净资产的合计项目。

第三十条 部门（单位）合并资产负债表应当列示资产总计项目、负债和净资产总计项目。

第三十一条 部门（单位）合并收入费用表应当以部门（单位）本级和其被合并主体符合本准则第十七条要求的个别收入费用表或合并收入费用表为基础，在抵销内部业务或事项对合并收入费用表的影响后，由部门（单位）本级合并编制。

编制部门（单位）合并收入费用表时，需要抵销的内部业务或事项包括部门（单位）本级和其被合并主体之间、被合并主体相互之间的收入、费用项目。

第三十二条 部门（单位）合并收入费用表中的收入，应当按照收入来源进行分类列示。

第三十三条 部门（单位）合并收入费用表中的收入类至少应当单独列示反映下列信

息的项目：

（一）财政拨款收入；

（二）事业收入；

（三）经营收入；

（四）非同级财政拨款收入；

（五）投资收益；

（六）捐赠收入；

（七）利息收入；

（八）租金收入。

第三十四条　部门（单位）合并收入费用表中的收入类应当包括收入的合计项目。

第三十五条　部门（单位）合并收入费用表中的费用，应当按照费用的性质进行分类列示。

第三十六条　部门（单位）合并收入费用表中的费用类至少应当单独列示反映下列信息的项目：

（一）工资福利费用；

（二）商品和服务费用；

（三）对个人和家庭补助费用；

（四）对企事业单位补贴费用；

（五）固定资产折旧费用；

（六）无形资产摊销费用；

（七）公共基础设施折旧（摊销）费用；

（八）保障性住房折旧费用；

（九）计提专用基金；

（十）所得税费用；

（十一）资产处置费用。

第三十七条　部门（单位）合并收入费用表中的费用类应当包括费用的合计项目。

第三十八条　部门（单位）合并收入费用表应当列示本期盈余项目。

本期盈余，是指部门（单位）某一会计期间收入合计金额减去费用合计金额后的差额。

第三节　本级政府合并财务报表

第三十九条　本级政府合并财务报表的合并范围一般应当以财政预算拨款关系为基础予以确定。本级政府财政为合并主体，其所属部门（单位）等为被合并主体。

第四十条　本级政府合并财务报表应当以本级政府财政和其被合并主体符合本准则第十七条要求的个别财务报表或合并财务报表为基础，在抵销内部业务或事项对合并财务报表的影响后，由本级政府财政部门合并编制。

编制本级政府合并财务报表时，需要抵销的内部业务或事项包括：

（一）本级政府财政和其被合并主体之间的债权债务、收入费用等项目；

（二）被合并主体相互之间的债权债务、收入费用等项目。

第四十一条　本级政府合并资产负债表中的资产类至少应当单独列示反映下列信息的项目：

（一）货币资金；

（二）短期投资；

（三）应收及预付款项；

（四）存货；

（五）一年内到期的非流动资产；

（六）长期投资；
（七）应收转贷款；
（八）固定资产净值；
（九）在建工程；
（十）无形资产净值；
（十一）公共基础设施净值；
（十二）政府储备物资；
（十三）文物文化资产；
（十四）保障性住房净值；
（十五）受托代理资产。

第四十二条 本级政府合并资产负债表中的资产类应当包括流动资产、非流动资产的合计项目。

第四十三条 本级政府合并资产负债表中的负债类至少应当单独列示反映下列信息的项目：

（一）应付短期政府债券；
（二）短期借款；
（三）应付及预收款项；
（四）应付职工薪酬；
（五）应付政府补贴款；
（六）一年内到期的非流动负债；
（七）应付长期政府债券；
（八）应付转贷款；
（九）长期借款；
（十）长期应付款；
（十一）预计负债；
（十二）受托代理负债。

第四十四条 本级政府合并资产负债表中的负债类应当包括流动负债、非流动负债和负债的合计项目。

第四十五条 本级政府合并资产负债表应当列示净资产项目。

第四十六条 本级政府合并资产负债表应当列示资产总计项目、负债和净资产总计项目。

第四十七条 本级政府合并收入费用表中的收入，应当按照收入来源进行分类列示。

第四十八条 本级政府合并收入费用表中的收入类至少应当单独列示反映下列信息的项目：

（一）税收收入；
（二）非税收入；
（三）事业收入；
（四）经营收入；
（五）投资收益；
（六）政府间转移性收入。

第四十九条 本级政府合并收入费用表中的收入类应当包括收入的合计项目。

第五十条 本级政府合并收入费用表中的费用，应当按照费用的性质进行分类列示。

第五十一条 本级政府合并收入费用表中的费用类至少应当单独列示反映下列信息的项目：

（一）工资福利费用；

（二）商品和服务费用；
（三）对个人和家庭补助费用；
（四）对企事业单位补贴费用；
（五）政府间转移性费用；
（六）折旧费用；
（七）摊销费用；
（八）资产处置费用。

第五十二条　本级政府合并收入费用表中的费用类应当包括费用的合计项目。

第五十三条　本级政府合并收入费用表应当列示本期盈余项目。

第四节　行政区政府合并财务报表

第五十四条　行政区政府合并财务报表的合并范围一般应当以行政隶属关系为基础予以确定。行政区本级政府为合并主体，其所属下级政府为被合并主体。

第五十五条　县级以上政府应当编制本行政区政府合并财务报表。

第五十六条　行政区政府合并财务报表应当以本级政府和其所属下级政府合并财务报表为基础，在抵销内部业务或事项对合并财务报表的影响后，由本级政府财政部门合并编制。

编制行政区政府合并财务报表时，需要抵销的内部业务或事项包括：
（一）本级政府和其所属下级政府之间的债权债务、收入费用等项目；
（二）本级政府所属下级政府相互之间的债权债务、收入费用等项目。

第五十七条　行政区政府合并财务报表的项目列示与本级政府合并财务报表一致。

第五节　附　　注

第五十八条　合并财务报表附注一般应当披露下列信息：
（一）合并财务报表的编制基础。
（二）遵循政府会计准则制度的声明。
（三）合并财务报表的合并主体、被合并主体清单。
（四）合并主体、被合并主体个别财务报表所采用的编制基础，所采用的与政府会计准则制度规定不一致的会计政策，编制合并财务报表时的调整情况及其影响。
（五）本期增加、减少被合并主体的基本情况及影响。
（六）合并财务报表重要项目明细信息及说明。
（七）未在合并财务报表中列示但对报告主体财务状况和运行情况有重大影响的事项的说明。
（八）需要说明的其他事项。

第四章　附　　则

第五十九条　合并财务报表的具体合并范围由财政部另行规定。

第六十条　部门（单位）合并资产负债表的格式参见《政府会计制度——行政事业单位会计科目和报表》规定的资产负债表格式。

部门（单位）合并收入费用表的格式参见附录。

本级政府合并财务报表、行政区政府合并财务报表的格式以及部门（单位）合并财务报表附注的披露格式由财政部另行规定。

第六十一条　本准则自 2019 年 1 月 1 日起施行，适用于 2019 年年度及以后的财务报表。

附录：部门（单位）合并收入费用表格式

合并收入费用表

编制单位： 年 单位：元

项　目	本年数	上年数
一、本期收入		
（一）财政拨款收入		
（二）事业收入		
其中：非同级财政拨款收入		
（三）上级补助收入 *		
（四）附属单位上缴收入 *		
（五）经营收入		
（六）非同级财政拨款收入		
（七）投资收益		
（八）捐赠收入		
（九）利息收入		
（十）租金收入		
（十一）其他收入		
二、本期费用		
（一）工资福利费用		
（二）商品和服务费用		
（三）对个人和家庭补助费用		
（四）对企事业单位补贴费用		
（五）固定资产折旧费用		
（六）无形资产摊销费用		
（七）公共基础设施折旧（摊销）费用		
（八）保障性住房折旧费用		
（九）计提专用基金		
（十）所得税费用		
（十一）资产处置费用		
（十二）上缴上级费用 *		
（十三）对附属单位补助费用 *		
（十四）其他费用		
三、本期盈余		

注：1. 本表中“本期费用”各项目应当根据个别财务报表附注中“本期费用按经济分类的披露格式”所提供的信息合并填列。

2. 编制部门（单位）合并收入费用表时，标 * 项目原则上应抵销完毕，金额为零。

11. 政府会计准则第 10 号——政府和社会资本合作项目合同（2019 年颁布）

（财会〔2019〕23 号）

第一章 总 则

第一条 为了规范政府方对政府和社会资本合作（PPP）项目合同的确认、计量和相关信息的列报，根据《政府会计准则——基本准则》，制定本准则。

第二条 本准则所称 PPP 项目合同，是指政府方与社会资本方依法依规就 PPP 项目合作所订立的合同，该合同应当同时具有以下特征：

（一）社会资本方在合同约定的运营期间内代表政府方使用 PPP 项目资产提供公共产品和服务；

（二）社会资本方在合同约定的期间内就其提供的公共产品和服务获得补偿。

本准则所称政府方，是指政府授权或指定的 PPP 项目实施机构，通常为政府有关职能部门或事业单位。

本准则所称社会资本方，是指与政府方签署 PPP 项目合同的社会资本或项目公司。

本准则所称 PPP 项目资产，是指 PPP 项目合同中确定的用来提供公共产品和服务的资产。该资产有以下两方面来源：

（一）由社会资本方投资建造或者从第三方购买，或者是社会资本方的现有资产；

（二）政府方现有资产，或者对政府方现有资产进行改建、扩建。

第三条 本准则适用于同时满足以下条件的 PPP 项目合同：

（一）政府方控制或管制社会资本方使用 PPP 项目资产必须提供的公共产品和服务的类型、对象和价格；

（二）PPP 项目合同终止时，政府方通过所有权、收益权或其他形式控制 PPP 项目资产的重大剩余权益。

第四条 通常情况下，采用建设－运营－移交（BOT）、转让－运营－移交（TOT）、改建－运营－移交（ROT）方式运作的 PPP 项目合同，满足本准则第三条规定的条件，应当适用本准则。

下列各项适用其他相关会计准则：

（一）不同时具有本准则第二条第一款规定的两个特征的合同，如建设－移交（BT）、租赁、无偿捐赠等，不属于本准则所称的 PPP 项目合同，不适用本准则，应当由政府方按照其他相关政府会计准则制度的规定进行会计处理。

（二）不同时满足本准则第三条规定的两个条件的 PPP 项目合同，如采用建设－拥有－运营（BOO）、转让－拥有－运营（TOO）等方式运作的 PPP 项目合同，不适用本准则，应当由政府方按照其他相关政府会计准则制度的规定进行会计处理。

（三）PPP 项目合同中有关政府方对项目公司的直接投资，适用《政府会计准则第 2 号——投资》；有关代表政府出资的企业对项目公司的投资，适用相关企业会计准则。

（四）社会资本方对 PPP 项目合同的确认、计量和相关信息的披露，适用相关企业会计准则。

第二章 PPP 项目资产的确认

第五条 符合本准则第二条、第三条规定的 PPP 项目资产，在同时满足以下条件时，应当由政府方予以确认：

（一）与该资产相关的服务潜力很可能实现或者经济利益很可能流入；

（二）该资产的成本或者价值能够可靠地计量。

第六条 PPP 项目资产的各组成部分具有不同使用年限或者以不同方式提供公共产品和服务的，应当分别将各组成部分确认为一个单项 PPP 项目资产。

第七条 由社会资本方投资建造或从第三方购买形成的 PPP 项目资产，政府方应当在 PPP 项目资产验收合格交付使用时予以确认。

使用社会资本方现有资产形成的 PPP 项目资产，政府方应当在 PPP 项目开始运营日予以确认。

政府方使用其现有资产形成 PPP 项目资产的，应当在 PPP 项目开始运营日将其现有资产重分类为 PPP 项目资产。

社会资本方对政府方现有资产进行改建、扩建形成的 PPP 项目资产，政府方应当在 PPP 项目资产验收合格交付使用时予以确认，同时终止确认现有资产。

第八条 在 PPP 项目资产运营过程中发生的后续支出，满足本准则第五条规定的确认条件的，政府方应当计入 PPP 项目资产成本。

通常情况下，为增加 PPP 项目资产的使用效能或延长其使用年限而发生的改建、扩建等后续支出，政府方应当计入 PPP 项目资产的成本；为维护 PPP 项目资产的正常使用而发生的日常维修、养护等后续支出，不计入 PPP 项目资产的成本。

第九条 PPP 项目合同终止时，PPP 项目资产按规定移交至政府方的，政府方应当根据 PPP 项目资产的性质和用途，将其重分类为公共基础设施等资产。

第三章 PPP 项目资产的计量

第十条 政府方在取得 PPP 项目资产时一般应当按照成本进行初始计量；按规定需要进行资产评估的，应当按照评估价值进行初始计量。

第十一条 社会资本方投资建造形成的 PPP 项目资产，其成本包括该项资产至验收合格交付使用前所发生的全部必要支出，包括建筑安装工程投资、设备投资、待摊投资、其他投资等支出。

已交付使用但尚未办理竣工财务决算手续的 PPP 项目资产，应当按照估计价值入账，待办理竣工财务决算后再按照实际成本调整原来的暂估价值。

第十二条 社会资本方从第三方购买形成的 PPP 项目资产，其成本包括购买价款、相关税费以及验收合格交付使用前发生的可归属于该项资产的运输费、装卸费、安装费和专业人员服务费等。

第十三条 使用社会资本方现有资产形成的 PPP 项目资产，其成本按规定以该项资产的评估价值确定。

第十四条 政府方使用其现有资产形成的 PPP 项目资产，其成本按照 PPP 项目开始运营日该资产的账面价值确定；按照相关规定对现有资产进行资产评估的，其成本按照评估价值确定，资产评估价值与评估前资产账面价值的差额计入当期收入或当期费用。

第十五条 社会资本方对政府方现有资产进行改建、扩建形成的 PPP 项目资产，其成本按照该资产改建、扩建前的账面价值加上改建、扩建发生的支出，再扣除该资产被替换部分账面价值后的金额确定。

第十六条 除本准则第十七条和第二十三条规定外，政府方应当参照《政府会计准则第 3 号——固定资产》《政府会计准则第 5 号——公共基础设施》等，对 PPP 项目资产进行后续计量。

第十七条 PPP 项目合同终止时，PPP 项目资产按规定移交至政府方并进行资产评估的，政府方应当以评估价值作为重分类后资产的入账价值，评估价值与 PPP 项目资产账面价值的差额计入当期收入或当期费用；政府方按规定无需对移交的 PPP 项目资产进行资产评估的，应当以 PPP 项目资产的账面价值作为重分类后资产的入账价值。

第四章　PPP 项目净资产的确认和计量

第十八条　除本准则第十九条规定外，政府方在确认 PPP 项目资产时，应当同时确认一项 PPP 项目净资产，PPP 项目净资产的初始入账金额与 PPP 项目资产的初始入账金额相等。

第十九条　政府方使用其现有资产形成 PPP 项目资产的，在初始确认 PPP 项目资产时，应当同时终止确认现有资产，不确认 PPP 项目净资产。

社会资本方对政府方现有资产进行改建、扩建形成 PPP 项目资产的，政府方应当仅按照 PPP 项目资产初始入账金额与政府方现有资产账面价值的差额确认 PPP 项目净资产。

第二十条　按照 PPP 项目合同约定，政府方承担向社会资本方支付款项的义务的，相关义务应当按照《政府会计准则第 8 号——负债》有关规定进行会计处理，会计处理结果不影响 PPP 项目资产及净资产的账面价值。

政府方按照《政府会计准则第 8 号——负债》有关规定不确认负债的，应当在支付款项时计入当期费用。政府方按照《政府会计准则第 8 号——负债》有关规定确认负债的，应当同时确认当期费用；在以后期间支付款项时，相应冲减负债的账面余额。

第二十一条　在 PPP 项目合同约定的期间内，政府方从社会资本方收到款项的，应当按规定做应缴款项处理或计入当期收入。

第二十二条　在 PPP 项目运营过程中，政府方因 PPP 项目资产改建、扩建等后续支出增加 PPP 项目资产成本的，应当依据本准则第十八、十九条的规定同时增加 PPP 项目净资产的账面余额。

第二十三条　政府方按照本准则规定在确认 PPP 项目资产的同时确认 PPP 项目净资产的，在 PPP 项目运营期间内，按月对该 PPP 项目资产计提折旧（摊销）的，应当于计提折旧（摊销）时冲减 PPP 项目净资产的账面余额。

政府方初始确认的 PPP 项目净资产金额等于 PPP 项目资产初始入账金额的，应当按照计提的 PPP 项目资产折旧（摊销）金额，等额冲减 PPP 项目净资产的账面余额。

政府方初始确认的 PPP 项目净资产金额小于 PPP 项目资产初始入账金额的，应当按照计提的 PPP 项目资产折旧（摊销）金额的相应比例（即 PPP 项目净资产初始入账金额占 PPP 项目资产初始入账金额的比例），冲减 PPP 项目净资产的账面余额；当期计提的折旧（摊销）金额与所冲减的 PPP 项目净资产金额的差额，应当计入当期费用。

PPP 项目合同终止时，政府方应当将尚未冲减完的 PPP 项目净资产账面余额转入累计盈余。

第五章　列　　报

第二十四条　政府方应当在资产负债表中单独列示 PPP 项目资产及相应的 PPP 项目净资产。

第二十五条　政府方应当在附注中披露与 PPP 项目合同有关的下列信息：

（一）对 PPP 项目合同的总体描述。

（二）PPP 项目合同中的重要条款：

1.PPP 项目合同主要参与方；

2. 合同生效日、建设完工日、运营开始日、合同终止日等关键时点；

3.PPP 项目资产的来源；

4.PPP 项目的付费方式；

5. 合同终止时资产移交的权利和义务；

6. 政府方和社会资本方其他重要权利和义务。

（三）报告期间所发生的 PPP 项目合同变更情况。

（四）相关会计信息：

1. 政府方确认的 PPP 项目资产及其类别；

2.PPP 项目资产、PPP 项目净资产初始入账金额及其确定依据；

3. 政府方确认的与 PPP 项目合同有关的负债金额及其确定依据；

4. 报告期内 PPP 项目资产折旧（摊销）冲减 PPP 项目净资产的金额；

5. 报告期内政府方向社会资本方支付的款项金额，或者从社会资本方收到的款项金额；

6. 其他需要披露的会计信息。

第二十六条 政府方除应遵循本准则第二十五条的披露要求外，还应遵循其他政府会计准则制度关于 PPP 项目合同的披露要求。

第六章 附 则

第二十七条 对于不满足本准则第三条规定条件的 PPP 项目合同，政府方应当按照本准则第二十五条（一）至（三）的规定披露与该合同相关的信息。

第二十八条 本准则自 2021 年 1 月 1 日起施行。政府方关于存量 PPP 项目合同会计处理的新旧衔接办法，由财政部另行规定。

第十四章 政府会计制度——行政事业单位会计科目和报表（2017 年颁布）

1. 第一部分 总说明

一、为了规范行政事业单位的会计核算，保证会计信息质量，根据《中华人民共和国会计法》《中华人民共和国预算法》《政府会计准则——基本准则》等法律、行政法规和规章，制定本制度。

二、本制度适用于各级各类行政单位和事业单位（以下统称单位，特别说明的除外）。纳入企业财务管理体系执行企业会计准则或小企业会计准则的单位，不执行本制度。本制度尚未规范的有关行业事业单位的特殊经济业务或事项的会计处理，由财政部另行规定。

三、单位应当根据政府会计准则（包括基本准则和具体准则）规定的原则和本制度的要求，对其发生的各项经济业务或事项进行会计核算。

四、单位对基本建设投资应当按照本制度规定统一进行会计核算，不再单独建账，但是应当按项目单独核算，并保证项目资料完整。

五、单位会计核算应当具备财务会计与预算会计双重功能，实现财务会计与预算会计适度分离并相互衔接，全面、清晰反映单位财务信息和预算执行信息。单位财务会计核算实行权责发生制；单位预算会计核算实行收付实现制，国务院另有规定的，依照其规定。单位对于纳入部门预算管理的现金收支业务，在采用财务会计核算的同时应当进行预算会计核算；对于其他业务，仅需进行财务会计核算。

六、单位会计要素包括财务会计要素和预算会计要素。财务会计要素包括资产、负债、净资产、收入和费用。预算会计要素包括预算收入、预算支出和预算结余。

七、单位应当按照下列规定运用会计科目：

（一）单位应当按照本制度的规定设置和使用会计科目。在不影响会计处理和编制报表的前提下，单位可以根据实际情况自行增设或减少某些会计科目。

（二）单位应当执行本制度统一规定的会计科目编号，以便于填制会计凭证、登记账簿、查阅账目，实行会计信息化管理。

（三）单位在填制会计凭证、登记会计账簿时，应当填列会计科目的名称，或者同时填列会计科目的名称和编号，不得只填列会计科目编号、不填列会计科目名称。

（四）单位设置明细科目或进行明细核算，除遵循本制度规定外，还应当满足权责发生制政府部门财务报告和政府综合财务报告编制的其他需要。

八、单位应当按照下列规定编制财务报表和预算会计报表：

（一）财务报表的编制主要以权责发生制为基础，以单位财务会计核算生成的数据为准；预算会计报表的编制主要以收付实现制为基础，以单位预算会计核算生成的数据为准。

（二）财务报表由会计报表及其附注构成。会计报表一般包括资产负债表、收入费用表和净资产变动表。单位可根据实际情况自行选择编制现金流量表。

（三）预算会计报表至少包括预算收入支出表、预算结转结余变动表和财政拨款预算收入支出表。

（四）单位应当至少按照年度编制财务报表和预算会计报表。

（五）单位应当根据本制度规定编制真实、完整的财务报表和预算会计报表，不得违反本制度规定随意改变财务报表和预算会计报表的编制基础、编制依据、编制原则和方法，不得随意改变本制度规定的财务报表和预算会计报表有关数据的会计口径。

（六）财务报表和预算会计报表应当根据登记完整、核对无误的账簿记录和其他有关资料编制，做到数字真实、计算准确、内容完整、编报及时。

（七）财务报表和预算会计报表应当由单位负责人和主管会计工作的负责人、会计机构负责人（会计主管人员）签名并盖章。

九、单位应当重视并不断推进会计信息化的应用。

单位开展会计信息化工作，应当符合财政部制定的相关会计信息化工作规范和标准，确保利用现代信息技术手段开展会计核算及生成的会计信息符合政府会计准则和本制度的规定。

十、本制度自2019年1月1日起施行。

2. 第二部分　会计科目名称和编号

一、财务会计科目

（一）资产类

序号	科目编号	科目名称
1	1001	库存现金
2	1002	银行存款
3	1011	零余额账户用款额度
4	1021	其他货币资金
5	1101	短期投资

（续表）

序号	科目编号	科目名称
6	1201	财政应返还额度
7	1211	应收票据
8	1212	应收账款
9	1214	预付账款
10	1215	应收股利
11	1216	应收利息
12	1218	其他应收款
13	1219	坏账准备
14	1301	在途物品
15	1302	库存物品
16	1303	加工物品
17	1401	待摊费用
18	1501	长期股权投资
19	1502	长期债券投资
20	1601	固定资产
21	1602	固定资产累计折旧
22	1611	工程物资
23	1613	在建工程
24	1701	无形资产
25	1702	无形资产累计摊销
26	1703	研发支出
27	1801	公共基础设施
28	1802	公共基础设施累计折旧（摊销）
29	1811	政府储备物资
30	1821	文物文化资产
31	1831	保障性住房
32	1832	保障性住房累计折旧
33	1891	受托代理资产
34	1901	长期待摊费用
35	1902	待处理财产损溢

（二）负债类

序号	科目编号	科目名称
36	2001	短期借款
37	2101	应交增值税
38	2102	其他应交税费
39	2103	应缴财政款
40	2201	应付职工薪酬
41	2301	应付票据
42	2302	应付账款
43	2303	应付政府补贴款
44	2304	应付利息
45	2305	预收账款
46	2307	其他应付款
47	2401	预提费用
48	2501	长期借款
49	2502	长期应付款
50	2601	预计负债
51	2901	受托代理负债

（三）净资产类

序号	科目编号	科目名称
52	3001	累计盈余
53	3101	专用基金
54	3201	权益法调整
55	3301	本期盈余
56	3302	本年盈余分配
57	3401	无偿调拨净资产
58	3501	以前年度盈余调整

（四）收入类

序号	科目编号	科目名称
59	4001	财政拨款收入
60	4101	事业收入
61	4201	上级补助收入
62	4301	附属单位上缴收入

（续表）

序号	科目编号	科目名称
63	4401	经营收入
64	4601	非同级财政拨款收入
65	4602	投资收益
66	4603	捐赠收入
67	4604	利息收入
68	4605	租金收入
69	4609	其他收入

（五）费用类

序号	科目编号	科目名称
70	5001	业务活动费用
71	5101	单位管理费用
72	5201	经营费用
73	5301	资产处置费用
74	5401	上缴上级费用
75	5501	对附属单位补助费用
76	5801	所得税费用
77	5901	其他费用

二、预算会计科目

（一）预算收入类

序号	科目编号	科目名称
1	6001	财政拨款预算收入
2	6101	事业预算收入
3	6201	上级补助预算收入
4	6301	附属单位上缴预算收入
5	6401	经营预算收入
6	6501	债务预算收入
7	6601	非同级财政拨款预算收入
8	6602	投资预算收益
9	6609	其他预算收入

（二）预算支出类

序号	科目编号	科目名称
10	7101	行政支出
11	7201	事业支出
12	7301	经营支出
13	7401	上缴上级支出
14	7501	对附属单位补助支出
15	7601	投资支出
16	7701	债务还本支出
17	7901	其他支出

（三）预算结余类

序号	科目编号	科目名称
18	8001	资金结存
19	8101	财政拨款结转
20	8102	财政拨款结余
21	8201	非财政拨款结转
22	8202	非财政拨款结余
23	8301	专用结余
24	8401	经营结余
25	8501	其他结余
26	8701	非财政拨款结余分配

3. 第三部分　会计科目使用说明

一、财务会计科目

（一）资 产 类

1001　库 存 现 金

一、本科目核算单位的库存现金。

二、单位应当严格按照国家有关现金管理的规定收支现金，并按照本制度规定核算现金的各项收支业务。

本科目应当设置“受托代理资产”明细科目，核算单位受托代理、代管的现金。

三、库存现金的主要账务处理如下：

（一）从银行等金融机构提取现金，按照实际提取的金额，借记本科目，贷记“银行存款”

科目；将现金存入银行等金融机构，按照实际存入金额，借记“银行存款”科目，贷记本科目。

根据规定从单位零余额账户提取现金，按照实际提取的金额，借记本科目，贷记“零余额账户用款额度”科目。

将现金退回单位零余额账户，按照实际退回的金额，借记“零余额账户用款额度”科目，贷记本科目。

（二）因内部职工出差等原因借出的现金，按照实际借出的现金金额，借记“其他应收款”科目，贷记本科目。

出差人员报销差旅费时，按照实际报销的金额，借记“业务活动费用”“单位管理费用”等科目，按照实际借出的现金金额，贷记“其他应收款”科目，按照其差额，借记或贷记本科目。

（三）因提供服务、物品或者其他事项收到现金，按照实际收到的金额，借记本科目，贷记“事业收入”“应收账款”等相关科目。

涉及增值税业务的，相关账务处理参见“应交增值税”科目。

因购买服务、物品或者其他事项支付现金，按照实际支付的金额，借记“业务活动费用”“单位管理费用”“库存物品”等相关科目，贷记本科目。涉及增值税业务的，相关账务处理参见“应交增值税”科目。

以库存现金对外捐赠，按照实际捐出的金额，借记“其他费用”科目，贷记本科目。

（四）收到受托代理、代管的现金，按照实际收到的金额，借记本科目（受托代理资产），贷记“受托代理负债”科目；支付受托代理、代管的现金，按照实际支付的金额，借记“受托代理负债”科目，贷记本科目（受托代理资产）。

四、单位应当设置“库存现金日记账”，由出纳人员根据收付款凭证，按照业务发生顺序逐笔登记。每日终了，应当计算当日的现金收入合计数、现金支出合计数和结余数，并将结余数与实际库存数相核对，做到账款相符。

每日账款核对中发现有待查明原因的现金短缺或溢余的，应当通过“待处理财产损溢”科目核算。属于现金溢余，应当按照实际溢余的金额，借记本科目，贷记“待处理财产损溢”科目；属于现金短缺，应当按照实际短缺的金额，借记“待处理财产损溢”科目，贷记本科目。待查明原因后及时进行账务处理，具体内容参见“待处理财产损溢”科目。

五、现金收入业务繁多、单独设有收款部门的单位，收款部门的收款员应当将每天所收现金连同收款凭据一并交财务部门核收记账，或者将每天所收现金直接送存开户银行后，将收款凭据及向银行送存现金的凭证等一并交财务部门核收记账。

六、单位有外币现金的，应当分别按照人民币、外币种类设置“库存现金日记账”进行明细核算。有关外币现金业务的账务处理参见“银行存款”科目的相关规定。

七、本科目期末借方余额，反映单位实际持有的库存现金。

1002 银行存款

一、本科目核算单位存入银行或者其他金融机构的各种存款。

二、单位应当严格按照国家有关支付结算办法的规定办理银行存款收支业务，并按照本制度规定核算银行存款的各项收支业务。

本科目应当设置“受托代理资产”明细科目，核算单位受托代理、代管的银行存款。

三、银行存款的主要账务处理如下：

（一）将款项存入银行或者其他金融机构，按照实际存入的金额，借记本科目，贷记“库存现金”“应收账款”“事业收入”“经营收入”“其他收入”等相关科目。涉及增值税业务的，相关账务处理参见“应交增值税”科目。收到银行存款利息，按照实际收到的金额，借记本科目，贷记“利息收入”科目。

（二）从银行等金融机构提取现金，按照实际提取的金额，借记“库存现金”科目，贷记本科目。

（三）以银行存款支付相关费用，按照实际支付的金额，借记“业务活动费用”“单位管理费用”“其他费用”等相关科目，贷记本科目。涉及增值税业务的，相关账务处理参见“应交增值税”科目。以银行存款对外捐赠，按照实际捐出的金额，借记“其他费用”科目，贷记本科目。

（四）收到受托代理、代管的银行存款，按照实际收到的金额，借记本科目（受托代理资产），贷记“受托代理负债”科目；支付受托代理、代管的银行存款，按照实际支付的金额，借记“受托代理负债”科目，贷记本科目（受托代理资产）。

四、单位发生外币业务的，应当按照业务发生当日的即期汇率，将外币金额折算为人民币金额记账，并登记外币金额和汇率。期末，各种外币账户的期末余额，应当按照期末的即期汇率折算为人民币，作为外币账户期末人民币余额。调整后的各种外币账户人民币余额与原账面余额的差额，作为汇兑损益计入当期费用。

（一）以外币购买物资、设备等，按照购入当日的即期汇率将支付的外币或应支付的外币折算为人民币金额，借记“库存物品”等科目，贷记本科目、“应付账款”等科目的外币账户。涉及增值税业务的，相关账务处理参见“应交增值税”科目。

（二）销售物品、提供服务以外币收取相关款项等，按照收入确认当日的即期汇率将收取的外币或应收取的外币折算为人民币金额，借记本科目、“应收账款”等科目的外币账户，贷记“事业收入”等相关科目。

（三）期末，根据各外币银行存款账户按照期末汇率调整后的人民币余额与原账面人民币余额的差额，作为汇兑损益，借记或贷记本科目，贷记或借记“业务活动费用”“单位管理费用”等科目。“应收账款”“应付账款”等科目有关外币账户期末汇率调整业务的账务处理参照本科目。

五、单位应当按照开户银行或其他金融机构、存款种类及币种等，分别设置“银行存款日记账”，由出纳人员根据收付款凭证，按照业务的发生顺序逐笔登记，每日终了应结出余额。“银行存款日记账”应定期与“银行对账单”核对，至少每月核对一次。月度终了，单位银行存款日记账账面余额与银行对账单余额之间如有差额，应当逐笔查明原因并进行处理，按月编制“银行存款余额调节表”，调节相符。

六、本科目期末借方余额，反映单位实际存放在银行或其他金融机构的款项。

1011 零余额账户用款额度

一、本科目核算实行国库集中支付的单位根据财政部门批复的用款计划收到和支用的零余额账户用款额度。

二、零余额账户用款额度的主要账务处理如下：

（一）收到额度

单位收到“财政授权支付到账通知书”时，根据通知书所列金额，借记本科目，贷记“财政拨款收入”科目。

（二）支用额度

1. 支付日常活动费用时，按照支付的金额，借记“业务活动费用”“单位管理费用”等科目，贷记本科目。

2. 购买库存物品或购建固定资产，按照实际发生的成本，借记“库存物品”“固定资产”“在建工程”等科目，按照实际支付或应付的金额，贷记本科目、“应付账款”等科目。涉及增值税业务的，相关账务处理参见“应交增值税”科目。

3. 从零余额账户提取现金时，按照实际提取的金额，借记“库存现金”科目，贷记本科目。

（三）因购货退回等发生财政授权支付额度退回的，按照退回的金额，借记本科目，贷记“库存物品”等科目。

（四）年末，根据代理银行提供的对账单作注销额度的相关账务处理，借记“财政应返还额度——财政授权支付”科目，贷记本科目。年末，单位本年度财政授权支付预算指标数大于零余额账户用款额度下达数的，根据未下达的用款额度，借记“财政应返还额度——财政授权支付”科目，贷记“财政拨款收入”科目。

下年初，单位根据代理银行提供的上年度注销额度恢复到账通知书作恢复额度的相关账务处理，借记本科目，贷记“财政应返还额度——财政授权支付”科目。单位收到财政部门批复的上年末未下达零余额账户用款额度，借记本科目，贷记“财政应返还额度——财政授权支付”科目。

三、本科目期末借方余额，反映单位尚未支用的零余额账户用款额度。年末注销单位零余额账户用款额度后，本科目应无余额。

1021 其他货币资金

一、本科目核算单位的外埠存款、银行本票存款、银行汇票存款、信用卡存款等各种其他货币资金。

二、本科目应当设置“外埠存款”“银行本票存款”“银行汇票存款”“信用卡存款”等明细科目，进行明细核算。

三、其他货币资金的主要账务处理如下：

（一）单位按照有关规定需要在异地开立银行账户，将款项委托本地银行汇往异地开立账户时，借记本科目，贷记“银行存款”科目。收到采购员交来供应单位发票账单等报销凭证时，借记“库存物品”等科目，贷记本科目。将多余的外埠存款转回本地银行时，根据银行的收账通知，借记“银行存款”科目，贷记本科目。

（二）将款项交存银行取得银行本票、银行汇票，按照取得的银行本票、银行汇票金额，借记本科目，贷记“银行存款”科目。使用银行本票、银行汇票购买库存物品等资产时，按照实际支付金额，借记“库存物品”等科目，贷记本科目。如有余款或因本票、汇票超过付款期等原因而退回款项，按照退款金额，借记“银行存款”科目，贷记本科目。

（三）将款项交存银行取得信用卡，按照交存金额，借记本科目，贷记“银行存款”科目。用信用卡购物或支付有关费用，按照实际支付金额，借记“单位管理费用”“库存物品”等科目，贷记本科目。单位信用卡在使用过程中，需向其账户续存资金的，按照续存金额，借记本科目，贷记“银行存款”科目。

四、单位应当加强对其他货币资金的管理，及时办理结算，对于逾期尚未办理结算的银行汇票、银行本票等，应当按照规定及时转回，并按照上述规定进行相应账务处理。

五、本科目期末借方余额，反映单位实际持有的其他货币资金。

1101 短期投资

一、本科目核算事业单位按照规定取得的，持有时间不超过1年（含1年）的投资。

二、本科目应当按照投资的种类等进行明细核算。

三、短期投资的主要账务处理如下：

（一）取得短期投资时，按照确定的投资成本，借记本科目，贷记“银行存款”等科目。收到取得投资时实际支付价款中包含的已到付息期但尚未领取的利息，按照实际收到的金额，借记“银行存款”科目，贷记本科目。

（二）收到短期投资持有期间的利息，按照实际收到的金额，借记“银行存款”科目，贷记“投资收益”科目。

（三）出售短期投资或到期收回短期投资本息，按照实际收到的金额，借记“银行存款”

科目，按照出售或收回短期投资的账面余额，贷记本科目，按照其差额，借记或贷记“投资收益”科目。涉及增值税业务的，相关账务处理参见“应交增值税”科目。

四、本科目期末借方余额，反映事业单位持有短期投资的成本。

1201　财政应返还额度

一、本科目核算实行国库集中支付的单位应收财政返还的资金额度，包括可以使用的以前年度财政直接支付资金额度和财政应返还的财政授权支付资金额度。

二、本科目应当设置“财政直接支付”“财政授权支付”两个明细科目进行明细核算。

三、财政应返还额度的主要账务处理如下：

（一）财政直接支付

年末，单位根据本年度财政直接支付预算指标数大于当年财政直接支付实际发生数的差额，借记本科目（财政直接支付），贷记“财政拨款收入”科目。

单位使用以前年度财政直接支付额度支付款项时，借记“业务活动费用”“单位管理费用”等科目，贷记本科目（财政直接支付）。

（二）财政授权支付

年末，根据代理银行提供的对账单作注销额度的相关账务处理，借记本科目（财政授权支付），贷记“零余额账户用款额度”科目。

年末，单位本年度财政授权支付预算指标数大于零余额账户用款额度下达数的，根据未下达的用款额度，借记本科目（财政授权支付），贷记“财政拨款收入”科目。

下年初，单位根据代理银行提供的上年度注销额度恢复到账通知书作恢复额度的相关账务处理，借记“零余额账户用款额度”科目，贷记本科目（财政授权支付）。单位收到财政部门批复的上年未下达零余额账户用款额度，借记“零余额账户用款额度”科目，贷记本科目（财政授权支付）。

四、本科目期末借方余额，反映单位应收财政返还的资金额度。

1211　应收票据

一、本科目核算事业单位因开展经营活动销售产品、提供有偿服务等而收到的商业汇票，包括银行承兑汇票和商业承兑汇票。

二、本科目应当按照开出、承兑商业汇票的单位等进行明细核算。

三、应收票据的主要账务处理如下：

（一）因销售产品、提供服务等收到商业汇票，按照商业汇票的票面金额，借记本科目，按照确认的收入金额，贷记“经营收入”等科目。涉及增值税业务的，相关账务处理参见“应交增值税”科目。

（二）持未到期的商业汇票向银行贴现，按照实际收到的金额（即扣除贴现息后的净额），借记“银行存款”科目，按照贴现息金额，借记“经营费用”等科目，按照商业汇票的票面金额，贷记本科目（无追索权）或“短期借款”科目（有追索权）。附追索权的商业汇票到期未发生追索事项的，按照商业汇票的票面金额，借记“短期借款”科目，贷记本科目。

（三）将持有的商业汇票背书转让以取得所需物资时，按照取得物资的成本，借记“库存物品”等科目，按照商业汇票的票面金额，贷记本科目，如有差额，借记或贷记“银行存款”等科目。涉及增值税业务的，相关账务处理参见“应交增值税”科目。

（四）商业汇票到期时，应当分别以下情况处理：

1. 收回票款时，按照实际收到的商业汇票票面金额，借记“银行存款”科目，贷记本科目。

2. 因付款人无力支付票款，收到银行退回的商业承兑汇票、委托收款凭证、未付票款通知书或拒付款证明等，按照商业汇票的票面金额，借记"应收账款"科目，贷记本科目。

四、事业单位应当设置"应收票据备查簿"，逐笔登记每一应收票据的种类、号数、出票日期、到期日、票面金额、交易合同号和付款人、承兑人、背书人姓名或单位名称、背书转让日、贴现日期、贴现率和贴现净额、收款日期、收回金额和退票情况等。应收票据到期结清票款或退票后，应当在备查簿内逐笔注销。

五、本科目期末借方余额，反映事业单位持有的商业汇票票面额。

1212 应收账款

一、本科目核算事业单位提供服务、销售产品等应收取的款项，以及单位因出租资产、出售物资等应收取的款项。

二、本科目应当按照债务单位（或个人）进行明细核算。

三、应收账款的主要账务处理如下：

（一）应收账款收回后不需上缴财政

单位发生应收账款时，按照应收未收金额，借记本科目，贷记"事业收入""经营收入""租金收入""其他收入"等科目。涉及增值税业务的，相关账务处理参见"应交增值税"科目。

收回应收账款时，按照实际收到的金额，借记"银行存款"等科目，贷记本科目。

（二）应收账款收回后需上缴财政

1. 单位出租资产发生应收未收租金款项时，按照应收未收金额，借记本科目，贷记"应缴财政款"科目。收回应收账款时，按照实际收到的金额，借记"银行存款"等科目，贷记本科目。

2. 单位出售物资发生应收未收款项时，按照应收未收金额，借记本科目，贷记"应缴财政款"科目。收回应收账款时，按照实际收到的金额，借记"银行存款"等科目，贷记本科目。涉及增值税业务的，相关账务处理参见"应交增值税"科目。

四、事业单位应当于每年年末，对收回后不需上缴财政的应收账款进行全面检查，如发生不能收回的迹象，应当计提坏账准备。

（一）对于账龄超过规定年限、确认无法收回的应收账款，按照规定报经批准后予以核销。按照核销金额，借记"坏账准备"科目，贷记本科目。核销的应收账款应在备查簿中保留登记。

（二）已核销的应收账款在以后期间又收回的，按照实际收回金额，借记本科目，贷记"坏账准备"科目；同时，借记"银行存款"等科目，贷记本科目。

五、单位应当于每年年末，对收回后应当上缴财政的应收账款进行全面检查。

（一）对于账龄超过规定年限、确认无法收回的应收账款，按照规定报经批准后予以核销。按照核销金额，借记"应缴财政款"科目，贷记本科目。核销的应收账款应当在备查簿中保留登记。

（二）已核销的应收账款在以后期间又收回的，按照实际收回金额，借记"银行存款"等科目，贷记"应缴财政款"科目。

六、本科目期末借方余额，反映单位尚未收回的应收账款。

1214 预付账款

一、本科目核算单位按照购货、服务合同或协议规定预付给供应单位（或个人）的款项，以及按照合同规定向承包工程的施工企业预付的备料款和工程款。

二、本科目应当按照供应单位（或个人）及具体项目进行明细核算；对于基本建设项目发生的预付账款，还应当在本科目所属基建项目明细科目下设置"预付备料款""预付工程款""其他预付款"等明细科目，进行明细核算。

三、预付账款的主要账务处理如下：

（一）根据购货、服务合同或协议规定预付款项时，按照预付金额，借记本科目，贷记“财政拨款收入”“零余额账户用款额度”“银行存款”等科目。

（二）收到所购资产或服务时，按照购入资产或服务的成本，借记“库存物品”“固定资产”“无形资产”“业务活动费用”等相关科目，按照相关预付账款的账面余额，贷记本科目，按照实际补付的金额，贷记“财政拨款收入”“零余额账户用款额度”“银行存款”等科目。涉及增值税业务的，相关账务处理参见“应交增值税”科目。

（三）根据工程进度结算工程价款及备料款时，按照结算金额，借记“在建工程”科目，按照相关预付账款的账面余额，贷记本科目，按照实际补付的金额，贷记“财政拨款收入”“零余额账户用款额度”“银行存款”等科目。

（四）发生预付账款退回的，按照实际退回金额，借记“财政拨款收入”[本年直接支付]、“财政应返还额度”[以前年度直接支付]、“零余额账户用款额度”“银行存款”等科目，贷记本科目。

四、单位应当于每年年末，对预付账款进行全面检查。如果有确凿证据表明预付账款不再符合预付款项性质，或者因供应单位破产、撤销等原因可能无法收到所购货物、服务的，应当先将其转入其他应收款，再按照规定进行处理。将预付账款账面余额转入其他应收款时，借记“其他应收款”科目，贷记本科目。

五、本科目期末借方余额，反映单位实际预付但尚未结算的款项。

1215 应收股利

一、本科目核算事业单位持有长期股权投资应当收取的现金股利或应当分得的利润。

二、本科目应当按照被投资单位等进行明细核算。

三、应收股利的主要账务处理如下：

（一）取得长期股权投资，按照支付的价款中所包含的已宣告但尚未发放的现金股利，借记本科目，按照确定的长期股权投资成本，借记“长期股权投资”科目，按照实际支付的金额，贷记“银行存款”等科目。收到取得投资时实际支付价款中所包含的已宣告但尚未发放的现金股利时，按照收到的金额，借记“银行存款”科目，贷记本科目。

（二）长期股权投资持有期间，被投资单位宣告发放现金股利或利润的，按照应享有的份额，借记本科目，贷记“投资收益”（成本法下）或“长期股权投资”（权益法下）科目。

（三）实际收到现金股利或利润时，按照收到的金额，借记“银行存款”等科目，贷记本科目。

四、本科目期末借方余额，反映事业单位应当收取但尚未收到的现金股利或利润。

1216 应收利息

一、本科目核算事业单位长期债券投资应当收取的利息。

事业单位购入的到期一次还本付息的长期债券投资持有期间的利息，应当通过“长期债券投资——应计利息”科目核算，不通过本科目核算。

二、本科目应当按照被投资单位等进行明细核算。

三、应收利息的主要账务处理如下：

（一）取得长期债券投资，按照确定的投资成本，借记“长期债券投资”科目，按照支付的价款中包含的已到付息期但尚未领取的利息，借记本科目，按照实际支付的金额，贷记“银行存款”等科目。收到取得投资时实际支付价款中所包含的已到付息期但尚未领取的利息时，按照收到的金额，借记“银行存款”等科目，贷记本科目。

（二）按期计算确认长期债券投资利息收入时，对于分期付息、一次还本的长期债券投资，按照以票面金额和票面利率计算确定的应收未收利息金额，借记本科目，贷记“投资收益”科目。

（三）实际收到应收利息时，按照收到的金额，借记“银行存款”等科目，贷记本科目。

四、本科目期末借方余额，反映事业单位应收未收的长期债券投资利息。

1218 其他应收款

一、本科目核算单位除财政应返还额度、应收票据、应收账款、预付账款、应收股利、应收利息以外的其他各项应收及暂付款项，如职工预借的差旅费、已经偿还银行尚未报销的本单位公务卡欠款、拨付给内部有关部门的备用金、应向职工收取的各种垫付款项、支付的可以收回的订金或押金、应收的上级补助和附属单位上缴款项等。

二、本科目应当按照其他应收款的类别以及债务单位（或个人）进行明细核算。

三、其他应收款的主要账务处理如下：

（一）发生其他各种应收及暂付款项时，按照实际发生金额，借记本科目，贷记“零余额账户用款额度”“银行存款”“库存现金”“上级补助收入”“附属单位上缴收入”等科目。涉及增值税业务的，相关账务处理参见“应交增值税”科目。

（二）收回其他各种应收及暂付款项时，按照收回的金额，借记“库存现金”“银行存款”等科目，贷记本科目。

（三）单位内部实行备用金制度的，有关部门使用备用金以后应当及时到财务部门报销并补足备用金。财务部门核定并发放备用金时，按照实际发放金额，借记本科目，贷记“库存现金”等科目。根据报销金额用现金补足备用金定额时，借记“业务活动费用”“单位管理费用”等科目，贷记“库存现金”等科目，报销数和拨补数都不再通过本科目核算。

（四）偿还尚未报销的本单位公务卡欠款时，按照偿还的款项，借记本科目，贷记“零余额账户用款额度”“银行存款”等科目；持卡人报销时，按照报销金额，借记“业务活动费用”“单位管理费用”等科目，贷记本科目。

（五）将预付账款账面余额转入其他应收款时，借记本科目，贷记“预付账款”科目。具体说明参见“预付账款”科目。

四、事业单位应当于每年年末，对其他应收款进行全面检查，如发生不能收回的迹象，应当计提坏账准备。

（一）对于账龄超过规定年限、确认无法收回的其他应收款，按照规定报经批准后予以核销。按照核销金额，借记“坏账准备”科目，贷记本科目。核销的其他应收款应当在备查簿中保留登记。

（二）已核销的其他应收款在以后期间又收回的，按照实际收回金额，借记本科目，贷记“坏账准备”科目；同时，借记“银行存款”等科目，贷记本科目。

五、行政单位应当于每年年末，对其他应收款进行全面检查。对于超过规定年限、确认无法收回的其他应收款，应当按照有关规定报经批准后予以核销。核销的其他应收款应在备查簿中保留登记。

（一）经批准核销其他应收款时，按照核销金额，借记“资产处置费用”科目，贷记本科目。

（二）已核销的其他应收款在以后期间又收回的，按照收回金额，借记“银行存款”等科目，贷记“其他收入”科目。

六、本科目期末借方余额，反映单位尚未收回的其他应收款。

1219 坏账准备

一、本科目核算事业单位对收回后不需上缴财政的应收账款和其他应收款提取的坏账准备。

二、本科目应当分别应收账款和其他应收款进行明细核算。

三、事业单位应当于每年年末，对收回后不需上缴财政的应收账款和其他应收款进行全面检查，分析其可收回性，对预计可能产生的坏账损失计提坏账准备、确认坏账损失。

四、事业单位可以采用应收款项余额百分比法、账龄分析法、个别认定法等方法计提坏账准备。坏账准备计提方法一经确定，不得随意变更。如需变更，应当按照规定报经批准，并在财务报表附注中予以说明。

五、当期应补提或冲减的坏账准备金额的计算公式如下：

当期应补提或冲减的坏账准备＝按照期末应收账款和其他应收款计算应计提的坏账准备金额－本科目期末贷方余额（或＋本科目期末借方余额）

六、坏账准备的主要账务处理如下：

（一）提取坏账准备时，借记"其他费用"科目，贷记本科目；冲减坏账准备时，借记本科目，贷记"其他费用"科目。

（二）对于账龄超过规定年限并确认无法收回的应收账款、其他应收款，应当按照有关规定报经批准后，按照无法收回的金额，借记本科目，贷记"应收账款""其他应收款"科目。已核销的应收账款、其他应收款在以后期间又收回的，按照实际收回金额，借记"应收账款""其他应收款"科目，贷记本科目；同时，借记"银行存款"等科目，贷记"应收账款""其他应收款"科目。

七、本科目期末贷方余额，反映事业单位提取的坏账准备金额。

1301　在途物品

一、本科目核算单位采购材料等物资时货款已付或已开出商业汇票但尚未验收入库的在途物品的采购成本。

二、本科目可按照供应单位和物品种类进行明细核算。

三、在途物品的主要账务处理如下：

（一）单位购入材料等物品，按照确定的物品采购成本的金额，借记本科目，按照实际支付的金额，贷记"财政拨款收入""零余额账户用款额度""银行存款"等科目。涉及增值税业务的，相关账务处理参见"应交增值税"科目。

（二）所购材料等物品到达验收入库，按照确定的库存物品成本金额，借记"库存物品"科目，按照物品采购成本金额，贷记本科目，按照使得入库物品达到目前场所和状态所发生的其他支出，贷记"银行存款"等科目。

四、本科目期末借方余额，反映单位在途物品的采购成本。

1302　库存物品

一、本科目核算单位在开展业务活动及其他活动中为耗用或出售而储存的各种材料、产品、包装物、低值易耗品，以及达不到固定资产标准的用具、装具、动植物等的成本。

已完成的测绘、地质勘查、设计成果等的成本，也通过本科目核算。

单位随买随用的零星办公用品，可以在购进时直接列作费用，不通过本科目核算。

单位控制的政府储备物资，应当通过"政府储备物资"科目核算，不通过本科目核算。

单位受托存储保管的物资和受托转赠的物资，应当通过"受托代理资产"科目核算，不通过本科目核算。

单位为在建工程购买和使用的材料物资，应当通过"工程物资"科目核算，不通过本科目核算。

二、本科目应当按照库存物品的种类、规格、保管地点等进行明细核算。

单位储存的低值易耗品、包装物较多的，可以在本科目（低值易耗品、包装物）下按照"在库”“在用”和“摊销”等进行明细核算。

三、库存物品的主要账务处理如下：

（一）取得的库存物品，应当按照其取得时的成本入账。

1. 外购的库存物品验收入库，按照确定的成本，借记本科目，贷记“财政拨款收入”“零余额账户用款额度”“银行存款”“应付账款”“在途物品”等科目。涉及增值税业务的，相关账务处理参见“应交增值税”科目。

2. 自制的库存物品加工完成并验收入库，按照确定的成本，借记本科目，贷记“加工物品——自制物品”科目。

3. 委托外单位加工收回的库存物品验收入库，按照确定的成本，借记本科目，贷记“加工物品——委托加工物品”等科目。

4. 接受捐赠的库存物品验收入库，按照确定的成本，借记本科目，按照发生的相关税费、运输费等，贷记“银行存款”等科目，按照其差额，贷记“捐赠收入”科目。接受捐赠的库存物品按照名义金额入账的，按照名义金额，借记本科目，贷记“捐赠收入”科目；同时，按照发生的相关税费、运输费等，借记“其他费用”科目，贷记“银行存款”等科目。

5. 无偿调入的库存物品验收入库，按照确定的成本，借记本科目，按照发生的相关税费、运输费等，贷记“银行存款”等科目，按照其差额，贷记“无偿调拨净资产”科目。

6. 置换换入的库存物品验收入库，按照确定的成本，借记本科目，按照换出资产的账面余额，贷记相关资产科目（换出资产为固定资产、无形资产的，还应当借记“固定资产累计折旧”“无形资产累计摊销”科目），按照置换过程中发生的其他相关支出，贷记“银行存款”等科目，按照借贷方差额，借记“资产处置费用”科目或贷记“其他收入”科目。涉及补价的，分别以下情况处理：

（1）支付补价的，按照确定的成本，借记本科目，按照换出资产的账面余额，贷记相关资产科目（换出资产为固定资产、无形资产的，还应当借记“固定资产累计折旧”“无形资产累计摊销”科目），按照支付的补价和置换过程中发生的其他相关支出，贷记“银行存款”等科目，按照借贷方差额，借记“资产处置费用”科目或贷记“其他收入”科目。

（2）收到补价的，按照确定的成本，借记本科目，按照收到的补价，借记“银行存款”等科目，按照换出资产的账面余额，贷记相关资产科目（换出资产为固定资产、无形资产的，还应当借记“固定资产累计折旧”“无形资产累计摊销”科目），按照置换过程中发生的其他相关支出，贷记“银行存款”等科目，按照补价扣减其他相关支出后的净收入，贷记“应缴财政款”科目，按照借贷方差额，借记“资产处置费用”科目或贷记“其他收入”科目。

（二）库存物品在发出时，分别以下情况处理：

1. 单位开展业务活动等领用、按照规定自主出售发出或加工发出库存物品，按照领用、出售等发出物品的实际成本，借记“业务活动费用”“单位管理费用”“经营费用”“加工物品”等科目，贷记本科目。

采用一次转销法摊销低值易耗品、包装物的，在首次领用时将其账面余额一次性摊销计入有关成本费用，借记有关科目，贷记本科目。采用五五摊销法摊销低值易耗品、包装物的，首次领用时，将其账面余额的50%摊销计入有关成本费用，借记有关科目，贷记本科目；使用完时，将剩余的账面余额转销计入有关成本费用，借记有关科目，贷记本科目。

2. 经批准对外出售的库存物品（不含可自主出售的库存物品）发出时，按照库存物品的账面余额，借记“资产处置费用”科目，贷记本科目；同时，按照收到的价款，借记“银行存款”等科目，按照处置过程中发生的相关费用，贷记“银行存款”等科目，按照其差额，贷记“应缴财政款”科目。

3. 经批准对外捐赠的库存物品发出时，按照库存物品的账面余额和对外捐赠过程中发生的归属于捐出方的相关费用合计数，借记“资产处置费用”科目，按照库存物品账面余额，贷记本科目，按照对外捐赠过程中发生的归属于捐出方的相关费用，贷记“银行存款”等科目。

4. 经批准无偿调出的库存物品发出时，按照库存物品的账面余额，借记“无偿调拨净资产”科目，贷记本科目；同时，按照无偿调出过程中发生的归属于调出方的相关费用，借记“资产处置费用”科目，贷记“银行存款”等科目。

5. 经批准置换换出的库存物品，参照本科目有关置换换入库存物品的规定进行账务处理。

（三）单位应当定期对库存物品进行清查盘点，每年至少盘点一次。对于发生的库存物品盘盈、盘亏或者报废、毁损，应当先计入“待处理财产损溢”科目，按照规定报经批准后及时进行后续账务处理。

1. 盘盈的库存物品，其成本按照有关凭据注明的金额确定；没有相关凭据、但按照规定经过资产评估的，其成本按照评估价值确定；没有相关凭据、也未经过评估的，其成本按照重置成本确定。如无法采用上述方法确定盘盈的库存物品成本的，按照名义金额入账。盘盈的库存物品，按照确定的入账成本，借记本科目，贷记“待处理财产损溢”科目。

2. 盘亏或者毁损、报废的库存物品，按照待处理库存物品的账面余额，借记“待处理财产损溢”科目，贷记本科目。属于增值税一般纳税人的单位，若因非正常原因导致的库存物品盘亏或毁损，还应当将与该库存物品相关的增值税进项税额转出，按照其增值税进项税额，借记“待处理财产损溢”科目，贷记“应交增值税——应交税金（进项税额转出）”科目。

四、本科目期末借方余额，反映单位库存物品的实际成本。

1303 加工物品

一、本科目核算单位自制或委托外单位加工的各种物品的实际成本。未完成的测绘、地质勘查、设计成果的实际成本，也通过本科目核算。

二、本科目应当设置“自制物品”“委托加工物品”两个一级明细科目，并按照物品类别、品种、项目等设置明细账，进行明细核算。本科目“自制物品”一级明细科目下应当设置“直接材料”“直接人工”“其他直接费用”等二级明细科目归集自制物品发生的直接材料、直接人工（专门从事物品制造人员的人工费）等直接费用；对于自制物品发生的间接费用，应当在本科目“自制物品”一级明细科目下单独设置“间接费用”二级明细科目予以归集，期末，再按照一定的分配标准和方法，分配计入有关物品的成本。

三、加工物品的主要账务处理如下：

（一）自制物品

1. 为自制物品领用材料等，按照材料成本，借记本科目（自制物品——直接材料），贷记“库存物品”科目。

2. 专门从事物品制造的人员发生的直接人工费用，按照实际发生的金额，借记本科目（自制物品——直接人工），贷记“应付职工薪酬”科目。

3. 为自制物品发生的其他直接费用，按照实际发生的金额，借记本科目（自制物品——其他直接费用），贷记“零余额账户用款额度”“银行存款”等科目。

4. 为自制物品发生的间接费用，按照实际发生的金额，借记本科目（自制物品——间接费用），贷记“零余额账户用款额度”“银行存款”“应付职工薪酬”“固定资产累计折旧”“无形资产累计摊销”等科目。间接费用一般按照生产人员工资、生产人员工时、机器工时、耗用材料的数量或成本、直接费用（直接材料和直接人工）或产品产量等进行分配。单位可根据具体情况自行选择间接费用的分配方法。分配方法一经确定，不得随意变更。

5. 已经制造完成并验收入库的物品，按照所发生的实际成本（包括耗用的直接材料费用、直接人工费用、其他直接费用和分配的间接费用），借记“库存物品”科目，贷记本科目（自制物品）。

（二）委托加工物品

1. 发给外单位加工的材料等，按照其实际成本，借记本科目（委托加工物品），贷记“库存物品”科目。

2. 支付加工费、运输费等费用，按照实际支付的金额，借记本科目（委托加工物品），贷记“零余额账户用款额度”“银行存款”等科目。涉及增值税业务的，相关账务处理参见“应交增值税”科目。

3. 委托加工完成的材料等验收入库，按照加工前发出材料的成本和加工、运输成本等，借记“库存物品”等科目，贷记本科目（委托加工物品）。

四、本科目期末借方余额，反映单位自制或委托外单位加工但尚未完工的各种物品的实际成本。

1401 待摊费用

一、本科目核算单位已经支付，但应当由本期和以后各期分别负担的分摊期在 1 年以内（含 1 年）的各项费用，如预付航空保险费、预付租金等。

摊销期限在 1 年以上的租入固定资产改良支出和其他费用，应当通过“长期待摊费用”科目核算，不通过本科目核算。

待摊费用应当在其受益期限内分期平均摊销，如预付航空保险费应在保险期的有效期内、预付租金应在租赁期内分期平均摊销，计入当期费用。

二、本科目应当按照待摊费用种类进行明细核算。

三、待摊费用的主要账务处理如下：

（一）发生待摊费用时，按照实际预付的金额，借记本科目，贷记“财政拨款收入”“零余额账户用款额度”“银行存款”等科目。

（二）按照受益期限分期平均摊销时，按照摊销金额，借记“业务活动费用”“单位管理费用”“经营费用”等科目，贷记本科目。

（三）如果某项待摊费用已经不能使单位受益，应当将其摊余金额一次全部转入当期费用。按照摊销金额，借记“业务活动费用”“单位管理费用”“经营费用”等科目，贷记本科目。

四、本科目期末借方余额，反映单位各种已支付但尚未摊销的分摊期在 1 年以内（含 1 年）的费用。

1501 长期股权投资

一、本科目核算事业单位按照规定取得的，持有时间超过 1 年（不含 1 年）的股权性质的投资。

二、本科目应当按照被投资单位和长期股权投资取得方式等进行明细核算。

长期股权投资采用权益法核算的，还应当按照“成本”“损益调整”“其他权益变动”设置明细科目，进行明细核算。

三、长期股权投资的主要账务处理如下：

（一）长期股权投资在取得时，应当按照其实际成本作为初始投资成本

1. 以现金取得的长期股权投资，按照确定的投资成本，借记本科目或本科目（成本），按照支付的价款中包含的已宣告但尚未发放的现金股利，借记“应收股利”科目，按照实际支付的全部价款，贷记“银行存款”等科目。

实际收到取得投资时所支付价款中包含的已宣告但尚未发放的现金股利时，借记“银行存款”科目，贷记“应收股利”科目。

2. 以现金以外的其他资产置换取得的长期股权投资，参照“库存物品”科目中置换取

得库存物品的相关规定进行账务处理。

3. 以未入账的无形资产取得的长期股权投资，按照评估价值加相关税费作为投资成本，借记本科目，按照发生的相关税费，贷记“银行存款”“其他应交税费”等科目，按其差额，贷记“其他收入”科目。

4. 接受捐赠的长期股权投资，按照确定的投资成本，借记本科目或本科目（成本），按照发生的相关税费，贷记“银行存款”等科目，按照其差额，贷记“捐赠收入”科目。

5. 无偿调入的长期股权投资，按照确定的投资成本，借记本科目或本科目（成本），按照发生的相关税费，贷记“银行存款”等科目，按照其差额，贷记“无偿调拨净资产”科目。

（二）长期股权投资持有期间，应当按照规定采用成本法或权益法进行核算

1. 采用成本法核算

被投资单位宣告发放现金股利或利润时，按照应收的金额，借记“应收股利”科目，贷记“投资收益”科目。收到现金股利或利润时，按照实际收到的金额，借记“银行存款”等科目，贷记“应收股利”科目。

2. 采用权益法核算

（1）被投资单位实现净利润的，按照应享有的份额，借记本科目（损益调整），贷记“投资收益”科目。被投资单位发生净亏损的，按照应分担的份额，借记“投资收益”科目，贷记本科目（损益调整），但以本科目的账面余额减记至零为限。发生亏损的被投资单位以后年度又实现净利润的，按照收益分享额弥补未确认的亏损分担额等后的金额，借记本科目（损益调整），贷记“投资收益”科目。

（2）被投资单位宣告分派现金股利或利润的，按照应享有的份额，借记“应收股利”科目，贷记本科目（损益调整）。

（3）被投资单位发生除净损益和利润分配以外的所有者权益变动的，按照应享有或应分担的份额，借记或贷记“权益法调整”科目，贷记或借记本科目（其他权益变动）。

3. 成本法与权益法的转换

（1）单位因处置部分长期股权投资等原因而对处置后的剩余股权投资由权益法改按成本法核算的，应当按照权益法下本科目账面余额作为成本法下本科目账面余额（成本）。

其后，被投资单位宣告分派现金股利或利润时，属于单位已计入投资账面余额的部分，按照应分得的现金股利或利润份额，借记“应收股利”科目，贷记本科目。

（2）单位因追加投资等原因对长期股权投资的核算从成本法改为权益法的，应当按照成本法下本科目账面余额与追加投资成本的合计金额，借记本科目（成本），按照成本法下本科目账面余额，贷记本科目，按照追加投资的成本，贷记“银行存款”等科目。

（三）按照规定报经批准处置长期股权投资

1. 按照规定报经批准出售（转让）长期股权投资时，应当区分长期股权投资取得方式分别进行处理。

（1）处置以现金取得的长期股权投资，按照实际取得的价款，借记“银行存款”等科目，按照被处置长期股权投资的账面余额，贷记本科目，按照尚未领取的现金股利或利润，贷记“应收股利”科目，按照发生的相关税费等支出，贷记“银行存款”等科目，按照借贷方差额，借记或贷记“投资收益”科目。

（2）处置以现金以外的其他资产取得的长期股权投资，按照被处置长期股权投资的账面余额，借记“资产处置费用”科目，贷记本科目；同时，按照实际取得的价款，借记“银行存款”等科目，按照尚未领取的现金股利或利润，贷记“应收股利”科目，按照发生的相关税费等支出，贷记“银行存款”等科目，按照贷方差额，贷记“应缴财政款”科目。按照规定将处置时取得的投资收益纳入本单位预算管理的，应当按照所取得价款大于被处置长期股权投资账面余额、应收股利账面余额和相关税费支出合计的差额，贷记“投资收益”科目。

2. 因被投资单位破产清算等原因，有确凿证据表明长期股权投资发生损失，按照规定报经批准后予以核销时，按照予以核销的长期股权投资的账面余额，借记“资产处置费用”科目，贷记本科目。

3. 报经批准置换转出长期股权投资时，参照“库存物品”科目中置换换入库存物品的规定进行账务处理。

4. 采用权益法核算的长期股权投资的处置，除进行上述账务处理外，还应结转原直接计入净资产的相关金额，借记或贷记“权益法调整”科目，贷记或借记“投资收益”科目。

四、本科目期末借方余额，反映事业单位持有的长期股权投资的价值

1502 长期债券投资

一、本科目核算事业单位按照规定取得的，持有时间超过 1 年（不含 1 年）的债券投资。

二、本科目应当设置“成本”和“应计利息”明细科目，并按照债券投资的种类进行明细核算。

三、长期债券投资的主要账务处理如下：

（一）长期债券投资在取得时，应当按照其实际成本作为投资成本。取得的长期债券投资，按照确定的投资成本，借记本科目（成本），按照支付的价款中包含的已到付息期但尚未领取的利息，借记“应收利息”科目，按照实际支付的金额，贷记“银行存款”等科目。实际收到取得债券时所支付价款中包含的已到付息期但尚未领取的利息时，借“银行存款”科目，贷记“应收利息”科目。

（二）长期债券投资持有期间，按期以债券票面金额与票面利率计算确认利息收入时，如为到期一次还本付息的债券投资，借记本科目（应计利息），贷记“投资收益”科目；如为分期付息、到期一次还本的债券投资，借记“应收利息”科目，贷记“投资收益”科目。收到分期支付的利息时，按照实收的金额，借记“银行存款”等科目，贷记“应收利息”科目。

（三）到期收回长期债券投资，按照实际收到的金额，借记“银行存款”科目，按照长期债券投资的账面余额，贷记本科目，按照相关应收利息金额，贷记“应收利息”科目，按照其差额，贷记“投资收益”科目。

（四）对外出售长期债券投资，按照实际收到的金额，借记“银行存款”科目，按照长期债券投资的账面余额，贷记本科目，按照已记入“应收利息”科目但尚未收取的金额，贷记“应收利息”科目，按照其差额，贷记或借记“投资收益”科目。涉及增值税业务的，相关账务处理参见“应交增值税”科目。

四、本科目期末借方余额，反映事业单位持有的长期债券投资的价值。

1601 固定资产

一、本科目核算单位固定资产的原值。

二、本科目应当按照固定资产类别和项目进行明细核算。固定资产一般分为六类：房屋及构筑物；专用设备；通用设备；文物和陈列品；图书、档案；家具、用具、装具及动植物。

三、固定资产核算时，应当考虑以下情况：

（一）购入需要安装的固定资产，应当先通过“在建工程”科目核算，安装完毕交付使用时再转入本科目核算。

（二）以借入、经营租赁租入方式取得的固定资产，不通过本科目核算，应当设置备查簿进行登记。

（三）采用融资租入方式取得的固定资产，通过本科目核算，并在本科目下设置“融资租入固定资产”明细科目。

（四）经批准在境外购买具有所有权的土地，作为固定资产，通过本科目核算；单位

应当在本科目下设置“境外土地”明细科目，进行相应明细核算。

四、固定资产的主要账务处理如下：

（一）固定资产在取得时，应当按照成本进行初始计量

1. 购入不需安装的固定资产验收合格时，按照确定的固定资产成本，借记本科目，贷记“财政拨款收入”“零余额账户用款额度”“应付账款”“银行存款”等科目。

购入需要安装的固定资产，在安装完毕交付使用前通过“在建工程”科目核算，安装完毕交付使用时再转入本科目。

购入固定资产扣留质量保证金的，应当在取得固定资产时，按照确定的固定资产成本，借记本科目[不需安装]或“在建工程”科目[需要安装]，按照实际支付或应付的金额，贷记“财政拨款收入”“零余额账户用款额度”“应付账款”[不含质量保证金]、“银行存款”等科目，按照扣留的质量保证金数额，贷记“其他应付款”[扣留期在1年以内（含1年）]或“长期应付款”[扣留期超过1年]科目。

质保期满支付质量保证金时，借记“其他应付款”“长期应付款”科目，贷记“财政拨款收入”“零余额账户用款额度”“银行存款”等科目。

2. 自行建造的固定资产交付使用时，按照在建工程成本，借记本科目，贷记“在建工程”科目。

已交付使用但尚未办理竣工决算手续的固定资产，按照估计价值入账，待办理竣工决算后再按照实际成本调整原来的暂估价值。

3. 融资租赁取得的固定资产，其成本按照租赁协议或者合同确定的租赁价款、相关税费以及固定资产交付使用前所发生的可归属于该项资产的运输费、途中保险费、安装调试费等确定。

融资租入的固定资产，按照确定的成本，借记本科目[不需安装]或“在建工程”科目[需安装]，按照租赁协议或者合同确定的租赁付款额，贷记“长期应付款”科目，按照支付的运输费、途中保险费、安装调试费等金额，贷记“财政拨款收入”“零余额账户用款额度”“银行存款”等科目。

定期支付租金时，按照实际支付金额，借记“长期应付款”科目，贷记“财政拨款收入”“零余额账户用款额度”“银行存款”等科目。

4. 按照规定跨年度分期付款购入固定资产的账务处理，参照融资租入固定资产。

5. 接受捐赠的固定资产，按照确定的固定资产成本，借记本科目[不需安装]或“在建工程”科目[需安装]，按照发生的相关税费、运输费等，贷记“零余额账户用款额度”“银行存款”等科目，按照其差额，贷记“捐赠收入”科目。接受捐赠的固定资产按照名义金额入账的，按照名义金额，借记本科目，贷记“捐赠收入”科目；按照发生的相关税费、运输费等，借记“其他费用”科目，贷记“零余额账户用款额度”“银行存款”等科目。

6. 无偿调入的固定资产，按照确定的固定资产成本，借记本科目[不需安装]或“在建工程”科目[需安装]，按照发生的相关税费、运输费等，贷记“零余额账户用款额度”“银行存款”等科目，按照其差额，贷记“无偿调拨净资产”科目。

7. 置换取得的固定资产，参照“库存物品”科目中置换取得库存物品的相关规定进行账务处理。固定资产取得时涉及增值税业务的，相关账务处理参见“应交增值税”科目。

（二）与固定资产有关的后续支出

1. 符合固定资产确认条件的后续支出

通常情况下，将固定资产转入改建、扩建时，按照固定资产的账面价值，借记“在建工程”科目，按照固定资产已计提折旧，借记“固定资产累计折旧”科目，按照固定资产的账面余额，贷记本科目。

为增加固定资产使用效能或延长其使用年限而发生的改建、扩建等后续支出，借记“在

建工程”科目，贷记“财政拨款收入”“零余额账户用款额度”“银行存款”等科目。

固定资产改建、扩建等完成交付使用时，按照在建工程成本，借记本科目，贷记“在建工程”科目。

2. 不符合固定资产确认条件的后续支出

为保证固定资产正常使用发生的日常维修等支出，借记“业务活动费用”“单位管理费用”等科目，贷记“财政拨款收入”“零余额账户用款额度”“银行存款”等科目。

（三）按照规定报经批准处置固定资产，应当分别以下情况处理

1. 报经批准出售、转让固定资产，按照被出售、转让固定资产的账面价值，借记“资产处置费用”科目，按照固定资产已计提的折旧，借记“固定资产累计折旧”科目，按照固定资产账面余额，贷记本科目；同时，按照收到的价款，借记“银行存款”等科目，按照处置过程中发生的相关费用，贷记“银行存款”等科目，按照其差额，贷记“应缴财政款”科目。

2. 报经批准对外捐赠固定资产，按照固定资产已计提的折旧，借记“固定资产累计折旧”科目，按照被处置固定资产账面余额，贷记本科目，按照捐赠过程中发生的归属于捐出方的相关费用，贷记“银行存款”等科目，按照其差额，借记“资产处置费用”科目。

3. 报经批准无偿调出固定资产，按照固定资产已计提的折旧，借记“固定资产累计折旧”科目，按照被处置固定资产账面余额，贷记本科目，按照其差额，借记“无偿调拨净资产”科目；同时，按照无偿调出过程中发生的归属于调出方的相关费用，借记“资产处置费用”科目，贷记“银行存款”等科目。

4. 报经批准置换换出固定资产，参照“库存物品”中置换换入库存物品的规定进行账务处理。

固定资产处置时涉及增值税业务的，相关账务处理参见“应交增值税”科目。

（四）单位应当定期对固定资产进行清查盘点，每年至少盘点一次

对于发生的固定资产盘盈、盘亏或毁损、报废，应当先记入“待处理财产损溢”科目，按照规定报经批准后及时进行后续账务处理。

1. 盘盈的固定资产，其成本按照有关凭据注明的金额确定；没有相关凭据、但按照规定经过资产评估的，其成本按照评估价值确定；没有相关凭据、也未经过评估的，其成本按照重置成本确定。如无法采用上述方法确定盘盈固定资产成本的，按照名义金额（人民币1元）入账。盘盈的固定资产，按照确定的入账成本，借记本科目，贷记“待处理财产损溢”科目。

2. 盘亏、毁损或报废的固定资产，按照待处理固定资产的账面价值，借记“待处理财产损溢”科目，按照已计提折旧，借记“固定资产累计折旧”科目，按照固定资产的账面余额，贷记本科目。

五、本科目期末借方余额，反映单位固定资产的原值

1602 固定资产累计折旧

一、本科目核算单位计提的固定资产累计折旧。

公共基础设施和保障性住房计提的累计折旧，应当分别通过“公共基础设施累计折旧（摊销）”科目和“保障性住房累计折旧”科目核算，不通过本科目核算。

二、本科目应当按照所对应固定资产的明细分类进行明细核算。

三、单位计提融资租入固定资产折旧时，应当采用与自有固定资产相一致的折旧政策。能够合理确定租赁期届满时将会取得租入固定资产所有权的，应当在租入固定资产尚可使用年限内计提折旧；无法合理确定租赁期届满时能够取得租入固定资产所有权的，应当在租赁期与租入固定资产尚可使用年限两者中较短的期间内计提折旧。

四、固定资产累计折旧的主要账务处理如下：

（一）按月计提固定资产折旧时，按照应计提折旧金额，借记“业务活动费用”“单位管理费用”“经营费用”“加工物品”“在建工程”等科目，贷记本科目。

（二）经批准处置或处理固定资产时，按照所处置或处理固定资产的账面价值，借记“资产处置费用”“无偿调拨净资产”“待处理财产损溢”等科目，按照已计提折旧，借记本科目，按照固定资产的账面余额，贷记“固定资产”科目。

五、本科目期末贷方余额，反映单位计提的固定资产折旧累计数。

1611 工程物资

一、本科目核算单位为在建工程准备的各种物资的成本，包括工程用材料、设备等。

二、本科目可按照“库存材料”“库存设备”等工程物资类别进行明细核算。

三、工程物资的主要账务处理如下：

（一）购入为工程准备的物资，按照确定的物资成本，借记本科目，贷记“财政拨款收入”“零余额账户用款额度”“银行存款”“应付账款”等科目。

（二）领用工程物资，按照物资成本，借记“在建工程”科目，贷记本科目。工程完工后将领出的剩余物资退库时做相反的会计分录。

（三）工程完工后将剩余的工程物资转作本单位存货等的，按照物资成本，借记“库存物品”等科目，贷记本科目。

涉及增值税业务的，相关账务处理参见“应交增值税”科目。 四、本科目期末借方余额，反映单位为在建工程准备的各种物资的成本。

1613 在建工程

一、本科目核算单位在建的建设项目工程的实际成本。

单位在建的信息系统项目工程、公共基础设施项目工程、保障性住房项目工程的实际成本，也通过本科目核算。

二、本科目应当设置“建筑安装工程投资”“设备投资”“待摊投资”“其他投资”“待核销基建支出”“基建转出投资”等明细科目，并按照具体项目进行明细核算。

（一）“建筑安装工程投资”明细科目，核算单位发生的构成建设项目实际支出的建筑工程和安装工程的实际成本，不包括被安装设备本身的价值以及按照合同规定支付给施工单位的预付备料款和预付工程款。本明细科目应当设置“建筑工程”和“安装工程”两个明细科目进行明细核算。

（二）“设备投资”明细科目，核算单位发生的构成建设项目实际支出的各种设备的实际成本。

（三）“待摊投资”明细科目，核算单位发生的构成建设项目实际支出的、按照规定应当分摊计入有关工程成本和设备成本的各项间接费用和税费支出。本明细科目的具体核算内容包括以下方面：

1. 勘查费、设计费、研究试验费、可行性研究费及项目其他前期费用。

2. 土地征用及迁移补偿费、土地复垦及补偿费、森林植被恢复费及其他为取得土地使用权、租用权而发生的费用。

3. 土地使用税、耕地占用税、契税、车船税、印花税及按照规定缴纳的其他税费。

4. 项目建设管理费、代建管理费、临时设施费、监理费、招投标费、社会中介审计（审查）费及其他管理性质的费用。项目建设管理费是指项目建设单位从项目筹建之日起至办理竣工财务决算之日止发生的管理性质的支出，包括不在原单位发工资的工作人员工资及相关费用、办公费、办公场地租用费、差旅交通费、劳动保护费、工具用具使用费、固定资产使用费、招募生产工人费、技术图书资料费（含软件）、业务招待费、施工现场津贴、竣工验收费等。

5. 项目建设期间发生的各类专门借款利息支出或融资费用。

6. 工程检测费、设备检验费、负荷联合试车费及其他检验检测类费用。

7. 固定资产损失、器材处理亏损、设备盘亏及毁损、单项工程或单位工程报废、毁损净损失及其他损失。

8. 系统集成等信息工程的费用支出。

9. 其他待摊性质支出。

本明细科目应当按照上述费用项目进行明细核算，其中有些费用（如项目建设管理费等），还应当按照更为具体的费用项目进行明细核算。

（四）“其他投资”明细科目，核算单位发生的构成建设项目实际支出的房屋购置支出，基本畜禽、林木等购置、饲养、培育支出，办公生活用家具、器具购置支出，软件研发和不能计入设备投资的软件购置等支出。单位为进行可行性研究而购置的固定资产，以及取得土地使用权支付的土地出让金，也通过本明细科目核算。本明细科目应当设置“房屋购置”“基本畜禽支出”“林木支出”“办公生活用家具、器具购置”“可行性研究固定资产购置”“无形资产”等明细科目。

（五）“待核销基建支出”明细科目，核算建设项目发生的江河清障、航道清淤、飞播造林、补助群众造林、水土保持、城市绿化、取消项目的可行性研究费以及项目整体报废等不能形成资产部分的基建投资支出。本明细科目应按照待核销基建支出的类别进行明细核算。

（六）“基建转出投资”明细科目，核算为建设项目配套而建成的、产权不归属本单位的专用设施的实际成本。本明细科目应按照转出投资的类别进行明细核算。

三、在建工程的主要账务处理如下。

（一）建筑安装工程投资

1. 将固定资产等资产转入改建、扩建等时，按照固定资产等资产的账面价值，借记本科目（建筑安装工程投资），按照已计提的折旧或摊销，借记“固定资产累计折旧”等科目，按照固定资产等资产的原值，贷记“固定资产”等科目。

固定资产等资产改建、扩建过程中涉及替换（或拆除）原资产的某些组成部分的，按照被替换（或拆除）部分的账面价值，借记“待处理财产损溢”科目，贷记本科目（建筑安装工程投资）。

2. 单位对于发包建筑安装工程，根据建筑安装工程价款结算账单与施工企业结算工程价款时，按照应承付的工程价款，借记本科目（建筑安装工程投资），按照预付工程款余额，贷记“预付账款”科目，按照其差额，贷记“财政拨款收入”“零余额账户用款额度”“银行存款”“应付账款”等科目。

3. 单位自行施工的小型建筑安装工程，按照发生的各项支出金额，借记本科目（建筑安装工程投资），贷记“工程物资”“零余额账户用款额度”“银行存款”“应付职工薪酬”等科目。

4. 工程竣工，办妥竣工验收交接手续交付使用时，按照建筑安装工程成本（含应分摊的待摊投资），借记“固定资产”等科目，贷记本科目（建筑安装工程投资）。

（二）设备投资

1. 购入设备时，按照购入成本，借记本科目（设备投资），贷记“财政拨款收入”“零余额账户用款额度”“银行存款”等科目；采用预付款方式购入设备的，有关预付款的账务处理参照本科目有关“建筑安装工程投资”明细科目的规定。

2. 设备安装完毕，办妥竣工验收交接手续交付使用时，按照设备投资成本（含设备安装工程成本和分摊的待摊投资），借记“固定资产”等科目，贷记本科目（设备投资、建筑安装工程投资——安装工程）。

将不需要安装的设备和达不到固定资产标准的工具、器具交付使用时，按照相关设备、工具、器具的实际成本，借记“固定资产”“库存物品”科目，贷记本科目（设备投资）。

（三）待摊投资

建设工程发生的构成建设项目实际支出的、按照规定应当分摊计入有关工程成本和设备成本的各项间接费用和税费支出，先在本明细科目中归集；建设工程办妥竣工验收手续交付使用时，按照合理的分配方法，摊入相关工程成本、在安装设备成本等。

1. 单位发生的构成待摊投资的各类费用，按照实际发生金额，借记本科目（待摊投资），贷记“财政拨款收入”“零余额账户用款额度”“银行存款”“应付利息”“长期借款”“其他应交税费”“固定资产累计折旧”“无形资产累计摊销”等科目。

2. 对于建设过程中试生产、设备调试等产生的收入，按照取得的收入金额，借记“银行存款”等科目，按照依据有关规定应当冲减建设工程成本的部分，贷记本科目（待摊投资），按照其差额贷记“应缴财政款”或“其他收入”科目。

3. 由于自然灾害、管理不善等原因造成的单项工程或单位工程报废或毁损，扣除残料价值和过失人或保险公司等赔款后的净损失，报经批准后计入继续施工的工程成本的，按照工程成本扣除残料价值和过失人或保险公司等赔款后的净损失，借记本科目（待摊投资），按照残料变价收入、过失人或保险公司赔款等，借记“银行存款”“其他应收款”等科目，按照报废或毁损的工程成本，贷记本科目（建筑安装工程投资）。

4. 工程交付使用时，按照合理的分配方法分配待摊投资，借记本科目（建筑安装工程投资、设备投资），贷记本科目（待摊投资）。

待摊投资的分配方法，可按照下列公式计算：

（1）按照实际分配率分配。适用于建设工期较短、整个项目的所有单项工程一次竣工的建设项目。

实际分配率＝待摊投资明细科目余额 ÷（建筑工程明细科目余额＋安装工程明细科目余额＋设备投资明细科目余额）×100％

（2）按照概算分配率分配。适用于建设工期长、单项工程分期分批建成投入使用的建设项目。

概算分配率＝（概算中各待摊投资项目的合计数－其中可直接分配部分）÷（概算中建筑工程、安装工程和设备投资合计）×100％

（3）某项固定资产应分配的待摊投资＝该项固定资产的建筑工程成本或该项固定资产（设备）的采购成本和安装成本合计 × 分配率

（四）其他投资

1. 单位为建设工程发生的房屋购置支出，基本畜禽、林木等的购置、饲养、培育支出，办公生活用家具、器具购置支出，软件研发和不能计入设备投资的软件购置等支出，按照实际发生金额，借记本科目（其他投资），贷记“财政拨款收入”“零余额账户用款额度”“银行存款”等科目。

2. 工程完成将形成的房屋、基本畜禽、林木等各种财产以及无形资产交付使用时，按照其实际成本，借记“固定资产”“无形资产”等科目，贷记本科目（其他投资）。

（五）待核销基建支出

1. 建设项目发生的江河清障、航道清淤、飞播造林、补助群众造林、水土保持、城市绿化等不能形成资产的各类待核销基建支出，按照实际发生金额，借记本科目（待核销基建支出），贷记“财政拨款收入”“零余额账户用款额度”“银行存款”等科目。

2. 取消的建设项目发生的可行性研究费，按照实际发生金额，借记本科目（待核销基建支出），贷记本科目（待摊投资）。

3. 由于自然灾害等原因发生的建设项目整体报废所形成的净损失，报经批准后转入待核销基建支出，按照项目整体报废所形成的净损失，借记本科目（待核销基建支出），按照报废工程回收的残料变价收入、保险公司赔款等，借记“银行存款”“其他应收款”等科目，按照报废的工程成本，贷记本科目（建筑安装工程投资等）。

4. 建设项目竣工验收交付使用时，对发生的待核销基建支出进行冲销，借记“资产处置费用”科目，贷记本科目（待核销基建支出）。

（六）基建转出投资

为建设项目配套而建成的、产权不归属本单位的专用设施，在项目竣工验收交付使用时，按照转出的专用设施的成本，借记本科目（基建转出投资），贷记本科目（建筑安装工程投资）；同时，借记“无偿调拨净资产”科目，贷记本科目（基建转出投资）。

四、本科目期末借方余额，反映单位尚未完工的建设项目工程发生的实际成本。

1701 无形资产

一、本科目核算单位无形资产的原值。非大批量购入、单价小于1 000元的无形资产，可以于购买的当期将其成本直接计入当期费用。

二、本科目应当按照无形资产的类别、项目等进行明细核算。

三、无形资产的主要账务处理如下：

（一）无形资产在取得时，应当按照成本进行初始计量

1. 外购的无形资产，按照确定的成本，借记本科目，贷记“财政拨款收入”“零余额账户用款额度”“应付账款”“银行存款”等科目。

2. 委托软件公司开发软件，视同外购无形资产进行处理。合同中约定预付开发费用的，按照预付金额，借记“预付账款”科目，贷记“财政拨款收入”“零余额账户用款额度”“银行存款”等科目。

软件开发完成交付使用并支付剩余或全部软件开发费用时，按照软件开发费用总额，借记本科目，按照相关预付账款金额，贷记“预付账款”科目，按照支付的剩余金额，贷记“财政拨款收入”“零余额账户用款额度”“银行存款”等科目。

3. 自行研究开发形成的无形资产，按照研究开发项目进入开发阶段后至达到预定用途前所发生的支出总额，借记本科目，贷记“研发支出——开发支出”科目。

自行研究开发项目尚未进入开发阶段，或者确实无法区分研究阶段支出和开发阶段支出，但按照法律程序已申请取得无形资产的，按照依法取得时发生的注册费、聘请律师费等费用，借记本科目，贷记“财政拨款收入”“零余额账户用款额度”“银行存款”等科目；按照依法取得前所发生的研究开发支出，借记“业务活动费用”等科目，贷记“研发支出”科目。

4. 接受捐赠的无形资产，按照确定的无形资产成本，借记本科目，按照发生的相关税费等，贷记“零余额账户用款额度”“银行存款”等科目，按照其差额，贷记“捐赠收入”科目。

接受捐赠的无形资产按照名义金额入账的，按照名义金额，借记本科目，贷记“捐赠收入”科目；同时，按照发生的相关税费等，借记“其他费用”科目，贷记“零余额账户用款额度”“银行存款”等科目。

5. 无偿调入的无形资产，按照确定的无形资产成本，借记本科目，按照发生的相关税费等，贷记“零余额账户用款额度”“银行存款”等科目，按照其差额，贷记“无偿调拨净资产”科目。

6. 置换取得的无形资产，参照“库存物品”科目中置换取得库存物品的相关规定进行账务处理。

无形资产取得时涉及增值税业务的，相关账务处理参见“应交增值税”科目。

（二）与无形资产有关的后续支出

1. 符合无形资产确认条件的后续支出

为增加无形资产的使用效能对其进行升级改造或扩展其功能时，如需暂停对无形资产进行摊销的，按照无形资产的账面价值，借记“在建工程”科目，按照无形资产已摊销金额，借记“无形资产累计摊销”科目，按照无形资产的账面余额，贷记本科目。

无形资产后续支出符合无形资产确认条件的，按照支出的金额，借记本科目［无需暂停摊销的］或“在建工程”科目［需暂停摊销的］，贷记“财政拨款收入”“零余额账户用款额度”“银行存款”等科目。

暂停摊销的无形资产升级改造或扩展功能等完成交付使用时，按照在建工程成本，借记本科目，贷记“在建工程”科目。

2. 不符合无形资产确认条件的后续支出

为保证无形资产正常使用发生的日常维护等支出，借记“业务活动费用”“单位管理费用”等科目，贷记“财政拨款收入”“零余额账户用款额度”“银行存款”等科目。

（三）按照规定报经批准处置无形资产，应当分别以下情况处理

1. 报经批准出售、转让无形资产，按照被出售、转让无形资产的账面价值，借记“资产处置费用”科目，按照无形资产已计提的摊销，借记“无形资产累计摊销”科目，按照无形资产账面余额，贷记本科目；同时，按照收到的价款，借记“银行存款”等科目，按照处置过程中发生的相关费用，贷记“银行存款”等科目，按照其差额，贷记“应缴财政款”［按照规定应上缴无形资产转让净收入的］或“其他收入”［按照规定将无形资产转让收入纳入本单位预算管理的］科目。

2. 报经批准对外捐赠无形资产，按照无形资产已计提的摊销，借记“无形资产累计摊销”科目，按照被处置无形资产账面余额，贷记本科目，按照捐赠过程中发生的归属于捐出方的相关费用，贷记“银行存款”等科目，按照其差额，借记“资产处置费用”科目。

3. 报经批准无偿调出无形资产，按照无形资产已计提的摊销，借记“无形资产累计摊销”科目，按照被处置无形资产账面余额，贷记本科目，按照其差额，借记“无偿调拨净资产”科目；同时，按照无偿调出过程中发生的归属于调出方的相关费用，借记“资产处置费用”科目，贷记“银行存款”等科目。

4. 报经批准置换换出无形资产，参照“库存物品”科目中置换换入库存物品的规定进行账务处理。

5. 无形资产预期不能为单位带来服务潜力或经济利益，按照规定报经批准核销时，按照待核销无形资产的账面价值，借记“资产处置费用”科目，按照已计提摊销，借记“无形资产累计摊销”科目，按照无形资产的账面余额，贷记本科目。

无形资产处置时涉及增值税业务的，相关账务处理参见“应交增值税”科目。

（四）单位应当定期对无形资产进行清查盘点，每年至少盘点一次

单位资产清查盘点过程中发现的无形资产盘盈、盘亏等，参照“固定资产”科目相关规定进行账务处理。

四、本科目期末借方余额，反映单位无形资产的成本。

1702　无形资产累计摊销

一、本科目核算单位对使用年限有限的无形资产计提的累计摊销。

二、本科目应当按照所对应无形资产的明细分类进行明细核算。

三、无形资产累计摊销的主要账务处理如下：

（一）按月对无形资产进行摊销时，按照应摊销金额，借记“业务活动费用”“单位管理费用”“加工物品”“在建工程”等科目，贷记本科目。

（二）经批准处置无形资产时，按照所处置无形资产的账面价值，借记“资产处置费

用”“无偿调拨净资产”“待处理财产损溢”等科目，按照已计提摊销，借记本科目，按照无形资产的账面余额，贷记“无形资产”科目。

四、本科目期末贷方余额，反映单位计提的无形资产摊销累计数。

1703 研发支出

一、本科目核算单位自行研究开发项目研究阶段和开发阶段发生的各项支出。

建设项目中的软件研发支出，应当通过“在建工程”科目核算，不通过本科目核算。

二、本科目应当按照自行研究开发项目，分别“研究支出”“开发支出”进行明细核算。

三、研发支出的主要账务处理如下：

（一）自行研究开发项目研究阶段的支出，应当先在本科目归集。按照从事研究及其辅助活动人员计提的薪酬，研究活动领用的库存物品，发生的与研究活动相关的管理费、间接费和其他各项费用，借记本科目（研究支出），贷记“应付职工薪酬”“库存物品”“财政拨款收入”“零余额账户用款额度”“固定资产累计折旧”“银行存款”等科目。期（月）末，应当将本科目归集的研究阶段的支出金额转入当期费用，借记“业务活动费用”等科目，贷记本科目（研究支出）。

（二）自行研究开发项目开发阶段的支出，先通过本科目进行归集。按照从事开发及其辅助活动人员计提的薪酬，开发活动领用的库存物品，发生的与开发活动相关的管理费、间接费和其他各项费用，借记本科目（开发支出），贷记“应付职工薪酬”“库存物品”“财政拨款收入”“零余额账户用款额度”“固定资产累计折旧”“银行存款”等科目。自行研究开发项目完成，达到预定用途形成无形资产的，按照本科目归集的开发阶段的支出金额，借记“无形资产”科目，贷记本科目（开发支出）。

单位应于每年年度终了评估研究开发项目是否能达到预定用途，如预计不能达到预定用途（如无法最终完成开发项目并形成无形资产的），应当将已发生的开发支出金额全部转入当期费用，借记“业务活动费用”等科目，贷记本科目（开发支出）。

自行研究开发项目时涉及增值税业务的，相关账务处理参见“应交增值税”科目。

四、本科目期末借方余额，反映单位预计能达到预定用途的研究开发项目在开发阶段发生的累计支出数。

1801 公共基础设施

一、本科目核算单位控制的公共基础设施的原值。

二、本科目应当按照公共基础设施的类别、项目等进行明细核算。

三、单位应当根据行业主管部门对公共基础设施的分类规定，制定适合于本单位管理的公共基础设施目录、分类方法，作为进行公共基础设施核算的依据。

四、公共基础设施的主要账务处理如下：

（一）公共基础设施在取得时，应当按照其成本入账

1. 自行建造的公共基础设施完工交付使用时，按照在建工程的成本，借记本科目，贷记“在建工程”科目。

已交付使用但尚未办理竣工决算手续的公共基础设施，按照估计价值入账，待办理竣工决算后再按照实际成本调整原来的暂估价值。

2. 接受其他单位无偿调入的公共基础设施，按照确定的成本，借记本科目，按照发生的归属于调入方的相关费用，贷记“财政拨款收入”“零余额账户用款额度”“银行存款”等科目，按照其差额，贷记“无偿调拨净资产”科目。无偿调入的公共基础设施成本无法可靠取得的，按照发生的相关税费、运输费等金额，借记“其他费用”科目，贷记“财政拨款收入”“零余额账户用款额度”“银行存款”等科目。

3. 接受捐赠的公共基础设施，按照确定的成本，借记本科目，按照发生的相关费用，

贷记“财政拨款收入”“零余额账户用款额度”“银行存款”等科目，按照其差额，贷记“捐赠收入”科目。接受捐赠的公共基础设施成本无法可靠取得的，按照发生的相关税费等金额，借记“其他费用”科目，贷记“财政拨款收入”“零余额账户用款额度”“银行存款”等科目。

4. 外购的公共基础设施，按照确定的成本，借记本科目，贷记“财政拨款收入”“零余额账户用款额度”“银行存款”等科目。

5. 对于成本无法可靠取得的公共基础设施，单位应当设置备查簿进行登记，待成本能够可靠确定后按照规定及时入账。

（二）与公共基础设施有关的后续支出

将公共基础设施转入改建、扩建时，按照公共基础设施的账面价值，借记“在建工程”科目，按照公共基础设施已计提折旧，借记“公共基础设施累计折旧（摊销）”科目，按照公共基础设施的账面余额，贷记本科目。

为增加公共基础设施使用效能或延长其使用年限而发生的改建、扩建等后续支出，借记“在建工程”科目，贷记“财政拨款收入”“零余额账户用款额度”“银行存款”等科目。

公共基础设施改建、扩建完成，竣工验收交付使用时，按照在建工程成本，借记本科目，贷记“在建工程”科目。

为保证公共基础设施正常使用发生的日常维修等支出，借记“业务活动费用”“单位管理费用”等科目，贷记“财政拨款收入”“零余额账户用款额度”“银行存款”等科目。

（三）按照规定报经批准处置公共基础设施，分别以下情况处理

1. 报经批准对外捐赠公共基础设施，按照公共基础设施已计提的折旧或摊销，借记“公共基础设施累计折旧（摊销）”科目，按照被处置公共基础设施账面余额，贷记本科目，按照捐赠过程中发生的归属于捐出方的相关费用，贷记“银行存款”等科目，按照其差额，借记“资产处置费用”科目。

2. 报经批准无偿调出公共基础设施，按照公共基础设施已计提的折旧或摊销，借记“公共基础设施累计折旧（摊销）”科目，按照被处置公共基础设施账面余额，贷记本科目，按照其差额，借记“无偿调拨净资产”科目；同时，按照无偿调出过程中发生的归属于调出方的相关费用，借记“资产处置费用”科目，贷记“银行存款”等科目。

（四）单位应当定期对公共基础设施进行清查盘点

对于发生的公共基础设施盘盈、盘亏、毁损或报废，应当先记入“待处理财产损溢”科目，按照规定报经批准后及时进行后续账务处理。

1. 盘盈的公共基础设施，其成本按照有关凭据注明的金额确定；没有相关凭据、但按照规定经过资产评估的，其成本按照评估价值确定；没有相关凭据、也未经过评估的，其成本按照重置成本确定。盘盈的公共基础设施成本无法可靠取得的，单位应当设置备查簿进行登记，待成本确定后按照规定及时入账。盘盈的公共基础设施，按照确定的入账成本，借记本科目，贷记“待处理财产损溢”科目。

2. 盘亏、毁损或报废的公共基础设施，按照待处置公共基础设施的账面价值，借记“待处理财产损溢”科目，按照已计提折旧或摊销，借记“公共基础设施累计折旧（摊销）”科目，按照公共基础设施的账面余额，贷记本科目。

五、本科目期末借方余额，反映公共基础设施的原值。

1802 公共基础设施累计折旧（摊销）

一、本科目核算单位计提的公共基础设施累计折旧和累计摊销。

二、本科目应当按照所对应公共基础设施的明细分类进行明细核算。

三、公共基础设施累计折旧（摊销）的主要账务处理如下：

（一）按月计提公共基础设施折旧时，按照应计提的折旧额，借记“业务活动费用”科目，贷记本科目。

（二）按月对确认为公共基础设施的单独计价入账的土地使用权进行摊销时，按照应计提的摊销额，借记“业务活动费用”科目，贷记本科目。

（三）处置公共基础设施时，按照所处置公共基础设施的账面价值，借记“资产处置费用”“无偿调拨净资产”“待处理财产损溢”等科目，按照已提取的折旧和摊销，借记本科目，按照公共基础设施账面余额，贷记“公共基础设施”科目。

四、本科目期末贷方余额，反映单位提取的公共基础设施折旧和摊销的累计数。

1811 政府储备物资

一、本科目核算单位控制的政府储备物资的成本。

对政府储备物资不负有行政管理职责但接受委托具体负责执行其存储保管等工作的单位，其受托代储的政府储备物资应当通过“受托代理资产”科目核算，不通过本科目核算。

二、本科目应当按照政府储备物资的种类、品种、存放地点等进行明细核算。单位根据需要，可在本科目下设置“在库”“发出”等明细科目进行明细核算。

三、政府储备物资的主要账务处理如下：

（一）政府储备物资取得时，应当按照其成本入账。

1. 购入的政府储备物资验收入库，按照确定的成本，借记本科目，贷记“财政拨款收入”“零余额账户用款额度”“银行存款”等科目。

2. 涉及委托加工政府储备物资业务的，相关账务处理参照“加工物品”科目。

3. 接受捐赠的政府储备物资验收入库，按照确定的成本，借记本科目，按照单位承担的相关税费、运输费等，贷记“零余额账户用款额度”“银行存款”等科目，按照其差额，贷记“捐赠收入”科目。

4. 接受无偿调入的政府储备物资验收入库，按照确定的成本，借记本科目，按照单位承担的相关税费、运输费等，贷记“零余额账户用款额度”“银行存款”等科目，按照其差额，贷记“无偿调拨净资产”科目。

（二）政府储备物资发出时，分别以下情况处理：

1. 因动用而发出无需收回的政府储备物资的，按照发出物资的账面余额，借记“业务活动费用”科目，贷记本科目。

2. 因动用而发出需要收回或者预期可能收回的政府储备物资的，在发出物资时，按照发出物资的账面余额，借记本科目（发出），贷记本科目（在库）；按照规定的质量验收标准收回物资时，按照收回物资原账面余额，借记本科目（在库），按照未收回物资的原账面余额，借记“业务活动费用”科目，按照物资发出时登记在本科目所属“发出”明细科目中的余额，贷记本科目（发出）。

3. 因行政管理主体变动等原因而将政府储备物资调拨给其他主体的，按照无偿调出政府储备物资的账面余额，借记“无偿调拨净资产”科目，贷记本科目。

4. 对外销售政府储备物资并将销售收入纳入单位预算统一管理的，发出物资时，按照发出物资的账面余额，借记“业务活动费用”科目，贷记本科目；实现销售收入时，按照确认的收入金额，借记“银行存款”“应收账款”等科目，贷记“事业收入”等科目。对外销售政府储备物资并按照规定将销售净收入上缴财政的，发出物资时，按照发出物资的账面余额，借记“资产处置费用”科目，贷记本科目；取得销售价款时，按照实际收到的款项金额，借记“银行存款”等科目，按照发生的相关税费，贷记“银行存款”等科目，按照销售价款大于所承担的相关税费后的差额，贷记“应缴财政款”科目。

（三）单位应当定期对政府储备物资进行清查盘点，每年至少盘点一次。对于发生的政府储备物资盘盈、盘亏或者报废、毁损，应当先记入“待处理财产损溢”科目，按照规定报经批准后及时进行后续账务处理。

1. 盘盈的政府储备物资，按照确定的入账成本，借记本科目，贷记“待处理财产损溢”科目。

2. 盘亏或者毁损、报废的政府储备物资，按照待处理政府储备物资的账面余额，借记“待处理财产损溢”科目，贷记本科目。

四、本科目期末借方余额，反映政府储备物资的成本。

1821 文物文化资产

一、本科目核算单位为满足社会公共需求而控制的文物文化资产的成本。

单位为满足自身开展业务活动或其他活动需要而控制的文物和陈列品，应当通过“固定资产”科目核算，不通过本科目核算。

二、本科目应当按照文物文化资产的类别、项目等进行明细核算。

三、文物文化资产的主要账务处理如下：

（一）文物文化资产在取得时，应当按照其成本入账。

1. 外购的文物文化资产，其成本包括购买价款、相关税费以及可归属于该项资产达到预定用途前所发生的其他支出（如运输费、安装费、装卸费等）。

外购的文物文化资产，按照确定的成本，借记本科目，贷记“财政拨款收入”“零余额账户用款额度”“银行存款”等科目。

2. 接受其他单位无偿调入的文物文化资产，其成本按照该项资产在调出方的账面价值加上归属于调入方的相关费用确定。

调入的文物文化资产，按照确定的成本，借记本科目，按照发生的归属于调入方的相关费用，贷记“零余额账户用款额度”“银行存款”等科目，按照其差额，贷记“无偿调拨净资产”科目。

无偿调入的文物文化资产成本无法可靠取得的，按照发生的归属于调入方的相关费用，借记“其他费用”科目，贷记“零余额账户用款额度”“银行存款”等科目。

3. 接受捐赠的文物文化资产，其成本按照有关凭据注明的金额加上相关费用确定；没有相关凭据可供取得，但按照规定经过资产评估的，其成本按照评估价值加上相关费用确定；没有相关凭据可供取得、也未经评估的，其成本比照同类或类似资产的市场价格加上相关费用确定。

接受捐赠的文物文化资产，按照确定的成本，借记本科目，按照发生的相关税费、运输费等金额，贷记“零余额账户用款额度”“银行存款”等科目，按照其差额，贷记“捐赠收入”科目。

接受捐赠的文物文化资产成本无法可靠取得的，按照发生的相关税费、运输费等金额，借记“其他费用”科目，贷记“零余额账户用款额度”“银行存款”等科目。

4. 对于成本无法可靠取得的文物文化资产，单位应当设置备查簿进行登记，待成本能够可靠确定后按照规定及时入账。

（二）与文物文化资产有关的后续支出，参照“公共基础设施”科目相关规定进行处理。

（三）按照规定报经批准处置文物文化资产，应当分别以下情况处理：

1. 报经批准对外捐赠文物文化资产，按照被处置文物文化资产账面余额和捐赠过程中发生的归属于捐出方的相关费用合计数，借记“资产处置费用”科目，按照被处置文物文化资产账面余额，贷记本科目，按照捐赠过程中发生的归属于捐出方的相关费用，贷记“银行存款”等科目。

2. 报经批准无偿调出文物文化资产，按照被处置文物文化资产账面余额，借记“无偿调拨净资产”科目,贷记本科目;同时,按照无偿调出过程中发生的归属于调出方的相关费用,借记“资产处置费用”科目,贷记“银行存款”等科目。

（四）单位应当定期对文物文化资产进行清查盘点,每年至少盘点一次。对于发生的文物文化资产盘盈、盘亏、毁损或报废等,参照“公共基础设施”科目相关规定进行账务处理。

四、本科目期末借方余额,反映文物文化资产的成本。

1831 保障性住房

一、本科目核算单位为满足社会公共需求而控制的保障性住房的原值。

二、本科目应当按照保障性住房的类别、项目等进行明细核算。

三、保障性住房的主要账务处理如下:

（一）保障性住房在取得时,应当按其成本入账。

1. 外购的保障性住房,其成本包括购买价款、相关税费以及可归属于该项资产达到预定用途前所发生的其他支出。

外购的保障性住房,按照确定的成本,借记本科目,贷记“财政拨款收入”“零余额账户用款额度”“银行存款”等科目。

2. 自行建造的保障性住房交付使用时,按照在建工程成本,借记本科目,贷记“在建工程”科目。

已交付使用但尚未办理竣工决算手续的保障性住房,按照估计价值入账,待办理竣工决算后再按照实际成本调整原来的暂估价值。

3. 接受其他单位无偿调入的保障性住房,其成本按照该项资产在调出方的账面价值加上归属于调入方的相关费用确定。

无偿调入的保障性住房,按照确定的成本,借记本科目,按照发生的归属于调入方的相关费用,贷记“零余额账户用款额度”“银行存款”等科目,按照其差额,贷记“无偿调拨净资产”科目。

4. 接受捐赠、融资租赁取得的保障性住房,参照“固定资产”科目相关规定进行处理。

（二）与保障性住房有关的后续支出,参照“固定资产”科目相关规定进行处理。

（三）按照规定出租保障性住房并将出租收入上缴同级财政,按照收取的租金金额,借“银行存款”等科目,贷记“应缴财政款”科目。

（四）按照规定报经批准处置保障性住房,应当分别以下情况处理:

1. 报经批准无偿调出保障性住房,按照保障性住房已计提的折旧,借记“保障性住房累计折旧”科目,按照被处置保障性住房账面余额,贷记本科目,按照其差额,借记“无偿调拨净资产”科目;同时,按照无偿调出过程中发生的归属于调出方的相关费用,借记“资产处置费用”科目,贷记“银行存款”等科目。

2. 报经批准出售保障性住房,按照被出售保障性住房的账面价值,借记“资产处置费用”科目,按照保障性住房已计提的折旧,借记“保障性住房累计折旧”科目,按照保障性住房账面余额,贷记本科目;同时,按照收到的价款,借记“银行存款”等科目,按照出售过程中发生的相关费用,贷记“银行存款”等科目,按照其差额,贷记“应缴财政款”科目。

（五）单位应当定期对保障性住房进行清查盘点。对于发生的保障性住房盘盈、盘亏、毁损或报废等,参照“固定资产”科目相关规定进行账务处理。

四、本科目期末借方余额,反映保障性住房的原值。

1832 保障性住房累计折旧

一、本科目核算单位计提的保障性住房的累计折旧。

二、本科目应当按照所对应保障性住房的类别进行明细核算。

三、单位应当参照《企业会计准则第 3 号——固定资产》及其应用指南的相关规定，按月对其控制的保障性住房计提折旧。

四、保障性住房累计折旧的主要账务处理如下：

（一）按月计提保障性住房折旧时，按照应计提的折旧额，借记“业务活动费用”科目，贷记本科目。

（二）报经批准处置保障性住房时，按照所处置保障性住房的账面价值，借记“资产处置费用”“无偿调拨净资产”“待处理财产损溢”等科目，按照已计提折旧，借记本科目，按照保障性住房的账面余额，贷记“保障性住房”科目。

五、本科目期末贷方余额，反映单位计提的保障性住房折旧累计数。

1891 受托代理资产

一、本科目核算单位接受委托方委托管理的各项资产，包括受托指定转赠的物资、受托存储保管的物资等的成本。

单位管理的罚没物资也应当通过本科目核算。

单位收到的受托代理资产为现金和银行存款的，不通过本科目核算，应当通过“库存现金”“银行存款”科目进行核算。

二、本科目应当按照资产的种类和委托人进行明细核算；属于转赠资产的，还应当按照受赠人进行明细核算。

三、受托代理资产的主要账务处理如下：

（一）受托转赠物资

1. 接受委托人委托需要转赠给受赠人的物资，其成本按照有关凭据注明的金额确定。接受委托转赠的物资验收入库，按照确定的成本，借记本科目，贷记“受托代理负债”科目。

受托协议约定由受托方承担相关税费、运输费等的，还应当按照实际支付的相关税费、运输费等金额，借记“其他费用”科目，贷记“银行存款”等科目。

2. 将受托转赠物资交付受赠人时，按照转赠物资的成本，借记“受托代理负债”科目，贷记本科目。

3. 转赠物资的委托人取消了对捐赠物资的转赠要求，且不再收回捐赠物资的，应当将转赠物资转为单位的存货、固定资产等。按照转赠物资的成本，借记“受托代理负债”科目，贷记本科目；同时，借记“库存物品”“固定资产”等科目，贷记“其他收入”科目。

（二）受托存储保管物资

1. 接受委托人委托存储保管的物资，其成本按照有关凭据注明的金额确定。接受委托储存的物资验收入库，按照确定的成本，借记本科目，贷记“受托代理负债”科目。

2. 发生由受托单位承担的与受托存储保管的物资相关的运输费、保管费等费用时，按照实际发生的费用金额，借记“其他费用”等科目，贷记“银行存款”等科目。

3. 根据委托人要求交付或发出受托存储保管的物资时，按照发出物资的成本，借记“受托代理负债”科目，贷记本科目。

（三）罚没物资

1. 取得罚没物资时，其成本按照有关凭据注明的金额确定。罚没物资验收（入库），按照确定的成本，借记本科目，贷记“受托代理负债”科目。罚没物资成本无法可靠确定的，单位应当设置备查簿进行登记。

2. 按照规定处置或移交罚没物资时，按照罚没物资的成本，借记“受托代理负债”科目，贷记本科目。处置时取得款项的，按照实际取得的款项金额，借记“银行存款”等科目，贷记“应缴财政款”等科目。

单位受托代理的其他实物资产，参照本科目有关受托转赠物资、受托存储保管物资的规定进行账务处理。

四、本科目期末借方余额，反映单位受托代理实物资产的成本。

1901 长期待摊费用

一、本科目核算单位已经支出，但应由本期和以后各期负担的分摊期限在 1 年以上（不含 1 年）的各项费用，如以经营租赁方式租入的固定资产发生的改良支出等。

二、本科目应当按照费用项目进行明细核算。

三、长期待摊费用的主要账务处理如下：

（一）发生长期待摊费用时，按照支出金额，借记本科目，贷记“财政拨款收入”“零余额账户用款额度”“银行存款”等科目。

（二）按照受益期间摊销长期待摊费用时，按照摊销金额，借记“业务活动费用”“单位管理费用”“经营费用”等科目，贷记本科目。

（三）如果某项长期待摊费用已经不能使单位受益，应当将其摊余金额一次全部转入当期费用。按照摊销金额，借记“业务活动费用”“单位管理费用”“经营费用”等科目，贷记本科目。

四、本科目期末借方余额，反映单位尚未摊销完毕的长期待摊费用。

1902 待处理财产损溢

一、本科目核算单位在资产清查过程中查明的各种资产盘盈、盘亏和报废、毁损的价值。

二、本科目应当按照待处理的资产项目进行明细核算；对于在资产处理过程中取得收入或发生相关费用的项目，还应当设置“待处理财产价值”“处理净收入”明细科目，进行明细核算。

三、单位资产清查中查明的资产盘盈、盘亏、报废和毁损，一般应当先记入本科目，按照规定报经批准后及时进行账务处理。年末结账前一般应处理完毕。

四、待处理财产损溢的主要账务处理如下：

（一）账款核对时发现的库存现金短缺或溢余

1. 每日账款核对中发现现金短缺或溢余，属于现金短缺，按照实际短缺的金额，借记本科目，贷记“库存现金”科目；属于现金溢余，按照实际溢余的金额，借记“库存现金”科目，贷记本科目。

2. 如为现金短缺，属于应由责任人赔偿或向有关人员追回的，借记“其他应收款”科目，贷记本科目；属于无法查明原因的，报经批准核销时，借记“资产处置费用”科目，贷记本科目。

3. 如为现金溢余，属于应支付给有关人员或单位的，借记本科目，贷记“其他应付款”科目；属于无法查明原因的，报经批准后，借记本科目，贷记“其他收入”科目。

（二）资产清查过程中发现的存货、固定资产、无形资产、公共基础设施、政府储备物资、文物文化资产、保障性住房等各种资产盘盈、盘亏或报废、毁损

1. 盘盈的各类资产

（1）转入待处理资产时，按照确定的成本，借记“库存物品”“固定资产”“无形资产”“公共基础设施”“政府储备物资”“文物文化资产”“保障性住房”等科目，贷记本科目。

（2）按照规定报经批准后处理时，对于盘盈的流动资产，借记本科目，贷记“单位管理费用”[事业单位]或“业务活动费用”[行政单位]科目。对于盘盈的非流动资产，如属于本年度取得的，按照当年新取得相关资产进行账务处理；如属于以前年度取得的，按照前期差错处理，借记本科目，贷记“以前年度盈余调整”科目。

2. 盘亏或者毁损、报废的各类资产

（1）转入待处理资产时，借记本科目（待处理财产价值）[盘亏、毁损、报废固定资

产、无形资产、公共基础设施、保障性住房的，还应借记“固定资产累计折旧”“无形资产累计摊销”“公共基础设施累计折旧（摊销）”“保障性住房累计折旧”科目]，贷记“库存物品”“固定资产”“无形资产”“公共基础设施”“政府储备物资”“文物文化资产”“保障性住房”“在建工程”等科目。涉及增值税业务的，相关账务处理参见“应交增值税”科目。

报经批准处理时，借记“资产处置费用”科目，贷记本科目（待处理财产价值）。

（2）处理毁损、报废实物资产过程中取得的残值或残值变价收入、保险理赔和过失人赔偿等，借记“库存现金”“银行存款”“库存物品”“其他应收款”等科目，贷记本科目（处理净收入）；处理毁损、报废实物资产过程中发生的相关费用，借记本科目（处理净收入），贷记“库存现金”“银行存款”等科目。

处理收支结清，如果处理收入大于相关费用的，按照处理收入减去相关费用后的净收入，借记本科目（处理净收入），贷记“应缴财政款”等科目；如果处理收入小于相关费用的，按照相关费用减去处理收入后的净支出，借记“资产处置费用”科目，贷记本科目（处理净收入）。

五、本科目期末如为借方余额，反映尚未处理完毕的各种资产的净损失；期末如为贷方余额，反映尚未处理完毕的各种资产净溢余。年末，经批准处理后，本科目一般应无余额。

（二）负　债　类

2001　短期借款

一、本科目核算事业单位经批准向银行或其他金融机构等借入的期限在1年内（含1年）的各种借款。

二、本科目应当按照债权人和借款种类进行明细核算。三、短期借款的主要账务处理如下：

（一）借入各种短期借款时，按照实际借入的金额，借记“银行存款”科目，贷记本科目。

（二）银行承兑汇票到期，本单位无力支付票款的，按照应付票据的账面余额，借记“应付票据”科目，贷记本科目。

（三）归还短期借款时，借记本科目，贷记“银行存款”科目。四、本科目期末贷方余额，反映事业单位尚未偿还的短期借款本金。

2101　应交增值税

一、本科目核算单位按照税法规定计算应交纳的增值税。

二、属于增值税一般纳税人的单位，应当在本科目下设置“应交税金”“未交税金”“预交税金”“待抵扣进项税额”“待认证进项税额”“待转销项税额”“简易计税”“转让金融商品应交增值税”“代扣代交增值税”等明细科目。

（一）“应交税金”明细账内应当设置“进项税额”“已交税金”“转出未交增值税”“减免税款”“销项税额”“进项税额转出”“转出多交增值税”等专栏。其中：

1.“进项税额”专栏，记录单位购进货物、加工修理修配劳务、服务、无形资产或不动产而支付或负担的、准予从当期销项税额中抵扣的增值税额；

2.“已交税金”专栏，记录单位当月已交纳的应交增值税额；

3.“转出未交增值税”和“转出多交增值税”专栏，分别记录一般纳税人月度终了转出当月应交未交或多交的增值税额；

4.“减免税款”专栏，记录单位按照现行增值税制度规定准予减免的增值税额；

5.“销项税额”专栏，记录单位销售货物、加工修理修配劳务、服务、无形资产或不动产应收取的增值税额；

6.“进项税额转出”专栏，记录单位购进货物、加工修理修配劳务、服务、无形资产或不动产等发生非正常损失以及其他原因而不应从销项税额中抵扣、按照规定转出的进项税额。

（二）“未交税金”明细科目，核算单位月度终了从“应交税金”或“预交税金”明细科目转入当月应交未交、多交或预缴的增值税额，以及当月交纳以前期间未交的增值税额。

（三）“预交税金”明细科目，核算单位转让不动产、提供不动产经营租赁服务等，以及其他按照现行增值税制度规定应预缴的增值税额。

（四）“待抵扣进项税额”明细科目，核算单位已取得增值税扣税凭证并经税务机关认证，按照现行增值税制度规定准予以后期间从销项税额中抵扣的进项税额。

（五）“待认证进项税额”明细科目，核算单位由于未经税务机关认证而不得从当期销项税额中抵扣的进项税额。包括：一般纳税人已取得增值税扣税凭证并按规定准予从销项税额中抵扣，但尚未经税务机关认证的进项税额；一般纳税人已申请稽核但尚未取得稽核相符结果的海关缴款书进项税额。

（六）“待转销项税额”明细科目，核算单位销售货物、加工修理修配劳务、服务、无形资产或不动产，已确认相关收入（或利得）但尚未发生增值税纳税义务而需于以后期间确认为销项税额的增值税额。

（七）“简易计税”明细科目，核算单位采用简易计税方法发生的增值税计提、扣减、预缴、缴纳等业务。

（八）“转让金融商品应交增值税”明细科目，核算单位转让金融商品发生的增值税额。

（九）“代扣代交增值税”明细科目，核算单位购进在境内未设经营机构的境外单位或个人在境内的应税行为代扣代缴的增值税。

属于增值税小规模纳税人的单位只需在本科目下设置“转让金融商品应交增值税”“代扣代交增值税”明细科目。

三、应交增值税的主要账务处理如下：

（一）单位[①]取得资产或接受劳务等业务

1. 采购等业务进项税额允许抵扣单位购买用于增值税应税项目的资产或服务等时，按照应计入相关成本费用或资产的金额，借记“业务活动费用”“在途物品”“库存物品”“工程物资”“在建工程”“固定资产”“无形资产”等科目，按照当月已认证的可抵扣增值税额，借记本科目（应交税金——进项税额），按照当月未认证的可抵扣增值税额，借记本科目（待认证进项税额），按照应付或实际支付的金额，贷记“应付账款”“应付票据”“银行存款”“零余额账户用款额度”等科目。发生退货的，如原增值税专用发票已做认证，应根据税务机关开具的红字增值税专用发票做相反的会计分录；如原增值税专用发票未做认证，应将发票退回并做相反的会计分录。

小规模纳税人购买资产或服务等时不能抵扣增值税，发生的增值税计入资产成本或相关成本费用。

2. 采购等业务进项税额不得抵扣单位购进资产或服务等，用于简易计税方法计税项目、免征增值税项目、集体福利或个人消费等，其进项税额按照现行增值税制度规定不得从销项税额中抵扣的，取得增值税专用发票时，应按照增值税发票注明的金额，借记相关成本费用或资产科目，按照待认证的增值税进项税额，借记本科目（待认证进项税额），按照实际支付或应付的金额，贷记“银行存款”“应付账款”“零余额账户用款额度”等科目。经税务机关认证为不可抵扣进项税时，借记本科目（应交税金——进项税额）科目，贷记本科目（待认证进项税额），同时，将进项税额转出，借记相关成本费用科目，贷记本科目（应交税金——

---

① 如不特别说明，本部分内容中的“单位”指增值税一般纳税人。

进项税额转出）。

3. 购进不动产或不动产在建工程按照规定进项税额分年抵扣单位取得应税项目为不动产或者不动产在建工程，其进项税额按照现行增值税制度规定自取得之日起分 2 年从销项税额中抵扣的，应当按照取得成本，借记“固定资产”“在建工程”等科目，按照当期可抵扣的增值税额，借记本科目（应交税金——进项税额），按照以后期间可抵扣的增值税额，借记本科目（待抵扣进项税额），按照应付或实际支付的金额，贷记“应付账款”“应付票据”“银行存款”“零余额账户用款额度”等科目。尚未抵扣的进项税额待以后期间允许抵扣时，按照允许抵扣的金额，借记本科目（应交税金——进项税额），贷记本科目（待抵扣进项税额）。

4. 进项税额抵扣情况发生改变单位因发生非正常损失或改变用途等，原已计入进项税额、待抵扣进项税额或待认证进项税额，但按照现行增值税制度规定不得从销项税额中抵扣的，借记“待处理财产损益”“固定资产”“无形资产”等科目，贷记本科目（应交税金——进项税额转出）、本科目（待抵扣进项税额）或本科目（待认证进项税额）；原不得抵扣且未抵扣进项税额的固定资产、无形资产等，因改变用途等用于允许抵扣进项税额的应税项目的，应按照允许抵扣的进项税额，借记本科目（应交税金——进项税额），贷记“固定资产”“无形资产”等科目。固定资产、无形资产等经上述调整后，应按照调整后的账面价值在剩余尚可使用年限内计提折旧或摊销。

单位购进时已全额计入进项税额的货物或服务等转用于不动产在建工程的，对于结转以后期间的进项税额，应借记本科目（待抵扣进项税额），贷记本科目（应交税金——进项税额转出）。

5. 购买方作为扣缴义务人按照现行增值税制度规定，境外单位或个人在境内发生应税行为，在境内未设有经营机构的，以购买方为增值税扣缴义务人。境内一般纳税人购进服务或资产时，按照应计入相关成本费用或资产的金额，借记“业务活动费用”“在途物品”“库存物品”“工程物资”“在建工程”“固定资产”“无形资产”等科目，按照可抵扣的增值税额，借记本科目（应交税金——进项税额）[小规模纳税人应借记相关成本费用或资产科目]，按照应付或实际支付的金额，贷记“银行存款”“应付账款”等科目，按照应代扣代缴的增值税额，贷记本科目（代扣代交增值税）。实际缴纳代扣代缴增值税时，按照代扣代缴的增值税额，借记本科目（代扣代交增值税），贷记“银行存款”“零余额账户用款额度”等科目。

（二）单位销售资产或提供服务等业务

1. 销售资产或提供服务业务单位销售货物或提供服务，应当按照应收或已收的金额，借记“应收账款”“应收票据”“银行存款”等科目，按照确认的收入金额，贷记“经营收入”“事业收入”等科目，按照现行增值税制度规定计算的销项税额（或采用简易计税方法计算的应纳增值税额），贷记本科目（应交税金——销项税额）或本科目（简易计税）[小规模纳税人应贷记本科目]。发生销售退回的，应根据按照规定开具的红字增值税专用发票做相反的会计分录。

按照本制度及相关政府会计准则确认收入的时点早于按照增值税制度确认增值税纳税义务发生时点的，应将相关销项税额计入本科目（待转销项税额），待实际发生纳税义务时再转入本科目（应交税金——销项税额）或本科目（简易计税）。

按照增值税制度确认增值税纳税义务发生时点早于按照本制度及相关政府会计准则确认收入的时点的，应按照应纳增值税额，借记“应收账款”科目，贷记本科目（应交税金——销项税额）或本科目（简易计税）。

2. 金融商品转让按照规定以盈亏相抵后的余额作为销售额金融商品实际转让月末，如产生转让收益，则按照应纳税额，借记“投资收益”科目，贷记本科目（转让金融商品应交增值税）；如产生转让损失，则按照可结转下月抵扣税额，借记本科目（转让金融商品应交增值税），贷记“投资收益”科目。交纳增值税时，应借记本科目（转让金融商品应交增值税），贷记“银行存款”等科目。年末，本科目（转让金融商品应交增值税）如有借方余额，则借记“投资收益”科目，贷记本科目（转让金融商品应交增值税）。

（三）月末转出多交增值税和未交增值税月度终了，单位应当将当月应交未交或多交的增值税自“应交税金”明细科目转入“未交税金”明细科目。对于当月应交未交的增值税，借记本科目（应交税金——转出未交增值税），贷记本科目（未交税金）；对于当月多交的增值税，借记本科目（未交税金），贷记本科目（应交税金——转出多交增值税）。

（四）交纳增值税

1. 交纳当月应交增值税

单位交纳当月应交的增值税，借记本科目（应交税金——已交税金）[小规模纳税人借记本科目]，贷记“银行存款”等科目。

2. 交纳以前期间未交增值税

单位交纳以前期间未交的增值税，借记本科目（未交税金）[小规模纳税人借记本科目]，贷记“银行存款”等科目。

3. 预交增值税

单位预交增值税时，借记本科目（预交税金），贷记“银行存款”等科目。月末，单位应将“预交税金”明细科目余额转入“未交税金”明细科目，借记本科目（未交税金），贷记本科目（预交税金）。

4. 减免增值税

对于当期直接减免的增值税，借记本科目（应交税金——减免税款），贷记“业务活动费用”“经营费用”等科目。

按照现行增值税制度规定，单位初次购买增值税税控系统专用设备支付的费用以及缴纳的技术维护费允许在增值税应纳税额中全额抵减的，按照规定抵减的增值税应纳税额，借记本科目（应交税金——减免税款）[小规模纳税人借记本科目]，贷记“业务活动费用”“经营费用”等科目。

四、本科目期末贷方余额，反映单位应交未交的增值税；期末如为借方余额，反映单位尚未抵扣或多交的增值税。

2102 其他应交税费

一、本科目核算单位按照税法等规定计算应交纳的除增值税以外的各种税费，包括城市维护建设税、教育费附加、地方教育费附加、车船税、房产税、城镇土地使用税和企业所得税等。

单位代扣代缴的个人所得税，也通过本科目核算。

单位应交纳的印花税不需要预提应交税费，直接通过“业务活动费用”“单位管理费用”“经营费用”等科目核算，不通过本科目核算。

二、本科目应当按照应交纳的税费种类进行明细核算。

三、其他应交税费的主要账务处理如下：

（一）发生城市维护建设税、教育费附加、地方教育费附加、车船税、房产税、城镇土地使用税等纳税义务的，按照税法规定计算的应缴税费金额，借记“业务活动费用”“单位管理费用”“经营费用”等科目，贷记本科目（应交城市维护建设税、应交教育费附加、应交地方教育费附加、应交车船税、应交房产税、应交城镇土地使用税等）。

（二）按照税法规定计算应代扣代缴职工（含长期聘用人员）的个人所得税，借记“应付职工薪酬”科目，贷记本科目（应交个人所得税）。

按照税法规定计算应代扣代缴支付给职工（含长期聘用人员）以外人员劳务费的个人

所得税，借记“业务活动费用”“单位管理费用”等科目，贷记本科目（应交个人所得税）。

（三）发生企业所得税纳税义务的，按照税法规定计算的应交所得税额，借记“所得税费用”科目，贷记本科目（单位应交所得税）。

（四）单位实际交纳上述各种税费时，借记本科目（应交城市维护建设税、应交教育费附加、应交地方教育费附加、应交车船税、应交房产税、应交城镇土地使用税、应交个人所得税、单位应交所得税等），贷记“财政拨款收入”“零余额账户用款额度”“银行存款”等科目。

四、本科目期末贷方余额，反映单位应交未交的除增值税以外的税费金额；期末如为借方余额，反映单位多交纳的除增值税以外的税费金额。

2103　应缴财政款

一、本科目核算单位取得或应收的按照规定应当上缴财政的款项，包括应缴国库的款项和应缴财政专户的款项。

单位按照国家税法等有关规定应当缴纳的各种税费，通过“应交增值税”“其他应交税费”科目核算，不通过本科目核算。

二、本科目应当按照应缴财政款项的类别进行明细核算。

三、应缴财政款的主要账务处理如下：

（一）单位取得或应收按照规定应缴财政的款项时，借记“银行存款”“应收账款”等科目，贷记本科目。

（二）单位处置资产取得的应上缴财政的处置净收入的账务处理，参见“待处理财产损溢”等科目。

（三）单位上缴应缴财政的款项时，按照实际上缴的金额，借记本科目，贷记“银行存款”科目。

四、本科目期末贷方余额，反映单位应当上缴财政但尚未缴纳的款项。年终清缴后，本科目一般应无余额。

2201　应付职工薪酬

一、本科目核算单位按照有关规定应付给职工（含长期聘用人员）及为职工支付的各种薪酬，包括基本工资、国家统一规定的津贴补贴、规范津贴补贴（绩效工资）、改革性补贴、社会保险费（如职工基本养老保险费、职业年金、基本医疗保险费等）、住房公积金等。

二、本科目应当根据国家有关规定按照“基本工资”（含离退休费）、“国家统一规定的津贴补贴”“规范津贴补贴（绩效工资）”“改革性补贴”“社会保险费”“住房公积金”“其他个人收入”等进行明细核算。其中，“社会保险费”“住房公积金”明细科目核算内容包括单位从职工工资中代扣代缴的社会保险费、住房公积金，以及单位为职工计算缴纳的社会保险费、住房公积金。

三、应付职工薪酬的主要账务处理如下：

（一）计算确认当期应付职工薪酬（含单位为职工计算缴纳的社会保险费、住房公积金）

1. 计提从事专业及其辅助活动人员的职工薪酬，借记“业务活动费用”“单位管理费用”科目，贷记本科目。

2. 计提应由在建工程、加工物品、自行研发无形资产负担的职工薪酬，借记“在建工程”“加工物品”“研发支出”等科目，贷记本科目。

3. 计提从事专业及其辅助活动之外的经营活动人员的职工薪酬，借记“经营费用”科目，贷记本科目。

4. 因解除与职工的劳动关系而给予的补偿，借记“单位管理费用”等科目，贷记本科目。

（二）向职工支付工资、津贴补贴等薪酬时，按照实际支付的金额，借记本科目，贷记“财政拨款收入”“零余额账户用款额度”“银行存款”等科目。

（三）按照税法规定代扣职工个人所得税时，借记本科目（基本工资），贷记“其他应交税费——应交个人所得税”科目。

从应付职工薪酬中代扣为职工垫付的水电费、房租等费用时，按照实际扣除的金额，借记本科目（基本工资），贷记“其他应收款”等科目。

从应付职工薪酬中代扣社会保险费和住房公积金，按照代扣的金额，借记本科目（基本工资），贷记本科目（社会保险费、住房公积金）。

（四）按照国家有关规定缴纳职工社会保险费和住房公积金时，按照实际支付的金额，借记本科目（社会保险费、住房公积金），贷记“财政拨款收入”“零余额账户用款额度”“银行存款”等科目。

（五）从应付职工薪酬中支付的其他款项，借记本科目，贷记“零余额账户用款额度”“银行存款”等科目。

四、本科目期末贷方余额，反映单位应付未付的职工薪酬。

2301 应付票据

一、本科目核算事业单位因购买材料、物资等而开出、承兑的商业汇票，包括银行承兑汇票和商业承兑汇票。

二、本科目应当按照债权人进行明细核算。

三、应付票据的主要账务处理如下：

（一）开出、承兑商业汇票时，借记“库存物品”“固定资产”等科目，贷记本科目。涉及增值税业务的，相关账务处理参见“应交增值税”科目。

以商业汇票抵付应付账款时，借记“应付账款”科目，贷记本科目。

（二）支付银行承兑汇票的手续费时，借记“业务活动费用”“经营费用”等科目，贷记“银行存款”“零余额账户用款额度”等科目。

（三）商业汇票到期时，应当分别以下情况处理：

1. 收到银行支付到期票据的付款通知时，借记本科目，贷记“银行存款”科目。

2. 银行承兑汇票到期，单位无力支付票款的，按照应付票据账面余额，借记本科目，贷记“短期借款”科目。

3. 商业承兑汇票到期，单位无力支付票款的，按照应付票据账面余额，借记本科目，贷记“应付账款”科目。

四、单位应当设置“应付票据备查簿”，详细登记每一应付票据的种类、号数、出票日期、到期日、票面金额、交易合同号、收款人姓名或单位名称，以及付款日期和金额等。

应付票据到期结清票款后，应当在备查簿内逐笔注销。

五、本科目期末贷方余额，反映事业单位开出、承兑的尚未到期的应付票据金额。

2302 应付账款

一、本科目核算单位因购买物资、接受服务、开展工程建设等而应付的偿还期限在 1 年以内（含 1 年）的款项。

二、本科目应当按照债权人进行明细核算。对于建设项目，还应设置“应付器材款”“应付工程款”等明细科目，并按照具体项目进行明细核算。

三、应付账款的主要账务处理如下：

（一）收到所购材料、物资、设备或服务以及确认完成工程进度但尚未付款时，根据发票及账单等有关凭证，按照应付未付款项的金额，借记“库存物品”“固定资产”“在建工程”等科目，贷记本科目。涉及增值税业务的，相关账务处理参见“应交增值税”科目。

（二）偿付应付账款时，按照实际支付的金额，借记本科目，贷记“财政拨款收入”“零余额账户用款额度”“银行存款”等科目。

（三）开出、承兑商业汇票抵付应付账款时，借记本科目，贷记“应付票据”科目。

（四）无法偿付或债权人豁免偿还的应付账款，应当按照规定报经批准后进行账务处理。经批准核销时，借记本科目，贷记“其他收入”科目。

核销的应付账款应在备查簿中保留登记。

四、本科目期末贷方余额，反映单位尚未支付的应付账款金额。

2303　应付政府补贴款

一、本科目核算负责发放政府补贴的行政单位，按照规定应当支付给政府补贴接受者的各种政府补贴款。

二、本科目应当按照应支付的政府补贴种类进行明细核算。单位还应当根据需要按照补贴接受者进行明细核算，或者建立备查簿对补贴接受者予以登记。

三、应付政府补贴款的主要账务处理如下：

（一）发生应付政府补贴时，按照依规定计算确定的应付政府补贴金额，借记“业务活动费用”科目，贷记本科目。

（二）支付应付政府补贴款时，按照支付金额，借记本科目，贷记“零余额账户用款额度”“银行存款”等科目。

四、本科目期末贷方余额，反映行政单位应付未付的政府补贴金额。

2304　应付利息

一、本科目核算事业单位按照合同约定应支付的借款利息，包括短期借款、分期付息到期还本的长期借款等应支付的利息。

二、本科目应当按照债权人等进行明细核算。

三、应付利息的主要账务处理如下：

（一）为建造固定资产、公共基础设施等借入的专门借款的利息，属于建设期间发生的，按期计提利息费用时，按照计算确定的金额，借记“在建工程”科目，贷记本科目；不属于建设期间发生的，按期计提利息费用时，按照计算确定的金额，借记“其他费用”科目，贷记本科目。

（二）对于其他借款，按期计提利息费用时，按照计算确定的金额，借记“其他费用”科目，贷记本科目。

（三）实际支付应付利息时，按照支付的金额，借记本科目，贷记“银行存款”等科目。

四、本科目期末贷方余额，反映事业单位应付未付的利息金额。

2305　预收账款

一、本科目核算事业单位预先收取但尚未结算的款项。

二、本科目应当按照债权人进行明细核算。

三、预收账款的主要账务处理如下：

（一）从付款方预收款项时，按照实际预收的金额，借记“银行存款”等科目，贷记本科目。

（二）确认有关收入时，按照预收账款账面余额，借记本科目，按照应确认的收入金额，贷记“事业收入”“经营收入”等科目，按照付款方补付或退回付款方的金额，借记或贷记“银行存款”等科目。涉及增值税业务的，相关账务处理参见“应交增值税”科目。

（三）无法偿付或债权人豁免偿还的预收账款，应当按照规定报经批准后进行账务处理。经批准核销时，借记本科目，贷记“其他收入”科目。

核销的预收账款应在备查簿中保留登记。

四、本科目期末贷方余额，反映事业单位预收但尚未结算的款项金额。

2307 其他应付款

一、本科目核算单位除应交增值税、其他应交税费、应缴财政款、应付职工薪酬、应付票据、应付账款、应付政府补贴款、应付利息、预收账款以外，其他各项偿还期限在 1 年内（含 1 年）的应付及暂收款项，如收取的押金、存入保证金、已经报销但尚未偿还银行的本单位公务卡欠款等。

同级政府财政部门预拨的下期预算款和没有纳入预算的暂付款项，以及采用实拨资金方式通过本单位转拨给下属单位的财政拨款，也通过本科目核算。

二、本科目应当按照其他应付款的类别以及债权人等进行明细核算。

三、其他应付款的主要账务处理如下：

（一）发生其他应付及暂收款项时，借记“银行存款”等科目，贷记本科目。支付（或退回）其他应付及暂收款项时，借记本科目，贷记“银行存款”等科目。将暂收款项转为收入时，借记本科目，贷记“事业收入”等科目。

（二）收到同级政府财政部门预拨的下期预算款和没有纳入预算的暂付款项，按照实际收到的金额，借记“银行存款”等科目，贷记本科目；待到下一预算期或批准纳入预算时，借记本科目，贷记“财政拨款收入”科目。

采用实拨资金方式通过本单位转拨给下属单位的财政拨款，按照实际收到的金额，借记“银行存款”科目，贷记本科目；向下属单位转拨财政拨款时，按照转拨的金额，借记本科目，贷记“银行存款”科目。

（三）本单位公务卡持卡人报销时，按照审核报销的金额，借记“业务活动费用”“单位管理费用”等科目，贷记本科目；偿还公务卡欠款时，借记本科目，贷记“零余额账户用款额度”等科目。

（四）涉及质保金形成其他应付款的，相关账务处理参见“固定资产”科目。

（五）无法偿付或债权人豁免偿还的其他应付款项，应当按照规定报经批准后进行账务处理。经批准核销时，借记本科目，贷记“其他收入”科目。

核销的其他应付款应在备查簿中保留登记。

四、本科目期末贷方余额，反映单位尚未支付的其他应付款金额。

2401 预提费用

一、本科目核算单位预先提取的已经发生但尚未支付的费用，如预提租金费用等。

事业单位按规定从科研项目收入中提取的项目间接费用或管理费，也通过本科目核算。

事业单位计提的借款利息费用，通过“应付利息”“长期借款”科目核算，不通过本科目核算。

二、本科目应当按照预提费用的种类进行明细核算。对于提取的项目间接费用或管理费，应当在本科目下设置“项目间接费用或管理费”明细科目，并按项目进行明细核算。

三、预提费用的主要账务处理如下：

（一）项目间接费用或管理费按规定从科研项目收入中提取项目间接费用或管理费时，按照提取的金额，借记“单位管理费用”科目，贷记本科目（项目间接费用或管理费）。

实际使用计提的项目间接费用或管理费时，按照实际支付的金额，借本科目（项目间接费用或管理费），贷记“银行存款”“库存现金”等科目。

（二）其他预提费用

按期预提租金等费用时，按照预提的金额，借记“业务活动费用”“单位管理费用”“经营费用”等科目，贷记本科目。

实际支付款项时，按照支付金额，借记本科目，贷记“零余额账户用款额度”“银行存款”等科目。

四、本科目期末贷方余额，反映单位已预提但尚未支付的各项费用。

2501 长期借款

一、本科目核算事业单位经批准向银行或其他金融机构等借入的期限超过 1 年（不含 1 年）的各种借款本息。

二、本科目应当设置“本金”和“应计利息”明细科目，并按照贷款单位和贷款种类进行明细核算。对于建设项目借款，还应按照具体项目进行明细核算。

三、长期借款的主要账务处理如下：

（一）借入各项长期借款时，按照实际借入的金额，借记“银行存款”科目，贷记本科目（本金）。

（二）为建造固定资产、公共基础设施等应支付的专门借款利息，按期计提利息时，分别以下情况处理：

1. 属于工程项目建设期间发生的利息，计入工程成本，按照计算确定的应支付的利息金额，借记“在建工程”科目，贷记“应付利息”科目。

2. 属于工程项目完工交付使用后发生的利息，计入当期费用，按照计算确定的应支付的利息金额，借记“其他费用”科目，贷记“应付利息”科目。

（三）按期计提其他长期借款的利息时，按照计算确定的应支付的利息金额，借记“其他费用”科目，贷记“应付利息”科目 [分期付息、到期还本借款的利息] 或本科目（应计利息）[到期一次还本付息借款的利息]。

（四）到期归还长期借款本金、利息时，借记本科目（本金、应计利息），贷记“银行存款”科目。

四、本科目期末贷方余额，反映事业单位尚未偿还的长期借款本息金额。

2502 长期应付款

一、本科目核算单位发生的偿还期限超过 1 年（不含 1 年）的应付款项，如以融资租赁方式取得固定资产应付的租赁费等。

二、本科目应当按照长期应付款的类别以及债权人进行明细核算。

三、长期应付款的主要账务处理如下：

（一）发生长期应付款时，借记“固定资产”“在建工程”等科目，贷记本科目。

（二）支付长期应付款时，按照实际支付的金额，借记本科目，贷记“财政拨款收入”“零余额账户用款额度”“银行存款”等科目。涉及增值税业务的，相关账务处理参见“应交增值税”科目。

（三）无法偿付或债权人豁免偿还的长期应付款，应当按照规定报经批准后进行账务处理。经批准核销时，借记本科目，贷记“其他收入”科目。

核销的长期应付款应在备查簿中保留登记。

（四）涉及质保金形成长期应付款的，相关账务处理参见“固定资产”科目。

四、本科目期末贷方余额，反映单位尚未支付的长期应付款金额。

2601 预计负债

一、本科目核算单位对因或有事项所产生的现时义务而确认的负债，如对未决诉讼等确认的负债。

二、本科目应当按照预计负债的项目进行明细核算。

三、预计负债的主要账务处理如下：

（一）确认预计负债时，按照预计的金额，借记“业务活动费用”“经营费用”“其他费用”等科目，贷记本科目。

（二）实际偿付预计负债时，按照偿付的金额，借记本科目，贷记“银行存款”“零余额账户用款额度”等科目。

（三）根据确凿证据需要对已确认的预计负债账面余额进行调整的，按照调整增加的金额，借记有关科目，贷记本科目；按照调整减少的金额，借记本科目，贷记有关科目。

四、本科目期末贷方余额，反映单位已确认但尚未支付的预计负债金额。

2901 受托代理负债

一、本科目核算单位接受委托取得受托代理资产时形成的负债。

二、本科目的账务处理参见“受托代理资产”“库存现金”“银行存款”等科目。

三、本科目期末贷方余额，反映单位尚未交付或发出受托代理资产形成的受托代理负债金额。

（三）净资产类

3001 累计盈余

一、本科目核算单位历年实现的盈余扣除盈余分配后滚存的金额，以及因无偿调入调出资产产生的净资产变动额。

按照规定上缴、缴回、单位间调剂结转结余资金产生的净资产变动额，以及对以前年度盈余的调整金额，也通过本科目核算。

二、累计盈余的主要账务处理如下：

（一）年末，将“本年盈余分配”科目的余额转入累计盈余，借记或贷记“本年盈余分配”科目，贷记或借记本科目。

（二）年末，将“无偿调拨净资产”科目的余额转入累计盈余，借记或贷记“无偿调拨净资产”科目，贷记或借记本科目。

（三）按照规定上缴财政拨款结转结余、缴回非财政拨款结转资金、向其他单位调出财政拨款结转资金时，按照实际上缴、缴回、调出金额，借记本科目，贷记“财政应返还额度”“零余额账户用款额度”“银行存款”等科目。

按照规定从其他单位调入财政拨款结转资金时，按照实际调入金额，借记“零余额账户用款额度”“银行存款”等科目，贷记本科目。

（四）将“以前年度盈余调整”科目的余额转入本科目，借记或贷记“以前年度盈余调整”科目，贷记或借记本科目。

（五）按照规定使用专用基金购置固定资产、无形资产的，按照固定资产、无形资产成本金额，借记“固定资产”“无形资产”科目，贷记“银行存款”等科目；同时，按照专用基金使用金额，借记“专用基金”科目，贷记本科目。

三、本科目期末余额，反映单位未分配盈余（或未弥补亏损）的累计数以及截至上年末无偿调拨净资产变动的累计数。

本科目年末余额，反映单位未分配盈余（或未弥补亏损）以及无偿调拨净资产变动的累计数。

3101 专用基金

一、本科目核算事业单位按照规定提取或设置的具有专门用途的净资产，主要包括职工福利基金、科技成果转换基金等。

二、本科目应当按照专用基金的类别进行明细核算。

三、专用基金的主要账务处理如下：

（一）年末，根据有关规定从本年度非财政拨款结余或经营结余中提取专用基金的，按照预算会计下计算的提取金额，借记“本年盈余分配”科目，贷记本科目。

（二）根据有关规定从收入中提取专用基金并计入费用的，一般按照预算会计下基于预算收入计算提取的金额，借记“业务活动费用”等科目，贷记本科目。国家另有规定的，从其规定。

（三）根据有关规定设置的其他专用基金，按照实际收到的基金金额，借记“银行存款”等科目，贷记本科目。

（四）按照规定使用提取的专用基金时，借记本科目，贷记“银行存款”等科目。

使用提取的专用基金购置固定资产、无形资产的，按照固定资产、无形资产成本金额，借记“固定资产”“无形资产”科目，贷记“银行存款”等科目；同时，按照专用基金使用金额，借记本科目，贷记“累计盈余”科目。

四、本科目期末贷方余额，反映事业单位累计提取或设置的尚未使用的专用基金。

3201 权益法调整

一、本科目核算事业单位持有的长期股权投资采用权益法核算时，按照被投资单位除净损益和利润分配以外的所有者权益变动份额调整长期股权投资账面余额而计入净资产的金额。

二、本科目应当按照被投资单位进行明细核算。

三、权益法调整的主要账务处理如下：

（一）年末，按照被投资单位除净损益和利润分配以外的所有者权益变动应享有（或应分担）的份额，借记或贷记“长期股权投资——其他权益变动”科目，贷记或借记本科目。

（二）采用权益法核算的长期股权投资，因被投资单位除净损益和利润分配以外的所有者权益变动而将应享有（或应分担）的份额计入单位净资产的，处置该项投资时，按照原计入净资产的相应部分金额，借记或贷记本科目，贷记或借记“投资收益”科目。

四、本科目期末余额，反映事业单位在被投资单位除净损益和利润分配以外的所有者权益变动中累积享有（或分担）的份额。

3301 本期盈余

一、本科目核算单位本期各项收入、费用相抵后的余额。

二、本期盈余的主要账务处理如下：

（一）期末，将各类收入科目的本期发生额转入本期盈余，借记“财政拨款收入”“事业收入”“上级补助收入”“附属单位上缴收入”“经营收入”“非同级财政拨款收入”“投资收益”“捐赠收入”“利息收入”“租金收入”“其他收入”科目，贷记本科目；将各类费用科目本期发生额转入本期盈余，借记本科目，贷记“业务活动费用”“单位管理费用”“经营费用”“所得税费用”“资产处置费用”“上缴上级费用”“对附属单位补助费用”“其他费用”科目。

（二）年末，完成上述结转后，将本科目余额转入“本年盈余分配”科目，借记或贷记本科目，贷记或借记“本年盈余分配”科目。

三、本科目期末如为贷方余额，反映单位自年初至当期期末累计实现的盈余；如为借方余额，反映单位自年初至当期期末累计发生的亏损。

四、年末结账后，本科目应无余额。

3302 本年盈余分配

一、本科目核算单位本年度盈余分配的情况和结果。

二、本年盈余分配的主要账务处理如下：

（一）年末，将“本期盈余”科目余额转入本科目，借记或贷记“本期盈余”科目，贷记或借记本科目。

（二）年末，根据有关规定从本年度非财政拨款结余或经营结余中提取专用基金的，按照预算会计下计算的提取金额，借记本科目，贷记“专用基金”科目。

（三）年末，按照规定完成上述（一）（二）处理后，将本科目余额转入累计盈余，借记或贷记本科目，贷记或借记“累计盈余”科目。

三、年末结账后，本科目应无余额。

3401 无偿调拨净资产

一、本科目核算单位无偿调入或调出非现金资产所引起的净资产变动金额。

二、无偿调拨净资产的主要账务处理如下：

（一）按照规定取得无偿调入的存货、长期股权投资、固定资产、无形资产、公共基础设施、政府储备物资、文物文化资产、保障性住房等，按照确定的成本，借记“库存物品”“长期股权投资”“固定资产”“无形资产”“公共基础设施”“政府储备物资”“文物文化资产”“保障性住房”等科目，按照调入过程中发生的归属于调入方的相关费用，贷记“零余额账户用款额度”“银行存款”等科目，按照其差额，贷记本科目。

（二）按照规定经批准无偿调出存货、长期股权投资、固定资产、无形资产、公共基础设施、政府储备物资、文物文化资产、保障性住房等，按照调出资产的账面余额或账面价值，借记本科目，按照固定资产累计折旧、无形资产累计摊销、公共基础设施累计折旧或摊销、保障性住房累计折旧的金额，借记“固定资产累计折旧”“无形资产累计摊销”“公共基础设施累计折旧（摊销）”“保障性住房累计折旧”科目，按照调出资产的账面余额，贷记“库存物品”“长期股权投资”“固定资产”“无形资产”“公共基础设施”“政府储备物资”“文物文化资产”“保障性住房”等科目；同时，按照调出过程中发生的归属于调出方的相关费用，借记“资产处置费用”科目，贷记“零余额账户用款额度”“银行存款”等科目。

（三）年末，将本科目余额转入累计盈余，借记或贷记本科目，贷记或借记“累计盈余”科目。

三、年末结账后，本科目应无余额。

3501 以前年度盈余调整

一、本科目核算单位本年度发生的调整以前年度盈余的事项，包括本年度发生的重要前期差错更正涉及调整以前年度盈余的事项。

二、以前年度盈余调整的主要账务处理如下：

（一）调整增加以前年度收入时，按照调整增加的金额，借记有关科目，贷记本科目。调整减少的，做相反会计分录。

（二）调整增加以前年度费用时，按照调整增加的金额，借记本科目，贷记有关科目。调整减少的，做相反会计分录。

（三）盘盈的各种非流动资产，报经批准后处理时，借记“待处理财产损溢”科目，贷记本科目。

（四）经上述调整后，应将本科目的余额转入累计盈余，借记或贷记“累计盈余”科目，贷记或借记本科目。

三、本科目结转后应无余额。

（四）收 入 类

4001 财政拨款收入

一、本科目核算单位从同级政府财政部门取得的各类财政拨款。同级政府财政部门预拨的下期预算款和没有纳入预算的暂付款项，以及采用实拨资金方式通过本单位转拨给下属单位的财政拨款，通过“其他应付款”科目核算，不通过本科目核算。

二、本科目可按照一般公共预算财政拨款、政府性基金预算财政拨款等拨款种类进行明细核算。

三、财政拨款收入的主要账务处理如下：

（一）财政直接支付方式下，根据收到的“财政直接支付入账通知书”及相关原始凭证，按照通知书中的直接支付入账金额，借记“库存物品”“固定资产”“业务活动费用”“单位管理费用”“应付职工薪酬”等科目，贷记本科目。涉及增值税业务的，相关账务处理参见“应交增值税”科目。

年末，根据本年度财政直接支付预算指标数与当年财政直接支付实际支付数的差额，借记“财政应返还额度——财政直接支付”科目，贷记本科目。

（二）财政授权支付方式下，根据收到的“财政授权支付额度到账通知书”，按照通知书中的授权支付额度，借记“零余额账户用款额度”科目，贷记本科目。

年末，本年度财政授权支付预算指标数大于零余额账户用款额度下达数的，根据未下达的用款额度，借记“财政应返还额度——财政授权支付”科目，贷记本科目。

（三）其他方式下收到财政拨款收入时，按照实际收到的金额，借记“银行存款”等科目，贷记本科目。

（四）因差错更正或购货退回等发生国库直接支付款项退回的，属于以前年度支付的款项，按照退回金额，借记“财政应返还额度——财政直接支付”科目，贷记“以前年度盈余调整”“库存物品”等科目；属于本年度支付的款项，按照退回金额，借记本科目，贷记“业务活动费用”“库存物品”等科目。

（五）期末，将本科目本期发生额转入本期盈余，借记本科目，贷记“本期盈余”科目。

四、期末结转后，本科目应无余额。

4101 事 业 收 入

一、本科目核算事业单位开展专业业务活动及其辅助活动实现的收入，不包括从同级政府财政部门取得的各类财政拨款。

二、本科目应当按照事业收入的类别、来源等进行明细核算。对于因开展科研及其辅助活动从非同级政府财政部门取得的经费拨款，应当在本科目下单设“非同级财政拨款”明细科目进行核算。

三、事业收入的主要账务处理如下：

（一）采用财政专户返还方式管理的事业收入

1. 实现应上缴财政专户的事业收入时，按照实际收到或应收的金额，借记“银行存款”“应收账款”等科目，贷记“应缴财政款”科目。

2. 向财政专户上缴款项时，按照实际上缴的款项金额，借记“应缴财政款”科目，贷记“银行存款”等科目。

3. 收到从财政专户返还的事业收入时，按照实际收到的返还金额，借记“银行存款”等科目，贷记本科目。

（二）采用预收款方式确认的事业收入

1. 实际收到预收款项时，按照收到的款项金额，借记“银行存款”等科目，贷记“预收账款”科目。

2. 以合同完成进度确认事业收入时，按照基于合同完成进度计算的金额，借记“预收账款”科目，贷记本科目。

（三）采用应收款方式确认的事业收入

1. 根据合同完成进度计算本期应收的款项，借记“应收账款”科目，贷记本科目。

2. 实际收到款项时，借记“银行存款”等科目，贷记“应收账款”科目。

（四）其他方式下确认的事业收入，按照实际收到的金额，借记“银行存款”“库存现金”等科目，贷记本科目。

上述（二）至（四）中涉及增值税业务的，相关账务处理参见“应交增值税”科目。

（五）期末，将本科目本期发生额转入本期盈余，借记本科目，贷记“本期盈余”科目。

四、期末结转后，本科目应无余额。

4201 上级补助收入

一、本科目核算事业单位从主管部门和上级单位取得的非财政拨款收入。

二、本科目应当按照发放补助单位、补助项目等进行明细核算。

三、上级补助收入的主要账务处理如下：

（一）确认上级补助收入时，按照应收或实际收到的金额，借记“其他应收款”“银行存款”等科目，贷记本科目。实际收到应收的上级补助款时，按照实际收到的金额，借记“银行存款”等科目，贷记“其他应收款”科目。

（二）期末，将本科目本期发生额转入本期盈余，借记本科目，贷记“本期盈余”科目。

四、期末结转后，本科目应无余额。

4301 附属单位上缴收入

一、本科目核算事业单位取得的附属独立核算单位按照有关规定上缴的收入。

二、本科目应当按照附属单位、缴款项目等进行明细核算。

三、附属单位上缴收入的主要账务处理如下：

（一）确认附属单位上缴收入时，按照应收或收到的金额，借记“其他应收款”“银行存款”等科目，贷记本科目。实际收到应收附属单位上缴款时，按照实际收到的金额，借记“银行存款”等科目，贷记“其他应收款”科目。

（二）期末，将本科目本期发生额转入本期盈余，借记本科目，贷记“本期盈余”科目。

四、期末结转后，本科目应无余额。

4401 经营收入

一、本科目核算事业单位在专业业务活动及其辅助活动之外开展非独立核算经营活动取得的收入。

二、本科目应当按照经营活动类别、项目和收入来源等进行明细核算。

三、经营收入应当在提供服务或发出存货，同时收讫价款或者取得索取价款的凭据时，按照实际收到或应收的金额予以确认。

四、经营收入的主要账务处理如下：

（一）实现经营收入时，按照确定的收入金额，借记“银行存款”“应收账款”“应收票据”等科目，贷记本科目。涉及增值税业务的，相关账务处理参见“应交增值税”科目。

（二）期末，将本科目本期发生额转入本期盈余，借记本科目，贷记“本期盈余”科目。

五、期末结转后，本科目应无余额。

4601　非同级财政拨款收入

一、本科目核算单位从非同级政府财政部门取得的经费拨款，包括从同级政府其他部门取得的横向转拨财政款、从上级或下级政府财政部门取得的经费拨款等。

事业单位因开展科研及其辅助活动从非同级政府财政部门取得的经费拨款，应当通过“事业收入——非同级财政拨款”科目核算，不通过本科目核算。

二、本科目应当按照本级横向转拨财政款和非本级财政拨款进行明细核算，并按照收入来源进行明细核算。

三、非同级财政拨款收入的主要账务处理如下：

（一）确认非同级财政拨款收入时，按照应收或实际收到的金额，借记“其他应收款”“银行存款”等科目，贷记本科目。

（二）期末，将本科目本期发生额转入本期盈余，借记本科目，贷记“本期盈余”科目。

四、期末结转后，本科目应无余额。

4602　投资收益

一、本科目核算事业单位股权投资和债券投资所实现的收益或发生的损失。

二、本科目应当按照投资的种类等进行明细核算。

三、投资收益的主要账务处理如下：

（一）收到短期投资持有期间的利息，按照实际收到的金额，借记“银行存款”科目，贷记“投资收益”科目。

（二）出售或到期收回短期债券本息，按照实际收到的金额，借记“银行存款”科目，按照出售或收回短期投资的成本，贷记“短期投资”科目，按照其差额，贷记或借记本科目。涉及增值税业务的，相关账务处理参见“应交增值税”科目。

（三）持有的分期付息、一次还本的长期债券投资，按期确认利息收入时，按照计算确定的应收未收利息，借记“应收利息”科目，贷记本科目；持有的到期一次还本付息的债券投资，按期确认利息收入时，按照计算确定的应收未收利息，借记“长期债券投资——应计利息”科目，贷记本科目。

（四）出售长期债券投资或到期收回长期债券投资本息，按照实际收到的金额，借记“银行存款”等科目，按照债券初始投资成本和已计未收利息金额，贷记“长期债券投资——成本、应计利息”科目［到期一次还本付息债券］或“长期债券投资”“应收利息”科目［分期付息债券］，按照其差额，贷记或借记本科目。涉及增值税业务的，相关账务处理参见“应交增值税”科目。

（五）采用成本法核算的长期股权投资持有期间，被投资单位宣告分派现金股利或利润时，按照宣告分派的现金股利或利润中属于单位应享有的份额，借记“应收股利”科目，贷记本科目。

采用权益法核算的长期股权投资持有期间，按照应享有或应分担的被投资单位实现的净损益的份额，借记或贷记“长期股权投资——损益调整”科目，贷记或借记本科目；被投资单位发生净亏损，但以后年度又实现净利润的，单位在其收益分享额弥补未确认的亏损分担额等后，恢复确认投资收益，借记“长期股权投资——损益调整”科目，贷记本科目。

（六）按照规定处置长期股权投资时有关投资收益的账务处理，参见“长期股权投资”科目。

（七）期末，将本科目本期发生额转入本期盈余，借记或贷记本科目，贷记或借记“本期盈余”科目。

四、期末结转后，本科目应无余额。

4603 捐赠收入

一、本科目核算单位接受其他单位或者个人捐赠取得的收入。

二、本科目应当按照捐赠资产的用途和捐赠单位等进行明细核算。

三、捐赠收入的主要账务处理如下：

（一）接受捐赠的货币资金，按照实际收到的金额，借记“银行存款”“库存现金”等科目，贷记本科目。

（二）接受捐赠的存货、固定资产等非现金资产，按照确定的成本，借记“库存物品”“固定资产”等科目，按照发生的相关税费、运输费等，贷记“银行存款”等科目，按照其差额，贷记本科目。

（三）接受捐赠的资产按照名义金额入账的，按照名义金额，借记“库存物品”“固定资产”等科目，贷记本科目；同时，按照发生的相关税费、运输费等，借记“其他费用”科目，贷记“银行存款”等科目。

（四）期末，将本科目本期发生额转入本期盈余，借记本科目，贷记“本期盈余”科目。

四、期末结转后，本科目应无余额。

4604 利息收入

一、本科目核算单位取得的银行存款利息收入。

二、利息收入的主要账务处理如下：

（一）取得银行存款利息时，按照实际收到的金额，借记“银行存款”科目，贷记本科目。

（二）期末，将本科目本期发生额转入本期盈余，借记本科目，贷记“本期盈余”科目。

三、期末结转后，本科目应无余额。

4605 租金收入

一、本科目核算单位经批准利用国有资产出租取得并按照规定纳入本单位预算管理的租金收入。

二、本科目应当按照出租国有资产类别和收入来源等进行明细核算。

三、租金收入的主要账务处理如下：

（一）国有资产出租收入，应当在租赁期内各个期间按照直线法予以确认。

1.采用预收租金方式的，预收租金时，按照收到的金额，借记“银行存款”等科目，贷记“预收账款”科目；分期确认租金收入时，按照各期租金金额，借记“预收账款”科目，贷记本科目。

2.采用后付租金方式的，每期确认租金收入时，按照各期租金金额，借记“应收账款”科目，贷记本科目；收到租金时，按照实际收到的金额，借记“银行存款”等科目，贷记“应收账款”科目。

3.采用分期收取租金方式的，每期收取租金时，按照租金金额，借记“银行存款”等科目，贷记本科目。

涉及增值税业务的，相关账务处理参见“应交增值税”科目。

（二）期末，将本科目本期发生额转入本期盈余，借记本科目，贷记“本期盈余”科目。

四、期末结转后，本科目应无余额。

4609 其他收入

一、本科目核算单位取得的除财政拨款收入、事业收入、上级补助收入、附属单位上缴收入、经营收入、非同级财政拨款收入、投资收益、捐赠收入、利息收入、租金收入以外的各项收入，包括现金盘盈收入、按照规定纳入单位预算管理的科技成果转化收入、行政单位收回已核销的其他应收款、无法偿付的应付及预收款项、置换换出资产评估增值等。

二、本科目应当按照其他收入的类别、来源等进行明细核算。

三、其他收入的主要账务处理如下：

（一）现金盘盈收入

每日现金账款核对中发现的现金溢余，属于无法查明原因的部分，报经批准后，借记“待处理财产损溢”科目，贷记本科目。

（二）科技成果转化收入

单位科技成果转化所取得的收入，按照规定留归本单位的，按照所取得收入扣除相关费用之后的净收益，借记“银行存款”等科目，贷记本科目。

（三）收回已核销的其他应收款

行政单位已核销的其他应收款在以后期间收回的，按照实际收回的金额，借记“银行存款”等科目，贷记本科目。

（四）无法偿付的应付及预收款项

无法偿付或债权人豁免偿还的应付账款、预收账款、其他应付款及长期应付款，借记“应付账款”“预收账款”“其他应付款”“长期应付款”等科目，贷记本科目。

（五）置换换出资产评估增值

资产置换过程中，换出资产评估增值的，按照评估价值高于资产账面价值或账面余额的金额，借记有关科目，贷记本科目。具体账务处理参见“库存物品”等科目。

以未入账的无形资产取得的长期股权投资，按照评估价值加相关税费作为投资成本，借记“长期股权投资”科目，按照发生的相关税费，贷记“银行存款”“其他应交税费”等科目，按其差额，贷记本科目。

（六）确认（一）至（五）以外的其他收入时，按照应收或实际收到的金额，借记“其他应收款”“银行存款”“库存现金”等科目，贷记本科目。涉及增值税业务的，相关账务处理参见“应交增值税”科目。

（七）期末，将本科目本期发生额转入本期盈余，借记本科目，贷记“本期盈余”科目。

四、期末结转后，本科目应无余额。

（五）费 用 类

5001 业务活动费用

一、本科目核算单位为实现其职能目标，依法履职或开展专业业务活动及其辅助活动所发生的各项费用。

二、本科目应当按照项目、服务或者业务类别、支付对象等进行明细核算。

为了满足成本核算需要，本科目下还可按照“工资福利费用”“商品和服务费用”“对个人和家庭的补助费用”“对企业补助费用”“固定资产折旧费”“无形资产摊销费”“公共基础设施折旧（摊销）费”“保障性住房折旧费”“计提专用基金”等成本项目设置明细科目，归集能够直接计入业务活动或采用一定方法计算后计入业务活动的费用。

三、业务活动费用的主要账务处理如下：

（一）为履职或开展业务活动人员计提的薪酬，按照计算确定的金额，借记本科目，贷记“应付职工薪酬”科目。

（二）为履职或开展业务活动发生的外部人员劳务费，按照计算确定的金额，借记本科目，按照代扣代缴个人所得税的金额，贷记“其他应交税费——应交个人所得税”科目，按照扣税后应付或实际支付的金额，贷记“其他应付款”“财政拨款收入”“零余额账户用款额度”“银行存款”等科目。

（三）为履职或开展业务活动领用库存物品，以及动用发出相关政府储备物资，按照领用库存物品或发出相关政府储备物资的账面余额，借记本科目，贷记“库存物品”“政府储备物资”科目。

（四）为履职或开展业务活动所使用的固定资产、无形资产以及为所控制的公共基础设施、保障性住房计提的折旧、摊销，按照计提金额，借记本科目，贷记“固定资产累计折旧”“无形资产累计摊销”“公共基础设施累计折旧（摊销）”“保障性住房累计折旧”科目。

（五）为履职或开展业务活动发生的城市维护建设税、教育费附加、地方教育费附加、车船税、房产税、城镇土地使用税等，按照计算确定应交纳的金额，借记本科目，贷记“其他应交税费”等科目。

（六）为履职或开展业务活动发生其他各项费用时，按照费用确认金额，借记本科目，贷记“财政拨款收入”“零余额账户用款额度”“银行存款”“应付账款”“其他应付款”“其他应收款”等科目。

（七）按照规定从收入中提取专用基金并计入费用的，一般按照预算会计下基于预算收入计算提取的金额，借记本科目，贷记“专用基金”科目。国家另有规定的，从其规定。

（八）发生当年购货退回等业务，对于已计入本年业务活动费用的，按照收回或应收的金额，借记“财政拨款收入”“零余额账户用款额度”“银行存款”“其他应收款”等科目，贷记本科目。

（九）期末，将本科目本期发生额转入本期盈余，借记“本期盈余”科目，贷记本科目。

四、期末结转后，本科目应无余额。

5101 单位管理费用

一、本科目核算事业单位本级行政及后勤管理部门开展管理活动发生的各项费用，包括单位行政及后勤管理部门发生的人员经费、公用经费、资产折旧（摊销）等费用，以及由单位统一负担的离退休人员经费、工会经费、诉讼费、中介费等。

二、本科目应当按照项目、费用类别、支付对象等进行明细核算。为了满足成本核算需要，本科目下还可按照“工资福利费用”“商品和服务费用”“对个人和家庭的补助费用”“固定资产折旧费”“无形资产摊销费”等成本项目设置明细科目，归集能够直接计入单位管理活动或采用一定方法计算后计入单位管理活动的费用。

三、单位管理费用的主要账务处理如下：

（一）为管理活动人员计提的薪酬，按照计算确定的金额，借记本科目，贷记“应付职工薪酬”科目。

（二）为开展管理活动发生的外部人员劳务费，按照计算确定的费用金额，借记本科目，按照代扣代缴个人所得税的金额，贷记“其他应交税费——应交个人所得税”科目，按照扣税后应付或实际支付的金额，贷记“其他应付款”“财政拨款收入”“零余额账户用款额度”“银行存款”等科目。

（三）开展管理活动内部领用库存物品，按照领用物品实际成本，借记本科目，贷记

"库存物品"科目。

（四）为管理活动所使用固定资产、无形资产计提的折旧、摊销，按照应提折旧、摊销额，借记本科目，贷记"固定资产累计折旧""无形资产累计摊销"科目。

（五）为开展管理活动发生城市维护建设税、教育费附加、地方教育费附加、车船税、房产税、城镇土地使用税等，按照计算确定应交纳的金额，借记本科目，贷记"其他应交税费"等科目。

（六）为开展管理活动发生的其他各项费用，按照费用确认金额，借记本科目，贷记"财政拨款收入""零余额账户用款额度""银行存款""其他应付款""其他应收款"等科目。

（七）发生当年购货退回等业务，对于已计入本年单位管理费用的，按照收回或应收的金额，借记"财政拨款收入""零余额账户用款额度""银行存款""其他应收款"等科目，贷记本科目。

（八）期末，将本科目本期发生额转入本期盈余，借记"本期盈余"科目，贷记本科目。

四、期末结转后，本科目应无余额。

5201 经营费用

一、本科目核算事业单位在专业业务活动及其辅助活动之外开展非独立核算经营活动发生的各项费用。

二、本科目应当按照经营活动类别、项目、支付对象等进行明细核算。

为了满足成本核算需要，本科目下还可按照"工资福利费用""商品和服务费用""对个人和家庭的补助费用""固定资产折旧费""无形资产摊销费"等成本项目设置明细科目，归集能够直接计入单位经营活动或采用一定方法计算后计入单位经营活动的费用。

三、经营费用的主要账务处理如下：

（一）为经营活动人员计提的薪酬，按照计算确定的金额，借记本科目，贷记"应付职工薪酬"科目。

（二）开展经营活动领用或发出库存物品，按照物品实际成本，借记本科目，贷记"库存物品"科目。

（三）为经营活动所使用固定资产、无形资产计提的折旧、摊销，按照应提折旧、摊销额，借记本科目，贷记"固定资产累计折旧""无形资产累计摊销"科目。

（四）开展经营活动发生城市维护建设税、教育费附加、地方教育费附加、车船税、房产税、城镇土地使用税等，按照计算确定应交纳的金额，借记本科目，贷记"其他应交税费"等科目。

（五）发生与经营活动相关的其他各项费用时，按照费用确认金额，借记本科目，贷记"银行存款""其他应付款""其他应收款"等科目。涉及增值税业务的，相关账务处理参见"应交增值税"科目。

（六）发生当年购货退回等业务，对于已计入本年经营费用的，按照收回或应收的金额，借记"银行存款""其他应收款"等科目，贷记本科目。

（七）期末，将本科目本期发生额转入本期盈余，借记"本期盈余"科目，贷记本科目。

四、期末结转后，本科目应无余额。

5301 资产处置费用

一、本科目核算单位经批准处置资产时发生的费用，包括转销的被处置资产价值，以及在处置过程中发生的相关费用或者处置收入小于相关费用形成的净支出。资产处置的形式按照规定包括无偿调拨、出售、出让、转让、置换、对外捐赠、报废、毁损以及货币性资产损失核销等。

单位在资产清查中查明的资产盘亏、毁损以及资产报废等，应当先通过“待处理财产损溢”科目进行核算，再将处理资产价值和处理净支出计入本科目。

短期投资、长期股权投资、长期债券投资的处置，按照相关资产科目的规定进行账务处理。

二、本科目应当按照处置资产的类别、资产处置的形式等进行明细核算。

三、资产处置费用的主要账务处理如下：

（一）不通过“待处理财产损溢”科目核算的资产处置

1. 按照规定报经批准处置资产时，按照处置资产的账面价值，借记本科目［处置固定资产、无形资产、公共基础设施、保障性住房的，还应借记“固定资产累计折旧”“无形资产累计摊销”“公共基础设施累计折旧（摊销）”“保障性住房累计折旧”科目］，按照处置资产的账面余额，贷记“库存物品”“固定资产”“无形资产”“公共基础设施”“政府储备物资”“文物文化资产”“保障性住房”“其他应收款”“在建工程”等科目。

2. 处置资产过程中仅发生相关费用的，按照实际发生金额，借记本科目，贷记“银行存款”“库存现金”等科目。

3. 处置资产过程中取得收入的，按照取得的价款，借记“库存现金”“银行存款”等科目，按照处置资产过程中发生的相关费用，贷记“银行存款”“库存现金”等科目，按照其差额，借记本科目或贷记“应缴财政款”等科目。

涉及增值税业务的，相关账务处理参见“应交增值税”科目。

（二）通过“待处理财产损溢”科目核算的资产处置

1. 单位账款核对中发现的现金短缺，属于无法查明原因的，报经批准核销时，借记本科目，贷记“待处理财产损溢”科目。

2. 单位资产清查过程中盘亏或者毁损、报废的存货、固定资产、无形资产、公共基础设施、政府储备物资、文物文化资产、保障性住房等，报经批准处理时，按照处理资产价值，借记本科目，贷记“待处理财产损溢——待处理财产价值”科目。处理收支结清时，处理过程中所取得收入小于所发生相关费用的，按照相关费用减去处理收入后的净支出，借记本科目，贷记“待处理财产损溢——处理净收入”科目。

（三）期末，将本科目本期发生额转入本期盈余，借记“本期盈余”科目，贷记本科目。

四、期末结转后，本科目应无余额。

5401 上缴上级费用

一、本科目核算事业单位按照财政部门和主管部门的规定上缴上级单位款项发生的费用。

二、本科目应当按照收缴款项单位、缴款项目等进行明细核算。

三、上缴上级费用的主要账务处理如下：

（一）单位发生上缴上级支出的，按照实际上缴的金额或者按照规定计算出应当上缴上级单位的金额，借记本科目，贷记“银行存款”“其他应付款”等科目。

（二）期末，将本科目本期发生额转入本期盈余，借记“本期盈余”科目，贷记本科目。

四、期末结转后，本科目应无余额。

5501 对附属单位补助费用

一、本科目核算事业单位用财政拨款收入之外的收入对附属单位补助发生的费用。

二、本科目应当按照接受补助单位、补助项目等进行明细核算。

三、对附属单位补助费用的主要账务处理如下：

（一）单位发生对附属单位补助支出的，按照实际补助的金额或者按照规定计算出应当对附属单位补助的金额，借记本科目，贷记“银行存款”“其他应付款”等科目。

（二）期末，将本科目本期发生额转入本期盈余，借记“本期盈余”科目，贷记本科目。

四、期末结转后，本科目应无余额。

5801　所得税费用

一、本科目核算有企业所得税缴纳义务的事业单位按规定缴纳企业所得税所形成的费用。

二、所得税费用的主要账务处理如下：

（一）发生企业所得税纳税义务的，按照税法规定计算的应交税金数额，借记本科目，贷记“其他应交税费——单位应交所得税”科目。

实际缴纳时，按照缴纳金额，借记“其他应交税费——单位应交所得税”科目，贷记“银行存款”科目。

（二）年末，将本科目本年发生额转入本期盈余，借记“本期盈余”科目，贷记本科目。

三、年末结转后，本科目应无余额。

5901　其他费用

一、本科目核算单位发生的除业务活动费用、单位管理费用、经营费用、资产处置费用、上缴上级费用、附属单位补助费用、所得税费用以外的各项费用，包括利息费用、坏账损失、罚没支出、现金资产捐赠支出以及相关税费、运输费等。

二、本科目应当按照其他费用的类别等进行明细核算。

单位发生的利息费用较多的，可以单独设置“5701 利息费用”科目。

三、其他费用的主要账务处理如下：

（一）利息费用

按期计算确认借款利息费用时，按照计算确定的金额，借记“在建工程”科目或本科目，贷记“应付利息”“长期借款——应计利息”科目。

（二）坏账损失

年末，事业单位按照规定对收回后不需上缴财政的应收账款和其他应收款计提坏账准备时，按照计提金额，借记本科目，贷记“坏账准备”科目；冲减多提的坏账准备时，按照冲减金额，借记“坏账准备”科目，贷记本科目。

（三）罚没支出

单位发生罚没支出的，按照实际缴纳或应当缴纳的金额，借记本科目，贷记“银行存款”“库存现金”“其他应付款”等科目。

（四）现金资产捐赠

单位对外捐赠现金资产的，按照实际捐赠的金额，借记本科目，贷记“银行存款”“库存现金”等科目。

（五）其他相关费用

单位接受捐赠（或无偿调入）以名义金额计量的存货、固定资产、无形资产，以及成本无法可靠取得的公共基础设施、文物文化资产等发生的相关税费、运输费等，按照实际支付的金额，借记本科目，贷记“财政拨款收入”“零余额账户用款额度”“银行存款”“库存现金”等科目。

单位发生的与受托代理资产相关的税费、运输费、保管费等，按照实际支付或应付的金额，借记本科目，贷记“零余额账户用款额度”“银行存款”“库存现金”“其他应付款”等科目。

（六）期末，将本科目本期发生额转入本期盈余，借记“本期盈余”科目，贷记本科目。

四、期末结转后，本科目应无余额。

二、预算会计科目

（一）预算收入类

6001 财政拨款预算收入

一、本科目核算单位从同级政府财政部门取得的各类财政拨款。

二、本科目应当设置“基本支出”和“项目支出”两个明细科目，并按照《政府收支分类科目》中“支出功能分类科目”的项级科目进行明细核算；同时，在“基本支出”明细科目下按照“人员经费”和“日常公用经费”进行明细核算，在“项目支出”明细科目下按照具体项目进行明细核算。

有一般公共预算财政拨款、政府性基金预算财政拨款等两种或两种以上财政拨款的单位，还应当按照财政拨款的种类进行明细核算。

三、财政拨款预算收入的主要账务处理如下：

（一）财政直接支付方式下，单位根据收到的“财政直接支付入账通知书”及相关原始凭证，按照通知书中的直接支付金额，借记“行政支出”“事业支出”等科目，贷记本科目。

年末，根据本年度财政直接支付预算指标数与当年财政直接支付实际支出数的差额，借记“资金结存——财政应返还额度”科目，贷记本科目。

（二）财政授权支付方式下，单位根据收到的“财政授权支付额度到账通知书”，按照通知书中的授权支付额度，借记“资金结存——零余额账户用款额度”科目，贷记本科目。

年末，单位本年度财政授权支付预算指标数大于零余额账户用款额度下达数的，按照两者差额，借记“资金结存——财政应返还额度”科目，贷记本科目。

（三）其他方式下，单位按照本期预算收到财政拨款预算收入时，按照实际收到的金额，借记“资金结存——货币资金”科目，贷记本科目。

单位收到下期预算的财政预拨款，应当在下个预算期，按照预收的金额，借记“资金结存——货币资金”科目，贷记本科目。

（四）因差错更正、购货退回等发生国库直接支付款项退回的，属于本年度支付的款项，按照退回金额，借记本科目，贷记“行政支出”“事业支出”等科目。

（五）年末，将本科目本年发生额转入财政拨款结转，借记本科目，贷记“财政拨款结转——年收支结转”科目。

四、年末结转后，本科目应无余额

6101 事业预算收入

一、本科目核算事业单位开展专业业务活动及其辅助活动取得的现金流入。

事业单位因开展科研及其辅助活动从非同级政府财政部门取得的经费拨款，也通过本科目核算。

二、本科目应当按照事业预算收入类别、项目、来源、《政府收支分类科目》中“支出功能分类科目”项级科目等进行明细核算。对于因开展科研及其辅助活动从非同级政府财政部门取得的经费拨款，应当在本科目下单设“非同级财政拨款”明细科目进行明细核算；事业预算收入中如有专项资金收入，还应按照具体项目进行明细核算。

三、事业预算收入的主要账务处理如下：

（一）采用财政专户返还方式管理的事业预算收入，收到从财政专户返还的事业预算收入时，按照实际收到的返还金额，借记“资金结存——货币资金”科目，贷记本科目。

（二）收到其他事业预算收入时，按照实际收到的款项金额，借记“资金结存——货币资金”科目，贷记本科目。

（三）年末，将本科目本年发生额中的专项资金收入转入非财政拨款结转，借记本科目下各专项资金收入明细科目，贷记“非财政拨款结转——本年收支结转”科目；将本科目本年发生额中的非专项资金收入转入其他结余，借记本科目下各非专项资金收入明细科目，贷记“其他结余”科目。

四、年末结转后，本科目应无余额。

6201 上级补助预算收入

一、本科目核算事业单位从主管部门和上级单位取得的非财政补助现金流入。

二、本科目应当按照发放补助单位、补助项目、《政府收支分类科目》中“支出功能分类科目”的项级科目等进行明细核算。上级补助预算收入中如有专项资金收入，还应按照具体项目进行明细核算。

三、上级补助预算收入的主要账务处理如下：

（一）收到上级补助预算收入时，按照实际收到的金额，借记“资金结存——货币资金”科目，贷记本科目。

（二）年末，将本科目本年发生额中的专项资金收入转入非财政拨款结转，借记本科目下各专项资金收入明细科目，贷记“非财政拨款结转——本年收支结转”科目；将本科目本年发生额中的非专项资金收入转入其他结余，借记本科目下各非专项资金收入明细科目，贷记“其他结余”科目。

四、年末结转后，本科目应无余额。

6301 附属单位上缴预算收入

一、本科目核算事业单位取得附属独立核算单位根据有关规定上缴的现金流入。

二、本科目应当按照附属单位、缴款项目、《政府收支分类科目》中“支出功能分类科目”的项级科目等进行明细核算。附属单位上缴预算收入中如有专项资金收入，还应按照具体项目进行明细核算。

三、附属单位上缴预算收入的主要账务处理如下：

（一）收到附属单位缴来款项时，按照实际收到的金额，借记“资金结存——货币资金”科目，贷记本科目。

（二）年末，将本科目本年发生额中的专项资金收入转入非财政拨款结转，借记本科目下各专项资金收入明细科目，贷记“非财政拨款结转——本年收支结转”科目；将本科目本年发生额中的非专项资金收入转入其他结余，借记本科目下各非专项资金收入明细科目，贷记“其他结余”科目。

四、年末结转后，本科目应无余额。

6401 经营预算收入

一、本科目核算事业单位在专业业务活动及其辅助活动之外开展非独立核算经营活动取得的现金流入。

二、本科目应当按照经营活动类别、项目、《政府收支分类科目》中“支出功能分类科目”的项级科目等进行明细核算。

三、经营预算收入的主要账务处理如下：

（一）收到经营预算收入时，按照实际收到的金额，借记“资金结存——货币资金”科目，贷记本科目。

（二）年末，将本科目本年发生额转入经营结余，借记本科目，贷记“经营结余”科目。

四、年末结转后，本科目应无余额。

6501 债务预算收入

一、本科目核算事业单位按照规定从银行和其他金融机构等借入的、纳入部门预算管理的、不以财政资金作为偿还来源的债务本金。

二、本科目应当按照贷款单位、贷款种类、《政府收支分类科目》中“支出功能分类科目”的项级科目等进行明细核算。债务预算收入中如有专项资金收入，还应按照具体项目进行明细核算。

三、债务预算收入的主要账务处理如下：

（一）借入各项短期或长期借款时，按照实际借入的金额，借记“资金结存——货币资金”科目，贷记本科目。

（二）年末，将本科目本年发生额中的专项资金收入转入非财政拨款结转，借记本科目下各专项资金收入明细科目，贷记“非财政拨款结转——本年收支结转”科目；将本科目本年发生额中的非专项资金收入转入其他结余，借记本科目下各非专项资金收入明细科目，贷记“其他结余”科目。

四、年末结转后，本科目应无余额。

6601 非同级财政拨款预算收入

一、本科目核算单位从非同级政府财政部门取得的财政拨款，包括本级横向转拨财政款和非本级财政拨款。

对于因开展科研及其辅助活动从非同级政府财政部门取得的经费拨款，应当通过“事业预算收入——非同级财政拨款”科目进行核算，不通过本科目核算。

二、本科目应当按照非同级财政拨款预算收入的类别、来源、《政府收支分类科目》中“支出功能分类科目”的项级科目等进行明细核算。非同级财政拨款预算收入中如有专项资金收入，还应按照具体项目进行明细核算。

三、非同级财政拨款预算收入的主要账务处理如下：

（一）取得非同级财政拨款预算收入时，按照实际收到的金额，借记“资金结存——货币资金”科目，贷记本科目。

（二）年末，将本科目本年发生额中的专项资金收入转入非财政拨款结转，借记本科目下各专项资金收入明细科目，贷记“非财政拨款结转——本年收支结转”科目；将本科目本年发生额中的非专项资金收入转入其他结余，借记本科目下各非专项资金收入明细科目，贷记“其他结余”科目。

四、年末结转后，本科目应无余额。

6602 投资预算收益

一、本科目核算事业单位取得的按照规定纳入部门预算管理的属于投资收益性质的现金流入，包括股权投资收益、出售或收回债券投资所取得的收益和债券投资利息收入。

二、本科目应当按照《政府收支分类科目》中“支出功能分类科目”的项级科目等进行明细核算。

三、投资预算收益的主要账务处理如下：

（一）出售或到期收回本年度取得的短期、长期债券，按照实际取得的价款或实际收到的本息金额，借记“资金结存——货币资金”科目，按照取得债券时“投资支出”科目的发生额，贷记“投资支出”科目，按照其差额，贷记或借记本科目。

出售或到期收回以前年度取得的短期、长期债券，按照实际取得的价款或实际收到的本息金额，借记“资金结存——货币资金”科目，按照取得债券时“投资支出”科目的发生额，贷记“其他结余”科目，按照其差额，贷记或借记本科目。

出售、转让以货币资金取得的长期股权投资的，其账务处理参照出售或到期收回债券投资。

（二）持有的短期投资以及分期付息、一次还本的长期债券投资收到利息时，按照实际收到的金额，借记“资金结存——货币资金”科目，贷记本科目。

（三）持有长期股权投资取得被投资单位分派的现金股利或利润时，按照实际收到的金额，借记“资金结存——货币资金”科目，贷记本科目。

（四）出售、转让以非货币性资产取得的长期股权投资时，按照实际取得的价款扣减支付的相关费用和应缴财政款后的余额(按照规定纳入单位预算管理的),借记“资金结存——货币资金”科目，贷记本科目。

（五）年末，将本科目本年发生额转入其他结余，借记或贷记本科目，贷记或借记“其他结余”科目。

四、年末结转后，本科目应无余额。

6609 其他预算收入

一、本科目核算单位除财政拨款预算收入、事业预算收入、上级补助预算收入、附属单位上缴预算收入、经营预算收入、债务预算收入、非同级财政拨款预算收入、投资预算收益之外的纳入部门预算管理的现金流入，包括捐赠预算收入、利息预算收入、租金预算收入、现金盘盈收入等。

二、本科目应当按照其他收入类别、《政府收支分类科目》中“支出功能分类科目”的项级科目等进行明细核算。其他预算收入中如有专项资金收入，还应按照具体项目进行明细核算。

单位发生的捐赠预算收入、利息预算收入、租金预算收入金额较大或业务较多的，可单独设置“6603 捐赠预算收入”“6604 利息预算收入”“6605 租金预算收入”等科目。

三、其他预算收入的主要账务处理如下：

（一）接受捐赠现金资产、收到银行存款利息、收到资产承租人支付的租金时，按照实际收到的金额，借记“资金结存——货币资金”科目，贷记本科目。

（二）每日现金账款核对中如发现现金溢余，按照溢余的现金金额，借记“资金结存——货币资金”科目，贷记本科目。经核实，属于应支付给有关个人和单位的部分，按照实际支付的金额，借记本科目，贷记“资金结存——货币资金”科目。

（三）收到其他预算收入时，按照收到的金额，借记“资金结存——货币资金”科目，贷记本科目。

（四）年末，将本科目本年发生额中的专项资金收入转入非财政拨款结转，借记本科目下各专项资金收入明细科目，贷记“非财政拨款结转——本年收支结转”科目；将本科目本年发生额中的非专项资金收入转入其他结余，借记本科目下各非专项资金收入明细科目，贷记“其他结余”科目。

四、年末结转后，本科目应无余额。

（二）预算支出类

7101 行政支出

一、本科目核算行政单位履行其职责实际发生的各项现金流出。

二、本科目应当分别按照“财政拨款支出”“非财政专项资金支出”和“其他资金支出”，“基本支出”和“项目支出”等进行明细核算，并按照《政府收支分类科目》中“支出功能分类科目”的项级科目进行明细核算；“基本支出”和“项目支出”明细科目下应当按照《政府收支分类科目》中“部门预算支出经济分类科目”的款级科目进行明细核算，同时在“项目支出”明细科目下按照具体项目进行明细核算。

有一般公共预算财政拨款、政府性基金预算财政拨款等两种或两种以上财政拨款的行政单位，还应当在“财政拨款支出”明细科目下按照财政拨款的种类进行明细核算。

对于预付款项，可通过在本科目下设置“待处理”明细科目进行核算，待确认具体支出项目后再转入本科目下相关明细科目。年末结账前，应将本科目“待处理”明细科目余额全部转入本科目下相关明细科目。

三、行政支出的主要账务处理如下：

（一）支付单位职工薪酬向单位职工个人支付薪酬时，按照实际支付的金额，借记本科目，贷记“财政拨款预算收入”“资金结存”科目。按照规定代扣代缴个人所得税以及代扣代缴或为职工缴纳职工社会保险费、住房公积金等时，按照实际缴纳的金额，借记本科目，贷记“财政拨款预算收入”“资金结存”科目。

（二）支付外部人员劳务费按照实际支付给外部人员个人的金额，借记本科目，贷记“财政拨款预算收入”“资金结存”科目。按照规定代扣代缴个人所得税时，按照实际缴纳的金额，借记本科目，贷记“财政拨款预算收入”“资金结存”科目。

（三）为购买存货、固定资产、无形资产等以及在建工程支付相关款项时，按照实际支付的金额，借记本科目，贷记“财政拨款预算收入”“资金结存”科目。

（四）发生预付账款时，按照实际支付的金额，借记本科目，贷记“财政拨款预算收入”“资金结存”科目。对于暂付款项，在支付款项时可不做预算会计处理，待结算或报销时，按照结算或报销的金额，借记本科目，贷记“资金结存”科目。

（五）发生其他各项支出时，按照实际支付的金额，借记本科目，贷记“财政拨款预算收入”“资金结存”科目。

（六）因购货退回等发生款项退回，或者发生差错更正的，属于当年支出收回的，按照收回或更正金额，借记“财政拨款预算收入”“资金结存”科目，贷记本科目。

（七）年末，将本科目本年发生额中的财政拨款支出转入财政拨款结转，借记“财政拨款结转——本年收支结转”科目，贷记本科目下各财政拨款支出明细科目；将本科目本年发生额中的非财政专项资金支出转入非财政拨款结转，借记“非财政拨款结转——本年收支结转”科目，贷记本科目下各非财政专项资金支出明细科目；将本科目本年发生额中的其他资金支出（非财政非专项资金支出）转入其他结余，借记“其他结余”科目，贷记本科目下其他资金支出明细科目。

四、年末结转后，本科目应无余额。

7201 事业支出

一、本科目核算事业单位开展专业业务活动及其辅助活动实际发生的各项现金流出。

二、单位发生教育、科研、医疗、行政管理、后勤保障等活动的，可在本科目下设置相应的明细科目进行核算，或单设“7201 教育支出”“7202 科研支出”“7203 医疗支出”“7204

行政管理支出”“7205 后勤保障支出”等一级会计科目进行核算。

三、本科目应当分别按照“财政拨款支出”“非财政专项资金支出”和“其他资金支出”，“基本支出”和“项目支出”等进行明细核算，并按照《政府收支分类科目》中“支出功能分类科目”的项级科目进行明细核算；“基本支出”和“项目支出”明细科目下应当按照《政府收支分类科目》中“部门预算支出经济分类科目”的款级科目进行明细核算，同时在“项目支出”明细科目下按照具体项目进行明细核算。

有一般公共预算财政拨款、政府性基金预算财政拨款等两种或两种以上财政拨款的事业单位，还应当在“财政拨款支出”明细科目下按照财政拨款的种类进行明细核算。

对于预付款项，可通过在本科目下设置“待处理”明细科目进行明细核算，待确认具体支出项目后再转入本科目下相关明细科目。年末结账前，应将本科目“待处理”明细科目余额全部转入本科目下相关明细科目。

四、事业支出的主要账务处理如下：

（一）支付单位职工（经营部门职工除外）薪酬向单位职工个人支付薪酬时，按照实际支付的数额，借记本科目，贷记“财政拨款预算收入”“资金结存”科目。按照规定代扣代缴个人所得税以及代扣代缴或为职工缴纳职工社会保险费、住房公积金等时，按照实际缴纳的金额，借记本科目，贷记“财政拨款预算收入”“资金结存”科目。

（二）为专业业务活动及其辅助活动支付外部人员劳务费按照实际支付给外部人员个人的金额，借记本科目，贷记“财政拨款预算收入”“资金结存”科目。

按照规定代扣代缴个人所得税时，按照实际缴纳的金额，借记本科目，贷记“财政拨款预算收入”“资金结存”科目。

（三）开展专业业务活动及其辅助活动过程中为购买存货、固定资产、无形资产等以及在建工程支付相关款项时，按照实际支付的金额，借记本科目，贷记“财政拨款预算收入”“资金结存”科目。

（四）开展专业业务活动及其辅助活动过程中发生预付账款时，按照实际支付的金额，借记本科目，贷记“财政拨款预算收入”“资金结存”科目。对于暂付款项，在支付款项时可不做预算会计处理，待结算或报销时，按照结算或报销的金额，借记本科目，贷记“资金结存”科目。

（五）开展专业业务活动及其辅助活动过程中缴纳的相关税费以及发生的其他各项支出，按照实际支付的金额，借记本科目，贷记“财政拨款预算收入”“资金结存”科目。

（六）开展专业业务活动及其辅助活动过程中因购货退回等发生款项退回，或者发生差错更正的，属于当年支出收回的，按照收回或更正金额，借记“财政拨款预算收入”“资金结存”科目，贷记本科目。

（七）年末，将本科目本年发生额中的财政拨款支出转入财政拨款结转，借记“财政拨款结转——本年收支结转”科目，贷记本科目下各财政拨款支出明细科目；将本科目本年发生额中的非财政专项资金支出转入非财政拨款结转，借记“非财政拨款结转——本年收支结转”科目，贷记本科目下各非财政专项资金支出明细科目；将本科目本年发生额中的其他资金支出（非财政非专项资金支出）转入其他结余，借记“其他结余”科目，贷记本科目下其他资金支出明细科目。

五、年末结转后，本科目应无余额。

7301 经营支出

一、本科目核算事业单位在专业业务活动及其辅助活动之外开展非独立核算经营活动实际发生的各项现金流出。

二、本科目应当按照经营活动类别、项目、《政府收支分类科目》中“支出功能分类科目”

的项级科目和“部门预算支出经济分类科目”的款级科目等进行明细核算。

对于预付款项，可通过在本科目下设置“待处理”明细科目进行明细核算，待确认具体支出项目后再转入本科目下相关明细科目。年末结账前，应将本科目“待处理”明细科目余额全部转入本科目下相关明细科目。

三、经营支出的主要账务处理如下：

（一）支付经营部门职工薪酬

向职工个人支付薪酬时，按照实际的金额，借记本科目，贷记“资金结存”科目。

按照规定代扣代缴个人所得税以及代扣代缴或为职工缴纳职工社会保险费、住房公积金时，按照实际缴纳的金额，借记本科目，贷记“资金结存”科目。

（二）为经营活动支付外部人员劳务费

按照实际支付给外部人员个人的金额，借记本科目，贷记“资金结存”科目。

按照规定代扣代缴个人所得税时，按照实际缴纳的金额，借记本科目，贷记“资金结存”科目。

（三）开展经营活动过程中为购买存货、固定资产、无形资产等以及在建工程支付相关款项时，按照实际支付的金额，借记本科目，贷记“资金结存”科目。

（四）开展经营活动过程中发生预付账款时，按照实际支付的金额，借记本科目，贷记“资金结存”科目。

对于暂付款项，在支付款项时可不做预算会计处理，待结算或报销时，按照结算或报销的金额，借记本科目，贷记“资金结存”科目。

（五）因开展经营活动缴纳的相关税费以及发生的其他各项支出，按照实际支付的金额，借记本科目，贷记“资金结存”科目。

（六）开展经营活动中因购货退回等发生款项退回，或者发生差错更正的，属于当年支出收回的，按照收回或更正金额，借记“资金结存”科目，贷记本科目。

（七）年末，将本科目本年发生额转入经营结余，借记“经营结余”科目，贷记本科目。

四、年末结转后，本科目应无余额。

7401 上缴上级支出

一、本科目核算事业单位按照财政部门和主管部门的规定上缴上级单位款项发生的现金流出。

二、本科目应当按照收缴款项单位、缴款项目、《政府收支分类科目》中“支出功能分类科目”的项级科目和“部门预算支出经济分类科目”的款级科目等进行明细核算。

三、上缴上级支出的主要账务处理如下：

（一）按照规定将款项上缴上级单位的，按照实际上缴的金额，借记本科目，贷记“资金结存”科目。

（二）年末，将本科目本年发生额转入其他结余，借记“其他结余”科目，贷记本科目。

四、年末结转后，本科目应无余额。

7501 对附属单位补助支出

一、本科目核算事业单位用财政拨款预算收入之外的收入对附属单位补助发生的现金流出。

二、本科目应当按照接受补助单位、补助项目、《政府收支分类科目》中“支出功能分类科目”的项级科目和“部门预算支出经济分类科目”的款级科目等进行明细核算。

三、对附属单位补助支出的主要账务处理如下：

（一）发生对附属单位补助支出的，按照实际补助的金额，借记本科目，贷记“资金结存”科目。

（二）年末，将本科目本年发生额转入其他结余，借记“其他结余”科目，贷记本科目。

四、年末结转后，本科目应无余额。

7601 投资支出

一、本科目核算事业单位以货币资金对外投资发生的现金流出。

二、本科目应当按照投资类型、投资对象、《政府收支分类科目》中“支出功能分类科目”的项级科目和“部门预算支出经济分类科目”的款级科目等进行明细核算。

三、投资支出的主要账务处理如下：

（一）以货币资金对外投资时，按照投资金额和所支付的相关税费金额的合计数，借记本科目，贷记“资金结存”科目。

（二）出售、对外转让或到期收回本年度以货币资金取得的对外投资的，如果按规定将投资收益纳入单位预算，按照实际收到的金额，借记“资金结存”科目，按照取得投资时“投资支出”科目的发生额，贷记本科目，按照其差额，贷记或借记“投资预算收益”科目；如果按规定将投资收益上缴财政的，按照取得投资时“投资支出”科目的发生额，借记“资金结存”科目，贷记本科目。

出售、对外转让或到期收回以前年度以货币资金取得的对外投资的，如果按规定将投资收益纳入单位预算，按照实际收到的金额，借记“资金结存”科目，按照取得投资时“投资支出”科目的发生额，贷记“其他结余”科目，按照其差额，贷记或借记“投资预算收益”科目；如果按规定将投资收益上缴财政的，按照取得投资时“投资支出”科目的发生额，借记“资金结存”科目，贷记“其他结余”科目。

（三）年末，将本科目本年发生额转入其他结余，借记“其他结余”科目，贷记本科目。

四、年末结转后，本科目应无余额。

7701 债务还本支出

一、本科目核算事业单位偿还自身承担的纳入预算管理的从金融机构举借的债务本金的现金流出。

二、本科目应当按照贷款单位、贷款种类、《政府收支分类科目》中“支出功能分类科目”的项级科目和“部门预算支出经济分类科目”的款级科目等进行明细核算。

三、债务还本支出的主要账务处理如下：

（一）偿还各项短期或长期借款时，按照偿还的借款本金，借记本科目，贷记“资金结存”科目。

（二）年末，将本科目本年发生额转入其他结余，借记“其他结余”科目，贷记本科目。

四、年末结转后，本科目应无余额。

7901 其他支出

一、本科目核算单位除行政支出、事业支出、经营支出、上缴上级支出、对附属单位补助支出、投资支出、债务还本支出以外的各项现金流出，包括利息支出、对外捐赠现金支出、现金盘亏损失、接受捐赠（调入）和对外捐赠（调出）非现金资产发生的税费支出、资产置换过程中发生的相关税费支出、罚没支出等。

二、本科目应当按照其他支出的类别，“财政拨款支出”“非财政专项资金支出”和“其他资金支出”，《政府收支分类科目》中“支出功能分类科目”的项级科目和“部门预算支出经济分类科目”的款级科目等进行明细核算。其他支出中如有专项资金支出，还应按照具体项目进行明细核算。

有一般公共预算财政拨款、政府性基金预算财政拨款等两种或两种以上财政拨款的事业单位，还应当在“财政拨款支出”明细科目下按照财政拨款的种类进行明细核算。

单位发生利息支出、捐赠支出等其他支出金额较大或业务较多的，可单独设置“7902 利息支出”“7903 捐赠支出”等科目。

三、其他支出的主要账务处理如下：

（一）利息支出

支付银行借款利息时，按照实际支付金额，借记本科目，贷记“资金结存”科目。

（二）对外捐赠现金资产

对外捐赠现金资产时，按照捐赠金额，借记本科目，贷记“资金结存——货币资金”科目。

（三）现金盘亏损失

每日现金账款核对中如发现现金短缺，按照短缺的现金金额，借记本科目，贷记“资金结存——货币资金”科目。经核实，属于应当由有关人员赔偿的，按照收到的赔偿金额，借记“资金结存——货币资金”科目，贷记本科目。

（四）接受捐赠（无偿调入）和对外捐赠（无偿调出）非现金资产发生的税费支出

接受捐赠（无偿调入）非现金资产发生的归属于捐入方（调入方）的相关税费、运输费等，以及对外捐赠（无偿调出）非现金资产发生的归属于捐出方（调出方）的相关税费、运输费等，按照实际支付金额，借记本科目，贷记“资金结存”科目。

（五）资产置换过程中发生的相关税费支出

资产置换过程中发生的相关税费，按照实际支付金额，借记本科目，贷记“资金结存”科目。

（六）其他支出

发生罚没等其他支出时，按照实际支出金额，借记本科目，贷记“资金结存”科目。

（七）年末，将本科目本年发生额中的财政拨款支出转入财政拨款结转，借记“财政拨款结转——本年收支结转”科目，贷记本科目下各财政拨款支出明细科目；将本科目本年发生额中的非财政专项资金支出转入非财政拨款结转，借记“非财政拨款结转——本年收支结转”科目，贷记本科目下各非财政专项资金支出明细科目；将本科目本年发生额中的其他资金支出（非财政非专项资金支出）转入其他结余，借记“其他结余”科目，贷记本科目下各其他资金支出明细科目。

四、年末结转后，本科目应无余额。

（三）预算结余类

8001 资金结存

一、本科目核算单位纳入部门预算管理的资金的流入、流出、调整和滚存等情况。

二、本科目应当设置下列明细科目：

（一）“零余额账户用款额度”：本明细科目核算实行国库集中支付的单位根据财政部门批复的用款计划收到和支用的零余额账户用款额度。

年末结账后，本明细科目应无余额。

（二）“货币资金”：本明细科目核算单位以库存现金、银行存款、其他货币资金形态存在的资金。

本明细科目年末借方余额，反映单位尚未使用的货币资金。

（三）“财政应返还额度”：本明细科目核算实行国库集中支付的单位可以使用的以前年度财政直接支付资金额度和财政应返还的财政授权支付资金额度。本明细科目下可设置“财政直接支付”“财政授权支付”两个明细科目进行明细核算。

本明细科目年末借方余额，反映单位应收财政返还的资金额度。

三、资金结存的主要账务处理如下：

（一）财政授权支付方式下，单位根据代理银行转来的财政授权支付额度到账通知书，按照通知书中的授权支付额度，借记本科目（零余额账户用款额度），贷记“财政拨款预算收入”科目。

以国库集中支付以外的其他支付方式取得预算收入时，按照实际收到的金额，借记本科目（货币资金），贷记“财政拨款预算收入”“事业预算收入”“经营预算收入”等科目。

（二）财政授权支付方式下，发生相关支出时，按照实际支付的金额，借记“行政支出”“事业支出”等科目，贷记本科目（零余额账户用款额度）。

从零余额账户提取现金时，借记本科目（货币资金），贷记本科目（零余额账户用款额度）。退回现金时，做相反会计分录。

使用以前年度财政直接支付额度发生支出时，按照实际支付金额，借记“行政支出”“事业支出”等科目，贷记本科目（财政应返还额度）。

国库集中支付以外的其他支付方式下，发生相关支出时，按照实际支付的金额，借记“事业支出”“经营支出”等科目，贷记本科目（货币资金）。

（三）按照规定上缴财政拨款结转结余资金或注销财政拨款结转结余资金额度的，按照实际上缴资金数额或注销的资金额度数额，借记“财政拨款结转——归集上缴”或“财政拨款结余——归集上缴”科目，贷记本科目（财政应返还额度、零余额账户用款额度、货币资金）。

按规定向原资金拨入单位缴回非财政拨款结转资金的，按照实际缴回资金数额，借记“非财政拨款结转——缴回资金”科目，贷记本科目（货币资金）。

收到从其他单位调入的财政拨款结转资金的，按照实际调入资金数额，借记本科目（财政应返还额度、零余额账户用款额度、货币资金），贷记“财政拨款结转——归集调入”科目。

（四）按照规定使用专用基金时，按照实际支付金额，借记“专用结余”科目[从非财政拨款结余中提取的专用基金]或“事业支出”等科目[从预算收入中计提的专用基金]，贷记本科目（货币资金）。

（五）因购货退回、发生差错更正等退回国库直接支付、授权支付款项，或者收回货币资金的，属于本年度支付的，借记“财政拨款预算收入”科目或本科目（零余额账户用款额度、货币资金），贷记相关支出科目；属于以前年度支付的，借记本科目（财政应返还额度、零余额账户用款额度、货币资金），贷记“财政拨款结转”“财政拨款结余”“非财政拨款结转”“非财政拨款结余”科目。

（六）有企业所得税缴纳义务的事业单位缴纳所得税时，按照实际缴纳金额，借记“非财政拨款结余——累计结余”科目，贷记本科目（货币资金）。

（七）年末，根据本年度财政直接支付预算指标数与当年财政直接支付实际支出数的差额，借记本科目（财政应返还额度），贷记“财政拨款预算收入”科目。

（八）年末，单位依据代理银行提供的对账单作注销额度的相关账务处理，借记本科目（财政应返还额度），贷记本科目（零余额账户用款额度）；本年度财政授权支付预算指标数大于零余额账户用款额度下达数的，根据未下达的用款额度，借记本科目（财政应返还额度），贷记“财政拨款预算收入”科目。

下年初，单位依据代理银行提供的额度恢复到账通知书作恢复额度的相关账务处理，借记本科目（零余额账户用款额度），贷记本科目

（财政应返还额度）。单位收到财政部门批复的上年末未下达零余额账户用款额度的，借记本科目（零余额账户用款额度），贷记本科目（财政应返还额度）。

四、本科目年末借方余额，反映单位预算资金的累计滚存情况。

8101 财政拨款结转

一、本科目核算单位取得的同级财政拨款结转资金的调整、结转和滚存情况。

二、本科目应当设置下列明细科目：

（一）与会计差错更正、以前年度支出收回相关的明细科目

“年初余额调整”：本明细科目核算因发生会计差错更正、以前年度支出收回等原因，需要调整财政拨款结转的金额。年末结账后，本明细科目应无余额。

（二）与财政拨款调拨业务相关的明细科目

1.“归集调入”：本明细科目核算按照规定从其他单位调入财政拨款结转资金时，实际调增的额度数额或调入的资金数额。年末结账后，本明细科目应无余额。

2.“归集调出”：本明细科目核算按照规定向其他单位调出财政拨款结转资金时，实际调减的额度数额或调出的资金数额。年末结账后，本明细科目应无余额。

3.“归集上缴”：本明细科目核算按照规定上缴财政拨款结转资金时，实际核销的额度数额或上缴的资金数额。年末结账后，本明细科目应无余额。

4.“单位内部调剂”：本明细科目核算经财政部门批准对财政拨款结余资金改变用途，调整用于本单位其他未完成项目等的调整金额。年末结账后，本明细科目应无余额。

（三）与年末财政拨款结转业务相关的明细科目

1.“本年收支结转”：本明细科目核算单位本年度财政拨款收支相抵后的余额。年末结账后，本明细科目应无余额。

2.“累计结转”：本明细科目核算单位滚存的财政拨款结转资金。本明细科目年末贷方余额，反映单位财政拨款滚存的结转资金数额。

本科目还应当设置“基本支出结转”“项目支出结转”两个明细科目，并在“基本支出结转”明细科目下按照“人员经费”“日常公用经费”进行明细核算，在“项目支出结转”明细科目下按照具体项目进行明细核算；同时，本科目还应按照《政府收支分类科目》中“支出功能分类科目”的相关科目进行明细核算。

有一般公共预算财政拨款、政府性基金预算财政拨款等两种或两种以上财政拨款的，还应当在本科目下按照财政拨款的种类进行明细核算。

三、财政拨款结转的主要账务处理如下：

（一）与会计差错更正、以前年度支出收回相关的账务处理

1. 因发生会计差错更正退回以前年度国库直接支付、授权支付款项或财政性货币资金，或者因发生会计差错更正增加以前年度国库直接支付、授权支付支出或财政性货币资金支出，属于以前年度财政拨款结转资金的，借记或贷记“资金结存——财政应返还额度、零余额账户用款额度、货币资金”科目，贷记或借记本科目（年初余额调整）。

2. 因购货退回、预付款项收回等发生以前年度支出又收回国库直接支付、授权支付款项或收回财政性货币资金，属于以前年度财政拨款结转资金的，借记“资金结存——财政应返还额度、零余额账户用款额度、货币资金”科目，贷记本科目（年初余额调整）。

（二）与财政拨款结转结余资金调整业务相关的账务处理

1. 按照规定从其他单位调入财政拨款结转资金的，按照实际调增的额度数额或调入的资金数额，借记“资金结存——财政应返还额度、零余额账户用款额度、货币资金”科目，贷记本科目（归集调入）。

2. 按照规定向其他单位调出财政拨款结转资金的，按照实际调减的额度数额或调出的资金数额，借记本科目（归集调出），贷记“资金结存——财政应返还额度、零余额账户用款额度、货币资金”科目。

3. 按照规定上缴财政拨款结转资金或注销财政拨款结转资金额度的，按照实际上缴资

金数额或注销的资金额度数额，借记本科目（归集上缴），贷记“资金结存——财政应返还额度、零余额账户用款额度、货币资金”科目。

4. 经财政部门批准对财政拨款结余资金改变用途，调整用于本单位基本支出或其他未完成项目支出的，按照批准调剂的金额，借记“财政拨款结余——单位内部调剂”科目，贷记本科目（单位内部调剂）。

（三）与年末财政拨款结转和结余业务相关的账务处理

1. 年末，将财政拨款预算收入本年发生额转入本科目，借记“财政拨款预算收入”科目，贷记本科目（本年收支结转）；将各项支出中财政拨款支出本年发生额转入本科目，借记本科目（本年收支结转），贷记各项支出（财政拨款支出）科目。

2. 年末冲销有关明细科目余额。将本科目（本年收支结转、年初余额调整、归集调入、归集调出、归集上缴、单位内部调剂）余额转入本科目（累计结转）。结转后，本科目除“累计结转”明细科目外，其他明细科目应无余额。

3. 年末完成上述结转后，应当对财政拨款结转各明细项目执行情况进行分析，按照有关规定将符合财政拨款结余性质的项目余额转入财政拨款结余，借记本科目（累计结转），贷记“财政拨款结余——结转转入”科目。

四、本科目年末贷方余额，反映单位滚存的财政拨款结转资金数额。

8102 财政拨款结余

一、本科目核算单位取得的同级财政拨款项目支出结余资金的调整、结转和滚存情况。

二、本科目应当设置下列明细科目：

（一）与会计差错更正、以前年度支出收回相关的明细科目

“年初余额调整”：本明细科目核算因发生会计差错更正、以前年度支出收回等原因，需要调整财政拨款结余的金额。年末结账后，本明细科目应无余额。

（二）与财政拨款结余资金调整业务相关的明细科目

1.“归集上缴”：本明细科目核算按照规定上缴财政拨款结余资金时，实际核销的额度数额或上缴的资金数额。年末结账后，本明细科目应无余额。

2.“单位内部调剂”：本明细科目核算经财政部门批准对财政拨款结余资金改变用途，调整用于本单位其他未完成项目等的调整金额。年末结账后，本明细科目应无余额。

（三）与年末财政拨款结余业务相关的明细科目

1.“结转转入”：本明细科目核算单位按照规定转入财政拨款结余的财政拨款结转资金。年末结账后，本明细科目应无余额。

2.“累计结余”：本明细科目核算单位滚存的财政拨款结余资金。本明细科目年末贷方余额，反映单位财政拨款滚存的结余资金数额。

本科目还应当按照具体项目、《政府收支分类科目》中“支出功能分类科目”的相关科目等进行明细核算。

有一般公共预算财政拨款、政府性基金预算财政拨款等两种或两种以上财政拨款的，还应当在本科目下按照财政拨款的种类进行明细核算。

三、财政拨款结余的主要账务处理如下：

（一）与会计差错更正、以前年度支出收回相关的账务处理

1. 因发生会计差错更正退回以前年度国库直接支付、授权支付款项或财政性货币资金，或者因发生会计差错更正增加以前年度国库直接支付、授权支付支出或财政性货币资金支出，属于以前年度财政拨款结余资金的，借记或贷记“资金结存——财政应返还额度、零余额账户用款额度、货币资金”科目，贷记或借记本科目（年初余额调整）。

2. 因购货退回、预付款项收回等发生以前年度支出又收回国库直接支付、授权支付款

项或收回财政性货币资金，属于以前年度财政拨款结余资金的，借记“资金结存——财政应返还额度、零余额账户用款额度、货币资金”科目，贷记本科目（年初余额调整）。

（二）与财政拨款结余资金调整业务相关的账务处理

1. 经财政部门批准对财政拨款结余资金改变用途，调整用于本单位基本支出或其他未完成项目支出的，按照批准调剂的金额，借记本科目（单位内部调剂），贷记“财政拨款结转——单位内部调剂”科目。

2. 按照规定上缴财政拨款结余资金或注销财政拨款结余资金额度的，按照实际上缴资金数额或注销的资金额度数额，借记本科目（归集上缴），贷记“资金结存——财政应返还额度、零余额账户用款额度、货币资金”科目。

（三）与年末财政拨款结转和结余业务相关的账务处理

1. 年末，对财政拨款结转各明细项目执行情况进行分析，按照有关规定将符合财政拨款结余性质的项目余额转入财政拨款结余，借记“财政拨款结转——累计结转”科目，贷记本科目（结转转入）。

2. 年末冲销有关明细科目余额。将本科目（年初余额调整、归集上缴、单位内部调剂、结转转入）余额转入本科目（累计结余）。结转后，本科目除“累计结余”明细科目外，其他明细科目应无余额。

四、本科目年末贷方余额，反映单位滚存的财政拨款结余资金数额。

8201　非财政拨款结转

一、本科目核算单位除财政拨款收支、经营收支以外各非同级财政拨款专项资金的调整、结转和滚存情况。

二、本科目应当设置下列明细科目：

（一）“年初余额调整”：本明细科目核算因发生会计差错更正、以前年度支出收回等原因，需要调整非财政拨款结转的资金。年末结账后，本明细科目应无余额。

（二）“缴回资金”：本明细科目核算按照规定缴回非财政拨款结转资金时，实际缴回的资金数额。年末结账后，本明细科目应无余额。

（三）“项目间接费用或管理费”：本明细科目核算单位取得的科研项目预算收入中，按照规定计提项目间接费用或管理费的数额。年末结账后，本明细科目应无余额。

（四）“本年收支结转”：本明细科目核算单位本年度非同级财政拨款专项收支相抵后的余额。年末结账后，本明细科目应无余额。

（五）“累计结转”：本明细科目核算单位滚存的非同级财政拨款专项结转资金。

本明细科目年末贷方余额，反映单位非同级财政拨款滚存的专项结转资金数额。

本科目还应当按照具体项目、《政府收支分类科目》中“支出功能分类科目”的相关科目等进行明细核算。

三、非财政拨款结转的主要账务处理如下：

（一）按照规定从科研项目预算收入中提取项目管理费或间接费时，按照提取金额，借记本科目（项目间接费用或管理费），贷记“非财政拨款结余——项目间接费用或管理费”科目。

（二）因会计差错更正收到或支出非同级财政拨款货币资金，属于非财政拨款结转资金的，按照收到或支出的金额，借记或贷记“资金结存——货币资金”科目，贷记或借记本科目（年初余额调整）。

因收回以前年度支出等收到非同级财政拨款货币资金，属于非财政拨款结转资金的，按照收到的金额，借记“资金结存——货币资金”科目，贷记本科目（年初余额调整）。

（三）按照规定缴回非财政拨款结转资金的，按照实际缴回资金数额，借记本科目（缴回资金），贷记“资金结存——货币资金”科目。

（四）年末，将事业预算收入、上级补助预算收入、附属单位上缴预算收入、非同级财政拨款预算收入、债务预算收入、其他预算收入本年发生额中的专项资金收入转入本科目，借记“事业预算收入”“上级补助预算收入”“附属单位上缴预算收入”“非同级财政拨款预算收入”“债务预算收入”“其他预算收入”科目下各专项资金收入明细科目，贷记本科目（本年收支结转）；将行政支出、事业支出、其他支出本年发生额中的非财政拨款专项资金支出转入本科目，借记本科目（本年收支结转），贷记“行政支出”“事业支出”“其他支出”科目下各非财政拨款专项资金支出明细科目。

（五）年末冲销有关明细科目余额。将本科目（年初余额调整、项目间接费用或管理费、缴回资金、本年收支结转）余额转入本科目（累计结转）。结转后，本科目除“累计结转”明细科目外，其他明细科目应无余额。

（六）年末完成上述结转后，应当对非财政拨款专项结转资金各项目情况进行分析，将留归本单位使用的非财政拨款专项（项目已完成）剩余资金转入非财政拨款结余，借记本科目（累计结转），贷记“非财政拨款结余——结转转入”科目。

四、本科目年末贷方余额，反映单位滚存的非同级财政拨款专项结转资金数额。

8202　非财政拨款结余

一、本科目核算单位历年滚存的非限定用途的非同级财政拨款结余资金，主要为非财政拨款结余扣除结余分配后滚存的金额。

二、本科目应当设置下列明细科目：

（一）“年初余额调整”：本明细科目核算因发生会计差错更正、以前年度支出收回等原因，需要调整非财政拨款结余的资金。年末结账后，本明细科目应无余额。

（二）“项目间接费用或管理费”：本明细科目核算单位取得的科研项目预算收入中，按照规定计提的项目间接费用或管理费数额。年末结账后，本明细科目应无余额。

（三）“结转转入”：本明细科目核算按照规定留归单位使用，由单位统筹调配，纳入单位非财政拨款结余的非同级财政拨款专项剩余资金。年末结账后，本明细科目应无余额。

（四）“累计结余”：本明细科目核算单位历年滚存的非同级财政拨款、非专项结余资金。本明细科目年末贷方余额，反映单位非同级财政拨款滚存的非专项结余资金数额。

本科目还应当按照《政府收支分类科目》中“支出功能分类科目”的相关科目进行明细核算。

三、非财政拨款结余的主要账务处理如下：

（一）按照规定从科研项目预算收入中提取项目管理费或间接费时，借记“非财政拨款结转——项目间接费用或管理费”科目，贷记本科目（项目间接费用或管理费）。

（二）有企业所得税缴纳义务的事业单位实际缴纳企业所得税时，按照缴纳金额，借记本科目（累计结余），贷记“资金结存——货币资金”科目。

（三）因会计差错更正收到或支出非同级财政拨款货币资金，属于非财政拨款结余资金的，按照收到或支出的金额，借记或贷记“资金结存——货币资金”科目，贷记或借记本科目（年初余额调整）。

因收回以前年度支出等收到非同级财政拨款货币资金，属于非财政拨款结余资金的，按照收到的金额，借记“资金结存——货币资金”科目，贷记本科目（年初余额调整）。

（四）年末，将留归本单位使用的非财政拨款专项（项目已完成）剩余资金转入本科目，借记“非财政拨款结转——累计结转”科目，贷记本科目（结转转入）。

（五）年末冲销有关明细科目余额。将本科目（年初余额调整、项目间接费用或管理费、结转转入）余额结转入本科目（累计结余）。结转后，本科目除“累计结余”明细科目外，其他明细科目应无余额。

（六）年末，事业单位将“非财政拨款结余分配”科目余额转入非财政拨款结余。“非财政拨款结余分配”科目为借方余额的，借记本科目（累计结余），贷记“非财政拨款结余分配”科目；“非财政拨款结余分配”科目为贷方余额的，借记“非财政拨款结余分配”科目，贷记本科目（累计结余）。

年末，行政单位将“其他结余”科目余额转入非财政拨款结余。“其他结余”科目为借方余额的，借记本科目（累计结余），贷记“其他结余”科目；“其他结余”科目为贷方余额的，借记“其他结余”科目，贷记本科目（累计结余）。

四、本科目年末贷方余额，反映单位非同级财政拨款结余资金的累计滚存数额。

8301 专用结余

一、本科目核算事业单位按照规定从非财政拨款结余中提取的具有专门用途的资金的变动和滚存情况。

二、本科目应当按照专用结余的类别进行明细核算。

三、专用结余的主要账务处理如下：

（一）根据有关规定从本年度非财政拨款结余或经营结余中提取基金的，按照提取金额，借记“非财政拨款结余分配”科目，贷记本科目。

（二）根据规定使用从非财政拨款结余或经营结余中提取的专用基金时，按照使用金额，借记本科目，贷记“资金结存——货币资金”科目。

四、本科目年末贷方余额，反映事业单位从非同级财政拨款结余中提取的专用基金的累计滚存数额。

8401 经营结余

一、本科目核算事业单位本年度经营活动收支相抵后余额弥补以前年度经营亏损后的余额。

二、本科目可以按照经营活动类别进行明细核算。

三、经营结余的主要账务处理如下：

（一）年末，将经营预算收入本年发生额转入本科目，借记“经营预算收入”科目，贷记本科目；将经营支出本年发生额转入本科目，借记本科目，贷记“经营支出”科目。

（二）年末，完成上述（一）结转后，如本科目为贷方余额，将本科目贷方余额转入“非财政拨款结余分配”科目，借记本科目，贷记“非财政拨款结余分配”科目；如本科目为借方余额，为经营亏损，不予结转。

四、年末结账后，本科目一般无余额；如为借方余额，反映事业单位累计发生的经营亏损。

8501 其他结余

一、本科目核算单位本年度除财政拨款收支、非同级财政专项资金收支和经营收支以外各项收支相抵后的余额。

二、其他结余的主要账务处理如下：

（一）年末，将事业预算收入、上级补助预算收入、附属单位上缴预算收入、非同级财政拨款预算收入、债务预算收入、其他预算收入本年发生额中的非专项资金收入以及投资预算收益本年发生额转入本科目，借记“事业预算收入”“上级补助预算收入”“附属单位上缴预算收入”“非同级财政拨款预算收入”“债务预算收入”“其他预算收入”科目下各非专项资金收入明细科目和“投资预算收益”科目，贷记本科目（“投资预算收益”科目本年发生额为借方净额时，借记本科目，贷记“投资预算收益”科目）；将行政支出、事业支出、其他支出本年发生额中的非同级财政、非专项资金支出，以及上缴上级支出、对附属单位补助支出、投资支出、债务还本支出本年发生额转入本科目，借记本科目，贷记“行政支出”“事业支出”“其他支出”科目下各非同级财政、非专项资金支出明细科目和“上缴上级支出”“对附属单位补助支出”“投资支出”“债务还本支出”科目。

（二）年末，完成上述（一）结转后，行政单位将本科目余额转入“非财政拨款结余——累计结余”科目；事业单位将本科目余额转入“非财政拨款结余分配”科目。当本科目为贷方余额时，借记本科目，贷记“非财政拨款结余——累计结余”或“非财政拨款结余分配”科目；当本科目为借方余额时，借记“非财政拨款结余——累计结余”或“非财政拨款结余分配”科目，贷记本科目。

三、年末结账后，本科目应无余额。

8701　非财政拨款结余分配

一、本科目核算事业单位本年度非财政拨款结余分配的情况和结果。

二、非财政拨款结余分配的主要账务处理如下：

（一）年末，将“其他结余”科目余额转入本科目，当“其他结余”科目为贷方余额时，借记“其他结余”科目，贷记本科目；当“其他结余”科目为借方余额时，借记本科目，贷记“其他结余”科目。年末，将“经营结余”科目贷方余额转入本科目，借记“经营结余”科目，贷记本科目。

（二）根据有关规定提取专用基金的，按照提取的金额，借记本科目，贷记“专用结余”科目。

（三）年末，按照规定完成上述（一）至（二）处理后，将本科目余额转入非财政拨款结余。当本科目为借方余额时，借记“非财政拨款结余——累计结余”科目，贷记本科目；当本科目为贷方余额时，借记本科目，贷记“非财政拨款结余——累计结余”科目。

三、年末结账后，本科目应无余额。

4. 第四部分　报表格式

编号	报表名称	编制期
财务报表		
会政财 01 表	资产负债表	月度、年度
会政财 02 表	收入费用表	月度、年度
会政财 03 表	净资产变动表	年度
会政财 04 表	现金流量表	年度
	附注	年度
预算会计报表		
会政预 01 表	预算收入支出表	年度
会政预 02 表	预算结转结余变动表	年度
会政预 03 表	财政拨款预算收入支出表	年度

资产负债表

会政财 01 表

编制单位：　　　　　　　　____年____月____日　　　　　　　　单位：元

资产	期末余额	年初余额	负债和净资产	期末余额	年初余额
流动资产：			流动负债：		
货币资金			短期借款		
短期投资			应交增值税		
财政应返还额度			其他应交税费		
应收票据			应缴财政款		
应收账款净额			应付职工薪酬		
预付账款			应付票据		
应收股利			应付账款		
应收利息			应付政府补贴款		
其他应收款净额			应付利息		
存货			预收账款		
待摊费用			其他应付款		
一年内到期的非流动资产			预提费用		
其他流动资产			一年内到期的非流动负债		
流动资产合计			其他流动负债		
非流动资产：			流动负债合计		
长期股权投资			非流动负债：		
长期债券投资			长期借款		
固定资产原值			长期应付款		
减：固定资产累计折旧			预计负债		
固定资产净值			其他非流动负债		
工程物资			非流动负债合计		
在建工程			受托代理负债		
无形资产原值			负债合计		
减：无形资产累计摊销					
无形资产净值					
研发支出					
公共基础设施原值					
减：公共基础设施累计折旧（摊销）					
公共基础设施净值					
政府储备物资					
文物文化资产					
保障性住房原值					
减：保障性住房累计折旧			净资产：		

（续表）

资产	期末余额	年初余额	负债和净资产	期末余额	年初余额
保障性住房净值			累计盈余		
长期待摊费用			专用基金		
待处理财产损溢			权益法调整		
其他非流动资产			无偿调拨净资产＊		—
非流动资产合计			本期盈余＊		—
受托代理资产			净资产合计		
资产总计			负债和净资产总计		

注：“*”标识项目为月报项目，年报中不需列示。

收入费用表

会政财 02 表

编制单位：　　　　______年______月　　　　单位：元

项　目	本月数	本年累计数
一、本期收入		
（一）财政拨款收入		
其中：政府性基金收入		
（二）事业收入		
（三）上级补助收入		
（四）附属单位上缴收入		
（五）经营收入		
（六）非同级财政拨款收入		
（七）投资收益		
（八）捐赠收入		
（九）利息收入		
（十）租金收入		
（十一）其他收入		
二、本期费用		
（一）业务活动费用		
（二）单位管理费用		
（三）经营费用		
（四）资产处置费用		
（五）上缴上级费用		
（六）对附属单位补助费用		
（七）所得税费用		
（八）其他费用		
三、本期盈余		

净资产变动表

会政财 03 表

编制单位：＿＿＿＿＿＿　　＿＿＿＿年　　单位：元

项　目	本年数				上年数			
	累计盈余	专用基金	权益法调整	净资产合计	累计盈余	专用基金	权益法调整	净资产合计
一、上年年末余额								
二、以前年度盈余调整（减少以“-”号填列）		—	—			—	—	
三、本年年初余额								
四、本年变动金额（减少以“-”号填列）								
（一）本年盈余		—	—			—	—	
（二）无偿调拨净资产		—	—			—	—	
（三）归集调整预算结转结余		—	—			—	—	
（四）提取或设置专用基金			—				—	
其中：从预算收入中提取	—		—		—		—	
从预算结余中提取			—				—	
设置的专用基金	—		—		—		—	
（五）使用专用基金			—				—	
（六）权益法调整	—	—			—	—		
五、本年年末余额								

注：“—”标识单元格不需填列。

现金流量表

会政财 04 表

编制单位：__________　　______年　　单位：元

项目	本年金额	上年金额
一、日常活动产生的现金流量：		
财政基本支出拨款收到的现金		
财政非资本性项目拨款收到的现金		
事业活动收到的除财政拨款以外的现金		
收到的其他与日常活动有关的现金		
日常活动的现金流入小计		
购买商品、接受劳务支付的现金		
支付给职工以及为职工支付的现金		
支付的各项税费		
支付的其他与日常活动有关的现金		
日常活动的现金流出小计		
日常活动产生的现金流量净额		
二、投资活动产生的现金流量：		
收回投资收到的现金		
取得投资收益收到的现金		
处置固定资产、无形资产、公共基础设施等收回的现金净额		
收到的其他与投资活动有关的现金		
投资活动的现金流入小计		
购建固定资产、无形资产、公共基础设施等支付的现金		
对外投资支付的现金		
上缴处置固定资产、无形资产、公共基础设施等净收入支付的现金		
支付的其他与投资活动有关的现金		
投资活动的现金流出小计		
投资活动产生的现金流量净额		
三、筹资活动产生的现金流量：		
财政资本性项目拨款收到的现金		
取得借款收到的现金		
收到的其他与筹资活动有关的现金		
筹资活动的现金流入小计		
偿还借款支付的现金		
偿还利息支付的现金		
支付的其他与筹资活动有关的现金		
筹资活动的现金流出小计		
筹资活动产生的现金流量净额		
四、汇率变动对现金的影响额		
五、现金净增加额		

预算收入支出表

会政预 01 表

编制单位：__________ ______年 单位：元

项 目	本年数	上年数
一、本年预算收入		
（一）财政拨款预算收入		
其中：政府性基金收入		
（二）事业预算收入		
（三）上级补助预算收入		
（四）附属单位上缴预算收入		
（五）经营预算收入		
（六）债务预算收入		
（七）非同级财政拨款预算收入		
（八）投资预算收益		
（九）其他预算收入		
其中：利息预算收入		
捐赠预算收入		
租金预算收入		
二、本年预算支出		
（一）行政支出		
（二）事业支出		
（三）经营支出		
（四）上缴上级支出		
（五）对附属单位补助支出		
（六）投资支出		
（七）债务还本支出		
（八）其他支出		
其中：利息支出		
捐赠支出		
三、本年预算收支差额		

预算结转结余变动表

会政预 02 表

编制单位：________________　　______年　　单位：元

项　目	本年数	上年数
一、年初预算结转结余		
（一）财政拨款结转结余		
（二）其他资金结转结余		
二、年初余额调整（减少以“－”号填列）		
（一）财政拨款结转结余		
（二）其他资金结转结余		
三、本年变动金额（减少以“－”号填列）		
（一）财政拨款结转结余		
1. 本年收支差额		
2. 归集调入		
3. 归集上缴或调出		
（二）其他资金结转结余		
1. 本年收支差额		
2. 缴回资金		
3. 使用专用结余		
4. 支付所得税		
四、年末预算结转结余		
（一）财政拨款结转结余		
1. 财政拨款结转		
2. 财政拨款结余		
（二）其他资金结转结余		
1. 非财政拨款结转		
2. 非财政拨款结余		
3. 专用结余		
4. 经营结余（如有余额，以“－”号填列）		

财政拨款预算收入支出表

会政预 03 表

编制单位：　　　　　　　　　　年　　　　　　　　　　单位：元

项目	年初财政拨款结转结余		调整年初财政拨款结转结余	本年归集调入	本年归集上缴或调出	单位内部调剂		本年财政拨款收入	本年财政拨款支出	年末财政拨款结转结余	
	结转	结余				结转	结余			结转	结余
一、一般公共预算财政拨款											
（一）基本支出											
1. 人员经费											
2. 日常公用经费											
（二）项目支出											
1.×× 项目											
2.×× 项目											
……											
二、政府性基金预算财政拨款											
（一）基本支出											
1. 人员经费											
2. 日常公用经费											
（二）项目支出											
1.×× 项目											
2.×× 项目											
……											
总计											

5. 第五部分　报表编制说明

一、资产负债表编制说明

（一）本表反映单位在某一特定日期全部资产、负债和净资产的情况。

（二）本表“年初余额”栏内各项数字，应当根据上年年末资产负债表“期末余额”栏内数字填列。

如果本年度资产负债表规定的项目的名称和内容同上年度不一致，应当对上年年末资产负债表项目的名称和数字按照本年度的规定进行调整，将调整后数字填入本表“年初余额”栏内。

如果本年度单位发生了因前期差错更正、会计政策变更等调整以前年度盈余的事项，还应当对“年初余额”栏中的有关项目金额进行相应调整。

（三）本表中“资产总计”项目期末（年初）余额应当与“负债和净资产总计”项目期末（年初）余额相等。

（四）本表“期末余额”栏各项目的内容和填列方法

1. 资产类项目

（1）“货币资金”项目，反映单位期末库存现金、银行存款、零余额账户用款额度、其他货币资金的合计数。本项目应当根据“库存现金”“银行存款”“零余额账户用款额度”“其他货币资金”科目的期末余额的合计数填列；若单位存在通过“库存现金”“银行存款”科目核算的受托代理资产还应当按照前述合计数扣减“库存现金”“银行存款”科目下“受托代理资产”明细科目的期末余额后的金额填列。

（2）“短期投资”项目，反映事业单位期末持有的短期投资账面余额。本项目应当根据“短期投资”科目的期末余额填列。

（3）“财政应返还额度”项目，反映单位期末财政应返还额度的金额。本项目应当根据“财政应返还额度”科目的期末余额填列。

（4）“应收票据”项目，反映事业单位期末持有的应收票据的票面金额。本项目应当根据“应收票据”科目的期末余额填列。

（5）“应收账款净额”项目，反映单位期末尚未收回的应收账款减去已计提的坏账准备后的净额。本项目应当根据“应收账款”科目的期末余额，减去“坏账准备”科目中对应收账款计提的坏账准备的期末余额后的金额填列。

（6）“预付账款”项目，反映单位期末预付给商品或者劳务供应单位的款项。本项目应当根据“预付账款”科目的期末余额填列。

（7）“应收股利”项目，反映事业单位期末因股权投资而应收取的现金股利或应当分得的利润。本项目应当根据“应收股利”科目的期末余额填列。

（8）“应收利息”项目，反映事业单位期末因债券投资等而应收取的利息。事业单位购入的到期一次还本付息的长期债券投资持有期间应收的利息，不包括在本项目内。本项目应当根据“应收利息”科目的期末余额填列。

（9）“其他应收款净额”项目，反映单位期末尚未收回的其他应收款减去已计提的坏账准备后的净额。本项目应当根据“其他应收款”科目的期末余额减去“坏账准备”科目中对其他应收款计提的坏账准备的期末余额后的金额填列。

（10）“存货”项目，反映单位期末存储的存货的实际成本。本项目应当根据“在途物品”“库存物品”“加工物品”科目的期末余额的合计数填列。

（11）“待摊费用”项目，反映单位期末已经支出，但应当由本期和以后各期负担的分摊期在1年以内（含1年）的各项费用。本项目应当根据“待摊费用”科目的期末余额填列。

（12）“一年内到期的非流动资产”项目，反映单位期末非流动资产项目中将在1年内（含1年）到期的金额，如事业单位将在1年内（含1年）到期的长期债券投资金额。本项目应当根据“长期债券投资”等科目的明细科目的期末余额分析填列。

（13）“其他流动资产”项目，反映单位期末除本表中上述各项之外的其他流动资产的合计金额。本项目应当根据有关科目期末余额的合计数填列。

（14）“流动资产合计”项目，反映单位期末流动资产的合计数。本项目应当根据本表中“货币资金”“短期投资”“财政应返还额度”“应收票据”“应收账款净额”“预付账款”“应收股利”“应收利息”“其他应收款净额”“存货”“待摊费用”“一年内到期的非流动资产”“其他流动资产”项目金额的合计数填列。

（15）“长期股权投资”项目，反映事业单位期末持有的长期股权投资的账面余额。本项目应当根据“长期股权投资”科目的期末余额 填列。

（16）“长期债券投资”项目，反映事业单位期末持有的长期债券投资的账面余额。本项目应当根据“长期债券投资”科目的期末余额减去其中将于1年内（含1年）到期的长期债券投资余额后的金额填列。

（17）“固定资产原值”项目，反映单位期末固定资产的原值。本项目应当根据“固定资产”科目的期末余额填列。

“固定资产累计折旧”项目，反映单位期末固定资产已计提的累计折旧金额。本项目应当根据“固定资产累计折旧”科目的期末余额填列。

“固定资产净值”项目，反映单位期末固定资产的账面价值。本项目应当根据“固定资产”科目期末余额减去“固定资产累计折旧”科目期末余额后的金额填列。

（18）“工程物资”项目，反映单位期末为在建工程准备的各种物资的实际成本。本项目应当根据“工程物资”科目的期末余额填列。

（19）“在建工程”项目，反映单位期末所有的建设项目工程的实际成本。本项目应当根据“在建工程”科目的期末余额填列。

（20）“无形资产原值”项目，反映单位期末无形资产的原值。本项目应当根据“无形资产”科目的期末余额填列。

“无形资产累计摊销”项目，反映单位期末无形资产已计提的累计摊销金额。本项目应当根据“无形资产累计摊销”科目的期末余额填列。

“无形资产净值”项目，反映单位期末无形资产的账面价值。本项目应当根据“无形资产”科目期末余额减去“无形资产累计摊销”科目期末余额后的金额填列。

（21）“研发支出”项目，反映单位期末正在进行的无形资产开发项目开发阶段发生的累计支出数。本项目应当根据“研发支出”科目的期末余额填列。

（22）“公共基础设施原值”项目，反映单位期末控制的公共基础设施的原值。本项目应当根据“公共基础设施”科目的期末余额填列。

“公共基础设施累计折旧（摊销）”项目，反映单位期末控制的公共基础设施已计提的累计折旧和累计摊销金额。本项目应当根据“公共基础设施累计折旧（摊销）”科目的期末余额填列。

“公共基础设施净值”项目，反映单位期末控制的公共基础设施的账面价值。本项目应当根据“公共基础设施”科目期末余额减去“公共基础设施累计折旧（摊销）”科目期末余额后的金额填列。

（23）“政府储备物资”项目，反映单位期末控制的政府储备物资的实际成本。本项目应当根据“政府储备物资”科目的期末余额填列。

（24）“文物文化资产”项目，反映单位期末控制的文物文化资产的成本。本项目应当根据“文物文化资产”科目的期末余额填列。

（25）“保障性住房原值”项目，反映单位期末控制的保障性住房的原值。本项目应当根据“保障性住房”科目的期末余额填列。

“保障性住房累计折旧”项目，反映单位期末控制的保障性住房已计提的累计折旧金额。本项目应当根据“保障性住房累计折旧”科目的期末余额填列。

“保障性住房净值”项目，反映单位期末控制的保障性住房的账面价值。本项目应当根据“保障性住房”科目期末余额减去“保障性住房累计折旧”科目期末余额后的金额填列。

（26）“长期待摊费用”项目，反映单位期末已经支出，但应由本期和以后各期负担的分摊期限在 1 年以上（不含 1 年）的各项费用。本项目应当根据“长期待摊费用”科目的期末余额填列。

（27）“待处理财产损溢”项目，反映单位期末尚未处理完毕的各种资产的净损失或净溢余。本项目应当根据“待处理财产损溢”科目的期末借方余额填列；如“待处理财产损溢”科目期末为贷方余额，以“－”号填列。

（28）“其他非流动资产”项目，反映单位期末除本表中上述各项之外的其他非流动资产的合计数。本项目应当根据有关科目的期末余额合计数填列。

（29）“非流动资产合计”项目，反映单位期末非流动资产的合计数。本项目应当根据本表中“长期股权投资”“长期债券投资”“固定资产净值”“工程物资”“在建工程”“无形资产净值”“研发支出”“公共基础设施净值”“政府储备物资”“文物文化资产”“保障性住房净值”“长期待摊费用”“待处理财产损溢”“其他非流动资产”项目金额的合计数填列。

（30）“受托代理资产”项目，反映单位期末受托代理资产的价值。本项目应当根据“受托代理资产”科目的期末余额与“库存现金”“银行存款”科目下“受托代理资产”明细科目的期末余额的合计数填列。

（31）“资产总计”项目，反映单位期末资产的合计数。本项目应当根据本表中“流动资产合计”“非流动资产合计”“受托代理资产”项目金额的合计数填列。

2. 负债类项目

（32）“短期借款”项目，反映事业单位期末短期借款的余额。本项目应当根据“短期借款”科目的期末余额填列。

（33）“应交增值税”项目，反映单位期末应缴未缴的增值税税额。本项目应当根据“应交增值税”科目的期末余额填列；如“应交增值税”科目期末为借方余额，以“－”号填列。

（34）“其他应交税费”项目，反映单位期末应缴未缴的除增值税以外的税费金额。本项目应当根据“其他应交税费”科目的期末余额填列；如“其他应交税费”科目期末为借方余额，以“－”号填列。

（35）“应缴财政款”项目，反映单位期末应当上缴财政但尚未缴纳的款项。本项目应当根据“应缴财政款”科目的期末余额填列。

（36）“应付职工薪酬”项目，反映单位期末按有关规定应付给职工及为职工支付的各种薪酬。本项目应当根据“应付职工薪酬”科目的期末余额填列。

（37）“应付票据”项目，反映事业单位期末应付票据的金额。本项目应当根据“应付票据”科目的期末余额填列。

（38）“应付账款”项目，反映单位期末应当支付但尚未支付的偿还期限在 1 年以内（含 1 年）的应付账款的金额。本项目应当根据“应付账款”科目的期末余额填列。

（39）“应付政府补贴款”项目，反映负责发放政府补贴的行政单位期末按照规定应当支付给政府补贴接受者的各种政府补贴款余额。本项目应当根据“应付政府补贴款”科目的期末余额填列。

（40）“应付利息”项目，反映事业单位期末按照合同约定应支付的借款利息。事业单位到期一次还本付息的长期借款利息不包括在本项目内。本项目应当根据“应付利息”科目的期末余额填列。

（41）“预收账款”项目，反映事业单位期末预先收取但尚未确认收入和实际结算的款项余额。本项目应当根据“预收账款”科目的期末余额填列。

（42）“其他应付款”项目，反映单位期末其他各项偿还期限在1年内（含1年）的应付及暂收款项余额。本项目应当根据“其他应付款”科目的期末余额填列。

（43）“预提费用”项目，反映单位期末已预先提取的已经发生但尚未支付的各项费用。本项目应当根据“预提费用”科目的期末余额填列。

（44）“一年内到期的非流动负债”项目，反映单位期末将于1年内（含1年）偿还的非流动负债的余额。本项目应当根据“长期应付款”“长期借款”等科目的明细科目的期末余额分析填列。

（45）“其他流动负债”项目，反映单位期末除本表中上述各项之外的其他流动负债的合计数。本项目应当根据有关科目的期末余额的合计数填列。

（46）“流动负债合计”项目，反映单位期末流动负债合计数。本项目应当根据本表“短期借款”“应交增值税”“其他应交税费”“应缴财政款”“应付职工薪酬”“应付票据”“应付账款”“应付政府补贴款”“应付利息”“预收账款”“其他应付款”“预提费用”“一年内到期的非流动负债”“其他流动负债”项目金额的合计数填列。

（47）“长期借款”项目，反映事业单位期末长期借款的余额。本项目应当根据“长期借款”科目的期末余额减去其中将于1年内（含1年）到期的长期借款余额后的金额填列。

（48）“长期应付款”项目，反映单位期末长期应付款的余额。本项目应当根据“长期应付款”科目的期末余额减去其中将于1年内（含1年）到期的长期应付款余额后的金额填列。

（49）“预计负债”项目，反映单位期末已确认但尚未偿付的预计负债的余额。本项目应当根据“预计负债”科目的期末余额填列。

（50）“其他非流动负债”项目，反映单位期末除本表中上述各项之外的其他非流动负债的合计数。本项目应当根据有关科目的期末余额合计数填列。

（51）“非流动负债合计”项目，反映单位期末非流动负债合计数。本项目应当根据本表中“长期借款”“长期应付款”“预计负债”“其他非流动负债”项目金额的合计数填列。

（52）“受托代理负债”项目，反映单位期末受托代理负债的金额。本项目应当根据“受托代理负债”科目的期末余额填列。

（53）“负债合计”项目，反映单位期末负债的合计数。本项目应当根据本表中“流动负债合计”“非流动负债合计”“受托代理负债”项目金额的合计数填列。

3. 净资产类项目

（54）“累计盈余”项目，反映单位期末未分配盈余（或未弥补亏损）以及无偿调拨净资产变动的累计数。本项目应当根据“累计盈余”科目的期末余额填列。

（55）“专用基金”项目，反映事业单位期末累计提取或设置但尚未使用的专用基金余额。本项目应当根据“专用基金”科目的期末余额填列。

（56）“权益法调整”项目，反映事业单位期末在被投资单位除净损益和利润分配以外的所有者权益变动中累积享有的份额。本项目应当根据“权益法调整”科目的期末余额填列。如“权益法调整”科目期末为借方余额，以“－”号填列。

（57）“无偿调拨净资产”项目，反映单位本年度截至报告期期末无偿调入的非现金资产价值扣减无偿调出的非现金资产价值后的净值。本项目仅在月度报表中列示，年度报表中不列示。月度报表中本项目应当根据“无偿调拨净资产”科目的期末余额填列；“无偿调拨净资产”科目期末为借方余额时，以“－”号填列。

（58）“本期盈余”项目，反映单位本年度截至报告期期末实现的累计盈余或亏损。本项目仅在月度报表中列示，年度报表中不列示。月度报表中本项目应当根据“本期盈余”科目的期末余额填列；“本期盈余”科目期末为借方余额时，以“－”号填列。

（59）“净资产合计”项目，反映单位期末净资产合计数。本项目应当根据本表中“累计盈余”“专用基金”“权益法调整”“无偿调拨净资产”[月度报表]、“本期盈余”[月度报表]项目金额的合计数填列。

（60）“负债和净资产总计”项目，应当按照本表中“负债合计”“净资产合计”项目金额的合计数填列。

二、收入费用表编制说明

（一）本表反映单位在某一会计期间内发生的收入、费用及当期盈余情况。

（二）本表“本月数”栏反映各项目的本月实际发生数。编制年度收入费用表时，应当将本栏改为“本年数”，反映本年度各项目的实际发生数。

本表“本年累计数”栏反映各项目自年初至报告期期末的累计实际发生数。编制年度收入费用表时，应当将本栏改为“上年数”，反映上年度各项目的实际发生数，“上年数”栏应当根据上年年度收入费用表中“本年数”栏内所列数字填列。

如果本年度收入费用表规定的项目的名称和内容同上年度不一致，应当对上年度收入费用表项目的名称和数字按照本年度的规定进行调整，将调整后的金额填入本年度收入费用表的“上年数”栏内。

如果本年度单位发生了因前期差错更正、会计政策变更等调整以前年度盈余的事项，还应当对年度收入费用表中“上年数”栏中的有关项目金额进行相应调整。

（三）本表“本月数”栏各项目的内容和填列方法

1. 本期收入

（1）“本期收入”项目，反映单位本期收入总额。本项目应当根据本表中“财政拨款收入”“事业收入”“上级补助收入”“附属单位上缴收入”“经营收入”“非同级财政拨款收入”“投资收益”“捐赠收入”“利息收入”“租金收入”“其他收入”项目金额的合计数填列。

（2）“财政拨款收入”项目，反映单位本期从同级政府财政部门取得的各类财政拨款。本项目应当根据“财政拨款收入”科目的本期发生额填列。

“政府性基金收入”项目，反映单位本期取得的财政拨款收入中属于政府性基金预算拨款的金额。本项目应当根据“财政拨款收入”相关明细科目的本期发生额填列。

（3）“事业收入”项目，反映事业单位本期开展专业业务活动及其辅助活动实现的收入。本项目应当根据“事业收入”科目的本期发生额填列。

（4）“上级补助收入”项目，反映事业单位本期从主管部门和上级单位收到或应收的非财政拨款收入。本项目应当根据“上级补助收入”科目的本期发生额填列。

（5）“附属单位上缴收入”项目，反映事业单位本期收到或应收的独立核算的附属单位按照有关规定上缴的收入。本项目应当根据“附属单位上缴收入”科目的本期发生额填列。

（6）“经营收入”项目，反映事业单位本期在专业业务活动及其辅助活动之外开展非独立核算经营活动实现的收入。本项目应当根据“经营收入”科目的本期发生额填列。

（7）“非同级财政拨款收入”项目，反映单位本期从非同级政府财政部门取得的财政拨款，不包括事业单位因开展科研及其辅助活动从非同级财政部门取得的经费拨款。本项目应当根据“非同级财政拨款收入”科目的本期发生额填列。

（8）“投资收益”项目，反映事业单位本期股权投资和债券投资所实现的收益或发生的损失。本项目应当根据“投资收益”科目的本期发生额填列；如为投资净损失，以“－”号填列。

（9）“捐赠收入”项目，反映单位本期接受捐赠取得的收入。本项目应当根据“捐赠收入”科目的本期发生额填列。

（10）“利息收入”项目，反映单位本期取得的银行存款利息收入。本项目应当根据“利息收入”科目的本期发生额填列。

（11）“租金收入”项目，反映单位本期经批准利用国有资产出租取得并按规定纳入本单位预算管理的租金收入。本项目应当根据“租金收入”科目的本期发生额填列。

（12）“其他收入”项目，反映单位本期取得的除以上收入项目外的其他收入的总额。本项目应当根据“其他收入”科目的本期发生额填列。

2. 本期费用

（13）“本期费用”项目，反映单位本期费用总额。本项目应当根据本表中“业务活动费用”“单位管理费用”“经营费用”“资产处置费用”“上缴上级费用”“对附属单位补助费用”“所得税费用”和“其他费用”项目金额的合计数填列。

（14）“业务活动费用”项目，反映单位本期为实现其职能目标，依法履职或开展专业业务活动及其辅助活动所发生的各项费用。本项目应当根据“业务活动费用”科目本期发生额填列。

（15）“单位管理费用”项目，反映事业单位本期本级行政及后勤管理部门开展管理活动发生的各项费用，以及由单位统一负担的离退休人员经费、工会经费、诉讼费、中介费等。本项目应当根据“单位管理费用”科目的本期发生额填列。

（16）“经营费用”项目，反映事业单位本期在专业业务活动及其辅助活动之外开展非独立核算经营活动发生的各项费用。本项目应当根据“经营费用”科目的本期发生额填列。

（17）“资产处置费用”项目，反映单位本期经批准处置资产时转销的资产价值以及在处置过程中发生的相关费用或者处置收入小于处置费用形成的净支出。本项目应当根据“资产处置费用”科目的本期发生额填列。

（18）“上缴上级费用”项目，反映事业单位按照规定上缴上级单位款项发生的费用。本项目应当根据“上缴上级费用”科目的本期发生额填列。

（19）“对附属单位补助费用”项目，反映事业单位用财政拨款收入之外的收入对附属单位补助发生的费用。本项目应当根据“对附属单位补助费用”科目的本期发生额填列。

（20）“所得税费用”项目，反映有企业所得税缴纳义务的事业单位本期计算应交纳的企业所得税。本项目应当根据“所得税费用”科目的本期发生额填列。

（21）“其他费用”项目，反映单位本期发生的除以上费用项目外的其他费用的总额。本项目应当根据“其他费用”科目的本期发生额填列。

3. 本期盈余

（22）“本期盈余”项目，反映单位本期收入扣除本期费用后的净额。本项目应当根据本表中“本期收入”项目金额减去“本期费用”项目金额后的金额填列；如为负数，以“－”号填列。

三、净资产变动表编制说明

（一）本表反映单位在某一会计年度内净资产项目的变动情况。

（二）本表“本年数”栏反映本年度各项目的实际变动数。本表“上年数”栏反映上年度各项目的实际变动数，应当根据上年度净资产变动表中“本年数”栏内所列数字填列。

如果上年度净资产变动表规定的项目的名称和内容与本年度不一致，应对上年度净资产变动表项目的名称和数字按照本年度的规定进行调整，将调整后金额填入本年度净资产变动表“上年数”栏内。

（三）本表“本年数”栏各项目的内容和填列方法。

1.“上年年末余额”行，反映单位净资产各项目上年年末的余额。本行各项目应当根据“累计盈余”“专用基金”“权益法调整”科目上年年末余额填列。

2.“以前年度盈余调整”行，反映单位本年度调整以前年度盈余的事项对累计盈余进行调整的金额。本行“累计盈余”项目应当根据本年度“以前年度盈余调整”科目转入“累计盈余”科目的金额填列；如调整减少累计盈余，以“一”号填列。

3.“本年年初余额”行，反映经过以前年度盈余调整后，单位净资产各项目的本年年初余额。本行“累计盈余”“专用基金”“权益法调整”项目应当根据其各自在“上年年末余额”和“以前年度盈余调整”行对应项目金额的合计数填列。

4.“本年变动金额”行，反映单位净资产各项目本年变动总金额。本行“累计盈余”“专用基金”“权益法调整”项目应当根据其各自在“本年盈余”“无偿调拨净资产”“归集调整预算结转结余”“提取或设置专用基金”“使用专用基金”“权益法调整”行对应项目金额的合计数填列。

5.“本年盈余”行，反映单位本年发生的收入、费用对净资产的影响。本行“累计盈余”项目应当根据年末由“本期盈余”科目转入“本年盈余分配”科目的金额填列；如转入时借记“本年盈余分配”科目，则以“一”号填列。

6.“无偿调拨净资产”行，反映单位本年无偿调入、调出非现金资产事项对净资产的影响。本行“累计盈余”项目应当根据年末由“无偿调拨净资产”科目转入“累计盈余”科目的金额填列；如转入时借记“累计盈余”科目，则以“一”号填列。

7.“归集调整预算结转结余”行，反映单位本年财政拨款结转结余资金归集调入、归集上缴或调出，以及非财政拨款结转资金缴回对净资产的影响。本行“累计盈余”项目应当根据“累计盈余”科目明细账记录分析填列；如归集调整减少预算结转结余，则以“一”号填列。

8.“提取或设置专用基金”行，反映单位本年提取或设置专用基金对净资产的影响。本行“累计盈余”项目应当根据“从预算结余中提取”行“累计盈余”项目的金额填列。本行“专用基金”项目应当根据“从预算收入中提取”“从预算结余中提取”“设置的专用基金”行“专用基金”项目金额的合计数填列。“从预算收入中提取”行，反映单位本年从预算收入中提取专用基金对净资产的影响。本行“专用基金”项目应当通过对“专用基金”科目明细账记录的分析，根据本年按有关规定从预算收入中提取基金的金额填列。

“从预算结余中提取”行，反映单位本年根据有关规定从本年度非财政拨款结余或经营结余中提取专用基金对净资产的影响。本行

“累计盈余”“专用基金”项目应当通过对“专用基金”科目明细账记录的分析，根据本年按有关规定从本年度非财政拨款结余或经营结余中提取专用基金的金额填列；本行“累计盈余”项目以“一”号填列。

“设置的专用基金”行，反映单位本年根据有关规定设置的其他专用基金对净资产的影响。本行“专用基金”项目应当通过对“专用基金”科目明细账记录的分析，根据本年按有关规定设置的其他专用基金的金额填列。

9.“使用专用基金”行，反映单位本年按规定使用专用基金对净资产的影响。本行“累计盈余”“专用基金”项目应当通过对“专用基金”科目明细账记录的分析，根据本年按规定使用专用基金的金额填列；本行“专用基金”项目以“一”号填列。

10.“权益法调整”行，反映单位本年按照被投资单位除净损益和利润分配以外的所有者权益变动份额而调整长期股权投资账面余额对净资产的影响。本行“权益法调整”项目应当根据“权益法调整”科目本年发生额填列；若本年净发生额为借方时，以“一”号填列。

11.“本年年末余额”行，反映单位本年各净资产项目的年末余额。本行“累计盈余”“专用基金”“权益法调整”项目应当根据其各自在“本年年初余额”“本年变动金额”行对应

项目金额的合计数填列。

12.本表各行“净资产合计”项目，应当根据所在行“累计盈余”“专用基金”“权益法调整”项目金额的合计数填列。

四、现金流量表编制说明

（一）本表反映单位在某一会计年度内现金流入和流出的信息。

（二）本表所指的现金，是指单位的库存现金以及其他可以随时用于支付的款项，包括库存现金、可以随时用于支付的银行存款、其他货币资金、零余额账户用款额度、财政应返还额度，以及通过财政直接支付方式支付的款项。

（三）现金流量表应当按照日常活动、投资活动、筹资活动的现金流量分别反映。本表所指的现金流量，是指现金的流入和流出。

（四）本表“本年金额”栏反映各项目的本年实际发生数。本表“上年金额”栏反映各项目的上年实际发生数，应当根据上年现金流量表中“本年金额”栏内所列数字填列。

（五）单位应当采用直接法编制现金流量表。

（六）本表“本年金额”栏各项目的填列方法。

1.日常活动产生的现金流量

（1）“财政基本支出拨款收到的现金”项目，反映单位本年接受财政基本支出拨款取得的现金。本项目应当根据“零余额账户用款额度”“财政拨款收入”“银行存款”等科目及其所属明细科目的记录分析填列。

（2）“财政非资本性项目拨款收到的现金”项目，反映单位本年接受除用于购建固定资产、无形资产、公共基础设施等资本性项目以外的财政项目拨款取得的现金。本项目应当根据“银行存款”“零余额账户用款额度”“财政拨款收入”等科目及其所属明细科目的记录分析填列。

（3）“事业活动收到的除财政拨款以外的现金”项目，反映事业单位本年开展专业业务活动及其辅助活动取得的除财政拨款以外的现金。本项目应当根据“库存现金”“银行存款”“其他货币资金”“应收账款”“应收票据”“预收账款”“事业收入”等科目及其所属明细科目的记录分析填列。

（4）“收到的其他与日常活动有关的现金”项目，反映单位本年收到的除以上项目之外的与日常活动有关的现金。本项目应当根据“库存现金”“银行存款”“其他货币资金”“上级补助收入”“附属单位上缴收入”“经营收入”“非同级财政拨款收入”“捐赠收入”“利息收入”“租金收入”“其他收入”等科目及其所属明细科目的记录分析填列。

（5）“日常活动的现金流入小计”项目，反映单位本年日常活动产生的现金流入的合计数。本项目应当根据本表中“财政基本支出拨款收到的现金”“财政非资本性项目拨款收到的现金”“事业活动收到的除财政拨款以外的现金”“收到的其他与日常活动有关的现金”项目金额的合计数填列。

（6）“购买商品、接受劳务支付的现金”项目，反映单位本年在日常活动中用于购买商品、接受劳务支付的现金。本项目应当根据“库存现金”“银行存款”“财政拨款收入”“零余额账户用款额度”“预付账款”“在途物品”“库存物品”“应付账款”“应付票据”“业务活动费用”“单位管理费用”“经营费用”等科目及其所属明细科目的记录分析填列。

（7）“支付给职工以及为职工支付的现金”项目，反映单位本年支付给职工以及为职工支付的现金。本项目应当根据“库存现金”“银行存款”“零余额账户用款额度”“财政拨款收入”“应付职工薪酬”“业务活动费用”“单位管理费用”“经营费用”等科目及其所属明细科目的记录分析填列。

（8）“支付的各项税费”项目，反映单位本年用于缴纳日常活动相关税费而支付的现金。本项目应当根据“库存现金”“银行存款”“零余额账户用款额度”“应交增值税”“其他应交税费”“业务活动费用”“单位管理费用”“经营费用”“所得税费用”等科目及其所属明细科目的记录分析填列。

（9）“支付的其他与日常活动有关的现金”项目，反映单位本年支付的除上述项目之外与日常活动有关的现金。本项目应当根据“库存现金”“银行存款”“零余额账户用款额度”“财政拨款收入”“其他应付款”“业务活动费用”“单位管理费用”“经营费用”“其他费用”等科目及其所属明细科目的记录分析填列。

（10）“日常活动的现金流出小计”项目，反映单位本年日常活动产生的现金流出的合计数。本项目应当根据本表中“购买商品、接受劳务支付的现金”“支付给职工以及为职工支付的现金”“支付的各项税费”“支付的其他与日常活动有关的现金”项目金额的合计数填列。

（11）“日常活动产生的现金流量净额”项目，应当按照本表中“日常活动的现金流入小计”项目金额减去“日常活动的现金流出小计”项目金额后的金额填列；如为负数，以“－”号填列。

2. 投资活动产生的现金流量

（12）“收回投资收到的现金”项目，反映单位本年出售、转让或者收回投资收到的现金。本项目应该根据“库存现金”“银行存款”“短期投资”“长期股权投资”“长期债券投资”等科目的记录分析填列。

（13）“取得投资收益收到的现金”项目，反映单位本年因对外投资而收到被投资单位分配的股利或利润，以及收到投资利息而取得的现金。本项目应当根据“库存现金”“银行存款”“应收股利”“应收利息”“投资收益”等科目的记录分析填列。

（14）“处置固定资产、无形资产、公共基础设施等收回的现金净额”项目，反映单位本年处置固定资产、无形资产、公共基础设施等非流动资产所取得的现金，减去为处置这些资产而支付的有关费用之后的净额。由于自然灾害所造成的固定资产等长期资产损失而收到的保险赔款收入，也在本项目反映。本项目应当根据“库存现金”“银行存款”“待处理财产损溢”等科目的记录分析填列。

（15）“收到的其他与投资活动有关的现金”项目，反映单位本年收到的除上述项目之外与投资活动有关的现金。对于金额较大的现金流入，应当单列项目反映。本项目应当根据“库存现金”“银行存款”等有关科目的记录分析填列。

（16）“投资活动的现金流入小计”项目，反映单位本年投资活动产生的现金流入的合计数。本项目应当根据本表中“收回投资收到的现金”“取得投资收益收到的现金”“处置固定资产、无形资产、公共基础设施等收回的现金净额”“收到的其他与投资活动有关的现金”项目金额的合计数填列。

（17）“购建固定资产、无形资产、公共基础设施等支付的现金”项目，反映单位本年购买和建造固定资产、无形资产、公共基础设施等非流动资产所支付的现金；融资租入固定资产支付的租赁费不在本项目反映，在筹资活动的现金流量中反映。本项目应当根据“库存现金”“银行存款”“固定资产”“工程物资”“在建工程”“无形资产”“研发支出”“公共基础设施”“保障性住房”等科目的记录分析填列。

（18）“对外投资支付的现金”项目，反映单位本年为取得短期投资、长期股权投资、长期债券投资而支付的现金。本项目应当根据“库存现金”“银行存款”“短期投资”“长期股权投资”“长期债券投资”等科目的记录分析填列。

（19）“上缴处置固定资产、无形资产、公共基础设施等净收入支付的现金”项目，反映本年单位将处置固定资产、无形资产、公共基础设施等非流动资产所收回的现金净额予以上缴财政所支付的现金。本项目应当根据“库存现金”“银行存款”“应缴财政款”等科目的记录分析填列。

（20）“支付的其他与投资活动有关的现金”项目，反映单位本年支付的除上述项目之外与投资活动有关的现金。对于金额较大的现金流出，应当单列项目反映。本项目应当根据“库存现金”“银行存款”等有关科目的记录分析填列。

（21）“投资活动的现金流出小计”项目，反映单位本年投资活动产生的现金流出的合计数。本项目应当根据本表中“购建固定资产、无形资产、公共基础设施等支付的现金”“对外投资支付的现金”“上缴处置固定资产、无形资产、公共基础设施等净收入支付的现金”“支付的其他与投资活动有关的现金”项目金额的合计数填列。

（22）“投资活动产生的现金流量净额”项目，应当按照本表中“投资活动的现金流入小计”项目金额减去“投资活动的现金流出小计”项目金额后的金额填列；如为负数，以“－”号填列。

3. 筹资活动产生的现金流量

（23）“财政资本性项目拨款收到的现金”项目，反映单位本年接受用于购建固定资产、无形资产、公共基础设施等资本性项目的财政项目拨款取得的现金。本项目应当根据“银行存款”“零余额账户用款额度”“财政拨款收入”等科目及其所属明细科目的记录分析填列。

（24）“取得借款收到的现金”项目，反映事业单位本年举借短期、长期借款所收到的现金。本项目应当根据“库存现金”“银行存款”“短期借款”“长期借款”等科目记录分析填列。

（25）“收到的其他与筹资活动有关的现金”项目，反映单位本年收到的除上述项目之外与筹资活动有关的现金。对于金额较大的现金流入，应当单列项目反映。本项目应当根据“库存现金”“银行存款”等有关科目的记录分析填列。

（26）“筹资活动的现金流入小计”项目，反映单位本年筹资活动产生的现金流入的合计数。本项目应当根据本表中“财政资本性项目拨款收到的现金”“取得借款收到的现金”“收到的其他与筹资活动有关的现金”项目金额的合计数填列。

（27）“偿还借款支付的现金”项目，反映事业单位本年偿还借款本金所支付的现金。本项目应当根据“库存现金”“银行存款”“短期借款”“长期借款”等科目的记录分析填列。

（28）“偿付利息支付的现金”项目，反映事业单位本年支付的借款利息等。本项目应当根据“库存现金”“银行存款”“应付利息”“长期借款”等科目的记录分析填列。

（29）“支付的其他与筹资活动有关的现金”项目，反映单位本年支付的除上述项目之外与筹资活动有关的现金，如融资租入固定资产所支付的租赁费。本项目应当根据“库存现金”“银行存款”“长期应付款”等科目的记录分析填列。

（30）“筹资活动的现金流出小计”项目，反映单位本年筹资活动产生的现金流出的合计数。本项目应当根据本表中“偿还借款支付的现金”“偿付利息支付的现金”“支付的其他与筹资活动有关的现金”项目金额的合计数填列。

（31）“筹资活动产生的现金流量净额”项目，应当按照本表中“筹资活动的现金流入小计”项目金额减去“筹资活动的现金流出小计”金额后的金额填列；如为负数，以“－”号填列。

4. “汇率变动对现金的影响额”项目，反映单位本年外币现金流量折算为人民币时，所采用的现金流量发生日的汇率折算的人民币金额与外币现金流量净额按期末汇率折算的人民币金额之间的差额。

5. “现金净增加额”项目，反映单位本年现金变动的净额。本项目应当根据本表中“日常活动产生的现金流量净额”“投资活动产生的现金流量净额”“筹资活动产生的现金流量净额”和“汇率变动对现金的影响额”项目金额的合计数填列；如为负数，以“-”号填列。

五、预算收入支出表编制说明

（一）本表反映单位在某一会计年度内各项预算收入、预算支出和预算收支差额的情况。

（二）本表“本年数”栏反映各项目的本年实际发生数。本表“上年数”栏反映各项目上年度的实际发生数，应当根据上年度预算收入支出表中“本年数”栏内所列数字填列。

如果本年度预算收入支出表规定的项目的名称和内容同上年度不一致，应当对上年度预算收入支出表项目的名称和数字按照本年度的规定进行调整，将调整后金额填入本年度预算收入支出表的“上年数”栏。

（三）本表“本年数”栏各项目的内容和填列方法

1. 本年预算收入

（1）“本年预算收入”项目，反映单位本年预算收入总额。本项目应当根据本表中“财政拨款预算收入”“事业预算收入”“上级补助预算收入”“附属单位上缴预算收入”“经营预算收入”“债务预算收入”“非同级财政拨款预算收入”“投资预算收益”“其他预算收入”项目金额的合计数填列。

（2）“财政拨款预算收入”项目，反映单位本年从同级政府财政部门取得的各类财政拨款。本项目应当根据“财政拨款预算收入”科目的本年发生额填列。

“政府性基金收入”项目，反映单位本年取得的财政拨款收入中属于政府性基金预算拨款的金额。本项目应当根据“财政拨款预算收入”相关明细科目的本年发生额填列。

（3）“事业预算收入”项目，反映事业单位本年开展专业业务活动及其辅助活动取得的预算收入。本项目应当根据“事业预算收入”科目的本年发生额填列。

（4）“上级补助预算收入”项目，反映事业单位本年从主管部门和上级单位取得的非财政补助预算收入。本项目应当根据“上级补助预算收入”科目的本年发生额填列。

（5）“附属单位上缴预算收入”项目，反映事业单位本年收到的独立核算的附属单位按照有关规定上缴的预算收入。本项目应当根据“附属单位上缴预算收入”科目的本年发生额填列。

（6）“经营预算收入”项目，反映事业单位本年在专业业务活动及其辅助活动之外开展非独立核算经营活动取得的预算收入。本项目应当根据“经营预算收入”科目的本年发生额填列。

（7）“债务预算收入”项目，反映事业单位本年按照规定从金融机构等借入的、纳入部门预算管理的债务预算收入。本项目应当根据“债务预算收入”的本年发生额填列。

（8）“非同级财政拨款预算收入”项目，反映单位本年从非同级政府财政部门取得的财政拨款。本项目应当根据“非同级财政拨款预算收入”科目的本年发生额填列。

（9）“投资预算收益”项目，反映事业单位本年取得的按规定纳入单位预算管理的投资收益。本项目应当根据“投资预算收益”科目的本年发生额填列。

（10）“其他预算收入”项目，反映单位本年取得的除上述收入以外的纳入单位预算管理的各项预算收入。本项目应当根据“其他预算收入”科目的本年发生额填列。

“利息预算收入”项目，反映单位本年取得的利息预算收入。本项目应当根据“其他预算收入”科目的明细记录分析填列。单位单设“利息预算收入”科目的，应当根据“利息预算收入”科目的本年发生额填列。

“捐赠预算收入”项目，反映单位本年取得的捐赠预算收入。本项目应当根据“其他预算收入”科目明细账记录分析填列。单位单设“捐赠预算收入”科目的，应当根据“捐赠预算收入”科目的本年发生额填列。

“租金预算收入”项目，反映单位本年取得的租金预算收入。本项目应当根据“其他预算收入”科目明细账记录分析填列。单位单设“租金预算收入”科目的，应当根据“租金预算收入”科目的本年发生额填列。

2. 本年预算支出

（11）“本年预算支出”项目，反映单位本年预算支出总额。本项目应当根据本表中“行政支出”“事业支出”“经营支出”“上缴上级支出”“对附属单位补助支出”“投资支出”“债务还本支出”和“其他支出”项目金额的合计数填列。

（12）“行政支出”项目，反映行政单位本年履行职责实际发生的支出。本项目应当根据“行政支出”科目的本年发生额填列。

（13）“事业支出”项目，反映事业单位本年开展专业业务活动及其辅助活动发生的支出。本项目应当根据“事业支出”科目的本年发生额填列。

（14）“经营支出”项目，反映事业单位本年在专业业务活动及其辅助活动之外开展非独立核算经营活动发生的支出。本项目应当根据“经营支出”科目的本年发生额填列。

（15）“上缴上级支出”项目，反映事业单位本年按照财政部门和主管部门的规定上缴上级单位的支出。本项目应当根据“上缴上级支出”科目的本年发生额填列。

（16）“对附属单位补助支出”项目，反映事业单位本年用财政拨款收入之外的收入对附属单位补助发生的支出。本项目应当根据“对附属单位补助支出”科目的本年发生额填列。

（17）“投资支出”项目，反映事业单位本年以货币资金对外投资发生的支出。本项目应当根据“投资支出”科目的本年发生额填列。

（18）“债务还本支出”项目，反映事业单位本年偿还自身承担的纳入预算管理的从金融机构举借的债务本金的支出。本项目应当根据“债务还本支出”科目的本年发生额填列。

（19）“其他支出”项目，反映单位本年除以上支出以外的各项支出。本项目应当根据“其他支出”科目的本年发生额填列。

“利息支出”项目，反映单位本年发生的利息支出。本项目应当根据“其他支出”科目明细账记录分析填列。单位单设“利息支出”科目的，应当根据“利息支出”科目的本年发生额填列。

“捐赠支出”项目，反映单位本年发生的捐赠支出。本项目应当根据“其他支出”科目明细账记录分析填列。单位单设“捐赠支出”科目的，应当根据“捐赠支出”科目的本年发生额填列。

3. 本年预算收支差额

（20）“本年预算收支差额”项目，反映单位本年各项预算收支相抵后的差额。本项目应当根据本表中“本期预算收入”项目金额减去“本期预算支出”项目金额后的金额填列；如相减后金额为负数，以“－”号填列。

六、预算结转结余变动表编制说明

（一）本表反映单位在某一会计年度内预算结转结余的变动情况。

（二）本表“本年数”栏反映各项目的本年实际发生数。本表“上年数”栏反映各项目的上年实际发生数，应当根据上年度预算结转结余变动表中“本年数”栏内所列数字填列。

如果本年度预算结转结余变动表规定的项目的名称和内容同上年度不一致，应当对上年度预算结转结余变动表项目的名称和数字按照本年度的规定进行调整，将调整后金额填入本年度预算结转结余变动表的“上年数”栏。

（三）本表中“年末预算结转结余”项目金额等于“年初预算结转结余”“年初余额调整”“本年变动金额”三个项目的合计数。

（四）本表“本年数”栏各项目的内容和填列方法。

1. “年初预算结转结余”项目，反映单位本年预算结转结余的年初余额。本项目应当根据本项目下“财政拨款结转结余”“其他资金结转结余”项目金额的合计数填列。

（1）“财政拨款结转结余”项目，反映单位本年财政拨款结转结余资金的年初余额。本项目应当根据“财政拨款结转”“财政拨款结余”科目本年年初余额合计数填列。

（2）“其他资金结转结余”项目，反映单位本年其他资金结转结余的年初余额。本项目应当根据“非财政拨款结转”“非财政拨款结余”“专用结余”“经营结余”科目本年年初余额的合计数填列。

2. “年初余额调整”项目，反映单位本年预算结转结余年初余额调整的金额。本项目应当根据本项目下“财政拨款结转结余”“其他资金结转结余”项目金额的合计数填列。

（1）“财政拨款结转结余”项目，反映单位本年财政拨款结转结余资金的年初余额调整金额。本项目应当根据“财政拨款结转”“财政拨款结余”科目下“年初余额调整”明细科目的本年发生额的合计数填列；如调整减少年初财政拨款结转结余，以“－”号填列。

（2）“其他资金结转结余”项目，反映单位本年其他资金结转结余的年初余额调整金额。本项目应当根据“非财政拨款结转”“非财政拨款结余”科目下“年初余额调整”明细科目的本年发生额的合计数填列；如调整减少年初其他资金结转结余，以“－”号填列。

3. “本年变动金额”项目，反映单位本年预算结转结余变动的金额。本项目应当根据本项目下“财政拨款结转结余”“其他资金结转结余”项目金额的合计数填列。

（1）“财政拨款结转结余”项目，反映单位本年财政拨款结转结余资金的变动。本项目应当根据本项目下“本年收支差额”“归集调入”“归集上缴或调出”项目金额的合计数填列。

①“本年收支差额”项目，反映单位本年财政拨款资金收支相抵后的差额。本项目应当根据“财政拨款结转”科目下“本年收支结转”明细科目本年转入的预算收入与预算支出的差额填列；差额为负数的，以“－”号填列。

②“归集调入”项目，反映单位本年按照规定从其他单位归集调入的财政拨款结转资金。本项目应当根据“财政拨款结转”科目下“归集调入”明细科目的本年发生额填列。

③“归集上缴或调出”项目，反映单位本年按照规定上缴的财政拨款结转结余资金及按照规定向其他单位调出的财政拨款结转资金。本项目应当根据“财政拨款结转”“财政拨款结余”科目下“归集上缴”明细科目，以及“财政拨款结转”科目下“归集调出”明细科目本年发生额的合计数填列，以“－”号填列。

（2）“其他资金结转结余”项目，反映单位本年其他资金结转结余的变动。本项目应当根据本项目下“本年收支差额”“缴回资金”“使用专用结余”“支付所得税”项目金额的合计数填列。

①“本年收支差额”项目，反映单位本年除财政拨款外的其他资金收支相抵后的差额。本项目应当根据“非财政拨款结转”科目下“本年收支结转”明细科目、“其他结余”科目、“经营结余”科目本年转入的预算收入与预算支出的差额的合计数填列；如为负数，以“－”号填列。

②“缴回资金”项目，反映单位本年按照规定缴回的非财政拨款结转资金。本项目应当根据“非财政拨款结转”科目下“缴回资金”明细科目本年发生额的合计数填列，以“－”号填列。

③“使用专用结余”项目，反映本年事业单位根据规定使用从非财政拨款结余或经营结余中提取的专用基金的金额。本项目应当根据“专用结余”科目明细账中本年使用专用结余业务的发生额填列，以“－”号填列。

④“支付所得税”项目，反映有企业所得税缴纳义务的事业单位 本年实际缴纳的企业所得税金额。本项目应当根据“非财政拨款结余”明细账中本年实际缴纳企业所得税业务的

发生额填列，以“—”号填列。

4.“年末预算结转结余”项目，反映单位本年预算结转结余的年末余额。本项目应当根据本项目下“财政拨款结转结余”“其他资金结转结余”项目金额的合计数填列。

（1）“财政拨款结转结余”项目，反映单位本年财政拨款结转结余的年末余额。本项目应当根据本项目下“财政拨款结转”“财政拨款结余”项目金额的合计数填列。

本项目下“财政拨款结转”“财政拨款结余”项目，应当分别根据“财政拨款结转”“财政拨款结余”科目的本年年末余额填列。

（2）“其他资金结转结余”项目，反映单位本年其他资金结转结余的年末余额。本项目应当根据本项目下“非财政拨款结转”“非财政拨款结余”“专用结余”“经营结余”项目金额的合计数填列。

本项目下“非财政拨款结转”“非财政拨款结余”“专用结余”“经营结余”项目，应当分别根据“非财政拨款结转”“非财政拨款结余”“专用结余”“经营结余”科目的本年年末余额填列。

七、财政拨款预算收入支出表编制说明

（一）本表反映单位本年财政拨款预算资金收入、支出及相关变动的具体情况。

（二）本表“项目”栏内各项目，应当根据单位取得的财政拨款种类分项设置。其中“项目支出”项目下，根据每个项目设置；单位取得除一般公共财政预算拨款和政府性基金预算拨款以外的其他财政拨款的，应当按照财政拨款种类增加相应的资金项目及其明细项目。

（三）本表各栏及其对应项目的内容和填列方法。

1.“年初财政拨款结转结余”栏中各项目，反映单位年初各项财政拨款结转结余的金额。各项目应当根据“财政拨款结转”“财政拨款结余”及其明细科目的年初余额填列。本栏中各项目的数额应当与上年度财政拨款预算收入支出表中“年末财政拨款结转结余”栏中各项目的数额相等。

2.“调整年初财政拨款结转结余”栏中各项目，反映单位对年初财政拨款结转结余的调整金额。各项目应当根据“财政拨款结转”“财政拨款结余”科目下“年初余额调整”明细科目及其所属明细科目的本年发生额填列；如调整减少年初财政拨款结转结余，以“—”号填列。

3.“本年归集调入”栏中各项目，反映单位本年按规定从其他单位调入的财政拨款结转资金金额。各项目应当根据“财政拨款结转”科目下“归集调入”明细科目及其所属明细科目的本年发生额填列。

4.“本年归集上缴或调出”栏中各项目，反映单位本年按规定实际上缴的财政拨款结转结余资金，及按照规定向其他单位调出的财政拨款结转资金金额。各项目应当根据“财政拨款结转”“财政拨款结余”科目下“归集上缴”科目和“财政拨款结转”科目下“归集调出”明细科目，及其所属明细科目的本年发生额填列，以“—”号填列。

5.“单位内部调剂”栏中各项目，反映单位本年财政拨款结转结余资金在单位内部不同项目等之间的调剂金额。各项目应当根据“财政拨款结转”和“财政拨款结余”科目下的“单位内部调剂”明细科目及其所属明细科目的本年发生额填列；对单位内部调剂减少的财政拨款结余金额，以“—”号填列。

6.“本年财政拨款收入”栏中各项目，反映单位本年从同级财政部门取得的各类财政预算拨款金额。各项目应当根据“财政拨款预算收入”科目及其所属明细科目的本年发生额填列。

7.“本年财政拨款支出”栏中各项目，反映单位本年发生的财政拨款支出金额。各项目应当根据“行政支出”“事业支出”等科目及其所属明细科目本年发生额中的财政拨款支出数的合计数填列。

8.“年末财政拨款结转结余”栏中各项目，反映单位年末财政拨款结转结余的金额。各项目应当根据“财政拨款结转”“财政拨款结余”科目及其所属明细科目的年末余额填列。

八、附注

附注是对在会计报表中列示的项目所作的进一步说明，以及对未能在会计报表中列示项目的说明。附注是财务报表的重要组成部分。凡对报表使用者的决策有重要影响的会计信息，不论本制度是否有明确规定，单位均应当充分披露。附注主要包括下列内容：

（一）单位的基本情况

单位应当简要披露其基本情况，包括单位主要职能、主要业务活动、所在地、预算管理关系等。

（二）会计报表编制基础

（三）遵循政府会计准则、制度的声明

（四）重要会计政策和会计估计

单位应当采用与其业务特点相适应的具体会计政策，并充分披露报告期内采用的重要会计政策和会计估计。主要包括以下内容：

1. 会计期间。

2. 记账本位币，外币折算汇率。

3. 坏账准备的计提方法。

4. 存货类别、发出存货的计价方法、存货的盘存制度，以及低值易耗品和包装物的摊销方法。

5. 长期股权投资的核算方法。

6. 固定资产分类、折旧方法、折旧年限和年折旧率；融资租入固定资产的计价和折旧方法。

7. 无形资产的计价方法；使用寿命有限的无形资产，其使用寿命估计情况；使用寿命不确定的无形资产，其使用寿命不确定的判断依据；单位内部研究开发项目划分研究阶段和开发阶段的具体标准。

8. 公共基础设施的分类、折旧（摊销）方法、折旧（摊销）年限，以及其确定依据。

9. 政府储备物资分类，以及确定其发出成本所采用的方法。

10. 保障性住房的分类、折旧方法、折旧年限。

11. 其他重要的会计政策和会计估计。

12. 本期发生重要会计政策和会计估计变更的，变更的内容和原因、受其重要影响的报表项目名称和金额、相关审批程序，以及会计估计变更开始适用的时点。

（五）会计报表重要项目说明

单位应当按照资产负债表和收入费用表项目列示顺序，采用文字和数据描述相结合的方式披露重要项目的明细信息。报表重要项目的明细金额合计，应当与报表项目金额相衔接。报表重要项目说明应包括但不限于下列内容：

1. 货币资金的披露格式如下：

项目	期末余额	年初余额
库存现金		
银行存款		
其他货币资金		
合　计		

2. 应收账款按照债务人类别披露的格式如下：

债务人类别	期末余额	年初余额
政府会计主体：		
部门内部单位		
单位 1		
……		
部门外部单位		
单位 1		
……		
其他：		
单位 1		
……		
合计		

注 1：“部门内部单位”是指纳入单位所属部门财务报告合并范围的单位（下同）。
注 2：有应收票据、预付账款、其他应收款的，可比照应收账款进行披露。

3. 存货的披露格式如下：

存货种类	期末余额	年初余额
1.		
……		
合计		

4. 其他流动资产的披露格式如下：

项目	期末余额	年初余额
1.		
……		
合计		

注：有长期待摊费用、其他非流动资产的，可比照其他流动资产进行披露。

5. 长期投资

（1）长期债券投资的披露格式如下：

债券发行主体	年初余额	本期增加额	本期减少额	期末余额
1.				
……				
合计				

注：有短期投资的，可比照长期债券投资进行披露。

（2）长期股权投资的披露格式如下：

被投资单位	核算方法	年初余额	本期增加额	本期减少额	期末余额
1.					
……					
合 计					

（3）当期发生的重大投资净损益项目、金额及原因。

6. 固定资产

（1）固定资产的披露格式如下：

项目	年初余额	本期增加额	本期减少额	期末余额
一、原值合计				
其中：房屋及构筑物				
通用设备				
专用设备				
文物和陈列品				
图书、档案				
家具、用具、装具及动植物				
二、累计折旧合计				
其中：房屋及构筑物				
通用设备				
专用设备				
家具、用具、装具				
三、账面价值合计				
其中：房屋及构筑物				
通用设备				
专用设备				
文物和陈列品				
图书、档案				
家具、用具、装具及动植物				

（2）已提足折旧的固定资产名称、数量等情况。

（3）出租、出借固定资产以及固定资产对外投资等情况。

7. 在建工程的披露格式如下：

项目	年初余额	本期增加额	本期减少额	期末余额
1.				
……				
合计				

8. 无形资产

（1）各类无形资产的披露格式如下：

项目	年初余额	本期增加额	本期减少额	期末余额
一、原值合计				
1.				
……				
二、累计摊销播计				
1.				
……				
三、账面价值合计				
1.				
……				

（2）计入当期损益的研发支出金额、确认为无形资产的研发支出金额。

（3）无形资产出售、对外投资等处置情况。

9. 公共基础设施

（1）公共基础设施的披露格式如下：

项目	年初余额	本期增加额	本期减少额	期末余额
原值合计				
市政基础设施				
1.				
……				
交通基础设施				
1.				
水利基础设施				
1.				
……				
其他				
……				
累计折旧合计				
市政基础设施				
1.				
……				
交通基础设施				
1.				
……				
水利基础设施				

（续表）

项目	年初余额	本期增加额	本期减少额	期末余额
1.				
……				
其他				
……				
账面价值合计				
市政基础设施				
1.				
……				
交通基础设施				
1.				
……				
水利基础设施				
1.				
……				
其他				
……				

（2）确认为公共基础设施的单独计价入账的土地使用权的账面余额、累计摊销额及变动情况。

（3）已提取折旧继续使用的公共基础设施的名称、数量等。

10. 政府储备物资的披露格式如下：

物资类别	年初余额	本期增加额	本期减少额	期末余额
1.				
……				
合计				

注：如单位有因动用而发出需要收回或者预期可能收回、但期末尚未收回的政府储备物资，应当单独披露其期末账面余额。

11. 受托代理资产的披露格式如下：

资产类别	年初余额	本期增加额	本期减少额	期末余额
货币资金				
受托转赠物资				
受托存储保管物资				
罚没物资				
其他				
合计				

12. 应付账款按照债权人类别披露的格式如下：

债权人类别	期末余额	年初余额
政府会计主体：		
部门内部单位		
单位 1		
……		
部门外部单位		
单位 1		
……		
其他：		
单位 1		
……		
合计		

注：有应付票据、预收账款、其他应付款、长期应付款的，可比照应付账款进行披露。

13. 其他流动负债的披露格式如下：

项目	期末余额	年初余额
1.		
……		
合计		

注：有预计负债、其他非流动负债的，可比照其他流动负债进行披露。

14. 长期借款

（1）长期借款按照债权人披露的格式如下：

债权人	期末余额	年初余额
1.		
……		
合计		

注：有短期借款的，可比照长期借款进行披露。

（2）单位有基建借款的，应当分基建项目披露长期借款年初数、本年变动数、年末数及到期期限。

15. 事业收入按照收入来源的披露格式如下：

收入来源	本期发生额	上期发生额
来自财政专户管理资金		
本部门内部单位		
单位 1		

（续表）

收入来源	本期发生额	上期发生额
……		
本部门以外同级政府单位		
单位 1		
……		
其他		
单位 1		
……		
合计		

16. 非同级财政拨款收入按收入来源的披露格式如下：

收入来源	本期发生额	上期发生额
本部门以外同级政府单位		
单位 1		
……		
本部门以外非同级政府单位		
单位 1		
……		
合计		

17. 其他收入按照收入来源的披露格式如下：

收入来源	本期发生额	上期发生额
本部门内部单位		
单位 1		
……		
本部门以外同级政府单位		
单位 1		
……		
本部门以外非同级政府单位		
单位 1		
……		
其他		
单位 1		
……		
合计		

18. 业务活动费用

（1）按经济分类的披露格式如下：

项目	本期发生额	上期发生额
工资福利费用		
商品和服务费用		
对个人和家庭的补助费用		
对企业补助费用		
固定资产折旧费		
无形资产摊销费		
公共基础设施折旧（摊销）费		
保障性住房折旧费		
计提专用基金		
……		
合计		

注：有单位管理费用、经营费用的，可比照（业务活动费用）此表进行披露。

（2）按支付对象的披露格式如下：

支付对象	本期发生额	上期发生额
本部门内部单位		
单位 1		
……		
本部门以外同级政府单位		
单位 1		
……		
其他		
单位 1		
……		
合计		

注：有单位管理费用、经营费用的，可比照（业务活动费用）此表进行披露。

19. 其他费用按照类别披露的格式如下：

费用类别	本期发生额	上期发生额
利息费用		
坏账损失		
罚没支出		
……		
合计		

20. 本期费用按照经济分类的披露格式如下：

项目	本年数	上年数
工资福利费用		
商品和服务费用		
对个人和家庭的补助费用		
对企业补助费用		
固定资产折旧费		
无形资产摊销费		
公共基础设施折旧（摊销）费		
保障性住房折旧费		
计提专用基金		
所得税费用		
资产处置费用		
上缴上级费用		
对附属单位补助费用		
其他费用		
本期费用合计		

注：单位在按照本制度规定编制收入费用表的基础上，可以根据需要按照此表披露的内容编制收入费用表。

（六）本年盈余与预算结余的差异情况说明

为了反映单位财务会计和预算会计因核算基础和核算范围不同所产生的本年盈余数与本年预算结余数之间的差异，单位应当按照重要性原则，对本年度发生的各类影响收入（预算收入）和费用（预算支出）的业务进行适度归并和分析，披露将年度预算收入支出表中“本年预算收支差额”调节为年度收入费用表中“本期盈余”的信息。有关披露格式如下：

项目	金额
一、本年预算结余（本年预算收支差额）	
二、差异调节	—
（一）重要事项的差异	
加：1. 当期确认为收入但没有确认为预算收入	

（续表）

项目	金额
（1）应收款项、预收账款确认的收入	
（2）接受非货币性资产捐赠确认的收入	
2. 当期确认为预算支出但没有确认为费用	
（1）支付应付款项、预付账款的支出	
（2）为取得存货、政府储备物资等计入物资成本的支出	
（3）为购建固定资产等的资本性支出	
（4）偿还借款本息支出	
减：1. 当期确认为预算收入但没有确认为收入	
（1）收到应收款项、预收账款确认的预算收入	
（2）取得借款确认的预算收入	
2. 当期确认为费用但没有确认为预算支出	
（1）发出存货、政府储备物资等确认的费用	
（2）计提的折旧费用和摊销费用	
（3）确认的资产处置费用（处置资产价值）	
（4）应付款项、预付账款确认的费用	
（二）其他事项差异	
三、本年盈余（本年收入与费用的差额）	

（七）其他重要事项说明

1. 资产负债表日存在的重要或有事项说明。没有重要或有事项的，也应说明。

2. 以名义金额计量的资产名称、数量等情况，以及以名义金额计量理由的说明。

3. 通过债务资金形成的固定资产、公共基础设施、保障性住房等资产的账面价值、使用情况、收益情况及与此相关的债务偿还情况等的说明。

4. 重要资产置换、无偿调入（出）、捐入（出）、报废、重大毁损等情况的说明。

5. 事业单位将单位内部独立核算单位的会计信息纳入本单位财务报表情况的说明。

6. 政府会计具体准则中要求附注披露的其他内容。

7. 有助于理解和分析单位财务报表需要说明的其他事项。

6. 附录：主要业务和事项账务处理举例

<table>
<tr><th rowspan="2">序号</th><th colspan="2" rowspan="2">业务和事项内容</th><th colspan="2">账务处理[①]</th></tr>
<tr><th>财务会计</th><th>预算会计</th></tr>
<tr><td colspan="5">一、资产类</td></tr>
<tr><td>1</td><td colspan="4">1001 库存现金</td></tr>
<tr><td rowspan="2">（1）</td><td colspan="2">提现</td><td>借：库存现金
　贷：银行存款等</td><td>—</td></tr>
<tr><td colspan="2">存现</td><td>借：银行存款等
　贷：库存现金</td><td>—</td></tr>
<tr><td rowspan="2">（2）</td><td rowspan="2">差旅费</td><td>职工出差等借出现金</td><td>借：其他应收款
　贷：库存现金</td><td>—</td></tr>
<tr><td>出差人员报销差旅费</td><td>借：业务活动费用 / 单位管理费用等 [实际报销金额] 库存现金 [实际报销金额小于借款金额的差额]
　贷：其他应收款
或：
借：业务活动费用 / 单位管理费用等 [实际报销金额]
　贷：其他应收款
　　库存现金 [实际报销金额大于借款金额的差额]</td><td>借：行政支出 / 事业支出等 [实际报销金额]
　贷：资金结存——货币资金</td></tr>
</table>

① 本表中所列举的业务和事项涉及增值税的，参照“应交增值税”科目进行账务处理。

（续表）

序号	业务和事项内容		账务处理	
			财务会计	预算会计
（3）	其他涉及现金的业务	因开展业务等其他事项收到现金	借：库存现金 贷：事业收入 / 应收账款等	借：资金结存——货币资金 贷：事业预算收入等
		因购买服务、商品或其他事项支出现金	借：业务活动费用 / 单位管理费用 / 其他费用 / 应付账款等 贷：库存现金	借：行政支出 / 事业支出 / 其他支出等 贷：资金结存——货币资金
		对外捐赠现金资产	借：其他费用 贷：库存现金	借：其他支出 贷：资金结存——货币资金
（4）	受托代理、代管现金	收到	借：库存现金——受托代理资产 贷：受托代理负债	—
		支付	借：受托代理负债 贷：库存现金——受托代理资产	—
（5）	现金溢余	按照溢余金额转入待处理财产损溢	借：库存现金 贷：待处理财产损溢	借：资金结存——货币资金 贷：其他预算收入
		属于应支付给有关人员或单位的部分	借：待处理财产损溢 贷：其他应付款 借：其他应付款 贷：库存现金	— 借：其他预算收入 贷：资金结存——货币资金
		属于无法查明原因的部分，报经批准后	借：待处理财产损溢 贷：其他收入	—
（6）	现金短缺	按照短缺金额转入待处理财产损溢	借：待处理财产损溢 贷：库存现金	借：其他支出 贷：资金结存——货币资金

（6）	现金短缺	属于应由责任人赔偿的部分	借：其他应收款 　贷：待处理财产损溢 借：库存现金 　贷：其他应收款	借：资金结存——货币资金 　贷：其他支出
		属于无法查明原因的部分，报经批准后	借：资产处置费用 　贷：待处理财产损溢	—
2	1002 银行存款			
（1）	将款项存入银行或其他金融机构		借：银行存款 　贷：库存现金 / 事业收入 / 其他收入等	借：资金结存——货币资金 　贷：事业预算收入 / 其他预算收入等
（2）	提现		借：库存现金 　贷：银行存款	—
（3）	支付款项		借：业务活动费用 / 单位管理费用 / 其他费用等 　贷：银行存款	借：行政支出 / 事业支出 / 其他支出等 　贷：资金结存——货币资金
（4）	银行存款账户	收到银行存款利息	借：银行存款 　贷：利息收入	借：资金结存——货币资金 　贷：其他预算收入
		支付银行手续费等	借：业务活动费用 / 单位管理费用等 　贷：银行存款	借：行政支出 / 事业支出等 　贷：资金结存——货币资金
（5）	受托代理、代管银行存款	收到	借：银行存款——受托代理资产 　贷：受托代理负债	—
		支付	借：受托代理负债 　贷：银行存款——受托代理资产	—

（续表）

序号	业务和事项内容		账务处理	
			财务会计	预算会计
（6）	外币业务	以外币购买物资、劳务等	借：在途物品 / 库存物品等 贷：银行存款 [外币账户]/ 应付账款等 [外币账户]	借：事业支出等 贷：资金结存——货币资金
		以外币收取相关款项等	借：银行存款 [外币账户]/ 应收账款等 [外币账户] 贷：事业收入等	借：资金结存——货币资金 贷：事业预算收入等
		期末，根据各外币账户按照期末的即期汇率调整后的人民币余额与原账面人民币余额的差额，作为汇兑损益	借：银行存款 / 应收账款 / 应付账款等 贷：业务活动费用 / 单位管理费用等 [汇兑收益] 借：业务活动费用 / 单位管理费用等 [汇兑损失] 贷：银行存款 / 应收账款 / 应付账款等	借：资金结存——货币资金 贷：行政支出 / 事业支出等 [汇兑收益] 借：行政支出 / 事业支出等 [汇兑损失] 贷：资金结存——货币资金
3	1011 零余额账户用款额度			
（1）	收到额度	收到“授权支付到账通知书”	借：零余额账户用款额度 贷：财政拨款收入	借：资金结存——零余额账户用款额度 贷：财政拨款预算收入
（2）	按照规定支用额度	支付日常活动费用	借：业务活动费用 / 单位管理费用等 贷：零余额账户用款额度	借：行政支出 / 事业支出等 贷：资金结存——零余额账户用款额度
		购买库存物品或购建固定资产等	借：库存物品 / 固定资产 / 在建工程等 贷：零余额账户用款额度	
（3）	提现	从零余额账户提取现金	借：库存现金 贷：零余额账户用款额度	借：资金结存——货币资金 贷：资金结存——零余额账户用款额度
		将现金退回单位零余额账户	借：零余额账户用款额度 贷：库存现金	借：资金结存——零余额账户用款额度 贷：资金结存——货币资金

（4）	因购货退回等发生国库授权支付额度退回	本年度授权支付的款项	借：零余额账户用款额度 　　贷：库存物品等	借：资金结存——零余额账户用款额度 　　贷：行政支出 / 事业支出等
		以前年度授权支付的款项	借：零余额账户用款额度 　　贷：库存物品 / 以前年度盈余调整等	借：资金结存——零余额账户用款额度 　　贷：财政拨款结转——年初余额调整 　　　　财政拨款结余——年初余额调整
（5）	年末，注销额度	根据代理银行提供的对账单注销财政授权支付额度	借：财政应返还额度——财政授权支付 　　贷：零余额账户用款额度	借：资金结存——财政应返还额度 　　贷：资金结存——零余额账户用款额度
		本年度财政授权支付预算指标数大于零余额账户额度下达数的，根据未下达的用款额度	借：财政应返还额度——财政授权支付 　　贷：财政拨款收入	借：资金结存——财政应返还额度 　　贷：财政拨款预算收入
（6）	下年初，恢复额度	根据代理银行提供的额度恢复到账通知书恢复财政授权支付额度	借：零余额账户用款额度 　　贷：财政应返还额度——财政授权支付	借：资金结存——零余额账户用款额度 　　贷：资金结存——财政应返还额度
		收到财政部门批复的上年末未下达零余额账户用款额度	借：零余额账户用款额度 　　贷：财政应返还额度——财政授权支付	借：资金结存——零余额账户用款额度 　　贷：资金结存——财政应返还额度
4	1021 其他货币资金			
（1）	形成其他货币资金	取得银行本票、银行汇票、信用卡时	借：其他货币资金——银行本票存款 　　　　　　　　——银行汇票存款 　　　　　　　　——信用卡款 　　贷：银行存款	—

（续表）

<table>
<tr><th rowspan="2">序号</th><th rowspan="2" colspan="2">业务和事项内容</th><th colspan="2">账务处理</th></tr>
<tr><th>财务会计</th><th>预算会计</th></tr>
<tr><td>（2）</td><td>发生支付</td><td>用银行本票、银行汇票、信用卡支付时</td><td>借：在途物品 / 库存物品等
贷：其他货币资金——银行本票存款
——银行汇票存款
——信用卡存款</td><td>借：事业支出等 [实际支付金额]
贷：资金结存——货币资金</td></tr>
<tr><td>（3）</td><td>余款退回时</td><td>银行本票、银行汇票、信用卡的余款退回时</td><td>借：银行存款
贷：其他货币资金——银行本票存款
——银行汇票存款
——信用卡存款</td><td>—</td></tr>
<tr><td>5</td><td colspan="4">1101 短期投资</td></tr>
<tr><td rowspan="2">（1）</td><td rowspan="2">取得短期投资</td><td>取得短期投资时</td><td>借：短期投资
贷：银行存款等</td><td>借：投资支出
贷：资金结存——货币资金</td></tr>
<tr><td>收到购买时已到付息期但尚未领取的利息时</td><td>借：银行存款
贷：短期投资</td><td>借：资金结存——货币资金
贷：投资支出</td></tr>
<tr><td>（2）</td><td colspan="2">短期投资持有期间收到利息</td><td>借：银行存款
贷：投资收益</td><td>借：资金结存——货币资金
贷：投资预算收益</td></tr>
<tr><td>（3）</td><td colspan="2">出售短期投资或到期收回短期投资（国债）本息</td><td>借：银行存款 [实际收到的金额] 投资收益 [借差]
贷：短期投资 [账面余额]
投资收益 [贷差]</td><td>借：资金结存——货币资金 [实收款]
投资预算收益 [实收款小于投资成本的差额]
贷：投资支出 [出售或收回当年投资的]/
其他结余 [出售或收回以前年度投资的]
投资预算收益 [实收款大于投资成本的差额]</td></tr>
<tr><td>6</td><td colspan="4">1201 财政应返还额度</td></tr>
</table>

（1）	财政直接支付方式下，确认财政应返还额度	年末本年度预算指标数与当年实际支付数的差额	借：财政应返还额度——财政直接支付 贷：财政拨款收入	借：资金结存——财政应返还额度 贷：财政拨款预算收入
		下年度使用以前年度财政直接支付额度支付款项时	借：业务活动费用 / 单位管理费用 / 库存物品等 贷：财政应返还额度——财政直接支付	借：行政支出 / 事业支出等 贷：资金结存——财政应返还额度
（2）	财政授权支付方式下，确认财政应返还额度	年末本年度预算指标数大于额度下达数的，根据未下达的用款额度	借：财政应返还额度——财政授权支付 贷：财政拨款收入	借：资金结存——财政应返还额度 贷：财政拨款预算收入
		年末根据代理银行提供的对账单作注销额度处理	借：财政应返还额度——财政授权支付 贷：零余额账户用款额度	借：资金结存——财政应返还额度 贷：资金结存——零余额账户用款额度
		下年初额度恢复和下年初收到财政部门批复的上年末未下达零余额账户用款额	借：零余额账户用款额度 贷：财政应返还额度——财政授权支付	借：资金结存——零余额账户用款额度 贷：资金结存——财政应返还额度
7	1211 应收票据			
（1）	收到商业汇票	销售产品、提供服务等收到商业汇票时	借：应收票据 贷：经营收入等	—

（续表）

序号	业务和事项内容		账务处理	
			财务会计	预算会计
（2）	商业汇票向银行贴现	持未到期的商业汇票向银行贴现	借：银行存款 [贴现净额] 经营费用等 [贴现利息] 贷：应收票据 [不附追索权] 短期借款 [附追索权]	借：资金结存——货币资金 贷：经营预算收入等 [贴现净额]
		附追索权的商业汇票到期未发生追索事项	借：短期借款 贷：应收票据	—
（3）	商业汇票背书转让	将持有的商业汇票背书转让以取得所需物资	借：库存物品等 贷：应收票据 银行存款 [差额]	借：经营支出等 [支付的金额] 贷：资金结存——货币资金
（4）	商业汇票到期	商业汇票到期，收回应收票据	借：银行存款 贷：应收票据	借：资金结存——货币资金 贷：经营预算收入等
		商业汇票到期，付款人无力支付票款时	借：应收账款 贷：应收票据	—
8	1212 应收账款			
（1）	发生应收账款时	应收账款收回后不需上缴财政	借：应收账款 贷：事业收入 / 经营收入 / 其他收入等	—
		应收账款收回后需上缴财政	借：应收账款 贷：应缴财政款	—
（2）	收回应收账款时	应收账款收回后不需上缴财政	借：银行存款等 贷：应收账款	借：资金结存——货币资金等 贷：事业预算收入 / 经营预算收入 / 其他预算收入等
		应收账款收回后需上缴财政	借：银行存款等 贷：应收账款	—

（3）	逾期无法收回的应收账款	报批后予以核销	借：坏账准备 / 应缴财政款 　　贷：应收账款	—
		事业单位已核销不需上缴财政的应收账款在以后期间收回单位已核销需上缴财政的应收账款在以后期间收回	借：应收账款 　　贷：坏账准备 借：银行存款 　　贷：应收账款 借：银行存款等 　　贷：应缴财政款	借：资金结存——货币资金 　　贷：非财政拨款结余等 —
9	1214 预付账款			
（1）	发生预付账款时		借：预付账款 　　贷：财政拨款收入 / 零余额账户用款额度 / 银行存款等	借：行政支出 / 事业支出等 　　贷：财政拨款预算收入 / 资金结存
（2）	收到所购物资或劳务，以及根据工程进度结算工程价款等时		借：业务活动费用 / 库存物品 / 固定资产 / 在建工程等 　　贷：预付账款 　　　　零余额账户用款额度 / 财政拨款收入 / 银行存款等 [补付款项]	借：行政支出 / 事业支出等 [补付款项] 　　贷：财政拨款预算收入 / 资金结存
（3）	预付账款退回	当年预付账款退回	借：财政拨款收入 / 零余额账户用款额度 / 银行存款等 　　贷：预付账款	借：财政拨款预算收入 / 资金结存 　　贷：行政支出 / 事业支出等
		以前年度预付账款退回	借：财政应返还额度 / 零余额账户用款额度 / 银行存款等 　　贷：预付账款	借：资金结存 　　贷：财政拨款结余——年初余额调整 / 财政拨款结转——年初余额调整等
（4）	逾期无法收回的预付账款转为其他应收款		借：其他应收款 　　贷：预付账款	—

（续表）

序号	业务和事项内容		账务处理	
			财务会计	预算会计
10	1215 应收股利			
（1）	取得的长期股权投资	取得长期股权投资	借：长期股权投资 应收股利［取得投资支付价款中包含的已宣告但尚未发放的现金股利或利润］ 贷：银行存款［取得投资支付的全部价款］	借：投资支出［取得投资支付的全部价款］ 贷：资金结存——货币资金
		收到取得投资所支付价款中包含的已宣告但尚未发放的股利或利润时	借：银行存款 贷：应收股利	借：资金结存——货币资金 贷：投资支出等
（2）	持有投资期间	被投资单位宣告发放现金股利或利润	借：应收股利 贷：投资收益 / 长期股权投资	—
		收到现金股利或利润时	借：银行存款 贷：应收股利	借：资金结存——货币资金 贷：投资预算收益
11	1216 应收利息			
（1）	取得的债券投资	取得长期债券投资	借：长期债券投资 应收利息［取得投资支付价款中包含的已到付息期但尚未领取的利息］ 贷：银行存款［取得投资支付的全部价款］	借：投资支出［取得投资支付的全部价款］ 贷：资金结存——货币资金
		收到取得投资所支付价款中包含的已到付息期但尚未领取的利息时	借：银行存款 贷：应收利息	借：资金结存——货币资金 贷：投资支出等
（2）	持有投资期间	按期计提利息	借：应收利息［分期付息、到期还本债券计提的利息］ 贷：投资收益	—
		实际收到利息	借：银行存款 贷：应收利息	借：资金结存——货币资金 贷：投资预算收益

12	1218 其他应收款			
（1）	发生暂付款项（包括偿还未报销的公务卡款项）	暂付款项时	借：其他应收款 　贷：银行存款 / 库存现金 / 零余额账户用款额度等	—
		报销时	借：业务活动费用 / 单位管理费用等［实际报销金额］ 　贷：其他应收款	借：行政支出 / 事业支出等［实际报销金额］ 　贷：资金结存
		收回暂付款项时	借：库存现金 / 银行存款等 　贷：其他应收款	—
（2）	发生其他各种应收款项	确认其他应收款时	借：其他应收款 　贷：上级补助收入 / 附属单位上缴收入 / 其他收入等	—
		收到其他应收款项时	借：银行存款 / 库存现金等 　贷：其他应收款	借：资金结存——货币资金 　贷：上级补助预算收入 / 附属单位上缴预算收入 / 其他预算收入等
（3）	拨付给内部有关部门的备用金	财务部门核定并发放备用金时	借：其他应收款 　贷：库存现金	—
		根据报销数用现金补足备用金定额时	借：业务活动费用 / 单位管理费用等 　贷：库存现金	借：行政支出 / 事业支出等 　贷：资金结存——货币资金
（4）	逾期无法收回的其他应收款	经批准核销时	借：坏账准备［事业单位］/ 资产处置费用［行政单位］ 　贷：其他应收款	—
		已核销的其他应收款在以后期间收回	事业单位： 借：其他应收款 　贷：坏账准备 借：银行存款等 　贷：其他应收款 行政单位： 借：银行存款等 　贷：其他收入	借：资金结存——货币资金 　贷：其他预算收入

（续表）

<table>
<tr><th rowspan="2">序号</th><th rowspan="2" colspan="2">业务和事项内容</th><th colspan="2">账务处理</th></tr>
<tr><th>财务会计</th><th>预算会计</th></tr>
<tr><td>13</td><td colspan="4">1219 坏账准备</td></tr>
<tr><td rowspan="2">（1）</td><td rowspan="2">年末全面分析不需上缴财政的应收账款和其他应收款</td><td>计提坏账准备，确认坏账损失</td><td>借：其他费用
贷：坏账准备</td><td>—</td></tr>
<tr><td>冲减坏账准备</td><td>借：坏账准备
贷：其他费用</td><td>—</td></tr>
<tr><td rowspan="2">（2）</td><td rowspan="2">逾期无法收回的应收账款和其他应收款</td><td>报批后予以核销</td><td>借：坏账准备
贷：应收账款 / 其他应收款</td><td>—</td></tr>
<tr><td>已核销不需上缴财政的应收款项在以后期间收回</td><td>借：应收账款 / 其他应收款
贷：坏账准备
借：银行存款
贷：应收账款 / 其他应收款</td><td>借：资金结存——货币资金等
贷：非财政拨款结余等</td></tr>
<tr><td>14</td><td colspan="4">1301 在途物品</td></tr>
<tr><td>（1）</td><td colspan="2">购入材料等物资，结算凭证收到货未到，款已付或已开出商业汇票</td><td>借：在途物品
贷：财政拨款收入 / 零余额账户用款额度 / 银行存款 / 应付票据等</td><td>借：行政支出 / 事业支出 / 经营支出等
贷：财政拨款预算收入 / 资金结存</td></tr>
<tr><td>（2）</td><td colspan="2">所购材料等物资到达验收入库</td><td>借：库存物品
贷：在途物品</td><td>—</td></tr>
<tr><td>15</td><td colspan="4">1302 库存物品</td></tr>
<tr><td rowspan="2">（1）</td><td rowspan="2">取得库存物品</td><td>外购的库存物品验收入库</td><td>借：库存物品
贷：财政拨款收入 / 财政应返还额度 / 零余额账户用款额度 / 银行存款 / 应付账款等</td><td>借：行政支出 / 事业支出 / 经营支出等
贷：财政拨款预算收入 / 资金结存</td></tr>
<tr><td>自制的库存物品加工完成、验收入库</td><td>借：库存物品——相关明细科目
贷：加工物品——自制物品</td><td>—</td></tr>
</table>

（1）	取得库存物品	委托外单位加工收回的库存物品	借：库存物品——相关明细科目 　贷：加工物品——委托加工物品	—
		置换换入的库存物品	借：库存物品［换出资产评估价值＋其他相关支出］ 固定资产累计折旧 / 无形资产累计摊销 资产处置费用［借差］ 　贷：库存物品 / 固定资产 / 无形资产等［账面余额］ 　银行存款等［其他相关支出］ 　其他收入［贷差］	借：其他支出［实际支付的其他相关支出］ 　贷：资金结存
		涉及补价的： ①付补价的	借：库存物品［换出资产评估价值＋其他相关支出＋补价］固定资产累计折旧 / 无形资产累计摊销 资产处置费用［借差］ 　贷：库存物品 / 固定资产 / 无形资产等［账面余额］银行存款等［其他相关支出＋补价］ 　其他收入［贷差］	借：其他支出［实际支付的补价和其他相关支出］ 　贷：资金结存
		②收到补价的	借：库存物品［换出资产评估价值＋其他相关支出－补价］银行存款等［补价］ 固定资产累计折旧 / 无形资产累计摊销资产处置费用［借差］ 　贷：库存物品 / 固定资产 / 无形资产等［账面余额］银行存款等［其他相关支出］ 　应缴财政款［补价－其他相关支出］ 　其他收入［贷差］	借：其他支出［其他相关支出大于收到的补价的差额］ 　贷：资金结存
		接受捐赠的库存物品	借：库存物品［按照确定的成本］ 　贷：银行存款等［相关税费］ 　捐赠收入	借：其他支出［实际支付的相关税费］ 　贷：资金结存
		无偿调入的库存物品	借：库存物品［按照确定的成本］ 　贷：银行存款等［相关税费］ 　无偿调拨净资产	借：其他支出［实际支付的相关税费］ 　贷：资金结存
		按照名义金额入账的接收捐赠、无偿调入的库存物品及发生的相关税费、运输费等	借：库存物品［名义金额］ 　贷：捐赠收入［接受捐赠］/ 无偿调拨净资产［无偿调入］ 借：其他费用 　贷：银行存款等	— 借：其他支出 　贷：资金结存

（续表）

序号	业务和事项内容		账务处理	
			财务会计	预算会计
（2）	发出库存物品	开展业务活动、按照规定自主出售或加工物品等领用、发出库存物品时	借：业务活动费用 / 单位管理费用 / 经营费用 / 加工物品等 贷：库存物品 [按照领用、发出成本]	—
		经批准对外捐赠的库存物品发出时	借：资产处置费用 贷：库存物品 [账面余额] 银行存款 [归属于捐出方的相关费用]	借：其他支出 [实际支付的相关费用] 贷：资金结存
		经批准无偿调出的库存物品发出时	借：无偿调拨净资产 贷：库存物品 [账面余额] 借：资产处置费用 贷：银行存款等 [归属于调出方的相关费用]	借：其他支出 [实际支付的相关费用] 贷：资金结存
		经批准对外出售 [自主出售除外] 的库存物品发出时	借：资产处置费用 贷：库存物品 [账面余额] 借：银行存款等 [收到的价款] 贷：银行存款等 [发生的相关税费] 应缴财政款	—
		经批准置换换出库存物品	参照置换换入“库存物品”的处理	
（3）	库存物品定期盘点及毁损、报废	盘盈的库存物品	借：库存物品 贷：待处理财产损溢	—
		盘亏或者毁损、报废的库存物品转入待处理资产	借：待处理财产损溢 贷：库存物品 [账面余额]	—
		增值税一般纳税人 购进的非自用材料 发生盘亏或者毁损、报废的	借：待处理财产损溢 贷：应交增值税——应交税金（进项税额转出）	—

16	1303 加工物品			
（1）	自制物品	为自制物品领用材料时	借：加工物品——自制物品（直接材料） 贷：库存物品（相关明细科目）	—
		专门从事物资制造的人员发生的直接人工费用	借：加工物品——自制物品（直接人工） 贷：应付职工薪酬	—
		为自制物品发生其他直接费用和间接费用	借：加工物品——自制物品（其他直接费用、间接费用） 贷：财政拨款收入 / 零余额账户用款额度 / 银行存款等	借：事业支出 / 经营支出等 [实际支付金额] 贷：财政拨款预算收入 / 资金结存
		自制加工完成、验收入库	借：库存物品（相关明细科目） 贷：加工物品——自制物品（直接材料、直接人工、其他直接费用、间接费用）	—
（2）	委托加工物品	发给外单位加工的材料	借：加工物品——委托加工物品 贷：库存物品（相关明细科目）	—
		支付加工费用	借：加工物品——委托加工物品 贷：财政拨款收入 / 零余额账户用款额度 / 银行存款等	借：行政支出 / 事业支出 / 经营支出等 贷：财政拨款预算收入 / 资金结存
		委托加工完成的物品验收入库	借：库存物品（相关明细科目） 贷：加工物品——委托加工物品	—
17	1401 待摊费用			
（1）	发生待摊费用时		借：待摊费用 贷：财政拨款收入 / 零余额账户用款额度 / 银行存款等	借：行政支出 / 事业支出等 贷：财政拨款预算收入 / 资金结存
（2）	按照受益期限分期平均摊销时		借：业务活动费用 / 单位管理费用 / 经营费用等 贷：待摊费用 [每期摊销金额]	—

（续表）

<table>
<tr><th rowspan="2">序号</th><th rowspan="2" colspan="3">业务和事项内容</th><th colspan="2">账务处理</th></tr>
<tr><th>财务会计</th><th>预算会计</th></tr>
<tr><td>（3）</td><td colspan="3">将摊余金额一次全部转入当期费用时</td><td>借：业务活动费用 / 单位管理费用 / 经营费用等
贷：待摊费用 [全部未摊销金额]</td><td>—</td></tr>
<tr><td>18</td><td colspan="5">1501 长期股权投资</td></tr>
<tr><td rowspan="6">（1）</td><td rowspan="6">取得长期股权投资</td><td colspan="2">以现金取得的长期股权投资</td><td>借：长期股权投资——成本 / 长期股权投资
应收股利 [实际支付价款中包含的已宣告但尚未发放的股利或利润]
贷：银行存款等 [实际支付的价款]</td><td>借：投资支出 [实际收到的价款]
贷：资金结存——货币资金</td></tr>
<tr><td colspan="2">收到取得投资时实际支付价款中所包含的已宣告但尚未发放的股利或利润时</td><td>借：银行存款
贷：应收股利</td><td>借：资金结存——货币资金
贷：投资支出等</td></tr>
<tr><td colspan="2">以现金以外的其他资产置换取得长期股权投资</td><td colspan="2">参照“库存物品”科目中置换取得库存物品的账务处理</td></tr>
<tr><td colspan="2">以未入账的无形资产取得的长期股权投资</td><td>借：长期股权投资
贷：银行存款 / 其他应交税费 / 其他收入</td><td>借：其他支出 [支付的相关税费]
贷：资金结存</td></tr>
<tr><td colspan="2">接受捐赠的长期股权投资</td><td>借：长期股权投资——成本 / 长期股权投资
贷：银行存款等 [相关税费]
捐赠收入</td><td>借：其他支出 [支付的相关税费]
贷：资金结存</td></tr>
<tr><td colspan="2">无偿调入的长期股权投资</td><td>借：长期股权投资
贷：无偿调拨净资产
银行存款等 [相关税费]</td><td>借：其他支出 [支付的相关税费]
贷：资金结存</td></tr>
<tr><td rowspan="2">（2）</td><td rowspan="2">持有长期股权投资期间</td><td rowspan="2">成本法下</td><td>被投资单位宣告发放现金股利或利润时</td><td>借：应收股利
贷：投资收益</td><td>—</td></tr>
<tr><td>收到被投资单位发放的现金股利时</td><td>借：银行存款
贷：应收股利</td><td>借：资金结存——货币资金
贷：投资预算收益</td></tr>
</table>

（2）	持有长期股权投资期间	权益法下	被投资单位实现净利润的，按照其份额	借：长期股权投资——损益调整 贷：投资收益	—
			被投资单位发生净亏损的，按照其份额	借：投资收益 贷：长期股权投资——损益调整	—
			被投资单位发生净亏损，但以后年度又实现净利润的，按规定恢复确认投资收益的	借：长期股权投资——损益调整 贷：投资收益	—
			被投资单位宣告发放现金股利或利润的，按照其份额	借：应收股利 贷：长期股权投资——损益调整	—
			被投资单位除净损益和利润分配以外的所有者权益变动时，按照其份额	借：长期股权投资——其他权益变动 贷：权益法调整或： 借：权益法调整 贷：长期股权投资——其他权益变动	—
			权益法下收到被投资单位发放的现金股利	借：银行存款 贷：应收股利	借：资金结存——货币资金 贷：投资预算收益
		追加投资成本法改为权益法		借：长期股权投资——成本 贷：长期股权投资［成本法下账面余额］ 银行存款等［追加投资］	借：投资支出［实际支付的金额］ 贷：资金结存——货币资金
		权益法改为成本法		借：长期股权投资 贷：长期股权投资——成本 ——损益调整 ——其他权益变动	—

（续表）

<table>
<tr><th rowspan="2">序号</th><th rowspan="2" colspan="3">业务和事项内容</th><th colspan="2">账务处理</th></tr>
<tr><th>财务会计</th><th>预算会计</th></tr>
<tr><td rowspan="3">（3）</td><td rowspan="3">出售（转让）长期股权投资</td><td colspan="2">处置以现金取得的长期股权投资</td><td>借：银行存款［实际取得价款］投资收益［借差］
贷：长期股权投资［账面余额］
应收股利［尚未领取的现金股利或利润］
银行存款等［支付的相关税费］
投资收益［贷差］</td><td>借：资金结存——货币资金［取得价款扣减支付的相关税费后的金额］
贷：投资支出／其他结余［投资款］
投资预算收益</td></tr>
<tr><td rowspan="2">处置以现金以外的其他资产取得的长期股权投资</td><td>处置净收入上缴财政的</td><td>借：资产处置费用
贷：长期股权投资
借：银行存款［实际取得价款］
贷：应收股利［尚未领取的现金股利或利润］
银行存款等［支付的相关税费］
应缴财政款</td><td>借：资金结存——货币资金
贷：投资预算收益［获得的现金股利或利润］</td></tr>
<tr><td>按照规定投资收益纳入单位预算管理的</td><td>借：资产处置费用
贷：长期股权投资
借：银行存款［实际取得价款］
贷：应收股利［尚未领取的现金股利或利润］
银行存款等［支付的相关税费］
投资收益［取得价款扣减投资账面余额应收股利和相关税费后的差额］
应缴财政款［贷差］</td><td>借：资金结存——货币资金［取得价款扣减投资账面余额和相关税费后的差额］
贷：投资预算收益</td></tr>
<tr><td rowspan="2">（4）</td><td rowspan="2">其他方式处置长期股权投资</td><td colspan="2">按照规定核销时</td><td>借：资产处置费用
贷：长期股权投资［账面余额］</td><td>—</td></tr>
<tr><td colspan="2">置换转出时</td><td colspan="2">参照“库存物品”科目中置换取得库存物品的账务处理</td></tr>
<tr><td>（5）</td><td colspan="3">权益法下，处置时结转原直接计入净资产的相关金额</td><td>借：权益法调整
贷：投资收益
或作相反分录。</td><td>—</td></tr>
<tr><td>19</td><td colspan="5">1502 长期债券投资</td></tr>
</table>

（1）	取得长期债券投资	取得长期债券投资时	借：长期债券投资——成本 应收利息［实际支付价款中包含的已到付息期但尚未领取的利息］ 贷：银行存款等［实际支付价款］	借：投资支出［实际支付价款］ 贷：资金结存——货币资金
		收到取得投资所支付价款中包含的已到付息期但尚未领取的利息时	借：银行存款 贷：应收利息	借：资金结存——货币资金 贷：投资支出等
（2）	持有长期债券投资期间	按期以票面金额与票面利率计算确认利息收入时	借：应收利息［分期付息、到期还本］/长期债券投资——应计利息［到期一次还本付息］ 贷：投资收益	—
		实际收到分期支付的利息时	借：银行存款 贷：应收利息	借：资金结存——货币资金 贷：投资预算收益
（3）	到期收回长期债券投资本息		借：银行存款等 贷：长期债券投资［账面余额］/应收利息投资收益	借：资金结存——货币资金 贷：投资支出/其他结余［投资成本］ 投资预算收益
（4）	对外出售长期债券投资		借：银行存款等［实际收到的款项］ 投资收益［借差］ 贷：长期债券投资［账面余额］ 应收利息 投资收益［贷差］	借：资金结存——货币资金 贷：投资支出/其他结余［投资成本］ 投资预算收益
20	1601 固定资产			
（1）	固定资产取得	①外购的固定资产 A 不需安装的	借：固定资产 贷：财政拨款收入/零余额账户用款额度/应付账款/银行存款等	借：行政支出/事业支出/经营支出等 贷：财政拨款预算收入/资金结存

（续表）

<table>
<tr><th rowspan="2">序号</th><th rowspan="2" colspan="2">业务和事项内容</th><th colspan="2">账务处理</th></tr>
<tr><th>财务会计</th><th>预算会计</th></tr>
<tr><td rowspan="7">（1）</td><td rowspan="7">固定资产取得</td><td>B 需要安装的固定资产先通过“在建工程”科目核算</td><td>借：在建工程
贷：财政拨款收入 / 零余额账户用款额度 / 应付账款 / 银行存款等</td><td>借：行政支出 / 事业支出 / 经营支出等
贷：财政拨款预算收入 / 资金结存</td></tr>
<tr><td>安装完工交付使用时</td><td>借：固定资产
贷：在建工程</td><td>—</td></tr>
<tr><td>购入固定资产扣留质量保证金的</td><td>借：固定资产［不需安装］/ 在建工程［需要安装］
贷：财政拨款收入
零余额账户用款额度
应付账款
银行存款等
其他应付款［扣留期在 1 年以内（含 1 年）］/
长期应付款［扣留期超过 1 年］</td><td>借：行政支出
事业支出
经营支出等［购买固定资产实际支付的金额］
贷：财政拨款预算收入 / 资金结存</td></tr>
<tr><td>质保期满支付质量保证金时</td><td>借：其他应付款 / 长期应付款
贷：财政拨款收入 / 零余额账户用款额度 / 银行存款等</td><td>借：行政支出 / 事业支出 / 经营支出等
贷：财政拨款预算收入 / 资金结存</td></tr>
<tr><td>② 自行建造的固定资产，工程完工交付使用时</td><td>借：固定资产
贷：在建工程</td><td>—</td></tr>
<tr><td>③融资租入（或跨年度分期付款购入）的固定资产</td><td>借：固定资产［不需安装］/ 在建工程［需安装］
贷：长期应付款［协议或合同确定的租赁价款］
财政拨款收入
零余额账户用款额度
银行存款等［实际支付的相关税费、运输费等］</td><td>借：行政支出
事业支出
经营支出等［实际支付的相关税费、运输费等］
贷：财政拨款预算收入 / 资金结存</td></tr>
<tr><td>定期支付租金（或分期付款）时</td><td>借：长期应付款
贷：财政拨款收入 / 零余额账户用款额度 / 银行存款等</td><td>借：行政支出 / 事业支出 / 经营支出
贷：财政拨款预算收入 / 资金结存</td></tr>
</table>

（1）	固定资产取得	④接受捐赠的固定资产	借：固定资产［不需安装］ 在建工程［需安装］ 贷：银行存款 零余额账户用款额度等［发生的相关税费、运输费等］ 捐赠收入［差额］	借：其他支出［支付的相关税费、运输费等］ 贷：资金结存
		接受捐赠的固定资产按照名义金额入账的	借：固定资产［名义金额］ 贷：捐赠收入 借：其他费用 贷：银行存款/零余额账户用款额度等［发生的相关税费、运输费等］	借：其他支出［支付的相关税费、运输费等］ 贷：资金结存
		⑤无偿调入的固定资产	借：固定资产［不需安装］/在建工程［需安装］ 贷：银行存款 零余额账户用款额度等［发生的相关税费、运输费等］ 无偿调拨净资产［差额］	借：其他支出［支付的相关税费、运输费等］ 贷：资金结存
		⑥置换取得的固定资产	参照“库存物品”科目中置换取得库存物品的账务处理。	
（2）	与固定资产有关的后续支出	符合固定资产确认条件的（增加固定资产使用效能或延长其使用年限而发生的改建、扩建等后续支出）	借：在建工程［固定资产账面价值］固定资产累计折旧 贷：固定资产［账面余额］	—
			借：在建工程 贷：财政拨款收入 零余额账户用款额度 应付账款 银行存款等	借：行政支出/事业支出/经营支出等 贷：财政拨款预算收入/资金结存
		不符合固定资产确认条件的	借：业务活动费用/单位管理费用/经营费用等 贷：财政拨款收入/零余额账户用款额度/银行存款等	借：行政支出/事业支出/经营支出等 贷：财政拨款预算收入/资金结存

（续表）

<table>
<tr><th rowspan="2">序号</th><th rowspan="2" colspan="2">业务和事项内容</th><th colspan="2">账务处理</th></tr>
<tr><th>财务会计</th><th>预算会计</th></tr>
<tr><td rowspan="6">（3）</td><td rowspan="6">固定资产处置</td><td rowspan="2">出售、转让固定资产</td><td>借：资产处置费用
固定资产累计折旧
贷：固定资产［账面余额］</td><td>—</td></tr>
<tr><td>借：银行存款［处置固定资产收到的价款］
贷：应缴财政款
银行存款等［发生的相关费用］</td><td>—</td></tr>
<tr><td>对外捐赠固定资产</td><td>借：资产处置费用
固定资产累计折旧
贷：固定资产［账面余额］
银行存款等［归属于捐出方的相关费用］</td><td>按照对外捐赠过程中发生的归属于捐出方的相关费用
借：其他支出
贷：资金结存</td></tr>
<tr><td rowspan="2">无偿调出固定资产</td><td>借：无偿调拨净资产
固定资产累计折旧
贷：固定资产［账面余额］</td><td></td></tr>
<tr><td>借：资产处置费用
贷：银行存款等［归属于调出方的相关费用］</td><td>借：其他支出
贷：资金结存</td></tr>
<tr><td>置换换出固定资产</td><td colspan="2">参照“库存物品”科目中置换取得库存物品的规定进行账务处理</td></tr>
<tr><td rowspan="2">（4）</td><td rowspan="2">固定资产定期盘点清查</td><td>盘盈的固定资产</td><td>借：固定资产
贷：待处理财产损溢</td><td>—</td></tr>
<tr><td>盘亏、毁损或报废的固定资产</td><td>借：待处理财产损溢［账面价值］固定资产累计折旧
贷：固定资产［账面余额］</td><td>—</td></tr>
<tr><td>21</td><td colspan="4">1602 固定资产累计折旧</td></tr>
<tr><td>（1）</td><td colspan="2">按月计提固定资产折旧时</td><td>借：业务活动费用／单位管理费用／经营费用等
贷：固定资产累计折旧</td><td>—</td></tr>
</table>

（2）	处置固定资产时		借：待处理财产损溢 / 无偿调拨净资产 / 资产处置费用等固定资产累计折旧 贷：固定资产［账面余额］	涉及资金支付的，参照“固定资产”科目相关账务处理
22	1611 工程物资			
（1）	取得工程物资	购入工程物资	借：工程物资 贷：财政拨款收入 / 零余额账户用款额度 / 银行存款 / 应付账款 / 其他应付款等	借：行政支出 / 事业支出 / 经营支出等［实际支付的款项］ 贷：财政拨款预算收入 / 资金结存
（2）	领用工程物资	发出工程物资	借：在建工程 贷：工程物资	—
（3）	剩余工程物资	剩余工程物资转为存货	借：库存物品 贷：工程物资	—
23	1613 在建工程			
（1）	建筑安装工程投资	将固定资产等转入改建、扩建时	借：在建工程——建筑安装工程投资 贷：固定资产等 固定资产累计折旧等	—
		发包工程预付工程款时	借：预付账款——预付工程款 贷：财政拨款收入 / 零余额账户用款额度 / 银行存款等	借：行政支出 / 事业支出等 贷：财政拨款预算收入 / 资金结存
		按照进度结算工程款时	借：在建工程——建筑安装工程投资 贷：预付账款——预付工程款 财政拨款收入 / 零余额账户用款额度 / 银行存款 / 应付账款等	借：行政支出 / 事业支出等［补付款项］ 贷：财政拨款预算收入 / 资金结存

（续表）

序号	业务和事项内容		账务处理	
			财务会计	预算会计
（1）	建筑安装工程投资	自行施工小型建筑安装工程发生支出时	借：在建工程——建筑安装工程投资 贷：工程物资／零余额账户用款额度／银行存款／应付职工薪酬等	借：行政支出／事业支出等［实际支付的款项］ 贷：资金结存等
		改扩建过程中替换（拆除）原资产某些组成部分的	借：待处理财产损溢 贷：在建工程——建筑安装工程投资	—
		工程竣工验收交付使用时	借：固定资产等 贷：在建工程——建筑安装工程投资	—
（2）	设备投资	购入设备时	借：在建工程——设备投资 贷：财政拨款收入 零余额账户用款额度 应付账款 银行存款等	借：行政支出／事业支出等［实际支付的款项］ 贷：财政拨款预算收入／资金结存
		安装完毕，交付使用时	借：固定资产等 贷：在建工程——设备投资 ——建筑安装工程投资 ——安装工程	—
		将不需要安装设备和达不到固定资产标准的工具器具交付使用时	借：固定资产／库存物资 贷：在建工程——设备投资	—
（3）	待摊投资	发生构成待摊投资的各类费用时	借：在建工程——待摊投资 贷：财政拨款收入／零余额账户用款额度／银行存款／应付利息／长期借款／其他应交税费等	借：行政支出／事业支出等［实际支付的款项］ 贷：财政拨款预算收入／资金结存
		对于建设过程中试生产、设备调试等产生的收入	借：银行存款等 贷：在建工程——待摊投资［按规定冲减工程成本的部分］ 应缴财政款／其他收入［差额］	借：资金结存 贷：其他预算收入
		经批准将单项工程或单位工程报废净损失计入继续施工的工程成本的	借：在建工程——待摊投资 银行存款／其他应收款等［残料变价收入、赔款等］ 贷：在建工程——建筑安装工程投资［毁损报废工程成本］	—

（3）	待摊投资	工程交付使用时，按照一定的分配方法进行待摊投资分配	借：在建工程——建筑安装工程投资 ——设备投资 贷：在建工程——待摊投资	—
（4）	其他投资	发生其他投资支出时	借：在建工程——其他投资 贷：财政拨款收入 / 零余额账户用款额度 / 银行存款等	借：行政支出 / 事业支出等 [实际支付的款项] 贷：财政拨款预算收入 / 资金结存
		资产交付使用时	借：固定资产 / 无形资产等 贷：在建工程——其他投资	—
（5）	基建转出投资	建造的产权不归属本单位的专用设施转出时	借：在建工程——基建转出投资 贷：在建工程——建筑安装工程投资	—
		冲销转出的在建工程时	借：无偿调拨净资产 贷：在建工程——基建转出投资	—
（6）	待核销基建支出	发生各类待核销基建支出时	借：在建工程——待核销基建支出 贷：财政拨款收入 / 零余额账户用款额度 / 银行存款等	借：行政支出 / 事业支出 [实际支付的款项] 贷：财政拨款预算收入 / 资金结存
		取消的项目发生的可行性研究费	借：在建工程——待核销基建支出 贷：在建工程——待摊投资	—
		由于自然灾害等原因发生的项目整体报废所形成的净损失	借：在建工程——待核销基建支出 银行存款 / 其他应收款等 [残料变价收入、保险赔款等] 贷：在建工程——建筑安装工程投资等	—
		经批准冲销待核销基建支出时	借：资产处置费用 贷：在建工程——待核销基建支出	—

（续表）

<table>
<tr><th rowspan="2">序号</th><th colspan="2" rowspan="2">业务和事项内容</th><th colspan="2">账务处理</th></tr>
<tr><th>财务会计</th><th>预算会计</th></tr>
<tr><td>24</td><td colspan="4">1701 无形资产</td></tr>
<tr><td rowspan="8">（1）</td><td rowspan="8">无形资产取得</td><td>外购的无形资产入账时</td><td>借：无形资产
贷：财政拨款收入
零余额账户用款额度
应付账款
银行存款等</td><td>借：行政支出 / 事业支出 / 经营支出等
贷：财政拨款预算收入 / 资金结存</td></tr>
<tr><td>② 委托软件公司开发的软件，按照合同约定预付开发费时</td><td>借：预付账款
贷：财政拨款收入 / 零余额账户用款额度 / 银行存款等</td><td>借：行政支出 / 事业支出 / 经营支出等 [预付的款项]
贷：财政拨款预算收入 / 资金结存</td></tr>
<tr><td>委托开发的软件交付使用，并支付剩余或全部软件开发费用时</td><td>借：无形资产 [开发费总额]
贷：预付账款
财政拨款收入
零余额账户用款额度
银行存款等 [支付的剩余款项]</td><td>按照支付的剩余款项金额
借：行政支出 / 事业支出 / 经营支出等
贷：财政拨款预算收入 / 资金结存</td></tr>
<tr><td>③ 自行开发
A 开发完成，达到预定用途形成无形资产的</td><td>借：无形资产
贷：研发支出——开发支出</td><td>—</td></tr>
<tr><td>B 自行研究开发无形资产尚未进入开发阶段，或者确实无法区分研究阶段支出和开发阶段支出，但按照法律程序已申请取得无形资产的</td><td>借：无形资产 [依法取得时发生的注册费、聘请律师费等费用]
贷：财政拨款收入 / 零余额账户用款额度 / 银行存款等</td><td>借：行政支出 / 事业支出 / 经营支出等
贷：财政拨款预算收入 / 资金结存</td></tr>
<tr><td>④ 置换取得的无形资产</td><td colspan="2">参照“库存物品”科目中置换取得库存物品的相关规定进行账务处理。</td></tr>
<tr><td>⑤ 接受捐赠的无形资产</td><td>借：无形资产
贷：银行存款
零余额账户用款额度等[发生的相关税费等]
捐赠收入 [差额]</td><td>借：其他支出 [支付的相关税费等]
贷：资金结存</td></tr>
<tr><td>接受捐赠的无形资产按照名义金额入账的</td><td>借：无形资产 [名义金额]
贷：捐赠收入
借：其他费用
贷：银行存款
零余额账户用款额度等[发生的相关税费等]</td><td>借：其他支出 [支付的相关税费费等]
贷：资金结存</td></tr>
</table>

（1）	无形资产取得	⑥无偿调入的无形资产	借：无形资产 贷：银行存款 零余额账户用款额度等［发生的相关税费等］ 无偿调拨净资产［差额］	借：其他支出［支付的相关税费等］ 贷：资金结存
（2）	与无形资产有关的后续支出	符合无形资产确认条 件的后续支出（如为增加无形资产的使用效 能而发生的后续支出）	借：在建工程 无形资产累计摊销 贷：无形资产 借：在建工程／无形资产［无需暂停计提摊销的］ 贷：财政拨款收入／零余额账户用款额度／银行存款等	借：行政支出／事业支出／经营支出等［实际支付的资金］ 贷：财政拨款预算收入／资金结存
		不符合无形资产确认条件的后续支出（为维护无形资产的正常使用而发生的后续支出）	借：业务活动费用／单位管理费用／经营费用等 贷：财政拨款收入／零余额账户用款额度／银行存款等	借：行政支出／事业支出／经营支出等 贷：财政拨款预算收入／资金结存
（3）	无形资产处置	出售、转让无形资产	借：资产处置费用 无形资产累计摊销 贷：无形资产	—
			借：银行存款等［收到的价款］ 贷：银行存款等［发生的相关费用］应缴财政款／其他收入	如转让收入按照规定纳入本单位预算 借：资金结存 贷：其他预算收入
		对外捐赠无形资产	借：资产处置费用 无形资产累计摊销 贷：无形资产［账面余额］ 银行存款等［归属于捐出方的相关费用］	借：其他支出［归属于捐出方的相关费用］ 贷：资金结存
		无偿调出无形资产	借：无偿调拨净资产 无形资产累计摊销 贷：无形资产［账面余额］ 借：资产处置费用 贷：银行存款等［相关费用］	借：其他支出［归属于调出方的相关费用］ 贷：资金结存

（续表）

<table>
<tr><th rowspan="2">序号</th><th rowspan="2" colspan="3">业务和事项内容</th><th colspan="2">账务处理</th></tr>
<tr><th>财务会计</th><th>预算会计</th></tr>
<tr><td rowspan="2">（3）</td><td rowspan="2">无形资产处置</td><td colspan="2">置换换出无形资产</td><td colspan="2">参照“库存物品”科目中置换取得库存物品的规定进行账务处理</td></tr>
<tr><td colspan="2">经批准核销无形资产时</td><td>借：资产处置费用
无形资产累计摊销
贷：无形资产［账面余额］</td><td>—</td></tr>
<tr><td>25</td><td colspan="5">1702 无形资产累计摊销</td></tr>
<tr><td>（1）</td><td colspan="3">按照月进行无形资产摊销时</td><td>借：业务活动费用 / 单位管理费用 / 加工物品等
贷：无形资产累计摊销</td><td>—</td></tr>
<tr><td>（2）</td><td colspan="3">处置无形资产时</td><td>借：资产处置费用 / 无偿调拨净资产等无形资产累计摊销
贷：无形资产［账面余额］</td><td>—</td></tr>
<tr><td>26</td><td colspan="5">1703 研发支出</td></tr>
<tr><td rowspan="5"></td><td rowspan="5">单位自行研究开发无形资产</td><td rowspan="2">自行研究开发项目研究阶段的支出</td><td>应当按照合理的方法先归集</td><td>借：研发支出——研究支出
贷：应付职工薪酬 / 库存物品 / 财政拨款收入 / 零余额账户用款额度 / 银行存款等</td><td>借：事业支出 / 经营支出等［实际支付的款项］
贷：财政拨款预算收入 / 资金结存</td></tr>
<tr><td>期（月）末转入当期费用</td><td>借：业务活动费用等
贷：研发支出——研究支出</td><td>—</td></tr>
<tr><td colspan="2">自行研究开发项目开发阶段的支出</td><td>借：研发支出——开发支出
贷：应付职工薪酬
库存物品
财政拨款收入 / 零余额账户用款额度 / 银行存款等</td><td>借：事业支出 / 经营支出等［实际支付的款项］
贷：财政拨款预算收入 / 资金结存</td></tr>
<tr><td colspan="2">自行研究开发项目完成，达到预定用途形成无形资产</td><td>借：无形资产
贷：研发支出——开发支出</td><td>—</td></tr>
<tr><td colspan="2">年末经评估，研发项目预计不能达到预定用途</td><td>借：业务活动费用等
贷：研发支出——开发支出</td><td>—</td></tr>
</table>

27	1801 公共基础设施			
（1）	取得公共基础设施	自行建造公共基础设施完工交付使用时	借：公共基础设施 贷：在建工程	—
		接受无偿调入的公共基础设施	借：公共基础设施 贷：无偿调拨净资产 财政拨款收入/零余额账户用款额度/银行存款等[发生的归属于调入方的相关费用] 如无偿调入的公共基础设施成本无法可靠取得的 借：其他费用[发生的归属于调入方的相关费用] 贷：财政拨款收入/零余额账户用款额度/银行存款等	借：其他支出[支付的归属于调入方的相关费用] 贷：财政拨款预算收入/资金结存
		接受捐赠的公共基础设施	借：公共基础设施 贷：捐赠收入 财政拨款收入/零余额账户用款额度/银行存款等[发生的归属于捐入方的相关费用] 如接受捐赠的公共基础设施成本无法可靠取的 借：其他费用[发生的归属于捐入方的相关费用] 贷：财政拨款收入/零余额账户用款额度/银行存款等	借：其他支出[支付的归属于捐入方的相关费用] 贷：财政拨款预算收入/资金结存
		外购的公共基础设施	借：公共基础设施 贷：财政拨款收入/零余额账户用款额度/应付账款/银行存款等	借：行政支出/事业支出 贷：财政拨款预算收入/资金结存
（2）	与公共基础设施有关的后续支出	为增加公共基础设施使用效能或延长其使用年限而发生的改建、扩建等后续支出	借：在建工程 公共基础设施累计折旧（摊销） 贷：公共基础设施[账面余额] 借：在建工程[发生的相关后续支出] 贷：财政拨款收入/零余额账户用款额度/应付账款/银行存款等	借：行政支出/事业支出[实际支付的款项] 贷：财政拨款预算收入/资金结存
		为维护公共基础设施的正常使用而发生的日常维修、养护等后续支出	借：业务活动费用 贷：财政拨款收入/零余额账户用款额度/银行存款等	借：行政支出/事业支出[实际支付的款项] 贷：财政拨款预算收入/资金结存

（续表）

<table>
<tr><th rowspan="2">序号</th><th rowspan="2" colspan="2">业务和事项内容</th><th colspan="2">账务处理</th></tr>
<tr><th>财务会计</th><th>预算会计</th></tr>
<tr><td rowspan="2">（3）</td><td rowspan="2">按照规定处置公共基础设施</td><td>对外捐赠公共基础设施</td><td>借：资产处置费用
公共基础设施累计折旧（摊销）
贷：公共基础设施［账面余额］
银行存款等［归属于捐出方的相关费用］</td><td>借：其他支出［支付的归属于捐出方的相关费用］
贷：资金结存等</td></tr>
<tr><td>无偿调出公共基础设施</td><td>借：无偿调拨净资产
公共基础设施累计折旧（摊销）
贷：公共基础设施［账面余额］
借：资产处置费用
贷：银行存款等［归属于调出方的相关费用］</td><td>借：其他支出［支付的归属于调出方的相关费用］
贷：资金结存等</td></tr>
<tr><td>（4）</td><td colspan="2">报废、毁损的公共基础设施</td><td>借：待处理财产损溢
公共基础设施累计折旧（摊销）
贷：公共基础设施（账面余额）</td><td>—</td></tr>
<tr><td>28</td><td colspan="4">1802 公共基础设施累计折旧（摊销）</td></tr>
<tr><td>（1）</td><td colspan="2">按月计提公共基础设施折旧或摊销时</td><td>借：业务活动费用
贷：公共基础设施累计折旧（摊销）</td><td>—</td></tr>
<tr><td>（2）</td><td colspan="2"></td><td>借：待处理财产损溢
公共基础设施累计折旧（摊销）
贷：公共基础设施［账面余额］</td><td>—</td></tr>
<tr><td>29</td><td colspan="4">1811 政府储备物资</td></tr>
<tr><td rowspan="3">（1）</td><td rowspan="3">取得政府储备物资</td><td>购入的政府储备物资</td><td>借：政府储备物资
贷：财政拨款收入／零余额账户用款额度／应付账款／银行存款等</td><td>借：行政支出／事业支出
贷：财政拨款预算收入／资金结存</td></tr>
<tr><td>接受捐赠的政府储备物资</td><td>借：政府储备物资
贷：捐赠收入
财政拨款收入／零余额账户用款额度／银行存款［捐入方承担的相关税费］</td><td>借：其他支出［捐入方承担的相关税费］
贷：财政拨款预算收入／资金结存</td></tr>
<tr><td>无偿调入的政府储备物资</td><td>借：政府储备物资
贷：无偿调拨净资产
财政拨款收入／零余额账户用款额度／银行存款［调入方承担的相关税费］</td><td>借：其他支出［调入方承担的相关税费］
贷：财政拨款预算收入／资金结存</td></tr>
</table>

（2）	发出政府储备物资	动用发出无需收回的政府储备物资		借：业务活动费用 贷：政府储备物资［账面余额］	—
		动用发出需要收回或预期可能收回的政府储备物资		发出物资时 借：政府储备物资——发出 贷：政府储备物资——在库 按照规定的质量验收标准收回物资时 借：政府储备物资——在库［收回物资的账面余额］ 业务活动费用［未收回物资的账面余额］ 贷：政府储备物资—发出	—
		因行政管理主体变动等原因而将政府储备物资调拨给其他主体的		借：无偿调拨净资产 贷：政府储备物资［账面余额］	
		对外销售政府储备物资的	按照规定物资销售收入纳入本单位预算的	借：业务活动费用 贷：政府储备物资 借：银行存款 / 应收账款等 贷：事业收入等 借：业务活动费用 贷：银行存款等［发生的相关税费］	借：资金结存［收到的销售价款］ 贷：事业预算收入等 借：行政支出 / 事业支出 贷：资金结存［支付的相关税费］
			按照规定销售收入扣除相关税费后上缴财政的	借：资产处置费用 贷：政府储备物资 借：银行存款等［收到的销售价款］ 贷：银行存款［发生的相关税费］ 应缴财政款	—
（3）	政府储备物资盘盈、盘亏、报废或毁损	盘盈的政府储备物资盘亏、报废或毁损的政府储备物资		借：政府储备物资 贷：待处理财产损溢	—
				借：待处理财产损溢 贷：政府储备物资	—
30	1821 文物文化资产				

（续表）

序号	业务和事项内容		账务处理	
			财务会计	预算会计
（1）	取得文物文化资产	外购的文物文化资产	借：文物文化资产 贷：财政拨款收入 / 零余额账户用款额度 / 应付账款 / 银行存款等	借：行政支出 / 事业支出 贷：财政拨款预算收入 / 资金结存
		接受无偿调入的文物文化资产	借：文物文化资产 贷：无偿调拨净资产 财政拨款收入 / 零余额账户用款额度 / 银行存款等 [发生的归属于调入方的相关费用] 如无偿调入的文物文化资产成本无法可靠取得的 借：其他费用 [发生的归属于调入方的相关费用] 贷：财政拨款收入 / 零余额账户用款额度 / 银行存款等	借：其他支出 [支付的归属于调入方的相关费用] 贷：财政拨款预算收入 / 资金结存
		接受捐赠的文物文化资产	借：文物文化资产 贷：捐赠收入 财政拨款收入 / 零余额账户用款额度 / 银行存款 [发生的归属于捐入方的相关费用] 接受捐赠的文物文化资产成本无法可靠取得的 借：其他费用 [发生的归属于调入方的相关费用] 贷：财政拨款收入 / 零余额账户用款额度 / 银行存款等	借：其他支出 [支付的归属于捐入方的相关费用] 贷：资金结存等
（2）	按照规定处置文物文化资产	对外捐赠文物文化资产	借：资产处置费用 贷：文物文化资产 [账面余额] 银行存款等 [归属于捐出方的相关费用]	借：其他支出 [支付的归属于捐出方的相关费用] 贷：资金结存等
		无偿调出文物文化资产	借：无偿调拨净资产 贷：文物文化资产 [账面余额] 借：资产处置费用 贷：银行存款等 [归属于调出方的相关费用]	借：其他支出 [支付的归属于调出方的相关费用] 贷：资金结存等
（3）	盘点文物文化资产	盘盈时	借：文物文化资产 贷：待处理财产损溢	—
		盘亏、毁损、报废时	借：待处理财产损溢 贷：文物文化资产 [账面余额]	
31	1831 保障性住房			

（1）	保障性住房取得	外购的保障性住房	借：保障性住房 　贷：财政拨款收入 / 零余额账户用款额度 / 银行存款等	借：行政支出 / 事业支出 　贷：财政拨款预算收入 / 资金结存
		自行建造的保障性住房，工程完工交付使用时	借：保障性住房 　贷：在建工程	—
		无偿调入的保障性住房	借：保障性住房 　贷：银行存款 / 零余额账户用款额度等 [发生的相关费用] 无偿调拨净资产 [差额]	借：其他支出 [支付的相关税费] 　贷：资金结存等
（2）	出租保障性住房	按照收取或应收的租金金额	借：银行存款 / 应收账款 　贷：应缴财政款	—
（3）	处置保障性住房	出售保障性住房	借：资产处置费用 　保障性住房累计折旧 　贷：保障性住房 [账面余额]	—
			借：银行存款 [处置保障性住房收到的价款] 　贷：应缴财政款 　　银行存款等 [发生的相关费用]	—
		无偿调出保障性住房	借：无偿调拨净资产 　保障性住房累计折旧 　贷：保障性住房 [账面余额]	—
			借：资产处置费用 　贷：银行存款等 [归属于调出方的相关费用]	借：其他支出 　贷：资金结存等
（4）	保障性住房定期盘点清查	盘盈的保障性住房	借：保障性住房 　贷：待处理财产损溢	—
		盘亏、毁损或报废的保障性住房	借：待处理财产损溢 [账面价值] 保障性住房累计折旧 　贷：保障性住房 [账面余额]	—
32	1832 保障性住房累计折旧			

（续表）

序号	业务和事项内容		账务处理：财务会计	账务处理：预算会计
（1）	按月计提保障性住房折旧时		借：业务活动费用 贷：保障性住房累计折旧	—
（2）	处置保障性住房时		借：待处理财产损溢 / 无偿调拨净资产 / 资产处置费用等保障性住房累计折旧 贷：保障性住房［账面余额］	涉及资金支付的，参照“保障性住房”科目的相关账务处理
33	1891 受托代理资产			
（1）	受托转赠物资	接受委托人委托需要转赠给受赠人的物资	借：受托代理资产 贷：受托代理负债	—
		受托协议约定由受托方承担相关税费、运输费的	借：其他费用 贷：财政拨款收入 / 零余额账户用款额度 / 银行存款等	借：其他支出［实际支付的相关税费、运输费等］ 贷：财政拨款预算收入 / 资金结存
		将受托转赠物资交付受赠人时	借：受托代理负债 贷：受托代理资产	—
		转赠物资的委托人取消了对捐赠物资的转赠要求，且不再收回捐赠物资的	借：受托代理负债 贷：受托代理资产 借：库存物品 / 固定资产等 贷：其他收入	—
（2）	受托储存保管物资	接受委托人委托储存保管的物资	借：受托代理资产 贷：受托代理负债	—
		支付由受托单位承担的与受托储存保管的物资相关的运输费、保管费等	借：其他费用等 贷：财政拨款收入 / 零余额账户用款额度 / 银行存款等	借：其他支出等［实际支付的运输费、保管费等］ 贷：财政拨款预算收入 / 资金结存
		根据委托人要求交付受托储存保管的物资时	借：受托代理负债 贷：受托代理资产	—
（3）	罚没物资	取得罚没物资时	借：受托代理资产 贷：受托代理负债	—

（3）	罚没物资	按照规定处置罚没物资时		借：受托代理负债 　　贷：受托代理资产 处置时取得款项的 借：银行存款等 　　贷：应缴财政款	—
34	1901 长期待摊费用				
（1）	发生长期待摊费用			借：长期待摊费用 　　贷：财政拨款收入 / 零余额账户用款额度 / 银行存款等	借：行政支出 / 事业支出等 　　贷：财政拨款预算收入 / 资金结存
（2）	按期摊销或一次转销长期待摊费用剩余账面余额			借：业务活动费用 / 单位管理费用 / 经营费用等 　　贷：长期待摊费用	—
35	1902 待处理财产损溢				
（1）	账款核对时发现的现金短缺或溢余			参照“库存现金”科目的账务处理	
（2）	盘盈的非现金资产	转入待处理财产时		借：库存物品 / 固定资产 / 无形资产 / 公共基础设施 / 政府储备物资 / 文物文化资产 / 保障性住房等 　　贷：待处理财产损溢	—
		报经批准后处理时	对于流动资产	借：待处理财产损溢 　　贷：单位管理费用 [事业单位] 　　　　业务活动费用 [行政单位]	—
			对于非流动资产	借：待处理财产损溢 　　贷：以前年度盈余调整	—

（续表）

序号	业务和事项内容		账务处理	
			财务会计	预算会计
（3）	盘亏或毁损、报废的非现金资产	转入待处理财产时	借：待处理财产损溢——待处理财产价值 固定资产累计折旧/公共基础设施累计折旧（摊销）/无形资产累计摊销/保障性住房累计折旧 贷：库存物品/固定资产/公共基础设施/无形资产/政府储备物资/文物文化资产/保障性住房等	—
		报经批准处理时	借：资产处置费用 贷：待处理财产损溢——待处理财产价值	—
		处理毁损、报废实物资产过程中取得的残值或残值变价收入、保险理赔或过失人赔偿等	借：库存现金/银行存款/库存物品/其他应收款等 贷：待处理财产损溢——处理净收入	—
		处理毁损、报废实物资产过程中发生的相关费用	借：待处理财产损溢——处理净收入 贷：库存现金/银行存款等	—
		处理收支结清，处理收入大于相关费用的	借：待处理财产损溢——处理净收入 贷：应缴财政款	—
		处理收支结清，处理收入小于相关费用的	借：资产处置费用 贷：待处理财产损溢——处理净收入	借：其他支出 贷：资金结存等［支付的处理净支出］
二、负债类				
36	2001 短期借款			
（1）	借入各种短期借款		借：银行存款 贷：短期借款	借：资金结存——货币资金 贷：债务预算收入
（2）	银行承兑汇票到期，本单位无力支付票款		借：应付票据 贷：短期借款	借：经营支出等 贷：债务预算收入
（3）	归还短期借款		借：短期借款 贷：银行存款	借：债务还本支出 贷：资金结存——货币资金

37	2101 应交增值税				
（1）	增值税一般纳税人	购入资产或接受劳务	购入应税资产或服务时	借：业务活动费用 / 在途物品 / 库存物品 / 工程物资 / 在建工程 / 固定资产 / 无形资产等 应交增值税——应交税金（进项税额）[当月已认证可抵扣] 应交增值税——待认证进项税额 [当月未认证可抵扣] 贷：银行存款 / 零余额账户用款额度等 [实际支付的金额] / 应付票据 [开出并承兑的商业汇票] / 应付账款等 [应付的金额]	借：事业支出 / 经营支出等 贷：资金结存等 [实际支付的金额]
			经税务机关认证为不可抵扣进项税时	借：应交增值税——应交税金（进项税额） 贷：应交增值税——待认证进项税额 同时： 借：业务活动费用等 贷：应交增值税——应交税金（进项税额转出）	—
			购进应税不动产或在建工程按规定分年抵扣进项税额的	借：固定资产 / 在建工程等 应交增值税——应交税金（进项税额）[当期可抵扣] 应交增值税——待抵扣进项税额 [以后期间可抵扣] 贷：银行存款 / 零余额账户用款额度等 [实际支付的金额]/ 应付票据 [开出并承兑的商业汇票]/ 应付账款等 [应付的金额]	借：事业支出 / 经营支出等 贷：资金结存等 [实际支付的金额]
			尚未抵扣的进项税额以后期间抵扣时	借：应交增值税——应交税金（进项税额） 贷：应交增值税——待抵扣进项税额	—
			购进属于增值税应税项目的资产后，发生非正常损失或改变用途的	借：待处理财产损溢 / 固定资产 / 无形资产等 [按照现行增值税制度规定不得从销项税额中抵扣的进项税额] 贷：应交增值税——应交税金（进项税额转出） ——待认证进项税额 ——待抵扣进项税额	—

（续表）

<table>
<tr><th rowspan="2">序号</th><th rowspan="2" colspan="4">业务和事项内容</th><th colspan="2">账务处理</th></tr>
<tr><th>财务会计</th><th>预算会计</th></tr>
<tr><td rowspan="8">（1）</td><td rowspan="8">增值税一般纳税人</td><td rowspan="4">购入资产或接受劳务</td><td colspan="2">原不得抵扣且未抵扣进项税额的固定资产、无形资产等，因改变用途等用于允许抵扣进项税额的应税项目</td><td>借：应交增值税——应交税金（进项税额）[可以抵扣的进项税额]
贷：固定资产/无形资产等</td><td>—</td></tr>
<tr><td colspan="2">购进时已全额计入进项税额的货物或服务等转用于不动产在建工程的，对于结转以后期间的进项税额</td><td>借：应交增值税——待抵扣进项税额
贷：应交增值税——应交税金（进项税额）</td><td>—</td></tr>
<tr><td colspan="2" rowspan="2">购进资产或服务时作为扣缴义务人</td><td>借：业务活动费用/在途物品/库存物品/工程物资/固定资产/无形资产等
应交增值税——应交税金（进项税额）[当期可抵扣]
贷：银行存款[实际支付的金额]
应付账款等
应交增值税——代扣代缴增值税</td><td>借：事业支出/经营支出等
贷：资金结存[实际支付的金额]</td></tr>
<tr><td>实际缴纳代扣代缴增值税时
借：应交增值税——代扣代缴增值税
贷：银行存款、零余额账户用款额度等</td><td>借：事业支出/经营支出等
贷：资金结存[实际支付的金额]</td></tr>
<tr><td rowspan="4">销售应税产品或提供应税服务</td><td colspan="2">销售应税产品或提供应税服务时</td><td>借：银行存款/应收账款/应收票据等[包含增值税的价款总额]
贷：事业收入/经营收入等[扣除增值税销项税额后的价款]
应交增值税——应交税金（销项税额）/应交增值税——简易计税</td><td>借：资金结存[实际收到的含税金额]
贷：事业预算收入/经营预算收入等</td></tr>
<tr><td rowspan="2">金融商品转让</td><td>产生收益</td><td>借：投资收益[按净收益计算的应纳增值税]
贷：应交增值税——转让金融商品应交增值税</td><td>—</td></tr>
<tr><td>产生损失</td><td>借：应交增值税——转让金融商品应交增值税
贷：投资收益[按净损失计算的应纳增值税]</td><td>—</td></tr>
</table>

（1）	增值税一般纳税人	销售应税产品或提供应税服务	金融商品转让	交纳增值税时	借：应交增值税——转让金融商品应交增值税 贷：银行存款等	借：投资预算收益等 贷：资金结存［实际支付的金额］
				年末，如有借方余额	借：投资收益 贷：应交增值税——转让金融商品应交增值税	—
		月末转出多交和未交增值税	月末转出本月未交增值税		借：应交增值税——应交税金（转出未交增值税） 贷：应交增值税——未交税金	—
			月末转出本月多交增值税		借：应交增值税——未交税金 贷：应交增值税——应交税金（转出多交增值税）	—
		缴纳增值税	本月缴纳本月增值税时		借：应交增值税——应交税金（已交税金） 贷：银行存款／零余额账户用款额度等	借：事业支出／经营支出等 贷：资金结存
			本月缴纳以前期间未交增值税		借：应交增值税——未交税金 贷：银行存款／零余额账户用款额度等	借：事业支出／经营支出等 贷：资金结存
			按规定预缴增值税		预缴时： 借：应交增值税——预交税金 贷：银行存款／零余额账户用款额度等月末： 借：应交增值税——未交税金 贷：应交增值税——预交税金	借：事业支出／经营支出等 贷：资金结存
			当期直接减免的增值税应纳税额		借：应交增值税——应交税金（减免税款） 贷：业务活动费用／经营费用等	—
（2）	增值税小规模纳税人	购入应税资产或服务	购入应税资产或服务时		借：业务活动费用／在途物品／库存物品等［按价税合计金额］ 贷：银行存款等［实际支付的金额］ 应付票据［开出并承兑的商业汇票］ 应付账款等［应付的金额］	借：事业支出／经营支出等 贷：资金结存［实际支付的金额］
			购进资产或服务时作为扣缴义务人		借：在途物品／库存物品／固定资产／无形资产等 贷：应付账款／银行存款等 应交增值税——代扣代缴增值税 实际缴纳增值税时参见一般纳税人的账务处理。	借：事业支出／经营支出等 贷：资金结存［实际支付的金额］

（续表）

<table>
<tr><th rowspan="2">序号</th><th rowspan="2" colspan="4">业务和事项内容</th><th colspan="2">账务处理</th></tr>
<tr><th>财务会计</th><th>预算会计</th></tr>
<tr><td rowspan="6">（2）</td><td rowspan="6">增值税小规模纳税人</td><td>销售应税资产或提供</td><td colspan="2">销售资产或提供服务</td><td>借：银行存款 / 应收账款 / 应收票据［包含增值税的价款总额］
贷：事业收入 / 经营收入等［扣除增值税金额后的价款］
应交增值税</td><td>借：资金结存［实际收到的含税金额］
贷：事业预算收入 / 经营预算收入等</td></tr>
<tr><td rowspan="3">应税服务</td><td rowspan="3">金融商品转让</td><td>产生收益</td><td>借：投资收益［按净收益计算的应纳增值税］
贷：应交增值税——转让金融商品应交增值税</td><td>—</td></tr>
<tr><td>产生损失</td><td>借：应交增值税——转让金融商品应交增值税
贷：投资收益［按净损失计算的应纳增值税］</td><td>—</td></tr>
<tr><td>实际缴纳时</td><td colspan="2">参见一般纳税人的账务处理</td></tr>
<tr><td colspan="3">缴纳增值税时</td><td>借：应交增值税
贷：银行存款等</td><td>借：事业支出 / 经营支出等
贷：资金结存</td></tr>
<tr><td colspan="3">减免增值税</td><td>借：应交增值税
贷：业务活动费用 / 经营费用等</td><td>—</td></tr>
<tr><td>38</td><td colspan="6">2102 其他应交税费</td></tr>
<tr><td rowspan="2">（1）</td><td rowspan="2">城市维护建设税、教育费附加、地方教育费附加、车船税、房产税、城镇土地使用税等</td><td colspan="3">发生时，按照税法规定计算的应缴税费金额</td><td>借：业务活动费用 / 单位管理费用 / 经营费用等
贷：其他应交税费——应交城市维护建设税 / 应交教育费附加 / 应交地方教育费附加 / 应交车船税 / 应交房产税 / 应交城镇土地使用税等</td><td>—</td></tr>
<tr><td colspan="3">实际缴纳时</td><td>借：其他应交税费——应交城市维护建设税 / 应交教育费附加 / 应交地方教育费附加 / 应交车船税 / 应交房产税 / 应交城镇土地使用税等
贷：银行存款等</td><td>借：事业支出 / 经营支出等
贷：资金结存</td></tr>
</table>

（2）	代扣代缴职工个人所得税	计算应代扣代缴职工的个人所得税金额	借：应付职工薪酬 贷：其他应交税费——应交个人所得税	—
		计算应代扣代缴职工以外其他人员个人所得税	借：业务活动费用 / 单位管理费用等 贷：其他应交税费——应交个人所得税	—
		实际缴纳时	借：其他应交税费——应交个人所得税 贷：财政拨款收入 / 零余额账户用款额度 / 银行存款等	借：行政支出 / 事业支出 / 经营支出等 贷：财政拨款预算收入 / 资金结存
（3）	发生企业所得税纳税义务	按照税法规定计算的应缴税费金额	借：所得税费用 贷：其他应交税费——单位应交所得税	—
		实际缴纳时	借：其他应交税费——单位应交所得税 贷：银行存款等	借：非财政拨款结余 贷：资金结存
39	2103 应缴财政款			
（1）	取得或应收按照规定应缴财政的款项时		借：银行存款 / 应收账款等 贷：应缴财政款	—
（2）	处置资产取得应上缴财政的处置净收入的		参照“待处理财产损溢”科目的相关账务处理	—
（3）	上缴财政款项时		借：应缴财政款 贷：银行存款等	—
40	2201 应付职工薪酬			
（1）	计算确认当期应付职工薪酬	从事专业及其辅助活动人员的职工薪酬	借：业务活动费用 / 单位管理费用 贷：应付职工薪酬	—
		应由在建工程、加工物品、自行研发无形资产负担的职工薪酬	借：在建工程 / 加工物品 / 研发支出等 贷：应付职工薪酬	—
		从事专业及其辅助活动以外的经营活动人员的职工薪酬	借：经营费用 贷：应付职工薪酬	—

（续表）

序号	业务和事项内容		账务处理	
			财务会计	预算会计
（1）	计算确认当期应付职工薪酬	因解除与职工的劳动关系而给予的补偿	借：单位管理费用 贷：应付职工薪酬	—
（2）	向职工支付工资、津贴补贴等薪酬		借：应付职工薪酬 贷：财政拨款收入 / 零余额账户用款额度 / 银行存款等	借：行政支出 / 事业支出 / 经营支出等 贷：财政拨款预算收入 / 资金结存
（3）	从职工薪酬中代扣各种款项	代扣代缴个人所得税	借：应付职工薪酬——基本工资 贷：其他应交税费——应交个人所得税	—
		代扣社会保险费和住房公积金	借：应付职工薪酬——基本工资 贷：应付职工薪酬——社会保险费 / 住房公积金	—
		代扣为职工垫付的水电费、房租等费用时	借：应付职工薪酬——基本工资 贷：其他应收款等	—
（4）	按照规定缴纳职工社会保险费和住房公积金		借：应付职工薪酬——社会保险费 / 住房公积金 贷：财政拨款收入 / 零余额账户用款额度 / 银行存款等	借：行政支出 / 事业支出 / 经营支出等 贷：财政拨款预算收入 / 资金结存
（5）	从应付职工薪酬中支付的其他款项		借：应付职工薪酬 贷：零余额账户用款额度 / 银行存款等	借：行政支出 / 事业支出 / 经营支出等 贷：资金结存等
41	2301 应付票据			
（1）	开出、承兑商业汇票		借：库存物品 / 固定资产等 贷：应付票据	—
（2）	以商业汇票抵付应付账款时		借：应付账款 贷：应付票据	—
（3）	支付银行承兑汇票的手续费		借：业务活动费用 / 经营费用等 贷：银行存款等	借：事业支出 / 经营支出 贷：资金结存——货币资金

（4）	商业汇票到期时	收到银行支付到期票据的付款通知时	借：应付票据 贷：银行存款	借：事业支出 / 经营支出 贷：资金结存——货币资金
		银行承兑汇票到期，本单位无力支付票款	借：应付票据 贷：短期借款	借：事业支出 / 经营支出 贷：债务预算收入
		商业承兑汇票到期，本单位无力支付票款	借：应付票据 贷：应付账款	—
42	2302 应付账款			
（1）	购入物资、设备或服务以及完成工程进度但尚未付款		借：库存物品 / 固定资产 / 在建工程等 贷：应付账款	—
（2）	偿付应付账款		借：应付账款 贷：财政拨款收入 / 零余额账户用款额度 / 银行存款等	借：行政支出 / 事业支出等 贷：财政拨款预算收入 / 资金结存
（3）	开出、承兑商业汇票抵付应付账款		借：应付账款 贷：应付票据	—
（4）	无法偿付或债权人豁免偿还的应付账款		借：应付账款 贷：其他收入	—
43	2303 应付政府补贴款			
（1）	发生（确认）应付政府补贴款		借：业务活动费用 贷：应付政府补贴款	—
（2）	支付应付政府补贴款时		借：应付政府补贴款 贷：零余额账户用款额度 / 银行存款等	借：行政支出 贷：资金结存等
44	2304 应付利息			
（1）	按期计提利息费用		借：在建工程 / 其他费用 贷：应付利息	—

（续表）

<table>
<tr><th rowspan="2">序号</th><th rowspan="2" colspan="2">业务和事项内容</th><th colspan="2">账务处理</th></tr>
<tr><th>财务会计</th><th>预算会计</th></tr>
<tr><td>（2）</td><td colspan="2">实际支付利息时</td><td>借：应付利息
贷：银行存款等</td><td>借：其他支出
贷：资金结存——货币资金</td></tr>
<tr><td>45</td><td colspan="4">2305 预收账款</td></tr>
<tr><td>（1）</td><td colspan="2">从付款方预收款项时</td><td>借：银行存款等
贷：预收账款</td><td>借：资金结存——货币资金
贷：事业预算收入 / 经营预算收入等</td></tr>
<tr><td>（2）</td><td colspan="2">确认有关收入时</td><td>借：预收账款
银行存款 [收到补付款]
贷：事业收入 / 经营收入等
银行存款 [退回预收款]</td><td>借：资金结存——货币资金
贷：事业预算收入 / 经营预算收入等 [收到补付款]
退回预收款的金额做相反会计分录</td></tr>
<tr><td>（3）</td><td colspan="2">无法偿付或债权人豁免偿还的预收账款</td><td>借：预收账款
贷：其他收入</td><td>—</td></tr>
<tr><td>46</td><td colspan="4">2307 其他应付款</td></tr>
<tr><td rowspan="3">（1）</td><td rowspan="3">发生暂收款项</td><td>取得暂收款项时</td><td>借：银行存款等
贷：其他应付款</td><td>—</td></tr>
<tr><td>确认收入时</td><td>借：其他应付款
贷：事业收入等</td><td>借：资金结存
贷：事业预算收入等</td></tr>
<tr><td>退回（转拨）暂收款时</td><td>借：其他应付款
贷：银行存款等</td><td>—</td></tr>
<tr><td rowspan="2">（2）</td><td rowspan="2">收到同级财政部门预拨的下期预算款和没有纳入预算的暂付款项</td><td>按照实际收到的金额</td><td>借：银行存款等
贷：其他应付款</td><td>—</td></tr>
<tr><td>待到下一预算期或批准纳入预算时</td><td>借：其他应付款
贷：财政拨款收入</td><td>借：资金结存
贷：财政拨款预算收入</td></tr>
<tr><td rowspan="2">（3）</td><td rowspan="2">发生其他应付义务</td><td>确认其他应付款项时</td><td>借：业务活动费用 / 单位管理费用等
贷：其他应付款</td><td>—</td></tr>
<tr><td>支付其他应付款项</td><td>借：其他应付款
贷：银行存款等</td><td>借：行政支出 / 事业支出等
贷：资金结存</td></tr>
</table>

<table>
<tr><td>（4）</td><td colspan="2">无法偿付或债权人豁免偿还的其他应付款项</td><td>借：其他应付款
　　贷：其他收入</td><td>—</td></tr>
<tr><td>47</td><td colspan="4">2401 预提费用</td></tr>
<tr><td rowspan="2">（1）</td><td colspan="2">按规定计提项目间接费用或管理费时</td><td>借：单位管理费用
　　贷：预提费用——项目间接费用或管理费</td><td>借：非财政拨款结转——项目间接费用或管理费
　　贷：非财政拨款结余——项目间接费用或管理费</td></tr>
<tr><td colspan="2">实际使用计提的项目间接费用或管理费时</td><td>借：预提费用——项目间接费用或管理费
　　贷：银行存款 / 库存现金</td><td>借：事业支出等
　　贷：资金结存</td></tr>
<tr><td rowspan="2">（2）</td><td colspan="2">按照规定预提每期租金等费用</td><td>借：业务活动费用 / 单位管理费用 / 经营费用等
　　贷：预提费用</td><td>—</td></tr>
<tr><td colspan="2">实际支付款项时</td><td>借：预提费用
　　贷：银行存款等</td><td>借：行政支出 / 事业支出 / 经营支出等
　　贷：资金结存</td></tr>
<tr><td>48</td><td colspan="4">2501 长期借款</td></tr>
<tr><td>（1）</td><td colspan="2">借入各项长期借款时</td><td>借：银行存款
　　贷：长期借款——本金</td><td>借：资金结存——货币资金
　　贷：债务预算收入［本金］</td></tr>
<tr><td rowspan="3">（2）</td><td rowspan="3">为购建固定资产、公共基础设施等应支付的专门借款利息</td><td>属于工程项目建设期间发生的</td><td>借：在建工程
　　贷：应付利息［分期付息、到期还本］
　　　　长期借款——应计利息［到期一次还本付息］</td><td>—</td></tr>
<tr><td>属于工程项目完工交付使用后发生的</td><td>借：其他费用
　　贷：应付利息［分期付息、到期还本］
　　　　长期借款——应计利息［到期一次还本付息］</td><td>—</td></tr>
<tr><td>实际支付利息时</td><td>借：应付利息
　　贷：银行存款等</td><td>借：其他支出
　　贷：资金结存</td></tr>
</table>

（续表）

序号	业务和事项内容		账务处理	
			财务会计	预算会计
（3）	其他长期借款利息	计提利息时	借：其他费用 贷：应付利息［分期付息、到期还本］ 长期借款——应计利息［到期一次还本付息］	—
		分期实际支付利息时	借：应付利息 贷：银行存款等	借：其他支出 贷：资金结存
（4）	归还长期借款本息		借：长期借款——本金 ——应计利息［到期一次还本付息］ 贷：银行存款	借：债务还本支出［支付的本金］ 贷：资金结存 借：其他支出［支付的利息］ 贷：资金结存
49	2502 长期应付款			
（1）	发生长期应付款时		借：固定资产 / 在建工程等 贷：长期应付款	—
（2）	支付长期应付款		借：长期应付款 贷：财政拨款收入 / 零余额账户用款额度 / 银行存款	借：行政支出 / 事业支出 / 经营支出等 贷：财政拨款预算收入 / 资金结存
（3）	无法偿付或债权人豁免偿还的长期应付款		借：长期应付款 贷：其他收入	—
50	2601 预计负债			
（1）	确认预计负债		借：业务活动费用 / 经营费用 / 其他费用等 贷：预计负债	—
（2）	实际偿付预计负债		借：预计负债 贷：银行存款等	借：事业支出 / 经营支出 / 其他支出等 贷：资金结存
（3）	对预计负债账面余额进行调整的		借：业务活动费用 / 经营费用 / 其他费用等 贷：预计负债 或做相反会计分录	—
51	2901 受托代理负债			

	参照“受托代理资产”“库存现金”“银行存款”等科目相关账务处理		
	三、净资产类		
52	3001 累计盈余		
（1）	年末，将“本年盈余分配”科目余额转入	借：本年盈余分配 贷：累计盈余 或作相反会计分录	—
（2）	年末，将“无偿调拨净资产”科目余额转入	借：无偿调拨净资产 贷：累计盈余 或作相反会计分录	—
（3）	按照规定上缴财政拨款结转结余、缴回非财政拨款结转资金、向其他单位调出财政拨款结转资金时	借：累计盈余 贷：财政应返还额度 / 零余额账户用款额度 / 银行存款等	参照“财政拨款结转”“财政拨款结余”“非财政拨款结转”等科目进行账务处理
	按照规定从其他单位调入财政拨款结转资金时	借：零余额账户用款额度 / 银行存款等 贷：累计盈余	借：资金结存——零余额账户用款额度 / 货币资金 贷：财政拨款结转——归集调入
（4）	将“以前年度盈余调整”科目的余额转入	借：以前年度盈余调整 贷：累计盈余 或作相反会计分录	—
（5）	使用专用基金购置固定资产、无形资产的	相关账务处理参见“专用基金”科目	
53	3101 专用基金		
（1）	年末，按照规定从本年度非财政拨款结余或经营结余中提取专用基金的	借：本年盈余分配 贷：专用基金［按照预算会计下计算的提取金额］	借：非财政拨款结余分配 贷：专用结余
（2）	根据规定从收入中提取专用基金并计入费用的	借：业务活动费用等 贷：专用基金［一般按照预算收入计算提取的金额］	—

（续表）

<table>
<tr><th rowspan="2">序号</th><th rowspan="2" colspan="2">业务和事项内容</th><th colspan="2">账务处理</th></tr>
<tr><th>财务会计</th><th>预算会计</th></tr>
<tr><td>（3）</td><td colspan="2">根据有关规定设置的其他专用基金</td><td>借：银行存款等
　贷：专用基金</td><td>—</td></tr>
<tr><td rowspan="2">（4）</td><td rowspan="2" colspan="2">按照规定使用专用基金时</td><td>借：专用基金
　贷：银行存款等
如果购置固定资产、无形资产的</td><td>使用从收入中提取并列入费用的专用基金：
借：事业支出等
　贷：资金结存</td></tr>
<tr><td>借：固定资产 / 无形资产
　贷：银行存款等
借：专用基金
　贷：累计盈余</td><td>使用从非财政拨款结余或经营结余中提取的专用基金：
借：专用结余
　贷：资金结存——货币资金</td></tr>
<tr><td>54</td><td colspan="4">3201 权益法调整</td></tr>
<tr><td rowspan="2">（1）</td><td rowspan="2">资产负债表日</td><td>按照被投资单位除净损益和利润分配以外的所有者权益变动的份额（增加）</td><td>借：长期股权投资——其他权益变动
　贷：权益法调整</td><td>—</td></tr>
<tr><td>按照被投资单位除净损益和利润分配以外的所有者权益变动的份额（减少）</td><td>借：权益法调整
　贷：长期股权投资——其他权益变动</td><td>—</td></tr>
<tr><td rowspan="2">（2）</td><td rowspan="2">长期股权投资处置时</td><td>权益法调整科目为借方余额</td><td>借：投资收益
　贷：权益法调整 [与所处置投资对应部分的金额]</td><td>—</td></tr>
<tr><td>权益法调整科目为贷方余额</td><td>借：权益法调整 [与所处置投资对应部分的金额]
　贷：投资收益</td><td>—</td></tr>
<tr><td>55</td><td colspan="4">3301 本期盈余</td></tr>
</table>

（1）	期末结转	结转收入	借：财政拨款收入 / 事业收入 　　上级补助收入 　　附属单位上缴收入 / 经营收入 　　非同级财政拨款收入 　　投资收益 　　捐赠收入 / 利息收入 / 租金收入 / 其他收入 　　贷：本期盈余 投资收益科目为发生额借方净额时，做相反会计分录	—
		结转费用	借：本期盈余 　　贷：业务活动费用 / 单位管理费用 / 经营费用 　　　　资产处置费用 / 上缴上级费用 　　　　对附属单位补助费用 / 所得税费用 　　　　其他费用	—
（2）	年末结转	本期盈余科目为贷方余额时	借：本期盈余 　　贷：本年盈余分配	—
		本期盈余科目为借方余额时	借：本年盈余分配 　　贷：本期盈余	—
56	3302 本年盈余分配			
（1）	年末，将本期盈余科目余额转入	本期盈余科目为贷方余额时	借：本期盈余 　　贷：本年盈余分配	—
		本期盈余科目为借方余额时	借：本年盈余分配 　　贷：本期盈余	—
（2）	年末，按照有关规定提取专用基金	按照预算会计下计算的提取金额	借：本年盈余分配 　　贷：专用基金	借：非财政拨款结余分配 　　贷：专用结余

（续表）

序号	业务和事项内容		账务处理	
			财务会计	预算会计
（3）	年末，将本科目余额转入累计盈余	本科目为贷方余额时	借：本年盈余分配 贷：累计盈余	—
		本科目为借方余额时	借：累计盈余 贷：本年盈余分配	—
57	3401 无偿调拨净资产			
（1）	取得无偿调入的资产时		借：库存物品 / 固定资产 / 无形资产 / 长期股权投资 / 公共基础设施 / 政府储备物资 / 保障性住房等 贷：无偿调拨净资产 零余额账户用款额度 / 银行存款等 [发生的归属于调入方的相关费用]	借：其他支出 [发生的归属于调入方的相关费用] 贷：资金结存等
（2）	经批准无偿调出资产时		借：无偿调拨净资产 固定资产累计折旧 / 无形资产累计摊销 / 公共基础设施累计折旧（摊销）/ 保障性住房累计折旧 贷：库存物品 / 固定资产 / 无形资产 / 长期股权投资 / 公共基础设施 / 政府储备物资等 [账面余额] 借：资产处置费用 贷：银行存款 / 零余额账户用款额度等 [发生的归属于调出方的相关费用]	借：其他支出 [发生的归属于调出方的相关费用] 贷：资金结存等
（3）	年末，将本科目余额转入累计盈余	科目余额在贷方时	借：无偿调拨净资产 贷：累计盈余	—
		科目余额在借方时	借：累计盈余 贷：无偿调拨净资产	—
58	3501 以前年度盈余调整			

（1）	调整以前年度收入	增加以前年度收入时	借：有关资产或负债科目 贷：以前年度盈余调整	按照实际收到的金额 借：资金结存 贷：财政拨款结转 / 财政拨款结余 / 非财政拨款结转 / 非财政拨款结余（年初余额调整）
		减少以前年度收入时	借：以前年度盈余调整 贷：有关资产或负债科目	按照实际支付的金额 借：财政拨款结转 / 财政拨款结余 / 非财政拨款结转 / 非财政拨款结余（年初余额调整） 贷：资金结存
（2）	调整以前年度费用	增加以前年度费用时	借：以前年度盈余调整 贷：有关资产或负债科目	按照实际支付的金额 借：财政拨款结转 / 财政拨款结余 / 非财政拨款结转 / 非财政拨款结余（年初余额调整） 贷：资金结存
		减少以前年度费用时	借：有关资产或负债科目 贷：以前年度盈余调整	按照实际收到的金额 借：资金结存 贷：财政拨款结转 / 财政拨款结余 / 非财政拨款结转 / 非财政拨款结余（年初余额调整）
（3）	盘盈非流动资产	报经批准处理时	借：待处理财产损溢 贷：以前年度盈余调整	—
（4）	将本科目余额转入累计盈余	本科目为借方余额时	借：累计盈余 贷：以前年度盈余调整	—
		本科目为贷方余额时	借：以前年度盈余调整 贷：累计盈余	—
四、收入 / 预算收入类				

（续表）

序号	业务和事项内容		账务处理	
			财务会计	预算会计
			59 财政拨款收入 4001	1 财政拨款预算收入 6001
（1）	收到拨款	财政直接支付方式下	借：库存物品 / 固定资产 / 业务活动费用 / 单位管理费用 / 应付职工薪酬等 贷：财政拨款收入	借：行政支出 / 事业支出等 贷：财政拨款预算收入
		财政授权支付方式下	借：零余额账户用款额度 贷：财政拨款收入	借：资金结存——零余额账户用款额度 贷：财政拨款预算收入
		其他方式下	借：银行存款等 贷：财政拨款收入	借：资金结存——货币资金 贷：财政拨款预算收入
（2）	年末确认拨款差额	根据本年度财政直接支付预算指标数与当年财政直接支付实际支付数的差额	借：财政应返还额度——财政直接支付 贷：财政拨款收入	借：资金结存——财政应返还额度 贷：财政拨款预算收入
		本年度财政授权支付预算指标数大于零余额账户用款额度下达数的差额	借：财政应返还额度——财政授权支付 贷：财政拨款收入	借：资金结存——财政应返还额度 贷：财政拨款预算收入
（3）	因差错更正或购货退回等发生的国库直接支付款项退回的	属于本年度支付的款项	借：财政拨款收入 贷：业务活动费用 / 库存物品等	借：财政拨款预算收入 贷：行政支出 / 事业支出等
		属于以前年度支付的款项（财政拨款结转资金）	借：财政应返还额度——财政直接支付 贷：以前年度盈余调整 / 库存物品等	借：资金结存——财政应返还额度 贷：财政拨款结转——年初余额调整
		属于以前年度支付的款项（财政拨款结余资金）		借：资金结存——财政应返还额度 贷：财政拨款结余——年初余额调整
（4）	期末 / 年末结转		借：财政拨款收入 贷：本期盈余	借：财政拨款预算收入 贷：财政拨款结转——本年收支结转

			60 事业收入 4101	2 事业预算收入 6101
（1）	采用财政专户返还方式	实际收到或应收应上缴财政专户的事业收入时	借：银行存款 / 应收账款等 贷：应缴财政款	—
		向财政专户上缴款项时	借：应缴财政款 贷：银行存款等	—
		收到从财政专户返还的款项时	借：银行存款等 贷：事业收入	借：资金结存——货币资金 贷：事业预算收入
（2）	采用预收款方式	实际收到款项时	借：银行存款等 贷：预收账款	借：资金结存——货币资金 贷：事业预算收入
		按合同完成进度确认收入时	借：预收账款 贷：事业收入	—
（3）	采用应收款方式	根据合同完成进度计算本期应收的款项	借：应收账款 贷：事业收入	—
		实际收到款项时	借：银行存款等 贷：应收账款	借：资金结存——货币资金 贷：事业预算收入
（4）	其他方式下		借：银行存款 / 库存现金等 贷：事业收入	借：资金结存——货币资金 贷：事业预算收入
（5）	期末 / 年末结转	专项资金收入	借：事业收入 贷：本期盈余	借：事业预算收入 贷：非财政拨款结转——本年收支结转
		非专项资金收入		借：事业预算收入 贷：其他结余

（续表）

<table>
<tr><th rowspan="2">序号</th><th rowspan="2" colspan="2">业务和事项内容</th><th colspan="2">账务处理</th></tr>
<tr><th>财务会计</th><th>预算会计</th></tr>
<tr><td></td><td colspan="2"></td><td>61 上级补助收入 4201</td><td>3 上级补助预算收入 6201</td></tr>
<tr><td rowspan="2">（1）</td><td rowspan="2">日常核算</td><td>确认时，按照应收或实际收到的金额</td><td>借：其他应收款 / 银行存款等
贷：上级补助收入</td><td rowspan="2">借：资金结存——货币资金［按照实际收到的金额］
贷：上级补助预算收入</td></tr>
<tr><td>收到应收的上级补助收入时</td><td>借：银行存款等
贷：其他应收款</td></tr>
<tr><td rowspan="2">（2）</td><td rowspan="2">期末 / 年末结转</td><td>专项资金收入</td><td rowspan="2">借：上级补助收入
贷：本期盈余</td><td>借：上级补助预算收入
贷：非财政拨款结转——本年收支结转</td></tr>
<tr><td>非专项资金收入</td><td>借：上级补助预算收入
贷：其他结余</td></tr>
<tr><td></td><td colspan="2"></td><td>62 附属单位上缴收入 4301</td><td>4 附属单位上缴预算收入 6301</td></tr>
<tr><td rowspan="2">（1）</td><td rowspan="2">日常核算</td><td>确认时，按照应收或实际收到的金额</td><td>借：其他应收款 / 银行存款等
贷：附属单位上缴收入</td><td rowspan="2">借：资金结存——货币资金［按照实际收到的金额］
贷：附属单位上缴预算收入</td></tr>
<tr><td>实际收到应收附属单位上缴收入款时</td><td>借：银行存款等
贷：其他应收款</td></tr>
<tr><td rowspan="2">（2）</td><td rowspan="2">期末 / 年末结转</td><td>专项资金收入</td><td rowspan="2">借：附属单位上缴收入
贷：本期盈余</td><td>借：附属单位上缴预算收入
贷：非财政拨款结转——本年收支结转</td></tr>
<tr><td>非专项资金收入</td><td>借：附属单位上缴预算收入
贷：其他结余</td></tr>
<tr><td></td><td colspan="2"></td><td>63 经营收入 4401</td><td>5 经营预算收入 6401</td></tr>
<tr><td>（1）</td><td>确认经营收入时</td><td>按照确定的收入金额</td><td>借：银行存款 / 应收账款 / 应收票据等
贷：经营收入</td><td rowspan="2">借：资金结存——货币资金［按照实际收到的金额］
贷：经营预算收入</td></tr>
<tr><td>（2）</td><td>收到应收的款项时</td><td>按照实际收到的金额</td><td>借：银行存款等
贷：应收账款 / 应收票据</td></tr>
</table>

				财务会计	预算会计
（3）	期末/年末结转			借：经营收入 　贷：本期盈余	借：经营预算收入 　贷：经营结余
					6 债务预算收入 6501/16 债务还本支出 7701
（1）	短期借款	借入各种短期借款		借：银行存款 　贷：短期借款	借：资金结存——货币资金 　贷：债务预算收入
		归还短期借款本金		借：短期借款 　贷：银行存款	借：债务还本支出 　贷：资金结存——货币资金
（2）	长期借款	借入各项长期借款时		借：银行存款 　贷：长期借款——本金	借：资金结存——货币资金 　贷：债务预算收入
		归还长期借款本金		借：长期借款——本金 　贷：银行存款	借：债务还本支出 　贷：资金结存——货币资金
（3）	期末/年末结转	债务预算收入结转	专项资金	—	借：债务预算收入 　贷：非财政拨款结转——本年收支结转
			非专项资金	—	借：债务预算收入 　贷：其他结余
		债务还本支出结转		—	借：其他结余 　贷：债务还本支出
				64 非同级财政拨款收入 4601	7 非同级财政拨款预算收入 6601
（1）	确认收入时	按照应收或实际收到的金额		借：其他应收款/银行存款等 　贷：非同级财政拨款收入	借：资金结存——货币资金［按照实际收到的金额］ 　贷：非同级财政拨款预算收入
（2）	收到应收的款项时	按照实际收到的金额		借：银行存款 　贷：其他应收款	

（续表）

序号	业务和事项内容		账务处理	
			财务会计	预算会计
（3）	期末 / 年末结转	专项资金	借：非同级财政拨款收入 贷：本期盈余	借：非同级财政拨款预算收入 贷：非财政拨款结转——本年收支结转
		非专项资金		借：非同级财政拨款预算收入 贷：其他结余
			65 投资收益 4602	8 投资预算收益 6602
（1）	出售或到期收回短期债券本息		借：银行存款 投资收益［借差］ 贷：短期投资［成本］ 投资收益［贷差］	借：资金结存——货币资金［实际收到的款项］ 投资预算收益［借差］ 贷：投资支出 / 其他结余［投资成本］ 投资预算收益［贷差］
（2）	持有的分期付息、一次还本的长期债券投资	确认应收未收利息	借：应收利息 贷：投资收益	—
		实际收到利息时	借：银行存款 贷：应收利息	借：资金结存——货币资金 贷：投资预算收益
（3）	持有的一次还本付息的长期债券投资	计算确定的应收未收利息增加长期债券投资的账面余额	借：长期债券投资——应计利息 贷：投资收益	—
（4）	出售长期债券投资或到期收回长期债券投资本息		借：银行存款 投资收益［借差］ 贷：长期债券投资 应收利息 投资收益［贷差］	借：资金结存——货币资金［实际收到的款项］ 投资预算收益［借差］ 贷：投资支出 / 其他结余投资预算收益［贷差］
（5）	成本法下长期股权投资持有期间，被投资单位宣告分派利润或股利	按照宣告分派的利润或股利中属于单位应享有的份额	借：应收股利 贷：投资收益	—
		取得分派的利润或股利，按照实际收到的金额	借：银行存款 贷：应收股利	借：资金结存——货币资金 贷：投资预算收益

（6）	采用权益法核算的长期股权投资持有期间	按照应享有或应分担的被投资单位实现的净损益的份额	借：长期股权投资——损益调整 　贷：投资收益［被投资单位实现净利润］ 借：投资收益［被投资单位发生净亏损］ 　贷：长期股权投资——损益调整	—
		收到被投资单位发放的现金股利	借：银行存款 　贷：应收股利	借：资金结存——货币资金 　贷：投资预算收益
		被投资单位发生净亏损，但以后年度又实现净利润的，按规定恢复确认投资收益	借：长期股权投资——损益调整 　贷：投资收益	—
（7）	期末 / 年末结转	投资收益为贷方余额时	借：投资收益 　贷：本期盈余	借：投资预算收益 　贷：其他结余
		投资收益为借方余额时	借：本期盈余 　贷：投资收益	借：其他结余 　贷：投资预算收益
			66 捐赠收入 4603	9 其他预算收入 6609
（1）	接受捐赠的货币资金	按照实际收到的金额	借：银行存款 / 库存现金 　贷：捐赠收入	借：资金结存——货币资金 　贷：其他预算收入——捐赠收入
（2）	接受捐赠的存货、固定资产等	按照确定的成本	借：库存物品 / 固定资产等 　贷：银行存款等［相关税费支出］捐赠收入	借：其他支出［支付的相关税费等］ 　贷：资金结存
		如按照名义金额入账	借：库存物品 / 固定资产等［名义金额］ 　贷：捐赠收入 借：其他费用 　贷：银行存款等［相关税费支出］	借：其他支出［支付的相关税费等］ 　贷：资金结存

（续表）

序号	业务和事项内容		账务处理：财务会计	账务处理：预算会计
（3）	期末 / 年末结转	专项资金	借：捐赠收入 贷：本期盈余	借：其他预算收入——捐赠收入 贷：非财政拨款结转——本年收支结转
		非专项资金		借：其他预算收入——捐赠收入 贷：其他结余
			67 利息收入 4604	9 其他预算收入 6609
（1）	确认银行存款利息收入	实际收到利息时	借：银行存款 贷：利息收入	借：资金结存——货币资金 贷：其他预算收入——利息收入
（2）	期末 / 年末结转		借：利息收入 贷：本期盈余	借：其他预算收入——利息收入 贷：其他结余
			68 租金收入 4605	9 其他预算收入 6609
（1）	预收租金方式	收到预付的租金时	借：银行存款等 贷：预收账款	借：资金结存——货币资金 贷：其他预算收入——租金收入
		按照直线法分期确认租金收入时	借：预收账款 贷：租金收入	—
（2）	后付租金方式	确认租金收入时	借：应收账款 贷：租金收入	—
		收到租金时	借：银行存款等 贷：应收账款	借：资金结存——货币资金 贷：其他预算收入——租金收入
（3）	分期收取租金	按期收取租金	借：银行存款等 贷：租金收入	借：资金结存——货币资金 贷：其他预算收入——租金收入
（4）	期末 / 年末结转		借：租金收入 贷：本期盈余	借：其他预算收入——租金收入 贷：其他结余
			69 其他收入 4609	9 其他预算收入 6609

（1）	现金盘盈收入	属于无法查明原因的部分，报经批准后	借：待处理财产损溢 贷：其他收入	—
（2）	科技成果转化收入	按照规定留归本单位的	借：银行存款等 贷：其他收入	借：资金结存——货币资金 贷：其他预算收入
（3）	行政单位收回已核销的其他应收款	按照实际收回的金额	借：银行存款等 贷：其他收入	借：资金结存——货币资金 贷：其他预算收入
（4）	无法偿付的应付及预收款项		借：应付账款 / 预收账款 / 其他应付款 / 长期应付款 贷：其他收入	—
（5）	置换换出资产评估增值	按照换出资产评估价值高于资产账面价值的金额	借：有关科目 贷：其他收入	—
（6）	其他情况	按照应收或实际收到的金额	借：其他应收款 / 银行存款 / 库存现金等 贷：其他收入	借：资金结存——货币资金［按照实际收到的金额］ 贷：其他预算收入
（7）	期末 / 年末结转	专项资金	借：其他收入 贷：本期盈余	借：其他预算收入 贷：非财政拨款结转——本年收支结转
		非专项资金		借：其他预算收入 贷：其他结余
五、	费用 / 预算支出类			
			70 业务活动费用 5001	10 行政支出 7101 /　　11 事业支出 7201

（续表）

<table>
<tr><th rowspan="2">序号</th><th colspan="3" rowspan="2">业务和事项内容</th><th colspan="2">账务处理</th></tr>
<tr><th>财务会计</th><th>预算会计</th></tr>
<tr><td rowspan="3">（1）</td><td rowspan="3">为履职或开展业务活动人员计提并支付职工薪酬</td><td colspan="2">计提时，按照计算的金额</td><td>借：业务活动费用
贷：应付职工薪酬</td><td>—</td></tr>
<tr><td colspan="2">实际支付给职工并代扣个人所得税时</td><td>借：应付职工薪酬
贷：财政拨款收入 / 零余额账户用款额度 / 银行存款等
其他应交税费——应交个人所得税</td><td>借：行政支出 / 事业支出 [按照支付给个人部分]
贷：财政拨款预算收入 / 资金结存</td></tr>
<tr><td colspan="2">实际缴纳税款时</td><td>借：其他应交税费——应交个人所得税
贷：银行存款 / 零余额账户用款额度等</td><td>借：行政支出 / 事业支出 [按照实际缴纳额]
贷：资金结存等</td></tr>
<tr><td rowspan="3">（2）</td><td rowspan="3">为履职或开展业务活动发生的外部人员劳务费</td><td colspan="2">计提时，按照计算的金额</td><td>借：业务活动费用
贷：其他应付款</td><td>—</td></tr>
<tr><td colspan="2">实际支付并代扣个人所得税时</td><td>借：其他应付款
贷：财政拨款收入 / 零余额账户用款额度 / 银行存款等
其他应交税费——应交个人所得税</td><td>借：行政支出 / 事业支出 [按照实际支付给个人部分]
贷：财政拨款预算收入 / 资金结存</td></tr>
<tr><td colspan="2">实际缴纳税款时</td><td>借：其他应交税费——应交个人所得税
贷：银行存款 / 零余额账户用款额度等</td><td>借：行政支出 / 事业支出 [按照实际缴纳额]
贷：资金结存等</td></tr>
<tr><td rowspan="4">（3）</td><td rowspan="4">为履职或开展业务活动发生的预付款项</td><td rowspan="2">预付账款</td><td>支付款项时</td><td>借：预付账款
贷：财政拨款收入 / 零余额账户用款额度 / 银行存款等</td><td>借：行政支出 / 事业支出
贷：财政拨款预算收入 / 资金结存</td></tr>
<tr><td>结算时</td><td>借：业务活动费用
贷：预付账款
财政拨款收入 / 零余额账户用款额度 / 银行存款等 [补付金额]</td><td>借：行政支出 / 事业支出
贷：财政拨款预算收入 / 资金结存 [补付金额]</td></tr>
<tr><td rowspan="2">暂付款项</td><td>支付款项时</td><td>借：其他应收款
贷：银行存款等</td><td>—</td></tr>
<tr><td>结算或报销时</td><td>借：业务活动费用
贷：其他应收款</td><td>借：行政支出 / 事业支出
贷：资金结存等</td></tr>
</table>

（4）	为履职或开展业务活动购买资产或支付在建工程款等	按照实际支付或应付的价款	借：库存物品 / 固定资产 / 无形资产 / 在建工程等 贷：财政拨款收入 / 零余额账户用款额度 / 银行存款 / 应付账款等	
（5）	为履职或开展业务活动领用库存物品	按照领用库存物品的成本	借：业务活动费用 贷：库存物品等	—
（6）	为履职或开展业务活动计提的固定资产、无形资产、公共基础设施、保障性住房的折旧（摊销）	按照计提的折旧、摊销额	借：业务活动费用 贷：固定资产累计折旧 / 无形资产累计摊销 / 公共基础设施累计折旧（摊销）/ 保障性住房累计折旧	—
（7）	为履职或开展业务活动发生应负担的税金及附加时	确认其他应交税费时	借：业务活动费用 贷：其他应交税费	—
		支付其他应交税费时	借：其他应交税费 贷：银行存款等	借：行政支出 / 事业支出 贷：资金结存等
（8）	为履职或开展业务活动发生其他各项费用		借：业务活动费用 贷：财政拨款收入 / 零余额账户用款额度 / 银行存款 / 应付账款 / 其他应付款等	借：行政支出 / 事业支出［按照实际支付的金额］ 贷：财政拨款预算收入 / 资金结存
（9）	计提专用基金	从收入中按照一定比例提取基金并计入费用	借：业务活动费用 贷：专用基金	—
（10）	购货退回等	当年发生的	借：财政拨款收入 / 零余额账户用款额度 / 银行存款 / 应收账款等 贷：库存物品 / 业务活动费用	借：财政拨款预算收入 / 资金结存 贷：行政支出 / 事业支出
（11）	期末 / 年末结转		借：本期盈余 贷：业务活动费用	借：财政拨款结转——本年收支结转［财政拨款支出］ 非财政拨款结转——本年收支结转［非同级财政专项资金支出］ 其他结余［非同级财政、非专项资金支出］ 贷：行政支出 / 事业支出

（续表）

序号	业务和事项内容			账务处理：财务会计	账务处理：预算会计
				71 单位管理费用 5101	11 事业支出 7201
（1）	管理活动人员职工薪酬	计提时，按照计算的金额		借：单位管理费用 贷：应付职工薪酬	—
（1）	管理活动人员职工薪酬	实际支付给职工并代扣个人所得税时		借：应付职工薪酬 贷：财政拨款收入 / 零余额账户用款额度 / 银行存款等 其他应交税费——应交个人所得税	借：事业支出［按照支付给个人部分］ 贷：财政拨款预算收入 / 资金结存
（1）	管理活动人员职工薪酬	实际缴纳税款时		借：其他应交税费——应交个人所得税 贷：银行存款 / 零余额账户用款额度等	借：事业支出［按照实际缴纳额］ 贷：资金结存等
（2）	为开展管理活动发生的外部人员劳务费	计提时，按照计算的金额		借：单位管理费用 贷：其他应付款	—
（2）	为开展管理活动发生的外部人员劳务费	实际支付并代扣个人所得税时		借：其他应付款 贷：财政拨款收入 / 零余额账户用款额度 / 银行存款等 其他应交税费——应交个人所得税	借：事业支出［按照实际支付给个人部分］ 贷：财政拨款预算收入 / 资金结存
（2）	为开展管理活动发生的外部人员劳务费	实际支付税款时		借：其他应交税费——应交个人所得税 贷：银行存款 / 零余额账户用款额度等	借：事业支出［按照实际缴纳额］ 贷：资金结存等
（3）	开展管理活动发生的预付款项	预付账款	支付款项时	借：预付账款 贷：财政拨款收入 / 零余额账户用款额度 / 银行存款等	借：事业支出 贷：财政拨款预算收入 / 资金结存
（3）	开展管理活动发生的预付款项	预付账款	结算时	借：单位管理费用 贷：预付账款 财政拨款收入 / 零余额账户用款额度 / 银行存款等［补付金额］	借：事业支出 贷：财政拨款预算收入 / 资金结存［补付金额］
（3）	开展管理活动发生的预付款项	暂付款项	支付款项时	借：其他应收款 贷：银行存款等	—
（3）	开展管理活动发生的预付款项	暂付款项	结算或报销时	借：单位管理费用 贷：其他应收款	借：事业支出 贷：资金结存等

（4）	发生的其他与管理活动相关的各项费用		借：单位管理费用 贷：财政拨款收入 / 零余额账户用款额度 / 银行存款 / 应付账款等	借：事业支出［按照实际支付的金额］ 贷：财政拨款预算收入 / 资金结存
（5）	为开展管理活动购买资产或支付在建工程款	按照实际支付或应付的价款	借：库存物品 / 固定资产 / 无形资产在建工程等 贷：财政拨款收入 / 零余额账户用款额度 / 银行存款 / 应付账款等	借：事业支出［按照实际支付价款］ 贷：财政拨款预算收入 / 资金结存
（6）	管理活动所用固定资产、无形资产计提的折旧、摊销	按照计提的折旧、摊销额	借：单位管理费用 贷：固定资产累计折旧 / 无形资产累计摊销	—
（7）	开展管理活动内部领用库存物品	按照库存物品的成本	借：单位管理费用 贷：库存物品	—
（8）	开展管理活动发生应负担的税金及附加时	按照计算确定应交纳的金额	借：单位管理费用 贷：其他应交税费	—
		实际缴纳时	借：其他应交税费 贷：银行存款等	借：事业支出 贷：资金结存等
（9）	购货退回等	当年发生的	借：财政拨款收入 / 零余额账户用款额度 / 银行存款 / 应收账款等 贷：库存物品 / 单位管理费用等	借：财政拨款预算收入 / 资金结存 贷：事业支出
（10）	期末 / 年末结转		借：本期盈余 贷：单位管理费用	借：财政拨款结转——本年收支结转［财政拨款支出］ 非财政拨款结转——本年收支结转［非财政专项资金支出］ 其他结余［非财政、非专项资金支出］ 贷：事业支出
			72 经营费用 5201	12 经营支出 7301

（续表）

序号	业务和事项内容		账务处理	
			财务会计	预算会计
（1）	为经营活动人员支付职工薪酬	计提时，按照计算的金额	借：经营费用 贷：应付职工薪酬	—
		实际支付给职工时	借：应付职工薪酬 贷：财政拨款收入 / 零余额账户用款额度 / 银行存款等 其他应交税费——应交个人所得税	借：经营支出［按照支付给个人部分］ 贷：资金结存——货币资金
		实际支付税款时	借：其他应交税费——应交个人所得税 贷：银行存款等	借：经营支出［按照实际缴纳额］ 贷：资金结存——货币资金
（2）	为开展经营活动购买资产或支付在建工程款	按照实际支付或应付的金额	借：库存物品 / 固定资产 / 无形资产 / 在建工程 贷：银行存款 / 应付账款等	借：经营支出 贷：资金结存——货币资金［按照实际支付金额］
（3）	开展经营活动内部领用材料或出售发出物品等	按照实际成本	借：经营费用 贷：库存物品	—
（4）	开展经营活动发生的预付款项	预付时，按照预付的金额	借：预付账款 贷：银行存款等	借：经营支出 贷：资金结存——货币资金
		结算时	借：经营费用 贷：预付账款 银行存款等［补付金额］	借：经营支出 贷：资金结存——货币资金［补付金额］
（5）	开展经营活动发生应负担的税金及附加时	按照计算确定的缴纳金额	借：经营费用 贷：其他应交税费	—
		实际缴纳时	借：其他应交税费 贷：银行存款等	借：经营支出 贷：资金结存——货币资金
（6）	开展经营活动发生的其他各项费用		借：经营费用 贷：银行存款 / 应付账款等	借：经营支出［按照实际支付的金额］ 贷：资金结存——货币资金

序号	业务		财务会计处理	预算会计处理
（7）	经营活动用固定资产、无形资产计提的折旧、摊销	按照计提的折旧、摊销额	借：经营费用 贷：固定资产累计折旧 / 无形资产累计摊销	—
（8）	计提专用基金	按照预算收入的一定比例计提并列入费用	借：经营费用 贷：专用基金	—
（9）	购货退回等	当年发生的	借：银行存款 / 应收账款等 贷：库存物品 / 经营费用等	借：资金结存——货币资金［按照实际收到的金额］ 贷：经营支出
（10）	期末 / 年末结转		借：本期盈余 贷：经营费用	借：经营结余 贷：经营支出
			73 资产处置费用 5301	
（1）	不通过“待处理财产损溢”科目核算的资产处置	转销被处置资产账面价值	借：资产处置费用 固定资产累计折旧 / 无形资产累计摊销 / 公共基础设施累计折旧（摊销）/ 保障性住房累计折旧 贷：库存物品 / 固定资产 / 无形资产 / 公共基础设施 / 政府储备物资 / 文物文化资产 / 保障性住房 / 在建工程等［账面余额］/ 其他应收款［行政单位］	—
		处置资产过程中仅发生相关费用的	借：资产处置费用 贷：银行存款 / 库存现金等	借：其他支出 贷：资金结存
		处置资产过程中取得收入的	借：库存现金 / 银行存款等［取得的价款］ 贷：银行存款 / 库存现金等［支付的相关费用］ 应缴财政款	—

（续表）

序号	业务和事项内容			账务处理	
				财务会计	预算会计
（2）	通过“待处理财产损溢”科目核算的资产处置	账款核对中发现的现金短缺，无法查明原因的，报经批准核销时		借：资产处置费用 贷：待处理财产损溢	—
		盘亏、毁损、报废的资产	经批准处理时	借：资产处置费用 贷：待处理财产损溢——待处理财产价值	—
			处理过程中所发生的费用大于所取得收入的	借：资产处置费用 贷：待处理财产损溢——处理净收入	借：其他支出［净支出］ 贷：资金结存
（3）	期末结转			借：本期盈余 贷：资产处置费用	—
					15 投资支出 7601
（1）	以货币资金对外投资时			借：短期投资 / 长期股权投资 / 长期债券投资 贷：银行存款	借：投资支出 贷：资金结存——货币资金
（2）	出售、对外转让或到期收回本年度以货币资金取得的对外投资	实际取得价款大于投资成本的		借：银行存款等［实际取得或收回的金额］ 贷：短期投资 / 长期债券投资等［账面余额］ 应收利息［账面余额］ 投资收益	借：资金结存——货币资金 贷：投资支出［投资成本］ 投资预算收益
		实际取得价款小于投资成本的		借：银行存款等［实际取得或收回的金额］投资收益 贷：短期投资 / 长期债券投资等［账面余额］ 应收利息［账面余额］	借：资金结存——货币资金投资预算收益 贷：投资支出［投资成本］

（3）	年末结转		—	借：其他结余 　　贷：投资支出
			74 上缴上级费用 5401	13 上缴上级支出 7401
（1）	按照实际上缴的金额或者按照规定计算出应当上缴的金额		借：上缴上级费用 　　贷：银行存款 / 其他应付款等	借：上缴上级支出［实际上缴的金额］ 　　贷：资金结存——货币资金
（2）	实际上缴应缴的金额		借：其他应付款 　　贷：银行存款等	—
（3）	期末 / 年末结转		借：本期盈余 　　贷：上缴上级费用	借：其他结余 　　贷：上缴上级支出
			75 对附属单位补助费用 5501	14 对附属单位补助支出 7501
（1）	按照实际补助的金额或者按照规定计算出应当补助的金额		借：其他费用 　　贷：银行存款 / 其他应付款等	借：对附属单位补助支出［实际补助的金额］ 　　贷：资金结存——货币资金
（2）	实际支出应补助的金额		借：其他应付款 　　贷：银行存款等	—
（3）	期末 / 年末结转		借：本期盈余 　　贷：其他费用	借：其他结余 　　贷：对附属单位补助支出
			76 所得税费用 5801	
（1）	发生企业所得税纳税义务	按照税法规定计算应交税金数额	借：所得税费用 　　贷：其他应交税费——单位应交所得税	—
（2）		实际缴纳时	借：其他应交税费——单位应交所得税 　　贷：银行存款等	借：非财政拨款结余——累计结余 　　贷：资金结存——货币资金
（3）	年末结转		借：本期盈余 　　贷：所得税费用	—
			77 其他费用 5901	17 其他支出 7901

（续表）

序号	业务和事项内容		账务处理	
			财务会计	预算会计
（1）	利息费用	计算确定借款利息费用时	借：其他费用 / 在建工程 贷：应付利息 / 长期借款——应计利息	—
		实际支付利息时	借：应付利息等 贷：银行存款等	借：其他支出 贷：资金结存——货币资金
（2）	现金资产对外捐赠	按照实际捐赠的金额	借：其他费用 贷：银行存款 / 库存现金等	借：其他支出 贷：资金结存——货币资金
（3）	坏账损失	按照规定对应收账款和其他应收款计提坏账准备	借：其他费用 贷：坏账准备	—
		冲减多提的坏账准备时	借：坏账准备 贷：其他费用	—
（4）	罚没支出	按照实际发生金额	借：其他费用 贷：银行存款 / 库存现金 / 其他应付款	借：其他支出 贷：资金结存——货币资金［实际支付金额］
（5）	其他相关税费、运输费等		借：其他费用 贷：零余额账户用款额度 / 银行存款等	借：其他支出 贷：资金结存
（6）	期末 / 年末结转		借：本期盈余 贷：其他费用	借：其他结余［非财政、非专项资金支出］ 非财政拨款结转——本年收支结转［非财政专项资金支出］ 贷：其他支出
六、预算结余类				
				18 资金结存 8001
（1）	取得预算收入	财政授权支付方式下	借：零余额账户用款额度 贷：财政拨款收入	借：资金结存——零余额账户用款额度 贷：财政拨款预算收入
		国库集中支付以外的其他支付方式下	借：银行存款 贷：财政拨款收入 / 事业收入 / 经营收入等	借：资金结存——货币资金 贷：财政拨款预算收入 / 事业预算收入 / 经营预算收入等
	从零余额账户提取现金		借：库存现金 贷：零余额账户用款额度	借：资金结存——货币资金 贷：资金结存——零余额账户用款额度

（2）	发生预算支出时	财政授权支付方式下	借：业务活动费用 / 单位管理费用 / 库存物品 / 固定资产等 贷：零余额账户用款额度	借：行政支出 / 事业支出等 贷：资金结存——零余额账户用款额度
		使用以前年度财政直接支付额度	借：业务活动费用 / 单位管理费用 / 库存物品 / 固定资产等 贷：财政应返还额度	借：行政支出 / 事业支出等 贷：资金结存——财政应返还额度
		国库集中支付以外的其他方式下	借：业务活动费用 / 单位管理费用 / 库存物品 / 固定资产等 贷：银行存款 / 库存现金等	借：事业支出 / 经营支出等 贷：资金结存——货币资金
（3）	按照规定使用提取的专用基金	一般情况下	借：专用基金 贷：银行存款等	使用从非财政拨款结余或经营结余中计提的专用基金 借：专用结余 贷：资金结存——货币资金 使用从收入中计提并计入费用的专用基金 借：事业支出等 贷：资金结存——货币资金
		购买固定资产、无形资产等	借：固定资产 / 无形资产等 贷：银行存款等 借：专用基金 贷：累计盈余	
（4）	预算结转结余调整	按照规定上缴财政拨款结转结余资金或注销财政拨款结转结余额度的	借：累计盈余 贷：财政应返还额度 / 零余额账户用款额度 / 银行存款	借：财政拨款结转——归集上缴 / 财政拨款结余——归集上缴 贷：资金结存——财政应返还额度 / 零余额账户用款额度 / 货币资金
		按照规定缴回非财政拨款结转资金的	借：累计盈余 贷：银行存款	借：非财政拨款结转——缴回资金 贷：资金结存——货币资金

（续表）

序号	业务和事项内容		账务处理：财务会计	账务处理：预算会计
（4）	预算结转结余调整	收到调入的财政拨款结转资金的	借：财政应返还额度 / 零余额账户用款额度 / 银行存款 贷：累计盈余	借：资金结存——财政应返还额度 / 零余额账户用款额度 / 货币资金 贷：财政拨款结转——归集调入
（5）	因购货退回、发生差错更正等退回国库直接支付、授权支付款项，或者收回货币资金的	属于本年度的	借：财政拨款收入 / 零余额账户用款额度 / 银行存款等 贷：业务活动费用 / 库存物品等	借：财政拨款预算收入 / 资金结存——零余额账户用款额度、货币资金 贷：行政支出 / 事业支出等
		属于以前年度的	借：财政应返还额度 / 零余额账户用款额度 / 银行存款等 贷：以前年度盈余调整	借：资金结存——财政应返还额度 / 零余额账户用款额度 / 货币资金 贷：财政拨款结转 / 财政拨款结余 / 非财政拨款结转 / 非财政拨款结余（年初余额调整）
（6）	有企业所得税缴纳义务的事业单位实际缴纳企业所得税时		借：其他应交税费——单位应交所得税 贷：银行存款等	借：非财政拨款结余——累计结余 贷：资金结存——货币资金
（7）	年末确认未下达的财政用款额度	财政直接支付方式	借：财政应返还额度——财政直接支付 贷：财政拨款收入	借：资金结存——财政应返还额度 贷：财政拨款预算收入
		财政授权支付方式	借：财政应返还额度——财政授权支付 贷：财政拨款收入	
（8）	年末注销零余额账户用款额度		借：财政应返还额度——财政授权支付 贷：零余额账户用款额度	借：资金结存——财政应返还额度 贷：资金结存——零余额账户用款额度
	下年初，恢复零余额账户用款额度或收到上年末未下达的零余额账户用款额度的		借：零余额账户用款额度 贷：财政应返还额度——财政授权支付	借：资金结存——零余额账户用款额度 贷：资金结存——财政应返还额度
				19 财政拨款结转 8101

（1）	因会计差错更正、购货退回、预付款项收回等发生以前年度调整事项	调整增加相关资产	借：零余额账户用款额度 / 银行存款等 贷：以前年度盈余调整	借：资金结存——零余额账户用款额度 / 货币资金等 贷：财政拨款结转——年初余额调整
		因会计差错更正调整减少相关资产	借：以前年度盈余调整 贷：零余额账户用款额度 / 银行存款等	借：财政拨款结转——年初余额调整 贷：资金结存——零余额账户用款额度 / 货币资金等
（2）	从其他单位调入财政拨款结转资金	按照实际调增的额度数额或调入的资金数额	借：财政应返款额度 / 零余额账户用款额度 / 银行存款 贷：累计盈余	借：资金结存——财政应返还额度 / 零余额账户用款额度 / 货币资金 贷：财政拨款结转——归集调入
（3）	向其他单位调出财政拨款结转资金	按照实际调减的额度数额或调减的资金数额	借：累计盈余 贷：财政应返还额度 / 零余额账户用款额度 / 银行存款	借：财政拨款结转——归集调出 贷：资金结存——财政应返还额度 / 零余额账户用款额度 / 货币资金
（4）	按照规定上缴财政拨款结转资金或注销财政拨款结转额度	按照实际上缴资金数额或注销的资金额度	借：累计盈余 贷：财政应返还额度 / 零余额账户用款额度 / 银行存款	借：财政拨款结转——归集上缴 贷：资金结存——财政应返还额度 / 零余额账户用款额度 / 货币资金
（5）	单位内部调剂财政拨款结余资金	按照调整的金额	—	借：财政拨款结余——单位内部调剂 贷：财政拨款结转——单位内部调剂
（6）	年末结转	结转财政拨款预算收入	—	借：财政拨款预算收入 贷：财政拨款结转——本年收支结转
		结转财政拨款预算支出	—	借：财政拨款结转——本年收支结转 贷：行政支出 / 事业支出等［财政拨款支出部分］

（续表）

序号	业务和事项内容		账务处理	
			财务会计	预算会计
（7）	年末冲销本科目有关明细科目余额		—	借：财政拨款结转——年初余额调整［该明细科目为贷方余额时］/ 归集调入 / 单位内部调剂 / 本年收支结转［该明细科目为贷方余额时］ 贷：财政拨款结转——累计结转 借：财政拨款结转——累计结转 贷：财政拨款结转——归集上缴 / 年初余额调整［该明细科目为借方余额时］/ 归集调出 / 本年收支结转［该明细科目为借方余额时］
（8）	转入财政拨款结余	按照有关规定将符合财政拨款结余性质的项目余额转入财政拨款结余	—	借：财政拨款结转——累计结转 贷：财政拨款结余——结转转入
				20 财政拨款结余 8102
（1）	因购货退回、会计差错更正等发生以前年度调整事项	调整增加相关资产	借：零余额账户用款额度 / 银行存款等 贷：以前年度盈余调整	借：资金结存——零余额账户用款额度 / 货币资金等 贷：财政拨款结余——年初余额调整
		因会计差错更正调整减少相关资产	借：以前年度盈余调整 贷：零余额账户用款额度 / 银行存款等	借：财政拨款结余——年初余额调整 贷：资金结存——零余额账户用款额度 / 货币资金等
（2）	按照规定上缴财政拨款结余资金或注销财政拨款结余额度	按照实际上缴资金数额或注销的资金额度	借：累计盈余 贷：财政应返还额度 / 零余额账户用款额度 / 银行存款	借：财政拨款结余——归集上缴 贷：资金结存——财政应返还额度 / 零余额账户用款额度 / 货币资金

（3）	单位内部调剂财政拨款结余资金	按照调整的金额	—	借：财政拨款结余——单位内部调剂 贷：财政拨款结转——单位内部调剂
（4）	年末，转入财政拨款结余	按照有关规定将符合财政拨款结余性质的项目余额转入财政拨款结余	—	借：财政拨款结转——累计结转 贷：财政拨款结余——结转转入
（5）	年末冲销本科目有关明细科目余额		—	借：财政拨款结余——年初余额调整［该明细科目为贷方余额时］ 贷：财政拨款结余——累计结余 借：财政拨款结余——累计结余 贷：财政拨款结余——年初余额调整［该明细科目为借方余额时］ ——归集上缴 ——单位内部调剂 借：财政拨款结余——结转转入 贷：财政拨款结余——累计结余
				21 非财政拨款结转 8201
（1）	按照规定从科研项目预算收入中提取项目管理费或间接费		借：单位管理费用 贷：预提费用——项目间接费用或管理费	借：非财政拨款结转——项目间接费用或管理费 贷：非财政拨款结余——项目间接费用或管理费
（2）	因购货退回、会计差错更正等发生以前年度调整事项	调整增加相关资产	借：银行存款等 贷：以前年度盈余调整	借：资金结存——货币资金 贷：非财政拨款结转——年初余额调整
		调整减少相关资产	借：以前年度盈余调整 贷：银行存款等	借：非财政拨款结转——年初余额调整 贷：资金结存——货币资金

（续表）

序号	业务和事项内容		账务处理	
			财务会计	预算会计
（3）	按照规定缴回非财政拨款结转资金	按照实际缴回资金	借：累计盈余 贷：银行存款等	借：非财政拨款结转——缴回资金 贷：资金结存——货币资金
（4）	年末结转	结转非财政拨款专项收入	—	借：事业预算收入 / 上级补助预算收入 / 附属单位上缴预算收入 / 非同级财政拨款预算收入 / 债务预算收入 / 其他预算收入 贷：非财政拨款结转——本年收支结转
		结转非财政拨款专项支出	—	借：非财政拨款结转——本年收支结转 贷：行政支出 / 事业支出 / 其他支出
（5）	年末冲销本科目相关明细科目金额		—	借：非财政拨款结转——年初余额调整［该明细科目为贷方余额时］ ——本年收支结转［该明细科目为贷方余额时］ 贷：非财政拨款结转——累计结转 借：非财政拨款结转——累计结转 贷：非财政拨款结转——年初余额调整［该明细科目为借方余额时］ ——缴回资金 ——项目间接费用或管理费 ——本年收支结转［该明细科目为借方余额时］
（6）	将留归本单位使用的非财政拨款专项剩余资金转入非财政拨款结余		—	借：非财政拨款结转——累计结转 贷：非财政拨款结余——结转转入
				22 非财政拨款结余 8202
（1）	按照规定从科研项目预算收入中提取项目管理费或间接费		借：单位管理费用 贷：预提费用——项目间接费用或管理费	借：非财政拨款结转——项目间接费用或管理费 贷：非财政拨款结余——项目间接费用或管理费

序号	业务		财务会计处理	预算会计处理
（2）	实际缴纳企业所得税		借：其他应交税费——单位应交所得税 　　贷：银行存款等	借：非财政拨款结余——累计结余 　　贷：资金结存——货币资金
（3）	因购货退回、会计差错更正等发生以前年度调整事项	调整增加相关资产	借：银行存款等 　　贷：以前年度盈余调整	借：资金结存——货币资金 　　贷：非财政拨款结余——年初余额调整
		调整减少相关资产	借：以前年度盈余调整 　　贷：银行存款等	借：非财政拨款结余——年初余额调整 　　贷：资金结存——货币资金
（4）	将留归本单位使用的非财政拨款专项剩余资金转入非财政拨款结余		—	借：非财政拨款结转——累计结转 　　贷：非财政拨款结余——结转转入
（5）	年末冲销本科目相关明细科目余额		—	借：非财政拨款结余——年初余额调整［该明细科目为贷方余额时］ ——项目间接费用或管理费 ——结转转入 　　贷：非财政拨款结余—累计结余 借：非财政拨款结余——累计结余 　　贷：非财政拨款结余——年初余额调整［该明细科目为借方余额时］ ——缴回资金
（6）	年末结转	非财政拨款结余分配为贷方余额	—	借：非财政拨款结余分配 　　贷：非财政拨款结余——累计结余
		非财政拨款结余分配为借方余额	—	借：非财政拨款结余——累计结余 　　贷：非财政拨款结余分配
				23 专用结余 8301

（续表）

序号	业务和事项内容		账务处理	
			财务会计	预算会计
（1）	计提专用基金	从预算收入中按照一定比例提取基金并计入费用	借：业务活动费用等 贷：专用基金	—
		从本年度非财政拨款结余或经营结余中提取基金	借：本年盈余分配 贷：专用基金	借：非财政拨款结余分配 贷：专用结余
		根据有关规定设置的其他专用基金	借：银行存款等 贷：专用基金	—
（2）	按照规定使用提取的专用基金		借：专用基金 贷：银行存款等 使用专用基金购置固定资产、无形资产的 借：固定资产 / 无形资产 贷：银行存款等 借：专用基金 贷：累计盈余	使用从非财政拨款结余或经营结余中提取的基金 借：专用结余 贷：资金结存——货币资金 使用从预算收入中提取并计入费用的基金 借：事业支出等 贷：资金结存——货币资金
				24 经营结余 8401
（1）	年末经营收支结转		—	借：经营预算收入 贷：经营结余 借：经营结余 贷：经营支出
（2）	年末转入结余分配		—	借：经营结余 贷：非财政拨款结余分配年末结余在借方，则不予结转
				25 其他结余 8501

（1）	年末	结转预算收入（除财政拨款收入、非同级财政专项收入、经营收入以外）	—	借：事业预算收入 / 上级补助预算收入 / 附属单位上缴预算收入 / 非同级财政拨款预算收入 / 债务预算收入 / 其他预算收入［非专项资金收入部分］ 投资预算收益［为贷方余额时］ 贷：其他结余 借：其他结余 贷：投资预算收益［为借方余额时］
		结转预算支出（除同级财政拨款支出、非同级财政专项支出、经营支出以外）	—	借：其他结余 贷：行政支出 / 事业支出 / 其他支出［非财政、非专项资金支出部分］ 上缴上级支出 / 对附属单位补助支出 / 投资支出 / 债务还本支出
（2）	行政单位转入非财政拨款结余	其他结余为贷方余额	—	借：其他结余 贷：非财政拨款结余——累计结余
		其他结余为借方余额	—	借：非财政拨款结余——累计结余 贷：其他结余
（3）	事业单位年末转入结余分配	其他结余为贷方余额	—	借：其他结余 贷：非财政拨款结余分配
		其他结余为借方余额	—	借：非财政拨款结余分配 贷：其他结余
				26 非财政拨款结余分配 8701

（续表）

序号	业务和事项内容		账务处理	
			财务会计	预算会计
（1）	事业单位年末结余转入	其他结余为借方余额时	—	借：非财政拨款结余分配 贷：其他结余
		其他结余为贷方余额时	—	借：其他结余 贷：非财政拨款结余分配
		经营结余为贷方余额时	—	借：经营结余 贷：非财政拨款结余分配
（2）	计提专用基金	从非财政拨款结余中提取	—	借：非财政拨款结余分配 贷：专用结余
（3）	事业单位转入非财政拨款结余	非财政拨款结余分配为贷方余额	—	借：非财政拨款结余分配 贷：非财政拨款结余——累计结余
		非财政拨款结余分配为借方余额	—	借：非财政拨款结余——累计结余 贷：非财政拨款结余分配

第十五章 政府会计准则指南与解释

1.《政府会计准则第 3 号——固定资产》应用指南（2017 年颁布）

（财会〔2017〕4 号）

一、关于固定资产折旧年限

（一）通常情况下，政府会计主体应当按照表 1 规定确定各类应计提折旧的固定资产的折旧年限。

表 1：政府固定资产折旧年限表

固定资产类别	内容		折旧年限（年）
房屋及构筑物	业务及管理用房	钢结构	不低于 50
		钢筋混凝土结构	不低于 50
		砖混结构	不低于 30
		砖木结构	不低于 30
	简易房		不低于 8
	房屋附属设施		不低于 8
	构筑物		不低于 8
通用设备	计算机设备		不低于 6
	办公设备		不低于 6
	车辆		不低于 8
	图书档案设备		不低于 5
	机械设备		不低于 10
	电气设备		不低于 5
	雷达、无线电和卫星导航设备		不低于 10
	通信设备		不低于 5
通用设备	广播、电视、电影设备		不低于 5
	仪器仪表		不低于 5
	电子和通信测量设备		不低于 5
	计量标准器具及量具、衡器		不低于 5
专用设备	探矿、采矿、选矿和造块设备		10 ~ 15
	石油天然气开采专用设备		10 ~ 15
	石油和化学工业专用设备		10 ~ 15
	炼焦和金属冶炼轧制设备		10 ~ 15
	电力工业专用设备		20 ~ 30
	非金属矿物制品工业专用设备		10 ~ 20
	核工业专用设备		20 ~ 30
	航空航天工业专用设备		20 ~ 30
	工程机械		10 ~ 15
	农业和林业机械		10 ~ 15

（续表）

固定资产类别	内容	折旧年限（年）
专用设备	木材采集和加工设备	10 ~ 15
	食品加工专用设备	10 ~ 15
	饮料加工设备	10 ~ 15
	烟草加工设备	10 ~ 15
	粮油作物和饲料加工设备	10 ~ 15
	纺织设备	10 ~ 15
	缝纫、服饰、制革和毛皮加工设备	10 ~ 15
	造纸和印刷机械	10 ~ 20
	化学药品和中药专用设备	5 ~ 10
	医疗设备	5 ~ 10
	电工、电子专用生产设备	5 ~ 10
	安全生产设备	10 ~ 20
	邮政专用设备	10 ~ 15
	环境污染防治设备	10 ~ 20
	公安专用设备	3 ~ 10
	水工机械	10 ~ 20
	殡葬设备及用品	5 ~ 10
	铁路运输设备	10 ~ 20
	水上交通运输设备	10 ~ 20
	航空器及其配套设备	10 ~ 20
	专用仪器仪表	5 ~ 10
	文艺设备	5 ~ 15
	体育设备	5 ~ 15
	娱乐设备	5 ~ 15
家具、用具及装具	家具	不低于 15
	用具、装具	不低于 5

（二）国务院有关部门在遵循本应用指南中表 1 所规定的固定资产折旧年限的情况下，可以根据实际需要进一步细化本行业固定资产的类别，具体确定各类固定资产的折旧年限，并报财政部审核批准。

（三）政府会计主体应当在遵循本应用指南、主管部门有关折旧年限规定的情况下，根据固定资产的性质和实际使用情况，合理确定其折旧年限。

具体确定固定资产的折旧年限时，应当考虑下列因素：

1. 固定资产预计实现服务潜力或提供经济利益的期限；

2. 固定资产预计有形损耗和无形损耗；

3. 法律或者类似规定对固定资产使用的限制。

（四）固定资产的折旧年限一经确定，不得随意变更。

因改建、扩建等原因而延长固定资产使用年限的，应当重新确定固定资产的折旧年限。

（五）政府会计主体盘盈、无偿调入、接受捐赠以及置换的固定资产，应当考虑该项资产的新旧程度，按照其尚可使用的年限计提折旧。

二、关于固定资产折旧计提时点

固定资产应当按月计提折旧，当月增加的固定资产，当月开始计提折旧；当月减少的固定资产，当月不再计提折旧。

固定资产提足折旧后，无论能否继续使用，均不再计提折旧；提前报废的固定资产，也不再补提折旧。已提足折旧的固定资产，可以继续使用的，应当继续使用，规范实物管理。

2.《政府会计准则第 10 号——政府和社会资本合作项目合同》应用指南（2020 年颁布）

（财会〔2020〕19 号）

一、关于《政府会计准则第 10 号——政府和社会资本合作项目合同》（以下简称本准则）适用范围的判断

（一）适用本准则的情形

本准则主要规范了政府方对依法依规签订的 PPP 项目合同的确认、计量和相关信息的列报。

本准则所指的政府方，是指政府授权或指定的 PPP 项目实施机构，通常为政府有关职能部门或事业单位。对于由多级政府跨区域或本级政府跨部门共同实施的 PPP 项目合同，应当根据合同约定确定具体的政府会计主体。

本准则所指的 PPP 项目合同应同时具有如下两个特征（以下简称“双特征”）：（1）社会资本方在合同约定的运营期间内代表政府方使用 PPP 项目资产提供公共产品和服务（以下简称特征一）；（2）社会资本方在合同约定的期间内就其提供的公共产品和服务获得补偿（以下简称特征二）。

本准则适用于符合“双特征”要求，同时满足如下“双控制”标准的 PPP 项目合同：（1）政府方控制或管制社会资本方使用 PPP 项目资产必须提供的公共产品和服务的类型、对象和价格（以下简称控制标准一）；（2）PPP 项目合同终止时，政府方通过所有权、收益权或其他形式控制 PPP 项目资产的重大剩余权益（以下简称控制标准二）。

采用建设—运营—移交（BOT）、转让—运营—移交（TOT）、改建—运营—移交（ROT）方式运作的 PPP 项目合同，通常情况下同时满足“双特征”与“双控制”标准，适用本准则。采用建设—拥有—经营—移交（BOOT）、委托运营（O&M）等其他运作方式的项目合同，同时满足“双特征”“双控制”标准的，也适用本准则。

政府方应当按照图 1 所示来判断确定本准则的适用范围。

（二）不适用本准则的情形

项目合同未同时满足“双特征”“双控制”标准的，不适用本准则，包括但不限于以下情形：

1. 不满足“双特征”的情形

（1）政府方作为出租人的租赁合同，因承租方虽然可能使用项目资产提供公共产品和服务，但并非代表政府方来提供，不满足特征一的规定，不适用本准则。对于租赁合同，政府方应当按照其他政府会计准则制度的规定进行会计处理。

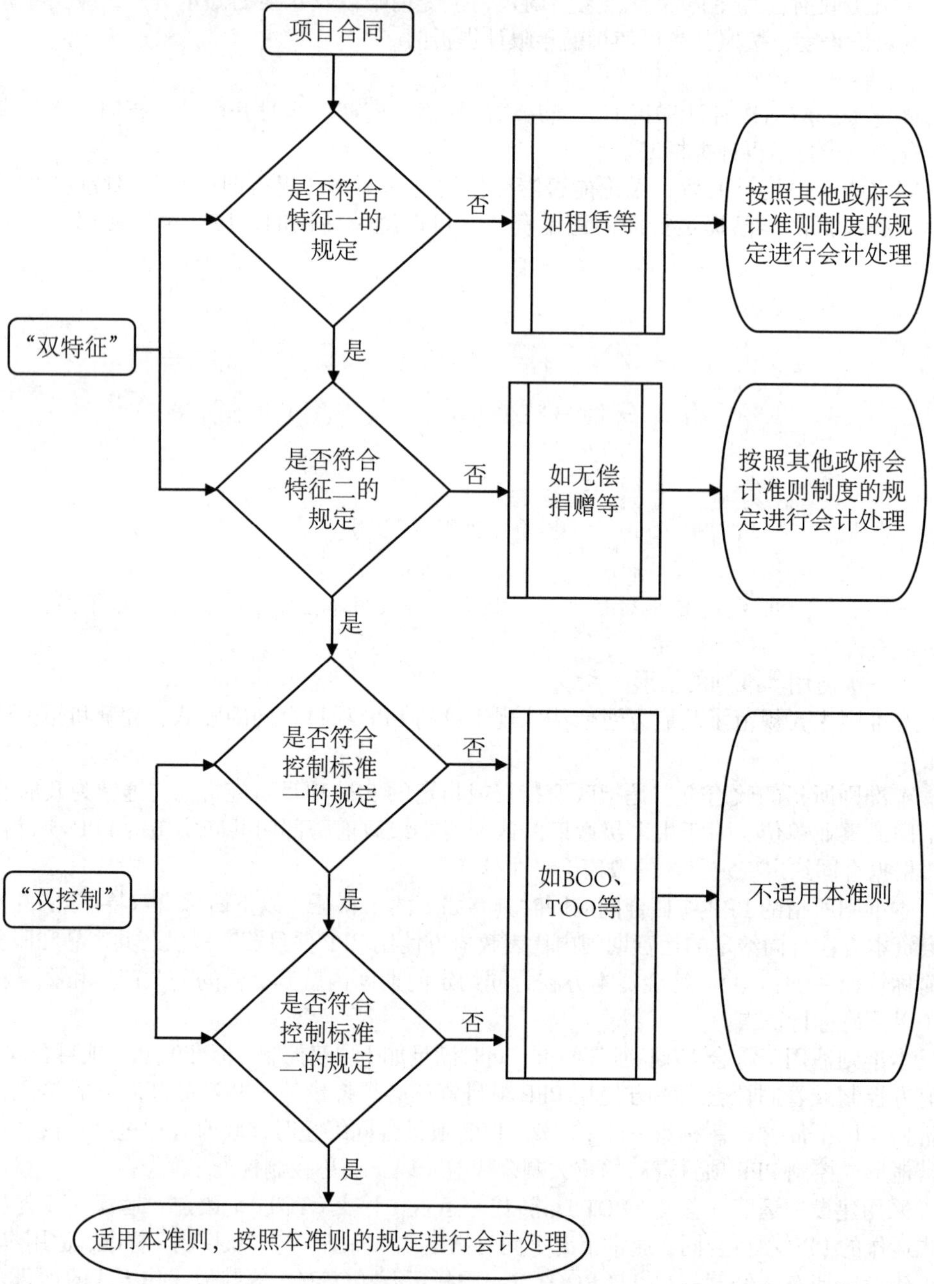

图 1　本准则适用范围判断流程图

（2）政府方作为接受捐赠方的无偿捐赠合同，因捐赠方未获得补偿，不满足特征二的规定，不适用本准则。政府方接受捐赠取得的资产，应当按照其他政府会计准则制度的规定进行会计处理。

2. 满足"双特征"，但不满足"双控制"标准的情形

（1）采用建设—拥有—运营（BOO）方式的项目合同，社会资本方拥有项目资产所有权，且政府方未控制项目资产的重大剩余权益，不满足"双控制"标准，不适用本准则。

（2）采用转让—拥有—运营（TOO）方式的项目合同，政府方将项目资产所有权有偿转让给社会资本方，并由社会资本方负责运营和维护，政府方未控制项目资产的重大剩余权益，不满足“双控制”标准，不适用本准则。政府方转让资产时应当按照其他政府会计准则制度的规定进行会计处理。

二、关于本准则第二条“双特征”的说明

（一）关于“合同约定的运营期间”，指的是社会资本方对 PPP 项目资产的使用期或运营期，通常在 PPP 项目合同中有明确约定。

（二）关于“社会资本方代表政府方使用 PPP 项目资产提供公共产品和服务”，指的是根据合同约定或政府方授权，社会资本方享有建设、运营、管理、维护本项目设施等权利，同时承担代表政府方提供公共产品和服务的义务。

（三）关于“社会资本方就其提供的公共产品和服务获得补偿”，指的是社会资本方就其在运营期内运营或维护项目资产等按照合同约定获得回报。

三、关于本准则第三条“双控制”标准的说明

（一）关于控制标准一的说明

1. 关于“控制”，指的是政府方通过具有法律效力的合同条款等方式，有权决定社会资本方提供的公共产品和服务的类型、对象和价格。通常情况下，政府方和社会资本方在 PPP 项目合同中应当明确规定社会资本方提供的公共产品和服务的类型、对象和价格。

2. 关于“管制”，是指社会资本方提供的公共产品和服务的类型、对象和价格，虽未在 PPP 项目合同中进行明确规定，但受有关法律法规或监管部门规章制度的约束。

3. 如果定价的基础或框架受到监管约束，政府方对价格的“控制或管制”不需要完全控制价格，这种情况仍然符合控制标准。如设定政府调价机制，进行调价前应当经过政府方审核同意，即满足控制标准一的价格控制要求。如果项目合同条款给予社会资本方自主定价权，但约定政府方有权参与分享 PPP 项目资产的超额收益部分，则仍然满足控制标准一中的价格控制要求。

（二）关于控制标准二的说明

控制标准二中的“重大剩余权益”，指的是 PPP 项目合同终止时，在项目资产剩余使用寿命内使用、处置该项目资产所能获得的权益。政府方对“重大剩余权益”的控制具体表现为以下两种情形：

1.PPP 项目合同终止时，社会资本方应当将项目资产移交给政府方，且移交的项目资产预期仍能为政府方带来经济利益流入或者产生服务潜力。

2. 政府方能够通过合同条款限制社会资本方处置或抵押项目资产，保障重大剩余权益不受损害。

（三）“双控制”标准的应用

1. 关于项目资产更新改造时“双控制”标准的应用

在合同约定的运营期间，对不可分离的项目资产进行更新改造的（包括更换部分设施设备），应当将更新改造前后的项目资产视为一个整体来考虑。如果政府方控制了更新改造后项目资产的重大剩余权益，则项目合同仍然适用本准则。

2. 关于项目资产部分受政府方控制时“双控制”标准的应用

项目资产部分受政府方控制的，分为以下两种情况：

（1）项目资产在功能设置和空间分布上可分割且能独立运营的，应当单独进行分析。如果政府方不能控制该部分资产，则该部分资产不适用本准则。

（2）PPP 项目资产提供不受政府方控制的辅助性服务，并不减损政府方对 PPP 项目资产的控制，在应用“双控制”标准时不应当考虑该项服务。

3. 关于运营期占项目资产全部使用寿命时“双控制”标准的应用

对于运营期占项目资产全部使用寿命的项目合同，即使项目合同结束时项目资产不存在重大剩余权益，如果该项目合同满足前述“双控制”标准中的控制标准一，则仍然适用本准则。

四、关于本准则第二十条“政府方承担向社会资本方支付款项的义务”的说明

本准则第二十条规定，按照 PPP 项目合同约定，政府方承担向社会资本方支付款项义务的，相关义务应当按照《政府会计准则第 8 号——负债》有关规定进行会计处理，会计处理结果不影响 PPP 项目资产及净资产的账面价值。政府方按照《政府会计准则第 8 号——负债》有关规定确认负债的，应当同时确认当期费用，在以后期间支付款项时，相应冲减负债的账面余额。

按照我国 PPP 有关规章制度规定，规范的 PPP 项目应建立按效付费机制，不得通过降低考核标准等方式，提前锁定、固化政府支出责任。因此，本准则中“政府方承担的向社会资本方支付款项的义务”，是指在项目运营期的每一个会计期间内，当社会资本方提供的公共产品或服务满足合同约定的绩效考核要求时，政府方根据合同约定按期应向社会资本方进行补偿的义务。对于这种义务的会计处理，分为以下两种情况：（1）政府方在义务发生的当期及时向社会资本方支付款项的，在支付款项时确认当期费用，同时在预算会计中确认预算支出。（2）政府方在义务发生的当期未及时向社会资本方支付款项的，应当按照应付未付的金额确认当期费用和负债（应付账款等）；在后续实际支付款项时冲减负债的账面余额，同时在预算会计中确认预算支出。

对于 PPP 项目合同中政府承担的法律风险、政策风险以及因政府方原因导致项目合同终止的违约风险等，不属于政府方应承担的现时义务，不满足负债的确认条件。但是，当相关事项发生，政府方承担的潜在义务转化为现时义务，满足预计负债的确认条件时，政府方应当按照其他政府会计准则制度的相关规定进行会计处理。

五、关于会计科目设置及主要账务处理

（一）应增设的会计科目

1. 政府方应当设置“1841PPP 项目资产”一级科目，核算按照本准则规定确认的 PPP 项目资产，并按照资产类别、项目等进行明细核算。本科目的期末借方余额，反映 PPP 项目资产的账面余额。

2. 政府方应当设置“1842PPP 项目资产累计折旧（摊销）”一级科目，核算按照本准则规定计提的 PPP 项目资产累计折旧（摊销），并按照资产类别、项目等进行明细核算。本科目期末贷方余额，反映政府方计提的 PPP 项目资产折旧（摊销）的累计数。

3. 政府方应当设置“3601PPP 项目净资产”一级科目，核算按照本准则规定所确认的 PPP 项目净资产。本科目的期末贷方余额，反映 PPP 项目净资产的账面余额。

（二）主要账务处理

1.PPP 项目资产取得时的账务处理

（1）社会资本方投资建造形成的 PPP 项目资产，政府方应当在资产验收合格交付使用时，按照确定的成本（包括该项资产自建造开始至验收合格交付使用前所发生的全部必要支出），借记“PPP 项目资产”科目，贷记“PPP 项目净资产”科目。

对于已交付使用但尚未办理竣工财务决算手续的 PPP 项目资产，政府方应当按暂估价值，借记“PPP 项目资产”科目，贷记“PPP 项目净资产”科目；待办理竣工财务决算后，政府方应当按照实际成本与暂估价值的差额，借记或贷记“PPP 项目资产”科目，贷记或借记“PPP 项目净资产”科目。

（2）社会资本方从第三方购买形成的 PPP 项目资产，政府方应当在资产验收合格交付使用时，按照确定的成本（包括该项资产的购买价款、相关税费以及验收合格交付使用前发生的可归属于该项资产的运输费、装卸费、安装费和专业人员服务费等），借记“PPP 项目

资产”科目，贷记“PPP 项目净资产”科目。

（3）使用社会资本方现有资产形成的 PPP 项目资产，政府方应当在 PPP 项目开始运营日，按照该项资产的评估价值，借记“PPP 项目资产”科目，贷记“PPP 项目净资产”科目。

（4）使用政府方现有资产形成的 PPP 项目资产，无需进行资产评估的，政府方应当在 PPP 项目开始运营日，按照该资产的账面价值，借记“PPP 项目资产”科目，按照资产已计提的累计折旧或摊销，借记“公共基础设施累计折旧（摊销）”等科目，按照资产的账面余额，贷记“公共基础设施”等科目；按照相关规定需要进行资产评估的，政府方应当按照资产评估价值，借记“PPP 项目资产”科目，按照资产已计提的累计折旧或摊销，借记“公共基础设施累计折旧（摊销）”等科目，按照资产的账面余额，贷记“公共基础设施”等科目，按照资产评估价值与账面价值的差额贷记“其他收入”科目或借记“其他费用”科目。

（5）社会资本方对政府方原有资产进行改建、扩建形成的 PPP 项目资产，政府方应当在资产验收合格交付使用时，按照资产改建、扩建前的账面价值加上改建、扩建发生的支出，再扣除资产被替换部分账面价值后的金额，借记“PPP 项目资产”科目，按照资产改建、扩建前已计提的累计折旧或摊销，借记“公共基础设施累计折旧（摊销）”等科目，按照资产的账面余额，贷记“公共基础设施”等科目，按照 PPP 项目资产初始入账金额与原有资产账面价值的差额，贷记“PPP 项目净资产”科目。

2.PPP 项目资产在项目运营期间的账务处理

（1）对于为维护 PPP 项目资产的正常使用而发生的日常维修、养护等后续支出，不计入 PPP 项目资产的成本。

（2）对于为增加 PPP 项目资产的使用效能或延长其使用年限而发生的大修、改建、扩建等后续支出，政府方应当在资产验收合格交付使用时，按照相关支出扣除资产被替换部分账面价值的差额，借记“PPP 项目资产”科目，贷记“PPP 项目净资产”科目。

（3）在 PPP 项目运营期间，政府方应当按月对 PPP 项目资产计提折旧（摊销）[在国务院财政部门对 PPP 项目资产折旧（摊销）年限作出规定之前，政府方对 PPP 项目资产暂不计提折旧。]，但社会资本方持续进行良好维护使得其性能得到永久维护的 PPP 项目资产除外。对于作为 PPP 项目资产单独计价入账的土地使用权，政府方应当按照其他政府会计准则制度的规定进行摊销。

政府方初始确认的 PPP 项目净资产金额等于 PPP 项目资产初始入账金额的，按月计提 PPP 项目资产折旧（摊销）时，应当按照计提的 PPP 项目资产折旧（摊销）金额，借记“PPP 项目净资产”科目，贷记“PPP 项目资产累计折旧（摊销）”科目。

政府方初始确认的 PPP 项目净资产金额小于 PPP 项目资产初始入账金额的，按月计提 PPP 项目资产折旧（摊销）时，应当按照计提的 PPP 项目资产折旧（摊销）金额的相应比例（即 PPP 项目净资产初始入账金额占 PPP 项目资产初始入账金额的比例），借记“PPP 项目净资产”科目，按照计提的 PPP 项目资产折旧（摊销）金额，贷记“PPP 项目资产累计折旧（摊销）”科目，按照当期计提的折旧（摊销）金额与所冲减的 PPP 项目净资产金额的差额，借记“业务活动费用”等科目。

3.PPP 项目合同终止时的账务处理

（1）PPP 项目合同终止时，PPP 项目资产按规定移交至政府方的，政府方应当根据 PPP 项目资产的性质和用途，将其重分类为公共基础设施等资产。无需对所移交的 PPP 项目资产进行资产评估的，政府方应当按移交日 PPP 项目资产的账面价值，借记“公共基础设施”等科目，按照已计提的累计折旧（摊销），借记“PPP 项目资产累计折旧（摊销）”科目，按照 PPP 项目资产的账面余额，贷记“PPP 项目资产”科目；按规定需要对所移交的 PPP 项目资产进行资产评估的，政府方应当按照资产评估价值，借记“公共基础设施”等科目，按照已计提的累计折旧（摊销），借记“PPP 项目资产累计折旧（摊销）”科目，按照 PPP 项目资产的账面余额，贷记“PPP 项目资产”科目，按照资产评估价值与 PPP 项目资产账面价值的差额，贷记“其他收入”科目或借记“其他费用”科目。

（2）PPP 项目合同终止时，政府方应当将尚未冲减完的 PPP 项目净资产账面余额转入累计盈余，即按 PPP 项目净资产的账面余额，借记“PPP 项目净资产”科目，贷记“累计盈余”科目。

4. 其他相关业务的账务处理

对于上述规定中未明确的其他相关经济业务或事项，政府方应当按照其他政府会计准则制度的规定进行账务处理。

六、关于财务报表项目

（一）关于资产负债表

1. 政府方应当在“保障性住房净值”和“长期待摊费用”项目之间依次增加“PPP 项目资产”“减：PPP 项目资产累计折旧（摊销）”“PPP 项目资产净值”项目。

2. 政府方应当在“权益法调整”项目和“无偿调拨净资产”项目之间增加“PPP 项目净资产”项目。

（二）关于净资产变动表

1. 政府方应当在“本年数”“上年数”两栏中的“权益法调整”和“净资产合计”项目之间增加“PPP 项目净资产”列项目。

2. 政府方应当在“（六）权益法调整”和“五、本年年末余额”项目之间增加“PPP 项目净资产”行项目。

七、关于新旧衔接规定

（一）关于本准则首次执行时已入库的 PPP 项目合同

对于符合本准则“双特征”和“双控制”标准且已纳入全国 PPP 综合信息平台项目库的 PPP 项目合同，在本准则首次执行日，有关衔接规定如下：

1. 项目资产已由政府方确认为公共基础设施、固定资产等资产的，政府方应当按照所确认资产的账面价值，将其重分类为 PPP 项目资产。具体进行账务处理时，按照资产的账面价值，借记“PPP 项目资产”科目，按照计提的累计折旧或摊销（如果有），借记“公共基础设施累计折旧（摊销）”“固定资产累计折旧”等科目，按照资产账面余额，贷记“公共基础设施”“固定资产”等科目。

2. 项目资产未由政府方确认，但已由社会资本方确认的，政府方应当按照社会资本方确认的资产账面原值，确认 PPP 项目资产，同时确认 PPP 项目净资产。具体进行账务处理时，按照确定的资产入账成本，借记“PPP 项目资产”科目，贷记“PPP 项目净资产”科目。

3. 政府方和社会资本方均未确认的项目资产，政府方应当及时确认入账，并按照以下原则确定其初始入账成本：可以取得相关原始凭据的，其成本按照有关原始凭据注明的金额确定；没有相关凭据可供取得，但按规定经过资产评估的，其成本按照资产评估价值确定；没有相关凭据可供取得、也未经资产评估的，其成本按照重置成本确定。具体进行账务处理时，按照确定的资产入账成本，借记“PPP 项目资产”科目，贷记“PPP 项目净资产”科目。

（二）关于本准则首次执行时未入库的特许经营项目协议

对于符合本准则“双特征”和“双控制”标准但未纳入全国 PPP 综合信息平台项目库的特许经营项目协议，在本准则首次执行日，有关衔接规定如下：

1. 协议中不含提前锁定、固化政府支出责任等兜底条款的，在本准则首次执行日，政府方应当参照已入库项目的新旧衔接规定进行会计处理。

2. 协议中含有提前锁定、固化政府支出责任等兜底条款的，政府方应当按照《政府会计准则第 5 号——公共基础设施》《政府会计准则第 8 号——负债》等准则规定，对政府方控制的公共基础设施及相应的负债进行会计处理。

（三）关于 PPP 项目资产折旧（摊销）政策规定

在国务院财政部门对 PPP 项目资产折旧（摊销）年限作出规定之前，政府方在 PPP 项目资产首次入账时暂不考虑补提折旧（摊销），初始入账后也暂不计提折旧（摊销）。

八、附则

本应用指南自 2021 年 1 月 1 日起施行。

3. 政府会计准则制度解释第 1 号（2019 年颁布）

（财会〔2019〕13 号）

一、关于企业集团中的事业单位会计制度执行问题

企业集团中纳入部门预算编报范围的事业单位（不含执行《军工科研事业单位会计制度》的事业单位，下同）应当按照政府会计准则制度进行会计核算；企业集团中未纳入部门预算编报范围的事业单位，可以不执行《政府会计制度——行政事业单位会计科目和报表》（以下称《政府会计制度》）中的预算会计内容，只执行财务会计内容。

二、关于事业单位长期股权投资的会计处理

（一）事业单位采用权益法核算长期股权投资、且被投资单位编制合并财务报表的，在持有投资期间，应当以被投资单位合并财务报表中归属于母公司的净利润和其他所有者权益变动为基础，计算确定应当调整长期股权投资账面余额的金额，并进行相关会计处理。

（二）事业单位以其持有的科技成果取得的长期股权投资，应当按照评估价值加相关税费作为投资成本。事业单位按规定通过协议定价、在技术交易市场挂牌交易、拍卖等方式确定价格的，应当按照以上方式确定的价格加相关税费作为投资成本。

（三）事业单位处置以科技成果转化形成的长期股权投资，按规定所取得的收入全部留归本单位的，应当按照实际取得的价款，借记“银行存款”等科目，按照被处置长期股权投资的账面余额，贷记“长期股权投资”科目，按照尚未领取的现金股利或利润，贷记“应收股利”科目，按照发生的相关税费等支出，贷记“银行存款”等科目，按照借贷方差额，借记或贷记“投资收益”科目；同时，在预算会计中，按照实际取得的价款，借记“资金结存——货币资金”科目，按照处置时确认的投资收益金额，贷记“投资预算收益”科目，按照贷方差额，贷记“其他预算收入”科目。

（四）权益法下，事业单位处置以现金以外的其他资产取得的（不含科技成果转化形成的）长期股权投资时，按规定将取得的投资收益（此处的投资收益，是指长期股权投资处置价款扣除长期股权投资成本和相关税费后的差额）纳入本单位预算管理的，分别以下两种情况处理：

1. 长期股权投资的账面余额大于其投资成本的，应当按照被处置长期股权投资的成本，借记“资产处置费用”科目，贷记“长期股权投资——成本”科目；同时，按照实际取得的价款，借记“银行存款”等科目，按照尚未领取的现金股利或利润，贷记“应收股利”科目，按照发生的相关税费等支出，贷记“银行存款”等科目，按照长期股权投资的账面余额减去其投资成本的差额，贷记“长期股权投资——损益调整、其他权益变动”科目（以上明细科目为贷方余额的，借记相关明细科目），按照实际取得的价款与被处置长期股权投资账面余额、应收股利账面余额和相关税费支出合计数的差额，贷记或借记“投资收益”科目，按照贷方差额，贷记“应缴财政款”科目。预算会计的账务处理按照《政府会计制度》进行。

这种情况下的会计分录举例如下：

财务会计	预算会计
借：资产处置费用 　　贷：长期股权投资——成本 借：银行存款 　　贷：应收股利（如有） 　　　　长期股权投资——损益调整、其他权益变动（也可能在借方） 　　　　银行存款（相关税费） 　　　　投资收益（取得价款与投资账面余额、应收股利账面余额和相关税费支出合计数的差额） 　　　　应缴财政款	借：资金结存——货币资金 　　贷：投资预算收益（取得价款减去投资成本和相关税费后的金额）

2. 长期股权投资的账面余额小于或等于其投资成本的，应当按照被处置长期股权投资的账面余额，借记"资产处置费用"科目，按照长期股权投资各明细科目的余额，贷记"长期股权投资——成本"科目，贷记或借记"长期股权投资——损益调整、其他权益变动"科目；同时，按照实际取得的价款，借记"银行存款"等科目，按照尚未领取的现金股利或利润，贷记"应收股利"科目，按照发生的相关税费等支出，贷记"银行存款"等科目，按照实际取得的价款大于被处置长期股权投资成本、应收股利账面余额和相关税费支出合计数的差额，贷记"投资收益"科目，按照贷方差额，贷记"应缴财政款"科目。预算会计的账务处理按照《政府会计制度》进行。

这种情况下的会计分录举例如下：

财务会计	预算会计
借：资产处置费用（投资账面余额） 　　长期股权投资——损益调整、其他权益变动（部分明细科目余额也可能在贷方） 　　贷：长期股权投资——成本 借：银行存款 　　贷：应收股利（如有） 　　　　银行存款（相关税费） 　　　　投资收益（取得价款大于投资成本、应收股利账面余额和相关税费支出合计数的差额） 　　　　应缴财政款	借：资金结存——货币资金 　　贷：投资预算收益（取得价款减去投资成本和相关税费后的金额）

（五）事业单位按规定应将长期股权投资持有期间取得的投资净收益，以及以现金取得的长期股权投资处置时取得的净收入（处置价款扣除投资本金和相关税费后的净额）上缴本级财政并纳入一般公共预算管理的，在应收或收到上述有关款项时不确认投资收益，应通过"应缴财政款"科目核算。

三、关于单位年末暂收暂付非财政资金的会计处理

单位对于纳入本年度部门预算管理的现金收支业务，在采用财务会计核算的同时应当及时进行预算会计核算。年末结账前，单位应当对暂收暂付款项进行全面清理，并对于纳入本年度部门预算管理的暂收暂付款项进行预算会计处理，确认相关预算收支，确保预算会计信息能够完整反映本年度部门预算收支执行情况。

（一）对于纳入本年度部门预算管理的暂付款项，按照《政府会计制度》规定，单位在支付款项时可不做预算会计处理，待结算或报销时，按照结算或报销的金额，借记相关预算支出科目，贷记“资金结存”科目。但是，在年末结账前，对于尚未结算或报销的暂付款项，单位应当按照暂付的金额，借记相关预算支出科目，贷记“资金结存”科目。以后年度，实际结算或报销金额与已计入预算支出的金额不一致的，单位应当通过相关预算结转结余科目“年初余额调整”明细科目进行处理。

（二）对于应当纳入下一年度部门预算管理的暂收款项，单位在收到款项时，借记“银行存款”等科目，贷记“其他应付款”科目；本年度不做预算会计处理。待下一年初，单位应当按照上年暂收的款项金额，借记“其他应付款”科目，贷记有关收入科目；同时在预算会计中，按照暂收款项的金额，借记“资金结存”科目，贷记有关预算收入科目。

对于应当纳入下一年度部门预算管理的暂付款项，单位在付出款项时，借记“其他应收款”科目，贷记“银行存款”等科目，本年度不做预算会计处理。待下一年实际结算或报销时，单位应当按照实际结算或报销的金额，借记有关费用科目，按照之前暂付的款项金额，贷记“其他应收款”科目，按照退回或补付的金额，借记或贷记“银行存款”等科目；同时，在预算会计中，按照实际结算或报销的金额，借记有关支出科目，贷记“资金结存”科目。下一年度内尚未结算或报销的，按照上述（一）中的规定处理。

（三）对于不纳入部门预算管理的暂收暂付款项（如应上缴、应转拨或应退回的资金），单位应当按照《政府会计制度》规定，仅作财务会计处理，不做预算会计处理。

四、关于由有关部门统一管理，但由其他部门占有、使用的固定资产的会计处理

按规定由本级政府机关事务管理等部门统一管理（如仅持有资产的产权证等），但具体由其他部门占有、使用的固定资产，应当由占有、使用该资产的部门作为会计确认主体，对该资产进行会计核算。

2019 年 1 月 1 日前相关部门未按照上述规定对某项固定资产进行会计核算的，在新旧会计制度转换时，按照以下规定处理：

（一）该项固定资产已经在其统一管理的部门入账的，负责资产统一管理的部门应当按照该项固定资产已经计提的折旧金额（按照原制度已经计提折旧的），借记新账的“固定资产累计折旧”科目，按照该项固定资产的账面余额，贷记新账的“固定资产”科目，按其差额，借记新账的“累计盈余”科目；占有、使用该资产的部门应当按照该项固定资产在统一管理部门记录的账面余额，借记新账的“固定资产”科目，按照该项资产在统一管理部门已经计提的折旧金额（按照原制度已经计提折旧的），贷记新账的“固定资产累计折旧”科目，按其差额，贷记新账的“累计盈余”科目。

（二）该项固定资产尚未登记入账的，应当由占有、使用该项资产的部门按照盘盈资产进行处理，具体账务处理参照财政部已经印发的相关衔接规定执行。

在按照上述规定进行新旧制度衔接时，相关会计主体的会计处理应当协调一致，确保资产确认不重复、不遗漏。在新旧制度衔接中，如涉及资产产权变更或实物资产划拨等事项，相关会计主体应当按照资产管理有关规定办理。

多个部门共同占用、使用同一项固定资产，且该项固定资产由本级政府机关事务管理等部门统一管理并负责后续维护、改造的，由本级政府机关事务管理等部门作为确认主体，对该项固定资产进行会计核算。

同一部门内部所属单位共同占有、使用同一项固定资产，或者所属事业单位占有、使用部门本级拥有产权的固定资产的，按照本部门规定对固定资产进行会计核算。

五、关于单位无偿调入资产的账务处理

按照相关政府会计准则规定，单位（调入方）接受其他政府会计主体无偿调入的固定资产、无形资产、公共基础设施等资产，其成本按照调出方的账面价值加上相关税费确定。

但是，无偿调入资产在调出方的账面价值为零（即已经按制度规定提足折旧）或者账面余额为名义金额的，单位（调入方）应当将调入过程中其承担的相关税费计入当期费用，不计入调入资产的初始入账成本。

无偿调入资产在调出方的账面价值为零的，单位（调入方）在进行财务会计处理时，应当按照该项资产在调出方的账面余额，借记“固定资产”“无形资产”等科目，按照该项资产在调出方已经计提的折旧或摊销金额（与资产账面余额相等），贷记“固定资产累计折旧”“无形资产累计摊销”等科目；按照支付的相关税费，借记“其他费用”科目，贷记“零余额账户用款额度”“银行存款”等科目。同时，在预算会计中按照支付的相关税费，借记“其他支出”科目，贷记“资金结存”科目。

无偿调入资产在调出方的账面余额为名义金额的，单位（调入方）在进行财务会计处理时，应当按照名义金额，借记“固定资产”“无形资产”等科目，贷记“无偿调拨净资产”科目；按照支付的相关税费，借记“其他费用”科目，贷记“零余额账户用款额度”“银行存款”等科目。同时，在预算会计中按照支付的相关税费，借记“其他支出”科目，贷记“资金结存”科目。

六、关于“业务活动费用”和“单位管理费用”科目的核算范围

按照《政府会计制度》规定，“业务活动费用”科目核算单位为实现其职能目标、依法履职或开展专业业务活动及其辅助活动所发生的各项费用。“单位管理费用”科目核算事业单位本级行政及后勤管理部门开展管理活动发生的各项费用，包括单位行政及后勤管理部门发生的人员经费、公用经费、资产折旧（摊销）等费用，以及由单位统一负担的离退休人员经费、工会经费、诉讼费、中介费等。

按照上述规定，行政单位不使用“单位管理费用”科目，其为实现其职能目标、依法履职发生的各项费用均计入“业务活动费用”科目。事业单位应当同时使用“业务活动费用”和“单位管理费用”科目，其业务部门开展专业业务活动及其辅助活动发生的各项费用计入“业务活动费用”科目，其本级行政及后勤管理部门发生的各项费用以及由单位统一负担的费用计入“单位管理费用”科目。

事业单位应当按照《政府会计制度》的规定，结合本单位实际，确定本单位业务活动费用和单位管理费用划分的具体会计政策。

七、关于“保障性住房”科目的核算范围

《政府会计制度》中规定的“保障性住房”科目，核算单位为满足社会公共需要而控制的保障性住房的原值。此处的保障性住房，主要指地方政府住房保障主管部门持有全部或部分产权份额、纳入城镇住房保障规划和年度计划、向符合条件的保障对象提供的住房。

八、关于第三方支付平台账户资金的会计科目适用问题

单位通过支付宝、微信等方式取得相关收入的，对于尚未转入银行存款的支付宝、微信收付款等第三方支付平台账户的余额，应当通过“其他货币资金”科目核算。

九、关于有关往来科目和收入、费用科目明细信息的披露

单位在按照债务人（债权人）对应收款项（应付款项）进行明细核算的基础上，应当在财务报表附注中按照债务人（债权人）分类对应收款项（应付款项）进行披露。债务人（债权人）类别主要分为本部门内部单位（指纳入单位所属部门财务报告合并范围的单位，下同）、本部门以外同级政府单位、本部门以外非同级政府单位和其他单位。

单位在按照收入来源（支付对象）对有关收入科目（费用科目）进行明细核算的基础上，应当在财务报表附注中按照收入来源（支付对象）分类对有关收入（费用）进行披露。收入来源（支付对象）主要分为本部门内部单位、本部门以外同级政府单位、本部门以外非同级政府单位和其他单位。

单位按照《政府会计制度》中财务报表附注所列格式分类对应收款项、应付款项、有

关收入和费用进行具体披露时，应当遵循重要性原则。单位对重要性的判断，应当依据《政府会计准则第 9 号——财务报表编制和列报》，并考虑满足编制合并财务报表的信息需要，即相关合并主体能够基于单位所披露的信息，抵销合并主体与被合并主体之间、被合并主体相互之间发生的债权债务、收入费用等内部业务或事项对财务报表的影响。

十、关于单位售房款的会计处理

中央级行政事业单位应当自 2019 年 1 月 1 日起，将归属于本单位的售房款及其利息收入纳入部门预算管理，并按照《政府会计制度》统一进行会计核算。收到售房款项（售房收入扣除按标准计提的住宅专项维修资金）及其利息收入时，借记“银行存款”科目，贷记“其他收入”科目；同时在预算会计中借记“资金结存”科目，贷记“其他预算收入”科目。按规定使用售房款发放购房补贴的，计提购房补贴费用时，借记“业务活动费用”“单位管理费用”等科目，贷记“应付职工薪酬”科目的相关明细科目；发放购房补贴时，借记“应付职工薪酬”科目的相关明细科目，贷记“银行存款”等科目，同时在预算会计中借记“行政支出”“事业支出”等科目，贷记“资金结存”科目。

新旧会计制度转换时，中央级行政单位和中央级事业单位应当分别进行如下会计处理：

（一）行政单位在原账中将售房款作为负债（其他应付款或长期应付款等）核算的，应当将有关负债科目的相关明细科目余额，转入新账财务会计中的“累计盈余”科目；同时，按照相同金额在新账预算会计中借记“资金结存”科目，贷记“非财政拨款结转”相关明细科目。

行政单位原对售房款单独建账、单独核算（即未将售房款资金纳入“大账”核算）的，应当将售房款资金统一纳入“大账”核算，按照有关账套（或台账）核算的售房款余额，在新账财务会计中借记“银行存款”等科目，贷记“累计盈余”科目；同时，按照相同金额在新账预算会计中借记“资金结存”科目，贷记“非财政拨款结转”相关明细科目。

（二）事业单位在原账中将售房款记入“专用基金”科目的，应当将“专用基金”科目相关明细科目的余额，转入新账财务会计中的“累计盈余”科目；同时，按照相同金额在新账预算会计中借记“资金结存”科目，贷记“非财政拨款结转”相关明细科目。

尚未将单位售房款纳入财政统筹使用的省级及以下行政事业单位，应当比照本解释中有关中央级行政事业单位售房款的会计处理规定执行。

十一、关于单位集中管理的住宅专项维修资金的会计处理

单位对于其集中管理的住宅专项维修资金，属于按规定从本单位售房收入中提取的，应当比照本解释中有关单位售房款的规定进行会计处理；属于本单位职工个人缴存的，应当作为受托代理业务，按照《政府会计制度》的规定进行会计处理。

专门从事住宅专项维修资金管理的单位所管理的住宅专项维修资金的会计核算，由财政部另行规定。

十二、本解释自 2019 年 1 月 1 日起施行。

4. 政府会计准则制度解释第 2 号（2019 年颁布）

（财会〔2019〕24 号）

一、关于归垫资金的账务处理

行政事业单位（以下简称单位）按规定报经财政部门审核批准，在财政授权支付用款额度或财政直接支付用款计划下达之前，用本单位实有资金账户资金垫付相关支出，再通过财政授权支付方式或财政直接支付方式将资金归还原垫付资金账户的，应当按照以下规定进行账务处理：

（一）用本单位实有资金账户资金垫付相关支出时，按照垫付的资金金额，借记“其他应收款”科目，贷记“银行存款”科目；预算会计不做处理。

（二）通过财政直接支付方式或授权支付方式将资金归还原垫付资金账户时，按照归垫的资金金额，借记“银行存款”科目，贷记“财政拨款收入”科目，并按照相同的金额，借记“业务活动费用”等科目，贷记“其他应收款”科目；同时，在预算会计中，按照相同的金额，借记“行政支出”“事业支出”等科目，贷记“财政拨款预算收入”科目。

二、关于从本单位零余额账户向本单位实有资金账户划转资金的账务处理

单位在某些特定情况下按规定从本单位零余额账户向本单位实有资金账户划转资金用于后续相关支出的，可在“银行存款”或“资金结存——货币资金”科目下设置“财政拨款资金”明细科目，或采用辅助核算等形式，核算反映按规定从本单位零余额账户转入实有资金账户的资金金额，并应当按照以下规定进行账务处理：

（一）从本单位零余额账户向实有资金账户划转资金时，按照划转的资金金额，借记“银行存款”科目，贷记“零余额账户用款额度”科目；同时，在预算会计中借记“资金结存——货币资金”科目，贷记“资金结存——零余额账户用款额度”科目。

（二）将本单位实有资金账户中从零余额账户划转的资金用于相关支出时，按照实际支付的金额，借记“应付职工薪酬”“其他应交税费”等科目，贷记“银行存款”科目；同时，在预算会计中借记“行政支出”“事业支出”等支出科目下的“财政拨款支出”明细科目，贷记“资金结存——货币资金”科目。

三、关于从财政科研项目中计提项目间接费用或管理费的账务处理

单位按规定从财政科研项目中计提项目间接费用或管理费的，应当按照以下规定进行账务处理：

（一）从财政科研项目中计提项目间接费用或管理费时，按照计提的金额，借记“业务活动费用”“单位管理费用”等科目，贷记“预提费用——项目间接费用或管理费”科目；预算会计不做处理。

（二）按规定将计提的项目间接费用或管理费从本单位零余额账户划转到实有资金账户的，按照本解释“二、关于从本单位零余额账户向本单位实有资金账户划转资金的账务处理”的相关规定处理。

（三）使用计提的项目间接费用或管理费时，在财务会计下，按照实际支付的金额，借记“预提费用——项目间接费用或管理费”科目，贷记“银行存款”“零余额账户用款额度”“财政拨款收入”等科目。使用计提的项目间接费用或管理费购买固定资产、无形资产的，按照固定资产、无形资产的成本金额，借记“固定资产”“无形资产”科目，贷记“银行存款”“零余额账户用款额度”“财政拨款收入”等科目；同时，按照相同的金额，借记“预提费用——项目间接费用或管理费”科目，贷记“累计盈余”科目。

同时，在预算会计下，按照实际支付的金额，借记“事业支出”等支出科目下的“财政拨款支出”明细科目，贷记“资金结存”“财政拨款预算收入”科目。

四、关于事业单位按规定需将长期股权投资持有期间取得的投资收益上缴财政的账务处理

事业单位按规定需将长期股权投资持有期间取得的投资收益上缴本级财政的，应当按照以下规定进行账务处理：

（一）长期股权投资采用成本法核算的，被投资单位宣告发放现金股利或利润时，事业单位按照应收的金额，借记“应收股利”科目，贷记“投资收益”科目；收到现金股利或利润时，借记“银行存款”等科目，贷记“应缴财政款”科目，同时按照此前确定的应收股利金额，借记“投资收益”科目或“累计盈余”科目（此前确认的投资收益已经结转的），贷记“应收股利”科目；将取得的现金股利或利润上缴财政时，借记“应缴财政款”科目，

贷记“银行存款”等科目。

（二）长期股权投资采用权益法核算的，被投资单位实现净利润的，按照应享有的份额，借记“长期股权投资——损益调整”科目，贷记“投资收益”科目；被投资单位宣告发放现金股利或利润时，单位按照应享有的份额，借记“应收股利”科目，贷记“长期股权投资——损益调整”科目；收到现金股利或利润时，借记“银行存款”等科目，贷记“应缴财政款”科目，同时按照此前确定的应收股利金额，借记“投资收益”科目或“累计盈余”科目（此前确认的投资收益已经结转的），贷记“应收股利”科目；将取得的现金股利或利润上缴财政时，借记“应缴财政款”科目，贷记“银行存款”等科目。

五、关于收取差旅伙食费和市内交通费的账务处理

接待单位按规定收取出差人员差旅伙食费和市内交通费并出具相关票据的，应当按照以下规定进行账务处理：

（一）单位不承担支出责任的，应当按照收到的款项金额，借记“库存现金”等科目，贷记“其他应付款”科目或“其他应收款”科目（前期已垫付资金的）；向其他会计主体转付款时，借记“其他应付款”科目，贷记“库存现金”等科目。预算会计不做处理。

（二）单位承担支出责任的，应当按照收到的款项金额，借记“库存现金”等科目，贷记相关费用科目；同时在预算会计中借记“资金结存”科目，贷记相关支出科目。

单位如因开具税务发票承担增值税等纳税义务的，按照《政府会计制度——行政事业单位会计科目和报表》（以下简称《政府会计制度》）相关规定处理。

六、关于专利权维护费的会计处理

单位应当按照《政府会计准则第 4 号——无形资产》规定，将依法取得的专利权确认为无形资产，并进行后续摊销。在以后年度，单位按照相关规定发生的专利权维护费，应当在发生时计入当期费用，原确定的无形资产摊销年限不据此调整。

七、关于公费医疗经费的会计处理

享受公费医疗待遇的单位从所在地公费医疗管理机构取得的公费医疗经费，应当在实际取得时计入非同级财政拨款收入（非同级财政拨款预算收入），在实际支用时计入相关费用（支出）。

八、关于单位基本建设会计有关问题

（一）关于基本建设项目会计核算主体

基本建设项目应当由负责编报基本建设项目预决算的单位（即建设单位）作为会计核算主体。建设单位应当按照《政府会计制度》规定在相关会计科目下分项目对基本建设项目进行明细核算。

基本建设项目管理涉及多个主体难以明确识别会计核算主体的，项目主管部门应当按照《基本建设财务规则》相关规定确定建设单位。

建设项目按照规定实行代建制的，代建单位应当配合建设单位做好项目会计核算和财务管理的基础工作。

（二）关于代建制项目的会计处理

建设项目实行代建制的，建设单位应当要求代建单位通过工程结算或年终对账确认在建工程成本的方式，提供项目明细支出、建设工程进度和项目建设成本等资料，归集“在建工程”成本，及时核算所形成的“在建工程”资产，全面核算项目建设成本等情况。有关账务处理如下：

1. 关于建设单位的账务处理

（1）拨付代建单位工程款时，按照拨付的款项金额，借记“预付账款——预付工程款”科目，贷记“财政拨款收入”“零余额账户用款额度”“银行存款”等科目；同时，在预算会计中借记“行政支出”“事业支出”等科目，贷记“财政拨款预算收入”“资金结存”

科目。

（2）按照工程进度结算工程款或年终代建单位对账确认在建工程成本时，按照确定的金额，借记“在建工程”科目下的“建筑安装工程投资”等明细科目，贷记“预付账款——预付工程款”等科目。

（3）确认代建管理费时，按照确定的金额，借记“在建工程”科目下的“待摊投资”明细科目，贷记“预付账款——预付工程款”等科目。

（4）项目完工交付使用资产时，按照代建单位转来在建工程成本中尚未确认入账的金额，借记“在建工程”科目下的“建筑安装工程投资”等明细科目，贷记“预付账款——预付工程款”等科目；同时，按照在建工程成本，借记“固定资产”“公共基础设施”等科目，贷记“在建工程”科目。

工程结算、确认代建费或竣工决算时涉及补付资金的，应当在确认在建工程的同时，按照补付的金额，贷记“财政拨款收入”“零余额账户用款额度”“银行存款”等科目；同时在预算会计中进行相应的账务处理。

2. 关于代建单位的账务处理

代建单位为事业单位的，应当设置“1615 代建项目”一级科目，并与建设单位相对应，按照工程性质和类型设置“建筑安装工程投资”“设备投资”“待摊投资”“其他投资”“待核销基建支出”“基建转出投资”等明细科目，对所承担的代建项目建设成本进行会计核算，全面反映工程的资金资源消耗情况；同时，在“代建项目”科目下设置“代建项目转出”明细科目，通过工程结算或年终对账确认在建工程成本的方式，将代建项目的成本转出，体现在建设单位相应“在建工程”账上。年末，“代建项目”科目应无余额。有关账务处理规定如下：

（1）收到建设单位拨付的建设项目资金时，按照收到的款项金额，借记“银行存款”等科目，贷记“预收账款——预收工程款”科目。预算会计不做处理。

（2）工程项目使用资金或发生其他耗费时，按照确定的金额，借记“代建项目”科目下的“建筑安装工程投资”等明细科目，贷记“银行存款”“应付职工薪酬”“工程物资”“累计折旧”等科目。预算会计不做处理。

（3）按工程进度与建设单位结算工程款或年终与建设单位对账确认在建工程成本并转出时，按照确定的金额，借记“代建项目——代建项目转出”科目，贷记“代建项目”科目下的“建筑安装工程投资”等明细科目，同时，借记“预收账款——预收工程款”等科目，贷记“代建项目——代建项目转出”科目。

（4）确认代建费收入时，按照确定的金额，借记“预收账款——预收工程款”等科目，贷记有关收入科目；同时，在预算会计中借记“资金结存”科目，贷记有关预算收入科目。

（5）项目完工交付使用资产时，按照代建项目未转出的在建工程成本，借记“代建项目——代建项目转出”科目，贷记“代建项目”科目下的“建筑安装工程投资”等明细科目，同时，借记“预收账款——预收工程款”等科目，贷记“代建项目——代建项目转出”科目。

工程竣工决算时收到补付资金的，按照补付的金额，借记“银行存款”等科目，贷记“预收账款——预收工程款”科目。

代建单位为企业的，按照企业类会计准则制度相关规定进行账务处理。

3. 关于新旧衔接的规定

建设单位在首次执行本解释时尚未登记应确认的在建工程的，应当按照本解释规定确定的建设成本，借记“在建工程”科目，贷记“累计盈余”科目。代建单位在首次执行本解释时已将代建项目登记为在建工程的，应当按照“在建工程”科目余额，借记“累计盈余”科目，贷记“在建工程”科目。建设单位应与代建单位做好在建工程入账的协调，确保在建工程在记账上不重复、不遗漏。

（三）关于“在建工程”科目有关账务处理规定

1. 工程交付使用时，单位应当按照合理的分配方法分配待摊投资，借记“在建工程——建筑安装工程投资、设备投资”科目，贷记“在建工程——待摊投资”科目；待摊投资中有按规定应当分摊计入转出投资价值和待核销基建支出的，还应当借记“在建工程——待核销基建支出、基建转出投资”科目，贷记“在建工程——待摊投资”科目。

2. 建设项目竣工验收交付使用时，按规定直接转入建设单位以外的会计主体的，建设单位应当按照转出的建设项目的成本，借记“在建工程——基建转出投资”科目，贷记“在建工程——建筑安装工程投资、设备投资”科目；同时，借记“无偿调拨净资产”科目，贷记“在建工程——基建转出投资”科目。

建设项目竣工验收交付使用时，按规定先转入建设单位、再无偿划拨给其他会计主体的，建设单位应当按照《政府会计制度》规定，先将在建工程转入“固定资产”“公共基础设施”等科目，再按照无偿调拨资产相关规定进行账务处理。

建设单位与资产调入方应当按规定做好资产核算工作的衔接和相关会计资料的交接，确保交付使用资产在记账上不重复、不遗漏。

（四）关于基本建设项目的明细科目或辅助核算

单位按照《政府会计制度》对基本建设项目进行会计核算的，应当通过在有关会计科目下设置与基本建设项目相关的明细科目或增加标记，或设置基建项目辅助账等方式，满足基本建设项目竣工决算报表编制的需要。

九、关于部门（单位）合并财务报表范围

（一）部门（单位）合并财务报表合并范围确定的一般原则

按照《政府会计准则第 9 号——财务报表编制和列报》规定，部门（单位）合并财务报表的合并范围一般应当以财政预算拨款关系为基础予以确定。有下级预算单位的部门（单位）为合并主体，其下级预算单位为被合并主体。合并主体应当将其全部被合并主体纳入合并财务报表的合并范围。

通常情况下，纳入本部门预决算管理的行政事业单位和社会组织（包括社会团体、基金会和社会服务机构，下同）都应当纳入本部门（单位）合并财务报表范围。

（二）除满足一般原则的会计主体外，以下会计主体也应当纳入部门（单位）合并财务报表范围

1. 部门（单位）所属的未纳入部门预决算管理的事业单位。

2. 部门（单位）所属的纳入企业财务管理体系执行企业类会计准则制度的事业单位。

3. 财政部规定的应当纳入部门（单位）合并财务报表范围的其他会计主体。

（三）以下会计主体不纳入部门（单位）合并财务报表范围

1. 部门（单位）所属的企业，以及所属企业下属的事业单位。

2. 与行政机关脱钩的行业协会商会。

3. 部门（单位）财务部门按规定单独建账核算的会计主体，如工会经费、党费、团费和土地储备资金、住房公积金等资金（基金）会计主体。

4. 挂靠部门（单位）的没有财政预算拨款关系的社会组织以及非法人性质的学术团体、研究会等。

单位内部非法人独立核算单位的核算及合并问题，按照《政府会计制度》及相关补充规定执行。

十、关于工会系统适用的会计制度

县级及以上总工会和基层工会组织应当执行《工会会计制度》（财会〔2009〕7 号），工会所属事业单位应当执行政府会计准则制度，工会所属企业应当执行企业类会计准则制

度，挂靠工会管理的社会团体应当按规定执行《民间非营利组织会计制度》（财会〔2004〕7号，下同）。

十一、关于纳入部门预决算管理的社会组织适用的会计制度

纳入部门预决算管理的社会组织，原执行《事业单位会计制度》（财会〔2012〕22号）的，应当自2019年1月1日起执行政府会计准则制度；原执行《民间非营利组织会计制度》的，仍然执行《民间非营利组织会计制度》。

十二、关于本解释生效日期及新旧衔接规定

本解释第一至第八项自2020年1月1日起施行，允许单位提前采用；第九项适用于2019年度及以后期间的财务报表；第十项、十一项自2019年1月1日起施行。

本解释除第八项（二）以外，其余各项首次施行时均采用未来适用法。

5. 政府会计准则制度解释第3号（2020年颁布）

（财会〔2020〕15号）

一、关于接受捐赠业务的会计处理

（一）行政事业单位（以下简称单位）按规定接受捐赠，应当区分以下情况进行会计处理：

1. 单位取得捐赠的货币资金按规定应当上缴财政的，应当按照《政府会计制度——行政事业单位会计科目和报表》（以下简称《政府会计制度》）中“应缴财政款”科目相关规定进行财务会计处理。预算会计不做处理。

2. 单位接受捐赠人委托转赠的资产，应当按照《政府会计制度》中受托代理业务相关规定进行财务会计处理。预算会计不做处理。

3. 除上述两种情况外，单位接受捐赠取得的资产，应当按照《政府会计制度》中“捐赠收入”科目相关规定进行财务会计处理；接受捐赠取得货币资金的，还应当同时按照“其他预算收入”科目相关规定进行预算会计处理。

（二）单位接受捐赠的非现金资产的初始入账成本，应当根据《政府会计准则第1号——存货》第十一条、《政府会计准则第3号——固定资产》第十二条、《政府会计准则第4号——无形资产》第十三条、《政府会计准则第5号——公共基础设施》第十三条、《政府会计准则第6号——政府储备物资》第十条等规定确定。

上述准则条款中所称“凭据”，包括发票、报关单、有关协议等。有确凿证据表明凭据上注明的金额高于受赠资产同类或类似资产的市场价格30%或达不到其70%的，则应当以同类或类似资产的市场价格确定成本。

上述准则条款中所称“同类或类似资产的市场价格”，一般指取得资产当日捐赠方自产物资的出厂价、所销售物资的销售价、非自产或销售物资在知名大型电商平台同类或类似商品价格等。如果存在政府指导价或政府定价的，应符合其规定。

（三）单位作为主管部门或上级单位向其附属单位分配受赠的货币资金，应当按照《政府会计制度》中“对附属单位补助费用（支出）”科目相关规定处理；单位按规定向其附属单位以外的其他单位分配受赠的货币资金，应当按照《政府会计制度》中“其他费用（支出）”科目相关规定处理。

单位向政府会计主体分配受赠的非现金资产，应当按照《政府会计制度》中“无偿调拨净资产”科目相关规定处理；单位向非政府会计主体分配受赠的非现金资产，应当按照《政府会计制度》中“资产处置费用”科目相关规定处理。

（四）单位使用、处置受赠资产，应当按照《政府会计制度》相关规定进行会计处理。处置受赠资产取得的净收入（取得价款扣减支付的相关税费后的金额），按规定上缴财政的，应当通过"应缴财政款"科目核算；按规定纳入本单位预算管理的，应当通过"其他（预算）收入"科目核算。

二、关于政府对外投资业务的会计处理

（一）《政府会计准则第2号——投资》（以下简称2号准则）所称"股权投资"，是指政府会计主体持有的各类股权投资资产，包括国际金融组织股权投资、投资基金股权投资、企业股权投资等。政府财政总预算会计应当按照财政总预算会计制度相关规定对本级政府持有的各类股权投资资产进行核算。

（二）根据国务院和地方人民政府授权、代表本级人民政府对国家出资企业履行出资人职责的单位，与其履行出资人职责的国家出资企业之间不存在股权投资关系，其履行出资人职责的行为不适用2号准则规定，不作为单位的投资进行会计处理。通过单位账户对国家出资企业投入货币资金，纳入本单位预算管理的，应当按照《政府会计制度》中"其他费用（支出）"科目相关规定处理；不纳入本单位预算管理的，应当按照《政府会计制度》中"其他应付款"科目相关规定处理。

本解释施行前有关单位将国家出资企业计入本单位长期股权投资的，应当自本解释施行之日，将原"长期股权投资"科目余额中的相关账面余额转出，借记"累计盈余"科目（以前年度出资）或"其他费用"科目（本年度出资），贷记"长期股权投资"科目，并将相应的"权益法调整"科目余额（如有）转入"累计盈余"科目。

（三）单位按规定出资成立非营利法人单位，如事业单位、社会团体、基金会等，不适用2号准则规定，出资时应当按照出资金额，借记"其他费用"科目，贷记"银行存款"等科目；同时，在预算会计中借记"其他支出"科目，贷记"资金结存"科目。单位应当对出资成立的非营利法人单位设置备查簿进行登记。

本解释施行前单位出资成立非营利法人单位并将出资金额计入长期股权投资的，应当自本解释施行之日，将原"长期股权投资"科目余额中对非营利法人单位的出资金额转出，借记"累计盈余"科目（以前年度出资）或"其他费用"科目（本年度出资），贷记"长期股权投资"科目。

三、关于政府债券的会计处理

根据《政府会计准则第8号——负债》（以下简称8号准则）第七条规定，政府发行的政府债券属于政府举借的债务。有关政府债券的会计处理规定如下：

（一）财政总预算会计的处理。

政府财政总预算会计应当按照8号准则和财政总预算会计制度相关规定对政府债券进行会计处理。

（二）使用政府债券资金的单位的会计处理。

1. 单位实际从同级财政取得政府债券资金的，应当借记"银行存款""零余额账户用款额度"等科目，贷记"财政拨款收入"科目；同时在预算会计中借记"资金结存"等科目，贷记"财政拨款预算收入"科目。

按照预算管理要求需对政府债券资金单独反映的，应当在"财政拨款（预算）收入"科目下进行明细核算。例如，取得地方政府债券资金的，应当根据地方政府债券类别按照"地方政府一般债券资金收入""地方政府专项债券资金收入"等进行明细核算。

2. 同级财政以地方政府债券置换单位原有负债的，单位应当借记"长期借款""应付利息"等科目，贷记"累计盈余"科目。预算会计不做处理。

3. 单位需要向同级财政上缴专项债券对应项目专项收入的，取得专项收入时，应当借记"银行存款"等科目，贷记"应缴财政款"科目；实际上缴时，借记"应缴财政款"科目，

贷记“银行存款”等科目。预算会计不做处理。

4. 单位应当对使用地方政府债券资金所形成的资产、上缴的专项债券对应项目专项收入进行辅助核算或备查簿登记。

四、关于报告日后调整事项的会计处理

（一）单位应当按规定的结账日进行结账，不得提前或者延迟。年度结账日为公历年度每年的12月31日，即《政府会计准则第7号——会计调整》（以下简称7号准则）所称的年度报告日。年度终了结账时，所有总账账户都应当结出全年发生额和年末余额，并将各账户的余额结转到下一会计年度。单位不得对已记账凭证进行删除、插入或修改。

7号准则规定的“报告日以后发生的调整事项”（以下简称报告日后调整事项）是指自报告日至报告批准报出日之间发生的、单位获得新的或者进一步的证据有助于对报告日存在状况的有关金额作出重新估计的事项，包括已证实资产发生了减损、已确定获得或者支付的赔偿、财务舞弊或者差错等。报告批准报出日一般为财政部门审核通过后，单位负责人批准报告报出的日期。

对于报告日后调整事项，单位应当按照7号准则第十八条的规定进行会计处理，具体规定如下：

1. 在发生调整事项的期间进行账务处理：

（1）涉及盈余调整的事项，通过“以前年度盈余调整”科目核算。调整增加以前年度收入或调整减少以前年度费用的事项，记入“以前年度盈余调整”科目的贷方；反之，记入“以前年度盈余调整”科目的借方。

（2）涉及预算收支调整的事项，通过“财政拨款结转”“财政拨款结余”“非财政拨款结转”“非财政拨款结余”等科目下“年初余额调整”明细科目核算。调整增加以前年度预算收入或调整减少以前年度预算支出的事项，记入“年初余额调整”明细科目的贷方；反之，记入“年初余额调整”明细科目的借方。

（3）不涉及盈余调整或预算收支调整的事项，调整相关科目。

2. 调整会计报表和附注相关项目的金额：

（1）报告日编制的会计报表相关项目的期末数或（和）本年发生数。

（2）调整事项发生当期编制的会计报表相关项目的期初数或（和）上年数。

（3）经过上述调整后，如果涉及报表附注内容的，还应作出相应调整或说明。

（二）单位在报告日至报告批准报出日之间发现的报告期以前期间的重大会计差错，应当根据7号准则第十五条第一款和第十八条的规定进行会计处理，具体规定如下：

1. 按照本条（一）关于报告日后调整事项账务处理的规定，在发现差错的期间进行账务处理。

2. 调整会计报表和附注相关项目的金额：

（1）影响收入、费用或者预算收支的，应当将会计差错对收入、费用或者预算收支的影响或者累积影响调整报告期期初、期末会计报表相关净资产项目或者预算结转结余项目，并调整其他相关项目的期初、期末数或（和）本年发生数；不影响收入、费用或者预算收支的，应当调整报告期相关项目的期初、期末数。

（2）调整发现差错当期编制的会计报表相关项目的期初数或（和）上年数。

（3）经过上述调整后，如果涉及报表附注内容的，还应作出相应调整或说明。

（三）单位在报告日至报告批准报出日之间发现的报告期间的会计差错或报告期以前期间的非重大会计差错、影响或者累积影响不能合理确定的重大会计差错，应当根据7号准则第十五条第二款规定执行，具体按照本条（一）的规定进行会计处理。

五、关于生效日期

本解释自公布之日起施行。

6. 政府会计准则制度解释第 4 号（2021 年颁布）

（财会〔2021〕33 号）

一、关于参照公务员法管理的事业单位适用的会计科目

《政府会计制度——行政事业单位会计科目和报表》（以下简称《政府会计制度》）适用于各级各类行政单位和事业单位（以下统称单位）。通常情况下，参照公务员法管理的事业单位（以下简称参公单位）执行《行政单位财务规则》的，应当使用《政府会计制度》中适用于行政单位的会计科目；执行《事业单位财务规则》的，应当使用《政府会计制度》中适用于事业单位的会计科目。参公单位应当根据其开展的经济业务事项，并结合所执行的财务制度确定应当使用的会计科目。行政单位和事业单位专用会计科目见附录。

二、关于在建工程按照估计价值转固相关会计处理

根据《政府会计准则第 3 号——固定资产》（以下简称 3 号准则）、《政府会计准则第 5 号——公共基础设施》（以下简称 5 号准则）规定，已交付使用但尚未办理竣工财务决算手续的固定资产、公共基础设施，应当按照估计价值入账，待办理竣工财务决算后再按实际成本调整原来的暂估价值。

（一）估计价值的确定。

3 号准则、5 号准则中的估计价值，是指在办理竣工财务决算前，单位在建的建设项目工程的实际成本，包括项目建设资金安排的各项支出，以及应付未付的工程价款、职工薪酬等。估计价值应当根据“在建工程”科目相关明细科目的账面余额确定。

对于建设周期长、建设内容多的大型项目，单项工程已交付使用但尚未办理竣工财务决算手续的，单位应当先按照估计价值将单项工程转为固定资产、公共基础设施。对于一项在建工程涉及多项固定资产的，在建工程按照估计价值转固时，单位应当分别确定各项固定资产的估计价值。

在建工程按照估计价值转固之后、办理竣工财务决算之前，发生调整已确认的应付工程价款等影响估计价值的事项，单位应当先通过“在建工程”科目进行会计处理，再由在建工程转入固定资产、公共基础设施。

在建工程按照估计价值转固时，单位应当将该项目的工程竣工结算书、各项费用归集表或交付使用资产明细表等材料作为原始凭证。

单位应当在报表附注中披露按照估计价值入账的固定资产、公共基础设施的金额。

（二）按实际成本调整暂估价值的会计处理。

单位办理竣工财务决算后，按实际成本调整资产暂估价值时，应当将实际成本与暂估价值的差额计入净资产，借记或贷记“固定资产”“公共基础设施”科目，贷记或借记“以前年度盈余调整”科目。经上述调整后，应将“以前年度盈余调整”科目的余额转入“累计盈余”科目。

根据 3 号准则、5 号准则，单位应当对暂估入账的固定资产、公共基础设施计提折旧（根据政府会计准则制度规定无需计提折旧的除外），实际成本确定后不需调整原已计提的折旧额。单位按实际成本调整暂估价值后，应当以相关资产的账面价值（实际成本减去已提折旧后的金额）作为应计提折旧额，在规定的折旧年限扣除已计提折旧年限的剩余年限内计提折旧。

单位通过“在建工程”科目核算的信息系统项目工程、保障性住房项目工程，应当参照上述（一）（二）中的规定进行会计处理。

三、关于固定资产、公共基础设施后续支出的会计处理

（一）后续支出资本化和费用化的划分。

根据3号准则、5号准则，固定资产、公共基础设施在使用过程中发生的后续支出，符合资产确认条件的，应当予以资本化计入固定资产、公共基础设施成本；不符合资产确认条件的，应当在发生时计入当期费用或者其他相关资产成本。

通常情况下，为增加使用效能或延长使用年限而发生的改建、扩建、大型维修改造等后续支出，应当计入相关资产成本；为维护正常使用而发生的日常维修、养护等后续支出，应当计入当期费用。列入部门预算支出经济分类科目中资本性支出的后续支出，应当予以资本化。

单位应当根据上述原则，结合有关行业主管部门对维修养护、改建扩建等的规定以及本单位实际，确定本单位固定资产、公共基础设施后续支出资本化和费用化划分的具体会计政策。

单位对于租入等不由本单位入账核算但实际使用的固定资产，发生的符合资产确认条件的后续支出，应当按照《政府会计制度》中“长期待摊费用”科目相关规定进行会计处理。

（二）改建、扩建后资产成本的确定。

根据3号准则、5号准则，在原有固定资产、公共基础设施基础上进行改建、扩建、大型维修改造等建造活动后的固定资产、公共基础设施，其成本按照原固定资产、公共基础设施账面价值加上改建、扩建、大型维修改造等建造活动发生的支出，再扣除固定资产、公共基础设施被替换部分的账面价值后的金额确定。

被替换部分的账面价值难以确定的，单位可以采用合理的分配方法计算确定，或组织专家参照资产评估方法进行估价。单位确定被替换部分的账面价值不切实可行或不符合成本效益原则的，可以不予扣除，但应当在报表附注中予以披露。

单位对于保障性住房发生的后续支出，应当参照上述（一）（二）中的规定进行会计处理。

四、关于自行研究开发项目形成的无形资产成本的确定

根据《政府会计准则第4号——无形资产》（以下简称4号准则）规定，单位自行研究开发项目形成的无形资产，其成本包括自该项目进入开发阶段后至达到预定用途前所发生的支出总额。

（一）自行研究开发项目的识别。

4号准则中所指的自行研究开发项目，应当同时满足以下条件：

1. 该项目以科技成果创造和运用为目的，预期形成至少一项科技成果。科技成果是指通过科学研究与技术开发所产生的具有实用价值的成果。

2. 该项目的研发活动起点可以明确。例如，利用财政资金等单位外部资金设立的科研项目，可以将立项之日作为起点；利用单位自有资金设立的科研项目，可以将单位决策机构批准同意立项之日，或科研人员将研发计划书提交单位科研管理部门审核通过之日作为起点。

（二）自行研究开发项目支出的范围及会计处理。

4号准则中所指的自行研究开发项目的支出，包括从事研究开发及其辅助活动（以下简称研发活动）人员计提的薪酬，研发活动领用的库存物品，研发活动使用的固定资产和无形资产计提的折旧和摊销，为研发活动支付的其他各类费用等。其中，计提的薪酬根据《政府会计制度》，包括基本工资、国家统一规定的津贴补贴、规范津贴补贴（绩效工资）、改革性补贴、社会保险费、住房公积金等；为研发活动支付的其他各类费用包括业务费、劳务费、水电气暖费用等。

按照《政府会计制度》的规定，单位应当先通过“研发支出”科目归集自行研究开发

项目的支出，借记“研发支出”科目，贷记“应付职工薪酬”“库存物品”“固定资产累计折旧”“无形资产累计摊销”“财政拨款收入”“银行存款”“零余额账户用款额度”“预提费用”等科目。“研发支出”科目下归集的各项研发支出后续按4号准则相关规定转入当期费用或无形资产。

不属于4号准则所指的自行研究开发项目所发生的支出，应当在实际发生时计入当期费用。

（三）自行研究开发项目研究阶段和开发阶段的划分。

根据4号准则规定，单位自行研究开发项目的支出，应当区分研究阶段支出与开发阶段支出。对于研究阶段的支出，应当计入当期费用。对于开发阶段的支出，先按合理方法进行归集，最终形成无形资产的，应当确认为无形资产；最终未形成无形资产的，应当计入当期费用。

当单位自行研究开发项目预期形成的无形资产同时满足以下条件时，可以认定该自行研究开发项目进入开发阶段：

1. 单位预期完成该无形资产以使其能够使用或出售在技术上具有可行性。

2. 单位具有完成该无形资产并使用或出售的意图。

3. 单位预期该无形资产能够为单位带来经济利益或服务潜能。该无形资产自身或运用该无形资产生产的产品存在市场，或者该无形资产在内部使用具有有用性。

4. 单位具有足够的技术、财务资源和其他资源支持，以完成该无形资产的开发，并有能力使用或出售该无形资产。

5. 归属于该无形资产开发阶段的支出能够可靠地计量。

通常情况下，单位可以将样品样机试制成功、可行性研究报告通过评审等作为自行研究开发项目进入开发阶段的标志，但该时点不满足上述进入开发阶段5个条件的除外。

五、关于财政国库集中支付结余不再按权责发生制列支的相关会计处理

根据《政府会计制度》规定，单位在年末需要做如下账务处理：财政直接支付方式下，根据本年度财政直接支付预算指标数大于当年财政直接支付实际支付数的差额，在财务会计借记“财政应返还额度——财政直接支付”科目，贷记“财政拨款收入”科目；在预算会计借记“资金结存——财政应返还额度”科目，贷记“财政拨款预算收入”科目。财政授权支付方式下，根据本年度财政授权支付预算指标数大于零余额账户用款额度下达数的差额，在财务会计借记“财政应返还额度——财政授权支付”科目，贷记“财政拨款收入”科目；在预算会计借记“资金结存——财政应返还额度”科目，贷记“财政拨款预算收入”科目。

按照《国务院关于进一步深化预算管理制度改革的意见》（国发〔2021〕5号）规定，市县级财政国库集中支付结余不再按权责发生制列支，相关单位年末不再进行上述账务处理。中央级和省级单位根据同级财政部门规范国库集中支付结余权责发生制列支的规定，相应进行会计处理。

六、关于单位取得代扣代收代征税款手续费的会计处理

单位从税务机关取得的代扣代缴、代收代缴、委托代征税款手续费按规定计入本单位收入，应当按照《政府会计制度》中“其他收入”科目相关规定进行财务会计处理，同时按照“其他预算收入”科目相关规定进行预算会计处理。

七、关于部门（单位）合并财务报表范围中所属事业单位的确认

《政府会计准则制度解释第2号》“九、关于部门（单位）合并财务报表范围”中的部门（单位）所属事业单位，其所属关系应当根据以下原则确认：

1. 存在财政预算拨款关系的事业单位，以财政预算拨款关系为基础确认所属关系。

2. 实行经费自理的事业单位，按照《事业单位法人证书》所列举办单位确认所属关系。涉及两个或两个以上举办单位的，按排序第一的举办单位确认，纳入该举办单位的合并财务

报表编制范围；举办单位之间有协议、章程或管理办法约定的，按约定执行，不得重复编报。

八、关于部门（单位）合并财务报表的编制程序和抵销事项的处理

（一）相关基础工作要求。

1. 单位应当加强本部门内部单位清单的管理和更新维护，可以在会计信息系统中将统一社会信用代码等作为部门内部单位的标识依据。发生内部业务或事项时，应当在明细核算或辅助核算中注明“本部门内部单位”。

2. 单位对于经常发生的内部业务或事项，应当统一会计处理，并明确内部抵销规则。

3. 单位应当根据内部业务或事项的发生频率及金额等因素，建立符合单位实际的定期对账机制，梳理并核对内部业务或事项，及时进行会计处理和调整。

（二）编制程序。

单位应当根据《政府会计准则第 9 号——财务报表编制和列报》（以下简称 9 号准则）第十七、十八条规定的程序，编制部门（单位）合并财务报表。一般流程如下：

1. 将需要调整的个别财务报表调整为遵循政府会计准则制度规定的统一会计政策的财务报表，以调整后的个别财务报表作为编制合并财务报表的基础。被合并主体除了应当向合并主体提供财务报表外，还应当按照 9 号准则第二十一条的规定提供有关资料。

2. 设置合并工作底稿。

3. 将合并主体和被合并主体个别财务报表中的资产、负债、净资产、收入和费用项目金额逐项填入合并工作底稿，并加总得出个别资产负债表、个别收入费用表各项目合计金额。

4. 在合并工作底稿上编制抵销分录，将合并主体和被合并主体之间、被合并主体相互之间发生的内部业务或事项对财务报表的影响进行抵销处理。

5. 根据合并主体和被合并主体个别财务报表各项目合计金额、抵销分录发生额计算合并财务报表各项目的合并金额。抵销分录涉及收入、费用项目的，除调整合并收入费用表相应项目外，还应当结转调整合并资产负债表的净资产项目。

6. 根据合并工作底稿中计算确定的各项目合并金额，填列合并财务报表。

（三）抵销内部业务或事项的会计处理。

单位应当根据 9 号准则第十八条第三款的规定，抵销合并主体和被合并主体之间、被合并主体相互之间发生的债权债务、收入费用等内部业务或事项对财务报表的影响，在合并工作底稿上编制相应抵销分录。

1. 一般情况下的抵销处理。

（1）抵销部门内部单位之间的债权（含应收款项坏账准备）和债务项目。在编制抵销分录时，应当按照内部债权债务的金额，借记“应付票据”“应付账款”“预收账款”“其他应付款”“长期应付款”等项目，贷记“应收票据”“应收账款净额”“预付账款”“其他应收款净额”等项目。

其中，债权方对应收款项已计提坏账准备的，单位还应当分别以下情况编制抵销分录：

①初次编制合并报表的，按照内部应收款项计提的坏账准备的金额，借记“应收账款净额——坏账准备”“其他应收款净额——坏账准备”项目，贷记“其他费用”项目。

②连续编制合并报表的。先按照上期抵销的内部应收款项计提的坏账准备的金额，借记“应收账款净额——坏账准备”“其他应收款净额——坏账准备”项目，贷记“累计盈余——年初”项目。再按照本期个别资产负债表中期末内部应收款项相对应坏账准备的增加额，借记“应收账款净额——坏账准备”“其他应收款净额——坏账准备”项目，贷记“其他费用”项目。本期个别资产负债表中期末内部应收款项所对应坏账准备金额减少的，做相反分录。

（2）抵销部门内部单位之间的上级补助收入和对附属单位补助费用项目。在编制抵销分录时，应当按照上级单位对附属单位补助的金额，借记“上级补助收入”项目，贷记“对附属单位补助费用”项目。

（3）抵销部门内部单位之间的上缴上级费用和附属单位上缴收入项目。在编制抵销分录时，应当按照附属单位向上级单位上缴的金额，借记“附属单位上缴收入”“其他收入”（行政单位使用）项目，贷记“上缴上级费用”项目。

（4）抵销部门内部单位之间除（2）、（3）以外的收入和费用项目。在编制抵销分录时，应当按照内部交易的金额，借记“事业收入”“非同级财政拨款收入”“经营收入”“租金收入”“其他收入”等项目，贷记按费用性质列示的收入费用表中的“业务活动费用”“单位管理费用”“经营费用”“其他费用”等项目；同时，贷记按费用经济分类列示的收入费用表中的“商品和服务费用”“其他费用”等项目。

（5）对涉及增值税的应税业务，单位应当按照不含增值税的净额抵销收入和费用项目。

2. 不抵销的内部业务或事项。

（1）付款方计入费用、收款方计入应缴财政款的，在编制部门（单位）合并财务报表时，该费用项目不应抵销。

（2）单位相互之间销售商品、提供劳务形成的存货、固定资产、工程物资、在建工程、无形资产等所包含的未实现内部销售损益，在国务院财政部门作出抵销处理的规定之前，单位在编制部门（单位）合并财务报表时暂不抵销。

（3）按照国务院财政部门财务报告编制的有关规定，金额不超过抵销阈值的，在编制部门（单位）合并财务报表时可以不进行抵销。

3. 特殊情况下的抵销处理。

在各单位充分对账、会计处理正确的前提下，部门合并主体对于明细核算或辅助核算中注明“本部门内部单位”，但按照“1. 一般情况下的抵销处理”规定未能进行抵销处理，且不属于“2. 不抵销的内部业务或事项”的项目，可以直接按照内部业务或事项的金额编制抵销分录：借记有关应付及预收、收入项目，贷记有关应收及预付、费用项目，按其差额借记或贷记“累计盈余”项目。

部门合并主体应当在报表附注中披露按照特殊情况下的抵销处理方法抵销的项目及其金额。

（四）相关会计核算要求。

1. 单位通过本部门内部单位转拨资金方式，从本部门以外单位取得收入（或向本部门以外单位支付费用）的，不属于编制部门（单位）合并财务报表时应当抵销的内部业务或事项。在会计核算时，转拨单位应当通过“其他应付款”科目进行会计处理。实际取得收入（或支付费用）的单位确认的收入（费用）、转拨单位确认的其他应付款，在会计核算时不应注明“本部门内部单位”，应当按资金的最初来源（最终支付对象）注明“本部门以外同级政府单位”、“本部门以外非同级政府单位”或“其他单位”。

2. 编制部门（单位）合并财务报表过程中发现报告期和报告期以前期间的会计差错，属于报告日以后发生的调整事项，应当按照《政府会计准则第 7 号——会计调整》的规定进行会计处理，再根据调整后的个别财务报表编制合并财务报表。

九、关于生效日期

本解释“关于财政国库集中支付结余不再按权责发生制列支的相关会计处理”适用于 2021 及以后年度，“关于部门（单位）合并财务报表范围中所属事业单位的确认”适用于编制 2021 及以后年度的部门（单位）合并财务报表，“关于部门（单位）合并财务报表的编制程序和抵销事项的处理”适用于编制 2022 及以后年度的部门（单位）合并财务报表，其余规定自 2022 年 1 月 1 日起施行。本解释规定首次施行时均采用未来适用法。

第十六章　行政事业单位预算与绩效管理相关法规

1. 中华人民共和国预算法（2018 年修正）

（1994 年 3 月 22 日第八届全国人民代表大会第二次会议通过　根据 2014 年 8 月 31 日第十二届全国人民代表大会常务委员会第十次会议《关于修改〈中华人民共和国预算法〉的决定》第一次修正　根据 2018 年 12 月 29 日第十三届全国人民代表大会常务委员会第七次会议《关于修改〈中华人民共和国产品质量法〉等五部法律的决定》第二次修正）

第一章　总　　则

第一条　为了规范政府收支行为，强化预算约束，加强对预算的管理和监督，建立健全全面规范、公开透明的预算制度，保障经济社会的健康发展，根据宪法，制定本法。

第二条　预算、决算的编制、审查、批准、监督，以及预算的执行和调整，依照本法规定执行。

第三条　国家实行一级政府一级预算，设立中央，省、自治区、直辖市，设区的市、自治州，县、自治县、不设区的市、市辖区，乡、民族乡、镇五级预算。

全国预算由中央预算和地方预算组成。地方预算由各省、自治区、直辖市总预算组成。

地方各级总预算由本级预算和汇总的下一级总预算组成；下一级只有本级预算的，下一级总预算即指下一级的本级预算。没有下一级预算的，总预算即指本级预算。

第四条　预算由预算收入和预算支出组成。

政府的全部收入和支出都应当纳入预算。

第五条　预算包括一般公共预算、政府性基金预算、国有资本经营预算、社会保险基金预算。

一般公共预算、政府性基金预算、国有资本经营预算、社会保险基金预算应当保持完整、独立。政府性基金预算、国有资本经营预算、社会保险基金预算应当与一般公共预算相衔接。

第六条　一般公共预算是对以税收为主体的财政收入，安排用于保障和改善民生、推动经济社会发展、维护国家安全、维持国家机构正常运转等方面的收支预算。

中央一般公共预算包括中央各部门（含直属单位，下同）的预算和中央对地方的税收返还、转移支付预算。

中央一般公共预算收入包括中央本级收入和地方向中央的上解收入。中央一般公共预算支出包括中央本级支出、中央对地方的税收返还和转移支付。

第七条　地方各级一般公共预算包括本级各部门（含直属单位，下同）的预算和税收返还、转移支付预算。

地方各级一般公共预算收入包括地方本级收入、上级政府对本级政府的税收返还和转移支付、下级政府的上解收入。地方各级一般公共预算支出包括地方本级支出、对上级政府的上解支出、对下级政府的税收返还和转移支付。

第八条　各部门预算由本部门及其所属各单位预算组成。

第九条　政府性基金预算是对依照法律、行政法规的规定在一定期限内向特定对象征收、收取或者以其他方式筹集的资金，专项用于特定公共事业发展的收支预算。

政府性基金预算应当根据基金项目收入情况和实际支出需要，按基金项目编制，做到以收定支。

第十条　国有资本经营预算是对国有资本收益作出支出安排的收支预算。

国有资本经营预算应当按照收支平衡的原则编制，不列赤字，并安排资金调入一般公共预算。

第十一条　社会保险基金预算是对社会保险缴款、一般公共预算安排和其他方式筹集的资金，专项用于社会保险的收支预算。

社会保险基金预算应当按照统筹层次和社会保险项目分别编制，做到收支平衡。

第十二条　各级预算应当遵循统筹兼顾、勤俭节约、量力而行、讲求绩效和收支平衡的原则。

各级政府应当建立跨年度预算平衡机制。

第十三条　经人民代表大会批准的预算，非经法定程序，不得调整。各级政府、各部门、各单位的支出必须以经批准的预算为依据，未列入预算的不得支出。

第十四条　经本级人民代表大会或者本级人民代表大会常务委员会批准的预算、预算调整、决算、预算执行情况的报告及报表，应当在批准后二十日内由本级政府财政部门向社会公开，并对本级政府财政转移支付安排、执行的情况以及举借债务的情况等重要事项作出说明。

经本级政府财政部门批复的部门预算、决算及报表，应当在批复后二十日内由各部门向社会公开，并对部门预算、决算中机关运行经费的安排、使用情况等重要事项作出说明。

各级政府、各部门、各单位应当将政府采购的情况及时向社会公开。

本条前三款规定的公开事项，涉及国家秘密的除外。

第十五条　国家实行中央和地方分税制。

第十六条　国家实行财政转移支付制度。财政转移支付应当规范、公平、公开，以推进地区间基本公共服务均等化为主要目标。

财政转移支付包括中央对地方的转移支付和地方上级政府对下级政府的转移支付，以为均衡地区间基本财力、由下级政府统筹安排使用的一般性转移支付为主体。

按照法律、行政法规和国务院的规定可以设立专项转移支付，用于办理特定事项。建立健全专项转移支付定期评估和退出机制。市场竞争机制能够有效调节的事项不得设立专项转移支付。

上级政府在安排专项转移支付时，不得要求下级政府承担配套资金。但是，按照国务院的规定应当由上下级政府共同承担的事项除外。

第十七条　各级预算的编制、执行应当建立健全相互制约、相互协调的机制。

第十八条　预算年度自公历 1 月 1 日起，至 12 月 31 日止。

第十九条　预算收入和预算支出以人民币元为计算单位。

第二章　预算管理职权

第二十条　全国人民代表大会审查中央和地方预算草案及中央和地方预算执行情况的报告；批准中央预算和中央预算执行情况的报告；改变或者撤销全国人民代表大会常务委员会关于预算、决算的不适当的决议。

全国人民代表大会常务委员会监督中央和地方预算的执行；审查和批准中央预算的调整方案；审查和批准中央决算；撤销国务院制定的同宪法、法律相抵触的关于预算、决算的行政法规、决定和命令；撤销省、自治区、直辖市人民代表大会及其常务委员会制定的同宪法、法律和行政法规相抵触的关于预算、决算的地方性法规和决议。

第二十一条　县级以上地方各级人民代表大会审查本级总预算草案及本级总预算执行

情况的报告；批准本级预算和本级预算执行情况的报告；改变或者撤销本级人民代表大会常务委员会关于预算、决算的不适当的决议；撤销本级政府关于预算、决算的不适当的决定和命令。

县级以上地方各级人民代表大会常务委员会监督本级总预算的执行；审查和批准本级预算的调整方案；审查和批准本级决算；撤销本级政府和下一级人民代表大会及其常务委员会关于预算、决算的不适当的决定、命令和决议。

乡、民族乡、镇的人民代表大会审查和批准本级预算和本级预算执行情况的报告；监督本级预算的执行；审查和批准本级预算的调整方案；审查和批准本级决算；撤销本级政府关于预算、决算的不适当的决定和命令。

第二十二条 全国人民代表大会财政经济委员会对中央预算草案初步方案及上一年预算执行情况、中央预算调整初步方案和中央决算草案进行初步审查，提出初步审查意见。

省、自治区、直辖市人民代表大会有关专门委员会对本级预算草案初步方案及上一年预算执行情况、本级预算调整初步方案和本级决算草案进行初步审查，提出初步审查意见。

设区的市、自治州人民代表大会有关专门委员会对本级预算草案初步方案及上一年预算执行情况、本级预算调整初步方案和本级决算草案进行初步审查，提出初步审查意见，未设立专门委员会的，由本级人民代表大会常务委员会有关工作机构研究提出意见。

县、自治县、不设区的市、市辖区人民代表大会常务委员会对本级预算草案初步方案及上一年预算执行情况进行初步审查，提出初步审查意见。县、自治县、不设区的市、市辖区人民代表大会常务委员会有关工作机构对本级预算调整初步方案和本级决算草案研究提出意见。

设区的市、自治州以上各级人民代表大会有关专门委员会进行初步审查、常务委员会有关工作机构研究提出意见时，应当邀请本级人民代表大会代表参加。

对依照本条第一款至第四款规定提出的意见，本级政府财政部门应当将处理情况及时反馈。

依照本条第一款至第四款规定提出的意见以及本级政府财政部门反馈的处理情况报告，应当印发本级人民代表大会代表。

全国人民代表大会常务委员会和省、自治区、直辖市、设区的市、自治州人民代表大会常务委员会有关工作机构，依照本级人民代表大会常务委员会的决定，协助本级人民代表大会财政经济委员会或者有关专门委员会承担审查预算草案、预算调整方案、决算草案和监督预算执行等方面的具体工作。

第二十三条 国务院编制中央预算、决算草案；向全国人民代表大会作关于中央和地方预算草案的报告；将省、自治区、直辖市政府报送备案的预算汇总后报全国人民代表大会常务委员会备案；组织中央和地方预算的执行；决定中央预算预备费的动用；编制中央预算调整方案；监督中央各部门和地方政府的预算执行；改变或者撤销中央各部门和地方政府关于预算、决算的不适当的决定、命令；向全国人民代表大会、全国人民代表大会常务委员会报告中央和地方预算的执行情况。

第二十四条 县级以上地方各级政府编制本级预算、决算草案；向本级人民代表大会作关于本级总预算草案的报告；将下一级政府报送备案的预算汇总后报本级人民代表大会常务委员会备案；组织本级总预算的执行；决定本级预算预备费的动用；编制本级预算的调整方案；监督本级各部门和下级政府的预算执行；改变或者撤销本级各部门和下级政府关于预算、决算的不适当的决定、命令；向本级人民代表大会、本级人民代表大会常务委员会报告本级总预算的执行情况。

乡、民族乡、镇政府编制本级预算、决算草案；向本级人民代表大会作关于本级预算草案的报告；组织本级预算的执行；决定本级预算预备费的动用；编制本级预算的调整方案；

向本级人民代表大会报告本级预算的执行情况。

经省、自治区、直辖市政府批准，乡、民族乡、镇本级预算草案、预算调整方案、决算草案，可以由上一级政府代编，并依照本法第二十一条的规定报乡、民族乡、镇的人民代表大会审查和批准。

第二十五条 国务院财政部门具体编制中央预算、决算草案；具体组织中央和地方预算的执行；提出中央预算预备费动用方案；具体编制中央预算的调整方案；定期向国务院报告中央和地方预算的执行情况。

地方各级政府财政部门具体编制本级预算、决算草案；具体组织本级总预算的执行；提出本级预算预备费动用方案；具体编制本级预算的调整方案；定期向本级政府和上一级政府财政部门报告本级总预算的执行情况。

第二十六条 各部门编制本部门预算、决算草案；组织和监督本部门预算的执行；定期向本级政府财政部门报告预算的执行情况。

各单位编制本单位预算、决算草案；按照国家规定上缴预算收入，安排预算支出，并接受国家有关部门的监督。

第三章 预算收支范围

第二十七条 一般公共预算收入包括各项税收收入、行政事业性收费收入、国有资源（资产）有偿使用收入、转移性收入和其他收入。

一般公共预算支出按照其功能分类，包括一般公共服务支出，外交、公共安全、国防支出，农业、环境保护支出，教育、科技、文化、卫生、体育支出，社会保障及就业支出和其他支出。

一般公共预算支出按照其经济性质分类，包括工资福利支出、商品和服务支出、资本性支出和其他支出。

第二十八条 政府性基金预算、国有资本经营预算和社会保险基金预算的收支范围，按照法律、行政法规和国务院的规定执行。

第二十九条 中央预算与地方预算有关收入和支出项目的划分、地方向中央上解收入、中央对地方税收返还或者转移支付的具体办法，由国务院规定，报全国人民代表大会常务委员会备案。

第三十条 上级政府不得在预算之外调用下级政府预算的资金。下级政府不得挤占或者截留属于上级政府预算的资金。

第四章 预算编制

第三十一条 国务院应当及时下达关于编制下一年预算草案的通知。编制预算草案的具体事项由国务院财政部门部署。

各级政府、各部门、各单位应当按照国务院规定的时间编制预算草案。

第三十二条 各级预算应当根据年度经济社会发展目标、国家宏观调控总体要求和跨年度预算平衡的需要，参考上一年预算执行情况、有关支出绩效评价结果和本年度收支预测，按照规定程序征求各方面意见后，进行编制。各级政府依据法定权限作出决定或者制定行政措施，凡涉及增加或者减少财政收入或者支出的，应当在预算批准前提出并在预算草案中作出相应安排。各部门、各单位应当按照国务院财政部门制定的政府收支分类科目、预算支出标准和要求，以及绩效目标管理等预算编制规定，根据其依法履行职能和事业发展的需要以及存量资产情况，编制本部门、本单位预算草案。前款所称政府收支分类科目，收入分为类、款、项、目；支出按其功能分类分为类、款、项，按其经济性质分类分为类、款。

第三十三条 省、自治区、直辖市政府应当按照国务院规定的时间，将本级总预算草案报国务院审核汇总。

第三十四条 中央一般公共预算中必需的部分资金，可以通过举借国内和国外债务等方式筹措，举借债务应当控制适当的规模，保持合理的结构。

对中央一般公共预算中举借的债务实行余额管理，余额的规模不得超过全国人民代表大会批准的限额。

国务院财政部门具体负责对中央政府债务的统一管理。

第三十五条 地方各级预算按照量入为出、收支平衡的原则编制，除本法另有规定外，不列赤字。

经国务院批准的省、自治区、直辖市的预算中必需的建设投资的部分资金，可以在国务院确定的限额内，通过发行地方政府债券举借债务的方式筹措。举借债务的规模，由国务院报全国人民代表大会或者全国人民代表大会常务委员会批准。省、自治区、直辖市依照国务院下达的限额举借的债务，列入本级预算调整方案，报本级人民代表大会常务委员会批准。举借的债务应当有偿还计划和稳定的偿还资金来源，只能用于公益性资本支出，不得用于经常性支出。

除前款规定外，地方政府及其所属部门不得以任何方式举借债务。

除法律另有规定外，地方政府及其所属部门不得为任何单位和个人的债务以任何方式提供担保。

国务院建立地方政府债务风险评估和预警机制、应急处置机制以及责任追究制度。国务院财政部门对地方政府债务实施监督。

第三十六条 各级预算收入的编制，应当与经济社会发展水平相适应，与财政政策相衔接。

各级政府、各部门、各单位应当依照本法规定，将所有政府收入全部列入预算，不得隐瞒、少列。

第三十七条 各级预算支出应当依照本法规定，按其功能和经济性质分类编制。

各级预算支出的编制，应当贯彻勤俭节约的原则，严格控制各部门、各单位的机关运行经费和楼堂馆所等基本建设支出。

各级一般公共预算支出的编制，应当统筹兼顾，在保证基本公共服务合理需要的前提下，优先安排国家确定的重点支出。

第三十八条 一般性转移支付应当按照国务院规定的基本标准和计算方法编制。专项转移支付应当分地区、分项目编制。

县级以上各级政府应当将对下级政府的转移支付预计数提前下达下级政府。

地方各级政府应当将上级政府提前下达的转移支付预计数编入本级预算。

第三十九条 中央预算和有关地方预算中应当安排必要的资金，用于扶助革命老区、民族地区、边疆地区、贫困地区发展经济社会建设事业。

第四十条 各级一般公共预算应当按照本级一般公共预算支出额的百分之一至百分之三设置预备费，用于当年预算执行中的自然灾害等突发事件处理增加的支出及其他难以预见的开支。

第四十一条 各级一般公共预算按照国务院的规定可以设置预算周转金，用于本级政府调剂预算年度内季节性收支差额。

各级一般公共预算按照国务院的规定可以设置预算稳定调节基金，用于弥补以后年度预算资金的不足。

第四十二条 各级政府上一年预算的结转资金，应当在下一年用于结转项目的支出；连续两年未用完的结转资金，应当作为结余资金管理。

各部门、各单位上一年预算的结转、结余资金按照国务院财政部门的规定办理。

第五章 预算审查和批准

第四十三条 中央预算由全国人民代表大会审查和批准。

地方各级预算由本级人民代表大会审查和批准。

第四十四条 国务院财政部门应当在每年全国人民代表大会会议举行的四十五日前，将中央预算草案的初步方案提交全国人民代表大会财政经济委员会进行初步审查。

省、自治区、直辖市政府财政部门应当在本级人民代表大会会议举行的三十日前，将本级预算草案的初步方案提交本级人民代表大会有关专门委员会进行初步审查。

设区的市、自治州政府财政部门应当在本级人民代表大会会议举行的三十日前，将本级预算草案的初步方案提交本级人民代表大会有关专门委员会进行初步审查，或者送交本级人民代表大会常务委员会有关工作机构征求意见。

县、自治县、不设区的市、市辖区政府应当在本级人民代表大会会议举行的三十日前，将本级预算草案的初步方案提交本级人民代表大会常务委员会进行初步审查。

第四十五条 县、自治县、不设区的市、市辖区、乡、民族乡、镇的人民代表大会举行会议审查预算草案前，应当采用多种形式，组织本级人民代表大会代表，听取选民和社会各界的意见。

第四十六条 报送各级人民代表大会审查和批准的预算草案应当细化。本级一般公共预算支出，按其功能分类应当编列到项；按其经济性质分类，基本支出应当编列到款。本级政府性基金预算、国有资本经营预算、社会保险基金预算支出，按其功能分类应当编列到项。

第四十七条 国务院在全国人民代表大会举行会议时，向大会作关于中央和地方预算草案以及中央和地方预算执行情况的报告。

地方各级政府在本级人民代表大会举行会议时，向大会作关于总预算草案和总预算执行情况的报告。

第四十八条 全国人民代表大会和地方各级人民代表大会对预算草案及其报告、预算执行情况的报告重点审查下列内容：

（一）上一年预算执行情况是否符合本级人民代表大会预算决议的要求；

（二）预算安排是否符合本法的规定；

（三）预算安排是否贯彻国民经济和社会发展的方针政策，收支政策是否切实可行；

（四）重点支出和重大投资项目的预算安排是否适当；

（五）预算的编制是否完整，是否符合本法第四十六条的规定；

（六）对下级政府的转移性支出预算是否规范、适当；

（七）预算安排举借的债务是否合法、合理，是否有偿还计划和稳定的偿还资金来源；

（八）与预算有关重要事项的说明是否清晰。

第四十九条 全国人民代表大会财政经济委员会向全国人民代表大会主席团提出关于中央和地方预算草案及中央和地方预算执行情况的审查结果报告。

省、自治区、直辖市、设区的市、自治州人民代表大会有关专门委员会，县、自治县、不设区的市、市辖区人民代表大会常务委员会，向本级人民代表大会主席团提出关于总预算草案及上一年总预算执行情况的审查结果报告。

审查结果报告应当包括下列内容：

（一）对上一年预算执行和落实本级人民代表大会预算决议的情况作出评价；

（二）对本年度预算草案是否符合本法的规定，是否可行作出评价；

（三）对本级人民代表大会批准预算草案和预算报告提出建议；

（四）对执行年度预算、改进预算管理、提高预算绩效、加强预算监督等提出意见和建议。

第五十条 乡、民族乡、镇政府应当及时将经本级人民代表大会批准的本级预算报上一级政府备案。县级以上地方各级政府应当及时将经本级人民代表大会批准的本级预算及下一级政府报送备案的预算汇总，报上一级政府备案。

县级以上地方各级政府将下一级政府依照前款规定报送备案的预算汇总后，报本级人民代表大会常务委员会备案。国务院将省、自治区、直辖市政府依照前款规定报送备案的预算汇总后，报全国人民代表大会常务委员会备案。

第五十一条 国务院和县级以上地方各级政府对下一级政府依照本法第五十条规定报送备案的预算，认为有同法律、行政法规相抵触或者有其他不适当之处，需要撤销批准预算的决议的，应当提请本级人民代表大会常务委员会审议决定。

第五十二条 各级预算经本级人民代表大会批准后，本级政府财政部门应当在二十日内向本级各部门批复预算。各部门应当在接到本级政府财政部门批复的本部门预算后十五日内向所属各单位批复预算。

中央对地方的一般性转移支付应当在全国人民代表大会批准预算后三十日内正式下达。中央对地方的专项转移支付应当在全国人民代表大会批准预算后九十日内正式下达。

省、自治区、直辖市政府接到中央一般性转移支付和专项转移支付后，应当在三十日内正式下达到本行政区域县级以上各级政府。

县级以上地方各级预算安排对下级政府的一般性转移支付和专项转移支付，应当分别在本级人民代表大会批准预算后的三十日和六十日内正式下达。

对自然灾害等突发事件处理的转移支付，应当及时下达预算；对据实结算等特殊项目的转移支付，可以分期下达预算，或者先预付后结算。

县级以上各级政府财政部门应当将批复本级各部门的预算和批复下级政府的转移支付预算，抄送本级人民代表大会财政经济委员会、有关专门委员会和常务委员会有关工作机构。

第六章 预算执行

第五十三条 各级预算由本级政府组织执行，具体工作由本级政府财政部门负责。

各部门、各单位是本部门、本单位的预算执行主体，负责本部门、本单位的预算执行，并对执行结果负责。

第五十四条 预算年度开始后，各级预算草案在本级人民代表大会批准前，可以安排下列支出：

（一）上一年度结转的支出；

（二）参照上一年同期的预算支出数额安排必须支付的本年度部门基本支出、项目支出，以及对下级政府的转移性支出；

（三）法律规定必须履行支付义务的支出，以及用于自然灾害等突发事件处理的支出。

根据前款规定安排支出的情况，应当在预算草案的报告中作出说明。

预算经本级人民代表大会批准后，按照批准的预算执行。

第五十五条 预算收入征收部门和单位，必须依照法律、行政法规的规定，及时、足额征收应征的预算收入。不得违反法律、行政法规规定，多征、提前征收或者减征、免征、缓征应征的预算收入，不得截留、占用或者挪用预算收入。

各级政府不得向预算收入征收部门和单位下达收入指标。

第五十六条 政府的全部收入应当上缴国家金库（以下简称国库），任何部门、单位和个人不得截留、占用、挪用或者拖欠。

对于法律有明确规定或者经国务院批准的特定专用资金，可以依照国务院的规定设立财政专户。

第五十七条　各级政府财政部门必须依照法律、行政法规和国务院财政部门的规定，及时、足额地拨付预算支出资金，加强对预算支出的管理和监督。

各级政府、各部门、各单位的支出必须按照预算执行，不得虚假列支。

各级政府、各部门、各单位应当对预算支出情况开展绩效评价。

第五十八条　各级预算的收入和支出实行收付实现制。

特定事项按照国务院的规定实行权责发生制的有关情况，应当向本级人民代表大会常务委员会报告。

第五十九条　县级以上各级预算必须设立国库；具备条件的乡、民族乡、镇也应当设立国库。

中央国库业务由中国人民银行经理，地方国库业务依照国务院的有关规定办理。

各级国库应当按照国家有关规定，及时准确地办理预算收入的收纳、划分、留解、退付和预算支出的拨付。

各级国库库款的支配权属于本级政府财政部门。除法律、行政法规另有规定外，未经本级政府财政部门同意，任何部门、单位和个人都无权冻结、动用国库库款或者以其他方式支配已入国库的库款。

各级政府应当加强对本级国库的管理和监督，按照国务院的规定完善国库现金管理，合理调节国库资金余额。

第六十条　已经缴入国库的资金，依照法律、行政法规的规定或者国务院的决定需要退付的，各级政府财政部门或者其授权的机构应当及时办理退付。按照规定应当由财政支出安排的事项，不得用退库处理。

第六十一条　国家实行国库集中收缴和集中支付制度，对政府全部收入和支出实行国库集中收付管理。

第六十二条　各级政府应当加强对预算执行的领导，支持政府财政、税务、海关等预算收入的征收部门依法组织预算收入，支持政府财政部门严格管理预算支出。

财政、税务、海关等部门在预算执行中，应当加强对预算执行的分析；发现问题时应当及时建议本级政府采取措施予以解决。

第六十三条　各部门、各单位应当加强对预算收入和支出的管理，不得截留或者动用应当上缴的预算收入，不得擅自改变预算支出的用途。

第六十四条　各级预算预备费的动用方案，由本级政府财政部门提出，报本级政府决定。

第六十五条　各级预算周转金由本级政府财政部门管理，不得挪作他用。

第六十六条　各级一般公共预算年度执行中有超收收入的，只能用于冲减赤字或者补充预算稳定调节基金。

各级一般公共预算的结余资金，应当补充预算稳定调节基金。

省、自治区、直辖市一般公共预算年度执行中出现短收，通过调入预算稳定调节基金、减少支出等方式仍不能实现收支平衡的，省、自治区、直辖市政府报本级人民代表大会或者其常务委员会批准，可以增列赤字，报国务院财政部门备案，并应当在下一年度预算中予以弥补。

第七章　预算调整

第六十七条　经全国人民代表大会批准的中央预算和经地方各级人民代表大会批准的地方各级预算，在执行中出现下列情况之一的，应当进行预算调整：

（一）需要增加或者减少预算总支出的；

（二）需要调入预算稳定调节基金的；

（三）需要调减预算安排的重点支出数额的；

（四）需要增加举借债务数额的。

第六十八条 在预算执行中，各级政府一般不制定新的增加财政收入或者支出的政策和措施，也不制定减少财政收入的政策和措施；必须作出并需要进行预算调整的，应当在预算调整方案中作出安排。

第六十九条 在预算执行中，各级政府对于必须进行的预算调整，应当编制预算调整方案。预算调整方案应当说明预算调整的理由、项目和数额。

在预算执行中，由于发生自然灾害等突发事件，必须及时增加预算支出的，应当先动支预备费；预备费不足支出的，各级政府可以先安排支出，属于预算调整的，列入预算调整方案。

国务院财政部门应当在全国人民代表大会常务委员会举行会议审查和批准预算调整方案的三十日前，将预算调整初步方案送交全国人民代表大会财政经济委员会进行初步审查。

省、自治区、直辖市政府财政部门应当在本级人民代表大会常务委员会举行会议审查和批准预算调整方案的三十日前，将预算调整初步方案送交本级人民代表大会有关专门委员会进行初步审查。

设区的市、自治州政府财政部门应当在本级人民代表大会常务委员会举行会议审查和批准预算调整方案的三十日前，将预算调整初步方案送交本级人民代表大会有关专门委员会进行初步审查，或者送交本级人民代表大会常务委员会有关工作机构征求意见。

县、自治县、不设区的市、市辖区政府财政部门应当在本级人民代表大会常务委员会举行会议审查和批准预算调整方案的三十日前，将预算调整初步方案送交本级人民代表大会常务委员会有关工作机构征求意见。

中央预算的调整方案应当提请全国人民代表大会常务委员会审查和批准。县级以上地方各级预算的调整方案应当提请本级人民代表大会常务委员会审查和批准；乡、民族乡、镇预算的调整方案应当提请本级人民代表大会审查和批准。未经批准，不得调整预算。

第七十条 经批准的预算调整方案，各级政府应当严格执行。未经本法第六十九条规定的程序，各级政府不得作出预算调整的决定。

对违反前款规定作出的决定，本级人民代表大会、本级人民代表大会常务委员会或者上级政府应当责令其改变或者撤销。

第七十一条 在预算执行中，地方各级政府因上级政府增加不需要本级政府提供配套资金的专项转移支付而引起的预算支出变化，不属于预算调整。

接受增加专项转移支付的县级以上地方各级政府应当向本级人民代表大会常务委员会报告有关情况；接受增加专项转移支付的乡、民族乡、镇政府应当向本级人民代表大会报告有关情况。

第七十二条 各部门、各单位的预算支出应当按照预算科目执行。严格控制不同预算科目、预算级次或者项目间的预算资金的调剂，确需调剂使用的，按照国务院财政部门的规定办理。

第七十三条 地方各级预算的调整方案经批准后，由本级政府报上一级政府备案。

第八章 决　　算

第七十四条 决算草案由各级政府、各部门、各单位，在每一预算年度终了后按照国务院规定的时间编制。

编制决算草案的具体事项，由国务院财政部门部署。

第七十五条 编制决算草案，必须符合法律、行政法规，做到收支真实、数额准确、内容完整、报送及时。

决算草案应当与预算相对应，按预算数、调整预算数、决算数分别列出。一般公共预算支出应当按其功能分类编列到项，按其经济性质分类编列到款。

第七十六条　各部门对所属各单位的决算草案，应当审核并汇总编制本部门的决算草案，在规定的期限内报本级政府财政部门审核。

各级政府财政部门对本级各部门决算草案审核后发现有不符合法律、行政法规规定的，有权予以纠正。

第七十七条　国务院财政部门编制中央决算草案，经国务院审计部门审计后，报国务院审定，由国务院提请全国人民代表大会常务委员会审查和批准。

县级以上地方各级政府财政部门编制本级决算草案，经本级政府审计部门审计后，报本级政府审定，由本级政府提请本级人民代表大会常务委员会审查和批准。

乡、民族乡、镇政府编制本级决算草案，提请本级人民代表大会审查和批准。

第七十八条　国务院财政部门应当在全国人民代表大会常务委员会举行会议审查和批准中央决算草案的三十日前，将上一年度中央决算草案提交全国人民代表大会财政经济委员会进行初步审查。

省、自治区、直辖市政府财政部门应当在本级人民代表大会常务委员会举行会议审查和批准本级决算草案的三十日前，将上一年度本级决算草案提交本级人民代表大会有关专门委员会进行初步审查。

设区的市、自治州政府财政部门应当在本级人民代表大会常务委员会举行会议审查和批准本级决算草案的三十日前，将上一年度本级决算草案提交本级人民代表大会有关专门委员会进行初步审查，或者送交本级人民代表大会常务委员会有关工作机构征求意见。

县、自治县、不设区的市、市辖区政府财政部门应当在本级人民代表大会常务委员会举行会议审查和批准本级决算草案的三十日前，将上一年度本级决算草案送交本级人民代表大会常务委员会有关工作机构征求意见。

全国人民代表大会财政经济委员会和省、自治区、直辖市、设区的市、自治州人民代表大会有关专门委员会，向本级人民代表大会常务委员会提出关于本级决算草案的审查结果报告。

第七十九条　县级以上各级人民代表大会常务委员会和乡、民族乡、镇人民代表大会对本级决算草案，重点审查下列内容：

（一）预算收入情况；

（二）支出政策实施情况和重点支出、重大投资项目资金的使用及绩效情况；

（三）结转资金的使用情况；

（四）资金结余情况；

（五）本级预算调整及执行情况；

（六）财政转移支付安排执行情况；

（七）经批准举借债务的规模、结构、使用、偿还等情况；

（八）本级预算周转金规模和使用情况；

（九）本级预备费使用情况；

（十）超收收入安排情况，预算稳定调节基金的规模和使用情况；

（十一）本级人民代表大会批准的预算决议落实情况；

（十二）其他与决算有关的重要情况。

县级以上各级人民代表大会常务委员会应当结合本级政府提出的上一年度预算执行和其他财政收支的审计工作报告，对本级决算草案进行审查。

第八十条　各级决算经批准后，财政部门应当在二十日内向本级各部门批复决算。各部门应当在接到本级政府财政部门批复的本部门决算后十五日内向所属单位批复决算。

第八十一条　地方各级政府应当将经批准的决算及下一级政府上报备案的决算汇总，报上一级政府备案。

县级以上各级政府应当将下一级政府报送备案的决算汇总后，报本级人民代表大会常务委员会备案。

第八十二条 国务院和县级以上地方各级政府对下一级政府依照本法第八十一条规定报送备案的决算，认为有同法律、行政法规相抵触或者有其他不适当之处，需要撤销批准该项决算的决议的，应当提请本级人民代表大会常务委员会审议决定；经审议决定撤销的，该下级人民代表大会常务委员会应当责成本级政府依照本法规定重新编制决算草案，提请本级人民代表大会常务委员会审查和批准。

第九章 监　督

第八十三条 全国人民代表大会及其常务委员会对中央和地方预算、决算进行监督。

县级以上地方各级人民代表大会及其常务委员会对本级和下级预算、决算进行监督。

乡、民族乡、镇人民代表大会对本级预算、决算进行监督。

第八十四条 各级人民代表大会和县级以上各级人民代表大会常务委员会有权就预算、决算中的重大事项或者特定问题组织调查，有关的政府、部门、单位和个人应当如实反映情况和提供必要的材料。

第八十五条 各级人民代表大会和县级以上各级人民代表大会常务委员会举行会议时，人民代表大会代表或者常务委员会组成人员，依照法律规定程序就预算、决算中的有关问题提出询问或者质询，受询问或者受质询的有关的政府或者财政部门必须及时给予答复。

第八十六条 国务院和县级以上地方各级政府应当在每年六月至九月期间向本级人民代表大会常务委员会报告预算执行情况。

第八十七条 各级政府监督下级政府的预算执行；下级政府应当定期向上一级政府报告预算执行情况。

第八十八条 各级政府财政部门负责监督本级各部门及其所属各单位预算管理有关工作，并向本级政府和上一级政府财政部门报告预算执行情况。

第八十九条 县级以上政府审计部门依法对预算执行、决算实行审计监督。

对预算执行和其他财政收支的审计工作报告应当向社会公开。

第九十条 政府各部门负责监督检查所属各单位的预算执行，及时向本级政府财政部门反映本部门预算执行情况，依法纠正违反预算的行为。

第九十一条 公民、法人或者其他组织发现有违反本法的行为，可以依法向有关国家机关进行检举、控告。

接受检举、控告的国家机关应当依法进行处理，并为检举人、控告人保密。任何单位或者个人不得压制和打击报复检举人、控告人。

第十章 法律责任

第九十二条 各级政府及有关部门有下列行为之一的，责令改正，对负有直接责任的主管人员和其他直接责任人员追究行政责任：

（一）未依照本法规定，编制、报送预算草案、预算调整方案、决算草案和部门预算、决算以及批复预算、决算的；

（二）违反本法规定，进行预算调整的；

（三）未依照本法规定对有关预算事项进行公开和说明的；

（四）违反规定设立政府性基金项目和其他财政收入项目的；

（五）违反法律、法规规定使用预算预备费、预算周转金、预算稳定调节基金、超收收入的；

（六）违反本法规定开设财政专户的。

第九十三条 各级政府及有关部门、单位有下列行为之一的，责令改正，对负有直接责任的主管人员和其他直接责任人员依法给予降级、撤职、开除的处分：

（一）未将所有政府收入和支出列入预算或者虚列收入和支出的；

（二）违反法律、行政法规的规定，多征、提前征收或者减征、免征、缓征应征预算收入的；

（三）截留、占用、挪用或者拖欠应当上缴国库的预算收入的；

（四）违反本法规定，改变预算支出用途的；

（五）擅自改变上级政府专项转移支付资金用途的；

（六）违反本法规定拨付预算支出资金，办理预算收入收纳、划分、留解、退付，或者违反本法规定冻结、动用国库库款或者以其他方式支配已入国库库款的。

第九十四条　各级政府、各部门、各单位违反本法规定举借债务或者为他人债务提供担保，或者挪用重点支出资金，或者在预算之外及超预算标准建设楼堂馆所的，责令改正，对负有直接责任的主管人员和其他直接责任人员给予撤职、开除的处分。

第九十五条　各级政府有关部门、单位及其工作人员有下列行为之一的，责令改正，追回骗取、使用的资金，有违法所得的没收违法所得，对单位给予警告或者通报批评；对负有直接责任的主管人员和其他直接责任人员依法给予处分：

（一）违反法律、法规的规定，改变预算收入上缴方式的；

（二）以虚报、冒领等手段骗取预算资金的；

（三）违反规定扩大开支范围、提高开支标准的；

（四）其他违反财政管理规定的行为。

第九十六条　本法第九十二条、第九十三条、第九十四条、第九十五条所列违法行为，其他法律对其处理、处罚另有规定的，依照其规定。

违反本法规定，构成犯罪的，依法追究刑事责任。

第十一章　附　　则

第九十七条　各级政府财政部门应当按年度编制以权责发生制为基础的政府综合财务报告，报告政府整体财务状况、运行情况和财政中长期可持续性，报本级人民代表大会常务委员会备案。

第九十八条　国务院根据本法制定实施条例。

第九十九条　民族自治地方的预算管理，依照民族区域自治法的有关规定执行；民族区域自治法没有规定的，依照本法和国务院的有关规定执行。

第一百条　省、自治区、直辖市人民代表大会或者其常务委员会根据本法，可以制定有关预算审查监督的决定或者地方性法规。

第一百零一条　本法自 1995 年 1 月 1 日起施行。1991 年 10 月 21 日国务院发布的《国家预算管理条例》同时废止。

2. 中华人民共和国预算法实施条例（2020 年修订）

（1995 年 11 月 22 日中华人民共和国国务院令第 186 号发布　2020 年 8 月 3 日中华人民共和国国务院令第 729 号修订）

第一章　总　　则

第一条　根据《中华人民共和国预算法》（以下简称预算法），制定本条例。

第二条　县级以上地方政府的派出机关根据本级政府授权进行预算管理活动，不作为一级预算，其收支纳入本级预算。

第三条 社会保险基金预算应当在精算平衡的基础上实现可持续运行，一般公共预算可以根据需要和财力适当安排资金补充社会保险基金预算。

第四条 预算法第六条第二款所称各部门，是指与本级政府财政部门直接发生预算缴拨款关系的国家机关、军队、政党组织、事业单位、社会团体和其他单位。

第五条 各部门预算应当反映一般公共预算、政府性基金预算、国有资本经营预算安排给本部门及其所属各单位的所有预算资金。

各部门预算收入包括本级财政安排给本部门及其所属各单位的预算拨款收入和其他收入。各部门预算支出为与部门预算收入相对应的支出，包括基本支出和项目支出。

本条第二款所称基本支出，是指各部门、各单位为保障其机构正常运转、完成日常工作任务所发生的支出，包括人员经费和公用经费；所称项目支出，是指各部门、各单位为完成其特定的工作任务和事业发展目标所发生的支出。

各部门及其所属各单位的本级预算拨款收入和其相对应的支出，应当在部门预算中单独反映。

部门预算编制、执行的具体办法，由本级政府财政部门依法作出规定。

第六条 一般性转移支付向社会公开应当细化到地区。专项转移支付向社会公开应当细化到地区和项目。

政府债务、机关运行经费、政府采购、财政专户资金等情况，按照有关规定向社会公开。

部门预算、决算应当公开基本支出和项目支出。部门预算、决算支出按其功能分类应当公开到项；按其经济性质分类，基本支出应当公开到款。

各部门所属单位的预算、决算及报表，应当在部门批复后 20 日内由单位向社会公开。单位预算、决算应当公开基本支出和项目支出。单位预算、决算支出按其功能分类应当公开到项；按其经济性质分类，基本支出应当公开到款。

第七条 预算法第十五条所称中央和地方分税制，是指在划分中央与地方事权的基础上，确定中央与地方财政支出范围，并按税种划分中央与地方预算收入的财政管理体制。

分税制财政管理体制的具体内容和实施办法，按照国务院的有关规定执行。

第八条 县级以上地方各级政府应当根据中央和地方分税制的原则和上级政府的有关规定，确定本级政府对下级政府的财政管理体制。

第九条 预算法第十六条第二款所称一般性转移支付，包括：

（一）均衡性转移支付；

（二）对革命老区、民族地区、边疆地区、贫困地区的财力补助；

（三）其他一般性转移支付。

第十条 预算法第十六条第三款所称专项转移支付，是指上级政府为了实现特定的经济和社会发展目标给予下级政府，并由下级政府按照上级政府规定的用途安排使用的预算资金。

县级以上各级政府财政部门应当会同有关部门建立健全专项转移支付定期评估和退出机制。对评估后的专项转移支付，按照下列情形分别予以处理：

（一）符合法律、行政法规和国务院规定，有必要继续执行的，可以继续执行；

（二）设立的有关要求变更，或者实际绩效与目标差距较大、管理不够完善的，应当予以调整；

（三）设立依据失效或者废止的，应当予以取消。

第十一条 预算收入和预算支出以人民币元为计算单位。预算收支以人民币以外的货币收纳和支付的，应当折合成人民币计算。

第二章　预算收支范围

第十二条　预算法第二十七条第一款所称行政事业性收费收入，是指国家机关、事业单位等依照法律法规规定，按照国务院规定的程序批准，在实施社会公共管理以及在向公民、法人和其他组织提供特定公共服务过程中，按照规定标准向特定对象收取费用形成的收入。

预算法第二十七条第一款所称国有资源（资产）有偿使用收入，是指矿藏、水流、海域、无居民海岛以及法律规定属于国家所有的森林、草原等国有资源有偿使用收入，按照规定纳入一般公共预算管理的国有资产收入等。

预算法第二十七条第一款所称转移性收入，是指上级税收返还和转移支付、下级上解收入、调入资金以及按照财政部规定列入转移性收入的无隶属关系政府的无偿援助。

第十三条　转移性支出包括上解上级支出、对下级的税收返还和转移支付、调出资金以及按照财政部规定列入转移性支出的给予无隶属关系政府的无偿援助。

第十四条　政府性基金预算收入包括政府性基金各项目收入和转移性收入。

政府性基金预算支出包括与政府性基金预算收入相对应的各项目支出和转移性支出。

第十五条　国有资本经营预算收入包括依照法律、行政法规和国务院规定应当纳入国有资本经营预算的国有独资企业和国有独资公司按照规定上缴国家的利润收入、从国有资本控股和参股公司获得的股息红利收入、国有产权转让收入、清算收入和其他收入。

国有资本经营预算支出包括资本性支出、费用性支出、向一般公共预算调出资金等转移性支出和其他支出。

第十六条　社会保险基金预算收入包括各项社会保险费收入、利息收入、投资收益、一般公共预算补助收入、集体补助收入、转移收入、上级补助收入、下级上解收入和其他收入。

社会保险基金预算支出包括各项社会保险待遇支出、转移支出、补助下级支出、上解上级支出和其他支出。

第十七条　地方各级预算上下级之间有关收入和支出项目的划分以及上解、返还或者转移支付的具体办法，由上级地方政府规定，报本级人民代表大会常务委员会备案。

第十八条　地方各级社会保险基金预算上下级之间有关收入和支出项目的划分以及上解、补助的具体办法，按照统筹层次由上级地方政府规定，报本级人民代表大会常务委员会备案。

第三章　预 算 编 制

第十九条　预算法第三十一条所称预算草案，是指各级政府、各部门、各单位编制的未经法定程序审查和批准的预算。

第二十条　预算法第三十二条第一款所称绩效评价，是指根据设定的绩效目标，依据规范的程序，对预算资金的投入、使用过程、产出与效果进行系统和客观的评价。

绩效评价结果应当按照规定作为改进管理和编制以后年度预算的依据。

第二十一条　预算法第三十二条第三款所称预算支出标准，是指对预算事项合理分类并分别规定的支出预算编制标准，包括基本支出标准和项目支出标准。

地方各级政府财政部门应当根据财政部制定的预算支出标准，结合本地区经济社会发展水平、财力状况等，制定本地区或者本级的预算支出标准。

第二十二条　财政部于每年 6 月 15 日前部署编制下一年度预算草案的具体事项，规定报表格式、编报方法、报送期限等。

第二十三条　中央各部门应当按照国务院的要求和财政部的部署，结合本部门的具体情况，组织编制本部门及其所属各单位的预算草案。

中央各部门负责本部门所属各单位预算草案的审核，并汇总编制本部门的预算草案，按照规定报财政部审核。

第二十四条 财政部审核中央各部门的预算草案，具体编制中央预算草案；汇总地方预算草案或者地方预算，汇编中央和地方预算草案。

第二十五条 省、自治区、直辖市政府按照国务院的要求和财政部的部署，结合本地区的具体情况，提出本行政区域编制预算草案的要求。

县级以上地方各级政府财政部门应当于每年6月30日前部署本行政区域编制下一年度预算草案的具体事项，规定有关报表格式、编报方法、报送期限等。

第二十六条 县级以上地方各级政府各部门应当根据本级政府的要求和本级政府财政部门的部署，结合本部门的具体情况，组织编制本部门及其所属各单位的预算草案，按照规定报本级政府财政部门审核。

第二十七条 县级以上地方各级政府财政部门审核本级各部门的预算草案，具体编制本级预算草案，汇编本级总预算草案，经本级政府审定后，按照规定期限报上一级政府财政部门。

省、自治区、直辖市政府财政部门汇总的本级总预算草案或者本级总预算，应当于下一年度1月10日前报财政部。

第二十八条 县级以上各级政府财政部门审核本级各部门的预算草案时，发现不符合编制预算要求的，应当予以纠正；汇编本级总预算草案时，发现下级预算草案不符合上级政府或者本级政府编制预算要求的，应当及时向本级政府报告，由本级政府予以纠正。

第二十九条 各级政府财政部门编制收入预算草案时，应当征求税务、海关等预算收入征收部门和单位的意见。

预算收入征收部门和单位应当按照财政部门的要求提供下一年度预算收入征收预测情况。

第三十条 财政部门会同社会保险行政部门部署编制下一年度社会保险基金预算草案的具体事项。

社会保险经办机构具体编制下一年度社会保险基金预算草案，报本级社会保险行政部门审核汇总。社会保险基金收入预算草案由社会保险经办机构会同社会保险费征收机构具体编制。财政部门负责审核并汇总编制社会保险基金预算草案。

第三十一条 各级政府财政部门应当依照预算法和本条例规定，制定本级预算草案编制规程。

第三十二条 各部门、各单位在编制预算草案时，应当根据资产配置标准，结合存量资产情况编制相关支出预算。

第三十三条 中央一般公共预算收入编制内容包括本级一般公共预算收入、从国有资本经营预算调入资金、地方上解收入、从预算稳定调节基金调入资金、其他调入资金。

中央一般公共预算支出编制内容包括本级一般公共预算支出、对地方的税收返还和转移支付、补充预算稳定调节基金。

中央政府债务余额的限额应当在本级预算中单独列示。

第三十四条 地方各级一般公共预算收入编制内容包括本级一般公共预算收入、从国有资本经营预算调入资金、上级税收返还和转移支付、下级上解收入、从预算稳定调节基金调入资金、其他调入资金。

地方各级一般公共预算支出编制内容包括本级一般公共预算支出、上解上级支出、对下级的税收返还和转移支付、补充预算稳定调节基金。

第三十五条 中央政府性基金预算收入编制内容包括本级政府性基金各项目收入、上一年度结余、地方上解收入。

中央政府性基金预算支出编制内容包括本级政府性基金各项目支出、对地方的转移支付、调出资金。

第三十六条 地方政府性基金预算收入编制内容包括本级政府性基金各项目收入、上一年度结余、下级上解收入、上级转移支付。

地方政府性基金预算支出编制内容包括本级政府性基金各项目支出、上解上级支出、对下级的转移支付、调出资金。

第三十七条 中央国有资本经营预算收入编制内容包括本级收入、上一年度结余、地方上解收入。

中央国有资本经营预算支出编制内容包括本级支出、向一般公共预算调出资金、对地方特定事项的转移支付。

第三十八条 地方国有资本经营预算收入编制内容包括本级收入、上一年度结余、上级对特定事项的转移支付、下级上解收入。

地方国有资本经营预算支出编制内容包括本级支出、向一般公共预算调出资金、对下级特定事项的转移支付、上解上级支出。

第三十九条 中央和地方社会保险基金预算收入、支出编制内容包括本条例第十六条规定的各项收入和支出。

第四十条 各部门、各单位预算收入编制内容包括本级预算拨款收入、预算拨款结转和其他收入。

各部门、各单位预算支出编制内容包括基本支出和项目支出。

各部门、各单位的预算支出，按其功能分类应当编列到项，按其经济性质分类应当编列到款。

第四十一条 各级政府应当加强项目支出管理。各级政府财政部门应当建立和完善项目支出预算评审制度。各部门、各单位应当按照本级政府财政部门的规定开展预算评审。

项目支出实行项目库管理，并建立健全项目入库评审机制和项目滚动管理机制。

第四十二条 预算法第三十四条第二款所称余额管理，是指国务院在全国人民代表大会批准的中央一般公共预算债务的余额限额内，决定发债规模、品种、期限和时点的管理方式；所称余额，是指中央一般公共预算中举借债务未偿还的本金。

第四十三条 地方政府债务余额实行限额管理。各省、自治区、直辖市的政府债务限额，由财政部在全国人民代表大会或者其常务委员会批准的总限额内，根据各地区债务风险、财力状况等因素，并考虑国家宏观调控政策等需要，提出方案报国务院批准。

各省、自治区、直辖市的政府债务余额不得突破国务院批准的限额。

第四十四条 预算法第三十五条第二款所称举借债务的规模，是指各地方政府债务余额限额的总和，包括一般债务限额和专项债务限额。一般债务是指列入一般公共预算用于公益性事业发展的一般债券、地方政府负有偿还责任的外国政府和国际经济组织贷款转贷债务；专项债务是指列入政府性基金预算用于有收益的公益性事业发展的专项债券。

第四十五条 省、自治区、直辖市政府财政部门依照国务院下达的本地区地方政府债务限额，提出本级和转贷给下级政府的债务限额安排方案，报本级政府批准后，将增加举借的债务列入本级预算调整方案，报本级人民代表大会常务委员会批准。

接受转贷并向下级政府转贷的政府应当将转贷债务纳入本级预算管理。使用转贷并负有直接偿还责任的政府，应当将转贷债务列入本级预算调整方案，报本级人民代表大会常务委员会批准。

地方各级政府财政部门负责统一管理本地区政府债务。

第四十六条 国务院可以将举借的外国政府和国际经济组织贷款转贷给省、自治区、直辖市政府。

国务院向省、自治区、直辖市政府转贷的外国政府和国际经济组织贷款，省、自治区、直辖市政府负有直接偿还责任的，应当纳入本级预算管理。省、自治区、直辖市政府未能按时履行还款义务的，国务院可以相应抵扣对该地区的税收返还等资金。

省、自治区、直辖市政府可以将国务院转贷的外国政府和国际经济组织贷款再转贷给下级政府。

第四十七条 财政部和省、自治区、直辖市政府财政部门应当建立健全地方政府债务风险评估指标体系，组织评估地方政府债务风险状况，对债务高风险地区提出预警，并监督化解债务风险。

第四十八条 县级以上各级政府应当按照本年度转移支付预计执行数的一定比例将下一年度转移支付预计数提前下达至下一级政府，具体下达事宜由本级政府财政部门办理。

除据实结算等特殊项目的转移支付外，提前下达的一般性转移支付预计数的比例一般不低于90%；提前下达的专项转移支付预计数的比例一般不低于70%。其中，按照项目法管理分配的专项转移支付，应当一并明确下一年度组织实施的项目。

第四十九条 经本级政府批准，各级政府财政部门可以设置预算周转金，额度不得超过本级一般公共预算支出总额的1%。年度终了时，各级政府财政部门可以将预算周转金收回并用于补充预算稳定调节基金。

第五十条 预算法第四十二条第一款所称结转资金，是指预算安排项目的支出年度终了时尚未执行完毕，或者因故未执行但下一年度需要按原用途继续使用的资金；连续两年未用完的结转资金，是指预算安排项目的支出在下一年度终了时仍未用完的资金。

预算法第四十二条第一款所称结余资金，是指年度预算执行终了时，预算收入实际完成数扣除预算支出实际完成数和结转资金后剩余的资金。

第四章 预算执行

第五十一条 预算执行中，政府财政部门的主要职责：

（一）研究和落实财政税收政策措施，支持经济社会健康发展；

（二）制定组织预算收入、管理预算支出以及相关财务、会计、内部控制、监督等制度和办法；

（三）督促各预算收入征收部门和单位依法履行职责，征缴预算收入；

（四）根据年度支出预算和用款计划，合理调度、拨付预算资金，监督各部门、各单位预算资金使用管理情况；

（五）统一管理政府债务的举借、支出与偿还，监督债务资金使用情况；

（六）指导和监督各部门、各单位建立健全财务制度和会计核算体系，规范账户管理，健全内部控制机制，按照规定使用预算资金；

（七）汇总、编报分期的预算执行数据，分析预算执行情况，按照本级人民代表大会常务委员会、本级政府和上一级政府财政部门的要求定期报告预算执行情况，并提出相关政策建议；

（八）组织和指导预算资金绩效监控、绩效评价；

（九）协调预算收入征收部门和单位、国库以及其他有关部门的业务工作。

第五十二条 预算法第五十六条第二款所称财政专户，是指财政部门为履行财政管理职能，根据法律规定或者经国务院批准开设的用于管理核算特定专用资金的银行结算账户；所称特定专用资金，包括法律规定可以设立财政专户的资金，外国政府和国际经济组织的贷款、赠款，按照规定存储的人民币以外的货币，财政部会同有关部门报国务院批准的其他特定专用资金。

开设、变更财政专户应当经财政部核准，撤销财政专户应当报财政部备案，中国人民银行应当加强对银行业金融机构开户的核准、管理和监督工作。

财政专户资金由本级政府财政部门管理。除法律另有规定外，未经本级政府财政部门同意，任何部门、单位和个人都无权冻结、动用财政专户资金。

财政专户资金应当由本级政府财政部门纳入统一的会计核算，并在预算执行情况、决算和政府综合财务报告中单独反映。

第五十三条　预算执行中，各部门、各单位的主要职责：

（一）制定本部门、本单位预算执行制度，建立健全内部控制机制；

（二）依法组织收入，严格支出管理，实施绩效监控，开展绩效评价，提高资金使用效益；

（三）对单位的各项经济业务进行会计核算；

（四）汇总本部门、本单位的预算执行情况，定期向本级政府财政部门报送预算执行情况报告和绩效评价报告。

第五十四条　财政部门会同社会保险行政部门、社会保险费征收机构制定社会保险基金预算的收入、支出以及财务管理的具体办法。

社会保险基金预算由社会保险费征收机构和社会保险经办机构具体执行，并按照规定向本级政府财政部门和社会保险行政部门报告执行情况。

第五十五条　各级政府财政部门和税务、海关等预算收入征收部门和单位必须依法组织预算收入，按照财政管理体制、征收管理制度和国库集中收缴制度的规定征收预算收入，除依法缴入财政专户的社会保险基金等预算收入外，应当及时将预算收入缴入国库。

第五十六条　除依法缴入财政专户的社会保险基金等预算收入外，一切有预算收入上缴义务的部门和单位，必须将应当上缴的预算收入，按照规定的预算级次、政府收支分类科目、缴库方式和期限缴入国库，任何部门、单位和个人不得截留、占用、挪用或者拖欠。

第五十七条　各级政府财政部门应当加强对预算资金拨付的管理，并遵循下列原则：

（一）按照预算拨付，即按照批准的年度预算和用款计划拨付资金。除预算法第五十四条规定的在预算草案批准前可以安排支出的情形外，不得办理无预算、无用款计划、超预算或者超计划的资金拨付，不得擅自改变支出用途；

（二）按照规定的预算级次和程序拨付，即根据用款单位的申请，按照用款单位的预算级次、审定的用款计划和财政部门规定的预算资金拨付程序拨付资金；

（三）按照进度拨付，即根据用款单位的实际用款进度拨付资金。

第五十八条　财政部应当根据全国人民代表大会批准的中央政府债务余额限额，合理安排发行国债的品种、结构、期限和时点。

省、自治区、直辖市政府财政部门应当根据国务院批准的本地区政府债务限额，合理安排发行本地区政府债券的结构、期限和时点。

第五十九条　转移支付预算下达和资金拨付应当由财政部门办理，其他部门和单位不得对下级政府部门和单位下达转移支付预算或者拨付转移支付资金。

第六十条　各级政府、各部门、各单位应当加强对预算支出的管理，严格执行预算，遵守财政制度，强化预算约束，不得擅自扩大支出范围、提高开支标准；严格按照预算规定的支出用途使用资金，合理安排支出进度。

第六十一条　财政部负责制定与预算执行有关的财务规则、会计准则和会计制度。各部门、各单位应当按照本级政府财政部门的要求建立健全财务制度，加强会计核算。

第六十二条　国库是办理预算收入的收纳、划分、留解、退付和库款支拨的专门机构。国库分为中央国库和地方国库。

中央国库业务由中国人民银行经理。未设中国人民银行分支机构的地区，由中国人民银行商财政部后，委托有关银行业金融机构办理。

地方国库业务由中国人民银行分支机构经理。未设中国人民银行分支机构的地区，由上级中国人民银行分支机构商有关地方政府财政部门后，委托有关银行业金融机构办理。

具备条件的乡、民族乡、镇，应当设立国库。具体条件和标准由省、自治区、直辖市政府财政部门确定。

第六十三条 中央国库业务应当接受财政部的指导和监督，对中央财政负责。

地方国库业务应当接受本级政府财政部门的指导和监督，对地方财政负责。

省、自治区、直辖市制定的地方国库业务规程应当报财政部和中国人民银行备案。

第六十四条 各级国库应当及时向本级政府财政部门编报预算收入入库、解库、库款拨付以及库款余额情况的日报、旬报、月报和年报。

第六十五条 各级国库应当依照有关法律、行政法规、国务院以及财政部、中国人民银行的有关规定，加强对国库业务的管理，及时准确地办理预算收入的收纳、划分、留解、退付和预算支出的拨付。

各级国库和有关银行业金融机构必须遵守国家有关预算收入缴库的规定，不得延解、占压应当缴入国库的预算收入和国库库款。

第六十六条 各级国库必须凭本级政府财政部门签发的拨款凭证或者支付清算指令于当日办理资金拨付，并及时将款项转入收款单位的账户或者清算资金。

各级国库和有关银行业金融机构不得占压财政部门拨付的预算资金。

第六十七条 各级政府财政部门、预算收入征收部门和单位、国库应当建立健全相互之间的预算收入对账制度，在预算执行中按月、按年核对预算收入的收纳以及库款拨付情况，保证预算收入的征收入库、库款拨付和库存金额准确无误。

第六十八条 中央预算收入、中央和地方预算共享收入退库的办法，由财政部制定。地方预算收入退库的办法，由省、自治区、直辖市政府财政部门制定。

各级预算收入退库的审批权属于本级政府财政部门。中央预算收入、中央和地方预算共享收入的退库，由财政部或者财政部授权的机构批准。地方预算收入的退库，由地方政府财政部门或者其授权的机构批准。具体退库程序按照财政部的有关规定办理。

办理预算收入退库，应当直接退给申请单位或者申请个人，按照国家规定用途使用。任何部门、单位和个人不得截留、挪用退库款项。

第六十九条 各级政府应当加强对本级国库的管理和监督，各级政府财政部门负责协调本级预算收入征收部门和单位与国库的业务工作。

第七十条 国务院各部门制定的规章、文件，凡涉及减免应缴预算收入、设立和改变收入项目和标准、罚没财物处理、经费开支标准和范围、国有资产处置和收益分配以及会计核算等事项的，应当符合国家统一的规定；凡涉及增加或者减少财政收入或者支出的，应当征求财政部意见。

第七十一条 地方政府依据法定权限制定的规章和规定的行政措施，不得涉及减免中央预算收入、中央和地方预算共享收入，不得影响中央预算收入、中央和地方预算共享收入的征收；违反规定的，有关预算收入征收部门和单位有权拒绝执行，并应当向上级预算收入征收部门和单位以及财政部报告。

第七十二条 各级政府应当加强对预算执行工作的领导，定期听取财政部门有关预算执行情况的汇报，研究解决预算执行中出现的问题。

第七十三条 各级政府财政部门有权监督本级各部门及其所属各单位的预算管理有关工作，对各部门的预算执行情况和绩效进行评价、考核。

各级政府财政部门有权对与本级各预算收入相关的征收部门和单位征收本级预算收入的情况进行监督，对违反法律、行政法规规定多征、提前征收、减征、免征、缓征或者退还预算收入的，责令改正。

第七十四条 各级政府财政部门应当每月向本级政府报告预算执行情况，具体报告内容、方式和期限由本级政府规定。

第七十五条 地方各级政府财政部门应当定期向上一级政府财政部门报送本行政区域预算执行情况，包括预算执行旬报、月报、季报，政府债务余额统计报告，国库库款报告以及相关文字说明材料。具体报送内容、方式和期限由上一级政府财政部门规定。

第七十六条 各级税务、海关等预算收入征收部门和单位应当按照财政部门规定的期限和要求，向财政部门和上级主管部门报送有关预算收入征收情况，并附文字说明材料。

各级税务、海关等预算收入征收部门和单位应当与相关财政部门建立收入征管信息共享机制。

第七十七条 各部门应当按照本级政府财政部门规定的期限和要求，向本级政府财政部门报送本部门及其所属各单位的预算收支情况等报表和文字说明材料。

第七十八条 预算法第六十六条第一款所称超收收入，是指年度本级一般公共预算收入的实际完成数超过经本级人民代表大会或者其常务委员会批准的预算收入数的部分。

预算法第六十六条第三款所称短收，是指年度本级一般公共预算收入的实际完成数小于经本级人民代表大会或者其常务委员会批准的预算收入数的情形。

前两款所称实际完成数和预算收入数，不包括转移性收入和政府债务收入。

省、自治区、直辖市政府依照预算法第六十六条第三款规定增列的赤字，可以通过在国务院下达的本地区政府债务限额内发行地方政府一般债券予以平衡。

设区的市、自治州以下各级一般公共预算年度执行中出现短收的，应当通过调入预算稳定调节基金或者其他预算资金、减少支出等方式实现收支平衡；采取上述措施仍不能实现收支平衡的，可以通过申请上级政府临时救助平衡当年预算，并在下一年度预算中安排资金归还。

各级一般公共预算年度执行中厉行节约、节约开支，造成本级预算支出实际执行数小于预算总支出的，不属于预算调整的情形。

各级政府性基金预算年度执行中有超收收入的，应当在下一年度安排使用并优先用于偿还相应的专项债务；出现短收的，应当通过减少支出实现收支平衡。国务院另有规定的除外。

各级国有资本经营预算年度执行中有超收收入的，应当在下一年度安排使用；出现短收的，应当通过减少支出实现收支平衡。国务院另有规定的除外。

第七十九条 年度预算确定后，部门、单位改变隶属关系引起预算级次或者预算关系变化的，应当在改变财务关系的同时，相应办理预算、资产划转。

第五章 决 算

第八十条 预算法第七十四条所称决算草案，是指各级政府、各部门、各单位编制的未经法定程序审查和批准的预算收支和结余的年度执行结果。

第八十一条 财政部应当在每年第四季度部署编制决算草案的原则、要求、方法和报送期限，制发中央各部门决算、地方决算以及其他有关决算的报表格式。

省、自治区、直辖市政府按照国务院的要求和财政部的部署，结合本地区的具体情况，提出本行政区域编制决算草案的要求。

县级以上地方政府财政部门根据财政部的部署和省、自治区、直辖市政府的要求，部署编制本级政府各部门和下级政府决算草案的原则、要求、方法和报送期限，制发本级政府各部门决算、下级政府决算以及其他有关决算的报表格式。

第八十二条 地方政府财政部门根据上级政府财政部门的部署，制定本行政区域决算草案和本级各部门决算草案的具体编制办法。

各部门根据本级政府财政部门的部署，制定所属各单位决算草案的具体编制办法。

第八十三条 各级政府财政部门、各部门、各单位在每一预算年度终了时，应当清理核实全年预算收入、支出数据和往来款项，做好决算数据对账工作。

决算各项数据应当以经核实的各级政府、各部门、各单位会计数据为准，不得以估计数据替代，不得弄虚作假。

各部门、各单位决算应当列示结转、结余资金。

第八十四条 各单位应当按照主管部门的布置，认真编制本单位决算草案，在规定期限内上报。

各部门在审核汇总所属各单位决算草案基础上，连同本部门自身的决算收入和支出数据，汇编成本部门决算草案并附详细说明，经部门负责人签章后，在规定期限内报本级政府财政部门审核。

第八十五条 各级预算收入征收部门和单位应当按照财政部门的要求，及时编制收入年报以及有关资料并报送财政部门。

第八十六条 各级政府财政部门应当根据本级预算、预算会计核算数据等相关资料编制本级决算草案。

第八十七条 年度预算执行终了，对于上下级财政之间按照规定需要清算的事项，应当在决算时办理结算。

县级以上各级政府财政部门编制的决算草案应当及时报送本级政府审计部门审计。

第八十八条 县级以上地方各级政府应当自本级决算经批准之日起30日内，将本级决算以及下一级政府上报备案的决算汇总，报上一级政府备案；将下一级政府报送备案的决算汇总，报本级人民代表大会常务委员会备案。

乡、民族乡、镇政府应当自本级决算经批准之日起30日内，将本级决算报上一级政府备案。

第六章 监 督

第八十九条 县级以上各级政府应当接受本级和上级人民代表大会及其常务委员会对预算执行情况和决算的监督，乡、民族乡、镇政府应当接受本级人民代表大会和上级人民代表大会及其常务委员会对预算执行情况和决算的监督；按照本级人民代表大会或者其常务委员会的要求，报告预算执行情况；认真研究处理本级人民代表大会代表或者其常务委员会组成人员有关改进预算管理的建议、批评和意见，并及时答复。

第九十条 各级政府应当加强对下级政府预算执行情况的监督，对下级政府在预算执行中违反预算法、本条例和国家方针政策的行为，依法予以制止和纠正；对本级预算执行中出现的问题，及时采取处理措施。

下级政府应当接受上级政府对预算执行情况的监督；根据上级政府的要求，及时提供资料，如实反映情况，不得隐瞒、虚报；严格执行上级政府作出的有关决定，并将执行结果及时上报。

第九十一条 各部门及其所属各单位应当接受本级政府财政部门对预算管理有关工作的监督。

财政部派出机构根据职责和财政部的授权，依法开展工作。

第九十二条 各级政府审计部门应当依法对本级预算执行情况和决算草案，本级各部门、各单位和下级政府的预算执行情况和决算，进行审计监督。

第七章 法律责任

第九十三条 预算法第九十三条第六项所称违反本法规定冻结、动用国库库款或者以其他方式支配已入国库库款，是指：

（一）未经有关政府财政部门同意，冻结、动用国库库款；

（二）预算收入征收部门和单位违反规定将所收税款和其他预算收入存入国库之外的其他账户；

（三）未经有关政府财政部门或者财政部门授权的机构同意，办理资金拨付和退付；

（四）将国库库款挪作他用；

（五）延解、占压国库库款；

（六）占压政府财政部门拨付的预算资金。

第九十四条　各级政府、有关部门和单位有下列行为之一的，责令改正；对负有直接责任的主管人员和其他直接责任人员，依法给予处分：

（一）突破一般债务限额或者专项债务限额举借债务；

（二）违反本条例规定下达转移支付预算或者拨付转移支付资金；

（三）擅自开设、变更账户。

第八章　附　　则

第九十五条　预算法第九十七条所称政府综合财务报告，是指以权责发生制为基础编制的反映各级政府整体财务状况、运行情况和财政中长期可持续性的报告。政府综合财务报告包括政府资产负债表、收入费用表等财务报表和报表附注，以及以此为基础进行的综合分析等。

第九十六条　政府投资年度计划应当和本级预算相衔接。政府投资决策、项目实施和监督管理按照政府投资有关行政法规执行。

第九十七条　本条例自 2020 年 10 月 1 日起施行。

第十七章　政府采购相关法规

1. 中华人民共和国政府采购法（2014 年修订）

（2002 年 6 月 29 日第九届全国人民代表大会常务委员会第二十八次会议通过　根据 2014 年 8 月 31 日第十二届全国人民代表大会常务委员会第十次会议《关于修改〈中华人民共和国保险法〉等五部法律的决定》修正）

第一章　总　　则

第一条　为了规范政府采购行为，提高政府采购资金的使用效益，维护国家利益和社会公共利益，保护政府采购当事人的合法权益，促进廉政建设，制定本法。

第二条　在中华人民共和国境内进行的政府采购适用本法。

本法所称政府采购，是指各级国家机关、事业单位和团体组织，使用财政性资金采购依法制定的集中采购目录以内的或者采购限额标准以上的货物、工程和服务的行为。

政府集中采购目录和采购限额标准依照本法规定的权限制定。

本法所称采购，是指以合同方式有偿取得货物、工程和服务的行为，包括购买、租赁、委托、雇用等。

本法所称货物，是指各种形态和种类的物品，包括原材料、燃料、设备、产品等。

本法所称工程，是指建设工程，包括建筑物和构筑物的新建、改建、扩建、装修、拆除、修缮等。

本法所称服务，是指除货物和工程以外的其他政府采购对象。

第三条 政府采购应当遵循公开透明原则、公平竞争原则、公正原则和诚实信用原则。

第四条 政府采购工程进行招标投标的，适用招标投标法。

第五条 任何单位和个人不得采用任何方式，阻挠和限制供应商自由进入本地区和本行业的政府采购市场。

第六条 政府采购应当严格按照批准的预算执行。

第七条 政府采购实行集中采购和分散采购相结合。集中采购的范围由省级以上人民政府公布的集中采购目录确定。

属于中央预算的政府采购项目，其集中采购目录由国务院确定并公布；属于地方预算的政府采购项目，其集中采购目录由省、自治区、直辖市人民政府或者其授权的机构确定并公布。

纳入集中采购目录的政府采购项目，应当实行集中采购。

第八条 政府采购限额标准，属于中央预算的政府采购项目，由国务院确定并公布；属于地方预算的政府采购项目，由省、自治区、直辖市人民政府或者其授权的机构确定并公布。

第九条 政府采购应当有助于实现国家的经济和社会发展政策目标，包括保护环境，扶持不发达地区和少数民族地区，促进中小企业发展等。

第十条 政府采购应当采购本国货物、工程和服务。但有下列情形之一的除外：

（一）需要采购的货物、工程或者服务在中国境内无法获取或者无法以合理的商业条件获取的；

（二）为在中国境外使用而进行采购的；

（三）其他法律、行政法规另有规定的。

前款所称本国货物、工程和服务的界定，依照国务院有关规定执行。

第十一条 政府采购的信息应当在政府采购监督管理部门指定的媒体上及时向社会公开发布，但涉及商业秘密的除外。

第十二条 在政府采购活动中，采购人员及相关人员与供应商有利害关系的，必须回避。供应商认为采购人员及相关人员与其他供应商有利害关系的，可以申请其回避。

前款所称相关人员，包括招标采购中评标委员会的组成人员，竞争性谈判采购中谈判小组的组成人员，询价采购中询价小组的组成人员等。

第十三条 各级人民政府财政部门是负责政府采购监督管理的部门，依法履行对政府采购活动的监督管理职责。

各级人民政府其他有关部门依法履行与政府采购活动有关的监督管理职责。

第二章 政府采购当事人

第十四条 政府采购当事人是指在政府采购活动中享有权利和承担义务的各类主体，包括采购人、供应商和采购代理机构等。

第十五条 采购人是指依法进行政府采购的国家机关、事业单位、团体组织。

第十六条 集中采购机构为采购代理机构。设区的市、自治州以上人民政府根据本级政府采购项目组织集中采购的需要设立集中采购机构。

集中采购机构是非营利事业法人，根据采购人的委托办理采购事宜。

第十七条 集中采购机构进行政府采购活动，应当符合采购价格低于市场平均价格、采购效率更高、采购质量优良和服务良好的要求。

第十八条 采购人采购纳入集中采购目录的政府采购项目，必须委托集中采购机构代理采购；采购未纳入集中采购目录的政府采购项目，可以自行采购，也可以委托集中采购机构在委托的范围内代理采购。

纳入集中采购目录属于通用的政府采购项目的，应当委托集中采购机构代理采购；属于本部门、本系统有特殊要求的项目，应当实行部门集中采购；属于本单位有特殊要求的项目，经省级以上人民政府批准，可以自行采购。

第十九条　采购人可以委托集中采购机构以外的采购代理机构，在委托的范围内办理政府采购事宜。

采购人有权自行选择采购代理机构，任何单位和个人不得以任何方式为采购人指定采购代理机构。

第二十条　采购人依法委托采购代理机构办理采购事宜的，应当由采购人与采购代理机构签订委托代理协议，依法确定委托代理的事项，约定双方的权利义务。

第二十一条　供应商是指向采购人提供货物、工程或者服务的法人、其他组织或者自然人。

第二十二条　供应商参加政府采购活动应当具备下列条件：

（一）具有独立承担民事责任的能力；

（二）具有良好的商业信誉和健全的财务会计制度；

（三）具有履行合同所必需的设备和专业技术能力；

（四）有依法缴纳税收和社会保障资金的良好记录；

（五）参加政府采购活动前三年内，在经营活动中没有重大违法记录；

（六）法律、行政法规规定的其他条件。

采购人可以根据采购项目的特殊要求，规定供应商的特定条件，但不得以不合理的条件对供应商实行差别待遇或者歧视待遇。

第二十三条　采购人可以要求参加政府采购的供应商提供有关资质证明文件和业绩情况，并根据本法规定的供应商条件和采购项目对供应商的特定要求，对供应商的资格进行审查。

第二十四条　两个以上的自然人、法人或者其他组织可以组成一个联合体，以一个供应商的身份共同参加政府采购。

以联合体形式进行政府采购的，参加联合体的供应商均应当具备本法第二十二条规定的条件，并应当向采购人提交联合协议，载明联合体各方承担的工作和义务。联合体各方应当共同与采购人签订采购合同，就采购合同约定的事项对采购人承担连带责任。

第二十五条　政府采购当事人不得相互串通损害国家利益、社会公共利益和其他当事人的合法权益；不得以任何手段排斥其他供应商参与竞争。

供应商不得以向采购人、采购代理机构、评标委员会的组成人员、竞争性谈判小组的组成人员、询价小组的组成人员行贿或者采取其他不正当手段谋取中标或者成交。

采购代理机构不得以向采购人行贿或者采取其他不正当手段谋取非法利益。

第三章　政府采购方式

第二十六条　政府采购采用以下方式：

（一）公开招标；

（二）邀请招标；

（三）竞争性谈判；

（四）单一来源采购；

（五）询价；

（六）国务院政府采购监督管理部门认定的其他采购方式。

公开招标应作为政府采购的主要采购方式。

第二十七条　采购人采购货物或者服务应当采用公开招标方式的，其具体数额标准，属于中央预算的政府采购项目，由国务院规定；属于地方预算的政府采购项目，由省、自治区、直辖市人民政府规定；因特殊情况需要采用公开招标以外的采购方式的，应当在采购活动开始前获得设区的市、自治州以上人民政府采购监督管理部门的批准。

第二十八条 采购人不得将应当以公开招标方式采购的货物或者服务化整为零或者以其他任何方式规避公开招标采购。

第二十九条 符合下列情形之一的货物或者服务，可以依照本法采用邀请招标方式采购：

（一）具有特殊性，只能从有限范围的供应商处采购的；

（二）采用公开招标方式的费用占政府采购项目总价值的比例过大的。

第三十条 符合下列情形之一的货物或者服务，可以依照本法采用竞争性谈判方式采购：

（一）招标后没有供应商投标或者没有合格标的或者重新招标未能成立的；

（二）技术复杂或者性质特殊，不能确定详细规格或者具体要求的；

（三）采用招标所需时间不能满足用户紧急需要的；

（四）不能事先计算出价格总额的。

第三十一条 符合下列情形之一的货物或者服务，可以依照本法采用单一来源方式采购：

（一）只能从唯一供应商处采购的；

（二）发生了不可预见的紧急情况不能从其他供应商处采购的；

（三）必须保证原有采购项目一致性或者服务配套的要求，需要继续从原供应商处添购，且添购资金总额不超过原合同采购金额百分之十的。

第三十二条 采购的货物规格、标准统一、现货货源充足且价格变化幅度小的政府采购项目，可以依照本法采用询价方式采购。

第四章 政府采购程序

第三十三条 负有编制部门预算职责的部门在编制下一财政年度部门预算时，应当将该财政年度政府采购的项目及资金预算列出，报本级财政部门汇总。部门预算的审批，按预算管理权限和程序进行。

第三十四条 货物或者服务项目采取邀请招标方式采购的，采购人应当从符合相应资格条件的供应商中，通过随机方式选择三家以上的供应商，并向其发出投标邀请书。

第三十五条 货物和服务项目实行招标方式采购的，自招标文件开始发出之日起至投标人提交投标文件截止之日止，不得少于二十日。

第三十六条 在招标采购中，出现下列情形之一的，应予废标：

（一）符合专业条件的供应商或者对招标文件作实质响应的供应商不足三家的；

（二）出现影响采购公正的违法、违规行为的；

（三）投标人的报价均超过了采购预算，采购人不能支付的；

（四）因重大变故，采购任务取消的。

废标后，采购人应当将废标理由通知所有投标人。

第三十七条 废标后，除采购任务取消情形外，应当重新组织招标；需要采取其他方式采购的，应当在采购活动开始前获得设区的市、自治州以上人民政府采购监督管理部门或者政府有关部门批准。

第三十八条 采用竞争性谈判方式采购的，应当遵循下列程序：

（一）成立谈判小组。谈判小组由采购人的代表和有关专家共三人以上的单数组成，其中专家的人数不得少于成员总数的三分之二。

（二）制定谈判文件。谈判文件应当明确谈判程序、谈判内容、合同草案的条款以及评定成交的标准等事项。

（三）确定邀请参加谈判的供应商名单。谈判小组从符合相应资格条件的供应商名单中确定不少于三家的供应商参加谈判，并向其提供谈判文件。

（四）谈判。谈判小组所有成员集中与单一供应商分别进行谈判。在谈判中，谈判的任何一方不得透露与谈判有关的其他供应商的技术资料、价格和其他信息。谈判文件有实质性变动的，谈判小组应当以书面形式通知所有参加谈判的供应商。

（五）确定成交供应商。谈判结束后，谈判小组应当要求所有参加谈判的供应商在规定时间内进行最后报价，采购人从谈判小组提出的成交候选人中根据符合采购需求、质量和服务相等且报价最低的原则确定成交供应商，并将结果通知所有参加谈判的未成交的供应商。

第三十九条　采取单一来源方式采购的，采购人与供应商应当遵循本法规定的原则，在保证采购项目质量和双方商定合理价格的基础上进行采购。

第四十条　采取询价方式采购的，应当遵循下列程序：

（一）成立询价小组。询价小组由采购人的代表和有关专家共三人以上的单数组成，其中专家的人数不得少于成员总数的三分之二。询价小组应当对采购项目的价格构成和评定成交的标准等事项作出规定。

（二）确定被询价的供应商名单。询价小组根据采购需求，从符合相应资格条件的供应商名单中确定不少于三家的供应商，并向其发出询价通知书让其报价。

（三）询价。询价小组要求被询价的供应商一次报出不得更改的价格。

（四）确定成交供应商。采购人根据符合采购需求、质量和服务相等且报价最低的原则确定成交供应商，并将结果通知所有被询价的未成交的供应商。

第四十一条　采购人或者其委托的采购代理机构应当组织对供应商履约的验收。大型或者复杂的政府采购项目，应当邀请国家认可的质量检测机构参加验收工作。验收方成员应当在验收书上签字，并承担相应的法律责任。

第四十二条　采购人、采购代理机构对政府采购项目每项采购活动的采购文件应当妥善保存，不得伪造、变造、隐匿或者销毁。采购文件的保存期限为从采购结束之日起至少保存十五年。

采购文件包括采购活动记录、采购预算、招标文件、投标文件、评标标准、评估报告、定标文件、合同文本、验收证明、质疑答复、投诉处理决定及其他有关文件、资料。

采购活动记录至少应当包括下列内容：

（一）采购项目类别、名称；

（二）采购项目预算、资金构成和合同价格；

（三）采购方式，采用公开招标以外的采购方式的，应当载明原因；

（四）邀请和选择供应商的条件及原因；

（五）评标标准及确定中标人的原因；

（六）废标的原因；

（七）采用招标以外采购方式的相应记载。

第五章　政府采购合同

第四十三条　政府采购合同适用合同法。采购人和供应商之间的权利和义务，应当按照平等、自愿的原则以合同方式约定。

采购人可以委托采购代理机构代表其与供应商签订政府采购合同。由采购代理机构以采购人名义签订合同的，应当提交采购人的授权委托书，作为合同附件。

第四十四条　政府采购合同应当采用书面形式。

第四十五条　国务院政府采购监督管理部门应当会同国务院有关部门，规定政府采购合同必须具备的条款。

第四十六条　采购人与中标、成交供应商应当在中标、成交通知书发出之日起三十日内，按照采购文件确定的事项签订政府采购合同。

中标、成交通知书对采购人和中标、成交供应商均具有法律效力。中标、成交通知书发出后，采购人改变中标、成交结果的，或者中标、成交供应商放弃中标、成交项目的，应当依法承担法律责任。

第四十七条 政府采购项目的采购合同自签订之日起七个工作日内，采购人应当将合同副本报同级政府采购监督管理部门和有关部门备案。

第四十八条 经采购人同意，中标、成交供应商可以依法采取分包方式履行合同。

政府采购合同分包履行的，中标、成交供应商就采购项目和分包项目向采购人负责，分包供应商就分包项目承担责任。

第四十九条 政府采购合同履行中，采购人需追加与合同标的相同的货物、工程或者服务的，在不改变合同其他条款的前提下，可以与供应商协商签订补充合同，但所有补充合同的采购金额不得超过原合同采购金额的百分之十。

第五十条 政府采购合同的双方当事人不得擅自变更、中止或者终止合同。

政府采购合同继续履行将损害国家利益和社会公共利益的，双方当事人应当变更、中止或者终止合同。有过错的一方应当承担赔偿责任，双方都有过错的，各自承担相应的责任。

第六章 质疑与投诉

第五十一条 供应商对政府采购活动事项有疑问的，可以向采购人提出询问，采购人应当及时作出答复，但答复的内容不得涉及商业秘密。

第五十二条 供应商认为采购文件、采购过程和中标、成交结果使自己的权益受到损害的，可以在知道或者应知其权益受到损害之日起七个工作日内，以书面形式向采购人提出质疑。

第五十三条 采购人应当在收到供应商的书面质疑后七个工作日内作出答复，并以书面形式通知质疑供应商和其他有关供应商，但答复的内容不得涉及商业秘密。

第五十四条 采购人委托采购代理机构采购的，供应商可以向采购代理机构提出询问或者质疑，采购代理机构应当依照本法第五十一条、第五十三条的规定就采购人委托授权范围内的事项作出答复。

第五十五条 质疑供应商对采购人、采购代理机构的答复不满意或者采购人、采购代理机构未在规定的时间内作出答复的，可以在答复期满后十五个工作日内向同级政府采购监督管理部门投诉。

第五十六条 政府采购监督管理部门应当在收到投诉后三十个工作日内，对投诉事项作出处理决定，并以书面形式通知投诉人和与投诉事项有关的当事人。

第五十七条 政府采购监督管理部门在处理投诉事项期间，可以视具体情况书面通知采购人暂停采购活动，但暂停时间最长不得超过三十日。

第五十八条 投诉人对政府采购监督管理部门的投诉处理决定不服或者政府采购监督管理部门逾期未作处理的，可以依法申请行政复议或者向人民法院提起行政诉讼。

第七章 监督检查

第五十九条 政府采购监督管理部门应当加强对政府采购活动及集中采购机构的监督检查。

监督检查的主要内容是：

（一）有关政府采购的法律、行政法规和规章的执行情况；

（二）采购范围、采购方式和采购程序的执行情况；

（三）政府采购人员的职业素质和专业技能。

第六十条 政府采购监督管理部门不得设置集中采购机构，不得参与政府采购项目的采购活动。

采购代理机构与行政机关不得存在隶属关系或者其他利益关系。

第六十一条 集中采购机构应当建立健全内部监督管理制度。采购活动的决策和执行程序应当明确，并相互监督、相互制约。经办采购的人员与负责采购合同审核、验收人员的职责权限应当明确，并相互分离。

第六十二条 集中采购机构的采购人员应当具有相关职业素质和专业技能，符合政府采购监督管理部门规定的专业岗位任职要求。

集中采购机构对其工作人员应当加强教育和培训；对采购人员的专业水平、工作实绩和职业道德状况定期进行考核。采购人员经考核不合格的，不得继续任职。

第六十三条 政府采购项目的采购标准应当公开。

采用本法规定的采购方式的，采购人在采购活动完成后，应当将采购结果予以公布。

第六十四条 采购人必须按照本法规定的采购方式和采购程序进行采购。

任何单位和个人不得违反本法规定，要求采购人或者采购工作人员向其指定的供应商进行采购。

第六十五条 政府采购监督管理部门应当对政府采购项目的采购活动进行检查，政府采购当事人应当如实反映情况，提供有关材料。

第六十六条 政府采购监督管理部门应当对集中采购机构的采购价格、节约资金效果、服务质量、信誉状况、有无违法行为等事项进行考核，并定期如实公布考核结果。

第六十七条 依照法律、行政法规的规定对政府采购负有行政监督职责的政府有关部门，应当按照其职责分工，加强对政府采购活动的监督。

第六十八条 审计机关应当对政府采购进行审计监督。政府采购监督管理部门、政府采购各当事人有关政府采购活动，应当接受审计机关的审计监督。

第六十九条 监察机关应当加强对参与政府采购活动的国家机关、国家公务员和国家行政机关任命的其他人员实施监察。

第七十条 任何单位和个人对政府采购活动中的违法行为，有权控告和检举，有关部门、机关应当依照各自职责及时处理。

第八章 法律责任

第七十一条 采购人、采购代理机构有下列情形之一的，责令限期改正，给予警告，可以并处罚款，对直接负责的主管人员和其他直接责任人员，由其行政主管部门或者有关机关给予处分，并予通报：

（一）应当采用公开招标方式而擅自采用其他方式采购的；

（二）擅自提高采购标准的；

（三）以不合理的条件对供应商实行差别待遇或者歧视待遇的；

（四）在招标采购过程中与投标人进行协商谈判的；

（五）中标、成交通知书发出后不与中标、成交供应商签订采购合同的；

（六）拒绝有关部门依法实施监督检查的。

第七十二条 采购人、采购代理机构及其工作人员有下列情形之一，构成犯罪的，依法追究刑事责任；尚不构成犯罪的，处以罚款，有违法所得的，并处没收违法所得，属于国家机关工作人员的，依法给予行政处分：

（一）与供应商或者采购代理机构恶意串通的；

（二）在采购过程中接受贿赂或者获取其他不正当利益的；

（三）在有关部门依法实施的监督检查中提供虚假情况的；

（四）开标前泄露标底的。

第七十三条 有前两条违法行为之一影响中标、成交结果或者可能影响中标、成交结果的，按下列情况分别处理：

（一）未确定中标、成交供应商的，终止采购活动；

（二）中标、成交供应商已经确定但采购合同尚未履行的，撤销合同，从合格的中标、成交候选人中另行确定中标、成交供应商；

（三）采购合同已经履行的，给采购人、供应商造成损失的，由责任人承担赔偿责任。

第七十四条 采购人对应当实行集中采购的政府采购项目，不委托集中采购机构实行集中采购的，由政府采购监督管理部门责令改正；拒不改正的，停止按预算向其支付资金，由其上级行政主管部门或者有关机关依法给予其直接负责的主管人员和其他直接责任人员处分。

第七十五条 采购人未依法公布政府采购项目的采购标准和采购结果的，责令改正，对直接负责的主管人员依法给予处分。

第七十六条 采购人、采购代理机构违反本法规定隐匿、销毁应当保存的采购文件或者伪造、变造采购文件的，由政府采购监督管理部门处以二万元以上十万元以下的罚款，对其直接负责的主管人员和其他直接责任人员依法给予处分；构成犯罪的，依法追究刑事责任。

第七十七条 供应商有下列情形之一的，处以采购金额千分之五以上千分之十以下的罚款，列入不良行为记录名单，在一至三年内禁止参加政府采购活动，有违法所得的，并处没收违法所得，情节严重的，由工商行政管理机关吊销营业执照；构成犯罪的，依法追究刑事责任：

（一）提供虚假材料谋取中标、成交的；

（二）采取不正当手段诋毁、排挤其他供应商的；

（三）与采购人、其他供应商或者采购代理机构恶意串通的；

（四）向采购人、采购代理机构行贿或者提供其他不正当利益的；

（五）在招标采购过程中与采购人进行协商谈判的；

（六）拒绝有关部门监督检查或者提供虚假情况的。

供应商有前款第（一）至（五）项情形之一的，中标、成交无效。

第七十八条 采购代理机构在代理政府采购业务中有违法行为的，按照有关法律规定处以罚款，可以在一至三年内禁止其代理政府采购业务，构成犯罪的，依法追究刑事责任。

第七十九条 政府采购当事人有本法第七十一条、第七十二条、第七十七条违法行为之一，给他人造成损失的，并应依照有关民事法律规定承担民事责任。

第八十条 政府采购监督管理部门的工作人员在实施监督检查中违反本法规定滥用职权，玩忽职守，徇私舞弊的，依法给予行政处分；构成犯罪的，依法追究刑事责任。

第八十一条 政府采购监督管理部门对供应商的投诉逾期未作处理的，给予直接负责的主管人员和其他直接责任人员行政处分。

第八十二条 政府采购监督管理部门对集中采购机构业绩的考核，有虚假陈述，隐瞒真实情况的，或者不作定期考核和公布考核结果的，应当及时纠正，由其上级机关或者监察机关对其负责人进行通报，并对直接负责的人员依法给予行政处分。

集中采购机构在政府采购监督管理部门考核中，虚报业绩，隐瞒真实情况的，处以二万元以上二十万元以下的罚款，并予以通报；情节严重的，取消其代理采购的资格。

第八十三条 任何单位或者个人阻挠和限制供应商进入本地区或者本行业政府采购市场的，责令限期改正；拒不改正的，由该单位、个人的上级行政主管部门或者有关机关给予单位责任人或者个人处分。

第九章 附 则

第八十四条 使用国际组织和外国政府贷款进行的政府采购，贷款方、资金提供方与中方达成的协议对采购的具体条件另有规定的，可以适用其规定，但不得损害国家利益和社会公共利益。

第八十五条 对因严重自然灾害和其他不可抗力事件所实施的紧急采购和涉及国家安全和秘密的采购，不适用本法。

第八十六条 军事采购法规由中央军事委员会另行制定。

第八十七条 本法实施的具体步骤和办法由国务院规定。

第八十八条 本法自 2003 年 1 月 1 日起施行。

2. 中华人民共和国政府采购法实施条例（2015 年颁布）

（国务院令第 658 号）

第一章 总 则

第一条 根据《中华人民共和国政府采购法》（以下简称政府采购法），制定本条例。

第二条 政府采购法第二条所称财政性资金是指纳入预算管理的资金。

以财政性资金作为还款来源的借贷资金，视同财政性资金。

国家机关、事业单位和团体组织的采购项目既使用财政性资金又使用非财政性资金的，使用财政性资金采购的部分，适用政府采购法及本条例；财政性资金与非财政性资金无法分割采购的，统一适用政府采购法及本条例。

政府采购法第二条所称服务，包括政府自身需要的服务和政府向社会公众提供的公共服务。

第三条 集中采购目录包括集中采购机构采购项目和部门集中采购项目。

技术、服务等标准统一，采购人普遍使用的项目，列为集中采购机构采购项目；采购人本部门、本系统基于业务需要有特殊要求，可以统一采购的项目，列为部门集中采购项目。

第四条 政府采购法所称集中采购，是指采购人将列入集中采购目录的项目委托集中采购机构代理采购或者进行部门集中采购的行为；所称分散采购，是指采购人将采购限额标准以上的未列入集中采购目录的项目自行采购或者委托采购代理机构代理采购的行为。

第五条 省、自治区、直辖市人民政府或者其授权的机构根据实际情况，可以确定分别适用于本行政区域省级、设区的市级、县级的集中采购目录和采购限额标准。

第六条 国务院财政部门应当根据国家的经济和社会发展政策，会同国务院有关部门制定政府采购政策，通过制定采购需求标准、预留采购份额、价格评审优惠、优先采购等措施，实现节约能源、保护环境、扶持不发达地区和少数民族地区、促进中小企业发展等目标。

第七条 政府采购工程以及与工程建设有关的货物、服务，采用招标方式采购的，适用《中华人民共和国招标投标法》及其实施条例；采用其他方式采购的，适用政府采购法及本条例。

前款所称工程，是指建设工程，包括建筑物和构筑物的新建、改建、扩建及其相关的装修、拆除、修缮等；所称与工程建设有关的货物，是指构成工程不可分割的组成部分，且为实现工程基本功能所必需的设备、材料等；所称与工程建设有关的服务，是指为完成工程所需的勘查、设计、监理等服务。

政府采购工程以及与工程建设有关的货物、服务，应当执行政府采购政策。

第八条 政府采购项目信息应当在省级以上人民政府财政部门指定的媒体上发布。采购项目预算金额达到国务院财政部门规定标准的，政府采购项目信息应当在国务院财政部门指定的媒体上发布。

第九条 在政府采购活动中，采购人员及相关人员与供应商有下列利害关系之一的，应当回避：

（一）参加采购活动前3年内与供应商存在劳动关系；

（二）参加采购活动前3年内担任供应商的董事、监事；

（三）参加采购活动前3年内是供应商的控股股东或者实际控制人；

（四）与供应商的法定代表人或者负责人有夫妻、直系血亲、三代以内旁系血亲或者近姻亲关系；

（五）与供应商有其他可能影响政府采购活动公平、公正进行的关系。

供应商认为采购人员及相关人员与其他供应商有利害关系的，可以向采购人或者采购代理机构书面提出回避申请，并说明理由。采购人或者采购代理机构应当及时询问被申请回避人员，有利害关系的被申请回避人员应当回避。

第十条 国家实行统一的政府采购电子交易平台建设标准，推动利用信息网络进行电子化政府采购活动。

第二章 政府采购当事人

第十一条 采购人在政府采购活动中应当维护国家利益和社会公共利益，公正廉洁，诚实守信，执行政府采购政策，建立政府采购内部管理制度，厉行节约，科学合理确定采购需求。

采购人不得向供应商索要或者接受其给予的赠品、回扣或者与采购无关的其他商品、服务。

第十二条 政府采购法所称采购代理机构，是指集中采购机构和集中采购机构以外的采购代理机构。

集中采购机构是设区的市级以上人民政府依法设立的非营利事业法人，是代理集中采购项目的执行机构。集中采购机构应当根据采购人委托制定集中采购项目的实施方案，明确采购规程，组织政府采购活动，不得将集中采购项目转委托。集中采购机构以外的采购代理机构，是从事采购代理业务的社会中介机构。

第十三条 采购代理机构应当建立完善的政府采购内部监督管理制度，具备开展政府采购业务所需的评审条件和设施。

采购代理机构应当提高确定采购需求，编制招标文件、谈判文件、询价通知书，拟订合同文本和优化采购程序的专业化服务水平，根据采购人委托在规定的时间内及时组织采购人与中标或者成交供应商签订政府采购合同，及时协助采购人对采购项目进行验收。

第十四条 采购代理机构不得以不正当手段获取政府采购代理业务，不得与采购人、供应商恶意串通操纵政府采购活动。

采购代理机构工作人员不得接受采购人或者供应商组织的宴请、旅游、娱乐，不得收受礼品、现金、有价证券等，不得向采购人或者供应商报销应当由个人承担的费用。

第十五条 采购人、采购代理机构应当根据政府采购政策、采购预算、采购需求编制采购文件。

采购需求应当符合法律法规以及政府采购政策规定的技术、服务、安全等要求。政府向社会公众提供的公共服务项目，应当就确定采购需求征求社会公众的意见。除因技术复杂或者性质特殊，不能确定详细规格或者具体要求外，采购需求应当完整、明确。必要时，应当就确定采购需求征求相关供应商、专家的意见。

第十六条　政府采购法第二十条规定的委托代理协议，应当明确代理采购的范围、权限和期限等具体事项。

采购人和采购代理机构应当按照委托代理协议履行各自义务，采购代理机构不得超越代理权限。

第十七条　参加政府采购活动的供应商应当具备政府采购法第二十二条第一款规定的条件，提供下列材料：

（一）法人或者其他组织的营业执照等证明文件，自然人的身份证明；

（二）财务状况报告，依法缴纳税收和社会保障资金的相关材料；

（三）具备履行合同所必需的设备和专业技术能力的证明材料；

（四）参加政府采购活动前 3 年内在经营活动中没有重大违法记录的书面声明；

（五）具备法律、行政法规规定的其他条件的证明材料。

采购项目有特殊要求的，供应商还应当提供其符合特殊要求的证明材料或者情况说明。

第十八条　单位负责人为同一人或者存在直接控股、管理关系的不同供应商，不得参加同一合同项下的政府采购活动。

除单一来源采购项目外，为采购项目提供整体设计、规范编制或者项目管理、监理、检测等服务的供应商，不得再参加该采购项目的其他采购活动。

第十九条　政府采购法第二十二条第一款第五项所称重大违法记录，是指供应商因违法经营受到刑事处罚或者责令停产停业、吊销许可证或者执照、较大数额罚款等行政处罚。

供应商在参加政府采购活动前 3 年内因违法经营被禁止在一定期限内参加政府采购活动，期限届满的，可以参加政府采购活动。

第二十条　采购人或者采购代理机构有下列情形之一的，属于以不合理的条件对供应商实行差别待遇或者歧视待遇：

（一）就同一采购项目向供应商提供有差别的项目信息；

（二）设定的资格、技术、商务条件与采购项目的具体特点和实际需要不相适应或者与合同履行无关；

（三）采购需求中的技术、服务等要求指向特定供应商、特定产品；

（四）以特定行政区域或者特定行业的业绩、奖项作为加分条件或者中标、成交条件；

（五）对供应商采取不同的资格审查或者评审标准；

（六）限定或者指定特定的专利、商标、品牌或者供应商；

（七）非法限定供应商的所有制形式、组织形式或者所在地；

（八）以其他不合理条件限制或者排斥潜在供应商。

第二十一条　采购人或者采购代理机构对供应商进行资格预审的，资格预审公告应当在省级以上人民政府财政部门指定的媒体上发布。已进行资格预审的，评审阶段可以不再对供应商资格进行审查。资格预审合格的供应商在评审阶段资格发生变化的，应当通知采购人和采购代理机构。

资格预审公告应当包括采购人和采购项目名称、采购需求、对供应商的资格要求以及供应商提交资格预审申请文件的时间和地点。提交资格预审申请文件的时间自公告发布之日起不得少于 5 个工作日。

第二十二条　联合体中有同类资质的供应商按照联合体分工承担相同工作的，应当按照资质等级较低的供应商确定资质等级。

以联合体形式参加政府采购活动的，联合体各方不得再单独参加或者与其他供应商另外组成联合体参加同一合同项下的政府采购活动。

第三章 政府采购方式

第二十三条 采购人采购公开招标数额标准以上的货物或者服务，符合政府采购法第二十九条、第三十条、第三十一条、第三十二条规定情形或者有需要执行政府采购政策等特殊情况的，经设区的市级以上人民政府财政部门批准，可以依法采用公开招标以外的采购方式。

第二十四条 列入集中采购目录的项目，适合实行批量集中采购的，应当实行批量集中采购，但紧急的小额零星货物项目和有特殊要求的服务、工程项目除外。

第二十五条 政府采购工程依法不进行招标的，应当依照政府采购法和本条例规定的竞争性谈判或者单一来源采购方式采购。

第二十六条 政府采购法第三十条第三项规定的情形，应当是采购人不可预见的或者非因采购人拖延导致的；第四项规定的情形，是指因采购艺术品或者因专利、专有技术或者因服务的时间、数量事先不能确定等导致不能事先计算出价格总额。

第二十七条 政府采购法第三十一条第一项规定的情形，是指因货物或者服务使用不可替代的专利、专有技术，或者公共服务项目具有特殊要求，导致只能从某一特定供应商处采购。

第二十八条 在一个财政年度内，采购人将一个预算项目下的同一品目或者类别的货物、服务采用公开招标以外的方式多次采购，累计资金数额超过公开招标数额标准的，属于以化整为零方式规避公开招标，但项目预算调整或者经批准采用公开招标以外方式采购除外。

第四章 政府采购程序

第二十九条 采购人应当根据集中采购目录、采购限额标准和已批复的部门预算编制政府采购实施计划，报本级人民政府财政部门备案。

第三十条 采购人或者采购代理机构应当在招标文件、谈判文件、询价通知书中公开采购项目预算金额。

第三十一条 招标文件的提供期限自招标文件开始发出之日起不得少于 5 个工作日。

采购人或者采购代理机构可以对已发出的招标文件进行必要的澄清或者修改。澄清或者修改的内容可能影响投标文件编制的，采购人或者采购代理机构应当在投标截止时间至少 15 日前，以书面形式通知所有获取招标文件的潜在投标人；不足 15 日的，采购人或者采购代理机构应当顺延提交投标文件的截止时间。

第三十二条 采购人或者采购代理机构应当按照国务院财政部门制定的招标文件标准文本编制招标文件。

招标文件应当包括采购项目的商务条件、采购需求、投标人的资格条件、投标报价要求、评标方法、评标标准以及拟签订的合同文本等。

第三十三条 招标文件要求投标人提交投标保证金的，投标保证金不得超过采购项目预算金额的 2%。投标保证金应当以支票、汇票、本票或者金融机构、担保机构出具的保函等非现金形式提交。投标人未按照招标文件要求提交投标保证金的，投标无效。

采购人或者采购代理机构应当自中标通知书发出之日起 5 个工作日内退还未中标供应商的投标保证金，自政府采购合同签订之日起 5 个工作日内退还中标供应商的投标保证金。

竞争性谈判或者询价采购中要求参加谈判或者询价的供应商提交保证金的，参照前两款的规定执行。

第三十四条 政府采购招标评标方法分为最低评标价法和综合评分法。

最低评标价法，是指投标文件满足招标文件全部实质性要求且投标报价最低的供应商为中标候选人的评标方法。综合评分法，是指投标文件满足招标文件全部实质性要求且按照评审因素的量化指标评审得分最高的供应商为中标候选人的评标方法。

技术、服务等标准统一的货物和服务项目，应当采用最低评标价法。

采用综合评分法的，评审标准中的分值设置应当与评审因素的量化指标相对应。

招标文件中没有规定的评标标准不得作为评审的依据。

第三十五条 谈判文件不能完整、明确列明采购需求，需要由供应商提供最终设计方案或者解决方案的，在谈判结束后，谈判小组应当按照少数服从多数的原则投票推荐3家以上供应商的设计方案或者解决方案，并要求其在规定时间内提交最后报价。

第三十六条 询价通知书应当根据采购需求确定政府采购合同条款。在询价过程中，询价小组不得改变询价通知书所确定的政府采购合同条款。

第三十七条 政府采购法第三十八条第五项、第四十条第四项所称质量和服务相等，是指供应商提供的产品质量和服务均能满足采购文件规定的实质性要求。

第三十八条 达到公开招标数额标准，符合政府采购法第三十一条第一项规定情形，只能从唯一供应商处采购的，采购人应当将采购项目信息和唯一供应商名称在省级以上人民政府财政部门指定的媒体上公示，公示期不得少于5个工作日。

第三十九条 除国务院财政部门规定的情形外，采购人或者采购代理机构应当从政府采购评审专家库中随机抽取评审专家。

第四十条 政府采购评审专家应当遵守评审工作纪律，不得泄露评审文件、评审情况和评审中获悉的商业秘密。

评标委员会、竞争性谈判小组或者询价小组在评审过程中发现供应商有行贿、提供虚假材料或者串通等违法行为的，应当及时向财政部门报告。

政府采购评审专家在评审过程中受到非法干预的，应当及时向财政、监察等部门举报。

第四十一条 评标委员会、竞争性谈判小组或者询价小组成员应当按照客观、公正、审慎的原则，根据采购文件规定的评审程序、评审方法和评审标准进行独立评审。采购文件内容违反国家有关强制性规定的，评标委员会、竞争性谈判小组或者询价小组应当停止评审并向采购人或者采购代理机构说明情况。

评标委员会、竞争性谈判小组或者询价小组成员应当在评审报告上签字，对自己的评审意见承担法律责任。对评审报告有异议的，应当在评审报告上签署不同意见，并说明理由，否则视为同意评审报告。

第四十二条 采购人、采购代理机构不得向评标委员会、竞争性谈判小组或者询价小组的评审专家作倾向性、误导性的解释或者说明。

第四十三条 采购代理机构应当自评审结束之日起2个工作日内将评审报告送交采购人。采购人应当自收到评审报告之日起5个工作日内在评审报告推荐的中标或者成交候选人中按顺序确定中标或者成交供应商。

采购人或者采购代理机构应当自中标、成交供应商确定之日起2个工作日内，发出中标、成交通知书，并在省级以上人民政府财政部门指定的媒体上公告中标、成交结果，招标文件、竞争性谈判文件、询价通知书随中标、成交结果同时公告。

中标、成交结果公告内容应当包括采购人和采购代理机构的名称、地址、联系方式，项目名称和项目编号，中标或者成交供应商名称、地址和中标或者成交金额，主要中标或者成交标的的名称、规格型号、数量、单价、服务要求以及评审专家名单。

第四十四条 除国务院财政部门规定的情形外，采购人、采购代理机构不得以任何理由组织重新评审。采购人、采购代理机构按照国务院财政部门的规定组织重新评审的，应当书面报告本级人民政府财政部门。

采购人或者采购代理机构不得通过对样品进行检测、对供应商进行考察等方式改变评审结果。

第四十五条 采购人或者采购代理机构应当按照政府采购合同规定的技术、服务、安全标准组织对供应商履约情况进行验收，并出具验收书。验收书应当包括每一项技术、服务、安全标准的履约情况。

政府向社会公众提供的公共服务项目，验收时应当邀请服务对象参与并出具意见，验收结果应当向社会公告。

第四十六条 政府采购法第四十二条规定的采购文件，可以用电子档案方式保存。

第五章 政府采购合同

第四十七条 国务院财政部门应当会同国务院有关部门制定政府采购合同标准文本。

第四十八条 采购文件要求中标或者成交供应商提交履约保证金的，供应商应当以支票、汇票、本票或者金融机构、担保机构出具的保函等非现金形式提交。履约保证金的数额不得超过政府采购合同金额的10%。

第四十九条 中标或者成交供应商拒绝与采购人签订合同的，采购人可以按照评审报告推荐的中标或者成交候选人名单排序，确定下一候选人为中标或者成交供应商，也可以重新开展政府采购活动。

第五十条 采购人应当自政府采购合同签订之日起2个工作日内，将政府采购合同在省级以上人民政府财政部门指定的媒体上公告，但政府采购合同中涉及国家秘密、商业秘密的内容除外。

第五十一条 采购人应当按照政府采购合同规定，及时向中标或者成交供应商支付采购资金。

政府采购项目资金支付程序，按照国家有关财政资金支付管理的规定执行。

第六章 质疑与投诉

第五十二条 采购人或者采购代理机构应当在3个工作日内对供应商依法提出的询问作出答复。

供应商提出的询问或者质疑超出采购人对采购代理机构委托授权范围的，采购代理机构应当告知供应商向采购人提出。

政府采购评审专家应当配合采购人或者采购代理机构答复供应商的询问和质疑。

第五十三条 政府采购法第五十二条规定的供应商应知其权益受到损害之日，是指：

（一）对可以质疑的采购文件提出质疑的，为收到采购文件之日或者采购文件公告期限届满之日；

（二）对采购过程提出质疑的，为各采购程序环节结束之日；

（三）对中标或者成交结果提出质疑的，为中标或者成交结果公告期限届满之日。

第五十四条 询问或者质疑事项可能影响中标、成交结果的，采购人应当暂停签订合同，已经签订合同的，应当中止履行合同。

第五十五条 供应商质疑、投诉应当有明确的请求和必要的证明材料。供应商投诉的事项不得超出已质疑事项的范围。

第五十六条 财政部门处理投诉事项采用书面审查的方式，必要时可以进行调查取证或者组织质证。

对财政部门依法进行的调查取证，投诉人和与投诉事项有关的当事人应当如实反映情况，并提供相关材料。

第五十七条 投诉人捏造事实、提供虚假材料或者以非法手段取得证明材料进行投诉的，财政部门应当予以驳回。

财政部门受理投诉后，投诉人书面申请撤回投诉的，财政部门应当终止投诉处理程序。

第五十八条 财政部门处理投诉事项，需要检验、检测、鉴定、专家评审以及需要投诉人补正材料的，所需时间不计算在投诉处理期限内。

财政部门对投诉事项作出的处理决定，应当在省级以上人民政府财政部门指定的媒体上公告。

第七章　监督检查

第五十九条　政府采购法第六十三条所称政府采购项目的采购标准，是指项目采购所依据的经费预算标准、资产配置标准和技术、服务标准等。

第六十条　除政府采购法第六十六条规定的考核事项外，财政部门对集中采购机构的考核事项还包括：

（一）政府采购政策的执行情况；

（二）采购文件编制水平；

（三）采购方式和采购程序的执行情况；

（四）询问、质疑答复情况；

（五）内部监督管理制度建设及执行情况；

（六）省级以上人民政府财政部门规定的其他事项。

财政部门应当制定考核计划，定期对集中采购机构进行考核，考核结果有重要情况的，应当向本级人民政府报告。

第六十一条　采购人发现采购代理机构有违法行为的，应当要求其改正。采购代理机构拒不改正的，采购人应当向本级人民政府财政部门报告，财政部门应当依法处理。

采购代理机构发现采购人的采购需求存在以不合理条件对供应商实行差别待遇、歧视待遇或者其他不符合法律、法规和政府采购政策规定内容，或者发现采购人有其他违法行为的，应当建议其改正。采购人拒不改正的，采购代理机构应当向采购人的本级人民政府财政部门报告，财政部门应当依法处理。

第六十二条　省级以上人民政府财政部门应当对政府采购评审专家库实行动态管理，具体管理办法由国务院财政部门制定。

采购人或者采购代理机构应当对评审专家在政府采购活动中的职责履行情况予以记录，并及时向财政部门报告。

第六十三条　各级人民政府财政部门和其他有关部门应当加强对参加政府采购活动的供应商、采购代理机构、评审专家的监督管理，对其不良行为予以记录，并纳入统一的信用信息平台。

第六十四条　各级人民政府财政部门对政府采购活动进行监督检查，有权查阅、复制有关文件、资料，相关单位和人员应当予以配合。

第六十五条　审计机关、监察机关以及其他有关部门依法对政府采购活动实施监督，发现采购当事人有违法行为的，应当及时通报财政部门。

第八章　法律责任

第六十六条　政府采购法第七十一条规定的罚款，数额为10万元以下。

政府采购法第七十二条规定的罚款，数额为5万元以上25万元以下。

第六十七条　采购人有下列情形之一的，由财政部门责令限期改正，给予警告，对直接负责的主管人员和其他直接责任人员依法给予处分，并予以通报：

（一）未按照规定编制政府采购实施计划或者未按照规定将政府采购实施计划报本级人民政府财政部门备案；

（二）将应当进行公开招标的项目化整为零或者以其他任何方式规避公开招标；

（三）未按照规定在评标委员会、竞争性谈判小组或者询价小组推荐的中标或者成交候选人中确定中标或者成交供应商；

（四）未按照采购文件确定的事项签订政府采购合同；

（五）政府采购合同履行中追加与合同标的相同的货物、工程或者服务的采购金额超过原合同采购金额10%；

（六）擅自变更、中止或者终止政府采购合同；

（七）未按照规定公告政府采购合同；

（八）未按照规定时间将政府采购合同副本报本级人民政府财政部门和有关部门备案。

第六十八条 采购人、采购代理机构有下列情形之一的，依照政府采购法第七十一条、第七十八条的规定追究法律责任：

（一）未依照政府采购法和本条例规定的方式实施采购；

（二）未依法在指定的媒体上发布政府采购项目信息；

（三）未按照规定执行政府采购政策；

（四）违反本条例第十五条的规定导致无法组织对供应商履约情况进行验收或者国家财产遭受损失；

（五）未依法从政府采购评审专家库中抽取评审专家；

（六）非法干预采购评审活动；

（七）采用综合评分法时评审标准中的分值设置未与评审因素的量化指标相对应；

（八）对供应商的询问、质疑逾期未作处理；

（九）通过对样品进行检测、对供应商进行考察等方式改变评审结果；

（十）未按照规定组织对供应商履约情况进行验收。

第六十九条 集中采购机构有下列情形之一的，由财政部门责令限期改正，给予警告，有违法所得的，并处没收违法所得，对直接负责的主管人员和其他直接责任人员依法给予处分，并予以通报：

（一）内部监督管理制度不健全，对依法应当分设、分离的岗位、人员未分设、分离；

（二）将集中采购项目委托其他采购代理机构采购；

（三）从事营利活动。

第七十条 采购人员与供应商有利害关系而不依法回避的，由财政部门给予警告，并处2000元以上2万元以下的罚款。

第七十一条 有政府采购法第七十一条、第七十二条规定的违法行为之一，影响或者可能影响中标、成交结果的，依照下列规定处理：

（一）未确定中标或者成交供应商的，终止本次政府采购活动，重新开展政府采购活动。

（二）已确定中标或者成交供应商但尚未签订政府采购合同的，中标或者成交结果无效，从合格的中标或者成交候选人中另行确定中标或者成交供应商；没有合格的中标或者成交候选人的，重新开展政府采购活动。

（三）政府采购合同已签订但尚未履行的，撤销合同，从合格的中标或者成交候选人中另行确定中标或者成交供应商；没有合格的中标或者成交候选人的，重新开展政府采购活动。

（四）政府采购合同已经履行，给采购人、供应商造成损失的，由责任人承担赔偿责任。

政府采购当事人有其他违反政府采购法或者本条例规定的行为，经改正后仍然影响或者可能影响中标、成交结果或者依法被认定为中标、成交无效的，依照前款规定处理。

第七十二条 供应商有下列情形之一的，依照政府采购法第七十七条第一款的规定追究法律责任：

（一）向评标委员会、竞争性谈判小组或者询价小组成员行贿或者提供其他不正当利益；

（二）中标或者成交后无正当理由拒不与采购人签订政府采购合同；

（三）未按照采购文件确定的事项签订政府采购合同；

（四）将政府采购合同转包；

（五）提供假冒伪劣产品；

（六）擅自变更、中止或者终止政府采购合同。

供应商有前款第一项规定情形的，中标、成交无效。评审阶段资格发生变化，供应商未依照本条例第二十一条的规定通知采购人和采购代理机构的，处以采购金额5‰的罚款，列入不良行为记录名单，中标、成交无效。

第七十三条　供应商捏造事实、提供虚假材料或者以非法手段取得证明材料进行投诉的，由财政部门列入不良行为记录名单，禁止其1至3年内参加政府采购活动。

第七十四条　有下列情形之一的，属于恶意串通，对供应商依照政府采购法第七十七条第一款的规定追究法律责任，对采购人、采购代理机构及其工作人员依照政府采购法第七十二条的规定追究法律责任：

（一）供应商直接或者间接从采购人或者采购代理机构处获得其他供应商的相关情况并修改其投标文件或者响应文件；

（二）供应商按照采购人或者采购代理机构的授意撤换、修改投标文件或者响应文件；

（三）供应商之间协商报价、技术方案等投标文件或者响应文件的实质性内容；

（四）属于同一集团、协会、商会等组织成员的供应商按照该组织要求协同参加政府采购活动；

（五）供应商之间事先约定由某一特定供应商中标、成交；

（六）供应商之间商定部分供应商放弃参加政府采购活动或者放弃中标、成交；

（七）供应商与采购人或者采购代理机构之间、供应商相互之间，为谋求特定供应商中标、成交或者排斥其他供应商的其他串通行为。

第七十五条　政府采购评审专家未按照采购文件规定的评审程序、评审方法和评审标准进行独立评审或者泄露评审文件、评审情况的，由财政部门给予警告，并处2 000元以上2万元以下的罚款；影响中标、成交结果的，处2万元以上5万元以下的罚款，禁止其参加政府采购评审活动。

政府采购评审专家与供应商存在利害关系未回避的，处2万元以上5万元以下的罚款，禁止其参加政府采购评审活动。

政府采购评审专家收受采购人、采购代理机构、供应商贿赂或者获取其他不正当利益，构成犯罪的，依法追究刑事责任；尚不构成犯罪的，处2万元以上5万元以下的罚款，禁止其参加政府采购评审活动。

政府采购评审专家有上述违法行为的，其评审意见无效，不得获取评审费；有违法所得的，没收违法所得；给他人造成损失的，依法承担民事责任。

第七十六条　政府采购当事人违反政府采购法和本条例规定，给他人造成损失的，依法承担民事责任。

第七十七条　财政部门在履行政府采购监督管理职责中违反政府采购法和本条例规定，滥用职权、玩忽职守、徇私舞弊的，对直接负责的主管人员和其他直接责任人员依法给予处分；直接负责的主管人员和其他直接责任人员构成犯罪的，依法追究刑事责任。

第九章　附　　则

第七十八条　财政管理实行省直接管理的县级人民政府可以根据需要并报经省级人民政府批准，行使政府采购法和本条例规定的设区的市级人民政府批准变更采购方式的职权。

第七十九条　本条例自2015年3月1日起施行。

3. 中华人民共和国招标投标法（2017 年修订）

（中华人民共和国主席令 1999 年第 21 号发布 中华人民共和国主席令 2017 年第 86 号修订）

第一章 总 则

第一条 为了规范招标投标活动，保护国家利益、社会公共利益和招标投标活动当事人的合法权益，提高经济效益，保证项目质量，制定本法。

第二条 在中华人民共和国境内进行招标投标活动，适用本法。

第三条 在中华人民共和国境内进行下列工程建设项目包括项目的勘查、设计、施工、监理以及与工程建设有关的重要设备、材料等的采购，必须进行招标：

（一）大型基础设施、公用事业等关系社会公共利益、公众安全的项目；

（二）全部或者部分使用国有资金投资或者国家融资的项目；

（三）使用国际组织或者外国政府贷款、援助资金的项目。

前款所列项目的具体范围和规模标准，由国务院发展计划部门会同国务院有关部门制订，报国务院批准。

法律或者国务院对必须进行招标的其他项目的范围有规定的，依照其规定。

第四条 任何单位和个人不得将依法必须进行招标的项目化整为零或者以其他任何方式规避招标。

第五条 招标投标活动应当遵循公开、公平、公正和诚实信用的原则。

第六条 依法必须进行招标的项目，其招标投标活动不受地区或者部门的限制。任何单位和个人不得违法限制或者排斥本地区、本系统以外的法人或者其他组织参加投标，不得以任何方式非法干涉招标投标活动。

第七条 招标投标活动及其当事人应当接受依法实施的监督。

有关行政监督部门依法对招标投标活动实施监督，依法查处招标投标活动中的违法行为。

对招标投标活动的行政监督及有关部门的具体职权划分，由国务院规定。

第二章 招 标

第八条 招标人是依照本法规定提出招标项目、进行招标的法人或者其他组织。

第九条 招标项目按照国家有关规定需要履行项目审批手续的，应当先履行审批手续，取得批准。

招标人应当有进行招标项目的相应资金或者资金来源已经落实，并应当在招标文件中如实载明。

第十条 招标分为公开招标和邀请招标。

公开招标，是指招标人以招标公告的方式邀请不特定的法人或者其他组织投标。

邀请招标，是指招标人以投标邀请书的方式邀请特定的法人或者其他组织投标。

第十一条 国务院发展计划部门确定的国家重点项目和省、自治区、直辖市人民政府确定的地方重点项目不适宜公开招标的，经国务院发展计划部门或者省、自治区、直辖市人民政府批准，可以进行邀请招标。

第十二条 招标人有权自行选择招标代理机构，委托其办理招标事宜。任何单位和个人不得以任何方式为招标人指定招标代理机构。

招标人具有编制招标文件和组织评标能力的，可以自行办理招标事宜。任何单位和个人不得强制其委托招标代理机构办理招标事宜。

依法必须进行招标的项目，招标人自行办理招标事宜的，应当向有关行政监督部门备案。

第十三条 招标代理机构是依法设立、从事招标代理业务并提供相关服务的社会中介组织。

招标代理机构应当具备下列条件：

（一）有从事招标代理业务的营业场所和相应资金；

（二）有能够编制招标文件和组织评标的相应专业力量。

第十四条 招标代理机构与行政机关和其他国家机关不得存在隶属关系或者其他利益关系。

第十五条 招标代理机构应当在招标人委托的范围内办理招标事宜，并遵守本法关于招标人的规定。

第十六条 招标人采用公开招标方式的，应当发布招标公告。依法必须进行招标的项目的招标公告，应当通过国家指定的报刊、信息网络或者其他媒介发布。

招标公告应当载明招标人的名称和地址、招标项目的性质、数量、实施地点和时间以及获取招标文件的办法等事项。

第十七条 招标人采用邀请招标方式的，应当向三个以上具备承担招标项目的能力、资信良好的特定的法人或者其他组织发出投标邀请书。

投标邀请书应当载明本法第十六条第二款规定的事项。

第十八条 招标人可以根据招标项目本身的要求，在招标公告或者投标邀请书中，要求潜在投标人提供有关资质证明文件和业绩情况，并对潜在投标人进行资格审查；国家对投标人的资格条件有规定的，依照其规定。

招标人不得以不合理的条件限制或者排斥潜在投标人，不得对潜在投标人实行歧视待遇。

第十九条 招标人应当根据招标项目的特点和需要编制招标文件。招标文件应当包括招标项目的技术要求、对投标人资格审查的标准、投标报价要求和评标标准等所有实质性要求和条件以及拟签订合同的主要条款。

国家对招标项目的技术、标准有规定的，招标人应当按照其规定在招标文件中提出相应要求。

招标项目需要划分标段、确定工期的，招标人应当合理划分标段、确定工期，并在招标文件中载明。

第二十条 招标文件不得要求或者标明特定的生产供应者以及含有倾向或者排斥潜在投标人的其他内容。

第二十一条 招标人根据招标项目的具体情况，可以组织潜在投标人踏勘项目现场。

第二十二条 招标人不得向他人透露已获取招标文件的潜在投标人的名称、数量以及可能影响公平竞争的有关招标投标的其他情况。

招标人设有标底的，标底必须保密。

第二十三条 招标人对已发出的招标文件进行必要的澄清或者修改的，应当在招标文件要求提交投标文件截止时间至少十五日前，以书面形式通知所有招标文件收受人。该澄清或者修改的内容为招标文件的组成部分。

第二十四条 招标人应当确定投标人编制投标文件所需要的合理时间；但是，依法必须进行招标的项目，自招标文件开始发出之日起至投标人提交投标文件截止之日止，最短不得少于二十日。

第三章 投　　标

第二十五条 投标人是响应招标、参加投标竞争的法人或者其他组织。

依法招标的科研项目允许个人参加投标的，投标的个人适用本法有关投标人的规定。

第二十六条 投标人应当具备承担招标项目的能力；国家有关规定对投标人资格条件或者招标文件对投标人资格条件有规定的，投标人应当具备规定的资格条件。

第二十七条 投标人应当按照招标文件的要求编制投标文件。投标文件应当对招标文件提出的实质性要求和条件作出响应。

招标项目属于建设施工的，投标文件的内容应当包括拟派出的项目负责人与主要技术人员的简历、业绩和拟用于完成招标项目的机械设备等。

第二十八条 投标人应当在招标文件要求提交投标文件的截止时间前，将投标文件送达投标地点。招标人收到投标文件后，应当签收保存，不得开启。投标人少于三个的，招标人应当依照本法重新招标。

在招标文件要求提交投标文件的截止时间后送达的投标文件，招标人应当拒收。

第二十九条 投标人在招标文件要求提交投标文件的截止时间前，可以补充、修改或者撤回已提交的投标文件，并书面通知招标人。补充、修改的内容为投标文件的组成部分。

第三十条 投标人根据招标文件载明的项目实际情况，拟在中标后将中标项目的部分非主体、非关键性工作进行分包的，应当在投标文件中载明。

第三十一条 两个以上法人或者其他组织可以组成一个联合体，以一个投标人的身份共同投标。

联合体各方均应当具备承担招标项目的相应能力；国家有关规定或者招标文件对投标人资格条件有规定的，联合体各方均应当具备规定的相应资格条件。由同一专业的单位组成的联合体，按照资质等级较低的单位确定资质等级。

联合体各方应当签订共同投标协议，明确约定各方拟承担的工作和责任，并将共同投标协议连同投标文件一并提交招标人。联合体中标的，联合体各方应当共同与招标人签订合同，就中标项目向招标人承担连带责任。

招标人不得强制投标人组成联合体共同投标，不得限制投标人之间的竞争。

第三十二条 投标人不得相互串通投标报价，不得排挤其他投标人的公平竞争，损害招标人或者其他投标人的合法权益。

投标人不得与招标人串通投标，损害国家利益、社会公共利益或者他人的合法权益。

禁止投标人以向招标人或者评标委员会成员行贿的手段谋取中标。

第三十三条 投标人不得以低于成本的报价竞标，也不得以他人名义投标或者以其他方式弄虚作假，骗取中标。

第四章 开标、评标和中标

第三十四条 开标应当在招标文件确定的提交投标文件截止时间的同一时间公开进行；开标地点应当为招标文件中预先确定的地点。

第三十五条 开标由招标人主持，邀请所有投标人参加。

第三十六条 开标时，由投标人或者其推选的代表检查投标文件的密封情况，也可以由招标人委托的公证机构检查并公证；经确认无误后，由工作人员当众拆封，宣读投标人名称、投标价格和投标文件的其他主要内容。

招标人在招标文件要求提交投标文件的截止时间前收到的所有投标文件，开标时都应当当众予以拆封、宣读。

开标过程应当记录，并存档备查。

第三十七条 评标由招标人依法组建的评标委员会负责。

依法必须进行招标的项目，其评标委员会由招标人的代表和有关技术、经济等方面的专家组成，成员人数为五人以上单数，其中技术、经济等方面的专家不得少于成员总数的三分之二。

前款专家应当从事相关领域工作满八年并具有高级职称或者具有同等专业水平，由招标人从国务院有关部门或者省、自治区、直辖市人民政府有关部门提供的专家名册或者招标代理机构的专家库内的相关专业的专家名单中确定；一般招标项目可以采取随机抽取方式，特殊招标项目可以由招标人直接确定。

与投标人有利害关系的人不得进入相关项目的评标委员会；已经进入的应当更换。

评标委员会成员的名单在中标结果确定前应当保密。

第三十八条　招标人应当采取必要的措施，保证评标在严格保密的情况下进行。

任何单位和个人不得非法干预、影响评标的过程和结果。

第三十九条　评标委员会可以要求投标人对投标文件中含义不明确的内容作必要的澄清或者说明，但是澄清或者说明不得超出投标文件的范围或者改变投标文件的实质性内容。

第四十条　评标委员会应当按照招标文件确定的评标标准和方法，对投标文件进行评审和比较；设有标底的，应当参考标底。评标委员会完成评标后，应当向招标人提出书面评标报告，并推荐合格的中标候选人。

招标人根据评标委员会提出的书面评标报告和推荐的中标候选人确定中标人。招标人也可以授权评标委员会直接确定中标人。

国务院对特定招标项目的评标有特别规定的，从其规定。

第四十一条　中标人的投标应当符合下列条件之一：

（一）能够最大限度地满足招标文件中规定的各项综合评价标准；

（二）能够满足招标文件的实质性要求，并且经评审的投标价格最低；但是投标价格低于成本的除外。

第四十二条　评标委员会经评审，认为所有投标都不符合招标文件要求的，可以否决所有投标。

依法必须进行招标的项目的所有投标被否决的，招标人应当依照本法重新招标。

第四十三条　在确定中标人前，招标人不得与投标人就投标价格、投标方案等实质性内容进行谈判。

第四十四条　评标委员会成员应当客观、公正地履行职务，遵守职业道德，对所提出的评审意见承担个人责任。

评标委员会成员不得私下接触投标人，不得收受投标人的财物或者其他好处。

评标委员会成员和参与评标的有关工作人员不得透露对投标文件的评审和比较、中标候选人的推荐情况以及与评标有关的其他情况。

第四十五条　中标人确定后，招标人应当向中标人发出中标通知书，并同时将中标结果通知所有未中标的投标人。

中标通知书对招标人和中标人具有法律效力。中标通知书发出后，招标人改变中标结果的，或者中标人放弃中标项目的，应当依法承担法律责任。

第四十六条　招标人和中标人应当自中标通知书发出之日起三十日内，按照招标文件和中标人的投标文件订立书面合同。招标人和中标人不得再行订立背离合同实质性内容的其他协议。

招标文件要求中标人提交履约保证金的，中标人应当提交。

第四十七条　依法必须进行招标的项目，招标人应当自确定中标人之日起十五日内，向有关行政监督部门提交招标投标情况的书面报告。

第四十八条　中标人应当按照合同约定履行义务，完成中标项目。中标人不得向他人转让中标项目，也不得将中标项目肢解后分别向他人转让。

中标人按照合同约定或者经招标人同意，可以将中标项目的部分非主体、非关键性工作分包给他人完成。接受分包的人应当具备相应的资格条件，并不得再次分包。

中标人应当就分包项目向招标人负责，接受分包的人就分包项目承担连带责任。

第五章 法律责任

第四十九条 违反本法规定，必须进行招标的项目而不招标的，将必须进行招标的项目化整为零或者以其他任何方式规避招标的，责令限期改正，可以处项目合同金额千分之五以上千分之十以下的罚款；对全部或者部分使用国有资金的项目，可以暂停项目执行或者暂停资金拨付；对单位直接负责的主管人员和其他直接责任人员依法给予处分。

第五十条 招标代理机构违反本法规定，泄露应当保密的与招标投标活动有关的情况和资料的，或者与招标人、投标人串通损害国家利益、社会公共利益或者他人合法权益的，处五万元以上二十五万元以下的罚款；对单位直接负责的主管人员和其他直接责任人员处单位罚款数额百分之五以上百分之十以下的罚款；有违法所得的，并处没收违法所得；情节严重的，禁止其一年至二年内代理依法必须进行招标的项目并予以公告，直至由工商行政管理机关吊销营业执照；构成犯罪的，依法追究刑事责任。给他人造成损失的，依法承担赔偿责任。

前款所列行为影响中标结果的，中标无效。

第五十一条 招标人以不合理的条件限制或者排斥潜在投标人的，对潜在投标人实行歧视待遇的，强制要求投标人组成联合体共同投标的，或者限制投标人之间竞争的，责令改正，可以处一万元以上五万元以下的罚款。

第五十二条 依法必须进行招标的项目的招标人向他人透露已获取招标文件的潜在投标人的名称、数量或者可能影响公平竞争的有关招标投标的其他情况的，或者泄露标底的，给予警告，可以并处一万元以上十万元以下的罚款；对单位直接负责的主管人员和其他直接责任人员依法给予处分；构成犯罪的，依法追究刑事责任。

前款所列行为影响中标结果的，中标无效。

第五十三条 投标人相互串通投标或者与招标人串通投标的，投标人以向招标人或者评标委员会成员行贿的手段谋取中标的，中标无效，处中标项目金额千分之五以上千分之十以下的罚款，对单位直接负责的主管人员和其他直接责任人员处单位罚款数额百分之五以上百分之十以下的罚款；有违法所得的，并处没收违法所得；情节严重的，取消其一年至二年内参加依法必须进行招标的项目的投标资格并予以公告，直至由工商行政管理机关吊销营业执照；构成犯罪的，依法追究刑事责任。给他人造成损失的，依法承担赔偿责任。

第五十四条 投标人以他人名义投标或者以其他方式弄虚作假，骗取中标的，中标无效，给招标人造成损失的，依法承担赔偿责任；构成犯罪的，依法追究刑事责任。

依法必须进行招标的项目的投标人有前款所列行为尚未构成犯罪的，处中标项目金额千分之五以上千分之十以下的罚款，对单位直接负责的主管人员和其他直接责任人员处单位罚款数额百分之五以上百分之十以下的罚款；有违法所得的，并处没收违法所得；情节严重的，取消其一年至三年内参加依法必须进行招标的项目的投标资格并予以公告，直至由工商行政管理机关吊销营业执照。

第五十五条 依法必须进行招标的项目，招标人违反本法规定，与投标人就投标价格、投标方案等实质性内容进行谈判的，给予警告，对单位直接负责的主管人员和其他直接责任人员依法给予处分。

前款所列行为影响中标结果的，中标无效。

第五十六条 评标委员会成员收受投标人的财物或者其他好处的，评标委员会成员或者参加评标的有关工作人员向他人透露对投标文件的评审和比较、中标候选人的推荐以及与评标有关的其他情况的，给予警告，没收收受的财物，可以并处三千元以上五万元以下的罚款，对有所列违法行为的评标委员会成员取消担任评标委员会成员的资格，不得再参加任何依法必须进行招标的项目的评标；构成犯罪的，依法追究刑事责任。

第五十七条 招标人在评标委员会依法推荐的中标候选人以外确定中标人的，依法必须进行招标的项目在所有投标被评标委员会否决后自行确定中标人的，中标无效，责令改正，可以处中标项目金额千分之五以上千分之十以下的罚款；对单位直接负责的主管人员和其他直接责任人员依法给予处分。

第五十八条 中标人将中标项目转让给他人的，将中标项目肢解后分别转让给他人的，违反本法规定将中标项目的部分主体、关键性工作分包给他人的，或者分包人再次分包的，转让、分包无效，处转让、分包项目金额千分之五以上千分之十以下的罚款；有违法所得的，并处没收违法所得；可以责令停业整顿；情节严重的，由工商行政管理机关吊销营业执照。

第五十九条 招标人与中标人不按照招标文件和中标人的投标文件订立合同的，或者招标人、中标人订立背离合同实质性内容的协议的，责令改正；可以处中标项目金额千分之五以上千分之十以下的罚款。

第六十条 中标人不履行与招标人订立的合同的，履约保证金不予退还，给招标人造成的损失超过履约保证金数额的，还应当对超过部分予以赔偿；没有提交履约保证金的，应当对招标人的损失承担赔偿责任。

中标人不按照与招标人订立的合同履行义务，情节严重的，取消其二年至五年内参加依法必须进行招标的项目的投标资格并予以公告，直至由工商行政管理机关吊销营业执照。

因不可抗力不能履行合同的，不适用前两款规定。

第六十一条 本章规定的行政处罚，由国务院规定的有关行政监督部门决定。本法已对实施行政处罚的机关作出规定的除外。

第六十二条 任何单位违反本法规定，限制或者排斥本地区、本系统以外的法人或者其他组织参加投标的，为招标人指定招标代理机构的，强制招标人委托招标代理机构办理招标事宜的，或者以其他方式干涉招标投标活动的，责令改正；对单位直接负责的主管人员和其他直接责任人员依法给予警告、记过、记大过的处分，情节较重的，依法给予降级、撤职、开除的处分。

个人利用职权进行前款违法行为的，依照前款规定追究责任。

第六十三条 对招标投标活动依法负有行政监督职责的国家机关工作人员徇私舞弊、滥用职权或者玩忽职守，构成犯罪的，依法追究刑事责任；不构成犯罪的，依法给予行政处分。

第六十四条 依法必须进行招标的项目违反本法规定，中标无效的，应当依照本法规定的中标条件从其余投标人中重新确定中标人或者依照本法重新进行招标。

第六章 附 则

第六十五条 投标人和其他利害关系人认为招标投标活动不符合本法有关规定的，有权向招标人提出异议或者依法向有关行政监督部门投诉。

第六十六条 涉及国家安全、国家秘密、抢险救灾或者属于利用扶贫资金实行以工代赈、需要使用农民工等特殊情况，不适宜进行招标的项目，按照国家有关规定可以不进行招标。

第六十七条 使用国际组织或者外国政府贷款、援助资金的项目进行招标，贷款方、资金提供方对招标投标的具体条件和程序有不同规定的，可以适用其规定，但违背中华人民共和国的社会公共利益的除外。

第六十八条 本法自 2000 年 1 月 1 日起施行。

4. 中华人民共和国招标投标法实施条例（2019 年修订）

（2011 年 12 月 20 日国务院令第 613 号发布　根据 2017 年 3 月 1 日国务院令第 676 号《国务院关于修改和废止部分行政法规的决定》修订　依据 2018 年 3 月 19 日国务院令第 698 号《国务院关于修改和废止部分行政法规的决定》修订　依据 2019 年 3 月 2 日国务院令第 709 号《国务院关于修改部分行政法规的决定》修订）

第一章　总　　则

第一条　为了规范招标投标活动，根据《中华人民共和国招标投标法》（以下简称招标投标法），制定本条例。

第二条　招标投标法第三条所称工程建设项目，是指工程以及与工程建设有关的货物、服务。前款所称工程，是指建设工程，包括建筑物和构筑物的新建、改建、扩建及其相关的装修、拆除、修缮等；所称与工程建设有关的货物，是指构成工程不可分割的组成部分，且为实现工程基本功能所必需的设备、材料等；所称与工程建设有关的服务，是指为完成工程所需的勘察、设计、监理等服务。

第三条　依法必须进行招标的工程建设项目的具体范围和规模标准，由国务院发展改革部门会同国务院有关部门制订，报国务院批准后公布施行。

第四条　国务院发展改革部门指导和协调全国招标投标工作，对国家重大建设项目的工程招标投标活动实施监督检查。国务院工业和信息化、住房城乡建设、交通运输、铁道、水利、商务等部门，按照规定的职责分工对有关招标投标活动实施监督。

县级以上地方人民政府发展改革部门指导和协调本行政区域的招标投标工作。县级以上地方人民政府有关部门按照规定的职责分工，对招标投标活动实施监督，依法查处招标投标活动中的违法行为。县级以上地方人民政府对其所属部门有关招标投标活动的监督职责分工另有规定的，从其规定。

财政部门依法对实行招标投标的政府采购工程建设项目的政府采购政策执行情况实施监督。

监察机关依法对与招标投标活动有关的监察对象实施监察。

第五条　设区的市级以上地方人民政府可以根据实际需要，建立统一规范的招标投标交易场所，为招标投标活动提供服务。招标投标交易场所不得与行政监督部门存在隶属关系，不得以营利为目的。

国家鼓励利用信息网络进行电子招标投标。

第六条　禁止国家工作人员以任何方式非法干涉招标投标活动。

第二章　招　　标

第七条　按照国家有关规定需要履行项目审批、核准手续的依法必须进行招标的项目，其招标范围、招标方式、招标组织形式应当报项目审批、核准部门审批、核准。项目审批、核准部门应当及时将审批、核准确定的招标范围、招标方式、招标组织形式通报有关行政监督部门。

第八条　国有资金占控股或者主导地位的依法必须进行招标的项目，应当公开招标；但有下列情形之一的，可以邀请招标：

（一）技术复杂、有特殊要求或者受自然环境限制，只有少量潜在投标人可供选择；

（二）采用公开招标方式的费用占项目合同金额的比例过大。

有前款第二项所列情形，属于本条例第七条规定的项目，由项目审批、核准部门在审批、核准项目时作出认定；其他项目由招标人申请有关行政监督部门作出认定。

第九条　除招标投标法第六十六条规定的可以不进行招标的特殊情况外，有下列情形之一的，可以不进行招标：

（一）需要采用不可替代的专利或者专有技术；

（二）采购人依法能够自行建设、生产或者提供；

（三）已通过招标方式选定的特许经营项目投资人依法能够自行建设、生产或者提供；

（四）需要向原中标人采购工程、货物或者服务，否则将影响施工或者功能配套要求；

（五）国家规定的其他特殊情形。

招标人为适用前款规定弄虚作假的，属于招标投标法第四条规定的规避招标。

第十条　招标投标法第十二条第二款规定的招标人具有编制招标文件和组织评标能力，是指招标人具有与招标项目规模和复杂程度相适应的技术、经济等方面的专业人员。

第十一条　国务院住房城乡建设、商务、发展改革、工业和信息化等部门，按照规定的职责分工对招标代理机构依法实施监督管理。

第十二条　招标代理机构应当拥有一定数量的具备编制招标文件、组织评标等相应能力的专业人员。

第十三条　招标代理机构在招标人委托的范围内开展招标代理业务，任何单位和个人不得非法干涉。

招标代理机构代理招标业务，应当遵守招标投标法和本条例关于招标人的规定。招标代理机构不得在所代理的招标项目中投标或者代理投标，也不得为所代理的招标项目的投标人提供咨询。

第十四条　招标人应当与被委托的招标代理机构签订书面委托合同，合同约定的收费标准应当符合国家有关规定。

第十五条　公开招标的项目，应当依照招标投标法和本条例的规定发布招标公告、编制招标文件。

招标人采用资格预审办法对潜在投标人进行资格审查的，应当发布资格预审公告、编制资格预审文件。

依法必须进行招标的项目的资格预审公告和招标公告，应当在国务院发展改革部门依法指定的媒介发布。在不同媒介发布的同一招标项目的资格预审公告或者招标公告的内容应当一致。指定媒介发布依法必须进行招标的项目的境内资格预审公告、招标公告，不得收取费用。

编制依法必须进行招标的项目的资格预审文件和招标文件，应当使用国务院发展改革部门会同有关行政监督部门制定的标准文本。

第十六条　招标人应当按照资格预审公告、招标公告或者投标邀请书规定的时间、地点发售资格预审文件或者招标文件。资格预审文件或者招标文件的发售期不得少于5日。

招标人发售资格预审文件、招标文件收取的费用应当限于补偿印刷、邮寄的成本支出，不得以营利为目的。

第十七条　招标人应当合理确定提交资格预审申请文件的时间。依法必须进行招标的项目提交资格预审申请文件的时间，自资格预审文件停止发售之日起不得少于5日。

第十八条　资格预审应当按照资格预审文件载明的标准和方法进行。

国有资金占控股或者主导地位的依法必须进行招标的项目，招标人应当组建资格审查委员会审查资格预审申请文件。资格审查委员会及其成员应当遵守招标投标法和本条例有关评标委员会及其成员的规定。

第十九条　资格预审结束后，招标人应当及时向资格预审申请人发出资格预审结果通知书。未通过资格预审的申请人不具有投标资格。

通过资格预审的申请人少于3个的，应当重新招标。

第二十条 招标人采用资格后审办法对投标人进行资格审查的，应当在开标后由评标委员会按照招标文件规定的标准和方法对投标人的资格进行审查。

第二十一条 招标人可以对已发出的资格预审文件或者招标文件进行必要的澄清或者修改。澄清或者修改的内容可能影响资格预审申请文件或者投标文件编制的，招标人应当在提交资格预审申请文件截止时间至少3日前，或者投标截止时间至少15日前，以书面形式通知所有获取资格预审文件或者招标文件的潜在投标人；不足3日或者15日的，招标人应当顺延提交资格预审申请文件或者投标文件的截止时间。

第二十二条 潜在投标人或者其他利害关系人对资格预审文件有异议的，应当在提交资格预审申请文件截止时间2日前提出；对招标文件有异议的，应当在投标截止时间10日前提出。招标人应当自收到异议之日起3日内作出答复；作出答复前，应当暂停招标投标活动。

第二十三条 招标人编制的资格预审文件、招标文件的内容违反法律、行政法规的强制性规定，违反公开、公平、公正和诚实信用原则，影响资格预审结果或者潜在投标人投标的，依法必须进行招标的项目的招标人应当在修改资格预审文件或者招标文件后重新招标。

第二十四条 招标人对招标项目划分标段的，应当遵守招标投标法的有关规定，不得利用划分标段限制或者排斥潜在投标人。依法必须进行招标的项目的招标人不得利用划分标段规避招标。

第二十五条 招标人应当在招标文件中载明投标有效期。投标有效期从提交投标文件的截止之日起算。

第二十六条 招标人在招标文件中要求投标人提交投标保证金的，投标保证金不得超过招标项目估算价的2%。投标保证金有效期应当与投标有效期一致。

依法必须进行招标的项目的境内投标单位，以现金或者支票形式提交的投标保证金应当从其基本账户转出。

招标人不得挪用投标保证金。

第二十七条 招标人可以自行决定是否编制标底。一个招标项目只能有一个标底。标底必须保密。

接受委托编制标底的中介机构不得参加受托编制标底项目的投标，也不得为该项目的投标人编制投标文件或者提供咨询。

招标人设有最高投标限价的，应当在招标文件中明确最高投标限价或者最高投标限价的计算方法。招标人不得规定最低投标限价。

第二十八条 招标人不得组织单个或者部分潜在投标人踏勘项目现场。

第二十九条 招标人可以依法对工程以及与工程建设有关的货物、服务全部或者部分实行总承包招标。以暂估价形式包括在总承包范围内的工程、货物、服务属于依法必须进行招标的项目范围且达到国家规定规模标准的，应当依法进行招标。

前款所称暂估价，是指总承包招标时不能确定价格而由招标人在招标文件中暂时估定的工程、货物、服务的金额。

第三十条 对技术复杂或者无法精确拟定技术规格的项目，招标人可以分两阶段进行招标。

第一阶段，投标人按照招标公告或者投标邀请书的要求提交不带报价的技术建议，招标人根据投标人提交的技术建议确定技术标准和要求，编制招标文件。

第二阶段，招标人向在第一阶段提交技术建议的投标人提供招标文件，投标人按照招标文件的要求提交包括最终技术方案和投标报价的投标文件。

招标人要求投标人提交投标保证金的，应当在第二阶段提出。

第三十一条 招标人终止招标的，应当及时发布公告，或者以书面形式通知被邀请的或者已经获取资格预审文件、招标文件的潜在投标人。已经发售资格预审文件、招标文件或者已经收取投标保证金的，招标人应当及时退还所收取的资格预审文件、招标文件的费用，以及所收取的投标保证金及银行同期存款利息。

第三十二条 招标人不得以不合理的条件限制、排斥潜在投标人或者投标人。

招标人有下列行为之一的，属于以不合理条件限制、排斥潜在投标人或者投标人：

（一）就同一招标项目向潜在投标人或者投标人提供有差别的项目信息；

（二）设定的资格、技术、商务条件与招标项目的具体特点和实际需要不相适应或者与合同履行无关；

（三）依法必须进行招标的项目以特定行政区域或者特定行业的业绩、奖项作为加分条件或者中标条件；

（四）对潜在投标人或者投标人采取不同的资格审查或者评标标准；

（五）限定或者指定特定的专利、商标、品牌、原产地或者供应商；

（六）依法必须进行招标的项目非法限定潜在投标人或者投标人的所有制形式或者组织形式；

（七）以其他不合理条件限制、排斥潜在投标人或者投标人。

第三章 投 标

第三十三条 投标人参加依法必须进行招标的项目的投标，不受地区或者部门的限制，任何单位和个人不得非法干涉。

第三十四条 与招标人存在利害关系可能影响招标公正性的法人、其他组织或者个人，不得参加投标。

单位负责人为同一人或者存在控股、管理关系的不同单位，不得参加同一标段投标或者未划分标段的同一招标项目投标。

违反前两款规定的，相关投标均无效。

第三十五条 投标人撤回已提交的投标文件，应当在投标截止时间前书面通知招标人。招标人已收取投标保证金的，应当自收到投标人书面撤回通知之日起5日内退还。

投标截止后投标人撤销投标文件的，招标人可以不退还投标保证金。

第三十六条 未通过资格预审的申请人提交的投标文件，以及逾期送达或者不按照招标文件要求密封的投标文件，招标人应当拒收。

招标人应当如实记载投标文件的送达时间和密封情况，并存档备查。

第三十七条 招标人应当在资格预审公告、招标公告或者投标邀请书中载明是否接受联合体投标。

招标人接受联合体投标并进行资格预审的，联合体应当在提交资格预审申请文件前组成。资格预审后联合体增减、更换成员的，其投标无效。

联合体各方在同一招标项目中以自己名义单独投标或者参加其他联合体投标的，相关投标均无效。

第三十八条 投标人发生合并、分立、破产等重大变化的，应当及时书面告知招标人。投标人不再具备资格预审文件、招标文件规定的资格条件或者其投标影响招标公正性的，其投标无效。

第三十九条 禁止投标人相互串通投标。

有下列情形之一的，属于投标人相互串通投标：

（一）投标人之间协商投标报价等投标文件的实质性内容；

（二）投标人之间约定中标人；

（三）投标人之间约定部分投标人放弃投标或者中标；

（四）属于同一集团、协会、商会等组织成员的投标人按照该组织要求协同投标；

（五）投标人之间为谋取中标或者排斥特定投标人而采取的其他联合行动。

第四十条　有下列情形之一的，视为投标人相互串通投标：

（一）不同投标人的投标文件由同一单位或者个人编制；

（二）不同投标人委托同一单位或者个人办理投标事宜；

（三）不同投标人的投标文件载明的项目管理成员为同一人；

（四）不同投标人的投标文件异常一致或者投标报价呈规律性差异；

（五）不同投标人的投标文件相互混装；

（六）不同投标人的投标保证金从同一单位或者个人的账户转出。

第四十一条　禁止招标人与投标人串通投标。

有下列情形之一的，属于招标人与投标人串通投标：

（一）招标人在开标前开启投标文件并将有关信息泄露给其他投标人；

（二）招标人直接或者间接向投标人泄露标底、评标委员会成员等信息；

（三）招标人明示或者暗示投标人压低或者抬高投标报价；

（四）招标人授意投标人撤换、修改投标文件；

（五）招标人明示或者暗示投标人为特定投标人中标提供方便；

（六）招标人与投标人为谋求特定投标人中标而采取的其他串通行为。

第四十二条　使用通过受让或者租借等方式获取的资格、资质证书投标的，属于招标投标法第三十三条规定的以他人名义投标。

投标人有下列情形之一的，属于招标投标法第三十三条规定的以其他方式弄虚作假的行为：

（一）使用伪造、变造的许可证件；

（二）提供虚假的财务状况或者业绩；

（三）提供虚假的项目负责人或者主要技术人员简历、劳动关系证明；

（四）提供虚假的信用状况；

（五）其他弄虚作假的行为。

第四十三条　提交资格预审申请文件的申请人应当遵守招标投标法和本条例有关投标人的规定。

第四章　开标、评标和中标

第四十四条　招标人应当按照招标文件规定的时间、地点开标。

投标人少于 3 个的，不得开标；招标人应当重新招标。

投标人对开标有异议的，应当在开标现场提出，招标人应当当场作出答复，并制作记录。

第四十五条　国家实行统一的评标专家专业分类标准和管理办法。具体标准和办法由国务院发展改革部门会同国务院有关部门制定。

省级人民政府和国务院有关部门应当组建综合评标专家库。

第四十六条　除招标投标法第三十七条第三款规定的特殊招标项目外，依法必须进行招标的项目，其评标委员会的专家成员应当从评标专家库内相关专业的专家名单中以随机抽取方式确定。任何单位和个人不得以明示、暗示等任何方式指定或者变相指定参加评标委员会的专家成员。

依法必须进行招标的项目的招标人非因招标投标法和本条例规定的事由，不得更换依法确定的评标委员会成员。更换评标委员会的专家成员应当依照前款规定进行。

评标委员会成员与投标人有利害关系的，应当主动回避。

有关行政监督部门应当按照规定的职责分工，对评标委员会成员的确定方式、评标专家的抽取和评标活动进行监督。行政监督部门的工作人员不得担任本部门负责监督项目的评标委员会成员。

第四十七条 招标投标法第三十七条第三款所称特殊招标项目，是指技术复杂、专业性强或者国家有特殊要求，采取随机抽取方式确定的专家难以保证胜任评标工作的项目。

第四十八条 招标人应当向评标委员会提供评标所必需的信息，但不得明示或者暗示其倾向或者排斥特定投标人。

招标人应当根据项目规模和技术复杂程度等因素合理确定评标时间。超过三分之一的评标委员会成员认为评标时间不够的，招标人应当适当延长。

评标过程中，评标委员会成员有回避事由、擅离职守或者因健康等原因不能继续评标的，应当及时更换。被更换的评标委员会成员作出的评审结论无效，由更换后的评标委员会成员重新进行评审。

第四十九条 评标委员会成员应当依照招标投标法和本条例的规定，按照招标文件规定的评标标准和方法，客观、公正地对投标文件提出评审意见。招标文件没有规定的评标标准和方法不得作为评标的依据。

评标委员会成员不得私下接触投标人，不得收受投标人给予的财物或者其他好处，不得向招标人征询确定中标人的意向，不得接受任何单位或者个人明示或者暗示提出的倾向或者排斥特定投标人的要求，不得有其他不客观、不公正履行职务的行为。

第五十条 招标项目设有标底的，招标人应当在开标时公布。标底只能作为评标的参考，不得以投标报价是否接近标底作为中标条件，也不得以投标报价超过标底上下浮动范围作为否决投标的条件。

第五十一条 有下列情形之一的，评标委员会应当否决其投标：

（一）投标文件未经投标单位盖章和单位负责人签字；

（二）投标联合体没有提交共同投标协议；

（三）投标人不符合国家或者招标文件规定的资格条件；

（四）同一投标人提交两个以上不同的投标文件或者投标报价，但招标文件要求提交备选投标的除外；

（五）投标报价低于成本或者高于招标文件设定的最高投标限价；

（六）投标文件没有对招标文件的实质性要求和条件作出响应；

（七）投标人有串通投标、弄虚作假、行贿等违法行为。

第五十二条 投标文件中有含义不明确的内容、明显文字或者计算错误，评标委员会认为需要投标人作出必要澄清、说明的，应当书面通知该投标人。投标人的澄清、说明应当采用书面形式，并不得超出投标文件的范围或者改变投标文件的实质性内容。

评标委员会不得暗示或者诱导投标人作出澄清、说明，不得接受投标人主动提出的澄清、说明。

第五十三条 评标完成后，评标委员会应当向招标人提交书面评标报告和中标候选人名单。中标候选人应当不超过 3 个，并标明排序。

评标报告应当由评标委员会全体成员签字。对评标结果有不同意见的评标委员会成员应当以书面形式说明其不同意见和理由，评标报告应当注明该不同意见。评标委员会成员拒绝在评标报告上签字又不书面说明其不同意见和理由的，视为同意评标结果。

第五十四条 依法必须进行招标的项目，招标人应当自收到评标报告之日起 3 日内公示中标候选人，公示期不得少于 3 日。

投标人或者其他利害关系人对依法必须进行招标的项目的评标结果有异议的，应当在中标候选人公示期间提出。招标人应当自收到异议之日起 3 日内作出答复；作出答复前，应当暂停招标投标活动。

第五十五条 国有资金占控股或者主导地位的依法必须进行招标的项目，招标人应当确定排名第一的中标候选人为中标人。排名第一的中标候选人放弃中标、因不可抗力不能履行合同、不按照招标文件要求提交履约保证金，或者被查实存在影响中标结果的违法行为等情形，不符合中标条件的，招标人可以按照评标委员会提出的中标候选人名单排序依次确定其他中标候选人为中标人，也可以重新招标。

第五十六条 中标候选人的经营、财务状况发生较大变化或者存在违法行为，招标人认为可能影响其履约能力的，应当在发出中标通知书前由原评标委员会按照招标文件规定的标准和方法审查确认。

第五十七条 招标人和中标人应当依照招标投标法和本条例的规定签订书面合同，合同的标的、价款、质量、履行期限等主要条款应当与招标文件和中标人的投标文件的内容一致。招标人和中标人不得再行订立背离合同实质性内容的其他协议。

招标人最迟应当在书面合同签订后5日内向中标人和未中标的投标人退还投标保证金及银行同期存款利息。

第五十八条 招标文件要求中标人提交履约保证金的，中标人应当按照招标文件的要求提交。履约保证金不得超过中标合同金额的10%。

第五十九条 中标人应当按照合同约定履行义务，完成中标项目。中标人不得向他人转让中标项目，也不得将中标项目肢解后分别向他人转让。

中标人按照合同约定或者经招标人同意，可以将中标项目的部分非主体、非关键性工作分包给他人完成。接受分包的人应当具备相应的资格条件，并不得再次分包。

中标人应当就分包项目向招标人负责，接受分包的人就分包项目承担连带责任。

第五章 投诉与处理

第六十条 投标人或者其他利害关系人认为招标投标活动不符合法律、行政法规规定的，可以自知道或者应当知道之日起10日内向有关行政监督部门投诉。投诉应当有明确的请求和必要的证明材料。

就本条例第二十二条、第四十四条、第五十四条规定事项投诉的，应当先向招标人提出异议，异议答复期间不计算在前款规定的期限内。

第六十一条 投诉人就同一事项向两个以上有权受理的行政监督部门投诉的，由最先收到投诉的行政监督部门负责处理。

行政监督部门应当自收到投诉之日起3个工作日内决定是否受理投诉，并自受理投诉之日起30个工作日内作出书面处理决定；需要检验、检测、鉴定、专家评审的，所需时间不计算在内。

投诉人捏造事实、伪造材料或者以非法手段取得证明材料进行投诉的，行政监督部门应当予以驳回。

第六十二条 行政监督部门处理投诉，有权查阅、复制有关文件、资料，调查有关情况，相关单位和人员应当予以配合。必要时，行政监督部门可以责令暂停招标投标活动。

行政监督部门的工作人员对监督检查过程中知悉的国家秘密、商业秘密，应当依法予以保密。

第六章 法律责任

第六十三条 招标人有下列限制或者排斥潜在投标人行为之一的，由有关行政监督部门依照招标投标法第五十一条的规定处罚：

（一）依法应当公开招标的项目不按照规定在指定媒介发布资格预审公告或者招标公告；

（二）在不同媒介发布的同一招标项目的资格预审公告或者招标公告的内容不一致，影响潜在投标人申请资格预审或者投标。

依法必须进行招标的项目的招标人不按照规定发布资格预审公告或者招标公告，构成规避招标的，依照招标投标法第四十九条的规定处罚。

第六十四条　招标人有下列情形之一的，由有关行政监督部门责令改正，可以处10万元以下的罚款：

（一）依法应当公开招标而采用邀请招标；

（二）招标文件、资格预审文件的发售、澄清、修改的时限，或者确定的提交资格预审申请文件、投标文件的时限不符合招标投标法和本条例规定；

（三）接受未通过资格预审的单位或者个人参加投标；

（四）接受应当拒收的投标文件。

招标人有前款第一项、第三项、第四项所列行为之一的，对单位直接负责的主管人员和其他直接责任人员依法给予处分。

第六十五条　招标代理机构在所代理的招标项目中投标、代理投标或者向该项目投标人提供咨询的，接受委托编制标底的中介机构参加受托编制标底项目的投标或者为该项目的投标人编制投标文件、提供咨询的，依照招标投标法第五十条的规定追究法律责任。

第六十六条　招标人超过本条例规定的比例收取投标保证金、履约保证金或者不按照规定退还投标保证金及银行同期存款利息的，由有关行政监督部门责令改正，可以处5万元以下的罚款；给他人造成损失的，依法承担赔偿责任。

第六十七条　投标人相互串通投标或者与招标人串通投标的，投标人向招标人或者评标委员会成员行贿谋取中标的，中标无效；构成犯罪的，依法追究刑事责任；尚不构成犯罪的，依照招标投标法第五十三条的规定处罚。投标人未中标的，对单位的罚款金额按照招标项目合同金额依照招标投标法规定的比例计算。

投标人有下列行为之一的，属于招标投标法第五十三条规定的情节严重行为，由有关行政监督部门取消其1年至2年内参加依法必须进行招标的项目的投标资格：

（一）以行贿谋取中标；

（二）3年内2次以上串通投标；

（三）串通投标行为损害招标人、其他投标人或者国家、集体、公民的合法利益，造成直接经济损失30万元以上；

（四）其他串通投标情节严重的行为。

投标人自本条第二款规定的处罚执行期限届满之日起3年内又有该款所列违法行为之一的，或者串通投标、以行贿谋取中标情节特别严重的，由工商行政管理机关吊销营业执照。

法律、行政法规对串通投标报价行为的处罚另有规定的，从其规定。

第六十八条　投标人以他人名义投标或者以其他方式弄虚作假骗取中标的，中标无效；构成犯罪的，依法追究刑事责任；尚不构成犯罪的，依照招标投标法第五十四条的规定处罚。依法必须进行招标的项目的投标人未中标的，对单位的罚款金额按照招标项目合同金额依照招标投标法规定的比例计算。

投标人有下列行为之一的，属于招标投标法第五十四条规定的情节严重行为，由有关行政监督部门取消其1年至3年内参加依法必须进行招标的项目的投标资格：

（一）伪造、变造资格、资质证书或者其他许可证件骗取中标；

（二）3年内2次以上使用他人名义投标；

（三）弄虚作假骗取中标给招标人造成直接经济损失30万元以上；（四）其他弄虚作假骗取中标情节严重的行为。

投标人自本条第二款规定的处罚执行期限届满之日起3年内又有该款所列违法行为之

一的，或者弄虚作假骗取中标情节特别严重的，由工商行政管理机关吊销营业执照。

第六十九条 出让或者出租资格、资质证书供他人投标的，依照法律、行政法规的规定给予行政处罚；构成犯罪的，依法追究刑事责任。

第七十条 依法必须进行招标的项目的招标人不按照规定组建评标委员会，或者确定、更换评标委员会成员违反招标投标法和本条例规定的，由有关行政监督部门责令改正，可以处10万元以下的罚款，对单位直接负责的主管人员和其他直接责任人员依法给予处分；违法确定或者更换的评标委员会成员作出的评审结论无效，依法重新进行评审。

国家工作人员以任何方式非法干涉选取评标委员会成员的，依照本条例第八十一条的规定追究法律责任。

第七十一条 评标委员会成员有下列行为之一的，由有关行政监督部门责令改正；情节严重的，禁止其在一定期限内参加依法必须进行招标的项目的评标；情节特别严重的，取消其担任评标委员会成员的资格：

（一）应当回避而不回避；

（二）擅离职守；

（三）不按照招标文件规定的评标标准和方法评标；

（四）私下接触投标人；

（五）向招标人征询确定中标人的意向或者接受任何单位或者个人明示或者暗示提出的倾向或者排斥特定投标人的要求；

（六）对依法应当否决的投标不提出否决意见；

（七）暗示或者诱导投标人作出澄清、说明或者接受投标人主动提出的澄清、说明；

（八）其他不客观、不公正履行职务的行为。

第七十二条 评标委员会成员收受投标人的财物或者其他好处的，没收收受的财物，处3 000元以上5万元以下的罚款，取消担任评标委员会成员的资格，不得再参加依法必须进行招标的项目的评标；构成犯罪的，依法追究刑事责任。

第七十三条 依法必须进行招标的项目的招标人有下列情形之一的，由有关行政监督部门责令改正，可以处中标项目金额10‰以下的罚款；给他人造成损失的，依法承担赔偿责任；对单位直接负责的主管人员和其他直接责任人员依法给予处分：

（一）无正当理由不发出中标通知书；

（二）不按照规定确定中标人；

（三）中标通知书发出后无正当理由改变中标结果；

（四）无正当理由不与中标人订立合同；

（五）在订立合同时向中标人提出附加条件。

第七十四条 中标人无正当理由不与招标人订立合同，在签订合同时向招标人提出附加条件，或者不按照招标文件要求提交履约保证金的，取消其中标资格，投标保证金不予退还。对依法必须进行招标的项目的中标人，由有关行政监督部门责令改正，可以处中标项目金额10‰以下的罚款。

第七十五条 招标人和中标人不按照招标文件和中标人的投标文件订立合同，合同的主要条款与招标文件、中标人的投标文件的内容不一致，或者招标人、中标人订立背离合同实质性内容的协议的，由有关行政监督部门责令改正，可以处中标项目金额5‰以上10‰以下的罚款。

第七十六条 中标人将中标项目转让给他人的，将中标项目肢解后分别转让给他人的，违反招标投标法和本条例规定将中标项目的部分主体、关键性工作分包给他人的，或者分包人再次分包的，转让、分包无效，处转让、分包项目金额5‰以上10‰以下的罚款；有违法所得的，并处没收违法所得；可以责令停业整顿；情节严重的，由工商行政管理机关吊销营业执照。

第七十七条 投标人或者其他利害关系人捏造事实、伪造材料或者以非法手段取得证明材料进行投诉，给他人造成损失的，依法承担赔偿责任。

招标人不按照规定对异议作出答复，继续进行招标投标活动的，由有关行政监督部门责令改正，拒不改正或者不能改正并影响中标结果的，依照本条例第八十二条的规定处理。

第七十八条 国家建立招标投标信用制度。有关行政监督部门应当依法公告对招标人、招标代理机构、投标人、评标委员会成员等当事人违法行为的行政处理决定。

第七十九条 项目审批、核准部门不依法审批、核准项目招标范围、招标方式、招标组织形式的，对单位直接负责的主管人员和其他直接责任人员依法给予处分。

有关行政监督部门不依法履行职责，对违反招标投标法和本条例规定的行为不依法查处，或者不按照规定处理投诉、不依法公告对招标投标当事人违法行为的行政处理决定的，对直接负责的主管人员和其他直接责任人员依法给予处分。

项目审批、核准部门和有关行政监督部门的工作人员徇私舞弊、滥用职权、玩忽职守，构成犯罪的，依法追究刑事责任。

第八十条 国家工作人员利用职务便利，以直接或者间接、明示或者暗示等任何方式非法干涉招标投标活动，有下列情形之一的，依法给予记过或者记大过处分；情节严重的，依法给予降级或者撤职处分；情节特别严重的，依法给予开除处分；构成犯罪的，依法追究刑事责任：

（一）要求对依法必须进行招标的项目不招标，或者要求对依法应当公开招标的项目不公开招标；

（二）要求评标委员会成员或者招标人以其指定的投标人作为中标候选人或者中标人，或者以其他方式非法干涉评标活动，影响中标结果；

（三）以其他方式非法干涉招标投标活动。

第八十一条 依法必须进行招标的项目的招标投标活动违反招标投标法和本条例的规定，对中标结果造成实质性影响，且不能采取补救措施予以纠正的，招标、投标、中标无效，应当依法重新招标或者评标。

第七章 附 则

第八十二条 招标投标协会按照依法制定的章程开展活动，加强行业自律和服务。

第八十三条 政府采购的法律、行政法规对政府采购货物、服务的招标投标另有规定的，从其规定。

第八十四条 本条例自 2012 年 2 月 1 日起施行。

5. 关于在政府采购活动中落实平等对待内外资企业有关政策的通知（2021 年颁布）

（财库〔2021〕35 号）

各中央预算单位，各省、自治区、直辖市、计划单列市财政厅（局），新疆生产建设兵团财政局：

为构建统一开放、竞争有序的政府采购市场体系，促进政府采购公平竞争，现就在政府采购活动中平等对待在中国境内设立的内外资企业有关事项通知如下：

一、保障内外资企业平等参与政府采购

政府采购依法对内外资企业在中国境内生产的产品（包括提供的服务，下同）平等对待。各级预算单位应当严格执行《中华人民共和国政府采购法》和《中华人民共和国外商投资法》等相关法律法规，在政府采购活动中，除涉及国家安全和国家秘密的采购项目外，不得区别对待内外资企业在中国境内生产的产品。在中国境内生产的产品，不论其供应商是内资还是外资企业，均应依法保障其平等参与政府采购活动的权利。

二、在政府采购活动中落实平等对待内外资企业的要求

各级预算单位在政府采购活动中，不得在政府采购信息发布、供应商资格条件确定和资格审查、评审标准等方面，对内资企业或外商投资企业实行差别待遇或者歧视待遇，不得以所有制形式、组织形式、股权结构、投资者国别、产品品牌以及其他不合理的条件对供应商予以限定，切实保障内外资企业公平竞争。

三、平等维护内外资企业的合法权益

内外资企业在政府采购活动中，凡认为采购文件、采购过程、中标或者成交结果使自身权益受到损害的，均可依照相关规定提起质疑和投诉。各级财政部门应当严格落实《政府采购质疑和投诉办法》（财政部令第94号），畅通投诉渠道，依法受理并公平处理供应商的投诉，不得在投诉处理中对内外资企业实施差别待遇或者歧视待遇，维护政府采购供应商的合法权益。

对于违反本通知要求的规定和做法，以及违规设立产品、供应商等各类备选库、名录库、资格库等规定和做法，各地要及时予以清理纠正，并将清理纠正情况于11月底前报送财政部。

财 政 部

2021年10月13日

第十八章　行政事业单位日常公用经费管理法规

1. 党政机关厉行节约反对浪费条例（2013年颁布）

（中发〔2013〕13号）

第一章　总　　则

第一条　为了进一步弘扬艰苦奋斗、勤俭节约的优良作风，推进党政机关厉行节约反对浪费，建设节约型机关，根据国家有关法律法规和中央有关规定，制定本条例。

第二条　本条例适用于党的机关、人大机关、行政机关、政协机关、审判机关、检察机关，以及工会、共青团、妇联等人民团体和参照公务员法管理的事业单位。

第三条　本条例所称浪费，是指党政机关及其工作人员违反规定进行不必要的公务活动，或者在履行公务中超出规定范围、标准和要求，不当使用公共资金、资产和资源，给国家和社会造成损失的行为。

第四条　党政机关厉行节约反对浪费，应当遵循下列原则：坚持从严从简，勤俭办一切事业，降低公务活动成本；坚持依法依规，遵守国家法律法规和党内法规制度的相关规定，严格按程序办事；坚持总量控制，科学设定相关标准，严格控制经费支出总额，加强厉行节约绩效考评；坚持实事求是，从实际出发安排公务活动，取消不必要的公务活动，保证正常公务活动；坚持公开透明，除涉及国家秘密事项外，公务活动中的资金、资产、资源使用等情况应予公开，接受各方面监督；坚持深化改革，通过改革创新破解体制机制障碍，建立健全厉行节约反对浪费工作长效机制。

第五条　中共中央办公厅、国务院办公厅负责统筹协调、指导检查全国党政机关厉行节约反对浪费工作，建立协调联络机制承办具体事务。地方各级党委办公厅（室）、政府办公厅（室）负责指导检查本地区党政机关厉行节约反对浪费工作。

纪检监察机关和组织人事、宣传、外事、发展改革、财政、审计、机关事务管理等部门根据职责分工，依法依规履行对厉行节约反对浪费相关工作的管理、监督等职责。

第六条　各级党委和政府应当加强对厉行节约反对浪费工作的组织领导。党政机关领导班子主要负责人对本地区、本部门、本单位的厉行节约反对浪费工作负总责，其他成员根据工作分工，对职责范围内的厉行节约反对浪费工作负主要领导责任。

第二章　经费管理

第七条　党政机关应当加强预算编制管理，按照综合预算的要求，将各项收入和支出全部纳入部门预算。

党政机关依法取得的罚没收入、行政事业性收费、政府性基金、国有资产收益和处置等非税收入，必须按规定及时足额上缴国库，严禁以任何形式隐瞒、截留、挤占、挪用、坐支或者私分，严禁转移到机关所属工会、培训中心、服务中心等单位账户使用。

第八条　党政机关应当遵循先有预算、后有支出的原则，严格执行预算，严禁超预算或者无预算安排支出，严禁虚列支出、转移或者套取预算资金。

严格控制国内差旅费、因公临时出国（境）费、公务接待费、公务用车购置及运行费、会议费、培训费等支出。年度预算执行中不予追加，因特殊需要确需追加的，由财政部门审核后按程序报批。

建立预算执行全过程动态监控机制，完善预算执行管理办法，建立健全预算绩效管理体系，增强预算执行的严肃性，提高预算执行的准确率，防止年底突击花钱等现象发生。

第九条　推进政府会计改革，进一步健全会计制度，准确核算机关运行经费，全面反映行政成本。

第十条　财政部门应当会同有关部门，根据国内差旅、因公临时出国（境）、公务接待、会议、培训等工作特点，综合考虑经济发展水平、有关货物和服务的市场价格水平，制定分地区的公务活动经费开支范围和开支标准。

加强相关开支标准之间的衔接，建立开支标准调整机制，定期根据有关货物和服务的市场价格变动情况调整相关开支标准，增强开支标准的协调性、规范性、科学性。

严格开支范围和标准，严格支出报销审核，不得报销任何超范围、超标准以及与相关公务活动无关的费用。

第十一条　全面实行公务卡制度。健全公务卡强制结算目录，党政机关国内发生的公务差旅费、公务接待费、公务用车购置及运行费、会议费、培训费等经费支出，除按规定实行财政直接支付或者银行转账外，应当使用公务卡结算。

第十二条　党政机关采购货物、工程和服务，应当遵循公开透明、公平竞争、诚实信用原则。

政府采购应当依法完整编制采购预算，严格执行经费预算和资产配置标准，合理确定采购需求，不得超标准采购，不得超出办公需要采购服务。

严格执行政府采购程序，不得违反规定以任何方式和理由指定或者变相指定品牌、型号、产地。采购公开招标数额标准以上的货物、工程和服务，应当进行公开招标，确需改变采购方式的，应当严格执行有关公示和审批程序。列入政府集中采购目录范围的，应当委托集中采购机构代理采购，并逐步实行批量集中采购。严格控制协议供货采购的数量和规模，不得以协议供货拆分项目的方式规避公开招标。

党政机关应当按照政府采购合同规定的采购需求组织验收。政府采购监督管理部门应当逐步建立政府采购结果评价制度，对政府采购的资金节约、政策效能、透明程度以及专业化水平进行综合、客观评价。

加快政府采购管理交易平台建设，推进电子化政府采购。

第三章 国内差旅和因公临时出国（境）

第十三条 党政机关应当建立健全并严格执行国内差旅内部审批制度，从严控制国内差旅人数和天数，严禁无明确公务目的的差旅活动，严禁以公务差旅为名变相旅游，严禁异地部门间无实质内容的学习交流和考察调研。

第十四条 国内差旅人员应当严格按规定乘坐交通工具、住宿、就餐，费用由所在单位承担。

差旅人员住宿、就餐由接待单位协助安排的，必须按标准交纳住宿费、餐费。差旅人员不得向接待单位提出正常公务活动以外的要求，不得接受礼金、礼品和土特产品等。

第十五条 统筹安排年度因公临时出国计划，严格控制团组数量和规模，不得安排照顾性、无实质内容的一般性出访，不得安排考察性出访，严禁集中安排赴热门国家和地区出访，严禁以各种名义变相公款出国旅游。严格执行因公临时出国限量管理规定，不得把出国作为个人待遇、安排轮流出国。严格控制跨地区、跨部门团组。

组织、外专等有关部门应当加强出国培训总体规划和监督管理，严格控制出国培训规模，科学设置培训项目，择优选派培训对象，提高出国培训的质量和实效。

第十六条 外事管理部门应当加强因公临时出国审核审批管理，对违反规定、不适合成行的团组予以调整或者取消。

加强因公临时出国经费预算总额控制，严格执行经费先行审核制度。无出国经费预算安排的不予批准，确有特殊需要的，按规定程序报批。严禁违反规定使用出国经费预算以外资金作为出国经费，严禁向所属单位、企业、我国驻外机构等摊派或者转嫁出国费用。

第十七条 出国团组应当按规定标准安排交通工具和食宿，不得违反规定乘坐民航包机，不得乘坐私人、企业和外国航空公司包机，不得安排超标准住房和用车，不得擅自增加出访国家或者地区，不得擅自绕道旅行，不得擅自延长在国外停留时间。

出国期间，不得与我国驻外机构和其他中资机构、企业之间用公款互赠礼品或者纪念品，不得用公款相互宴请。

第十八条 严格根据工作需要编制出境计划，加强因公出境审批和管理，不得安排出境考察，不得组织无实质内容的调研、会议、培训等活动。

严格遵守因公出境经费预算、支出、使用、核算等财务制度，不得接受超标准接待和高消费娱乐，不得接受礼金、贵重礼品、有价证券、支付凭证等。

第四章 公务接待

第十九条 建立健全国内公务接待集中管理制度。党政机关公务接待管理部门应当加强对国内公务接待工作的管理和指导。

第二十条 党政机关应当建立公务接待审批控制制度，对无公函的公务活动不予接待，严禁将非公务活动纳入接待范围。

第二十一条 党政机关应当严格执行国内公务接待标准，实行接待费支出总额控制制度。

接待单位应当严格按标准安排接待对象的住宿用房，协助安排用餐的按标准收取餐费，不得在接待费中列支应当由接待对象承担的费用，不得以举办会议、培训等名义列支、转移、隐匿接待费开支。

建立国内公务接待清单制度，如实反映接待对象、公务活动、接待费用等情况。接待清单作为财务报销的凭证之一并接受审计。

第二十二条　外宾接待工作应当遵循服务外交、友好对等、务实节俭的原则。外宾邀请单位应当严格按照有关规定安排接待活动，从严从紧控制外宾团组和接待费用。

第二十三条　有关部门和地方应当参照国内公务接待标准，制定招商引资等活动的接待办法，严格审批，强化管理，严禁超规格、超标准接待，严禁扩大接待范围、增加接待项目，严禁以招商引资等名义变相安排公务接待。

第二十四条　党政机关不得以任何名义新建、改建、扩建所属宾馆、招待所等具有接待功能的设施或者场所。

建立接待资源共享机制，推进机关所属接待、培训场所的集中统一管理和利用。健全服务经营机制，推行机关所属接待、培训场所企业化管理，降低服务经营成本。

积极推进国内公务接待服务社会化改革，有效利用社会资源为国内公务接待提供住宿、餐饮、用车等服务。

第五章　公务用车

第二十五条　坚持社会化、市场化方向，改革公务用车制度，合理有效配置公务用车资源，创新公务交通分类提供方式，保障公务出行，降低行政成本，建立符合国情的新型公务用车制度。

改革公务用车实物配给方式，取消一般公务用车，保留必要的执法执勤、机要通信、应急和特种专业技术用车及按规定配备的其他车辆。普通公务出行由公务人员自主选择，实行社会化提供。取消的一般公务用车，采取公开招标、拍卖等方式公开处置。

适度发放公务交通补贴，不得以车改补贴的名义变相发放福利。

第二十六条　党政机关应当从严配备实行定向化保障的公务用车，不得以特殊用途等理由变相超编制、超标准配备公务用车，不得以任何方式换用、借用、占用下属单位或者其他单位和个人的车辆，不得接受企事业单位和个人赠送的车辆。

严格按规定配备专车，不得擅自扩大专车配备范围或者变相配备专车。

从严控制执法执勤用车的配备范围、编制和标准。执法执勤用车配备应当严格限制在一线执法执勤岗位，机关内部管理和后勤岗位以及机关所属事业单位一律不得配备。

第二十七条　公务用车实行政府集中采购，应当选用国产汽车，优先选用新能源汽车。

公务用车严格按照规定年限更新，已到更新年限尚能继续使用的应当继续使用，不得因领导干部职务晋升、调任等原因提前更新。

公务用车保险、维修、加油等实行政府采购，降低运行成本。

第二十八条　除涉及国家安全、侦查办案等有保密要求的特殊工作用车外，执法执勤用车应当喷涂明显的统一标识。

第二十九条　根据公务活动需要，严格按规定使用公务用车，严禁以任何理由挪用或者固定给个人使用执法执勤、机要通信等公务用车，领导干部亲属和身边工作人员不得因私使用配备给领导干部的公务用车。

第六章　会议活动

第三十条　党政机关应当精简会议，严格执行会议费开支范围和标准。

党政机关会议实行分类管理、分级审批。财政部门应当会同机关事务管理等部门制定本级党政机关会议费管理办法，从严控制会议数量、会期和参会人员规模。完善并严格执行严禁党政机关到风景名胜区开会制度规定。

第三十一条 会议召开场所实行政府采购定点管理。会议住宿用房以标准间为主，用餐安排自助餐或者工作餐。

会议期间，不得安排宴请，不得组织旅游以及与会议无关的参观活动，不得以任何名义发放纪念品。

完善会议费报销制度。未经批准以及超范围、超标准开支的会议费用，一律不予报销。严禁违规使用会议费购置办公设备，严禁列支公务接待费等与会议无关的任何费用，严禁套取会议资金。

第三十二条 建立健全培训审批制度，严格控制培训数量、时间、规模，严禁以培训名义召开会议。

严格执行分类培训经费开支标准，严格控制培训经费支出范围，严禁在培训经费中列支公务接待费、会议费等与培训无关的任何费用。严禁以培训名义进行公款宴请、公款旅游活动。

第三十三条 未经批准，党政机关不得以公祭、历史文化、特色物产、单位成立、行政区划变更、工程奠基或者竣工等名义举办或者委托、指派其他单位举办各类节会、庆典活动，不得举办论坛、博览会、展会活动。严禁使用财政性资金举办营业性文艺晚会。从严控制举办大型综合性运动会和各类赛会。

经批准的节会、庆典、论坛、博览会、展会、运动会、赛会等活动，应当严格控制规模和经费支出，不得向下属单位摊派费用，不得借举办活动发放各类纪念品，不得超出规定标准支付费用邀请名人、明星参与活动。为举办活动专门配备的设备在活动结束后应当及时收回。

第三十四条 严格控制和规范各类评比达标表彰活动，实行中央和省（自治区、直辖市）两级审批制度。评比达标表彰项目费用由举办单位承担，不得以任何方式向相关单位和个人收取费用。

第七章 办公用房

第三十五条 党政机关办公用房建设应当从严控制。凡是违反规定的拟建办公用房项目，必须坚决终止；凡是未按照规定程序履行审批手续、擅自开工建设的办公用房项目，必须停建并予以没收；凡是超规模、超标准、超投资概算建设的办公用房项目，应当根据具体情况限期腾退超标准面积或者全部没收、拍卖。

党政机关办公用房应当严格管理，推进办公用房资源的公平配置和集约使用。凡是超过规定面积标准占有、使用办公用房以及未经批准租用办公用房的，必须腾退；凡是未经批准改变办公用房使用功能的，原则上应当恢复原使用功能。严禁出租出借办公用房，已经出租出借的，到期必须收回；租赁合同未到期的，租金收入应当按照收支两条线管理。

第三十六条 党政机关新建、改建、扩建、购置、置换、维修改造、租赁办公用房，必须严格按规定履行审批程序。采取置换方式配给办公用房的，应当执行新建办公用房各项标准，不得以未使用政府预算建设资金、资产整合等名义规避审批。

第三十七条 党政机关办公用房建设项目应当按照朴素、实用、安全、节能原则，严格执行办公用房建设标准、单位综合造价标准和公共建筑节能设计标准，符合土地利用和城市规划要求。党政机关办公楼不得追求成为城市地标建筑，严禁配套建设大型广场、公园等设施。

第三十八条 党政机关办公用房建设项目投资，统一由政府预算建设资金安排。土地收益和资产转让收益应当按照有关规定实行收支两条线管理，不得直接用于办公用房建设。

党政机关办公用房维修改造项目所需投资，统一列入预算由财政资金安排解决，未经审批的项目不得安排预算。

第三十九条 办公用房建设应当严格执行工程招投标和政府采购有关规定，加强对工程项目的全过程监理和审计监督。加快推行办公用房建设项目代建制。

办公用房因使用时间较长、设施设备老化、功能不全，不能满足办公需求的，可以进行维修改造。维修改造项目应当以消除安全隐患、恢复和完善使用功能、降低能源资源消耗为重点，严格履行审批程序，严格执行维修改造标准。

第四十条 建立健全办公用房集中统一管理制度，对办公用房实行统一调配、统一权属登记。

党政机关应当严格按照有关标准和本单位“三定”方案，从严核定、使用办公用房。超标部分应当移交同级机关事务管理部门用于统一调剂。

新建、调整办公用房的单位，应当按照“建新交旧”“调新交旧”的原则，在搬入新建或者新调整办公用房的同时，将原办公用房腾退移交机关事务管理部门统一调剂使用。

因机构增设、职能调整确需增加办公用房的，应当在本单位现有办公用房中解决；本单位现有办公用房不能满足需要的，由机关事务管理部门整合办公用房资源调剂解决；无法调剂、确需租用解决的，应当严格履行报批手续，不得以变相补偿方式租用由企业等单位提供的办公用房。

第四十一条 党政机关领导干部应当按照标准配置使用一处办公用房，确因工作需要另行配置办公用房的，应当严格履行审批程序。领导干部不得长期租用宾馆、酒店房间作为办公用房。配置使用的办公用房，在退休或者调离时应当及时腾退并由原单位收回。

第八章 资源节约

第四十二条 党政机关应当节约集约利用资源，加强全过程节约管理，提高能源、水、粮食、办公家具、办公设备、办公用品等的利用效率和效益，统筹利用土地，杜绝浪费行为。

第四十三条 对能源、水的使用实行分类定额和目标责任管理。推广应用节能技术产品，淘汰高耗能设施设备，重点推广应用新能源和可再生能源。积极使用节水型器具，建设节水型单位。

健全节能产品政府采购政策，严格执行节能产品政府强制采购和优先采购制度。

第四十四条 优化办公家具、办公设备等资产的配置和使用，通过调剂方式盘活存量资产，节约购置资金。已到更新年限尚能继续使用的，不得报废处置。

对产生的非涉密废纸、废弃电器电子产品等废旧物品进行集中回收处理，促进循环利用；涉及国家秘密的，按照有关保密规定进行销毁。

第四十五条 党政机关政务信息系统建设应当统筹规划，统一组织实施，防止重复建设和频繁升级。

建立共享共用机制，加强资源整合，推动重要政务信息系统互联互通、信息共享和业务协同，降低软件开发、系统维护和升级等方面费用，防止资源浪费。

积极利用信息化手段，推行无纸化办公，减少一次性办公用品消耗。

第九章 宣传教育

第四十六条 宣传部门应当把厉行节约反对浪费作为重要宣传内容，充分发挥各级各类媒体作用，重视运用互联网等新兴媒体，通过新闻报道、文化作品、公益广告等形式，广泛宣传中华民族勤俭节约的优秀品德，宣传阐释相关制度规定，宣传推广厉行节约的经验做法和先进典型，倡导绿色低碳消费理念和健康文明生活方式。

第四十七条 党政机关应当把加强厉行节约反对浪费教育作为作风建设的重要内容，

融入干部队伍建设和机关日常管理之中，建立健全常态化工作机制。对各种铺张浪费现象和行为，应当严肃批评、督促改正。

纪检监察机关应当不定期曝光铺张浪费的典型案例，发挥警示教育作用。

组织人事部门和党校、行政学院、干部学院应当把厉行节约反对浪费作为干部教育培训的重要内容，创新教育方法，切实增强教育培训的针对性和实效性。

第四十八条 党政机关应当围绕建设节约型机关，组织开展形式多样、便于参与的活动，引导干部职工增强节约意识、珍惜物力财力，积极培育和形成崇尚节约、厉行节约、反对浪费的机关文化，为在全社会形成节俭之风发挥示范表率作用。

第十章 监督检查

第四十九条 各级党委和政府应当建立厉行节约反对浪费监督检查机制，明确监督检查的主体、职责、内容、方法、程序等，加强经常性督促检查，针对突出问题开展重点检查、暗访等专项活动。

下级党委和政府应当每年向上级党委和政府报告本地区厉行节约反对浪费工作情况，党委和政府所属部门、单位应当每年向本级党委和政府报告本部门、本单位厉行节约反对浪费工作情况。报告可结合领导班子年度考核和工作报告一并进行。

第五十条 领导干部厉行节约反对浪费工作情况，应当列为领导班子民主生活会和领导干部述职述廉的重要内容并接受评议。

第五十一条 党委办公厅（室）、政府办公厅（室）负责统筹协调相关部门开展对厉行节约反对浪费工作的督促检查。每年至少组织开展一次专项督查，并将督查情况在适当范围内通报。专项督查可以与党风廉政建设责任制检查考核、年终党建工作考核等相结合，督查考核结果应当按照干部管理权限送纪检监察机关和组织人事部门，作为干部管理监督、选拔任用的依据。

第五十二条 纪检监察机关应当加强对厉行节约反对浪费工作的监督检查，受理群众举报和有关部门移送的案件线索，及时查处违纪违法问题。

中央和省、自治区、直辖市党委巡视组应当按照有关规定，加强对有关党组织领导班子及其成员厉行节约反对浪费工作情况的巡视监督。

第五十三条 财政部门应当加强对党政机关预算编制、执行等财政、财务、政府采购和会计事项的监督检查，依法处理发现的违规问题，并及时向本级党委和政府汇报监督检查结果。

审计部门应当加大对党政机关公务支出和公款消费的审计力度，依法处理、督促整改违规问题，并将涉嫌违纪违法问题移送有关部门查处。

第五十四条 党政机关应当建立健全厉行节约反对浪费信息公开制度。除依照法律法规和有关要求须保密的内容和事项外，下列内容应当按照及时、方便、多样的原则，以适当方式进行公开：

（一）预算和决算信息；

（二）政府采购文件、采购预算、中标成交结果、采购合同等情况；

（三）国内公务接待的批次、人数、经费总额等情况；

（四）会议的名称、主要内容、支出金额等情况；

（五）培训的项目、内容、人数、经费等情况；

（六）节会、庆典、论坛、博览会、展会、运动会、赛会等活动举办信息；

（七）办公用房建设、维修改造、使用、运行费用支出等情况；

（八）公务支出和公款消费的审计结果；

（九）其他需要公开的内容。

第五十五条　推动和支持人民代表大会及其常务委员会依法严格审查批准党政机关公务支出预算，加强对预算执行情况的监督。发挥人大代表的监督作用，通过提出意见、建议、批评以及询问、质询等方式加强对党政机关厉行节约反对浪费工作的监督。

支持人民政协对党政机关厉行节约反对浪费工作的监督，自觉接受并积极支持政协委员通过调研、视察、提案等方式加强对党政机关厉行节约反对浪费工作的监督。

第五十六条　重视各级各类媒体在厉行节约反对浪费方面的舆论监督作用。建立舆情反馈机制，及时调查处理媒体曝光的违规违纪违法问题。

发挥群众对党政机关及其工作人员铺张浪费行为的监督作用，认真调查处理群众反映的问题。

第十一章　责任追究

第五十七条　建立党政机关厉行节约反对浪费工作责任追究制度。

对违反本条例规定造成浪费的，应当依纪依法追究相关人员的责任，对负有领导责任的主要负责人或者有关领导干部实行问责。

第五十八条　有下列情形之一的，追究相关人员的责任：

（一）未经审批列支财政性资金的；

（二）采取弄虚作假等手段违规取得审批的；

（三）违反审批要求擅自变通执行的；

（四）违反管理规定超标准或者以虚假事项开支的；

（五）利用职务便利假公济私的；

（六）有其他违反审批、管理、监督规定行为的。

第五十九条　有下列情形之一的，追究主要负责人或者有关领导干部的责任：

（一）本地区、本部门、本单位铺张浪费、奢侈奢华问题严重，对发现的问题查处不力，干部群众反映强烈的；

（二）指使、纵容下属单位或者人员违反本条例规定造成浪费的；

（三）不履行内部审批、管理、监督职责造成浪费的；

（四）不按规定及时公开本地区、本部门、本单位有关厉行节约反对浪费工作信息的；

（五）其他对铺张浪费问题负有领导责任的。

第六十条　违反本条例规定造成浪费的，根据情节轻重，由有关部门依照职责权限给予批评教育、责令作出检查、诫勉谈话、通报批评或者调离岗位、责令辞职、免职、降职等处理。

应当追究党纪政纪责任的，依照《中国共产党纪律处分条例》《行政机关公务员处分条例》等有关规定给予相应的党纪政纪处分。

涉嫌违法犯罪的，依法追究法律责任。

第六十一条　违反本条例规定获得的经济利益，应当予以收缴或者纠正。

违反本条例规定，用公款支付、报销应由个人支付的费用，应当责令退赔。

第六十二条　受到责任追究的人员对处理决定不服的，可以按照相关规定向有关机关提出申诉。受理申诉机关应当依据有关规定认真受理并作出结论。

申诉期间，不停止处理决定的执行。

第十二章　附　则

第六十三条　各省、自治区、直辖市党委和政府，中央和国家机关各部委，可以根据本条例，结合实际制定实施细则。有关职能部门应当根据各自职责，制定完善相关配套制度。

国有企业、国有金融企业、不参照公务员法管理的事业单位，参照本条例执行。

中国人民解放军和中国人民武装警察部队按照军队有关规定执行。

第六十四条 本条例由中共中央办公厅、国务院办公厅会同有关部门负责解释。

第六十五条 本条例自发布之日起施行。1997 年 5 月 25 日发布的《中共中央、国务院关于党政机关厉行节约制止奢侈浪费行为的若干规定》同时废止。其他有关党政机关厉行节约反对浪费的规定，凡与本条例不一致的，按照本条例执行。

2. 因公临时出国经费管理办法（2013 年颁布）

（财行〔2013〕516 号）

第一章 总 则

第一条 为了进一步规范因公临时出国经费管理，加强预算监督，提高资金使用效益，保证外事工作的顺利开展，根据《中华人民共和国预算法》《党政机关厉行节约反对浪费条例》等法律法规，制定本办法。

第二条 本办法适用于各级党政军机关、人大、政协机关、审判机关、检察机关、民主党派、人民团体和事业单位因公组派临时代表团组的省部级以下（含省部级）出国人员（以下简称出国人员）。

第三条 各地区各部门各单位因公组派临时出国团组应当坚持强化预算约束、优化经费结构、厉行勤俭节约、讲求务实高效的原则，严格控制因公临时出国规模，规范因公临时出国经费管理。

第二章 预算管理和计划管理

第四条 因公临时出国经费应当全部纳入预算管理，并按照下列规定执行：

（一）各级财政部门应当加强因公临时出国经费的预算管理，严格控制因公临时出国经费总额，科学合理地安排因公临时出国经费预算。

（二）各地区各部门各单位应当加强预算硬约束，认真贯彻落实厉行节约的要求，在核定的年度因公临时出国经费预算内，务实高效、精简节约地安排因公临时出国活动，不得超预算或无预算安排出访团组。确有特殊需要的，按规定程序报批。

第五条 出访团组实行计划审批管理，并按照下列规定执行：

（一）各地区各部门各单位应当认真贯彻中央有关外事管理规定，科学制订年度因公临时出国计划，认真履行因公临时出国计划报批制度，严格控制因公临时出国团组人数、国家数和在外停留天数，正确执行限量管理规定。组团单位和派出单位要明确责任，谁派出、谁负责。

（二）因公临时出国应当坚持因事定人的原则，不得因人找事，不得安排照顾性和无实质内容的一般性出访，不得安排考察性出访。

（三）各级外事部门应当加强因公临时出国计划的审核审批管理，严格把关，对违反规定、不适合成行的团组予以调整或者取消。驻外使馆答复国内因公临时出国征求意见时，应当严格履行把关职责。

第六条 各地区各部门各单位出国经费的支付，应当严格按照国库集中支付制度和公务卡管理制度的有关规定执行。

各地区各部门各单位应当严格执行各项经费开支标准，不得擅自突破，严禁接受或变相接受企事业单位资助，严禁向同级机关、下级机关、下属单位、企业、驻外机构等摊派或转嫁出访费用。

第七条 各地区各部门各单位应当建立因公临时出国计划与财务管理的内部控制制度。出访团组应当事先填报《因公临时出国任务和预算审批意见表》（见附1），由单位外事和财务部门分别出具审签意见，明确审核责任。出国任务、出国经费预算未通过审核的，不得安排出访团组。

第三章 经费管理

第八条 因公临时出国经费包括：国际旅费、国外城市间交通费、住宿费、伙食费、公杂费和其他费用。

国际旅费，是指出境口岸至入境口岸旅费。

国外城市间交通费，是指为完成工作任务所必须发生的，在出访国家的城市与城市之间的交通费用。

住宿费是指出国人员在国外发生的住宿费用。

伙食费是指出国人员在国外期间的日常伙食费用。

公杂费是指出国人员在国外期间的市内交通、邮电、办公用品、必要的小费等费用。

其他费用主要是指出国签证费用、必需的保险费用、防疫费用、国际会议注册费用等。

第九条 国际旅费按照下列规定执行：

（一）选择经济合理的路线。出国人员应当优先选择由我国航空公司运营的国际航线，由于航班衔接等原因确需选择外国航空公司航线的，应当事先报经单位外事和财务部门审批同意。不得以任何理由绕道旅行，或以过境名义变相增加出访国家和时间。

（二）按照经济适用的原则，通过政府采购等方式，选择优惠票价，并尽可能购买往返机票。

（三）因公临时出国购买机票，须经本单位外事和财务部门审批同意。机票款由本单位通过公务卡、银行转账方式支付，不得以现金支付。单位财务部门应当根据《航空运输电子客票行程单》等有效票据注明的金额予以报销。

（四）出国人员应当严格按照规定安排交通工具，不得乘坐民航包机或私人、企业和外国航空公司包机。

（五）省部级人员可以乘坐飞机头等舱、轮船一等舱、火车高级软卧或全列软席列车的商务座；司局级人员可以乘坐飞机公务舱、轮船二等舱、火车软卧或全列软席列车的一等座；其他人员均乘坐飞机经济舱、轮船三等舱、火车硬卧或全列软席列车的二等座。所乘交通工具舱位等级划分与以上不一致的，可乘坐同等水平的舱位。所乘交通工具未设置上述规定中本级别人员可乘坐舱位等级的，应乘坐低一等级舱位。上述人员发生的国际旅费据实报销。

（六）出国人员乘坐国际列车，国内段按国内差旅费的有关规定执行；国外段超过6小时的按自然（日历）天数计算，每人每天补助12美元。

第十条 出国人员根据出访任务需要在一个国家城市间往来，应当事先在出国计划中列明，并报本单位外事和财务部门批准。未列入出国计划、未经本单位外事和财务部门批准的，不得在国外城市间往来。出国人员的旅程必须按照批准的计划执行，其城市间交通费凭有效原始票据据实报销。

第十一条 住宿费按照下列规定执行：

（一）出国人员应当严格按照规定安排住宿，省部级人员可安排普通套房，住宿费据实报销；厅局级及以下人员安排标准间，在规定的住宿费标准之内予以报销。

（二）参加国际会议等的出国人员，原则上应当按照住宿费标准执行。如对方组织单位指定或推荐酒店，应当严格把关，通过询价方式从紧安排，超出费用标准的，须事先报经本单位外事和财务部门批准。经批准，住宿费可据实报销。

第十二条 伙食费和公杂费按照下列规定执行：

（一）出国人员伙食费、公杂费可以按规定的标准发给个人包干使用。包干天数按离、抵我国国境之日计算。

（二）根据工作需要和特点，不宜个人包干的出访团组，其伙食费和公杂费由出访团组统一掌握，包干使用。

（三）外方以现金或实物形式提供伙食费和公杂费接待我代表团组的，出国人员不再领取伙食费和公杂费。

（四）出访用餐应当勤俭节约，不上高档菜肴和酒水，自助餐也要注意节俭。

第十三条 出访团组对外原则上不搞宴请，确需宴请的，应当连同出国计划一并报批，宴请标准按照所在国家一人一天的伙食费标准掌握。

出访团组与我国驻外使领馆等外交机构和其他中资机构、企业之间一律不得用公款相互宴请。

第十四条 出访团组在国外期间，收受礼品应当严格按有关规定执行。原则上不对外赠送礼品，确有必要赠送的，应当事先报经本单位外事和财务部门审批同意，按照厉行节俭的原则，选择具有民族特色的纪念品、传统手工艺品和实用物品，朴素大方，不求奢华。

出访团组与我国驻外使领馆等外交机构和其他中资机构、企业之间一律不得以任何名义、任何方式互赠礼品或纪念品。

第十五条 出国签证费用、防疫费用、国际会议注册费用等凭有效原始票据据实报销。根据到访国要求，出国人员必须购买保险的，应当事先报经本单位外事和财务部门批准后，按照到访国驻华使领馆要求购买，凭有效原始票据据实报销。

第十六条 出国人员回国报销费用时，须凭有效票据填报有团组负责人审核签字的国外费用报销单（具体表格由各单位制定）。各种报销凭证须用中文注明开支内容、日期、数量、金额等，并由经办人签字。

各单位财务部门应当根据本办法制定本单位财务报销审批的具体规定，加强对因公临时出国团组的经费核销管理。各单位财务部门应当对因公临时出国团组提交的出国任务批件、护照（包括签证和出入境记录）复印件及有效费用明细票据进行认真审核，严格按照批准的出国团组人员、天数、路线、经费预算及开支标准核销经费，不得核销与出访任务无关的开支。

第十七条 中央各部门根据出国经费预算，结合实际购汇需求，自主核定本部门及其所属单位购汇数额，通过财政部批准的人民币资金账户，向外汇指定银行购买外汇。

省级财政部门根据本级各部门和下级财政部门的申请，自主核定本地区购汇数额，并确定一家外汇指定银行具体办理购汇手续。

第四章 监督检查

第十八条 除涉密内容和事项外，因公临时出国经费的预决算应当按照预决算信息公开的有关规定，及时公开，主动接受社会监督。

第十九条 各级外事、财政、审计等部门对因公临时出国情况进行定期或不定期联合检查。各级财政部门应当定期或不定期对各部门各单位因公临时出国经费管理使用情况进行监督检查。审计部门应当对各部门各单位因公临时出国经费管理使用情况进行审计。

财务部门应当建立健全因公临时出国团组内部监督检查机制，每半年向同级外事、财政部门报送本部门本单位因公临时出国经费使用情况。严格按照预算绩效管理的有关规定，加强因公临时出国经费预算绩效评价，切实提高预算资金的使用效益。

第二十条　组团单位应当采取集中形式，对团组全体人员进行行前财经纪律教育。对出国人员违反本办法规定，有下列行为之一的，除相关开支一律不予报销外，按照《财政违法行为处罚处分条例》等有关规定严肃处理，并追究有关人员责任：

（一）违规扩大出国经费开支范围的；

（二）擅自提高经费开支标准的；

（三）虚报团组级别、人数、国家数、天数等，套取出国经费的；

（四）使用虚假发票报销出国费用的；

（五）其他违反本办法的行为。

第五章　附　　则

第二十一条　各地区各部门各单位因公临时赴香港、澳门、台湾地区的，适用本办法。

第二十二条　各地区各部门各单位可以根据本办法，结合实际制定具体规定，报财政部备案。边境地区有频繁出国任务的，其因公临时出国经费开支标准和管理办法由所在省、自治区财政厅根据实际情况制定，并报财政部备案。

第二十三条　对与我新建交或未建交国家，相关经费开支标准暂按照经济水平相近的邻国标准执行。

第二十四条　财政部、外交部根据出访国家或地区经济发展、物价等变动情况，对相关经费开支标准适时调整。

第二十五条　国有企业和其他因公临时出国人员参照本办法执行。

第二十六条　本办法由财政部、外交部负责解释。

第二十七条　本办法自发布之日起30日后施行。财政部、外交部《关于印发〈临时出国人员费用开支标准和管理办法〉的通知》（财行〔2001〕73号）和财政部、中国民用航空总局《关于加强因公出国机票管理的通知》（财外字〔1998〕283号）同时废止。

3. 因公短期出国培训费用管理办法（2014年颁布）

（财行〔2014〕4号）

第一条　为进一步规范因公短期出国培训费用管理，加强预算监督，提高资金使用效益，保证出国培训工作的顺利开展，根据《党政机关厉行节约反对浪费条例》等法律法规，制定本办法。

第二条　各级党的机关、人大机关、行政机关、政协机关、审判机关、检察机关、民主党派、人民团体和事业单位（以下简称各单位）因公短期出国培训费用的管理适用本办法。

第三条　因公短期出国培训，是指各单位选派各类专业技术人员和管理人员到国外进行90天以内（不含90天）的业务培训。

第四条　因公短期出国培训应当坚持强化预算约束、优化培训结构、因事立项定人、加强监督管理的原则，严控费用规模，严格计划执行。

第五条　因公短期出国培训费用纳入预算管理。各单位安排因公短期出国培训项目应当实行经费预算先行审核，无预算或超预算的不得安排出国培训。

第六条 因公短期出国培训实行计划审核审批管理。组织、外专等有关部门应当加强出国培训的总体规划，严格控制出国培训规模，科学设置培训项目，择优选派培训对象，注重出国培训的质量和实效。

第七条 各单位应当建立因公短期出国培训计划与预算管理的内部控制制度。组团单位应当填报《因公短期出国培训任务和预算审批意见表》，由出国培训管理部门和财务部门分别审核并出具审签意见，报经本单位领导办公会或党组（党委）审议确定。培训任务、培训费用预算审核未通过的，不得列入单位出国培训计划，不得安排出国培训。

第八条 因公短期出国培训费用开支范围包括：培训费、国际旅费、国外城市间交通费、住宿费、伙食费、公杂费和其他费用。其中，培训费是指出国培训团组用于授课、翻译、场租、资料、课程设计、对口业务考察或业务实践活动等在国外培训所必须发生的费用。

第九条 国际旅费、国外城市间交通费、住宿费、伙食费、公杂费、其他费用的管理要求和开支标准参照《因公临时出国经费管理办法》（财行〔2013〕516号）执行。

培训费开支在规定的标准之内据实报销。

出国培训团组需在国内开展预培训和培训总结所发生的费用，参照国内培训费相关规定执行。

第十条 组团单位和培训项目境外承办机构双方应当签订培训协议，明确培训费用的明细支出项目。

国家外国专家局对培训项目境外承办机构定期进行资格认定和监督检查，认定结果予以公开。

第十一条 中央财政安排出国培训专项经费，对专业技术人才、高技能人才、农村实用及社会工作人才类培训予以重点资助。

第十二条 由外方资助出国培训经费的，各单位不得重复支付。外方对费用开支有明确规定的，按其规定执行；没有规定的，参照规定的标准和要求执行。外方资助经费不足以弥补规定培训费用开支的，可以按照规定的开支标准，由各单位补足其费用差额部分。

第十三条 培训人员回国报销费用时，应当凭出国任务批件和出国培训审核件，填报《因公短期出国培训费用报销单》，并附各项经费开支有效票据。

各单位财务部门应当对因公短期出国培训团组提供的出国任务批件、护照（包括签证和出入境记录）复印件及有效费用明细票据进行认真审核，严格按照批准的出国培训团组人员、天数、路线、经费预算及开支标准核销经费，超出部分不得核销。

第十四条 各单位不得组织计划外或营利性出国培训项目，也不得安排照顾性质、无实质内容、无实际需要及参观考察等一般性出国培训项目。

第十五条 培训团组在国外期间，原则上不赠送礼品，一律不安排宴请。

培训团组严禁接受或变相接受企事业单位资助，严禁向同级机关、下级机关、所属单位、我驻外机构等摊派或转嫁出国培训费用。

第十六条 建立出国培训项目信息公开制度和成果共享机制。除涉密内容和事项外，各单位应当将培训的项目、内容、人数、经费等情况，以适当方式进行公开。

第十七条 各级出国培训管理、外事、财政、审计等部门对因公短期出国培训项目执行情况和培训费用管理使用情况进行定期或不定期检查。

各单位应当建立健全因公短期出国培训项目内部监督检查机制，每半年向同级出国培训管理、外事、财政部门报送本单位因公短期出国培训项目执行和费用使用情况。

第十八条 各单位以及培训人员违反本办法规定，有下列行为之一的，相关开支一律不予报销，并按照《财政违法行为处罚处分条例》和《党政机关厉行节约反对浪费条例》等有关规定予以处理：

（一）无预算或未经财务部门同意安排出国培训项目的；

（二）违规扩大出国培训费用开支范围的；

（三）擅自提高出国培训费用开支标准的；

（四）虚报培训团组人数、天数等，套取出国培训费用的；

（五）使用虚假票据报销出国培训费用的；

（六）培训期间存在铺张浪费、公款旅游行为的；

（七）其他违反本办法的行为。

第十九条　各单位因公短期赴香港、澳门、台湾地区培训的，适用本办法。

第二十条　确有必要到未列培训费开支标准的国家（地区）开展因公培训的，可按照经济社会发展水平相近的国家标准执行。

第二十一条　国有企业和其他机构因公短期出国培训参照本办法执行。

第二十二条　本办法由财政部、国家外国专家局负责解释。

第二十三条　本办法自2014年4月1日起施行。国家外国专家局、财政部《关于出国（境）实习培训团组集体开支的培训费标准和管理办法的暂行规定》（外专发〔1994〕162号）及国家外国专家局、财政部《关于调整短期出国（境）培训生活费开支标准和部分国家培训费币种的通知》（外专发〔2002〕95号）同时废止。

4. 中央和国家机关差旅费管理办法（2013年颁布）

（财行〔2013〕531号）

第一章　总　　则

第一条　为加强和规范中央和国家机关国内差旅费管理，推进厉行节约反对浪费，根据《党政机关厉行节约反对浪费条例》，制定本办法。

第二条　本办法适用于中央和国家机关，以及参照公务员法管理的事业单位（以下简称中央单位）。

本办法所称中央和国家机关，是指党中央各部门，国务院各部委、各直属机构，全国人大常委会办公厅，全国政协办公厅，最高人民法院，最高人民检察院，各人民团体、各民主党派中央和全国工商联。

第三条　差旅费是指工作人员临时到常驻地以外地区公务出差所发生的城市间交通费、住宿费、伙食补助费和市内交通费。

第四条　中央单位应当建立健全公务出差审批制度。出差必须按规定报经单位有关领导批准，从严控制出差人数和天数；严格差旅费预算管理，控制差旅费支出规模；严禁无实质内容、无明确公务目的的差旅活动，严禁以任何名义和方式变相旅游，严禁异地部门间无实质内容的学习交流和考察调研。

第五条　财政部按照分地区、分级别、分项目的原则制定差旅费标准，并根据经济社会发展水平、市场价格及消费水平变动情况适时调整。

第二章　城市间交通费

第六条　城市间交通费是指工作人员因公到常驻地以外地区出差乘坐火车、轮船、飞机等交通工具所发生的费用。

第七条　出差人员应当按规定等级乘坐交通工具。乘坐交通工具的等级见下表：

交通工具 级别	火车（含高铁、动车、全列软席列车）	轮船（不包括旅游船）	飞机	其他交通工具（不包括出租小汽车）
部级及相当职务人员	火车软席（软座、软卧），高铁/动车商务座，全列软席列车一等软座	一等舱	头等舱	凭据报销
司局级及相当职务人员	火车软席（软座、软卧），高铁/动车一等座，全列软席列车一等软座	二等舱	经济舱	凭据报销
其余人员	火车硬席（硬座、硬卧），高铁/动车二等座、全列软席列车二等软座	三等舱	经济舱	凭据报销

部级及相当职务人员出差，因工作需要，随行一人可乘坐同等级交通工具。

未按规定等级乘坐交通工具的，超支部分由个人自理。

第八条 到出差目的地有多种交通工具可选择时，出差人员在不影响公务、确保安全的前提下，应当选乘经济便捷的交通工具。

第九条 乘坐飞机的，民航发展基金、燃油附加费可以凭据报销。

第十条 乘坐飞机、火车、轮船等交通工具的，每人次可以购买交通意外保险一份。所在单位统一购买交通意外保险的，不再重复购买。

第三章 住 宿 费

第十一条 住宿费是指工作人员因公出差期间入住宾馆（包括饭店、招待所，下同）发生的房租费用。

第十二条 财政部分地区制定住宿费限额标准。各省、自治区、直辖市和计划单列市财政厅（局）根据当地经济社会发展水平、市场价格、消费水平等因素，提出所在市（省会城市、直辖市、计划单列市，下同）的住宿费限额标准报财政部，经财政部统筹研究提出意见反馈地方审核确认后，由财政部统一发布作为中央单位工作人员到相关地区出差的住宿费限额标准。

对于住宿价格季节性变化明显的城市，住宿费限额标准在旺季可适当上浮一定比例，具体规定由财政部另行发布。

第十三条 部级及相当职务人员住普通套间，司局级及以下人员住单间或标准间。

第十四条 出差人员应当在职务级别对应的住宿费标准限额内，选择安全、经济、便捷的宾馆住宿。

第四章 伙食补助费

第十五条 伙食补助费是指对工作人员在因公出差期间给予的伙食补助费用。

第十六条 伙食补助费按出差自然（日历）天数计算，按规定标准包干使用。

第十七条 财政部分地区制定伙食补助费标准。各省、自治区、直辖市和计划单列市财政厅（局）负责根据当地经济社会发展水平、市场价格、消费水平等因素，参照所在市公务接待工作餐、会议用餐等标准提出伙食补助费标准报财政部，经财政部统筹研究提出意见反馈地方审核确认后，由财政部统一发布作为中央单位工作人员到相关地区出差的伙食补助费标准。

第十八条 出差人员应当自行用餐。凡由接待单位统一安排用餐的，应当向接待单位交纳伙食费。

第五章 市内交通费

第十九条 市内交通费是指工作人员因公出差期间发生的市内交通费用。

第二十条 市内交通费按出差自然（日历）天数计算，每人每天 80 元包干使用。

第二十一条 出差人员由接待单位或其他单位提供交通工具的，应向接待单位或其他单位交纳相关费用。

第六章 报销管理

第二十二条 出差人员应当严格按规定开支差旅费，费用由所在单位承担，不得向下级单位、企业或其他单位转嫁。

第二十三条 城市间交通费按乘坐交通工具的等级凭据报销，订票费、经批准发生的签转或退票费、交通意外保险费凭据报销。

住宿费在标准限额之内凭发票据实报销。

伙食补助费按出差目的地的标准报销，在途期间的伙食补助费按当天最后到达目的地的标准报销。

市内交通费按规定标准报销。

未按规定开支差旅费的，超支部分由个人自理。

第二十四条 工作人员出差结束后应当及时办理报销手续。差旅费报销时应当提供出差审批单、机票、车票、住宿费发票等凭证。

住宿费、机票支出等按规定用公务卡结算。

第二十五条 财务部门应当严格按规定审核差旅费开支，对未经批准出差以及超范围、超标准开支的费用不予报销。

实际发生住宿而无住宿费发票的，不得报销住宿费以及城市间交通费、伙食补助费和市内交通费。

第七章 监督问责

第二十六条 各单位应当加强对本单位工作人员出差活动和经费报销的内控管理，对本单位出差审批制度、差旅费预算及规模控制负责，相关领导、财务人员等对差旅费报销进行审核把关，确保票据来源合法，内容真实完整、合规。对未经批准擅自出差、不按规定开支和报销差旅费的人员进行严肃处理。

一级预算单位应当强化对所属预算单位的监督检查，发现问题及时处理，重大问题向财政部报告。

各单位应当自觉接受审计部门对出差活动及相关经费支出的审计监督。

第二十七条 财政部会同有关部门对中央单位差旅费管理和使用情况进行监督检查。主要内容包括：

（一）单位差旅审批制度是否健全，出差活动是否按规定履行审批手续；

（二）差旅费开支范围和标准是否符合规定；

（三）差旅费报销是否符合规定；

（四）是否向下级单位、企业或其他单位转嫁差旅费；

（五）差旅费管理和使用的其他情况。

第二十八条 出差人员不得向接待单位提出正常公务活动以外的要求，不得在出差期间接受违反规定用公款支付的宴请、游览和非工作需要的参观，不得接受礼品、礼金和土特产品等。

第二十九条 违反本办法规定，有下列行为之一的，依法依规追究相关单位和人员的责任：

（一）单位无出差审批制度或出差审批控制不严的；

（二）虚报冒领差旅费的；

（三）擅自扩大差旅费开支范围和提高开支标准的；

（四）不按规定报销差旅费的；

（五）转嫁差旅费的；

（六）其他违反本办法行为的。

有前款所列行为之一的，由财政部会同有关部门责令改正，违规资金应予追回，并视情况予以通报。对直接责任人和相关负责人，报请其所在单位按规定给予行政处分。涉嫌违法的，移送司法机关处理。

第八章 附 则

第三十条 工作人员外出参加会议、培训，举办单位统一安排食宿的，会议、培训期间的食宿费和市内交通费由会议、培训举办单位按规定统一开支；往返会议、培训地点的差旅费由所在单位按照规定报销。

第三十一条 不参照公务员法管理的事业单位参照本办法执行。

各单位应当根据本办法，结合本单位实际情况制定具体操作规定。

中国人民解放军和中国人民武装警察部队的差旅费管理办法参照本办法另行规定。

第三十二条 本办法由财政部负责解释。

第三十三条 本办法自2014年1月1日起施行。2006年11月13日发布的《财政部关于印发〈中央国家机关和事业单位差旅费管理办法〉的通知》（财行〔2006〕313号）同时废止，其他有关中央国家机关和事业单位差旅费管理规定与本办法不一致的，按照本办法执行。

附件

中央和国家机关国内差旅住宿费标准调整表

单位：元/人·天

序号	地区（城市）	住宿费标准			淡旺季浮动标准建议				
					旺季期间	旺季上浮价			上浮比例
		部级	司局级	其他人员		部级	司局级	其他人员	
1	北京市	1100	650	500					
2	天津市	800	480	380					
3	河北省（石家庄）	800	450	350					
4	山西省（太原）	800	480	350					
5	内蒙古（呼和浩特）	800	460	350					
6	辽宁省（沈阳）	800	480	350					
7	大连市	800	490	350	7—9月	960	590	420	20%

（续表）

序号	地区（城市）	住宿费标准			淡旺季浮动标准建议				
					旺季期间	旺季上浮价			上浮比例
		部级	司局级	其他人员		部级	司局级	其他人员	
8	吉林省（长春）	800	450	350					
9	黑龙江省（哈尔滨）	800	450	350	7—9月	960	540	420	20%
10	上海市	1 100	600	500					
11	江苏省（南京）	900	490	380					
12	浙江省（杭州）	900	500	400					
13	宁波市	800	450	350					
14	安徽省（合肥）	800	460	350					
15	福建省（福州）	900	480	380					
16	厦门市	900	500	400					
17	江西省（南昌）	800	470	350					
18	山东省（济南）	800	480	380					
19	青岛市	800	490	380	7—9月	960	590	450	20%
20	河南省（郑州）	900	480	380					
21	湖北省（武汉）	800	480	350					
22	湖南省（长沙）	800	450	350					
23	广东省（广州）	900	550	450					
24	深圳市	900	550	450					
25	广　西（南宁）	800	470	350					
26	海南省（海口）	800	500	350	11—2月	1040	650	450	30%
27	重庆市	800	480	370					
28	四川省（成都）	900	470	370					
29	贵州省（贵阳）	800	470	370					
30	云南省（昆明）	900	480	380					
31	西　藏（拉萨）	800	500	350	6—9月	1200	750	530	50%
32	陕西省（西安）	800	460	350					

（续表）

序号	地区（城市）	住宿费标准			淡旺季浮动标准建议				
					旺季期间	旺季上浮价			上浮比例
		部级	司局级	其他人员		部级	司局级	其他人员	
33	甘肃省（兰州）	800	470	350					
34	青海省（西宁）	800	500	350	6—9月	1200	750	530	50%
35	宁　夏（银川）	800	470	350					
36	新　疆（乌鲁木齐）	800	480	350					

5. 中央和国家机关培训费管理办法（2016年修订）

（财行〔2016〕540号）

第一章　总　　则

第一条　为进一步规范中央和国家机关培训工作，保证培训工作需要，加强培训经费管理，依据《中华人民共和国公务员法》《干部教育培训工作条例》和其他有关法律法规，制定本办法。

第二条　本办法所称培训，是指中央和国家机关及其所属机构使用财政资金在境内举办的三个月以内的各类培训。

第三条　本办法所称中央和国家机关，是指党中央各部门，国务院各部委、各直属机构，全国人大常委会办公厅，全国政协办公厅，最高人民法院，最高人民检察院，各人民团体，各民主党派中央和全国工商联（以下简称各单位）。

第四条　各单位举办培训应当坚持厉行节约、反对浪费的原则，实行单位内部统一管理，增强培训计划的科学性和严肃性，增强培训项目的针对性和实效性，保证培训质量，节约培训资源，提高培训经费使用效益。

第二章　计划和备案管理

第五条　建立培训计划编报和审批制度。各单位培训主管部门制订的本单位年度培训计划（包括培训名称、目的、对象、内容、时间、地点、参训人数、所需经费及列支渠道等），经单位财务部门审核后，报单位领导办公会议或党组（党委）会议批准后施行。

第六条　年度培训计划一经批准，原则上不得调整。因工作需要确需临时增加培训项目的，报单位主要负责同志审批。

第七条　各单位年度培训计划于每年3月31日前同时报中央组织部、财政部、国家公务员局备案。

第三章　开支范围和标准

第八条　本办法所称培训费，是指各单位开展培训直接发生的各项费用支出，包括师资费、住宿费、伙食费、培训场地费、培训资料费、交通费以及其他费用。

（一）师资费是指聘请师资授课发生的费用，包括授课老师讲课费、住宿费、伙食费、城市间交通费等。

（二）住宿费是指参训人员及工作人员培训期间发生的租住房间的费用。

（三）伙食费是指参训人员及工作人员培训期间发生的用餐费用。

（四）培训场地费是指用于培训的会议室或教室租金。

（五）培训资料费是指培训期间必要的资料及办公用品费。

（六）交通费是指用于培训所需的人员接送以及与培训有关的考察、调研等发生的交通支出。

（七）其他费用是指现场教学费、设备租赁费、文体活动费、医药费等与培训有关的其他支出。

参训人员参加培训往返及异地教学发生的城市间交通费，按照中央和国家机关差旅费有关规定回单位报销。

第九条　除师资费外，培训费实行分类综合定额标准，分项核定、总额控制，各项费用之间可以调剂使用。综合定额标准如下：

单位：元 / 人 · 天

培训类别	住宿费	伙食费	场地、资料、交通费	其他费用	合计
一类培训	500	150	80	30	760
二类培训	400	150	70	30	650
三类培训	340	130	50	30	550

一类培训是指参训人员主要为省部级及相应人员的培训项目。

二类培训是指参训人员主要为司局级人员的培训项目。

三类培训是指参训人员主要为处级及以下人员的培训项目。

以其他人员为主的培训项目参照上述标准分类执行。

综合定额标准是相关费用开支的上限。各单位应在综合定额标准以内结算报销。

30 天以内的培训按照综合定额标准控制；超过 30 天的培训，超过天数按照综合定额标准的 70% 控制。上述天数含报到撤离时间，报到和撤离时间分别不得超过 1 天。

第十条　师资费在综合定额标准外单独核算。

（一）讲课费（税后）执行以下标准：副高级技术职称专业人员每学时最高不超过 500 元，正高级技术职称专业人员每学时最高不超过 1 000 元，院士、全国知名专家每学时一般不超过 1 500 元。

讲课费按实际发生的学时计算，每半天最多按 4 学时计算。

其他人员讲课费参照上述标准执行。

同时为多班次一并授课的，不重复计算讲课费。

（二）授课老师的城市间交通费按照中央和国家机关差旅费有关规定和标准执行，住宿费、伙食费按照本办法标准执行，原则上由培训举办单位承担。

（三）培训工作确有需要从异地（含境外）邀请授课老师，路途时间较长的，经单位主要负责同志书面批准，讲课费可以适当增加。

第四章　培训组织

第十一条　培训实行中央和地方分级管理，各单位举办培训，原则上不得下延至市、县及以下。

第十二条 各单位开展培训，应当在开支范围和标准内优先选择党校、行政学院、干部学院以及组织人事部门认可的其他培训机构承办。

第十三条 组织培训的工作人员控制在参训人员数量的10%以内，最多不超过10人。

第十四条 严禁借培训名义安排公款旅游；严禁借培训名义组织会餐或安排宴请；严禁组织高消费娱乐健身活动；严禁使用培训费购置电脑、复印机、打印机、传真机等固定资产以及开支与培训无关的其他费用；严禁在培训费中列支公务接待费、会议费；严禁套取培训费设立“小金库”。

培训住宿不得安排高档套房，不得额外配发洗漱用品；培训用餐不得上高档菜肴，不得提供烟酒；除必要的现场教学外，7日以内的培训不得组织调研、考察、参观。

第十五条 邀请境外师资讲课，须严格按照有关外事管理规定，履行审批手续。境内师资能够满足培训需要的，不得邀请境外师资。

第十六条 培训举办单位应当注重教学设计和质量评估，通过需求调研、课程设计和开发、专家论证、评估反馈等环节，推进培训工作科学化、精准化；注重运用大数据、“互联网+”等现代信息技术手段开展培训和管理。所需费用纳入部门预算予以保障。

第五章 报销结算

第十七条 报销培训费，综合定额范围内的，应当提供培训计划审批文件、培训通知、实际参训人员签到表以及培训机构出具的收款票据、费用明细等凭证；师资费范围内的，应当提供讲课费签收单或合同，异地授课的城市间交通费、住宿费、伙食费按照差旅费报销办法提供相关凭据；执行中经单位主要负责同志批准临时增加的培训项目，还应提供单位主要负责同志审批材料。

各单位财务部门应当严格按照规定审核培训费开支，对未履行审批备案程序的培训，以及超范围、超标准开支的费用不予报销。

第十八条 培训费的资金支付应当执行国库集中支付和公务卡管理有关制度规定。

第十九条 培训费由培训举办单位承担，不得向参训人员收取任何费用。

第六章 监督检查

第二十条 各单位应当将非涉密培训的项目、内容、人数、经费等情况，以适当方式公开。

第二十一条 各单位应当于每年3月31日前将上年度培训计划执行情况（包括培训名称、对象、内容、时间、地点、参训人数、工作人员数、经费开支及列支渠道、培训成效、问题建议等）报送中央组织部、财政部、国家公务员局。

第二十二条 中央组织部、财政部、国家公务员局等有关部门对各单位培训活动和培训费管理使用情况进行监督检查。主要内容包括：

（一）培训计划的编报是否符合规定；

（二）临时增加培训计划是否报单位主要负责同志审批；

（三）培训费开支范围和开支标准是否符合规定；

（四）培训费报销和支付是否符合规定；

（五）是否存在虚报培训费用的行为；

（六）是否存在转嫁、摊派培训费用的行为；

（七）是否存在向参训人员收费的行为；

（八）是否存在奢侈浪费现象；

（九）是否存在其他违反本办法的行为。

第二十三条　对于检查中发现的违反本办法的行为，由中央组织部、财政部、国家公务员局等有关部门责令改正，追回资金，并予以通报。对相关责任人员，按规定予以党纪政纪处分；涉嫌违法的，移交司法机关处理。

第七章　附　　则

第二十四条　各单位可以按照本办法，结合本单位业务特点和工作实际，制定培训费管理具体规定。

第二十五条　中央组织部、国家公务员局组织的调训和统一培训，有关部门组织的援外培训，不适用本办法，按有关规定执行。

第二十六条　中央事业单位培训费管理参照本办法执行。

第二十七条　本办法由财政部会同中央组织部、国家公务员局负责解释。

第二十八条　本办法自2017年1月1日起施行。《中央和国家机关培训费管理办法》（财行〔2013〕523号）同时废止。

6. 国务院办公厅关于改革完善中央财政科研经费管理的若干意见（2021年颁布）

国办发〔2021〕32号

各省、自治区、直辖市人民政府，国务院各部委、各直属机构：

党的十八大以来，党中央、国务院出台了《关于进一步完善中央财政科研项目资金管理等政策的若干意见》《关于优化科研管理提升科研绩效若干措施的通知》等一系列优化科研经费管理的政策文件和改革措施，有力地激发了科研人员的创造性和创新活力，促进了科技事业发展。但在科研经费管理方面仍然存在政策落实不到位、项目经费管理刚性偏大、经费拨付机制不完善、间接费用比例偏低、经费报销难等问题。为有效解决这些问题，更好贯彻落实党中央、国务院决策部署，进一步激励科研人员多出高质量科技成果、为实现高水平科技自立自强作出更大贡献，经国务院同意，现就改革完善中央财政科研经费管理提出如下意见：

一、扩大科研项目经费管理自主权

（一）简化预算编制。进一步精简合并预算编制科目，按设备费、业务费、劳务费三大类编制直接费用预算。直接费用中除50万元以上的设备费外，其他费用只提供基本测算说明，不需要提供明细。计算类仪器设备和软件工具可在设备费科目列支。合并项目评审和预算评审，项目管理部门在项目评审时同步开展预算评审。预算评审工作重点是项目预算的目标相关性、政策相符性、经济合理性，不得将预算编制细致程度作为评审预算的因素。（项目管理部门负责落实）

（二）下放预算调剂权。设备费预算调剂权全部下放给项目承担单位，不再由项目管理部门审批其预算调增。项目承担单位要统筹考虑现有设备配置情况、科研项目实际需求等，及时办理调剂手续。除设备费外的其他费用调剂权全部由项目承担单位下放给项目负责人，由项目负责人根据科研活动实际需要自主安排。（项目管理部门、项目承担单位负责落实）

（三）扩大经费包干制实施范围。在人才类和基础研究类科研项目中推行经费包干制，不再编制项目预算。项目负责人在承诺遵守科研伦理道德和作风学风诚信要求、经费全部用于与本项目研究工作相关支出的基础上，自主决定项目经费使用。鼓励有关部门和地方在从事基础性、前沿性、公益性研究的独立法人科研机构开展经费包干制试点。（项目管理部门、项目承担单位、财政部、单位主管部门负责落实）

二、完善科研项目经费拨付机制

（四）合理确定经费拨付计划。项目管理部门要根据不同类型科研项目特点、研究进度、资金需求等，合理制定经费拨付计划并及时拨付资金。首笔资金拨付比例要充分尊重项目负责人意见，切实保障科研活动需要。（项目管理部门负责落实）

（五）加快经费拨付进度。财政部、项目管理部门可在部门预算批复前预拨科研经费。项目管理部门要加强经费拨付与项目立项的衔接，在项目任务书签订后30日内，将经费拨付至项目承担单位。项目牵头单位要根据项目负责人意见，及时将经费拨付至项目参与单位。（财政部、项目管理部门、项目承担单位负责落实）

（六）改进结余资金管理。项目完成任务目标并通过综合绩效评价后，结余资金留归项目承担单位使用。项目承担单位要将结余资金统筹安排用于科研活动直接支出，优先考虑原项目团队科研需求，并加强结余资金管理，健全结余资金盘活机制，加快资金使用进度。（项目管理部门、项目承担单位负责落实）

三、加大科研人员激励力度

（七）提高间接费用比例。间接费用按照直接费用扣除设备购置费后的一定比例核定，由项目承担单位统筹安排使用。其中，500万元以下的部分，间接费用比例为不超过30%，500万元至1 000万元的部分为不超过25%，1 000万元以上的部分为不超过20%；对数学等纯理论基础研究项目，间接费用比例进一步提高到不超过60%。项目承担单位可将间接费用全部用于绩效支出，并向创新绩效突出的团队和个人倾斜。（项目管理部门、项目承担单位负责落实）

（八）扩大稳定支持科研经费提取奖励经费试点范围。将稳定支持科研经费提取奖励经费试点范围扩大到所有中央级科研院所。允许中央级科研院所从基本科研业务费、中科院战略性先导科技专项经费、有关科研院所创新工程等稳定支持科研经费中提取不超过20%作为奖励经费，由单位探索完善科研项目资金激励引导机制，激发科研人员创新活力。奖励经费的使用范围和标准由试点单位自主决定，在单位内部公示。（中央级科研院所负责落实）

（九）扩大劳务费开支范围。项目聘用人员的劳务费开支标准，参照当地科学研究和技术服务业从业人员平均工资水平，根据其在项目研究中承担的工作任务确定，其由单位缴纳的社会保险补助、住房公积金等纳入劳务费科目列支。（项目承担单位、项目管理部门负责落实）

（十）合理核定绩效工资总量。中央高校、科研院所、企业结合本单位发展阶段、类型定位、承担任务、人才结构、所在地区、现有绩效工资实际发放水平（主要依据上年度事业单位工资统计年报数据确定）、财务状况特别是财政科研项目可用于支出人员绩效的间接费用等实际情况，向主管部门申报动态调整绩效工资水平，主管部门综合考虑激发科技创新活力、保障基础研究人员稳定工资收入、调控不同单位（岗位、学科）收入差距等因素审批后报人力资源社会保障、财政部门备案。分配绩效工资时，要向承担国家科研任务较多、成效突出的科研人员倾斜。借鉴承担国家关键领域核心技术攻关任务科研人员年薪制的经验，探索对急需紧缺、业内认可、业绩突出的极少数高层次人才实行年薪制。（人力资源社会保障部、科技部、财政部、国务院国资委、单位主管部门负责落实）

（十一）加大科技成果转化激励力度。各单位要落实《中华人民共和国促进科技成果转化法》等相关规定，对持有的科技成果，通过协议定价、在技术交易市场挂牌交易、拍卖等市场化方式进行转化。科技成果转化所获收益可按照法律规定，对职务科技成果完成人和为科技成果转化作出重要贡献的人员给予奖励和报酬，剩余部分留归项目承担单位用于科技研发与成果转化等相关工作，科技成果转化收益具体分配方式和比例在充分听取本单位科研人员意见基础上进行约定。科技成果转化现金奖励计入所在单位绩效工资总量，但不受核定的绩效工资总量限制，不作为核定下一年度绩效工资总量的基数。（科技部、人力资源社会保障部、财政部等有关部门负责落实）

四、减轻科研人员事务性负担

（十二）全面落实科研财务助理制度。项目承担单位要确保每个项目配有相对固定的科研财务助理，为科研人员在预算编制、经费报销等方面提供专业化服务。科研财务助理所需人力成本费用（含社会保险补助、住房公积金），可由项目承担单位根据情况通过科研项目经费等渠道统筹解决。（项目承担单位负责落实）

（十三）改进财务报销管理方式。项目承担单位因科研活动实际需要，邀请国内外专家、学者和有关人员参加由其主办的会议等，对确需负担的城市间交通费、国际旅费，可在会议费等费用中报销。允许项目承担单位对国内差旅费中的伙食补助费、市内交通费和难以取得发票的住宿费实行包干制。（项目承担单位负责落实）

（十四）推进科研经费无纸化报销试点。选择部分电子票据接收、入账、归档处理工作量比较大的中央高校、科研院所、企业，纳入电子入账凭证会计数据标准推广范围，推动科研经费报销数字化、无纸化。（财政部、税务总局、单位主管部门等负责落实）

（十五）简化科研项目验收结题财务管理。合并财务验收和技术验收，在项目实施期末实行一次性综合绩效评价。完善项目验收结题评价操作指南，细化明确预算调剂、设备管理、人员费用等财务、会计、审计方面具体要求，避免有关机构和人员在项目验收和检查中理解执行政策出现偏差。选择部分创新能力和潜力突出、创新绩效显著、科研诚信状况良好的中央高校、科研院所、企业作为试点单位，由其出具科研项目经费决算报表作为结题依据，取消科研项目结题财务审计。试点单位对经费决算报表内容的真实性、完整性、准确性负责，项目管理部门适时组织抽查。（科技部、财政部、项目管理部门负责落实）

（十六）优化科研仪器设备采购。中央高校、科研院所、企业要优化和完善内部管理规定，简化科研仪器设备采购流程，对科研急需的设备和耗材采用特事特办、随到随办的采购机制，可不进行招标投标程序。项目承担单位依法向财政部申请变更政府采购方式的，财政部实行限时办结制度，对符合要求的申请项目，原则上自收到变更申请之日起5个工作日内办结。有关部门要研究推动政府采购、招标投标等有关法律法规修订工作，进一步明确除外条款。（单位主管部门、项目承担单位、司法部、财政部负责落实）

（十七）改进科研人员因公出国（境）管理方式。对科研人员因公出国（境）开展国际合作与交流的管理应与行政人员有所区别，对为完成科研项目任务目标、从科研经费中列支费用的国际合作与交流按业务类别单独管理，根据需要开展工作。从科研经费中列支的国际合作与交流费用不纳入“三公”经费统计范围，不受零增长要求限制。（单位主管部门、财政部负责落实）

五、创新财政科研经费投入与支持方式

（十八）拓展财政科研经费投入渠道。发挥财政经费的杠杆效应和导向作用，引导企业参与，发挥金融资金作用，吸引民间资本支持科技创新创业。优化科技创新类引导基金使用，推动更多具有重大价值的科技成果转化应用。拓宽基础研究经费投入渠道，促进基础研究与需求导向良性互动。（财政部、科技部、人民银行、银保监会、证监会等负责落实）

（十九）开展顶尖领衔科学家支持方式试点。围绕国家重大战略需求和前沿科技领域，遴选全球顶尖的领衔科学家，给予持续稳定的科研经费支持，在确定的重点方向、重点领域、重点任务范围内，由领衔科学家自主确定研究课题，自主选聘科研团队，自主安排科研经费使用；3至5年后采取第三方评估、国际同行评议等方式，对领衔科学家及其团队的研究质量、原创价值、实际贡献，以及聘用领衔科学家及其团队的单位服务保障措施落实情况等进行绩效评价，形成可复制可推广的改革经验。（项目管理部门、项目承担单位负责落实）

（二十）支持新型研发机构实行“预算＋负面清单”管理模式。鼓励地方对新型研发机构采用与国际接轨的治理结构和市场化运行机制，实行理事会领导下的院（所）长负责制。创新财政科研经费支持方式，给予稳定资金支持，探索实行负面清单管理，赋予更大经费使用自主权。组织开展绩效评价，围绕科研投入、创新产出质量、成果转化、原创价值、实际贡献、人才集聚和培养等方面进行评估。除特殊规定外，财政资金支持产生的科技成果及知识产权由新型研发机构依法取得、自主决定转化及推广应用。（科技部、财政部负责指导）

六、改进科研绩效管理和监督检查

（二十一）健全科研绩效管理机制。项目管理部门要进一步强化绩效导向，从重过程向重结果转变，加强分类绩效评价，对自由探索型、任务导向型等不同类型科研项目，健全差异化的绩效评价指标体系；强化绩效评价结果运用，将绩效评价结果作为项目调整、后续支持的重要依据。项目承担单位要切实加强绩效管理，引导科研资源向优秀人才和团队倾斜，提高科研经费使用效益。（项目管理部门、项目承担单位负责落实）

（二十二）强化科研项目经费监督检查。加强审计监督、财会监督与日常监督的贯通协调，增强监督合力，严肃查处违纪违规问题。加强事中事后监管，创新监督检查方式，实行随机抽查、检查，推进监督检查数据汇交共享和结果互认。减少过程检查，充分利用大数据等信息技术手段，提高监督检查效率。强化项目承担单位法人责任，项目承担单位要动态监管经费使用并实时预警提醒，确保经费合理规范使用；对项目承担单位和科研人员在科研经费管理使用过程中出现的失信情况，纳入信用记录管理，对严重失信行为实行追责和惩戒。探索制定相关负面清单，明确科研项目经费使用禁止性行为，有关部门要根据法律法规和负面清单进行检查、评审、验收、审计，对尽职无过错科研人员免予问责。（审计署、财政部、项目管理部门、单位主管部门负责落实）

七、组织实施

（二十三）及时清理修改相关规定。有关部门要聚焦科研经费管理相关政策和改革举措落地“最后一公里”，加快清理修改与党中央、国务院有关文件精神不符的部门规定和办法，科技主管部门要牵头做好督促落实工作。项目承担单位要落实好科研项目实施和科研经费管理使用的主体责任，严格按照国家有关政策规定和权责一致的要求，强化自我约束和自我规范，及时完善内部管理制度，确保科研自主权接得住、管得好。（有关部门、项目承担单位负责落实）

（二十四）加大政策宣传培训力度。有关部门和单位要通过门户网站、新媒体等多种渠道以及开设专栏等多种方式，加强中央财政科研经费管理相关政策宣传解读，提高社会知晓度。同时，加大对科研人员、财务人员、科研财务助理、审计人员等的专题培训力度，不断提高经办服务能力水平。（科技部、财政部会同有关部门负责落实）

（二十五）强化政策落实督促指导。有关部门要加快职能转变，提高服务意识，加强跟踪指导，适时组织开展对项目承担单位科研经费管理政策落实情况的检查，及时发现并协调解决有关问题，推动改革落地见效，国务院办公厅要加强督查。要适时对有关试点政策举措进行总结评估，及时总结推广行之有效的经验和做法。（财政部、科技部会同有关部门负责落实）

财政部、中央级社科类科研项目主管部门要结合社会科学研究的规律和特点，参照本意见尽快修订中央级社科类科研项目资金管理办法。

各地区要参照本意见精神，结合实际，改革完善本地区财政科研经费管理。

国务院办公厅
2021 年 8 月 5 日

第十九章　行政事业单位内部控制相关法规

1. 行政事业单位内部控制规范（试行）（2012 年颁布）

（财会〔2012〕21 号）

第一章　总　　则

第一条　为了进一步提高行政事业单位内部管理水平，规范内部控制，加强廉政风险防控机制建设，根据《中华人民共和国会计法》《中华人民共和国预算法》等法律法规和相关规定，制定本规范。

第二条　本规范适用于各级党的机关、人大机关、行政机关、政协机关、审判机关、检察机关、各民主党派机关、人民团体和事业单位（以下统称单位）经济活动的内部控制。

第三条　本规范所称内部控制，是指单位为实现控制目标，通过制定制度、实施措施和执行程序，对经济活动的风险进行防范和管控。

第四条　单位内部控制的目标主要包括：合理保证单位经济活动合法合规、资产安全和使用有效、财务信息真实完整，有效防范舞弊和预防腐败，提高公共服务的效率和效果。

第五条　单位建立与实施内部控制，应当遵循下列原则：

（一）全面性原则。内部控制应当贯穿单位经济活动的决策、执行和监督全过程，实现对经济活动的全面控制。

（二）重要性原则。在全面控制的基础上，内部控制应当关注单位重要经济活动和经济活动的重大风险。

（三）制衡性原则。内部控制应当在单位内部的部门管理、职责分工、业务流程等方面形成相互制约和相互监督。

（四）适应性原则。内部控制应当符合国家有关规定和单位的实际情况，并随着外部环境的变化、单位经济活动的调整和管理要求的提高，不断修订和完善。

第六条　单位负责人对本单位内部控制的建立健全和有效实施负责。

第七条　单位应当根据本规范建立适合本单位实际情况的内部控制体系，并组织实施。具体工作包括梳理单位各类经济活动的业务流程，明确业务环节，系统分析经济活动风险，确定风险点，选择风险应对策略，在此基础上根据国家有关规定建立健全单位各项内部管理制度并督促相关工作人员认真执行。

第二章　风险评估和控制方法

第八条　单位应当建立经济活动风险定期评估机制，对经济活动存在的风险进行全面、系统和客观评估。

经济活动风险评估至少每年进行一次；外部环境、经济活动或管理要求等发生重大变化的，应及时对经济活动风险进行重估。

第九条　单位开展经济活动风险评估应当成立风险评估工作小组，单位领导担任组长。

经济活动风险评估结果应当形成书面报告并及时提交单位领导班子，作为完善内部控制的依据。

第十条　单位进行单位层面的风险评估时，应当重点关注以下方面：

（一）内部控制工作的组织情况。包括是否确定内部控制职能部门或牵头部门；是否建立单位各部门在内部控制中的沟通协调和联动机制。

（二）内部控制机制的建设情况。包括经济活动的决策、执行、监督是否实现有效分离；权责是否对等；是否建立健全议事决策机制、岗位责任制、内部监督等机制。

（三）内部管理制度的完善情况。包括内部管理制度是否健全；执行是否有效。

（四）内部控制关键岗位工作人员的管理情况。包括是否建立工作人员的培训、评价、轮岗等机制；工作人员是否具备相应的资格和能力。

（五）财务信息的编报情况。包括是否按照国家统一的会计制度对经济业务事项进行账务处理；是否按照国家统一的会计制度编制财务会计报告。

（六）其他情况。

第十一条 单位进行经济活动业务层面的风险评估时，应当重点关注以下方面：

（一）预算管理情况。包括在预算编制过程中单位内部各部门间沟通协调是否充分，预算编制与资产配置是否相结合、与具体工作是否相对应；是否按照批复的额度和开支范围执行预算，进度是否合理，是否存在无预算、超预算支出等问题；决算编报是否真实、完整、准确、及时。

（二）收支管理情况。包括收入是否实现归口管理，是否按照规定及时向财会部门提供收入的有关凭据，是否按照规定保管和使用印章和票据等；发生支出事项时是否按照规定审核各类凭据的真实性、合法性，是否存在使用虚假票据套取资金的情形。

（三）政府采购管理情况。包括是否按照预算和计划组织政府采购业务；是否按照规定组织政府采购活动和执行验收程序；是否按照规定保存政府采购业务相关档案。

（四）资产管理情况。包括是否实现资产归口管理并明确使用责任；是否定期对资产进行清查盘点，对账实不符的情况及时进行处理；是否按照规定处置资产。

（五）建设项目管理情况。包括是否按照概算投资；是否严格履行审核审批程序；是否建立有效的招投标控制机制；是否存在截留、挤占、挪用、套取建设项目资金的情形；是否按照规定保存建设项目相关档案并及时办理移交手续。

（六）合同管理情况。包括是否实现合同归口管理；是否明确应签订合同的经济活动范围和条件；是否有效监控合同履行情况，是否建立合同纠纷协调机制。

（七）其他情况。

第十二条 单位内部控制的控制方法一般包括：

（一）不相容岗位相互分离。合理设置内部控制关键岗位，明确划分职责权限，实施相应的分离措施，形成相互制约、相互监督的工作机制。

（二）内部授权审批控制。明确各岗位办理业务和事项的权限范围、审批程序和相关责任，建立重大事项集体决策和会签制度。相关工作人员应当在授权范围内行使职权、办理业务。

（三）归口管理。根据本单位实际情况，按照权责对等的原则，采取成立联合工作小组并确定牵头部门或牵头人员等方式，对有关经济活动实行统一管理。

（四）预算控制。强化对经济活动的预算约束，使预算管理贯穿于单位经济活动的全过程。

（五）财产保护控制。建立资产日常管理制度和定期清查机制，采取资产记录、实物保管、定期盘点、账实核对等措施，确保资产安全完整。

（六）会计控制。建立健全本单位财会管理制度，加强会计机构建设，提高会计人员业务水平，强化会计人员岗位责任制，规范会计基础工作，加强会计档案管理，明确会计凭证、会计账簿和财务会计报告处理程序。

（七）单据控制。要求单位根据国家有关规定和单位的经济活动业务流程，在内部管理制度中明确界定各项经济活动所涉及的表单和票据，要求相关工作人员按照规定填制、审核、归档、保管单据。

（八）信息内部公开。建立健全经济活动相关信息内部公开制度，根据国家有关规定和单位的实际情况，确定信息内部公开的内容、范围、方式和程序。

第三章 单位层面内部控制

第十三条 单位应当单独设置内部控制职能部门或者确定内部控制牵头部门，负责组织协调内部控制工作。同时，应当充分发挥财会、内部审计、纪检监察、政府采购、基建、资产管理等部门或岗位在内部控制中的作用。

第十四条 单位经济活动的决策、执行和监督应当相互分离。单位应当建立健全集体研究、专家论证和技术咨询相结合的议事决策机制。

重大经济事项的内部决策，应当由单位领导班子集体研究决定。重大经济事项的认定标准应当根据有关规定和本单位实际情况确定，一经确定，不得随意变更。

第十五条 单位应当建立健全内部控制关键岗位责任制，明确岗位职责及分工，确保不相容岗位相互分离、相互制约和相互监督。单位应当实行内部控制关键岗位工作人员的轮岗制度，明确轮岗周期。不具备轮岗条件的单位应当采取专项审计等控制措施。

内部控制关键岗位主要包括预算业务管理、收支业务管理、政府采购业务管理、资产管理、建设项目管理、合同管理以及内部监督等经济活动的关键岗位。

第十六条 内部控制关键岗位工作人员应当具备与其工作岗位相适应的资格和能力。

单位应当加强内部控制关键岗位工作人员业务培训和职业道德教育，不断提升其业务水平和综合素质。

第十七条 单位应当根据《中华人民共和国会计法》的规定建立会计机构，配备具有相应资格和能力的会计人员。单位应当根据实际发生的经济业务事项按照国家统一的会计制度及时进行账务处理、编制财务会计报告，确保财务信息真实、完整。

第十八条 单位应当充分运用现代科学技术手段加强内部控制。对信息系统建设实施归口管理，将经济活动及其内部控制流程嵌入单位信息系统中，减少或消除人为操纵因素，保护信息安全。

第四章 业务层面内部控制

第一节 预算业务控制

第十九条 单位应当建立健全预算编制、审批、执行、决算与评价等预算内部管理制度。

单位应当合理设置岗位，明确相关岗位的职责权限，确保预算编制、审批、执行、评价等不相容岗位相互分离。

第二十条 单位的预算编制应当做到程序规范、方法科学、编制及时、内容完整、项目细化、数据准确。

（一）单位应当正确把握预算编制有关政策，确保预算编制相关人员及时全面掌握相关规定。

（二）单位应当建立内部预算编制、预算执行、资产管理、基建管理、人事管理等部门或岗位的沟通协调机制，按照规定进行项目评审，确保预算编制部门及时取得和有效运用与预算编制相关的信息，根据工作计划细化预算编制，提高预算编制的科学性。

第二十一条 单位应当根据内设部门的职责和分工，对按照法定程序批复的预算在单位内部进行指标分解、审批下达，规范内部预算追加调整程序，发挥预算对经济活动的管控作用。

第二十二条 单位应当根据批复的预算安排各项收支，确保预算严格有效执行。

单位应当建立预算执行分析机制。定期通报各部门预算执行情况，召开预算执行分析会议，研究解决预算执行中存在的问题，提出改进措施，提高预算执行的有效性。

第二十三条 单位应当加强决算管理，确保决算真实、完整、准确、及时，加强决算分析工作，强化决算分析结果运用，建立健全单位预算与决算相互反映、相互促进的机制。

第二十四条 单位应当加强预算绩效管理，建立"预算编制有目标、预算执行有监控、预算完成有评价、评价结果有反馈、反馈结果有应用"的全过程预算绩效管理机制。

第二节 收支业务控制

第二十五条 单位应当建立健全收入内部管理制度。

单位应当合理设置岗位，明确相关岗位的职责权限，确保收款、会计核算等不相容岗位相互分离。

第二十六条 单位的各项收入应当由财会部门归口管理并进行会计核算，严禁设立账外账。

业务部门应当在涉及收入的合同协议签订后及时将合同等有关材料提交财会部门作为账务处理依据，确保各项收入应收尽收，及时入账。财会部门应当定期检查收入金额是否与合同约定相符；对应收未收项目应当查明情况，明确责任主体，落实催收责任。

第二十七条 有政府非税收入收缴职能的单位，应当按照规定项目和标准征收政府非税收入，按照规定开具财政票据，做到收缴分离、票款一致，并及时、足额上缴国库或财政专户，不得以任何形式截留、挪用或者私分。

第二十八条 单位应当建立健全票据管理制度。财政票据、发票等各类票据的申领、启用、核销、销毁均应履行规定手续。单位应当按照规定设置票据专管员，建立票据台账，做好票据的保管和序时登记工作。票据应当按照顺序号使用，不得拆本使用，做好废旧票据管理。负责保管票据的人员要配置单独的保险柜等保管设备，并做到人走柜锁。

单位不得违反规定转让、出借、代开、买卖财政票据、发票等票据，不得擅自扩大票据适用范围。

第二十九条 单位应当建立健全支出内部管理制度，确定单位经济活动的各项支出标准，明确支出报销流程，按照规定办理支出事项。单位应当合理设置岗位，明确相关岗位的职责权限，确保支出申请和内部审批、付款审批和付款执行、业务经办和会计核算等不相容岗位相互分离。

第三十条 单位应当按照支出业务的类型，明确内部审批、审核、支付、核算和归档等支出各关键岗位的职责权限。实行国库集中支付的，应当严格按照财政国库管理制度有关规定执行。

（一）加强支出审批控制。明确支出的内部审批权限、程序、责任和相关控制措施。审批人应当在授权范围内审批，不得越权审批。

（二）加强支出审核控制。全面审核各类单据。重点审核单据来源是否合法，内容是否真实、完整，使用是否准确，是否符合预算，审批手续是否齐全。

支出凭证应当附反映支出明细内容的原始单据，并由经办人员签字或盖章，超出规定标准的支出事项应由经办人员说明原因并附审批依据，确保与经济业务事项相符。

（三）加强支付控制。明确报销业务流程，按照规定办理资金支付手续。签发的支付凭证应当进行登记。使用公务卡结算的，应当按照公务卡使用和管理有关规定办理业务。

（四）加强支出的核算和归档控制。由财会部门根据支出凭证及时准确登记账簿；与支出业务相关的合同等材料应当提交财会部门作为账务处理的依据。

第三十一条　根据国家规定可以举借债务的单位应当建立健全债务内部管理制度，明确债务管理岗位的职责权限，不得由一人办理债务业务的全过程。大额债务的举借和偿还属于重大经济事项，应当进行充分论证，并由单位领导班子集体研究决定。

单位应当做好债务的会计核算和档案保管工作。加强债务的对账和检查控制，定期与债权人核对债务余额，进行债务清理，防范和控制财务风险。

第三节　政府采购业务控制

第三十二条　单位应当建立健全政府采购预算与计划管理、政府采购活动管理、验收管理等政府采购内部管理制度。

第三十三条　单位应当明确相关岗位的职责权限，确保政府采购需求制定与内部审批、招标文件准备与复核、合同签订与验收、验收与保管等不相容岗位相互分离。

第三十四条　单位应当加强对政府采购业务预算与计划的管理。建立预算编制、政府采购和资产管理等部门或岗位之间的沟通协调机制。根据本单位实际需求和相关标准编制政府采购预算，按照已批复的预算安排政府采购计划。

第三十五条　单位应当加强对政府采购活动的管理。对政府采购活动实施归口管理，在政府采购活动中建立政府采购、资产管理、财会、内部审计、纪检监察等部门或岗位相互协调、相互制约的机制。

单位应当加强对政府采购申请的内部审核，按照规定选择政府采购方式、发布政府采购信息。对政府采购进口产品、变更政府采购方式等事项应当加强内部审核，严格履行审批手续。

第三十六条　单位应当加强对政府采购项目验收的管理。根据规定的验收制度和政府采购文件，由指定部门或专人对所购物品的品种、规格、数量、质量和其他相关内容进行验收，并出具验收证明。

第三十七条　单位应当加强对政府采购业务质疑投诉答复的管理。指定牵头部门负责、相关部门参加，按照国家有关规定做好政府采购业务质疑投诉答复工作。

第三十八条　单位应当加强对政府采购业务的记录控制。妥善保管政府采购预算与计划、各类批复文件、招标文件、投标文件、评标文件、合同文本、验收证明等政府采购业务相关资料。定期对政府采购业务信息进行分类统计，并在内部进行通报。

第三十九条　单位应当加强对涉密政府采购项目安全保密的管理。对于涉密政府采购项目，单位应当与相关供应商或采购中介机构签订保密协议或者在合同中设定保密条款。

第四节　资产控制

第四十条　单位应当对资产实行分类管理，建立健全资产内部管理制度。

单位应当合理设置岗位，明确相关岗位的职责权限，确保资产安全和有效使用。

第四十一条　单位应当建立健全货币资金管理岗位责任制，合理设置岗位，不得由一人办理货币资金业务的全过程，确保不相容岗位相互分离。

（一）出纳不得兼管稽核、会计档案保管和收入、支出、债权、债务账目的登记工作。

（二）严禁一人保管收付款项所需的全部印章。财务专用章应当由专人保管，个人名章应当由本人或其授权人员保管。负责保管印章的人员要配置单独的保管设备，并做到人走柜锁。

（三）按照规定应当由有关负责人签字或盖章的，应当严格履行签字或盖章手续。

第四十二条　单位应当加强对银行账户的管理，严格按照规定的审批权限和程序开立、变更和撤销银行账户。

第四十三条　单位应当加强货币资金的核查控制。指定不办理货币资金业务的会计人员定期和不定期抽查盘点库存现金，核对银行存款余额，抽查银行对账单、银行日记账及银行存款余额调节表，核对是否账实相符、账账相符。对调节不符、可能存在重大问题的未达账项应当及时查明原因，并按照相关规定处理。

第四十四条 单位应当加强对实物资产和无形资产的管理，明确相关部门和岗位的职责权限，强化对配置、使用和处置等关键环节的管控。

（一）对资产实施归口管理。明确资产使用和保管责任人，落实资产使用人在资产管理中的责任。贵重资产、危险资产、有保密等特殊要求的资产，应当指定专人保管、专人使用，并规定严格的接触限制条件和审批程序。

（二）按照国有资产管理相关规定，明确资产的调剂、租借、对外投资、处置的程序、审批权限和责任。

（三）建立资产台账，加强资产的实物管理。单位应当定期清查盘点资产，确保账实相符。财会、资产管理、资产使用等部门或岗位应当定期对账，发现不符的，应当及时查明原因，并按照相关规定处理。

（四）建立资产信息管理系统，做好资产的统计、报告、分析工作，实现对资产的动态管理。

第四十五条 单位应当根据国家有关规定加强对对外投资的管理。

（一）合理设置岗位，明确相关岗位的职责权限，确保对外投资的可行性研究与评估、对外投资决策与执行、对外投资处置的审批与执行等不相容岗位相互分离。

（二）单位对外投资，应当由单位领导班子集体研究决定。

（三）加强对投资项目的追踪管理，及时、全面、准确地记录对外投资的价值变动和投资收益情况。

（四）建立责任追究制度。对在对外投资中出现重大决策失误、未履行集体决策程序和不按规定执行对外投资业务的部门及人员，应当追究相应的责任。

第五节 建设项目控制

第四十六条 单位应当建立健全建设项目内部管理制度。

单位应当合理设置岗位，明确内部相关部门和岗位的职责权限，确保项目建议和可行性研究与项目决策、概预算编制与审核、项目实施与价款支付、竣工决算与竣工审计等不相容岗位相互分离。

第四十七条 单位应当建立与建设项目相关的议事决策机制，严禁任何个人单独决策或者擅自改变集体决策意见。决策过程及各方面意见应当形成书面文件，与相关资料一同妥善归档保管。

第四十八条 单位应当建立与建设项目相关的审核机制。项目建议书、可行性研究报告、概预算、竣工决算报告等应当由单位内部的规划、技术、财会、法律等相关工作人员或者根据国家有关规定委托具有相应资质的中介机构进行审核，出具评审意见。

第四十九条 单位应当依据国家有关规定组织建设项目招标工作，并接受有关部门的监督。

单位应当采取签订保密协议、限制接触等必要措施，确保标底编制、评标等工作在严格保密的情况下进行。

第五十条 单位应当按照审批单位下达的投资计划和预算对建设项目资金实行专款专用，严禁截留、挪用和超批复内容使用资金。财会部门应当加强与建设项目承建单位的沟通，准确掌握建设进度，加强价款支付审核，按照规定办理价款结算。实行国库集中支付的建设项目，单位应当按照财政国库管理制度相关规定支付资金。

第五十一条 单位应当加强对建设项目档案的管理。做好相关文件、材料的收集、整理、归档和保管工作。

第五十二条　经批准的投资概算是工程投资的最高限额，如有调整，应当按照国家有关规定报经批准。

单位建设项目工程洽商和设计变更应当按照有关规定履行相应的审批程序。

第五十三条　建设项目竣工后，单位应当按照规定的时限及时办理竣工决算，组织竣工决算审计，并根据批复的竣工决算和有关规定办理建设项目档案和资产移交等工作。

建设项目已实际投入使用但超时限未办理竣工决算的，单位应当根据对建设项目的实际投资暂估入账，转作相关资产管理。

第六节　合同控制

第五十四条　单位应当建立健全合同内部管理制度。

单位应当合理设置岗位，明确合同的授权审批和签署权限，妥善保管和使用合同专用章，严禁未经授权擅自以单位名义对外签订合同，严禁违规签订担保、投资和借贷合同。

单位应当对合同实施归口管理，建立财会部门与合同归口管理部门的沟通协调机制，实现合同管理与预算管理、收支管理相结合。

第五十五条　单位应当加强对合同订立的管理，明确合同订立的范围和条件。对于影响重大、涉及较高专业技术或法律关系复杂的合同，应当组织法律、技术、财会等工作人员参与谈判，必要时可聘请外部专家参与相关工作。谈判过程中的重要事项和参与谈判人员的主要意见，应当予以记录并妥善保管。

第五十六条　单位应当对合同履行情况实施有效监控。合同履行过程中，因对方或单位自身原因导致可能无法按时履行的，应当及时采取应对措施。

单位应当建立合同履行监督审查制度。对合同履行中签订补充合同，或变更、解除合同等应当按照国家有关规定进行审查。

第五十七条　财会部门应当根据合同履行情况办理价款结算和进行账务处理。未按照合同条款履约的，财会部门应当在付款之前向单位有关负责人报告。

第五十八条　合同归口管理部门应当加强对合同登记的管理，定期对合同进行统计、分类和归档，详细登记合同的订立、履行和变更情况，实行对合同的全过程管理。与单位经济活动相关的合同应当同时提交财会部门作为账务处理的依据。

单位应当加强合同信息安全保密工作，未经批准，不得以任何形式泄露合同订立与履行过程中涉及的国家秘密、工作秘密或商业秘密。

第五十九条　单位应当加强对合同纠纷的管理。合同发生纠纷的，单位应当在规定时效内与对方协商谈判。合同纠纷协商一致的，双方应当签订书面协议；合同纠纷经协商无法解决的，经办人员应向单位有关负责人报告，并根据合同约定选择仲裁或诉讼方式解决。

第五章　评价与监督

第六十条　单位应当建立健全内部监督制度，明确各相关部门或岗位在内部监督中的职责权限，规定内部监督的程序和要求，对内部控制建立与实施情况进行内部监督检查和自我评价。

内部监督应当与内部控制的建立和实施保持相对独立。

第六十一条　内部审计部门或岗位应当定期或不定期检查单位内部管理制度和机制的建立与执行情况，以及内部控制关键岗位及人员的设置情况等，及时发现内部控制存在的问题并提出改进建议。

第六十二条　单位应当根据本单位实际情况确定内部监督检查的方法、范围和频率。

第六十三条　单位负责人应当指定专门部门或专人负责对单位内部控制的有效性进行评价并出具单位内部控制自我评价报告。

第六十四条 国务院财政部门及其派出机构和县级以上地方各级人民政府财政部门应当对单位内部控制的建立和实施情况进行监督检查，有针对性地提出检查意见和建议，并督促单位进行整改。

国务院审计机关及其派出机构和县级以上地方各级人民政府审计机关对单位进行审计时，应当调查了解单位内部控制建立和实施的有效性，揭示相关内部控制的缺陷，有针对性地提出审计处理意见和建议，并督促单位进行整改。

第六章 附 则

第六十五条 本规范自2014年1月1日起施行。

2. 行政事业单位内部控制报告管理制度（试行）（2017年颁布）

（财会〔2017〕1号）

第一章 总 则

第一条 为贯彻落实党的十八届四中全会通过的《中共中央关于全面推进依法治国若干重大问题的决定》的有关精神，进一步加强行政事业单位内部控制建设，规范行政事业单位内部控制报告的编制、报送、使用及报告信息质量的监督检查等工作，促进行政事业单位内部控制信息公开，提高行政事业单位内部控制报告质量，根据《财政部关于全面推进行政事业单位内部控制建设的指导意见》（财会〔2015〕24号，以下简称《指导意见》）和《行政事业单位内部控制规范（试行）》（财会〔2012〕21号，以下简称《单位内部控制规范》）等，制定本制度。

第二条 本制度适用于所有行政事业单位。

本制度所称行政事业单位包括各级党的机关、人大机关、行政机关、政协机关、审判机关、检察机关、各民主党派机关、人民团体和事业单位。

第三条 本制度所称内部控制报告，是指行政事业单位在年度终了，结合本单位实际情况，依据《指导意见》和《单位内部控制规范》，按照本制度规定编制的能够综合反映本单位内部控制建立与实施情况的总结性文件。

第四条 行政事业单位编制内部控制报告应当遵循下列原则：

（一）全面性原则。内部控制报告应当包括行政事业单位内部控制的建立与实施、覆盖单位层面和业务层面各类经济业务活动，能够综合反映行政事业单位的内部控制建设情况。

（二）重要性原则。内部控制报告应当重点关注行政事业单位重点领域和关键岗位，突出重点、兼顾一般，推动行政事业单位围绕重点开展内部控制建设，着力防范可能产生的重大风险。

（三）客观性原则。内部控制报告应当立足于行政事业单位的实际情况，坚持实事求是，真实、完整地反映行政事业单位内部控制建立与实施情况。

（四）规范性原则。行政事业单位应当按照财政部规定的统一报告格式及信息要求编制内部控制报告，不得自行修改或删减报告及附表格式。

第五条 行政事业单位是内部控制报告的责任主体。

单位主要负责人对本单位内部控制报告的真实性和完整性负责。

第六条 行政事业单位应当根据本制度，结合本单位内部控制建立与实施的实际情况，明确相关内设机构、管理层级及岗位的职责权限，按照规定的方法、程序和要求，有序开展内部控制报告的编制、审核、报送、分析使用等工作。

第七条　内部控制报告编报工作按照“统一部署、分级负责、逐级汇总、单向报送”的方式，由财政部统一部署，各地区、各垂直管理部门分级组织实施并以自下而上的方式逐级汇总，非垂直管理部门向同级财政部门报送，各行政事业单位按照行政管理关系向上级行政主管部门单向报送。

第二章　内部控制报告编报工作的组织

第八条　财政部负责组织实施全国行政事业单位内部控制报告编报工作。其职责主要是制定行政事业单位内部控制报告的有关规章制度及全国统一的行政事业单位内部控制报告格式，布置全国行政事业单位内部控制年度报告编报工作并开展相关培训，组织和指导全国行政事业单位内部控制报告的收集、审核、汇总、报送、分析使用，组织开展全国行政事业单位内部控制报告信息质量的监督检查工作，组织和指导全国行政事业单位内部控制考核评价工作，建立和管理全国行政事业单位内部控制报告数据库等工作。

第九条　地方各级财政部门负责组织实施本地区行政事业单位内部控制报告编报工作，并对本地区内部控制汇总报告的真实性和完整性负责。其职责主要是布置本地区行政事业单位内部控制年度报告编报工作并开展相关培训，组织和指导本地区行政事业单位内部控制报告的收集、审核、汇总、报送、分析使用，组织和开展本地区行政事业单位内部控制报告信息质量的监督检查工作，组织和指导本地区行政事业单位内部控制考核评价工作，建立和管理本地区行政事业单位内部控制报告数据库等工作。

第十条　各行政主管部门（以下简称各部门）应当按照财政部门的要求，负责组织实施本部门行政事业单位内部控制报告编报工作，并对本部门内部控制汇总报告的真实性和完整性负责。其职责主要是布置本部门行政事业单位内部控制年度报告编报工作并开展相关培训，组织和指导本部门行政事业单位内部控制报告的收集、审核、汇总、报送、分析使用，组织和开展本部门行政事业单位内部控制报告信息质量的监督检查工作，组织和指导本部门行政事业单位内部控制考核评价工作，建立和管理本部门行政事业单位内部控制报告数据库。

第三章　行政事业单位内部控制报告的编制与报送

第十一条　年度终了，行政事业单位应当按照本制度的有关要求，根据本单位当年内部控制建设工作的实际情况及取得的成效，以能够反映内部控制工作基本事实的相关材料为支撑，按照财政部发布的统一报告格式编制内部控制报告，经本单位主要负责人审批后对外报送。

第十二条　行政事业单位能够反映内部控制工作基本事实的相关材料一般包括内部控制领导机构会议纪要、内部控制制度、流程图、内部控制检查报告、内部控制培训会相关材料等。

第十三条　行政事业单位应当在规定的时间内，向上级行政主管部门报送本单位内部控制报告及能够反映本单位内部控制工作基本事实的相关材料。

第四章　部门行政事业单位内部控制报告的编制与报送

第十四条　各部门应当在所属行政事业单位上报的内部控制报告和部门本级内部控制报告的基础上，汇总形成本部门行政事业单位内部控制报告。

第十五条　各部门汇总的行政事业单位内部控制报告应当以所属行政事业单位上报的信息为准，不得虚报、瞒报和随意调整。

第十六条　各部门应当在规定的时间内，向同级财政部门报送本部门行政事业单位内部控制报告。

第五章 地区行政事业单位内部控制报告的编制与报送

第十七条 地方各级财政部门应当在下级财政部门上报的内部控制报告和本地区部门内部控制报告的基础上，汇总形成本地区行政事业单位内部控制报告。

第十八条 地方各级财政部门汇总的本地区行政事业单位内部控制报告应当以本地区部门和下级财政部门上报的信息为准，不得虚报、瞒报和随意调整。

第十九条 地方各级财政部门应当在规定的时间内，向上级财政部门逐级报送本地区行政事业单位内部控制报告。

第六章 行政事业单位内部控制报告的使用

第二十条 行政事业单位应当加强对本单位内部控制报告的使用，通过对内部控制报告中反映的信息进行分析，及时发现内部控制建设工作中存在的问题，进一步健全制度，提高执行力，完善监督措施，确保内部控制有效实施。

第二十一条 各地区、各部门应当加强对行政事业单位内部控制报告的分析，强化分析结果的反馈和使用，切实规范和改进财政财务管理，更好发挥对行政事业单位内部控制建设的促进和监督作用。

第七章 行政事业单位内部控制报告的监督检查

第二十二条 各地区、各部门汇总的内部控制报告报送后，各级财政部门、各部门应当组织开展对所报送的内部控制报告内容的真实性、完整性和规范性进行监督检查。

第二十三条 行政事业单位内部控制报告信息质量的监督检查工作采取“统一管理、分级实施”原则。中央部门内部控制报告信息质量监督检查工作由财政部组织实施，各地区行政事业单位内部控制报告信息质量监督检查工作由同级财政部门按照统一的工作要求分级组织实施，各部门所属行政事业单位内部控制报告信息质量监督检查由本部门组织实施。

第二十四条 行政事业单位内部控制报告信息质量的监督检查应按规定采取适当的方式来确定对象，并对内部控制报告存在明显质量问题或以往年份监督检查不合格单位进行重点核查。

第二十五条 各地区、各部门应当认真组织落实本地区（部门）的行政事业单位内部控制报告编报工作，加强对内部控制报告编报工作的考核。

第二十六条 行政事业单位应当认真、如实编制内部控制报告，不得漏报、瞒报有关内部控制信息，更不得编造虚假内部控制信息；单位负责人不得授意、指使、强令相关人员提供虚假内部控制信息，不得对拒绝、抵制编造虚假内部控制信息的人员进行打击报复。

第二十七条 对于违反规定、提供虚假内部控制信息的单位及相关负责人，按照《中华人民共和国会计法》《中华人民共和国预算法》《财政违法行为处罚处分条例》等有关法律法规规定追究责任。

各级财政部门及其工作人员在行政事业单位内部控制报告管理工作中，存在滥用职权、玩忽职守、徇私舞弊等违法违纪行为的，按照《公务员法》《行政监察法》《财政违法行为处罚处分条例》等国家有关规定追究相应责任；涉嫌犯罪的，移送司法机关处理。

第八章 附 则

第二十八条 各地区、各部门可依据本制度，结合工作实际，制定相应的实施细则。

第二十九条 本制度自 2017 年 3 月 1 日起施行。

第二十章　行政事业单位资产管理相关法规

1. 行政事业性国有资产管理条例（2021 年颁布）

（中华人民共和国国务院令第 738 号）

第一章　总　　则

第一条　为了加强行政事业性国有资产管理与监督，健全国有资产管理体制，推进国家治理体系和治理能力现代化，根据全国人民代表大会常务委员会关于加强国有资产管理情况监督的决定，制定本条例。

第二条　行政事业性国有资产，是指行政单位、事业单位通过以下方式取得或者形成的资产：

（一）使用财政资金形成的资产；

（二）接受调拨或者划转、置换形成的资产；

（三）接受捐赠并确认为国有的资产；

（四）其他国有资产。

第三条　行政事业性国有资产属于国家所有，实行政府分级监管、各部门及其所属单位直接支配的管理体制。

第四条　各级人民政府应当建立健全行政事业性国有资产管理机制，加强对本级行政事业性国有资产的管理，审查、批准重大行政事业性国有资产管理事项。

第五条　国务院财政部门负责制定行政事业单位国有资产管理规章制度并负责组织实施和监督检查，牵头编制行政事业性国有资产管理情况报告。

国务院机关事务管理部门和有关机关事务管理部门会同有关部门依法依规履行相关中央行政事业单位国有资产管理职责，制定中央行政事业单位国有资产管理具体制度和办法并组织实施，接受国务院财政部门的指导和监督检查。

相关部门根据职责规定，按照集中统一、分类分级原则，加强中央行政事业单位国有资产管理，优化管理手段，提高管理效率。

第六条　各部门根据职责负责本部门及其所属单位国有资产管理工作，应当明确管理责任，指导、监督所属单位国有资产管理工作。

各部门所属单位负责本单位行政事业性国有资产的具体管理，应当建立和完善内部控制管理制度。

第七条　各部门及其所属单位管理行政事业性国有资产应当遵循安全规范、节约高效、公开透明、权责一致的原则，实现实物管理与价值管理相统一，资产管理与预算管理、财务管理相结合。

第二章　资产配置、使用和处置

第八条　各部门及其所属单位应当根据依法履行职能和事业发展的需要，结合资产存量、资产配置标准、绩效目标和财政承受能力配置资产。

第九条　各部门及其所属单位应当合理选择资产配置方式，资产配置重大事项应当经可行性研究和集体决策，资产价值较高的按照国家有关规定进行资产评估，并履行审批程序。

资产配置包括调剂、购置、建设、租用、接受捐赠等方式。

第十条 县级以上人民政府应当组织建立、完善资产配置标准体系，明确配置的数量、价值、等级、最低使用年限等标准。

资产配置标准应当按照勤俭节约、讲求绩效和绿色环保的要求，根据国家有关政策、经济社会发展水平、市场价格变化、科学技术进步等因素适时调整。

第十一条 各部门及其所属单位应当优先通过调剂方式配置资产。不能调剂的，可以采用购置、建设、租用等方式。

第十二条 行政单位国有资产应当用于本单位履行职能的需要。

除法律另有规定外，行政单位不得以任何形式将国有资产用于对外投资或者设立营利性组织。

第十三条 事业单位国有资产应当用于保障事业发展、提供公共服务。

第十四条 各部门及其所属单位应当加强对本单位固定资产、在建工程、流动资产、无形资产等各类国有资产的管理，明确管理责任，规范使用流程，加强产权保护，推进相关资产安全有效使用。

第十五条 各部门及其所属单位应当明确资产使用人和管理人的岗位责任。

资产使用人、管理人应当履行岗位责任，按照规程合理使用、管理资产，充分发挥资产效能。资产需要维修、保养、调剂、更新、报废的，资产使用人、管理人应当及时提出。

资产使用人、管理人发生变化的，应当及时办理资产交接手续。

第十六条 各部门及其所属单位接受捐赠的资产，应当按照捐赠约定的用途使用。捐赠人意愿不明确或者没有约定用途的，应当统筹安排使用。

第十七条 事业单位利用国有资产对外投资应当有利于事业发展和实现国有资产保值增值，符合国家有关规定，经可行性研究和集体决策，按照规定权限和程序进行。

事业单位应当明确对外投资形成的股权及其相关权益管理责任，按照规定将对外投资形成的股权纳入经营性国有资产集中统一监管体系。

第十八条 县级以上人民政府及其有关部门应当建立健全国有资产共享共用机制，采取措施引导和鼓励国有资产共享共用，统筹规划有效推进国有资产共享共用工作。

各部门及其所属单位应当在确保安全使用的前提下，推进本单位大型设备等国有资产共享共用工作，可以对提供方给予合理补偿。

第十九条 各部门及其所属单位应当根据履行职能、事业发展需要和资产使用状况，经集体决策和履行审批程序，依据处置事项批复等相关文件及时处置行政事业性国有资产。

第二十条 各部门及其所属单位应当将依法罚没的资产按照国家规定公开拍卖或者按照国家有关规定处理，所得款项全部上缴国库。

第二十一条 各部门及其所属单位应当对下列资产及时予以报废、报损：

（一）因技术原因确需淘汰或者无法维修、无维修价值的资产；

（二）涉及盘亏、坏账以及非正常损失的资产；

（三）已超过使用年限且无法满足现有工作需要的资产；

（四）因自然灾害等不可抗力造成毁损、灭失的资产。

第二十二条 各部门及其所属单位发生分立、合并、改制、撤销、隶属关系改变或者部分职能、业务调整等情形，应当根据国家有关规定办理相关国有资产划转、交接手续。

第二十三条 国家设立的研究开发机构、高等院校对其持有的科技成果的使用和处置，依照《中华人民共和国促进科技成果转化法》《中华人民共和国专利法》和国家有关规定执行。

第三章 预算管理

第二十四条 各部门及其所属单位购置、建设、租用资产应当提出资产配置需求，编制资产配置相关支出预算，并严格按照预算管理规定和财政部门批复的预算配置资产。

第二十五条 行政单位国有资产出租和处置等收入，应当按照政府非税收入和国库集中收缴制度的有关规定管理。

除国家另有规定外，事业单位国有资产的处置收入应当按照政府非税收入和国库集中收缴制度的有关规定管理。

事业单位国有资产使用形成的收入，由本级人民政府财政部门规定具体管理办法。

第二十六条 各部门及其所属单位应当及时收取各类资产收入，不得违反国家规定，多收、少收、不收、侵占、私分、截留、占用、挪用、隐匿、坐支。

第二十七条 各部门及其所属单位应当在决算中全面、真实、准确反映其国有资产收入、支出以及国有资产存量情况。

第二十八条 各部门及其所属单位应当按照国家规定建立国有资产绩效管理制度，建立健全绩效指标和标准，有序开展国有资产绩效管理工作。

第二十九条 县级以上人民政府投资建设公共基础设施，应当依法落实资金来源，加强预算约束，防范政府债务风险，并明确公共基础设施的管理维护责任单位。

第四章 基础管理

第三十条 各部门及其所属单位应当按照国家规定设置行政事业性国有资产台账，依照国家统一的会计制度进行会计核算，不得形成账外资产。

第三十一条 各部门及其所属单位采用建设方式配置资产的，应当在建设项目竣工验收合格后及时办理资产交付手续，并在规定期限内办理竣工财务决算，期限最长不得超过1年。

各部门及其所属单位对已交付但未办理竣工财务决算的建设项目，应当按照国家统一的会计制度确认资产价值。

第三十二条 各部门及其所属单位对无法进行会计确认入账的资产，可以根据需要组织专家参照资产评估方法进行估价，并作为反映资产状况的依据。

第三十三条 各部门及其所属单位应当明确资产的维护、保养、维修的岗位责任。因使用不当或者维护、保养、维修不及时造成资产损失的，应当依法承担责任。

第三十四条 各部门及其所属单位应当定期或者不定期对资产进行盘点、对账。出现资产盘盈盘亏的，应当按照财务、会计和资产管理制度有关规定处理，做到账实相符和账账相符。

第三十五条 各部门及其所属单位处置资产应当及时核销相关资产台账信息，同时进行会计处理。

第三十六条 除国家另有规定外，各部门及其所属单位将行政事业性国有资产进行转让、拍卖、置换、对外投资等，应当按照国家有关规定进行资产评估。

行政事业性国有资产以市场化方式出售、出租的，依照有关规定可以通过相应公共资源交易平台进行。

第三十七条 有下列情形之一的，各部门及其所属单位应当对行政事业性国有资产进行清查：

（一）根据本级政府部署要求；

（二）发生重大资产调拨、划转以及单位分立、合并、改制、撤销、隶属关系改变等情形；

（三）因自然灾害等不可抗力造成资产毁损、灭失；

（四）会计信息严重失真；

（五）国家统一的会计制度发生重大变更，涉及资产核算方法发生重要变化；

（六）其他应当进行资产清查的情形。

第三十八条 各部门及其所属单位资产清查结果和涉及资产核实的事项，应当按照国务院财政部门的规定履行审批程序。

第三十九条 各部门及其所属单位在资产清查中发现账实不符、账账不符的，应当查明原因予以说明，并随同清查结果一并履行审批程序。各部门及其所属单位应当根据审批结果及时调整资产台账信息，同时进行会计处理。

由于资产使用人、管理人的原因造成资产毁损、灭失的，应当依法追究相关责任。

第四十条 各部门及其所属单位对需要办理权属登记的资产应当依法及时办理。对有账簿记录但权证手续不全的行政事业性国有资产，可以向本级政府有关主管部门提出确认资产权属申请，及时办理权属登记。

第四十一条 各部门及其所属单位之间，各部门及其所属单位与其他单位和个人之间发生资产纠纷的，应当依照有关法律法规规定采取协商等方式处理。

第四十二条 国务院财政部门应当建立全国行政事业性国有资产管理信息系统，推行资产管理网上办理，实现信息共享。

第五章 资 产 报 告

第四十三条 国家建立行政事业性国有资产管理情况报告制度。

国务院向全国人民代表大会常务委员会报告全国行政事业性国有资产管理情况。

县级以上地方人民政府按照规定向本级人民代表大会常务委员会报告行政事业性国有资产管理情况。

第四十四条 行政事业性国有资产管理情况报告，主要包括资产负债总量，相关管理制度建立和实施，资产配置、使用、处置和效益，推进管理体制机制改革等情况。

行政事业性国有资产管理情况按照国家有关规定向社会公开。

第四十五条 各部门所属单位应当每年编制本单位行政事业性国有资产管理情况报告，逐级报送相关部门。

各部门应当汇总编制本部门行政事业性国有资产管理情况报告，报送本级政府财政部门。

第四十六条 县级以上地方人民政府财政部门应当每年汇总本级和下级行政事业性国有资产管理情况，报送本级政府和上一级政府财政部门。

第六章 监 督

第四十七条 县级以上人民政府应当接受本级人民代表大会及其常务委员会对行政事业性国有资产管理情况的监督，组织落实本级人民代表大会及其常务委员会审议提出的整改要求，并向本级人民代表大会及其常务委员会报告整改情况。

乡、民族乡、镇人民政府应当接受本级人民代表大会对行政事业性国有资产管理情况的监督。

第四十八条 县级以上人民政府对下级政府的行政事业性国有资产管理情况进行监督。下级政府应当组织落实上一级政府提出的监管要求，并向上一级政府报告落实情况。

第四十九条 县级以上人民政府财政部门应当对本级各部门及其所属单位行政事业性国有资产管理情况进行监督检查，依法向社会公开检查结果。

第五十条 县级以上人民政府审计部门依法对行政事业性国有资产管理情况进行审计监督。

第五十一条 各部门应当建立健全行政事业性国有资产监督管理制度，根据职责对本行业行政事业性国有资产管理依法进行监督。

各部门所属单位应当制定行政事业性国有资产内部控制制度，防控行政事业性国有资产管理风险。

第五十二条 公民、法人或者其他组织发现违反本条例的行为，有权向有关部门进行检举、控告。接受检举、控告的有关部门应当依法进行处理，并为检举人、控告人保密。

任何单位或者个人不得压制和打击报复检举人、控告人。

第七章 法律责任

第五十三条 各部门及其所属单位有下列行为之一的，责令改正，情节较重的，对负有直接责任的主管人员和其他直接责任人员依法给予处分：

（一）配置、使用、处置国有资产未按照规定经集体决策或者履行审批程序；

（二）超标准配置国有资产；

（三）未按照规定办理国有资产调剂、调拨、划转、交接等手续；

（四）未按照规定履行国有资产拍卖、报告、披露等程序；

（五）未按照规定期限办理建设项目竣工财务决算；

（六）未按照规定进行国有资产清查；

（七）未按照规定设置国有资产台账；

（八）未按照规定编制、报送国有资产管理情况报告。

第五十四条 各部门及其所属单位有下列行为之一的，责令改正，有违法所得的没收违法所得，情节较重的，对负有直接责任的主管人员和其他直接责任人员依法给予处分；构成犯罪的，依法追究刑事责任：

（一）非法占有、使用国有资产或者采用弄虚作假等方式低价处置国有资产；

（二）违反规定将国有资产用于对外投资或者设立营利性组织；

（三）未按照规定评估国有资产导致国家利益损失；

（四）其他违反本条例规定造成国有资产损失的行为。

第五十五条 各部门及其所属单位在国有资产管理工作中有违反预算管理规定行为的，依照《中华人民共和国预算法》及其实施条例、《财政违法行为处罚处分条例》等法律、行政法规追究责任。

第五十六条 各部门及其所属单位的工作人员在国有资产管理工作中滥用职权、玩忽职守、徇私舞弊或者有浪费国有资产等违法违规行为的，由有关部门依法给予处分；构成犯罪的，依法追究刑事责任。

第八章 附 则

第五十七条 除国家另有规定外，社会组织直接支配的行政事业性国有资产管理，依照本条例执行。

第五十八条 货币形式的行政事业性国有资产管理，按照预算管理有关规定执行。

执行企业财务、会计制度的事业单位以及事业单位对外投资的全资企业或者控股企业的资产管理，不适用本条例。

第五十九条 公共基础设施、政府储备物资、国有文物文化等行政事业性国有资产管理的具体办法，由国务院财政部门会同有关部门制定。

第六十条 中国人民解放军、中国人民武装警察部队直接支配的行政事业性国有资产管理，依照中央军事委员会有关规定执行。

第六十一条 本条例自 2021 年 4 月 1 日起施行。

2. 关于做好《行政事业性国有资产管理条例》贯彻实施工作的通知（2021 年颁布）

（财资函〔2021〕2 号）

党中央有关部门，国务院各部委、各直属机构，全国人大常委会办公厅，全国政协办公厅，最高人民法院，最高人民检察院，各民主党派中央，有关人民团体，各省、自治区、直辖市、计划单列市财政厅（局）、新疆生产建设兵团财政局，有关中央管理企业：

《行政事业性国有资产管理条例》（国务院令第 738 号，以下简称《条例》）已于近日颁布，自 2021 年 4 月 1 日起施行。《条例》是我国行政事业性国有资产领域的第一部行政法规，填补了我国社会主义法律体系的空白。为做好《条例》贯彻实施工作，现将有关事项通知如下：

一、充分认识贯彻实施《条例》的重要意义

《条例》坚持以习近平新时代中国特色社会主义思想为指导，全面贯彻落实党的十九大和十九届二中、三中、四中、五中全会精神，与近年来推行的各项财政改革相衔接，是长期以来行政事业性国有资产管理实践的科学总结，是我国行政事业性国有资产法治体系建设的重要立法成果。《条例》的出台和实施，对于加强行政事业性国有资产监管，促进国有资产管理的法治化、规范化、程序化，构建安全规范、节约高效、公开透明、权责一致的国有资产管理机制，提高国有资产治理水平和治理能力具有重要的历史意义和现实意义。

《条例》以改革为引领，以建立现代财政制度，推进国家治理体系和治理能力现代化为目标，构建符合“放管服”改革要求的行政事业性国有资产管理和监督制度。以法律为遵循，依据《中华人民共和国宪法》及《中华人民共和国民法典》规定对行政事业性国有资产管理进行规范，与其他法律、行政法规相衔接，维护法制统一。以创新为支撑，在继承现行有效的行政事业单位国有资产管理制度基础上，建立信息管理系统、资产确权和有效利用机制。以问题为导向，针对当前行政事业性国有资产部分领域存在的突出问题，完善行政事业性国有资产管理制度。各级财政部门、各主管部门要充分认识贯彻实施《条例》的重大意义，并以此为契机，全面提升行政事业性国有资产管理水平。

二、认真做好《条例》组织实施工作

行政事业性国有资产是国有资产的重要组成部分，是党和国家事业发展的物质基础和重要保障。习近平总书记、李克强总理多次作出重要指示批示，对加强行政事业性国有资产管理与监督提出明确要求。各级财政部门、主管部门、行政事业单位要坚决贯彻全面依法治国理念，全面落实《条例》，梳理现有管理文件，对照《条例》规定做好“立改废”工作，持续推进制度创新、优化政策供给，及时研究出台和完善相关制度办法，不断提升管理水平。要严格执行《条例》规定，合理配置、有效使用、规范处置资产，建立资产调剂、共享共用机制。要加强预算管理，严格按照预算管理规定和财政部门批复的预算配置资产，在决算中全面、真实、准确反映国有资产收入、支出以及国有资产存量情况，建立国有资产绩效管理制度。要加强行政事业性国有资产基础管理，完善账务管理，做到账实相符和账账相符，建立资产管理信息系统。要认真落实行政事业性国有资产管理情况报告制度，细化报告内容，完善报告程序。要按规定开展监督工作，接受人大、政府、财政、审计、行业监督，违反《条例》规定的应依法处理。

中央相关部门要按照“三定”规定担负管理职责，落实《条例》有关要求，优化管理手段，提高管理效率，做好中央行政事业性国有资产管理。地方各级财政部门要会同有关部门按照《条例》规定，切实加强对本地方国有资产管理工作。

三、加强《条例》培训和宣传

各级财政部门、各主管部门要坚持围绕中心，服务大局，紧紧围绕“十四五”时期财政资产管理工作发展和改革目标，高度重视《条例》的学习培训工作，认真学习、深刻领会《条例》的基本原则和各项具体规定，充分掌握《条例》对行政事业性国有资产管理提出的新要求。要将《条例》作为财政法制宣传教育的重要内容，在各类业务培训中予以安排。

各级财政部门、各主管部门要广泛开展多种形式的学习活动，及时宣讲《条例》，使各部门、各单位的领导干部和从事行政事业资产管理工作的同志能够及时了解、掌握《条例》的主要内容和具体规定。要更新理念，创新方法，拓展领域，完善机制，坚持学用结合，学以致用，将《条例》培训与业务工作相结合，不断提高依法履职能力，切实做好本地方、本部门、本单位行政事业性国有资产管理各项工作。在贯彻执行《条例》中遇到重大情况，请及时反馈财政部。

财政部

2021 年 4 月 13 日

3. 国有资产报告编报工作暂行办法（2021 年颁布）

（财资〔2021〕123 号）

第一条 为贯彻落实《中共中央关于建立国务院向全国人大常委会报告国有资产管理情况制度的意见》和《全国人民代表大会常务委员会关于加强国有资产管理情况监督的决定》，建立健全国有资产报告制度，规范国有资产报告编报工作，根据《中华人民共和国预算法》《中华人民共和国会计法》《中华人民共和国企业国有资产法》《行政事业性国有资产管理条例》《企业财务通则》《金融企业财务通则》以及自然资源有关法律法规等规定，制定本办法。

第二条 本办法适用于财政部门根据国务院授权牵头编制国有资产管理情况的报告（以下简称国有资产报告）相关工作。

第三条 财政部门要建立国有资产报告工作协调机制，会商有关部门和单位解决国有资产报告工作中的问题，统筹推进国有资产报告编报工作。

第四条 国有资产报告编制要实现全口径、全覆盖，采取价值量与实物量相结合的方式，全面、科学反映各级各类国有资产管理情况。

国有资产报告采取综合报告和专项报告相结合方式。

第五条 综合报告全面反映各级各类国有资产管理情况。

第六条 专项报告分别反映企业国有资产（不含金融企业）、金融企业国有资产、行政事业性国有资产、国有自然资源四类国有资产管理情况。企业国有资产（不含金融企业）专项报告的范围包括各履行出资人职责的部门和机构管理企业、党政机关和事业单位所办企业等国有资产。

金融企业国有资产专项报告的范围包括国家及其授权投资主体直接或间接对金融机构出资所形成的资本和应享有的权益，凭借国家权力和信用支持的金融机构所形成的资本和应享有的权益等国有金融资本。

行政事业性国有资产专项报告的范围包括各类行政事业单位依法直接支配的各类资产，包括固定资产、在建工程、无形资产、对外投资以及流动资产等，还包括由行政事业单位用于提供公共服务的公共基础设施、保障性住房、政府储备物资、文物文化资产等。

国有自然资源专项报告的范围包括全民所有土地、矿产、森林、草原、湿地、水流、海洋等自然资源资产。

第七条 国有资产报告应当根据各类国有资产性质和管理目标，真实反映国有资产管理情况、管理成效、存在的问题，提出改进工作安排意见等。

国有资产报告应当突出报告重点，重点报告本级人大常委会审议关注的内容，以及与其相关的重要情况。

第八条 国有资产报告按照公历年度编制，反映上一年度1月1日至12月31日国有资产监督管理情况。

第九条 财政部每年向各省、自治区、直辖市人民政府财政部门以及有关中央部门和单位印发开展年度国有资产报告编报工作的通知，布置年度报告工作，明确报告工作具体安排、编报要求和报送时限等。

各有关部门和单位应当依法依规认真、如实编写国有资产报告，不得瞒报、虚报、漏报国有资产情况，并对资产报告的真实性、准确性和完整性负责。

第十条 财政部在有关中央部门和单位以及各省级人民政府报送的报告基础上，经过审核汇总，编制全国国有资产综合报告和有关专项报告，按照程序呈报国务院。

县级以上地方各级财政部门按照财政部和本级人民政府部署要求，开展本地区综合报告和有关专项报告编制工作。

第十一条 县级以上各级财政部门商各相关部门、单位配合做好本级人大常委会审议报告相关工作，按照规定程序对报告的数据和内容进行审核。

第十二条 根据本级人大常委会审议意见任务分工，财政部门商各相关部门汇总梳理关于本级人大常委会审议意见的处理情况和国有资产管理领域审计发现主要问题及整改问责情况，形成审议意见处理情况报告，经本级人民政府同意后报本级人大常委会。

第十三条 财政部门应当按照规定及时公开国有资产报告有关信息，自觉接受社会监督。

第十四条 财政部牵头推进全口径国有资产信息共享平台建设，全面完整反映各类国有资产配置、使用、处置和效益等基本情况。

第十五条 各级财政部门、有关部门和单位及其工作人员在国有资产报告编制工作中发生滥用职权、玩忽职守、徇私舞弊或者渎职失职等违法违规行为的，依照《中华人民共和国监察法》《中华人民共和国公职人员政务处分法》《财政违法行为处罚处分条例》等追究责任；构成犯罪的，依法追究刑事责任。

第十六条 省级财政部门根据本办法，可以制定本地区国有资产报告编报工作具体办法。

第十七条 本办法自印发之日起施行。

4. 事业单位国有资产管理暂行办法（2019年修订）

（2006年5月30日财政部令第36号公布　根据2017年12月4日财政部令第90号《财政部关于修改〈注册会计师注册办法〉等6部规章的决定》第一次修改　根据2019年3月29日《财政部关于修改〈事业单位国有资产管理暂行办法〉的决定》第二次修改）

第一章 总 则

第一条 为了规范和加强事业单位国有资产管理，维护国有资产的安全完整，合理配置和有效利用国有资产，保障和促进各项事业发展，建立适应社会主义市场经济和公共财政要求的事业单位国有资产管理体制，根据国务院有关规定，制定本办法。

第二条 本办法适用于各级各类事业单位的国有资产管理活动。

第三条 本办法所称的事业单位国有资产，是指事业单位占有、使用的，依法确认为国家所有，能以货币计量的各种经济资源的总称，即事业单位的国有（公共）财产。

事业单位国有资产包括国家拨给事业单位的资产，事业单位按照国家规定运用国有资产组织收入形成的资产，以及接受捐赠和其他经法律确认为国家所有的资产，其表现形式为流动资产、固定资产、无形资产和对外投资等。

第四条 事业单位国有资产管理活动，应当坚持资产管理与预算管理相结合的原则，推行实物费用定额制度，促进事业资产整合与共享共用，实现资产管理和预算管理的紧密统一；应当坚持所有权和使用权相分离的原则；应当坚持资产管理与财务管理、实物管理与价值管理相结合的原则。

第五条 事业单位国有资产实行国家统一所有，政府分级监管，单位占有、使用的管理体制。

第二章 管理机构及其职责

第六条 各级财政部门是政府负责事业单位国有资产管理的职能部门，对事业单位的国有资产实施综合管理。其主要职责是：

（一）根据国家有关国有资产管理的规定，制定事业单位国有资产管理的规章制度，并组织实施和监督检查；

（二）研究制定本级事业单位实物资产配置标准和相关的费用标准，组织本级事业单位国有资产的产权登记、产权界定、产权纠纷调处、资产评估监管、资产清查和统计报告等基础管理工作；

（三）按规定权限审批本级事业单位有关资产购置、处置和利用国有资产对外投资、出租、出借和担保等事项，组织事业单位长期闲置、低效运转和超标准配置资产的调剂工作，建立事业单位国有资产整合、共享、共用机制；

（四）推进本级有条件的事业单位实现国有资产的市场化、社会化，加强事业单位转企改制工作中国有资产的监督管理；

（五）负责本级事业单位国有资产收益的监督管理；

（六）建立和完善事业单位国有资产管理信息系统，对事业单位国有资产实行动态管理；

（七）研究建立事业单位国有资产安全性、完整性和使用有效性的评价方法、评价标准和评价机制，对事业单位国有资产实行绩效管理；

（八）监督、指导本级事业单位及其主管部门、下级财政部门的国有资产管理工作。

第七条 事业单位的主管部门（以下简称主管部门）负责对本部门所属事业单位的国有资产实施监督管理。其主要职责是：

（一）根据本级和上级财政部门有关国有资产管理的规定，制定本部门事业单位国有资产管理的实施办法，并组织实施和监督检查；

（二）组织本部门事业单位国有资产的清查、登记、统计汇总及日常监督检查工作；

（三）审核本部门所属事业单位利用国有资产对外投资、出租、出借和担保等事项，按规定权限审核或者审批有关资产购置、处置事项；

（四）负责本部门所属事业单位长期闲置、低效运转和超标准配置资产的调剂工作，优化事业单位国有资产配置，推动事业单位国有资产共享、共用；

（五）督促本部门所属事业单位按规定缴纳国有资产收益；

（六）组织实施对本部门所属事业单位国有资产管理和使用情况的评价考核；

（七）接受同级财政部门的监督、指导并向其报告有关事业单位国有资产管理工作。

第八条 事业单位负责对本单位占有、使用的国有资产实施具体管理。其主要职责是：

（一）根据事业单位国有资产管理的有关规定，制定本单位国有资产管理的具体办法并组织实施；

（二）负责本单位资产购置、验收入库、维护保管等日常管理，负责本单位资产的账卡管理、清查登记、统计报告及日常监督检查工作；

（三）办理本单位国有资产配置、处置和对外投资、出租、出借和担保等事项的报批手续；

（四）负责本单位用于对外投资、出租、出借和担保的资产的保值增值，按照规定及时、足额缴纳国有资产收益；

（五）负责本单位存量资产的有效利用，参与大型仪器、设备等资产的共享、共用和公共研究平台建设工作；

（六）接受主管部门和同级财政部门的监督、指导并向其报告有关国有资产管理工作。

第九条 各级财政部门、主管部门和事业单位应当按照本办法的规定，明确管理机构和人员，做好事业单位国有资产管理工作。

第十条 财政部门根据工作需要，可以将国有资产管理的部分工作交由有关单位完成。

第三章 资产配置及使用

第十一条 事业单位国有资产配置是指财政部门、主管部门、事业单位等根据事业单位履行职能的需要，按照国家有关法律、法规和规章制度规定的程序，通过购置或者调剂等方式为事业单位配备资产的行为。

第十二条 事业单位国有资产配置应当符合以下条件：

（一）现有资产无法满足事业单位履行职能的需要；

（二）难以与其他单位共享、共用相关资产；

（三）难以通过市场购买产品或者服务的方式代替资产配置，或者采取市场购买方式的成本过高。

第十三条 事业单位国有资产配置应当符合规定的配置标准；没有规定配置标准的，应当从严控制，合理配置。

第十四条 对于事业单位长期闲置、低效运转或者超标准配置的资产，原则上由主管部门进行调剂，并报同级财政部门备案；跨部门、跨地区的资产调剂应当报同级或者共同上一级的财政部门批准。法律、行政法规另有规定的，依照其规定。

第十五条 事业单位向财政部门申请用财政性资金购置规定限额以上资产的（包括事业单位申请用财政性资金举办大型会议、活动需要进行的购置），除国家另有规定外，按照下列程序报批：

（一）年度部门预算编制前，事业单位资产管理部门会同财务部门审核资产存量，提出下一年度拟购置资产的品目、数量，测算经费额度，报主管部门审核；

（二）主管部门根据事业单位资产存量状况和有关资产配置标准，审核、汇总事业单位资产购置计划，报同级财政部门审批；

（三）同级财政部门根据主管部门的审核意见，对资产购置计划进行审批；

（四）经同级财政部门批准的资产购置计划，事业单位应当列入年度部门预算，并在上报年度部门预算时附送批复文件等相关材料，作为财政部门批复部门预算的依据。

第十六条 事业单位向主管部门或者其他部门申请项目经费的，有关部门在下达经费前，应当将所涉及的规定限额以上的资产购置事项报同级财政部门批准。

第十七条 事业单位用其他资金购置规定限额以上资产的，报主管部门审批；主管部门应当将审批结果定期报同级财政部门备案。

第十八条 事业单位购置纳入政府采购范围的资产，应当按照国家有关政府采购的规定执行。

第十九条 事业单位国有资产的使用包括单位自用和对外投资、出租、出借、担保等方式。

第二十条 事业单位应当建立健全资产购置、验收、保管、使用等内部管理制度。

事业单位应当对实物资产进行定期清查，做到账账、账卡、账实相符，加强对本单位专利权、商标权、著作权、土地使用权、非专利技术、商誉等无形资产的管理，防止无形资产流失。

第二十一条 事业单位利用国有资产对外投资、出租、出借和担保等应当进行必要的可行性论证，并提出申请，经主管部门审核同意后，报同级财政部门审批。法律、行政法规和本办法第五十六条另有规定的，依照其规定。

事业单位应当对本单位用于对外投资、出租和出借的资产实行专项管理，并在单位财务会计报告中对相关信息进行充分披露。

第二十二条 财政部门和主管部门应当加强对事业单位利用国有资产对外投资、出租、出借和担保等行为的风险控制。

第二十三条 除本办法第五十六条及国家另有规定外，事业单位对外投资收益以及利用国有资产出租、出借和担保等取得的收入应当纳入单位预算，统一核算，统一管理。

第四章 资产处置

第二十四条 事业单位国有资产处置，是指事业单位对其占有、使用的国有资产进行产权转让或者注销产权的行为。处置方式包括出售、出让、转让、对外捐赠、报废、报损以及货币性资产损失核销等。

第二十五条 除本办法第五十六条另有规定外，事业单位处置国有资产，应当严格履行审批手续，未经批准不得自行处置。

第二十六条 事业单位占有、使用的房屋建筑物、土地和车辆的处置，货币性资产损失的核销，以及单位价值或者批量价值在规定限额以上的资产的处置，经主管部门审核后报同级财政部门审批；规定限额以下的资产的处置报主管部门审批，主管部门将审批结果定期报同级财政部门备案。法律、行政法规和本办法第五十六条另有规定的，依照其规定。

第二十七条 财政部门或者主管部门对事业单位国有资产处置事项的批复是财政部门重新安排事业单位有关资产配置预算项目的参考依据，是事业单位调整相关会计账目的凭证。

第二十八条 事业单位国有资产处置应当遵循公开、公正、公平的原则。

事业单位出售、出让、转让、变卖资产数量较多或者价值较高的，应当通过拍卖等市场竞价方式公开处置。

第二十九条 除本办法第五十六条另有规定外，事业单位国有资产处置收入属于国家所有，应当按照政府非税收入管理的规定，实行“收支两条线”管理。

第五章 产权登记与产权纠纷处理

第三十条 事业单位国有资产产权登记（以下简称产权登记）是国家对事业单位占有、

使用的国有资产进行登记，依法确认国家对国有资产的所有权和事业单位对国有资产的占有、使用权的行为。

第三十一条 事业单位应当向同级财政部门或者经同级财政部门授权的主管部门（以下简称授权部门）申报、办理产权登记，并由财政部门或者授权部门核发《事业单位国有资产产权登记证》（以下简称《产权登记证》）。

第三十二条 《产权登记证》是国家对事业单位国有资产享有所有权，单位享有占有、使用权的法律凭证，由财政部统一印制。

事业单位办理法人年检、改制、资产处置和利用国有资产对外投资、出租、出借、担保等事项时，应当出具《产权登记证》。

第三十三条 事业单位国有资产产权登记的内容主要包括：

（一）单位名称、住所、负责人及成立时间；

（二）单位性质、主管部门；

（三）单位资产总额、国有资产总额、主要实物资产额及其使用状况、对外投资情况；

（四）其他需要登记的事项。

第三十四条 事业单位应当按照以下规定进行国有资产产权登记：

（一）新设立的事业单位，办理占有产权登记；

（二）发生分立、合并、部分改制，以及隶属关系、单位名称、住所和单位负责人等产权登记内容发生变化的事业单位，办理变更产权登记；

（三）因依法撤销或者整体改制等原因被清算、注销的事业单位，办理注销产权登记。

第三十五条 各级财政部门应当在资产动态管理信息系统和变更产权登记的基础上，对事业单位国有资产产权登记实行定期检查。

第三十六条 事业单位与其他国有单位之间发生国有资产产权纠纷的，由当事人协商解决。协商不能解决的，可以向同级或者共同上一级财政部门申请调解或者裁定，必要时报有管辖权的人民政府处理。

第三十七条 事业单位与非国有单位或者个人之间发生产权纠纷的，事业单位应当提出拟处理意见，经主管部门审核并报同级财政部门批准后，与对方当事人协商解决。协商不能解决的，依照司法程序处理。

第六章 资产评估与资产清查

第三十八条 事业单位有下列情形之一的，应当对相关国有资产进行评估：

（一）整体或者部分改制为企业；

（二）以非货币性资产对外投资；

（三）合并、分立、清算；

（四）资产拍卖、转让、置换；

（五）整体或者部分资产租赁给非国有单位；

（六）确定涉讼资产价值；

（七）法律、行政法规规定的其他需要进行评估的事项。

第三十九条 事业单位有下列情形之一的，可以不进行资产评估：

（一）经批准事业单位整体或者部分资产无偿划转；

（二）行政、事业单位下属的事业单位之间的合并、资产划转、置换和转让；

（三）国家设立的研究开发机构、高等院校将其持有的科技成果转让、许可或者作价投资给国有全资企业的；

（四）发生其他不影响国有资产权益的特殊产权变动行为，报经同级财政部门确认可以不进行资产评估的。

第四十条　国家设立的研究开发机构、高等院校将其持有的科技成果转让、许可或者作价投资给非国有全资企业的，由单位自主决定是否进行资产评估。

第四十一条　事业单位国有资产评估工作应当委托具有资产评估资质的评估机构进行。事业单位应当如实向资产评估机构提供有关情况和资料，并对所提供的情况和资料的客观性、真实性和合法性负责。

事业单位不得以任何形式干预资产评估机构独立执业。

第四十二条　事业单位国有资产评估项目实行核准制和备案制。核准和备案工作按照国家有关国有资产评估项目核准和备案管理的规定执行。

第四十三条　事业单位有下列情形之一的，应当进行资产清查：

（一）根据国家专项工作要求或者本级政府实际工作需要，被纳入统一组织的资产清查范围的；

（二）进行重大改革或者整体、部分改制为企业的；

（三）遭受重大自然灾害等不可抗力造成资产严重损失的；

（四）会计信息严重失真或者国有资产出现重大流失的；

（五）会计政策发生重大更改，涉及资产核算方法发生重要变化的；

（六）同级财政部门认为应当进行资产清查的其他情形。

第四十四条　事业单位进行资产清查，应当向主管部门提出申请，并按照规定程序报同级财政部门批准立项后组织实施，但根据国家专项工作要求或者本级政府工作需要进行的资产清查除外。

第四十五条　事业单位资产清查工作的内容主要包括基本情况清理、账务清理、财产清查、损溢认定、资产核实和完善制度等。资产清查的具体办法由财政部另行制定。

第七章　资产信息管理与报告

第四十六条　事业单位应当按照国有资产管理信息化的要求，及时将资产变动信息录入管理信息系统，对本单位资产实行动态管理，并在此基础上做好国有资产统计和信息报告工作。

第四十七条　事业单位国有资产信息报告是事业单位财务会计报告的重要组成部分。事业单位应当按照财政部门规定的事业单位财务会计报告的格式、内容及要求，对其占有、使用的国有资产状况定期做出报告。

第四十八条　事业单位国有资产占有、使用状况，是主管部门、财政部门编制和安排事业单位预算的重要参考依据。各级财政部门、主管部门应当充分利用资产管理信息系统和资产信息报告，全面、动态地掌握事业单位国有资产占有、使用状况，建立和完善资产与预算有效结合的激励和约束机制。

第八章　监督检查与法律责任

第四十九条　财政部门、主管部门、事业单位及其工作人员，应当依法维护事业单位国有资产的安全完整，提高国有资产使用效益。

第五十条　财政部门、主管部门和事业单位应当建立健全科学合理的事业单位国有资产监督管理责任制，将资产监督、管理的责任落实到具体部门、单位和个人。

第五十一条　事业单位国有资产监督应当坚持单位内部监督与财政监督、审计监督、社会监督相结合，事前监督与事中监督、事后监督相结合，日常监督与专项检查相结合。

第五十二条　事业单位及其工作人员违反本办法，有下列行为之一的，依据《财政违法行为处罚处分条例》的规定进行处罚、处理、处分：

（一）以虚报、冒领等手段骗取财政资金的；

（二）擅自占有、使用和处置国有资产的；

（三）擅自提供担保的；

（四）通过串通作弊、暗箱操作等低价处置国有资产的；

（五）未按规定缴纳国有资产收益的。

第五十三条 各级财政部门、主管部门及其工作人员在事业单位国有资产配置、使用、处置等管理工作中，存在违反本办法规定的行为，以及其他滥用职权、玩忽职守、徇私舞弊等违法违纪行为的，依照《中华人民共和国公务员法》《中华人民共和国监察法》《财政违法行为处罚处分条例》等国家有关规定追究相应责任；涉嫌犯罪的，依法移送司法机关处理。

第五十四条 主管部门在配置事业单位国有资产或者审核、批准国有资产使用、处置事项的工作中违反本办法规定的，财政部门可以责令其限期改正，逾期不改的予以警告。

第五十五条 违反本办法有关事业单位国有资产管理规定的其他行为，依据国家有关法律、法规及规章制度进行处理。

第九章 附 则

第五十六条 国家设立的研究开发机构、高等院校对其持有的科技成果，可以自主决定转让、许可或者作价投资，不需报主管部门、财政部门审批或者备案，并通过协议定价、在技术交易市场挂牌交易、拍卖等方式确定价格。通过协议定价的，应当在本单位公示科技成果名称和拟交易价格。

国家设立的研究开发机构、高等院校转化科技成果所获得的收入全部留归本单位。

第五十七条 社会团体和民办非企业单位中占有、使用国有资产的，参照本办法执行。参照公务员制度管理的事业单位和社会团体，依照国家关于行政单位国有资产管理的有关规定执行。

第五十八条 实行企业化管理并执行企业财务会计制度的事业单位，以及事业单位创办的具有法人资格的企业，由财政部门按照企业国有资产监督管理的有关规定实施监督管理。

第五十九条 地方财政部门制定的本地区和本级事业单位的国有资产管理规章制度，应当报上一级财政部门备案。

中央级事业单位的国有资产管理实施办法，由财政部会同有关部门根据本办法制定。

第六十条 境外事业单位国有资产管理办法由财政部另行制定。中国人民解放军、武装警察部队以及经国家批准的特定事业单位的国有资产管理办法，由解放军总后勤部、武装警察部队和有关主管部门会同财政部另行制定。

行业特点突出，需要制定行业事业单位国有资产管理办法的，由财政部会同有关主管部门根据本办法制定。

第六十一条 本办法中有关资产配置、处置事项的“规定限额”由省级以上财政部门另行确定。

第六十二条 本办法自 2006 年 7 月 1 日起施行。此前颁布的有关事业单位国有资产管理的规定与本办法相抵触的，按照本办法执行。

5. 关于加强行政事业单位固定资产管理的通知（2020 年颁布）

（财资〔2020〕97 号）

党中央有关部门，国务院各部委、各直属机构，全国人大常委会办公厅，全国政协办公厅，最高人民法院，最高人民检察院，各民主党派中央，有关人民团体，各省、自治区、直辖市、计划单列市财政厅（局），新疆生产建设兵团财政局，有关中央管理企业：

行政事业单位固定资产（以下简称固定资产）是行政事业单位为满足自身开展业务活动或其他活动需要而控制的，使用年限和单位价值在规定标准以上，并在使用过程中基本保持原有物质形态的资产，包括房屋及构筑物，专用设备，通用设备，文物和陈列品，图书、档案，家具、用具、装具及动植物等。做好固定资产管理工作，对于提升行政事业单位国有资产管理整体水平、更好地服务与保障单位履职和事业发展，具有重要意义。为贯彻落实党中央、国务院关于“过紧日子”的要求，有效盘活并高效使用固定资产，有针对性地解决固定资产管理中存在的突出问题，现就加强固定资产管理有关事项通知如下：

一、落实管理责任，健全管理制度

（一）明晰责任。各级财政部门要强化和落实综合管理职责，加强固定资产管理顶层设计，明确固定资产管理要求。各部门要切实履行固定资产监督管理职责，建立健全固定资产管理机制，组织落实固定资产管理各项工作。各单位对固定资产管理承担主体责任，并将责任落实到人。固定资产使用人员要切实负起责任，爱护和使用好固定资产，确保固定资产安全完整，高效利用。

（二）健全制度。各部门应根据工作需要和实际情况，建立健全固定资产管理实施办法或分类制定固定资产管理规定，进一步细化管理要求。各单位应认真对照管理要求，针对固定资产验收登记、核算入账、领用移交、维修保管、清查盘点、出租出借、对外投资、回收处置、绩效管理等重点环节，查漏补缺，明确操作规程，确保流程清晰、管理规范、责任可查。

（三）加强内控。各部门、各单位应当根据《行政事业单位内部控制规范（试行）》等规定，强化固定资产配置、使用、处置等关键环节的管控。加强固定资产管理部门与政府采购、财务、人事等部门的沟通协作，形成管理合力。

二、加强基础管理，确保家底清晰

（四）核算入账。各单位要严格落实政府会计准则制度等要求，按规定设置固定资产账簿，对固定资产增减变动及时进行会计处理，并定期与固定资产卡片进行核对，确保账卡相符。对已投入使用但尚未办理竣工决算的在建工程，应当按规定及时转入固定资产。

（五）登记管理。加强固定资产卡片管理，做到有物必登、登记到人、一物一卡、不重不漏。对于权证手续不全、但长期占有使用并实际控制的固定资产，应当建立并登记固定资产卡片；对于租入固定资产，应当单独登记备查，并做好维护和管理。固定资产卡片应当符合规定格式，载明固定资产基本信息、财务信息以及使用信息，并随资产全生命周期管理动态更新，在行政事业单位国有资产年度报告中如实反映。

（六）清查盘点。定期对固定资产进行清查盘点，每年至少盘点一次，全面掌握并真实反映固定资产的数量、价值和使用状况，确保账账相符、账实相符。盘盈固定资产，应当按照政府会计准则制度等规定合理确定资产价值，按权限报批后登记入账。出现固定资产盘亏，应当查明原因、及时规范处理。

（七）权属管理。切实做好固定资产产权管理，及时办理土地、房屋、车辆等固定资产权属证书，资产变动应办理权证变更登记，避免权属不清。涉及产权纠纷或不清晰的固定资产，应按照产权管理规定，厘清产权关系。

三、规范管理行为，提升管理效能

（八）从严配置。各部门、各单位要真正落实“过紧日子”要求，在摸清固定资产存量基础上，合理提出配置需求，审核部门要严格把关，从严控制。固定资产配置能通过调剂、收回出租出借等方式解决的，原则上不得重新购置、建设、租用。购置、建设、租用固定资产的，应当严格执行政府采购等法律法规，并做好政府采购等履约验收与固定资产入账的衔接。严格按规定标准配置固定资产，没有配置标准的，结合本单位履职需要和事业发展需求，厉行节约，合理配备。固定资产原则上不得一边出租出借、一边新增配置。

（九）规范使用。要加强固定资产使用管理，行政单位固定资产主要保障机关正常运转，事业单位固定资产主要支撑事业发展，行政单位和事业单位原则上不得互相占用固定资产，确保固定资产功能与单位职能相匹配。固定资产出租出借、对外投资要严格履行管理程序。落实固定资产内部领用和离岗归还制度，领用人要合理使用、妥善保管，出现损坏及时报修，避免闲置浪费或是公物私用。发生岗位变动应当按规定及时办理资产移交，移交或归还后方可办理相关手续。

（十）调剂共享。积极推进固定资产在单位内部调剂共享，鼓励跨部门、跨地区、跨级次的资产调剂和共享共用，提升固定资产使用效益。高校、科研等事业单位要将符合条件的科研设施与科研仪器纳入重大科研基础设施和大型科研仪器国家网络管理平台，将仪器开放共享情况作为新增资产配置的重要参考因素，推动开放共享和高效利用。

（十一）规范处置。明确固定资产内部处置程序，严格按规定权限履行报批程序，及时处置固定资产。对长期积压的待处置资产，按“三重一大”事项履行集体决策程序，在规定权限内予以处置，切实解决“销账难”的问题。固定资产处置要做到公开、公正、公平。出售、出让、转让固定资产应依法依规进行资产评估，数量较多或者价值较高的，通过进场交易、拍卖等公开方式处置。确实不具备使用价值的处置资产，鼓励通过网络拍卖等方式公开处置。处置收入扣除相关税金、评估费、拍卖佣金等费用后，按照政府非税收入收缴管理有关规定及时缴入国库，实行“收支两条线”管理。

四、完善追责机制，加强监督检查

（十二）损失追责。各部门、各单位应当建立健全固定资产损失追责机制，落实损失赔偿责任。对因使用、保管不善等造成的固定资产丢失、损毁等情形，按照规定进行责任认定，由责任人承担相应责任。

（十三）绩效管理。各级财政部门、各部门应当建立固定资产全过程绩效管理机制，对固定资产管理机构人员设置，账实相符情况，配置效率、使用效果、处置以及收入管理、信息系统建设和应用等情况设置具体绩效指标，实施跟踪问效。

（十四）监督检查。各级财政部门会同主管部门加强固定资产管理的监督检查，在强化日常监管基础上，针对单位固定资产管理制度是否完善、基础工作是否扎实、使用是否高效等开展监督检查，增强监督实效。对固定资产管理不到位的行政事业单位进行通报；对隐瞒不报、故意损毁、违规违纪违法操作，造成国有资产重大流失的，依法追究相关责任。

各部门、各单位要高度重视并切实加强固定资产管理，根据本通知精神，落实管理责任，细化管理要求，规范管理行为，加强信息技术支撑，确保固定资产安全完整、运转高效。

财政部

2020 年 8 月 26 日

6. 罚没财物管理办法（2020 年颁布）

关于印发《罚没财物管理办法》的通知

（财税〔2020〕54 号）

党中央有关部门，国务院各部委、各直属机构，最高人民法院、最高人民检察院、国家监委，各省、自治区、直辖市、计划单列市财政厅（局），新疆生产建设兵团财政局，财政部各地监管局：

为进一步规范和加强罚没财物管理，根据国家有关法律法规，结合各地区、各部门实践情况，我部制定了《罚没财物管理办法》，现印发给你们，请遵照执行。

附件：罚没财物管理办法

财政部

2020 年 12 月 17 日

附件：

罚没财物管理办法

第一章 总 则

第一条 为规范和加强罚没财物管理，防止国家财产损失，保护自然人、法人和非法人组织的合法权益，根据《中华人民共和国预算法》《罚款决定与罚款收缴分离实施办法》（国务院令第 235 号）等有关法律、行政法规规定，制定本办法。

第二条 罚没财物移交、保管、处置、收入上缴、预算管理等，适用本办法。

第三条 本办法所称罚没财物，是指执法机关依法对自然人、法人和非法人组织作出行政处罚决定，没收、追缴决定或者法院生效裁定、判决取得的罚款、罚金、违法所得、非法财物，没收的保证金、个人财产等，包括现金、有价票证、有价证券、动产、不动产和其他财产权利等。

本办法所称执法机关，是指各级行政机关、监察机关、审判机关、检察机关，法律法规授权的具有管理公共事务职能的事业单位和组织。

本办法所称罚没收入是指罚款、罚金等现金收入，罚没财物处置收入及其孳息。

第四条 罚没财物管理工作应遵循罚款决定与罚款收缴相分离，执法与保管、处置岗位相分离，罚没收入与经费保障相分离的原则。

第五条 财政部负责制定全国罚没财物管理制度，指导、监督各地区、各部门罚没财物管理工作。中央有关执法机关可以根据本办法，制定本系统罚没财物管理具体实施办法，指导本系统罚没财物管理工作。

地方各级财政部门负责制定罚没财物管理制度，指导、监督本行政区内各有关单位的罚没财物管理工作。

各级执法机关、政府公物仓等单位负责制定本单位罚没财物管理操作规范，并在本单位职责范围内对罚没财物管理履行主体责任。

第二章 移交和保管

第六条 有条件的部门和地区可以设置政府公物仓对罚没物品实行集中管理。未设置政府公物仓的，由执法机关对罚没物品进行管理。

各级执法机关、政府公物仓按照安全、高效、便捷和节约的原则，使用下列罚没仓库存放保管罚没物品：

（一）执法机关罚没物品保管仓库；

（二）政府公物仓库；

（三）通过购买服务等方式选择社会仓库。

第七条 设置政府公物仓的地区，执法机关应当在根据行政处罚决定，没收、追缴决定，法院生效裁定、判决没收物品或者公告期满后，在同级财政部门规定的期限内，将罚没物品及其他必要的证明文件、材料，移送至政府公物仓，并向财政部门备案。

第八条 罚没仓库的保管条件、保管措施、管理方式应当满足防火、防水、防腐、防疫、防盗等基础安全要求，符合被保管罚没物品的特性。应当安装视频监控、防盗报警等安全设备。

第九条 执法机关、政府公物仓应当建立健全罚没物品保管制度，规范业务流程和单据管理，具体包括：

（一）建立台账制度，对接管的罚没物品必须造册、登记，清楚、准确、全面反映罚没物品的主要属性和特点，完整记录从入库到处置全过程。

（二）建立分类保管制度，对不同种类的罚没物品，应当分类保管。对文物、文化艺术品、贵金属、珠宝等贵重罚没物品，应当做到移交、入库、保管、出库全程录音录像，并做好密封工作。

（三）建立安全保卫制度，落实人员责任，确保物品妥善保管。

（四）建立清查盘存制度，做到账实一致，定期向财政部门报告罚没物品管理情况。

第十条 罚没仓库应当凭经执法机关或者政府公物仓按管理职责批准的书面文件或者单证办理出库手续，并在登记的出库清单上列明，由经办人与提货人共同签名确认，确保出库清单与批准文件、出库罚没物品一致。

罚没仓库无正当理由不得妨碍符合出库规定和手续的罚没物品出库。

第十一条 执法机关、政府公物仓应当运用信息化手段，建立来源去向明晰、管理全程可控、全面接受监督的管理信息系统。

执法机关、政府公物仓的管理信息系统，应当逐步与财政部门的非税收入收缴系统等平台对接，实现互联互通和信息共享。

第三章 罚没财物处置

第十二条 罚没财物的处置应当遵循公开、公平、公正原则，依法分类、定期处置，提高处置效率，降低仓储成本和处置成本，实现处置价值最大化。

第十三条 各级执法机关、政府公物仓应当依照法律法规和本级人民政府规定的权限，按照本办法的规定处置罚没财物。

各级财政部门会同有关部门对本级罚没财物处置、收入收缴等进行监督，建立处置审批和备案制度。

财政部各地监管局对属地中央预算单位罚没财物的处置、收入收缴等进行监督。

第十四条 除法律法规另有规定外，容易损毁、灭失、变质、保管困难或者保管费用过高、季节性商品等不宜长期保存的物品，长期不使用容易导致机械性能下降、价值贬损的车辆、船艇、电子产品等物品，以及有效期即将届满的汇票、本票、支票等，在确定为罚没财物前，经权利人同意或者申请，并经执法机关负责人批准，可以依法先行处置；权利人不明确的，可以依法公告，公告期满后仍没有权利人同意或者申请的，可以依法先行处置。先行处置所得款项按照涉案现金管理。

第十五条 罚没物品处置前存在破损、污秽等情形的，在有利于加快处置的情况下，且清理、修复费用低于变卖收入的，可以进行适当清理、修复。

第十六条 执法机关依法取得的罚没物品，除法律、行政法规禁止买卖的物品或者财产权利、按国家规定另行处置外，应当按照国家规定进行公开拍卖。公开拍卖应当符合下列要求：

（一）拍卖活动可以采取现场拍卖方式，鼓励有条件的部门和地区通过互联网和公共资源交易平台进行公开拍卖。

（二）公开拍卖应当委托具有相应拍卖资格的拍卖人进行，拍卖人可以通过摇珠等方式从具备资格条件的范围中选定，必要时可以选择多个拍卖人进行联合拍卖。

（三）罚没物品属于国家有强制安全标准或者涉及人民生命财产安全的，应当委托符合有关规定资格条件的检验检疫机构进行检验检测，不符合安全、卫生、质量或者动植物检疫标准的，不得进行公开拍卖。

（四）根据需要，可以采取“一物一拍”等方式对罚没物品进行拍卖。采用公开拍卖方式处置的，一般应当确定拍卖标的保留价。保留价一般参照价格认定机构或者符合资格条件的资产评估机构作出的评估价确定，也可以参照市场价或者通过互联网询价确定。

（五）公开拍卖发生流拍情形的，再次拍卖的保留价不得低于前次拍卖保留价的80%。发生 3 次（含）以上流拍情形的，经执法机关商同级财政部门确定后，可以通过互联网平台采取无底价拍卖或者转为其他处置方式。

第十七条 属于国家规定的专卖商品等限制流通的罚没物品，应当交由归口管理单位统一变卖，或者变卖给按规定可以接受该物品的单位。

第十八条 下列罚没物品，应当移交相关主管部门处置：

（一）依法没收的文物，应当移交国家或者省级文物行政管理部门，由其指定的国有博物馆、图书馆等文物收藏单位收藏或者按国家有关规定处置。经国家或者省级文物行政管理部门授权，市、县的文物行政管理部门或者有关国有博物馆、图书馆等文物收藏单位可以具体承办文物接收事宜。

（二）武器、弹药、管制刀具、毒品、毒具、赌具、禁止流通的易燃易爆危险品等，应当移交同级公安部门或者其他有关部门处置，或者经公安部门、其他有关部门同意，由有关执法机关依法处置。

（三）依法没收的野生动植物及其制品，应当交由野生动植物保护主管部门、海洋执法部门或者有关保护区域管理机构按规定处置，或者经有关主管部门同意，交由相关科研机构用于科学研究。

（四）其他应当移交相关主管部门处置的罚没物品。

第十九条 罚没物品难以变卖或者变卖成本大于收入，且具有经济价值或者其他价值的，执法机关应当报送同级财政部门，经同级财政部门同意后，可以赠送有关公益单位用于公益事业；没有捐赠且能够继续使用的，由同级财政部门统一管理。

第二十条 淫秽、反动物品，非法出版物，有毒有害的食品药品及其原材料，危害国家安全以及其他有社会危害性的物品，以及法律法规规定应当销毁的，应当由执法机关予以销毁。

对难以变卖且无经济价值或者其他价值的，可以由执法机关、政府公物仓予以销毁。

属于应销毁的物品经无害化或者合法化处理，丧失原有功能后尚有经济价值的，可以由执法机关、政府公物仓作为废旧物品变卖。

第二十一条 已纳入罚没仓库保管的物品，依法应当退还的，由执法机关、政府公物仓办理退还手续。

第二十二条 依法应当进行权属登记的房产、土地使用权等罚没财产和财产权利，变卖前可以依据行政处罚决定，没收、追缴决定，法院生效裁定、判决进行权属变更，变更后应当按本办法相关规定处置。

权属变更后的承接权属主体可以是执法机关、政府公物仓、同级财政部门或者其他指定机构，但不改变罚没财物的性质，承接单位不得占用、出租、出借。

第二十三条 罚没物品无法直接适用本办法规定处置的，执法机关与同级财政商有关部门后，提出处置方案，报上级财政部门备案。

第四章 罚没收入

第二十四条 罚没收入属于政府非税收入，应当按照国库集中收缴管理有关规定，全额上缴国库，纳入一般公共预算管理。

第二十五条 除依法可以当场收缴的罚款外，作出罚款决定的执法机关应当与收缴罚款的机构分离。

第二十六条 中央与省级罚没收入的划分权限，省以下各级政府间罚没收入的划分权限，按照现行预算管理有关规定确定。法律法规另有规定的，从其规定。

第二十七条 除以下情形外，罚没收入应按照执法机关的财务隶属关系缴入同级国库：

（一）海关、公安、中国海警、市场监管等部门取得的缉私罚没收入全额缴入中央国库。

（二）海关（除缉私外）、国家外汇管理部门、国家邮政部门、通信管理部门、气象管理部门、应急管理部所属煤矿安全监察部门、交通运输部所属海事部门中央本级取得的罚没收入全额缴入中央国库。省以下机构取得的罚没收入，50% 缴入中央国库，50% 缴入地方国库。

（三）国家烟草专卖部门取得的罚没收入全额缴入地方国库。

（四）应急管理部所属的消防救援部门取得的罚没收入，50% 缴入中央国库，50% 缴入地方国库。

（五）国家市场监督管理总局所属的反垄断部门与地方反垄断部门联合办理或者委托地方查办的重大案件取得的罚没收入，全额缴入中央国库。

（六）国有企业、事业单位监察机构没收、追缴的违法所得，按照国有企业、事业单位隶属关系全额缴入中央或者地方国库。

（七）中央政法机关交办案件按照有关规定执行。

（八）财政部规定的其他情形。

第二十八条 罚没物品处置收入，可以按扣除处置该罚没物品直接支出后的余额，作为罚没收入上缴；政府预算已经安排罚没物品处置专项经费的，不得扣除处置该罚没物品的直接支出。

前款所称处置罚没物品直接支出包括质量鉴定、评估和必要的修复费用。

第二十九条 罚没收入的缴库，按下列规定执行：

（一）执法机关取得的罚没收入，除当场收缴的罚款和财政部另有规定外，应当在取得之日缴入财政专户或者国库；

（二）执法人员依法当场收缴罚款的，执法机关应当自收到款项之日起2个工作日内缴入财政专户或者国库；

（三）委托拍卖机构拍卖罚没物品取得的变价款，由委托方自收到款项之日起2个工作日内缴入财政专户或者国库。

第三十条 政府预算收入中罚没收入预算为预测性指标，不作为收入任务指标下达。执法机关的办案经费由本级政府预算统筹保障，执法机关经费预算安排不得与该单位任何年度上缴的罚没收入挂钩。

第三十一条 依法退还多缴、错缴等罚没收入，应当按照本级财政部门有关规定办理。

第三十二条 执法机关在罚没财物管理工作中，应当按照规定使用财政部门相关票据。

第三十三条 对向执法机关检举、揭发各类违法案件的人员，经查实后，按照相关规定给予奖励，奖励经费不得从案件罚没收入中列支。

第五章 附 则

第三十四条 各级财政部门、执法机关、政府公物仓及其工作人员在罚没财物管理、处置工作中，存在违反本办法规定的行为，以及其他滥用职权、玩忽职守、徇私舞弊等违法违纪行为的，按照《中华人民共和国监察法》《财政违法行为处罚处分条例》等国家有关规定追究相应责任；构成犯罪的，依法追究刑事责任。

第三十五条 执法机关扣押的涉案财物，有关单位、个人向执法机关声明放弃的或者无人认领的财物；党的纪律检察机关依据党内法规收缴的违纪所得以及按规定登记上交的礼品、礼金等财物；党政机关收到的采购、人事等合同违约金；党政机关根据国家赔偿法履行赔偿义务之后向故意或者有重大过失的工作人员、受委托的组织或者个人追偿的赔偿款等，参照罚没财物管理。国家另有规定的除外。

国有企业、事业单位党的纪检机构依据党内法规收缴的违纪所得，以及按规定登记上交的礼品、礼金等财物，按照国有企业、事业单位隶属关系全额缴入中央或者地方国库。

第三十六条 本办法自2021年1月1日起实施。

本办法实施前已经形成的罚没财物，尚未处置的，按照本办法执行。

7. 国有文物资源资产管理暂行办法（2021年颁布）

（财资〔2021〕84号）

第一章 总 则

第一条 为健全国有资产报告制度，保障国有文物资源资产安全完整、有效保护和合理利用，根据《中华人民共和国文物保护法》《中共中央关于建立国务院向全国人大常委会报告国有资产管理情况制度的意见》《关于加强文物保护利用改革的若干意见》和行政事业单位国有资产管理有关规定，制定本办法。

第二条 各级各类行政事业单位国有文物资源资产的取得、保管保护、使用、处置、报告等管理活动，适用本办法。

第三条 文物资源资产来源包括文物普查、考古调查、勘探和发掘、征集、购买、调拨、捐赠、依法置换、依法接收、指定保管等方式。

第四条 文物资源资产管理遵循保护为主、全面登记、合理利用、动态监控、分类施策、分级管理的原则。

第五条 各级财政部门、文物行政部门、其他主管部门、管理收藏单位按照职责分工承担文物资源资产登记、核算、保管保护、展示利用、信息化管理、资产报告和监督检查等工作。

第六条 各级财政部门会同同级文物行政部门负责制定文物资源资产管理综合性制度，并组织实施和监督检查；建立文物资源资产管理情况报告制度并组织实施。

第七条 各级文物行政部门负责制定文物资源资产专业性管理制度，并组织实施和监督检查；组织所属管理收藏单位开展文物资源资产管理工作，并接受同级财政部门的监督和指导。

其他主管部门负责组织所属管理收藏单位开展文物资源资产管理工作，并接受同级财政部门的监督指导和文物行政部门的行业监督指导。

第八条 管理收藏单位根据财政部门、文物行政部门的规定，负责本单位管理、保护收藏、核算文物资源资产的具体管理工作。文物资源资产的管理收藏单位与实际使用单位不一致的，经相关文物行政部门确认后，由实际使用单位承担日常管理工作。

本条所称的管理收藏单位包括文物行政部门和其他主管部门所属的博物馆（纪念馆）、图书馆、考古科研教学机构、文物管理所等以及其他管理、收藏国有文物的单位。

第二章 文物资源资产登录和清查

第九条 管理收藏单位应当将全部文物资源资产及时、准确登记录入文物总登记账。管理收藏单位的文物总登记账是统计和核算文物资源资产实物量的依据，应当真实、及时反映管理收藏所有文物的信息。

第十条 管理收藏单位应当按照国家统一的会计制度规定进行会计核算，将成本能够可靠取得的文物资源资产及时登记入财务账，确保不重不漏。文物资源资产涉及价值增减变动的，应当及时调整相关账目。

成本无法可靠取得的文物资源资产，应当设置备查簿进行登记，并在年度国有资产报告中体现数量，待成本可以可靠取得后，再按照国家统一的会计制度的规定及时入账。

第十一条 文物总登记账和文物资源资产财务账是文物资源资产核算和管理的重要记录，应当作为编制文物资源资产报告和开展文物资源资产管理工作的依据。

文物总登记账与文物资源资产财务账应当定期核对，确保账账、账实相符。

第十二条 管理收藏单位购买、征集文物资源资产，按照国家有关规定需要进行资产评估的，应当进行资产评估。

第十三条 管理收藏单位应当建立业务部门和财务资产管理部门协作机制，完整反映文物资源资产管理情况。

第十四条 文物资源资产信息卡是文物资源资产登记录入文物总登记账、文物资源资产财务账的基础，分为不可移动文物资源资产信息卡（见附 1）和可移动文物资源资产信息卡（见附 2）。

第十五条 不可移动文物资源资产信息卡主要内容包括基本信息、财务信息和管理信息。基本信息主要包括：资产名称、文物级别、文物类别、公布日期、是否可计价、面积、具体地址、文物来源等；财务信息主要包括：账面价值、价值类型、入账信息、资金来源等；

管理信息主要包括：管理部门、使用单位、管理人员、使用状况等。

第十六条 可移动文物资源资产信息卡主要内容包括基本信息、财务信息和管理信息。

基本信息主要包括：资产名称、文物级别、文物类别、入藏日期、是否可计价、计量单位、文物来源等；

财务信息主要包括：账面价值、价值类型、入账信息、资金来源等；

管理信息主要包括：管理部门、收藏单位、管理人员、使用状况、存放地点等。

第十七条 文物资源资产信息因调拨、交换、损毁、丢失、撤销退出等发生变动的，管理收藏单位应当及时变更资产信息卡，并同步调整有关账目。

第十八条 各级财政部门、文物行政部门、管理收藏单位可以根据工作需要开展文物资源资产清查，清查工作程序参照《行政事业单位资产清查核实管理办法》（财资〔2016〕1号）等相关规定执行。

第三章 文物资源资产保护利用

第十九条 管理收藏单位应当建立文物资源资产接收、登记、鉴定、编目、档案、安全检查等保管保护制度，可移动文物收藏单位应当建立文物库房管理、修复复制等保管保护制度，明确管理责任，完善内部管理流程。

管理收藏单位应当按照国家文物管理的有关规定，设立规范的文物库房，配备专业设施设备，安排专职人员进行管理，对文物资源资产进行账目清点，抽样核查。

第二十条 管理收藏单位应当按照不损坏文物、不改变文物原状等要求，对文物资源资产进行保养修缮和定期维护，不得损毁、改建、添建或者拆除不可移动文物。

第二十一条 文物行政部门和其他主管部门可以通过购买服务方式对文物资源资产进行保养修缮，承接主体应当按照购买服务合同的约定承担相应管理责任。

第二十二条 博物馆（纪念馆）、图书馆等管理收藏单位应当加强文物资源资产展示利用管理，有效盘活文物资源资产，提高文物资源资产利用效率，充分发挥文物宣传教育作用，满足社会公共文化需求。

第二十三条 考古科研教学机构等管理收藏单位应当加强文物资源资产的科学研究利用，做好文物科研标本的保管保护工作。

第二十四条 其他管理收藏单位应当做好所收藏文物资源资产的管理工作，相关文物行政部门可以安排专业人员协助。涉及文物行业管理事项，管理收藏单位应当按照文物行政部门的规定执行；涉及文物资源资产管理情况报告等事项，管理收藏单位应当按照行政和财务隶属关系报送情况。

第二十五条 可移动文物借展借用、调拨、损毁丢失，以及不可移动文物拆除等应当按照《中华人民共和国文物保护法》《中华人民共和国文物保护法实施条例》等相关规定执行。

第二十六条 文物资源资产调拨、拆除或者发生损毁丢失的，管理收藏单位应当按照规定程序核查处理后，及时调整或者核销账务，并在年度国有资产报告中作出说明。

第二十七条 撤销退出是指不可移动文物降级撤销和可移动文物退出。文物资源资产撤销退出按照国家有关规定执行。

第二十八条 管理收藏单位禁止利用文物资源资产进行对外投资和担保。国有文物收藏单位禁止将馆藏文物资源资产赠予、出租或者出售给其他单位、个人。

第二十九条 文物资源资产借展、交换、调拨等发生的补偿费用应当纳入单位年度预算，专门用于改善文物的收藏条件和文物征集，不得挪作他用。

文物资源资产管理产生的其他收入属于政府所有的，应当按照政府非税收入管理和国库集中收缴管理有关规定，上缴同级国库。

第四章 文物资源资产信息化管理

第三十条 财政部会同文物行政主管部门提出资产管理相关信息化要求，制定文物资源资产管理信息数据规范，建立资产管理信息集中共享机制。

第三十一条 文物资源资产管理应当按照资产管理信息化要求，建立文物资源资产动态管理机制。

有条件的地区和管理收藏单位可以结合地理信息地图对不可移动文物资源资产进行信息化管理。

第三十二条 资产管理信息系统中的文物资源资产信息应当与文物普查数据库中的文物信息相衔接，文物资源资产行业管理信息应当以文物普查数据库为准并保持一致。

存量文物资源资产数据应当作为管理维护、保养修缮预算支出安排的重要依据。

第三十三条 管理收藏单位应当按照文物资源资产信息卡规定内容，及时录入文物资源资产管理信息。文物资源资产管理信息发生变动的，管理收藏单位应当及时更新信息，保证文物资源资产信息数据真实、准确、完整。

第三十四条 各级文物行政部门可以根据文物资源资产管理实际情况，组织开发符合文物资源资产管理特点的个性化功能模块，加强与资产管理信息系统衔接。

第五章 文物资源资产报告

第三十五条 文物资源资产管理情况是国有资产报告的组成部分，应当纳入本级政府年度国有资产管理情况报告。

第三十六条 文物资源资产管理情况年度报告主要内容包括：

（一）文物资源资产的实物量与价值量及增减变动、规模、性质、分类等情况；

（二）文物资源资产相关管理制度建立和实施情况；

（三）文物资源资产取得、保管保护、研究利用和收入情况；

（四）文物资源资产调拨、拆除、损毁、丢失、管理信息变动等情况；

（五）其他需要报告的事项。

第三十七条 管理收藏单位应当将本单位文物资源资产管理情况纳入本单位财务报告和国有资产年度报告，按照规定的程序报送上级文物行政部门或其他主管部门，并对报告的真实性、准确性和完整性负责。

第三十八条 各级文物行政部门和其他主管部门应当根据国有资产报告制度规定的程序，审核汇总所属管理收藏单位文物资源资产管理情况，并报送同级财政部门。

第三十九条 各级财政部门负责汇总本地区文物资源资产管理情况，并纳入本级政府年度国有资产报告，由本级人民政府向本级人大常委会报告，同时按照规定程序报送上一级财政部门。

第六章 监 督 检 查

第四十条 各级财政部门、文物行政部门可以根据工作需要，定期或不定期开展文物资源资产管理专项监督检查。

第四十一条 文物资源资产管理专项监督检查的主要内容包括：

（一）文物资源资产登记入账核算情况；

（二）文物资源资产保管保护和研究利用情况；

（三）文物资源资产拆除减损等情况；

（四）文物资源资产收支管理情况；

（五）文物资源资产安全管理情况；

（六）其他需要监督检查的情况。

第四十二条 各级财政部门、文物行政部门、其他主管部门、管理收藏单位及其工作人员违反本办法规定，在文物资源资产监管工作中存在滥用职权、玩忽职守、徇私舞弊等违纪违法行为的，按照《中华人民共和国文物保护法》《中华人民共和国公务员法》《中华人民共和国监察法》《中华人民共和国会计法》《财政违法行为处罚处分条例》等追究相应责任；构成犯罪的，依法追究刑事责任。

第七章 附 则

第四十三条 已归类为固定资产的文物，按照本办法规定执行。

第四十四条 中国人民解放军和中国人民武装警察部队文物资源资产管理，依照中央军事委员会有关规定执行。

第四十五条 国有企业、管理收藏国有文物的民间非营利组织管理国有文物资源资产的活动，参照本办法规定执行。

第四十六条 省级财政部门和文物行政部门，应当根据本办法，结合本地区文物资源资产管理实际情况，制定具体实施办法并报财政部、国家文物局备案。

第四十七条 本办法自印发之日起施行。

附：1. 不可移动文物资源资产信息卡参考样式

2. 可移动文物资源资产信息卡参考样式

附 1

不可移动文物资源资产信息卡参考样式

<table>
<tr><td colspan="5">基本信息</td></tr>
<tr><td>卡片编号</td><td></td><td colspan="2">分类代码</td><td></td></tr>
<tr><td>资产名称</td><td></td><td colspan="2">文物级别</td><td></td></tr>
<tr><td>文物类别</td><td></td><td colspan="2">公布日期</td><td></td></tr>
<tr><td>数量</td><td></td><td colspan="2">是否可计价</td><td></td></tr>
<tr><td>计量单位</td><td></td><td colspan="2">总建筑面积（平方米）</td><td></td></tr>
<tr><td>占地面积（平方米）</td><td></td><td colspan="2">具体地址</td><td></td></tr>
<tr><td>现登记号</td><td></td><td colspan="2">文物来源</td><td></td></tr>
<tr><td>藏品年代</td><td></td><td colspan="2">建造（制造）年代</td><td></td></tr>
<tr><td>文物简介</td><td></td><td colspan="2"></td><td></td></tr>
<tr><td colspan="5">财务信息</td></tr>
<tr><td>账面价值（元）</td><td></td><td colspan="2">价值类型</td><td></td></tr>
<tr><td>财务入账状态</td><td></td><td rowspan="2">资金来源</td><td>财政性资金（元）</td><td></td></tr>
<tr><td>财务入账日期</td><td></td><td>非财政性资金（元）</td><td></td></tr>
<tr><td>会计凭证号</td><td></td><td colspan="2">备查簿是否登记</td><td></td></tr>
<tr><td>是否纳入企业年度决算</td><td></td><td colspan="2">是否纳入行政事业资产报表</td><td></td></tr>
<tr><td>计价说明</td><td></td><td colspan="2">入账会计科目</td><td></td></tr>
</table>

（续表）

管理信息			
管理部门		使用单位	
管理人员		使用状况	
用途			
备注			

制单人： 制单时间：

填写说明：

1. 分类代码是资产分类国标。

2. 文物级别按照全国重点文物保护单位、省级文物保护单位、市县级文物保护单位、尚 未核定公布为文物保护单位分情况选择填列。

3. 文物类别分为古文化遗址、古墓葬、古建筑、石窟寺、石刻、壁画、近代现代重要史 迹和代表性建筑等分情况选择填列。

4. 公布日期为各级政府公布文物保护单位的日期。

5. 按照是否可计价选择“是”或“否”。

6. 计量单位分为个、座、处等分情况选择填列。

7. 现登记号是指文物在现管理收藏单位的登记号。

8. 文物来源包括文物普查、考古调查、勘探和发掘、征集、购买、调拨、捐赠、依法置 换、依法接收、指定保管等方式。

9. 账面价值是该文物入账价值。

10. 价值类型为历史成本、公允价值分情况选择填列。

11. 入账状态选择“是”或“否”。

12. 财政性资金、非财政性资金根据资金来源填写。

13. 入账会计科目是固定资产、文物文化资产。

14. 管理部门为管理文物所属单位的行政部门。

15. 使用单位为管理使用文物资源资产的各级各类行政事业单位。

16. 使用状态分为开放、未开放、修缮中等分情况选择填列。

17. 各单位还可在该卡片样式基础上自行增加管理需要的资产信息内容。

附 2

可移动文物资源资产信息卡参考样式

基本信息			
卡片编号		分类代码	
资产名称		文物级别	
文物类别		入藏日期	
数量		是否可计价	
计量单位		是否属于馆藏文物	

（续表）

<table>
<tr><td colspan="5">基本信息</td></tr>
<tr><td>现登记号</td><td></td><td colspan="2">文物来源</td><td></td></tr>
<tr><td>藏品年代</td><td></td><td colspan="2">建造（制造）年代</td><td></td></tr>
<tr><td>文物简介</td><td></td><td colspan="2">文物完整度</td><td></td></tr>
<tr><td colspan="5">财务信息</td></tr>
<tr><td>账面价值（元）</td><td></td><td colspan="2">价值类型</td><td></td></tr>
<tr><td>财务入账状态</td><td></td><td rowspan="2">资金来源</td><td>财政性资金（元）</td><td></td></tr>
<tr><td>财务入账日期</td><td></td><td>非财政性资金（元）</td><td></td></tr>
<tr><td>会计凭证号</td><td></td><td colspan="2">备查簿是否登记</td><td></td></tr>
<tr><td>是否纳入企业年度决算</td><td></td><td colspan="2">是否纳入行政事业资产报表</td><td></td></tr>
<tr><td>计价说明</td><td></td><td colspan="2">入账会计科目</td><td></td></tr>
<tr><td colspan="5">管理信息</td></tr>
<tr><td>管理部门</td><td></td><td colspan="2">收藏单位</td><td></td></tr>
<tr><td>管理人员</td><td></td><td colspan="2">使用状况</td><td></td></tr>
<tr><td>存放地点</td><td></td><td colspan="2"></td><td></td></tr>
<tr><td colspan="5">备注</td></tr>
</table>

制单人：　　　　　　制单时间：

填写说明：

1. 分类代码是资产分类国标。
2. 文物级别按照一级文物、二级文物、三级文物、一般文物分情况选择填列。
3. 文物类别分为历史上各时代重要实物、艺术品、文献、手稿、图书资料、代表性实物 等分情况选择填列。
4. 入藏日期是文物被现收藏单位登记入库的日期。
5. 按照是否可计价选择"是"或"否"。
6. 计量单位分为件、件（套）等分情况选择填列。
7. 现登记号是指文物在现管理收藏单位的登记号。
8. 文物来源包括文物普查、考古调查、勘探和发掘、征集、购买、调拨、捐赠、依法置 换、依法接收、指定保管等方式。
9. 账面价值是该文物入账价值。
10. 价值类型为历史成本、公允价值分情况选择填列。
11. 入账状态选择"是"或"否"。
12. 财政性资金、非财政性资金根据资金来源填写。
13. 入账会计科目是固定资产、文物文化资产。
14. 管理部门为管理文物所属单位的行政部门。
15. 收藏单位为保管收藏文物资源资产的各级各类行政事业单位。
16. 使用状态分为展览、借出、维修等分情况选择填列。
17. 各单位还可在该卡片样式基础上自行增加管理需要的资产信息内容。

第二十一章 基本建设财务相关法规

1. 基本建设财务规则（2016 年颁布）

（中华人民共和国财政部令第 81 号）

第一章 总 则

第一条 为了规范基本建设财务行为，加强基本建设财务管理，提高财政资金使用效益，保障财政资金安全，制定本规则。

第二条 本规则适用于行政事业单位的基本建设财务行为，以及国有和国有控股企业使用财政资金的基本建设财务行为。

基本建设是指以新增工程效益或者扩大生产能力为主要目的的新建、续建、改扩建、迁建、大型维修改造工程及相关工作。

第三条 基本建设财务管理应当严格执行国家有关法律、行政法规和财务规章制度，坚持勤俭节约、量力而行、讲求实效，正确处理资金使用效益与资金供给的关系。

第四条 基本建设财务管理的主要任务是：

（一）依法筹集和使用基本建设项目（以下简称项目）建设资金，防范财务风险；

（二）合理编制项目资金预算，加强预算审核，严格预算执行；

（三）加强项目核算管理，规范和控制建设成本；

（四）及时准确编制项目竣工财务决算，全面反映基本建设财务状况；

（五）加强对基本建设活动的财务控制和监督，实施绩效评价。

第五条 财政部负责制定并指导实施基本建设财务管理制度。

各级财政部门负责对基本建设财务活动实施全过程管理和监督。

第六条 各级项目主管部门（含一级预算单位，下同）应当会同财政部门，加强本部门或者本行业基本建设财务管理和监督，指导和督促项目建设单位做好基本建设财务管理的基础工作。

第七条 项目建设单位应当做好以下基本建设财务管理的基础工作：

（一）建立、健全本单位基本建设财务管理制度和内部控制制度；

（二）按项目单独核算，按照规定将核算情况纳入单位账簿和财务报表；

（三）按照规定编制项目资金预算，根据批准的项目概（预）算做好核算管理，及时掌握建设进度，定期进行财产物资清查，做好核算资料档案管理；

（四）按照规定向财政部门、项目主管部门报送基本建设财务报表和资料；

（五）及时办理工程价款结算，编报项目竣工财务决算，办理资产交付使用手续；

（六）财政部门和项目主管部门要求的其他工作。

按照规定实行代理记账和项目代建制的，代理记账单位和代建单位应当配合项目建设单位做好项目财务管理的基础工作。

第二章 建设资金筹集与使用管理

第八条 建设资金是指为满足项目建设需要筹集和使用的资金，按照来源分为财政资金和自筹资金。其中，财政资金包括一般公共预算安排的基本建设投资资金和其他专项建设资金，政府性基金预算安排的建设资金，政府依法举债取得的建设资金，以及国有资本经营预算安排的基本建设项目资金。

第九条 财政资金管理应当遵循专款专用原则，严格按照批准的项目预算执行，不得挤占挪用。

财政部门应当会同项目主管部门加强项目财政资金的监督管理。

第十条 财政资金的支付，按照国库集中支付制度有关规定和合同约定，综合考虑项目财政资金预算、建设进度等因素执行。

第十一条 项目建设单位应当根据批准的项目概（预）算、年度投资计划和预算、建设进度等控制项目投资规模。

第十二条 项目建设单位在决策阶段应当明确建设资金来源，落实建设资金，合理控制筹资成本。非经营性项目建设资金按照国家有关规定筹集；经营性项目在防范风险的前提下，可以多渠道筹集。

具体项目的经营性和非经营性性质划分，由项目主管部门会同财政部门根据项目建设目的、运营模式和盈利能力等因素核定。

第十三条 核定为经营性项目的，项目建设单位应当按照国家有关固定资产投资项目资本管理的规定，筹集一定比例的非债务性资金作为项目资本。

在项目建设期间，项目资本的投资者除依法转让、依法终止外，不得以任何方式抽走出资。

经营性项目的投资者以实物、知识产权、土地使用权等非货币财产作价出资的，应当委托具有专业能力的资产评估机构依法评估作价。

第十四条 项目建设单位取得的财政资金，区分以下情况处理：

经营性项目具备企业法人资格的，按照国家有关企业财务规定处理。不具备企业法人资格的，属于国家直接投资的，作为项目国家资本管理；属于投资补助的，国家拨款时对权属有规定的，按照规定执行，没有规定的，由项目投资者享有；属于有偿性资助的，作为项目负债管理。

经营性项目取得的财政贴息，项目建设期间收到的，冲减项目建设成本；项目竣工后收到的，按照国家财务、会计制度的有关规定处理。

非经营性项目取得的财政资金，按照国家行政、事业单位财务、会计制度的有关规定处理。

第十五条 项目收到的社会捐赠，有捐赠协议或者捐赠者有指定要求的，按照协议或者要求处理；无协议和要求的，按照国家财务、会计制度的有关规定处理。

第三章 预算管理

第十六条 项目建设单位编制项目预算应当以批准的概算为基础，按照项目实际建设资金需求编制，并控制在批准的概算总投资规模、范围和标准以内。

项目建设单位应当细化项目预算，分解项目各年度预算和财政资金预算需求。涉及政府采购的，应当按照规定编制政府采购预算。

项目资金预算应当纳入项目主管部门的部门预算或者国有资本经营预算统一管理。列入部门预算的项目，一般应当从项目库中产生。

第十七条 项目建设单位应当根据项目概算、建设工期、年度投资和自筹资金计划、以前年度项目各类资金结转情况等，提出项目财政资金预算建议数，按照规定程序经项目主管部门审核汇总报财政部门。

项目建设单位根据财政部门下达的预算控制数编制预算，由项目主管部门审核汇总报财政部门，经法定程序审核批复后执行。

第十八条 项目建设单位应当严格执行项目财政资金预算。对发生停建、缓建、迁移、合并、分立、重大设计变更等变动事项和其他特殊情况确需调整的项目，项目建设单位应当按照规定程序报项目主管部门审核后，向财政部门申请调整项目财政资金预算。

第十九条 财政部门应当加强财政资金预算审核和执行管理，严格预算约束。

财政资金预算安排应当以项目以前年度财政资金预算执行情况、项目预算评审意见和绩效评价结果作为重要依据。项目财政资金未按预算要求执行的，按照有关规定调减或者收回。

第二十条 项目主管部门应当按照预算管理规定，督促和指导项目建设单位做好项目财政资金预算编制、执行和调整，严格审核项目财政资金预算、细化预算和预算调整的申请，及时掌握项目预算执行动态，跟踪分析项目进度，按照要求向财政部门报送执行情况。

第四章 建设成本管理

第二十一条 建设成本是指按照批准的建设内容由项目建设资金安排的各项支出，包括建筑安装工程投资支出、设备投资支出、待摊投资支出和其他投资支出。

建筑安装工程投资支出是指项目建设单位按照批准的建设内容发生的建筑工程和安装工程的实际成本。

设备投资支出是指项目建设单位按照批准的建设内容发生的各种设备的实际成本。

待摊投资支出是指项目建设单位按照批准的建设内容发生的，应当分摊计入相关资产价值的各项费用和税金支出。

其他投资支出是指项目建设单位按照批准的建设内容发生的房屋购置支出，基本畜禽、林木等的购置、饲养、培育支出，办公生活用家具、器具购置支出，软件研发和不能计入设备投资的软件购置等支出。

第二十二条 项目建设单位应当严格控制建设成本的范围、标准和支出责任，以下支出不得列入项目建设成本：

（一）超过批准建设内容发生的支出；

（二）不符合合同协议的支出；

（三）非法收费和摊派；

（四）无发票或者发票项目不全、无审批手续、无责任人员签字的支出；

（五）因设计单位、施工单位、供货单位等原因造成的工程报废等损失，以及未按照规定报经批准的损失；

（六）项目符合规定的验收条件之日起3个月后发生的支出；

（七）其他不属于本项目应当负担的支出。

第二十三条 财政资金用于项目前期工作经费部分，在项目批准建设后，列入项目建设成本。

没有被批准或者批准后又被取消的项目，财政资金如有结余，全部缴回国库。

第五章 基建收入管理

第二十四条 基建收入是指在基本建设过程中形成的各项工程建设副产品变价收入、负荷试车和试运行收入以及其他收入。

工程建设副产品变价收入包括矿山建设中的矿产品收入，油气、油田钻井建设中的原油气收入，林业工程建设中的路影材收入，以及其他项目建设过程中产生或者伴生的副产品、试验产品的变价收入。

负荷试车和试运行收入包括水利、电力建设移交生产前的供水、供电、供热收入，原材料、机电轻纺、农林建设移交生产前的产品收入，交通临时运营收入等。

其他收入包括项目总体建设尚未完成或者移交生产，但其中部分工程简易投产而发生的经营性收入等。

符合验收条件而未按照规定及时办理竣工验收的经营性项目所实现的收入，不得作为项目基建收入管理。

第二十五条　项目所取得的基建收入扣除相关费用并依法纳税后，其净收入按照国家财务、会计制度的有关规定处理。

第二十六条　项目发生的各项索赔、违约金等收入，首先用于弥补工程损失，结余部分按照国家财务、会计制度的有关规定处理。

第六章　工程价款结算管理

第二十七条　工程价款结算是指依据基本建设工程发承包合同等进行工程预付款、进度款、竣工价款结算的活动。

第二十八条　项目建设单位应当严格按照合同约定和工程价款结算程序支付工程款。竣工价款结算一般应当在项目竣工验收后 2 个月内完成，大型项目一般不得超过 3 个月。

第二十九条　项目建设单位可以与施工单位在合同中约定按照不超过工程价款结算总额的 5% 预留工程质量保证金，待工程交付使用缺陷责任期满后清算。资信好的施工单位可以用银行保函替代工程质量保证金。

第三十条　项目主管部门应当会同财政部门加强工程价款结算的监督，重点审查工程招投标文件、工程量及各项费用的计取、合同协议、施工变更签证、人工和材料价差、工程索赔等。

第七章　竣工财务决算管理

第三十一条　项目竣工财务决算是正确核定项目资产价值、反映竣工项目建设成果的文件，是办理资产移交和产权登记的依据，包括竣工财务决算报表、竣工财务决算说明书以及相关材料。

项目竣工财务决算应当数字准确、内容完整。竣工财务决算的编制要求另行规定。

第三十二条　项目年度资金使用情况应当按照要求编入部门决算或者国有资本经营决算。

第三十三条　项目建设单位在项目竣工后，应当及时编制项目竣工财务决算，并按照规定报送项目主管部门。

项目设计、施工、监理等单位应当配合项目建设单位做好相关工作。

建设周期长、建设内容多的大型项目，单项工程竣工具备交付使用条件的，可以编报单项工程竣工财务决算，项目全部竣工后应当编报竣工财务总决算。

第三十四条　在编制项目竣工财务决算前，项目建设单位应当认真做好各项清理工作，包括账目核对及账务调整、财产物资核实处理、债权实现和债务清偿、档案资料归集整理等。

第三十五条　在编制项目竣工财务决算时，项目建设单位应当按照规定将待摊投资支出按合理比例分摊计入交付使用资产价值、转出投资价值和待核销基建支出。

第三十六条　项目竣工财务决算审核、批复管理职责和程序要求由同级财政部门确定。

第三十七条　财政部门和项目主管部门对项目竣工财务决算实行先审核、后批复的办法，可以委托预算评审机构或者有专业能力的社会中介机构进行审核。对符合条件的，应当在6个月内批复。

第三十八条 项目一般不得预留尾工工程，确需预留尾工工程的，尾工工程投资不得超过批准的项目概（预）算总投资的5%。

项目主管部门应当督促项目建设单位抓紧实施项目尾工工程，加强对尾工工程资金使用的监督管理。

第三十九条 已具备竣工验收条件的项目，应当及时组织验收，移交生产和使用。

第四十条 项目隶属关系发生变化时，应当按照规定及时办理财务关系划转，主要包括各项资金来源、已交付使用资产、在建工程、结余资金、各项债权及债务等的清理交接。

第八章 资产交付管理

第四十一条 资产交付是指项目竣工验收合格后，将形成的资产交付或者转交生产使用单位的行为。

交付使用的资产包括固定资产、流动资产、无形资产等。

第四十二条 项目竣工验收合格后应当及时办理资产交付使用手续，并依据批复的项目竣工财务决算进行账务调整。

第四十三条 非经营性项目发生的江河清障疏浚、航道整治、飞播造林、退耕还林（草）、封山（沙）育林（草）、水土保持、城市绿化、毁损道路修复、护坡及清理等不能形成资产的支出，以及项目未被批准、项目取消和项目报废前已发生的支出，作为待核销基建支出处理；形成资产产权归属本单位的，计入交付使用资产价值；形成资产产权不归属本单位的，作为转出投资处理。

非经营性项目发生的农村沼气工程、农村安全饮水工程、农村危房改造工程、游牧民定居工程、渔民上岸工程等涉及家庭或者个人的支出，形成资产产权归属家庭或者个人的，作为待核销基建支出处理；形成资产产权归属本单位的，计入交付使用资产价值；形成资产产权归属其他单位的，作为转出投资处理。

第四十四条 非经营性项目为项目配套建设的专用设施，包括专用道路、专用通讯设施、专用电力设施、地下管道等，产权归属本单位的，计入交付使用资产价值；产权不归属本单位的，作为转出投资处理。

非经营性项目移民安置补偿中由项目建设单位负责建设并形成的实物资产，产权归属集体或者单位的，作为转出投资处理；产权归属移民的，作为待核销基建支出处理。

第四十五条 经营性项目发生的项目取消和报废等不能形成资产的支出，以及设备采购和系统集成（软件）中包含的交付使用后运行维护等费用，按照国家财务、会计制度的有关规定处理。

第四十六条 经营性项目为项目配套建设的专用设施，包括专用铁路线、专用道路、专用通讯设施、专用电力设施、地下管道、专用码头等，项目建设单位应当与有关部门明确产权关系，并按照国家财务、会计制度的有关规定处理。

第九章 结余资金管理

第四十七条 结余资金是指项目竣工结余的建设资金，不包括工程抵扣的增值税进项税额资金。

第四十八条 经营性项目结余资金，转入单位的相关资产。

非经营性项目结余资金，首先用于归还项目贷款。如有结余，按照项目资金来源属于财政资金的部分，应当在项目竣工验收合格后 3 个月内，按照预算管理制度有关规定收回财政。

第四十九条 项目终止、报废或者未按照批准的建设内容建设形成的剩余建设资金中，按照项目实际资金来源比例确认的财政资金应当收回财政。

第十章 绩效评价

第五十条 项目绩效评价是指财政部门、项目主管部门根据设定的项目绩效目标，运用科学合理的评价方法和评价标准，对项目建设全过程中资金筹集、使用及核算的规范性、有效性，以及投入运营效果等进行评价的活动。

第五十一条 项目绩效评价应当坚持科学规范、公正公开、分级分类和绩效相关的原则，坚持经济效益、社会效益和生态效益相结合的原则。

第五十二条 项目绩效评价应当重点对项目建设成本、工程造价、投资控制、达产能力与设计能力差异、偿债能力、持续经营能力等实施绩效评价，根据管理需要和项目特点选用社会效益指标、财务效益指标、工程质量指标、建设工期指标、资金来源指标、资金使用指标、实际投资回收期指标、实际单位生产（营运）能力投资指标等评价指标。

第五十三条 财政部门负责制定项目绩效评价管理办法，对项目绩效评价工作进行指导和监督，选择部分项目开展重点绩效评价，依法公开绩效评价结果。绩效评价结果作为项目财政资金预算安排和资金拨付的重要依据。

第五十四条 项目主管部门会同财政部门按照有关规定，制定本部门或者本行业项目绩效评价具体实施办法，建立具体的绩效评价指标体系，确定项目绩效目标，具体组织实施本部门或者本行业绩效评价工作，并向财政部门报送绩效评价结果。

第十一章 监督管理

第五十五条 项目监督管理主要包括对项目资金筹集与使用、预算编制与执行、建设成本控制、工程价款结算、竣工财务决算编报审核、资产交付等的监督管理。

第五十六条 项目建设单位应当建立、健全内部控制和项目财务信息报告制度，依法接受财政部门和项目主管部门等的财务监督管理。

第五十七条 财政部门和项目主管部门应当加强项目的监督管理，采取事前、事中、事后相结合，日常监督与专项监督相结合的方式，对项目财务行为实施全过程监督管理。

第五十八条 财政部门应当加强对基本建设财政资金形成的资产的管理，按照规定对项目资产开展登记、核算、评估、处置、统计、报告等资产管理基础工作。

第五十九条 对于违反本规则的基本建设财务行为，依照《预算法》《财政违法行为处罚处分条例》等有关规定追究责任。

第十二章 附 则

第六十条 接受国家经常性资助的社会力量举办的公益服务性组织和社会团体的基本建设财务行为，以及非国有企业使用财政资金的基本建设财务行为，参照本规则执行。

使用外国政府及国际金融组织贷款的基本建设财务行为执行本规则。国家另有规定的，从其规定。

第六十一条 项目建设内容仅为设备购置的，不执行本规则；项目建设内容以设备购置、房屋及其他建筑物购置为主并附有部分建筑安装工程的，可以简化执行本规则。

经营性项目的项目资本中，财政资金所占比例未超过 50% 的，项目建设单位可以简化执行本规则，但应当按照要求向财政部门、项目主管部门报送相关财务资料。国家另有规定的，从其规定。

第六十二条 中央项目主管部门和各省、自治区、直辖市、计划单列市财政厅（局）可以根据本规则，结合本行业、本地区的项目情况，制定具体实施办法并报财政部备案。

第六十三条 本规则自2016年9月1日起施行。2002年9月27日财政部发布的《基本建设财务管理规定》（财建〔2002〕394号）及其解释同时废止。

本规则施行前财政部制定的有关规定与本规则不一致的，按照本规则执行。《企业财务通则》（财政部令第41号）、《金融企业财务规则》（财政部令第42号）、《事业单位财务规则》（财政部令第68号）和《行政单位财务规则》（财政部令第71号）另有规定的，从其规定。

2. 基本建设项目建设成本管理规定（2016年颁布）

（财建〔2016〕504号）

第一条 为了规范基本建设项目建设成本管理，提高建设资金使用效益，依据《基本建设财务规则》（财政部令第81号），制定本规定。

第二条 建筑安装工程投资支出是指基本建设项目（以下简称项目）建设单位按照批准的建设内容发生的建筑工程和安装工程的实际成本，其中不包括被安装设备本身的价值，以及按照合同规定支付给施工单位的预付备料款和预付工程款。

第三条 设备投资支出是指项目建设单位按照批准的建设内容发生的各种设备的实际成本（不包括工程抵扣的增值税进项税额），包括需要安装设备、不需要安装设备和为生产准备的不够固定资产标准的工具、器具的实际成本。

需要安装设备是指必须将其整体或几个部位装配起来，安装在基础上或建筑物支架上才能使用的设备。不需要安装设备是指不必固定在一定位置或支架上就可以使用的设备。

第四条 待摊投资支出是指项目建设单位按照批准的建设内容发生的，应当分摊计入相关资产价值的各项费用和税金支出。主要包括：

（一）勘查费、设计费、研究试验费、可行性研究费及项目其他前期费用；

（二）土地征用及迁移补偿费、土地复垦及补偿费、森林植被恢复费及其他为取得或租用土地使用权而发生的费用；

（三）土地使用税、耕地占用税、契税、车船税、印花税及按规定缴纳的其他税费；

（四）项目建设管理费、代建管理费、临时设施费、监理费、招标投标费、社会中介机构审查费及其他管理性质的费用；

（五）项目建设期间发生的各类借款利息、债券利息、贷款评估费、国外借款手续费及承诺费、汇兑损益、债券发行费用及其他债务利息支出或融资费用；

（六）工程检测费、设备检验费、负荷联合试车费及其他检验检测类费用；

（七）固定资产损失、器材处理亏损、设备盘亏及毁损、报废工程净损失及其他损失；

（八）系统集成等信息工程的费用支出；

（九）其他待摊投资性质支出。

项目在建设期间的建设资金存款利息收入冲减债务利息支出，利息收入超过利息支出的部分，冲减待摊投资总支出。

第五条 项目建设管理费是指项目建设单位从项目筹建之日起至办理竣工财务决算之

日止发生的管理性质的支出。包括：不在原单位发工资的工作人员工资及相关费用、办公费、办公场地租用费、差旅交通费、劳动保护费、工具用具使用费、固定资产使用费、招募生产工人费、技术图书资料费（含软件）、业务招待费、施工现场津贴、竣工验收费和其他管理性质开支。

项目建设单位应当严格执行《党政机关厉行节约反对浪费条例》，严格控制项目建设管理费。

第六条 行政事业单位项目建设管理费实行总额控制，分年度据实列支。总额控制数以项目审批部门批准的项目总投资（经批准的动态投资，不含项目建设管理费）扣除土地征用、迁移补偿等为取得或租用土地使用权而发生的费用为基数分档计算。具体计算方法见附件。

建设地点分散、点多面广、建设工期长以及使用新技术、新工艺等的项目，项目建设管理费确需超过上述开支标准的，中央级项目，应当事前报项目主管部门审核批准，并报财政部备案，未经批准的，超标准发生的项目建设管理费由项目建设单位用自有资金弥补；地方级项目，由同级财政部门确定审核批准的要求和程序。

施工现场管理人员津贴标准比照当地财政部门制定的差旅费标准执行；一般不得发生业务招待费，确需列支的，项目业务招待费支出应当严格按照国家有关规定执行，并不得超过项目建设管理费的 5%。

第七条 使用财政资金的国有和国有控股企业的项目建设管理费，比照第六条规定执行。国有和国有控股企业经营性项目的项目资本中，财政资金所占比例未超过 50% 的项目建设管理费可不执行第六条规定。

第八条 政府设立（或授权）、政府招标产生的代建制项目，代建管理费由同级财政部门根据代建内容和要求，按照不高于本规定项目建设管理费标准核定，计入项目建设成本。

实行代建制管理的项目，一般不得同时列支代建管理费和项目建设管理费，确需同时发生的，两项费用之和不得高于本规定的项目建设管理费限额。

建设地点分散、点多面广以及使用新技术、新工艺等的项目，代建管理费确需超过本规定确定的开支标准的，行政单位和使用财政资金建设的事业单位中央项目，应当事前报项目主管部门审核批准，并报财政部备案；地方项目，由同级财政部门确定审核批准的要求和程序。

代建管理费核定和支付应当与工程进度、建设质量结合，与代建内容、代建绩效挂钩，实行奖优罚劣。同时满足按时完成项目代建任务、工程质量优良、项目投资控制在批准概算总投资范围 3 个条件的，可以支付代建单位利润或奖励资金，代建单位利润或奖励资金一般不得超过代建管理费的 10%，需使用财政资金支付的，应当事前报同级财政部门审核批准；未完成代建任务的，应当扣减代建管理费。

第九条 项目单项工程报废净损失计入待摊投资支出。

单项工程报废应当经有关部门或专业机构鉴定。非经营性项目以及使用财政资金所占比例超过项目资本 50% 的经营性项目，发生的单项工程报废经鉴定后，报项目竣工财务决算批复部门审核批准。

因设计单位、施工单位、供货单位等原因造成的单项工程报废损失，由责任单位承担。

第十条 其他投资支出是指项目建设单位按照批准的项目建设内容发生的房屋购置支出，基本畜禽、林木等的购置、饲养、培育支出，办公生活用家具、器具购置支出，软件研发及不能计入设备投资的软件购置等支出。

第十一条 本规定自 2016 年 9 月 1 日起施行。《财政部关于切实加强政府投资项目代建制财政财务管理有关问题的指导意见》（财建〔2004〕300 号）同时废止。

项目建设管理费总额控制数费率表 单位：万元

工程总概算	费率	算例	
		工程总概算	项目建设管理费
1 000 以下	2%	1 000	1 000×2% = 20
1 001 － 5 000	1.5%	5 000	20 +（5 000 － 1 000）×1.5% = 80
5 001 － 10 000	1.2%	10 000	80 +（10 000 － 5 000）×1.2% = 140
10 001 － 50 000	1%	50 000	140 +（50 000 － 10 000）×1% = 540
50 001 － 100 000	0.8%	100 000	540 +（100 000 － 50 000）×0.8% = 940
100 000 以上	0.4%	200 000	940 +（200 000 － 100 000）×0.4% = 1 340

3. 中央基本建设项目竣工财务决算审核批复操作规程（2018 年颁布）

（财办建〔2018〕2 号）

第一章 总 则

第一条 为进一步规范中央基本建设项目竣工财务决算审核批复程序和行为，保证工作质量，根据财政部《基本建设财务规则》（财政部令第 81 号）、《基本建设项目竣工财务决算管理暂行办法》（财建〔2016〕503 号）等规定，制定本规程。

第二条 本规程为财政部、中央项目主管部门（含一级预算单位和中央企业，以下简称主管部门）审核批复中央基本建设项目竣工财务决算的行为规范和参考依据。

第三条 本规程所称中央基本建设项目（以下简称项目），是指财务关系隶属于中央部门（或单位）的项目，以及国有企业、国有控股企业使用财政资金的非经营性项目和使用财政资金占项目资本比例超过 50% 的经营性项目。

第四条 国家有关文件规定的项目竣工财务决算（以下简称项目决算）批复范围划分如下：

（一）财政部直接批复的范围

1. 主管部门本级的投资额在 3 000 万元（不含 3 000 万元，按完成投资口径）以上的项目决算。

2. 不向财政部报送年度部门决算的中央单位项目决算。主要是指不向财政部报送年度决算的社会团体、国有及国有控股企业使用财政资金的非经营性项目和使用财政资金占项目资本比例超过 50% 的经营性项目决算。

（二）主管部门批复的范围

1. 主管部门二级及以下单位的项目决算。

2. 主管部门本级投资额在 3 000 万元（含 3 000 万元）以下的项目决算。

由主管部门批复的项目决算，报财政部备案（批复文件抄送财政部），并按要求向财政部报送半年度和年度汇总报表。

国防类项目、使用外国政府及国际金融组织贷款项目等，国家另有规定的，从其规定。

第二章 决算审核批复原则和程序

第五条 项目决算批复部门应按照“先审核后批复”原则，建立健全项目决算评审和审核管理机制，以及内部控制制度。

由财政部批复的项目决算，一般先由财政部委托财政投资评审机构或有资质的中介机构（以下统称“评审机构”）进行评审，根据评审结论，财政部审核后批复项目决算。

由主管部门批复的项目决算参照上述程序办理。

第六条 评审机构进行了决（结）算评审的项目决算，或已经审计署进行全面审计的项目决算，财政部或主管部门审核未发现较大问题，项目建设程序合法、合规，报表数据正确无误，评审报告内容详实、事实反映清晰、符合决算批复要求以及发现的问题均已整改到位的，可依据评审报告及审核结果批复项目决算。

第七条 未经评审或审计署全面审计的项目决算，以及虽经评审或审计，但主管部门、财政部审核发现存在以下问题或情形的，应开展项目决算评审：

（一）评审报告内容简单、附件不完整、事实反映不清晰且未达到决算批复相关要求。

（二）决算报表填列的数据不完整、存在较多错误、表间钩稽关系不清晰、不正确，以及决算报告和报表数据不一致。

（三）项目存在严重超标准、超规模、超概算，挤占、挪用项目建设资金，待核销基建支出和转出投资无依据、不合理等问题。

（四）评审报告或有关部门历次核查、稽查和审计所提问题未整改完毕，存在重大问题未整改或整改落实不到位。

（五）建设单位未能提供审计署的全面审计报告。

（六）其他影响项目竣工财务决算完成投资等的重要事项。

第八条 主管部门、财政部可对评审机构的工作质量实行报告审核、报告质量评估和质量责任追究制度。主管部门、财政部可对评审机构实行“黑名单”制度，将完成质量差、效率低的评审机构列入“黑名单”，3 年内不得再委托其业务。

第九条 委托评审机构实施项目竣工财务决算评审时，应当要求其遵循依法、独立、客观、公正的原则。

项目建设单位可对评审机构在实施评审过程中的违法行为进行举报。

第十条 主管部门、财政部收到项目竣工财务决算，一般可按照以下工作程序开展工作：

（一）条件和权限审核。

1. 审核项目是否为本部门批复范围。不属于本部门批复权限的项目决算，予以退回。

2. 审核项目或单项工程是否已完工。尾工工程超过 5% 的项目或单项工程，予以退回。

（二）资料完整性审核。

1. 审核项目是否经有资质的中介机构进行决（结）算评审，是否附有完整的评审报告。对未经决（结）算评审（含审计署审计）的，委托评审机构进行决算审核。

2. 审核决算报告资料的完整性，决算报表和报告说明书是否按要求编制、项目有关资料复印件是否清晰、完整。

决算报告资料报送不完整的，通知其限期补报有关资料，逾期未补报的，予以退回。

需要补充说明材料或存在问题需要整改的，要求主管部门在限期内报送并督促项目建设单位进行整改，逾期未报或整改不到位的，予以退回。

属于本规程第七条规定情形的，委托评审机构进行评审。

（三）符合本规程第六条规定情形的，进入审核批复程序。

审核中，评审发现项目建设管理存在严重问题并需要整改的，要及时督促项目建设单位限期整改；存在违法违纪的，依法移交有关机关处理。

（四）审核未通过的，属评审报告问题的，退回评审机构补充完善；属项目本身不具备决算条件的，请项目建设单位（或报送单位）整改、补充完善或予以退回。

第三章 决算审核方式、依据和主要内容

第十一条 审核工作主要是对项目建设单位提供的决算报告及评审机构提供的评审报告、社会中介机构审计报告进行分析、判断，与审计署审计意见进行比对，并形成批复意见。

（一）政策性审核。重点审核项目履行基本建设程序情况、资金来源、到位及使用管理情况、概算执行情况、招标履行及合同管理情况、待核销基建支出和转出投资的合规性、尾工工程及预留费用的比例和合理性等。

（二）技术性审核。重点审核决算报表数据和表间钩稽关系、待摊投资支出情况、建筑安装工程和设备投资支出情况、待摊投资支出分摊计入交付使用资产情况以及项目造价控制情况等。

（三）评审结论审核。重点审核评审结论中投资审减（增）金额和理由。

（四）意见分歧审核及处理。对于评审机构与项目建设单位就评审结论存在意见分歧的，应以国家有关规定及国家批准项目概算为依据进行核定，其中：

评审审减投资属工程价款结算违反承发包双方合同约定及多计工程量、高估冒算等情况的，一律按评审机构评审结论予以核定批复。

评审审减投资属超国家批准项目概算、但项目运行使用确实需要的，原则上应先经项目概算审批部门调整概算后，再按调整概算确认和批复。若自评审机构出具评审结论之日起3个月内未取得原项目概算审批部门的调整概算批复，仍按评审结论予以批复。

第十二条 审核工作依据以下文件：

（一）项目建设和管理的相关法律、法规、文件规定。

（二）国家、地方以及行业工程造价管理的有关规定。

（三）财政部颁布的基本建设财务管理及会计核算制度。

（四）本项目相关资料：

1. 项目初步设计及概算批复和调整批复文件、历年财政资金预算下达文件。

2. 项目决算报表及说明书。

3. 历年监督检查、审计意见及整改报告。

必要时，还可审核项目施工和采购合同、招投标文件、工程结算资料，以及其他影响项目决算结果的相关资料。

第十三条 审核的主要内容包括工程价款结算、项目核算管理、项目建设资金管理、项目基本建设程序执行及建设管理、概（预）算执行、交付使用资产及尾工工程等。

第十四条 工程价款结算审核。主要包括评审机构对工程价款是否按有关规定和合同协议进行全面评审；评审机构对于多算和重复计算工程量、高估冒算建筑材料价格等问题是否予以审减；单位、单项工程造价是否在合理或国家标准范围，是否存在严重偏离当地同期同类单位工程、单项工程造价水平问题。

第十五条 项目核算管理情况审核主要包括执行《基本建设财务规则》及相关会计制度情况。具体包括：

（一）建设成本核算是否准确。对于超过批准建设内容发生的支出、不符合合同协议的支出、非法收费和摊派，以及无发票或者发票项目不全、无审批手续、无责任人员签字的支出和因设计单位、施工单位、供货单位等原因，造成的工程报废损失等不属于本项目应当负担的支出，是否按规定予以审减。

（二）待摊费用支出及其分摊是否合理合规。

（三）待核销基建支出有无依据、是否合理合规。

（四）转出投资有无依据、是否已落实接收单位。

（五）决算报表所填列的数据是否完整，表内和表间钩稽关系是否清晰、正确。

（六）决算的内容和格式是否符合国家有关规定。

（七）决算资料报送是否完整、决算数据之间是否存在错误。

（八）与财务管理和会计核算有关的其他事项。

第十六条 项目资金管理情况审核主要包括：

（一）资金筹集情况。

1. 项目建设资金筹集，是否符合国家有关规定。

2. 项目建设资金筹资成本控制是否合理。

（二）资金到位情况。

1. 财政资金是否按批复的概算、预算及时足额拨付项目建设单位。

2. 自筹资金是否按批复的概算、计划及时筹集到位，是否有效控制筹资成本。

（三）项目资金使用情况。

1. 财政资金情况。是否按规定专款专用，是否符合政府采购和国库集中支付等管理规定。

2. 结余资金情况。结余资金在各投资者间的计算是否准确；应上缴财政的结余资金是否按规定在项目竣工后3个月内及时交回，是否存在擅自使用结余资金情况。

第十七条 项目基本建设程序执行及建设管理情况审核主要包括：

（一）项目基本建设程序执行情况。审核项目决策程序是否科学规范，项目立项、可研、初步设计及概算和调整是否符合国家规定的审批权限等。

（二）项目建设管理情况。审核决算报告及评审或审计报告是否反映了建设管理情况：建设管理是否符合国家有关建设管理制度要求，是否建立和执行法人责任制、工程监理制、招投标制、合同制；是否制定相应的内控制度，内控制度是否健全、完善、有效；招投标执行情况和项目建设工期是否按批复要求有效控制。

第十八条 概（预）算执行情况。主要包括是否按照批准的概（预）算内容实施，有无超标准、超规模、超概（预）算建设现象，有无概算外项目和擅自提高建设标准、扩大建设规模、未完成建设内容等问题；项目在建设过程中历次检查和审计所提的重大问题是否已经整改落实；尾工工程及预留费用是否控制在概算确定的范围内，预留的金额和比例是否合理。

第十九条 交付使用资产情况。主要包括项目形成资产是否真实、准确、全面反映，计价是否准确，资产接受单位是否落实；是否正确按资产类别划分固定资产、流动资产、无形资产；交付使用资产实际成本是否完整，是否符合交付条件，移交手续是否齐全。

第四章 决算批复的主要内容

第二十条 主管部门、财政部批复项目决算主要包括以下内容：

（一）批复确认项目决算完成投资、形成的交付使用资产、资金来源及到位构成，核销基建支出和转出投资等。

（二）根据管理需要批复确认项目交付使用资产总表、交付使用资产明细表等。

（三）批复确认项目结余资金、决算评审审减资金，并明确处理要求。

1. 项目结余资金的交回时限。按照财政部有关基本建设结余资金管理办法规定处理，即应在项目竣工后3个月内交回国库。项目决算批复时，应确认是否已按规定交回，未交回的，应在批复文件中要求其限时缴回，并指出其未按规定及时交回问题。

2. 项目决算确认的项目概算内评审审减投资，按投资来源比例归还投资方，其中审减的财政资金按要求交回国库；决算审核确认的项目概算内审增投资，存在资金缺口的，要求主管部门督促项目建设单位尽快落实资金来源。

（四）批复项目结余资金和审减投资中应上缴中央总金库的资金，在决算批复后30日内，由主管部门负责上缴。上缴的方式如下：

对应缴回的国库集中支付结余资金，请主管部门及时将结余调整计划报财政部，并相应进行账务核销。

对应缴回的非国库集中支付结余资金，请主管部门由一级预算单位统一将资金汇总后上缴中央总金库。上缴时填写汇款单，“收款人全称”栏填写“财政部”，“账号”栏填“170001”，“汇入行名称”栏填“国家金库总库”，“用途”栏填应冲减的支出功能分类、政府支出经济分类科目名称及编码。上述工作完成以后，将汇款单印送财政部（部门预算管理对口司局、经济建设司）备查。

（五）要求主管部门督促项目建设单位按照批复及基本建设财务会计制度有关规定及时办理资产移交和产权登记手续，加强对固定资产的管理，更好地发挥项目投资效益。

（六）批复披露项目建设过程存在的主要问题，并提出整改时限要求。

（七）决算批复文件涉及需交回财政资金的，应当抄送财政部驻当地财政监察专员办事处。

第二十一条 主管部门和财政部驻当地财政监察专员办事处应对项目决算批复执行情况实施监督。

第五章 附 则

第二十二条 财政部将进一步加强对主管部门批复项目竣工财务决算工作的指导和监督，对由主管部门批复的项目竣工财务决算，随机进行抽查复查。

第二十三条 主管部门可依据本规程并视本部门或行业情况进一步细化操作规程。

第二十四条 本规程依据的国家有关政策文件如出台新规定的，以新规定为准。

第二十五条 本规程由财政部（经济建设司）负责解释。

第四编

审计相关法规

第二十二章　国家审计综合性法规

1. 中华人民共和国审计法（2021 年修正）

（1994 年 8 月 31 日第八届全国人民代表大会常务委员会第九次会议通过　根据 2006 年 2 月 28 日第十届全国人民代表大会常务委员会第二十次会议《关于修改〈中华人民共和国审计法〉的决定》修正　根据 2021 年 10 月 23 日第十三届全国人民代表大会常务委员会第三十一次会议通过《关于修改〈中华人民共和国审计法〉的决定》修正）

第一章　总　　则

第一条　为了加强国家的审计监督，维护国家财政经济秩序，提高财政资金使用效益，促进廉政建设，保障国民经济和社会健康发展，根据宪法，制定本法。

第二条　国家实行审计监督制度。坚持中国共产党对审计工作的领导，构建集中统一、全面覆盖、权威高效的审计监督体系。

国务院和县级以上地方人民政府设立审计机关。

国务院各部门和地方各级人民政府及其各部门的财政收支，国有的金融机构和企业事业组织的财务收支，以及其他依照本法规定应当接受审计的财政收支、财务收支，依照本法规定接受审计监督。

审计机关对前款所列财政收支或者财务收支的真实、合法和效益，依法进行审计监督。

第三条　审计机关依照法律规定的职权和程序，进行审计监督。

审计机关依据有关财政收支、财务收支的法律、法规和国家其他有关规定进行审计评价，在法定职权范围内作出审计决定。

第四条　国务院和县级以上地方人民政府应当每年向本级人民代表大会常务委员会提出审计机关对预算执行、决算草案以及其他财政收支的审计工作报告。审计工作报告应当重点报告对预算执行的审计情况，按照规定报告对国有资源、国有资产的审计情况。必要时，人民代表大会常务委员会可以对审计工作报告作出决议。

国务院和县级以上地方人民政府应当将审计工作报告中指出的问题的整改情况和处理结果向本级人民代表大会常务委员会报告。

第五条　审计机关依照法律规定独立行使审计监督权，不受其他行政机关、社会团体和个人的干涉。

第六条　审计机关和审计人员办理审计事项，应当客观公正，实事求是，廉洁奉公，保守秘密。

第二章　审计机关和审计人员

第七条　国务院设立审计署，在国务院总理领导下，主管全国的审计工作。审计长是审计署的行政首长。

第八条　省、自治区、直辖市、设区的市、自治州、县、自治县、不设区的市、市辖区的人民政府的审计机关，分别在省长、自治区主席、市长、州长、县长、区长和上一级审计机关的领导下，负责本行政区域内的审计工作。

第九条　地方各级审计机关对本级人民政府和上一级审计机关负责并报告工作，审计业务以上级审计机关领导为主。

第十条 审计机关根据工作需要，经本级人民政府批准，可以在其审计管辖范围内设立派出机构。

派出机构根据审计机关的授权，依法进行审计工作。

第十一条 审计机关履行职责所必需的经费，原则上应当列入财政预算予以保证。

第十二条 审计机关应当建设信念坚定、为民服务、业务精通、作风务实、敢于担当、清正廉洁的高素质专业化审计队伍。

审计机关应当加强对审计人员遵守法律和执行职务情况的监督，督促审计人员依法履职尽责。

审计机关和审计人员应当依法接受监督。

第十三条 审计人员应当具备与其从事的审计工作相适应的专业知识和业务能力。

审计机关根据工作需要，可以聘请具有与审计事项相关专业知识的人员参加审计工作。

第十四条 审计机关和审计人员不得参加可能影响其依法独立履行审计监督职责的活动，不得干预、插手与被审计单位及其相关单位的正常生产经营和管理活动。

审计人员办理审计事项，与被审计单位或者审计事项有利害关系的，应当回避。

第十五条 审计人员对在执行职务中知悉的国家秘密、工作秘密、商业秘密、个人隐私，负有保密义务。

第十六条 审计人员依法执行职务，受法律保护。

任何组织和个人不得拒绝、阻碍审计人员依法执行职务，不得打击报复审计人员。

审计机关负责人依照法定程序任免。审计机关负责人没有违法失职或者其他不符合任职条件的情况的，不得随意撤换。

地方各级审计机关负责人的任免，应当事先征求上一级审计机关的意见。

第三章　审计机关职责

第十七条 审计机关对本级各部门（含直属单位）和下级政府预算的执行情况和决算以及其他财政收支情况，进行审计监督。

第十八条 审计署在国务院总理领导下，对中央预算执行情况、决算草案以及其他财政收支情况进行审计监督，向国务院总理提出审计结果报告。

地方各级审计机关分别在省长、自治区主席、市长、州长、县长、区长和上一级审计机关的领导下，对本级预算执行情况、决算草案和其他财政收支情况进行审计监督，向本级人民政府和上一级审计机关提出审计结果报告。

第十九条 审计署对中央银行的财务收支，进行审计监督。

第二十条 审计机关对国家的事业组织和使用财政资金的其他事业组织的财务收支，进行审计监督。

第二十一条 审计机关对国有企业和国有金融机构的资产、负债、损益以及其他财务收支情况，进行审计监督。

第二十二条 对国有资本占控股地位或者主导地位的企业、金融机构的审计监督，由国务院规定。

为维护国家经济安全，经国务院批准，审计署可以对前款规定以外的金融机构 进行专项审计或者审计

第二十三条 审计机关对政府投资和以政府投资为主的建设项目的预算执行情况和决算，对其他关系国家利益和公共利益的重大公共工程项目的资金管理使用和建设运营情况，进行审计监督。

第二十四条 审计机关对国有资源、国有资产，进行审计监督。

审计机关对政府部门管理和其他单位受政府委托管理的社会保险基金、全国社会保障基金、社会捐赠资金以及其他公共资金的财务收支，进行审计监督。

第二十五条　审计机关对国际组织和外国政府援助、贷款项目的财务收支，进行审计监督。

第二十六条　根据审计项目计划安排，审计机关可以对被审计单位贯彻落实国家重大经济社会政策措施情况进行审计监督。

第二十七条　除本法规定的审计事项外，审计机关对其他法律、行政法规规定应当由审计机关进行审计 的有关法律、行政法规的规定进行审计监督。

第二十八条　审计机关有权对与国家财政收支有关的特定事项，向有关地方、部门、单位进行专项审计调查，并向本级人民政府和上一级审计机关报告审计调查结果。

第二十九条　审计机关根据被审计单位的财政、财务隶属关系或者国有资源、国有资产监督管理关系，确定审计管辖范围。

审计机关之间对审计管辖范围有争议的，由其共同的上级审计机关确定。

上级审计机关对其审计管辖范围内的审计事项，可以授权下级审计机关进行审计，但本法第十八条至第二十条规定的审计事项不得进行授权；上级审计机关对下级审计机关管辖范围内的重大审计事项，可以直接进行审计，但是应当防止不必要的重复审计。

第三十条　依法属于审计机关审计监督对象的单位，应当按照国家有关规定建立健全内部审计制度；其内部审计工作应当接受审计机关的业务指导和监督。

第三十一条　社会审计机构审计的单位依法属于被审计单位的，审计机关按照国务院的规定，有权对该社会审计机构出具的相关审计报告进行核查。

第四章　审计机关权限

第三十二条　审计机关有权要求被审计单位按照审计机关的规定提供财务、会计资料以及财政收支、财务收支有关的业务、管理等资料，包括电子数据和有关文档。被审计单位不得拒绝、拖延、谎报。

被审计单位负责人应当对本单位提供资料的及时性、真实性和完整性负责。

审计机关对取得的电子数据等资料进行综合分析，需要向被审计单位核实有关情况的，被审计应当予以配合审计机关根据被审计单位的财政、财务隶属关系或者国有资源、国有资产监督管理关系，确定审计管辖范围。

第三十三条　国家政务信息系统和数据共享平台应当按照规定向审计机关开放。

审计机关通过政务信息系统和数据共享平台取得的电子数据等资料能够满足需要的，不得要求被审计单位重复提供。

第三十四条　审计机关进行审计时，有权检查被审计单位的财务、会计资料以及与财政收支、财务收支有关的业务、管理等资料和资产，有权检查被审计单位信息系统的安全性、可靠性、经济性，被审计单位不得拒绝。

第三十五条　审计机关进行审计时，有权就审计事项的有关问题向有关单位和个人进行调查，并取得有关证明材料。有关单位和个人应当支持、协助审计机关工作，如实向审计机关反映情况，提供有关证明材料。

审计机关经县级以上人民政府审计机关负责人批准，有权查询被审计单位在金融机构的账户。

审计机关有证据证明被审计单位违反国家规定将公款转入其他单位、个人在金融机构账户的，经县级以上人民政府审计机关主要负责人批准，有权查询有关单位、个人在金融机构与审计事项相关的存款。

审计机关取得的保密商务信息、个人信息等资料不得用于审计以外的用途。

第三十六条 审计机关进行审计时，被审计单位不得转移、隐匿、篡改、毁弃财务、会计资料以及与财政收支、财务收支有关的业务、管理等资料，不得转移、隐匿、故意毁损所持有的违反国家规定取得的资产。

审计机关对被审计单位违反前款规定的行为，有权予以制止；必要时，经县级以上人民政府审计机关负责人批准，有权封存有关资料和违反国家规定取得的资产；对其中在金融机构的有关存款需要予以冻结的，应当向人民法院提出申请。

审计机关对被审计单位正在进行的 违反国家规定的财政收支、财务收支行为，有权予以制止；制止无效的，经县级以上人民政府审计机关负责人批准，通知财政部门和有关主管机关、单位暂停拨付与违反国家规定的财政收支、财务收支行为直接有关的款项，已经拨付的，暂停使用。

审计机关采取前两款规定的措施不得影响被审计单位合法的业务活动和生产经营活动。

第三十七条 审计机关认为被审计单位所执行的上级主管 机关、单位有关财政收支、财务收支的规定与法律、行政法规相抵触的，应当建议有关主管 机关、单位纠正，有关主管 机关、单位不予纠正的，审计机关应当提请有权处理的机关、单位依法处理。

第三十八条 审计机关可以向政府有关部门通报或者向社会公布审计结果。

审计机关通报或者公布审计结果，应当依法保守国家秘密、 工作秘密、商业秘密和 个人隐私，遵守法律、行政法规和国务院的有关规定。

第三十九条 审计机关履行审计监督职责，可以提请公安、财政、自然资源、生态环境、海关、税务、市场监督管理等机关予以协助。有关机关应当依法予以配合。

第五章 审计程序

第四十条 审计机关根据审计项目计划确定的审计事项组成审计组，并应当在实施审计三日前，向被审计单位送达审计通知书；遇有特殊情况，经本级人民政府批准，审计机关可以直接持审计通知书实施审计。

被审计单位应当配合审计机关的工作，并提供必要的工作条件。

审计机关应当提高审计工作效率。

第四十一条 审计人员通过审查财务、会计 资料，查阅与审计事项有关的文件、资料，检查现金、实物、有价证券 和信息系统，向有关单位和个人调查等方式进行审计，并取得证明材料。

审计人员向有关单位和个人进行调查时，应当出示审计人员的工作证件和审计通知书复印件。

第四十二条 审计组对审计事项实施审计后，应当向审计机关提出审计组的审计报告。审计组的审计报告报送审计机关前，应当征求被审计 单位的意见。被审计 单位应当自接到审计组的审计报告之日起十日内，将其书面意见送交审计组。审计组应当将被审计 单位的书面意见一并报送审计机关。

第四十三条 审计机关按照审计署规定的程序对审计组的审计报告进行审议，并对被审计单位对审计组的审计报告提出的意见一并研究后，提出审计机关的审计报告；对违反国家规定的财政收支、财务收支行为，依法应当给予处理、处罚的，在法定职权范围内作出审计决定或者 移送有关主管机关、单位处理、处罚。

审计机关应当将审计机关的审计报告和审计决定送达被审计单位和有关主管机关、单位。审计决定自送达之日起生效。

第四十四条 审计机关可以对被审计单位依法应当接受审计的事项进行全面审计，也可以对其中的特定事项进行专项审计。

第四十五条 审计机关履行审计监督职责，发现经济社会运行中的风险隐患，应当及时向本级人民政府或者有关主管机关、单位反映。

第四十六条 上级审计机关认为下级审计机关作出的审计决定违反国家有关规定的，可以责成下级审计机关予以变更或者撤销，必要时也可以直接作出变更或者撤销的决定。

第六章 法律责任

第四十七条 被审计单位违反本法规定，拒绝、拖延提供与审计事项有关的资料的，或者提供的资料不真实、不完整的，或者拒绝、阻碍检查、调查、核实有关情况的，由审计机关责令改正，可以通报批评，给予警告；拒不改正的，依法追究责任。

第四十八条 被审计单位违反本法规定，转移、隐匿、篡改、毁弃财务、会计资料以及其他与财政收支、财务收支有关的资料，或者转移、隐匿、故意毁损所持有的违反国家规定取得的资产，审计机关认为对直接负责的主管人员和其他直接责任人员依法应当给予处分的，应当向被审计单位提出处理建议，或者移送监察机关和有关主管机关、单位处理，有关机关、单位应当将结果书面通知审计机关；构成犯罪的，依法追究刑事责任。

第四十九条 对本级各部门（含直属单位）和下级政府违反预算的行为或者其他违反国家规定的财政收支行为，审计机关、人民政府或者有关主管机关、单位在法定职权范围内，依照法律、行政法规的规定，区别情况采取下列处理措施：

（一）责令限期缴纳应当上缴的款项；

（二）责令限期退还被侵占的国有资产；

（三）责令限期退还违法所得；

（四）责令按照国家统一的财务、会计制度的有关规定进行处理；

（五）其他处理措施。

第五十条 对被审计单位违反国家规定的财务收支行为，审计机关、人民政府或者有关主管机关、单位在法定职权范围内，依照法律、行政法规的规定，区别情况采取前条规定的处理措施，并可以依法给予处罚。

第五十一条 审计机关在法定职权范围内作出的审计决定，被审计单位应当执行。

审计机关依法责令被审计单位缴纳应当上缴的款项，被审计单位拒不执行的，审计机关应当通报有关主管机关、单位，有关主管机关、单位应当依照有关法律、行政法规的规定予以扣缴或者采取其他处理措施，并将结果书面通知审计机关。

第五十二条 被审计单位应当按照规定时间整改审计查出的问题，将整改情况书面通知审计机关，同时向本级人民政府或者有关主管机关、单位报告，并按照规定向社会公布。

各级人民政府和有关主管机关、单位应当督促被审计单位整改审计查出的问题。审计机关应当对被审计单位整改情况进行跟踪检查。

审计结果以及整改情况应当作为考核、任免、奖惩领导干部的重要参考；拒不整改或者整改时弄虚作假的，依法追究责任。

第五十三条 被审计单位对审计机关作出的有关财务收支的审计决定不服的，可以依法申请行政复议或者提起行政诉讼。

被审计单位对审计机关作出的有关财政收支的审计决定不服的，可以提请审计机关的本级人民政府决定，本级人民政府的决定为最终决定。

第五十四条 被审计单位的财政收支、财务收支违反国家规定，审计机关认为对直接负责的主管人员和其他直接责任人员依法应当给予处分的，应当向被审计单位提出处理建议，或者移送监察机关和有关主管机关、单位处理，有关机关、单位应当将处理结果书面告知审计机关。

第五十五条 被审计单位的财政收支、财务收支违反法律、行政法规的规定，构成犯罪的，依法追究刑事责任。

第五十六条 报复陷害审计人员的，依法给予处分；构成犯罪的，依法追究刑事责任。

第五十七条 审计人员滥用职权、徇私舞弊、玩忽职守或者泄露所知悉的国家秘密、工作秘密、商业秘密、个人隐私的，依法给予处分；构成犯罪的，依法追究刑事责任。

第七章 附 则

第五十八条 领导干部经济责任审计和自然资源资产离任审计，依照本法和国家有关规定执行。

第五十九条 中国人民解放军和中国人民武装警察部队审计工作的规定，由中央军事委员会根据本法制定。

审计机关和军队审计机构应当建立健全协作配合机制，按照国家有关规定对涉及军地经济事项实施联合审计。

第六十条 本法自 1995 年 1 月 1 日起施行。1988 年 11 月 30 日国务院发布的《中华人民共和国审计条例》同时废止。

2. 中华人民共和国审计法实施条例（2010 年颁布）

（中华人民共和国国务院令 2010 年第 571 号）

第一章 总 则

第一条 根据《中华人民共和国审计法》（以下简称审计法）的规定，制定本条例。

第二条 审计法所称审计，是指审计机关依法独立检查被审计单位的会计凭证、会计账簿、财务会计报告以及其他与财政收支、财务收支有关的资料和资产，监督财政收支、财务收支真实、合法和效益的行为。

第三条 审计法所称财政收支，是指依照《中华人民共和国预算法》和国家其他有关规定，纳入预算管理的收入和支出，以及下列财政资金中未纳入预算管理的收入和支出：

（一）行政事业性收费；

（二）国有资源、国有资产收入；

（三）应当上缴的国有资本经营收益；

（四）政府举借债务筹措的资金；

（五）其他未纳入预算管理的财政资金。

第四条 审计法所称财务收支，是指国有的金融机构、企业事业组织以及依法应当接受审计机关审计监督的其他单位，按照国家财务会计制度的规定，实行会计核算的各项收入和支出。

第五条 审计机关依照审计法和本条例以及其他有关法律、法规规定的职责、权限和程序进行审计监督。

审计机关依照有关财政收支、财务收支的法律、法规，以及国家有关政策、标准、项目目标等方面的规定进行审计评价，对被审计单位违反国家规定的财政收支、财务收支行为，在法定职权范围内作出处理、处罚的决定。

第六条 任何单位和个人对依法应当接受审计机关审计监督的单位违反国家规定的财政收支、财务收支行为，有权向审计机关举报。审计机关接到举报，应当依法及时处理。

第二章 审计机关和审计人员

第七条 审计署在国务院总理领导下，主管全国的审计工作，履行审计法和国务院规定的职责。

地方各级审计机关在本级人民政府行政首长和上一级审计机关的领导下，负责本行政区域的审计工作，履行法律、法规和本级人民政府规定的职责。

第八条　省、自治区人民政府设有派出机关的，派出机关的审计机关对派出机关和省、自治区人民政府审计机关负责并报告工作，审计业务以省、自治区人民政府审计机关领导为主。

第九条　审计机关派出机构依照法律、法规和审计机关的规定，在审计机关的授权范围内开展审计工作，不受其他行政机关、社会团体和个人的干涉。

第十条　审计机关编制年度经费预算草案的依据主要包括：

（一）法律、法规；

（二）本级人民政府的决定和要求；

（三）审计机关的年度审计工作计划；

（四）定员定额标准；

（五）上一年度经费预算执行情况和本年度的变化因素。

第十一条　审计人员实行审计专业技术资格制度，具体按照国家有关规定执行。

审计机关根据工作需要，可以聘请具有与审计事项相关专业知识的人员参加审计工作。

第十二条　审计人员办理审计事项，有下列情形之一的，应当申请回避，被审计单位也有权申请审计人员回避：

（一）与被审计单位负责人或者有关主管人员有夫妻关系、直系血亲关系、三代以内旁系血亲或者近姻亲关系的；

（二）与被审计单位或者审计事项有经济利益关系的；

（三）与被审计单位、审计事项、被审计单位负责人或者有关主管人员有其他利害关系，可能影响公正执行公务的。

审计人员的回避，由审计机关负责人决定；审计机关负责人办理审计事项时的回避，由本级人民政府或者上一级审计机关负责人决定。

第十三条　地方各级审计机关正职和副职负责人的任免，应当事先征求上一级审计机关的意见。

第十四条　审计机关负责人在任职期间没有下列情形之一的，不得随意撤换：

（一）因犯罪被追究刑事责任的；

（二）因严重违法、失职受到处分，不适宜继续担任审计机关负责人的；

（三）因健康原因不能履行职责 1 年以上的；

（四）不符合国家规定的其他任职条件的。

第三章　审计机关职责

第十五条　审计机关对本级人民政府财政部门具体组织本级预算执行的情况，本级预算收入征收部门征收预算收入的情况，与本级人民政府财政部门直接发生预算缴款、拨款关系的部门、单位的预算执行情况和决算，下级人民政府的预算执行情况和决算，以及其他财政收支情况，依法进行审计监督。经本级人民政府批准，审计机关对其他取得财政资金的单位和项目接受、运用财政资金的真实、合法和效益情况，依法进行审计监督。

第十六条　审计机关对本级预算收入和支出的执行情况进行审计监督的内容包括：

（一）财政部门按照本级人民代表大会批准的本级预算向本级各部门（含直属单位）批复预算的情况、本级预算执行中调整情况和预算收支变化情况；

（二）预算收入征收部门依照法律、行政法规的规定和国家其他有关规定征收预算收入情况；

（三）财政部门按照批准的年度预算、用款计划，以及规定的预算级次和程序，拨付本级预算支出资金情况；

（四）财政部门依照法律、行政法规的规定和财政管理体制，拨付和管理政府间财政转移支付资金情况以及办理结算、结转情况；

（五）国库按照国家有关规定办理预算收入的收纳、划分、留解情况和预算支出资金的拨付情况；

（六）本级各部门（含直属单位）执行年度预算情况；

（七）依照国家有关规定实行专项管理的预算资金收支情况；

（八）法律、法规规定的其他预算执行情况。

第十七条 审计法第十七条所称审计结果报告，应当包括下列内容：

（一）本级预算执行和其他财政收支的基本情况；

（二）审计机关对本级预算执行和其他财政收支情况作出的审计评价；

（三）本级预算执行和其他财政收支中存在的问题以及审计机关依法采取的措施；

（四）审计机关提出的改进本级预算执行和其他财政收支管理工作的建议；

（五）本级人民政府要求报告的其他情况。

第十八条 审计署对中央银行及其分支机构履行职责所发生的各项财务收支，依法进行审计监督。

审计署向国务院总理提出的中央预算执行和其他财政收支情况审计结果报告，应当包括对中央银行的财务收支的审计情况。

第十九条 审计法第二十一条所称国有资本占控股地位或者主导地位的企业、金融机构，包括：

（一）国有资本占企业、金融机构资本（股本）总额的比例超过 50% 的；

（二）国有资本占企业、金融机构资本（股本）总额的比例在 50% 以下，但国有资本投资主体拥有实际控制权的。

审计机关对前款规定的企业、金融机构，除国务院另有规定外，比照审计法第十八条第二款、第二十条规定进行审计监督。

第二十条 审计法第二十二条所称政府投资和以政府投资为主的建设项目，包括：

（一）全部使用预算内投资资金、专项建设基金、政府举借债务筹措的资金等财政资金的；

（二）未全部使用财政资金，财政资金占项目总投资的比例超过 50%，或者占项目总投资的比例在 50% 以下，但政府拥有项目建设、运营实际控制权的。

审计机关对前款规定的建设项目的总预算或者概算的执行情况、年度预算的执行情况和年度决算、单项工程结算、项目竣工决算，依法进行审计监督；对前款规定的建设项目进行审计时，可以对直接有关的设计、施工、供货等单位取得建设项目资金的真实性、合法性进行调查。

第二十一条 审计法第二十三条所称社会保障基金，包括社会保险、社会救助、社会福利基金以及发展社会保障事业的其他专项基金；所称社会捐赠资金，包括来源于境内外的货币、有价证券和实物等各种形式的捐赠。

第二十二条 审计法第二十四条所称国际组织和外国政府援助、贷款项目，包括：

（一）国际组织、外国政府及其机构向中国政府及其机构提供的贷款项目；

（二）国际组织、外国政府及其机构向中国企业事业组织以及其他组织提供的由中国政府及其机构担保的贷款项目；

（三）国际组织、外国政府及其机构向中国政府及其机构提供的援助和赠款项目；

（四）国际组织、外国政府及其机构向受中国政府委托管理有关基金、资金的单位提供的援助和赠款项目；

（五）国际组织、外国政府及其机构提供援助、贷款的其他项目。

第二十三条 审计机关可以依照审计法和本条例规定的审计程序、方法以及国家其他有关规定，对预算管理或者国有资产管理使用等与国家财政收支有关的特定事项，向有关地方、部门、单位进行专项审计调查。

第二十四条 审计机关根据被审计单位的财政、财务隶属关系，确定审计管辖范围；不能根据财政、财务隶属关系确定审计管辖范围的，根据国有资产监督管理关系，确定审计管辖范围。

两个以上国有资本投资主体投资的金融机构、企业事业组织和建设项目，由对主要投资主体有审计管辖权的审计机关进行审计监督。

第二十五条 各级审计机关应当按照确定的审计管辖范围进行审计监督。

第二十六条 依法属于审计机关审计监督对象的单位的内部审计工作，应当接受审计机关的业务指导和监督。

依法属于审计机关审计监督对象的单位，可以根据内部审计工作的需要，参加依法成立的内部审计自律组织。审计机关可以通过内部审计自律组织，加强对内部审计工作的业务指导和监督。

第二十七条 审计机关进行审计或者专项审计调查时，有权对社会审计机构出具的相关审计报告进行核查。

审计机关核查社会审计机构出具的相关审计报告时，发现社会审计机构存在违反法律、法规或者执业准则等情况的，应当移送有关主管机关依法追究责任。

第四章 审计机关权限

第二十八条 审计机关依法进行审计监督时，被审计单位应当依照审计法第三十一条规定，向审计机关提供与财政收支、财务收支有关的资料。被审计单位负责人应当对本单位提供资料的真实性和完整性作出书面承诺。

第二十九条 各级人民政府财政、税务以及其他部门（含直属单位）应当向本级审计机关报送下列资料：

（一）本级人民代表大会批准的本级预算和本级人民政府财政部门向本级各部门（含直属单位）批复的预算，预算收入征收部门的年度收入计划，以及本级各部门（含直属单位）向所属各单位批复的预算；

（二）本级预算收支执行和预算收入征收部门的收入计划完成情况月报、年报，以及决算情况；

（三）综合性财政税务工作统计年报、情况简报，财政、预算、税务、财务和会计等规章制度；

（四）本级各部门（含直属单位）汇总编制的本部门决算草案。

第三十条 审计机关依照审计法第三十三条规定查询被审计单位在金融机构的账户的，应当持县级以上人民政府审计机关负责人签发的协助查询单位账户通知书；查询被审计单位以个人名义在金融机构的存款的，应当持县级以上人民政府审计机关主要负责人签发的协助查询个人存款通知书。有关金融机构应当予以协助，并提供证明材料，审计机关和审计人员负有保密义务。

第三十一条 审计法第三十四条所称违反国家规定取得的资产，包括：

（一）弄虚作假骗取的财政拨款、实物以及金融机构贷款；

（二）违反国家规定享受国家补贴、补助、贴息、免息、减税、免税、退税等优惠政策取得的资产；

（三）违反国家规定向他人收取的款项、有价证券、实物；

（四）违反国家规定处分国有资产取得的收益；

（五）违反国家规定取得的其他资产。

第三十二条 审计机关依照审计法第三十四条规定封存被审计单位有关资料和违反国家规定取得的资产的，应当持县级以上人民政府审计机关负责人签发的封存通知书，并在依法收集与审计事项相关的证明材料或者采取其他措施后解除封存。封存的期限为7日以内；有特殊情况需要延长的，经县级以上人民政府审计机关负责人批准，可以适当延长，但延长的期限不得超过7日。

对封存的资料、资产，审计机关可以指定被审计单位负责保管，被审计单位不得损毁或者擅自转移。

第三十三条 审计机关依照审计法第三十六条规定，可以就有关审计事项向政府有关部门通报或者向社会公布对被审计单位的审计、专项审计调查结果。

审计机关经与有关主管机关协商，可以在向社会公布的审计、专项审计调查结果中，一并公布对社会审计机构相关审计报告核查的结果。

审计机关拟向社会公布对上市公司的审计、专项审计调查结果的，应当在5日前将拟公布的内容告知上市公司。

第五章 审计程序

第三十四条 审计机关应当根据法律、法规和国家其他有关规定，按照本级人民政府和上级审计机关的要求，确定年度审计工作重点，编制年度审计项目计划。

审计机关在年度审计项目计划中确定对国有资本占控股地位或者主导地位的企业、金融机构进行审计的，应当自确定之日起7日内告知列入年度审计项目计划的企业、金融机构。

第三十五条 审计机关应当根据年度审计项目计划，组成审计组，调查了解被审计单位的有关情况，编制审计方案，并在实施审计3日前，向被审计单位送达审计通知书。

第三十六条 审计法第三十八条所称特殊情况，包括：

（一）办理紧急事项的；

（二）被审计单位涉嫌严重违法违规的；

（三）其他特殊情况。

第三十七条 审计人员实施审计时，应当按照下列规定办理：

（一）通过检查、查询、监督盘点、发函询证等方法实施审计；

（二）通过收集原件、原物或者复制、拍照等方法取得证明材料；

（三）对与审计事项有关的会议和谈话内容作出记录，或者要求被审计单位提供会议记录材料；

（四）记录审计实施过程和查证结果。

第三十八条 审计人员向有关单位和个人调查取得的证明材料，应当有提供者的签名或者盖章；不能取得提供者签名或者盖章的，审计人员应当注明原因。

第三十九条 审计组向审计机关提出审计报告前，应当书面征求被审计单位意见。被审计单位应当自接到审计组的审计报告之日起10日内，提出书面意见；10日内未提出书面意见的，视同无异议。

审计组应当针对被审计单位提出的书面意见，进一步核实情况，对审计组的审计报告作必要修改，连同被审计单位的书面意见一并报送审计机关。

第四十条 审计机关有关业务机构和专门机构或者人员对审计组的审计报告以及相关审计事项进行复核、审理后，由审计机关按照下列规定办理：

（一）提出审计机关的审计报告，内容包括：对审计事项的审计评价，对违反国家规定的财政收支、财务收支行为提出的处理、处罚意见，移送有关主管机关、单位的意见，改进财政收支、财务收支管理工作的意见；

（二）对违反国家规定的财政收支、财务收支行为，依法应当给予处理、处罚的，在法定职权范围内作出处理、处罚的审计决定；

（三）对依法应当追究有关人员责任的，向有关主管机关、单位提出给予处分的建议；对依法应当由有关主管机关处理、处罚的，移送有关主管机关；涉嫌犯罪的，移送司法机关。

第四十一条　审计机关在审计中发现损害国家利益和社会公共利益的事项，但处理、处罚依据又不明确的，应当向本级人民政府和上一级审计机关报告。

第四十二条　被审计单位应当按照审计机关规定的期限和要求执行审计决定。对应当上缴的款项，被审计单位应当按照财政管理体制和国家有关规定缴入国库或者财政专户。审计决定需要有关主管机关、单位协助执行的，审计机关应当书面提请协助执行。

第四十三条　上级审计机关应当对下级审计机关的审计业务依法进行监督。

下级审计机关作出的审计决定违反国家有关规定的，上级审计机关可以责成下级审计机关予以变更或者撤销，也可以直接作出变更或者撤销的决定；审计决定被撤销后需要重新作出审计决定的，上级审计机关可以责成下级审计机关在规定的期限内重新作出审计决定，也可以直接作出审计决定。

下级审计机关应当作出而没有作出审计决定的，上级审计机关可以责成下级审计机关在规定的期限内作出审计决定，也可以直接作出审计决定。

第四十四条　审计机关进行专项审计调查时，应当向被调查的地方、部门、单位出示专项审计调查的书面通知，并说明有关情况；有关地方、部门、单位应当接受调查，如实反映情况，提供有关资料。

在专项审计调查中，依法属于审计机关审计监督对象的部门、单位有违反国家规定的财政收支、财务收支行为或者其他违法违规行为的，专项审计调查人员和审计机关可以依照审计法和本条例的规定提出审计报告，作出审计决定，或者移送有关主管机关、单位依法追究责任。

第四十五条　审计机关应当按照国家有关规定建立、健全审计档案制度。

第四十六条　审计机关送达审计文书，可以直接送达，也可以邮寄送达或者以其他方式送达。直接送达的，以被审计单位在送达回证上注明的签收日期或者见证人证明的收件日期为送达日期；邮寄送达的，以邮政回执上注明的收件日期为送达日期；以其他方式送达的，以签收或者收件日期为送达日期。

审计机关的审计文书的种类、内容和格式，由审计署规定。

第六章　法律责任

第四十七条　被审计单位违反审计法和本条例的规定，拒绝、拖延提供与审计事项有关的资料，或者提供的资料不真实、不完整，或者拒绝、阻碍检查的，由审计机关责令改正，可以通报批评，给予警告；拒不改正的，对被审计单位可以处 5 万元以下的罚款，对直接负责的主管人员和其他直接责任人员，可以处 2 万元以下的罚款，审计机关认为应当给予处分的，向有关主管机关、单位提出给予处分的建议；构成犯罪的，依法追究刑事责任。

第四十八条　对本级各部门（含直属单位）和下级人民政府违反预算的行为或者其他违反国家规定的财政收支行为，审计机关在法定职权范围内，依照法律、行政法规的规定，区别情况采取审计法第四十五条规定的处理措施。

第四十九条　对被审计单位违反国家规定的财务收支行为，审计机关在法定职权范围内，区别情况采取审计法第四十五条规定的处理措施，可以通报批评，给予警告；有违法所得的，没收违法所得，并处违法所得 1 倍以上 5 倍以下的罚款；没有违法所得的，可以处 5 万元以下的罚款；对直接负责的主管人员和其他直接责任人员，可以处 2 万元以下的罚款，审计机关认为应当给予处分的，向有关主管机关、单位提出给予处分的建议；构成犯罪的，依法追究刑事责任。

法律、行政法规对被审计单位违反国家规定的财务收支行为处理、处罚另有规定的，从其规定。

第五十条 审计机关在作出较大数额罚款的处罚决定前，应当告知被审计单位和有关人员有要求举行听证的权利。较大数额罚款的具体标准由审计署规定。

第五十一条 审计机关提出的对被审计单位给予处理、处罚的建议以及对直接负责的主管人员和其他直接责任人员给予处分的建议，有关主管机关、单位应当依法及时作出决定，并将结果书面通知审计机关。

第五十二条 被审计单位对审计机关依照审计法第十六条、第十七条和本条例第十五条规定进行审计监督作出的审计决定不服的，可以自审计决定送达之日起60日内，提请审计机关的本级人民政府裁决，本级人民政府的裁决为最终决定。

审计机关应当在审计决定中告知被审计单位提请裁决的途径和期限。

裁决期间，审计决定不停止执行。但是，有下列情形之一的，可以停止执行：

（一）审计机关认为需要停止执行的；

（二）受理裁决的人民政府认为需要停止执行的；

（三）被审计单位申请停止执行，受理裁决的人民政府认为其要求合理，决定停止执行的。

裁决由本级人民政府法制机构办理。裁决决定应当自接到提请之日起60日内作出；有特殊情况需要延长的，经法制机构负责人批准，可以适当延长，并告知审计机关和提请裁决的被审计单位，但延长的期限不得超过30日。

第五十三条 除本条例第五十二条规定的可以提请裁决的审计决定外，被审计单位对审计机关作出的其他审计决定不服的，可以依法申请行政复议或者提起行政诉讼。

审计机关应当在审计决定中告知被审计单位申请行政复议或者提起行政诉讼的途径和期限。

第五十四条 被审计单位应当将审计决定执行情况书面报告审计机关。审计机关应当检查审计决定的执行情况。

被审计单位不执行审计决定的，审计机关应当责令限期执行；逾期仍不执行的，审计机关可以申请人民法院强制执行，建议有关主管机关、单位对直接负责的主管人员和其他直接责任人员给予处分。

第五十五条 审计人员滥用职权、徇私舞弊、玩忽职守，或者泄露所知悉的国家秘密、商业秘密的，依法给予处分；构成犯罪的，依法追究刑事责任。

审计人员违法违纪取得的财物，依法予以追缴、没收或者责令退赔。

第七章 附 则

第五十六条 本条例所称以上、以下，包括本数。

本条例第五十二条规定的期间的最后一日是法定节假日的，以节假日后的第一个工作日为期间届满日。审计法和本条例规定的其他期间以工作日计算，不含法定节假日。

第五十七条 实施经济责任审计的规定，另行制定。

第五十八条 本条例自2010年5月1日起施行。

3. 审计署工作规则（2013 年颁布）

（审办发〔2013〕27 号）

第一章　总　　则

一、为切实履行法律赋予的审计监督职责，确保完成党中央、国务院交给的各项任务，加快推进审计工作法治化、规范化、科学化和信息化，全面提升审计工作的质量和水平，根据《中华人民共和国宪法》《中华人民共和国国务院组织法》《中华人民共和国审计法》和审计署工作实际，制定本规则。

二、审计署工作的指导思想是，高举中国特色社会主义伟大旗帜，以邓小平理论、“三个代表”重要思想、科学发展观为指导，牢固树立科学的审计理念，认真履行审计监督职责，坚持“依法审计、服务大局、围绕中心、突出重点、求真务实”的工作方针，把“推进法治、维护民生、推动改革、促进发展”作为审计工作的出发点和落脚点，全面监督财政财务收支的真实、合法和效益，严肃查处重大违法违规问题和经济犯罪案件线索，加大对中央重大政策措施贯彻落实情况的跟踪审计力度，完善审计公开制度，充分发挥审计保障国家经济社会健康运行的“免疫系统”功能，推动完善国家治理，努力在推进社会主义经济、政治、文化、社会和生态文明建设中发挥更大作用。

三、审计署工作的准则是，实行科学民主决策，坚持依法审计，推进政务公开，健全监督制度，加强廉政建设。

第二章　领导职责

四、审计署领导要依法依规履行职责，确保权力正确行使；开拓创新，求真务实，严守纪律，勤勉廉洁；充分发挥审计署机关各单位、各派出机构和地方审计机关的职能作用，保证政令畅通，不断提高审计机关的公信力、执行力和效率。

五、审计署领导由审计长、副审计长、总审计师、中央经济责任审计工作联席会议办公室主任、中央纪委驻署纪检组长和其他党组成员组成。

六、审计署实行审计长负责制，审计长领导审计署的工作。副审计长、总审计师、中央经济责任审计工作联席会议办公室主任和其他党组成员协助审计长工作。

七、副审计长、总审计师、中央经济责任审计工作联席会议办公室主任、中央纪委驻署纪检组长和其他党组成员按照分工负责处理分管工作或受审计长委托负责某些方面的工作或专项任务，并可代表审计署进行相关审计外事活动。

八、各分管署领导要按照中共审计署党组（以下简称署党组）决定，各负其责，全力协助审计长抓好审计业务工作和内部管理，抓好队伍建设、法治化建设、信息化建设、理论建设和文化建设；对分管的工作要切实加强领导，精心组织，创造性地开展工作。对分管工作中的重大事项和重要审计工作的进展情况必须及时向审计长报告。

九、审计署领导在工作中要密切沟通，团结协作。审计署领导参加党中央、国务院会议后要及时将会议精神向其他署领导通报。会议文件应送相关署领导传阅后交办公厅存查。

十、审计署机关各单位、各派出机构主要负责同志负责本单位的工作。

审计署机关各单位和各派出机构要各司其职，各尽其责，相互协调，密切配合，提高工作质量和水平，切实贯彻落实署党组和审计署的决定，及时反馈执行情况，努力完成各项工作任务。

十一、审计署机关各单位和各派出机构要认真贯彻落实中央关于改进工作作风、密切联系群众“八项规定”的有关精神，严格执行廉洁从政各项规定，切实加强廉政建设和作风建设。

第三章 依法行政

十二、审计署及署机关各单位、各派出机构要严格按照法定权限、有关规定和程序履行职责，行使行政权力。

十三、审计署根据经济社会发展和审计工作实际，不断完善审计法律体系。适时提出制定、修改或者废止有关审计法律和行政法规的建议。适时制定、修改或者废止有关审计规章以及其他相关规范性文件，并就审计规章以及其他相关规范性文件的应用性问题适时作出解释。

十四、审计署制定的规章和其他规范性文件，必须符合宪法、法律和国务院的行政法规、决定、命令，必要时征求相关部门的意见；涉及审计署与其他部门职权范围的事项，应报请国务院制定行政法规、发布决定和命令，或与有关部门联合制定规章及其他规范性文件。与有关部门联合制定的规章及规范性文件发布前须经国务院批准。审计规章应及时向国务院报送备案。

十五、提请审计长会议讨论的审计法律、行政法规草案送审稿和决定的审计规章以及其他相关规范性文件草案由法规司组织起草或审查。审计规章的解释工作由法规司组织办理。

十六、严格审计执法责任制和审计质量责任追究制，做到有法必依、执法必严、违法必究，依法审计、文明审计。

第四章 会议制度

十七、审计署实行党组会议、审计长会议、审计业务会议制度。

审计署工作中的重大事项，必须经党组会议、审计长会议或审计业务会议讨论决定。

十八、党组会议由党组成员组成，由党组书记或其委托党组副书记召集和主持，必要时可请有关领导和相关单位负责同志列席。主要任务是：

（一）学习党中央、国务院的有关文件、决定，传达党中央、国务院领导同志的重要指示和重要会议精神；

（二）研究制定审计工作的方针政策，发展战略、规划和重大措施；

（三）研究国务院委托审计署拟定的审计法律、行政法规草案；

（四）研究向党中央、国务院请示、报告的重大事项；

（五）研究部署审计署重要工作；

（六）研究决定审计署内部机构设置和干部管理中的重要问题；

（七）研究处理重大审计事项、重要涉外问题和年度外事工作计划；

（八）研究加强党的思想建设、组织建设、作风建设、制度建设、反腐倡廉建设、思想政治工作和精神文明建设；

（九）研究议定其他需要党组会议决定的事项。

党组会议不定期召开。必要时可召开党组扩大会议。

十九、审计长会议由审计长、副审计长、总审计师、中央经济责任审计工作联席会议办公室主任、中央纪委驻署纪检组长和其他党组成员组成，由审计长或其委托其他署领导召集，根据需要可安排有关单位负责同志列席。主要任务是：

（一）研究贯彻落实党中央、国务院的决定、指示；

（二）分析审计工作形势，研究决定年度审计工作计划、年度工作要点和其他重大事项；

（三）讨论通过向国务院总理报送的中央预算执行和其他财政收支的审计结果报告；

（四）讨论通过其他向国务院的报告、请示；

（五）讨论通过由审计署制定和发布的审计规章；

（六）讨论通过对地方审计工作的指导意见；

（七）研究国务院有关部门与审计署协调的重要事项；

（八）讨论决定地方审计机关请示审计署的重要事项；

（九）研究特派办建设和署机关职工生活中的重大问题；

（十）研究议定其他需要审计长会议决定的事项。

审计长会议一般每周召开一次，根据需要可临时召开。

二十、审计业务会议由审计长、副审计长、总审计师、中央经济责任审计工作联席会议办公室主任、中央纪委驻署纪检组长、其他党组成员、总经济师、办公厅主任、法规司司长、科研所所长和有关审计专业人员组成。由审计长或其委托其他署领导召集，根据需要可安排有关单位负责同志列席。主要任务是：审议各审计业务司提交的需经审计业务会议讨论的审计（调查）工作方案、审计（调查）实施方案、审计（调查）报告、审计决定和审计公告稿。

二十一、审计署党组会议、审计长会议、审计业务会议的议题，由分管署领导审核或召开专题会议研究后提出，报党组书记、审计长或主持会议的署领导确定后提交会议研究，除特殊情况外，不得临时动议。

提交审计业务会议讨论的审计（调查）工作方案，应事先由分管署领导审核；提交审计业务会议讨论的审计（调查）报告，应按相关程序复核、审理，并经总审计师和分管署领导审核。审计业务会议讨论通过的审计（调查）工作方案和审计（调查）报告，由责任单位根据会议意见修改后，按程序办理发文。

二十二、审计署党组会议、审计长会议、审计业务会议的组织工作，由办公厅负责；一般要在会前 3 天把讨论文件发给参加会议的同志。

党组会议、审计长会议、审计业务会议要编写会议纪要。党组会议纪要由党组秘书负责编写；审计长会议纪要由办公厅负责编写，办公厅主任审核；审计业务会议纪要由法规司负责编写，总审计师审核。会议纪要由会议主持人签发。

党组会议、审计长会议、审计业务会议的开会时间要相对集中和固定，以保证审计署领导同志既能集中时间参加会议，又能有足够的时间深入基层调查研究、指导工作。

署领导不能出席党组会议、审计长会议或审计业务会议，向审计长请假。相关列席人员请假，本人需说明请假的具体事由，由办公厅向审计长报告。

二十三、署机关各单位需要组织由署领导出席的会议和活动，应事前与办公厅协商初步确定时间后，再正式按程序报批。署机关各单位需组织专题会议、培训和研讨等活动，由其他单位负责同志参加的，除紧急情况外，应提前一周报经分管署领导同意，并告知办公厅。如相关安排有冲突，由办公厅负责协调。

二十四、根据党中央、国务院指示和审计工作需要，召开全国性审计工作会议。全国性审计工作会议一般每年召开一次，由审计长或其委托其他署领导主持。召开属于二类会议的全国性审计工作会议，要按照规定报国务院审批。召开属于三类会议的全国性专业会议按每年年初审计长会议批准的会议计划执行。

二十五、召开全国性的审计工作会议和专业会议要按规定选择会议地点，严格控制会议规模和会期，要充分准备，提高效率和质量，尽可能采用视频会议形式召开。不得向地方和企事业单位摊派会议经费，不得组织会议代表游览及与会议无关的参观，不得发放纪念品及与会议无关的物品。

第五章 公文审批制度

二十六、审计署机关公文应当符合中共中央办公厅、国务院办公厅印发的《党政机关公文处理工作条例》，按照署相关规定和要求办理。

二十七、审计署收到的党中央、国务院文电，由办公厅报送党组书记、审计长或主持工作的署领导阅批。

审计署收到的国务院各部门、直属机构、办事机构、直属事业单位和各省、自治区、直辖市人民政府的文件，由办公厅按各司局的职责分工分送有关司局提出意见后，报送分管署领导阅批，重大事项由办公厅主任或副主任负责呈报有关署领导阅批后转有关司局办理。

审计署机关各单位的请示、报告，按程序报相关署领导审定；审计署各派出机构和各省、自治区、直辖市审计厅（局）的请示、报告，由办公厅按职责分工确定承办单位，承办单位要认真研究审核，提出办理意见，报分管署领导审定，重大事项报审计长审批。除署领导交办事项和必须直接报送的绝密事项外，一般不直接向署领导个人报送公文。

二十八、在公文办理过程中，遇有承办或牵头单位不明确的事项，由办公厅负责协调或报请署领导确定，有关司局不得推诿扯皮。涉及署内多个司局业务的公文，有关司局要进行协商，并在公文签发前由主办司局送有关司局会签。

二十九、以署党组和审计署名义发的文电，在送党组书记或署领导签发前，有关经办单位要认真做好审核工作，最后由办公厅负责审核把关。

三十、以署党组名义发的文电，由党组书记或其委托党组副书记签发。

三十一、以审计署名义发的文电，其签发权限一般分为：

（一）由审计长签发的文电：向党中央、国务院报送的报告、请示、意见、信息；向国务院报送的审计报告和审计调查报告；审计署令；审计结果公告；发往各地区、各部门的重要政策性文电；审计规章和涉及审计工作重大问题的处理；重要的涉外事项和重要的政策性宣传稿件；推广全国性典型经验和指名批评某一地区或某一部门违纪问题的通报；向审计系统或审计人员颁发各种荣誉证书或奖状；审计署司局级机构变动和司局级干部的任免、处分等。审计长外出时，由主持工作的署领导签发。

（二）由分管署领导签发的文电：回复国务院办公厅、有关部委及地方人民政府征求意见的文件；单项审计工作制度；有关审计规章的实施细则及解释；列入年度审计项目计划的审计业务文书；列入年度计划的各种专业会议文电；年度审计计划中的个别项目调整等。

三十二、以审计署办公厅名义发出的文电，由主办司局领导审核，报分管署领导或审计长签发；办公厅主办的事项，一般由办公厅主任签发，必要时报分管署领导或审计长签发。办公厅主任外出时，由主持工作的副主任签发。

三十三、审计署会同党中央和国务院有关部门的联合发文或会签发文，一般由审计长签发。党中央和国务院有关部门会同我署的联合发文或会签发文，一般应按照对等原则由分管署领导审签。

三十四、审计署署印由办公厅秘书处保管，经审计长、分管署领导、办公厅主任或其委托的人员签字后使用。

三十五、署机关各单位、各派出机构要指定专人，严格按照有关规定和要求，认真做好审计署公文的审核工作，提高公文质量。除重要工作事项和具有普遍指导作用的文件简报外，其他尽可能不发。加大审计管理系统和电子公文运用，提高公文处理效率。

第六章 公务活动及宣传报道制度

三十六、审计署领导到基层考察调研，要轻车简从，减少随行和地方陪同人员，简化接待礼仪。特派办和地方审计机关负责同志不到机场、车站、码头和辖区分界处迎送。

审计署机关各单位、各派出机构负责同志也要按此原则办理。

三十七、除党中央、国务院统一组织安排的活动以外，未经署党组批准，署领导及司局级领导不得出席各部门、各地方、各单位召开的会议或接见、照相、颁奖、剪彩、奠基、庆典、论坛、联欢及首发、首映式等事务性活动。署领导不为署机关各单位、各派出机构和地方审计机关签发贺信、贺电、题词、题名、作序。

三十八、审计署领导因公出访，严格执行党中央和国务院有关规定。出访安排列入审计署年度外事工作计划。出访前，按规定报国务院批准，抄送外交部。回国后，向署党组报送出访报告，重要事项和需要请示的内容，向国务院报告。副审计长、总审计师、中央经济责任审计工作联席会议办公室主任、中央纪委驻署纪检组长每年出国（境）一般不超过1次。

三十九、审计署邀请的外国重要官方人士拟请国家领导人会见的，由审计署向国务院提出请示，抄送外交部，呈有关领导同志批准。

与台湾的交流活动，由审计署向国务院台办报批。

会见港澳人员、华侨知名人士，由署港澳台办公室（国际合作司）报审计长或分管外事的署领导批准。

四十、审计署代表参加国际会议，如在会前有国际性审计组织提议拟在中国举办或由中国承办大型、多边国际会议等事宜，应多方了解情况，请示署领导，做好应对预案；如在会上临时受邀，应将相关信息带回国内，向分管外事的署领导汇报，经审计长同意并报请有关部门批准后，由国际合作司正式发函协商予以确认。

四十一、审计署领导活动的宣传报道要从严掌握。全国性的审计工作会议和其他有较大影响的会议、活动，要按经审计署领导审定的方案进行新闻报道。审计署领导接受新闻单位采访，应由办公厅统一安排。审计署领导到基层考察调研等活动，一般不作报道，重要活动必须报道的，要严格按程序报批，中国审计报不能以头版消息刊载。对审计署重要会议，署内媒体综合报道一般不超过1 200字；审计署领导的讲话需要全文发表的，由办公厅指定署内一家媒体发表。

审计署领导参加外事活动，需要公开报道的，由国际合作司向办公厅提出方案，办公厅通知署管媒体进行报道。

第七章　外出请示报告制度

四十二、审计署领导及署机关各单位、各派出机构主要负责同志要严格执行请销假制度。

审计长离京出差、出访和休假，要确定一位署领导主持工作，审计署办公厅应按规定事前向国务院办公厅报告。副审计长、总审计师、中央经济责任审计工作联席会议办公室主任、中央纪委驻署纪检组长和其他党组成员离京出差的地点、事由、时间及出访和休假，原则上应提前5天向审计长报告，经批准后，由秘书把离京外出的有关事项通知办公厅。署领导出差、出访结束后，应及时向党组或审计长报告情况；专题调研、国际会议等重要事项，应及时向署党组或审计长写出书面报告。副审计长、总审计师、中央经济责任审计工作联席会议办公室主任和其他党组成员离京出差、出访和休假期间，应由审计长确定代理分管工作的署领导。遇有特殊紧急情况，由办公厅主任酌情商请在京署领导处理。

四十三、审计署机关各单位、各派出审计局主要负责同志离京出差、出访和休假，应确定临时负责本单位工作的司局级领导同志，经分管署领导审定，审计长批准，并报办公厅。办公厅要随时掌握各单位主要负责同志离京外出的情况，及时向有关署领导报告。

四十四、审计署驻地方特派员办事处主要负责同志离开驻地，原则上应提前2天报经分管署领导批准，并报告办公厅。办公厅应及时向有关署领导报告。

四十五、署机关各单位、各派出机构外出组织集体活动，以及负责同志到署内外单位授课，应按规定事前报经署领导批准，并报告办公厅。办公厅应及时向有关署领导报告。

第八章　推进政务公开

四十六、要大力推进政务公开，健全审计信息发布制度、审计结果和审计发现问题整改情况的公开制度，定期向署特约审计员通报审计工作情况，完善各类公开办事制度，提高审计工作和内部管理各项工作的透明度。

四十七、审计长会议、审计业务会议决定的事项，审计署制定的规章和规范性文件，除需保密的外，应及时公布。

四十八、凡涉及群众切身利益、需要群众广泛知晓的事项以及其他依照法律、法规和国家有关规定应当主动公开的事项，均应通过审计署门户网站、审计结果公告、新闻发布会以及报刊、广播、电视等方式，依法、及时、准确地向社会公开，主动回应相关方面的关切。

第九章 作风建设

四十九、审计署要坚决贯彻执行党和国家的路线方针政策及工作部署。审计署及署机关各单位、各派出机构领导必须坚决执行审计署的决定，如有不同意见，可在审计署内部提出，在没有重新作出决定之前，不得有任何与审计署决定相违背的言论和行为。署领导发表涉及国家重要政策的讲话和文章，若无统一口径，事先要报国务院同意。署机关各单位、各派出机构领导发表涉及重要政策的讲话和文章，须报分管署领导批准。

五十、审计署要建设学习型机关。署领导要做学习的表率，密切关注国际国内经济、社会、科技等方面发展变化的新趋势，不断充实新知识，丰富新经验，大力推进审计信息化建设。

五十一、审计署领导要深入基层调研，明确调研主题，掌握真实情况，解决实际问题。坚持署领导对地方审计工作调研重点联系地区制度。

五十二、要从严治政，对职权范围内的事项要规范工作程序，按程序和时限认真负责办理。

五十三、审计署全体人员要严格遵守保密纪律和外事纪律，严禁泄露国家秘密、工作秘密或因履行职责掌握的商业秘密等，坚决维护国家的安全、荣誉和利益。

第十章 廉政建设

五十四、结合审计署实际，认真贯彻落实国务院廉政工作的部署和要求。

认真落实党风廉政建设责任制，坚持集体领导与个人分工负责相结合，抓好职责范围内的反腐倡廉各项工作。

五十五、要严格执行财经纪律，艰苦奋斗、勤俭节约，严格执行住房、办公用房、车辆配备等方面的规定，坚决制止奢侈浪费，严格控制差旅、会议等一般性经费支出，严禁公车私用，切实降低行政成本，建设节约型机关。

严格控制因公出国（境）团组数量和规模。改革和规范公务接待，不得违反规定用公款送礼和宴请，不得违反规定接受送礼和宴请。未经署党组同意，署各单位不得举办各类纪念会、庆典、研讨会、表彰会、剪彩、奠基和论坛等活动，不得自行印制、分发纪念品和宣传品。各类会议活动经费要全部纳入预算管理。

五十六、审计署各级领导干部要廉洁从政，严格执行领导干部重大事项报告制度和审计纪律，不得利用职权和职务的影响为本人或关系人谋取不正当利益；不得违反规定干预或插手市场经济活动；加强对亲属和身边工作人员的教育和约束，决不允许搞特权。

第十一章 健全监督制度

五十七、要认真对待全国人大代表议案、建议和全国政协委员提案，及时反馈办理结果。要认真听取署特约审计员的工作建议，及时反馈意见。要按照有关法律的规定接受司法监督，自觉接受纪检、监察和相关部门的监督，对发现的问题要认真查处和整改，重大问题应向国务院报告。

五十八、加强审计系统内部监督，严格执行审计法和行政复议法律法规，实行规章备案制度，及时撤销或修改违反法律、行政法规的审计规章和其他规范性文件，纠正违法或不当的行政行为。

五十九、审计署及机关各单位、各派出机构要自觉接受新闻舆论和群众的监督。对新闻媒体报道和各方面反映的涉及审计机关的重大问题，署机关各单位、各派出机构要在第一时间向审计署报告，并按审计署要求积极主动地查处和整改。

六十、要重视人民群众来信来访工作，进一步完善信访制度，确保信访渠道的畅通。

六十一、要进一步完善署党组派驻纪检组长制度、审计现场管理制度和审计项目质量责任追究制度，建立健全巡视工作制度。明确问责范围，规范问责程序，严格责任追究。

六十二、审计署办公厅要认真履行署内督办职责，对党中央和国务院领导同志的批办件，国务院交办件，人大代表议案、建议和政协委员提案，有关部委的办理件，署党组会议、审计长会议、审计业务会议议定事项，署领导批示和交办重要事项等要及时督办，并适时通报各单位办理情况。

第十二章　附　　则

六十三、本规则自署党组通过之日起执行。2009 年 7 月 15 日印发的《审计署工作规则》（审办发〔2009〕131 号）同时废止。

六十四、本规则适用于署机关各单位、各直属单位和各派出机构，由办公厅负责解释。

4. 中华人民共和国国家审计准则（2010 年修订）

（中华人民共和国审计署令 2010 年第 8 号）

第一章　总　　则

第一条　为了规范和指导审计机关和审计人员执行审计业务的行为，保证审计质量，防范审计风险，发挥审计保障国家经济和社会健康运行的“免疫系统”功能，根据《中华人民共和国审计法》《中华人民共和国审计法实施条例》和其他有关法律法规，制定本准则。

第二条　本准则是审计机关和审计人员履行法定审计职责的行为规范，是执行审计业务的职业标准，是评价审计质量的基本尺度。

第三条　本准则中使用“应当”“不得”词汇的条款为约束性条款，是审计机关和审计人员执行审计业务必须遵守的职业要求。

本准则中使用“可以”词汇的条款为指导性条款，是对良好审计实务的推介。

第四条　审计机关和审计人员执行审计业务，应当适用本准则。其他组织或者人员接受审计机关的委托、聘用，承办或者参加审计业务，也应当适用本准则。

第五条　审计机关和审计人员执行审计业务，应当区分被审计单位的责任和审计机关的责任。

在财政收支、财务收支以及有关经济活动中，履行法定职责、遵守相关法律法规、建立并实施内部控制、按照有关会计准则和会计制度编报财务会计报告、保持财务会计资料的真实性和完整性，是被审计单位的责任。

依据法律法规和本准则的规定，对被审计单位财政收支、财务收支以及有关经济活动独立实施审计并作出审计结论，是审计机关的责任。

第六条　审计机关的主要工作目标是通过监督被审计单位财政收支、财务收支以及有关经济活动的真实性、合法性、效益性，维护国家经济安全，推进民主法治，促进廉政建设，保障国家经济和社会健康发展。

真实性是指反映财政收支、财务收支以及有关经济活动的信息与实际情况相符合的程度。

合法性是指财政收支、财务收支以及有关经济活动遵守法律、法规或者规章的情况。

效益性是指财政收支、财务收支以及有关经济活动实现的经济效益、社会效益和环境效益。

第七条 审计机关对依法属于审计机关审计监督对象的单位、项目、资金进行审计。

审计机关按照国家有关规定，对依法属于审计机关审计监督对象的单位的主要负责人经济责任进行审计。

第八条 审计机关依法对预算管理或者国有资产管理使用等与国家财政收支有关的特定事项向有关地方、部门、单位进行专项审计调查。

审计机关进行专项审计调查时，也应当适用本准则。

第九条 审计机关和审计人员执行审计业务，应当依据年度审计项目计划，编制审计实施方案，获取审计证据，作出审计结论。

审计机关应当委派具备相应资格和能力的审计人员承办审计业务，并建立和执行审计质量控制制度。

第十条 审计机关依据法律法规规定，公开履行职责的情况及其结果，接受社会公众的监督。

第十一条 审计机关和审计人员未遵守本准则约束性条款的，应当说明原因。

第二章 审计机关和审计人员

第十二条 审计机关和审计人员执行审计业务，应当具备本准则规定的资格条件和职业要求。

第十三条 审计机关执行审计业务，应当具备下列资格条件：

（一）符合法定的审计职责和权限；

（二）有职业胜任能力的审计人员；

（三）建立适当的审计质量控制制度；

（四）必需的经费和其他工作条件。

第十四条 审计人员执行审计业务，应当具备下列职业要求：

（一）遵守法律法规和本准则；

（二）恪守审计职业道德；

（三）保持应有的审计独立性；

（四）具备必需的职业胜任能力；

（五）其他职业要求。

第十五条 审计人员应当恪守严格依法、正直坦诚、客观公正、勤勉尽责、保守秘密的基本审计职业道德。

严格依法就是审计人员应当严格依照法定的审计职责、权限和程序进行审计监督，规范审计行为。

正直坦诚就是审计人员应当坚持原则，不屈从于外部压力；不歪曲事实，不隐瞒审计发现的问题；廉洁自律，不利用职权谋取私利；维护国家利益和公共利益。

客观公正就是审计人员应当保持客观公正的立场和态度，以适当、充分的审计证据支持审计结论，实事求是地作出审计评价和处理审计发现的问题。

勤勉尽责就是审计人员应当爱岗敬业，勤勉高效，严谨细致，认真履行审计职责，保证审计工作质量。

保守秘密就是审计人员应当保守其在执行审计业务中知悉的国家秘密、商业秘密；对于执行审计业务取得的资料、形成的审计记录和掌握的相关情况，未经批准不得对外提供和披露，不得用于与审计工作无关的目的。

第十六条　审计人员执行审计业务时，应当保持应有的审计独立性，遇有下列可能损害审计独立性情形的，应当向审计机关报告：

（一）与被审计单位负责人或者有关主管人员有夫妻关系、直系血亲关系、三代以内旁系血亲以及近姻亲关系；

（二）与被审计单位或者审计事项有直接经济利益关系；

（三）对曾经管理或者直接办理过的相关业务进行审计；

（四）可能损害审计独立性的其他情形。

第十七条　审计人员不得参加影响审计独立性的活动，不得参与被审计单位的管理活动。

第十八条　审计机关组成审计组时，应当了解审计组成员可能损害审计独立性的情形，并根据具体情况采取下列措施，避免损害审计独立性：

（一）依法要求相关审计人员回避；

（二）对相关审计人员执行具体审计业务的范围作出限制；

（三）对相关审计人员的工作追加必要的复核程序；

（四）其他措施。

第十九条　审计机关应当建立审计人员交流等制度，避免审计人员因执行审计业务长期与同一被审计单位接触可能对审计独立性造成的损害。

第二十条　审计机关可以聘请外部人员参加审计业务或者提供技术支持、专业咨询、专业鉴定。

审计机关聘请的外部人员应当具备本准则第十四条规定的职业要求。

第二十一条　有下列情形之一的外部人员，审计机关不得聘请：

（一）被刑事处罚的；

（二）被劳动教养的；

（三）被行政拘留的；

（四）审计独立性可能受到损害的；

（五）法律规定不得从事公务的其他情形。

第二十二条　审计人员应当具备与其从事审计业务相适应的专业知识、职业能力和工作经验。

审计机关应当建立和实施审计人员录用、继续教育、培训、业绩评价考核和奖惩激励制度，确保审计人员具有与其从事业务相适应的职业胜任能力。

第二十三条　审计机关应当合理配备审计人员，组成审计组，确保其在整体上具备与审计项目相适应的职业胜任能力。

被审计单位的信息技术对实现审计目标有重大影响的，审计组的整体胜任能力应当包括信息技术方面的胜任能力。

第二十四条　审计人员执行审计业务时，应当合理运用职业判断，保持职业谨慎，对被审计单位可能存在的重要问题保持警觉，并审慎评价所获取审计证据的适当性和充分性，得出恰当的审计结论。

第二十五条　审计人员执行审计业务时，应当从下列方面保持与被审计单位的工作关系：

（一）与被审计单位沟通并听取其意见；

（二）客观公正地作出审计结论，尊重并维护被审计单位的合法权益；

（三）严格执行审计纪律；

（四）坚持文明审计，保持良好的职业形象。

第三章　审计计划

第二十六条　审计机关应当根据法定的审计职责和审计管辖范围，编制年度审计项目计划。

编制年度审计项目计划应当服务大局，围绕政府工作中心，突出审计工作重点，合理安排审计资源，防止不必要的重复审计。

第二十七条 审计机关按照下列步骤编制年度审计项目计划：

（一）调查审计需求，初步选择审计项目；

（二）对初选审计项目进行可行性研究，确定备选审计项目及其优先顺序；

（三）评估审计机关可用审计资源，确定审计项目，编制年度审计项目计划。

第二十八条 审计机关从下列方面调查审计需求，初步选择审计项目：

（一）国家和地区财政收支、财务收支以及有关经济活动情况；

（二）政府工作中心；

（三）本级政府行政首长和相关领导机关对审计工作的要求；

（四）上级审计机关安排或者授权审计的事项；

（五）有关部门委托或者提请审计机关审计的事项；

（六）群众举报、公众关注的事项；

（七）经分析相关数据认为应当列入审计的事项；

（八）其他方面的需求。

第二十九条 审计机关对初选审计项目进行可行性研究，确定初选审计项目的审计目标、审计范围、审计重点和其他重要事项。

进行可行性研究重点调查研究下列内容：

（一）与确定和实施审计项目相关的法律法规和政策；

（二）管理体制、组织结构、主要业务及其开展情况；

（三）财政收支、财务收支状况及结果；

（四）相关的信息系统及其电子数据情况；

（五）管理和监督机构的监督检查情况及结果；

（六）以前年度审计情况；

（七）其他相关内容。

第三十条 审计机关在调查审计需求和可行性研究过程中，从下列方面对初选审计项目进行评估，以确定备选审计项目及其优先顺序：

（一）项目重要程度，评估在国家经济和社会发展中的重要性、政府行政首长和相关领导机关及公众关注程度、资金和资产规模等；

（二）项目风险水平，评估项目规模、管理和控制状况等；

（三）审计预期效果；

（四）审计频率和覆盖面；

（五）项目对审计资源的要求。

第三十一条 年度审计项目计划应当按照审计机关规定的程序审定。

审计机关在审定年度审计项目计划前，根据需要，可以组织专家进行论证。

第三十二条 下列审计项目应当作为必选审计项目：

（一）法律法规规定每年应当审计的项目；

（二）本级政府行政首长和相关领导机关要求审计的项目；

（三）上级审计机关安排或者授权的审计项目。

审计机关对必选审计项目，可以不进行可行性研究。

第三十三条 上级审计机关直接审计下级审计机关审计管辖范围内的重大审计事项，应当列入上级审计机关年度审计项目计划，并及时通知下级审计机关。

第三十四条 上级审计机关可以依法将其审计管辖范围内的审计事项，授权下级审计机关进行审计。对于上级审计机关审计管辖范围内的审计事项，下级审计机关也可以提出授权申请，报有管辖权的上级审计机关审批。

获得授权的审计机关应当将授权的审计事项列入年度审计项目计划。

第三十五条　根据中国政府及其机构与国际组织、外国政府及其机构签订的协议和上级审计机关的要求，审计机关确定对国际组织、外国政府及其机构援助、贷款项目进行审计的，应当纳入年度审计项目计划。

第三十六条　对于预算管理或者国有资产管理使用等与国家财政收支有关的特定事项，符合下列情形的，可以进行专项审计调查：

（一）涉及宏观性、普遍性、政策性或者体制、机制问题的；

（二）事项跨行业、跨地区、跨单位的；

（三）事项涉及大量非财务数据的；

（四）其他适宜进行专项审计调查的。

第三十七条　审计机关年度审计项目计划的内容主要包括：

（一）审计项目名称；

（二）审计目标，即实施审计项目预期要完成的任务和结 果；

（三）审计范围，即审计项目涉及的具体单位、事项和所属期间；

（四）审计重点；

（五）审计项目组织和实施单位；

（六）审计资源。

采取跟踪审计方式实施的审计项目，年度审计项目计划应当列明跟踪的具体方式和要求。

专项审计调查项目的年度审计项目计划应当列明专项审计调查的要求。

第三十八条　审计机关编制年度审计项目计划可以采取文字、表格或者两者相结合的形式。

第三十九条　审计机关计划管理部门与业务部门或者派出机构，应当建立经常性的沟通和协调机制。

调查审计需求、进行可行性研究和确定备选审计项目，以业务部门或者派出机构为主实施；备选审计项目排序、配置审计资源和编制年度审计项目计划草案，以计划管理部门为主实施。

第四十条　审计机关根据项目评估结果，确定年度审计项目计划。

第四十一条　审计机关应当将年度审计项目计划报经本级政府行政首长批准并向上一级审计机关报告。

第四十二条　审计机关应当对确定的审计项目配置必要的审计人力资源、审计时间、审计技术装备、审计经费等审计资源。

第四十三条　审计机关同一年度内对同一被审计单位实施不同的审计项目，应当在人员和时间安排上进行协调，尽量避免给被审计单位工作带来不必要的影响。

第四十四条　审计机关应当将年度审计项目计划下达审计项目组织和实施单位执行。

年度审计项目计划一经下达，审计项目组织和实施单位应当确保完成，不得擅自变更。

第四十五条　年度审计项目计划执行过程中，遇有下列情形之一的，应当按照原审批程序调整：

（一）本级政府行政首长和相关领导机关临时交办审计项目的；

（二）上级审计机关临时安排或者授权审计项目的；

（三）突发重大公共事件需要进行审计的；

（四）原定审计项目的被审计单位发生重大变化，导致原计划无法实施的；

（五）需要更换审计项目实施单位的；

（六）审计目标、审计范围等发生重大变化需要调整的；

（七）需要调整的其他情形。

第四十六条 上级审计机关应当指导下级审计机关编制年度审计项目计划，提出下级审计机关重点审计领域或者审计项目安排的指导意见。

第四十七条 年度审计项目计划确定审计机关统一组织多个审计组共同实施一个审计项目或者分别实施同一类审计项目的，审计机关业务部门应当编制审计工作方案。

第四十八条 审计机关业务部门编制审计工作方案，应当根据年度审计项目计划形成过程中调查审计需求、进行可行性研究的情况，开展进一步调查，对审计目标、范围、重点和项目组织实施等进行确定。

第四十九条 审计工作方案的内容主要包括：

（一）审计目标；

（二）审计范围；

（三）审计内容和重点；

（四）审计工作组织安排；

（五）审计工作要求。

第五十条 审计机关业务部门编制的审计工作方案应当按照审计机关规定的程序审批。在年度审计项目计划确定的实施审计起始时间之前，下达到审计项目实施单位。

审计机关批准审计工作方案前，根据需要，可以组织专家进行论证。

第五十一条 审计机关业务部门根据审计实施过程中情况的变化，可以申请对审计工作方案的内容进行调整，并按审计机关规定的程序报批。

第五十二条 审计机关应当定期检查年度审计项目计划执行情况，评估执行效果。

审计项目实施单位应当向下达审计项目计划的审计机关报告计划执行情况。

第五十三条 审计机关应当按照国家有关规定，建立和实施审计项目计划执行情况及其结果的统计制度。

第四章 审计实施

第一节 审计实施方案

第五十四条 审计机关应当在实施项目审计前组成审计组。

审计组由审计组组长和其他成员组成。审计组实行审计组组长负责制。审计组组长由审计机关确定，审计组组长可以根据需要在审计组成员中确定主审，主审应当履行其规定职责和审计组组长委托履行的其他职责。

第五十五条 审计机关应当依照法律法规的规定，向被审计单位送达审计通知书。

第五十六条 审计通知书的内容主要包括被审计单位名称、审计依据、审计范围、审计起始时间、审计组组长及其他成员名单和被审计单位配合审计工作的要求。同时，还应当向被审计单位告知审计组的审计纪律要求。

采取跟踪审计方式实施审计的，审计通知书应当列明跟踪审计的具体方式和要求。

专项审计调查项目的审计通知书应当列明专项审计调查的要求。

第五十七条 审计组应当调查了解被审计单位及其相关情况，评估被审计单位存在重要问题的可能性，确定审计应对措施，编制审计实施方案。

对于审计机关已经下达审计工作方案的，审计组应当按照审计工作方案的要求编制审计实施方案。

第五十八条 审计实施方案的内容主要包括：

（一）审计目标；

（二）审计范围；

（三）审计内容、重点及审计措施，包括审计事项和根据本准则第七十三条确定的审计应对措施；

（四）审计工作要求，包括项目审计进度安排、审计组内部重要管理事项及职责分工等。

采取跟踪审计方式实施审计的，审计实施方案应当对整个跟踪审计工作作出统筹安排。

专项审计调查项目的审计实施方案应当列明专项审计调查的要求。

第五十九条　审计组调查了解被审计单位及其相关情况，为作出下列职业判断提供基础：

（一）确定职业判断适用的标准；

（二）判断可能存在的问题；

（三）判断问题的重要性；

（四）确定审计应对措施。

第六十条　审计人员可以从下列方面调查了解被审计单位及其相关情况：

（一）单位性质、组织结构；

（二）职责范围或者经营范围、业务活动及其目标；

（三）相关法律法规、政策及其执行情况；

（四）财政财务管理体制和业务管理体制；

（五）适用的业绩指标体系以及业绩评价情况；

（六）相关内部控制及其执行情况；

（七）相关信息系统及其电子数据情况；

（八）经济环境、行业状况及其他外部因素；

（九）以往接受审计和监管及其整改情况；

（十）需要了解的其他情况。

第六十一条　审计人员可以从下列方面调查了解被审计单位相关内部控制及其执行情况：

（一）控制环境，即管理模式、组织结构、责权配置、人力资源制度等；

（二）风险评估，即被审计单位确定、分析与实现内部控制目标相关的风险，以及采取的应对措施；

（三）控制活动，即根据风险评估结果采取的控制措施，包括不相容职务分离控制、授权审批控制、资产保护控制、预算控制、业绩分析和绩效考评控制等；

（四）信息与沟通，即收集、处理、传递与内部控制相关的信息，并能有效沟通的情况；

（五）对控制的监督，即对各项内部控制设计、职责及其履行情况的监督检查。

第六十二条　审计人员可以从下列方面调查了解被审计单位信息系统控制情况：

（一）一般控制，即保障信息系统正常运行的稳定性、有效性、安全性等方面的控制；

（二）应用控制，即保障信息系统产生的数据的真实性、完整性、可靠性等方面的控制。

第六十三条　审计人员可以采取下列方法调查了解被审计单位及其相关情况：

（一）书面或者口头询问被审计单位内部和外部相关人员；

（二）检查有关文件、报告、内部管理手册、信息系统的技术文档和操作手册；

（三）观察有关业务活动及其场所、设施和有关内部控制的执行情况；

（四）追踪有关业务的处理过程；

（五）分析相关数据。

第六十四条　审计人员根据审计目标和被审计单位的实际情况，运用职业判断确定调查了解的范围和程度。

对于定期审计项目，审计人员可以利用以往审计中获得的信息，重点调查了解已经发生变化的情况。

第六十五条　审计人员在调查了解被审计单位及其相关情况的过程中，可以选择下列标准作为职业判断的依据：

（一）法律、法规、规章和其他规范性文件；

（二）国家有关方针和政策；

（三）会计准则和会计制度；

（四）国家和行业的技术标准；

（五）预算、计划和合同；

（六）被审计单位的管理制度和绩效目标；

（七）被审计单位的历史数据和历史业绩；

（八）公认的业务惯例或者良好实务；

（九）专业机构或者专家的意见；

（十）其他标准。

审计人员在审计实施过程中需要持续关注标准的适用性。

第六十六条 职业判断所选择的标准应当具有客观性、适用性、相关性、公认性。

标准不一致时，审计人员应当采用权威的和公认程度高的标准。

第六十七条 审计人员应当结合适用的标准，分析调查了解的被审计单位及其相关情况，判断被审计单位可能存在的问题。

第六十八条 审计人员应当运用职业判断，根据可能存在问题的性质、数额及其发生的具体环境，判断其重要性。

第六十九条 审计人员判断重要性时，可以关注下列因素：

（一）是否属于涉嫌犯罪的问题；

（二）是否属于法律法规和政策禁止的问题；

（三）是否属于故意行为所产生的问题；

（四）可能存在问题涉及的数量或者金额；

（五）是否涉及政策、体制或者机制的严重缺陷；

（六）是否属于信息系统设计缺陷；

（七）政府行政首长和相关领导机关及公众的关注程度；

（八）需要关注的其他因素。

第七十条 审计人员实施审计时，应当根据重要性判断的结果，重点关注被审计单位可能存在的重要问题。

第七十一条 需要对财务报表发表审计意见的，审计人员可以参照中国注册会计师执业准则的有关规定确定和运用重要性。

第七十二条 审计组应当评估被审计单位存在重要问题的可能性，以确定审计事项和审计应对措施。

第七十三条 审计组针对审计事项确定的审计应对措施包括：

（一）评估对内部控制的依赖程度，确定是否及如何测试相关内部控制的有效性；

（二）评估对信息系统的依赖程度，确定是否及如何检查相关信息系统的有效性、安全性；

（三）确定主要审计步骤和方法；

（四）确定审计时间；

（五）确定执行的审计人员；

（六）其他必要措施。

第七十四条 审计组在分配审计资源时，应当为重要审计事项分派有经验的审计人员和安排充足的审计时间，并评估特定审计事项是否需要利用外部专家的工作。

第七十五条 审计人员认为存在下列情形之一的，应当测试相关内部控制的有效性：

（一）某项内部控制设计合理且预期运行有效，能够防止重要问题的发生；

（二）仅实施实质性审查不足以为发现重要问题提供适当、充分的审计证据。

审计人员决定不依赖某项内部控制的，可以对审计事项直接进行实质性审查。

被审计单位规模较小、业务比较简单的，审计人员可以对审计事项直接进行实质性审查。

第七十六条　审计人员认为存在下列情形之一的，应当检查相关信息系统的有效性、安全性：

（一）仅审计电子数据不足以为发现重要问题提供适当、充分的审计证据；

（二）电子数据中频繁出现某类差异。

审计人员在检查被审计单位相关信息系统时，可以利用被审计单位信息系统的现有功能或者采用其他计算机技术和工具，检查中应当避免对被审计单位相关信息系统及其电子数据造成不良影响。

第七十七条　审计人员实施审计时，应当持续关注已作出的重要性判断和对存在重要问题可能性的评估是否恰当，及时作出修正，并调整审计应对措施。

第七十八条　遇有下列情形之一的，审计组应当及时调整审计实施方案：

（一）年度审计项目计划、审计工作方案发生变化的；

（二）审计目标发生重大变化的；

（三）重要审计事项发生变化的；

（四）被审计单位及其相关情况发生重大变化的；

（五）审计组人员及其分工发生重大变化的；

（六）需要调整的其他情形。

第七十九条　一般审计项目的审计实施方案应当经审计组组长审定，并及时报审计机关业务部门备案。

重要审计项目的审计实施方案应当报经审计机关负责人审定。

第八十条　审计组调整审计实施方案中的下列事项，应当报经审计机关主要负责人批准：

（一）审计目标；

（二）审计组组长；

（三）审计重点；

（四）现场审计结束时间。

第八十一条　编制和调整审计实施方案可以采取文字、表格或者两者相结合的形式。

第二节　审计证据

第八十二条　审计证据是指审计人员获取的能够为审计结论提供合理基础的全部事实，包括审计人员调查了解被审计单位及其相关情况和对确定的审计事项进行审查所获取的证据。

第八十三条　审计人员应当依照法定权限和程序获取审计证据。

第八十四条　审计人员获取的审计证据，应当具有适当性和充分性。

适当性是对审计证据质量的衡量，即审计证据在支持审计结论方面具有的相关性和可靠性。相关性是指审计证据与审计事项及其具体审计目标之间具有实质性联系。可靠性是指审计证据真实、可信。

充分性是对审计证据数量的衡量。审计人员在评估存在重要问题的可能性和审计证据质量的基础上，决定应当获取审计证据的数量。

第八十五条　审计人员对审计证据的相关性分析时，应当关注下列方面：

（一）一种取证方法获取的审计证据可能只与某些具体审计目标相关，而与其他具体审计目标无关；

（二）针对一项具体审计目标可以从不同来源获取审计证据或者获取不同形式的审计证据。

第八十六条 审计人员可以从下列方面分析审计证据的可靠性：

（一）从被审计单位外部获取的审计证据比从内部获取的审计证据更可靠；

（二）内部控制健全有效情况下形成的审计证据比内部控制缺失或者无效情况下形成的审计证据更可靠；

（三）直接获取的审计证据比间接获取的审计证据更可靠；

（四）从被审计单位财务会计资料中直接采集的审计证据比经被审计单位加工处理后提交的审计证据更可靠；

（五）原件形式的审计证据比复制件形式的审计证据更可靠。

不同来源和不同形式的审计证据存在不一致或者不能相互印证时，审计人员应当追加必要的审计措施，确定审计证据的可靠性。

第八十七条 审计人员获取的电子审计证据包括与信息系统控制相关的配置参数、反映交易记录的电子数据等。

采集被审计单位电子数据作为审计证据的，审计人员应当记录电子数据的采集和处理过程。

第八十八条 审计人员根据实际情况，可以在审计事项中选取全部项目或者部分特定项目进行审查，也可以进行审计抽样，以获取审计证据。

第八十九条 存在下列情形之一的，审计人员可以对审计事项中的全部项目进行审查：

（一）审计事项由少量大额项目构成的；

（二）审计事项可能存在重要问题，而选取其中部分项目进行审查无法提供适当、充分的审计证据的；

（三）对审计事项中的全部项目进行审查符合成本效益原则的。

第九十条 审计人员可以在审计事项中选取下列特定项目进行审查：

（一）大额或者重要项目；

（二）数量或者金额符合设定标准的项目；

（三）其他特定项目。

选取部分特定项目进行审查的结果，不能用于推断整个审计事项。

第九十一条 在审计事项包含的项目数量较多，需要对审计事项某一方面的总体特征作出结论时，审计人员可以进行审计抽样。

审计人员进行审计抽样时，可以参照中国注册会计师执业准则的有关规定。

第九十二条 审计人员可以采取下列方法向有关单位和个人获取审计证据：

（一）检查，是指对纸质、电子或者其他介质形式存在的文件、资料进行审查，或者对有形资产进行审查；

（二）观察，是指查看相关人员正在从事的活动或者执行的程序；

（三）询问，是指以书面或者口头方式向有关人员了解关于审计事项的信息；

（四）外部调查，是指向与审计事项有关的第三方进行调查；

（五）重新计算，是指以手工方式或者使用信息技术对有关数据计算的正确性进行核对；

（六）重新操作，是指对有关业务程序或者控制活动独立进行重新操作验证；

（七）分析，是指研究财务数据之间、财务数据与非财务数据之间可能存在的合理关系，对相关信息作出评价，并关注异常波动和差异。

审计人员进行专项审计调查，可以使用上述方法及其以外的其他方法。

第九十三条 审计人员应当依照法律法规规定，取得被审计单位负责人对本单位提供资料真实性和完整性的书面承诺。

第九十四条 审计人员取得证明被审计单位存在违反国家规定的财政收支、财务收支行为以及其他重要审计事项的审计证据材料，应当由提供证据的有关人员、单位签名或者盖章；不能取得签名或者盖章不影响事实存在的，该审计证据仍然有效，但审计人员应当注明原因。

审计事项比较复杂或者取得的审计证据数量较大的，可以对审计证据进行汇总分析，编制审计取证单，由证据提供者签名或者盖章。

第九十五条 被审计单位的相关资料、资产可能被转移、隐匿、篡改、毁弃并影响获取审计证据的，审计机关应当依照法律法规的规定采取相应的证据保全措施。

第九十六条 审计机关执行审计业务过程中，因行使职权受到限制而无法获取适当、充分的审计证据，或者无法制止违法行为对国家利益的侵害时，根据需要，可以按照有关规定提请有权处理的机关或者相关单位予以协助和配合。

第九十七条 审计人员需要利用所聘请外部人员的专业咨询和专业鉴定作为审计证据的，应当对下列方面作出判断：

（一）依据的样本是否符合审计项目的具体情况；

（二）使用的方法是否适当和合理；

（三）专业咨询、专业鉴定是否与其他审计证据相符。

第九十八条 审计人员需要使用有关监管机构、中介机构、内部审计机构等已经形成的工作结果作为审计证据的，应当对该工作结果的下列方面作出判断：

（一）是否与审计目标相关；

（二）是否可靠；

（三）是否与其他审计证据相符。

第九十九条 审计人员对于重要问题，可以围绕下列方面获取审计证据：

（一）标准，即判断被审计单位是否存在问题的依据；

（二）事实，即客观存在和发生的情况。事实与标准之间的差异构成审计发现的问题；

（三）影响，即问题产生的后果；

（四）原因，即问题产生的条件。

第一百条 审计人员在审计实施过程中，应当持续评价审计证据的适当性和充分性。

已采取的审计措施难以获取适当、充分审计证据的，审计人员应当采取替代审计措施；仍无法获取审计证据的，由审计组报请审计机关采取其他必要的措施或者不作出审计结论。

第三节 审计记录

第一百零一条 审计人员应当真实、完整地记录实施审计的过程、得出的结论和与审计项目有关的重要管理事项，以实现下列目标：

（一）支持审计人员编制审计实施方案和审计报告；

（二）证明审计人员遵循相关法律法规和本准则；

（三）便于对审计人员的工作实施指导、监督和检查。

第一百零二条 审计人员作出的记录，应当使未参与该项业务的有经验的其他审计人员能够理解其执行的审计措施、获取的审计证据、作出的职业判断和得出的审计结论。

第一百零三条 审计记录包括调查了解记录、审计工作底稿和重要管理事项记录。

第一百零四条 审计组在编制审计实施方案前，应当对调查了解被审计单位及其相关情况作出记录。调查了解记录的内容主要包括：

（一）对被审计单位及其相关情况的调查了解情况；

（二）对被审计单位存在重要问题可能性的评估情况；

（三）确定的审计事项及其审计应对措施。

第一百零五条 审计工作底稿主要记录审计人员依据审计实施方案执行审计措施的活动。

审计人员对审计实施方案确定的每一审计事项，均应当编制审计工作底稿。一个审计事项可以根据需要编制多份审计工作底稿。

第一百零六条 审计工作底稿的内容主要包括：

（一）审计项目名称；

（二）审计事项名称；

（三）审计过程和结论；

（四）审计人员姓名及审计工作底稿编制日期并签名；

（五）审核人员姓名、审核意见及审核日期并签名；

（六）索引号及页码；

（七）附件数量。

第一百零七条 审计工作底稿记录的审计过程和结论主要包括：

（一）实施审计的主要步骤和方法；

（二）取得的审计证据的名称和来源；

（三）审计认定的事实摘要；

（四）得出的审计结论及其相关标准。

第一百零八条 审计证据材料应当作为调查了解记录和审计工作底稿的附件。一份审计证据材料对应多个审计记录时，审计人员可以将审计证据材料附在与其关系最密切的审计记录后面，并在其他审计记录中予以注明。

第一百零九条 审计组起草审计报告前，审计组组长应当对审计工作底稿的下列事项进行审核：

（一）具体审计目标是否实现；

（二）审计措施是否有效执行；

（三）事实是否清楚；

（四）审计证据是否适当、充分；

（五）得出的审计结论及其相关标准是否适当；

（六）其他有关重要事项。

第一百一十条 审计组组长审核审计工作底稿，应当根据不同情况分别提出下列意见：

（一）予以认可；

（二）责成采取进一步审计措施，获取适当、充分的审计证据；

（三）纠正或者责成纠正不恰当的审计结论。

第一百一十一条 重要管理事项记录应当记载与审计项目相关并对审计结论有重要影响的下列管理事项：

（一）可能损害审计独立性的情形及采取的措施；

（二）所聘请外部人员的相关情况；

（三）被审计单位承诺情况；

（四）征求被审计对象或者相关单位及人员意见的情况、被审计对象或者相关单位及人员反馈的意见及审计组的采纳情况；

（五）审计组对审计发现的重大问题和审计报告讨论的过程及结论；

（六）审计机关业务部门对审计报告、审计决定书等审计项目材料的复核情况和意见；

（七）审理机构对审计项目的审理情况和意见；

（八）审计机关对审计报告的审定过程和结论；

（九）审计人员未能遵守本准则规定的约束性条款及其原 因；

（十）因外部因素使审计任务无法完成的原因及影响；

（十一）其他重要管理事项。

重要管理事项记录可以使用被审计单位承诺书、审计机关内部审批文稿、会议记录、会议纪要、审理意见书或者其他书面形式。

第四节　重大违法行为检查

第一百一十二条　审计人员执行审计业务时，应当保持职业谨慎，充分关注可能存在的重大违法行为。

第一百一十三条　本准则所称重大违法行为是指被审计单位和相关人员违反法律法规、涉及金额比较大、造成国家重大经济损失或者对社会造成重大不良影响的行为。

第一百一十四条　审计人员检查重大违法行为，应当评估被审计单位和相关人员实施重大违法行为的动机、性质、后果和违法构成。

第一百一十五条　审计人员调查了解被审计单位及其相关情况时，可以重点了解可能与重大违法行为有关的下列事项：

（一）被审计单位所在行业发生重大违法行为的状况；

（二）有关的法律法规及其执行情况；

（三）监管部门已经发现和了解的与被审计单位有关的重大违法行为的事实或者线索；

（四）可能形成重大违法行为的动机和原因；

（五）相关的内部控制及其执行情况；

（六）其他情况。

第一百一十六条　审计人员可以通过关注下列情况，判断可能存在的重大违法行为：

（一）具体经济活动中存在的异常事项；

（二）财务和非财务数据中反映出的异常变化；

（三）有关部门提供的线索和群众举报；

（四）公众、媒体的反映和报道；

（五）其他情况。

第一百一十七条　审计人员根据被审计单位实际情况、工作经验和审计发现的异常现象，判断可能存在重大违法行为的性质，并确定检查重点。

审计人员在检查重大违法行为时，应当关注重大违法行为的高发领域和环节。

第一百一十八条　发现重大违法行为的线索，审计组或者审计机关可以采取下列应对措施：

（一）增派具有相关经验和能力的人员；

（二）避免让有关单位和人员事先知晓检查的时间、事项、范围和方式；

（三）扩大检查范围，使其能够覆盖重大违法行为可能涉及的领域；

（四）获取必要的外部证据；

（五）依法采取保全措施；

（六）提请有关机关予以协助和配合；

（七）向政府和有关部门报告；

（八）其他必要的应对措施。

第五章　审 计 报 告

第一节　审计报告的形式和内容

第一百一十九条　审计报告包括审计机关进行审计后出具的审计报告以及专项审计调

查后出具的专项审计调查报告。

第一百二十条 审计组实施审计或者专项审计调查后，应当向派出审计组的审计机关提交审计报告。审计机关审定审计组的审计报告后，应当出具审计机关的审计报告。遇有特殊情况，审计机关可以不向被调查单位出具专项审计调查报告。

第一百二十一条 审计报告应当内容完整、事实清楚、结论正确、用词恰当、格式规范。

第一百二十二条 审计机关的审计报告（审计组的审计报告）包括下列基本要素：

（一）标题；

（二）文号（审计组的审计报告不含此项）；

（三）被审计单位名称；

（四）审计项目名称；

（五）内容；

（六）审计机关名称（审计组名称及审计组组长签名）；

（七）签发日期（审计组向审计机关提交报告的日期）。

经济责任审计报告还包括被审计人员姓名及所担任职务。

第一百二十三条 审计报告的内容主要包括：

（一）审计依据，即实施审计所依据的法律法规规定；

（二）实施审计的基本情况，一般包括审计范围、内容、方式和实施的起止时间；

（三）被审计单位基本情况；

（四）审计评价意见，即根据不同的审计目标，以适当、充分的审计证据为基础发表的评价意见；

（五）以往审计决定执行情况和审计建议采纳情况；

（六）审计发现的被审计单位违反国家规定的财政收支、财务收支行为和其他重要问题的事实、定性、处理处罚意见以及依据的法律法规和标准；

（七）审计发现的移送处理事项的事实和移送处理意见，但是涉嫌犯罪等不宜让被审计单位知悉的事项除外；

（八）针对审计发现的问题，根据需要提出的改进建议。

审计期间被审计单位对审计发现的问题已经整改的，审计报告还应当包括有关整改情况。

经济责任审计报告还应当包括被审计人员履行经济责任的基本情况，以及被审计人员对审计发现问题承担的责任。

核查社会审计机构相关审计报告发现的问题，应当在审计报告中一并反映。

第一百二十四条 采取跟踪审计方式实施审计的，审计组在跟踪审计过程中发现的问题，应当以审计机关的名义及时向被审计单位通报，并要求其整改。

跟踪审计实施工作全部结束后，应当以审计机关的名义出具审计报告。审计报告应当反映审计发现但尚未整改的问题，以及已经整改的重要问题及其整改情况。

第一百二十五条 专项审计调查报告除符合审计报告的要素和内容要求外，还应当根据专项审计调查目标重点分析宏观性、普遍性、政策性或者体制、机制问题并提出改进建议。

第一百二十六条 对审计或者专项审计调查中发现被审计单位违反国家规定的财政收支、财务收支行为，依法应当由审计机关在法定职权范围内作出处理处罚决定的，审计机关应当出具审计决定书。

第一百二十七条 审计决定书的内容主要包括：

（一）审计的依据、内容和时间；

（二）违反国家规定的财政收支、财务收支行为的事实、定性、处理处罚决定以及法律法规依据；

（三）处理处罚决定执行的期限和被审计单位书面报告审计决定执行结果等要求；

（四）依法提请政府裁决或者申请行政复议、提起行政诉讼的途径和期限。

第一百二十八条 审计或者专项审计调查发现的依法需要移送其他有关主管机关或者单位纠正、处理处罚或者追究有关人员责任的事项，审计机关应当出具审计移送处理书。

第一百二十九条 审计移送处理书的内容主要包括：

（一）审计的时间和内容；

（二）依法需要移送有关主管机关或者单位纠正、处理处罚或者追究有关人员责任事项的事实、定性及其依据和审计机关的意见；

（三）移送的依据和移送处理说明，包括将处理结果书面告知审计机关的说明；

（四）所附的审计证据材料。

第一百三十条 出具对国际组织、外国政府及其机构援助、贷款项目的审计报告，按照审计机关的相关规定执行。

第二节 审计报告的编审

第一百三十一条 审计组在起草审计报告前，应当讨论确定下列事项：

（一）评价审计目标的实现情况；

（二）审计实施方案确定的审计事项完成情况；

（三）评价审计证据的适当性和充分性；

（四）提出审计评价意见；

（五）评估审计发现问题的重要性；

（六）提出对审计发现问题的处理处罚意见；

（七）其他有关事项。

审计组应当对讨论前款事项的情况及其结果作出记录。

第一百三十二条 审计组组长应当确认审计工作底稿和审计证据已经审核，并从总体上评价审计证据的适当性和充分性。

第一百三十三条 审计组根据不同的审计目标，以审计认定的事实为基础，在防范审计风险的情况下，按照重要性原则，从真实性、合法性、效益性方面提出审计评价意见。

审计组应当只对所审计的事项发表审计评价意见。对审计过程中未涉及、审计证据不适当或者不充分、评价依据或者标准不明确以及超越审计职责范围的事项，不得发表审计评价意见。

第一百三十四条 审计组应当根据审计发现问题的性质、数额及其发生的原因和审计报告的使用对象，评估审计发现问题的重要性，如实在审计报告中予以反映。

第一百三十五条 审计组对审计发现的问题提出处理处罚意见时，应当关注下列因素：

（一）法律法规的规定；

（二）审计职权范围：属于审计职权范围的，直接提出处理处罚意见，不属于审计职权范围的，提出移送处理意见；

（三）问题的性质、金额、情节、原因和后果；

（四）对同类问题处理处罚的一致性；

（五）需要关注的其他因素。

审计发现被审计单位信息系统存在重大漏洞或者不符合国家规定的，应当责成被审计单位在规定期限内整改。

第一百三十六条 审计组应当针对经济责任审计发现的问题，根据被审计人员履行职责情况，界定其应当承担的责任。

第一百三十七条 审计组实施审计或者专项审计调查后，应当提出审计报告，按照审计机关规定的程序审批后，以审计机关的名义征求被审计单位、被调查单位和拟处罚的有关责任人员的意见。

经济责任审计报告还应当征求被审计人员的意见；必要时，征求有关干部监督管理部门的意见。

审计报告中涉及的重大经济案件调查等特殊事项，经审计机关主要负责人批准，可以不征求被审计单位或者被审计人员的意见。

第一百三十八条 被审计单位、被调查单位、被审计人员或者有关责任人员对征求意见的审计报告有异议的，审计组应当进一步核实，并根据核实情况对审计报告作出必要的修改。

审计组应当对采纳被审计单位、被调查单位、被审计人员、有关责任人员意见的情况和原因，或者上述单位或人员未在法定时间内提出书面意见的情况作出书面说明。

第一百三十九条 对被审计单位或者被调查单位违反国家规定的财政收支、财务收支行为，依法应当由审计机关进行处理处罚的，审计组应当起草审计决定书。

对依法应当由其他有关部门纠正、处理处罚或者追究有关责任人员责任的事项，审计组应当起草审计移送处理书。

第一百四十条 审计组应当将下列材料报送审计机关业务部门复核：

（一）审计报告；

（二）审计决定书；

（三）被审计单位、被调查单位、被审计人员或者有关责任人员对审计报告的书面意见及审计组采纳情况的书面说明；

（四）审计实施方案；

（五）调查了解记录、审计工作底稿、重要管理事项记录、审计证据材料；

（六）其他有关材料。

第一百四十一条 审计机关业务部门应当对下列事项进行复核，并提出书面复核意见：

（一）审计目标是否实现；

（二）审计实施方案确定的审计事项是否完成；

（三）审计发现的重要问题是否在审计报告中反映；

（四）事实是否清楚、数据是否正确；

（五）审计证据是否适当、充分；

（六）审计评价、定性、处理处罚和移送处理意见是否恰当，适用法律法规和标准是否适当；

（七）被审计单位、被调查单位、被审计人员或者有关责任人员提出的合理意见是否采纳；

（八）需要复核的其他事项。

第一百四十二条 审计机关业务部门应当将复核修改后的审计报告、审计决定书等审计项目材料连同书面复核意见，报送审理机构审理。

第一百四十三条 审理机构以审计实施方案为基础，重点关注审计实施的过程及结果，主要审理下列内容：

（一）审计实施方案确定的审计事项是否完成；

（二）审计发现的重要问题是否在审计报告中反映；

（三）主要事实是否清楚、相关证据是否适当、充分；

（四）适用法律法规和标准是否适当；

（五）评价、定性、处理处罚意见是否恰当；

（六）审计程序是否符合规定。

第一百四十四条 审理机构审理时，应当就有关事项与审计组及相关业务部门进行沟通。

必要时，审理机构可以参加审计组与被审计单位交换意见的会议，或者向被审计单位和有关人员了解相关情况。

第一百四十五条　审理机构审理后，可以根据情况采取下列措施：

（一）要求审计组补充重要审计证据；

（二）对审计报告、审计决定书进行修改。

审理过程中遇有复杂问题的，经审计机关负责人同意后，审理机构可以组织专家进行论证。

审理机构审理后，应当出具审理意见书。

第一百四十六条　审理机构将审理后的审计报告、审计决定书连同审理意见书报送审计机关负责人。

第一百四十七条　审计报告、审计决定书原则上应当由审计机关审计业务会议审定；特殊情况下，经审计机关主要负责人授权，可以由审计机关其他负责人审定。

第一百四十八条　审计决定书经审定，处罚的事实、理由、依据、决定与审计组征求意见的审计报告不一致并且加重处罚的，审计机关应当依照有关法律法规的规定及时告知被审计单位、被调查单位和有关责任人员，并听取其陈述和申辩。

第一百四十九条　对于拟作出罚款的处罚决定，符合法律法规规定的听证条件的，审计机关应当依照有关法律法规的规定履行听证程序。

第一百五十条　审计报告、审计决定书经审计机关负责人签发后，按照下列要求办理：

（一）审计报告送达被审计单位、被调查单位；

（二）经济责任审计报告送达被审计单位和被审计人员；

（三）审计决定书送达被审计单位、被调查单位、被处罚的有关责任人员。

第三节　专题报告与综合报告

第一百五十一条　审计机关在审计中发现的下列事项，可以采用专题报告、审计信息等方式向本级政府、上一级审计机关报告：

（一）涉嫌重大违法犯罪的问题；

（二）与国家财政收支、财务收支有关政策及其执行中存在的重大问题；

（三）关系国家经济安全的重大问题；

（四）关系国家信息安全的重大问题；

（五）影响人民群众经济利益的重大问题；

（六）其他重大事项。

第一百五十二条　专题报告应当主题突出、事实清楚、定性准确、建议适当。

审计信息应当事实清楚、定性准确、内容精炼、格式规范、反映及时。

第一百五十三条　审计机关统一组织审计项目的，可以根据需要汇总审计情况和结果，编制审计综合报告。必要时，审计综合报告应当征求有关主管机关的意见。

审计综合报告按照审计机关规定的程序审定后，向本级政府和上一级审计机关报送，或者向有关部门通报。

第一百五十四条　审计机关实施经济责任审计项目后，应当按照相关规定，向本级政府行政首长和有关干部监督管理部门报告经济责任审计结果。

第一百五十五条　审计机关依照法律法规的规定，每年汇总对本级预算执行情况和其他财政收支情况的审计报告，形成审计结果报告，报送本级政府和上一级审计机关。

第一百五十六条　审计机关依照法律法规的规定，代本级政府起草本级预算执行情况和其他财政收支情况的审计工作报告（稿），经本级政府行政首长审定后，受本级政府委托向本级人民代表大会常务委员会报告。

第四节 审计结果公布

第一百五十七条 审计机关依法实行公告制度。审计机关的审计结果、审计调查结果依法向社会公布。

第一百五十八条 审计机关公布的审计和审计调查结果主要包括下列信息：

（一）被审计（调查）单位基本情况；

（二）审计（调查）评价意见；

（三）审计（调查）发现的主要问题；

（四）处理处罚决定及审计（调查）建议；

（五）被审计（调查）单位的整改情况。

第一百五十九条 在公布审计和审计调查结果时，审计机关不得公布下列信息：

（一）涉及国家秘密、商业秘密的信息；

（二）正在调查、处理过程中的事项；

（三）依照法律法规的规定不予公开的其他信息。

涉及商业秘密的信息，经权利人同意或者审计机关认为不公布可能对公共利益造成重大影响的，可以予以公布。

审计机关公布审计和审计调查结果应当客观公正。

第一百六十条 审计机关公布审计和审计调查结果，应当指定专门机构统一办理，履行规定的保密审查和审核手续，报经审计机关主要负责人批准。

审计机关内设机构、派出机构和个人，未经授权不得向社会公布审计和审计调查结果。

第一百六十一条 审计机关统一组织不同级次审计机关参加的审计项目，其审计和审计调查结果原则上由负责该项目组织工作的审计机关统一对外公布。

第一百六十二条 审计机关公布审计和审计调查结果按照国家有关规定需要报批的，未经批准不得公布。

第五节 审计整改检查

第一百六十三条 审计机关应当建立审计整改检查机制，督促被审计单位和其他有关单位根据审计结果进行整改。

第一百六十四条 审计机关主要检查或者了解下列事项：

（一）执行审计机关作出的处理处罚决定情况；

（二）对审计机关要求自行纠正事项采取措施的情况；

（三）根据审计机关的审计建议采取措施的情况；

（四）对审计机关移送处理事项采取措施的情况。

第一百六十五条 审计组在审计实施过程中，应当及时督促被审计单位整改审计发现的问题。

审计机关在出具审计报告、作出审计决定后，应当在规定的时间内检查或者了解被审计单位和其他有关单位的整改情况。

第一百六十六条 审计机关可以采取下列方式检查或者了解被审计单位和其他有关单位的整改情况：

（一）实地检查或者了解；

（二）取得并审阅相关书面材料；

（三）其他方式。

对于定期审计项目，审计机关可以结合下一次审计，检查或者了解被审计单位的整改情况。

检查或者了解被审计单位和其他有关单位的整改情况应当取得相关证明材料。

第一百六十七条　审计机关指定的部门负责检查或者了解被审计单位和其他有关单位整改情况，并向审计机关提出检查报告。

第一百六十八条　检查报告的内容主要包括：

（一）检查工作开展情况，主要包括检查时间、范围、对象、和方式等；

（二）被审计单位和其他有关单位的整改情况；

（三）没有整改或者没有完全整改事项的原因和建议。

第一百六十九条　审计机关对被审计单位没有整改或者没有完全整改的事项，依法采取必要措施。

第一百七十条　审计机关对审计决定书中存在的重要错误事项，应当予以纠正。

第一百七十一条　审计机关汇总审计整改情况，向本级政府报送关于审计工作报告中指出问题的整改情况的报告。

第六章　审计质量控制和责任

第一百七十二条　审计机关应当建立审计质量控制制度，以保证实现下列目标：

（一）遵守法律法规和本准则；

（二）作出恰当的审计结论；

（三）依法进行处理处罚。

第一百七十三条　审计机关应当针对下列要素建立审计质量控制制度：

（一）审计质量责任；

（二）审计职业道德；

（三）审计人力资源；

（四）审计业务执行；

（五）审计质量监控。

对前款第二、三、四项应当按照本准则第二至五章的有关要求建立审计质量控制制度。

第一百七十四条　审计机关实行审计组成员、审计组主审、审计组组长、审计机关业务部门、审理机构、总审计师和审计机关负责人对审计业务的分级质量控制。

第一百七十五条　审计组成员的工作职责包括：

（一）遵守本准则，保持审计独立性；

（二）按照分工完成审计任务，获取审计证据；

（三）如实记录实施的审计工作并报告工作结果；

（四）完成分配的其他工作。

第一百七十六条　审计组成员应当对下列事项承担责任：

（一）未按审计实施方案实施审计导致重大问题未被发现的；

（二）未按照本准则的要求获取审计证据导致审计证据不适当、不充分的；

（三）审计记录不真实、不完整的；

（四）对发现的重要问题隐瞒不报或者不如实报告的。

第一百七十七条　审计组组长的工作职责包括：

（一）编制或者审定审计实施方案；

（二）组织实施审计工作；

（三）督导审计组成员的工作；

（四）审核审计工作底稿和审计证据；

（五）组织编制并审核审计组起草的审计报告、审计决定书、审计移送处理书、专题报告、审计信息；

（六）配置和管理审计组的资源；

（七）审计机关规定的其他职责。

第一百七十八条 审计组组长应当从下列方面督导审计组成员的工作：

（一）将具体审计事项和审计措施等信息告知审计组成员，并与其讨论；

（二）检查审计组成员的工作进展，评估审计组成员的工作质量，并解决工作中存在的问题；

（三）给予审计组成员必要的培训和指导。

第一百七十九条 审计组组长应当对审计项目的总体质量负责，并对下列事项承担责任：

（一）审计实施方案编制或者组织实施不当，造成审计目标未实现或者重要问题未被发现的；

（二）审核未发现或者未纠正审计证据不适当、不充分问题的；

（三）审核未发现或者未纠正审计工作底稿不真实、不完整问题的；

（四）得出的审计结论不正确的；

（五）审计组起草的审计文书和审计信息反映的问题严重失实的；

（六）提出的审计处理处罚意见或者移送处理意见不正确的；

（七）对审计组发现的重要问题隐瞒不报或者不如实报告的；

（八）违反法定审计程序的。

第一百八十条 根据工作需要，审计组可以设立主审。主审根据审计分工和审计组组长的委托，主要履行下列职责：

（一）起草审计实施方案、审计文书和审计信息；

（二）对主要审计事项进行审计查证；

（三）协助组织实施审计；

（四）督导审计组成员的工作；

（五）审核审计工作底稿和审计证据；

（六）组织审计项目归档工作；

（七）完成审计组组长委托的其他工作。

第一百八十一条 审计组组长将其工作职责委托给主审或者审计组其他成员的，仍应当对委托事项承担责任。受委托的成员在受托范围内承担相应责任。

第一百八十二条 审计机关业务部门的工作职责包括：

（一）提出审计组组长人选；

（二）确定聘请外部人员事宜；

（三）指导、监督审计组的审计工作；

（四）复核审计报告、审计决定书等审计项目材料；

（五）审计机关规定的其他职责。

业务部门统一组织审计项目的，应当承担编制审计工作方案，组织、协调审计实施和汇总审计结果的职责。

第一百八十三条 审计机关业务部门应当及时发现和纠正审计组工作中存在的重要问题，并对下列事项承担责任：

（一）对审计组请示的问题未及时采取适当措施导致严重后果的；

（二）复核未发现审计报告、审计决定书等审计项目材料中存在的重要问题的；

（三）复核意见不正确的；

（四）要求审计组不在审计文书和审计信息中反映重要问题的。

业务部门对统一组织审计项目的汇总审计结果出现重大错误、造成严重不良影响的事项承担责任。

第一百八十四条 审计机关审理机构的工作职责包括：
（一）审查修改审计报告、审计决定书；
（二）提出审理意见；
（三）审计机关规定的其他职责。

第一百八十五条 审计机关审理机构对下列事项承担责任：
（一）审理意见不正确的；
（二）对审计报告、审计决定书作出的修改不正确的；
（三）审理时应当发现而未发现重要问题的。

第一百八十六条 审计机关负责人的工作职责包括：
（一）审定审计项目目标、范围和审计资源的配置；
（二）指导和监督检查审计工作；
（三）审定审计文书和审计信息；
（四）审计管理中的其他重要事项。

审计机关负责人对审计项目实施结果承担最终责任。

第一百八十七条 审计机关对审计人员违反法律法规和本准则的行为，应当按照相关规定追究其责任。

第一百八十八条 审计机关应当按照国家有关规定，建立健全审计项目档案管理制度，明确审计项目归档要求、保存期限、保存措施、档案利用审批程序等。

第一百八十九条 审计项目归档工作实行审计组组长负责制，审计组组长应当确定立卷责任人。

立卷责任人应当收集审计项目的文件材料，并在审计项目终结后及时立卷归档，由审计组组长审查验收。

第一百九十条 审计机关实行审计业务质量检查制度，对其业务部门、派出机构和下级审计机关的审计业务质量进行检查。

第一百九十一条 审计机关可以通过查阅有关文件和审计档案、询问相关人员等方式、方法，检查下列事项：
（一）建立和执行审计质量控制制度的情况；
（二）审计工作中遵守法律法规和本准则的情况；
（三）与审计业务质量有关的其他事项。

审计业务质量检查应当重点关注审计结论的恰当性、审计处理处罚意见的合法性和适当性。

第一百九十二条 审计机关开展审计业务质量检查，应当向被检查单位通报检查结果。

第一百九十三条 审计机关在审计业务质量检查中，发现被检查的派出机构或者下级审计机关应当作出审计决定而未作出的，可以依法直接或者责成其在规定期限内作出审计决定；发现其作出的审计决定违反国家有关规定的，可以依法直接或者责成其在规定期限内变更、撤销审计决定。

第一百九十四条 审计机关应当对其业务部门、派出机构实行审计业务年度考核制度，考核审计质量控制目标的实现情况。

第一百九十五条 审计机关可以定期组织优秀审计项目评选，对被评为优秀审计项目的予以表彰。

第一百九十六条 审计机关应当对审计质量控制制度及其执行情况进行持续评估，及时发现审计质量控制制度及其执行中存在的问题，并采取措施加以纠正或者改进。

审计机关可以结合日常管理工作或者通过开展审计业务质量检查、考核和优秀审计项目评选等方式，对审计质量控制制度及其执行情况进行持续评估。

第七章 附 则

第一百九十七条 审计机关和审计人员开展下列工作，不适用本准则的规定：

（一）配合有关部门查处案件；

（二）与有关部门共同办理检查事项；

（三）接受交办或者接受委托办理不属于法定审计职责范围的事项。

第一百九十八条 地方审计机关可以根据本地实际情况，在遵循本准则规定的基础上制定实施细则。

第一百九十九条 本准则由审计署负责解释。

第二百条 本准则自2011年1月1日起施行。附件所列的审计署以前发布的审计准则和规定同时废止。

5. 党政主要领导干部和国有企事业单位主要领导人员经济责任审计规定（2019年修订）

（中办发〔2019〕45号）

第一章 总 则

第一条 为了坚持和加强党对审计工作的集中统一领导，强化对党政主要领导干部和国有企事业单位主要领导人员（以下统称领导干部）的管理监督，促进领导干部履职尽责、担当作为，确保党中央令行禁止，根据《中华人民共和国审计法》和有关党内法规，制定本规定。

第二条 经济责任审计工作以马克思列宁主义、毛泽东思想、邓小平理论、“三个代表”重要思想、科学发展观、习近平新时代中国特色社会主义思想为指导，增强“四个意识”、坚定“四个自信”、做到“两个维护”，认真落实党中央、国务院决策部署，紧紧围绕统筹推进“五位一体”总体布局和协调推进“四个全面”战略布局，贯彻新发展理念，聚焦经济责任，客观评价，揭示问题，促进经济高质量发展，促进全面深化改革，促进权力规范运行，促进反腐倡廉，推进国家治理体系和治理能力现代化。

第三条 本规定所称经济责任，是指领导干部在任职期间，对其管辖范围内贯彻执行党和国家经济方针政策、决策部署，推动经济和社会事业发展，管理公共资金、国有资产、国有资源，防控重大经济风险等有关经济活动应当履行的职责。

第四条 领导干部经济责任审计对象包括：

（一）地方各级党委、政府、纪检监察机关、法院、检察院的正职领导干部或者主持工作1年以上的副职领导干部；

（二）中央和地方各级党政工作部门、事业单位和人民团体等单位的正职领导干部或者主持工作1年以上的副职领导干部；

（三）国有和国有资本占控股地位或者主导地位的企业（含金融机构，以下统称国有企业）的法定代表人或者不担任法定代表人但实际行使相应职权的主要领导人员；

（四）上级领导干部兼任下级单位正职领导职务且不实际履行经济责任时，实际分管日常工作的副职领导干部；

（五）党中央和县级以上地方党委要求进行经济责任审计的其他主要领导干部。

第五条 领导干部履行经济责任的情况，应当依规依法接受审计监督。

经济责任审计可以在领导干部任职期间进行，也可以在领导干部离任后进行，以任职期间审计为主。

第六条　领导干部的经济责任审计按照干部管理权限确定。遇有干部管理权限与财政财务隶属关系等不一致时，由对领导干部具有干部管理权限的部门与同级审计机关共同确定实施审计的审计机关。

审计署审计长的经济责任审计，按照中央审计委员会的决定组织实施。地方审计机关主要领导干部的经济责任审计，由地方党委与上一级审计机关协商后，由上一级审计机关组织实施。

第七条　审计委员会办公室、审计机关依规依法独立实施经济责任审计，任何组织和个人不得拒绝、阻碍、干涉，不得打击报复审计人员。

对有意设置障碍、推诿拖延的，应当进行批评和通报；造成恶劣影响的，应当严肃问责追责。

第八条　审计委员会办公室、审计机关和审计人员对经济责任审计工作中知悉的国家秘密、商业秘密和个人隐私，负有保密义务。

第九条　各级党委和政府应当保证履行经济责任审计职责所必需的机构、人员和经费。

第二章　组织协调

第十条　各级党委和政府应当加强对经济责任审计工作的领导，建立健全经济责任审计工作联席会议（以下简称联席会议）制度。联席会议由纪检监察机关和组织、机构编制、审计、财政、人力资源社会保障、国有资产监督管理、金融监督管理等部门组成，召集人由审计委员会办公室主任担任。联席会议在同级审计委员会的领导下开展工作。

联席会议下设办公室，与同级审计机关内设的经济责任审计机构合署办公。办公室主任由同级审计机关的副职领导或者相当职务层次领导担任。

第十一条　联席会议主要负责研究拟订有关经济责任审计的制度文件，监督检查经济责任审计工作情况，协调解决经济责任审计工作中出现的问题，推进经济责任审计结果运用，指导下级联席会议的工作，指导和监督部门、单位内部管理领导干部经济责任审计工作，完成审计委员会交办的其他工作。

联席会议办公室负责联席会议的日常工作。

第十二条　经济责任审计应当有计划地进行，根据干部管理监督需要和审计资源等实际情况，对审计对象实行分类管理，科学制定经济责任审计中长期规划和年度审计项目计划，推进领导干部履行经济责任情况审计全覆盖。

第十三条　年度经济责任审计项目计划按照下列程序制定：

（一）审计委员会办公室商同级组织部门提出审计计划安排，组织部门提出领导干部年度审计建议名单；

（二）审计委员会办公室征求同级纪检监察机关等有关单位意见后，纳入审计机关年度审计项目计划；

（三）审计委员会办公室提交同级审计委员会审议决定。

对属于有关主管部门管理的领导干部进行审计的，审计委员会办公室商有关主管部门提出年度审计建议名单，纳入审计机关年度审计项目计划，提交审计委员会审议决定。

第十四条　年度经济责任审计项目计划一经确定不得随意变更。确需调减或者追加的，应当按照原制定程序，报审计委员会批准后实施。

第十五条　被审计领导干部遇有被有关部门采取强制措施、纪律审查、监察调查或者死亡等特殊情况，以及存在其他不宜继续进行经济责任审计情形的，审计委员会办公室商同级纪检监察机关、组织部门等有关单位提出意见，报审计委员会批准后终止审计。

第三章 审计内容

第十六条 经济责任审计应当以领导干部任职期间公共资金、国有资产、国有资源的管理、分配和使用为基础，以领导干部权力运行和责任落实情况为重点，充分考虑领导干部管理监督需要、履职特点和审计资源等因素，依规依法确定审计内容。

第十七条 地方各级党委和政府主要领导干部经济责任审计的内容包括：

（一）贯彻执行党和国家经济方针政策、决策部署情况；

（二）本地区经济社会发展规划和政策措施的制定、执行和效果情况；

（三）重大经济事项的决策、执行和效果情况；

（四）财政财务管理和经济风险防范情况，民生保障和改善情况，生态文明建设项目、资金等管理使用和效益情况，以及在预算管理中执行机构编制管理规定情况；

（五）在经济活动中落实有关党风廉政建设责任和遵守廉洁从政规定情况；

（六）以往审计发现问题的整改情况；

（七）其他需要审计的内容。

第十八条 党政工作部门、纪检监察机关、法院、检察院、事业单位和人民团体等单位主要领导干部经济责任审计的内容包括：

（一）贯彻执行党和国家经济方针政策、决策部署情况；

（二）本部门本单位重要发展规划和政策措施的制定、执行和效果情况；

（三）重大经济事项的决策、执行和效果情况；

（四）财政财务管理和经济风险防范情况，生态文明建设项目、资金等管理使用和效益情况，以及在预算管理中执行机构编制管理规定情况；

（五）在经济活动中落实有关党风廉政建设责任和遵守廉洁从政规定情况；

（六）以往审计发现问题的整改情况；

（七）其他需要审计的内容。

第十九条 国有企业主要领导人员经济责任审计的内容包括：

（一）贯彻执行党和国家经济方针政策、决策部署情况；

（二）企业发展战略规划的制定、执行和效果情况；

（三）重大经济事项的决策、执行和效果情况；

（四）企业法人治理结构的建立、健全和运行情况，内部控制制度的制定和执行情况；

（五）企业财务的真实合法效益情况，风险管控情况，境外资产管理情况，生态环境保护情况；

（六）在经济活动中落实有关党风廉政建设责任和遵守廉洁从业规定情况；

（七）以往审计发现问题的整改情况；

（八）其他需要审计的内容。

第二十条 有关部门和单位、地方党委和政府的主要领导干部由上级领导干部兼任，且实际履行经济责任的，对其进行经济责任审计时，审计内容仅限于该领导干部所兼任职务应当履行的经济责任。

第四章 审计实施

第二十一条 审计委员会办公室、审计机关应当根据年度经济责任审计项目计划，组成审计组并实施审计。

第二十二条 对同一地方党委和政府主要领导干部，以及同一部门、单位2名以上主要领导干部的经济责任审计，可以同步组织实施，分别认定责任。

第二十三条 审计委员会办公室、审计机关应当按照规定，向被审计领导干部及其所在单位或者原任职单位（以下统称所在单位）送达审计通知书，抄送同级纪检监察机关、组织部门等有关单位。

地方审计机关主要领导干部的经济责任审计通知书，由上一级审计机关送达。

第二十四条 实施经济责任审计时，应当召开由审计组主要成员、被审计领导干部及其所在单位有关人员参加的会议，安排审计工作有关事项。联席会议有关成员单位根据工作需要可以派人参加。

审计组应当在被审计单位公示审计项目名称、审计纪律要求和举报电话等内容。

第二十五条 经济责任审计过程中，应当听取被审计领导干部所在单位领导班子成员的意见。

对地方党委和政府主要领导干部的审计，还应当听取同级人大常委会、政协主要负责同志的意见。

审计委员会办公室、审计机关应当听取联席会议有关成员单位的意见，及时了解与被审计领导干部履行经济责任有关的考察考核、群众反映、巡视巡察反馈、组织约谈、函询调查、案件查处结果等情况。

第二十六条 被审计领导干部及其所在单位，以及其他有关单位应当及时、准确、完整地提供与被审计领导干部履行经济责任有关的下列资料：

（一）被审计领导干部经济责任履行情况报告；

（二）工作计划、工作总结、工作报告、会议记录、会议纪要、决议决定、请示、批示、目标责任书、经济合同、考核检查结果、业务档案、机构编制、规章制度、以往审计发现问题整改情况等资料；

（三）财政收支、财务收支相关资料；

（四）与履行职责相关的电子数据和必要的技术文档；

（五）审计所需的其他资料。

第二十七条 被审计领导干部及其所在单位应当对所提供资料的真实性、完整性负责，并作出书面承诺。

第二十八条 经济责任审计应当加强与领导干部自然资源资产离任审计等其他审计的统筹协调，科学配置审计资源，创新审计组织管理，推动大数据等新技术应用，建立健全审计工作信息和结果共享机制，提高审计监督整体效能。

第二十九条 经济责任审计过程中，可以依规依法提请有关部门、单位予以协助。有关部门、单位应当予以支持，并及时提供有关资料和信息。

第三十条 审计组实施审计后，应当向派出审计组的审计委员会办公室、审计机关提交审计报告。

审计报告一般包括被审计领导干部任职期间履行经济责任情况的总体评价、主要业绩、审计发现的主要问题和责任认定、审计建议等内容。

第三十一条 审计委员会办公室、审计机关应当书面征求被审计领导干部及其所在单位对审计组审计报告的意见。

第三十二条 被审计领导干部及其所在单位应当自收到审计组审计报告之日起 10 个工作日内提出书面意见；10 个工作日内未提出书面意见的，视同无异议。

审计组应当针对被审计领导干部及其所在单位提出的书面意见，进一步研究和核实，对审计报告作出必要的修改，连同被审计领导干部及其所在单位的书面意见一并报送审计委员会办公室、审计机关。

第三十三条 审计委员会办公室、审计机关按照规定程序对审计组审计报告进行审定，出具经济责任审计报告；同时出具经济责任审计结果报告，在经济责任审计报告的基础上，简要反映审计结果。

经济责任审计报告和经济责任审计结果报告应当事实清楚、评价客观、责任明确、用词恰当、文字精练、通俗易懂。

第三十四条 经济责任审计报告、经济责任审计结果报告等审计结论性文书按照规定程序报同级审计委员会，按照干部管理权限送组织部门。根据工作需要，送纪检监察机关等联席会议其他成员单位、有关主管部门。

地方审计机关主要领导干部的经济责任审计结论性文书，由上一级审计机关送有关组织部门。根据工作需要，送有关纪检监察机关。

经济责任审计报告应当送达被审计领导干部及其所在单位。

第三十五条 经济责任审计中发现的重大问题线索，由审计委员会办公室按照规定向审计委员会报告。

应当由纪检监察机关或者有关主管部门处理的问题线索，由审计机关依规依纪依法移送处理。

被审计领导干部所在单位存在的违反国家规定的财政收支、财务收支行为，依法应当给予处理处罚的，由审计机关在法定职权范围内作出审计决定。

第三十六条 经济责任审计项目结束后，审计委员会办公室、审计机关应当组织召开会议，向被审计领导干部及其所在单位领导班子成员等有关人员反馈审计结果和相关情况。联席会议有关成员单位根据工作需要可以派人参加。

第三十七条 被审计领导干部对审计委员会办公室、审计机关出具的经济责任审计报告有异议的，可以自收到审计报告之日起 30 日内向同级审计委员会办公室申诉。审计委员会办公室应当组成复查工作小组，并要求原审计组人员等回避，自收到申诉之日起 90 日内提出复查意见，报审计委员会批准后作出复查决定。复查决定为最终决定。

地方审计机关主要领导干部对上一级审计机关出具的经济责任审计报告有异议的，可以自收到审计报告之日起 30 日内向上一级审计机关申诉。上一级审计机关应当组成复查工作小组，并要求原审计组人员等回避，自收到申诉之日起 90 日内作出复查决定。复查决定为最终决定。

本条规定的期间的最后一日是法定节假日的，以节假日后的第一个工作日为期间届满日。

第五章 审计评价

第三十八条 审计委员会办公室、审计机关应当根据不同领导职务的职责要求，在审计查证或者认定事实的基础上，综合运用多种方法，坚持定性评价与定量评价相结合，依照有关党内法规、法律法规、政策规定、责任制考核目标等，在审计范围内，对被审计领导干部履行经济责任情况，包括公共资金、国有资产、国有资源的管理、分配和使用中个人遵守廉洁从政（从业）规定等情况，作出客观公正、实事求是的评价。

审计评价应当有充分的审计证据支持，对审计中未涉及的事项不作评价。

第三十九条 对领导干部履行经济责任过程中存在的问题，审计委员会办公室、审计机关应当按照权责一致原则，根据领导干部职责分工，综合考虑相关问题的历史背景、决策过程、性质、后果和领导干部实际所起的作用等情况，界定其应当承担的直接责任或者领导责任。

第四十条 领导干部对履行经济责任过程中的下列行为应当承担直接责任：

（一）直接违反有关党内法规、法律法规、政策规定的；

（二）授意、指使、强令、纵容、包庇下属人员违反有关党内法规、法律法规、政策规定的；

（三）贯彻党和国家经济方针政策、决策部署不坚决不全面不到位，造成公共资金、国有资产、国有资源损失浪费，生态环境破坏，公共利益损害等后果的；

（四）未完成有关法律法规规章、政策措施、目标责任书等规定的领导干部作为第一责任人（负总责）事项，造成公共资金、国有资产、国有资源损失浪费，生态环境破坏，公共利益损害等后果的；

（五）未经民主决策程序或者民主决策时在多数人不同意的情况下，直接决定、批准、组织实施重大经济事项，造成公共资金、国有资产、国有资源损失浪费，生态环境破坏，公共利益损害等后果的；

（六）不履行或者不正确履行职责，对造成的后果起决定性作用的其他行为。

第四十一条　领导干部对履行经济责任过程中的下列行为应当承担领导责任：

（一）民主决策时，在多数人同意的情况下，决定、批准、组织实施重大经济事项，由于决策不当或者决策失误造成公共资金、国有资产、国有资源损失浪费，生态环境破坏，公共利益损害等后果的；

（二）违反部门、单位内部管理规定造成公共资金、国有资产、国有资源损失浪费，生态环境破坏，公共利益损害等后果的；

（三）参与相关决策和工作时，没有发表明确的反对意见，相关决策和工作违反有关党内法规、法律法规、政策规定，或者造成公共资金、国有资产、国有资源损失浪费，生态环境破坏，公共利益损害等后果的；

（四）疏于监管，未及时发现和处理所管辖范围内本级或者下一级地区（部门、单位）违反有关党内法规、法律法规、政策规定的问题，造成公共资金、国有资产、国有资源损失浪费，生态环境破坏，公共利益损害等后果的；

（五）除直接责任外，不履行或者不正确履行职责，对造成的后果应当承担责任的其他行为。

第四十二条　对被审计领导干部以外的其他责任人员，审计委员会办公室、审计机关可以适当方式向有关部门、单位提供相关情况。

第四十三条　审计评价时，应当把领导干部在推进改革中因缺乏经验、先行先试出现的失误和错误，同明知故犯的违纪违法行为区分开来；把上级尚无明确限制的探索性试验中的失误和错误，同上级明令禁止后依然我行我素的违纪违法行为区分开来；把为推动发展的无意过失，同为谋取私利的违纪违法行为区分开来。对领导干部在改革创新中的失误和错误，正确把握事业为上、实事求是、依纪依法、容纠并举等原则，经综合分析研判，可以免责或者从轻定责，鼓励探索创新，支持担当作为，保护领导干部干事创业的积极性、主动性、创造性。

第六章　审计结果运用

第四十四条　各级党委和政府应当建立健全经济责任审计情况通报、责任追究、整改落实、结果公告等结果运用制度，将经济责任审计结果以及整改情况作为考核、任免、奖惩被审计领导干部的重要参考。

经济责任审计结果报告以及审计整改报告应当归入被审计领导干部本人档案。

第四十五条　审计委员会办公室、审计机关应当按照规定以适当方式通报或者公告经济责任审计结果，对审计发现问题的整改情况进行监督检查。

第四十六条　联席会议其他成员单位应当在各自职责范围内运用审计结果：

（一）根据干部管理权限，将审计结果以及整改情况作为考核、任免、奖惩被审计领导干部的重要参考；

（二）对审计发现的问题作出进一步处理；

（三）加强审计发现问题整改落实情况的监督检查；

（四）对审计发现的典型性、普遍性、倾向性问题和提出的审计建议及时进行研究，将其作为采取有关措施、完善有关制度规定的重要参考。

联席会议其他成员单位应当以适当方式及时将审计结果运用情况反馈审计委员会办公室、审计机关。党中央另有规定的，按照有关规定办理。

第四十七条 有关主管部门应当在各自职责范围内运用审计结果：

（一）根据干部管理权限，将审计结果以及整改情况作为考核、任免、奖惩被审计领导干部的重要参考；

（二）对审计移送事项依规依纪依法作出处理处罚；

（三）督促有关部门、单位落实审计决定和整改要求，在对相关行业、单位管理和监督中有效运用审计结果；

（四）对审计发现的典型性、普遍性、倾向性问题和提出的审计建议及时进行研究，并将其作为采取有关措施、完善有关制度规定的重要参考。

有关主管部门应当以适当方式及时将审计结果运用情况反馈审计委员会办公室、审计机关。

第四十八条 被审计领导干部及其所在单位根据审计结果，应当采取以下整改措施：

（一）对审计发现的问题，在规定期限内进行整改，将整改结果书面报告审计委员会办公室、审计机关，以及组织部门或者主管部门；

（二）对审计决定，在规定期限内执行完毕，将执行情况书面报告审计委员会办公室、审计机关；

（三）根据审计发现的问题，落实有关责任人员的责任，采取相应的处理措施；

（四）根据审计建议，采取措施，健全制度，加强管理；

（五）将审计结果以及整改情况纳入所在单位领导班子党风廉政建设责任制检查考核的内容，作为领导班子民主生活会以及领导班子成员述责述廉的重要内容。

第七章 附 则

第四十九条 审计委员会办公室、审计机关和审计人员，被审计领导干部及其所在单位，以及其他有关单位和个人在经济责任审计中的职责、权限、法律责任等，本规定未作规定的，依照党中央有关规定、《中华人民共和国审计法》《中华人民共和国审计法实施条例》和其他法律法规执行。

第五十条 有关部门、单位对内部管理领导干部开展经济责任审计参照本规定执行，或者根据本规定制定具体办法。

第五十一条 本规定由中央审计委员会办公室、审计署负责解释。

第五十二条 本规定自2019年7月7日起施行。2010年10月12日中共中央办公厅、国务院办公厅印发的《党政主要领导干部和国有企业领导人员经济责任审计规定》同时废止。

6. 关于完善审计制度若干重大问题的框架意见（2015年颁布）

（中办发〔2015〕58号）

根据《中共中央关于全面推进依法治国若干重大问题的决定》和《国务院关于加强审计工作的意见》要求，为保障审计机关依法独立行使审计监督权，更好发挥审计在党和国家监督体系中的重要作用，现就完善审计制度有关重大问题提出如下框架意见。

一、总体要求

（一）指导思想。全面贯彻党的十八大和十八届二中、三中、四中、五中全会精神，以邓小平理论、“三个代表”重要思想、科学发展观为指导，深入学习贯彻习近平总书记系列重要讲话精神，紧紧围绕协调推进“四个全面”战略布局，按照党中央、国务院决策部署，认真贯彻落实宪法、审计法等法律法规，紧密结合审计工作的职责任务和履职特点，着眼依法独立行使审计监督权，创新体制机制，加强和改进新形势下的审计工作，强化审计队伍建设，不断提升审计能力和水平，更好地服务于经济社会持续健康发展。

（二）总体目标。加大改革创新力度，完善审计制度，健全有利于依法独立行使审计监督权的审计管理体制，建立具有审计职业特点的审计人员管理制度，对公共资金、国有资产、国有资源和领导干部履行经济责任情况实行审计全覆盖，做到应审尽审、凡审必严、严肃问责。到 2020 年，基本形成与国家治理体系和治理能力现代化相适应的审计监督机制，更好发挥审计在保障国家重大决策部署贯彻落实、维护国家经济安全、推动深化改革、促进依法治国、推进廉政建设中的重要作用。

（三）基本原则

坚持党的领导。加强党对审计工作的领导，围绕党委和政府的中心任务，研究提出审计工作的目标、任务和重点，严格执行重要审计情况报告制度，支持审计机关依法独立开展工作。坚持党管干部原则，加强审计机关领导班子和队伍建设，健全审计干部培养和管理机制，合理配置审计力量。

1. 坚持依法有序。运用法治思维和法治方式推动审计工作制度创新，充分发挥法治的引领和规范作用，破解改革难题，依法有序推进。重大改革措施需要取得法律授权的，按法律程序实施。

2. 坚持问题导向。针对制约审计监督作用发挥的体制机制障碍、影响审计事业长远发展的重点难点问题，积极探索创新，推进审计制度完善。

3. 坚持统筹推进。充分考虑改革的复杂性和艰巨性，做到整体谋划、分类设计、分步实施，及时总结工作经验，确保各项措施相互衔接、协调推进。

二、主要任务

（一）实行审计全覆盖。按照协调推进“四个全面”战略布局的要求，依法全面履行审计监督职责，坚持党政同责、同责同审，对公共资金、国有资产、国有资源和领导干部履行经济责任情况实行审计全覆盖。摸清审计对象底数，充分考虑审计资源状况，明确审计重点，科学规划、统筹安排、分类实施，有重点、有步骤、有深度、有成效地推进。建立健全与审计全覆盖相适应的工作机制，统筹整合审计资源，创新审计组织方式和技术方法，提高审计能力和效率。

（二）强化上级审计机关对下级审计机关的领导。围绕增强审计监督的整体合力和独立性，强化全国审计工作统筹。加强审计机关干部管理，任免省级审计机关正职，须事先征得审计署党组同意；任免省级审计机关副职，须事先征求审计署党组的意见。上级审计机关要加强审计项目计划的统筹和管理，合理配置审计资源，省级审计机关年度审计项目计划要报审计署备案。上级审计机关要根据本地区经济社会发展实际需要，统筹组织本地区审计机关力量，开展好涉及全局的重大项目审计。健全重大事项报告制度，审计机关的重大事项和审计结果必须向上级审计机关报告，同时抄报同级党委和政府。上级审计机关要加强对下级审计机关的考核。

（三）探索省以下地方审计机关人财物管理改革。2015 年选择江苏、浙江、山东、广东、重庆、贵州、云南等 7 省市开展省以下地方审计机关人财物管理改革试点，试点地区省级党委和政府要按照党管干部、统一管理的要求，加强对本地区审计试点工作的领导。市地级审计机关正职由省级党委（党委组织部）管理，其他领导班子成员和县级审计机关领导班子成员可以委托市地级党委管理。完善机构编制和人员管理制度，省级机构编制管理部门统一管理本地区审计机关的机构编制，省级审计机关协助开展相关工作，地方审计人员由省级统一招录。改进经费和资产管理制度，地方审计机关的经费预算、资产由省级有关部门统一管理，也可以根据实际情况委托市地、县有关部门管理。地方审计机关的各项经费标准由各地在现有法律法规框架内结合实际确定，确保不低于现有水平。建立健全审计业务管理制度，试点地区审计机关审计项目计划由省级审计机关统一管理，统筹组织本地区审计机关力量，开展好涉及全局的重大项目审计。

（四）推进审计职业化建设。根据审计职业特点，建立分类科学、权责一致的审计人员管理制度和职业保障机制，确保审计队伍的专业化水平。根据公务员法和审计职业特点，建立适应审计工作需要的审计人员分类管理制度，建立审计专业技术类公务员职务序列。完善审计人员选任机制，审计专业技术类公务员和综合管理类公务员分类招录，对专业性较强的职位可以实行聘任制。健全审计职业岗位责任追究机制。完善审计职业保障机制和职业教育培训体系。

（五）加强审计队伍思想和作风建设。要加强思想政治建设，强化理论武装，坚定理想信念，严守政治纪律和政治规矩，不断提高审计队伍的政治素质。切实践行社会主义核心价值观，加强审计职业道德建设，培育和弘扬审计精神，恪守审计职业操守，做到依法审计、文明审计。加强党风廉政建设，从严管理审计队伍，严格执行廉政纪律和审计工作纪律，坚持原则、无私无畏、敢于碰硬，做到忠诚、干净、担当。

（六）建立健全履行法定审计职责保障机制。各级党委和政府要定期听取审计工作情况汇报，帮助解决实际困难和问题，支持审计机关依法履行职责，保障审计机关依法独立行使审计监督权，不受其他行政机关、社会团体和个人的干涉。审计机关不得超越职责权限、超越自身能力、违反法定程序开展审计，不参与各类与审计法定职责无关的、可能影响依法独立进行审计监督的议事协调机构或工作。健全干预审计工作行为登记报告制度。凡是涉及管理、分配、使用公共资金、国有资产、国有资源的部门、单位和个人，都要自觉接受审计、配合审计，及时、全面提供审计所需的财务会计、业务和管理等资料，不得制定限制向审计机关提供资料和开放计算机信息系统查询权限的规定，已经制定的应予修订或废止。对拒不接受审计监督，阻挠、干扰和不配合审计工作，或威胁恐吓、打击报复审计人员的，要依纪依法查处。审计机关要进一步优化审计工作机制，充分听取有关主管部门和审计对象的意见，客观公正地作出审计结论，维护审计对象的合法权益。

（七）完善审计结果运用机制。建立健全审计与组织人事、纪检监察、公安、检察以及其他有关主管单位的工作协调机制，把审计监督与党管干部、纪律检查、追责问责结合起来，把审计结果及整改情况作为考核、任免、奖惩领导干部的重要依据。对审计发现的违纪违法问题线索或其他事项，审计机关要依法及时移送有关部门和单位，有关部门和单位要认真核实查处，并及时向审计机关反馈查处结果，不得推诿、塞责。对审计发现的典型性、普遍性、倾向性问题和提出的审计建议，有关部门和单位要认真研究，及时清理不合理的制度和规则，建立健全有关制度规定。领导干部经济责任审计结果和审计发现问题的整改情况，要纳入所在单位领导班子民主生活会及党风廉政建设责任制检查考核的内容，作为领导班子成员述职述廉、年度考核、任职考核的重要依据。有关部门和单位要加强督促和检查，推动抓好审计发现问题的整改。对整改不力、屡审屡犯的，要与被审计单位主要负责人进行约谈，严格追责问责。各级人大常委会要把督促审计查出突出问题整改工作与审查监督政府、部门预算决算工作结合起来，建立听取和审议审计查出突出问题整改情况报告机制。审计机关要依法依规公告审计结果，被审计单位要公告整改结果。

（八）加强对审计机关的监督。各级党委、人大、政府要加强对审计机关的监督，定期组织开展审计法律法规执行情况检查，督促审计机关切实加强党风廉政建设、严格依法审计、依法查处问题、依法向社会公告审计结果。探索建立对审计机关的外部审计制度，加强对审计机关主要领导干部的经济责任审计，外部审计由同级党委和政府及上级审计机关负责组织。完善聘请民主党派和无党派人士担任特约审计员制度。审计机关要坚持阳光法则，加大公开透明度，自觉接受人民监督。

三、加强组织领导

（一）加强组织实施。完善审计制度，保障依法独立行使审计监督权，是党中央、国务院作出的重大决策部署。有关部门和地方各级党委、政府要从党和国家事业发展全局出发，充分认识完善审计制度的重大意义，加强工作统筹，形成合力，推动各项改革措施贯彻落实。

（二）有序部署推进。审计署要会同有关部门按照本框架意见和《关于实行审计全覆盖的实施意见》《关于省以下地方审计机关人财物管理改革试点方案》《关于推进国家审计职业化建设的指导意见》确定的目标要求和任务，加强组织协调，密切配合，有重点、有步骤地抓好落实。省级党委和政府要加强对本地区有关工作的领导，抓紧研究制定本地区的落实意见和方案，明确具体措施和时间表。实施过程中遇到的重大问题，要及时报告。

（三）推动完善相关法律制度。根据完善审计制度的需要，在充分总结试点及实施经验的基础上，及时推动修订完善审计法及其实施条例，健全相关配套规章制度，使各项工作于法有据，确保各项任务顺利实施。根据我国国情，进一步研究完善有关制度设计，切实解决重点难点问题。

7. 政府财务报告审计办法（试行）（2020 年颁布）

（审办财发〔2020〕74 号）

第一条 为加强对各级政府及其部门财务状况和运行情况的审计监督，根据《中华人民共和国审计法》《中华人民共和国预算法》《国务院关于批转财政部权责发生制政府综合财务报告制度改革方案的通知》（国发〔2014〕63 号）和相关法律法规，制定本办法。

第二条 审计机关依照法定的职责、权限和程序对政府财务报告进行审计监督，依据政府会计准则、政府财务报告编制办法等作出审计评价。

政府财务报告审计，包括政府综合财务报告审计和政府部门财务报告审计。

第三条 各级审计机关实施政府财务报告审计，适用本办法。

第四条 政府财务报告审计工作聚焦政府财务状况和运行情况的真实、合法、效益，着力揭示问题和风险，促进提高政府财务报告可信性和透明度，推动完善权责发生制政府综合财务报告制度，助力防范财政风险，促进提升政府运行绩效，为财政与经济决策提供有用信息，推进国家治理体系和治理能力现代化。

第五条 政府财务报告审计管辖范围按照《中华人民共和国审计法》和《中华人民共和国审计法实施条例》的规定确定。

审计署负责对全国政府综合财务报告、中央政府综合财务报告、中央政府部门财务报告进行审计；负责加强对下级政府财务报告的审计监督；负责指导下级审计机关的政府财务报告审计工作。

地方各级审计机关负责对本行政区政府综合财务报告、本级政府综合财务报告和本级政府部门财务报告进行审计。省、市级审计机关负责加强对下级政府财务报告的审计监督；负责指导本行政区内下级审计机关的政府财务报告审计工作。

第六条 政府财务报告审计应当纳入年度审计项目计划管理，既可以单独实施，也可以结合预算执行情况审计、决算草案审计等项目统筹安排实施。

第七条 政府财务报告审计应关注政府及其部门的资产、负债、收入、费用等情况的真实、合法、效益。

政府综合财务报告审计的内容包括：政府财务状况和运行情况，政府综合财务报告编报披露情况，政府财政财务管理情况，相关电子数据及信息系统设计运行情况，以及其他需要审计的内容。

政府部门财务报告审计的内容包括：部门财务状况和运行情况，政府部门财务报告编报披露情况，部门财政财务管理情况，相关电子数据及信息系统设计运行情况，以及其他需要审计的内容。

第八条 审计机关派出审计组实施审计。审计组向派出审计组的审计机关提交审计报告。审计报告的内容一般应包括：

（一）审计依据和实施审计的基本情况，包括审计范围、内容、方式等；

（二）被审计单位基本情况；

（三）审计评价意见，基于充分适当的审计证据，对于审计范围内被审计单位财务状况和运行情况的真实、合法、效益等做出客观评价；

（四）审计发现主要问题的事实、定性以及依据的法律法规标准等；

（五）根据审计发现问题提出的审计处理、处罚意见或审计建议；

（六）其他需要反映和说明的情况。

第九条 审计组的审计报告提交审计机关前，应当按规定征求被审计单位的意见。审计机关按照规定的程序对审计组的审计报告进行审议，并对被审计单位的意见一并研究后，向被审计单位出具审计报告。

第十条 中央政府财务报告审计结果，应当报中央审计委员会和国务院，同时报全国人民代表大会常务委员会备案。

地方政府财务报告审计结果，应当报本级党委审计委员会、本级人民政府和上一级审计机关，同时报本级人民代表大会常务委员会备案。

第十一条 审计机关应当向社会公布政府财务报告审计结果，但法律、行政法规规定不予公布的内容除外。

第十二条 审计机关可以根据工作需要，聘请具有政府财务报告审计相关专业知识的人员参加政府财务报告审计。

参加审计工作人员，应当遵循《中华人民共和国审计法》《中华人民共和国审计法实施条例》《中华人民共和国国家审计准则》以及审计机关的有关规定，做到依法审计、文明审计。

第十三条 审计机关和参加审计工作人员对政府财务报告审计工作中知悉的国家秘密、商业秘密、工作秘密、个人隐私等，负有保密义务。

第十四条 对审计机关职责和权限、审计程序、审计质量控制，以及审计机关和被审计单位的法律责任等，本办法未作规定的，依照《中华人民共和国审计法》《中华人民共和国审计法实施条例》《中华人民共和国国家审计准则》和其他有关法律法规执行。

第十五条 地方各级审计机关可以根据本办法制定具体办法。

第十六条 本办法由审计署负责解释。

第十七条 本办法自发布之日起施行。

8. 审计机关审计听证规定（2021 年修订）

（审计署令第 14 号）

第一条 为规范审计机关的审计处罚程序，保证审计质量，维护公民、法人或者其他组织的合法权益，根据《中华人民共和国行政处罚法》和《中华人民共和国审计法》及其实施条例，制定本规定。

第二条 审计机关进行审计听证应当遵循公正、公平、公开的原则。

第三条 审计机关对被审计单位和有关责任人员（以下统称当事人）拟作出下列审计处罚的，应当向当事人送达审计听证告知书，告知当事人有要求听证的权利，当事人要求听证的，审计机关应当举行审计听证会：

（一）对被审计单位处以十万元以上或者对个人处以一万元以上罚款的；

（二）对被审计单位处以没收十万元以上违法所得的；

（三）法律、法规、规章规定的其他情形。

第四条 审计听证告知书主要包括以下内容：

（一）当事人的名称或者姓名；

（二）当事人违法的事实和证据；

（三）审计处罚的法律依据；

（四）审计处罚建议；

（五）当事人有要求审计听证的权利；

（六）当事人申请审计听证的期限；

（七）审计机关的名称（印章）和日期。

第五条 当事人要求举行审计听证会的，应当自收到审计听证告知书之日起五个工作日内，向审计机关提出书面申请，列明听证要求，并由当事人签名或者盖章。逾期不提出书面申请的，视为放弃审计听证权利。

第六条 审计机关应当在举行审计听证会七个工作日前向当事人及有关人员送达审计听证会通知书，通知当事人举行审计听证会的时间、地点，审计听证主持人、书记员姓名，并告知当事人有申请主持人、书记员回避的权利。

第七条 除涉及国家秘密、商业秘密或者个人隐私依法予以保密外，审计听证会应当公开举行。

第八条 审计听证会的主持人由审计机关负责人指定的非本案审计人员担任，负责审计听证会的组织、主持工作。

书记员可以由一至二人组成，由主持人指定，负责审计听证的记录工作，制作审计听证笔录。

第九条 当事人认为主持人或者书记员与本案有直接利害关系的，有权申请其回避并说明理由。

当事人申请主持人回避应当在审计听证会举行之前提出；申请书记员回避可以在审计听证会举行时提出。

当事人申请回避可以以书面形式提出，也可以以口头形式提出。以口头形式提出的，由书记员记录在案。

第十条 主持人的回避，由审计机关负责人决定；书记员的回避，由主持人决定。

相关回避情况应当记入审计听证笔录。

第十一条 当事人可以亲自参加审计听证，也可以委托一至二人代理参加审计听证。委托他人代理参加审计听证会的，代理人应当出具当事人的授权委托书。

当事人的授权委托书应当载明代理人的代理权限。

第十二条 当事人接到审计听证通知书后，本人或者其代理人不能按时参加审计听证会的，应当及时告知审计机关并说明理由。

当事人及其代理人无正当理由拒不出席听证或者未经许可中途退出听证的，视为放弃听证权利，审计机关终止听证。终止听证的情况应当记入审计听证笔录。

第十三条 书记员应当将审计听证的全部活动记入审计听证笔录。审计机关认为有必要的，可以对审计听证会情况进行录音、录像。

审计听证笔录应当交听证双方确认无误后签字或者盖章。当事人或者其代理人如认为笔录有差错，可以要求补正。当事人或者其代理人拒绝签字或者盖章的，由听证主持人在笔录中注明。

第十四条 审计听证会参加人和旁听人员应当遵守以下听证纪律：

（一）审计听证会参加人应当在主持人的主持下发言、提问、辩论；

（二）未经主持人允许，审计听证会参加人不得提前退席；

（三）未经主持人允许，任何人不得录音、录像或摄影；

（四）旁听人员要保持肃静，不得发言、提问或者议论。

第十五条 主持人在审计听证会主持过程中，有以下权利：

（一）对审计听证会参加人的不当辩论或者其他违反审计听证会纪律的行为予以制止、警告；

（二）对违反审计听证会纪律的旁听人员予以制止、警告、责令退席；

（三）对违反审计听证纪律的人员制止无效的，提请公安机关依法处置。

第十六条 审计听证会应当按照下列程序进行：

（一）主持人宣读审计听证会的纪律和应注意的事项；

（二）主持人宣布审计听证会开始；

（三）主持人宣布案由并宣读参加审计听证会的主持人、书记员、听证参加人的姓名、工作单位和职务；

（四）主持人告知当事人或者其代理人有申请书记员回避的权利，并询问当事人或者其代理人是否申请回避；

（五）本案审计人员提出当事人违法的事实、证据和审计处罚的法律依据以及审计处罚建议；

（六）当事人进行陈述、申辩；

（七）在主持人允许下，双方进行质证、辩论；

（八）双方作最后陈述；

（九）书记员将所作的笔录交听证双方当场确认并签字或者盖章；

（十）主持人宣布审计听证会结束。

第十七条 有下列情形之一的，可以延期举行审计听证会：

（一）当事人或者其代理人有正当理由未到场的；

（二）需要通知新的证人到场，或者有新的事实需要重新调查核实的；

（三）主持人应当回避，需要重新确定主持人的；

（四）其他需要延期的情形。

第十八条 审计听证会结束后，主持人应当将审计听证笔录、案卷材料等一并报送审计机关。

审计机关根据审计听证笔录以及有关审理意见，区别以下情形作出决定：

（一）确有应受审计处罚的违法行为的，根据情节轻重及具体情况，作出审计处罚；
（二）违法事实不能成立的，不予审计处罚；
（三）违法行为轻微，依法依规可以不予审计处罚的，不予审计处罚。

违法行为涉嫌犯罪的，审计机关应当依法依规移送监察机关或者司法机关处理。

第十九条　审计机关不得因当事人要求审计听证、在审计听证中进行申辩和质证而加重处罚。

第二十条　审计听证文书和有关资料应当归入相应的审计项目档案。

第二十一条　审计听证文书送达适用《中华人民共和国民事诉讼法》的有关规定。

第二十二条　本规定由审计署负责解释。

第二十三条　本规定自发布之日起施行。审计署于2000年1月28日发布的《审计机关审计听证的规定》（2000年审计署第1号令）同时废止。

附件：1. 审计听证告知书（参考格式）（略）
2. 审计听证会通知书（参考格式）（略）
3. 审计听证笔录（参考格式）（略）

第二十三章　内部审计相关法规

1. 审计署关于内部审计工作的规定（2003年修订）

（中华人民共和国审计署令2003年第4号）

第一条　为了加强内部审计工作，建立健全内部审计制度，根据《中华人民共和国审计法》等有关法律，制定本规定。

第二条　内部审计是独立监督和评价本单位及所属单位财政收支、财务收支、经济活动的真实、合法和效益的行为，以促进加强经济管理和实现经济目标。

第三条　国家机关、金融机构、企业事业组织、社会团体以及其他单位，应当按照国家有关规定建立健全内部审计制度。

法律、行政法规规定设立内部审计机构的单位，必须设立独立的内部审计机构。

法律、行政法规没有明确规定设立内部审计机构的单位，可以根据需要设立内部审计机构，配备内部审计人员。

有内部审计工作需要且不具有设立独立的内部审计机构条件和人员编制的国家机关，可以授权本单位内设机构履行内部审计职责。

设立内部审计机构的单位，可以根据需要设立审计委员会，配备总审计师。

第四条　内部审计机构在本单位主要负责人或者权力机构的领导下开展工作。

第五条　内部审计人员实行岗位资格和后续教育制度，本单位应当予以支持和保障。

第六条　单位主要负责人或者权力机构应当保护内部审计人员依法履行职责，任何单位和个人不得打击报复。

第七条　内部审计人员办理审计事项，应当严格遵守内部审计职业规范，忠于职守，做到独立、客观、公正、保密。

第八条　内部审计机构履行职责所必需的经费，应当列入财务预算，由本单位予以保证。

第九条 内部审计机构按照本单位主要负责人或者权力机构的要求，履行下列职责：

（一）对本单位及所属单位（含占控股地位或者主导地位的单位，下同）的财政收支、财务收支及其有关的经济活动进行审计；

（二）对本单位及所属单位预算内、预算外资金的管理和使用情况进行审计；

（三）对本单位内设机构及所属单位领导人员的任期经济责任进行审计；

（四）对本单位及所属单位固定资产投资项目进行审计；

（五）对本单位及所属单位内部控制制度的健全性和有效性以及风险管理进行评审；

（六）对本单位及所属单位经济管理和效益情况进行审计；

（七）法律、法规规定和本单位主要负责人或者权力机构要求办理的其他审计事项。

第十条 内部审计机构每年应当向本单位主要负责人或者权力机构提出内部审计工作报告。

第十一条 单位主要负责人或者权力机构应当制定相应规定，确保内部审计机构具有履行职责所必需的权限，主要是：

（一）要求被审计单位按时报送生产、经营、财务收支计划、预算执行情况、决算、会计报表和其他有关文件、资料；

（二）参加本单位有关会议，召开与审计事项有关的会议；

（三）参与研究制定有关的规章制度，提出内部审计规章制度，由单位审定公布后施行；

（四）检查有关生产、经营和财务活动的资料、文件和现场勘察实物；

（五）检查有关的计算机系统及其电子数据和资料；

（六）对与审计事项有关的问题向有关单位和个人进行调查，并取得证明材料；

（七）对正在进行的严重违法违规、严重损失浪费行为，作出临时制止决定；

（八）对可能转移、隐匿、篡改、毁弃会计凭证、会计账簿、会计报表以及与经济活动有关的资料，经本单位主要负责人或者权力机构批准，有权予以暂时封存；

（九）提出纠正、处理违法违规行为的意见以及改进经济管理、提高经济效益的建议；

（十）对违法违规和造成损失浪费的单位和人员，给予通报批评或者提出追究责任的建议。

第十二条 单位主要负责人或者权力机构在管理权限范围内，授予内部审计机构必要的处理、处罚权。

第十三条 内部审计机构对本单位有关部门及所属单位严格遵守财经法规、经济效益显著、贡献突出的集体和个人，可以向单位主要负责人或者权力机构提出表扬和奖励的建议。

第十四条 内部审计机构应当遵守内部审计准则、规定，按照单位主要负责人或者权力机构的要求实施审计。

第十五条 内部审计协会是内部审计行业的自律性组织，是社会团体法人。全国设立中国内部审计协会，地方根据需要和法定程序设立具有独立法人资格的地方内部审计协会。

第十六条 内部审计协会依照法律和章程履行职责，并接受审计机关的指导、监督和管理。

第十七条 内部审计机构应当不断提高内部审计业务质量，并依法接受审计机关对内部审计业务质量的检查和评估。

第十八条 被审计单位不配合内部审计工作、拒绝审计或者提供资料、提供虚假资料、拒不执行审计结论或者报复陷害内部审计人员的，单位主要负责人或者权力机构应当及时予以处理；构成犯罪的，移交司法机关追究刑事责任。

第十九条 对认真履行职责、忠于职守、坚持原则、做出显著成绩的内部审计人员，由所在单位给予精神或者物质奖励。

对滥用职权、徇私舞弊、玩忽职守、泄露秘密的内部审计人员，由所在单位依照有关规定予以处理；构成犯罪的，移交司法机关追究刑事责任。

第二十条　本规定由审计署负责解释。

第二十一条　本规定自2003年5月1日起施行。审计署于1995年7月14日发布的《审计署关于内部审计工作的规定》（审计署令1995年第1号）同时废止。

2. 第1101号内部审计准则——内部审计基本准则（2013年颁布）[①]

（中内协2013年第一号公告）

第一章　总　则

第一条　为了规范内部审计工作，保证内部审计质量，明确内部审计机构和内部审计人员的责任，根据《审计法》及其实施条例，以及其他有关法律、法规和规章，制定本准则。

第二条　本准则所称内部审计，是一种独立、客观的确认和咨询活动，它通过运用系统、规范的方法，审查和评价组织的业务活动、内部控制和风险管理的适当性和有效性，以促进组织完善治理、增加价值和实现目标。

第三条　本准则适用于各类组织的内部审计机构、内部审计人员及其从事的内部审计活动。其他组织或者人员接受委托、聘用，承办或者参与内部审计业务，也应当遵守本准则。

第二章　一般准则

第四条　组织应当设置与其目标、性质、规模、治理结构等相适应的内部审计机构，并配备具有相应资格的内部审计人员。

第五条　内部审计的目标、职责和权限等内容应当在组织的内部审计章程中明确规定。

第六条　内部审计机构和内部审计人员应当保持独立性和客观性，不得负责被审计单位的业务活动、内部控制和风险管理的决策与执行。

第七条　内部审计人员应当遵守职业道德，在实施内部审计业务时保持应有的职业谨慎。

第八条　内部审计人员应当具备相应的专业胜任能力，并通过后续教育加以保持和提高。

第九条　内部审计人员应当履行保密义务，对于实施内部审计业务中所获取的信息保密。

第三章　作业准则

第十条　内部审计机构和内部审计人员应当全面关注组织风险，以风险为基础组织实施内部审计业务。

第十一条　内部审计人员应当充分运用重要性原则，考虑差异或者缺陷的性质、数量等因素，合理确定重要性水平。

第十二条　内部审计机构应当根据组织的风险状况、管理需要及审计资源的配置情况，编制年度审计计划。

第十三条　内部审计人员根据年度审计计划确定的审计项目，编制项目审计方案。

第十四条　内部审计机构应当在实施审计三日前，向被审计单位或者被审计人员送达审计通知书，做好审计准备工作。

第十五条　内部审计人员应当深入了解被审计单位的情况，审查和评价业务活动、内部

---

① 虽然《内部审计准则》不属于严格意义上的法规，但是对于企业做好会计和审计工作具有巨大的实践意义，因此编者把中国内部审计协会制定的《内部审计准则》纳入本书。

控制和风险管理的适当性和有效性，关注信息系统对业务活动、内部控制和风险管理的影响。

第十六条 内部审计人员应当关注被审计单位业务活动、内部控制和风险管理中的舞弊风险，对舞弊行为进行检查和报告。

第十七条 内部审计人员可以运用审核、观察、监盘、访谈、调查、函证、计算和分析程序等方法，获取相关、可靠和充分的审计证据，以支持审计结论、意见和建议。

第十八条 内部审计人员应当在审计工作底稿中记录审计程序的执行过程，获取的审计证据，以及作出的审计结论。

第十九条 内部审计人员应当以适当方式提供咨询服务，改善组织的业务活动、内部控制和风险管理。

第四章 报告准则

第二十条 内部审计机构应当在实施必要的审计程序后，及时出具审计报告。

第二十一条 审计报告应当客观、完整、清晰，具有建设性并体现重要性原则。

第二十二条 审计报告应当包括审计概况、审计依据、审计发现、审计结论、审计意见和审计建议。

第二十三条 审计报告应当包含是否遵循内部审计准则的声明。如存在未遵循内部审计准则的情形，应当在审计报告中作出解释和说明。

第五章 内部管理准则

第二十四条 内部审计机构应当接受组织董事会或者最高管理层的领导和监督，并保持与董事会或者最高管理层及时、高效的沟通。

第二十五条 内部审计机构应当建立合理、有效的组织结构，多层级组织的内部审计机构可以实行集中管理或者分级管理。

第二十六条 内部审计机构应当根据内部审计准则及相关规定，结合本组织的实际情况制定内部审计工作手册，指导内部审计人员的工作。

第二十七条 内部审计机构应当对内部审计质量实施有效控制，建立指导、监督、分级复核和内部审计质量评估制度，并接受内部审计质量外部评估。

第二十八条 内部审计机构应当编制中长期审计规划、年度审计计划、本机构人力资源计划和财务预算。

第二十九条 内部审计机构应当建立激励约束机制，对内部审计人员的工作进行考核、评价和奖惩。

第三十条 内部审计机构应当在董事会或者最高管理层的支持和监督下，做好与外部审计的协调工作。

第三十一条 内部审计机构负责人应当对内部审计机构管理的适当性和有效性负主要责任。

第六章 附 则

第三十二条 本准则由中国内部审计协会发布并负责解释。

第三十三条 本准则自 2014 年 1 月 1 日起施行。

3. 第 1201 号内部审计准则——内部审计人员职业道德规范（2013 年颁布）

（中内协2013年第一号公告）

第一章　总　则

第一条　为了规范内部审计人员的职业行为，维护内部审计职业声誉，根据《审计法》及其实施条例，以及其他有关法律、法规和规章，制定本规范。

第二条　内部审计人员职业道德是内部审计人员在开展内部审计工作中应当具有的职业品德、应当遵守的职业纪律和应当承担的职业责任的总称。

第三条　内部审计人员从事内部审计活动时，应当遵守本规范，认真履行职责，不得损害国家利益、组织利益和内部审计职业声誉。

第二章　一般原则

第四条　内部审计人员在从事内部审计活动时，应当保持诚信正直。

第五条　内部审计人员应当遵循客观性原则，公正、不偏不倚地作出审计职业判断。

第六条　内部审计人员应当保持并提高专业胜任能力，按照规定参加后续教育。

第七条　内部审计人员应当遵循保密原则，按照规定使用其在履行职责时所获取的信息。

第八条　内部审计人员违反本规范要求的，组织应当批评教育，也可以视情节给予一定的处分。

第三章　诚信正直

第九条　内部审计人员在实施内部审计业务时，应当诚实、守信，不应有下列行为：

（一）歪曲事实；

（二）隐瞒审计发现的问题；

（三）进行缺少证据支持的判断；

（四）做误导性的或者含糊的陈述。

第十条　内部审计人员在实施内部审计业务时，应当廉洁、正直，不应有下列行为：

（一）利用职权谋取私利；

（二）屈从于外部压力，违反原则。

第四章　客　观　性

第十一条　内部审计人员实施内部审计业务时，应当实事求是，不得由于偏见、利益冲突而影响职业判断。

第十二条　内部审计人员实施内部审计业务前，应当采取下列步骤对客观性进行评估：

（一）识别可能影响客观性的因素；

（二）评估可能影响客观性因素的严重程度；

（三）向审计项目负责人或者内部审计机构负责人报告客观性受损可能造成的影响。

第十三条　内部审计人员应当识别下列可能影响客观性的因素：

（一）审计本人曾经参与过的业务活动；

（二）与被审计单位存在直接利益关系；

（三）与被审计单位存在长期合作关系；

（四）与被审计单位管理层有密切的私人关系；

（五）遭受来自组织内部和外部的压力；

（六）内部审计范围受到限制；

（七）其他。

第十四条 内部审计机构负责人应当采取下列措施保障内部审计的客观性：

（一）提高内部审计人员的职业道德水准；

（二）选派适当的内部审计人员参加审计项目，并进行适当分工；

（三）采用工作轮换的方式安排审计项目及审计组；

（四）建立适当、有效的激励机制；

（五）制定并实施系统、有效的内部审计质量控制制度、程序和方法；

（六）当内部审计人员的客观性受到严重影响，且无法采取适当措施降低影响时，停止实施有关业务，并及时向董事会或者最高管理层报告。

第五章 专业胜任能力

第十五条 内部审计人员应当具备下列履行职责所需的专业知识、职业技能和实践经验：

（一）审计、会计、财务、税务、经济、金融、统计、管理、内部控制、风险管理、法律和信息技术等专业知识，以及与组织业务活动相关的专业知识；

（二）语言文字表达、问题分析、审计技术应用、人际沟通、组织管理等职业技能；

（三）必要的实践经验及相关职业经历。

第十六条 内部审计人员应当通过后续教育和职业实践等途径，了解、学习和掌握相关法律法规、专业知识、技术方法和审计实务的发展变化，保持和提升专业胜任能力。

第十七条 内部审计人员实施内部审计业务时，应当保持职业谨慎，合理运用职业判断。

第六章 保 密

第十八条 内部审计人员应当对实施内部审计业务所获取的信息保密，非因有效授权、法律规定或其他合法事由不得披露。

第十九条 内部审计人员在社会交往中，应当履行保密义务，警惕非故意泄密的可能性。

内部审计人员不得利用其在实施内部审计业务时获取的信息牟取不正当利益，或者以有悖于法律法规、组织规定及职业道德的方式使用信息。

第七章 附 则

第二十条 本规范由中国内部审计协会发布并负责解释。

第二十一条 本规范自2014年1月1日起施行。

4. 第2101号内部审计具体准则——审计计划（2013年颁布）

（中内协2013年第一号公告）

第一章 总 则

第一条 为了规范审计计划的编制与执行，保证有计划、有重点地开展审计业务，提高审计质量和效率，根据《内部审计基本准则》，制定本准则。

第二条 本准则所称审计计划，是指内部审计机构和内部审计人员为完成审计业务，达到预期的审计目的，对审计工作或者具体审计项目作出的安排。

第三条 本准则适用于各类组织的内部审计机构、内部审计人员及其从事的内部审计活动。其他组织或者人员接受委托、聘用，承办或者参与内部审计业务，也应当遵守本准则。

第二章 一般原则

第四条 审计计划一般包括年度审计计划和项目审计方案。年度审计计划是对年度预期要完成的审计任务所作的工作安排，是组织年度工作计划的重要组成部分。项目审计方案是对实施具体审计项目所需要的审计内容、审计程序、人员分工、审计时间等作出的安排。

第五条 内部审计机构应当在本年度编制下年度审计计划，并报经组织董事会或者最高管理层批准；审计项目负责人应当在审计项目实施前编制项目审计方案，并报经内部审计机构负责人批准。

第六条 内部审计机构应当根据批准后的审计计划组织开展内部审计活动。在审计计划执行过程中，如有必要，应当按照规定的程序对审计计划进行调整。

第七条 内部审计机构负责人应当定期检查审计计划的执行情况

第三章 年度审计计划

第八条 内部审计机构负责人负责年度审计计划的编制工作。

第九条 编制年度审计计划应当结合内部审计中长期规划，在对组织风险进行评估的基础上，根据组织的风险状况、管理需要和审计资源的配置情况，确定具体审计项目及时间安排。

第十条 年度审计计划应当包括下列基本内容：

（一）年度审计工作目标；

（二）具体审计项目及实施时间；

（三）各审计项目需要的审计资源；

（四）后续审计安排。

第十一条 内部审计机构在编制年度审计计划前，应当重点调查了解下列情况，以评价具体审计项目的风险：

（一）组织的战略目标、年度目标及业务活动重点；

（二）对相关业务活动有重大影响的法律、法规、政策、计划和合同；

（三）相关内部控制的有效性和风险管理水平；

（四）相关业务活动的复杂性及其近期变化；

（五）相关人员的能力及其岗位的近期变动；

（六）其他与项目有关的重要情况。

第十二条 内部审计机构负责人应当根据具体审计项目的性质、复杂程度及时间要求，合理安排审计资源。

第四章 项目审计方案

第十三条 内部审计机构应当根据年度审计计划确定的审计项目和时间安排，选派内部审计人员开展审计工作。

第十四条 审计项目负责人应当根据被审计单位的下列情况，编制项目审计方案：

（一）业务活动概况；

（二）内部控制、风险管理体系的设计及运行情况；

（三）财务、会计资料；

（四）重要的合同、协议及会议记录；
（五）上次审计结论、建议及后续审计情况；
（六）上次外部审计的审计意见；
（七）其他与项目审计方案有关的重要情况。

第十五条 项目审计方案应当包括下列基本内容：
（一）被审计单位、项目的名称；
（二）审计目标和范围；
（三）审计内容和重点；
（四）审计程序和方法；
（五）审计组成员的组成及分工；
（六）审计起止日期；
（七）对专家和外部审计工作结果的利用；
（八）其他有关内容。

第五章 附 则

第十六条 本准则由中国内部审计协会发布并负责解释。
第十七条 本准则自 2014 年 1 月 1 日起施行。

5. 第 2102 号内部审计具体准则——审计通知书（2013 年颁布）

（中内协 2013 年第一号公告）

第一章 总 则

第一条 为了规范审计通知书的编制与送达，根据《内部审计基本准则》，制定本准则。

第二条 本准则所称审计通知书，是指内部审计机构在实施审计之前，告知被审计单位或者人员接受审计的书面文件。

第三条 本准则适用于各类组织的内部审计机构、内部审计人员及其从事的内部审计活动。其他组织或者人员接受委托、聘用，承办或者参与的内部审计业务，也应当遵守本准则。

第二章 审计通知书的编制与送达

第四条 审计通知书应当包括下列内容：
（一）审计项目名称；
（二）被审计单位名称或者被审计人员姓名；
（三）审计范围和审计内容；
（四）审计时间；
（五）需要被审计单位提供的资料及其他必要的协助要求；
（六）审计组组长及审计组成员名单；
（七）内部审计机构的印章和签发日期。

第五条 内部审计机构应当根据经过批准后的年度审计计划和其他授权或者委托文件编制审计通知书。

第六条 内部审计机构应当在实施审计三日前，向被审计单位或者被审计人员送达审计通知书。特殊审计业务的审计通知书可以在实施审计时送达。

第七条 审计通知书送达被审计单位，必要时可以抄送组织内部相关部门。

经济责任审计项目的审计通知书送达被审计人员及其所在单位，并抄送有关部门。

第三章　附　则

第八条　本准则由中国内部审计协会发布并负责解释。

第九条　本准则自 2014 年 1 月 1 日起施行。

6. 第 2103 号内部审计具体准则——审计证据（2013 年颁布）

（中内协 2013 年第一号公告）

第一章　总　则

第一条　为了规范审计证据的获取及处理，保证审计证据的相关性、可靠性和充分性，根据《内部审计基本准则》，制定本准则。

第二条　本准则所称审计证据，是指内部审计人员在实施内部审计业务中，通过实施审计程序所获取的，用以证实审计事项，支持审计结论、意见和建议的各种事实依据。

第三条　本准则适用于各类组织的内部审计机构、内部审计人员及其从事的内部审计活动。其他组织或者人员接受委托、聘用，承办或者参与内部审计业务，也应当遵守本准则。

第二章　一般原则

第四条　内部审计人员应当依据不同的审计事项及其审计目标，获取不同种类的审计证据。

审计证据主要包括下列种类：

（一）书面证据；

（二）实物证据；

（三）视听证据；

（四）电子证据；

（五）口头证据；

（六）环境证据。

第五条　内部审计人员获取的审计证据应当具备相关性、可靠性和充分性。相关性，即审计证据与审计事项及其具体审计目标之间具有实质性联系。可靠性，即审计证据真实、可信。充分性，即审计证据在数量上足以支持审计结论、意见和建议。

第六条　审计项目的各级复核人员应当在各自职责范围内对审计证据的相关性、可靠性和充分性予以复核。

第七条　内部审计人员在获取审计证据时，应当考虑下列基本因素：

（一）具体审计事项的重要性。内部审计人员应当从数量和性质两个方面判断审计事项的重要性，以做出获取审计证据的决策。

（二）可以接受的审计风险水平。证据的充分性与审计风险水平密切相关。可以接受的审计风险水平越低，所需证据的数量越多。

（三）成本与效益的合理程度。获取审计证据应当考虑成本与效益的对比，但对于重要审计事项，不应当将审计成本的高低作为减少必要审计程序的理由。

（四）适当的抽样方法。

第三章 审计证据的获取与处理

第八条 内部审计人员向有关单位和个人获取审计证据时，可以采用（但不限于）下列方法：

（一）审核；

（二）观察；

（三）监盘；

（四）访谈；

（五）调查；

（六）函证；

（七）计算；

（八）分析程序。

第九条 内部审计人员应当将获取的审计证据名称、来源、内容、时间等完整、清晰地记录于审计工作底稿中。采集被审计单位电子数据作为审计证据的，内部审计人员应当记录电子数据的采集和处理过程。

第十条 内部审计机构可以聘请其他专业机构或者人员对审计项目的某些特殊问题进行鉴定，并将鉴定结论作为审计证据。内部审计人员应当对所引用鉴定结论的可靠性负责。

第十一条 对于被审计单位有异议的审计证据，内部审计人员应当进一步核实。

第十二条 内部审计人员获取的审计证据，如有必要，应当由证据提供者签名或者盖章。如果证据提供者拒绝签名或者盖章，内部审计人员应当注明原因和日期。

第十三条 内部审计人员应当对获取的审计证据进行分类、筛选和汇总，保证审计证据的相关性、可靠性和充分性。

第十四条 在评价审计证据时，应当考虑审计证据之间的相互印证关系及证据来源的可靠程度。

第四章 附　　则

第十五条 本准则由中国内部审计协会发布并负责解释。

第十六条 本准则自 2014 年 1 月 1 日起施行。

7. 第 2104 号内部审计具体准则——审计工作底稿（2013 年颁布）

（中内协 2013 年第一号公告）

第一章 总　　则

第一条 为了规范审计工作底稿的编制和使用，根据《内部审计基本准则》，制定本准则。

第二条 本准则所称审计工作底稿，是指内部审计人员在审计过程中所形成的工作记录。

第三条 本准则适用于各类组织的内部审计机构、内部审计人员及其从事的内部审计活动。其他组织或者人员接受委托、聘用，承办或者参与内部审计业务，也应当遵守本准则。

第二章 一 般 原 则

第四条 内部审计人员在审计工作中应当编制审计工作底稿，以达到下列目的：

（一）为编制审计报告提供依据；
（二）证明审计目标的实现程度；
（三）为检查和评价内部审计工作质量提供依据；
（四）证明内部审计机构和内部审计人员是否遵循内部审计准则；
（五）为以后的审计工作提供参考。

第五条　审计工作底稿应当内容完整、记录清晰、结论明确，客观地反映项目审计方案的编制及实施情况，以及与形成审计结论、意见和建议有关的所有重要事项。

第六条　内部审计机构应当建立审计工作底稿的分级复核制度，明确规定各级复核人员的要求和责任。

第三章　审计工作底稿的编制与复核

第七条　审计工作底稿主要包括下列要素：
（一）被审计单位的名称；
（二）审计事项及其期间或者截止日期；
（三）审计程序的执行过程及结果记录；
（四）审计结论、意见及建议；
（五）审计人员姓名和审计日期；
（六）复核人员姓名、复核日期和复核意见；
（七）索引号及页次；
（八）审计标识与其他符号及其说明等。

第八条　项目审计方案的编制及调整情况应当编制审计工作底稿。

第九条　审计工作底稿中可以使用各种审计标识，但应当注明含义并保持前后一致。

第十条　审计工作底稿应当注明索引编号和顺序编号。相关审计工作底稿之间如存在钩稽关系，应当予以清晰反映，相互引用时应当交叉注明索引编号。

第十一条　审计工作底稿的复核工作应当由比审计工作底稿编制人员职位更高或者经验更为丰富的人员承担。

第十二条　如果发现审计工作底稿存在问题，复核人员应当在复核意见中加以说明，并要求相关人员补充或者修改审计工作底稿。

第十三条　在审计业务执行过程中，审计项目负责人应当加强对审计工作底稿的现场复核。

第四章　审计工作底稿的归档与保管

第十四条　内部审计人员在审计项目完成后，应当及时对审计工作底稿进行分类整理，按照审计工作底稿相关规定进行归档、保管和使用。

第十五条　审计工作底稿归组织所有，由内部审计机构或者组织内部有关部门具体负责保管。

第十六条　内部审计机构应当建立审计工作底稿保管制度。如果内部审计机构以外的组织或者个人要求查阅审计工作底稿，必须经内部审计机构负责人或者其主管领导批准，但国家有关部门依法进行查阅的除外。

第五章　附　　则

第十七条　本准则由中国内部审计协会发布并负责解释。

第十八条　本准则自 2014 年 1 月 1 日起实行。

8. 第 2105 号内部审计具体准则——结果沟通（2013 年颁布）

（中内协 2013 年第一号公告）

第一章 总 则

第一条 为了规范内部审计的结果沟通，保证审计工作质量，根据《内部审计基本准则》，制定本准则。

第二条 本准则所称结果沟通，是指内部审计机构与被审计单位、组织适当管理层就审计概况、审计依据、审计发现、审计结论、审计意见和审计建议进行的讨论和交流。

第三条 本准则适用于各类组织的内部审计机构、内部审计人员及其从事的内部审计活动。其他组织或者人员接受委托、聘用，承办或者参与内部审计业务，也应当遵守本准则。

第二章 一般原则

第四条 结果沟通的目的，是提高审计结果的客观性、公正性，并取得被审计单位、组织适当管理层的理解和认同。

第五条 内部审计机构应当建立审计结果沟通制度，明确各级人员的责任，进行积极有效的沟通。

第六条 内部审计机构应当与被审计单位、组织适当管理层进行认真、充分的沟通，听取其意见。

第七条 结果沟通一般采取书面或者口头方式。

第八条 内部审计机构应当在审计报告正式提交之前进行审计结果的沟通。

第九条 内部审计机构应当将结果沟通的有关书面材料作为审计工作底稿归档保存。

第三章 结果沟通的内容

第十条 结果沟通主要包括下列内容：

（一）审计概况；

（二）审计依据；

（三）审计发现；

（四）审计结论；

（五）审计意见；

（六）审计建议。

第十一条 如果被审计单位对审计结果有异议，审计项目负责人及相关人员应当进行核实和答复。

第十二条 内部审计机构负责人应当与组织适当管理层就审计过程中发现的重大问题及时进行沟通。

第十三条 内部审计机构与被审计单位进行结果沟通时，应当注意沟通技巧。

第四章 附 则

第十四条 本准则由中国内部审计协会发布并负责解释。

第十五条 本准则自 2014 年 1 月 1 日起施行。

9. 第 2106 号内部审计具体准则——审计报告（2013 年颁布）

（中内协 2013 年第一号公告）

第一章 总 则

第一条 为了规范审计报告的编制、复核和报送，根据《内部审计基本准则》，制定本准则。

第二条 本准则所称审计报告，是指内部审计人员根据审计计划对被审计单位实施必要的审计程序后，就被审计事项作出审计结论，提出审计意见和审计建议的书面文件。

第三条 本准则适用于各类组织的内部审计机构、内部审计人员及其从事的内部审计活动。其他组织或者人员接受委托、聘用，承办或者参与内部审计业务，也应当遵守本准则。

第二章 一般原则

第四条 内部审计人员应当在审计实施结束后，以经过核实的审计证据为依据，形成审计结论、意见和建议，出具审计报告。如有必要，内部审计人员可以在审计过程中提交期中报告，以便及时采取有效的纠正措施改善业务活动、内部控制和风险管理。

第五条 审计报告的编制应当符合下列要求：

（一）实事求是、不偏不倚地反映被审计事项的事实；

（二）要素齐全、格式规范，完整反映审计中发现的重要问题；

（三）逻辑清晰、用词准确、简明扼要、易于理解；

（四）充分考虑审计项目的重要性和风险水平，对于重要事项应当重点说明；

（五）针对被审计单位业务活动、内部控制和风险管理中存在的主要问题或者缺陷提出可行的改进建议，以促进组织实现目标。

第六条 内部审计机构应当建立健全审计报告分级复核制度，明确规定各级复核人员的要求和责任。

第三章 审计报告的内容

第七条 审计报告主要包括下列要素：

（一）标题；

（二）收件人；

（三）正文；

（四）附件；

（五）签章；

（六）报告日期；

（七）其他。

第八条 审计报告的正文主要包括下列内容：

（一）审计概况，包括审计目标、审计范围、审计内容及重点、审计方法、审计程序及审计时间等；

（二）审计依据，即实施审计所依据的相关法律法规、内部审计准则等规定；

（三）审计发现，即对被审计单位的业务活动、内部控制和风险管理实施审计过程中所发现的主要问题的事实；

（四）审计结论，即根据已查明的事实，对被审计单位业务活动、内部控制和风险管理所作的评价；

（五）审计意见，即针对审计发现的主要问题提出的处理意见；

（六）审计建议，即针对审计发现的主要问题，提出的改善业务活动、内部控制和风险管理的建议。

第九条 审计报告的附件应当包括针对审计过程、审计中发现问题所作出的具体说明，以及被审计单位的反馈意见等内容。

第四章 审计报告的编制、复核与报送

第十条 审计组应当在实施必要的审计程序后，及时编制审计报告，并征求被审计对象的意见。

第十一条 被审计单位对审计报告有异议的，审计项目负责人及相关人员应当核实，必要时应当修改审计报告。

第十二条 审计报告经过必要的修改后，应当连同被审计单位的反馈意见及时报送内部审计机构负责人复核。

第十三条 内部审计机构应当将审计报告提交被审计单位和组织适当管理层，并要求被审计单位在规定的期限内落实纠正措施。

第十四条 已经出具的审计报告如果存在重要错误或者遗漏，内部审计机构应当及时更正，并将更正后的审计报告提交给原审计报告接收者。

第十五条 内部审计机构应当将审计报告及时归入审计档案，妥善保存。

第五章 附 则

第十六条 本准则由中国内部审计协会发布并负责解释。

第十七条 本准则自 2014 年 1 月 1 日起施行。

10. 第 2107 号内部审计具体准则——后续审计（2013 年颁布）

（中内协 2013 年第一号公告）

第一章 总 则

第一条 为了规范后续审计活动，提高审计效果，根据《内部审计基本准则》，制定本准则。

第二条 本准则所称后续审计，是指内部审计机构为跟踪检查被审计单位针对审计发现的问题所采取的纠正措施及其改进效果，而进行的审查和评价活动。

第三条 本准则适用于各类组织的内部审计机构、内部审计人员及其从事的内部审计活动。其他组织或者人员接受委托、聘用，承办或者参与内部审计业务，也应当遵守本准则。

第二章 一般原则

第四条 对审计中发现的问题采取纠正措施，是被审计单位管理层的责任。评价被审计单位管理层所采取的纠正措施是否及时、合理、有效，是内部审计人员的责任。

第五条 内部审计机构可以在规定期限内，或者与被审计单位约定的期限内实施后续审计。

第六条 内部审计机构负责人可以适时安排后续审计工作，并将其列入年度审计计划。

第七条　内部审计机构负责人如果初步认定被审计单位管理层对审计发现的问题已采取了有效的纠正措施，可以将后续审计作为下次审计工作的一部分。

第八条　当被审计单位基于成本或者其他方面考虑，决定对审计发现的问题不采取纠正措施并做出书面承诺时，内部审计机构负责人应当向组织董事会或者最高管理层报告。

第三章　后续审计程序

第九条　审计项目负责人应当编制后续审计方案，对后续审计作出安排。

第十条　编制后续审计方案时应当考虑下列因素：

（一）审计意见和审计建议的重要性；

（二）纠正措施的复杂性；

（三）落实纠正措施所需要的时间和成本；

（四）纠正措施失败可能产生的影响；

（五）被审计单位的业务安排和时间要求。

第十一条　对于已采取纠正措施的事项，内部审计人员应当判断是否需要深入检查，必要时可以提出应在下次审计中予以关注。

第十二条　内部审计人员应当根据后续审计的实施过程和结果编制后续审计报告。

第四章　附　　则

第十三条　本准则由中国内部审计协会发布并负责解释。

第十四条　本准则自2014年1月1日起施行。

11. 第2108号内部审计具体准则——审计抽样（2013年颁布）

（中内协2013年第一号公告）

第一章　总　　则

第一条　为了规范内部审计人员运用审计抽样方法，提高审计质量和效率，根据《内部审计基本准则》，制定本准则。

第二条　本准则所称审计抽样，是指内部审计人员在审计业务实施过程中，从被审查和评价的审计总体中抽取一定数量具有代表性的样本进行测试，以样本审查结果推断总体特征，并作出审计结论的一种审计方法。

第三条　本准则适用于各类组织的内部审计机构、内部审计人员及其从事的内部审计活动。其他组织或者人员接受委托、聘用，承办或者参与内部审计业务，也应当遵守本准则。

第二章　一般原则

第四条　确定抽样总体、选择抽样方法时应当以审计目标为依据，并考虑被审计单位及审计项目的具体情况。

第五条　抽样总体的确定应当遵循相关性、充分性和经济性原则。相关性是指抽样总体与审计对象及其审计目标相关；充分性是指抽样总体能够在数量上代表审计项目的实际情况；经济性是指抽样总体的确定符合成本效益原则。

第六条　审计抽样方法包括统计抽样和非统计抽样。在审计抽样过程中，可以采用统计抽样方法，也可以采用非统计抽样方法，或者两种方法结合使用。

第七条　选取的样本应当有代表性，具有与审计总体相似的特征。

第八条 内部审计人员在选取样本时，应当对业务活动中存在重大差异或者缺陷的风险以及审计过程中的检查风险进行评估，并充分考虑因抽样引起的抽样风险及其他因素引起的非抽样风险。

第九条 抽样结果的评价应当从定量和定性两个方面进行，并以此为依据合理推断审计总体特征。

第三章 抽样程序和方法

第十条 审计抽样的一般程序包括下列步骤：

（一）根据审计目标及审计对象的特征制定审计抽样方案；

（二）选取样本；

（三）对样本进行审查；

（四）评价抽样结果；

（五）根据抽样结果推断总体特征；

（六）形成审计结论。

第十一条 审计抽样方案包括下列主要内容：

（一）审计总体，是指由审计对象的各个单位组成的整体；

（二）抽样单位，是指从审计总体中抽取并代表总体的各个单位；

（三）样本，是指在抽样过程中从审计总体中抽取的部分单位组成的整体；

（四）误差，是指业务活动、内部控制和风险管理中存在的差异或者缺陷；

（五）可容忍误差，是指内部审计人员可以接受的差异或者缺陷的最大程度；

（六）预计总体误差，是指内部审计人员预先估计的审计总体中存在的差异或者缺陷；

（七）可靠程度，是指预计抽样结果能够代表审计总体质量特征的概率；

（八）抽样风险，是指内部审计人员依据抽样结果得出的结论与总体特征不相符合的可能性；

（九）样本量，是指为了能使内部审计人员对审计总体作出审计结论所抽取样本单位的数量；

（十）其他因素。

第十二条 内部审计人员应当根据审计重要性水平，合理确定预计总体误差、可容忍误差和可靠程度。

第十三条 内部审计人员应当根据审计目标和审计对象的特征，选择确定审计抽样方法。

统计抽样，是指以数理统计方法为基础，按照随机原则从总体中选取样本进行审查，并对总体特征进行推断的审计抽样方法。主要包括发现抽样、连续抽样等属性抽样方法，以及单位均值抽样、差异估计抽样和货币单位抽样等变量抽样方法。

非统计抽样，是指内部审计人员根据自己的专业判断和经验抽取样本进行审查，并对总体特征进行推断的审计抽样方法。

统计抽样和非统计抽样审计方法相互结合使用，可以降低抽样风险。

第十四条 内部审计人员应当根据下列要素确定样本量：

（一）审计总体。审计总体的量越大，所需要的样本量越多；

（二）可容忍误差。可容忍误差越大，所需样本量越少；

（三）预计总体误差。预计总体误差越大，所需样本量越多；

（四）抽样风险。抽样风险越小，所需样本量越多；

（五）可靠程度。可靠程度越大，所需样本量越多。

第十五条 内部审计人员可以运用下列方法选取样本：

（一）随机数表选样法；

（二）系统选样法；

（三）分层选样法；

（四）整群选样法；

（五）任意选样法。

第十六条　内部审计人员在选取样本之后，应当对样本进行审查，获取相关、可靠和充分的审计证据。

第四章　抽样结果的评价

第十七条　内部审计人员应当根据预先确定的误差构成条件，确定存在误差的样本。

第十八条　内部审计人员应当对抽样风险和非抽样风险进行评估，以防止对审计总体作出不恰当的审计结论。

第十九条　抽样风险主要包括两类：

（一）误受风险，是指样本结果表明审计项目不存在重大差异或者缺陷，而实际上却存在着重大差异或者缺陷的可能性；

（二）误拒风险，是指样本结果表明审计项目存在重大差异或者缺陷，而实际上并没有存在重大差异或者缺陷的可能性。

第二十条　非抽样风险是由抽样之外的其他因素造成的风险，一般包括下列原因：

（一）审计程序设计及执行不恰当；

（二）抽样过程没有按照规范程序执行；

（三）样本审查结果解释错误；

（四）审计人员业务能力不足；

（五）其他原因。

第二十一条　内部审计人员应当根据样本误差，采用适当的方法，推断审计总体误差。

第二十二条　内部审计人员应当根据抽样结果的评价，确定审计证据是否足以证实某一审计总体特征。如果推断的总体误差超过可容忍误差，应当增加样本量或者执行替代审计程序。

第二十三条　内部审计人员在上述评价的基础上还应当考虑误差性质、误差产生的原因，以及误差对其他审计项目可能产生的影响等。

第五章　附　　则

第二十四条　本准则由中国内部审计协会发布并负责解释。

第二十五条　本准则自 2014 年 1 月 1 日起施行。

12. 第 2109 号内部审计具体准则——分析程序（2013 年颁布）

（中内协 2013 年第一号公告）

第一章　总　　则

第一条　为了规范内部审计人员执行分析程序的行为，提高审计质量和效率，根据《内部审计基本准则》，制定本准则。

第二条　本准则所称分析程序，是指内部审计人员通过分析和比较信息之间的关系或者计算相关的比率，以确定合理性，并发现潜在差异和漏洞的一种审计方法。

第三条　本准则适用于各类组织的内部审计机构、内部审计人员及其从事的内部审计活动。其他组织或者人员接受委托、聘用，承办或者参与内部审计业务，也应当遵守本准则。

第二章 一般原则

第四条 内部审计人员应当合理运用职业判断，根据需要在审计过程中执行分析程序。

第五条 内部审计人员执行分析程序，有助于实现下列目标：

（一）确认业务活动信息的合理性；

（二）发现差异；

（三）分析潜在的差异和漏洞；

（四）发现不合法和不合规行为的线索。

第六条 内部审计人员通过执行分析程序，能够获取与下列事项相关的证据：

（一）被审计单位的持续经营能力；

（二）被审计事项的总体合理性；

（三）业务活动、内部控制和风险管理中差异和漏洞的严重程度；

（四）业务活动的经济性、效率性和效果性；

（五）计划、预算的完成情况；

（六）其他事项。

第七条 分析程序所使用的信息按其存在的形式划分，主要包括下列内容：

（一）财务信息和非财务信息；

（二）实物信息和货币信息；

（三）电子数据信息和非电子数据信息；

（四）绝对数信息和相对数信息。

第八条 执行分析程序时，应当考虑信息之间的相关性，以免得出不恰当的审计结论。

第九条 内部审计人员应当保持应有的职业谨慎，在确定对分析程序结果的依赖程度时，需要考虑下列因素：

（一）分析程序的目标；

（二）被审计单位的性质及其业务活动的复杂程度；

（三）已收集信息资料的相关性、可靠性和充分性；

（四）以往审计中对被审计单位内部控制、风险管理的评价结果；

（五）以往审计中发现的差异和漏洞。

第三章 分析程序的执行

第十条 分析程序一般包括下列基本内容：

（一）将当期信息与历史信息相比较，分析其波动情况及发展趋势；

（二）将当期信息与预测、计划或者预算信息相比较，并作差异分析；

（三）将当期信息与内部审计人员预期信息相比较，分析差异；

（四）将被审计单位信息与组织其他部门类似信息相比较，分析差异；

（五）将被审计单位信息与行业相关信息相比较，分析差异；

（六）对财务信息与非财务信息之间的关系、比率的计算与分析；

（七）对重要信息内部组成因素的关系、比率的计算与分析。

第十一条 分析程序主要包括下列具体方法：

（一）比较分析；

（二）比率分析；

（三）结构分析；

（四）趋势分析；

（五）回归分析；

（六）其他技术方法。内部审计人员可以根据审计目标和审计事项单独或者综合运用以上方法。

第十二条　内部审计人员需要在审计计划阶段执行分析程序，以了解被审计事项的基本情况，确定审计重点。

第十三条　内部审计人员需要在审计实施阶段执行分析程序，对业务活动、内部控制和风险管理进行审查，以获取审计证据。

第十四条　内部审计人员需要在审计终结阶段执行分析程序，验证其他审计程序所得结论的合理性，以保证审计质量。

第四章　对分析程序结果的利用

第十五条　内部审计人员应当考虑下列影响分析程序效率和效果的因素：

（一）被审计事项的重要性；

（二）内部控制、风险管理的适当性和有效性；

（三）获取信息的便捷性和可靠性；

（四）分析程序执行人员的专业素质；

（五）分析程序操作的规范性。

第十六条　内部审计人员执行分析程序发现差异时，应当采用下列方法对其进行调查和评价：

（一）询问管理层获取其解释和答复；

（二）实施必要的审计程序，确认管理层解释和答复的合理性与可靠性；

（三）如果管理层没有作出恰当解释，应当扩大审计范围，执行其他审计程序，实施进一步审查，以便得出审计结论。

第五章　附　则

第十七条　本准则由中国内部审计协会发布并负责解释。

第十八条　本准则自 2014 年 1 月 1 日起施行。

13. 第 2201 号内部审计具体准则——内部控制审计（2013 年颁布）

（中内协 2013 年第一号公告）

第一章　总　则

第一条　为了规范内部审计人员实施内部控制审计的行为，保证内部控制审计质量，根据《内部审计基本准则》，制定本准则。

第二条　本准则所称内部控制审计，是指内部审计机构对组织内部控制设计和运行的有效性进行的审查和评价活动。

第三条　本准则适用于各类组织的内部审计机构、内部审计人员及其从事的内部控制审计活动。其他组织或者人员接受委托、聘用，承办或者参与内部审计业务，也应当遵守本准则。

第二章 一般原则

第四条 董事会及管理层的责任是建立、健全内部控制并使之有效运行。内部审计的责任是对内部控制设计和运行的有效性进行审查和评价，出具客观、公正的审计报告，促进组织改善内部控制及风险管理。

第五条 内部控制审计应当以风险评估为基础，根据风险发生的可能性和对组织单个或者整体控制目标造成的影响程度，确定审计的范围和重点。内部审计人员应当关注串通舞弊、滥用职权、环境变化和成本效益等内部控制的局限性。

第六条 内部控制审计应当在对内部控制全面评价的基础上，关注重要业务单位、重大业务事项和高风险领域的内部控制。

第七条 内部控制审计应当真实、客观地揭示经营管理的风险状况，如实反映内部控制设计和运行的情况。

第八条 内部控制审计按其范围划分，分为全面内部控制审计和专项内部控制审计。全面内部控制审计，是针对组织所有业务活动的内部控制，包括内部环境、风险评估、控制活动、信息与沟通、内部监督五个要素所进行的全面审计。专项内部控制审计，是针对组织内部控制的某个要素、某项业务活动或者业务活动某些环节的内部控制所进行的审计。

第三章 内部控制审计的内容

第九条 内部审计机构可以参考《企业内部控制基本规范》及配套指引的相关规定，根据组织的实际情况和需要，通过审查内部环境、风险评估、控制活动、信息与沟通、内部监督等要素，对组织层面内部控制的设计与运行情况进行审查和评价。

第十条 内部审计人员开展内部环境要素审计时，应当以《企业内部控制基本规范》和各项应用指引中有关内部环境要素的规定为依据，关注组织架构、发展战略、人力资源、组织文化、社会责任等，结合本组织的内部控制，对内部环境进行审查和评价。

第十一条 内部审计人员开展风险评估要素审计时，应当以《企业内部控制基本规范》有关风险评估的要求，以及各项应用指引中所列主要风险为依据，结合本组织的内部控制，对日常经营管理过程中的风险识别、风险分析、应对策略等进行审查和评价。

第十二条 内部审计人员开展控制活动要素审计时，应当以《企业内部控制基本规范》和各项应用指引中关于控制活动的规定为依据，结合本组织的内部控制，对相关控制活动的设计和运行情况进行审查和评价。

第十三条 内部审计人员开展信息与沟通要素审计时，应当以《企业内部控制基本规范》和各项应用指引中有关内部信息传递、财务报告、信息系统等规定为依据，结合本组织的内部控制，对信息收集处理和传递的及时性、反舞弊机制的健全性、财务报告的真实性、信息系统的安全性，以及利用信息系统实施内部控制的有效性进行审查和评价。

第十四条 内部审计人员开展内部监督要素审计时，应当以《企业内部控制基本规范》有关内部监督的要求，以及各项应用指引中有关日常管控的规定为依据，结合本组织的内部控制，对内部监督机制的有效性进行审查和评价，重点关注监事会、审计委员会、内部审计机构等是否在内部控制设计和运行中有效发挥监督作用。

第十五条 内部审计人员根据管理需求和业务活动的特点，可以针对采购业务、资产管理、销售业务、研究与开发、工程项目、担保业务、业务外包、财务报告、全面预算、合同管理、信息系统等，对业务层面内部控制的设计和运行情况进行审查和评价。

第四章 内部控制审计的具体程序与方法

第十六条 内部控制审计主要包括下列程序：

（一）编制项目审计方案；
（二）组成审计组；
（三）实施现场审查；
（四）认定控制缺陷；
（五）汇总审计结果；
（六）编制审计报告。

第十七条 内部审计人员在实施现场审查之前，可以要求被审计单位提交最近一次的内部控制自我评估报告。内部审计人员应当结合内部控制自我评估报告，确定审计内容及重点，实施内部控制审计。

第十八条 内部审计机构可以适当吸收组织内部相关机构熟悉情况的业务人员参加内部控制审计。

第十九条 内部审计人员应当综合运用访谈、问卷调查、专题讨论、穿行测试、实地查验、抽样和比较分析等方法，充分收集组织内部控制设计和运行是否有效的证据。

第二十条 内部审计人员编制审计工作底稿应当详细记录实施内部控制审计的内容，包括审查和评价的要素、主要风险点、采取的控制措施、有关证据资料，以及内部控制缺陷认定结果等。

第五章 内部控制缺陷的认定

第二十一条 内部控制缺陷包括设计缺陷和运行缺陷。内部审计人员应当根据内部控制审计结果，结合相关管理层的自我评估，综合分析后提出内部控制缺陷认定意见，按照规定的权限和程序进行审核后予以认定。

第二十二条 内部审计人员应当根据获取的证据，对内部控制缺陷进行初步认定，并按照其性质和影响程度分为重大缺陷、重要缺陷和一般缺陷。重大缺陷，是指一个或者多个控制缺陷的组合，可能导致组织严重偏离控制目标。重要缺陷，是指一个或者多个控制缺陷的组合，其严重程度和经济后果低于重大缺陷，但仍有可能导致组织偏离控制目标。一般缺陷，是指除重大缺陷、重要缺陷之外的其他缺陷。重大缺陷、重要缺陷和一般缺陷的认定标准，由内部审计机构根据上述要求，结合本组织具体情况确定。

第二十三条 内部审计人员应当编制内部控制缺陷认定汇总表，对内部控制缺陷及其成因、表现形式和影响程度进行综合分析和全面复核，提出认定意见，并以适当的形式向组织适当管理层报告。重大缺陷应当及时向组织董事会或者最高管理层报告。

第六章 内部控制审计报告

第二十四条 内部控制审计报告的内容，应当包括审计目标、依据、范围、程序与方法、内部控制缺陷认定及整改情况，以及内部控制设计和运行有效性的审计结论、意见、建议等相关内容。

第二十五条 内部审计机构应当向组织适当管理层报告内部控制审计结果。一般情况下，全面内部控制审计报告应当报送组织董事会或者最高管理层。包含有重大缺陷认定的专项内部控制审计报告在报送组织适当管理层的同时，也应当报送董事会或者最高管理层。

第二十六条 经董事会或者最高管理层批准，内部控制审计报告可以作为《企业内部控制评价指引》中要求的内部控制评价报告对外披露。

第七章 附 则

第二十七条 本准则由中国内部审计协会发布并负责解释。

第二十八条 本准则自 2014 年 1 月 1 日起施行。

14. 第2202号内部审计具体准则——绩效审计（2013年颁布）

（中内协2013年第一号公告）

第一章 总 则

第一条 为了规范绩效审计工作，提高绩效审计质量和效率，根据《内部审计基本准则》，制定本准则。

第二条 本准则所称绩效审计，是指内部审计机构和内部审计人员对本组织经营管理活动的经济性、效率性和效果性进行的审查和评价。

经济性，是指组织经营管理过程中获得一定数量和质量的产品或者服务及其他成果时所耗费的资源最少；效率性，是指组织经营管理过程中投入资源与产出成果之间的对比关系；效果性，是指组织经营管理目标的实现程度。

第三条 本准则适用于各类组织的内部审计机构、内部审计人员及其从事的绩效审计活动。其他组织或者人员接受委托、聘用，承办或者参与内部审计业务，也应当遵守本准则。

第二章 一般原则

第四条 内部审计机构应当充分考虑实施绩效审计项目对内部审计人员专业胜任能力的需求，合理配置审计资源。

第五条 组织各管理层根据授权承担相应的经营管理责任，对经营管理活动的经济性、效率性和效果性负责。内部审计机构开展绩效审计不能减轻或者替代管理层的责任。

第六条 内部审计机构和内部审计人员根据实际需要选择和确定绩效审计对象，既可以针对组织的全部或者部分经营管理活动，也可以针对特定项目和业务。

第三章 绩效审计的内容

第七条 根据实际情况和需要，绩效审计可以同时对组织经营管理活动的经济性、效率性和效果性进行审查和评价，也可以只侧重某一方面进行审查和评价。

第八条 绩效审计主要审查和评价下列内容：

（一）有关经营管理活动经济性、效率性和效果性的信息是否真实、可靠；

（二）相关经营管理活动的人、财、物、信息、技术等资源取得、配置和使用的合法性、合理性、恰当性和节约性；

（三）经营管理活动既定目标的适当性、相关性、可行性和实现程度，以及未能实现既定目标的情况及其原因；

（四）研发、财务、采购、生产、销售等主要业务活动的效率；

（五）计划、决策、指挥、控制及协调等主要管理活动的效率；

（六）经营管理活动预期的经济效益和社会效益等的实现情况；

（七）组织为评价、报告和监督特定业务或者项目的经济性、效率性和效果性所建立的内部控制及风险管理体系的健全性及其运行的有效性；

（八）其他有关事项。

第四章 绩效审计的方法

第九条 内部审计机构和内部审计人员应当依据重要性、审计风险和审计成本，选择与审计对象、审计目标及审计评价标准相适应的绩效审计方法，以获取相关、可靠和充分的审计证据。

第十条 选择绩效审计方法时，除运用常规审计方法以外，还可以运用下列方法：

（一）数量分析法，即对经营管理活动相关数据进行计算分析，并运用抽样技术对抽样结果进行评价的方法；

（二）比较分析法，即通过分析、比较数据间的关系、趋势或者比率获取审计证据的方法；

（三）因素分析法，即查找产生影响的因素，并分析各个因素的影响方向和影响程度的方法；

（四）量本利分析法，即分析一定期间内的业务量、成本和利润三者之间变量关系的方法；

（五）专题讨论会，即通过召集组织相关管理人员就经营管理活动特定项目或者业务的具体问题进行讨论的方法；

（六）标杆法，即对经营管理活动状况进行观察和检查，通过与组织内外部相同或者相似经营管理活动的最佳实务进行比较的方法；

（七）调查法，即凭借一定的手段和方式（如访谈、问卷），对某种或者某几种现象、事实进行考察，通过对搜集到的各种资料进行分析处理，进而得出结论的方法；

（八）成本效益（效果）分析法，即通过分析成本和效益（效果）之间的关系，以每单位效益（效果）所消耗的成本来评价项目效益（效果）的方法；

（九）数据包络分析法，即以相对效率概念为基础，以凸分析和线性规划为工具，应用数学规划模型计算比较决策单元之间的相对效率，对评价对象做出评价的方法；

（十）目标成果法，即根据实际产出成果评价被审计单位或者项目的目标是否实现，将产出成果与事先确定的目标和需求进行对比，确定目标实现程度的方法；

（十一）公众评价法，即通过专家评估、公众问卷及抽样调查等方式，获取具有重要参考价值的证据信息，评价目标实现程度的方法。

第五章 绩效审计的评价标准

第十一条 内部审计机构和内部审计人员应当选择适当的绩效审计评价标准。绩效审计评价标准应当具有可靠性、客观性和可比性。

第十二条 绩效审计评价标准的来源主要包括：

（一）有关法律法规、方针、政策、规章制度等的规定；

（二）国家部门、行业组织公布的行业指标；

（三）组织制定的目标、计划、预算、定额等；

（四）同类指标的历史数据和国际数据；

（五）同行业的实践标准、经验和做法。

第十三条 内部审计机构和内部审计人员在确定绩效审计评价标准时，应当与组织管理层进行沟通，在双方认可的基础上确定绩效审计评价标准。

第六章 绩效审计报告

第十四条 绩效审计报告应当反映绩效审计评价标准的选择、确定及沟通过程等重要信息，包括必要的局限性分析。

第十五条 绩效审计报告中的绩效评价应当根据审计目标和审计证据作出，可以分为总体评价和分项评价。当审计风险较大，难以做出总体评价时，可以只做分项评价。

第十六条 绩效审计报告中反映的合法、合规性问题，除进行相应的审计处理外，还应当侧重从绩效的角度对问题进行定性，描述问题对绩效造成的影响、后果及严重程度。

第十七条 绩效审计报告应当注重从体制、机制、制度上分析问题产生的根源，兼顾短期目标和长期目标、个体利益和组织整体利益，提出切实可行的建议。

第七章 附 则

第十八条 本准则由中国内部审计协会发布并负责解释。

第十九条 本准则自 2014 年 1 月 1 日起施行。

15. 第 2203 号内部审计具体准则——信息系统审计（2013 年颁布）

（中内协 2013 年第一号公告）

第一章 总 则

第一条 为了规范信息系统审计工作，提高审计质量和效率，根据《内部审计基本准则》，制定本准则。

第二条 本准则所称信息系统审计，是指内部审计机构和内部审计人员对组织的信息系统及其相关的信息技术内部控制和流程所进行的审查与评价活动。

第三条 本准则适用于各类组织的内部审计机构、内部审计人员及其从事的信息系统审计活动。其他组织或者人员接受委托、聘用，承办或者参与内部审计业务，也应当遵守本准则。

第二章 一般原则

第四条 信息系统审计的目的是通过实施信息系统审计工作，对组织是否实现信息技术管理目标进行审查和评价，并基于评价意见提出管理建议，协助组织信息技术管理人员有效地履行职责。组织的信息技术管理目标主要包括：

（一）保证组织的信息技术战略充分反映组织的战略目标；

（二）提高组织所依赖的信息系统的可靠性、稳定性、安全性及数据处理的完整性和准确性；

（三）提高信息系统运行的效果与效率，合理保证信息系统的运行符合法律法规以及相关监管要求。

第五条 组织中信息技术管理人员的责任是进行信息系统的开发、运行和维护，以及与信息技术相关的内部控制的设计、执行和监控；信息系统审计人员的责任是实施信息系统审计工作并出具审计报告。

第六条 从事信息系统审计的内部审计人员应当具备必要的信息技术及信息系统审计专业知识、技能和经验。必要时，实施信息系统审计可以利用外部专家服务。

第七条 信息系统审计可以作为独立的审计项目组织实施，也可以作为综合性内部审计项目的组成部分实施。当信息系统审计作为综合性内部审计项目的一部分时，信息系统审计人员应当及时与其他相关内部审计人员沟通信息系统审计中的发现，并考虑依据审计结果调整其他相关审计的范围、时间及性质。

第八条 内部审计人员应当采用以风险为基础的审计方法进行信息系统审计，风险评估应当贯穿于信息系统审计的全过程。

第三章　信息系统审计计划

第九条　内部审计人员在实施信息系统审计前，需要确定审计目标并初步评估审计风险，估算完成信息系统审计或者专项审计所需的资源，确定重点审计领域及审计活动的优先次序，明确审计组成员的职责，编制信息系统审计方案。

第十条　编制信息系统审计方案时，除遵循相关内部审计具体准则的规定，还应当考虑下列因素：

（一）高度依赖信息技术、信息系统的关键业务流程及相关的组织战略目标；

（二）信息技术管理的组织架构；

（三）信息系统框架和信息系统的长期发展规划及近期发展计划；

（四）信息系统及其支持的业务流程的变更情况；

（五）信息系统的复杂程度；

（六）以前年度信息系统内、外部审计所发现的问题及后续审计情况；

（七）其他影响信息系统审计的因素。

第十一条　当信息系统审计作为综合性内部审计项目的一部分时，内部审计人员在审计计划阶段还应当考虑项目审计目标及要求。

第四章　信息技术风险评估

第十二条　内部审计人员进行信息系统审计时，应当识别组织所面临的与信息技术相关的内、外部风险，并采用适当的风险评估技术与方法，分析和评价其发生的可能性及影响程度，为确定审计目标、范围和方法提供依据。

第十三条　信息技术风险是指组织在信息处理和信息技术运用过程中产生的、可能影响组织目标实现的各种不确定因素。信息技术风险，包括组织层面的信息技术风险、一般性控制层面的信息技术风险及业务流程层面的信息技术风险等。

第十四条　内部审计人员在识别和评估组织层面、一般性控制层面的信息技术风险时，需要关注下列内容：

（一）业务关注度，即组织的信息技术战略与组织整体发展战略规划的契合度以及信息技术（包括硬件及软件环境）对业务和用户需求的支持度；

（二）信息资产的重要性；

（三）对信息技术的依赖程度；

（四）对信息技术部门人员的依赖程度；

（五）对外部信息技术服务的依赖程度；

（六）信息系统及其运行环境的安全性、可靠性；

（七）信息技术变更；

（八）法律规范环境；

（九）其他。

第十五条　业务流程层面的信息技术风险受行业背景、业务流程的复杂程度、上述组织层面及一般性控制层面的控制有效性等因素的影响而存在差异。一般而言，内部审计人员应当了解业务流程，并关注下列信息技术风险：

（一）数据输入；

（二）数据处理；

（三）数据输出。

第十六条 内部审计人员应当充分考虑风险评估的结果，以合理确定信息系统审计的内容及范围，并对组织的信息技术内部控制设计合理性和运行有效性进行测试。

第五章 信息系统审计的内容

第十七条 信息系统审计主要是对组织层面信息技术控制、信息技术一般性控制及业务流程层面相关应用控制的审查和评价。

第十八条 信息技术内部控制的各个层面均包括人工控制、自动控制和人工、自动相结合的控制形式，内部审计人员应当根据不同的控制形式采取恰当的审计程序。

第十九条 组织层面信息技术控制，是指董事会或者最高管理层对信息技术治理职能及内部控制的重要性的态度、认识和措施。内部审计人员应当考虑下列控制要素中与信息技术相关的内容：

（一）控制环境。内部审计人员应当关注组织的信息技术战略规划对业务战略规划的契合度、信息技术治理制度体系的建设、信息技术部门的组织结构和关系、信息技术治理相关职权与责任的分配、信息技术人力资源管理、对用户的信息技术教育和培训等方面。

（二）风险评估。内部审计人员应当关注组织的风险评估的总体架构中信息技术风险管理的框架、流程和执行情况，信息资产的分类以及信息资产所有者的职责等方面。

（三）信息与沟通。内部审计人员应当关注组织的信息系统架构及其对财务、业务流程的支持度、董事会或者最高管理层的信息沟通模式、信息技术政策/信息安全制度的传达与沟通等方面。

（四）内部监督。内部审计人员应当关注组织的监控管理报告系统、监控反馈、跟踪处理程序以及组织对信息技术内部控制的自我评估机制等方面。

第二十条 信息技术一般性控制是指与网络、操作系统、数据库、应用系统及其相关人员有关的信息技术政策和措施，以确保信息系统持续稳定的运行，支持应用控制的有效性。对信息技术一般性控制的审计应当考虑下列控制活动：

（一）信息安全管理。内部审计人员应当关注组织的信息安全管理政策，物理访问及针对网络、操作系统、数据库、应用系统的身份认证和逻辑访问管理机制，系统设置的职责分离控制等。

（二）系统变更管理。内部审计人员应当关注组织的应用系统及相关系统基础架构的变更、参数设置变更的授权与审批，变更测试，变更移植到生产环境的流程控制等。

（三）系统开发和采购管理。内部审计人员应当关注组织的应用系统及相关系统基础架构的开发和采购的授权审批，系统开发的方法论，开发环境、测试环境、生产环境严格分离情况，系统的测试、审核、移植到生产环境等环节。

（四）系统运行管理。内部审计人员应当关注组织的信息技术资产管理、系统容量管理、系统物理环境控制、系统和数据备份及恢复管理、问题管理和系统的日常运行管理等。

第二十一条 业务流程层面应用控制是指在业务流程层面为了合理保证应用系统准确、完整、及时完成业务数据的生成、记录、处理、报告等功能而设计、执行的信息技术控制。对业务流程层面应用控制的审计应当考虑下列与数据输入、数据处理以及数据输出环节相关的控制活动：

（一）授权与批准；

（二）系统配置控制；

（三）异常情况报告和差错报告；

（四）接口/转换控制；

（五）一致性核对；

（六）职责分离；

（七）系统访问权限；

（八）系统计算；

（九）其他。

第二十二条　信息系统审计除上述常规的审计内容外，内部审计人员还可以根据组织当前面临的特殊风险或者需求，设计专项审计以满足审计战略，具体包括（但不限于）下列领域：

（一）信息系统开发实施项目的专项审计；

（二）信息系统安全专项审计；

（三）信息技术投资专项审计；

（四）业务连续性计划的专项审计；

（五）外包条件下的专项审计；

（六）法律、法规、行业规范要求的内部控制合规性专项审计；

（七）其他专项审计。

第六章　信息系统审计的方法

第二十三条　内部审计人员在进行信息系统审计时，可以单独或者综合运用下列审计方法获取相关、可靠和充分的审计证据，以评估信息系统内部控制的设计合理性和运行有效性：

（一）询问相关控制人员；

（二）观察特定控制的运用；

（三）审阅文件和报告及计算机文档或者日志；

（四）根据信息系统的特性进行穿行测试，追踪交易在信息系统中的处理过程；

（五）验证系统控制和计算逻辑；

（六）登录信息系统进行系统查询；

（七）利用计算机辅助审计工具和技术；

（八）利用其他专业机构的审计结果或者组织对信息技术内部控制的自我评估结果；

（九）其他。

第二十四条　信息系统审计人员可以根据实际需要利用计算机辅助审计工具和技术进行数据的验证、关键系统控制 / 计算的逻辑验证、审计样本选取等；内部审计人员在充分考虑安全的前提下，可以利用可靠的信息安全侦测工具进行渗透性测试等。

第二十五条　内部审计人员在对信息系统内部控制进行评估时，应当获得相关、可靠和充分的审计证据以支持审计结论完成审计目标，并应当充分考虑系统自动控制的控制效果的一致性及可靠性的特点，在选取审计样本时可以根据情况适当减少样本量。在系统未发生变更的情况下，可以考虑适当降低审计频率。

第二十六条　内部审计人员在审计过程中应当在风险评估的基础上，依据信息系统内部控制评估的结果重新评估审计风险，并根据剩余风险设计进一步的审计程序。

第七章　附　　则

第二十七条　本准则由中国内部审计协会发布并负责解释。

第二十八条　本准则自 2014 年 1 月 1 日起施行。

16. 第 2204 号内部审计具体准则——对舞弊行为进行检查和报告（2013 年颁布）

（中内协 2013 年第一号公告）

第一章 总 则

第一条 为了规范内部审计机构和内部审计人员在审计活动中对舞弊行为进行检查和报告，提高审计效率和效果，根据《内部审计基本准则》，制定本准则。

第二条 本准则所称舞弊，是指组织内、外人员采用欺骗等违法违规手段，损害或者谋取组织利益，同时可能为个人带来不正当利益的行为。

第三条 本准则适用于各类组织的内部审计机构、内部审计人员及其从事的内部审计活动。其他组织或者人员接受委托、聘用，承办或者参与内部审计业务，也应当遵守本准则。

第二章 一般原则

第四条 组织管理层对舞弊行为的发生承担责任。建立、健全并有效实施内部控制，预防、发现及纠正舞弊行为是组织管理层的责任。

第五条 内部审计机构和内部审计人员应当保持应有的职业谨慎，在实施的审计活动中关注可能发生的舞弊行为，并对舞弊行为进行检查和报告。

第六条 内部审计机构和内部审计人员在检查和报告舞弊行为时，应当从下列方面保持应有的职业谨慎：

（一）具有识别、检查舞弊的基本知识和技能，在实施审计项目时警惕相关方面可能存在的舞弊风险；

（二）根据被审计事项的重要性、复杂性以及审计成本效益，合理关注和检查可能存在的舞弊行为；

（三）运用适当的审计职业判断，确定审计范围和审计程序，以检查、发现和报告舞弊行为；

（四）发现舞弊迹象时，应当及时向适当管理层报告，提出进一步检查的建议。

第七条 由于内部审计并非专为检查舞弊而进行，即使审计人员以应有的职业谨慎执行了必要的审计程序，也不能保证发现所有的舞弊行为。

第八条 损害组织经济利益的舞弊，是指组织内、外人员为谋取自身利益，采用欺骗等违法违规手段使组织经济利益遭受损害的不正当行为。具体包括下列情形：

（一）收受贿赂或者回扣；

（二）将正常情况下可以使组织获利的交易事项转移给他人；

（三）贪污、挪用、盗窃组织资产；

（四）使组织为虚假的交易事项支付款项；

（五）故意隐瞒、错报交易事项；

（六）泄露组织的商业秘密；

（七）其他损害组织经济利益的舞弊行为。

第九条 谋取组织经济利益的舞弊，是指组织内部人员为使本组织获得不当经济利益而其自身也可能获得相关利益，采用欺骗等违法违规手段，损害国家和其他组织或者个人利益的不正当行为。具体包括下列情形：

（一）支付贿赂或者回扣；

（二）出售不存在或者不真实的资产；

（三）故意错报交易事项、记录虚假的交易事项，使财务报表使用者误解而作出不适当的投融资决策；

（四）隐瞒或者删除应当对外披露的重要信息；

（五）从事违法违规的经营活动；

（六）偷逃税款；

（七）其他谋取组织经济利益的舞弊行为。

第十条 内部审计人员在检查和报告舞弊行为时，应当特别注意做好保密工作。

第三章 评估舞弊发生的可能性

第十一条 内部审计人员在审查和评价业务活动、内部控制和风险管理时，应当从以下方面对舞弊发生的可能性进行评估：

（一）组织目标的可行性；

（二）控制意识和态度的科学性；

（三）员工行为规范的合理性和有效性；

（四）业务活动授权审批制度的有效性；

（五）内部控制和风险管理机制的有效性；

（六）信息系统运行的有效性。

第十二条 内部审计人员除考虑内部控制的固有局限外，还应当考虑下列可能导致舞弊发生的情况：

（一）管理人员品质不佳；

（二）管理人员遭受异常压力；

（三）业务活动中存在异常交易事项；

（四）组织内部个人利益、局部利益和整体利益存在较大冲突。

第十三条 内部审计人员应当根据可能发生的舞弊行为的性质，向组织适当管理层报告，同时就需要实施的舞弊检查提出建议。

第四章 舞弊的检查

第十四条 舞弊的检查是指实施必要的检查程序，以确定舞弊迹象所显示的舞弊行为是否已经发生。

第十五条 内部审计人员进行舞弊检查时，应当根据下列要求进行：

（一）评估舞弊涉及的范围及复杂程度，避免向可能涉及舞弊的人员提供信息或者被其所提供的信息误导；

（二）设计适当的舞弊检查程序，以确定舞弊者、舞弊程度、舞弊手段及舞弊原因；

（三）在舞弊检查过程中，与组织适当管理层、专业舞弊调查人员、法律顾问及其他专家保持必要的沟通；

（四）保持应有的职业谨慎，以避免损害相关组织或者人员的合法权益。

第五章 舞弊的报告

第十六条 舞弊的报告是指内部审计人员以书面或者口头形式向组织适当管理层或者董事会报告舞弊检查情况及结果。

第十七条 在舞弊检查过程中，出现下列情况时，内部审计人员应当及时向组织适当管理层报告：

（一）可以合理确信舞弊已经发生，并需要深入调查；

（二）舞弊行为已经导致对外披露的财务报表严重失实；

（三）发现犯罪线索，并获得了应当移送司法机关处理的证据。

第十八条 内部审计人员完成必要的舞弊检查程序后，应当从舞弊行为的性质和金额两方面考虑其严重程度，并出具相应的审计报告。审计报告的内容主要包括舞弊行为的性质、涉及人员、舞弊手段及原因、检查结论、处理意见、提出的建议及纠正措施。

第六章 附 则

第十九条 本准则由中国内部审计协会发布并负责解释。

第二十条 本准则自 2014 年 1 月 1 日起施行。

17. 第 2205 号内部审计具体准则——经济责任审计（2021 年修订）

（中内协发〔2021〕6 号，2021 年 1 月 21 日）

第一章 总 则

第一条 为了贯彻落实《党政主要领导干部和国有企事业单位主要领导人员经济责任审计规定》，坚持和加强党对审计工作的集中统一领导，强化对部门、单位（以下统称单位）内部管理主要领导干部和主要领导人员（以下统称领导干部）的管理监督，规范开展经济责任审计工作，提高审计质量和效果，根据有关党内法规、《审计署关于内部审计工作的规定》（中华人民共和国审计署令第 11 号）、《内部审计基本准则》及相关内部审计具体准则，制定本准则。

第二条 本准则所称经济责任，是指领导干部在本单位任职期间，对其管辖范围内贯彻执行党和国家经济方针政策、决策部署，推动本单位事业发展，管理公共资金、国有资产、国有资源，防控经济风险等有关经济活动应当履行的职责。

第三条 本准则所称经济责任审计，是指内部审计机构、内部审计人员对本单位所管理的领导干部在任职期间的经济责任履行情况的监督、评价和建议活动。

第四条 经济责任审计工作以马克思列宁主义、毛泽东思想、邓小平理论、“三个代表”重要思想、科学发展观、习近平新时代中国特色社会主义思想为指导，贯彻创新、协调、绿色、开放、共享的新发展理念，聚焦经济责任，客观评价，揭示问题，促进党和国家经济方针政策和决策部署的落实，促进领导干部履职尽责和担当作为，促进权力规范运行和反腐倡廉，促进组织规范管理和目标实现。

第五条 本准则适用于党政工作部门、纪检监察机关、法院、检察院、事业单位和人民团体，国有及国有资本占控股地位或主导地位的企业（含金融机构）等单位的内部审计机构、内部审计人员所从事的经济责任审计活动，其他类型单位可以参照执行。

第二章 一般原则

第六条 经济责任审计的对象包括：党政工作部门、纪检监察机关、法院、检察院、事业单位和人民团体等单位所属独立核算单位的主要领导干部，以及所属非独立核算但负有经济管理职能单位的主要领导干部；企业（含金融机构）本级中层主要领导干部，下属全资、控股或占主导地位企业的主要领导干部，以及对经营效益产生重大影响或掌握重要资产的部门和机构的主要领导干部；上级要求以及本单位内部确定的其他重要岗位人员等。

第七条　经济责任审计可以在领导干部任职期间进行，也可以在领导干部离任后进行，以任职期间审计为主。

第八条　经济责任审计应当根据干部监督管理需要和审计资源等实际情况有计划地进行，对审计对象实行分类管理，科学制定年度审计计划，推进领导干部履行经济责任情况审计全覆盖。

第九条　经济责任审计一般由内部审计机构商同级组织人事部门，或者根据组织人事部门的书面建议，拟定经济责任审计项目安排，纳入年度审计计划，报本单位党组织、董事会（或者主要负责人）批准后组织实施。

经济责任年度审计计划确定后，一般不得随意调整。确需调整的，应当按照管理程序，报本单位党组织、董事会（或者主要负责人）批准后实施。

第十条　被审计领导干部遇有被国家机关采取强制措施、纪律审查、监察调查或者死亡等特殊情况，以及存在其他不宜继续进行经济责任审计情形的，内部审计机构应商本单位纪检监察机构、组织人事部门等有关部门并提出意见，报本单位党组织、董事会（或者主要负责人）批准后终止审计程序。

第十一条　各单位可以结合实际情况，建立健全经济责任审计工作组织协调机制，成立相应的经济责任审计工作协调机构（以下统称协调机构），负责研究制定本单位有关经济责任审计的制度文件，监督检查经济责任审计工作情况，协调解决工作中出现的问题，推进经济责任审计结果运用。协调机构在本单位党组织、董事会（或者主要负责人）的领导下开展工作。

第十二条　协调机构一般由内部审计、纪检监察、组织人事及其他相关监督管理职能部门组成。协调机构下设办公室，负责日常工作，办公室设在内部审计机构，办公室主任由内部审计机构负责人担任。

第三章　审计内容

第十三条　内部审计机构应当根据被审计领导干部的职责权限和任职期间履行经济责任情况，结合被审计领导干部监督管理需要、履职特点、审计资源及其任职期间所在单位的实际情况，依规依法确定审计内容。

第十四条　经济责任审计的主要内容一般包括：

（一）贯彻执行党和国家经济方针政策和决策部署，推动单位可持续发展情况；

（二）发展战略的制定、执行和效果情况；

（三）治理结构的建立、健全和运行情况；

（四）管理制度的健全和完善，特别是内部控制和风险管理制度的制定和执行情况，以及对下属单位的监管情况；

（五）有关目标责任制完成情况；

（六）重大经济事项决策程序的执行情况及其效果；

（七）重要经济项目的投资、建设、管理及效益情况；

（八）财政、财务收支的真实、合法和效益情况；

（九）资产的管理及保值增值情况；

（十）自然资源资产管理和生态环境保护责任的履行情况；

（十一）境外机构、境外资产和境外经济活动的真实、合法和效益情况；

（十二）在经济活动中落实有关党风廉政建设责任和遵守廉洁从业规定情况；

（十三）以往审计发现问题的整改情况；

（十四）其他需要审计的内容。

第四章 审计程序和方法

第十五条 经济责任审计可分为审计准备、审计实施、审计报告和后续审计四个阶段。

（一）审计准备阶段主要工作包括：组成审计组、开展审前调查、编制审计方案和下达审计通知书。审计通知书送达被审计领导干部及其所在单位，并抄送同级纪检监察机构、组织人事部门等有关部门。

（二）审计实施阶段主要工作包括：召开审计进点会议、收集有关资料、获取审计证据、编制审计工作底稿、与被审计领导干部及其所在单位交换意见。被审计领导干部应当参加审计进点会并述职。

（三）审计报告阶段主要工作包括：编制审计报告、征求意见、修改与审定审计报告、出具审计报告、建立审计档案。

（四）后续审计阶段主要工作包括：移交重大审计线索、推进责任追究、检查审计发现问题的整改情况和审计建议的实施效果。

第十六条 对单位内同一部门、同一所属单位的 2 名以上领导干部的经济责任审计，可以同步组织实施，分别认定责任。

第十七条 内部审计人员应当考虑审计目标、审计重要性、审计风险和审计成本等因素，综合运用审核、观察、监盘、访谈、调查、函证、计算和分析等审计方法，充分运用信息化手段和大数据分析，获取相关、可靠和充分的审计证据。

第五章 审计评价

第十八条 内部审计机构应当根据被审计领导干部的职责要求，依据有关党内法规、法律法规、政策规定、责任制考核目标等，结合所在单位的实际情况，根据审计查证或者认定的事实，坚持定性评价与定量评价相结合，客观公正、实事求是地进行审计评价。

第十九条 审计评价应当遵循全面性、重要性、客观性、相关性和谨慎性原则。审计评价应当与审计内容相一致，一般包括被审计领导干部任职期间履行经济责任的主要业绩、主要问题以及应当承担的责任。

审计评价事项应当有充分的审计证据作支持，对审计中未涉及、审计证据不适当或不充分的事项不作评价。

第二十条 审计评价可以综合运用多种方法，主要包括：与同业对比分析和跨期分析；与被审计领导干部履行经济责任有关的指标量化分析；将被审计领导干部履行经济责任的行为或事项置于相关经济社会环境中进行对比分析等。

内部审计机构应当根据审计内容和审计评价的需要，合理选择定性和定量评价指标。

第二十一条 审计评价的依据一般包括：

（一）党和国家有关经济方针政策和决策部署；

（二）党内法规、法律、法规、规章、规范性文件；

（三）国家和行业的有关标准；

（四）单位的内部管理制度、发展战略、规划和目标；

（五）有关领导的职责分工文件，有关会议记录、纪要、决议和决定，有关预算、决算和合同，有关内部管理制度；

（六）有关主管部门、职能管理部门发布或者认可的统计数据、考核结果和评价意见；

（七）专业机构的意见和公认的业务惯例或者良好实务；

（八）其他依据。

第二十二条 对被审计领导干部履行经济责任过程中存在的问题，内部审计机构应当按照权责一致原则，根据领导干部职责分工及相关问题的历史背景、决策过程、性质、后果和领导干部实际发挥的作用等情况，界定其应当承担的直接责任或者领导责任。

内部审计机构对被审计领导干部应当承担责任的问题或者事项，可以提出责任追究建议。

第二十三条　领导干部对履行经济责任过程中的下列行为应当承担直接责任：

（一）直接违反有关党内法规、法律法规、政策规定的；

（二）授意、指使、强令、纵容、包庇下属人员违反有关党内法规、法律法规、政策规定的；

（三）贯彻党和国家经济方针政策、决策部署不坚决不全面不到位，造成公共资金、国有资产、国有资源损失浪费，生态环境破坏，公共利益损害等后果的；

（四）未完成有关法律法规规章、政策措施、目标责任书等规定的领导干部作为第一责任人（负总责）事项，造成公共资金、国有资产、国有资源损失浪费，生态环境破坏，公共利益损害等后果的；

（五）未经民主决策程序或者民主决策时在多数人不同意的情况下，直接决定、批准、组织实施重大经济事项，造成公共资金、国有资产、国有资源损失浪费，生态环境破坏，公共利益损害等后果的；

（六）不履行或者不正确履行职责，对造成的后果起决定性作用的其他行为。

第二十四条　领导干部对履行经济责任过程中的下列行为应当承担领导责任：

（一）民主决策时，在多数人同意的情况下，决定、批准、组织实施重大经济事项，由于决策不当或者决策失误造成公共资金、国有资产、国有资源损失浪费，生态环境破坏，公共利益损害等后果的；

（二）违反单位内部管理规定造成公共资金、国有资产、国有资源损失浪费，生态环境破坏，公共利益损害等后果的；

（三）参与相关决策和工作时，没有发表明确的反对意见，相关决策和工作违反有关党内法规、法律法规、政策规定，或者造成公共资金、国有资产、国有资源损失浪费，生态环境破坏，公共利益损害等后果的；

（四）疏于监管，未及时发现和处理所管辖范围内本级或者下一级地区（部门、单位）违反有关党内法规、法律法规、政策规定的问题，造成公共资金、国有资产、国有资源损失浪费，生态环境破坏，公共利益损害等后果的；

（五）除直接责任外，不履行或者不正确履行职责，对造成的后果应当承担责任的其他行为。

第二十五条　审计评价时，应当把领导干部在推进改革中因缺乏经验、先行先试出现的失误和错误，同明知故犯的违纪违法行为区分开来；把上级尚无明确限制的探索性试验中的失误和错误，同上级明令禁止后依然我行我素的违纪违法行为区分开来；把为推动发展的无意过失，同为谋取私利的违纪违法行为区分开来。正确把握事业为上、实事求是、依纪依法、容纠并举等原则，经综合分析研判，可以免责或者从轻定责，鼓励探索创新，支持担当作为，保护领导干部干事创业的积极性、主动性、创造性。

第二十六条　被审计领导干部以外的其他人员对有关问题应当承担的责任，内部审计机构可以以适当方式向组织人事部门等提供相关情况。

第六章　审计报告

第二十七条　审计组实施经济责任审计项目后，应当编制审计报告。

第二十八条　经济责任审计报告的内容，主要包括：

（一）基本情况，包括审计依据、实施审计的情况、被审计领导干部所在单位的基本情况、被审计领导干部的任职及分工情况等；

（二）被审计领导干部履行经济责任情况的总体评价；

（三）被审计领导干部履行经济责任情况的主要业绩；

（四）审计发现的主要问题和责任认定；

（五）审计处理意见和建议；

（六）以往审计发现问题的整改情况；

（七）其他必要的内容。

第二十九条 内部审计机构应当将审计组编制的审计报告书面征求被审计领导干部及其所在单位的意见。被审计领导干部及其所在单位在收到征求意见的审计报告后，应当在规定的时间内提出书面意见；逾期未提出书面意见的，视同无异议。

第三十条 审计组应当针对收到的书面意见，进一步核实情况，对审计报告作出必要的修改，连同被审计领导干部及其所在单位的书面意见一并报送内部审计机构审定。

第三十一条 内部审计机构按照规定程序审定并出具审计报告，同时可以根据实际情况出具经济责任审计结果报告，简要反映审计结果。

经济责任审计报告和经济责任审计结果报告应当事实清楚、评价客观、责任明确、用词恰当、文字精炼、通俗易懂。

第三十二条 内部审计机构应当将审计报告、审计结果报告按照规定程序报本单位党组织、董事会（或者主要负责人）；提交委托审计的组织人事部门；送纪检监察机构等协调机构成员部门。

审计报告送达被审计领导干部及其所在单位和相关部门。

第七章 审计结果运用

第三十三条 内部审计机构应当推动经济责任审计结果的充分运用，推进单位健全经济责任审计整改落实、责任追究、情况通报等制度。

第三十四条 内部审计机构发现被审计领导干部及其所在单位违反党内法规、法律法规和规章制度时，应当建议由单位的权力机构或有关部门对责任单位和责任人员作出处理、处罚决定；发现涉嫌违法犯罪线索时，应当及时报告本单位党组织、董事会（或者主要负责人）。

第三十五条 内部审计机构应当推动经济责任审计结果作为干部考核、任免和奖惩的重要依据。推动被审计领导干部及其所在单位将审计结果以及整改情况纳入所在单位领导班子党风廉政建设责任制考核的内容，作为领导班子民主生活会以及领导班子成员述责述廉的重要内容。

经济责任审计结果报告应当按照规定归入被审计领导干部本人档案。

第三十六条 内部审计机构应当推动建立健全单位纪检监察等其他内部监督管理职能部门的协调贯通机制，在各自职责范围内运用审计结果。

第三十七条 内部审计机构应当及时跟踪、了解、核实被审计领导干部及其所在单位对于审计发现问题和审计建议的整改落实情况。必要时，内部审计机构应当开展后续审计，审查和评价被审计领导干部及其所在单位对审计发现问题的整改情况。

第三十八条 内部审计机构应当将经济责任审计结果和被审计领导干部及其所在单位的整改落实情况，在一定范围内进行通报；对审计发现的典型性、普遍性、倾向性问题和有关建议，以综合报告、专题报告等形式报送党组织、董事会（或者主要负责人），提交有关部门。

第三十九条 内部审计机构应当有效利用国家审计机关、上级单位对本单位实施经济责任审计的成果，督促本单位及所属单位整改审计发现问题，落实审计建议。

第八章　附　　则

第四十条　本准则由中国内部审计协会发布并负责解释。

第四十一条　本准则自2021年3月1日起施行。2016年3月1日起施行的《第2205号内部审计具体准则——经济责任审计》同时废止。

18. 第2301号内部审计具体准则——内部审计机构的管理（2013年颁布）

（中内协2013年第一号公告）

第一章　总　　则

第一条　为了规范内部审计机构的管理工作，保证审计质量，提高审计效率，根据《内部审计基本准则》，制定本准则。

第二条　本准则所称内部审计机构的管理，是指内部审计机构对内部审计人员和内部审计活动实施的计划、组织、领导、控制和协调工作。

第三条　本准则适用于各类组织的内部审计机构。

第二章　一般原则

第四条　内部审计机构的管理主要包括下列目的：

（一）实现内部审计目标；

（二）促使内部审计资源得到充分和有效的利用；

（三）提高内部审计质量，更好地履行内部审计职责；

（四）促使内部审计活动符合内部审计准则的要求。

第五条　内部审计机构应当接受组织董事会或者最高管理层的领导和监督，内部审计机构负责人应当对内部审计机构管理的适当性和有效性负主要责任。

第六条　内部审计机构应当制定内部审计章程，对内部审计的目标、职责和权限进行规范，并报经董事会或者最高管理层批准。内部审计章程应当包括下列主要内容：

（一）内部审计目标；

（二）内部审计机构的职责和权限；

（三）内部审计范围；

（四）内部审计标准；

（五）其他需要明确的事项。

第七条　内部审计机构应当建立合理、有效的组织结构，多层级组织的内部审计机构可以实行集中管理或者分级管理。实行集中管理的内部审计机构可以对下级组织实行内部审计派驻制或者委派制。实行分级管理的内部审计机构应当通过适当的组织形式和方式对下级内部审计机构进行指导和监督。

第八条　内部审计机构管理的内容主要包括下列方面：

（一）审计计划；

（二）人力资源；

（三）财务预算；

（四）组织协调；

（五）审计质量；

（六）其他事项。

第九条 内部审计机构的管理可以分为部门管理和项目管理。部门管理主要包括内部审计机构运行过程中的一般性行政管理。项目管理主要包括内部审计机构对审计项目业务工作的管理与控制。

第三章 部门管理的内容和方法

第十条 内部审计机构应当根据组织的风险状况、管理需要及审计资源的配置情况，编制年度审计计划。

第十一条 内部审计机构应当根据内部审计目标和管理需要，加强人力资源管理，保证人力资源利用的充分性和有效性，主要包括下列内容：

（一）内部审计人员的聘用；

（二）内部审计人员的培训；

（三）内部审计人员的工作任务安排；

（四）内部审计人员专业胜任能力分析；

（五）内部审计人员的业绩考核与激励机制；

（六）其他有关事项。

第十二条 内部审计机构负责人应当根据年度审计计划和人力资源计划编制财务预算。编制财务预算时应当考虑下列因素：

（一）内部审计人员的数量；

（二）内部审计工作的安排；

（三）内部审计机构的行政管理活动；

（四）内部审计人员的教育及培训要求；

（五）内部审计工作的研究和发展；

（六）其他有关事项。

第十三条 内部审计机构应当根据组织的性质、规模和特点，编制内部审计工作手册，以指导内部审计人员的工作。内部审计工作手册主要包括下列内容：

（一）内部审计机构的目标、权限和职责的说明；

（二）内部审计机构的组织、管理及工作说明；

（三）内部审计机构的岗位设置及岗位职责说明；

（四）主要审计工作流程；

（五）内部审计质量控制制度、程序和方法；

（六）内部审计人员职业道德规范和奖惩措施；

（七）内部审计工作中应当注意的事项。

第十四条 内部审计机构和内部审计人员应当在组织董事会或者最高管理层的支持和监督下，做好与组织其他机构和外部审计的协调工作。

第十五条 内部审计机构应当接受组织董事会或者最高管理层的领导和监督，在日常工作中保持有效的沟通，向其定期提交工作报告，适时提交审计报告。

第十六条 内部审计机构应当制定内部审计质量控制制度，通过实施督导、分级复核、审计质量内部评估、接受审计质量外部评估等，保证审计质量。

第四章 项目管理的内容和方法

第十七条 内部审计机构应当根据年度审计计划确定的审计项目，编制项目审计方案并组织实施，在实施过程中做好审计项目管理与控制工作。

第十八条　在审计项目管理过程中，内部审计机构负责人与项目负责人应当充分履行职责，以确保审计质量，提高审计效率。

第十九条　内部审计机构负责人在项目管理中应当履行下列职责：

（一）选派审计项目负责人并对其进行有效的授权；

（二）审定项目审计方案；

（三）督导审计项目的实施；

（四）协调、沟通审计过程中发现的重大问题；

（五）审定审计报告；

（六）督促被审计单位对审计发现问题的整改；

（七）其他有关事项。

第二十条　审计项目负责人应当履行的职责包括下列方面：

（一）编制项目审计方案；

（二）组织审计项目的实施；

（三）对项目审计工作进行现场督导；

（四）向内部审计机构负责人及时汇报审计进展及重大审计发现；

（五）组织编制审计报告；

（六）组织实施后续审计；

（七）其他有关事项。

第二十一条　内部审计机构可以采取下列辅助管理工具，完善和改进项目管理工作，保证审计项目管理与控制的有效性：

（一）审计工作授权表；

（二）审计任务清单；

（三）审计工作底稿检查表；

（四）审计文书跟踪表；

（五）其他辅助管理工具。

第二十二条　内部审计机构应当建立审计项目档案管理制度，加强审计工作底稿的归档、保管、查询、复制、移交和销毁等环节的管理工作，妥善保存审计档案。

第五章　附　　则

第二十三条　本准则由中国内部审计协会发布并负责解释。

第二十四条　本准则自 2014 年 1 月 1 日起施行。

19. 第 2302 号内部审计具体准则——与董事会或者最高管理层的关系（2013 年颁布）

（中内协 2013 年第一号公告）

第一章　总　　则

第一条　为了明确和协调内部审计机构与董事会或者最高管理层的关系，保证内部审计的独立性，增强内部审计工作的有效性，根据《内部审计基本准则》，制定本准则。

第二条　本准则所称与董事会或者最高管理层的关系，是指内部审计机构因其隶属于董事会或者最高管理层所形成的接受其领导并向其报告的组织关系。

第三条 本准则适用于各类组织的内部审计机构。

第二章 一般原则

第四条 内部审计机构应当接受董事会或者最高管理层的领导，保持与董事会或最高管理层的良好关系，实现董事会、最高管理层与内部审计在组织治理中的协同作用。

第五条 对内部审计机构有管理权限的董事会或者类似的机构包括：

（一）董事会；

（二）董事会下属的审计委员会；

（三）非营利组织的理事会。

第六条 对内部审计机构有管理权限的最高管理层包括：

（一）总经理；

（二）与总经理级别相当的人员。

第七条 内部审计机构与董事会或者最高管理层的关系主要包括：

（一）接受董事会或者最高管理层的领导；

（二）向董事会或者最高管理层报告工作。

第八条 内部审计机构负责人应当积极寻求董事会或者最高管理层对内部审计工作的理解与支持。

第九条 在设立监事会的组织中，内部审计机构应当在授权范围内配合监事会的工作。

第三章 接受董事会或者最高管理层的领导

第十条 内部审计机构接受董事会或者最高管理层领导的方式主要包括：

（一）报请董事会或者最高管理层批准审计工作事项；

（二）接受并完成董事会或者最高管理层的业务委派。

第十一条 内部审计机构应当向董事会或者最高管理层报请批准的事项主要包括：

（一）内部审计章程；

（二）年度审计计划；

（三）人力资源计划；

（四）财务预算；

（五）内部审计政策的制定及变动。

第十二条 内部审计机构除实施常规审计业务外，还可以接受董事会或者最高管理层委派的下列事项：

（一）进行舞弊检查；

（二）实施专项审计；

（三）开展经济责任审计；

（四）评价社会审计组织的工作质量；

（五）其他。

第四章 向董事会或者最高管理层报告

第十三条 内部审计机构应当与董事会或者最高管理层保持有效的沟通，除向董事会或者最高管理层提交审计报告之外，还应当定期提交工作报告，一般每年至少一次。

第十四条 内部审计机构的工作报告应当概括、清晰地说明内部审计工作的开展以及内部审计资源的使用情况，主要包括下列内容：

（一）年度审计计划的执行情况；

（二）审计项目涉及范围及审计意见的总括说明；

（三）对组织业务活动、内部控制和风险管理的总体评价；
（四）审计中发现的差异和缺陷的汇总及其原因分析；
（五）审计发现的重要问题和建议；
（六）财务预算的执行情况；
（七）人力资源计划的执行情况；
（八）内部审计工作的效率和效果；
（九）董事会或者最高管理层要求或关注的其他内容。

第十五条 内部审计机构提交工作报告时，还应当对年度审计计划、财务预算和人力资源计划执行中出现的重大偏差及原因做出说明，并提出改进措施。

第十六条 内部审计机构应当及时向董事会或者最高管理层提交审计报告，审计报告应当清晰反映审计发现的重要问题、审计结论、意见和建议。

第十七条 日常工作中，内部审计机构还应当与董事会或者最高管理层就下列事项进行交流：
（一）董事会或者最高管理层关注的领域；
（二）内部审计活动满足董事会或者最高管理层信息需求的程度；
（三）内部审计的新趋势和最佳实务；
（四）内部审计与外部审计之间的协调。

第五章 附 则

第十八条 本准则由中国内部审计协会发布并负责解释。

第十九条 本准则自 2014 年 1 月 1 日起施行。

20. 第 2303 号内部审计具体准则——内部审计与外部审计的协调（2013 年颁布）

（中内协 2013 年第一号公告）

第一章 总 则

第一条 为了规范内部审计与外部审计的协调工作，提高审计效率和效果，根据《内部审计基本准则》，制定本准则。

第二条 本准则所称内部审计与外部审计的协调，是指内部审计机构与社会审计组织、国家审计机关在审计工作中的沟通与合作。

第三条 本准则适用于各类组织的内部审计机构。

第二章 一般原则

第四条 内部审计应当做好与外部审计的协调工作，以实现下列目的：
（一）保证充分、适当的审计范围；
（二）减少重复审计，提高审计效率；
（三）共享审计成果，降低审计成本；
（四）持续改进内部审计机构工作。

第五条 内部审计与外部审计的协调工作，应当在组织董事会或者最高管理层的支持和监督下，由内部审计机构负责人具体组织实施。

第六条 内部审计机构负责人应当定期对内外部审计的协调工作进行评估，并根据评估结果及时调整、改进内外部审计协调工作。

第七条 内部审计机构应当在外部审计对本组织开展审计时做好协调工作。

第三章 协调的方法和内容

第八条 内部审计与外部审计之间的协调，可以通过定期会议、不定期会面或者其他沟通方式进行。

第九条 内部审计与外部审计的协调工作包括下列方面：

（一）与外部审计机构和人员的沟通；

（二）配合外部审计工作；

（三）评价外部审计工作质量；

（四）利用外部审计工作成果。

第十条 内部审计与外部审计应当在审计范围上进行协调。在编制年度审计计划和项目审计方案时，应当考虑双方的工作，以确保充分、适当的审计范围，最大限度减少重复性工作。

第十一条 在条件允许的情况下，内部审计与外部审计应当在必要的范围内互相交流相关审计工作底稿，以便利用对方的工作成果 。

第十二条 内部审计与外部审计应当相互参阅审计报告。

第十三条 内部审计与外部审计应当在具体审计程序和方法上相互沟通，达成共识，以促进双方的合作。

第四章 附 则

第十四条 本准则由中国内部审计协会发布并负责解释。

第十五条 本准则自 2014 年 1 月 1 日起施行。

21. 第 2304 号内部审计具体准则——利用外部专家服务（2013 年颁布）

（中内协 2013 年第一号公告）

第一章 总 则

第一条 为了规范内部审计机构利用外部专家服务的行为，提高审计质量和效率，根据《内部审计基本准则》，制定本准则。

第二条 本准则所称利用外部专家服务，是指内部审计机构聘

请在某一领域中具有专门技能、知识和经验的人员或者单位提供专业服务，并在审计活动中利用其工作结果的行为。

第三条 本准则适用于各类组织的内部审计机构。

第二章 一 般 原 则

第四条 内部审计机构可以根据实际需要利用外部专家服务。 利用外部专家服务是为了获取相关、可靠和充分的审计证据，保证审计工作的质量。

第五条 外部专家应当对其所选用的假设、方法及其工作结果负责。

第六条　内部审计机构应当对利用外部专家服务结果所形成的审计结论负责。

第七条　内部审计机构和内部审计人员可以在下列方面利用外部专家服务：

（一）特定资产的评估；

（二）工程项目的评估；

（三）产品或者服务质量问题；

（四）信息技术问题；

（五）衍生金融工具问题；

（六）舞弊及安全问题；

（七）法律问题；

（八）风险管理问题；

（九）其他。

第八条　外部专家可以由内部审计机构从组织外部聘请，也可以在组织内部指派。

第三章　对外部专家的聘请

第九条　内部审计机构聘请外部专家时，应当对外部专家的独立性、客观性进行评价，评价时应当考虑下列影响因素：

（一）外部专家与被审计单位之间是否存在重大利益关系；

（二）外部专家与被审计单位董事会、最高管理层是否存在密切的私人关系；

（三）外部专家与审计事项之间是否存在专业相关性；

（四）外部专家是否正在或者即将为组织提供其他服务；

（五）其他可能影响独立性、客观性的因素。

第十条　在聘请外部专家时，内部审计机构应当对外部专家的专业胜任能力进行评价，考虑其专业资格、专业经验与声望等。

第十一条　在利用外部专家服务前，内部审计机构应当与外部专家签订书面协议。书面协议主要包括下列内容：

（一）外部专家服务的目的、范围及相关责任；

（二）外部专家服务结果的预定用途；

（三）在审计报告中可能提及外部专家的情形；

（四）外部专家利用相关资料的范围；

（五）报酬及其支付方式；

（六）对保密性的要求；

（七）违约责任。

第四章　对外部专家服务结果的评价和利用

第十二条　内部审计机构在利用外部专家服务结果作为审计证据时，应当评价其相关性、可靠性和充分性。

第十三条　内部审计机构在评价外部专家服务结果时，应当考虑下列影响因素：

（一）外部专家选用的假设和方法的适当性；

（二）外部专家所用资料的相关性、可靠性和充分性。

第十四条　在利用外部专家服务时，如果有必要，应当在审计报告中提及。

第十五条　内部审计机构对外部专家服务评价后，如果认为其服务的结果无法形成相关、可靠和充分的审计证据，应当通过实施其他替代审计程序补充获取相应的审计证据。

第五章　附　　则

第十六条　本准则由中国内部审计协会发布并负责解释。

第十七条 本准则自2014年1月1日起施行。

22. 第2305号内部审计具体准则——人际关系（2013年颁布）

（中内协2013年第一号公告）

第一章 总 则

第一条 为了规范内部审计人员与组织内、外相关机构和人员建立和保持良好的人际关系，保证内部审计工作顺利而有效地进行，提高审计效率和效果，根据《内部审计基本准则》，制定本准则。

第二条 本准则所称人际关系，是指内部审计人员与组织内外相关机构和人员之间的相互交往与联系。

第三条 本准则适用于各类组织的内部审计机构中的内部审计人员。其他组织或者人员接受委托、聘用，承办或者参与内部审计业务，也应当遵守本准则。

第二章 一般原则

第四条 内部审计人员在从事内部审计活动中，需要与下列机构和人员建立人际关系：

（一）组织适当管理层和相关人员；

（二）被审计单位和相关人员；

（三）组织内部各职能部门和相关人员；

（四）组织外部相关机构和人员；

（五）内部审计机构中的其他成员。

第五条 内部审计人员应当与组织内外相关机构和人员进行必要的沟通，保持良好的人际关系，以实现下列目的：

（一）在内部审计工作中与相关机构和人员建立相互信任的关系，促进彼此的交流与沟通；

（二）在内部审计工作中取得相关机构和人员的理解和配合，及时获得相关、可靠和充分的信息，提高内部审计效率；

（三）保证内部审计意见得到有效落实，实现内部审计目标。

第六条 内部审计人员应当具备建立良好人际关系的意识和能力。

第七条 内部审计人员在人际关系的处理中应当注意保持独立性和客观性。

第八条 内部审计人员应当在遵循有关法律、法规的情况下灵活、妥善地处理人际关系。

第九条 内部审计机构负责人应当定期对内部审计人员的人际关系进行评价，并根据评价结果及时采取措施改进人际关系。

第三章 处理人际关系的方式和方法

第十条 内部审计人员在处理人际关系时，应当主动、及时、有效地进行沟通，以保证信息的快捷传递和充分交流。

第十一条 内部审计人员处理人际关系时采用的沟通类型包括：

（一）人员沟通，即内部审计人员与相关人员之间的沟通。

（二）组织沟通，即内部审计机构在特定组织环境下的沟通，主要包括与上下级部门之间的信息交流，与组织内各平行部门之间的信息交流，信息在非平行、非隶属部门之间的交流。

第十二条　内部审计人员处理人际关系时采用的主要沟通方式有口头沟通和书面沟通两种。口头沟通，即内部审计人员利用口头语言进行信息交流。书面沟通，即内部审计人员利用书面语言进行信息交流。

第十三条　内部审计人员人际关系冲突的原因主要包括：

（一）缺乏必要、及时的信息沟通；

（二）对同一事物的认识存在分歧，导致不同的评价；

（三）各自的价值观、利益观不一致；

（四）职业道德信念的差异。

第十四条　内部审计人员应当及时、妥善地化解人际冲突，可以采取的方法主要包括：

（一）暂时回避，寻找适当的时机再进行协调；

（二）说服、劝导；

（三）适当的妥协；

（四）互相协作；

（五）向适当管理层报告，寻求协调；

（六）其他。

第十五条　内部审计人员应当积极、主动地与对内部审计工作负有领导责任的组织适当管理层进行沟通，可以采取的沟通途径主要包括：

（一）与组织适当管理层就审计计划进行沟通，以达成共识；

（二）咨询组织适当管理层，了解内部控制环境；

（三）根据审计发现的问题和作出的审计结论，及时向组织适当管理层提出审计意见和建议；

（四）出具书面审计报告之前，利用各种沟通方式征求组织适当管理层对审计结论、意见和建议的意见。

第十六条　内部审计人员应当与被审计单位建立并保持良好的人际关系，可以采取下列沟通途径获得被审计单位的理解、配合和支持：

（一）在了解被审计单位基本情况时，应当进行及时、有效的沟通和协调；

（二）通过询问、会谈、会议、问卷调查等沟通方式，了解被审计单位业务活动、内部控制和风险管理的情况；

（三）通过口头方式或者其他非正式方式，与被审计单位交流审计中发现的问题；

（四）在审计报告提交之前，以书面方式与被审计单位进行结果沟通。

第十七条　内部审计人员应当与组织内其他职能部门建立并保持良好的人际关系，确保在下列方面得到支持与配合：

（一）了解组织及相关职能部门的情况；

（二）寻求审计中发现问题的解决方法；

（三）落实审计结论、意见和建议；

（四）有效利用审计成果；

（五）其他。

第十八条　内部审计人员应当与组织外部相关机构和人员之间建立并保持良好的人际关系，以获得更多的认同、支持及协助。

第十九条　内部审计人员应当重视内部审计机构成员间的人际关系，相互协作，相互包容。

第四章　附　　则

第二十条　本准则由中国内部审计协会发布并负责解释。

第二十一条 本准则自2014年1月1日起施行。

23. 第2306号内部审计具体准则——内部审计质量控制（2013年颁布）

（中内协2013年第一号公告）

第一章 总 则

第一条 为了规范内部审计质量控制工作，保证内部审计质量，根据《内部审计基本准则》，制定本准则。

第二条 本准则所称内部审计质量控制，是指内部审计机构为保证其审计质量符合内部审计准则的要求而制定和执行的制度、程序和方法。

第三条 本准则适用于各类组织的内部审计机构和内部审计人员。

第二章 一般原则

第四条 内部审计机构负责人对制定并实施系统、有效的质量控制制度与程序负主要责任。

第五条 内部审计质量控制主要包括下列目标：

（一）保证内部审计活动遵循内部审计准则和本组织内部审计工作手册的要求；

（二）保证内部审计活动的效率和效果达到既定要求；

（三）保证内部审计活动能够增加组织的价值，促进组织实现目标。

第六条 内部审计质量控制分为内部审计机构质量控制和内部审计项目质量控制。

第七条 内部审计机构负责人和审计项目负责人通过督导、分级复核、质量评估等方式对内部审计质量进行控制。

第三章 内部审计机构质量控制

第八条 内部审计机构负责人对内部审计机构质量负责。

第九条 内部审计机构质量控制需要考虑下列因素：

（一）内部审计机构的组织形式及授权状况；

（二）内部审计人员的素质与专业结构；

（三）内部审计业务的范围与特点；

（四）成本效益原则的要求；

（五）其他。

第十条 内部审计机构质量控制主要包括下列措施：

（一）确保内部审计人员遵守职业道德规范；

（二）保持并不断提升内部审计人员的专业胜任能力；

（三）依据内部审计准则制定内部审计工作手册；

（四）编制年度审计计划及项目审计方案；

（五）合理配置内部审计资源；

（六）建立审计项目督导和复核机制；

（七）开展审计质量评估；

（八）评估审计报告的使用效果；

（九）对审计质量进行考核与评价。

第四章　内部审计项目质量控制

第十一条　内部审计项目负责人对审计项目质量负责。

第十二条　内部审计项目质量控制应当考虑下列因素：

（一）审计项目的性质及复杂程度；

（二）参与项目审计的内部审计人员的专业胜任能力；

（三）其他。

第十三条　内部审计项目质量控制主要包括下列措施：

（一）指导内部审计人员执行项目审计方案；

（二）监督审计实施过程；

（三）检查已实施的审计工作。

第十四条　内部审计项目负责人在指导内部审计人员开展项目审计时，应当告知项目组成员下列事项：

（一）项目组成员各自的责任；

（二）被审计项目或者业务的性质；

（三）与风险相关的事项；

（四）可能出现的问题；

（五）其他。

第十五条　内部审计项目负责人监督内部审计实施过程时，应当履行下列职责：

（一）追踪业务的过程；

（二）解决审计过程中出现的重大问题，根据需要修改原项目审计方案；

（三）识别在审计过程中需要咨询的事项；

（四）其他。

第十六条　内部审计项目负责人在检查已实施的审计工作时，应当关注下列内容：

（一）审计工作是否已按照审计准则和职业道德规范的规定执行；

（二）审计证据是否相关、可靠和充分；

（三）审计工作是否实现了审计目标。

第五章　附　　则

第十七条　本准则由中国内部审计协会发布并负责解释。第十八条本准则自 2014 年 1 月 1 日起施行。

24. 第 2307 号内部审计具体准则——评价外部审计工作质量（2013 年颁布）

（中内协 2013 年第一号公告）

第一章　总　　则

第一条　为规范内部审计机构对外部审计工作质量的评价工作，有效利用外部审计成果，提高内部审计效率和效果，根据《内部审计基本准则》，制定本准则。

第二条　本准则所称评价外部审计工作质量，是指由内部审计机构对外部审计工作过程及结果的质量所进行的评价活动。

第三条 本准则适用于各类组织的内部审计机构。

第二章 一般原则

第四条 内部审计机构应当根据适当的标准对外部审计工作质量进行客观评价，合理利用外部审计成果。

第五条 评价外部审计工作质量，可以按照评价准备、评价实施和评价报告三个阶段进行。

第六条 内部审计机构应当挑选具有足够专业胜任能力的人员对外部审计工作质量进行评价。

第三章 评价准备

第七条 在评价外部审计工作质量之前，内部审计机构应当考虑下列因素：

（一）评价活动的必要性；

（二）评价活动的可行性；

（三）评价活动预期结果的有效性。

第八条 在决定对外部审计工作质量进行评价后，内部审计机构应当编制适当的评价方案。评价方案应当包括下列主要内容：

（一）评价目的；

（二）评价的主要内容与步骤；

（三）评价的依据；

（四）评价工作的主要方法；

（五）评价工作的时间安排；

（六）评价人员的分工。

第九条 内部审计机构应当取得反映外部审计工作质量的审计报告及其他相关资料。

第十条 内部审计机构应当详细了解外部审计所采用的审计依据、实施的审计过程及其在审计过程中与组织之间进行协调的情况。

第十一条 如有必要，内部审计机构可以与外部审计机构就评价事项进行适当的沟通。

第四章 评价实施

第十二条 内部审计机构在评价外部审计工作质量时，应当重点关注下列内容：

（一）外部审计机构和人员的独立性与客观性；

（二）外部审计人员的专业胜任能力；

（三）外部审计人员的职业谨慎性；

（四）外部审计机构的信誉；

（五）外部审计所采用审计程序及方法的适当性；

（六）外部审计所采用审计依据的有效性；

（七）外部审计所获取审计证据的相关性、可靠性和充分性。

第十三条 内部审计机构在评价外部审计工作质量时，应当充分考虑其与内部审计活动的差异。

第十四条 内部审计机构在评价外部审计工作质量时，可以采用审核、观察、询问等常用方法，以及与有关方面进行沟通、协调的方法。

第十五条 内部审计机构应当将评价工作过程及结果记录于审计工作底稿中。

第五章 评价报告

第十六条 内部审计机构做出外部审计工作质量评价结论之前，应当征求组织内部有关部门和人员的意见。必要时，内部审计人员也可以就评价结论与被评价的外部审计机构进行沟通。

第十七条 内部审计机构完成外部审计工作质量评价之后，应当编制评价报告。评价报告一般包括下列要素：

（一）评价报告的名称；

（二）被评价外部审计机构的名称；

（三）评价目的；

（四）评价的主要内容及方法；

（五）评价结果；

（六）评价报告编制人员及编制时间。

第六章 附 则

第十八条 本准则由中国内部审计协会发布并负责解释。

第十九条 本准则自 2014 年 1 月 1 日起施行。

25. 第 2308 号内部审计具体准则——审计档案工作（2016 年颁布）

（中内协 2016 年 2 月 19 日发布）

第一章 总 则

第一条 为了规范审计档案工作，提高审计档案质量，发挥审计档案作用，根据《中华人民共和国档案法》和《内部审计基本准则》，制定本准则。

第二条 本准则所称审计档案，是指内部审计机构和内部审计人员在审计项目实施过程中形成的、具有保存价值的历史记录。

第三条 本准则所称审计档案工作，是指内部审计机构对应纳入审计档案的材料（以下简称审计档案材料）进行收集、整理、立卷、移交、保管和利用的活动。

第四条 本准则适用于各类组织的内部审计机构、内部审计人员及其从事的内部审计活动。其他单位或人员接受委托、聘用，承办或者参与内部审计项目，形成的审计档案材料应当交回组织，并遵守本准则。

第二章 一般原则

第五条 内部审计人员在审计项目实施结束后，应当及时收集审计档案材料，按照立卷原则和方法进行归类整理、编目装订、组合成卷和定期归档。

第六条 内部审计人员立卷时，应当遵循按性质分类、按单元排列、按项目组卷原则。

第七条 内部审计人员应当坚持谁审计、谁立卷的原则，做到审结卷成、定期归档。

第八条 内部审计人员应当按审计项目立卷，不同审计项目不得合并立卷。跨年度的审计项目，在审计终结的年度立卷。

第九条 审计档案质量的基本要求是：审计档案材料应当真实、完整、有效、规范，并做到遵循档案材料的形成规律和特点，保持档案材料之间的有机联系，区别档案材料的重要程度，便于保管和利用。

第十条 内部审计机构应当建立审计档案工作管理制度，明确规定审计档案管理人员的要求和责任。

第十一条 内部审计项目负责人应当对审计档案的质量负主要责任。

第三章 审计档案的范围与排列

第十二条 内部审计人员应当及时收集在审计项目实施过程中直接形成的文件材料和与审计项目有关的其他审计档案材料。

第十三条 内部审计人员应当根据审计档案材料的保存价值和相互之间的关联度，以审计报告相关内容的需要为标准，整理鉴别和选用需要立卷的审计档案材料，并归集形成审计档案。

第十四条 审计档案材料主要包括以下几类：

（一）立项类材料：审计委托书、审计通知书、审前调查记录、项目审计方案等；

（二）证明类材料：审计承诺书、审计工作底稿及相应的审计取证单、审计证据等；

（三）结论类材料：审计报告、审计报告征求意见单、被审计对象的反馈意见等；

（四）备查类材料：审计项目回访单、被审计对象整改反馈意见、与审计项目联系紧密且不属于前三类的其他材料等。

第十五条 审计档案材料应当按下列四个单元排列：

（一）结论类材料，按逆审计程序、结合其重要程度予以排列；

（二）证明类材料，按与项目审计方案所列审计事项对应的顺序、结合其重要程度予以排列；

（三）立项类材料，按形成的时间顺序、结合其重要程度予以排列；

（四）备查类材料，按形成的时间顺序、结合其重要程度予以排列。

第十六条 审计档案内每组材料之间的排列要求：

（一）正件在前，附件在后；

（二）定稿在前，修改稿在后；

（三）批复在前，请示在后；

（四）批示在前，报告在后；

（五）重要文件在前，次要文件在后；

（六）汇总性文件在前，原始性文件在后。

第四章 纸质审计档案的编目、装订与移交

第十七条 纸质审计档案主要包括下列要素：

（一）案卷封面；

（二）卷内材料目录；

（三）卷内材料；

（四）案卷备考表。

第十八条 案卷封面应当采用硬卷皮封装。

第十九条 卷内材料目录应当按卷内材料的排列顺序和内容编制。

第二十条 卷内材料应当逐页注明顺序编号。

第二十一条 案卷备考表应当填写立卷人、项目负责人、检查人、立卷时间以及情况说明。

第二十二条 纸质审计档案的装订应当符合下列要求：

（一）拆除卷内材料上的金属物；

（二）破损和褪色的材料应当修补或复制；

（三）卷内材料装订部分过窄或有文字的，用纸加宽装订；

（四）卷内材料字迹难以辨认的，应附抄件加以说明；

（五）卷内材料一般不超过200页装订。

第二十三条　内部审计人员（立卷人）应当将获取的电子证据的名称、来源、内容、时间等完整、清晰地记录于纸质材料中，其证物装入卷内或物品袋内附卷保存。

第二十四条　内部审计人员（立卷人）完成归类整理，经项目负责人审核、档案管理人员检查后，按规定进行编目和归档，向组织内部档案管理部门（以下简称档案管理部门）办理移交手续。

第五章　电子审计档案的建立、移交与接收

第二十五条　内部审计机构在条件允许的情况下，可以为审计项目建立电子审计档案。

第二十六条　内部审计机构应当确保电子审计档案的真实、完整、可用和安全。

第二十七条　电子审计档案应当采用符合国家标准的文件存储格式，确保能够长期有效读取。主要包括以下内容：

（一）用文字处理技术形成的文字型电子文件；

（二）用扫描仪、数码相机等设备获得的图像电子文件；

（三）用视频或多媒体设备获得的多媒体电子文件；

（四）用音频设备获得的声音电子文件；

（五）其他电子文件。

第二十八条　内部审计机构在审计项目完成后，应当以审计项目为单位，按照归档要求，向档案管理部门办理电子审计档案的移交手续，并符合以下基本要求：

（一）元数据应当与电子审计档案一起移交，一般采用基于XML的封装方式组织档案数据；

（二）电子审计档案的文件有相应纸质、缩微制品等载体的，应当在元数据中著录相关信息；

（三）采用技术手段加密的电子审计档案应当解密后移交，压缩的电子审计档案应当解压缩后移交；特殊格式的电子审计档案应当与其读取平台一起移交；

（四）内部审计机构应当将已移交的电子审计档案在本部门至少保存5年，其中的涉密信息必须符合保密存储要求。

第二十九条　电子审计档案移交的主要流程包括：组织和迁移转换电子审计档案数据、检验电子审计档案数据和移交电子审计档案数据等步骤。

第三十条　电子审计档案的移交可采用离线或在线方式进行。离线方式是指内部审计机构一般采用光盘移交电子审计档案；在线方式是指内部审计机构通过与管理要求相适应的网络传输电子审计档案。

第三十一条　档案管理部门可以建立电子审计档案接收平台，进行电子审计档案数据的接收、检验、迁移、转换、存储等工作。

第三十二条　电子审计档案检验合格后办理交接手续，由交接双方签字；也可采用电子形式并以电子签名方式予以确认。

第六章　审计档案的保管和利用

第三十三条　审计档案应当归组织所有，一般情况下，由档案管理部门负责保管，档案管理部门应当安排对审计档案业务熟悉的人员对接收的纸质和电子审计档案进行必要的检查。

第三十四条 归档与纸质文件相同的电子文件时，应当在彼此之间建立准确、可靠的标识关系，并注明含义、保持一致。

第三十五条 内部审计机构和档案管理部门应当按照国家法律法规和组织内部管理规定，结合自身实际需要合理确定审计档案的保管期限。

第三十六条 审计档案的密级和保密期限应当根据审计工作保密事项范围和有关部门保密事项范围合理确定。

第三十七条 内部审计机构和档案管理部门应当定期开展保管期满审计档案的鉴定工作，对不具有保存价值的审计档案进行登记造册，经双方负责人签字，并报组织负责人批准后，予以销毁。

第三十八条 内部审计机构应当建立健全审计档案利用制度。借阅审计档案，一般限定在内部审计机构内部。

内部审计机构以外或组织以外的单位查阅或者要求出具审计档案证明的，必须经内部审计机构负责人或者组织的主管领导批准，国家有关部门依法进行查阅的除外。

第三十九条 损毁、丢失、涂改、伪造、出卖、转卖、擅自提供审计档案的，由组织依照有关规定追究相关人员的责任；构成犯罪的，移送司法机关依法追究刑事责任。

第七章 附 则

第四十条 本准则由中国内部审计协会发布并负责解释。

第四十一条 本准则自2016年3月1日起施行。

26. 第2309号内部审计具体准则——内部审计业务外包管理（2019年颁布）

（中内协2019年5月6日发布）

第一章 总 则

第一条 为了规范内部审计业务外包管理行为，保证内部审计质量，根据《内部审计基本准则》，制定本准则。

第二条 本准则所称内部审计业务外包管理，是指组织及其内部审计机构将业务委托给本组织外部具有一定资质的中介机构，而实施的相关管理活动。

第三条 本准则适用于各类组织的内部审计机构。接受委托的中介机构在实施内部审计业务时应当遵守中国内部审计准则。

第二章 一 般 原 则

第四条 除涉密事项外，内部审计机构可以根据具体情况，考虑下列因素，对内部审计业务实施外包：

（一）内部审计机构现有的资源无法满足工作目标要求；

（二）内部审计人员缺乏特定的专业知识或技能；

（三）聘请中介机构符合成本效益原则；

（四）其他因素。

第五条 内部审计机构需要将内部审计业务外包给中介机构实施的，应当确定外包的具体项目，并经过组织批准。

第六条　内部审计业务外包通常包括业务全部外包和业务部分外包两种形式：

（一）业务全部外包，是指内部审计机构将一个或多个审计项目委托中介机构实施，并由中介机构编制审计项目的审计报告；

（二）业务部分外包，是指一个审计项目中，内部审计机构将部分业务委托给中介机构实施，内部审计机构根据情况利用中介机构的业务成果，编制审计项目的审计报告。

第七条　内部审计业务外包管理的关键环节一般包括：选择中介机构、签订业务外包合同（业务约定书）、审计项目外包的质量控制、评价中介机构的工作质量等。

第八条　内部审计机构应当对中介机构开展的受托业务进行指导、监督、检查和评价，并对采用的审计结果负责。

第三章　选择中介机构

第九条　内部审计机构应当根据外包业务的要求，通过一定的方式，按照一定的标准，遴选一定数量的中介机构，建立中介机构备选库。

第十条　内部审计机构确定纳入备选库的中介机构时，应当重点考虑以下条件：

（一）依法设立，合法经营，无违法、违规记录；

（二）具备国家承认的相应专业资质；

（三）从业人员具备相应的专业胜任能力；

（四）拥有良好的职业声誉。

内部审计机构应当根据实际情况和业务外包需求，以及对中介机构工作质量的评价结果，定期对备选库进行更新。

第十一条　内部审计机构可以根据审计项目需要和实际情况，提出对选择中介机构的具体要求。相关部门按照公开、公正、公平的原则，采取公开招标、邀请招标、询价、定向谈判等形式，确定具体实施审计项目的中介机构。

第四章　签订业务外包合同（业务约定书）

第十二条　按照组织合同管理的权限和程序，内部审计机构可以负责起草或者参与起草业务外包合同（业务约定书），正式签订前应当将合同文本提交组织的法律部门审查，或征求法律顾问或律师的意见，以规避其中的法律风险。

第十三条　组织应当与选择确定的中介机构签订书面的业务外包合同（业务约定书），主要内容应当包括：

（一）工作目标；

（二）工作内容；

（三）工作质量要求；

（四）成果形式和提交时间；

（五）报酬及支付方式；

（六）双方的权利与义务；

（七）违约责任和争议解决方式；

（八）保密事项；

（九）双方的签字盖章。

第十四条　如业务外包过程中涉及主合同之外其他特殊权利义务的，组织也可以与中介机构签订单独的补充协议进行约定。

第十五条　内部审计机构应当按照组织合同管理有关规定，严格履行业务外包合同（业务约定书）相关手续。

第五章 审计项目外包的质量控制

第十六条 内部审计机构应当充分参与、了解中介机构编制的项目审计方案的详细内容，明确审计目标、审计范围、审计内容、审计程序及方法，确保项目审计方案的科学性。

第十七条 在审计项目实施过程中，内部审计机构应当定期或不定期听取中介机构工作汇报、询问了解审计项目实施情况、帮助解决工作中遇到的问题等，确保中介机构业务实施过程的顺利。

第十八条 内部审计机构应当对中介机构提交的审计报告初稿进行复核并提出意见，确保审计报告的质量。

第十九条 中介机构完成审计项目工作后，内部审计机构应当督促其按照审计档案管理相关规定汇总整理并及时提交审计项目的档案资料。

第二十条 中介机构未能全面有效履行外包合同规定的义务，有下列情形之一的，内部审计机构可以向组织建议终止合同，拒付或酌情扣减审计费用：

（一）未按合同的要求实施审计，随意简化审计程序；

（二）审计程序不规范，审计报告严重失实，审计结论不准确，且拒绝进行重新审计或纠正；

（三）存在应披露而未披露的重大事项等重大错漏；

（四）违反职业道德，弄虚作假、串通作弊、泄露被审计单位秘密；

（五）擅自将受托审计业务委托给第三方；

（六）其他损害委托方或被审计单位的行为。

第六章 评价中介机构的工作质量

第二十一条 内部审计机构可以针对具体的审计项目对中介机构的工作质量进行评价，也可以针对中介机构一定时期的工作质量进行总体评价。

第二十二条 内部审计机构对中介机构工作质量的评价，一般包括：

（一）履行业务外包合同（业务约定书）承诺的情况；

（二）审计项目的质量；

（三）专业胜任能力和职业道德；

（四）归档资料的完整性；

（五）其他方面。

第二十三条 内部审计机构可以采用定性、定量或者定性定量相结合的方式对中介机构的工作质量进行评价。

第二十四条 组织及其内部审计机构应当把对中介机构工作质量评价的结果，作为建立中介机构备选库、选择和确定中介机构的重要参考。中介机构违背业务外包合同（业务约定书）的，内部审计机构应当根据评价结果，依照合同约定，向组织建议追究中介机构的违约责任。

第七章 附 则

第二十五条 本准则由中国内部审计协会发布并负责解释。

第二十六条 本准则自 2019 年 6 月 1 日起施行。

扫描二维码下载电子附录